金融学译丛
FINANCE

金融衍生工具与风险管理（第十版）

An Introduction to Derivatives and Risk Management, 10e

［美］ 唐·M. 钱斯 (Don M. Chance)
罗伯特·布鲁克斯 (Robert Brooks) ／著

路蒙佳／译

中国人民大学出版社
·北 京·

出版说明

作为世界经济的重要组成部分，金融在经济发展中扮演着越来越重要的角色。为了加速中国金融市场与国际金融市场的顺利接轨，帮助中国金融界相关人士更好、更快地了解西方金融学的最新动态，寻求建立并完善中国金融体系的新思路，促进具有中国特色的现代金融体系的建立，中国人民大学出版社精心策划了这套“金融学译丛”，该套译丛旨在把西方，尤其是美国等金融体系相对完善的国家最权威、最具代表性的金融学著作，被实践证明最有效的金融理论和实用操作方法介绍给中国的广大读者。

该套丛书主要包括以下三个方面：

（1）理论方法。重在介绍金融学的基础知识和基本理论，帮助读者更好地认识和了解金融业，奠定从事深层次学习、研究等的基础。

（2）实务案例。突出金融理论在实践中的应用，重在通过实务案例以及案例讲解等，帮助广大读者将金融学理论的学习与金融学方法的应用结合起来，更加全面地掌握现代金融知识，学会在实际决策中应用具体理论，培养宏观分析和进行实务操作的能力。

（3）学术前沿。重在反映金融学科的最新发展方向，便于广大金融领域的研究人员在系统掌握金融学基础理论的同时，了解金融学科的学术前沿问题和发展现状，帮助中国金融学界更好地认清世界金融的发展趋势和发展前景。

我们衷心地希望这套译丛的推出能够如我们所愿，为中国的金融体系建设和改革贡献一份力量。

中国人民大学出版社

2004年8月

序

唐・M. 钱斯

本书已出版到第十版，但我仍为第一版（1989 年出版）面世以来衍生产品领域发生的巨大变化感到惊讶。整个世界都在变化。当时我们没有真正的奇异衍生产品，也没有智能手机和许多现在我们习以为常的技术。此外，虽然人们的生活水平普遍提高了，但似乎也变得更危险了，所以我们会采取比以往更多的安全防范措施，比如使用衍生产品。在人们对提高安全保障的需求与日俱增的同时，良好的风险管理也越来越势在必行，因此衍生产品领域的变化与普罗大众的生活变化息息相关。

尽管有些人认为衍生产品会让金融界更加危险，但我们认为危险只是变得更显著而已。当衍生产品被误用时，新闻媒体会大肆报道，我们自然认为需要制定新的法律。当衍生产品得到成功使用时——就像平常大部分时间那样——则不会有媒体去报道。所以，罗伯特和我仍在为这些工具辩护，同时坚信打牢教育基础最能确保使用者不会用这种工具损害自己或他人。

在此，我再次感谢我的妻子简（Jan）多年来的爱与支持。我们的“衍生产品”——我们的孩子——已经离家很久了，并管理着自己的“衍生产品”，但他们也为本书的成功做出了间接贡献。我还要感谢我的学生和同事，多年来他们提出了许多颇具挑战性的问题，这些问题丰富了我的知识，因此对本书也有帮助。

罗伯特・布鲁克斯

随着技术的快速变革和金融市场基础设施的日新月异，对于高质量的金融衍生产品与风险管理专著的需求如此强烈。我很荣幸能继续与唐合作编写这本如此成功的书。我的目标仍是帮助学生理解如何令金融衍生产品理论在实践中发挥作用。金融衍生产品与风险管理是一个快速变化的领域，如果你通过学习掌握了各种复杂的衍生产品，它将为你提供回报丰厚的职业机会。我力求跨越学者和从业者之间的界限，不断提高本书的追求目标，使它更好地帮助下一代金融风险管理者。

我想鼓励大学生和本书的其他读者学以致用，考虑投身于这个回报丰厚的领域。无论是在普通公司、金融服务企业还是投资管理公司工作，如果你能提供明智的金融建议，无疑会助你走向事业的成功。帮助公司避免承担不适当的金融风险或帮助客户避免选择不合适的投资策略既能为你带来金钱回报，也能让你获得个人满足。

我深深感谢我的妻子安（Ann）的坚定支持。我们有六个孩子，两个儿媳，一个孙子，他们不断为我提供机会，让我能更好地教授金融学原理，并在实践中应用风险管理。我的家人不断给予我鼓励，他们都非常支持我与本书相关的工作。

唐和罗伯特

我们要感谢金融类执行编辑迈克·雷诺兹（Mike Reynolds）多年来的支持，他及时解决了项目中出现的每个问题。我们还要感谢市场营销经理希瑟·穆尼（Heather Mooney），他非常专业，因此我们放心地将本书未来的销售事务交付给他。

我们要感谢多年来使用本书的所有老师和学生。他们一直慷慨地提供富有建设性的意见和指正。经过 25 年多，这份名单已变得太长，无法逐一列出。因此我们对所有帮助过我们的人表示感谢。

我们曾经相信，经过多年的订正，本书中的错误应该已经消除，但我们也了解到情况并非如此。尽管没有人希望留下错误，但如果你发现一本书的第十版没有任何错误，就可以确信作者只不过纠正了旧内容，而没有加入最新内容。对于像衍生产品这样瞬息万变的领域，大量改动是不可避免的。尽管我们为消除错误付出了巨大努力，但仍不可避免地留下了部分错误。不过，我们可以相当有信心地说，这些并非事实错误，而仅仅是偶然疏忽，或许是我们在阅读和重读内容时没有发现的拼写错误。和许多明知有错却宁愿遮掩的作者不同，我们在本书的网站上列出了这些错误。（请登录 www. cengagebrain. com 并搜索 ISBN 9781305104969。）如果你看到错误内容，请登录上述网址，确认它是否已列在其中。如果没有，请使用本书网站上的“联系我们”表格并给我们发送电子邮件。

或者，你也可以直接给我们发送电子邮件，不管你是学生还是教师。请告诉我们你对这本书是否满意。我们盼望收到你的意见。

唐·M. 钱斯（dchance@lsu. edu）

罗伯特·布鲁克斯（rbrooks@cba. ua. edu）

第十版的亮点

下面列出了第十版的部分特色和更新内容。关于所有更新内容的详细介绍以及本书的组织结构，请参阅第 1 章中的“本书概览”一节。

● 部分章节新增了“生活中的风险决策”专栏，该专栏介绍了在现实生活中，如何应用风险管理原则进行一般决策。

● 第十版第 2 章“衍生产品市场的结构”是经过全面修订的新内容。本章结合了上一版第 2 章和第 8 章的内容，它们分别介绍了期权市场和远期/期货市场。我们将这些内容合并为更具一般性的一章，即关于衍生产品市场的第 2 章。这一变化反映出衍生产品市场的区分不再像以前那样明显。实际上，期权市场、互换市场、期货市场和远期市场本质上是一个大市场。

● 第 11 章加入了新的一节，它提到了最近的部分行业实务变化，涉及适当无风险利率的估计与各种信用风险的估值。

● 本版还包括 120 多张图和 90 多张表，它们强化了本书提出的概念。图表互为基础，以说明股票、无风险债券、期货、期权、远期、布莱克-斯科尔斯-默顿（Black-Scholes-Merton）看涨期权或看跌期权的定价以及类似概念之间的联系。

●“联系现实”专栏让学生了解如何在现实金融决策中直接运用相应章节的内容。每个专栏都介绍了真实商业案例和实际市场情况，以强调相应章节的理论的实用性。

● 章末的“概念检查”有助于学生理解本书中的基本内容。相应的答案见本书结尾和参考网站，学生可以据此检查自己对相关内容的理解情况。

教师参考资料*

要获得教师参考资料，请登录 www. cengage. com/login，输入用户名和密码登录你的教师账户，搜索 ISBN 9781305104969，并将教师参考资料加入你的账户书架。

● **答案手册。** 答案手册由作者修订，包括每章结尾的“问题与习题”详细答案。

● **测试题库。** 该测试题库也由作者修订，包括 440 多道多选题和 440 多道判断题。

● **Cognero™ 测试题库。** Cengage Learning 测试由 Cognero™ 测试题库提供，是一套灵活的在线系统，它让读者可以从多个 Cengage Learning 解决方案中创建、编辑和管理题库内容；可以在一个范例中创建多版试卷，并从自己的学习管理系统、课堂或其他任何地方提交试卷。Cognero™ 测试题库包括和 Microsoft® Word 题库相同的试题。所有试题内容都标有相应的标签，包括：一级（商业课程跨学科学习目标）标准知识点、二级（金融学科学习目标）标准知识点、布卢姆分类和难度级别。

● **幻灯片。** 幻灯片内容简明，且非常有助于指导学生做笔记。这些幻灯片详细而系统地介绍了各章内容。

---

* 中国人民大学出版社并未购买该部分资料的版权，需要该部分资料的读者请直接向 Cengage 公司询问。——出版者注

学生参考资料*

要获得下列参考资料，请登录 www. cengagebrain. com，搜索 9781305104969，点击“免费资料”标签，然后点击“现在访问”。

● **幻灯片。**幻灯片内容简明，且非常有助于指导学生做笔记。这些幻灯片详细而系统地介绍了各章内容。

● **专业注释。**部分专业注释是在线推导和证明，它们进一步阐明了本书介绍的内容。这些注释让教师能轻松布置更高级的作业，或让某些学生提升学习水平。这些注释的数量相对于第九版有所增加。现在，各章共有 20 多条专业注释参考资料，它们为希望深入研究本书内容而不打扰他人的教师和学生提供了更复杂的内容。

● **第二城市**案例。**第二城市案例用指数期权说明了各种策略。该案例整合了本书期权部分介绍的各种内容。第 7 章的章末习题介绍了本案例。

学生参考网站上还提供了章末概念检查的答案、本章参考文献、符号列表和重要公式。

---

* 中国人民大学出版社并未购买该部分资料的版权，需要该部分资料的读者请直接向 Cengage 公司询问。——出版者注

** 在美国，具有多元化经济的芝加哥因工业产值仅次于纽约而被称为“第二城市”，它也是著名交易中心，建有多家衍生产品交易所。——译者注

更多课程工具

Cengage Learning 定制解决方案。无论你是需要印刷版、数字版还是复合式课程资料，“Cengage Learning 定制解决方案”都能帮助你设计完美的学习方案。请利用 Cengage Learning 的丰富资料库，加入你的原创内容，并采用个性化媒体和技术配合你的学习目标和课程目标。我们的编辑团队将在每一步中与你合作，让你专注于最重要的事——你的学生。请登录 www.cengage.com/custom，深入了解我们的全部服务。

Cengage 全球经济观察资源中心。它将为你提供资源，将今天的挑战转化为明天的解决方案。该在线门户网站提供了有关经济危机的最新内容。全球经济观察资源中心按学科分类，以易于使用的形式提供了教师和学生需要的解决方案，其中包括导致危机的历史事件概览和时间线、新闻动态和资源的链接、讨论和考试内容、教师反馈论坛和全球问题数据库。关于更多信息，请登录 www.cengage.com/thewatch。

目　录

第 1 章

导 论

金融的好处在于它润滑了资本主义机制。

——约翰·博格尔（John Bogle）

《指数杂志》（*Journal of Indexes*），2003 年第四季度，第 41 页

本章目标

- 简要介绍不同类型的衍生产品：期权、远期、期货和互换。
- 了解风险偏好、卖空、回购协议、风险-收益关系和市场效率的概念。
- 定义本书中经常使用的理论公允价值的重要概念。
- 通过套利、储存和交割机制解释现货市场和衍生产品市场之间的关系。
- 通过衍生产品市场的四个主要优点，确定衍生产品市场的作用。
- 分析一些批评意见。

经营企业时，需要在风险环境中做出决策。决策者可能面临两类一般风险之一。一些风险与基本业务性质有关，并涉及未来销售收入或投入品成本的不确定性等问题。这些风险被称为**商业风险**（business risks）。多数企业习惯于接受商业风险。事实上，接受商业风险及其潜在回报是资本主义的基础。另一类风险涉及利率、汇率、股价和商品价格等不确定性。它们被称为**金融风险**（financial risks）。

金融风险是另一回事。利率波动的不确定性具有破坏能力，它会削弱公司以合理成本融资，从而提供产品和服务的能力。如果公司在外国市场经营，而本币很强势，则其出色的销售业绩就可能被抵消。使用原材料的公司可能发现基本投入品的价格很难让它们有盈利空间。股票组合经理每天都要和极难预测、有时似乎非理性的金融市场打交道。

虽然我们的金融体系充满风险，但它也提供了处理风险的手段。一种方法就是使用衍生产品。**衍生产品**（derivatives）是收益来源于基础因素收益的金融合约。在这里使用的是“因素”这个词，以囊括最广泛的含义，包括证券、金融合约，甚至是天气和信贷损失等概念。也就是

说，衍生产品的表现取决于其他因素的表现。衍生产品的表现衍生自其他因素。这样，衍生产品就提供了一种有价值的金融风险管理手段。通过使用衍生产品，公司和个人可以将任何不想要的风险以某个价格转移给有可与之抵消的风险的其他方或想承担该风险的其他方。

尽管衍生产品以某种形式出现已有几个世纪之久，但在过去几十年中，它们加速增长。现在，衍生产品被公司、金融机构、专业投资者和个人广泛使用。特定类型的衍生产品在公开市场上交易活跃，类似于你可能已经熟悉的股票交易。另一些衍生产品产生于场外市场上的私人交易。就像公司可能为了最终建厂而购买土地一样，公司也可能从事衍生产品交易。外部人士很难确定这两种交易的存在与否或数量多寡。尽管如此，关于公开市场上衍生产品交易活动的金额，我们拥有相当准确的数据——它们是基于对私人市场中衍生产品交易活动金额的调查。我们马上将看到交易所市场的数据。现在，让我们先来看看场外市场的数据。

现在，如果你需要确认衍生产品是否值得研究，请考虑以下事实：瑞士巴塞尔的国际清算银行估计，截至2013年底，全球未平仓场外衍生产品合约的名义金额超过710万亿美元。相比之下，2013年第四季度的美国国内生产总值约为17万亿美元。

名义金额（notional amount），有时被称为**名义本金**（notional principal），是以货币单位表示的衍生产品合约规模指标，据此计算支付金额。我们稍后会看到，以这种方式衡量衍生产品市场会对市场规模造成错误印象。尽管名义金额反映了衍生产品所基于的市场规模，但市场价值反映了暴露于风险的实际金额。这些衍生产品合约的市值约为19万亿美元，使衍生产品市场在全球经济中成为一支规模极大的力量。所以，无论从哪个指标看，衍生产品市场的规模都十分惊人。

图1.1显示了从1998年到2013年12月的场外衍生产品的名义金额和市场价值。从历史上看，该名义金额在多数年份都有所增加。然而，2008年爆发的金融危机显然对衍生产品市场规模产生了重大影响。显然，这两个衍生产品市场规模指标反映了不同的影响。因此，在2008年快速变化的市场中，名义金额下降，但市场价值上升。也就是说，衍生产品交易活动可能已经减少了，但衍生产品的价值却上升了。这种结果并不令人惊讶。

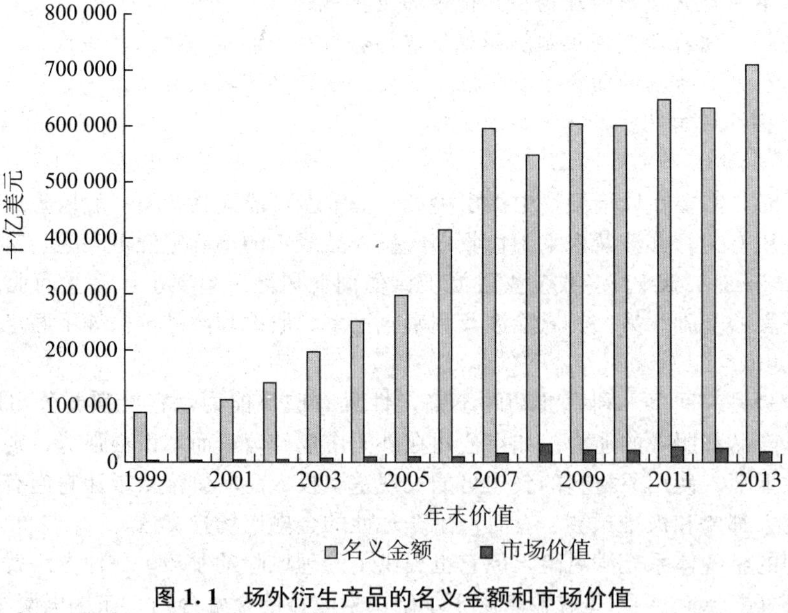

图1.1　场外衍生产品的名义金额和市场价值

资料来源：http：//www.bis.org/statistics/derstats.htm（各期《场外衍生品市场定期统计报告》）。

名义金额和市场价值是衡量场外衍生产品市场规模的良好指标，但这不包括全部衍生产品市场。场外交易是以相对私人的方式在双方之间进行的。衍生产品也在交易所交易，其交易方式类似于股票在纽约证券交易所、全美证券交易商自动报价系统（纳斯达克）以及全球许多主要证券交易所的交易方式。对于在交易所上市的衍生产品，交易量是一个广泛使用的衡量指标。每笔衍生产品交易均以合约单位表示。交易量是被交易的合约数量之和。图 1.2 显示了 1998—2013 年交易所上市衍生产品的交易量的历史数据。

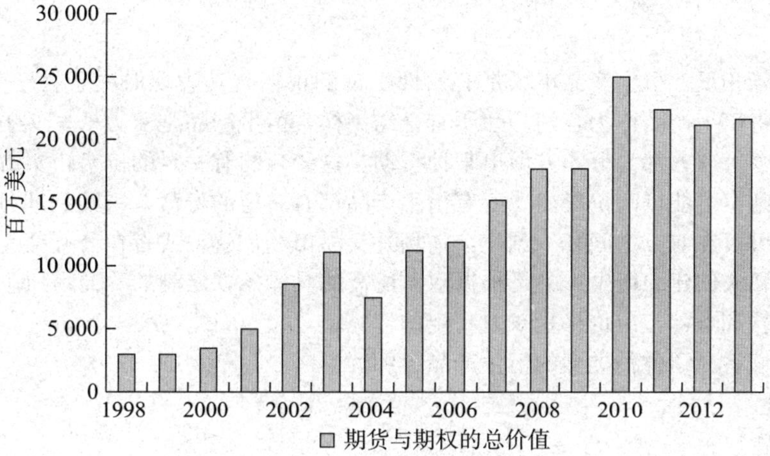

图 1.2　交易所上市衍生产品的交易量

资料来源：http://www.futuresindustry.org/bibliography.asp（各期年度交易量报告）。

和场外衍生产品一样，我们看到，衍生产品市场在过去 16 年里呈爆炸性增长。请注意，如图 1.2 所示，2004 年和 2011 年出现了下滑。但是，也请注意，2008 年的交易量上升。如前所述，场外交易活动减少是由于担心潜在的信贷损失。然而，随着市场参与者转而采用防范信贷损失的工具，交易所的衍生产品交易量有所增加。我们稍后将详细探讨这些问题。

本书对衍生产品做初步介绍。衍生产品可以基于**实物资产**（real assets），这些资产是包括农产品、金属和能源在内的有形资产。尽管本书中不时出现其中一些资产，但我们将重点放在**金融资产**（financial assets）的衍生产品上，这些金融资产是股票、债券、贷款和货币。在本书中，你将了解交易这些工具的机构和市场的特点、衍生产品价格的确定方式以及应用策略。在本书最后，我们将介绍如何使用衍生产品来管理公司的风险。

本章将引领你进入衍生产品的世界，并介绍或回顾帮助你了解衍生产品所需的一些金融概念。让我们首先来更细致地探索衍生产品市场，并定义各类衍生产品。

1-1　衍生产品市场与工具

资产是具有正货币价值的所有权。负债是具有负货币价值的所有权。工具这个词被用于描述资产或负债。工具也是一个比较笼统的术语，足以涵盖衍生产品合约的基础资产或基础负债。合约是可执行的法律协议。证券是代表对一组资产的索偿权的可交易工具。

在资产市场中，交易通常要求立即交割或在不久后交割基础资产。尽管在交易中有时会使用信用安排，但通常是立即付款。由于这些特点，我们将这些市场称为**现货市场**（cash markets/spot markets)。在这种市场中，交易时即已完成销售、支付款项、交割商品或证券。在另一些情况下，商品或证券将在日后交割。还有一些类型的安排允许买方或卖方选择是否进行交易。这些类型的安排是在衍生产品市场进行的。本节简要介绍了衍生产品合约的主要类型：期权、远期、期货和互换。不过，我们首先回顾当前的衍生产品市场，许多衍生产品合约都在该市场上进行交易。

1-1a 衍生产品市场

与资产市场相反，衍生产品市场是契约性工具的市场，其表现取决于另一个因素的表现。请注意，我们将衍生产品称为合约。和所有合约一样，衍生产品是双方——买方和卖方——之间的协议，其中每一方都为另一方做出某种行动。这些合约有一定的价格，买方尽可能以低价买入，而卖方则尽可能以高价卖出。所有衍生产品都有一定的寿命，用其到期日表示。如前所述，衍生产品可以在双方之间私下创建，在场外交易市场创建，或者在公开交易市场（交易所市场）创建。私人创建的衍生产品是根据双方所需的具体条款定制的。交易所上市的衍生产品具有标准化条款和条件，但价格是双方商定的。

下面，我们将介绍各种类型的衍生产品合约。

1-1b 期权

期权（option）是双方——买方和卖方——签订的合约，它给予买方以今天商定的价格在未来某个日期买入或卖出某种工具的权利而非义务。买入工具的期权被称为**看涨期权**（call）；卖出工具的期权被称为**看跌期权**（put）。期权买方向期权卖方支付一笔钱，这笔钱被称为期权价格或期权费。期权卖方随时准备在买方希望交易时按照合约条款买入或卖出。因此，看涨期权买方有权以固定价格从卖方买入某种工具，而卖方随时准备以固定价格卖出该工具。看跌期权买方有权以固定价格向卖方卖出某种工具，而卖方随时准备以固定价格买入该工具。我们强调，期权是期权买方向期权卖方购买的权利而非义务。

1-1c 远期合约

远期合约（forward contract）是双方——买方和卖方——签订的合约，规定以今天商定的价格在未来某个日期买入或卖出某种工具。远期合约听起来很像期权，但是期权是进行交易的权利而非义务。如果基础商品的价格发生变化，期权持有者可能决定放弃以固定价格买入或卖出。而远期合约中的双方承担最终买卖某种工具的义务。也就是说，远期合约买方有义务在未来某个日期以开始交易时商定的价格从卖方买入基础工具，而远期合约卖方有义务在未来某个日期以开始交易时商定的价格向买方卖出基础工具。

1-1d 期货合约

期货合约（future contract）也是双方——买方和卖方——签订的合约，规定在未来某个日期以今天商定的价格买入或卖出某种工具。合约在期货交易所进行交易，并遵守每日结算程序。期货合约由远期合约演化而来，两者具有许多相同的特征。本质上，它类似于流动性远期合约。然而，与远期合约不同的是，期货合约是在有组织的交易所进行交易，这种交易所称为**期货市场**（future markets）。例如，期货合约买方（该方有义务在未来某个日期买入工具）可以在期货市场上卖出期货合约，这样就可以解除其买入工具的义务。同样，期货合约卖方（该方有义务在未来某个日期卖出工具）可以在期货市场上回购合约，从而解除其卖出工具的义务。

期货合约不同于远期合约还在于，它需要遵守每日结算程序。在每日结算中，亏损的投资者每天向盈利的投资者支付亏损金额。期货价格每天波动，期货合约的买卖双方试图从这些价格变化中获利并（或）降低交易基础工具的风险。后面我们将更详细地了解这个过程。

1-1e 互换

尽管期权、远期和期货构成了衍生产品市场中的基本工具，但衍生产品市场上还有更多组合和变形。其中一种最常见的叫**互换**（swap）。互换是双方同意交换现金流的合约。例如，一方目前可以从一笔投资中获得现金，但偏好另一笔现金流不同的投资。该方联系了一家互换交易商，即在场外市场上作为交易对手运营的公司。实际上，前者和交易商互换了现金流。根据价格或利率的未来变化，一方可能获益，而另一方相应亏损。正如我们稍后将要说明的，互换可以被视为远期合约的组合，而互换期权则是特殊类型的期权。尽管互换可能是最不为金融领域以外人士所知的衍生产品，但它是金融领域内使用最广泛的衍生产品。

> 不同类型的衍生产品包括期权、远期、期货、期货期权、互换和合成式衍生产品。

1-2 基础资产

正如我们指出的，所有衍生产品都是基于某个因素的随机表现。这就是为什么衍生产品这个表述恰如其分。衍生产品的价值衍生自其他工具的表现，我们称这些工具为因素。“其他工具”通常被称为基础资产。然而，基础资产这个词会引发某些混淆和误导。例如，基础资产可能是股票、债券、货币或商品，所有这些都是资产。然而，基础“资产”也可能是其他一些随机因素，例如天气，它不是资产。基础资产甚至可能是另一种衍生产品，如期货合约或期权。因此，为了避免说衍生产品是基于“某种基础”或模糊的“因素”，我们将把“基础”这个形容词用作名词，称衍生产品“基于基础工具”。然而，“基础”这个词的错误用法也有好的一面，它让我们能避免使用“资产”这个词，因为并非所有衍生产品都是基于资产。

1-3 金融市场和衍生产品市场上的重要概念

在进一步研究衍生产品市场之前，让我们先来回顾关于投资机会和投资者的部分入门概念。许多这些概念可能已经为人熟知，它们通常被用于股票和债券交易中。这些概念略作修改后，也适用于衍生产品交易。当你开始进一步研究衍生产品市场时，全面复习数学知识也同样重要。

1-3a 金融市场的假设前提

假设前提是事先做出的假设，通常没有明确规定，但大家心照不宣。运行良好的金融市场至少有三个假设前提：明确的法律规定、明确的产权和信任文化。复杂模糊的法律法规可能导致特定监管机构独断专行。法律法规缺乏清晰度阻碍了市场顺畅运行。被明确界定并得到充分保护的产权对有效的金融交易至关重要。如果不能产生明确的产权，就不能轻松出售财产。信任文化不能通过立法获得，而是从内部培育产生的。和任何商业活动一样，信任使金融交易更有效率。在没有信任文化的国家，经济发展缓慢不足为奇。尽管很多人都不信任全球金融业，但所有现代的成功经济体都以高度诚信为特征。在这种经济体中，成功进行数以百万计的金融交易也毫无问题。只有少数不诚实的参与者进行的交易能抢到头条新闻。

1-3b 风险偏好

假设你面临两个同等概率的结果。如果发生第一个结果，你将收到 5 美元。如果发生第二个结果，你将收到 2 美元。从基本统计数据来看，你知道预期结果是 $5\times0.5+2\times0.5=3.50$，即 3.50 美元，这是你参与多次博弈后预期得到的平均金额。你愿意付多少钱来承担这种风险？如果你说 3.50 美元，那么你就没有认识到这种情况下固有的风险。你认为公平交易是放弃 3.50 美元，换取平均赚到 3.50 美元的机会。那么你将被描述为**风险中性**（risk neutral），这意味着风险对于你而言是无差异的。然而，多数人不会觉得这是公平交易。他们认识到，你支付的 3.50 美元已经确定被放弃了，而你预期得到的 3.50 美元只是平均能获得的金额。事实上，如果你参与两次博弈，一次损失 1.50 美元，然后另一次赢回来，你可能感觉比没有参与博弈更糟。

因此，我们说多数人的特征都是**风险厌恶**（risk aversion）。他们将支付低于 3.50 美元的金额来承担这种风险，低多少则取决于他们厌恶风险的程度。人们的风险厌恶程度不同。但是，假设你愿意支付 3.25 美元，那么 3.50 美元和 3.25 美元之间的差额就被认为是**风险溢价**（risk premium）。这是你预期赚取的平均额外收益，它抵消了你承担的风险。

虽然大多数人的确厌恶风险，但是在衍生产品市场中，我们实际上可以“假设”定价做市商为风险中性，从而对衍生产品定价。我们没有做出鲁莽且不切实际的假设。事实证明，我们将在风险厌恶环境中获得与在风险中性环境中相同的估值。虽然这个角度对理解衍生产品市场很有用，但在本书我们不会进行过深的探讨。然而，如果你没有意识到这一点，可能就需要时间来理解和接受衍生产品模型和风险中性的微妙含义。

1-3c 卖空

如果你已经上过投资学课程，就可能接触过卖空的概念。卖空是与衍生产品做市有关的一种重要交易。因此，与卖空相关的成本对衍生产品定价有直接影响。尽管如此，这个概念并不是非常简单，稍加复习是有好处的。

典型的股票市场交易是指一方向另一方购买股票，然而，出售股票的一方实际上可能并不拥有股票。该方可以向经纪商借入股票，我们称其**卖空**（selling short）或者做空。① 卖空者这

① 如果卖空者不能借入股票，就被称为裸卖空。在这种情况下，股票买方也是股票贷出方。2009 年 11 月之前，裸卖空被广泛允许。

样做是因为预期股价将下跌，届时卖空者会以较低的价格回购股票，赚取利润，然后把股票还给经纪商。你可能听说过“不要妄自菲薄”* 这句话，它的意思是，不要认为自己的天赋或判断力不如别人。同理，卖空者认为股票价值低于市场价格。

建立空头会产生负债。卖空者有义务在某天回购股票并将其返还给经纪商。在普通贷款中，借款人确切知道他必须偿还贷款人多少钱，与之不同，卖空者并不知道自己必须支付多少钱来回购股票。这使卖空成为一种风险很高的借款。的确，卖空是一种非常大胆的投资策略。

然而，卖空可能相当有好处，因为空头的风险可以用来抵消多头的风险。或者，持有衍生产品空头可能更有效率。相对于买入股票而言，卖空股票可能相当复杂且成本高昂，而持有衍生产品空头就像买入衍生产品一样简单。卖空股票需要找到愿意借给你股票的人。股票贷出方还必须愿意放弃投票权。有时，借入证券可能成本高昂。因此，常见做法是找到持有股票的投资者并通过衍生产品对其进行保护。

我们应该注意，任何有义务在未来某个日期购买某种工具的人都相当于进行了卖空交易。他没有必要向经纪商借入股票。无论是哪种情况，价格上涨都会令卖空方受损。

卖空这个术语可能会令人困惑。在金融证券的语义环境中，卖空、做空或持有空头是同义词。在衍生产品合约的语义环境中，卖空或持有空头是同义词。我们并不将卖出衍生产品合约称为卖空，因为此时并未借入基础证券。

1-3d 回购协议

回购协议（repurchase agreement），称为**回购**（repo），是卖方和买方之间签订的法律合同，卖方同意现在将特定资产卖给买方，并（通常）在未来某个特定时间按照约定的未来价格将其回购。卖方实际上是以隐含利率向买方借款。通常，回购使用的是低风险证券，例如美国国库券。回购很有用，因为它均为借款人和贷款人提供了很大的灵活性。

衍生产品交易商通常需要能以成本-收益最高的方式借入和贷出资金。回购通常是一种成本非常低的借款方式，尤其是在公司持有政府证券的情况下。回购是一种以最低风险获得短期资金利息的方式（对于买方而言），也是一种以相对较低的成本进行短期借款的方式（对于卖方而言）。

正如我们将在后面的章节看到的，衍生产品市场参与者往往必须依靠短期借款和短期贷款的能力。许多衍生产品估值模型都是基于定价交易者（通常是交易商）可以以无风险利率借款或贷款的假设。回购利率是交易商的边际资金成本近似值，因此是交易商借贷成本的良好近似值。另外，由于回购市场使用强有力的担保品，因此回购利率与政府证券利率大致相当。

1-3e 收益与风险

收益（return）是投资业绩的数字衡量指标，有两个主要的收益指标：收益金额和收益率。**收益金额**（dollar return）用总利润额或总亏损额衡量投资业绩。例如，股票的收益金额是来自股票价格变化和现金股利的利润额。它代表绝对业绩。**收益率**（percentage return）衡量了每投资 1 美元的投资业绩。它代表投资带来的投资者财富增加的百分比。对股票而言，收益率等于价格变化百分比加上股利收益率。收益率的概念也适用于期权，但是我们稍后会看到，期

* 原文为“Don’t sell yourself short”，其中“sell short”即有“卖空”的含义。——译者注

货或远期的收益率定义有些不清晰。

投资者的一个基本特点是他们希望财富增加。这意味着获得尽可能高的收益率，但收益率越高，**风险**（risk）越大。风险是未来收益的不确定性。如前所述，投资者通常不喜欢风险，这种特征体现在，当无风险投资能提供相等的预期收益时，他们会规避风险投资。但是，他们并非总能避免不确定性。幸运的是，金融市场和衍生产品市场的竞争性使投资者能够根据其风险承受程度来确定投资。

例如，在其他所有条件相同的情况下，贫油井钻探公司的股票售价低于医疗保健服务公司的股票售价。[①] 由于钻探公司的业务不确定性更高，因此其股价更低。当然，风险有低有高。证券价格将反映公司风险水平的差异。承担风险预期将获得的额外收益就是我们前面提到的风险溢价。

还有哪些因素会影响公司的股价和预期收益率？让我们以一家没有风险的假想公司为例。如果人们预期没有收益，他们还愿意投资于这家公司吗？当然不会。他们需要足以弥补放弃今天的消费机会的最低收益率。这种收益率被称为**无风险利率**（risk-free rate），是投资的机会成本。

投资者的预期收益率是由无风险利率和风险溢价构成的。该关系式如图 1.3 所示，其中 $E(r_s)$ 为现货资产的预期收益率，r 为无风险利率，$E(\phi)$ 为风险溢价，即预期收益率超过无风险利率的部分。

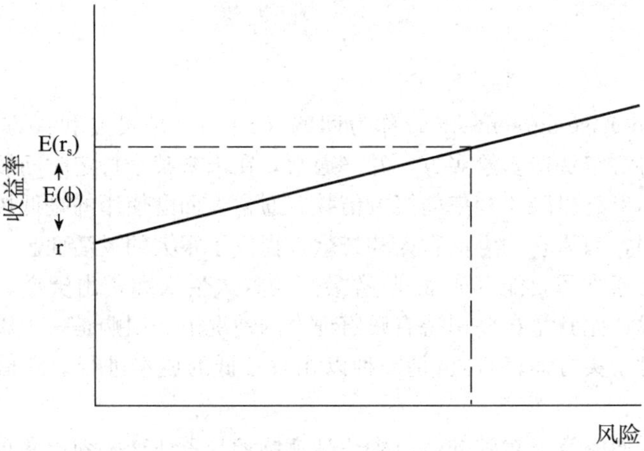

图 1.3 风险-收益权衡

请注意，我们还没有确定如何衡量风险。你可能记得标准差和 beta 等风险指标。这里，我们不必关心具体的风险指标。重要的是风险与预期收益率之间的正向关系，即**风险-收益权衡**（risk-return trade-off）。之所以会产生风险-收益权衡，是因为所有投资者都试图最大限度地提高预期收益率，并将风险降至最低水平。如果股价上涨到较高的风险水平，一些投资者会发现风险太高，并卖出股票，这将压低其价格。由于股价下降，新的股票投资者预期将获得更高的收益率。

金融市场在区分不同风险水平的公司方面非常有效。风险较低的公司会发现资金充裕且价格低廉。高风险公司可能难以筹集资金且筹资成本高昂。对交易工具进行合理定价的市场被称为有效市场，这时称资产以**理论公允价值**（theoretical fair values）定价。

① 在这种语义环境下，"其他所有条件相同"表示流通股股数或财务杠杆金额的差异没有使比较产生扭曲。

1-3f 市场效率与理论公允价值

市场效率（market efficiency）是交易工具价格反映其对于投资者的真实经济价值的市场特征。在有效市场中，价格随机波动，投资者获得的收益率不能始终高于弥补其风险水平所需的收益率。

资产具有“真实经济价值”是一个特别有吸引力的概念。它表明资产存在实际价值。如果我们能确定该实际价值，那么当资产定价过低时，我们可能会花很多钱购买它，而当资产价格过高时，我们也可能会卖出它。但是找到真实经济价值需要资产定价模型。

在本书中，我们将资产的真实经济价值称为理论公允价值。很多模型都给出了资产的理论公允价值。你可能已经听说过资本资产定价模型，或许还有套利定价理论。衍生产品也有理论公允价值，在本书中，我们格外重视衍生产品合约理论公允价值的确定。当然，只有当基础工具市场有效时，这些模型和它们各自给出的价值才是正确的。幸运的是，有大量统计证据支持金融市场有效的说法。这并不令人意外。市场效率是信息传播迅速、成本低廉的市场中理性且明智的投资者行为的自然结果。如果金融市场高度无效，我们才应感到意外。

> 有效市场是资产价格等于其真实经济价值（即所谓的理论公允价值）的市场。现货市场和衍生产品市场通常都非常有效。

因此，当我们探索衍生产品的世界时，应该始终记住，基础工具的金融市场总体来说是有效的。虽然这本书提出了许多使用衍生产品的策略，但是所有策略都假设投资者已经对基础工具的价格变化方向产生了预期。如果事实证明这些预期是正确的，那么衍生产品策略将表明如何获利，如果事实证明这些预期是错误的，那么衍生产品策略将表明如何将损失风险降到最低。这些策略是管理风险水平的方法，因此应被视为在有效市场中生存的重要工具。

金融市场是复杂人际互动加上对未来可能结果的抽象估计的结果。重要的是记住，财务模型是对现实的简化。同样重要的是，我们对金融衍生产品的研究属于人文科学范畴，而不属于自然科学范畴。我们可以很容易地检验有关重力的物理模型，并证实或否定其准确性。你对该重力模型的信任程度不会影响掉落物体的实际行为。信任程度与实际观察结果之间的独立性在金融市场中可能不成立。对经济模型的普遍信任通常会影响经济行为，从而证明或否定模型的有效性。① 因此，发现特定金融衍生产品合约的新金融估值模型不是一劳永逸的。随着金融市场结构的变化和金融市场参与者理解的加深，特定模型可能不再有用。我们对金融市场的理解永远在变化。然而，一些基本模型有助于迅速了解当前的金融形势，事实上，我们将学习其中的许多模型。

联系现实

风险、收益与套利

最符合人性的观点之一是，人们喜欢收益，不喜欢风险。因此，理性人如果预期无法获得足以弥补风险的收益，就不会进行投资。预期获得的收益（被称为预期收益）是投资价值的预

① Donald MacKenzie, *An Engine, Not a Camera: How Financial Models Shape Markets* (Cambridge, MA: The MIT Press, 2006).

期变化加上与投资金额相关的现金流。一部分预期收益率必须补偿以无风险利率表示的机会成本。预期收益率超过无风险利率的部分称为风险溢价。一般来说，我们称：

$$E(r_s)=r+E(\phi)$$

其中，$E(r_s)$ 为某笔投资（通常用股票表示投资，因此表示为“s”）的预期收益率，r 为无风险利率，$E(\phi)$ 为预期风险溢价。没有必要证明上述说法是正确的。如果它不正确，人就是非理性的。

但是该式的另一部分有些模糊。预期风险溢价由什么组成？它有多大？是什么让它发生了变化？（如果有的话）哪些风险是重要的，哪些风险是不重要的？金融经济学家已经借助资本资产定价模型（capital asset pricing model，CAPM）寻求答案。在资本资产定价模型中，预期风险溢价被更具体的变量取代。预期收益率公式可写为：

$$E(r_s)=r+[E(r_m)-r]\beta_s$$

其中，$E(r_m)$ 是市场投资组合的预期收益率，即所有风险资产的组合，β_s 被称为资产的 beta。beta 是衡量投资者无法避免的风险的指标，即资产对市场投资组合贡献的风险。资本资产定价模型假设个人尽可能地分散掉风险并持有市场投资组合。因此，唯一重要的风险就是给定资产对分散化投资组合贡献的风险。如前所述，投资者持有市场投资组合，并将其与无风险资产相结合，或通过以无风险利率借款提高杠杆，从而使整体风险达到理想水平。因此，在资本资产定价模型中，我们首先要考察风险管理的目的：使实际的投资组合风险等于理想的投资组合风险。

资本资产定价模型是一个有争议的理论。我们无法验证它在实践中是否成立。尽管如此，它仍然很有意义。确实存在资本资产定价模型的变形和更复杂的模型，但是理解和接受资本资产定价模型对于理解衍生产品来说已经足够了。然而，理解资本资产定价模型并不是理解衍生产品所必需的。它确实有助于理解如何计算风险。但是，理解衍生产品的重点在于如何用它们消除风险。消除风险后，真正需要了解的就是套利。

套利是两个相同资产组合以不同价格出售导致的情况。发现这种机会的投资者将购买价格较低的资产组合，并出售价格较高的资产组合。由于资产组合的表现相同，所以一个资产组合的表现对冲了另一个资产组合的表现，从而消除了风险。然而，一个资产组合是以某个价格购买的，另一个资产组合是以较高价格出售的。有人将这称为摇钱树或造钱机。换言之，你是空手套白狼。

理性投资者的世界是一个没有套利机会的世界。人们常说，在这样的世界里，你走在大街上时不可能发现地上有一张 100 美元的钞票。如果有这样一张钞票，那么肯定已经有人把它捡起来了。即使是好公民和人道主义者也可能捡起它，希望找到失主或准备将其交给慈善机构。当然，我们知道我们可能会在地上捡到 100 美元，但是我们不期望捡到它，因为人们不会对这么大一笔钱如此粗心，如果碰巧有人很粗心，当我们走到那里时钱也不可能仍然在。金融市场也是如此，人们并非对金钱漫不经心。他们非常谨慎，不提供套利机会。事实上，他们努力了解如何避免提供套利机会。如果有人提供了套利机会，它将很快被利用。

学习这本书将帮助你避免提供套利机会。如果有人不小心提供了套利机会，你将知道如何从中受益。

1-4 现货市场和衍生产品市场之间的基本联系

迄今为止，我们还没有在现货市场和衍生产品市场之间建立正式联系。期权、远期和期货等工具可用于买卖股票和债券等现货市场资产。衍生产品的价格通过几个重要机制与现货市场基础工具的价格相关联。第 3 章、第 4 章、第 5 章和第 8 章详细分析了这些联系。不过，在这里有必要概述这个过程。

1-4a 套利与一价定律

套利（arbitrage）是同一种商品以两种不同价格出售时，投资者从中寻求利润的一类交易。进行套利的人（被称为套利者）以较低价格买入该商品，并立即以较高价格将其卖出。套利对于投资者来说是有吸引力的策略。成千上万的人花时间寻找套利机会。如果一只股票在某个交易所以一种价格卖出，并在另一个交易所以不同的价格卖出，那么套利者将以低价买入并以高价卖出。低价格将被推高，高价格将被压低，直到两个价格相等。

你在日常生活中会进行许多买卖，有时你会遇到同一种商品以两种不同价格销售的情况。例如，同一款电脑，邮购折扣店的价格可能低于当地电脑店中的。为什么会有价差？电脑店可能提供更长的保修期、本地化服务和邮购折扣店无法提供的其他便利。同样，在当地折扣店购买的一双跑鞋可能比在体育用品店购买的同一款跑鞋便宜，你多付的钱是用来购买服务和产品知识的。如果相同商品之间存在真实差异，价格将有所不同。

但有时，即使商品实际相同，也会出现真实价格差异。假设有两种可能的结果，我们称其为可能的结果状态。让我们来看如图 1.4 所示的两种资产的结果：A1 和 A2。如果发生状态 1，则资产 A1 的价值将为 100 美元；如果发生状态 2，则资产 A1 的价值将为 80 美元。在状态 1 中，资产 A2 的价值将为 50 美元；在状态 2 中，资产 A2 的价值将为 40 美元。很明显，一份资产 A1 等于两份资产 A2。换言之，通过购买两份资产 A2，你可以获得与购买一份资产 A1 相同的结果。

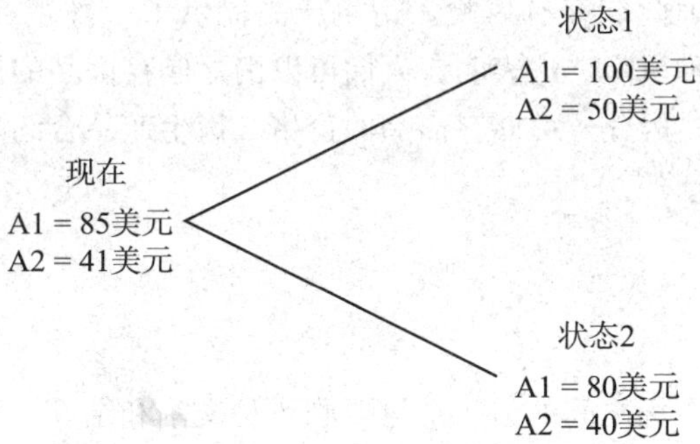

图 1.4 两种资产、两种状态下的套利

现在假设资产 A1 卖价为 85 美元，资产 A2 的价格应该是多少？假设资产 A2 的价格为 41 美元。然后你可以购买两份资产 A2，支付 82 美元，并以向经纪商借入股票的方式卖空一份资产 A1。卖空资产 A1 意味着你将预先收到 85 美元，净现金流为 3(＝85－82)美元。然后，当实际状态出现时，你可以出售两份资产 A2，并恰好产生抛补资产 A1 空头所需的现金。因此，这笔交易没有风险，而你仍预先收到了 3 美元的净现金流。这就像你借了一笔不用还的 3 美元贷款。很明显，每个人都会这样做，这会抬高资产 A2 的价格，压低资产 A1 的价格，直到资产 A1 的价格恰好等于资产 A2 的价格的两倍。

表明价格必然以这种方式统一的规则称为**一价定律**（law of one price）。一价定律并不意味着资产 A2 的价格必须等于资产 A1 的价格，而是说等价金融工具组合必然有单一价格。在这里，两份资产 A2 的价格必然与一份资产 A1 的价格相同。

> 一价定律要求相同的资产组合（即提供相同结果的资产组合）必须以单一价格出售，否则就存在可盈利的套利机会，它将迅速消除价差。

遵循一价定律的市场具有以下四个特点：

- 投资者总是偏好更多财富。
- 如果有两个投资机会，投资者总会选择在所有状态下至少和另一个投资机会表现相同，且至少在一种状态下表现更好的投资机会。
- 如果两个投资机会提供相同的结果，则它们必然有相同的价格。
- 在所有状态下收益率均相同的投资机会是无风险的，必然获得无风险利率。

在后面的章节中，我们将看到这些规则如何发生作用。

在有效市场中，永远不应发生违反一价定律的情况。但价格偶尔会出现偏离，这或许是一时疏漏。套利是使价格保持一致的机制。为了做出明智的投资决策，我们需要学习如何识别适当的套利交易，这是后面章节的任务。

1-4b　储存机制：在一段时期内分摊消费

储存是现货市场和衍生产品市场之间的一个重要联系。我们可以购买和储存许多类型的资产。持有股票或债券也是一种储存形式，甚至提供贷款也是一种储存形式。人们还可以购买商品，例如小麦或玉米，并将其储存在粮仓中。储存是一种投资形式，人们不在今天出售商品，而是推迟到某个未来日期出售。储存将消费分摊至一段时期内。

由于价格不断波动，因此储存有风险。衍生产品提供了一种现在确定商品未来售价的方法，因此可以用来降低这种风险。这表明，人们可以消除储存商品的风险。在这种情况下，整体投资应提供无风险利率。因此，可储存商品的价格、衍生产品合约的价格和无风险利率都是相关的，这并不令人感到意外。

1-4c　交割与结算

现货市场和衍生产品市场之间的另一个重要联系是交割和结算。到期时，远期合约或期货合约要求立即交割商品或支付等值现金。因此，到期的远期合约或期货合约相当于现货交易。因此，到期合约的价格必然等于现货价格。虽然到期时的期权与远期和期货有所不同，但这种工具在到期时具有明确的价值，它由现货价格决定。

很少有衍生产品交易者持有头寸直至合约到期。[①] 他们利用市场流动性进行抵消交易。然而，到期时将对未平仓头寸进行交割或支付等值现金，这是为现货工具和衍生产品定价的重要考虑因素。

上述特征对这些市场的表现起着重要作用。衍生产品市场和现货市场密不可分。尽管如此，我们仍未确定衍生产品市场对现货市场运行所起的作用。

1-5 衍生产品市场的作用

1-5a 风险管理

由于衍生产品的价格与现货市场基础商品的价格有关，因此它们可以用来降低或增大持有现货商品的风险。寻求降低风险的衍生产品市场参与者被称为**对冲者**（hedgers）。寻求增大风险的衍生产品市场参与者被称为**投机者**（speculators）。

例如，买入现货商品并卖出期货合约或看涨期权降低了投资者的风险。如果商品价格下跌，期货合约或看涨期权的价格也会下跌。然后，投资者可以较低价格回购合约，从而获得收益，它至少可以部分抵消现货商品的损失。这类交易被称为对冲。

如前所述，投资者有不同的风险偏好。有些人比其他人更能容忍风险。但是，所有投资者都希望将投资保持在可接受风险水平上。衍生产品市场使希望降低风险的投资者将风险转移给希望增大风险的投资者，我们称后面这种投资者为投机者。由于这些市场可以非常有效地在投资者之间重新分配风险，所以没人需要承担令人不安的风险水平。因此，投资者愿意为金融市场提供更多资金。这对经济有利，因为它可以使更多企业筹集到资金，并尽可能降低资金成本。

如前所述，对冲的另一面是投机。除非对冲者能找到另一个需求相反的对冲者，否则对冲者的风险就必须由投机者承担。衍生产品市场提供了另一种有效的投机手段。投资者可以交易衍生产品合约，而不是交易基础股票或债券。许多投资者更愿意使用衍生产品而不是基础证券进行投机。反过来，使用衍生产品进行投机的方便性也使衍生产品对于对冲者而言更方便、成本更低。

然而，如果我们的分析到此为止，就不够严谨，因为投机是有争议的。衍生产品市场受到了外界的大量批评，有人甚至指责其活动等同于合法化赌博。我们将在后面的章节中分析这一点。

1-5b 价格发现

远期市场和期货市场是价格信息的重要来源，尤其是期货市场被认为是确定资产现货价格的主要手段。这看起来很不寻常，因为资产必然存在现货市场。但是对于很多进行期货交易的资产来说，现货市场规模庞大而分散。黄金、石油和商品在不同时间、不同地点交易。在每个资产类别中，都有许多品种和质量等级。因此，资产的“现货”价格有很多潜在选项。期货市场将这些信息组合成一种共识，反映期货合约所基于的基础资产的现货价格。最早到期的期货

① 对于不要求在到期时交割，而是规定支付等值现金的衍生产品合约，其头寸更可能被持有至到期。

合约［被称为**近期合约**（nearby contract）］的价格通常被认为是现货价格。

联系现实

西南航空航空燃料的风险管理

西南航空（Southwest Airlines）公司的主要业务目标是在美国大陆以低成本提供客运和货运服务，其损益表上的最大支出科目是燃料和石油。多年来，该公司一直积极管理当前和未来的航空燃料消耗。在其 2013 年年报第 10 节“金融衍生工具、燃料合约”中，管理层对其金融衍生产品头寸做出了部分说明：

“本公司使用了短期和长期金融衍生工具，主要是在投资组合中综合使用看涨期权、领式期权（包括买入看涨期权和卖出看跌期权）、看涨期权价差（包括买入看涨期权和卖出看跌期权），以及固定价格互换协议……2013 年，本公司 51％的燃料消耗有相应的燃料衍生工具。截至 2013 年 12 月 31 日，本公司还拥有涵盖 2014 年 43％的燃料消耗（根据市场结算价格）的燃料衍生工具。”2015—2017 年，西南航空也有大量对冲头寸。

因此，西南航空看起来有大型燃料对冲计划，以期对冲燃料价格上涨的风险。请注意，西南航空对未来多年的预期燃料消耗进行了对冲。

在阅读本书的内容时，你将熟悉西南航空使用的各种工具，如期权、领式期权、价差和互换等，你还将了解公司和个人如何使用这些工具来管理风险。

注：有关西南航空燃料对冲计划的详情，请参阅：Robert Brooks，“The Life Cycle View of Enterprise Risk Management：The Case of Southwest Airlines Jet Fuel Hedging，” *Journal of Financial Education* 38（Fall/Winter 2012），11 - 23.

期货和远期价格还包含关于预期未来现货价格的信息。我们将在后面看到，现货价格包含相同的信息，但从现货市场中提取这些信息可能比从期货市场中提取这些信息更难。而且，几乎在所有情况下，期货市场都更加活跃，因此从中得到的信息通常被认为比现货市场信息更可靠。尽管期货价格或远期价格不应被视为预期的未来现货价格，但期货或远期价格确实反映了市场参与者可以在今天锁定的价格，它消除了未来现货价格的不确定性。

因此，人们称期货市场和远期市场提供了价格发现功能。期权市场不直接提供对未来现货价格的预测，但是，它确实提供了关于基础现货资产波动性以及风险的宝贵信息。

1 - 5c　运营优点

衍生产品市场提供了几个运营优点。

首先，它降低了交易成本。这意味着这些市场上的交易商佣金和其他交易成本较低。这使得人们更容易利用这些市场代替现货市场交易或作为现货头寸的补充，因而使其更有吸引力。

其次，与现货市场相比，衍生产品市场往往具有更高的流动性。尽管对于大公司的证券而言，现货市场的流动性一般相当高，但它无法一直吸收大宗交易而不出现大幅价格变化。在某些情况下，通过利用更容易适应大宗交易的衍生产品市场，可以获得相同水平的预期收益和风险。这种较高的流动性至少部分是由于参与衍生产品市场所需的资本金较少。收益和风险可以调整到任何所需的水平，但由于需要的资本金较少，因此这些市场可以吸引更多交易。

最后，如前所述，衍生产品市场让投资者更容易卖空。证券市场施加了若干限制，旨在限制或阻止卖空，而这些限制不适用于衍生产品交易。因此，许多投资者在衍生产品市场上卖空，以代替卖空基础证券。

1-5d 市场效率

即使没有衍生产品市场，证券现货市场也可能是有效的。然而，即使在通常有效的市场中，也存在一些有利可图的套利机会。这些机会的存在意味着一些资产的价格暂时与应有价格不一致。投资者获得的收益率可能超过给定风险水平下的市场公允收益率。

如前所述，现货价格和衍生产品价格之间存在重要联系。在这些市场上进行交易的便利性和低成本有利于进行套利交易和快速的价格调整，从而迅速消除这些获利机会。社会将从中受益，因为基础商品的价格更准确地反映了商品的真实经济价值。

> 衍生产品市场提供了管理风险、发现价格、降低成本、提高流动性、卖空和提高市场效率的手段。

1-6 衍生产品市场的特征

如前所述，衍生产品市场允许希望消除或降低风险的人将风险转移给希望承担或增大风险的人。这些市场需要愿意承担风险的投机者，以便承担对冲者希望降低的风险。多数投机者实际上并不交易基础商品，有时甚至对这些商品一无所知。因此，这些投机者不亚于赌徒。

这种观点有些片面，它忽略了衍生产品市场的诸多好处。更重要的是，它认为这些市场抽取资本用于疯狂的投机计划。真实情况远非如此。与金融市场不同，衍生产品市场既不创造财富也不破坏财富——它们只是提供转移风险的手段。例如，股市可以创造财富。假设有一家公司打算向公众发售股票。投资者购买股票，而该公司利用资本制定并推销这个计划。然后，客户购买产品或服务，该公司赚取利润，股价上涨，每个人都从中受益。相比之下，在衍生产品市场中，一方的收益是另一方的损失。衍生产品市场不会给经济带来额外风险，它只是将风险从一个投资者转移给另一个投资者。更重要的是，它可以将产品和服务的交易风险从不需要风险的人转移给愿意接受风险的人。

衍生产品市场和赌博的一个重要区别在于为社会提供的效益。赌博只能使参与者和其他少数间接获利的人受益。然而，衍生产品的受益者远远超出市场参与者。衍生产品使金融市场变得更有效率，并提供更好的风险管理机会。这些效益将溢出到整个社会。

1-7 衍生产品的误用

衍生产品时常被批评是致使某些公司、投资基金、州政府和地方政府、非营利投资者和个人遭受大额损失的原因。衍生产品真的有错吗？当不了解电的人错误用电时，应该指责电吗？当使用火的人粗心大意时，应该指责火吗？

毫无疑问，衍生产品是强大的工具。它通常包含高杠杆，这意味着小幅价格变化可能导致大额收益和损失。虽然这似乎是衍生产品的一个不受欢迎的特征，但实际上正是这使它能提供前面所讨论的好处，从而发挥最大作用，这些是我们稍后将学习的要点。然而，此时你应该认识到，不具备必要知识就使用衍生产品是危险的。这就是你应该为自己选择学习这门课程而感到欣慰的原因。

但是，掌握这些知识后，并不能使你摆脱采取合理行为的责任。在不适当的情况下使用衍生产品是危险的，即使你掌握了相关知识，你仍然面临应该对冲时却忍不住投机的风险。对自己预测价格或利率的能力过于自信，然后使用衍生产品来根据这些预测操作的风险极高。你永远不应该忘记关于有效市场的知识。令人遗憾的是，近年来，很多人忘记了这些要点，导致他们的公司走上了危险和毁灭之路。结果，经常被指责的却是衍生产品而不是人。

例如，在 20 世纪 90 年代后期，由美联储扩张性政策推动的美国经济经历了低利率和房地产热潮，房主和投机者对抵押贷款合同的需求增加。通过证券化过程，抵押贷款被汇集在一起，这些抵押贷款池的衍生产品索偿权被出售给具有不同权益的投资者。我们将在第 13 章讨论这个被称为证券化的过程。信用违约互换和其他信用担保被用来提高这些抵押贷款池的信用质量。因此，这些抵押贷款工具中许多都被认为有较高的信用质量，故需求量很大。当 2004 年利率上升时，住房市场价格下跌，住房抵押贷款违约率开始提高。由于缺乏流动性且一些抵押贷款产品进行杠杆交易，这些损失被放大了。2008 年，这些损失引发了追加担保品要求和其他金融工具的价格下降，“死亡螺旋”随之而来。这场金融风暴使许多投资者开始寻求无风险工具，因此，在部分时期，短期美国国债实际上出现了负到期收益率。此外，许多金融机构实际上以信用违约互换（一种衍生产品）的形式出售信用保险（第 14 章将对其进行介绍），并认为信用风险和意外伤害风险一样，是可以分散的。然而情况并非如此，在美国和其他国家，违约随处可见。2008 年的金融危机以及随后几年的持续经济衰退不是由衍生产品造成的，而是被一些人错误使用衍生产品而加剧的。幸运的是，使用衍生产品的通常是具有丰富知识并对衍生产品运用得当的投资者。对于节省金钱、避免损失并成功重组风险的公司和投资者，我们了解得太少了。

1-8 衍生产品与道德

道德守则在管理金融专业人员的行为方面发挥着至关重要的作用。各大金融从业者协会都采用了道德守则和专业操守标准。这些道德守则为经常面临存在经济利益冲突的繁难情况的专业人员提供了必要指导。在进入某个职业之前，充分了解现有的道德守则，并考虑自己能否遵守这些道德守则是很重要的。

我们将简要介绍三个主要专业组织的基本道德守则：特许金融分析师协会（www.cfainstitute.org）、全球风险管理协会（www.garp.org）和职业国际风险管理师协会（www.prmia.org）。在介绍它们的道德守则前要说明的是，这些组织明确将这个问题视为其一切行为的基础。让我们来看下面的引文：

> “CFA 协会道德守则与职业行为准则”是 CFA 协会的价值观基础，它对于通过提倡道德、教育和专业表现的最高标准，实现领导全球投资业的目标，最终使社会受益至关重要。①
>
> “GARP 行为准则（‘准则’）”规定了……［其成员］的职业行为原则……以支持金

① Preamble, *Code of Ethics and Standards of Professional Conduct*，参见 http://www.cfapubs.org/toc/ccb/2014/2014/6.

融风险管理业的发展。这些原则促进了最高水平的道德行为和披露，并为个体从业者和风险管理业提供了指导和支持。①

> 风险专业人士的行为准则……将在分析方法方面促进最高水平的道德行为和披露。PRMIA 理事会认为，这些准则将为个人从业者和整个风险管理业提供方向和支持。②

实际的道德守则为投资管理和金融风险管理的专业行为设定了很高的标准。让我们来看以下引自职业道德守则的内容：

> 以诚信、胜任、勤勉、尊重和合乎道德的方式对待投资管理业的公众、客户、潜在客户、雇主、雇员、同事以及全球资本市场上的其他参与者。③
>
> 与雇主、现有客户或潜在客户、公众以及金融服务业的其他从业人员进行所有交易时，都应以专业、合乎道德和诚信的方式行事。④
>
> PRMIA 会员必须在与雇主、现有客户或潜在客户、公众和其他风险从业者进行的所有交易中以专业、合乎道德和诚信的方式行事。会员应将对风险管理业和风险管理用户的诚信置于个人利益之上。⑤

请注意，专业协会对会员的行为准则要求远远超过法律规定。因此，按照专业协会道德守则行为的专业人员不太可能违反现行法律，因为这些守则也要求会员遵守规范其行为的法律法规。

1-9 衍生产品与职业

人们往往认为，衍生产品只不过是一门有趣的课程。你可能认为自己有朝一日会购买期权并将其放入个人投资组合，也可能认为你在职业生涯中不太可能遇到衍生产品。这明显是错误的。

如前所述，衍生产品的主要用途是管理金融风险。企业本身的性质就决定了它会面临风险，其中一些风险是可以接受的。事实上，企业必须承担某种风险，否则，就没有理由开展业务。但另一些风险是不可接受的，如果不能消除的话，也应该加以管理。例如，一家小型家具制造商向银行借款，借款利率将定期调整以反映当期利率。该家具制造商在家具市场上赚取利润。它不是特别善于预测利率。然而，利率上升可能会严重阻碍其从家具业务中获利的能力。如果这家公司在外国销售产品，就可能面临巨大的外汇风险。如果它购买的原材料和消耗的能源受到未来价格不确定性的影响（肯定会如此），那么该公司将面临更多风险，这些风险都有可能妨碍其主营业务的成功。

---

① Introductory Statement, *GARP Code of Conduct*, 参见 www. garp. org/media/59589/code of conduct0610. pdf.

② Section 1, Purpose of Professional Standards, *Standards of Best Practice*, *Conduct & Ethics*, September 2009, 参见 http: //www. prmia. org/sites/default/files/references/PRMIA _ Standards _ of _ Best _ Practice _ Conduct __ Ethics _ 4 _ 1. pdf.

③ The Code of Ethics, *Code of Ethics and Standards of Professional Conduct*, 参见 http: //www. cfapubs. org/doi/pdf/10. 2469/ccb. v2010. n14. 1.

④ Section Ⅲ, Rules of Conduct, *GARP Code of Conduct*, 参见 http: //www. garp. org/media/59589/code of conduct0610. pdf.

⑤ Section 4, Ethical Behaviour, *Standards of Best Practice*, *Conduct & Ethics*, September 2009, 参见 http: //www. prmia. org/sites/default/files/references/PRMIA _ Standards _ of _ Best _ Practice _ Conduct __ Ethics _ 4 _ 1. pdf.

直到几年前，人们都不认为一家小公司会用衍生产品来管理利率风险或汇率风险，即使它希望如此也没有能力，因为最低交易规模太大。但时代已经改变，小公司现在更有能力使用衍生产品了。

如果你的职业需要你进行投资管理，那么你肯定会遇到衍生产品。管理政府资产的公共服务部门正在探索衍生产品的大量应用。企业中负责采购商品和能源的人将遇到使用或可以使用衍生产品的情况。总之，衍生产品正变得司空见惯，在可预见的未来或许更是如此。

通过学习和（或）阅读这本关于衍生产品的书，你正在向掌握理解风险的性质和管理风险所必需的工具迈出了第一步，理解风险的性质和管理风险正是企业面临的核心问题。

1-10　关于衍生产品的信息来源

在今天的金融体系中，衍生产品市场已经变得如此引人注目，以至几乎所有介绍股票和债券市场的出版物都多多少少涉及衍生产品。许多公司和政府机构都提供各种关于专业化交易的出版物、学术和专业期刊以及网站。本书作者就设立了一个网站，其中包含许多此类链接以及其他网站的链接。请通过本书网站上的“作者更新”链接跳转至相关网站：登录 www. cengagebrain. com 并使用 ISBN 9781305104969，以登录学生产品支持网站。

1-11　本书概览

下面我们将概述本书内容，包括本版的新特色。

1-11a　本书的组织结构

本书主要分为三个部分。第 1 章是导论，概述了本书的主题。第 2 章概述了衍生产品市场和衍生产品。

由第 3～7 章组成的第一部分介绍了期权。第 3 章介绍了期权定价的基本原则，这些原则通常被称为边界条件，虽然我们确实倾向于将其视为基本原则，但是学习它们相当有难度。第 4 章介绍了期权定价的简单二项式模型。第 5 章介绍了布莱克-斯科尔斯-默顿模型，它是期权定价的首选工具，其提出者于 1997 年获得诺贝尔经济学奖。第 6 章和第 7 章介绍了期权交易策略。

第二部分包括远期、期货和互换。第 8 章介绍了远期、期货和期货期权的定价原则。第 9 章介绍了期货套利策略，这是期货价格的主要决定因素。第 10 章介绍了远期和期货对冲、价差和目标策略。第 11 章介绍了互换交易，包括利率互换、货币互换和股权互换。

第三部分涉及各种高级主题，但读者不会感到这部分内容特别复杂。第 12 章讨论了利率衍生产品，如远期利率协议、利率期权和利率互换期权。第 13 章介绍了一些高级衍生产品和策略，它们主要是前面的问题和策略的延伸。第 14 章和第 15 章介绍了风险管理：第 14 章介绍了定量风险管理，重点是在险价值、δ 对冲和信用风险管理等问题；第 15 章更侧重于定性讨论，重点关注公司进行正确风险管理所必须解决的问题。你将有机会了解在公司中如何进行正确的风险管理，以及何为错误的风险管理。

1-11b 本书的主要特点

本书的主要特点如下：

● 重视理论的实际应用，所有理论和概念都有清晰示例。你永远不会与现实世界脱节。

● 尽量减少使用专业数学内容。尽管金融衍生产品不可避免地属于技术性问题，但学习本书内容不一定需要微积分。(注意：附录中使用了一些微积分，但对于理解这些内容并不是必需的)。

● 兼顾了策略和定价。

● 大量使用示例。本书包含 120 多幅图和 90 多个表。

● 习题可分为两类。概念检查的答案附在书末，问题与习题的答案可参阅出版商网站。每章都新增了习题。

● 附有超过 75 道概念检查习题，以便你测试自己的技能。(附录 A 提供了各章的概念检查答案，以便学生检查自己的理解情况。)

● 附有 450 多道选择题和 450 多道判断题，以供采用本书的教师使用。

● 增加了 375 多道章末问题与习题，以便你测试自己的技能。(各章的习题均附有答案供教师参考。)

● 关键术语。每章最后列有重要关键术语，你应能在继续学习之前给出它们的定义。这本书包含约 400 个重要关键术语，对应于各章中的黑体词，这些重要关键术语将有助于你掌握这一行业的专业词汇。

● 每章开始的引文。虽然初学者或许无法总能理解这些引文背后的含义，但每段引文都与本章的主题有关。尽管各段引文的作者来自不同群体，但多数都是本行业的从业者。

● 读者可以自由使用文中的“联系现实”专栏，更好地将衍生产品与风险管理的理论与实务联系起来。

● 多条专业脚注。它们是在线推导和证明，比正文的内容更深一些。它们让教师能轻松布置更高级的作业，或让某些学生提升学习水平。这些脚注的数量相比第九版有所增加。现在，各章共有 20 多条专业脚注参考资料，它们为希望深入研究本书内容而不打扰他人的教师和学生提供了更复杂的内容。

● 附录中列出了概念检查的公式、参考文献和答案。

● 术语表提供了几百个术语的定义。

● 一个综合指数。

● 章末问题与习题的答案以及判断题和多选题的答案。

● 网站 www.cengagebrain.com (请搜索 ISBN 9781305104969)，其中包含幻灯片、电子表格以及相关网站的链接。读者登录该网站后，还可以查阅电子版答案。该网站还包含更新信息和勘误。是的，本书可能会有一些错误，但至少我们愿意坦诚相告。

● 最后，本书出现了一个新专栏：“生活中的风险决策”。

本书的重点是将理论运用于实践，所有重点都尽可能用实际情况来说明。当我们介绍各种策略时，读者将学习理论，分析描述情况的代数公式，并使用图表观察结果。

1-11c 第十版的新特色

熟悉以前版本的读者会发现以下新特色：

- 本书更新了当前的市场数据参考资料、网站和监管机构。
- 本书对所有内容进行了总体更新，以反映衍生产品和风险管理领域迅速变化的特点。
- 随着金融衍生产品交易所所有权结构的迅速变化，本书对参考资料进行了更新，以反映当前的所有权结构。
- 本书更新并完善了电子表格软件。
- 第 2 章解释了衍生产品市场的结构，反映出近期的几点变化。它合并了之前版本的第 2 章和第 8 章，包括期权（第 2 章）、远期和期货（第 8 章）。此外，第 2 章还包括之前版本第 12 章介绍的互换市场结构。这些变化反映出，这些市场逐渐整合为一个统一的衍生产品市场，而不是不同工具的细分市场。
- 本书新增了专栏，名为“生活中的风险决策”，它可以帮助学生更好地解释在生活中面临的各种风险。
- 第 11 章新增了一节，阐述了近期的一些行业实务变化，主要是关于适当无风险利率的估计和各种信贷风险的估值。

1-11d 如何使用本书

本书（和多数金融教科书）最好在两个学期的课程中上完。在一个完整学年中，教师有充裕的时间教授书中的内容。每学期可以教授 7 章或 8 章，留出一些时间用于测验、考试和其他课堂活动，如观看视频或参与交易实训。但是，如果这本书只用于一个学期的课程，那么教师会发现本书内容足够灵活，可以从中选择部分章节来教授。不过，将其用于一个学期的课程时，最好按章节的顺序授课。我们建议，一个学期的课程应该包括互换，互换是使用最广泛的衍生产品，也是在公司中最可能遇到的衍生产品。因此，教师可能想在第 11 章上多下功夫，如果只是按照章节顺序授课，那么可能讲不到第 11 章。除了互换以外，一个学期的课程还应该包括利率期权，因为学生在公司中也可能遇到这种衍生产品。为了给这些内容腾出时间，教师可能需要不再将期货作为重点，甚至减少对期权策略的介绍。因此，第 13 章、第 14 章和第 15 章是最不重要的章节，不应被压缩进一个学期的课程。

尽管本书的主要读者是本科生，但它也已广泛用于 MBA 课程，包括一些著名大学的 MBA 课程。教师可以放心地将本书用于 MBA 课程。本书还被用于企业培训计划。

总结

本章首先区分了商业风险和金融风险，并指出金融风险源于利率、汇率、股价和商品价格的不确定性。本章随后介绍了作为金融风险管理手段的衍生产品。本章介绍了不同类型的衍生产品，并回顾了金融市场、风险偏好、卖空、收益和风险以及市场效率/理论公允价值等前提假设的概念。本章介绍了套利原则和一价定律、储存的概念以及交割和结算实务。本章介绍了衍生产品市场在管理风险、发现价格、降低交易成本、提供其他运营优点以及提高市场效率方面的作用。本章指出并回应了对衍生产品市场的批评，讨论了衍生产品可能被滥用的情况。最后，本章强调了这个行业的道德守则的重要性。

本书第一部分由第 3 章至第 7 章组成，涵盖了期权市场。它介绍了相关工具、定价模型和策略。第二部分由第 8 章至第 11 章组成，涉及远期市场、期货市场和互换市场。它以类似方式介绍了相关工具、定价模型和策略。第三部分“高级主题”分析了广泛使用的利率衍生产品（第 12 章）与各种高级衍生产品和策略（第 13 章），进一步探讨了这些内容，并以关于风险管理的两章作结，其中一章重点介绍了风险管理方法，另一章重点介绍了组织的风险管理。

关键术语

商业风险	远期合约	收益率	金融风险
期货合约	风险	衍生产品	期货市场
无风险利率	名义金额	互换	风险-收益权衡
名义本金	风险中性	理论公允价值	实物资产
风险厌恶	市场效率	金融资产	风险溢价
套利	现货市场	卖空	一价定律
期权	回购协议/回购	对冲者	看涨期权
收益	投机者	看跌期权	收益金额
近期合约			

扩展阅读

下列文献对衍生产品进行了非技术性讨论，或者提供了关于衍生产品的有趣见解：

Boyle, P., and F. Boyle. *Derivatives: The Tools That Changed Finance*. London: Risk Books, 2001.

Brooks, R. “The Life Cycle View of Enterprise Risk Management: The Case of Southwest Airlines Jet Fuel Hedging,” *Journal of Financial Education* 38 (Fall/Winter 2012): 11-23.

Chance, D. M. *Essays in Derivatives: Risk-Transfer Tools and Topics Made Easy*. Hoboken, NJ: John Wiley & Sons, 2008.

Derman, E. *My Life as a Quant: Reflections on Physics and Finance*. New York: Wiley, 2004.

Durbin, M. *All about Derivatives*. New York: McGraw-Hill, 2005.

Fenton-O'Creevy, M., N. Nicholson, E. Soane, and P. Willman. *Traders Risks, Decisions, and Management in Financial Markets*. Oxford: Oxford University Press, 2005.

Johnson, P. M. *Derivatives: A Manager's Guide to the World's Most Powerful Financial Instruments*. New York: McGraw-Hill, 1999.

Klein, R. A., and J. Lederman. *Derivatives Risk and Responsibility*. Chicago: Irwin, 1996.

Lindsey, R. R., and B. Schachter. *How I Became a Quant: Insights from 25 of Wall Street's Elite*. New York: Wiley, 2007.

MacKenzie, D. *An Engine, Not a Camera: How Financial Models Shape Markets*. Cambridge, MA: The MIT Press, 2006.

McLaughlin, R. M. *Over-the-Counter Derivative Products: A Guide to Business and Legal Risk Management and Documentation*. New York: McGraw-Hill, 1999.

Mehrling, P. *Fischer Black and the Revolutionary Idea of Finance*. New York: Wiley, 2005.

Modern Risk Management: *A History*. London: Risk Books, 2003.

Osband, K. *Pandora's Box*: *Uncertainty at the Core of Finance*. New York: Columbia University Press, 2011.

Patterson, S. *The Quants*: *How a New Breed of Math Whizzes Conquered Wall Street and Nearly Destroyed It*. New York: Crown, 2010.

Schwager, J. D. *The New Market Wizards*: *Conversations with Americas Top Traders*. New York: Collins Business, 2005.

Taleb, N. N. *Antifragile*: *Things That Gain from Disorder*. New York: Random House, 2012.

Taleb, N. N. *The Black Swan*: *The Impact of the Highly Improbable*. New York: Random House, 2007.

Taleb, N. N. *Fooled by Randomness*: *The Hidden Role of Chance in the Markets and in Life*. New York: Texere, 2001.

Weatherall, J. O. *The Physics of Wall Street*. Boston: Houghton Mifflin Harcourt, 2013.

概念检查

1. 请区分商业风险和金融风险。
2. 请区分实物资产和金融资产。
3. 风险中性投资者和风险厌恶投资者有什么区别?
4. 请解释风险-收益权衡的概念。
5. 预期收益率的组成部分是什么?

问题与习题

1. 请列举运行良好的金融市场的三个前提条件。
2. 什么是有效市场?为什么有效市场有利于社会?
3. 请定义套利和一价定律。它们在美国市场体系中起到了什么作用?我们可将资产的“单一价格”称为什么?
4. 假设你打算购买一辆新汽车。你在两家经销商处发现了同样的汽车,但它们的价格不同。这是否违反了一价定律?为什么?
5. 什么是储存?为什么它有风险?它在经济中起到了什么作用?
6. 如果以交割方式平仓的期货合约非常少,为什么交割依然很重要?
7. 在经济中,衍生产品市场的主要作用是什么?
8. 为什么投机存在争议?它与赌博有什么不同?
9. 衍生产品可能被滥用的三种方式是什么?
10. 假设你有机会参观某个外太空文明。它的社会与美国社会现在基本处于相同的发展阶段,其经济体系与美国的经济体系几乎完全相同,但衍生产品交易是非法的。请比较这种经济与美国经济,并强调由于后者存在衍生产品市场而产生的差异。
11. 请比较收益金额和收益率,并指出对不同投资进行比较时哪种收益指标更有用。

12. 一家期权交易商需要为购买证券融资，并持有美国国库券。请解释这家交易商可以如何使用回购市场为购买证券融资。

13. 请比较期权合约和远期合约。

14. 所有衍生产品都是基于某种因素的随机表现，请指出并讨论这种“因素”。

15. 如果双方同意交换现金流，他们将使用什么合约？这笔交易将如何进行？

16. 假设你面临一个机会，它有三个概率相等的结果。如果发生第一个结果，你将得到10美元。如果发生第二个结果，你什么也得不到。如果发生第三个结果，你必须支付1美元。假如你属于风险中性投资者，你将花多少钱来承担这种风险？你是否愿意为这个机会支付更多钱或更少钱？请说明。

17. 如果某人预期股价将下跌，他将如何做空股票以获取利润？他的空头将如何产生负债？

18. 请说明衍生产品市场提供的三个运营优点。

19. 职业道德守则如何帮助金融从业者规范自己的职业行为？

第 2 章

衍生产品市场的结构

理解衍生产品的关键是深入理解所有基础工具。

——摩根士丹利，迪恩·威特 (Dean Witter)

《衍生产品策略的宣传》(*Advertisement in Derivatives Strategy*)，1997 年 10 月，第 15 页

本章目标

- 定义并举出看跌期权和看涨期权、远期、期货和互换的例子。
- 回顾衍生产品市场的起源和发展。
- 考察交易所交易的衍生产品和场外衍生产品的特点。
- 讨论衍生产品交易的清算和结算流程。
- 识别不同类型的衍生产品市场参与者。
- 分析衍生产品交易的基本交易成本和税收因素。
- 研究衍生产品的基本监管问题。

在第 1 章中，我们介绍了衍生产品的概念，它是双方之间签订的金融合约，规定由一方向另一方进行支付，支付金额由另一个因素决定，该因素被称为基础工具。衍生产品的价值衍生自其他工具，具体来说就是基础工具。我们已简要介绍了衍生产品的定义和基本特征。现在，我们将更全面地考察衍生产品，并探讨衍生产品市场和衍生产品交易的特点。

2-1 衍生产品的类型

如上所述，衍生产品交易有两个参与方，它们通常被称为买方和卖方。买方也被称为做多，有时被称为多方。卖方被称为做空，有时被称为空方。买方和卖方有时也被称为彼此的交

易对手。因此，从买方的角度来看，交易对手是卖方；从卖方的角度来看，交易对手是买方。我们已经知道，衍生产品包括期权、远期、期货和互换以及它们的各种组合，以及嵌入衍生产品的金融工具。我们介绍的重点是基本的衍生产品：期权、远期、期货和互换。下面我们先来考察期权。

2-1a 期权

我们介绍了期权的概念，它是双方之间签订的合约，规定买方向卖方购买以固定价格买入或卖出基础工具的权利。与任何合约一样，各方都会向对方提供某种东西。买方向卖方支付一笔费用，被称为**期权费**（premium），是期权的价格，有时也被称为期权的价值，稍后我们将明确区分远期、期货和互换的价格和价值。卖方给予买方以固定价格买入或卖出基础工具的权利。

买入某种工具的期权是**看涨期权**（call option），卖出某种工具的期权是**看跌期权**（put option）。期权买方可以按固定价格买入或卖出基础工具，该固定价格被称为**执行价格**（exercise price）、**行权价格**（strike price）或**履约价格**（striking price），有时也简称为**行权价**（strike）。此外，期权有一定的期限。以固定价格买入或卖出基础工具的权利将存续至特定**到期日**（expiration date）。用看涨期权买入基础工具或用看跌期权卖出基础工具的过程被称为**执行**（exercise）期权。

> 看涨期权给予买方在特定条件下买入基础工具的权利，而看跌期权给予买方在特定条件下卖出基础工具的权利。

许多类型的基础工具都有期权，不过现在我们将集中讨论普通股的期权。① 考虑下面的例子：2014 年 4 月 29 日，多家交易所发售微软公司股票的期权，此时股票售价为 40.72 美元。该看涨期权的执行价格为 43 美元，到期日为 2014 年 6 月 21 日。该期权的买方有权在 2014 年 6 月 21 日之前的任何时间以每股 43 美元的价格买入该股票。因此，该期权的卖方有义务在 2014 年 6 月 21 日前买方所希望的任何时间以每股 43 美元的价格卖出该股票。为了获得这个特权，买方将向卖方支付 0.33 美元的期权费或价格。

为什么双方会签订看涨期权合约？一方面，看涨期权买方不会立即执行期权，因为他可以在市场上以 40.72 美元的价格买入股票，该价格低于 43 美元的执行价格。看涨期权买方必然希望在期权到期之前，股票价格将上涨至 40.72 美元以上，否则，他不会希望执行期权，也就没有理由购买期权。另一方面，看涨期权卖方希望股票价格在期权到期之前不超过 40.72 美元，他希望看涨期权不被执行。如果以该价格进行交易，那么可以将 0.33 美元的期权费视为看涨期权买方的赌注，赌的是 2014 年 6 月 21 日之前股票价格将升至 43 美元以上。② 然而，这并不是投机，看涨期权买方和（或）卖方可以使用期权来保护股票或其他衍生产品头寸——这是一种被称为对冲的策略，我们将在本书后面部分详细探讨。

假设股价在买入看涨期权之后立即上涨，因为执行价格不变，所以看涨期权的价值现在升高了：它允许持有者以固定价格买入基础证券，而现在基础证券的价值升高了。因此，具有相

---

① 正如我们在第 1 章中指出的，衍生产品的基础工具不仅包括资产，还包括利率、期货合约和天气，而这些都不被视为资产。因此，业界通常使用“基础工具”一词来表示衍生产品所基于的工具。

② 正如我们将在第 6 章中看到的，基础工具的价格至少必须比执行价格高出相当于期权费的金额，这样看涨期权买方才能获利。

同条款的新看涨期权将以更高的期权费出售。因此，具有相同到期日和执行价格的旧看涨期权也必须以更高的期权费出售。同理，如果股价下跌，看涨期权的价格也会下跌。显然，看涨期权买方对股票看涨。

股票价格超过执行价格的看涨期权被称为**价内期权**（in-the-money）。然而，正如我们将在第 3 章中看到的，价内看涨期权不一定在到期之前执行。如果股票价格低于执行价格，则称看涨期权是**价外期权**（out-of-the-money）。价外看涨期权永远不应被执行。价内看涨期权可能被执行，但最好多持有它们一段时间，因为那时它们的价内程度有望提高。如果股票价格等于执行价格，则称期权为**平价期权**（at-the money）。我们将在第 3 章中更全面地探讨这些问题。

看跌期权是卖出基础工具的期权。以 2014 年 4 月 29 日微软公司股票的看跌期权为例，它的每股执行价格为 43 美元，到期日为 2014 年 6 月 21 日。它允许看跌期权持有者在 2014 年 6 月 21 日前的任何时间以每股 43 美元的价格卖出股票。如前所述，股票售价为 40.72 美元。因此，看跌期权持有者可以选择执行期权，以每股 43 美元的价格将该股票卖给看跌期权卖方。然而，看跌期权持有者可能更愿意等待并观望股价是否会在跌穿执行价格后继续下跌。看跌期权买方希望股价下跌，而看跌期权卖方希望股价保持不变或上涨。

该看跌期权的期权费为 2.91 美元，由买方支付给卖方。看跌期权的期权费可以被视为买方的赌注，赌的是股票价格在 2014 年 6 月 21 日之前不会涨到每股 43 美元以上。看跌期权卖方将接受期权费，因为这被认为是愿意在 2014 年 6 月 21 日前的任何时间以 43 美元的价格购买股票的公平补偿。与看涨期权的情况一样，看跌期权买方、卖方或双方都可能使用看跌期权来对冲股票或其他衍生产品的头寸。

由于看跌期权允许持有者以固定价格卖出股票，因此股价下跌将使看跌期权价值上升：持有者有权以固定价格卖出股票，而股票现在以更低的价格卖出。相反，如果股价上涨，看跌期权价值就会降低。很明显，看跌期权买方对股票看跌。

如果股票价格低于执行价格，则称看跌期权是价内期权。在第 3 章中我们将看到，有时（但并非总是）在到期之前执行价内看跌期权是最优的。看跌期权持有者可能会等待并观望它的价内程度是否会提高。如果股价高于执行价格，那么看跌期权就是价外期权，价外看跌期权永远不应被执行。当股价等于执行价格时，看跌期权是平价期权。

期权有两种主要的执行类型：美式和欧式。[①] 美式期权可以在到期之前的任何时间执行，欧式期权只有在到期时才能执行。这些条款与创建或交易期权的地点没有任何关系，它们只是执行方式的名称。[②] 我们经常将期权称为美式看涨期权、美式看跌期权、欧式看涨期权和欧式看跌期权。

> 美式期权可以在到期日前的任何时间执行，包括到期日，而欧式期权只能在到期时执行。

2-1b 远期合约

在微软公司的例子中，股价为 40.72 美元，我们注意到，只要花 0.33 美元，就可以买入看涨期权，从而能在 2014 年 6 月 21 日之前以 43 美元的价格买入股票。或者，只要花 2.91 美元，就可以买入看跌期权，从而能在 2014 年 6 月 21 日之前以 43 美元的价格卖出股票。这两

① 这些特征有时被称为“美式”和“欧式”。

② 我们不知道这些名称是如何产生的。你可以将它们想成法式炸薯条、意大利面酱、加拿大培根和德国巧克力蛋糕，这些食品并不一定产自与其名字有关的国家。

个期权都提供了执行期权的权利而非义务。如果股票在到期时跌破 43 美元，看涨期权买方将让期权到期而不执行。如果股票在到期时升至 43 美元以上，看跌期权买方将让期权到期而不执行。在每种情况下，在市场上都可以获得比执行期权更好的价格。

远期合约（forward contract）去掉了权利的概念，并代之以义务。它是双方彼此承诺在未来某个日期以固定价格进行交易的协议。双方——买方和卖方——同意在到期日交换与基础工具有关的资金。这里沿用微软公司的例子，双方可能同意买方将在 2014 年 6 月 21 日以 41 美元的价格买入股票。41 美元的金额被称为**远期价格**（forward price），它有些类似于期权的执行价格。但是，非常重要的一点是，与期权不同，在交易开始时通常没有资金交易。41 美元的金额是唯一价格，其中买方对卖方所负义务的价值恰好等于卖方对买方所负义务的价值。我们将在第 8 章看到如何推导出该价值。

> 远期合约是双方承诺在某个未来日期以固定价格进行交易的协议。

现在，如果你买入执行价格为 43 美元的看涨期权，并卖出执行价格为 43 美元的看跌期权，那么你实际上有义务以 43 美元的价格买入股票。换言之，如果到期时股价高于 43 美元，那么你将执行期权，并以 43 美元的价格买入该股票。如果到期时股价低于 43 美元，那么买入看跌期权的一方就会执行看跌期权，以 43 美元的价格将股票卖给你。所以无论哪种情况，你都会在到期时以 43 美元的价格买入股票。这种安排将导致你支付 0.33 美元的看涨期权期权费，并收到 2.91 美元的看跌期权期权费，净流入为 2.58 美元。现在，如果我们稍作改变，买入和卖出与上述例子具有不同执行价格的期权，将会如何？假设执行价格为 41 美元的看涨期权的期权费与执行价格为 41 美元的看跌期权的期权费相同。那么，将不会有净现金流出或净现金流入，因为期权费将彼此抵消。但是，假设我们没有使用期权，而只是同意一方将在 2014 年 6 月 21 日以 41 美元的价格向另一方购买股票，在这种情况下，我们执行的其实是远期合约。

因此，远期合约等同于以看涨期权期权费与看跌期权期权费相等的特殊价格买入看涨期权并卖出看跌期权。我们稍后会详细研究这些问题。然而，现在你应该明白，远期合约要求各方在到期时以远期价格买入或卖出基础工具。你还应该明白，如果将期权以某种方式结合起来，可以实现相同的目的。

2-1c 期货合约

期货合约与远期合约非常相似，但多了几个关键特征。远期合约通常是由合约双方定制的，他们约定了价格以外的所有条款，而且他们彼此之间必须非常信任。在微软公司的例子中，远期价格为 41 美元，买方有义务以 41 美元的价格买入股票，卖方则有义务以 41 美元的价格卖出股票。在到期日，如果一方无法履行义务，会发生什么情况？如果它是远期合约，则该方违约，这相当于未能按要求偿还贷款。而债主一方的情况也好不过其他债权人，他必须等待违约方的破产进程排到向他清偿欠款。

期货合约解决这个问题的办法是，创建具有标准条款和条件的远期合约，并在期货交易所和清算所内执行这些合约。标准化是指期货交易所规定了期货交易的基础资产和允许的合约到期日以及其他某些条款，但是期货交易所并不规定双方的交易价格。买方和卖方在协商过程中对期货价格达成一致。稍后我们将学到，远期价格和期货价格相当接近，甚至可能几乎相同，尽管它们可能是不同的。

通过将这些类型的合约标准化，期货交易所创造了买卖双方之间的交易市场，因而使该市场具有流动性，这意味着它们相对容易买卖。例如，一方可以按 41 美元的价格买入微软公司股票的期货，我们称之为**期货价格**（future price），然后以不同的价格将其回售。期货交易所保证每个卖方都对应一个买方，每个买方都对应一个卖方。然而，交易所并不保证价格，交易者肯定会面临价格波动的风险，我们将在本书后面花大量篇幅讨论这个问题。

如前所述，远期合约可能导致一方对另一方违约。期货合约有信用担保，这意味着如果一方向另一方收款，不必担心收不到款。如果一方违约，期货交易所将通过其清算所向收款方支付。期货交易所及其清算所可以要求各方在名为保证金账户的特殊账户中保留资金来实现该过程。清算所每天借记亏损方的账户，并贷记盈利方的账户。这个过程叫作日结，意味着损失在发生后不久就被结清了。这样，一方就不会在必须支付款项之前背上沉重债务。本章后面将详细介绍这一过程。

> 期货合约是一种适销的远期合约。它是在交易所交易，并由清算所提供担保的标准化合约。

2-1d 互换

互换有点类似于远期合约，因为它是在未来某个日期进行交易的坚定承诺，所有条款均由双方定制。然而，互换比远期合约的概念更进一步。远期合约是双方在未来某个日期进行单笔交易的承诺。而互换双方承诺在不同的未来特定日期进行一系列交易。互换通常被定义为双方协议交换一系列现金流。但更确切地说，它是指双方进行一系列交易。

这里沿用微软公司的例子，双方可能进行互换，在一系列未来特定日期，一方同意向另一方支付 44 美元，另一方则同意支付相当于在这一系列未来日期微软公司股价的金额。该协议被称为股权互换，报酬通常以现金结算，一方向另一方支付股价与 44 美元之差。这是本书后面将详细介绍的特征。不过，现在让我们来看一种不同类型的互换，即利率互换，这是最常见的互换类型。

假设双方同意在一系列未来日期中，一方（甲方）将根据约定的本金向另一方（乙方）支付固定利息，后者将按浮动利率向前者支付利息。浮动利率将是双方约定的任何利率，但通常是公认利率。重点是，它是浮动利率，这意味着它是变化的。因此，就像微软公司未来的股票价格一样，它是不确定的。所以甲方向乙方支付一系列固定利息，而乙方则向甲方支付一系列浮动利息。实际程序要求一方向另一方支付两笔款项之差。

> 互换是双方承诺在不同的未来特定日期进行一系列交易的合约，通常涉及一系列现金流的交换。

我们也可以基于外币利息支付构建互换，其中一方支付一种货币，另一方支付另一种货币。或者，我们也可以根据由商品（例如石油或黄金）价格决定的支付金额构建互换。关键因素是，至少有一组支付必须是不确定的。

2-1e 其他类型的衍生产品

期权、远期、期货和互换是衍生产品的主要类型，但还有更多衍生产品。然而，所有衍生产品要么是资产和衍生产品的组合，要么是以衍生产品作为基础工具的衍生产品。当资产与衍生产品结合时，我们通常说衍生产品被嵌入资产。例如，可赎回债券是发行人可以提前赎回的债券，本质上是附于债券的看涨期权。可回售债券是持有者可以提前回售的债券，本质上是附于债券的看跌期权。可转换债券是可以由持有者将其转换为股票的债券，它本质上是基础股票的看涨期权，附于公司发行的债券上。还有许多债券与基于其他资产（如股票指数）的看涨期权相结合，实质上提供了无风险收益。此外，还有以衍生产品作为基础工具的衍生产品，尤其是稍后我们将学习基础工具为期货或互换的期权。另一类主要的衍生产品是信用衍生产品，这种衍生产品的报酬基于一方是否对债务违约。

衍生产品在理解其他许多金融工具如何运行方面也起着重要作用，尤其是后面我们会看到，发行人在违约时承担有限责任的债券类似于期权。衍生产品对于理解公司选择提供什么产品也很有用。例如，分析是否推出新产品的传统方法是基于净现值概念——产品预期产生的所有现金流，尤其是在开始推出新产品时和之后的所有现金投资的贴现价值。贴现率反映了资金占用成本、通货膨胀和投资风险。如果计算出的净现值为正，则表示预期现金流入的现值超过预期现金流出的现值，这通常表示公司应该推出该产品。但这是一种线性分析，它在一开始就做出所有决策。某些项目提供了延迟项目启动、延长项目期限、增减项目规模或提前终止项目的机会。这些决策是在获得信息时做出的，但并非一开始就能获得所有信息。调整公司投资的灵活性被称为**实物期权**（real option）。实物期权对公司来说非常有价值。它们使本来在经济上不可行的项目在经济上变得可行。实物期权的价值主要借助传统期权估值方法计算。本书不会介绍实物期权，但我们会介绍传统期权的估值，当你以后遇到实物期权时，这一内容将对你有帮助。

2-2　衍生产品市场的起源与发展

要理解今天的衍生产品市场如何运作，重要的是回顾衍生产品的历史和演变。虽然衍生产品不像股票和债券那么古老，但有证据表明在中世纪时期就已存在远期合约。此外，17 世纪的日本稻米市场上也存在类似于期货合约的工具。首个有明确记载的正式衍生产品市场是 1848 年成立的芝加哥期货交易所（Chicago Board of Trade，CBOT）。

成立芝加哥期货交易所是为了交易指定交割条件合约（to-arrive contracts），该合约是与期货合约类似的标准化工具，也是 19 世纪中叶芝加哥谷物市场不断增长的产物。在丰收时期，农民会把谷物运到芝加哥卖给用谷物生产食物的公司。由于谷物供给的季节性非常强，因此价格将随着收割带来的供给增加而急剧下降，并随着供给的减少而上涨。一群商人看到了机会，这个机会不仅能使他们从中获利，而且能使市场更好地运行。他们创造了所谓的指定交割条件合约，农民可以签订协议，规定在以后某个日期出售谷物，并在特定日期和地点交割。有了指定交割条件合约，农民甚至可以在种植谷物之前就把它卖掉。这种工具不仅带给了农民很大的灵活性和价格确定性，而且同样使最终买家受益。它还缓解了芝加哥在收割时期应对大量谷物供应的压力。农民可以在正常时间收割谷物，将其储存在芝加哥以外的某个地方，以后再于芝加哥或其他地方交货。有了指定交割条件合约以后，季节性造成的价格波动大大降低。

2-2a　商品衍生产品的演变

很快，指定交割条件合约就成为一种非常有吸引力的工具。如果有人相信未来某个日期的谷物价格将升高，那么他现在可以买入这些谷物，但是他必须将它们储存起来，这样会产生很高的成本。或者，他也可以买入指定交割条件合约，这只是一张纸，基本上没有储存成本。如果谷物价格确实上升，那么指定交割条件合约持有者就可以交割谷物，支付开始时约定的固定价格，然后以较高价格在市场上出售谷物。更好的做法是以更高的价格将指定交割条件合约卖给别人。因此，认为谷物价格将上升的人会买入指定交割条件合约。如果谷物价格上升，要求交割谷物的新指定交割条件合约价格同时也会上升。持有之前购买的合约的一方可以将其以较高价格出售给他人。新买方将有义务在到期时交割或将其出售给他人。通过交易这些合约，各方不必在合约到期前实际经手谷物就可以转移风险。实际上，他们是在不交易实际商品的情况下转移风险。

这种交易开始蓬勃发展。投机者会根据他们对天气和谷物产量的预期来预测价格的升降，并持有这些合约的头寸，从而根据他们的预测准确性获利或亏损。但更重要的是，投机者不必持有或交割谷物。当然，合约空头方最终会在到期时将谷物交割给合约多头方，但多数市场参与者不需要交易谷物。[①] 于是，这些投机者将为市场提供巨大的流动性，和现在一样，他们承担价格风险的意愿对当时的市场运行起到了重要作用。

这些指定交割条件合约很快就被称为期货。在芝加哥期货交易所成立后的前120年，所有期货交易基本上都基于通过农业和采矿活动生产出的商品。事实上，这些工具通常被称为**商品期货**（commodity futures），它们基于小麦、玉米、大豆、黄金和白银等产品。到19世纪后半叶，芝加哥期货交易所已经垄断了期货交易，但其农产品期货合约大多局限于谷物。不过，1898年，芝加哥期货交易所遇到了第一个竞争对手——芝加哥黄油和鸡蛋交易所（Chicago Butter and Egg Board）。后者专门从事鸡蛋、牛奶和肉类等畜产品的期货交易，该交易所很快改名为芝加哥商品交易所（Chicago Mercantile Exchange，CME），并成为世界上最大的交易所。

20世纪20年代中期，期货业一个极为重要的发展是成立了清算所。如前所述，清算所向各方保证，如果对方违约，清算所将补偿损失，我们将在后面介绍这种运行机制。现在，我们只需要知道，到1925年左右，现代期货合约的概念已经牢牢建立，自此以后基本没有变化。

2-2b 金融衍生产品的出现与演变

美国商品衍生产品的迅猛增长无疑反映了美国农业的增长。美国中西部地区成为地球上生产力最高的耕地之一。食品生产的这种增长推动了商品期货的迅猛增长，这种利用期货对食品价格波动风险进行投机和对冲的能力给美国公民和美国公司带来了巨大机遇。食品买卖双方都发现，当他们知道将要收到的或支付的价格时，制订计划变得容易多了。商品价格波动为投机者提供了巨大机会，这些投机者承担了有人不愿承担的价格风险，从而发挥了重要作用。

但商品不是消费者和公司担心价格会波动的唯一资产。20世纪70年代初，美国的期货交易所认识到货币可能是终极商品，而货币价格是波动的。尽管利息是单一货币的价格，但衍生产品行业首先将目光投向以另一种货币表示的货币价格。

大约在1970年以前，汇率一般由政府规定，而且是固定的，这是同盟国在二战结束阶段达成协议的结果。人们不必担心以后将一种货币兑换成另一种货币的汇率。汇率是固定的，这看起来很方便——但事实上，这是非常低效的。如果一种货币的需求超过另一种货币的供给，固定汇率就会导致有多余货币的一方无法在市场上出售该货币。最终，这将导致一种货币短缺和另一种货币盈余。对于人为设定汇率高于应有汇率的货币，投资者也更容易丧失信心。1970年，这种汇率制度宣告终结。

---

① 理论上，到期之前每个多头可能与每个空头抵消，但在实际中不会发生这种情况。

因此，货币供求变得更加一致，但现在汇率是波动的。芝加哥商品交易所将这一事件视为推出多种主要外币期货合约的机会。奇怪的是，外币期货交易水平从来没有达到随后推出的某些期货的交易水平，但它确实是先行者。外币期货证明，货币确实是终极商品，而货币衍生产品是存续至今的伟大创新。货币衍生产品被称为**金融期货**（financial futures）。

> 1973 年是衍生产品市场的关键一年，在这一年中，布莱克-斯科尔斯-默顿期权定价模型发布，芝加哥期权交易所开业。

1973 年，发生了足以载入衍生产品史册的两件事。费希尔·布莱克（Fischer Black）、迈伦·斯科尔斯（Myron Scholes）和罗伯特·默顿（Robert Merton）开发出了一个可帮助确定期权适当价值的模型。第 5 章将介绍该模型，并且本书大部分内容都会使用该模型。在它的刺激下，大量期权和一般衍生产品交易涌现，模型提出者获得 1997 年诺贝尔经济学奖。同样是在 1973 年，名为芝加哥期权交易所（Chicago Board Options Exchange，CBOE）的新交易所从芝加哥期货交易所剥离，为标准化期权交易提供了第一个有组织的交易所。

1975 年，芝加哥商品交易所的跨镇竞争对手——芝加哥期货交易所决定推出抵押贷款支持证券合约，进入金融期货领域。这类工具允许对美国住房抵押贷款利率进行对冲和投机。然而，这种合约的成交量不高，最终终止交易。①

芝加哥商品交易所感觉到了金融期货的激烈竞争，于 1976 年推出了美国国库券（即美国政府发行的短期债券）期货合约。多年来，这种合约都非常成功，但最终被欧洲美元期货合约（我们稍后将进行讨论）夺去风头，美国国库券期货合约的交易量逐渐下降，最终终止交易。芝加哥期货交易所于 1977 年推出美国长期国债期货合约，稳固了其在中长期国债市场上的地位，从而强势反弹。这种合约推出后立即获得成功，此后交易一直非常活跃，并且衍生出多种类似的中期国债期货合约，它们都非常成功。

然而，所有利率期货中最成功的是芝加哥商品交易所的欧洲美元期货合约。在 1982 年推出的欧洲美元期货合约是一种期货，其基础工具为欧洲美元利率，这是一家伦敦银行向另一家伦敦银行贷款的利率。这种利率也被称为伦敦银行间同业拆借利率（London interbank offered rate，LIBOR），在金融市场上起着重要作用，稍后我们会详细介绍。由于 LIBOR 作为一种常用利率已经成为许多定制化远期、互换和期权的基础工具（稍后我们将进行讨论），因此这种合约的交易量巨大，且常用于对冲这些定制化衍生产品。同样在 1982 年，美国期货监管机构——商品期货交易委员会（Commodity Futures Trading Commission，CFTC）——批准交易所交易一种新工具，即以期货为基础工具的期权。以前市场上交易过类似工具，被称为商品期权，但是由于它在 20 世纪 20—30 年代被一些不法经纪商使用而被取缔。自 1982 年以来，期货期权一直是市场上的重要力量。本书后面将详细介绍。

同样是在 1982 年，芝加哥期权交易所推出第一个股指期权，它以 CBOE 100（一个包含 100 只大盘股的新指数）为基础工具。事实证明，该期权非常成功，其股票代码 OEX 广为人知。该指数最终由标准普尔接手维护，并更名为标准普尔 100 指数。1983 年，第一个股指期货合约发行，出人意料的是，它由堪萨斯城期货交易所（Kansas City Board of Trade）推出，这是一家专门交易小麦期货的小型交易所。这种合约的基础工具是投资分析公司价值线（Value Line）创建的一个指数，它只取得了一定程度的成功，且已不复存在。几个月后，芝加哥商品交易所推出了标准普尔 500 股指期货合约，该合约非常成功，是目前交易最为广泛的期货合约

① 这种合约虽然经过多次改动和重新推出，但仍未能达到很高的交易量。

之一。芝加哥期权交易所还推出了标准普尔500指数期权，并且大获成功，成为当今市场上最活跃的期权合约之一。芝加哥期权交易所还在1993年推出了灵活（FLEX）期权，使用户能根据偏好选择执行价格和到期日。灵活期权与期权市场的标准化产品有显著差异。

毫无意外，美国衍生产品交易所的捷足先登催生了一批非常成功的国外交易所。第一家大获成功的非美国交易所可能是伦敦国际金融期货交易所（London International Financial Futures Exchange，LIFFE），该交易所始建于1982年。20世纪80年代，巴黎、布鲁塞尔和阿姆斯特丹也出现了其他衍生产品交易所，这三家交易所在2000年合并为泛欧证券交易所（Euronext）。2001年，泛欧证券交易所收购了伦敦国际金融期货交易所，成为一家超级强大的交易所，对美国以芝加哥期权交易所、芝加哥期货交易所和芝加哥商品交易所为首的衍生产品交易所在世界衍生产品市场上的主导地位构成了重大竞争威胁。2007年，它甚至收购了有215年历史的纽约证券交易所（New York Stock Exchange，NYSE），后者是历史上最古老、最有声望的金融市场之一。合并后的机构现在被称为纽约泛欧证券交易所（NYSE Euronext）。1998年，一家德国衍生产品交易所（德意志交易所，Deutsche Terminbörse）和一家瑞士衍生产品交易所（瑞士期权和金融期货交易所，Swiss Options and Financial Futures Exchange）合并成为一家名为欧洲期货交易所（EUREX）的强大交易所。

这时，世界经济日益全球化，意味着如果一方可以在美国交易所进行交易，那么也可以很容易地在非美国交易所进行几乎相同或至少类似的交易。在这些欧洲交易所的竞争威胁压力下，2007年，芝加哥期货交易所和芝加哥商品交易所说服美国司法部允许它们合并，从而成为一家名为芝加哥商品交易所集团的交易所。芝加哥期货交易所继续作为芝加哥商品交易所的子公司运营，但这两家交易所实际上在同一大楼内经营所有业务。① 一年之后，美国第三大交易所——纽约商品交易所（能源衍生产品的大型市场）——也成为芝加哥商品交易所集团的一部分。因此，实际上，美国三大期货交易所合并为一家交易所。

2013年，纽约泛欧证券交易所的所有权被洲际交易所（Intercontinental Exchange，ICE）获得，该交易所是2000年成立的一家美国交易所，专注于电子交易，而不是实际场内交易。② 另外，OMX是一家非常成功的交易所集团，包括挪威、瑞典和芬兰的交易所，它于2008年收购了美国证券交易所纳斯达克。

日本、印度、巴西、中国和其他国家的交易所也有大幅增长。国际上大量交易所的合并和发展中国家的交易所增长使衍生产品行业更加一体化。因此，随着不同的法律制度和商业实务开始相互冲突，情况变得更为复杂。尽管如此，这些变化仍带来了持久活力和高度竞争，使这个行业不断创新。

2-2c 场外衍生产品市场的发展

然而，交易所上市衍生产品市场并不是唯一创造衍生产品的场所。它们是标准化的，但许多市场参与者需要灵活地根据其特定需求定制衍生产品合约的条款，被称为场外市场的交易商市场就提供这种合约定制服务。

场外市场是指投资者在证券交易所外购买股票和债券的旧有做法。投资者去经纪商办公室

---

① 尽管这两家交易所合并成一个名为芝加哥商品交易所集团的交易所，但这两家交易所都在芝加哥著名地标建筑——芝加哥期货交易所大楼营业。

② 本章稍后将讨论电子交易与实物交易。

就地买卖证券，字面意思是“在柜台上交易”。[①] 在股票市场中，场外交易（over-the-counter，OTC）是指不在主要交易所进行的证券交易。因此，在美国，纳斯达克市场通常被视为证券的场外市场，但这会产生误导。纳斯达克是一家交易所，只不过它不在纽约证券交易所等中央有形市场上运行。场外市场的概念有些过时，它有时被称为交易商市场，但这个术语也有误导性，因为多数交易所上市市场都有交易商。所谓交易商是指随时准备为满足公众参与者的需求而进行买卖的一方。对场外衍生产品市场稍微准确的描述是，它是定制化的非标准衍生产品市场。尽管如此，我们仍将继续使用场外市场这个词来形容这个市场，因为这是通用术语。

我们无法非常准确地指出场外衍生产品市场如何发展。它不是一个正规市场。从技术上讲，任何两方都可以进行衍生产品交易，而这种交易将被视为发生在场外市场中。它没有会员资格或许可证要求。因此，其市场起源必须追溯到提供第一张衍生产品合约时。导致交易所上市衍生产品市场诞生的某些工具本身就是场外衍生产品。有证据表明，在圣经时代以及早期希腊文明时代就可能存在衍生产品的某些雏形。在美国，众所周知，19 世纪（即芝加哥期货交易所成立的年代）就存在期权。另外，20 世纪 70 年代就已经存在从事期权交易的公司协会（称为“看跌期权与看涨期权经纪商与交易商协会”）。这些公司为买卖双方做市并安排交易。然而，1973 年芝加哥期权交易所成立后，这个组织最终走向消亡。

回想一下，从 20 世纪 70 年代初开始，外汇汇率就可以波动。作为应对，芝加哥商品交易所建立了货币期货市场。同时，许多金融机构开始对外币远期做市。这个市场最终变得极为庞大，并存续至今。

然而直到 20 世纪 80 年代中期左右，外币远期市场实际上是唯一的场外衍生产品市场。1981 年左右诞生的互换在 20 世纪 80 年代中期开始起步，越来越多的金融机构看到了成为交易商的机会，并在这个规模不大但迅速增长的市场上占据一席之地。场外衍生产品市场自 20 世纪 80 年代以来迅速发展，并提供各种定制化期权、互换和远期。

我们稍后将介绍，场外市场近年来开始与交易所上市市场进行合并。2008—2009 年金融危机后制定的法规已经开始要求场外市场变得更透明，并通过清算所进行交易，从而建立保证金账户并收取保证金，以及每日结算账户并提供担保以避免信用损失。之后我们会再次考察这些内容。

联系现实

大学橄榄球联赛期权

在美国，大学橄榄球联赛是最受欢迎的运动赛事之一。其主管机构，全美大学体育协会（National Collegiate Athletic Association，NCAA）2013 年的报告称，超过 5 000 万人现场观看了大学橄榄球联赛。数以亿计的观众观看了这些比赛的电视转播。2013 年，亚拉巴马大学红潮橄榄球队的收视率领跑全国，超过 650 万球迷观看了该队的比赛。大学橄榄球联赛为美国经济贡献了数十亿美元。

尽管许多体育场能坐下 9 万多名球迷，但对球迷来说仍然一票难求，尤其是最重要的比赛。从 2015 年 1 月开始，全美大学体育协会正式实行季后赛制，其中排名最高的四支球队将打三场比赛来决定全国冠军。这种并不尽如人意的季后赛制存在多年后，该项赛事开启了一个

① 像银行和许多公众服务机构一样，大部分都有柜台，将客户和员工分开。客户走进去，交付现金，并收到证券。这些证券被称为“在柜台上交易”。

新时代，其中一场比赛——冠军赛——最能吸引球迷的兴趣。

尽管冠军赛总是在大型体育场进行，但门票需求可能远远超过供给。当然，在经济学上，当需求超过供给的时候，价格会上涨，促使供应商向市场提供更多商品。但增加门票供给的能力极为有限，毕竟座席是有限的。对于体育比赛门票，生产者不能简单地提高产量。

这些门票存在二级市场，但存在某些严格限制。许多球迷不会以任何价格出让门票，这点似乎违背供求定理。供求定理通常认为，任何供应商都将愿意以某个价格出让商品。然而，美国大学橄榄球联赛的狂热粉丝并不符合基本经济模型。而且，体育赛事门票在某个方面有点像农产品。农民可能会把一些玉米带到市场上卖，但是作为玉米爱好者，他们也会留下一些自己吃。即使价格较高，他们愿意放弃的当前消费也是有限度的。

此外，在美国，有些法律禁止门票售价超过赛事组织者提供的原价。以高于原价的价格出售门票的行为叫倒卖黄牛票，这种行为尽管在很多地区都是非法的，但在一定程度上仍然存在。尽管倒卖黄牛票只是自由市场对需求远远超过供给的反应，但倒卖黄牛票通常来说极为少见。而且，黄牛票价格通常是赛事组织者规定的原价的两到三倍。

总之，许多忠实球迷多年来一直观看他们支持的球队的每场比赛，但他们实际上没有机会购买门票，或者至少没有机会以他们负担得起的价格购买门票。

但是，一家名为“远期市场媒体”（Forward Market Media）的公司将其创意与衍生产品相结合，给这些球迷带来了希望。远期市场媒体公司已经经营了好几年，并且已经成功运营了其他重要赛事，尽管它们不如这种冠军赛出名。

从 2014 年 5 月开始，球迷可以上网并支付 20 美元预订冠军赛门票。球迷必须声明他看好哪支球队，这可能是他最喜欢的球队。如果他的球队参加了冠军赛，他可以花 450 美元买票。每队将分配到 1 250 张门票。因此，这些票中最终只有 2 500 张有价值。

每张这种门票本质上都是一手价格为 20 美元的期权，如果某支特定球队晋级冠军赛，这手期权就将到期。这比本章中说明的期权稍微复杂一些。20 美元显然是期权费，它是提前支付的，不能退回。450 美元看起来是执行价格，如果球迷认为观看比赛的价值超过 450 美元，他将执行期权，支付 450 美元，并获得门票。但是期权可执行的条件并不是比赛对球迷而言的价值。该期权只有在球迷支持的队伍晋级冠军赛时才能执行，而只有两支球队能晋级冠军赛。

所以这种期权本质上有两种基础资产：一种是比赛对球迷而言的价值，另一种是球迷支持的球队是否晋级冠军赛。涉及多种资产的期权在金融市场中并不常见，但确实存在。例如，投资者可以购买看涨期权，如果某只股票的价格高于或低于特定水平，则持有者能以固定价格买入另一只股票。这些类型的期权属于一类称为奇异期权的衍生产品。虽然我们不会介绍这些多资产期权，但我们将在第 13 章介绍其他几种奇异期权。

这里的重点是，通过使用衍生产品的概念，忠实球迷可以得到观看自己支持的球队参加冠军赛的公平机会。

资料来源：Rachel Bachmann, “Reserve a Ticket to the College Football Playoff, with a Stock Market Twist,” *Wall Street Journal*, May 23, 2014。

2-3 交易所上市衍生产品交易

我们已经简单介绍了衍生产品交易所的由来。现在，让我们来仔细考察它们的现状以及运作流程。

2-3a 衍生产品交易所

正如我们之前讨论的，19 世纪中叶，衍生产品交易所随着芝加哥期货交易所的创立而发展起来。我们提到了这些年来的大量兼并事件以及其他国家交易所的大幅增长。表 2.1 列出了《期货业》(*Futures Industry*) 杂志报道的全球最大的 20 家衍生产品交易所，并按 2013 年的交易量排序。最后一列为未平仓合约数量，它表示已创建但未平仓的合约数量。我们后面会讨论这个概念。

表 2.1　最大的衍生产品交易所

排名	交易所	2013 年的交易量（手）	2013 年末的未平仓合约数量（手）
1	芝加哥商品交易所集团	3 161 476 638	83 904 116
2	洲际交易所	2 807 970 132	135 377 377
3	欧洲期货交易所	2 190 548 148	77 090 544
4	印度国家证券交易所	2 135 637 457	7 786 961
5	巴西证券期货交易所（巴西）	1 603 600 651	56 666 689
6	芝加哥期权交易所控股公司	1 187 642 669	351 428
7	纳斯达克 OMX	1 142 955 206	7 196 312
8	莫斯科交易所	1 134 477 258	5 233 255
9	韩国交易所	820 664 621	2 683 821
10	印度多商品交易所	794 001 650	745 474
11	大连商品交易所（中国）	700 500 777	3 153 905
12	上海期货交易所（中国）	642 473 980	2 093 921
13	郑州商品交易所（中国）	525 299 980	1 998 727
14	日本交易所集团	366 145 920	5 436 115
15	香港交易所	301 128 507	8 183 801
16	澳大利亚证券交易所集团（澳大利亚）	261 514 098	13 956 878
17	孟买证券交易所（印度）	254 845 929	32 801
18	南非约翰内斯堡证券交易所	254 514 098	17 857 396
19	中国金融期货交易所	193 549 311	123 166
20	TMX 集团（加拿大）	155 753 473	4 329 062

资料来源：http：//www. futuresindustry. org/files/css/magazineArticles/article-1612. pdf。

> 衍生产品交易所的全球交易量巨大，2013 年，8 家交易所的交易量超过 10 亿笔。

可以看出，2013 年有 8 家交易所的交易量超过 10 亿手。然而，应该指出，这张榜单每年都会发生巨大变化，原因是一些交易所进行了合并，而另一些交易所推出了新的成功产品。例如，洲际交易所现在包括纽约泛欧交易所，后者在过去几年中名列前茅。当然，芝加哥商品交易所集团由芝加哥商品交易所、芝加哥期货交易所和纽约商品交易所合并而来，其中每家交易所的交易量排名曾经都很高。

虽然1手合约是交易的基本单位，但是有一个重要因素使我们在解释成交量这个数字时遇到了问题。正如我们稍后将详细讨论的，合约有指定规模。例如，芝加哥商品交易所集团的欧洲美元期货合约规模为100万欧洲美元存款。芝加哥商品交易所的子公司——芝加哥期货交易所的长期国债期货合约规模为10万美元美国国债。要使名义金额相同，10手国债期货需要匹配1手欧洲美元期货。我们很难比较1手1 000桶石油的合约与1手购买100股特定股票的期权合约。无论基础工具是什么，它们的合约数量都相同，实际上没有其他办法对其进行计算。

一些交易所作为营利公司运营，由具备会员资格的交易商拥有，有些交易所本身就是上市公司。例如，芝加哥商品交易所集团和芝加哥期权交易所的股票都在纳斯达克交易所上市。①

所有交易所都有会员资格，其会员资格称为席位。这些会员资格可以买卖，并且价格是波动的。拥有会员资格的交易商可以进入市场，这意味着它们能进行投机、提供经纪服务或做市，我们稍后将讨论这些活动。

在第1章中，我们考察了交易所上市衍生产品交易量的历史模式。我们在图1.2中看到，2013年，全球交易所的交易量超过200亿手。图2.1分别显示了交易所上市期权和期货的历史交易量。2013年，期权交易量约为94亿手，期货交易量约为122亿手。自1998年以来，除2012年和2013年以外，每年的期权交易量均超过期货交易量，但正如我们指出的，交易量比较存在某些偏差。

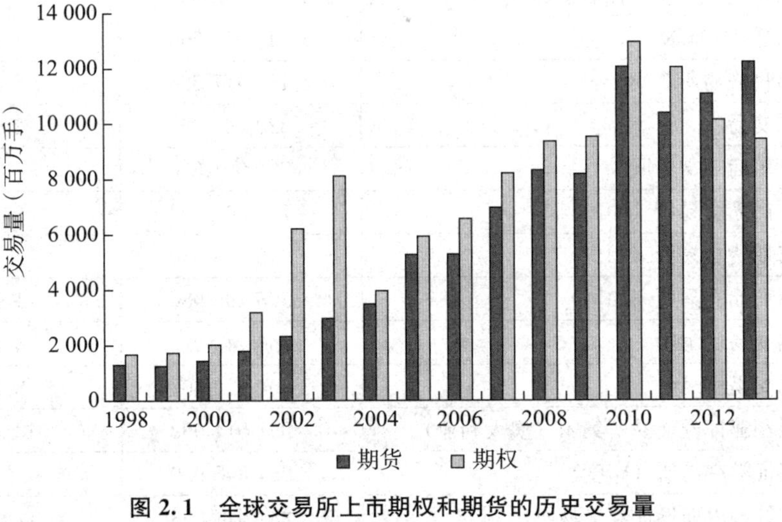

图2.1　全球交易所上市期权和期货的历史交易量

资料来源：http://www.futuresindustry.org/bibliography.asp（各期年度交易量报告）。

2-3b　合约的标准化

衍生产品交易的主要特点之一是合约的标准化。标准化是一个对消费品而言很好理解的概念。所有制造商都生产标准化产品。例如，iPhone 5c有五种颜色：白色、粉色、黄色、蓝色和绿色，尺寸为124.4×59.2×9毫米。苹果公司有意决定将产品规格标准化，你无法购买到

① 有趣的是，由于芝加哥期权交易所是期权交易市场，本身也是上市交易的股票，因此可以在芝加哥期权交易所交易芝加哥期权交易所股票的期权。因此，“交易芝加哥期权交易所的期权”可能有多种含义。

更大、更小或不同颜色的 iPhone 5c。标准化显然有一些优点，主要优点是降低成本。它还提高了二手市场的效率，因为它明确限定了转售产品的可识别特征，从而降低了买方成本。换言之，二手 iPhone 5c 的规格特征是众所周知的，只有那么几种。没有人会怀疑在 eBay 上卖的 iPhone 5c 是大于还是小于标准尺寸，或者是不是不同颜色。①

衍生产品交易所对合约的处理方式相同。它们将决定可供交易的基础工具、到期日和执行价格（对于期权而言）。交易所试图找出拥有足够风险以产生最低交易量的基础工具。最常见的基础工具是利率、债券、股票、货币和商品。然而，在每类基础工具中，交易所都必须确定具体的基础工具。例如，利率、债券、股票、货币和商品均有许多种。交易所试图找出其认为市场参与者有兴趣进行衍生产品交易的基础工具，这没有具体的规则或公式。然而，多数交易所都聘用了跟踪市场趋势的经济学家和市场专家，以确定哪些基础工具会产生最大的交易利益。

确定衍生产品合约的基础工具之后，交易所必须具体说明基础工具的含义。例如，美国国债合约必须具体说明合约涉及哪种国债。“石油”合约必须具体说明合约涉及哪类石油。黄金合约必须具体说明黄金的最低纯度。小麦种类很多，因此小麦期货合约必须具体说明基础工具是哪类小麦。

所有衍生产品都有到期日，因此每家交易所都必须指定到期日。多数交易所采用公式来确定到期日，其中许多交易所使用周期，如 1 月、2 月和 3 月。许多衍生产品的到期日都被归类为这三个周期之一：1 月周期的基础工具将在 1 月、4 月、7 月和 10 月到期；2 月周期的基础工具将在 2 月、5 月、8 月和 11 月到期；3 月周期的基础工具将在 3 月、6 月、9 月和 12 月到期。许多交易所还尝试提供短期期权。因此，在 1 月初，你可能会发现市场上有 1 月周期和 2 月周期的衍生产品，它们的基础工具属于 3 月周期。

决定到期日的还有另外两个重要因素：距到期的时间，衍生产品的具体到期月份与日期。多数交易所上市衍生产品的交易活动都是在相当短的期限内完成的，比如不到 6 个月，但是一些交易所提供的衍生产品期限可以长达几年。例如，芝加哥商品交易所的欧洲美元期货合约的期限可长达 10 年。根据第二个因素，衍生产品必须在特定日期到期，3 月欧洲美元期货是指 3 月的特定日期到期。例如，芝加哥商品交易所规定：给定合约月份的到期日为该月第三个星期三之前的第二个伦敦银行营业日。交易于到期日伦敦时间上午 11:00 终止。②

对于期权，交易所必须指定现有的执行价格。多数交易活动都集中于基础工具价格接近执行价格的期权。当期权首次上市时，交易所通常选择接近当前基础工具价格的执行价格，然后提供执行价格在当前基础工具价格附近的其他期权。其他执行价格的间距通常为固定值。例如，标准普尔 500 指数在 1 870 点附近时，芝加哥期权交易所提供相差 5 个点的期权（1 865 点、1 860 点等；1 875 点、1 880 点等）。当执行价格进一步偏离时，执行价格可能相距 10 个点或 25 个点，距到期日更久时，执行价格可能相距 25 个点。交易所可以随时添加具有特定执行价格的期权，只要它们按照规则规定的方式保持间隔。

交易所还指定合约规模和报价单位。1 手期权通常为 100 股，但也可以为其他规模。③ 每家交易所都尽量指定对市场参与者而言合理的合约规模。如前所述，合约规模异常小可能导致交易量增加，但专业交易者的每手合约都会产生成本，因此规模不能太小。合约规模对应于通

① 当然，我们假设这台 iPhone 是真品，而非冒牌货。

② 多数合约都在一天结束时到期，但欧洲美元合约的基础工具是在伦敦确定的，因此到期时间是根据伦敦时间决定的。

③ 发生股票拆分时，可能存在非标准规模。例如，如果你持有一份 100 股股票的期权合约，并且基础股票宣布进行 1 拆 1.5 的股票拆分，则现在的合约规模将为 150 股，执行价格将按比例降低。

常交易的基础工具单位。因此，石油衍生产品的单位为桶；小麦衍生产品的单位为蒲式耳；债券衍生产品的单位为债券面值；基于指数的衍生产品合约规模通常规定为某个倍数。例如，我们不可能设定标准普尔500指数的单位。在这种情况下，衍生产品基于某个倍数。例如，芝加哥期权交易所的标准普尔500指数期权的倍数为100。因此，该期权实际上成为基于100个假想单位标准普尔500指数的期权。我们将在本书后面了解这个程序。

交易所还规定了报价单位。曾经有一段时间，芝加哥期权交易所的期权通常以8美分和16美分作为报价单位，但现在多数都以1美分作为报价单位。根据报价，交易所还规定了最低的价格波动幅度。以美分报价的期权的最低价格波幅可能为5美分。报价单位通常与基础工具在市场上的单位相同。

交易所还可以规定**头寸限额**（position limits），这是市场参与者可以持有的最大合约数量，这些限额通常是监管机构要求的。交易所还可以限制一天内执行的期权数量，称为**执行限额**（exercise limits）。一些期货合约有**价格限额**（price limits），这是给定某天内可以交易的合约最高价格和最低价格。如果价格变动太大、太快，这些限额将迫使交易停止。规定限额的目的是让市场有机会冷静下来，让清算所有机会向亏损方收款。当价格达到上限时，称市场**涨停**（limit up）。当价格触及下限时，称市场**跌停**（limit down）。触及任何限额的价格变化称为**停板额**（limit move）。任何交易都不能超过限额。如果交易者希望进行的交易因超过不能超过的限额而停止，称市场被**锁定限额**（locked limit）。限额每天都在变化，使得被锁定的市场限额在第二天开放，新限额允许价格逐渐向触及限额时的变化方向变化。一些期货合约也有自动交易暂停机制，这些机制有时被称为**熔断机制**（circuit breakers），当价格在短期内大幅度变化后，将导致交易停止。

交易所还规定了合约到期时如何交割和结算。我们稍后会详细讨论这个问题。交易所还制定了其他一些规则和规定，但上述问题才是你需要了解的主要内容。

2-3c 实物交易与电子交易

交易所上市衍生产品交易源于面对面交易。交易者在某个中心地点见面并提出买卖要约。最终，美国的交易所提出了建立大型交易大厅的想法，它呈八角形，包括不同的交易场。[①] 每个交易场被指定为特定基础工具的衍生产品的交易场所。因此，有标准普尔500指数交易场或欧洲美元交易场。低交易量合约将集中在一个交易场进行交易。不同交易场被指定为特定到期日的衍生产品的交易场所。因此，如果你希望交易3月国债期货，那么你将站在交易场内的特定位置。

场内交易被称为**公开喊价**（open outcry）系统。交易员用口令和一套规定手势宣布交易意图。交易可以由两个相距不到1米的人完成，也可以由相距甚远、只能看到彼此手势的两个人完成。交易员通常穿着特定颜色的夹克，以帮助识别其雇主。他们还佩戴标有缩写的徽章，以识别个人身份。

场内交易已经在金融衍生产品行业顺利运行了100多年，但是它有很多缺点。首先，这种交易极为实体化。尽管不允许推挤和身体压迫，但个子更高、嗓门更大的人无疑有巨大优势，因为其他交易员可以更容易地看到他们并听到他们的声音。因此，女性处于特别不利的地位。其次，交易场也极为嘈杂，由于在市场变化极快时很难轻松听到交易场远处的人在说什么或者进行非口头交流，因此往往会出现错误。当交易所处理隔夜交易时发现的这种偏差称为**“错误**

---

① 交易场通常为一系列同心八角形，每个八角形都在不同区域。

交易”（out-trade），必须在第二天由双方进行对账。错误交易是公开喊价制度中一种常见但鲜为人知的成本。

> 尽管衍生产品交易开始是实体性很强的过程，例如场内交易，但它迅速转变为在电子平台上进行。

20 世纪 80 年代出现台式电脑后，交易所开始转而使用电子交易系统，通过它可以将买卖报价输入中央计算机，由其向有权进入市场的人显示报价。芝加哥商品交易所通过 GLOBEX 系统开创了电子交易，该系统目前仍在使用。起初，以场内交易为主的交易所只允许这些电子系统在不开放场内交易的时间运行，也就是在正常营业时间之外运行。场内交易商在这些交易所拥有强大权力，他们不希望自己的场内交易活动受到电子交易的冲击。

随着技术进步和从小就习惯使用电脑的新一代交易商涌现，场内交易最终不再流行。有些国家没有悠久的场内交易历史，其交易所迅速利用了电子交易的优势。在日益激烈的竞争压力和客户需求下，芝加哥商品交易所开始扩大 GLOBEX 的运行时段。如今，其 GLOBEX 交易量约为场内交易量的 10 倍，部分合约仅在 GLOBEX 系统上进行交易。尽管一些交易所仍然沿用场内交易，但这显然只是当今市场上的一小股力量。

尽管与所有形式的电子商务一样，电子交易并不完美，但和场内交易相比，它具有巨大优势。如前所述，场内交易员很容易误解指令，而他的交易对手所持头寸可能恰好与指令相反。电子交易大大减少了这些错误交易，这也降低了高个子和大嗓门的优势，每个人都几乎平等地进入市场。交易员也没有必要亲自前往特定位置。他们需要的只是一个经过授权的电脑终端。[①]

2-3d 交易机制

希望交易期权的个人必须先在经纪公司开立账户。然后，他需要指示经纪商买入或卖出特定期权。经纪商将指令发送给该公司在相应期权交易所的场内经纪商。所有指令必须在基础工具的正常交易时段执行。每个人可以下达多种类型的指令之一。**市场指令**（market order）指示场内经纪商获得最优价格。**限价指令**（limit order）规定了买入时支付的最高价格或卖出时接受的最低价格。限价指令可以是**撤销前一直有效指令**（good-till-canceled order），即在撤销订单前一直有效，也可以是**当日指令**（day order），即在当天的剩余时间内有效。最后，持有特定期权的人可能以低于当前价的价格下达**止损指令**（stop order）。如果市场价格下跌到规定价格，经纪商就必须以最优可得价格出售期权。还有一些其他类型的指令，用于处理不同的意外事件。

除了规定投资者希望买入或卖出的期权之外，指令还必须指出想要的合约数量。在某些情况下，可能无法完全达到指令规定的交易量，因为没有人愿意按要求的价格交易所需合约数量。如果投资者不喜欢这类指令，那么他可以下达**全部完成或放弃指令**（all or none order），规定经纪商应该以一个价格完成所有指令，或者放弃完成指令。

2-3e 建仓指令和平仓指令

如果某位市场参与者希望下达衍生产品指令，但目前没有该衍生产品头寸，那么这种指令

① 但经过授权的终端只提供给交易所会员。非会员需要通过经纪商进行交易，这些经纪商本身就是会员或者在会员处开有账户。稍后我们将讨论会员资格。

就是建仓指令。假设5月初，一位投资者希望购买10手苹果公司股票6月看涨期权合约，目前苹果公司股票的交易价格约为每股595美元。假设该投资者选择600美元的执行价格。该期权在芝加哥期权交易所交易，当前价格约为14美元。每手合约包括100股。该投资者将通过经纪商下达指令，该经纪商将联系其公司在期权交易所的经纪商，并输入指令，指令可能很快完成，因为苹果公司股票期权的交易非常活跃。假设该投资者下达的是市场指令，并收到14美元的报价。之后，该投资者建立了10手执行价格为600美元的苹果公司股票6月看涨期权多头。交易另一方是卖方。买方向卖方支付14×100×10=14 000美元。这笔钱将进入清算系统，我们将在后面对其进行讨论。

随着市场形势的变化，价格也将发生变化。我们将在后面的章节看到，苹果公司股价的变化、市场对苹果公司股价波动性看法的变化以及单纯的时间流逝都会使期权价值发生变化。苹果公司股票看涨期权持有者可能决定卖出看涨期权，并实现利润或亏损。假设6月1日的看涨期权价格上涨到每股15美元，看涨期权持有者决定卖出期权并获利。然后，他下达卖出指令。他的经纪商提交卖出指令，假设他以每股15美元的价格完成了全部指令。他的账户中原本被借记14 000美元，现在将贷记15 000美元，他的敞口头寸被取消。①

建仓交易的另一方，即初始期权卖方，可能不参与买方的平仓交易。事实上，当期权买方建仓时，卖方之前甚至可能拥有10手执行价格为600美元的苹果公司股票6月看涨期权合约，而他只是试图平仓。当我们的投资者在6月1日平仓时，购买看涨期权的一方可能希望建立该期权的新多头。或者，他可能曾经卖空看涨期权，现在希望买入看涨期权以消除其期权头寸。投资者进行与之前所持头寸相反的交易的衍生产品交易被称为**抵消**（offset/offsetting）交易。

建仓交易可能产生一个衡量交易活动的新指标，它被称为**未平仓合约数量**（open interest）。仍以我们刚讨论过的执行价格为600美元的苹果公司股票期权为例。如果尚未有人交易该期权，第一笔交易将创造10手未平仓合约。如果有人抵消其头寸，未平仓合约数量可能会减少，也可能不会减少。如果抵消交易的交易对手建立了一个新头寸，那么未平仓合约数量不会减少。如果抵消交易的交易对手平仓，那么未平仓合约数量将会减少。同理，建仓可能增加也可能不增加未平仓合约数量。如果建仓方与平仓方进行交易，则未平仓合约数量保持不变。

很明显，相同的衍生产品合约实际上可以从一方转移给另一方。转移合约的价格不同，从而使各方产生利润或损失。除了转移合约，还可以创建新合约。新合约导致未平仓合约数量增加。当双方的交易抵消以前建立的头寸时，未平仓合约数量减少。如果只有一方抵消头寸，那么衍生产品合约只是从一方转移给另一方，所以未平仓合约数量不会减少。期权和期货的这些交易特征基本相同。对于期权和期货，未平仓合约数量的概念是相同的。

尽管交易量是良好的交易活动衡量指标，但未平仓合约数量（即已经建仓但未抵消的合约数量）是良好的流动性衡量指标。尽管未平仓合约数量不是流动性的唯一衡量指标，也不表明抵消意图，但它确实提供了市场深度的基本衡量指标。表2.1给出了20家最大的衍生产品交易所的未平仓合约数量数据。2013年底，最大的交易所——芝加哥商品交易所集团——有近8 400万手未平仓合约，但第二大交易所——洲际交易所——的未平仓合约数量超过1.35亿手。

2-3f 到期和执行程序

如前所述，已创建的衍生产品合约稍后可以通过进行抵消交易来终止。抵消可能只是将衍生产

① 当然，他可以选择卖出部分而不是全部期权。

品转移给别人，然后由后者享受权利并承担义务，也可能导致完全消除合约（当交易双方进行抵消时）。还可以通过持有合约至到期终止合约，对于期权而言，也可以通过执行期权终止合约。①

交易所确定了到期日和执行程序，以作为合约标准条款和条件的一部分。到期时，期权和期货可以通过**实物交割**（physical delivery）或**现金结算**（cash settlement）方式结算，具体取决于交易所选择哪种方法作为该合约的标准程序。实物交割交易是指基础工具从一方实际转移给另一方。以购买原油期货合约为例，纽约商品交易所的原油期货合约标准规模为 1 000 桶。② 合约到期时，合约卖方必须向合约买方交割 1 000 桶石油。当一方选择执行期权时，最初的交易对手方不一定是执行合约时的对手方。当然，到期时，这一点并不重要，因为所有价内期权卖方都必须执行期权，但对于美式期权，可以在到期前执行期权。然后，衍生产品交易所将找到持有相同空头的一方。这个过程被称为**转让**（assignment），可以随机进行，也可以按先进先出的原则进行。在转让时，看涨期权卖方必须交割原油，而看跌期权卖方则必须接受交割的原油。

合约明确规定了执行交割的方式。空头持有者通常会交割基础工具的多种变形之一（我们将在后面的章节中详细讨论这一点），并且通常可以交割到多个可接受的地点。多头持有者必须接受交割，从而持有基础工具，当然也为其支付价款。

期权交割是多头持有者执行期权的过程。例如，对于执行价格为 600 美元的苹果公司股票 6 月看涨期权，假设在到期日苹果公司股价为 604 美元。多头持有者将执行期权，从而同意对每股苹果公司股票支付 600 美元。空头持有者有义务交割股票，在电子账户中记录每股苹果公司股票收到 600 美元。如果全部 10 手合约都被执行，那么空头持有者将交割 1 000 股股票，而多头持有者支付相应价款。如果到期时股价低于 600 美元，那么多头持有者可以让期权过期。这时不会发生交易，交易所将从记录中删除该期权。届时任何一方都不持有该期权的头寸，因为它将不复存在。

期货交易所通常提供另一种实物交割方法，即**实物交换**（exchange-for-physicals）或**以期换现**（against actuals）。如果多方和空方同意采用另一种交割程序，交易所将予以批准。例如，如果空方有义务在俄克拉何马州库欣交割原油，但是在费城有原油供应，那么它可以在费城交割原油，只要多方愿意在这里接收。双方还可能就价差进行协商。

对于一些衍生产品合约而言，交割实物基础工具是相对不现实的。芝加哥商品交易所的大量欧洲美元期货合约是欧洲美元定期存款的衍生产品，这是一家伦敦银行向另一家伦敦银行提供的美元贷款。到期时，该合约根据各参与伦敦银行的平均贷款利率报价结算。由于欧洲美元定期存款只能由伦敦银行持有，因此交割实物基础工具并不实际。其他市场参与者无法获得基础工具用于交割。诸如标准普尔 500 指数等股票指数的衍生产品也有类似问题。标准普尔 500 指数是一个价值加权股票指数，代表一个根据该指数中流通股股数加权的假想股票组合。③ 投资者交割标准普尔 500 指数是不切实际的。

为了适应这些情况以及更多情况，交易所制定了一类称为现金结算的交割程序。假设某人购买了一手标准普尔 500 指数看涨期权，执行价格为 1 875 点。假设到期时，标准普尔 500 指数的价格为 1 890 点。理论上，看涨期权持有者将为价值 1 890 点的资产支付 1 875 点，收益为 15 点。现金结算程序无须交割资产，空头持有者只需要向多头持有者支付每单位 15 美元。官

---

① 当我们说终止或消除合约时，不是指其他人不能交易相同的新合约，而只是指通过终止特定头寸减少未平仓合约数量。

② 一桶为 42 加仑原油。

③ 许多指数，例如标准普尔 500 指数，都是根据许多上市流通股的数量构建的，一些由私人持有且从未交易的股票不包括在内。剩下的股票被称为流通股。

方合约规模为 100 单位，所以多头持有者将从空头持有者那里收到 1 500 美元现金。然后，合约将被视为终止。

现金结算是结算衍生产品的一种高效方式。毫无疑问，这降低了双方的成本，因为转账成本远低于转移证券（尤其是商品）的成本。即使是容易交割的合约，也可以用现金结算。以我们前面讨论过的执行价格为 600 美元的苹果公司股票 6 月看涨期权为例。如果到期时的苹果公司股价为 604 美元，那么看涨期权持有者将支付每股 600 美元的价格，并获得价值 604 美元的股票，100 股的净收益为 400 美元。相反，如果期权以现金结算，那么多头持有者将从空头持有者那里收到 4×100=400 美元。如果多头持有者真想拥有苹果公司股票，他可以在市场上以每股 604 美元的价格买入股票。从空头持有者那里得到每股 4 美元的收益后，他实际上将支付每股 600 美元，这正是合约授予他的权利——以每股 600 美元的价格购买股票的权利。

尽管现金结算很简便，但它引起了一些争议。一些监管机构和政界人士认为，现金结算合约只不过是与基础工具市场对赌。但是，人们认为实物交割合约的设计初衷是让一方实际购入资产，或者，对于期权而言，至少让一方有权购入资产。然而，这种观点具有误导性，因为多数实物交割合约并不会导致实际交割，它们通常在到期前被抵消。

2-4　场外衍生产品交易

场外衍生产品市场是非正式市场，由被称为**交易商**（dealers）的公司和**最终用户**（end users）组成。衍生产品交易商对衍生产品做市。“做市”是指报出交易商的意愿买入价格，称为**出价**（ask price），以及意愿卖出价格，称为**要价**（bid price）[①]。多数交易商通常对普通交易做市，例如利率、主要货币和股指的衍生产品。但它们也有能力对非普通衍生产品头寸报价。例如，如果有人希望进行货币互换，其中一种货币是丹麦克朗，另一种货币是南非兰特，那么一家进行大型跨国交易的交易商可能会对这笔特定交易报价。交易商也可能应邀对复杂衍生产品交易报价，例如，如果某个亚洲股指上涨超过一定水平，那么某个欧洲股指期权就会提前终止。本书后面将介绍某些更复杂的衍生产品。

交易的另一方是最终用户。通常，最终用户将联系交易商并要求其对特定交易报价。因此，最终用户通常是首先表示交易兴趣的一方。交易商在某种程度上等待希望进行交易的各方上门。我们通常将最终用户视为公司和投资管理公司，但最终用户也可以是政府、高净值个人，甚至是刚好对某种衍生产品有特定需求的另一个交易商。

> 互换执行设备是方便互换交易的电子交易平台。

以前，最终用户是通过电话获得交易商报价的。技术进步，尤其是彭博社和加密网站等服务，使得以电子方式传输报价成为可能。实际上，一些电子系统可以显示交易商和最终用户的报价，并促进交易的执行。在互换市场中，它们被称为**互换执行设备**（swap execution facilities），通常被称为**交易平台**（trading platforms）。

当双方同意进行场外交易时，他们将订立双边合同，各自承诺为对方履行某种义务。显然，一方可能会违约，这种风险被称为违约风险或信用风险。在近年来法律要求发生变化之前，场外交易各方通过多种手段来管理这种风险。一种方法是签订明确的合同，如果双方最终产生法律纠纷，这份合同将得到法律制度的支持。在场外衍生产品市场诞生之初，订立合同可

① 要价有时也被称为“报盘”价格。

能需要几个星期，而且律师费用非常高昂。为加快这一进程，场外衍生产品市场的主要参与者采取了两个重大步骤。他们首先组建了一家名为国际掉期和衍生工具协会（International Swaps and Derivatives Association，ISDA）的组织。[①] 然后，国际掉期和衍生工具协会制定了一个被称为**《国际掉期和衍生工具协会主协议》**（ISDA Master Agreement）的标准化合同模板，由律师对各种交易共同的所有法律问题加以规范。合同空白处（通常只包含金融条款和日期）可以依据具体合同填写。国际掉期和衍生工具协会还对主协议中引用的术语加以定义。任何关于术语定义的问题都可以在国际掉期和衍生工具协会定义中查找到。《国际掉期和衍生工具协会主协议》的要点之一就是净额结算过程。当一方违约时，《国际掉期和衍生工具协会主协议》规定，双方将对彼此之间的全部债务进行净额结算。净额结算大大降低了整体信用风险，我们将在后面对其进行详细讨论。国际掉期和衍生工具协会还制定了一份名为《信用互换附件》的文件，以说明如何通过提交担保品来管理信用风险。

当交易双方实质上彼此直接进行交易和管理信用风险时，这个过程被称为**双边清算**（bilateral clearing）。本章后面我们将讨论多边清算。2010 年，衍生产品市场监管结构的重大变化开始使监管变得更加严格。现在，更多场外交易通过清算所进行，因此采用了多边清算。我们将在本章后面讨论这些变化。

在第 1 章中，我们阐述了场外市场规模的两个衡量指标。截至 2013 年底，所有场外衍生产品的名义金额约为 710 万亿美元，市场价值约为 19 万亿美元。名义金额是衡量基础工具规模的指标。要求对 1 亿美元支付利息的互换交易的名义金额为 1 亿美元，这是合约上写明的数字。衍生产品的市场价值是交易现值的衡量指标，即现金流入的价值减去预期现金流出的价值。市场价值是一个估计指标，但它更好地反映了在险金额。图 2.2、图 2.3 和图 2.4 显示了三种主要类型的场外衍生产品的名义金额和市场价值：远期、互换和期权。这些数据摘自国际清算银行进行的半年调查。由于数据汇总方式所限，远期和互换的图示仅反映利率远期和汇率远期，但它们构成了这些市场的绝大部分。期权数据仅包括利率期权、汇率期权和股票期权，但不包括商品期权。

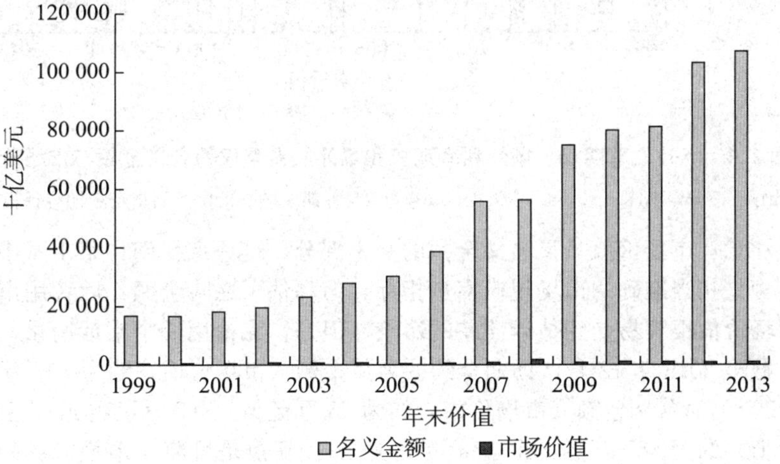

图 2.2　场外汇率远期合约和场外利率远期合约的名义金额与市场价值

资料来源：http://www.bis.org/statistics/derstats.htm（各期《场外衍生产品市场定期统计报告》）。

① 国际掉期和衍生工具协会最初成立时，被称为国际互换交易商协会。

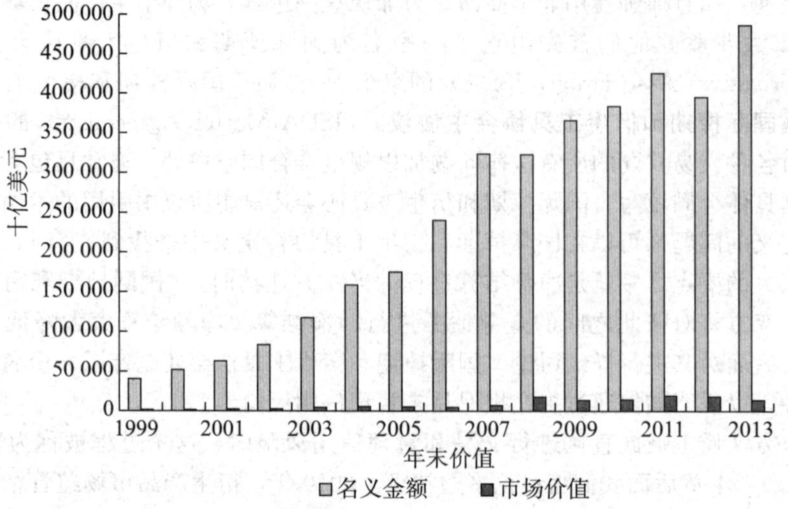

图 2.3　场外汇率互换和场外利率互换的名义金额与市场价值

资料来源：http：//www. bis. org/statistics/derstats. htm（各期《场外衍生产品市场定期统计报告》）。

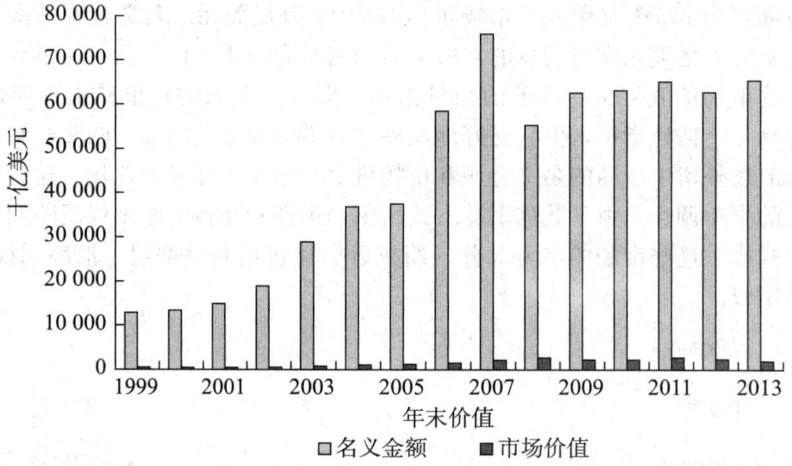

图 2.4　场外汇率期权、场外利率期权和场外股票期权的名义金额与市场价值

资料来源：http：//www. bis. org/statistics/derstats. htm（各期《场外衍生产品市场定期统计报告》）。

首先需要注意，市场价值只是名义金额的一小部分，这一点我们在第 1 章中提到过。如前所述，名义金额是相当准确的市场规模衡量指标，但高估了在险金额，后者用市场价值衡量更好。但是，市场价值很容易受到估计误差的影响。但是，无论用哪个指标衡量，这些市场的规模都相当大。截至 2013 年 12 月，远期合约的名义金额（市场价值）约为 107 万亿美元（9 320 亿美元），期权合约的名义金额（市场价值）约为 65 万亿美元（2 万亿美元），互换合约的名义金额（市场价值）约为 487 万亿美元（14 万亿美元）。互换是目前使用最广泛的衍生产品，其次是期货，期权排在第三。这些市场也出现了巨大增长，但增长并不总是稳定的。在金融危机期间，由于衍生产品使用量减少，所以其名义金额往往会下降。然而，衍生产品的市场价值很容易上升，而且往往市场波动越大越是如此。

2-4a 开盘指令和提前终止指令

场外交易通常会被持有至到期。最终用户通常在特定日期有特定风险，为此希望持有在到期日或到期日附近到期的衍生产品。因此，大部分场外期权都是欧式期权。场外远期和场外互换通常是定制的，以使其到期日或支付日与最终用户面临特定风险的日期相对应。在后面的章节中，我们将明白这一点极为重要的原因以及它的运行原理。

然而，多数场外合约确实承认最终用户的需求可能会改变，最终用户可能希望在到期前终止头寸。由于这种工具是非标准化的，因此不能轻易转移给另一方。但是，有两种方法可以提前终止场外合约。假设在8月1日，默克公司（一家美国制药公司）购买了一手看涨期权，使其有权向衍生产品交易商德意志银行购买1亿欧元，执行价格为1.55美元，到期日为11月1日。假设默克公司向德意志银行支付的价格为0.075美元/欧元，总成本为1亿欧元×0.075美元/欧元=7 500 000美元。默克公司可能一直使用期权来购买欧元，用于扩大在欧元区的产量。现在，假设9月15日欧元汇率大幅下跌。默克公司意识到现在欧元已经不那么昂贵了，因此可能决定不再需要该期权，并且希望抵消该头寸。

如果双方已经在合约中写明某些条款（几乎肯定会如此），那么默克公司和德意志银行将进行相反的交易。随着欧元汇率在8月1日至9月15日下跌，看涨期权的价值将下降，因此默克公司一旦选择平仓，肯定会出现亏损。[①] 现在，即9月15日，假设期权价值为0.062美元，每一欧元的亏损为0.013美元。如果默克公司选择进行抵消，德意志银行将终止合约，并向默克公司支付1亿欧元×0.062美元/欧元=6 200 000美元。因此，默克公司将亏损130万美元。当然，该损失可能由于购买的欧元汇率下降而被部分抵消，但无论默克公司进行其他何种交易，双方都不再持有该期权。

然而，作为替代方案，默克公司可以自由寻找另一个交易商来抵消合约，它不一定与德意志银行进行抵消。但是，如果它与另一个交易商进行抵消，虽然财务风险会抵消，但将产生另一种风险。下面我们来分析这种情况。

假设默克公司从美国银行得到稍优的报价，美国银行愿意以0.065美元的价格买入期权。如果默克公司向美国银行出售该期权，那么后者将向前者支付1亿欧元×0.065美元/欧元=6 500 000美元。但是，在这种情况下，初始期权和新期权同时存在。美国银行不会承担默克公司的期权，它创建了一个相同的独立期权。基础工具的价格变化将完全抵消，因此不存在更多的价格风险。假设到期时欧元汇率为1欧元兑1.58美元。默克公司用第一个期权向德意志银行以每一欧元1.55美元的价格购买了1亿欧元。但美国银行将对默克公司执行期权，因此要求默克公司交割欧元，美国银行将向默克公司支付1.55美元，使到期时的价格变化被实际抵消。如果汇率在到期时低于1欧元兑1.55美元，则不会执行任何期权。因此，即使默克公司与另一方进行第二笔交易，也能完全消除期权内含的市场风险。

但当默克公司向美国银行出售期权时，还有一个风险是不能抵消的：信用风险。如果期权到期时基础工具的价格超过1.55美元，默克公司将希望德意志银行交割欧元，而美国银行则希望默克公司交割欧元。如果德意志银行违约，这将引发全球灾难性事件，默克公司仍然有义

---

① 在接下来几章中，我们将更正式地了解为什么看涨期权价值会下降，但至少你应该意识到，默克公司购买了以1.55美元的价格买入欧元的期权。现在，它的价值低于1.55美元，因此支付1.55美元获得的权利当然不值那么多钱了。

务将欧元交割给美国银行。从法律上来说，这两笔交易是完全独立的：默克公司无法以没有从德意志银行收到欧元为借口而摆脱对美国银行的义务。

远期和互换存在相同的问题，在这种情况下，违约是双向的。① 对于期权而言，至少在部分时候，期权到期时将不值得执行，所以不会出现违约。远期和互换总会导致一方向另一方进行支付，所以违约的可能性更大。当默克公司与德意志银行相互抵消时，一旦完成第二笔交易，合约就不复存在。然而，与不同交易商抵消的优点在于，默克公司可以货比三家，或许这可以让其他交易商相互竞争，以获得更优价格。

2-4b 到期和执行程序

场外合约还规定了执行和到期程序。现金结算在场外合约中极为普遍，但并非唯一使用的方式。交易所上市衍生产品的程序基本相同。对于以现金结算的场外交易，合约必须明确规定如何确定最终价格。以默克公司与德意志银行签订的期权为例，该期权的执行价格为 1.55 美元，假设它以现金结算，并被持有至到期，需要确定到期时的汇率。在这种情况下，到期的确切含义是什么？通常情况下，这种合约会有一项条款，说明到期时基础工具的官方价格是在特定日期的特定时间确定的。通常情况下，此时的价格来自彭博社等市场信息提供商，或者是指定交易商提供的报价平均值。在任何情况下，合约都必须明确规定合约到期时的结算价格。

2-5 清算与结算

我们考察了合约的建仓和抵消，以及执行和到期程序。但是从合约开始到合约终止要经历很长时间。这里，交易所上市市场提供了最大的好处：保证不会出现信用损失。

当交易所上市衍生产品开始交易时，在市场上建立了新头寸。如前所述，衍生产品交易所提供信用担保，并向各方保证，如果一方从另一方获利，获利方不用担心收不到钱。为了提供这种担保，每家衍生产品交易所都将建立清算所或购买清算所的服务。如前所述，作为每笔交易的中介和担保人，清算所的概念并不像 1925 年始建于芝加哥期货交易所的期货市场那样悠久。

清算所可以成为衍生产品交易所公司的内部单位，也可以是独立实体。当芝加哥期货交易所成为领先的衍生产品交易所之一，从现有的母公司分离出来时，便成立了一个独立的清算实体，称为交易所清算公司（Board of Trade Clearing Corporation，BTCC）。芝加哥期货交易所的主要竞争对手——芝加哥商品交易所在公司内部经营其清算公司。芝加哥期货交易所现在是芝加哥商品交易所的一部分，通过芝加哥商品交易所的清算服务清算其交易。交易所清算公司现在被称为清算公司（Clearing Corp.），由洲际交易所拥有，并为其他一些交易所提供清算服务。1973 年首次创建交易所上市期权时，几家交易所形成一个联合体，为期权交易创建了一家清算所，它被称为期权清算公司（Options Clearing Corporation，OCC），今天仍被许多期权交易所使用。

因此，尽管衍生产品清算所的法律结构和所有权结构不同，但其基本运行原则基本相同。我们将分析一个使用期货合约的例子，然后讨论如何用一种稍有不同的方式清算期权。

---

① 双向违约之所以被称为双向，是因为它指任何一方都可能违约，但不是同时违约。

2-5a 清算所的作用

每笔交易显然都有一个买方（多方）和一个卖方（空方）。在没有清算所的情况下，各方都要对另一方负责。如果一方违约，另一方的索偿权将一文不值。清算所承担了每笔交易的中介角色，它向买方担保卖方将履约，并向卖方担保买方将履约。这实际上是通过介入和履行违约方应履行的义务来实现的。期货交易的各方都必须在清算公司拥有账户，或在一家在清算公司拥有账户的公司拥有账户。清算所的财务账户包括它们持有的独立合约记录及其各自的清算公司，以及卖出的合约记录及其各自的清算公司。清算所只保有其成员公司的记录。清算公司反过来监测个人交易者和公司的多头和空头。

图 2.5 说明了完成和清算期货交易时的资金流和信息流。在这张图顶部，有一个买方和一个卖方，他们通过各自的经纪商在衍生产品交易所进行交易。买卖双方都向经纪商存入保证金，各经纪商都在清算公司拥有一个账户。买方和卖方的经纪商将该保证金交给清算公司，每家清算公司都将这笔钱存入清算所。在某些情况下，买方、卖方或者买卖双方是交易所的成员，因此不需要经纪商，但在这种情况下，买方和（或）卖方必须在清算公司有账户，并将以相同方式存入保证金。

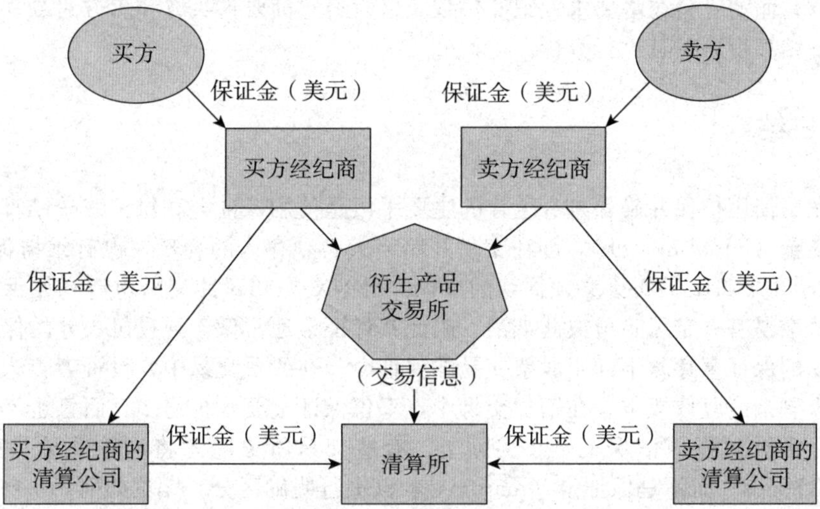

图 2.5 衍生产品交易所内的期货交易

图 2.6 说明了期权交易的相同过程。清算所的期权清算程序非常相似，但有一个重要区别。期权买方在开始时用现金支付全额期权费，通常直接支付给卖方。而清算所介入其中，持有卖方的期权费，并要求卖方存入更多资金，其金额取决于交易风险。如果卖方没有其他基础工具头寸或相关衍生产品，就被认为是完全无抛补的，需要存入更多资金，其金额取决于基础工具价格与执行价格的关系。如果卖方持有基础工具或基础工具衍生产品的其他头寸，且风险相反，就可以降低保证金要求。

> 清算所保证衍生产品交易双方履约。出现违约时，清算所将首先要求清算公司付款，然后清算公司将要求经纪商付款，最后经纪商要求买方和卖方付款。

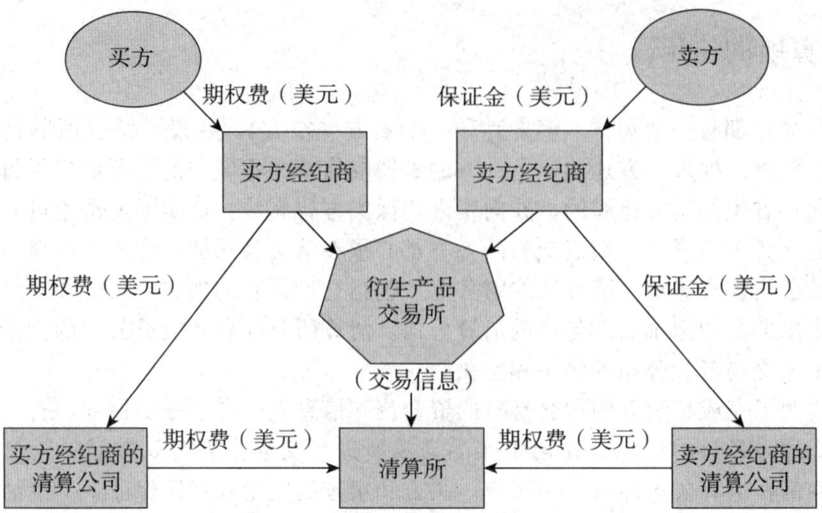

图 2.6　衍生产品交易所内的期权交易

清算所保证双方履约。因此，任何一方都不用担心对方是否能够弥补亏损。清算所将要求清算公司付款，而清算公司将要求经纪商付款，最后经纪商要求买方和卖方付款。接下来，我们将通过每日结算程序对其进行分析。

2-5b　每日结算

清算所做出信用担保并确保自身生存的主要手段是使用保证金和每日账户结算。每份合约既有**初始保证金**（initial margin），即在交易开始当天必须存入的金额，也有**维持保证金**（maintenance margin），即此后每天必须保留的金额。价差交易和对冲交易也有初始保证金和维持保证金，这些交易有一定风险可彼此抵消，因此其保证金通常低于纯投机头寸的保证金。

期货交易的保证金存款不同于股票交易的保证金。在股票交易中，投资者存入保证金，并向经纪商借入剩余的股票成本。在期货交易中，不仅保证金要求少得多，而且也不用借入剩余资金。保证金存款更像诚信保证金。实际上，有些交易所更愿意将这笔钱称为**履约保证金**（performance bonds）而不是保证金（margins），以进行明确区分。无论如何，一些交易活跃的大型投资者能存入高流动性短期证券作为保证金，其他投资者则需要存入现金。

联系现实

清算所如何降低信用风险

假设期货市场有四个参与者：投资者A、投资者B、投资者C和投资者D。投资者A欠投资者B 100美元，投资者B欠投资者C 50美元，投资者C欠投资者D 40美元，投资者D欠投资者A 30美元，如下图所示。

假设A对B违约。然而，B迫切需要A的100美元，因此被迫对C违约。C同样需要B的50美元，因此不得不对D违约，而D又不得不对A违约。市场整体的这种大规模违约链有时被称为系统性风险。

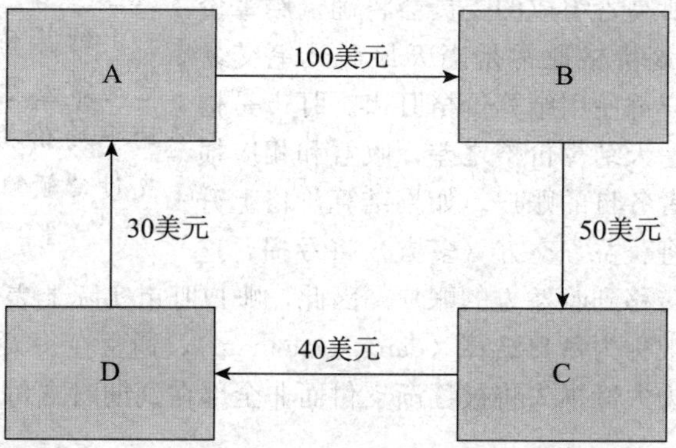

清算所可以大大降低这种风险。让我们在该过程中加入一家清算所。我们将这家清算所称为 CLH，所有应付现金流都支付给清算所，所有应收现金流都来自清算所，如下图所示。

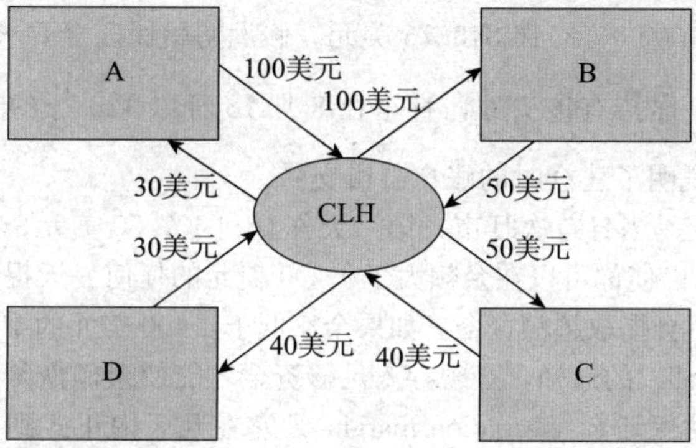

清算所汇总所有头寸，得到下列净应付金额和净应收金额。

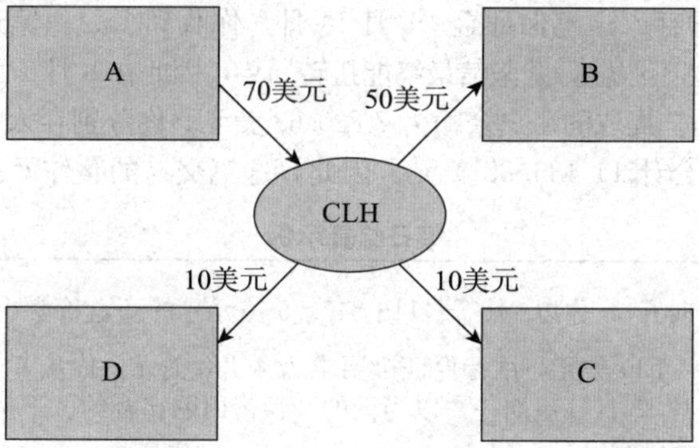

清算所的头寸是平衡的。它应向 A 收取 70 美元，应向 B 支付 50 美元，应向 C 支付 10 美元，应向 D 支付 10 美元。注意，B、C 和 D 不会违约，因为他们不欠另一方的钱。

当然，没有一家清算所可以提供完全的违约保险。如果 A 对清算所违约，清算所就可能无法向 B、C 和 D 支付。在这种情况下，B、C 和 D 可能对清算所以外的另一方违约。但清算所是一个多边组织，可以显著降低通过清算所进行的交易的信用风险。在这个例子中，如果没有清算所，四方可能相互违约。有了清算所，只有一方可能违约。有清算所时，信用风险显然要小得多。

每日结束时，清算所高管组成的委员会将确定**结算价格**（settlement price）。该价格通常是当天最后几笔交易价格的平均值。每个账户都使用结算价格盯市。盯市是指确定当前结算价格与前一天结算价格之差，收益和相应损失分别借记和贷记交易者各自的账户。如果结算价格上升（下降），多方（空方）将获益，空方（多方）将亏损，这笔金额从亏损方的账户转移到收益方的账户。因此，账户盯市实际上表示利润和损失被记账并支付。这个过程有时也被称为**每日结算**（daily settlement），通常在每天晚上进行。这种机制有助于确保市场诚信，因为大额损失将被逐渐支付而非全部在到期时支付，届时亏损头寸持有者可能无法支付损失。

> 结算价格由委员会确定，它通常基于当天最后几笔交易的平均价格，并且是计算盯市支付金额的基础。

让我们用一个例子来说明每日结算程序（见表 2.2）。假设在 8 月 1 日（星期五），你以当天的开盘价 116 $\frac{27}{32}$* 卖出一手 9 月美国国债期货合约。一手该合约的面值为 100 000 美元，所以价格为 1.168 437 5×100 000＝116 843.75 美元。假设初始保证金要求为 5 940 美元，维持保证金要求为 4 400 美元。你持有该头寸，直至在 8 月 18 日以 120 $\frac{16}{32}$ 的开盘价（即 120 500 美元）回购合约。表 2.2 说明了建仓时的账户盯市交易。

请注意，该账户在交易当日首次盯市，第一天你获利 437.50 美元。此后每天，你都必须在账户中保留 4 400 美元，以使你可以在余额大于 4 400 美元的任何一天提取超过初始保证金的金额。但是，我们假设你不会提取超额资金。如果余额低于 4 400 美元的维持保证金要求，你将收到**追加保证金**（margin call）的通知，必须存入足够资金才能使余额恢复到初始保证金要求。存入的额外资金被称为**变动保证金**（variation margin）。它在几天内正式到期，但通常必须立即存入，我们假设你在收到追加保证金通知当天的交易开始前就已存入这笔资金。截至 8 月 8 日（星期五）结束时，账户余额为 3 111.88 美元。8 月 11 日（星期一）上午，你收到 2 828.13 美元的追加保证金通知，并立即存入这笔保证金。8 月 14 日，你收到了另一笔追加保证金通知，金额为 2 718.75 美元。你仍然不服输，并坚信最终能扭转局势，因此在 8 月 14 日存入保证金。当你在 8 月 18 日最终回购合约时，提取的账户余额为 7 830.63 美元。你分别存入了 5 940 美元、2 828.13 美元和 2 718.75 美元，合计 11 486.88 美元。因此，这笔交易的整体亏损为 3 656.25 美元。

表 2.2　每日结算示例

假定在 8 月 1 日（星期五），你以 116 $\frac{27}{32}$（116 843.75 美元）的开盘价卖出一手 9 月美国国债期货合约。初始保证金要求为 5 940 美元，维持保证金要求为 4 400 美元。你从 8 月 15 日（星期五）开始每天维持头寸，然后在 8 月 18 日（星期一）以当天的开盘价回购该合约。下例说明了每日价格变化以及保证金账户的流入和流出情况。

日期	结算价格	结算价格（美元）	盯市（美元）	其他变化（美元）	账户余额（美元）	说明
8/1	116-13	116 406.25	+437.50	+5 940.00	+6 377.50	初始保证金存款为 5 940 美元。价格下跌 $\frac{14}{32}$，当天结束时利润为 437.50 美元。

* 美国国债期货以每 100 美元面值国债作为报价单位，以净价方式报价。——译者注

续前表

日期	结算价格	结算价格（美元）	盯市（美元）	其他变化（美元）	账户余额（美元）	说明
8/4	116-25	116 781.25	−375.00		6 002.50	价格上升$\frac{12}{32}$，损失为 375 美元。余额高于维持保证金要求。
8/5	115-185	115 578.13	+1 203.13		7 205.63	价格下降$1\frac{6.5}{32}$，利润为 1 203.13 美元。余额远远高于维持保证金要求。
8/6	115-07	115 218.75	+359.38		7 565.00	价格下降$\frac{11.5}{32}$，利润为 359.38 美元。余额远远高于维持保证金要求。
8/7	116-05	116 156.25	−937.50		6 627.50	价格上升$\frac{30}{32}$，损失为 937.50 美元。余额仍然高于维持保证金要求。
8/8	119-215	119 671.88	−3 515.63		3 111.88	价格上升$3\frac{16.5}{32}$，损失为 3 515.63 美元。余额比维持保证金要求少 1 288.12 美元。
8/11	121-01	121 031.25	−1 359.38	+2 828.13	4 580.63	存入 2 828.13 美元。价格上升$1\frac{11.5}{32}$，损失为 1 359.38 美元。余额高于维持保证金要求。
8/12	119-25	119 781.25	+1 250.00		5 830.63	价格下降$1\frac{8}{32}$，利润为 1 250 美元。余额远远高于维持保证金要求。
8/13	122-125	122 390.63	−2 609.38		3 221.25	价格上升$2\frac{19.5}{32}$，损失为 2 609.38 美元。余额比维持保证金要求少 1 178.75 美元，需存入 2 718.75 美元。
8/14	120-25	120 781.25	+1 609.38	+2 718.75	7 549.38	价格下降$1\frac{19.5}{32}$，利润为 1 609.38 美元。余额高于维持保证金要求。
8/15	120-255	120 796.88	−15.63		7 533.75	价格上升$\frac{1}{32}$的$\frac{1}{2}$，损失为 15.63 美元。
8/18	120-16	120 500.00	+296.88	−7 830.63	0.00	回购合约，收益为$\frac{9.5}{32}$，即 296.88 美元。提取剩余金额。

上例并不常见，它是从真实合约价格的实际变化中随机选择的。作为这份合约的卖方，你很快蒙受了巨大损失。然而，你每损失1美元，其他人就得到1美元收益。8月1日至8月18日的国债期货多方表现相当不错。尽管如此，每天的大额资金流动仍然凸显出期货合约的巨大杠杆效应。

需要注意的是，期货合约的损失可能超过初始投资。假设市场产生不利于投资者的大幅变化。账户余额已经耗尽，经纪商要求投资者存入更多资金。如果投资者没有这笔钱，经纪商将试图平仓。现在，假设市场在平仓之前快速变化。最终，合约将被抵消，但可能不会在投资者产生额外损失之前被抵消。这些损失必须以现金支付。在限额内，如果价格变为零，多方的最终损失将为合约全部价格。然而，对于空方而言，价格没有上限。因此，理论上的损失是无限的。任何这种损失最终都由投资者承担，但是清算所首先将要求清算公司承担，而清算公司要求经纪商承担。或者，如果投资者是交易所的成员，那么清算所将直接要求投资者承担损失。

如前所述，衍生产品交易所使用一种方法来限制收取资金之前任何一天发生的损失，即我们前面简要讨论过的每日价格限额。此外，清算所还可以要求在交易时段内存入额外保证金，而不是等到一天结束。从技术上讲，清算所随时可以要求追加保证金。

期权也是盯市的，因为卖方可能需要根据价格变化存入更多资金或提取资金。然而，对买方来说，这个过程是透明的。支付期权费后，他永远不必存入更多资金，也不需要再做任何事，所以没有理由对买方的头寸盯市。

> 多边清算是指独立的第三方清算多方合约的过程，这些参与方都与清算所有某种联系。

当双方进行场外交易时，他们相互信任。正如我们之前指出的，他们本质上是彼此进行清算，这个过程被称为**双边清算**（bilateral clearing）。当各方通过清算所清算时，清算过程将交给独立的第三方，该方对多方的多笔合约进行清算，这个过程被称为**多边清算**（multilateral clearing）。正如“联系现实”专栏所述，清算所大大降低了信用风险。鉴于在交易所交易衍生产品的历史上，没有哪一方从交易所上市衍生产品交易中获得利润而没有收到应收款项，因此显然清算所是有效的。

2008年开始的金融危机导致场外交易（主要是信用违约互换）出现重大违约，许多金融公司面临可能导致违约的重大压力。由于美国和全球许多国家的法律发生重大变化，2010年，许多场外衍生产品合约需要清算和盯市。因此，许多交易所的清算所和一些独立清算所已开始提供服务以清算这些非标准交易。场外交易清算仍处于早期发展阶段，并且关于何种产品必须清算的规定存在许多例外情况。①

通常，清算所被认为是高效和财务实力很强的实体，它们迅速向会员清算公司收取款项，清算公司迅速向经纪商收取款项，经纪商迅速向交易各方收款。然而，该链条上的任何一方都可能不付款。清算所是最终担保人，因此多数清算所都有现金储备。如果储备枯竭，多数清算所都有能力向交易所收费，而交易所可以向其成员收费。我们还不清楚如果这些措施不能防止违约会发生什么，但清算所破产非常类似于大型银行破产，这可能会导致纳税人对其进行救助。幸运的是，尚未发生过清算所违约，且信用评级公司传统上给予清算所最高评级。②

---

① 例如，当本书付梓时，只有场外互换需要清算，而在某些例外情况下，互换必须清算。场外外汇衍生产品也不用遵守美国的清算要求。场外期权仍不必进行清算，但有朝一日可能需要清算。

② 尽管清算所制度被认为是降低信用风险的有效手段，但却造成了信用风险的集中。因此，清算所本身必须绝对安全。清算所的工作很像机场枢纽，多数情况下，该系统是有效的，但如果在枢纽发生负面事件，问题就会被放大。

2-6 市场参与者

与股票市场和债券市场的参与者一样，衍生产品市场的参与者代表自己或雇主以不同方式进行交易，以达到不同目标。与场外市场一样，交易所在很大程度上也依赖于交易商或做市商，而且通常提供交易商。这些参与方有责任随时进行买卖，它们为市场提供了大量流动性，因为希望进行交易的人知道做市商将持有相反的头寸。因此，如果你希望买入，做市商将卖出，如果你希望卖出，做市商将买入。

一些交易所只提供一个做市商，该做市商通常被称为专业经纪商，而有些交易所则使用多个做市商，它们彼此竞争。看起来多个做市商制度更优，因为做市商相互竞争，为希望进行交易的各方提供最优价格。然而，专业经纪商制度的支持者认为，当做市商之间没有竞争时，它最适于提供深度流动性，从而降低其他各方的成本。这种说法似乎有点可疑，但专业经纪商制度在一些交易所中存续下来并运行良好。

在任何一种情况下，做市商（或专业经纪商）都会报出它的买入价格（出价）以及卖出价格（要价），后者高于前者。买价和卖价之差被称为买卖价差，对于希望与做市商进行交易的人而言，这是一笔很大的交易成本。然而，这笔成本带来了立即交易的机会，也就是说，无须等待或寻找希望持有相反头寸者。以后讨论交易成本时，我们将重新讨论这个话题。就目前而言，你应该了解，以最低可能卖价和最高可能买价表示的狭窄买卖价差对投资大众更有吸引力。如果做市商之间没有勾结，那么它们之间的竞争将尽可能降低卖价，并尽可能提高买价，这对投资者是有利的。①

一些做市商被称为炒家，炒家在很短时期内持有头寸。炒作交易是指快速买卖的过程，每笔交易赚取少量利润。其他人通过买卖基础工具、基础工具的衍生产品或与基础工具密切相关的衍生产品的抵消头寸来对冲其头寸。有些交易所的做市商类型略有不同，例如，在芝加哥期权交易所，有一个牵头做市商和指定的主要做市商，它们的职责略有不同。

如前所述，一些投资者下达市场指令，另一些投资者下达限价指令。市场指令是按照当前市场价格进行交易的指令，限价指令是以不超过最高价格买入或以不低于最低价格卖出的指令。限价指令通常需要一段时间才能完成，实际上可能永远不会完成。这些交易者管理限价指令，并试图将其与愿意以这些价格进行交易的做市商进行撮合。

另一类重要的交易者是场内经纪商，它们在期货市场被称为期货佣金商（futures commission merchant，FCM），这些交易者执行非交易所成员的指令。当然，在电子系统中，场内经纪商并非真正在场内，而是以座席持有者或会员身份进入市场。如果你在一家经纪公司开立了账户，就必须有一个能进入市场的场内经纪商。场内经纪商通过收取佣金获利。

衍生产品交易所也有只作为交易者的参与者，他们为自己或他们代表的公司执行交易。他们可能是纯粹的投机者，持有头寸是由于预期他们买入的衍生产品价值将增加，或者预期他们卖出的衍生产品价值将降低；或者，他们可能持有对冲头寸，做法通常是交易基础工具，或交易基于相同或者非常相似基础工具的其他衍生产品。在某些市场上，这些交易者被称为头寸交

① 买卖价差与交易所规定的最低价格变化相互影响。最低价格变化是可能的最低买卖价差，如果交易所调高最低价格变化，则会增加买卖价差扩大的可能性。当然，投资者也清楚这个事实，所以交易所不能随心所欲地将最低价格变化调得过高。

易者，他们可能持有头寸相当长的时间。有些交易者被称为日间交易者，因为他们在一天结束时对所有头寸清仓。① 其他投机者主要是套利者，他们试图从第1章介绍的价格错位中获利。还有一些投机者是价差交易者，他们专门交易基于同一种资产的不同衍生产品。

上述各方都是在交易所工作，或者为交易所会员公司工作，从而能进入交易大厅或电子市场的专业人士。在期货市场中，这些参与方被统称为场内交易者。除此之外，还有成千上万交易衍生产品的投资者，既包括个人也包括公司。个人投资者通常被称为零售市场或散户投资者，而公司则被称为机构市场或机构投资者。

虽然零售市场和机构市场都很重要，但是后者带来了大量交易，为市场提供了动力。机构投资者可能是共同基金、养老基金、捐赠基金、对冲基金、交易所交易基金和金融机构。共同基金、养老基金和捐赠基金并不是衍生产品的主要使用者，但它们有时会将其用于对冲甚至投机，后者主要是作为基础工具头寸的替代品。我们将在后面的章节中看到如何进行这类交易。对冲基金是指投资策略的投机性很高，往往涉及衍生产品、短期交易，有时还涉及高杠杆的投资基金。对冲基金只面向通常同意在一段时期内不提取资金的富裕投资者。对冲基金也极为隐秘，投资者很难知道其资金是如何投资的。对冲基金通常收取极高的费用，包括约2%的基本费用和约20%的利润。对冲基金的一个变形是商品基金，有时被称为期货基金或管理期货，它的投资策略没有那么积极，并对更多投资者开放。自然，这些基金大量使用衍生产品。交易所交易基金（exchange-traded fund，ETF）是特殊类型的证券，通常试图复制股票指数、债券指数、货币指数或商品指数。例如，如果有人希望购买标准普尔500指数，那么他可以购买复制标准普尔500指数的交易所交易基金。该交易所交易基金持有标准普尔500指数的证券，但其本身可以像普通可交易证券一样进行交易。交易所交易基金的创建者经常使用衍生产品。② 主要金融机构自身也使用衍生产品进行交易，摩根大通等银行从事商业银行业务、投资银行业务以及其他各种金融服务（包括对衍生产品做市），它也为股东进行交易。**自营交易**（proprietary trading）这个术语应运而生，以区分金融机构自身的交易与它为客户进行的大量交易和做市活动。③

场外市场也以类似方式运行。大量金融机构扮演做市商的角色，随时准备作为交易的一方，从而获得买卖价差。当它们与最终用户进行交易时，几乎总是立即对冲交易，方法是进行基础工具、另一种衍生产品或某种密切相关的衍生产品的抵消交易。以前，最终用户不得不和场外交易商交谈以获得报价，但现在有了电子交易系统，交易商可以在这个系统中输入报价，然后最终用户就可以获得报价。还有一些公司在场外市场从事经纪业务，它们通常会撮合有特殊需求（例如复杂的定制交易）的最终用户与愿意持有相反头寸的参与方。

2-7 交易成本

和所有金融市场交易一样，衍生产品交易会产生一定的交易成本，该成本取决于交易者是交易所会员、非会员机构投资者还是通过经纪商进行交易的公众会员。本节将讨论不同类型的

① 自互联网出现以来，“日间交易者”这个术语就有了完全不同的崭新含义。日间交易者通常是个人投资者，通常通过互联网在家里为自己进行交易。

② 还有交易所交易基金期权，它非常类似于证券期权，但交易所交易基金本身就是其他证券的组合。

③ 自营交易的英文有时也被称为“prop trading”。

交易成本。

2-7a 场内交易和清算费用

场内交易和清算费用是交易所、清算公司和清算所提供服务所收取的最低费用。正如下一小节讨论的，对于通过经纪商进行的交易，这些费用包含在经纪商佣金中。对做市商来说，这些费用由做市商的清算公司收取，清算公司与做市商签订合约，对交易进行清算，费用通常按每手合约收取。每笔交易的做市商成本通常不到1美元，尽管该金额可能因交易量而异。此外，做市商还承担了一些固定成本，比如经营实体的人员成本和基础设施成本。场外做市商没有这些类型的成本，但是有类似成本（如果不会更高），它们是公司的交易操作成本和定制交易的处理成本。

2-7b 佣金

在交易所拥有席位的主要好处之一是可以避免为每笔交易支付佣金。做市商间接支付了这项成本，包括席位价格占用的资金代表的机会成本、参与交易的劳动力的成本以及放弃的其他业务收益。然而，节省的佣金对于高交易量交易者而言相当可观。

对于公众而言，折扣经纪商提供的佣金率最低，但为了利用折扣经纪商的价格，有时必须进行频繁交易或大宗交易。此外，与收取较高佣金的全方位服务经纪商不同，折扣经纪商不提供建议和研究。期权和期货佣金相当简单，通常按每手合约收取固定金额。通过互联网交易时佣金率不到5美元，有时每笔交易的佣金最低为10～15美元。一些经纪商可能根据交易总金额收费，有些经纪商为较活跃的客户提供折扣。期货佣金有时包括建仓佣金和抵消交易佣金。这些费用包括前面提到的场内交易费用和清算费用。非常活跃的交易者可以获得高交易量折扣，因此支付的佣金可能低于每笔1美元。

执行股票期权时，投资者必须支付买入或卖出股票的佣金。如果投资者执行以现金结算的衍生产品，那么交易只需要记录一笔账目。一些经纪公司执行现金结算期权时不收费。任何未执行就到期的期权通常都没有佣金。场外期权一般没有佣金，因为期权买方或期权卖方通常直接与对方进行交易。

2-7c 买卖价差

如前所述，做市商的价差是一项重要的交易成本。假设做市商对某个期权报出3欧元的买价和3.25欧元的卖价，买入期权的投资者将立即产生买卖价差成本，即0.25欧元。也就是说，如果该投资者立即卖出期权，那么只能得到3欧元的买价，投资者将立即产生0.25欧元的损失。但是，这并不意味着投资者不能获利。在期权卖出之前，期权价格很可能上涨，但如果价差不变，那么增加的买价至少为买卖价差才能获利。类似观点也适用于期货，实际上也适用于所有金融交易。

看起来，做市商可以避免买卖价差交易成本，在某些情况下，这是事实。但是，如果做市商必须买入或卖出期权或期货，而且可能不存在相反头寸的公开指令。在这种情况下，做市商将不得不与另一个做市商进行交易，从而产生买卖价差成本。此外，做市商还可能需要对冲它们在其他市场上的交易，因而在这些市场上出现了买卖价差。

在场外市场上，买卖双方直接与对方进行交易。在很多情况下，其中一方是一家金融机构，对客户需要的衍生产品做市。因此，客户可能会面临很大的买卖价差，当然，客户也完全可以去找另一家交易商。

2-7d　交割成本

持有待交割头寸的期货或期权交易者可能面临高昂的交割成本。对于多数金融工具，交割成本相当小，但商品必须进行实物运输、配送和储存。坊间流传着一个故事：一个粗心的期货交易员一觉醒来在面前的草坪上发现了数千磅猪腩。这个故事肯定有夸张的成分，但在交割月持有多头的人必须意识到交割的可能性。这无疑部分解释了现金结算合约的流行。

在远期市场上，交易是根据各方的需求量身定制的，因此，这些条款通常是为了将交割成本保持在最低水平，所以通常使用现金结算。

2-7e　其他交易成本

衍生产品交易者面临其他几种交易成本。如前所述，可能存在保证金要求，导致进行交易时占用资金。对冲衍生产品头寸也可能有成本。例如，卖出苹果公司股票看涨期权的交易商可能希望通过买入苹果公司股票进行对冲。于是，该交易商将产生购买股票的交易成本，而交易成本至少包括买卖价差，还可能包括佣金。

> 衍生产品交易成本包括场内交易费用、清算费用、佣金、买卖价差、交割成本和其他费用。

2-8　税收

所有投资决策都涉及税收因素。通常只有交易完成时才会产生税收，所以它是一种交易成本。由于税收很复杂，且不同国家对税收的处理方式不同，因此在任何情况下，都必须征求税务专家的专业建议。这里指出基于美国税法的一些一般规则。

投资交易的收益分为三类：普通收入、短期资本收益和长期资本收益。普通收入是收入的一种，类似于个人提供劳务获得的收入以及企业赚取的利润。长期资本收益和短期资本收益的区别是持有时间是否满 12 个月。短期资本收益按普通收入税率征税，对于美国公民，根据应纳税所得额水平，税率分别为 10%、15%、25%、28%、33%、35%和 39.6%。长期资本收益的税率最高为 15%，税率较低且基于收入税级。因此，长期资本收益享有税收优惠待遇。

如前所述，购买期权并将其出售赚取利润的投资者将根据持有期长短被课征短期资本利得税或长期资本利得税。如果投资者执行看涨期权，则执行价格与看涨期权成本之和就是购买基础工具的价格。如果期权是看跌期权，则执行价格减去看跌期权成本就是卖出基础工具的价格。然后，根据基础工具的损益征税。

期权卖方收取期权费，然后由于期权被抵消或被执行而产生利润或亏损。无论持有期多长，均按短期税率对开始和结束交易的卖方征税。如果看涨期权卖方有需要执行的期权，那么从执行价格中扣除期权费，就是基础工具的净售价。对于看跌期权卖方而言，执行价格加上期权费就是基础工具的买价。然后，根据基础工具的价格变化征税。

一般认为，在多数期货合约以及指数期权、债券期权和货币期权的利润中，60%为长期资本收益，40%为普通收入。这些规定通常被称为第1256条规定，在20世纪80年代中期实施，以消除某些衍生产品策略提供的税收优势。其中一种优势是能够做多一种衍生产品，然后做空基于相同基础工具的另一种衍生产品，在一年后实现亏损，并将收益递延到下一年，而这几乎没有风险。第1256条规定要求所有期货利润均遵守盯市规则，即使合约未平仓，当年的累计利润也应该纳税，从而消除了这种避税手段。① 这些规定只适用于投机交易。对冲交易的税收要复杂得多，本书不进行讨论。

所有这些规则都适用于应税收益。损失可以从收益中扣除，但如果损失超过收益，那么可从其他收入中扣除的金额是有限额的，对于将亏损结转至未来年度也有相关规定。

2-9 衍生产品市场的监管

衍生产品的监管历史是丰富多彩的。纵观这段历史，一些监管机构和立法者对衍生产品交易持否定态度，把它比作赌博。美国曾多次尝试取缔期货交易，有些取得了一定的成功。② 几乎在所有国家，期货市场都是合法的，但在国家层面上受到严格监管。在英国，期货监管机构是金融服务管理局（Financial Service Authority）。在加拿大，期货监管由省级部门负责，所以有不同的监管机构。在日本，期货监管机构被称为金融服务局（Financial Service Agency）。其他国家也有类似机构。

美国的衍生产品监管结构与多数其他国家的监管结构略有不同，美国金融市场由几个不同的机构监管。自1934年证券交易委员会（Securities and Exchange Commission，SEC）成立以来，该机构一直负责监管证券市场以及股票期权和货币期权市场。③

随着商品期货的发展和增长，美国农业部首先开始对美国的衍生产品进行监管。1974年，美国成立了商品期货交易委员会，向衍生产品市场的专业化监管迈出了第一步。美国证券交易委员会监管股票和股票期权，而商品期货交易委员会监管期货以及期货期权，这使美国的监管机构有些脱节。此外，最常使用衍生产品的银行由联邦储备系统（Federal Reserve System）、货币监理署（Comptroller of the Currency）和联邦存款保险公司（Federal Deposit Insurance Corporation）监管，这些监管机构都有既得利益，并拥有对银行衍生产品使用情况的间接监管权。然而，实际上直到最近几年，美国监管体系才开始监管——至少是才开始直接监管——场外衍生产品市场。以前美国只对场外市场进行间接监管，因为在场外市场上经营的银行由银行监管机构监管。因此，从某种意义上讲，场外衍生产品市场基本上不受监管。

---

① 由于某些不明原因，指数期权和货币期权也需要遵守年末盯市规定，即使这些合约实际上没有盯市。然而，使用这些合约的交易者享受了这种好处，因为它自动以较低的长期税率对部分收益征税，尽管多数此类合约的持有时间不到12个月。

② 两条有趣的法律规定禁止在美国进行某些类型的期货交易。1955年，在密歇根州议员杰拉尔德·鲁道夫·福特（Gerald R. Ford）——后来他成为美国第38任总统——的提议下，制定了《洋葱期货法案》（Onion Futures Act），禁止洋葱期货交易。2010年的《多德-弗兰克华尔街改革和消费者保护法案》（Dodd-Frank Wall Street Reform and Consumer Protection Act）中包含一项规定，禁止任何形式的基于电影收入的衍生产品交易。其他任何东西都可以用作衍生产品交易的基础工具。

③ 随着2002年创建个股期货，证券交易委员会开始对一小部分期货市场进行监管，但这个市场相对较小。美国证券交易委员会基本上只监管股票市场、债券市场和期权市场。

2008年，那场震撼世界的金融危机使许多著名金融机构折戟，此后一切都变了。鉴于破产浪潮可能给消费者带来诸多损失，美国政府利用纳税人的资金救助了一些金融机构，并且安排兼并和收购，以使其他金融机构稳定下来。多数传统衍生产品在危机中没有起任何作用，但信用违约互换、抵押贷款支持证券和债务抵押债券被认为是许多金融机构走向破产和衰败的导火索。传统的期货、远期、期权、互换和其他交易所交易衍生产品并没有卷入任何不法行为。尽管如此，美国政府和其他许多国家的政府都认为，需要更强有力的监管措施来稳定场外衍生产品市场。

2010年，美国政府颁布了《多德-弗兰克华尔街改革和消费者保护法案》(以下简称《多德-弗兰克法案》)。该法案有多个目标，但主要目标是使市场更加透明，要求增加多边清算，提高头寸披露程度，降低系统性风险。

财务透明意味着交易不容易被隐瞒，报价将更公开，每个人都可以看到。在《多德-弗兰克法案》的要求生效前，场外市场是非常不透明的，这是一个问题。各方在金融交易中享有一定的隐私权，但是这种隐私权与政府提供的不让金融体系失灵的隐性担保相冲突。正如我们之前提到的，《多德-弗兰克法案》要求在互换执行设备或电子交易平台上执行衍生产品交易，从而提高透明度。这些电子市场让参与者可以发布每个人都能看到的买价和卖价。

《多德-弗兰克法案》还要求增加多边清算，如前所述，多边清算大大降低了信用风险。除少数例外情况，《多德-弗兰克法案》要求通过清算所[通常被称为**中央交易对手**(central counterparty)]清算衍生产品交易。因此，场外参与者必须提交保证金，并进行每日结算。截至本书撰写时，只有互换需要清算，但其他衍生产品最终也将进行清算。

《多德-弗兰克法案》还要求提高披露程度。所有衍生产品交易都必须报告给**中央交易库**(central trade repository)，中央交易库本质上是交易数据的收集者。这些数据将被提供给监管机构，以便其了解风险集中处。在美国，一家名为存管信托和清算公司(Depository Trust and Clearing Corporation)的公司被指定为中央交易库。

《多德-弗兰克法案》的总体目标是降低**系统性风险**(systemic risk)，即一家机构破产导致另一家机构破产，另一家机构破产又导致其他机构破产，直到整个系统面临崩溃风险的威胁。在金融界，系统性风险是一个严重问题，因为许多机构彼此进行交易，并依赖于来自彼此的支付。由于这些机构中很多都是大型银行和保险公司，它们持有消费者的存款并为消费者风险提供保险，因此一系列破产将严重影响消费者的经济状况和维持生计的能力。最终，政府将介入并使用纳税人的钱来支持这些重要金融机构，所以政府部门有权实施严格规定。

现行法规只涵盖交易所交易衍生产品。这些法规的目标是授权衍生产品交易所运行，批准新合约和修改现有合约，确保向公众提供价格信息(透明度)，授权个人提供与衍生产品交易相关的服务，并监督市场以防止操纵市场和有失公平的做法。监管机构监督市场活动和交易头寸，制定各种规章制度，确保实现其目标。

《多德-弗兰克法案》是金融市场历史上最大刀阔斧的改革之一。在这部800多页的法案中，包含了数以百计的新规定，并采取了前所未有的措辞，用略显模糊的术语来说明监管机构的目标，从而要求这些机构制定相关规定。到目前为止，这些规定已经超过14 000页，而且还有更多规定正在制定中，因为这项工作尚未完成。

当监管必须包含大量跨国活动时，任何监管都很困难，尤其是对衍生产品这种复杂金融工具而言。如果各国对衍生产品的监管方式不一致，那么交易将流向监管最宽松的国家，这个过程称为**监管套利**(regulatory arbitrage)，基本上相当于消费者购买外国产品，而不是本国产品。各国试图协调衍生产品监管的一个重要机制是国际清算银行(Bank for International Settlement，BIS）的巴塞尔银行监管委员会。我们已经介绍过，国际清算银行是衍生产品市场活动数据的来源之一。巴塞尔银行监管委员会颁布了一些规定，它们被称为巴塞尔协议，其中《巴塞尔协议Ⅰ》（Basel Ⅰ）于1988年生效，《巴塞尔协议Ⅱ》（Basel Ⅱ）于2004年生效，《巴塞尔协议Ⅲ》（Basel Ⅲ）于2018年生效。这些规定旨在建立一致的银行资本要求，并定义银行资本，建立反映银行多元化业务的风险衡量方法。遗憾的是，巴塞尔银行监管委员会没有实际监管权力，所以其规定只是自愿遵守。[①]

在《多德-弗兰克法案》的刺激下，世界上其他国家纷纷推行类似的立法。例如，欧盟的欧洲证券和市场管理局（European Securities and Markets Authority）在2012年颁布了《欧洲市场基础设施条例》（European Market Infrastructure Regulation，EMIR），该条例的规定与《多德-弗兰克法案》类似。许多国家都颁布了类似法律。

总结

本章为了解构成衍生产品市场的各类工具、机构和参与者提供了基础。我们考察了这些市场如何演变，它们的现状和特点，如何执行交易以及清算所的重要作用。我们还简要介绍了市场参与者、交易成本以及与交易相关的税收。最后，我们概述了对这些近年来变得极为复杂的市场的监管。

在后面的章节中，第一部分介绍了期权。第3章、第4章、第5章的重点是确定期权价格的原则和模型。第6章和第7章着重于将这些知识应用于执行期权交易策略。

关键术语

期权费	跌停	出价	看涨期权
停板额	要价	看跌期权	锁定限额
互换执行设备	执行价格	熔断机制	交易平台
行权价格	公开喊价	《国际掉期与衍生工具协会主协议》	履约价格
错误交易	行权价	市场指令	初始保证金
到期日	限价指令	维持保证金	执行
撤销前一直有效指令	履约保证金	价内期权	当日指令
结算价格	价外期权	止损指令	每日结算
平价期权	全部完成或放弃指令	追加保证金	远期合约
抵消	变动保证金	远期价格	双边清算
期货价格	未平仓合约数量	多边清算	实物期权
实物交割	自营交易	商品期货	现金结算
中央交易对手	金融期货	转让	中央交易库
头寸限额	实物交换	系统性风险	执行限额

① 当然，任何法律问题都没有一个全球权威机构。联合国和国际刑警组织等都是试图运用国际法律标准的例子，但没有一个是完全有效的。世界上不存在民主选举的全球权威机构。

以期换现	监管套利	价格限额	交易商
涨停	最终用户		

扩展阅读

关于衍生产品市场现状与作用的文章有：

Chance, D. M. "Competition and Innovation in U. S. Futures Markets." *The Journal of Alternative Investments* 11 (Summer 2008): 97 - 109.

Telser, L. G. "Why There Are Organized Futures Markets." *Journal of Law and Economics* 24 (1981): 1 - 22.

Telser, L. G., and H. N. Higinbotham. "Organized Futures Markets: Costs and Benefits." *Journal of Political Economy* 85 (1977): 969 - 1000.

关于期货交易的业绩与盈利能力的研究有：

Hartzmark, M. L. "Luck versus Forecasting Ability: Determinants of Trader Performance in Futures Markets." *Journal of Business* 64 (1991): 49 - 74.

Hartzmark, M. L. "Returns to Individual Traders of Futures: Aggregate Results." *Journal of Political Economy* 95 (1987): 1292 - 1306.

Hieronymus, T. A. *The Economics of Futures Trading*. New York: Commodity Research Bureau, 1977.

Jones, T., and R. Brooks. "An Analysis of Single-Stock Futures Trading in the U. S." *Financial Services Review* 14 (June 2005): 85 - 96.

Kuserk, G. J., and P. R. Locke. "Scalper Behavior in Futures Markets: An Empirical Examination." *The Journal of Futures Markets* 13 (June 1993): 409 - 431.

Moran, M. T. "Taking a Ride on the Volatile Side." *Journal of Indexes* (October/November 2004): 16 - 19.

Silber, W. L. "Marketmaker Behavior in an Auction Market: An Analysis of Scalpers in Futures Markets." *The Journal of Finance* 39 (September 1984): 937 - 953.

以下文献提供了关于期权的有用信息：

Boyle, P., and F. Boyle. *Derivatives: The Tools That Changed Finance*. London: Risk Books, 2001.

Lakonishok, J., I. Lee, N. D. Pearson, and A. M. Poteshman. "Option Market Activity." *Review of Financial Studies* 20 (2006): 813 - 857.

Levy, J. *Your Options Handbook: The Practical Reference and Strategy Guide to Trading Options*. Hoboken, NJ: John Wiley & Sons, 2011.

McMillan, L. G. *McMillan on Options*, 2nd ed. New York: Wiley, 2004.

The Options Institute. *Options: Essential Concepts and Trading Strategies*, 3rd ed. New York: McGraw-Hill, 1999.

Shover, L. *Trading Options in Turbulent Markets: Master Uncertainty through Active Volatility Management*. New York: Bloomberg Press, 2010.

Thomsett, M. C. *Getting Started in Options*, 8th ed. New York: Wiley, 2009.

关于衍生产品交易所交易的研究包括：

Kuserk, G. J., and P. R. Locke. "Market Maker Competition on Futures Exchanges." *The Journal of Derivatives* 1 (Summer 1994): 56-66.

Kuserk, G. J., and P. R. Locke. "Market Making with Price Limits." *The Journal of Futures Markets* 16 (September 1996): 677-696.

Lambert, E. *The Futures: The Rise of the Speculator and the Origins of the World's Biggest Markets*. New York: Basic Books, 2011.

Manaster, S., and S. C. Mann. "Life in the Pits: Competitive Market Making and Inventory Control." *Review of Financial Studies* 9 (Fall 1996): 953-975.

Melamed, L. *For Crying Out Loud*. Hoboken, NJ: John Wiley & Sons, 2009.

Olson, E. S. *Zero-Sum Game: The Rise of the World's Largest Derivatives Exchange*. Hoboken, NJ: John Wiley & Sons, 2011.

Pirrong, C. "The Clearinghouse Cure." *Regulation* (Winter 2008-2009): 44-51.

Pirrong, C. "Market Liquidity and Depth on Computerized and Open Outcry Trading Systems." *The Journal of Futures Markets* 16 (August 1996): 519-543.

概念检查

1. 以下各项属于哪种类型的衍生产品？

a. 你为房子购买了房主保险。

b. 你现在 17 岁，正在甄选可能报考的大学，一所学校承诺，如果你报考，它将确保未来四年的学费不变。

c. 如果你在一家餐厅买了一顿全价晚餐，第二顿晚餐的价格将减半。

2. 第一批交易所上市衍生产品使用了什么类型的基础工具：外币、普通股，农产品还是黄金？第一批衍生产品是在什么时间、什么地点创建的？

3. 交易所上市衍生产品和场外衍生产品的主要区别是什么？

4. 远期合约与期货合约有什么区别？远期合约和期货合约有什么共同点？它们相对于彼此有什么优点？

5. 期货合约的未平仓合约数量每天都在变化。假设持有多头的投资者分为两组：A 是个人投资者，OL 是其他投资者。S 是持有空头的投资者。目前，A 持有 1 000 手合约，OL 持有 4 200 手合约，因此，S 持有 5 200 手合约空头。请计算进行以下每笔交易后，A、OL 和 S 持有的头寸。请独立处理每笔交易。例如，b 项中的交易应忽略 a 项中的交易。

a. A 卖出 500 手合约；OL 买入 500 手合约

b. A 买入 700 手合约；OL 卖出 700 手合约

c. A 买入 200 手合约；S 卖出 200 手合约

d. A 卖出 800 手合约；S 买入 800 手合约

决定新交易量是增加还是减少未平仓合约数量的因素是什么？

6. 清算所如何降低信用风险？

7. 交易商和最终用户有何不同？

8. 在交易所和场外市场上，衍生产品合约如何在到期前终止？

问题与习题

1. 假设某种资产的看涨期权执行价格为 100 美元，相同资产的看跌期权执行价格为 100 美元，远期合约执行价格为 100 美元，它们全部同时到期。假设在到期时资产价格是以下两个值之一。请从每个衍生产品多头的角度解释发生的情况。

a. 105 美元

b. 95 美元

2. 请举一个价内看涨期权和看跌期权的例子，以及一个价外看涨期权和看跌期权的例子。

3. 互换和远期合约组合的相似之处是什么？

4. 什么是实物期权？为什么了解企业如何做出决策很重要？

5. 以下哪些交易所组合不属于同一个实体？

a. 芝加哥商品交易所和芝加哥期权交易所

b. 纽约证券交易所和伦敦国际金融期货交易所

c. 芝加哥期货交易所和纽约商品交易所

6. 交易所衍生产品合约对于以下各项均实现了标准化，除了

a. 到期日

b. 合约规模

c. 商品类型

d. 衍生产品的价格

7. 什么是每日价格限额？期货交易所如何使用这些限制？

8. 假设你是一位个人投资者，在一家经纪公司拥有期权账户。你在期权交易所以每手 2.25 美元的价格购买了 20 手看涨期权合约。请解释谁得到了你支付的期权费。

9. 请举一个例子，比较并对比实物交割和现金结算。

10. 双边清算和多边清算有什么区别？

11. 什么是自营交易？

12. 为什么买卖价差属于交易成本？

13. 如果买卖价差保持不变，如何利用买卖价差从交易中获利？

14.《多德-弗兰克法案》的四个目标是什么？

15. 初始保证金和维持保证金有什么区别？什么是变动保证金？

16. 请解释公开喊价和电子交易系统之间的基本区别。

17. 请解释终止期货合约的三种手段的区别：抵消交易、现金结算和交割。

18.《国际掉期与衍生工具协会主协议》的目的是什么？它如何提供降低信用风险的手段？

19. 假设你在 7 月 1 日以 452.25 美元的开盘价购买了一手股指期货合约。合约倍数为 500，所以价格为 500×452.25＝226 125 美元。你持有该头寸，直到在 7 月 16 日以开盘价 435.50 美元将其卖出。初始保证金要求为 9 000 美元，维持保证金要求为 6 000 美元。假设你存入初始保证金，并且不会在任何一天提取超额部分。请画出一张表格，说明保证金账户的借方和贷方。这段时期内每天的价格如下：

日期	结算价格 1（美元）
7/1	453.95
7/2	454.50
7/3	452.00
7/7	443.55
7/8	441.65
7/9	442.85
7/10	444.15
7/11	442.25
7/14	438.30
7/15	435.05
7/16	435.50

20.纽约商品交易所的原油期货合约规格为 1 000 桶原油。合约以美元/桶（例如 27.42 美元/桶）报价，最低价格变化幅度为 0.01 美元。初始保证金要求为 3 375 美元，维持保证金要求为 2 500 美元。假设你以 27.42 美元的价格买入一手合约，并提交了初始保证金。价格为多少时你将接到追加保证金的要求？

21.巴塞尔银行监管委员会在衍生产品监管方面发挥了什么作用？为什么它不是完全有效的？

22.请解释用于衡量场外衍生产品市场活动时，名义金额与市场价值相比的优缺点。

金融学译丛 · 金融衍生工具与风险管理（第十版）

金融学译丛 · 金融衍生工具与风险管理（第十版）

第一部分

期　权

第 3 章

期权定价原则

我们可以把衍生产品看作原子。用某种方式拆分它，就能得到热量和能源——有用之物。用另一种方式拆分它，就会得到一枚炸弹。你必须见微知著。

——凯特·詹宁斯（Kate Jennings）

《道德风险》（*Moral Hazard*），Fourth Estate，2002 年，第 8 页

本章目标

● 解释套利在期权定价中的作用，说明决定期权价格的基本原则，如最低价值、最高价值、到期价值和下限。

● 列举并解释影响期权价格的因素，包括股票价格、执行价格、距到期时间、无风险利率和波动率。

● 解释美式期权和欧式期权的差异，并说明人们为什么可能会也可能不会提前执行期权。

● 了解看跌期权-看涨期权平价的重要关系。

本章列举了一些因素，并说明了为什么它们会影响期权价格。首先，本章分析了期权的边界条件——确定合理期权价格的原则。然后，本章分析了只有执行价格不同的期权以及只有距到期时间不同的期权之间的关系。最后，本章讨论了看跌期权和看涨期权的关系以及其他几项重要原则。统御本章乃至本书的重点是，套利机会将很快被投资者消除。

假设某人向你提出以下建议：你可以玩一种叫游戏Ⅰ的游戏，从一个已知装有三个红球和三个蓝球的帽子中抽出一个球。如果你抽出一个红球，什么也得不到；如果你抽出一个蓝球，将得到 10 美元。你会玩这个游戏吗？因为他没有提到参与费，所以多数人都会玩。你事先没有现金支出，却有机会赚取 10 美元。当然，这个机会实在太好了，所以不可能是真的，只有非理性人才会提出这种建议而不收取参与费。

现在，假设玩游戏Ⅰ的费用是 4 美元。考虑一个叫游戏Ⅱ的新游戏，如果你抽出一个蓝球，他将给你 20 美元，如果你抽出一个红球，则什么也得不到。参与费将升高还是降低？如

果你抽出一个红球，你将得到与游戏Ⅰ相同的报酬；如果你抽出一个蓝球，你将得到高于游戏Ⅰ的报酬。你应该愿意花更多钱玩游戏Ⅱ，因为它的报酬高于游戏Ⅰ。

从这些简单的游戏和机会中，很容易看出面临风险时理性人的部分基本行为原则。理性投资者以相同方式做出集体行为，以确定期权定价的基本原则。当你阅读本章中用套利建立期权定价基本原则的各种例子时，请记住投资与上述游戏的相似性。这样，你就将清楚理性结果应该是什么。

在本章中，我们并没有推导出期权的确切价格，而是将讨论限定于确定上限和下限以及影响期权价格的因素。第4章和第5章解释了如何确定确切的期权价格。

3-1 基本符号和术语

本书使用了以下符号：

S_0＝今天的股价(时间0＝今天)

X＝执行价格

T＝距到期时间，定义见下

r＝无风险利率，定义见下

S_T＝期权到期时(也就是说，经历长度为T的时期后)的股价

$C(S_0，T，X)$＝看涨期权的价格，其中股价为S_0，距到期时间为T，执行价格为X

$P(S_0，T，X)$＝看跌期权的价格，其中股价为S_0，距到期时间为T，执行价格为X

在某些情况下，我们可能需要区分美式期权和欧式期权。此时，美式看涨期权和欧式看涨期权价格将分别表示为$C_a(S_0，T，X)$和$C_e(S_0，T，X)$。如果没有下标a或e，则该看涨期权可能是美式看涨期权或欧式看涨期权。如果两个期权只有执行价格不同，则$C(S_0，T，X_1)$和$C(S_0，T，X_2)$都表示看涨期权价格，其中X_1小于X_2。要想记住这点，一个好方法就是记住较低执行价格的下标小于较高执行价格的下标。当两个期权只有距到期时间不同时，距到期时间为T_1和T_2，其中$T_1<T_2$，期权价格将为$C(S_0，T_1，X)$和$C(S_0，T_2，X)$。看跌期权价格将做出相同的调整。

对于多数例子，我们假设股票不支付股利。如果在期权期限内，股票支付D_1、D_2等股利，我们可以进行简单调整，并得到相似的结果。为此，我们只需要从股票价格中减去股利现值$\sum_{j=1}^{N} D_j(1+r)^{-t_j}$，其中有N笔股利，$t_j$为距每个除息日的时间。我们假设事先知道股利。

距到期时间用小数表示为占一年天数的比例。例如，如果当前日期为4月9日，期权到期日为7月18日，那么我们只需要计算这两个日期之间的天数：4月剩余21天，5月剩余31天，6月剩余30天，7月剩余18天，共100天。假设一年为365天，则距到期时间为100天/365天＝0.274年。

无风险利率r是无风险投资赚取的利率，这里假设每年计算一次复利。在本例中，我们假设已经准确估计出适当的年复利无风险利率。我们将在这里使用美国国库券的例子进行分析，但有时也会考虑其他工具，如伦敦银行间同业拆借利率（LIBOR）和隔夜指数互换利率(overnight index swap rate，OIS)，LIBOR和OIS有自己的计算方法。国库券是美国政府面向投资者发行的一种证券。美联储每周拍卖一次初始期限为91天和182天的国库券，每四周拍卖

一次期限为 365 天的国库券。所有国库券均在周四到期。[①] 由于多数交易所交易期权都在周五到期，因此国库券的到期日总比期权提前一天。对于期限为 6 个月或更短的其他期权，国库券将在期权到期前一周内到期。具有类似期限的国库券收益率是无风险利率的替代指标。[②]

国库券不是用息票支付利息，而是以折价销售。国库券的买价低于面值，买价与面值之间的差额称为折扣。如果投资者持有国库券至到期，则该国库券以面值被赎回。因此，折扣是国库券持有者赚取的利润。

某年 5 月 14 日（工作日），若干国库券的买卖价格折扣如下：

到期日	买价	卖价
5/20	4.45	4.37
6/17	4.41	4.37
7/15	4.47	4.43

买价和卖价反映交易国库券的交易商报出的折扣。买价反映向交易商出售国库券时的折扣，卖价反映向交易商购买国库券时的折扣。许多媒体都登载买卖报价，包括《华尔街日报》的每日报道。

在美国，多数交易所上市股票期权都在每月第三个周五到期。在前面的例子中，5 月的第三个周五是 5 月 21 日。为了估计国库券利率，我们使用买价折扣和卖价折扣的平均值，即 $(4.45+4.37)/2=4.41$。于是我们发现，面值折扣为 $4.41\times(7/360)=0.085\,75$，因为期权还有 7 天到期。因此，价格为：

$$100-0.085\,75=99.914\,25$$

请注意，计算价格时，假设一年为 360 天。这是金融界的悠久传统，源自计算器诞生之前的年代，当时银行贷款的期限通常为 60 天、90 天或 180 天，银行家使用分数 60/360、90/360 或 180/360 可以更容易地计算折扣。这个传统延续至今。

计算这个例子中的国库券收益率时，假设买价为 99.914 25 美元，持有 7 天，届时国库券的价值为 100 美元。[③] 收益率为 $(100-99.914\,25)/99.914\,25=0.000\,858$。如果我们每 7 天重复一次这笔交易，为期 1 年，那么收益率将为：

$$(1.000\,858)^{365/7}-1=0.045\,7$$

其中，1.000 858 为 100/99.914 25，或者 1 加上 7 天收益率。请注意，当我们计算年化收益率时，假设 1 年为 365 天。因此，我们将用 4.57%作为在 5 月 21 日到期的期权无风险利率的替代指标。

为了说明期权定价原则，我们将使用在纳斯达克交易的虚拟大型高科技公司 DCRB 的期权价格。假设 5 月 14 日观察到的价格如表 3.1 所示。5 月 21 日，5 月期权到期；6 月 18 日，6 月期权到期；7 月 16 日，7 月期权到期。

---

① 如果周四为假日，例如感恩节，则国库券在该周的周三到期。

② 前面曾经提到，关于金融衍生产品的适当贴现率始终有争议，其他可能使用的利率包括 LIBOR 和 OIS。之所以考虑 LIBOR 和 OIS，是因为它们是边际交易商资金成本的良好替代指标。我们将在这里使用国库券利率，因为这是一本入门教科书，而国库券是多数金融专业学生熟悉的工具。我们将在后面的章节中介绍 LIBOR 和 OIS 的使用。

③ 实际上，天数是从结算日开始计算的，结算日是购买日之后的第一个工作日。我们在本书的计算中不考虑这一点。

表 3.1　　DCRB 的期权数据（5 月 14 日）

执行价格	看涨期权			看跌期权		
	5 月	6 月	7 月	5 月	6 月	7 月
120	8.75	15.40	20.90	2.75	9.25	13.65
125	5.75	13.50	18.60	4.60	11.50	16.60
130	3.60	11.35	16.40	7.35	14.25	19.65

当前股价：125.94 美元。
到期日：5 月 21 日、6 月 18 日、7 月 16 日。
说明：表中数据除非特别指出，单位均为美元。余同。

在许多美国市场上，如果期权价格低于 3 美元，则股票价格以 0.01 美元为单位报价，期权价格以 0.01 美元为单位报价，如果期权价格高于 3 美元，则以 0.05 美元为单位报价。本例中的数据假设，期权价格的中间市场报价将以 0.01 美元为单位。

根据与 5 月国库券相同的程序，我们得到，6 月到期国库券和 7 月到期国库券的无风险利率分别为 4.56％和 4.63％。5 月期权距到期时间为 0.019 2 年(＝7 天/365 天)，6 月期权距到期时间为 0.095 9 年(＝35 天/365 天)，7 月期权距到期时间为 0.172 6 年(＝63 天/365 天)。

3－2　看涨期权的定价原则

在本节中，我们制定了原则，使我们能更好地了解看涨期权如何定价。[①] 请务必记住，我们的目标是在到期日之前确定看涨期权的价格。

3－2a　看涨期权的最低价值

看涨期权是有限责任工具。看涨期权持有者如果认为执行看涨期权有利，将执行看涨期权。如果执行期权将减少看涨期权持有者的财富，持有者将不会执行看涨期权。期权价值不能为负，因为不能强制持有者执行期权。因此，有：

> 由于看涨期权不需要执行，因此其最低价值为 0。

$$C(S_0, T, X) \geqslant 0$$

美式看涨期权的最低价值为零，这是由一个非常强有力的公式决定的：

> 美式看涨期权的内在价值为 0 和股票价格与执行价格之差中的较大者。

$$C_a(S_0, T, X) \geqslant Max(0, S_0 - X)$$

公式 $Max(0, S_0-X)$ 表示“取两个参数——0 或 S_0-X——之中的最大值”。

期权的最低价值被称为**内在价值**（intrinsic value），有时被称为**平价价值**（parity value）、

① 使用“定价”这个词时，我们遵循现行惯例。从技术上讲，价格是在市场上观察到的，而价值不是观察到的，通常是隐含在模型或理论中的。因此，专业说法是对工具估值，但通常习惯称之为定价。

平价（parity）或**执行价值**（exercise value）。内在价值是看涨期权持有者执行期权获得的价值，也是执行看涨期权时看涨期权卖方放弃的价值，价内看涨期权的内在价值为正，价外看涨期权的内在价值为 0。请注意，我们并不关注立即执行期权是否合适，我们只是指出，如果有获利机会，持有者可以这样做。

为了证明内在价值原则，我们以 DCRB 公司执行价格为 120 美元的 6 月看涨期权为例。股价为 125.94 美元，执行价格为 120 美元。代入公式，得出 Max(0，125.94－120)＝5.94。现在考虑如果看涨期权价格低于 5.94 美元，比如 3 美元，将发生什么。期权交易者可以按 3 美元的价格买入看涨期权并执行期权——这需要花 120 美元购买股票——然后以 125.94 美元的价格卖出股票。这笔套利交易将使每股股票获得 2.94 美元的即时无风险利润。① 所有投资者都会这样做，这将提高期权的价格。当期权的价格达到 5.94 美元时，交易将不再有利可图。因此，5.94 美元是看涨期权的最低价格。

如果执行价格超过股票价格，比如期权执行价格为 130 美元呢？此时，Max(0，125.94－130)＝0，期权最低价值将为零。

现在，让我们来看所有的 DCRB 看涨期权。执行价格为 120 美元的看涨期权的最低价值为 Max(0，125.94－120)＝5.94。执行价格为 120 美元的全部三个看涨期权的价格均不低于 5.94 美元。执行价格为 125 美元的看涨期权的最低价值为 Max(0，125.94－125)＝0.94，价格不低于 0.94 美元。执行价格为 130 美元的看涨期权的最低价值为 Max(0，125.94－130)＝0。所有这些期权显然均有非负价值。因此，所有 DCRB 看涨期权都符合内在价值原则。事实上，大量实证检验显示，期权一般都符合这项原则。

美式看涨期权的时间价值为看涨期权价格与内在价值之差。

内在价值的概念只适用于美式看涨期权，因为欧式看涨期权只能在到期日执行。如果欧式看涨期权的价格低于 Max(0，S_0－X)，则无法执行期权将阻止交易者进行上述套利，从而抬高看涨期权价格。

美式看涨期权的价格通常高于其内在价值。价格和内在价值之差被称为看涨期权的**时间价值**（time value）或**投机价值**（speculative value），定义为 $C_a(S_0，T，X)-\text{Max}(0，S_0-X)$。时间价值反映了交易者愿意为基础股票的不确定性支付的价格。表 3.2 给出了 DCRB 看涨期权的内在价值和时间价值。请注意，时间价值会随着距到期时间的增加而增加。

表 3.2　　DCRB 看涨期权的内在价值与时间价值

执行价格	内在价值	时间价值		
		5 月	6 月	7 月
120	5.94	2.81	9.46	14.96
125	0.94	4.81	12.56	17.66
130	0.00	3.60	11.35	16.40

图 3.1 显示了我们迄今为止的计算结果，看涨期权价格位于阴影区域。图 3.1(a) 显示，欧式看涨期权的价格可能位于整个区域，而美式看涨期权的价格位于较小的区域。这并不意味着美式看涨期权的价格低于欧式看涨期权的价格，只是说明其可能价值的范围较窄。

① 实际上，没有必要出售股票。在没有交易成本的情况下，持有股票（价值 125.94 美元的资产）还是将其转换为另一种价值 125.94 美元的资产（现金）并不重要。这两种情况下的财富都一样，均为 125.94 美元。

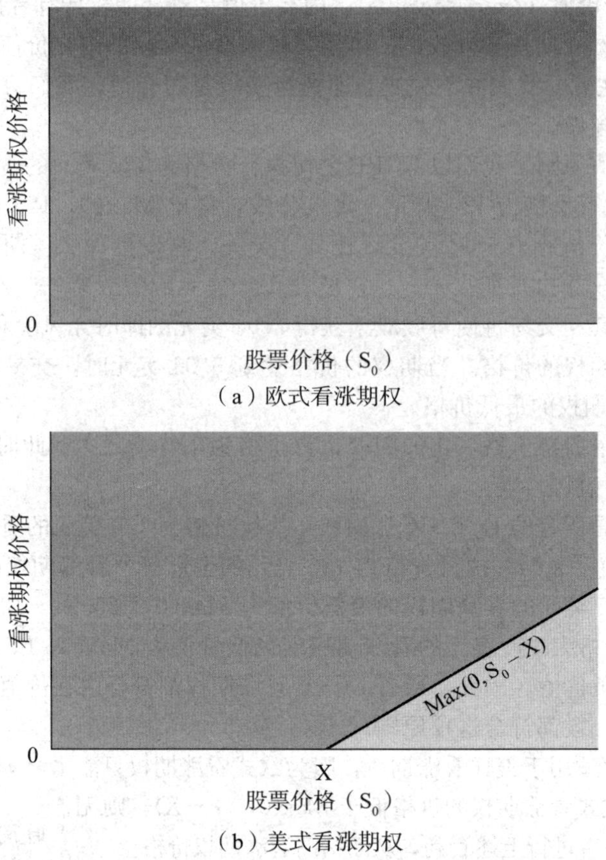

图 3.1　欧式看涨期权和美式看涨期权的最低价值

3－2b　看涨期权的最高价值

> 看涨期权的最高价值为股票价格。

看涨期权还有最高价值：

$$C(S_0, T, X) \leqslant S_0$$

看涨期权是投资者获得股票的一种渠道。投资者最多可以期望从看涨期权中获得股票价值减去执行价格。即使执行价格为零，也不会有人为看涨期权支付高于股票的价格。然而，价值等于股价的看涨期权是期限无限长的看涨期权。显然，所有 DCRB 看涨期权的价值都不超过股票价值。

与图 3.1 相比，图 3.2 增加了最高价值原则。请注意，最高价值原则显著缩小了可能的期权价值范围。

3－2c　看涨期权到期时的价值

到期时的看涨期权价格为：

$$C(S_T, 0, X) = Max(0, S_T - X)$$

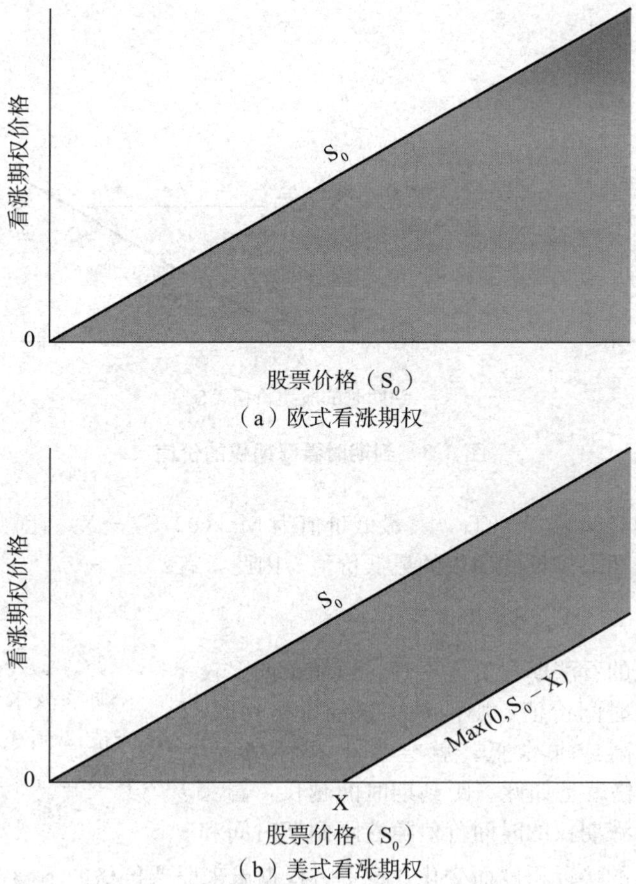

图 3.2　欧式看涨期权和美式看涨期权的最低价值与最高价值

> 到期时，看涨期权的价值为内在价值。

因为到期时期权有效期没有剩余时间，所以看涨期权价格没有时间价值。未来股价上涨与到期期权的价格无关，后者只是其内在价值。①

到期时，美式期权和欧式期权是相同的工具。因此，这个原则适用于这两种期权。

图 3.3 说明了到期时的看涨期权价值，这是看涨期权价值明确的一种情况。然而，不要将其与我们的最终目标混淆，我们的目标是在到期之前计算出看涨期权的价值。

3-2d　距到期时间的影响

以两个只有距到期时间不同的美式看涨期权为例。一个看涨期权的距到期时间为 T_1，价格为 $C_a(S_0, T_1, X)$，另一个看涨期权的距到期时间为 T_2，价格为 $C_a(S_0, T_2, X)$。请记住，T_2 大于 T_1。这两个期权哪个价值更大？

假设今天是期限较短的期权的到期日。股票价格为 S_{T_1}，到期期权的价值为 $Max(0, S_{T_1}-X)$。

① 由于执行期权存在交易成本，因此其价值略低于内在价值。

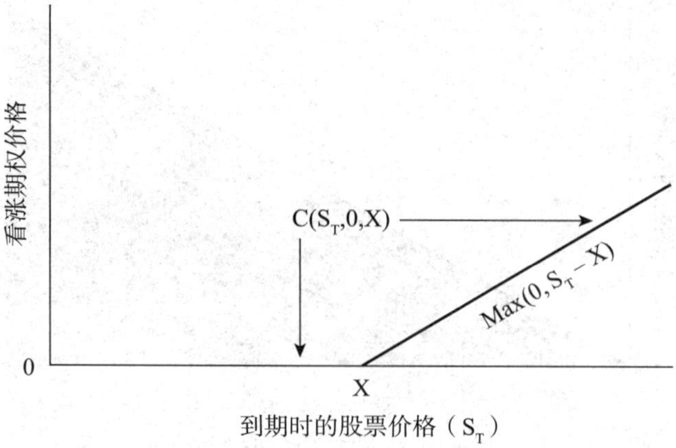

图 3.3　到期时看涨期权的价值

第二个期权的距到期时间为 T_2-T_1，其最低价值为 $\text{Max}(0,\ S_{T_1}-X)$。因此，当期限较短的期权到期时，其价值是期限较长的期权的最低价值。因此，有：

$$C_a(S_0,\ T_2,\ X) \geqslant C_a(S_0,\ T_1,\ X)$$

> 期限较长的美式看涨期权的价值必须至少与相同条件的期限较短的美式看涨期权相同。

通常，期限较长的看涨期权价值更高，但如果期限较短的期权到期时没有时间价值，则两种期权的价格相同。如果股票价格非常高或非常低，就会发生这种情况。DCRB 看涨期权的价格就是如此。距到期时间越长，看涨期权的价值越高。看涨期权的时间价值随着距到期时间和股票价格与执行价格的接近程度而变化。投资者根据未来股票价格的不确定性支付看涨期权的时间价值。如果股票价格非常高，就称看涨期权为**深度价内**（deep-in-the-money)，时间价值很低。如果股票价格非常低，就称看涨期权为**深度价外**（deep-out-of-the-money)，时间价值也很低。时间价值之所以很低，是因为在这些极端情况下，看涨期权到期时处于价内或价外的不确定性较低。当股价接近执行价格时，不确定性更大，此时时间价值也较高。

我们可以用一个简单的比喻来理解为什么股票价格接近执行价格时时间价值最高。假设你正在观看纽约尼克斯队和波士顿凯尔特人队之间的一场重要篮球比赛。假设你喜欢精彩的比赛，但是在感情上不偏向于任何一队。现在是中场休息时间，假设纽约尼克斯队以 65∶38 领先。现在的比赛是否精彩？纽约尼克斯队有可能获胜吗？如果有更有趣的事情可做，你还会继续观看比赛吗？但是，假设比分是 55∶55，现在的比赛难道不是更精彩吗？你难道不是更可能看下半场吗？

股票价格接近执行价格的期权就像是一场比分接近的比赛，深度价内期权或深度价外期权就像是一场某支球队远远领先的比赛。对于比分接近的比赛和接近平价的期权，人们更愿意分配稀缺资源——例如，观看比赛的时间或购买期权的资金。

时间价值的这些特性和之前的结果让我们对看涨期权价格与股票价格的对比有了一般概念。图 3.4 说明了美式看涨期权的这种特征。图中的曲线为看涨期权价格，位于内在价值 $\text{Max}(0,\ S_0-X)$ 之上。临近到期时，看涨期权价格将逐渐失去时间价值，这个过程被称为**时间价值衰减**（time value decay)，且曲线逐渐逼近内在价值。到期时，看涨期权价格曲线坍缩为内在价值，看起来如图 3.3 所示。

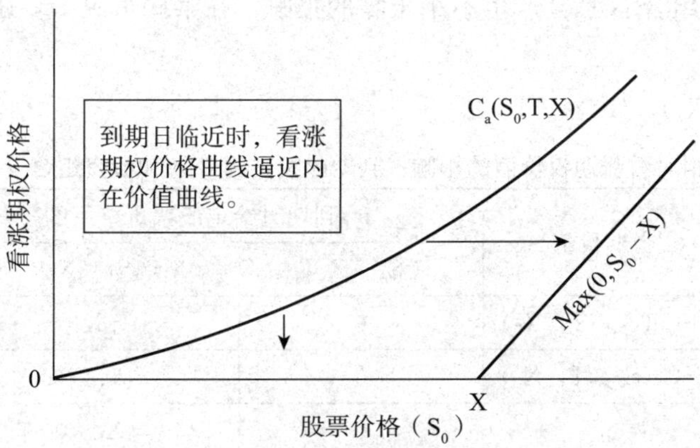

图 3.4　美式看涨期权的价格曲线

时间价值效应在 DCRB 看涨期权中很明显。请注意，在表 3.2 中，对于给定的执行价格，时间价值随着距到期时间的增加而增加。给定距到期时间时，执行价格为 125 美元的看涨期权时间价值最高，该执行价格最接近股票价格。

距到期时间和期权价格之间的关系也适用于欧式看涨期权。尽管如此，我们还不能正式认定这是事实，因为我们还没有计算欧式看涨期权的最低价值。稍后我们将介绍该内容。

3-2e　执行价格的影响

对期权价值的影响　假设两个欧式看涨期权在所有方面都相同，除了一个期权的执行价格为 X_1，另一个期权的执行价格为 X_2。我们曾经提到，X_2 大于 X_1。我们想知道哪个期权价格更高：$C_e(S_0，T，X_1)$ 还是 $C_e(S_0，T，X_2)$？

现在，考虑 A 和 B 两个投资组合。投资组合 A 包括一个执行价格为 X_1 的看涨期权多头以及一个执行价格为 X_2 的看涨期权空头，这类投资组合被称为货币价差，第 7 章将详细讨论。因为我们支付 $C_e(S_0，T，X_1)$ 并收到 $C_e(S_0，T，X_2)$，所以该投资组合的初始价值为 $C_e(S_0，T，X_1)-C_e(S_0，T，X_2)$。注意，该投资组合的初始价值为购买它所需的现金流的负数。我们还不知道初始价值为正值还是负值，这取决于哪个期权价格更高。

投资组合 B 仅包括面值为 X_2-X_1 的无风险债券，这些债券应被视为纯贴现工具，比如国库券，并在期权到期日到期。因此，该投资组合的价值为债券面值的现值，即 $(X_2-X_1)(1+r)^{-T}$。①

目前，我们将专注于投资组合 A。首先，我们需要确定投资组合的到期价值。任何投资组合的价值都是期权到期时的现金流或报酬，它取决于到期时的股票价格 S_T。到期时的股票价格有三个可能范围：（1）$S_T<X_1$；（2）$X_1\leqslant S_T<X_2$；（3）$X_1<X_2<S_T$。表 3.3 显示了到期时投资组合 A 和投资组合 B 的价值。

当 S_T 大于 X_1 时，执行价格为 X_1 的看涨期权价值为 S_T-X_1。当 S_T 大于 X_2 时，执行价格为 X_2 的看涨期权价值为 S_T-X_2。然而，我们卖空执行价格为 X_2 的期权，因为该期权以价内状态到期时，买方将收到 S_T-X_2 的报酬，所以期权卖方得到 $-S_T+X_2$ 的报酬。将两个期权的

---

①　注意，到期时间可以表示为 T。从技术上讲，它是时间 T 与今天（时间 0）的时间差，所以我们只使用 T−0=T。另外，我们还使用年度复利来方便说明。我们可以使用任何其他报价形式，例如在第 5 章中使用的连续复利。

报酬相加，表明投资组合 A 总会产生不小于零的报酬，在某些情况下，还会产生大于零的报酬。因此，有：

$$C_e(S_0, T, X_1) \geqslant C_e(S_0, T, X_2)$$

表 3.3　执行价格对看涨期权价值的影响：到期时投资组合 A 和投资组合 B 的报酬

投资组合	当期价值	到期时给定股票价格下的投资组合报酬		
		$S_T<X_1$	$X_1\leqslant S_T<X_2$	$X_1<X_2\leqslant X_T$
A	$+C_e(S_0, T, X_1)$	0	S_T-X_1	S_T-X_1
	$-C_e(S_0, T, X_2)$	0	0	$-S_T+X_2$
		0	$S_T-X_1\geqslant 0$	$X_2-X_1>0$
			$X_2-X_1>0$	$X_2-X_1>0$
B	$(X_2-X_1)(1+r)^{-T}$	$X_2-X_1>0$	$X_2-X_1>0$	$X_2-X_1>0$

为什么是这样？了解这个原则的最好方法就是考察矛盾之处。假设 $C_e(S_0, T, X_1)<C_e(S_0, T, X_2)$。由于我们支付 $C_e(S_0, T, X_1)$ 购买期权，并且卖出期权收到 $C_e(S_0, T, X_2)$，所以交易开始时我们将得到净现金流入。事实证明，到期时的报酬并非负值。任何人都可以利用这个机会构建提前产生正现金流入，并且到期时不可能产生现金流出的投资组合。这样做不可能赔钱。每个人都会尝试执行这种交易，这将推高执行价格为 X_1 的看涨期权的价格，并降低执行价格为 X_2 的看涨期权的价格。当执行价格较低的看涨期权价值至少与执行价格较高的看涨期权相同时，投资组合将不再事先提供正现金流入。

> 某一欧式看涨期权的价格必须至少和执行价格较高的另一相同欧式看涨期权价格一样高。

我们已经证明，这个结果只适用于欧式看涨期权。对于美式看涨期权，无须执行多头看涨期权，所以我们只需要考虑提前执行空头看涨期权时将发生什么情况。

假设到期前的股票价格是 S_t 并高于 X_2。无论出于什么原因，空头看涨期权都会被执行，这将产生负现金流，$-(S_t-X_2)$。然后，交易者执行多头看涨期权，产生正现金流 S_t-X_1。这两笔现金流之和为 X_2-X_1，这是正现金流，因为 $X_2>X_1$。

> 某一美式看涨期权的价格必须至少和执行价格较高的另一相同美式看涨期权价格一样高。

因此，提前执行期权不会产生负现金流。因此，投资组合 A 永远不会在到期时产生负现金流，即使该期权是美式看涨期权。因此，我们的结果对于美式看涨期权和欧式看涨期权均成立。

请注意，这个结果表明，执行价格较低的看涨期权价格不能低于执行价格较高的看涨期权价格，然而，两个看涨期权价格可以相等。如果股票价格非常低，就可能发生这种情况，在这种情况下，两个看涨期权均处于深度价外。根据预期，到期时它们都不会处于价内，且两者的内在价值均为零，因此，两个看涨期权的价格可能都接近零。然而，当股价非常高时，执行价格较低的期权内在价值更高，因此，其价格高于执行价格较高的看涨期权价格。

DCRB 看涨期权的价格符合预测关系。执行价格越低，看涨期权价格越高。

期权费差额限制　现在，我们比较投资组合 A 和投资组合 B 的结果。请注意，在表 3.3 中，投资组合 B 的收

> 两个只有执行价格不同的欧式看涨期权价格之差不超过其执行价格之差的现值。

益率永远不会低于投资组合 A 的收益率。因此，投资者为投资组合 B 支付的价格不会低于为投资组合 A 支付的价格。投资组合 A 的价格为 $C_e(S_0，T，X_1)-C_e(S_0，T，X_2)$，即期权买价减去期权卖价，投资组合 B 的价格为 $(X_2-X_1)(1+r)^{-T}$，即债券面值的现值。因此，有：

$$(X_2-X_1)(1+r)^{-T}\geqslant C_e(S_0，T，X_1)-C_e(S_0，T，X_2)$$

一个有用的相关公式为：

$$X_2-X_1\geqslant C_e(S_0，T，X_1)-C_e(S_0，T，X_2)$$

该式之所以成立，是因为执行价格之差大于执行价格之差的现值。对于只有执行价格不同的两个期权，期权费之差不会超过执行价格之差。

这一结果背后的原理很简单：购买执行价格较低的期权与购买执行价格较高的期权相比，前者的优势不会超过执行价格之差。例如，如果你拥有执行价格为 125 美元的 DCRB 6 月看涨期权，并正在考虑用执行价格为 120 美元的 6 月看涨期权代替它，则你通过这种转换最多可以赚取 5 美元收益。因此，你对后者支付的价格不会比对前者支付的价格高 5 美元以上。在第 7 章讨论价差策略时将会用到这个结论。

对于美式看涨期权而言，执行价格较低的看涨期权价值至少与执行价格较高的看涨期权价值相等。但是，期权费之差不能超过执行价格之差现值的说法并不适用于美式看涨期权。如果两个看涨期权都在到期前的时间 t 被执行，并且报酬 X_2-X_1 被投资于无风险债券，则投资组合 A 的收益将为 $(X_2-X_1)(1+r)^{(T-t)}$，这高于投资组合 B 的收益 X_2-X_1。因此，投资组合 B 的表现不会总是超过投资组合 A 或与之相当。

然而，如果为投资组合 B 购买的债券面值为 $(X_2-X_1)(1+r)^{-T}$，现值为 X_2-X_1，则投资组合 B 的表现将总是超过投资组合 A。在这种情况下，投资组合 A 的当前价值不可能高于投资组合 B。因此，我们可以说，对于美式看涨期权，有：

$$X_2-X_1\geqslant C_a(S_0，T，X_1)-C_a(S_0，T，X_2)$$

两个只有执行价格不同的美式看涨期权价格之差不超过其执行价格之差。

表 3.4 给出了检验 DCRB 看涨期权中这些特征的正确计算过程。以执行价格为 120 美元的 5 月看涨期权和执行价格为 125 美元的 5 月看涨期权为例，它们的期权费之差为 3 美元。

表 3.4　DCRB 看涨期权的执行价格与看涨期权价格的关系

执行价格	执行价格之差	看涨期权价格之差（括号内为执行价格之差的现值）		
		5 月	6 月	7 月
120，125	5	3.00 (4.995 7)	1.90 (4.978 7)	2.30 (4.961 1)
120，130	10	5.15 (9.991 4)	4.05 (9.957 3)	4.50 (9.922 2)
125，130	5	2.15 (4.995 7)	2.15 (4.978 7)	2.20 (4.961 1)

注：无风险利率为 4.57%（5 月）、4.56%（6 月）和 4.63%（7 月）；距到期时间为 0.019 2 年（5 月）、0.095 9 年（6 月）和 0.172 6 年（7 月）。

另外，执行价格之差的现值为 $5\times(1.045\ 7)^{-0.019\ 2}=4.995\ 7$ 美元。其余组合的计算方法类似，均使用相应的无风险利率和这些期权的距到期时间。因为这些期权是美式看涨期权，因此其价格之差必然不大于其执行价格之差。如表 3.4 所示，所有看涨期权均符合这个条件。另外，所有看涨期权价格之差均小于执行价格之差的现值。请记住，这个结果不一定适用于美式看涨期权，因为美式看涨期权可以提前执行。

3-2f 欧式看涨期权的下限

我们知道，对于美式看涨期权而言，有：

$$C_a(S_0, T, X) \geqslant Max(0, S_0 - X)$$

由于期权持有者可能要求立即执行期权，因此我们无法为欧式看涨期权归纳出这种公式。但是，我们可以为欧式看涨期权设定下限，它将高于美式看涨期权的内在价值。

再次考虑 A 和 B 两个投资组合。投资组合 A 由当前价格为 S_0 的一股股票组成，而投资组合 B 包括价格为 $C_e(S_0, T, X)$ 的欧式看涨期权和面值为 X 的无风险债券，因此现值为 $X(1+r)^{-T}$，故该投资组合 B 的当前价值为 $C_e(S_0, T, X)+X(1+r)^{-T}$。这两个投资组合的报酬如表 3.5 所示。

表 3.5　欧式看涨期权的下限：投资组合 A 和投资组合 B 到期时的报酬

投资组合	当前价值	到期时给定股票价格下的投资组合报酬	
		$S_T \leqslant X$	$S_T > X$
A	S_0	S_T	S_T
B	$C_e(S_0, T, X)+X(1+r)^{-T}$	X	$(S_T-X)+X=S_T$

如表 3.5 所示，投资组合 B 的收益至少总是与投资组合 A 相同，有时甚至更大。投资者将认识到这一事实，并且对投资组合 B 的定价至少与投资组合 A 一样高，即：

$$C_e(S_0, T, X)+X(1+r)^{-T} \geqslant S_0$$

整理该式，得到：

$$C_e(S_0, T, X) \geqslant S_0 - X(1+r)^{-T}$$

如果 $S_0 - X(1+r)^{-T}$ 为负数，我们将应用看涨期权最小价值为零的原则。结合这些结果，得出欧式看涨期权的下限为：

> 欧式看涨期权的价格必然至少等于 0 和股价与执行价格现值之差中的较大者。

$$C_e(S_0, T, X) \geqslant Max[0, S_0 - X(1+r)^{-T}]$$

如果看涨期权价格低于股票价格减去执行价格的现值，我们就可以构建一个套利组合：买入看涨期权和无风险债券，并卖空股票。该投资组合的初始现金流为正，因为看涨期权价格与债券价格之和低于股票价格。到期时，如果 $X > S_T$，则报酬为 $X - S_T$，否则，报酬为零。该投资组合现在现金流为正，到期时的现金流为零或正。因此，仍然不可能赔钱。

图 3.5 显示了欧式看涨期权的结果。图中曲线是看涨期权价格曲线，它必须位于下限上方。随着到期日临近，距到期时间减少，下限向右移动。时间价值下降，并在到期时和下限一起最终收敛于内在价值 $Max(0, S_0 - X)$。

当我们证明美式看涨期权的内在价值为 $Max(0, S_0 - X)$ 时，我们注意到无法提前执行期

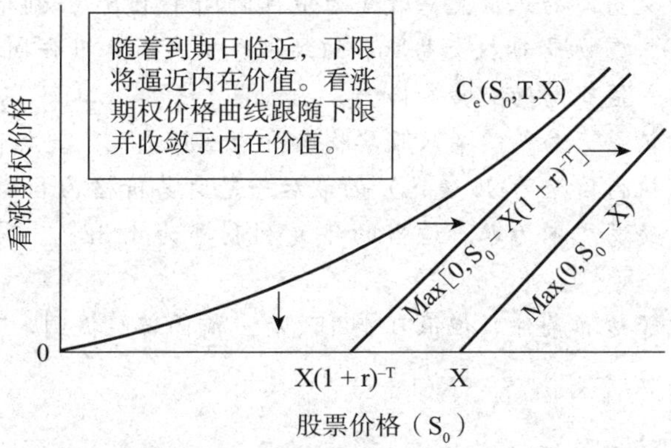

图 3.5　欧式看涨期权的价格曲线

权使这个结果对欧式看涨期权不成立。现在我们可以看到，该限制没有影响。由于执行价格的现值低于执行价格本身，所以欧式看涨期权的下限大于美式看涨期权的内在价值。

> 对于欧式看涨期权，期限较长的看涨期权价值至少不低于期限较短但其他条件相同的看涨期权价值。

在前面介绍距到期时间如何影响美式看涨期权价格时，我们不能对欧式看涨期权得出同样的关系式。现在，我们可以了。以两个距到期时间不同的欧式看涨期权为例，假设它们的距到期时间分别为 T_1 和 T_2，它们的价格分别为 $C_e(S_0, T_1, X)$ 和 $C_e(S_0, T_2, X)$。在时间 T_1，期限较短的期权到期，价值为 $Max(0, S_{T_1}-X)$。因此，期限较长的期权的最低价值为 $Max[0, S_{T_1}-X(1+r)^{-(T_2-T_1)}]$。因此，期限较短的期权的价值小于期限较长的期权的下限。因此，期限较长的看涨期权价格至少和期限较短的看涨期权价格一样高。

我们应该注意到，如果股票支付股利，使股票价格减去股利的当前价值为 $S'_0=S_0-\sum_{j=1}^{N}D_j(1+r)^{-t_j}$，则下限可以重新写为：

$$C_e(S_0, T, X)\geqslant Max[0, S'_0-X(1+r)^{-T}]$$

假设期权的基础工具不是股票，而是某种货币，汇率以 S_0 表示。但我们必须认识到该货币按离散复利率 ρ 支付利息，这是外国无风险利率，计算方式与国库券一样。如果我们购买 1 单位货币，它将在时间 T 增至 $(1+\rho)^T$ 单位。让我们重新定义投资组合 A，令它包括 $(1+\rho)^{-T}$ 单位该货币。由于利息的积累，$(1+\rho)^{-T}$ 单位货币将增至 $(1+\rho)^{-T}(1+\rho)^T=1$ 单位。其报酬与表 3.5 中相同，在这种情况下，唯一的区别是投资组合 A 的初始价值现在被定义为 $S_0(1+\rho)^{-T}$。于是，看涨期权下限变成：

$$C_e(S_0, T, X)\geqslant Max[0, S_0(1+\rho)^{-T}-X(1+r)^{-T}]$$

货币支付的利息与股利之间的相似性应该显而易见。在每种情况下，资产都会向持有者支付报酬。为了确定下限，我们必须从资产价值中去除这些支付。

联系现实

异步收盘价和明显违反边界条件的情况

当你开始研究实际市场数据时，会发现许多明显违反期权边界条件的情况。例如，纽约证券交易所和芝加哥期权交易所的正常交易时间为中部时间早上 8:30 到下午 3:00（即东部时间上午 9:30 到下午 4:00）。芝加哥期权交易所和纽约证券交易所都报告期权和股票的收盘价，它们大致相当于当天最后一笔交易的交易价格。

假设你观察到纽约证券交易所的某只股票收盘价为 100 美元。芝加哥期权交易所称，同一只股票的 3 个月期权（执行价格为 95 美元）的最后一笔交易价格为 5.90 美元。假设该期权为欧式期权，没有股利，交易成本为零。适当的年复利利率为 4.32%。是否存在违反边界条件的情况？

虽然看起来它违反了边界条件，但很可能并没有。前面曾经提到，下限条件为：

$$C_e(S_0, T, X) \geq Max[0, S_0 - X(1+r)^{-T}]$$

在这个例子中，下限为：

$$C_e(S_0, T, X) \geq Max[0, 100 - 95(1+0.0432)^{-0.25}] = 6.00 \text{ 美元}$$

由于最后一笔交易价格为 5.90 美元，因此似乎违反了边界条件，可以获得 0.10 美元的套利利润。

很可能情况并非如此。报告的股票价格和期权价格是异步的，这意味着它们实际上不是同时被观察到并获得的。期权价格是当天最后一笔交易的价格，当股票价格低得多（例如 99.50 美元），且股票活跃交易到下午 4 点并在最后 15 分钟内上涨至 100 美元时，期权价格可能产生于下午 3:45。

因此，由于实时（同步）价格难以被外部人观察到，往往貌似存在违反边界条件的情况，但实际上并不存在。这点对于理解衍生产品市场非常重要，因为基础资产和衍生产品都存在市场，这些市场常常处于不同时区，并常常在不同时间开市和闭市。在互联网诞生之前的时代，这个问题更为严重，当时人们常常只能从前一天的报纸中了解期权和股票的价格。互联网使我们能够获得近乎实时的股票和期权市场价格，但即使是只差几分钟的实时价格也不一定是同步的。正如交易员常说的："在这个市场上，几秒钟就是永恒。"

我们应该注意到，有些人认为欧式看涨期权下限是一种调整后内在价值。根据定义，股票或货币的价格是其到期价值的现值。执行价格的现值显然是从到期开始贴现得到的执行价格。考虑到这点，有人更喜欢将平价期权定义为令股票或货币价格（对股利或利息进行调整后的价格）等于执行价格现值（而不仅仅是执行价格）的条件。那么，时间价值将被定义为期权价格减去下限。本书不使用这些定义，但你在其他书中看到这些定义时不应感到意外。

3-2g 美式看涨期权与欧式看涨期权

迄今为止，许多结果只适用于欧式看涨期权。例如，我们仅推导出了欧式看涨期权的下限。这是因为提前执行美式看涨期权时，就不会有投资组合到期时预期将产生的现金流。

> 美式看涨期权的价值至少等于相同条件的欧式看涨期权。

然而在许多情况下，美式看涨期权和欧式看涨期权的表现完全一样。事实上，美式看涨期权可以被视为增加了可提前执行这一特征的欧式看涨期权。因为期权的执行从来不是强制性的，有：

$$C_a(S_0, T, X) \geq C_e(S_0, T, X)$$

我们已经证明，美式看涨期权的最低价值为 $Max(0, S_0 - X)$，而欧式看涨期权的下限为

$Max[0, S_0 - X(1+r)^{-T}]$。由于 $S_0 - X(1+r)^{-T}$ 大于 $S_0 - X$，如图 3.5 所示，因此美式看涨期权的下限也必然为 $Max[0, S_0 - X(1+r)^{-T}]$。

现在让我们来分析 DCRB 期权，以确定它的价格是否高于下限。表 3.6 给出了每个 DCRB 看涨期权的下限。为了解如何进行计算，我们以执行价格为 120 美元、距到期时间为 0.019 2 年、无风险利率为 0.045 7 的 5 月看涨期权为例。因此，有：

> 基于无分红股票的美式看涨期权永远不会被提前执行，因此我们可以将这种看涨期权视为欧式看涨期权。

$$Max[0, S_0 - X(1+r)^{-T}] = Max[0, 125.94 - 120 \times (1.0457)^{-0.0192}] = 6.0428 \text{ 美元}$$

从表 3.1 可以看出，看涨期权的价格为 8.75 美元。因此，该看涨期权确实符合边界条件。表 3.1 和表 3.6 显示，剩余的看涨期权也符合下限原则。研究普遍表明，看涨期权价格基本符合下限原则。

表 3.6　　DCRB 看涨期权的下限

执行价格	到期日		
	5 月	6 月	7 月
120	6.042 8	6.452 0	6.873 8
125	1.047 1	1.473 3	1.912 7
130	0.000 0	0.000 0	0.000 0

注：无风险利率为 4.57%（5 月）、4.56%（6 月）和 4.63%（7 月）；距到期时间为 0.019 2 年（5 月）、0.095 9 年（6 月）和 0.172 6 年（7 月）。

计算出美式看涨期权的下限后，现在我们可以分析是否应该提前执行美式看涨期权。首先，假设看涨期权处于价内，否则，我们甚至不会考虑执行它。如果股票价格为 S_0，那么执行看涨期权就会产生现金流 $S_0 - X$，然而，该看涨期权的价格必须至少为 $S_0 - X(1+r)^{-T}$。由于执行期权产生的现金流 $S_0 - X$ 不可能超过看涨期权下限 $S_0 - X(1+r)^{-T}$，因此更好的做法总是在市场上卖出看涨期权。比较执行看涨期权的交易成本与卖出看涨期权的交易成本后，将坚定不应提前执行看涨期权的观点。因此，如果股票不支付股利，那么图 3.5 也表示美式看涨期权的期权价格曲线。

尽管很多人很难相信基于无分红股票的美式期权永远不会被提前执行，但是通过类比很容易理解这点。你可能有过这种经历：订阅某份杂志不久后，你收到一份续订通知，并提供有吸引力的续订费。你刚开始收到杂志，或许还无法判断是否喜欢它，而你已经可以选择续订。你会马上续订吗？理性人很少这样做。除了将你的资金利息交给杂志社以外，你还得放弃等到以后希望续订时再决定的权利。通常，以后你仍然有权以相同的订阅费续订。同理，提前执行看涨期权不仅会把你的资金利息拱手让给卖方，而且你也放弃了等到以后希望拥有这只股票时再决定的权利。

如果这种说法不能令人信服，那么请考虑以下情况：你应该压抑执行深度价内看涨期权的冲动，因为你认为股票已经涨到了头。如果你对股票的看法是正确的，那么和持有看涨期权比起来，持有不会再涨的股票不会令你更高兴。但是，如果股票支付股利，情况就会改变。

3-2h　提前执行基于分红股票的美式看涨期权

当一家公司宣布分红时，它规定应在特定日期（即股东登记日）向所有股东支付股利。股东登记日前两个工作日是除息日，要在股东登记日拥有股东资格，必须在除息日之前买入股票。在除息日，股价往往会下降，下降金额为股利金额。

> 如果股票即将除息，最优做法可能是提前执行美式看涨期权。

当股票除息时，看涨期权价格随之下降。根据我们此时对期权定价的理解，无法确定看涨期权价格的下跌金额。然而，由于看涨期权是一种获得股票的手段，因此其价格永远不会超过股价变化。因此，看涨期权价格的下跌金额不会超过股利。投资者可以通过在股票除息前立即执行期权来避免这种损失，这是应该提前执行看涨期权的唯一时机。

还有另一种了解何时会提前执行期权的方法。我们曾经说明，基于分红股票的欧式看涨期权的下限为 $\text{Max}[0, S'_0 - X(1+r)^{-T}]$，其中 S'_0 为股价减去股利现值。为简单起见，假设只支付一次金额为 D 的股利，且股票将在下一瞬间除息。因此，S'_0 近似等于 $S_0 - D$（因为 D 的现值几乎和 D 相同）。因为我们只考虑执行价内看涨期权，因此假设 S_0 高于 X。很容易看出，$S_0 - X$ 可能高于 S'_0 与 X 的现值之差。通过执行期权，看涨期权持有者获得的价值为 $S_0 - X$。假设你持有欧式看涨期权，其价值仅略高于下限，那么你可能希望这是美式看涨期权，因为你可以执行美式看涨期权，以获取价值 $S_0 - X$。如果你持有欧式看涨期权，并希望它至少在这一刻是美式看涨期权，那么显而易见，提前执行期权是有价值的。所以美式看涨期权的价值可能高于欧式看涨期权。请注意，这并不意味着在除息瞬间肯定会执行期权，这只意味着可能执行期权。提前执行期权的权利的价值在于将美式看涨期权与欧式看涨期权区分开来。只有当股票支付股利时，该权利才是有价值的。当基础工具为支付利息的货币时，也是同样的道理。

在另一种情况下，你可以确定提前执行期权的权利没有价值。如果期权期限内所有股利的现值都小于 $X[1-(1+r)^{-T}]$，你就不会提前执行期权，因为股利不足以抵消提前支付执行价格造成的利息损失。

在第 4 章和第 5 章中，我们将了解期权定价模型，它将给出期权的确切价格。然后，我们就可以更清楚地理解提前执行期权的价值。

3-2i 利率的影响

> 看涨期权的价格与利率直接相关。

利率以多种方式影响看涨期权的价格。首先，利率影响下限。利率越低，下限越低。在零利率的极端情况下，下限等于内在价值。如果利率为零，期权价格不会发生什么特殊变化，它的价值限制仍然为下限/内在价值。但是，还有其他更复杂的影响。要理解利率对看涨期权的影响，最简单的方法或许就是将看涨期权视为以支付低于股票面值的金额来购买股票的一种方式。通过支付看涨期权的期权费，你节省了看涨期权价格和执行价格（即你愿意为股票支付的价格）之差。利率越高，你通过购买看涨期权节省的钱就能赚取越多利息。因此，当利率上升时，看涨期权对买方更有吸引力，价格也更高。①

① 然而，利率和看涨期权价格之间的准确关系比这更复杂，因为购买的看涨期权实际上不仅是推迟购买股票的期权。持有看涨期权而不是股票限制了损失，使其远远低于购买股票的可能损失，我们称看涨期权有保险价值。利率对看涨期权的保险价值有负面影响，但对看涨期权价格的整体影响仍然是正面的。见 D. M. Chance，“Translating the Greek：The Real Meaning of Call Option Derivatives，” *Financial Analysts Journal* 50 (July-August 1994)：43 - 49.

3-2j 股票波动率的影响

投资者行为的基本原则之一是投资者偏好较低风险而非较高风险。对于股票持有者而言，风险越高，意味着价值越低。然而，股票风险越高，该股票的看涨期权价值越高。这是因为，一方面，波动率上升增加了股票价格上涨时的看涨期权收益，因为股价可能比执行价格高出更多；另一方面，波动率升高意味着如果股价下跌，可能跌到远远低于执行价格的水平。然而，对于看涨期权持有者而言，这没有关系，因为潜在损失是有限的，这被称为截于执行价格。以执行价格为125美元的DCRB 7月看涨期权为例。假设在到期时股票价格为110美元、120美元、130美元或140美元的可能性相同，那么该看涨期权在到期时价值为0美元、0美元、5美元和15美元的可能性相同。现在假设股票波动率上升，使其价格为100美元、120美元、130美元或150美元的机会相等。从股东的角度来看，股票风险过高，这是不理想的。从期权持有者的角度来看，到期时期权价格为0美元、0美元、5美元和25美元的可能性相同，这是更理想的。实际上，期权持有者不在乎股价会降到多低。如果股价下跌的可能性伴随着股价上涨的可能性，期权持有者就将受益，而当波动率升高时，期权价格也将上升。

> 看涨期权的价格与基础股票的波动率直接相关。

生活中的风险决策 ☞

药物有效性

生活中有许多不确定性，但很少像了解药物有效性那样重要。许多药物都有副作用，没有严重副作用的药物仍然相当昂贵。如果不考虑其他因素，没人希望服用治不了病的药物。有许多方法可以提供关于药效的科学实验结果，遗憾的是，尽管有些方法在技术上是正确的，但会让人们对药物实际效果的印象产生偏差。

格尔德·吉加任泽（Gerd Gigerenzer）的《计算风险：识破数字骗局》（*Calculated Risks*：*How to Know When the Numbers Deceive You*，Simon and Schuster，2002，pp. 34-35）介绍了一个案例。1995年，一项关于某种降胆固醇药物的研究结果显示，它将心脏病发作风险降低了22%。多数人可能会认为，风险降低22%已经降得相当多了。制药公司可能会说服许多医生和病人，让他们认为这种药物值得购买和服用。但从另一个角度考察这些数字时，可能得出不同结论。

在临床试验中，有1 000名高胆固醇患者服用了这种药物，另外1 000名高胆固醇患者服用了安慰剂。跟踪这两个群体5年后，研究结果显示，服药患者中有32人因心脏病发作而死亡，而服用安慰剂的患者则有41人因心脏病发作而死亡。从41人到32人减少了9人，相当于22%。所以，从某种意义上来说，减少22%是一个正确的统计数字，但是，这个解释具有误导性。

假设有1 000人服用了这种药物，其中9人没有死于心脏病发作，如果他们没有服用这种药物，就可能发作心脏病。所以每1 000人中有9人得救了。换句话说，为了挽救1个人的生命，大约有111人不得不服用这种药物。

如果制药公司宣称其药物只对111个人中的1人有帮助，那么可以想象，销售情况将会多么惨淡。想象一下，如果常规非处方药只对111个人中的1人有效。或者想象一下，如果任何产品只对每111个用户中的1人有效。

当然，生命就是生命，其价值无法比较。对于这9个人来说，支持服用这种药物的观点非常有说服力，但这是事后分析。在 1 000 个服用药物的人中，谁也不知道自己是否属于得救的 9 人之一。事实上，风险最初相当小，不管 1 000 名高胆固醇患者中有 32 人还是 41 人因心脏病发作而死亡，心脏病发作的概率显然仅为 3%～4%。因此，挽救少数几个人的生命，就可以使风险降低很高的比例。认为某种药物在这种情况下有效，类似于降低风险极低的股票的风险，并声称风险降低幅度相当大。从技术上来说，在风险低时大幅降低风险完全不同于在风险高时大幅降低风险。

风险信息可以用技术上准确的方式呈现，但解释可能会有偏差，仅凭一个数字很难反映完整情况。我们应该留意这些可能性。

要了解波动率对看涨期权价格的影响，另一种方法是考虑波动率为零的极端情况。[①] 如果股票价格低于执行价格且波动率为零，那么期权必定将以价外状态到期，没有人会为该期权付款。如果股票价格超过执行价格并且波动率为零，则期权将以价内状态到期，且在到期时价值为 S_T-X，其中 S_T 是 S_0 的终值。在这种情况下，看涨期权只是无风险资产，价值为 S_0 与 X 的现值之差。由于波动率不影响下限，因此看涨期权价格和下限始终高于内在价值，反映出期权在到期前仍然不会被执行。另外，高波动率使看涨期权具有吸引力，投资者愿意为波动率较高的期权支付更高的期权费。

在第 4 章中，我们将详细探讨波动率如何影响期权价格。在第 5 章中，我们将详细考察波动率，并看到波动率由股票收益率的标准差反映。

3-3　看跌期权的定价原则

许多适用于看涨期权的原则都直接适用于看跌期权，但它们有一些显著差异。

3-3a　看跌期权的最低价值

看跌期权是卖出股票的期权。看跌期权持有者没有义务执行期权，如果执行期权将减少财富，持有者就不会执行期权。因此，看跌期权永远不会为负值：

> 由于看跌期权不一定被执行，因此其最低价值为零。

$$P(S_0, T, X) \geq 0$$

美式看跌期权可以被提前执行，因此，有：

$$P(S_0, T, X) \geq Max(0, X-S_0)$$

假设执行价格为 130 美元的 DCRB 6 月看跌期权售价低于 $X-S_0$。假设看跌期权售价为 3 美元。那么，以 125.94 美元的价格买入股票，以 3 美元的价格买入看跌期权，然后执行看跌期权是值得的。这将立即获得 1.06 美元的无风险利润。所有投资者共同进行这种套利交易，将迫使看跌期权价格至少升至 4.06 美元，即执行价格与股票价格之差。

图 3.6 说明了看跌期权的这些特征。欧式看跌期权的价格位于图(a) 的阴影区域，美式看

---

① 为了保持讨论的简单性，我们还假设无风险利率为零。

跌期权的价格位于图(b)的阴影区域。

（a）欧式看跌期权

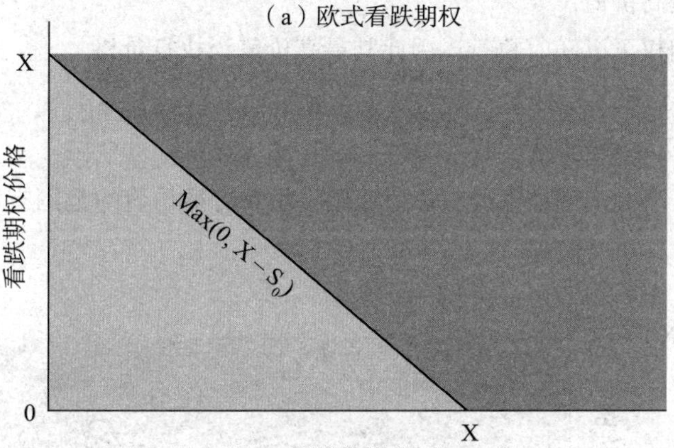

（b）美式看跌期权

图 3.6　欧式看跌期权与美式看跌期权的最低价值

Max(0，X－S_0）的值被称为看跌期权的内在价值。价内看跌期权的内在价值为正，而价外看跌期权的内在价值为0。看跌期权价格与内在价值之差为时间价值或投机价值，时间价值的定义为 $P_a(S_0, T, X) - Max(0, X - S_0)$。和看涨期权一样，时间价值反映了投资者愿意为最终结果的不确定性支付的价格。

> 美式看跌期权的内在价值为0和执行价格与股票价格之差中的较大者。

表3.7列出了DCRB看跌期权的内在价值和时间价值。请注意这些价值是如何随着距到期时间的增加而增加的。

表 3.7　　DCRB看跌期权的内在价值与时间价值

执行价格	内在价值	时间价值		
		5月	6月	7月
120	0.00	2.75	9.25	13.65
125	0.00	4.60	11.50	16.60
130	4.06	3.29	10.19	15.59

内在价值公式 Max(0，X－S_0）对欧式看跌期权不成立，这是因为投资者必须能执行期权，这时才能执行前述套利交易。欧式看跌期权的售价确实会低于其内在价值。在后面，这将有助于我们理解美式看跌期权的提前执行。

美式看跌期权的时间价值为看跌期权价格和内在价值之差。

3-3b 看跌期权的最高价值

到期时，欧式看跌期权的报酬为 Max(0，X－S_T)。看跌期权持有者可以期望的最优结果为公司破产，在这种情况下，股票价值将为零，看跌期权持有者将能以 X 美元的价格把股票卖给看跌期权卖方。因此，执行价格的现值为欧式看跌期权的最高价值。

欧式看跌期权的最高价值为执行价格的现值。美式看跌期权的最高价值为执行价格。

因为美式看跌期权可以随时执行，因此其最高价值为执行价格：

$$P_e(S_0, T, X) \leqslant X(1+r)^{-T}$$

$$P_a(S_0, T, X) \leqslant X$$

与图 3.6 相比，图 3.7 增加了最高价值原则。尽管可能价值的范围有所缩小，但是仍有许多可能的价值。

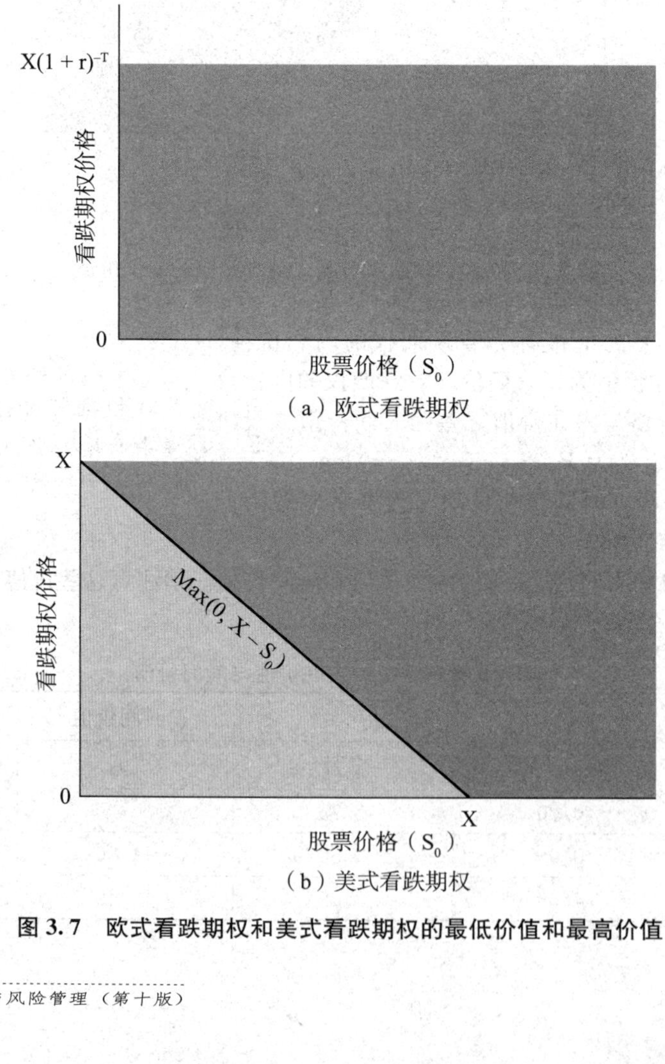

图 3.7 欧式看跌期权和美式看跌期权的最低价值和最高价值

3-3c 看跌期权的到期价值

在看跌期权到期日，不会有时间价值剩余。因此，到期的美式看跌期权与欧式看跌期权相同。任何一种看跌期权的价值都必然是其内在价值。因此，有：

到期时，看跌期权的价值为内在价值。

$$P(S_T, 0, X)=\text{Max}(0, X-S_T)$$

如果 $X>S_T$，且看跌期权价格低于 $X-S_T$，那么投资者可以买入看跌期权和股票，并执行看跌期权，立即实现无风险利润。如果看跌期权在价外状态下到期（$X<S_T$），它将一文不值。图 3.8 显示了看跌期权的到期价值。

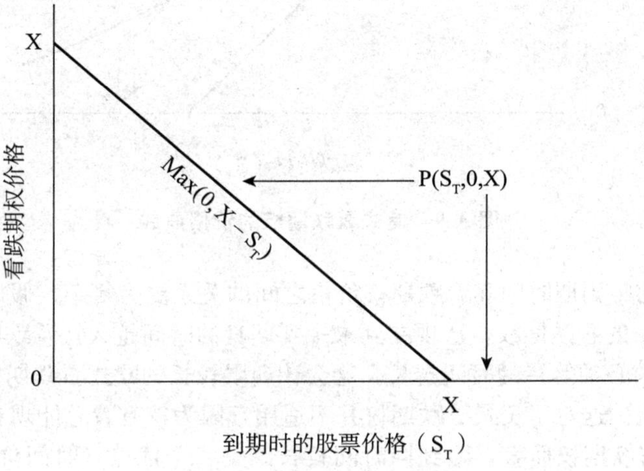

图 3.8　看跌期权的到期价值

3-3d 距到期时间的影响

以两个美式看跌期权为例，一个期权的距到期时间为 T_1，另一个期权的距到期时间为 T_2，$T_2>T_1$。现在，假设今天是期限较短的看跌期权的到期日，股票价格为 S_{T_1}，则即将到期的看跌期权价值为 $\text{Max}(0, X-S_{T_1})$。另一个期权距到期还有 T_2-T_1，价值至少为 $\text{Max}(0, X-S_{T_1})$。因此，在时间 0，下式必然成立：

$$P_a(S_0, T_2, X)\geqslant P_a(S_0, T_1, X)$$

请注意，这两个看跌期权的价值可能相同，然而，只有当两个看跌期权均为深度价内或深度价外时才会发生这种情况。即使如此，期限较长的看跌期权也可能比期限较短的看跌期权价值稍高。期限较短的看跌期权能实现的，期限较长的看跌期权都能实现，并有更多时间来增值。

期限较长的美式看跌期权价值必然不低于条件相同的期限较短的美式看跌期权。

看跌期权时间价值的基本原理与看涨期权时间价值的基本原理相同。当股票价格接近执行价格时，时间价值最大，当股票价格相对于执行价格非常高或非常低时，时间价值最小。考虑到这些特点，我们现在可以看到，美式看跌期权价格如图 3.9 所示。当到期日临近时，看跌期权价格曲线逼近内在价值，这是时间价值衰减造成的。到期时，看跌期权价格等于内在价值，如图 3.8 所示。

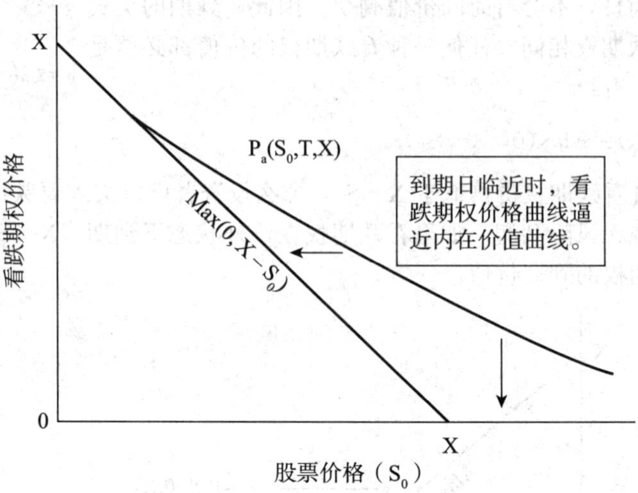

图 3.9　美式看跌期权的价格曲线

欧式看跌期权的距到期时间和看跌期权价格之间的关系更为复杂。假设你买入了以执行价格 X 在日后出售股票的看跌期权，从现在到未来到期日的时间越久，看跌期权持有者在卖出股票并获得 X 美元之前必须等待的时间越长。这会让期限较长的欧式看跌期权价值低于期限较短的欧式看跌期权价值。这对于美式看跌期权并不适用，因为持有者总能现在执行期权，并收到 X 美元。对于欧式看跌期权而言，距到期时间较长既是一个优点（时间价值更高），也是一个缺点（收到执行价格需要等待的时间更长）。然而，时间价值效应往往占主导地位，而且在多数情况下，期限较长的看跌期权比期限较短的看跌期权价值更高。

因为 DCRB 看跌期权是美式期权，所以期限较长的看跌期权预期价格更高。如表 3.1 所示，它们的期权费证实了这一点。

3-3e　执行价格的影响

对期权价值的影响　以两个除了执行价格外在所有方面都相同的欧式看跌期权为例。一个看跌期权的执行价格为 X_1，期权费为 $P_e(S_0, T, X_1)$；另一个看跌期权的执行价格为 X_2，期权费为 $P_e(S_0, T, X_2)$。如前所述，$X_2 > X_1$。哪个看跌期权价值更高？

> 某一欧式看跌期权的价格必然不低于其他条件相同，但执行价格较低的另一欧式看跌期权的价格。

考虑 A 和 B 两个投资组合。投资组合 A 包括一个价格为 $P_e(S_0, T, X_2)$ 的看跌期权多头和一个价格为 $P_e(S_0, T, X_1)$ 的看跌期权空头。投资组合 B 包括一个面值为 $X_2 - X_1$，现值为 $(X_2 - X_1)(1+r)^{-T}$ 的无风险债券多头。表 3.8 列出了这些投资组合到期时的报酬。

投资组合 A 的所有报酬均非负。由于该投资组合不会使持有者产生现金流出，因此买入的看跌期权价格必然不低于卖出的看跌期权价格，即：

$P_e(S_0, T, X_2) \geqslant P_e(S_0, T, X_1)$

表 3.8　　执行价格对看跌期权价值的影响：投资组合 A 和投资组合 B 到期时的报酬

投资组合	当期价值	到期时给定股价下的投资组合报酬		
		$S_T < X_1$	$X_1 \leqslant S_T < X_2$	$X_1 < X_2 \leqslant S_T$
A	$-P_e(S_0, T, X_1)$	$-X_1 + S_T$	0	0
	$+P_e(S_0, T, X_2)$	$X_2 - S_T$	$X_2 - S_T$	0
		$X_2 - X_1 > 0$	$X_2 - S_T > 0$	0
B	$(X_2 - X_1)(1+r)^{-T}$	$X_2 - X_1 > 0$	$X_2 - X_1 > 0$	$X_2 - X_1 > 0$

要理解为什么会如此，就要考虑如果不是如此，将发生什么情况。假设卖出的看跌期权价格高于买入的看跌期权价格，那么，投资者卖出看跌期权得到的金额将高于买入看跌期权支付的金额。根据表 3.8，这将在前期产生净正现金流，到期时不必支付任何现金。这笔交易类似于一笔不需要还款的贷款。显然，这个投资组合非常有吸引力，将引起其他投资者的注意，他们将买入执行价格较高的看跌期权，并卖出执行价格较低的看跌期权，这将抬高前者的价格，降低后者的价格。如果执行价格较高的看跌期权至少与执行价格较低的看跌期权价值相同，交易将不再具有吸引力。

执行价格较高的看跌期权比执行价格较低的看跌期权价值更高，这背后的直觉很简单。看跌期权是以固定价格出售股票的期权，看跌期权持有者可以卖出股票的价格越高，看跌期权越有吸引力。

> 某一美式看跌期权的价格必然不低于其他条件相同，但执行价格较低的另一美式看跌期权。

假设这些看跌期权是美式看跌期权，在这种情况下，可以提前执行具有较低执行价格的看跌期权。例如，令到期前时间 t 的股票价格为 S_t，$S_t < X_1$，执行具有执行价格 X_1 的期权。然后，投资者只需要以执行价格 X_2 执行期权，这两笔交易的现金流为 $-(X_1 - S_t) + (X_2 - S_t) = X_2 - X_1$，它是正数。提前执行期权不会产生负现金流。因此，我们的结果对于美式看跌期权和欧式看跌期权均成立。

期权费之差的限制　现在，让我们比较投资组合 A 和投资组合 B 的报酬。我们看到，投资组合 B 的报酬永远不会低于投资组合 A 的报酬。因此，人们为投资组合 A 支付的金额不会高于为投资组合 B 支付的金额，即：

$$(X_2 - X_1)(1+r)^{-T} \geqslant P_e(S_0, T, X_2) - P_e(S_0, T, X_1)$$

> 两个只有执行价格不同的欧式看跌期权价格之差不会超过其执行价格之差的现值。

然而，这个结果并不适用于美式看跌期权。如果看跌期权为美式看跌期权，而且两个期权都被执行，那么投资者将得到 $X_2 - X_1$ 美元。将这笔金额投资于无风险债券，并将在期权的剩余期限中赚取利息。到期时，投资者将拥有超过 $X_2 - X_1$ 的金额，它是投资组合 B 的报酬。由于执行价格之差大于执行价格之差的现值，因此我们可以说，对于欧式看跌期权，有：

$$X_2 - X_1 \geqslant P_e(S_0, T, X_2) - P_e(S_0, T, X_1)$$

这意味着期权费之差不会超过执行价格之差。这一结果对美式看跌期权和欧式看跌期权均成立。为了说明这一点，令投资组合 B 的债券面值为 $(X_2-X_1)(1+r)^T$，现值为 X_2-X_1。如果在时间 t 提前执行期权，投资组合 A 的持有者在到期时将拥有的最大值为 $(X_2-X_1)(1+r)^{T-t}$。投资组合 B 的持有者在到期时拥有的金额更多，为 $(X_2-X_1)(1+r)^T$。因此，到期时投资组合 A 不会比投资组合 B 支付更多金额。故投资组合 A 的当期价值 $P_a(S_0, T, X_2)-P_a(S_0, T, X_1)$ 不会超过投资组合 B 的当期价值 X_2-X_1。因此，有：

$$X_2-X_1>P_a(S_0, T, X_2)-P_a(S_0, T, X_1)$$

表 3.9 显示了 DCRB 看跌期权的期权费和执行价格之差。因为它们是美式看跌期权，所以我们只能预期看跌期权的期权费之差不超过执行价格之差——情况的确如此，此外，期权费之差还不超过执行价格之差的现值。

> 两个只有执行价格不同的美式看跌期权的价格之差不会超过其执行价格之差。

表 3.9　　DCRB 看跌期权的执行价格与看跌期权价格的关系

执行价格	执行价格之差	看跌期权价格之差（括号内为执行价格之差的现值）		
		5 月	6 月	7 月
120，125	5	1.85 (4.995 7)	2.25 (4.978 7)	2.95 (4.961 1)
120，130	10	4.60 (9.991 4)	5.00 (9.957 3)	6.00 (9.922 2)
125，130	5	2.75 (4.995 71)	2.75 (4.978 71)	3.05 (4.961 11)

注：无风险利率为 4.57%（5 月）、4.56%（6 月）和 4.63%（7 月）；距到期时间为 0.019 2 年（5 月）、0.095 9 年（6 月）和 0.172 6 年（7 月）。

3-3f　欧式看跌期权的下限

我们证明了美式看跌期权的最低价值为 $\text{Max}(0, X-S_0)$，该式不适用于欧式看跌期权，因为后者不能提前执行。然而，我们可以推导出欧式看跌期权的正下限。

再次考虑两个投资组合，A 和 B。投资组合 A 由一股股票组成，投资组合 B 包括一个价格为 $P_e(S_0, T, X)$ 的欧式看跌期权空头和一个面值为 X、现值为 $X(1+r)^{-T}$ 的无风险债券多头。表 3.10 显示了这些投资组合的到期报酬。

表 3.10　　欧式看跌期权的下限：投资组合 A 和投资组合 B 到期时的报酬

投资组合	当期价值	到期时给定股票价格下的投资组合报酬	
		$S_T<X$	$S_T\geq X$
A	S_0	S_T	S_T
B	$X(1+r)^{-T}-P_e(S_0, T, X)$	$X-(X-S_T)=S_T$	X

投资组合 A 的报酬总是不低于投资组合 B 的报酬，因此，没有人愿意为投资组合 B 支付高于投资组合 A 的价格。投资组合 A 的当期价值必然不低于投资组合 B 的当期价值，即：

$$S_0\geq X(1+r)^{-T}-P_e(S_0, T, X)$$

整理该式，得出：

$$P_e(S_0, T, X) \geqslant X(1+r)^{-T} - S_0$$

如果执行价格的现值低于股票价格，则该下限将为负值。因为我们知道看跌期权的价值不能低于零，所以我们可以得出：

$$P_e(S_0, T, X) \geqslant \text{Max}[0, X(1+r)^{-T} - S_0]$$

图 3.10 显示了这些结果。曲线是欧式看跌期权的价格曲线，它必须位于下限上方。随着到期日临近，距到期时间变短，因此下限向右移动，并在到期日收敛于内在价值。看跌期权价格曲线向下移动，这是由于随着到期日临近，其时间价值将产生损失，但看跌期权价格仍高于下限。到期时，看跌期权价格、下限和内在价值均相同。

欧式看跌期权的价格必然至少为 0 和执行价格现值与股价之差中的较大者。

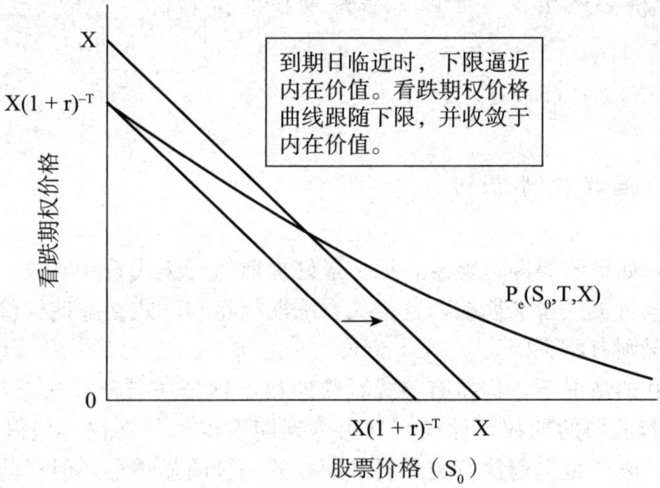

图 3.10　欧式看跌期权的价格曲线

现在，让我们比较美式看跌期权的最低价格、内在价值 $\text{Max}(0, X-S_0)$ 与欧式看跌期权的下限 $\text{Max}[0, X(1+r)^{-T}-S_0]$。由于 $X-S_0$ 大于 $X(1+r)^{-T}-S_0$，因此美式看跌期权的内在价值高于欧式看跌期权的下限。因此，欧式看跌期权的下限与美式看跌期权的价格无关，因为它是较低的最低价值，如图 3.10 所示。然而，$\text{Max}[0, X(1+r)^{-T}-S_0]$ 与欧式看跌期权的价格有关。

最后，我们可以用欧式看跌期权的下限来分析距到期时间对期权的影响。之前，我们曾说过，该影响的方向是不确定的。以两个距到期时间分别为 T_1 和 T_2 的看跌期权为例，其中 $T_2 > T_1$。假设在时间 T_1，股票价格为 S'_T，期限较短的看跌期权到期，价值为 $\text{Max}(0, X-S'_T)$。期限较长的看跌期权的剩余期限为 T_2-T_1，下限为 $\text{Max}[0, X(1+r)^{-(T_2-T_1)} - S'_T]$。尽管期限较长的看跌期权下限小于期限较短的看跌期权的内在价值，但前者多出的时间价值（在此期间内股价可能会变化）可以弥补这个差异。因此，我们无法明确判断期限较长的欧式看跌期权还是期限较短的欧式看跌期权价值更高。

如果股票支付股利，使得 $S'_0 = S_0 - \sum_{j=1}^{N} D_j(1+r)^{-t_j}$（即股票价格减去股利的现值），则原

则变为：

$$P_e(S_0, T, X) \geqslant Max[0, X(1+r)^{-T} - S'_0]$$

正如我们对看涨期权的处理，如果基础工具是货币，我们将调整投资组合 A，从 $(1+\rho)^{-T}$ 单位货币开始。在时间 T，它将增至 1 个单位，报酬将与表 3.10 中的报酬相同。最终结果是，看跌期权下限为：

$$P_e(S_0, T, X) \geqslant Max[0, X(1+r)^{-T} - S_0(1+\rho)^{-T}]$$

3-3g 美式看跌期权与欧式看跌期权

所有欧式看跌期权能实现的，美式看跌期权都能实现。此外，美式看跌期权可以在到期前随时执行。因此，美式看跌期权的价格必然至少等于欧式看跌期权的价格，即：

> 美式看跌期权的价值至少不低于相同条件的欧式看跌期权。

$$P_a(S_0, T, X) \geqslant P_e(S_0, T, X)$$

3-3h 提前执行美式看跌期权

前面曾经提到，如果股票即将除息，那么最好提前执行美式看涨期权。如果股票不支付股利，那么不会提前执行美式看涨期权，且美式看涨期权将与欧式看涨期权价值相同。对于美式看跌期权而言，情况则有所不同。

假设在没有股利的情况下，你持有美式看跌期权，且公司破产，这意味着股票价格为零。你持有以 X 美元出售股票的期权，你没有理由等到期后再执行期权并获得 X 美元，你现在就可以执行它。因此，破产是提前执行美式看跌期权的一种明显情形，但提前执行看跌期权不一定需要公司破产。让我们回顾图 3.10。请注意，表示欧式看跌期权价格的曲线与表示美式看跌期权内在价值的直线相交。这意味着在该股价下，欧式看跌期权持有者宁愿多付钱以持有美式看跌期权。但是，该特定股价并不是引发提前执行美式看跌期权的因素，因为如果看跌期权为美式看跌期权，最好持有该期权，直到股价再下跌一点。

如果股票支付股利，可能仍然值得提前执行股票的看跌期权，但由于支付股利导致股价下跌，提前执行美式看跌期权的可能性降低。事实上，如果股利足够多，有时绝不会提前执行看跌期权，从而使其实际上成为欧式看跌期权。对于货币期权而言，外国利息也会产生类似的影响。

> 如果股价跌至临界水平，美式看跌期权可能被提前执行。如果股票支付股利，那么提前执行期权的可能性将降低。

学到这里，我们仍无法明确说明提前执行美式看跌期权的确切条件。我们将在第 4 章详细讨论这个问题。

3-3i 看跌期权-看涨期权平价

执行价格和到期日相同的基于相同股票的欧式看跌期权和欧式看涨期权有特殊的价格关系。看跌期权价格、看涨期权价格、股票价格、执行价格、距到期时间和无风险利率都是通过一个称为**看跌期权-看涨期权平价**（put-call parity）的公式关联起来的。下面让我们来看如何得出这个公式。

设想有一个投资组合A，它由一股股票和一个欧式看跌期权组成。该投资组合需要 $S_0+P_e(S_0, T, X)$ 的投资。现在，考虑第二个投资组合（称为投资组合B），该投资组合由具有相同执行价格的欧式看涨期权和面值为X的无风险纯贴现债券组成，该投资组合需要投资 $C_e(S_0, T, X)+X(1+r)^{-T}$。现在，让我们来看到期时将发生什么。表3.11给出了结果。

看跌期权-看涨期权平价反映看涨期权价格、看跌期权价格、股价、执行价格、无风险利率和距到期时间之间的关系。

表3.11　看跌期权-看涨期权平价

报酬		当期价值	到期时给定股价下的投资组合报酬	
			$S_T \leqslant X$	$S_T > X$
A	股票	S_0	S_T	S_T
	看跌期权	$P_e(S_0, T, X)$	$X-S_T$	0
			X	S_T
B	看涨期权	$C_e(S_0, T, X)$	0	S_T-X
	债券	$X(1+r)^{-T}$	X	X
			X	S_T

无论 S_T 大于还是小于X，股票价值均为 S_T。同样，无论结果如何，无风险债券的价值均为X。如果 S_T 超过X，看涨期权就会以价内状态到期，且价值为 S_T-X，看跌期权的到期价值为零。如果 S_T 小于或等于X，那么看跌期权将以价内状态到期，且价值为 $X-S_T$，看涨期权的到期价值为零。投资组合A和投资组合B的总价值相等。根据第1章中的一价定律，两个投资组合的当期价值必须相等。因此，我们要求：

$$S_0+P_e(S_0, T, X)=C_e(S_0, T, X)+X(1+r)^{-T}$$

该式被称为看跌期权-看涨期权平价，它可能是理解期权最重要的结果之一。其含义是，一股股票加上一个看跌期权相当于一个看涨期权加上一张无风险债券。它显示了看涨期权价格、看跌期权价格、股票价格、距到期时间、无风险利率和执行价格之间的关系。

假设看跌期权和股票的组合价值低于看涨期权和债券的组合价值，那么，你可以买入看跌期权和股票，卖空看涨期权和债券。卖空看涨期权意味着卖出看涨期权，卖空债券意味着借入现值X，并承诺在期权到期时偿还X。看涨期权和债券价值的现金流入将超过购买看跌期权和股票导致的现金流出。到期时，将不会有现金流入或现金流出，因为你将拥有价值 S_T 的股票，并应偿还债券本金X，但是你也拥有价值为 $X-S_T$ 的看跌期权和价值为零的看涨期权，或者价值为 $-(S_T-X)$ 的看涨期权和价值为零的看跌期权。以上各项之和为零（请进行检验）。换言之，你可以预先得到一笔钱，但不必在到期时支付任何款项。由于每个人都会做这笔交易，所以价格将被迫回到与看跌期权-看涨期权平价公式一致。

通过观察各项前面的符号，我们可以轻松确定哪些组合与其他组合相同。如果符号为正，我们应该买入期权、股票或债券；如果符号为负，我们应该卖出期权、股票或债券。例如，假设我们分离出看涨期权价格，即：

$$C_e(S_0, T, X) = P_e(S_0, T, X) + S_0 - X(1+r)^{-T}$$

那么，持有看涨期权就相当于持有看跌期权、持有股票并卖空债券（借款）。如果我们分离出看跌期权价格，即：

$$P_e(S_0, T, X) = C_e(S_0, T, X) - S_0 + X(1+r)^{-T}$$

这意味着持有看跌期权相当于持有看涨期权、卖空股票并买入债券。同理，我们也可以分离出股票或债券。

为了证明等式右侧的组合等同于左侧的组合，可以制作一个类似于表 3.11 的表格。通过分析到期时的报酬，你将看到右侧各种组合的报酬确实与左侧组合的报酬相同。

如果股票支付股利，我们将再次插入 S'_0，它是股票价格减去股利现值，股票价格为 S_0。如果基础工具为货币，则对投资组合 A 进行调整，从 $(1+\rho)^{-T}$ 单位货币开始。在时间 T，它将增至 1 单位，报酬与表 3.11 相同。然后，货币期权的看跌期权-看涨期权平价将变为：

$$S_0(1+\rho)^{-T} + P_e(S_0, T, X) = C_e(S_0, T, X) + X(1+r)^{-T}$$

虽然看跌期权-看涨期权平价是极为重要和有用的结果，但如果期权为美式期权，那么它并不完全成立。美式期权的看跌期权-看涨期权平价原则必须表述为不等式，即：

$$\begin{aligned} C_a(S'_0, T, X) + X + \sum_{j=1}^{N} D_j(1+r)^{-t_j} &\geqslant S_0 + P_a(S'_0, T, X) \\ &\geqslant C_a(S'_0, T, X) + X(1+r)^{-T} \end{aligned}$$

同样，S'_0 为股票价格减去股利现值。虽然我们将略去该式的正式证明过程，但是很容易通过计算来确定是否违反该原则。

现在，让我们来看看跌期权-看涨期权平价对 DCRB 期权是否成立。由于股票不支付股利，因此 DCRB 看涨期权实际上是欧式看涨期权。然而，看跌期权是严格的美式看跌期权。但是，首先让我们应用欧式看跌期权-看涨期权平价原则。表 3.12 的 A 部分显示了相应的计算过程。每个单元格表示一个执行价格和到期日的组合，它包含两个数字，上面的数字代表股票加上看跌期权的价值，下面的数字代表看涨期权加上债券的价值。如果看跌期权-看涨期权平价成立，那么这两个数字应该相同。当然，我们可能不会期望它完全成立，因为交易成本可能会阻止人们利用某些套利机会。在多数情况下，这些数字非常接近。

表 3.12　　DCRB 看涨期权的看跌期权-看涨期权平价

A　欧式看跌期权-看涨期权平价

单元格上面的数字：$S_0 + P_e(S_0, T, X)$

单元格下面的数字：$C_e(S_0, T, X) + X(1+r)^{-T}$

执行价格	5 月	6 月	7 月
120	128.69	135.19	139.59
	128.647 2	134.888 0	139.966 2
125	130.54	137.44	142.54
	130.642 9	137.966 7	142.627 3
130	133.29	140.19	145.59
	133.488 6	140.795 3	145.388 4

B　美式看跌期权-看涨期权平价 单元格上面的数字：$C_a(S_0, T, X)+X$（注：没有股利，因此 $S'_0=S_0$。） 单元格中间的数字：$S_0+P_a(S_0, T, X)$ 单元格下面的数字：$C_a(S_0, T, X)+X(1+r)^{-T}$			
执行价格	5月	6月	7月
120	128.75	135.40	140.90
	128.69	135.19	139.59
	128.647 2	134.888 0	139.966 2
125	130.75	138.50	143.60
	130.54	137.44	142.54
	130.642 9	137.966 7	142.627 3
130	133.60	141.35	146.40
	133.29	140.19	145.59
	133.488 6	140.795 3	145.388 4

注：无风险利率为 4.57%（5 月）、4.56%（6 月）和 4.63%（7 月）；距到期时间为 0.019 2 年（5 月）、0.095 9 年（6 月）和 0.172 6 年（7 月）。

现在我们应用美式看跌期权-看涨期权平价原则。B 部分的每个单元格都包括三个数字。前面曾经提到，在不支付股利的情况下，上面的数字为 $C_a(S_0, T, X)+X$，中间的数字为 $S_0+P_a(S_0, T, X)$，下面的数字为 $C_a(S_0, T, X)+X(1+r)^{-T}$。这些数字应该从大到小按降序排列，也就是说，每个单元格最上面的数字应该不低于中间的数字，而中间的数字不应低于最下面的数字。只有执行价格为 120 美元的 5 月期权和 6 月期权、执行价格为 130 美元的 7 月期权是如此，但这些差异可能不足以使套利交易划算。

看跌期权-看涨期权平价是看涨期权、看跌期权、基础工具和无风险债券之间的关系式，图 3.11 说明了这些关系。在整本书中，我们将进一步完善这张图，以显示衍生产品合约、基础工具和无风险债券市场之间的其他重要关系。

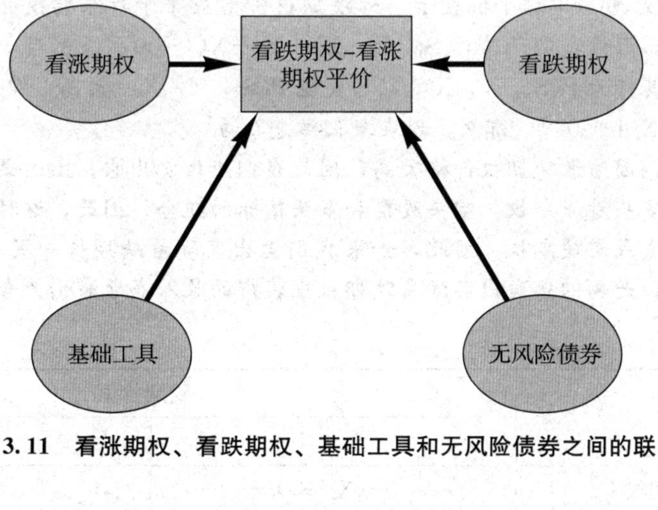

图 3.11　看涨期权、看跌期权、基础工具和无风险债券之间的联系

联系现实

看跌期权-看涨期权平价套利

欧式期权的看跌期权-看涨期权平价公式为：

$$P(S_0, T, X)+S_0=C(S_0, T, X)+X(1+r)^{-T}$$

对该式的解释是，左侧为多头看跌期权和多头股票，右侧是多头看涨期权和多头无风险债券。正号表示多头，负号表示空头。看跌期权-看涨期权平价可以用许多方式表述：

$P(S_0, T, X)=C(S_0, T, X)-S_0+X(1+r)^{-T}$（多头看跌期权＝多头看涨期权、空头股票、多头债券）

$S_0=C(S_0, T, X)-P(S_0, T, X)+X(1+r)^{-T}$（多头股票＝多头看涨期权、空头看跌期权、多头债券）

$C(S_0, T, X)=P(S_0, T, X)+S_0-X(1+r)^{-T}$（多头看涨期权＝多头看跌期权、多头股票、空头债券）

$X(1+r)^{-T}=P(S_0, T, X)+S_0-C(S_0, T, X)$（多头债券＝多头看跌期权、多头股票、空头看涨期权）

$-P(S_0, T, X)=-C(S_0, T, X)+S_0-X(1+r)^{-T}$（空头看跌期权＝空头看涨期权、多头股票、空头债券）

$-S_0=-C(S_0, T, X)+P(S_0, T, X)-X(1+r)^{-T}$（空头股票＝空头看涨期权、多头看跌期权、空头债券）

$-C(S_0, T, X)=-P(S_0, T, X)-S_0+X(1+r)^{-T}$（空头看涨期权＝空头看跌期权、空头股票、多头债券）

$-X(1+r)^{-T}=-P(S_0, T, X)-S_0+C(S_0, T, X)$（空头债券＝空头看跌期权、空头股票、多头看涨期权）

每侧的两种工具还有更多组合。此外，我们还可以把所有四种工具放在公式一侧。重要的是，如果存在套利机会，就可以使用这些公式中的任何一个来利用它。

例如，看跌期权-看涨期权平价表示，看跌期权价格应等于看涨期权价格减去股票价格加上执行价格的现值。假设我们计算 $C(S_0, T, X)-S_0+X(1+r)^{-T}$。然后，我们观察市场上的看跌期权价格，将其标为 $P(S_0, T, X)^*$，并发现 $P(S_0, T, X)^*$ 太高，即 $P(S_0, T, X)^* > C(S_0, T, X)-S_0+X(1+r)^{-T}$。那么，现在我们该怎么办？

直觉告诉我们，因为看跌期权价格太高，因此我们应该卖出它。上述第二个公式表明，多头看跌期权相当于多头看涨期权、空头股票和多头债券的组合。因此，这种组合相当于看跌期权，有时被称为合成式看跌期权。因此，如果我们卖出实际看跌期权并买入合成式看跌期权，就应该实现对冲，但是我们从卖出实际看跌期权中获得的收入高于我们为合成式看跌期权支付的价格。结果如下：

工具	到期价值	
	$S_T \leqslant X$	$S_T > X$
空头看跌期权	$-(X-S_T)$	0

续前表

工具	到期价值	
	$S_T \leqslant X$	$S_T > X$
多头看涨期权	0	$S_T - X$
空头股票	$-S_T$	$-S_T$
多头债券	X	X
总计	0	0

没有任何正报酬或负报酬意味着这是一个完美对冲。但事实上，我们可以使用上述任何公式来检测这种错误定价。让我们选取第三个公式，$S_0 = C(S_0, T, X) - P(S_0, T, X) + X(1+r)^{-T}$。我们使用右侧的看跌期权市场价格 $P(S_0, T, X)$，因为 $P(S_0, T, X)^*$ 太高，因此我们从右侧减去的金额过多。于是，右侧相对于左侧就低了，所以我们应该卖出左侧（即卖空股票），买入右侧（买入看涨期权，卖出看跌期权，买入债券）。事实上，这就是前面说明的策略。

更重要的是了解，看跌期权的定价错误并不要紧。我们无须确定看跌期权、看涨期权、债券或股票是否被错误定价。在前面的交易中，我们卖出看跌期权，买入看涨期权，并卖空股票，这意味着如果看跌期权价格被高估，看涨期权价格被低估，或者股票价格被高估，那么将进行相同的交易。我们不需要确定哪种工具被错误定价，我们只需要将数据代入公式，公式就会告诉我们该怎么做。我们需要做的就是记住：始终卖出定价过高的工具，买入定价过低的工具。

3-3j 利率的影响

> 看跌期权的价格与利率负相关。

利率通过多种方法影响看跌期权。首先，它影响下限。利率越低，下限越高，反映出执行价格的现值越高。在零利率的极端情况下，下限与内在价值相同。尽管如此，看跌期权价格仍保持高于下限，因为如果利率为零，看跌期权就没有什么特别的了。然而，利率对看跌期权价格有另一种影响。当你最后通过执行看跌期权卖出股票时，将得到 X 美元。如果利率升高，X 美元的现值将降低。因此，看跌期权持有者在等待执行期权期间将放弃升高的利息，并收到执行价格。因此，利率升高将降低看跌期权对投资者的吸引力。

3-3k 股票波动率的影响

> 看跌期权的价格与基础股票的波动率直接相关。

波动率对看跌期权价格的影响与对看涨期权价格的影响相同：波动率越高，看跌期权持有者可能获得的收益越高。例如，在我们讨论波动率对看涨期权的影响时，我们考虑了 DCRB 到期时 4 个发生概率相同的股票价格：110 美元、120 美元、130 美元和 140 美元。执行价格为 125 美元的看跌期权到期时的 4 个可能价格是 15 美元、5 美元、0 美元和 0 美元。如果波动率上升，则到期时 4 个可能的股票价格分别为 100 美元、120 美元、130 美元和 150 美元，到期时 4 个可能的看跌期权价格分别为 25 美元、5 美元、0 美元和 0 美元。对于看跌期权持有者而言，波动率提高是有利的，因为现在看跌期权价格可以上涨得更高。看跌期权到期时的价外程度是否会加深并不重要，因为它的最低可能价值仍为零。因此，看跌期权持有者的损失被截断。因此，如果波动率升高，看跌期权的价格将升高。

理解波动率效应的另一种方法是考虑基于零波动率股票的欧式看跌期权。如果目前看跌期权处于价内，它的价值就是执行价格 X 减去股票价格 S_0，因为除了无风险收益之外，股票价格不会发生更多预期的变化。如果该看跌期权处于价外，那么它将一文不值，因为它不可能以价内状态到期。这两种情况中的任何一种都类似于无风险资产，对对冲者或投机者都没有用。此外，下限和看跌期权价格都将低于内在价值，反映出仍然无法在到期前执行欧式看跌期权的事实。

正如我们在看涨期权部分讨论的，我们将在第 4 章和第 5 章讨论波动率的作用和衡量。

总结

本章考察了期权定价的基本原理。文中指出了看跌期权价格和看涨期权价格的上限和下限原则，并分析了影响期权价格的变量。此外，本章还通过看跌期权-看涨期权平价原则说明了看跌期权价格和看涨期权价格的相互关系。另外，还分析了可能导致期权交易者在到期前执行期权的条件。

我们学到了一些在某些情况下仅适用于欧式期权，在某些情况下仅适用于美式期权，在某些情况下适用于两种期权的原则。表 3.13 总结了这些原则。

表 3.13　　期权定价原则总结

	欧式看涨期权	美式看涨期权	欧式看跌期权	美式看跌期权
假设没有股利				
最低价值	$\geqslant 0$	$\geqslant 0$	$\geqslant 0$	$\geqslant 0$
内在价值（IV）	NA	$\text{Max}(0, S_0-X)$	NA	$\text{Max}(0, X-S_0)$
时间价值	$C_e(S_0, T, X)-\text{Max}(0, S_0-X)$	$C_a(S_0, T, X)-\text{IV}$	$P_e(S_0, T, X)-\text{Max}(0, X-S_0)$	$P_a(S_0, T, X)-\text{IV}$
最高价值	S_0	S_0	$X(1+r)^{-T}$	X
距到期时间的影响	$C_e(S_0, T_2, X)\geqslant C_e(S_0, T_1, X)$	$C_a(S_0, T_2, X)\geqslant C_a(S_0, T_1, X)$	$P_e(S_0, T_2, X_2)\gtreqless P_e(S_0, T_1, X)$	$P_a(S_0, T_2, X)\geqslant P_a(S_0, T_1, X)$
执行价格的影响	$C_e(S_0, T, X_1)\geqslant C_e(S_0, T, X_2)$	$C_a(S_0, T, X_1)\geqslant C_a(S_0, T, X_2)$	$P_e(S_0, T, X_2)\geqslant P_e(S_0, T, X_1)$	$P_a(S_0, T, X_2)\geqslant P_a(S_0, T, X_1)$
期权费之差的最大值	$(X_2-X_1)(1+r)^{-T}$	X_2-X_1	$(X_2-X_1)(1+r)^{-T}$	X_2-X_1
下限	$\text{Max}[0, S_0-X(1+r)^{-T}]$	$\text{Max}[0, S_0-X(1+r)^{-T}]$	$\text{Max}[0, X(1+r)^{-T}-S_0]$	$\text{Max}(0, X-S_0)$

续前表

	欧式看涨期权	美式看涨期权	欧式看跌期权	美式看跌期权
其他结果				
美式期权价格与欧式期权价格比较	$C_a(S_0, T, X) \geqslant C_e(S_0, T, X)$ $P_a(S_0, T, X) \geqslant P_e(S_0, T, X)$			
看跌期权-看涨期权平价	$P_e(S_0, T, X) = C_e(S_0, T, X) - S_0 + X(1+r)^{-T}$（欧式期权） $C_a(S_0, T, X) + X \geqslant S_0 + P_a(S_0, T, X) \geqslant C_a(S_0, T, X) + X(1+r)^{-T}$（美式期权）			
股利的影响	用 $S'_0 = S_0 - \sum_{j=1}^{N} D_j(1+r)^{-t_j}$ 代替 S_0，对于美式看跌期权-看涨期权平价，在左侧加上 $\sum_{j=1}^{N} D_j(1+r)^{-t_j}$。中间的 S_0 没有经过股利调整。			
货币期权	用 $S_0(1+\rho)^{-T}$ 代替 S_0。			

一个经常令人混淆的原则是确定最低价格。我们首先确定最低价格下限，然后继续进行计算，直至确定了最低价格上限。首先，我们计算出看涨期权的绝对最低价格，即零。对于美式期权而言，如果期权处于价内，则内在价值就是最低价格上限，因此，它高于零。但是，它不适用于欧式看涨期权，因为它不能提前执行。尽管如此，欧式看涨期权仍有下限，即零和股票价格与执行价格的现值之差中的较大者，它至少不低于美式看涨期权的内在价值。由于美式看涨期权的价值必须不低于欧式看涨期权的价值，因此该下限也适用于美式看涨期权。不分红股票的欧式看涨期权和美式看涨期权的最终最低价值是我们计算出的欧式看涨期权下限。

美式看跌期权和欧式看跌期权的绝对最低价值均为零。美式看跌期权有内在价值，即零与执行价格与股价之差中的较大者，该最低价值不适用于欧式看跌期权，因为它不能提前执行。欧式看跌期权的下限是零和执行价格与股价现值之差中的较大者，因为这个下限永远不会超过美式看跌期权的内在价值，因此无助于提高美式看跌期权的最低价值。该下限是欧式看跌期权的最低价值，而内在价值是（不分红股票）美式看跌期权的最低价值。附录 3 介绍了一张 Excel 电子表格，它说明了本章中的许多原理，我们强烈建议读者将其作为练习。

尽管我们已经找出与确定期权价格相关的因素，但我们尚未讨论如何计算确切价格。虽然看跌期权-看涨期权平价似乎是一种期权定价方法，但它只是一个相对的期权定价模型。为了给看跌期权定价，我们必须知道看涨期权的价格；为了给看涨期权定价，我们必须知道看跌期权的价格。因此，如果不接受另一个工具的市场价格为正确价格，或者没有给出另一个工具价格的模型，我们就不能用看跌期权-看涨期权平价对工具定价。

简而言之，我们需要一个期权定价模型——一个给出期权价格的公式，其中期权价格是影响期权价格的变量的函数。如果该期权定价模型是正确的，就应给出符合这些边界条件的期权价格。最重要的是，它应该确定理论上正确的期权价格。如果市场价格与模型价格不符，则套利应该迫使其回到模型价格。我们现在已经做好了考察期权定价模型的准备。

关键术语

内在价值/平价价值/平价/执行价值　　深度价内/深度价外　　时间价值衰减

时间价值/投机价值　　　　　　　　　看跌期权-看涨期权平价

扩展阅读

下列参考资料出色地阐述了本章介绍的原则：

Billingsley, R. S. *Understanding Arbitrage*. Upper Saddle River, NJ: Wharton School Publishing, 2006.

Hull, J. C. *Options, Futures, and Other Derivatives*, 9th ed. Upper Saddle River, NJ: Prentice Hall, 2014.

Jarrow, R. A., and A. Chatterjea. *An Introduction to Derivative Securities, Financial Markets, and Risk Management*. New York: W. W. Norton, 2013.

Jarrow, R., and S. Turnbull. *Derivative Securities*, 2nd ed. Cincinnati, OH: South-Western Publishing, 2000.

Stoll, H. R., and R. E. Whaley. *Futures and Options: Theory and Application*. Cincinnati, OH: South-Western Publishing, 1993.

Whaley, R. E. *Derivatives: Markets, Valuation, and Risk Management*. New York: Wiley, 2006.

下列经典文章分析了本章中介绍的原则：

Merton, R. C. "The Relation between Put and Call Option Prices: Comment." *Journal of Finance* 28 (1973): 183 - 184.

Merton, R. C. "Theory of Rational Option Pricing." *Bell Journal of Economics and Management Science* 4 (Spring 1973): 41 - 73.

Stoll, H. R. "The Relationship between Put and Call Option Prices." *Journal of Finance* 31 (May 1969): 319 - 332.

下列实证研究分析了期权价格是否符合这些原则：

Bhattacharya, M. "Transaction Data Tests of Efficiency of the Chicago Board Options Exchange." *Journal of Financial Economics* 12 (1983): 161 - 185.

Galai, D. "A Convexity Test for Traded Options." *Quarterly Review of Economics and Business* 19 (Summer 1979): 83 - 90.

Galai, D. "Empirical Tests of Boundary Conditions for CBOE Options." *Journal of Financial Economics* 6 (1978): 187 - 211.

Gould, J. P., and D. Galai. "Transaction Costs and the Relationship between Put and Call Prices." *Journal of Financial Economics* 1 (1974): 105 - 129.

Hemler, M. L., and T. W. Miller, Jr. "Box Spread Arbitrage Profits Following the 1987 Market Crash: Real or Illusory?" *Journal of Financial and Quantitative Analysis* 32 (March 1997): 71 - 90.

Kaushik, A., J. D. Coval, and H. N. Seyhun. "Index Option Prices and Stock Market Momentum." *Journal of Business* 77 (October 2004): 835 - 874.

Klemkosky, R. C., and B. G. Resnick. "An Ex-Ante Analysis of Put-Call Parity." *Journal of Financial Economics* 8 (1980): 363 - 378.

Klemkosky, R. C., and B. G. Resnick. "Put-Call Parity and Market Efficiency." *Journal of Finance* 34 (December 1979): 1141 - 1155.

概念检查

1. 请解释为什么执行价格为零的看涨期权相当于基础股票，假设在期权期限内股票不支付股利。

2. 假设某人为你提供以下赌局：你支付 7 美元并掷一枚硬币，如果硬币正面朝上，他将付给你 10 美元，如果硬币反面朝上，他将付给你 5 美元。你学到了这一招，并让另一个人掷硬币，首先让他付给你 7 美元，并掷另一枚硬币。你告诉他，如果硬币正面朝上，你将付给他 9 美元，如果硬币反面朝上，你将付给他 5 美元。你认为你通过同时参与这两笔交易，有机会赚取套利利润。为什么这不是套利机会？假如你可以让两人参与赌局，你如何使其成为套利机会？

3. 在本章中，我们没有学习如何在不知道看跌期权价格、不使用看跌期权-看涨期权平价的情况下获得确切的看涨期权价格。然而，在一种特殊情况下，我们可以获得确切的看涨期权价格。假设期权是无限期的，请你使用我们在本章中学到的最高价值和最低价值获得欧式看涨期权和美式看涨期权的价格。

4. 为什么两个除距到期时间以外在所有方面都相同的看涨期权或看跌期权价格大致相同？

5. 为什么两个除执行价格以外在所有方面都相同的看涨期权或看跌期权价格大致相同？

6. 假设某只股票存在欧式看涨期权和欧式看跌期权。然而，该股票是收购目标，收购公司为股票开出了固定价格。期权到期前不久几乎肯定会发生收购。如果情况如此，投资者将卖出股票并获得现金。因此，在股票剩余期限中，股价基本上是冻结的。请解释欧式看涨期权和欧式看跌期权的价内和价外性质将如何变化。

7. 登录 www.cengagebrain.com，使用 ISBN 9781305104969 查询学生产品支持网站，并下载标题为 Option Pricing Principles Tutorial 10e.pptx 的 PowerPoint 演示文稿。它旨在帮助读者复习本章中的大部分内容。请逐页阅读演示文稿，并试着预测下一页将显示的内容。

问题与习题

1. 假设一个期权在 68 天后到期，67 天后到期的国库券的买价和卖价分别打折 8.24 美元和 8.20 美元。请计算无风险利率的近似值。

2. 如果美式看涨期权的价格低于 $\text{Max}(0, S_0 - X)$，期权市场将发生什么情况？如果该期权为欧式期权，你的答案会有所不同吗？请解释。

3. 假设你观察到某个欧式看涨期权的价格低于 $\text{Max}[0, S_0 - X(1+r)^{-T}]$。你应该执行哪类交易来实现最大收益？请画出一张报酬表显示到期报酬，以证明你的策略是正确的。

4. 请解释为什么当股价接近执行价格时，期权的时间价值最大，以及为什么当期权处于深度价内或深度价外时，期权的时间价值将几乎消失。

5. 请评论一位期权投资者的以下说法："我的看涨期权处于深度价内。我不认为它还会升值。我想我应该执行它。"

6. 看涨期权价格与股票波动率直接相关，但波动率升高意味着股价可能会下跌。你如何解决这个明显的矛盾？

7. 我们已证明，$\mathrm{Max}[0, S_0 - X(1+r)^{-T}]$ 是欧式看跌期权的最低可能价值。为什么该价值与美式看跌期权无关？

8. 为什么利率升高导致看涨期权价格升高，但导致看跌期权价格降低？

9. 假设欧式看跌期权的价格高于看跌期权-看涨期权平价预测的价值，投资者如何获利？请画出一张报酬表显示到期报酬，以证明你的策略是正确的。

10. 为什么考虑美式看跌期权时，提前执行美式看涨期权的理由不成立？

某年 7 月 6 日，某只股票的期权价格观察结果如下，请使用这些信息回答第 11 题到第 16 题。除非另有说明，否则忽略股票的股利。股票价格为 165.13 美元。到期日为 7 月 17 日、8 月 21 日和 10 月 16 日。无风险利率分别为 0.051 6、0.055 0 和 0.058 8。

执行价格	看涨期权			看跌期权		
	7 月	8 月	10 月	7 月	8 月	10 月
155	10.50	11.80	14.00	0.20	1.25	2.75
160	6.00	8.10	11.10	0.75	2.75	4.50
165	2.70	5.20	8.10	2.35	4.70	6.70
170	0.80	3.20	6.00	5.80	7.50	9.00

11. 请计算以下看涨期权的内在价值、时间价值和下限，并指出可能存在的获利机会。确定内在价值和时间价值时，将其作为美式期权处理；确定下限时，将其作为欧式期权处理。

a. 执行价格为 160 美元的 7 月期权

b. 执行价格为 155 美元的 10 月期权

c. 执行价格为 170 美元的 8 月期权

12. 请计算下列看跌期权的内在价值、时间价值和下限，并指出可能存在的获利机会。确定内在价值和时间价值时，将其作为美式期权处理；确定下限时，将其作为欧式期权处理。

a. 执行价格为 165 美元的 7 月期权

b. 执行价格为 160 美元的 8 月期权

c. 执行价格为 170 美元的 10 月期权

13. 检查看跌期权和看涨期权的下列组合，并确定它们是否符合欧式期权的看跌期权-看涨期权平价原则。如果你发现违反原则的情况，请提出策略建议。

a. 执行价格为 155 美元的 7 月期权

b. 执行价格为 160 美元的 8 月期权

c. 执行价格为 170 美元的 10 月期权

14. 请重复第 13 题，使用美式看跌期权-看涨期权平价原则，但不提出策略建议。

15. 请分析以下两对只有执行价格不同的看涨期权，请确定它们是否违反了只有执行价格不同的美式期权的关系原则。

a. 执行价格分别为 155 美元和 160 美元的 8 月期权

b. 执行价格分别为 160 美元和 165 美元的 10 月期权

16. 请分析以下两对只有执行价格不同的看跌期权，请确定它们是否违反了只有执行价格不同的美式期权的关系原则。

a. 执行价格分别为155美元和160美元的8月期权

b. 执行价格分别为160美元和170美元的10月期权

17. 某年12月9日，1月瑞士法郎看涨期权的执行价格为46，价格为1.63。

执行价格为46的1月看跌期权的价格为0.14。即期汇率为47.28。所有价格单位均为美分/瑞士法郎。

该期权于1月13日到期。美国无风险利率为7.1%，瑞士无风险利率为3.6%。期权为欧式期权。请完成以下练习：

a. 计算看涨期权的内在价值。

b. 计算看涨期权的下限。

c. 计算看涨期权的时间价值。

d. 计算看跌期权的内在价值。

e. 计算看跌期权的下限。

f. 计算看跌期权的时间价值。

g. 确定看跌期权-看涨期权平价是否成立。

18. 假设现在股票价格为100美元，期权执行价格为100美元，年复利利率为5%，股票在下一刻支付1美元的股利，1年期看涨期权的报价为3.50美元。请指出适当的套利机会，并给出适当的套利策略。

19. 假设现在股票价格为90美元，期权执行价格为100美元，年复利利率为5%，股票在下一刻支付1美元的股利，1年期看涨期权的报价为6美元。请指出适当的套利机会，并给出适当的套利策略。

20. 假设所有期限的无风险年复利利率均为5%，不分红普通股的交易价格为100美元。假设你正在考虑执行价格为110美元的欧式看涨期权，在边界条件开始时非零的情况下，该期权距到期时间是多少？

21. 不分红普通股的交易价格为100美元。假设你正在考虑执行价格为110美元、还有1年到期的欧式看跌期权。在边界条件开始时非零的情况下，无风险年复利利率是多少？

22. 假设某个欧式看跌期权在2月5日的执行价格为110美元，该看跌期权在45天后到期。假设44天后到期的国库券的适当贴现率为7.615%。该欧式看跌期权的最高价值是多少？如果该看跌期权是美式看跌期权，那么它的最高价值是多少？

23. 假设某个美式看跌期权的交易价格为16.50美元，而某个美式看涨期权的交易价格为15美元，两个期权的条件相同。基础股票价格为99美元，期权执行价格为100美元。年无风险利率为5%，两个期权距到期时间均为1年。假设该股票不分红，请确定适当的套利交易策略。

24. 假设你正在观察苹果公司的股票期权交易，并观察到以下条件：

$$S_0+P_a(S_0, T, X)<C_a(S_0, T, X)+X(1+r)^{-T}$$

请解释套利者如何利用这个观察结果，并说明你得出这个答案的理由。

25. 假设有某个以印度卢比计价出售的美元看涨期权。当前的即期汇率为1美元兑70卢比，印度的利率为7%，美国的利率为5%（均为年复利）。如果你观察到1年期平价看涨期权的交易价格为1.2卢比/美元，则套利者将进行什么交易？（假设看涨期权为欧式看涨期权。）

26.（概念习题）看跌期权-看涨期权平价是一个强大的公式，可用于创建期权、无风险债券和股票的等价组合。假设有一种期权的基础工具是勒布朗·詹姆斯（LeBron James）在下一场比赛中的得分。例如，执行价格为32分的看涨期权将支付Max(0，S_0－32）的报酬，其中S_0是勒布朗到比赛结束时的得分。因此，如果他得到35分，每个看涨期权持有者将得到3美元，如果他的得分少于32分，看涨期权持有者什么都得不到。执行价格为32分的看跌期权报酬为Max(0，32－S_0)。如果勒布朗的得分超过32分，那么看跌期权持有者什么也得不到；如果他的得分为28分，那么每个看跌期权持有者都可以获得4美元。显然，人们没有办法实际购买这种基础资产——得分。然而，看跌期权-看涨期权平价表明，可以通过看跌期权、看涨期权和无风险债券的组合来重新创建基础资产。请说明如何做到这点，并给出1分的价格公式。

27.（概念问题）假设美国国会决定在股价下跌时投资者不应获利，因此卖空不合法，然而，国会尚未决定如何处理期权，所以没有限制期权交易。请解释如何通过使用期权完成等价于卖空的交易。

附录3　期权边界条件的变化：练习

正如我们在本章中看到的，期权价格受到不同边界的限制。我们考察了最高价格和最低价格，后者根据期权是欧式还是美式而有所不同。我们还提到，这些边界将随时间的推移而变化。本书附有一张题为BoundaryConditions10e.xlsm的Excel电子表格，可以用来观察这些边界条件以及期权价格如何随着不同输入值的变化而变化。

电子表格BoundaryConditions10e.xlsm可通过产品支持网站下载。下载方法是：

1.登录www.cengagebrain.com并搜索ISBN 9781305104969。

2.点击“Free Materials”（免费资料）标签，然后点击“Access Now”（立即访问）。

3.点击BoundaryConditions10e.xlsm的链接。

4.按照网页上的说明下载并安装电子表格。

请下载并打开电子表格，观察范例——执行价格为100美元、无风险利率为8%、还有200天到期、波动率为50%的欧式看涨期权。此时，我们还没有具体研究如何衡量波动率。我们提到，波动率通常被解释为股票收益率的标准差。在第4章和第5章中，我们将对波动率进行更具体的处理。在这个练习中，你只需要准备好输入介于0和100%之间的波动率数值。Excel会根据我们将在第5章中介绍的模型计算期权价格。

观察下图，可以看到它有四条线：欧式看涨期权最高价格、欧式看涨期权下限、欧式期权价格和美式看涨期权内在价值。每个输入值都被插入一个单元格中。你可以输入任何合理的值，但是由于该图将显示出从0到200美元的一系列股票价格下的结果，因此你不应选择超过200美元的执行价格。

要观察这些曲线如何变化，你可以向左或向右滑动滚动条，这将自动更改相应的输入值。或者，你也可以单击滚动条每端的箭头，自动增加相应的输入值。如果你选择滑动滚动条，那么只有释放鼠标左键时，才会重新绘制图形。通过拖动滚动条，你可以观察图形的变化。

请做下面的练习。你需要回答几个问题。

- 选择欧式看涨期权。
- 逐渐将距到期的天数从200天降到0天，发生了什么情况？

1.看涨期权价格收敛于下限。你知道是为什么吗？

2. 下限收敛于内在价值。你知道是为什么吗?

● (距到期还有 200 天时) 将波动率从 50%拖到 0，发生了什么情况?

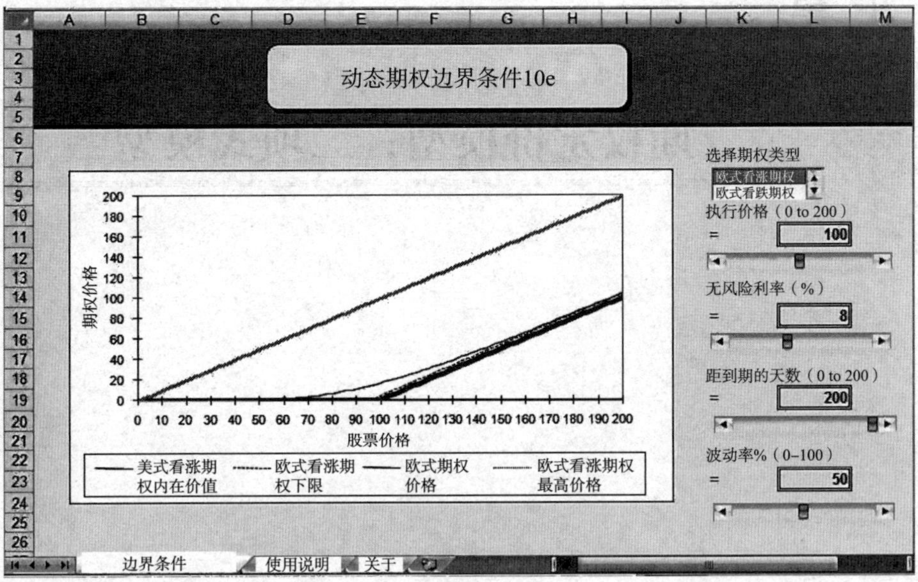

1. 看涨期权价格收敛于下限。你知道是为什么吗?

2. 下限仍然高于美式期权的内在价值。你知道是为什么吗?

● (距到期还有 200 天，波动率为 50%时) 将无风险利率从 8%下调到 0。发生了什么情况?

1. 下限向下收敛于内在价值。你知道是为什么吗?

2. 看涨期权的价格始终高于下限。你知道是为什么吗?

现在对看跌期权做同样的练习。

● 选择欧式看跌期权。

● 逐渐将距到期天数从 200 天拖到 0，发生了什么情况?

1. 看跌期权的价格收敛于下限。你知道是为什么吗?

2. 下限向上收敛于内在价值。你知道是为什么吗?

● (距到期还有 200 天时) 将波动率从 50%拖到 0，发生了什么情况?

1. 看跌期权的价格收敛于下限。你知道是为什么吗?

2. 下限仍然低于美式看跌期权的内在价值。你知道是为什么吗?

● (距到期还有 200 天，波动率为 50%时) 将无风险利率从 8%拖到 0，发生了什么情况?

1. 下限向上收敛于内在价值。你知道是为什么吗?

2. 看跌期权的价格始终高于下限。你知道是为什么吗?

第 4 章

期权定价模型：二项式模型

期权交易者可能没有你想象的那样精通数学。环法自行车比赛运动员不需要知道如何解牛顿定律以按照曲线骑行。事实上，在骑车或打网球时过多地考虑物理学反而会拖后腿。但是优秀的交易者必须有耐心了解复制其交易工具的基本机制。

——伊曼纽尔·德曼（Emanuel Derman）

《衍生产品杂志》(*The Journal of Derivatives*)，2000 年冬季刊，第 62 页

本章目标

- 介绍期权定价模型的概念。
- 全面讨论单期情景和两期情景中的二项式期权定价模型，解释如何保持股票和期权的无风险对冲。
- 说明如何使用二项式模型反映提前执行看跌期权和看涨期权的影响，并在期权价格中正确反映这些影响。
- 说明如何将二项式模型扩展至任意期数。
- 提出另一种具体规定二项式模型的方法。

本章考察了两种一般期权定价模型的第一种。**模型**（model）是对现实的简化表示，它使用某些输入值产生输出值或结果。**期权定价模型**（option pricing model）是使用决定期权价格的因素作为输入值的数学公式或计算程序，输出值是期权的理论公允价值。如果模型效果令人满意，则期权的市场价格将等于理论公允价值。获得理论公允价值的过程被称为**期权定价**（option pricing）。

在第 3 章中，我们分析了确定期权价格的一些基本概念。然而，我们只学习了如何相对于其他期权对另一期权定价，例如，看跌期权-看涨期权平价表明，给定看涨期权的价格，我们可以确定看跌期权的价格。我们还发现了具有不同执行价格的期权价格之间的关系，并考察了

看涨期权和看跌期权的上限和下限。然而，我们并没有学习如何根据影响期权价格的因素直接确定准确的期权价格。关于期权定价有大量研究，大部分内容远远超出了本书的水平。模型从相对简单到极为复杂，应有尽有，所有模型都有许多共同之处，但是在开始学习更复杂但更现实的模型之前，有必要了解基本模型。

我们将从被称为**二项式期权定价模型**（binomial option pricing model）的简单模型开始，它比公式需要更多计算程序。了解多个阶段的二项式模型之后，我们将继续学习第 5 章和**布莱克-斯科尔斯-默顿期权定价模型**（Black-Scholes-Merton option pricing model）——这是一个数学公式。然而，在这两种情况下，我们的目标相同：获得期权的理论公允价值，即期权交易价格。

4-1 单期二项式模型

首先，让我们考虑单期情景的含义。期权具有明确的期限，通常以天为单位。假设期权的期限为一单位时间。根据需要，时期或短或长。如果时期长度为一天，且期权距到期不止一天，那么我们将需要多期模型，这将在后面讨论。现在，我们假设期权的期限为一个时期。

该模型被称为**二项式模型**（binomial model），它允许股价上涨或下跌，上涨或下跌速度可能不同。二项式概率分布是有两个结果或状态的分布，上涨或下跌的概率由二项式概率分布决定。正因为如此，该模型也被称为**两态模型**（two-state model）。

然而，将二项式模型用于基础资产时，立即可以明显看出，可能结果的范围超过二项式分布可以容纳的两个状态，然而，这并不会让该模型失去价值。它的优点是很简单，并能清晰简洁地展示期权定价模型的基本概念。这样，就建立了有助于理解布莱克-斯科尔斯-默顿模型的基础。

假设在某种情景中，一只股票的价格为 S，并有相应的看涨期权。[①] 该看涨期权距到期还有 1 期，期初是今天，被称为时间 0，期末称为时间 1。当看涨期权到期时，股票可能为两个状态中的一个：它可能上涨，涨幅为系数 u；它也可能下跌，跌幅为系数 d。如果价格上涨，则股价为 uS；如果价格下跌，则股价为 dS。

例如，假设股价现在是 50 美元，可能上涨 10%或下跌 8%。因此，$u=1.1$，$d=1-0.08=0.92$，因此，变量 u 和 d 等于 1.0 加上股票收益率。当看涨期权到期时，股价将为 $50\times1.10=55$ 美元或 $50\times0.92=46$ 美元。

假设某只股票看涨期权的执行价格为 X，当期价格为 C。当期权到期时，它的价值将为 C_u 或 C_d。由于到期时看涨期权的价格是其内在价值，因此有：

$$C_u=\text{Max}(0,\ uS-X)$$
$$C_d=\text{Max}(0,\ dS-X)$$

图 4.1 显示了股票价格和看涨期权价格的路径。这张图很简单，但是在引入两期模型后会变得复杂。

如果两个股票价格都导致期权以价内状态到期，那么期权的投机性不会很高，但是，它仍然会由该模型正确定价。卖方将获得期权费，以补偿执行期权时预期将产生的未来现金流出。

---

① 该模型也可以用于为看跌期权定价，我们将在下一节了解该定价过程。

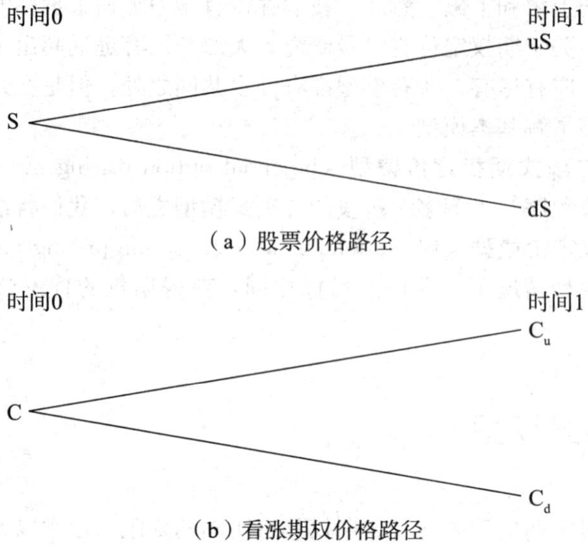

图 4.1　单期二叉树

然而，为了使情况变得更有意思，我们应该定义变量，使期权有可能以价外状态到期。假设 dS 小于 X，也就是说，如果股价下跌，期权就会以价外状态到期。并假设 uS 大于 X，这样，如果股价上涨，该期权将以价内状态到期。

用符号 r 表示每期的无风险利率，无风险利率是无风险投资在等于期权剩余期限的时期内获得的利率。无风险利率位于股价上涨时的收益率和股价下跌时的收益率之间，因此，$d<1+r<u$。[①] 我们假设所有投资者都可以以无风险利率进行借贷。有很多方法可以用来计算利率，例如，在第 5 章中，我们将使用年化连续复利利率。在这里，我们使用单期利率以便于说明。请务必仔细注意利率如何报价以正确计算现值。

该模型的目标是推导出期权的理论公允价值——变量 C——的公式。然后，比较理论公允价值与实际价格，以显示期权定价是过高、过低还是正确。变量 C 的公式是通过构建股票与期权的无风险投资组合而建立的。无风险投资组合应获得无风险利率。给定股票价值和投资组合的无风险收益率，可以从其他变量中推导出看涨期权的价值。

该无风险投资组合称为**对冲投资组合**（hedge portfolio），由 h 股股票和一手空头看涨期权组成。该模型提供了**对冲比率**（hedge ratio），即 h。该投资组合的当期价值为 h 股股票的价值减去空头看涨期权的价值。我们用 h 股股票的价值减去看涨期权的价值，因为股票是资产，空头看涨期权是负债，所以，对冲投资组合的价值为资产价值减去负债价值，即净值。当前的对冲投资组合价值表示为 V，其中 $V=hS-C$。另外，我们还可以将对冲投资组合视为要求我们以每股 S 的价格购买 h 股股票，但是我们通过以价格 C 卖出一手看涨期权来部分抵消该价格。因此，$V=hS-C$ 是我们构建对冲投资组合所需的自有资金。注意，对于对冲投资组合而言，投资角度和现金流角度相反。正对冲比率意味着股票投资为正，因此现金流为负。看涨期权前的负号表示负投资或正现金流，因此，对冲组合需要卖出看涨期权。

---

① 这个要求是必需的，否则就会有套利机会。如果投资者可以卖空股票，就可以将收入投资于无风险债券，且（在最坏的情况下）获得的收益率将超过回购空头股票可能需要支付的最高收益率。如果投资者可以按利率 r 借款，投资于股票，且收益率总能超过贷款成本，那么就可以无限赚钱而不用投入任何成本。

到期时，如果股价上涨，对冲投资组合价值将为 V_u，如果股价下跌，对冲投资组合价值将为 V_d。使用之前定义的术语，则有：

$$V_u = huS - C_u$$
$$V_d = hdS - C_d$$

将 V_u 和 V_d 视为当期权到期时清算对冲投资组合获得的金额。如果不管股票价格如何变化都能实现相同的结果，那么这个头寸就是无风险的。我们可以选择 h 值来实现这一点。只需要设 $V_u = V_d$，使：

> 为期权定价时，需要将股票和期权组成一个无风险对冲投资组合，这样就可以从其他已知价值中推导出期权价格。

$$huS - C_u = hdS - C_d$$

解出 h，有：

$$h = \frac{C_u - C_d}{uS - dS}$$

因为我们知道 S、u 和 d 的值，所以可以确定 C_u、C_d 和 h。

无风险投资必须获得等于无风险利率的收益率。因此，一期后的对冲投资组合价值应等于按无风险利率计算一期复利的当期价值。如果不是这样，对冲投资组合就将被错误估值，并产生潜在套利机会。稍后我们将看到如何进行套利。

如果对冲投资组合的初始价值以无风险利率增长，则期权到期时，其价值将为（hS−C)(1+r)。对冲投资组合到期时的两个值——V_u 和 V_d——相等，所以我们可以选择其中任何一个。选择 V_u，并令其等于按无风险利率计算复利时对冲投资组合的初始价值，得出：

> 单期二项式期权定价公式给出的期权价格为到期时两个可能期权价格的加权平均值以无风险利率贴现的结果。

$$V(1+r) = V_u$$
$$(hS - C)(1+r) = huS - C_u$$

代入 h 的公式，并解出 C，即可得出期权定价公式，即：

$$C = \frac{pC_u + (1-p)C_d}{1+r}$$

其中 p 的定义为（1+r−d)/(u−d)，它被称为二项式概率。

该式给出了看涨期权价格，它是变量 C_u、C_d、p 和 r 的函数，然而，C_u 和 C_d 由变量 S、u、d 和 X 确定。因此，影响看涨期权价格的变量为当期股票价格 S、执行价格 X、无风险利率 r 以及定义到期时未来可能股票价格的参数 u 和 d。请注意，看涨期权价格是下一期两个可能的看涨期权价格的加权平均值以无风险利率贴现的结果。还要注意，我们从未规定两个股价变化的实际概率，它们不在模型之中，前面给出的二项式概率并不是特定交易者赋予的股价上涨的实际概率。期权是相对于股票定价的，因此，给定股价，我们可以得到期权价格。但是，股票定价独立于期权，因此，股价变化概率是影响股票定价的因素。但股票定价不是我们关心的问题，我们已经有了股票价格 S。

在第 1 章中，我们介绍了风险中性的概念，并指出我们将用它为衍生产品定价。投资者对风险的感受在证券定价中起着重要作用，但在风险中性期权定价框架下，投资者对风险的感受并不重要。然而，这并不意味着该模型假定投资者为风险中性。股价取决于投资者对风险的感受。如果投资者为风险中性，并认为股票价值 20 美元，那么该模型将以 20 美元作为股票价值，而不考虑投资者对风险的感受。如果投资者厌恶风险，并认为股票价值 20 美元，那么该模型将以 20 美元作为股票价值，而不考虑投资者对风险的感受。然而，这并不意味着风险厌恶投资者和风险中性投资者对股票的定价相同，而是说模型将接受给定的股票价格，而不关注如何利用风险获得股票价格。换言之，给定股票价格，积极投资者和保守投资者对股票期权的定价将相同。

4-1a 说明示例

假设某只股票当前的价格为 100 美元。一期过后，它可能涨至 125 美元，增幅为 25%，或跌至 80 美元，跌幅为 20%。假设看涨期权的执行价格为 100 美元，无风险利率为 7%。输入值总结如下：

$S=100$，$d=0.80$

$X=100$，$r=0.07$

$u=1.25$

首先，我们得出 C_u 和 C_d 的值：

$$\begin{aligned}C_u &= \text{Max}(0, uS-X)\\ &= \text{Max}(0, 100\times1.25-100)\\ &= 25 \text{ 美元}\\ C_d &= \text{Max}(0, dS-X)\\ &= \text{Max}(0, 100\times0.80-100)\\ &= 0\end{aligned}$$

对冲比率 h 为：

$$h=\frac{25-0}{125-80}=0.556$$

对冲每手看涨期权需要 0.556 股股票。[①] p 值为：

$$p=\frac{1+r-d}{u-d}=\frac{1.07-0.80}{1.25-0.80}=0.6$$

于是有：

$$1-p=1-0.6=0.4$$

将上述值代入 C 的公式，得出：

$$C=\frac{0.6\times25+0.4\times0}{1.07}=14.02 \text{ 美元}$$

因此，该看涨期权的理论公允价值为 14.02 美元。

---

① 我们假设可以购买奇数股，但不允许购买非整数股。

4-1b　对冲投资组合

假设某个对冲投资组合包括 1 000 手看涨期权空头和 556 股股票多头。股数由对冲比率（0.556）决定。对冲投资组合的当期价值为：

556×100－1 000×14.02＝41 580 美元

因此，投资者以每股 100 美元的价格购买了 556 股股票，并以 14.02 美元的价格卖出 1 000 手看涨期权。这需要为股票支付 556×100＝55 600 美元，并从看涨期权中收到 1 000×14.02＝14 020 美元。净现金支出为 55 600－14 020＝41 580 美元。该总额表示资产（股票）减去负债（看涨期权），因此，它是投资者必须支付的交易净值或金额。图 4.2 说明了这个过程。

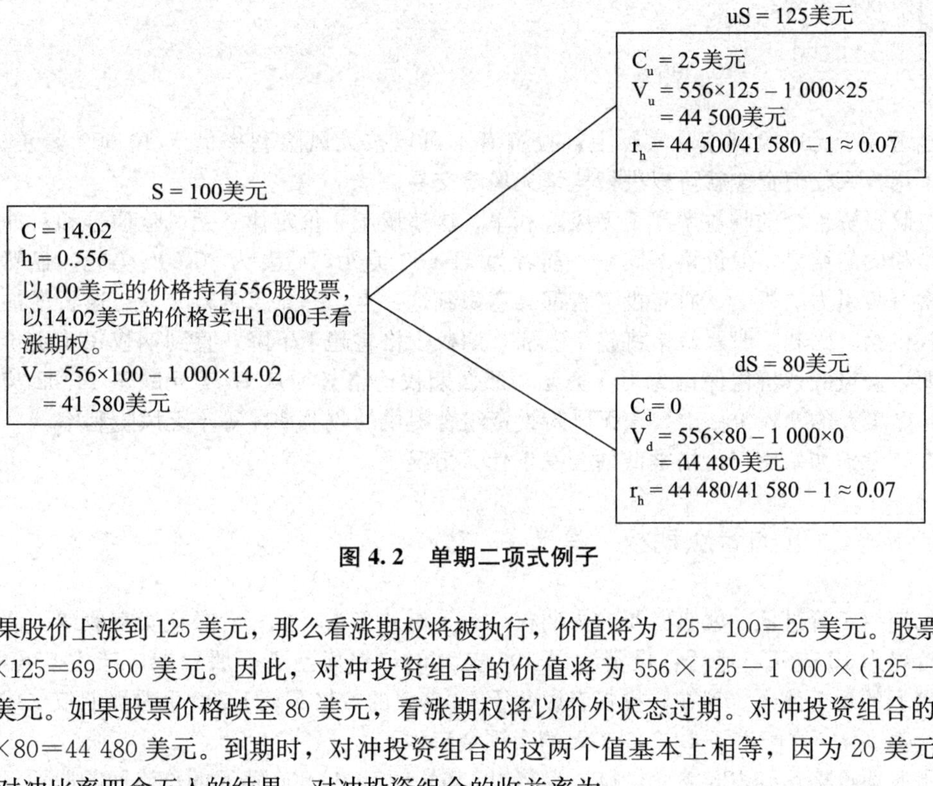

图 4.2　单期二项式例子

如果股价上涨到 125 美元，那么看涨期权将被执行，价值将为 125－100＝25 美元。股票价值将为 556×125＝69 500 美元。因此，对冲投资组合的价值将为 556×125－1 000×(125－100)＝44 500 美元。如果股票价格跌至 80 美元，看涨期权将以价外状态过期。对冲投资组合的价值将为 556×80＝44 480 美元。到期时，对冲投资组合的这两个值基本上相等，因为 20 美元的差额只是将对冲比率四舍五入的结果。对冲投资组合的收益率为：

$$r_h=\frac{44\ 500}{41\ 580}-1\approx 0.07$$

这是无风险利率。初始投资 41 580 美元将增至 44 500 美元——收益率约为 7%，即无风险利率。

如果看涨期权价格不是 14.02 美元，那么就存在套利机会。首先，我们将考虑看涨期权定价过高的情况。

4-1c 定价过高的看涨期权

如果看涨期权定价过高，那么无风险对冲将产生高于无风险利率的无风险收益率。假设看涨期权的市场价格为 15 美元。如果你买入 556 股股票，并卖出 1 000 手看涨期权，那么这笔投资的当期价值为：

$$556\times100-1\ 000\times15=40\ 600\text{ 美元}$$

如果到期时股票价格涨至 125 美元，那么看涨期权的价格将为 25 美元，对冲投资组合的价值将为 556×125－1 000×25＝44 500 美元。如果股票价格跌至 80 美元，那么看涨期权将一文不值，对冲投资组合的价值将为 556×80＝44 480 美元。在任何一种情况下，对冲投资组合的价值均相同，20 美元的差额仍然是四舍五入造成的。初始投资 40 600 美元将增至 44 500 美元，无风险收益率为：

$$r_h=\frac{44\ 500}{40\ 600}-1\approx0.096$$

它显著高于无风险利率。实际上，投资者本可以按无风险利率借入 40 600 美元。因此，投资者不用投入任何资金就可以进行这笔无风险交易。

无风险投资组合的收益率高于无风险利率，这违反了一价定律。无风险债券和对冲投资组合将产生相同的结果，但价格不同——前者为 41 580 美元，后者为 40 600 美元。显然，这是一个非常有吸引力的机会。所有投资者都会意识到这一点，并急于进行交易。这将增加股票需求和期权供给，因此，股票价格将趋于上涨，期权价格将趋于下降，直到期权正确定价。为了便于说明，假设股票价格保持为 100 美元，那么期权价格必须从 15 美元跌至 14.02 美元。只有在 14.02 美元的期权价格上，该无风险投资组合提供的收益率才等于无风险利率。

现在，考虑如果期权价格被低估会发生什么情况。

4-1d 定价过低的看涨期权

如果期权定价过低，就有必要购买期权。为了对冲多头，投资者必须卖空股票。假设看涨期权的价格为 13 美元，然后，投资者以 100 美元的价格卖空 556 股股票，产生 556×100＝55 600 美元的现金流入。现在，投资者以每手 13 美元的价格买入 1 000 手看涨期权（成本合计为 13 000 美元）。这产生了 42 600 美元的净现金流入。

如果股票价格达到 125 美元，投资者将以 556×125＝69 500 美元的价格回购股票。他执行看涨期权，获得 1 000×(125－100)＝25 000 美元的收益。净现金流为－69 500＋25 000＝－44 500 美元。如果股票价格跌至 80 美元，投资者将回购股票，支付 556×80＝44 480 美元，而看涨期权的到期价值为零。20 美元的差额仍然是四舍五入造成的。

在这两个结果中，收益率基本上相等。整笔交易类似于一笔贷款，投资者先收到 42 600 美元，然后偿还 44 500 美元，这相当于利率为 44 500/42 600－1＝0.044 6。由于这笔交易等同于以 4.46%的利率借款，且无风险利率为 7%，因此这是一个有吸引力的借款机会。投资者可以按无风险利率贷出最初的 42 600 美元，从而在没有风险，也不用投入资金的情况下赚取利润。所有投资者都会认识到这一点，并进行这笔交易。这趋于抬高看涨期权价格（也可能压低股价），直至达到均衡。如果股票价格保持为 100 美元，那么当看涨期权价格升至 14.02 美元时，将达到均衡。

该模型只考虑了单期情景。在下一节中，我们将把该模型扩展到两期情景。

4-2 两期二项式模型

在单期情景中，股票价格要么上涨，要么下跌，因此，未来股价只有两种可能。为了提高真实度，现在我们再增加一期，这将增加到期时的可能结果数量。因此，我们的模型有三个时点：时间 0、时间 1 和时间 2。

假设在第一期结束时，股票价格升至 uS。在第二期，它可能上涨或下跌，在这种情况下，最终它将为 u^2S 或 udS。如果股票价格在第一期跌至 dS，那么在第二期，股票价格将再次下跌或者回弹，在这种情况下，最终它将为 d^2S 或 duS。在这个例子中，我们令 $d=1/u$，这意味着 $udS=duS=S$。这是一个方便但不是必需的假设，在处理这个基本模型时很有帮助。

图 4.3 显示了股票价格和相应看涨期权价格的路径，这样看来，我们就可以了解为什么该图通常被称为二叉树。到期时的期权价格为：

$$C_{u^2}=\text{Max}(0,\ u^2S-X)$$

$$C_{ud}=\text{Max}(0,\ udS-X)$$

$$C_{d^2}=\text{Max}(0,\ d^2S-X)$$

第一期结束时，可能的期权价格 C_u 和 C_d 最初是未知的，但是，最终可以得出它们。

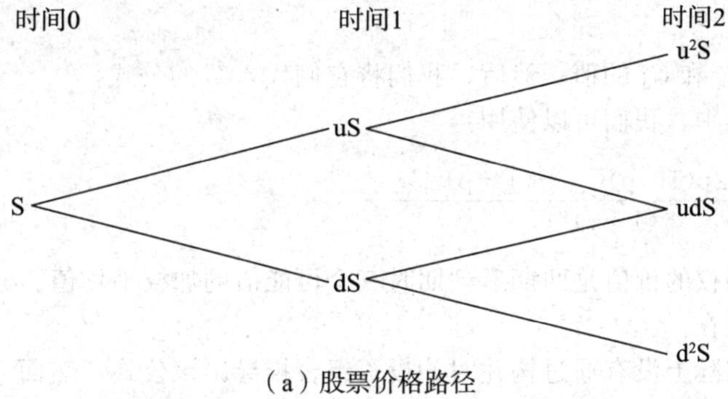

（a）股票价格路径

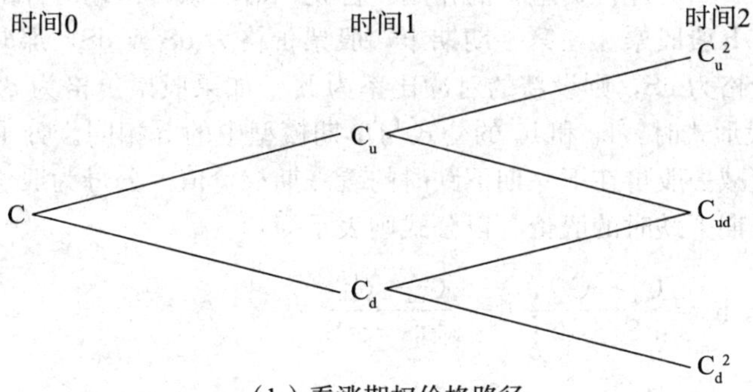

（b）看涨期权价格路径

图 4.3 两期二叉树

假设在第一期，股票价格升至 uS。由于只有一期，有两个可能结果，因此单期二项式模型适用于计算期权价格 C_u。如果在第一期结束时，股票价格下降至 dS，那么我们将再次面临单期情景，并有两个可能结果。这里，我们可以再次使用单期二项式模型来获得 C_d 的值。使用单期模型，期权价格 C_u 和 C_d 分别为：

$$C_u=\frac{pC_{u^2}+(1-p)C_{ud}}{1+r}$$

$$C_d=\frac{pC_{ud}+(1-p)C_{d^2}}{1+r}$$

在单期情景中，看涨期权的价值是期权在下一期期末的两个可能价值的加权平均值。如果股票价格在下一期上涨，那么看涨期权的价值就以系数 p 加权；如果股票价格在下一期下跌，那么看涨期权的价值就以系数 1－p 加权。为了获得期初的看涨期权价格，我们将两个可能的未来看涨期权价格的加权平均值以无风险利率贴现一期。因此，单期二项式模型是一般公式，可以用于任何只剩下一期的多期情景。

> 两期二项式期权定价公式的期权价格计算方法为，用无风险利率贴现下一期的两个可能期权价格的加权平均值。两个未来期权价格是通过单期二项式模型得到的。

即使该看涨期权在下一期期末没有到期，我们也可以用该式计算当前的看涨期权价格，即理论公允价值，它是下一期的两个看涨期权可能价格的加权平均值，即：

$$C=\frac{pC_u+(1-p)C_d}{1+r}$$

首先，我们计算出 C_u 和 C_d 的值；然后，我们将它们代入 C 的公式。

在更直接的方法中，我们可以使用：

$$C=\frac{p^2C_{u^2}+2p(1-p)C_{ud}+(1-p)^2C_{d^2}}{(1+r)^2}$$

该式说明，该看涨期权的价值是两期后到期时三个可能值的加权平均值。分母 $(1+r)^2$ 将该数字贴现回两期前的现在。

请注意，我们实际上没有通过构建对冲投资组合推导出该公式，然而，这是可能的，在后面的章节中，我们将看到对冲投资组合的作用。首先，请注意，构建对冲的方法是，最初对每手空头看涨期权持有 h 股股票。在第一期期末，股票价格为 uS 或 dS，那时，我们必须调整对冲比率。如果股票价格为 uS，则设新的对冲比率为 h_u；如果股票价格为 dS，则设新的对冲比率为 h_d。表示为一般形式时，h_u 和 h_d 的公式与单期模型中的 h 相同。分子为股价在下一期上涨时的看涨期权价值减去股价在下一期下跌时的看涨期权价值。分母为股价在下一期上涨时的股价减去股价在下一期下跌时的股价。以公式则表示为：

$$h=\frac{C_u-C_d}{uS-dS},\ h_u=\frac{C_{u^2}-C_{ud}}{u^2S-udS},\ h_d=\frac{C_{ud}-C_{d^2}}{duS-d^2S}$$

4-2a 说明示例

这里沿用上一节中的情景示例并扩展为两期，所有输入值均保持不变。到期时可能的股票价格为：

$$u^2S = 100 \times 1.25^2 = 156.25 \text{ 美元}$$

$$udS = 100 \times 1.25 \times 0.80 = 100 \text{ 美元}$$

$$d^2S = 100 \times 0.80^2 = 64 \text{ 美元}$$

到期时的看涨期权价格为：

$$C_{u^2} = \text{Max}(0,\ u^2S - X) = \text{Max}(0,\ 156.25 - 100) = 56.25 \text{ 美元}$$

$$C_{ud} = \text{Max}(0,\ udS - X) = \text{Max}(0,\ 100 - 100) = 0$$

$$C_{d^2} = \text{Max}(0,\ d^2S - X) = \text{Max}(0,\ 64 - 100) = 0$$

无论模型中的期数为多少，p 值均相同，为 $(1+r-d)/(u-d)$。

我们可以通过上一节讨论的两种方法中的任何一种计算出看涨期权的价值。首先，让我们计算 C_u 和 C_d 的值：

$$C_u = \frac{0.6 \times 56.25 + 0.4 \times 0}{1.07} = 31.54 \text{ 美元}$$

$$C_d = \frac{0.6 \times 0 + 0.4 \times 0}{1.07} = 0$$

注意，在股票价格为 80 美元的时间 1，看涨期权的价值为 0.00 美元：看涨期权不可能以价内状态在时间 2 到期，因此，在时间 1，它的价值必定为 0。在时间 0，看涨期权的价值为一期后看涨期权的两个可能价值的加权平均值：

$$C = \frac{0.6 \times 31.54 + 0.4 \times 0}{1.07} = 17.69 \text{ 美元}$$

单期情景中的看涨期权在两期情景下价值升高了。为什么会如此？第 3 章曾经提到，期限较长的看涨期权价值永远不低于期限较短的看涨期权价值，且通常价值更高。如果这个原则在这里不成立，那么这个模型必然有问题。

4-2b　对冲投资组合

现在考虑一个对冲投资组合。图 4.4 说明了这个过程。当我们分析这个例子时，参考该图将非常有帮助。令看涨期权的市场交易价格为 17.69 美元的理论公允价值，对冲包括 1 000 手空头看涨期权。在时间 0 购买的股票数量为 h，公式如下：

$$h=\frac{31.54-0.00}{125-80}=0.701$$

因此，我们买入 701 股股票，并卖出 1 000 手看涨期权。这笔交易可概括如下：

以 100 美元的价格买入 701 股股票＝70 100 美元(资产)

以 17.69 美元的价格卖出 1 000 手看涨期权＝－17 690 美元(负债)

净投资＝52 410 美元(净值)

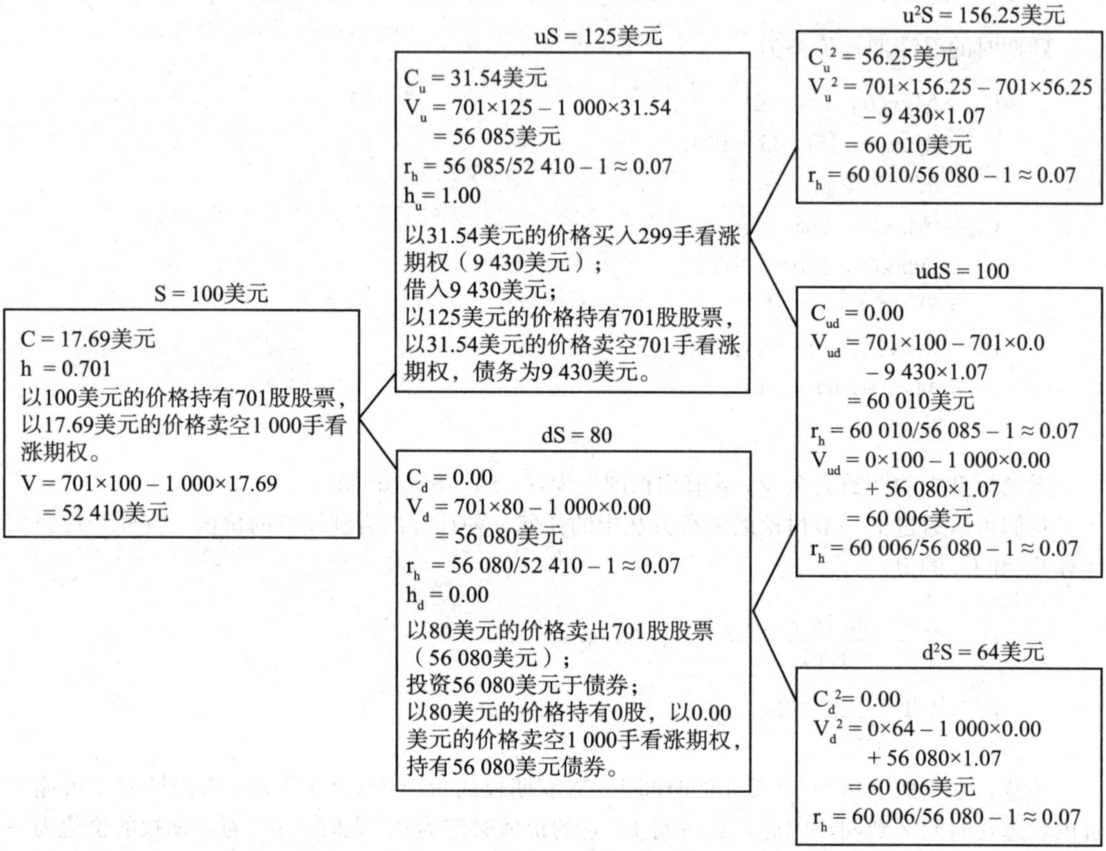

图 4.4　两期二项式例子

联系现实

二项式期权定价、风险溢价和概率

你已经观察到二项式模型不需要实际涨跌概率，但是，如果我们有实际涨跌概率呢？我们的二叉树是否与该信息不一致？让我们来看看。

回到价格为 100 美元的股票的例子，其中 u＝1.25，d＝0.80，r＝0.07。假设我们知道股票价格上升的概率为 0.7，股票价格下降的概率为 0.3。这意味着在时间 1，预期的股票价格将为：

0.7×125＋0.3×80＝111.50 美元

如果当期股票价格为100美元，则投资者必须以11.5%的利率贴现预期的股票价格，也就是说，111.50/1.115=100美元。因此，股票的必要收益率为11.5%。由于无风险利率为7%，因此投资者对该股票要求的风险溢价为4.5%。

既然我们已经知道投资者如何为股票估值，那么我们可以用这些信息为看涨期权估值吗？前面曾经提到，我们发现，执行价格为100美元的单期看涨期权价值为14.02美元。在时间1，报酬为25美元和0，因此，预期的期权价格为：

$$0.7\times25+0.3\times0=17.50\text{ 美元}$$

如果我们对期权使用与股票相同的贴现率，我们将得到当前的期权价格：

$$\frac{17.50}{1.115}=15.70\text{ 美元}$$

但如果看涨期权的价格为15.70美元，我们可以很容易地获得套利利润。可以证明，如果价值为14.02美元的该期权售价为15美元，那么可以用它产生9.6%的无风险收益率。因此，如果看涨期权售价为15.70美元，我们甚至可以赚更多钱。显然这里有问题。

问题在于，期权的必要收益率不能与股票相同。定价为14.02美元时，必要收益率必须为：

$$\frac{17.50}{14.02}-1=0.248$$

换言之，期权的必要收益率必须为25%左右，这是股票必要收益率的两倍多。

期权比股票风险更高，因此，它的必要收益率必须更高。我们可以使用二项式模型确定看涨期权的必要收益率与股票的必要收益率的关系。

请记住，如果股票价格上涨或下跌，对冲投资组合的收益率就是无风险利率。所以在任何一种情况下，我们都有：

$$\frac{V_u}{V}-1=\frac{huS-C_u}{hS-C}-1=r$$

$$\frac{V_d}{V}-1=\frac{hdS-C_d}{hS-C}-1=r$$

两个结果下的股票收益率定义为：

$$\frac{uS}{S}-1=r_s^u\text{ 和 }\frac{dS}{S}-1=r_s^d$$

两个结果下的看涨期权收益率定义为：

$$\frac{C_u}{C}-1=r_c^u\text{ 和 }\frac{C_d}{C}-1=r_c^d$$

我们需要将它们的形式调整为$C(1+r_c^u)=C_u$和$C\ (1+r_c^d)\ =C_d$。对冲投资组合的初始价值$hS-C$应按无风险利率增长，直至等于对冲投资组合价格上升时的价值$huS-C_u$，即：

$$(1+r)(hS-C)=huS-C_u$$

将$C(1+r_c^u)=C_u$代入C_u并求解r_c^u，得到等式$r_c^u=r+(r_s^u-r)h\left(\frac{S}{C}\right)$。

如果我们在股票价格下跌时使用相同的方法，可以得到$r_c^d=r+(r_s^d-r)h\left(\frac{S}{C}\right)$。

根据定义，看涨期权的预期收益率为上升收益率和下降收益率的加权平均值，权重分别为上升收益率和下降收益率的概率：

$$E(r_c)=qr_c^u+(1-q)r_c^d$$

用 $r+(r_s^u-r)h\left(\frac{S}{C}\right)$ 代替 r_c^u，用 $r+(r_s^d-r)h\left(\frac{S}{C}\right)$ 代替 r_c^d，并确认 $qr_s^u+(1-q)r_s^d$ 为股票的预期收益率 $E(r_s)$，我们获得了以股票预期收益率表示的看涨期权预期收益率：

$$E(r_c)=r+[E(r_s)-r]h\left(\frac{S}{C}\right)$$

我们从这个结果中看到，看涨期权的预期收益率是无风险利率加上与股票风险溢价相关的风险溢价 $E(r_s)-r$ 乘以反映看涨期权杠杆的系数 $h\left(\frac{S}{C}\right)$。

在我们的例子中，h=0.556，代入上式，我们得到：

$$\begin{aligned}E(r_c)&=0.07+(0.115-0.07)\times 0.556\times(100/14.02)\\&=0.248\end{aligned}$$

如果资产在市场上定价正确，其预期收益率将等于投资者的必要收益率。因此，期权的必要收益率为无风险利率加上与股票风险溢价和期权杠杆相关的溢价。我们在这里看到，必要预期收益率为24.8%，我们发现，这是期权价格为14.02美元时的期权必要收益率。

但是，不管股票和看涨期权的预期收益率是多少，或者实际价格涨跌概率是多少，我们都可以用本章介绍的套利方法为看涨期权定价，并确信我们所做的一切都符合预期收益率和真实概率。

股价涨至125美元　对冲投资组合包括701股价格为125美元的股票和1 000手价格为31.54美元的看涨期权空头。对冲投资组合的价值为701×125－1 000×31.54＝56 085美元。我们的投资已经从52 410美元增至56 085美元。你应能证明其收益率为7%，即无风险利率。为了在下一期保持对冲，我们需要修改对冲比率。新的对冲比率 h_u 为：

$$h_u=\frac{56.25-0.00}{156.25-100}=1$$

新的对冲比率为每手看涨期权空头对应1股股票。

为了确定新的对冲比率，我们需要701手看涨期权空头或1 000股股票。我们可以回购299手看涨期权，剩余701手看涨期权空头，或买入299股股票，凑够1 000股股票。因为购买看涨期权的成本较低，所以我们以每手31.54美元的价格回购299手看涨期权，总成本为9 430美元。为了避免投入更多自有资金，我们以无风险利率借款。

股价跌至80美元　对冲投资组合包括价值为80美元的701股股票和价值为0.00美元的1 000手看涨期权空头。对冲投资组合价值为701×80－1 000×0.00＝56 080美元，与股票价格为125美元时的结果差额是四舍五入造成的。由于无论股价如何变化，收益率都相同，因此对冲投资组合是无风险的。为了在下一期保持对冲，我们将对冲比率调整为：

$$h_d=\frac{0.00-0.00}{100.00-64.00}=0$$

因此，1 000手看涨期权空头需要0股股票。我们目前持有701股股票，所以我们可以按80美元的价格卖出所有股票，得到56 080美元。然后我们将这笔钱投资于支付无风险利率的无风险债券，在第二期结束时，债券的报酬将为 56 080 美元加上 7%对应的利息。

股票价格从 125 美元涨至 156.25 美元 我们以 156.25 美元的价格卖出 701 股股票，以每手 56.25 美元的价格执行看涨期权，然后偿还 9 430 美元的贷款加上 7%的利息。对冲投资组合的价值为 701×156.25－701×56.25－9 430×1.07＝60 010 美元，与上一期相比收益率为 7%。

股票价格从 125 美元跌至 100 美元 我们有 701 股价格为 100 美元的股票，701 手价值为 0.00 美元的看涨期权空头，并偿还了 9 430 美元的贷款加上利息，对冲投资组合的总价值为 701×100－701×0.00－9 430×1.07＝60 010 美元，与上一期相比收益率为 7%。

股票价格从 80 美元涨至 100 美元 对冲投资组合不包括股票，但包括价值 0.00 美元的 1 000 手看涨期权空头和价值 56 080 美元的债券加上 7%对应的利息。对冲投资组合的总价值为 0×100－1 000×0.00＋56 080×1.07＝60 006 美元，与上一期相比收益率为 7%。

股票价格从 80 美元跌至 64 美元 对冲投资组合中没有每股价格为 64 美元的股票，但包括 1 000 手到期时无价值的看涨期权空头，以及无风险债券的本金和利息。该对冲投资组合的价值为 0×64－1 000×0.00＋56 080×1.07＝60 006 美元。这与另一种情况下得到的金额基本相同，差额只是四舍五入造成的。因此，无论股票价格遵循哪种路径，对冲都会使每一期的财富增长 7%。

现在让我们考虑如果看涨期权被错误定价将发生什么情况。

4-2c 两期情景的错误定价看涨期权

如果在时间 0 时看涨期权被错误定价，则违反了一价定律，并存在套利机会。如果看涨期权定价过低，我们应该买入看涨期权，卖空 h 股股票。如果看涨期权定价过高，我们应该卖出看涨期权，买入 h 股股票。然而，在第一期、第二期或两期内能否获得套利收益取决于看涨期权价格在第一期期末是否调整为理论公允价值。如果不调整，我们在第一期就可能无法获得高于无风险利率的收益率。然而，该看涨期权在第二期期末必须正确定价，因为它在此时到期，完全不存在期权在到期时错误定价的问题。

一个两期收益率是两个一期收益率的几何平均值，即，如果 6%为第一期的收益率，9%为第二期的收益率，则两期收益率为 $\sqrt{1.06\times1.09}-1=0.074\ 9$，即 7.49%。如果在这两个收益率中，一个等于无风险利率，另一个高于无风险利率，那么两期收益率将高于无风险利率。如果在这两个收益率中，一个低于无风险利率，另一个高于无风险利率，那么整体收益率仍可能高于无风险利率。如果期权在时间 0 被错误定价，那么持有适当的多头或空头并保持正确的对冲比率，在整个两期内获得的收益率将超过无风险利率。

这种对冲有许多可能结果，需要用整整一章来说明。因此，我们只笼统地讨论这些可能结果。在每种情况下，我们都假设保持适当的对冲比率，而投资者只有在看涨期权定价过低或定价正确时才会买入看涨期权，只有当看涨期权定价过高或定价正确时才会卖出看涨期权。

假设该看涨期权最初定价过高，而且在第一期期末仍然定价过高。由于看涨期权尚未跌至正确价格，因此第一期的收益率实际上可能低于无风险利率。然而，因为在第二期期末看涨期权必须正确定价，所以第二期获得的收益率将足以弥补第一期的收益率。总体来说，在这两期获得的收益率将超过无风险利率。

如果看涨期权最初定价过高，并在第一期期末正确定价，那么在该期获得的收益率必然超过无风险利率。在第二期获得的收益率将等于无风险利率，因为在第二期期初该看涨期权的定价正确，在期末的定价也正确。因此，整个两期的收益率将超过无风险利率。

如果看涨期权在第一期期初定价过高，在第一期期末定价过低，则在该期获得的收益率将超过无风险利率，这是因为该看涨期权的价格将跌破合理水平，现在的价格远远低于应有价格。此时，我们应该将对冲投资组合平仓，并在第二期建立新的对冲，包括定价过低的看涨期权多头和股票空头。我们可以将多余收入投资于无风险债券。第二期的收益率将远远超过无风险利率。因此，整个两期的收益率显然将高于无风险利率。

表 4.1 总结了这些结果。类似结论也适用于定价过低的看涨期权，但由于对冲投资组合为空头，因此解释有所不同。

表 4.1　　两期二项式模型的对冲结果

	对冲投资组合收益率与无风险利率相比		
	第 1 期	第 2 期	两期
第 1 期期初期权定价过高			
第 2 期期初的期权状态			
定价过高	不确定	较高	较高
定价正确	较高	相等	较高
定价过低	较高	较高	较高

4-3　二项式模型的扩展

4-3a　看跌期权的定价

我们可以按照看涨期权的定价方式，用二项式模型为看跌期权定价。我们使用相同的公式，但不是规定到期时的看涨期权报酬，而是使用到期时的看跌期权报酬。为了解这种差异，请观察图 4.3。我们只需要用 P 代替每个 C；同理，我们用 P 代替每个公式中的 C。为方便起见，这里给出了相关公式。

$$P=\frac{p^2P_{u^2}+2p(1-p)P_{ud}+(1-p)^2P_{d^2}}{(1+r)^2}$$

$$P_u=\frac{pP_{u^2}+(1-p)P_{ud}}{1+r},\ P_d=\frac{pP_{ud}+(1-p)P_{d^2}}{1+r},\ P=\frac{pP_u+(1-p)P_d}{1+r}$$

$$h_u=\frac{P_{u^2}-P_{ud}}{u^2S-udS},\ h_d=\frac{P_{ud}-P_{d^2}}{udS-d^2S},\ h=\frac{P_u-P_d}{uS-dS}$$

之前我们曾解决了看涨期权定价问题，现在沿用这个例子，但目的是对执行价格为 100 美元的两期欧式看跌期权进行定价。到期时的看跌期权价值如下：

$P_{u^2}=\text{Max}(0,\ 100-156.25)=0$

$P_{ud}=\text{Max}(0,\ 100-100)=0$

$P_{d^2}=\text{Max}(0,\ 100-64)=36$ 美元

请注意我们如何使用到期时的看跌期权内在价值公式，即 0 与 X 减去股票价格之差两者相比的较大者。现在，我们回到时间 1。使用和看涨期权相同的公式，即：

$$P_u=\frac{0.6\times0+0.4\times0}{1.07}=0$$

$$P_d=\frac{0.6\times0+0.4\times36}{1.07}=13.46 \text{ 美元}$$

期权价值仍是下一期两个可能价值的加权平均值（权重分别为 p 和 1－p）以无风险利率往回贴现一期的结果。现在，我们得到时间 0 上的值为：

> 用二项式模型为看跌期权定价的方法与为看涨期权定价的方法相同，除了到期报酬反映期权是卖出基础股票的权利。

$$P=\frac{0.6\times0+0.4\times13.46}{1.07}=5.03 \text{ 美元}$$

现在让我们分析一个对冲的例子。原则基本上与用看涨期权对冲时相同，但我们不是卖出看涨期权以对冲股票多头，而是买入看跌期权。看涨期权与股票价格同向变化，所以为了进行对冲，我们必须卖出看涨期权。然而，看跌期权与股票价格反向变化。所以为了对冲股票，我们买入看跌期权。

对冲比率的公式与看涨期权的公式相同：用下一期股价上涨时的期权价格减去下一期股价下跌时的期权价格，再除以下一期股价上涨时的股价减去下一期股价下跌时的股价。因此，在时间 0 上，对冲比率为：

$$h=\frac{0-13.46}{125-80}=-0.299$$

负号似乎表示我们将买入股票，卖出看跌期权，但由于看跌期权与股票反向变化，因此该头寸是不合理的。它意味着，当股价上涨或下跌时，看跌期权的价值也将相应上涨或下跌，这很难构成对冲。我们从看涨期权模型中得出的对冲比率公式假设我们买入股票，卖出期权。如果我们真的使用看跌期权建立对冲投资组合，那么我们应买入股票，并买入看跌期权，对冲比率将为正。但是，我们可以使用类似于看涨期权的对冲公式，只需要更改符号，所以，对于 1 000 手看跌期权多头，我们需要买入 299 股股票。这笔交易的成本为：

299×100＝29 900 美元（股票）

1 000×5.03＝5 030 美元（看跌期权）

总计 34 930 美元

股票价格涨至 125 美元　现在，我们有价值为 125 美元的 299 股股票和价值为 0.00 美元的 1 000 手看跌期权，总价值为 299×125＋1 000×0.00＝37 375 美元。这比我们的初始投资 34 930 美元大约高 7%。现在，新的对冲比率为：

$$h_u=\frac{0-0}{156.25-100}=0$$

所以我们的 1 000 手看跌期权不需要股票。我们卖出 299 股股票，得到 299×125＝37 375 美元，并将这笔钱投资于无风险债券，收益率为 7%。

股票价格跌至 80 美元　现在，我们有价值为 80 美元的 299 股股票，以及价值为 13.46 美元的 1 000 手看跌期权，总价值为 299×80＋1 000×13.46＝37 380 美元。除了四舍五入造成的差异，它与股票价格涨至 125 美元时的总价值相同。初始投资 34 930 美元的收益率仍为 7%。现在的对冲比率为：

$$h_d=\frac{0-36}{100-64}=-1$$

再次忽略负号，因此，现在我们需要 1 000 股股票和 1 000 手看跌期权，或 299 股股票和 299 手看跌期权。让我们买入 701 股股票，这样我们就有 1 000 股股票和 1 000 手看跌期权。买入股票要花钱，所以我们以 7%的利率借款。现在，我们有价值为 80 美元的 1 000 股股票、价值为 13.46 美元的 1 000 手看跌期权，以及 56 080 美元的贷款。

股票价格从 125 美元涨至 156.25 美元 我们只有价值为 37 375×1.07=39 991 美元的债券，该期的收益率为 7%。

股票价格从 125 美元跌至 100 美元 我们仍然只有价值为 37 375×1.07=39 991 美元的债券，该期的收益率为 7%。

股票价格从 80 美元涨至 100 美元 现在，我们有价值为 100 美元的 1 000 股股票、价值为 0 的 1 000 手看跌期权，以及 56 080×1.07=60 006 美元的贷款。因此，我们的总价值为 1 000×100+1 000×0.00−60 006=39 994 美元。除了微小的四舍五入误差以外，这与上述两个结果相同。该期的收益率仍为 7%。

股票价格从 80 美元跌至 64 美元 现在，我们有价值为 64 美元的 1 000 股股票、价值为 36 美元的 1 000 手看跌期权，以及 56 080×1.07=60 006 美元的贷款。因此，我们的总价值为 1 000×64+1 000×36−60 006=39 994 美元，总价值和收益率（7%）与上例相同。

所以我们看到，只要正确保持对冲，我们在每期都能获得无风险收益率。如果看跌期权定价错误，我们应持有适当的头寸，并用股票对其进行对冲。例如，如果看跌期权的售价低于模型给出的价格，我们将认为它定价过低，然后，我们将买入看跌期权，并买入适当数量的股票来进行对冲。如果看跌期权定价过高，我们将卖出看跌期权，但为了进行对冲，我们需要卖空股票。

4-3b 美式看跌期权和提前执行

两期二项式模型是说明如何提前执行美式期权的绝佳机会。让我们使用同一个执行价格为 100 美元的两期看跌期权，但令其为美式看跌期权。这意味着，在期权期限内的任何时点上，只要提前执行期权是最优做法，我们就可以提前执行期权。这意味着，当看跌期权处于价内状态时，在二叉树的任何一点上，我们都需要分析是否值得提前执行期权。

以时间 1 上的欧式看跌期权价值计算结果为例：

$$\text{股票价格为 125 美元时，}P_u=\frac{0.6\times0+0.4\times0}{1.07}=0$$

$$\text{股票价格为 80 美元时，}P_d=\frac{0.6\times0+0.4\times36}{1.07}=13.46\text{ 美元}$$

> 如果内在价值大于计算出的期权价值，可以用内在价值代替计算出的期权价值，此时二项式模型将能轻松适应提前执行美式看跌期权的情况。

当股票价格为 125 美元时，看跌期权处于价外状态，因此我们不必担心执行期权的问题。然而，当股票价格为 80 美元时，看跌期权处于价内状态，我们有权执行期权。事实上，看跌期权的价内金额为 20 美元 [Max(0, 100−80)]，远远高于不执行期权的价值，13.46 美元。所以我们执行期权，这意味着我们用 20 美元代替计算出的 P_d 值 (13.46 美元)。因此，我们现在有 $P_u=0$ 和 $P_d=20$。于是，时间 0 上的价值为：

$$P=\frac{0.6\times 0+0.4\times 20}{1.07}=7.48\text{ 美元}$$

我们还必须考虑立即执行期权的可能性，但因为期权处于平价状态，所以没有理由现在执行期权。请注意，它的价值远高于欧式看跌期权的价值（5.03 美元）。

除了使用美式期权的价值计算对冲投资组合的价值和对冲比率以外，用美式期权构建对冲投资组合的程序与用欧式期权构建对冲投资组合的程序相同。

4-3c 股利、欧式看涨期权、美式看涨期权和提前执行

不分红股票的看涨期权当然不会被提前执行。现在，让我们考虑提前执行将如何影响二项式模型中的美式看涨期权。为此，我们必须加入股利。

将股利纳入模型的方法有很多种，最简单的方法是将股利表示为收益率 δ%。因此，股票进入分红期时，一旦除息，股价将立即下降 δ%，然后，我们将使用二项式公式中的除息股价。如果除息前的看涨期权内在价值高于二项式公式给出的看涨期权价值，则应该执行看涨期权。然后，用内在价值代替公式给出的价值。

现在，让我们考虑本章分析过的两期问题。因为我们希望了解提前执行看涨期权的情况，因此假设股利收益率相当高——比如 10%——并假设在时间 1 支付股利，股票除息。在时间 1，如果股价为 125 美元，然后股票支付 12.50 美元的股利，则股价将跌至 112.50 美元。如果股价为 80 美元，然后股票支付 8.00 美元的股利，则股价将跌至 72 美元。在下一期中，股价将以 112.50 美元或 72 美元为基础变化，为 140.625 美元、90 美元或 57.60 美元，这个过程如图 4.5 所示。到期时相应的看涨期权价格为：

$$C_{u^2}=\text{Max}(0,\ 140.625-100)=40.625\text{ 美元}$$
$$C_{ud}=C_{du}=\text{Max}(0,\ 90.00-100)=0$$
$$C_{d^2}=\text{Max}(0,\ 57.60-100)=0$$

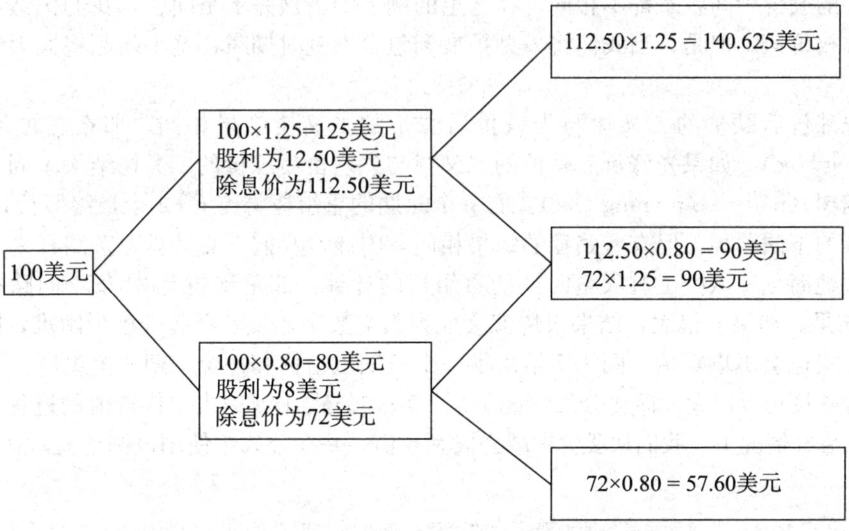

图 4.5 在时间 1 支付 10%股利时的两期股价路径

一期后的欧式看涨期权价格为：

$$C_u=\frac{0.6\times 40.625+0.4\times 0}{1.07}=22.78\text{ 美元}$$

$$C_d=\frac{0.6\times 0+0.4\times 0}{1.07}=0$$

因此，在时间 0，欧式看涨期权的价值为：

$$C=\frac{0.6\times 22.78+0.4\times 0}{1.07}=12.77\text{ 美元}$$

请注意，该价值远远低于不分红时的价值 17.69 美元。股利总会降低欧式期权的价值，因为它表示一笔支付，而不是为提高股价而用公司现金流进行的再投资。

现在，令看涨期权为美式看涨期权。从时间 0 移至时间 1，令股价变为 125 美元。下一刻，该公司支付了 125 美元的 10%作为股利，即 12.50 美元。发生这种情况时，股价将跌至 112.50 美元。持有美式看涨期权时，我们有权在股票除息前执行期权，从而支付 100 美元，得到价值为 125 美元的股票。当股票除息时，其价值跌至 112.50 美元，但由于我们是在股票除息前买入股票的，因此有权获得股利，净价值为 25 美元。因此，此时的期权价值为 25 美元。换言之，我们只是选择在除息之前执行期权，并索取其内在价值 25 美元。因此，我们用 25 美元代替之前欧式看涨期权例子中计算出的二项式公式的值（22.78 美元）。我们现在有 $C_u=25$ 美元。在时间 1，当股价跌至 80 美元时，提前执行期权是不合理的，因为该看涨期权处于价外状态。

因此，回到时间 0，我们发现美式看涨期权的价值为①：

$$C=\frac{0.6\times 25+0.4\times 0}{1.07}=14.02\text{ 美元}$$

作为一种替代方法，假设我们在时间 1 获得该公司支付的美元股利，该股利为 12 美元，现在我们遇到了一个小问题。如图 4.6 所示，在时间 1，股票除息后的价值为 113 美元或 68 美元。如果股价为 113 美元，并在时间 2 下跌，新股价将为 113×0.80＝90.40 美元。如果股价为 68 美元，并在时间 2 上涨，新股价将为 68×1.25＝85 美元。因此，无论时间 1 时股价是多少，时间 2 的股价中间状态都不相同。在这里的例子中，这并不是问题，我们仍然可以用正常方式计算期权价值。但是，当我们将模型扩展到包含大量时期时，这个问题将大大增加计算量要求。

如果先涨价后跌价的二叉树与先跌价后涨价的二叉树结果相同，那么它被称为**重组树**（recombining tree）。如果先涨价后跌价的二叉树与先跌价后涨价的二叉树结果不同，那么它被称为**非重组树**（non-recombining tree）。有 n 个时期的重组树将有 n+1 个最终股价，有 2^n 条达到最终股价的不同路径，但有些路径的结果相同，因此，我们不必计算每条路径来确定最终结果。这极大地简化并减少了有大量时期的重组树的计算。非重组树有 2^n 条不同路径，因此有 2^n 个最终结果。如果 n 很大，结果很快就会成为天文数字，且计算起来极为困难，即使是速度最快的计算机也会不堪重负。图 4.7 给出了一个三期重组树和一个三期非重组树。

一个特殊技巧可以大大简化分红情况下用二项式公式计算美式期权价值的过程。第 3 章曾经提到，在分红情况下，我们从股价中减去股利现值，并在公式中使用该调整值。这里我们可以

① 你可能记得，14.02 美元也是单期看涨期权的价值。单期欧式期权的价值和两期美式期权的价值之间没有联系，除了我们若在时间 1 执行期权，实际上将使后者成为单期期权。

同样处理，我们只需要假设股利是完全可预测的，且股价减去股利现值的结果遵循二项式过程。

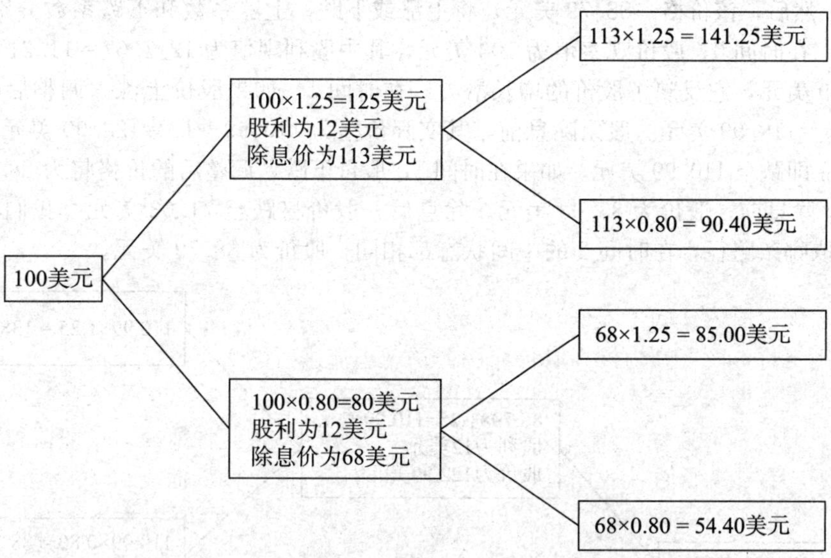

图 4.6　在时间 1 支付 12 美元股利时的两期股价路径

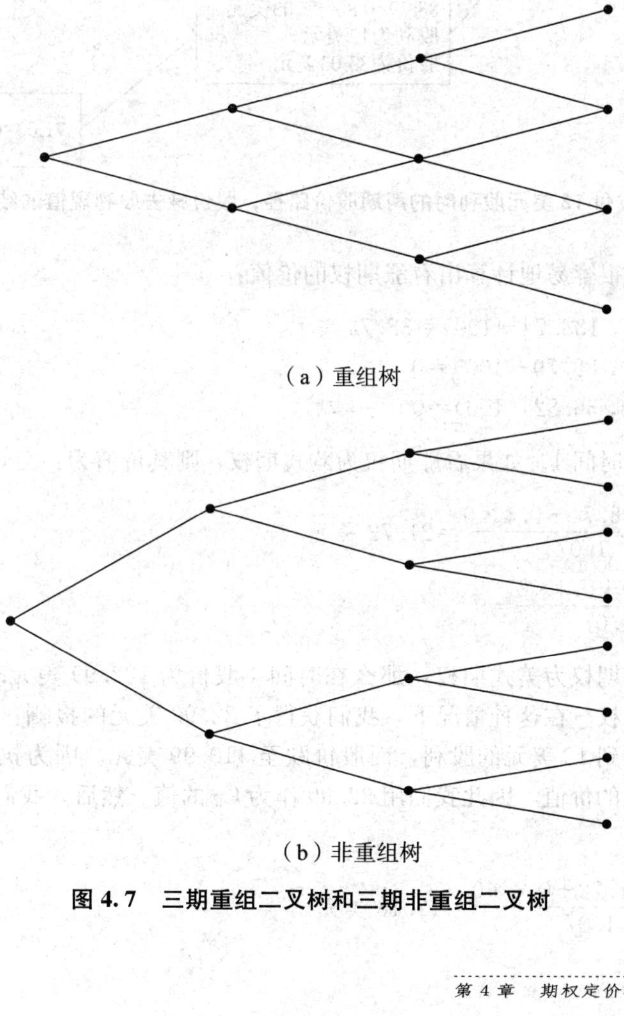

（a）重组树

（b）非重组树

图 4.7　三期重组二叉树和三期非重组二叉树

图 4.8 说明了这种方法。当前的股票价格为 100 美元，但我们将该价格调整为 100－12/1.07＝88.79 美元。然后，该价格（88.79 美元）将上涨或下跌，上涨系数和下跌系数分别为 1.25 和 0.80。因此，在时间 0，股价观察值为 100 美元，其中股利现值为 12/1.07＝11.21 美元，剩余价格为 88.79 美元，它反映了股价的增长潜力。在时间 1，如果股价上涨，调整后的股价将为 88.79×1.25＝110.99 美元。股票除息前，其实际价格为 110.99＋12＝122.99 美元。股票除息后，股价将立即跌至 110.99 美元。如果在时间 1，股价下跌，调整后的价格将为 88.79×0.80＝71.03 美元。除息前，股价为 83.03 美元。除息后，股价将跌至 71.03 美元。我们将在图中看到，不管采取哪条路径，在时间 2 的中间状态都相同，股价为 88.79 美元。

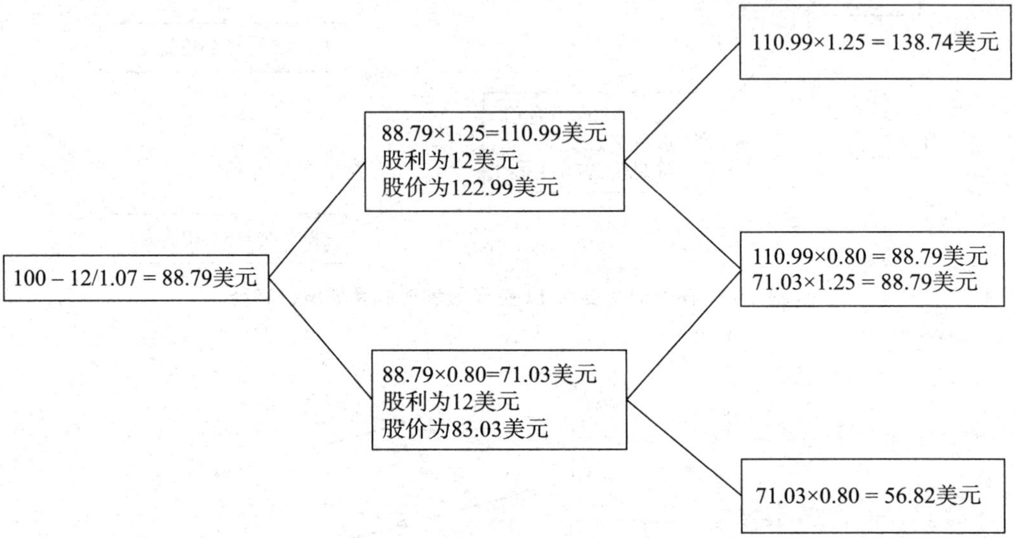

图 4.8　在时间 1 支付 12 美元股利时的两期股价路径，股价减去股利现值的结果遵循二项式过程

现在，我们可以很容易地计算出看涨期权的价值：

$$C_{c^2}=\text{Max}(0,\ 138.74-100)=38.74\text{ 美元}$$
$$C_{ud}=\text{Max}(0,\ 88.79-100)=0$$
$$C_{d^2}=\text{Max}(0,\ 56.82-100)=0$$

现在，我们回到时间 1。如果看涨期权为欧式期权，则其价值为：

$$C_u=\frac{0.6\times 38.74+0.4\times 0}{1.07}=21.72\text{ 美元}$$

$$C_d=\frac{0.6\times 0+0.4\times 0}{1.07}=0$$

然而，如果看涨期权为美式期权，那么在时间 1 股价为 122.99 美元时，我们有机会在股票除息前执行看涨期权。在这种情况下，我们获得了 22.99 美元的报酬，这是由于我们花 100 美元购买了股票，收到 12 美元的股利，而股价跌至 110.99 美元。因为执行期权的报酬 22.99 美元大于不执行期权的价值，因此我们用 22.99 作为 C_u 的值。然后，我们回到时间 1，欧式期权的价值将为：

$$C=\frac{0.6\times 21.72+0.4\times 0}{1.07}=12.18\text{ 美元}$$

美式期权的价值将为：

$$C=\frac{0.6\times 22.99+0.4\times 0}{1.07}=12.89\text{ 美元}$$

美式期权能获得股利并避免股票除息时的价值损失，因此具有额外优势，该优势的现值为 0.71 美元。

4-3d 外汇期权

可以将二项式模型进行扩展，以适用于外汇期权。关键在于，这种情况下的基础工具为外汇本身。因此，交易者不是持有股票头寸，而是持有外汇头寸。外汇可以投资于无风险外债工具，因此，基础工具将获得外国无风险利率，而不是基础工具为普通股时的股利收益率。

将外国利率纳入二项式模型有许多方法，最简单的方法是将外国利率表示为收益率 ρ。外国利率产生了额外收入，因此二项式模型需要进行微调。看涨期权的二项式模型仍然是到期时可能期权价格的加权平均值以国内无风险利率贴现的结果，唯一的修改是利率上升时的二项式概率：

$$p=\frac{\frac{1+r}{1+\rho}-d}{u-d}$$

因此，外国利率越高，利率上升时的二项式概率越低。

4-3e 说明示例

假设现在的欧元交易价格为 1.40 美元/欧元。一期后，欧元汇率可能升至 1 欧元兑 1.54 美元，升幅为 10%，也可能跌至 1 欧元兑 1.33 美元，跌幅为 5%。假设看涨期权的执行价格为 1.41 美元/欧元，国内无风险利率为 2%，外国（欧元）无风险利率为 1%。使用单期二项式模型计算看涨期权的价格。输入值总结如下：

$S=1.40$ 美元，$d=0.95$

$X=1.41$ 美元，$r=0.02$

$u=1.10$ 美元，$\rho=0.01$

首先，我们计算出 C_u 和 C_d 的值：

$$\begin{aligned}C_u &= \text{Max}(0, uS-X)\\ &= \text{Max}(0, 1.40\times 1.10-1.41)\\ &= 0.13\text{ 美元}\\ C_d &= \text{Max}(0, dS-X)\\ &= \text{Max}(0, 1.40\times 0.95-1.41)=0\end{aligned}$$

二项式概率 p 的值为：

$$p=\frac{\frac{1+r}{1+\rho}-d}{u-d}=\frac{\frac{1+0.02}{1+0.01}-0.95}{1.10-0.95}=0.399$$

于是有：

$$1-p=1-0.399=0.601$$

将上述值代入C的公式，得出：

$$C=\frac{pC_u+(1-p)C_d}{1+r}=\frac{0.399\times0.13+(1-0.399)\times0.00}{1+0.02}=0.050\ 85$$

因此，看涨期权的理论价值为0.050 85美元/欧元。

4-3f　将二项式模型扩展至n期

可以轻松将二项式模型扩展至任何期数。距期权到期还有n期且不分红时，欧式看涨期权价格公式为①：

$$C=\frac{\sum_{j=0}^{n}\frac{n!}{j!\ (n-j)!}p^j(1-p)^{n-j}Max(0,\ u^jd^{n-j}S-X)}{(1+r)^n}$$

这个看上去很难的公式实际上并没有表现出来的那样复杂，它只是反映出期权到期前n期中的所有可能股价路径。以j为0至3的三期情景为例。首先，我们计算出下列各项之和：

j=0时，有：

$$\frac{3!}{0!\times3!}\times0.6^0\times0.4^3\times Max(0,\ 1.25^0\times0.80^3\times100-100)=0$$

j=1时，有：

$$\frac{3!}{1!\times2!}\times0.6^1\times0.4^2\times Max(0,\ 1.25^1\times0.80^2\times100-100)=0$$

j=2时，有：

$$\frac{3!}{2!\times1!}\times0.6^2\times0.4^1\times Max(0,\ 1.25^2\times0.80^1\times100-100)=10.80\text{ 美元}$$

j=3时，有：

$$\frac{3!}{3!\times0!}\times0.6^3\times0.4^0\times Max(0,\ 1.25^3\times0.80^0\times100-100)=20.59\text{ 美元}$$

将它们相加，并除以1.07^3，得出：

$$\frac{0+0+10.80+20.59}{1.07^3}=25.62\text{ 美元}$$

由于距到期时间并未保持固定，因此三期情景中的看涨期权价值高于两期情景中的看涨期权价值，这反映出距到期时间较长的影响。

请再次注意，投资者的主观概率不是二项式模型的输入值。回想一下，在二项式模型中使用的概率p是基于以无风险利率增值的基础资产。

① 阶乘或n!的含义为：n!=n×(n−1)×(n−2)⋯3×2×1。

n 期二项式公式之所以有效，是因为阶乘项 $n!/[j!\times(n-j)!]$ 计算了股票价格最终达到某个水平可能经过的路径数量。例如，当 n＝3 时，第 3 期期末的股票价格可能为 d^3S、ud^2S、u^2dS 或 u^3S。股价只能经过一条路径最终达到 d^3S：连续下跌三期。股价只能经过一条路径最终达到 u^3S：连续上涨三期。股价可能经过三条路径最终达到 ud^2S：（1）上涨，下跌，下跌；（2）下跌，下跌，上涨；（3）下跌，上涨，下跌。股价可能经过三条路径最终达到 u^2dS：（1）上涨，下跌，上涨；（2）下跌，上涨，上涨；（3）上涨，上涨，下跌。阶乘公式计算出股票价格达到特定水平可能经过的路径。式中其余各项与一期情景和两期情景相同。

三期情景是观察提前执行问题的另一个方面的好机会。以执行价格为 100 美元的三期美式看跌期权为例，图 4.9 给出了二叉树。每个股票价格下方的括号内有两个或两个以上的数字。括号内的第一个数字为在时间 3 到期，执行价格为 100 美元的欧式看跌期权价值，其当前价值为 7.26 美元（请进行实际检验）。括号内的第二个数字为美式看跌期权价值。请注意，在股票价格为 64 美元的时间 2，显示的值为 29.46，但用一条线把它划掉了，并用 36 代替。29.46 美元是在该时间上不执行期权时美式看跌期权的价值，但是，期权应该被执行，因为它为 36 美元，处于价内状态。因此我们用 36 美元代替 29.46 美元。现在我们回到时间 2，注意前一期股价为 80 美元时将发生什么情况。根据接下来的两个可能值——7.48 美元和 29.46 美元，欧式看跌期权的价值为 15.21 美元。然而，如果不执行期权，美式看跌期权的价值为：

$$P_d=\frac{0.6\times7.48+0.4\times36}{1.07}=17.65\text{ 美元}$$

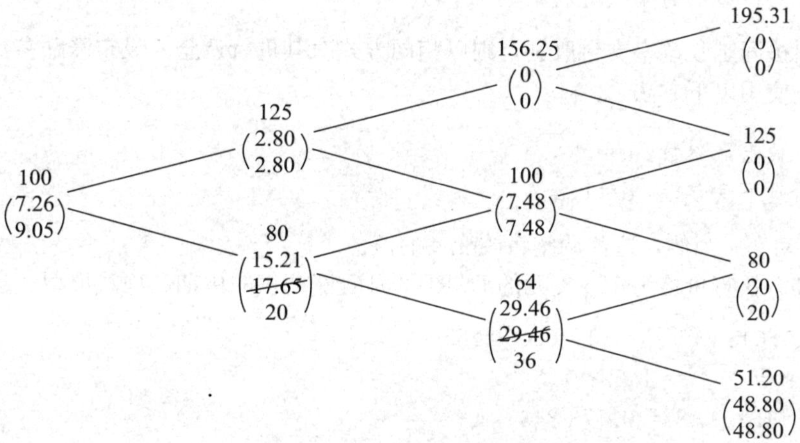

图 4.9　三期二项式股价路径

但是，期权价格为 20 美元，处于价内状态，因此我们将执行期权，并用 20 美元代替 17.65 美元。重要的是，我们可以在二叉树上的多个位置提前执行期权。尽管在股价为 64 美元的时间 2 执行期权是最优的，但除非股价在时间 1 达到 80 美元且提前执行期权，否则股价实际上不会达到 64 美元。然而，要确定股价在时间 1 达到 80 美元时是否应该执行期权，唯一的方法就是分析此时不执行期权会发生什么。因此，我们必须评估股价在时间 1 达到 80 美元而不执行期权，且股价在时间 2 达到 64 美元的概率。在所有情况下，我们均应比较在给定时间上不执行期权时的美式期权价值与内在价值，并使用该时间上较大的价值作为期权价值。

4-3g n值较大且期权期限固定时的二项式模型行为

在迄今为止的例子中，当我们增加一期时，只是延长了期权的期限。当然，期权价值也将增加。但是，假设我们保持期权期限不变，只是将其分成许多较短时期。事实证明，当我们这样做的时候，需要做出一些调整，但是我们得到的期权价值将更贴切地反映真实世界的情况。

例如，让我们再次使用执行价格为125美元的DCRB 6月看涨期权。前面曾经提到，股票价格为125.94美元，期权还有35天到期，无风险利率为4.56%。我们拥有的唯一关于涨跌系数的信息是股价波动率，第3章中简要讨论过这个变量。波动率通常用标准差——具体而言，是股票收益率的标准差——这个统计概念来衡量。在第5章中，该变量对我们而言更有意义，但是现在让我们使用这个变量并取一个值。在DCRB股票的例子中，我们取波动率的值为0.83或83%，我们将在第5章中看到如何计算该数字。

为了将正确的波动率代入二项式公式为期权定价，我们需要知道如何设定无风险利率和涨跌参数。设定无风险利率很简单，前面曾经提到，我们假设每年计算一次复利，那么T年后1美元的现值就是 $(1+r)^{-T}$。如果我们将T年分为n个等距时期，就需要知道一期后1美元的现值。为了保持一致，它必须为 $(1+r)^{-T/n}$。为了计算T年后1美元的现值，我们可以将n个等距时期中每期的现值 $(1+r)^{-T/n}$ 逐一相乘，我们观察到 $[(1+r)^{-T/n}]^n=(1+r)^{-T}$。因此，我们用下式计算二项式模型中的各期无风险利率：

$$\text{二项式模型中的无风险利率}=(1+r)^{T/n}-1$$

如果股票按固定收益率支付股利，则以相同方式对其进行调整。设定涨跌参数的方法有多种，我们首先使用以下方法：

$$\text{二项式上涨参数：}u=e^{\sigma\sqrt{T/n}}$$
$$\text{二项式下跌参数：}d=1/u$$

其中，σ 为波动率。当然，这些调整将改变p的值。

让我们计算执行价格为125美元的DCRB 6月看涨期权的单期二项式模型。参数如下：

$$r=(1.045\,6)^{0.095\,9/1}-1=0.004\,285$$
$$u=e^{0.83\sqrt{0.095\,9/1}}=1.293\,087$$
$$d=1/1.293\,087=0.773\,343$$

时间1的股价为：

$$uS=125.94\times1.293\,087=162.851\,4\text{ 美元}$$
$$dS=125.94\times0.773\,343=97.394\,8\text{ 美元}$$

因此，期权价值将为：

$$C_u=\text{Max}(0,162.851\,4-125)=37.85\text{ 美元}$$
$$C_d=\text{Max}(0,97.394\,8-125)=0$$

> 随着期数增加，二项式模型收敛于特定期权价值。

p值将为 $(1.004\,285-0.773\,343)/(1.293\,087-0.773\,343)=0.444$，且 $1-p=0.556$。因此，看涨期权的当前价值为：

$$C=\frac{0.444\times37.85+0.556\times0}{1.004\,285}=16.74\text{ 美元}$$

该期权的实际价格为 13.50 美元，但是，我们当然不期望单期二项式模型能准确反映现实。然而，请注意在表 4.2 中增加期数并每次相应调整 r、u、d 和 p 的值时将发生什么情况。期权价值似乎收敛于 13.56 美元。

表 4.2　　当 n 增加时，执行价格为 125 美元的 DCRB 6 月看涨期权的二项式期权价值

n	u	d	r	p	C
1	1.293 1	0.773 3	0.004 285	0.444 3	16.75
2	1.199 3	0.833 8	0.002 140	0.460 5	12.32
5	1.121 8	0.891 4	0.000 856	0.475 0	14.19
10	1.084 7	0.921 9	0.000 428	0.482 3	13.35
25	1.052 8	0.949 8	0.000 171	0.488 8	13.67
50	1.037 0	0.964 3	0.000 086	0.492 1	13.54
100	1.026 0	0.974 7	0.000 043	0.494 4	13.55
200	1.018 3	0.982 0	0.000 021	0.496 0	13.56

注：S=125.94，X=125，r=4.56%，T=0.095 9，σ=0.83。

使用二项式模型为期权定价就像用静物照相机拍摄快速移动（比如赛马）照片一样，如果我们在某个时点上拍了一张赛马照片，是无法清晰了解比赛情况的。如果我们拍了多张照片，就可以清晰地了解比赛进程。如果我们拍了大量照片，每张照片的时间间隔很短（这基本上意味着拍一部视频），就可以完美重现比赛从头至尾的全过程。在二项式模型中，令 n 变大的过程就和拍摄视频一样，如果我们拍摄足够多的照片，即令 n 足够大，就能非常准确地描述股票价格在期权期限中如何变化。因此，我们可以确信，估计出的期权价值相当准确地反映了期权的真实价值。

当 n 接近无限时，期权价值有一个特殊称呼，即布莱克-斯科尔斯-默顿值，第 5 章将对其进行介绍。

4-3h　二项式模型的其他范式

在上述内容中，我们看到，如果令期数很大，并调整涨跌系数和无风险利率，以反映股价波动率和每期应计利息，二项式模型就可以近似反映真实情景。然而，上述使用的公式不是唯一可以使用的公式。尽管对无风险利率的调整相同，但涨跌参数可以按以下方式调整：

$$u=e^{[\ln(1+r)-\sigma^2/2](T/n)+\sigma\sqrt{T/n}}$$

$$d=e^{[\ln(1+r)-\sigma^2/2](T/n)-\sigma\sqrt{T/n}}$$

其中，ln(1+r) 为连续复利利率，我们将在第 5 章中详细介绍。

前面，我们曾使用 p=(1+r−d)/(u−d)，但是，现在 p 的公式为：

$$p=\frac{e^{\sigma^2(T/n)/2}-e^{-\sigma\sqrt{T/n}}}{e^{\sigma\sqrt{T/n}}-e^{-\sigma\sqrt{T/n}}}$$

事实证明，关于 p 的上式结果非常接近 0.5，并随着期数 n 的增加而逼近 0.5。因此，无论如何，都可以将 0.5 作为 p 的值，并用以上公式计算 u 和 d。[①]

让我们比较这两种方法。再次考虑执行价格为 125 美元的 DCRB 6 月看涨期权，首先，使用两期二项式模型为期权定价。无风险利率为：

$$r=(1.045\,6)^{0.095\,9/2}-1=0.002\,1$$

虽然在这个问题中没有股利，但是如果有股利，也将以相同方式调整利率。

首先，我们用前面使用的 u 和 d 的公式来建立模型，有：

$$u=e^{0.83\sqrt{0.095\,9/2}}=1.199\,3$$
$$d=1/1.199\,3=0.833\,8$$

p 值为 (1.002 1－0.833 8)/(1.199 3－0.833 8)＝0.460 5。图 4.10(a) 显示了两期二叉树中的期权价格。股价下方的括号中显示了期权价值，今天的期权价值为 12.323 5 美元。

现在，我们用前面提出的 u 和 d 的公式来建立模型。我们有：

$$u=e^{[\ln(1.045\,6)-0.83^2/2](0.095\,9/2)+0.83\sqrt{0.095\,9/2}}=1.182\,2$$
$$d=e^{[\ln(1.045\,6)-0.83^2/2](0.095\,9/2)-0.83\sqrt{0.095\,9/2}}=0.821\,9$$

p 值为：

$$p=\frac{e^{0.83^2(0.095\,9/2)/2}-e^{-0.83\sqrt{0.095\,9/2}}}{e^{0.83\sqrt{0.095\,9/2}}-e^{-0.83\sqrt{0.095\,9/2}}}=0.500\,251$$

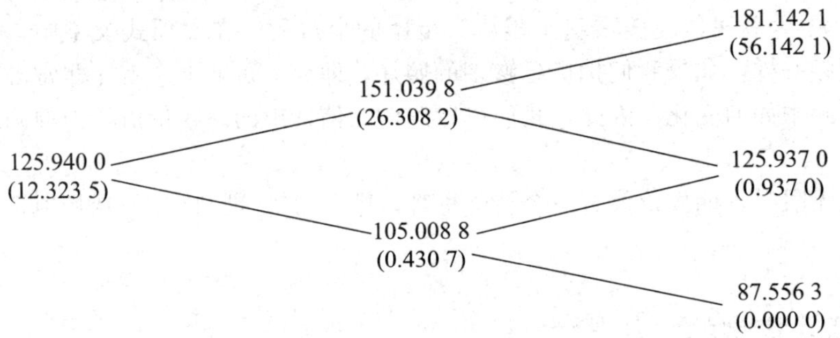

（a）第一种方法的结果

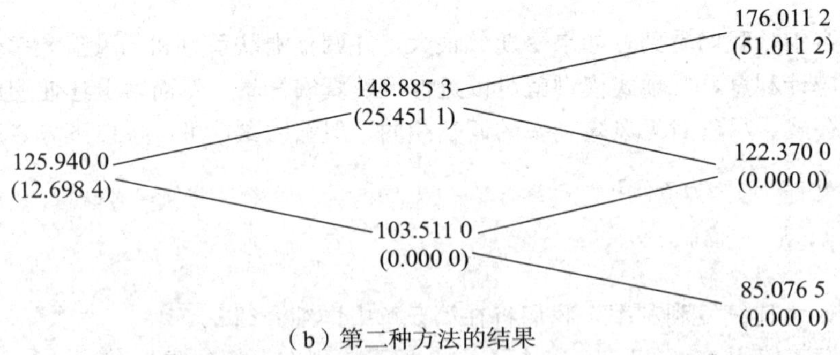

（b）第二种方法的结果

图 4.10　为两期情景下的执行价格为 125 美元的 DCRB 6 月看涨期权定价

① 回顾表 4.2，并使用上述模型观察 p 值，该值也收敛于 0.5。

我们将使用值 0.5。图 4.10(b) 说明了两期二叉树中的期权价格，现在的期权价格为 12.698 4 美元。这里与前面的不同之处在于：前面的公式让二项式模型只复制极限下的股票行为，这意味着 n 很大，而这些公式让二项式模型复制任何 n 值下的股票行为。当我们提到复制股票行为时，我们是指股价概率分布为第 5 章中介绍的特定形式。

显然，使用这两种方法的期权价格存在显著差异。哪种方法更好呢？二项式模型有两个主要目的：(1) 用最少的计算体现期权定价的基本原则；(2) 让期数足够多，以便为真实情况下的期权定价。当期数很多时，这两种方法给出的价格几乎相同。

例如，当 n=200 时，我们会发现第一种方法给出的期权价格为 13.56 美元，而第二种方法给出的期权价格为 13.55 美元。注意，表 3.1 中的期权实际价格为 13.50 美元。如果我们使用了正确的输入值，那么无论选择哪种方法，二项式模型在期权定价方面的表现都相当好。对于某些类型的期权，尤其是标准欧式看涨期权和标准欧式看跌期权，还有一个更好的方法，即布莱克-斯科尔斯-默顿模型，这是第 5 章的内容。

显然，在期数很多时，必须用计算机为二项式期权定价。用计算机程序进行这种计算有很多种方法，包括基于网络的应用程序、独立程序、智能手机应用程序和电子表格。本书提供了 Excel 电子表格以进行许多计算，软件演示 4.1 介绍了电子表格文件 BlackScholesMertonBinomial10e. xlsm，它可以用于计算二项式期权价格和布莱克-斯科尔斯-默顿期权价格。

4-3i 二项式模型的优点

如果你是首次研究期权估值模型，那么二项式模型在阐释重要概念时非常有用。该模型最有价值的特点或许是它能帮助你了解如何通过构建动态无风险对冲得出期权价格公式。你将看到，如果市场上的期权价格不符合该公式，就有人构建动态对冲，以赚取高于无风险利率的收益率。一旦我们有了这个公式，就可以看到股价变化概率在期权定价中不起作用。尽管股价发生特定变化的概率确实在特定期权策略中发挥了重要作用，但它并不出现在该公式中，因此不会影响期权价格。由于股价变化概率无关，因此二项式模型表明，期权估值与“风险中性”一致。也就是说，通过选择上涨概率和上涨幅度，使基础股票的预期价格增长率为无风险利率，尽管实际上股票价格增长率并非无风险利率。简而言之，二项式模型表明，假设基础资产以无风险利率增值，那么期权价值为预期未来支出的现值。由于我们能构建这种动态无风险对冲，因此该模型可以用这种方式为期权定价。

此外，二项式模型还有几个实际优点。它在处理美式期权时尤为有用，因为投资者可能决定提前执行这些期权，人们很容易检验在二叉树的每个位置上提前执行期权是否有利。此外，将股利纳入二项式模型也很容易。正如我们在本书后面将看到的，为更复杂的期权估值时，二项式模型非常有用。当你面临与期权有关的问题时，二项式模型是一个非常有用的工具。

联系现实

在实际中运用二项式期权定价框架

财务管理实务提供的许多实例都证明，了解如何运用二项式模型很有帮助。例如，公司管理层面对的许多项目都包含嵌入式期权，例如扩展项目期权、终止项目期权、推迟启动项目期权以及各种融资期权，这些选择称为实物期权。要正确分析它们的价值，需要具备灵活性，这意味着做出的选择应具有巨大价值潜力。在管理包含实物期权的项目时，二项式方法非常灵活。

许多高管激励计划都包含从公司角度和管理者角度来看非常复杂的期权。例如，高管股票期权计划激励高管寻找更好的项目以提高股东价值。然而，高管可以选择离开公司，在这种情况下，高管通常有大约 90 天的时间来执行期权或者放弃执行期权。高管也可能被解雇或死亡。许多高管股票期权的期限都非常长，通常在 10 年后到期。行权期限要求通常限制高管在数年内不得执行期权。许多公司还授予低级别员工期权。

因此，高管股票期权和员工股票期权是非常复杂的衍生工具，需要灵活的期权估值方法。二项式期权定价方法通常用于高管和公司对高管股票期权的估值。

债务性证券通常包含嵌入式期权，这使评估其当前市场价值变得更困难。嵌入式期权的例子包括赎回债务的期权（可赎回债券）以及将债务转换为权益的期权（可转换债券）。赎回特征本质上是确定如何处理债券以使债券价值最高：是保留债券并支付合同约定的利率，还是以合同约定的赎回价格赎回债券。转换特征本质上也是确定如何处理债券以使债券价值最高：是保留债券，还是将其转换为股权。这两种决定都类似于提前执行期权。二项式方法能处理提前执行期权的情况，因此为计算赎回特征或转换特征的价值以及评估是否执行这两种期权提供了一种实用方法。

因此，对于需要估计复杂金融工具的公允市场价值的衍生产品专业人员而言，二项式方法是一种极为有用的工具。

软件演示 4.1 ☞

用 Excel 电子表格 BlackScholesMertonBinominal10e. xlsm 计算二项式期权价格

Excel 电子表格 BlackScholesMertonBinomial10e. xlsm 保存在启用 Excel 宏的工作簿中，它既可以用于二项式期权定价模型，也可以用于布莱克-斯科尔斯-默顿期权定价模型。二项式模型提供了欧式看涨期权和美式看涨期权与欧式看跌期权和美式看跌期权的价格，以及被称为期权“希腊指标”的 δ、γ 和 θ。第 5 章和布莱克-斯科尔斯-默顿模型均介绍了这些概念。该电子表格是只读电子表格，这意味着它不能以 BlackScholesMertonBinomial10e. xlsm 的名称保存，从而保护了原始文件。但是，你可以加载非只读功能的电子表格。

通过产品支持网站，你可以下载电子表格 BlackScholesMertonBinomial10e. xlsm。要使用它，请你执行以下操作：

1. 登录 www. cengagebrain. com，并搜索 ISBN 9781305104969。
2. 点击“Free Materials”标签，然后点击“Access Now”。
3. 点击 BlackScholesMertonBinomial10e. xlsm 的链接。
4. 按照网页上的说明下载并安装电子表格。

现在让我们来计算一个期权价格。假设你希望计算本章所述的期权，即执行价格为 125 美元的 DCRB 6 月看涨期权的二项式价格。DCRB 股票价格为 125.94 美元，期权执行价格为 125 美元，无风险利率为 4.56%，标准差为 0.83，距到期时间为 0.095 9 年（还有 35 天到期）。该股票不分红。

以下 Excel 电子表格包含标有“输入值”的部分。每个接受输入值的单元格都为双线边框，输出值单元格为单线边框。请在相应单元格中输入数值。为了提高准确性，请以公式形式输入距到期时间“=35/365”，得到 0.095 9。将股利收益率和离散股利留空或输入 0。对于无风险利率，请从下拉列表中选择“离散”。无风险利率的输入值可以为小数形式或非小数形式，比如“0.045 6”或“4.56%”。波动率和股利收益率也可以这样输入。

靠近右侧的部分标为“二项式模型”。输入时间步数，最大值为 5 000。由于二项式计算可能很耗时，因此电子表格不会自动重新计算二项式值。你必须点击“运行二项式模型”按钮。程序运行时，底部的 Excel 状态栏将显示一行字“在时间步数 ＃XXX 通过二项式二叉树重复”，其中“XXX”是程序正在运行的时间步数。

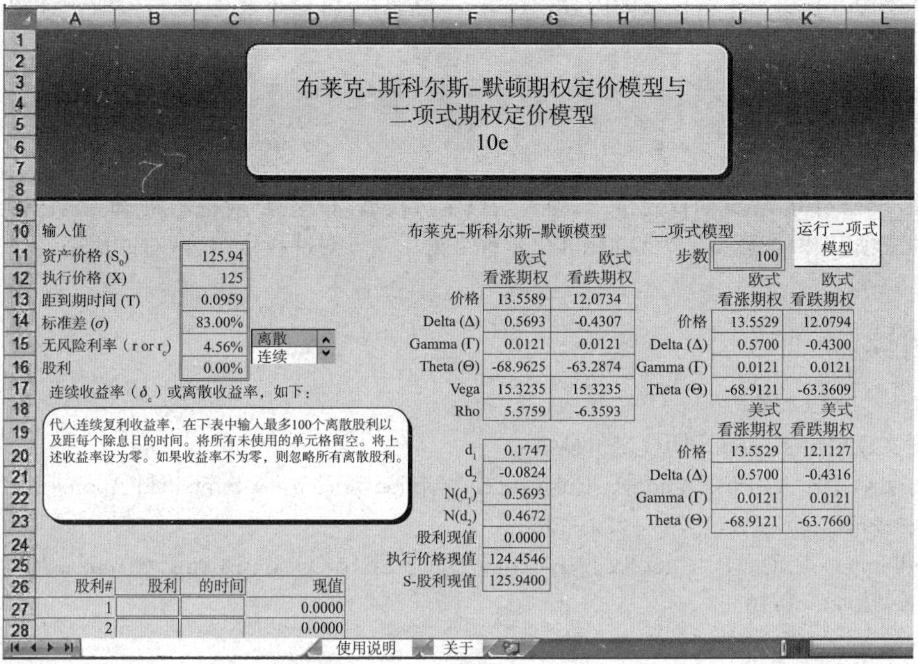

总结

本章介绍了期权定价模型的概念。期权定价模型是计算期权理论公允价值的数学公式或计算程序，该过程被称为期权定价。理论公允价值是期权的交易价格。本章重点介绍了二项式模型，它是期权定价的计算程序。

首先，我们建立了单期情景模型，这意味着期权在一期后到期。根据定义，在一期之内，基础股票可以发生两种变化之一——涨至某个特定价格或跌至某个特定价格，这里利率是给定的。我们证明，结合股票多头与看涨期权空头可以形成无风险投资组合。由于无风险投资组合的收益率应为无风险利率，因此给定其他输入参数，就可以求出理论期权价格。如果期权没有以理论价格出售，就可能在无风险情况下获得套利收益。

然后，我们将该模型扩展至两期情景，此时我们证明了多头股票和空头看涨期权的组合必须在每期进行调整，以保持对冲投资组合的无风险性质。同样，如果期权被错误定价，就可能获得套利利润。

我们分析了期数增加时二项式模型的表现，并证明它收敛于特定值。我们还考察了二项式模型如何轻松解决提前执行美式期权的问题。在给定时点上，如果执行期权的价值大于不执行期权的价值，那么我们只需要将计算出的期权价值替换为内在价值。我们还学习了二项式模型的其他范式。

虽然第 4 章只关注二项式模型，但我们看到，随着期数增加和每期时间缩短，我们获得了真实世界的情况，即给定时点上有很多可能的价格。这种情景类似于合成一组静止照片来表示连续动态图像，它引出了第 5 章的内容，在第 5 章我们将讨论布莱克-斯科尔斯-默顿模型。

关键术语

模型/期权定价模型/期权定价/二项式期权定价模型/布莱克-斯科尔斯-默顿期权定价模型
二项式模型/两态模型　　重组树/非重组树　　对冲投资组合/对冲比率

扩展阅读

下列文章提出了二项式期权定价模型：

Cox, J. C., S. A. Ross, and M. Rubinstein. "Option Pricing: A Simplified Approach." *Journal of Financial Economics* 7 (1979): 229 - 263.

Rendleman, R. J., Jr., and B. J. Bartter. "Two-State Option Pricing." *Journal of Finance* 34 (1979): 1093 - 1110.

下列文章介绍了更深入的内容：

Breen, R. "The Accelerated Binomial Option Pricing Model." *Journal of Financial and Quantitative Analysis* 25 (1991): 153 - 164.

Brennan, M. J. "The Pricing of Contingent Claims in Discrete Time Models." *Journal of Finance* 34 (1979): 53 - 68.

Brooks, R., and D. Chance. "Some Subtle Relationships and Results in Option Pricing." *Journal of Applied Finance* 24 (2014): 94 - 110.

Stapleton, R. C., and M. J. Subrahmanyam. "The Valuation of Options When Asset Returns Are Generated by a Binomial Process." *Journal of Finance* 39 (1984): 1525 - 1539.

其他优秀参考文献如下：

Chance, D. M. "A Synthesis of Binomial Option Pricing Models for Lognormally Distributed Assets." *Journal of Applied Finance* 18 (2008): 38 - 56.

Chriss, N. *Black-Scholes and Beyond: Option Pricing Models*. Chicago: Irwin Professional Publishing, 1997.

Derman, E. *Models. Behaving. Badly. Why Confusing Illusion with Reality Can Lead to Disaster, on Wall Street and in Life*. New York: Free Press, 2012.

Hsia, C. C. "On Binomial Option Pricing." *Journal of Financial Research* 6 (1983): 41 - 46.

Jarrow, R. A., and Chatterjea, A. *An Introduction to Derivative Securities, Financial Markets, and Risk Management*. New York: W. W. Norton, 2013.

Nawalkha, S. K., and D. R. Chambers. "The Binomial Model and Risk Neutrality: Some Important Details." *Financial Review* 30 (1995): 605-618.

Rendleman, R. J., Jr. *Applied Derivatives: Options, Futures, and Swaps*. Malden, MA: Blackwell, 2002.

Shreve, S. E. *Stochastic Calculus for Finance I: The Binomial Asset Pricing Model*. New York: Springer, 2005.

概念检查

1. 请解释用边界条件为期权定价和使用准确的期权定价公式两者的异同。

2. 二项式定价模型的主要好处是什么?

3. 请描述二项式期权定价模型中对冲投资组合的组成部分，其中被对冲的工具为：(1) 看涨期权；(2) 看跌期权。

4. 如果二项式模型计算出的看涨期权价格高于期权的市场交易价格，那么应该采用什么策略?

5. 请讨论二项式模型如何处理提前执行期权的可能性。

问题与习题

1. 为什么模型中没有使用股价变化概率来计算期权价格? 模型使用了什么变量?

2. 假设某只股票当前的价格为 80 美元，在下一期，股价可能上涨 30%或下跌 15%。假设看涨期权的执行价格为 80 美元，无风险利率为 6%。假设看涨期权当前的交易价格为 12 美元。如果期权被错误定价，使用无风险套利可以获得的无风险收益率是多少?

3. 请解释重组树与非重组树的区别。为什么前者更理想?

4. 二项式模型如何反映基础股票的波动率?

5. 为什么延长期数时要调整涨跌参数? 介绍二项式模型时，我们举例说明了单期和两期例子，但我们没有调整参数。这两个例子有什么不同? 为什么我们在一种情况下调整参数，而在另一种情况下不调整参数?

6. 请描述将股利纳入二项式模型的三种主要方法。

7. 假设某只股票的价值为 25 美元，每期股价可能上涨或下跌 15%，无风险利率为 10%，二项式模型为单期模型。

a. 请确定下一期的两个可能股票价格。

b. 请确定执行价格为 25 美元的欧式看涨期权到期时的内在价值。

c. 请计算期权的当前价值。

d. 请通过组合股票头寸和看涨期权头寸来构建对冲。请证明无论结果如何，对冲的收益率都是无风险利率，假设看涨期权售价为你在 c 问题中计算出的价值。

e. 如果对冲开始时看涨期权售价为 3.50 美元，请计算无风险对冲的收益率。

8. 考虑以下两期两态情景。令当前股票价格为 45 美元，无风险利率为 5%，每期股票价格可能上涨 10%或下跌 10%。看涨期权在第二期结束时到期，执行价格为 40 美元。

a. 请计算出股票价格序列。

b. 请确定到期时可能的看涨期权价格。

c. 请计算第一期结束时可能的看涨期权价格。

d. 看涨期权的当前价格是多少?

e. 初始对冲比率是多少?

f. 第一期结束时两个可能的对冲比率是多少?

g. 请举一个说明对冲过程的例子，并确保这个例子说明了对冲投资组合如何在两期中都获得无风险利率。

h. 如果看涨期权定价过高，投资者将怎么做? 如果看涨期权定价过低，投资者又将怎么做?

9. 考虑以下涉及美式看涨期权的二项式期权定价问题。该看涨期权在到期前有两期，股价为 30 美元，执行价格为 25 美元，无风险利率为 0.05，u 值为 1.15，d 值为 0.90。股票在第一期期末支付股利，股利率为 0.06。请计算该看涨期权的价值。

10. 请使用二项式期权定价模型计算美式看跌期权的价值。参数为 S=62、X=70、r=0.08、u=1.10 和 d=0.95。股票不分红。期数 n=2。

11. 假设某个欧式看涨期权的执行价格为 50 美元，股票价格为 60 美元。在两个二项式时期内，每期股票价格均可能上涨 15%或下跌 20%，无风险利率为 10%。请确定现在的期权价格。然后，构建一个由股票多头和期权空头组成的无风险对冲，请显示对冲投资组合在二叉树每个位置上的构成和价值，并证明收益率与无风险利率相同。修改对冲投资组合时，进行股票交易（买入或卖出股票）而非期权交易。你可以按无风险利率借入更多资金，多余资金均应以无风险利率进行投资。

12. 请画出一张表，表中应包含 1 年期期权的涨跌系数，股票波动率为 55%，无风险利率为 7%，n=1、5、10、50 和 100，其中 n 为二项式期数。u 和 d 的定义式为：

$$u=e^{\sigma\sqrt{T/n}}$$

$$d=1/u$$

13. 请使用 Excel 电子表格 BlackScholesMertonBinomial10e. xlsm 确定当前价格为 165.13 美元的股票的看涨期权价值，无风险利率为 5.875%（每年计算一次复利），执行价格为 165 美元，波动率为 21%，该期权在 102 天后到期，股票不分红。令二项式期数为 1、5、10、25 和 50。

14. 请使用两期二项式模型确定执行价格为 130 美元的 DCRB 6 月美式看跌期权的价格。相应参数见本章给出的信息（最初见第 3 章），假设波动率为 83%。

15. 二项式期权定价模型有几个优点，尤其与说明重要概念和实际应用有关。请列举并讨论与说明与重要概念有关的三个优点以及与实际应用有关的三个优点。

16. 请使用 Excel 电子表格 BlackScholesMertonBinomial10e. xlsm 确定当前价格为 100 美元的股票的看涨期权价值和看跌期权价值，无风险利率为 5%（每年计算一次复利），执行价格为 100 美元，波动率为 30%，期权在 1 年后到期，股票不分红。假设二项式期数为 25。请证明看跌期权-看涨期权平价成立。

17. 假设有三个看涨期权，除了执行价格分别为 90 美元、100 美元和 110 美元之外，它们在其他方面均相同。具体而言，股票价格为 100 美元，年复利无风险利率为 5%，距到期时间为 1 年。请使用 u=4/3 和 d=3/4 的单期二项式模型计算 p 和 h，并进行说明。

18. 假设有三个看涨期权，除了期限分别为 0.5 年、1 年和 1.5 年以外，它们在其他方面均相同。具体而言，股票价格为 100 美元，年复利无风险利率为 5%，执行价格为 100 美元。请使用 u=4/3 和 d=3/4 的单期二项式模型计算 p 和 h，并进行说明。

19. 为什么随着期数增加，二项式模型将收敛于特定期权价值？期权价值将收敛于多少？当 n 逼近无穷大时，二项式模型将收敛于哪个著名模型？

20. 假设尼日利亚货币的即期汇率为 1 奈拉兑 2 美元/奈拉，一年后可能升至 1 奈拉兑 2.5 美元，上升 25%，也可能降至 1 奈拉兑 1.80 美元，下降 10%。假设某个看涨期权的执行价格为 2.05 美元/奈拉，最初美国利率为 1%，尼日利亚利率为 5%，每年复利一次，利率保留五位小数。

a. 请计算看涨期权价格。

b. 请计算看跌期权价格。

c. 如果尼日利亚利率立即下跌，看涨期权和看跌期权的价格将如何变化？

21.（概念习题）二项式模型可用于为期权的个性特征定价。考虑以下情况：在三期内，某只价格为 75 美元的股票可能每期上涨 20%或下跌 10%，无风险利率为 8%。某个欧式看涨期权在三期后到期，执行价格为 70 美元。然而，期权各方均一致认为，该期权的最高报酬为 40 美元。请计算该期权的当前价值。然后，请确定最高报酬同样为 40 美元的美式看涨期权价值是否高于欧式看涨期权。请比较你的答案与没有报酬限制时的期权价值。

22.（概念习题）在本章中，我们通过用股票多头对冲看涨期权空头来获得二项式期权定价公式。另一种做法是结合股票和无风险债券以复制看涨期权。请构建一个单期二项式期权定价模型，其中股票和无风险债券被用来复制欧式看涨期权。然后，请证明期权定价公式与本章中的公式相同。提示：持有 n_s 股股票，并发行支付利率 r%的 B 美元债券，使两个价值结果恰好与期权价值匹配。然后解 n_s 和 B，并代入对冲投资组合的当前价值公式，从而得到 C 的公式。

第 5 章

期权定价模型：布莱克-斯科尔斯-默顿模型

布莱克-斯科尔斯模型这种优秀理论提供了一个理论实验室，在这个实验室里，你可以探索可能原因的可能影响。它让你能用通用语言来量化和传达你对价值的感受。

——伊曼纽尔·德曼（Emanuel Derman）

《衍生产品杂志》(*Journal of Derivatives*)，2000 年冬季刊，第 64 页

本章目标

- 介绍布莱克-斯科尔斯-默顿模型并学习如何用它为期权定价。
- 了解模型输入值与期权价格的关系。
- 了解如何调整模型以适应股利和看跌期权。
- 了解如何估计波动率，包括历史波动率和隐含波动率。
- 观察如何对期权头寸进行 δ 对冲，以及如何通过 γ 对冲降低风险。

5-1 布莱克-斯科尔斯-默顿公式的起源

布莱克-斯科尔斯-默顿公式的根源可以追溯到 19 世纪。19 世纪 20 年代，苏格兰科学家罗伯特·布朗（Robert Brown）观察悬浮于水中的花粉的运动，并注意到这种运动不遵循任何明显模式，而是与水流无关的随机运动，这种现象被称为布朗运动。随后，其他科学家在研究其他自然现象时也发现了类似于布朗运动的情况。1900 年，一位法国博士生路易斯·巴舍利耶（Louis Bachelier）撰写了关于巴黎市场期权定价的论文，并建立了一个与布莱克-斯科尔斯-默顿模型非常相似的模型。遗憾的是，他的论文令导师感到失望，因为巴舍利耶的研究方向是金融工具定价的实际问题。尽管巴舍利耶获得了学位，但由于缺少来自导师的热情支持，他的职业生涯受挫，之后再也没有他的消息。

20 世纪初，阿尔伯特·爱因斯坦（Albert Einstein）在他的相对论基础上，运用布朗运动

的原理来解释分子运动。这项研究产生了多篇研究论文，使爱因斯坦获得诺贝尔奖并享誉全球。当时，一个相当发达的数学分支——通常归功于美国数学家诺伯特·维纳（Norbert Wiener）——被证明可以用于解释随机粒子运动。日本数学家伊藤清（Kiyoshi Itô）也对这个数学领域做出了其他贡献。1951 年，伊藤得出了一个极为重要的结果，被称为伊藤引理。20 年后，它让我们得以计算出期权价格。但请记住，这些人研究的是复杂的物理问题和数学问题，而不是金融问题。

用来对随机运动建模的数学方法现在已经发展成为一个子学科，它被称为随机微积分。普通微积分定义了已知函数的变化率，而随机微积分定义了一个或多个变量为随机变量，但按照定义清晰的概率规则变化的函数的变化率。

> 建立布莱克-斯科尔斯-默顿模型所需的知识来自数学和物理学。

20 世纪 60 年代末，费希尔·布莱克（Fischer Black）在哈佛大学拿到了数学博士学位。他放弃做一名数学家，而是去了波士顿的一家管理咨询公司，即理特咨询公司（Arthur Little）。布莱克遇到了年轻的麻省理工学院（MIT）金融学教授迈伦·斯科尔斯（Myron Scholes），两人开始就金融市场如何运作交换意见。不久，布莱克成为麻省理工学院的一名金融学教师，并为我们理解期权以外的资产如何定价做出了许多贡献。之后，布莱克和斯科尔斯开始研究期权，当时期权只能在场外市场进行交易。他们首先回顾了前人为推导期权定价公式所做的工作。

布莱克和斯科尔斯采取两种方法计算期权价格。一种方法假设所有资产都按照资本资产定价理论定价，这是一个广为接受的金融模型，另一种方法是使用随机演算。他们用第一种方法得到了一个方程，但利用第二种方法得出了一个他们无法解出的微分方程。这种数学性更强的方法被认为更重要，因此他们继续研究这个问题，寻找答案。布莱克最终发现，这个微分方程可以转化为描述物体上的热量传导的公式。该公式的解是已知的，因此布莱克和斯科尔斯查到这个公式，并将其用于他们的问题，得到了正确的公式（它与使用第一种方法获得的公式一致）。他们得出这一研究成果的论文被两家学术期刊拒稿，但最终在《政治经济学杂志》（*Journal of Political Economy*）上发表，该杂志重新考虑了之前拒绝该论文的决定。

同时，另一位麻省理工学院的年轻金融经济学家罗伯特·默顿（Robert Merton）也在研究期权定价问题。默顿发现了我们在第 3 章介绍的许多套利规则。此外，默顿也几乎同时推导出了这个公式。然而，默顿为人谦虚，因此他请期刊编辑不要在布莱克和斯科尔斯之前发表他的论文。最后，这两篇论文都得以发表，默顿的论文几乎与布莱克和斯科尔斯的论文同时登在《贝尔经济学与管理学杂志》（*Bell Journal of Economics and Management Science*）上。然而，默顿最初并没有获得与布莱克和斯科尔斯同样的知名度，后两人始终被认为是该模型的提出者。布莱克于 1983 年离开学术界，前往位于华尔街的高盛公司工作。遗憾的是，他于 1995 年去世，享年 57 岁。斯科尔斯和默顿一直从事学术工作，广泛涉足衍生产品的实际应用。1997 年，诺贝尔奖委员会将诺贝尔经济学奖授予斯科尔斯和默顿，同时认可了布莱克的贡献。你可以登录 www.nobel prize.org/nobel _ prizes/economics/laureates/1997，详细了解这个重要事件。

该模型是金融工具定价历史上最重要的发展之一，在它的影响下诞生了大量研究，这些研究试图对该模型进行检验和改进。一个基于布莱克-斯科尔斯-默顿模型的衍生产品新行业发展起来。即使有人不完全同意这个模型，了解它也是很重要的，因为它可以帮助你在期权市场上生存下来。

5-2 布莱克-斯科尔斯-默顿模型作为二项式模型的局限性

在第 4 章中，我们介绍了二项式模型，它有两个主要目的。一个用途是它使我们能了解期权定价原则的基本要素而不必依靠深奥的数学知识。我们看到，期权是通过与基础资产组成无风险投资组合来定价的，随着时间的推移，必须调整股票和期权的组合。由于无风险投资组合的收益率是无风险利率，因此，通过以无风险利率贴现投资组合在期权到期时的价值，就可以轻松得出该投资组合的价值。我们看到，只有一个使期权-股票投资组合获得无风险利率的期权价值。如果期权以其他任何价格出售，都将违反一价定律，并可能通过卖出定价过高的期权、买入股票，或买入定价过低的期权、卖空股票实现套利利润。如果保持适当的期权与股票之比，那么套利者要么在无风险情况下获得超过无风险利率的收益率，要么在无风险情况下借款并且利率低于无风险利率。二项式模型的另一个用途是为美式期权定价。该模型可以很容易地反映出提前执行期权的价值。

> 随着期数增加，二项式模型收敛于布莱克-斯科尔斯-默顿模型。

在上一章中，我们分析了一个例子，在这个例子中，我们使用二项式模型，通过逐渐增加时间步数为执行价格为 125 美元的 DCRB 6 月看涨期权定价。我们看到，时间步数为 100 或 200 时，它的价格为 13.56 美元。图 5.1 显示了时间步数以 5 为单位从 n=5 增至 n=200 时二项式期权价格的变化。我们看到，期权价格反弹，并在约 100 时间步后稳定下来。这种表现被数学家称为收敛。二项式期权价格收敛于某个特定的极限值。事实证明，该值就是布莱克-斯科尔斯-默顿价格。

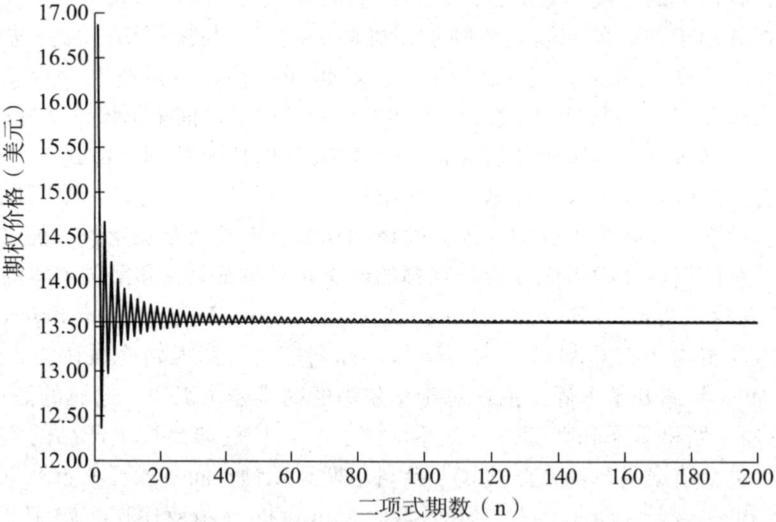

图 5.1　期数为 n，执行价格为 125 美元的 DCRB 6 月看涨期权的二项式期权价格：S_0=125.94，r=0.045 6，T=0.095 9，σ=0.83

二项式模型是被称为**离散时间**（discrete time）模型的两类模型之一，在这种模型中，期权期限被划分为特定数量的有限时间单位。例如，如果某个期权的期限为 100 天，而我们使用二项式时间步，每个时间步代表 1 天。随着时间的推移，股价从一个水平跳到接下来两个水平之一。然而，在现实世界中时间持续流逝，而股价通常只能以很小的增量变化。实际上，我们甚至可以把股价变化描述为上升最小可能增量（称为最低价格升幅）或者下降最小可能减量（称为最低价格降幅）。**连续时间**（continuous time）模型可以更好地反映这些属性。尽管在后面的章节中，我们将看到如何结合离散时间模型和连续时间模型，但现在我们将继续认识和理解连续时间模型的特征。布莱克-斯科尔斯-默顿模型使用连续时间框架为期权定价。

联系现实

对数、指数和金融

布莱克-斯科尔斯-默顿模型要求使用自然对数和指数函数。尽管中学数学课一般会介绍这些内容，但这篇综述或许对你有帮助。

对数通常被称为log，它表示令某个数（称为底数）的幂等于另一个数的指数。两个最常用的底数是10和e，其中e是一个约等于2.718 28的特殊数字。假设某个数字（例如25）的对数如下：

$\log_{10}25=1.397\,9$（以10为底数时25的对数）

$\log_{e}25=3.218\,9$（以e为底数时25的对数）

我们可以验证这些结果，如下：

$10^{1.397\,9}=25$

$2.718\,28^{3.218\,9}=25$

（这两个数字都有四舍五入误差。）底数为10的对数被称为常用对数，而底数为e的对数被称为自然对数。在金融学中，我们更常使用自然对数，我们将在后面解释原因。从今以后，提到对数时，我们指的就是自然对数。

以下是关于对数的一些重要规则：

- 正数的对数为正数。
- 负数的对数无定义。
- 零的对数无定义。
- 1的对数为零。
- 0和1之间的数字的对数为负数。

我们常常将$\log_e$简写为ln。

在金融学中，对数几乎总以e为底数，因为e是计算连续复利的合适函数。例如，假设你向某个银行账户中投资1美元，为期一年，年复利利率为6%。一年结束时，你将有$1\times1.06=1.06$美元。如果每半年计算一次复利，你将有$1\times(1+0.06/2)^2=1.060\,9$美元。如果每个季度计算一次复利，你将有$1\times(1+0.06/4)^4=1.061\,36$美元。如果每天计算一次复利，你将有$1\times(1+0.06/365)^{365}=1.061\,83$美元。如果利率相同，复利越频繁，你就将得到越多的钱。一般来说，如果r为利率，T为年数，n为每年的复利期数，那么每投资1美元，T年后你就将拥有：

$$\left(1+\frac{r}{n}\right)^{Tn}$$

下表显示了在不同复利频率下，以6%的利率将1美元投资1年的价值。

每年复利期数	以 6%的利率将 1 美元投资 1 年
1（每年计算一次复利）	1.060 000 00 美元
2（每半年计算一次复利）	1.060 900 00 美元
4（每个季度计算一次复利）	1.061 363 55 美元
12（每月计算一次复利）	1.061 677 81 美元
52（每周计算一次复利）	1.061 799 82 美元
365（每天计算一次复利）	1.061 831 31 美元

看起来，结果收敛于稍高于 1.061 8 美元的价值。接下来，我们进一步计算出以下结果：

1 000（1 年计算 1 000 次复利）　　1.061 834 64 美元
10 000（1 年计算 10 000 次复利）　　1.061 836 36 美元
100 000（1 年计算 100 000 次复利）　　1.061 836 53 美元
1 000 000（1 年计算 1 000 000 次复利）　　1.061 836 54 美元

实际上，该价值正变得稳定。

提高复利频率，最终将变为连续复利，在此情况下复利期数是无限的。连续复利因子公式必须写为极限形式：

$$\lim_{n\to\infty}\left(1+\frac{r}{n}\right)^{Tn}$$

结果正是 e 的定义式：

$$\lim_{n\to\infty}\left(1+\frac{r}{n}\right)^{Tn}=e^{rT}$$

其中，e 为 2.718 28……，在我们的例子中，$e^{0.06\times1}=1.061\ 836\ 55$。由于 e 反映了连续复利投资的价值，因此它在金融学中的作用很重要。

一段时期中的资产收益率通常表示为年收益率或连续复利收益率。假设你以 100 美元的价格购买了一只股票。1 年后，该股票的价格变为 110 美元，假设没有股利，此时我们通常说该股票的收益率为 10%。这通常是根据下式推导出来的，即：

$$\frac{110}{100}-1=0.10$$

换言之，如果我们投资了 100 美元，利率为 10%，且利息产生在年末，那么这笔投资的价值将增至 110 美元。然而，如果这 100 美元投资以 9.531%的速度连续增长，那么我们同样可以在年底获得 110 美元，即：

$$100\times e^{0.095\ 31\times1}=110\text{ 美元}$$

我们如何得到 9.531%这个值呢？它是指数函数的反函数，即自然对数函数：

$$\ln(1.10)=0.095\ 31$$

因此，对于任意给定的投资年数，按 9.531%的利率连续计算复利的投资价值与按 10%的利率每年只计算一次复利的投资价值相同。资产的年复利收益率为 10%相当于资产的连续复利收益率为 9.531%。

通常，对于任何指数 x，函数 e^x 都被称为指数函数。按照符号惯例，为了避免使用上标，它有时被写为 exp(x)。

你在本书和其他金融学课程与书中经常会遇到连续复利（以及离散复利），你应该熟练运用任何一种复利方法与贴现方法，并能将收益率和利率表示为连续复利利率。

5-3　布莱克-斯科尔斯-默顿模型的假设

所有模型都基于一组特定假设。在二项式模型中，我们假设涨跌系数已知且固定不变，而无风险利率固定。更重要的是，我们做出了关键假设，即股价变化的特征可以用简单的二项式模型来表述。我们还做出了没有交易成本和税收等隐含假设。现在，让我们来看布莱克-斯科尔斯-默顿模型的假设。

5-3a　股票价格按对数正态分布随机变化

股票价格是随机的，这个概念是资产和衍生产品定价理论的核心。股票价格真是随机的吗？让我们来看图 5.2。我们看到两张图，每张图都声称是某只真实股票在一年期内的日收盘价。一张图是股票价格的实际顺序，另一张图是随机生成的股票价格，其统计特征与 DCRB 股票在此期间的统计特征相似。你能否确定哪个是实际股价序列？①

许多专业资金经理都声称有能力预测股票价格。他们观察如图 5.2 所示的图形，并声称这种股价序列至少在一定程度上是可预测的。他们看到上升趋势，并认为可以利用它来获取高额收益。但是请看图 5.3，它显示了同一时期内的股票日收益率（即日股价变化率）。决定投资表现如何的是收益率序列。任何人都能预测到类似的股价序列变化吗？不见得。虽然有很低的可预测性（尤其是在非常短的时间间隔内），但研究表明，股票收益率在很大程度上是不可预测的。

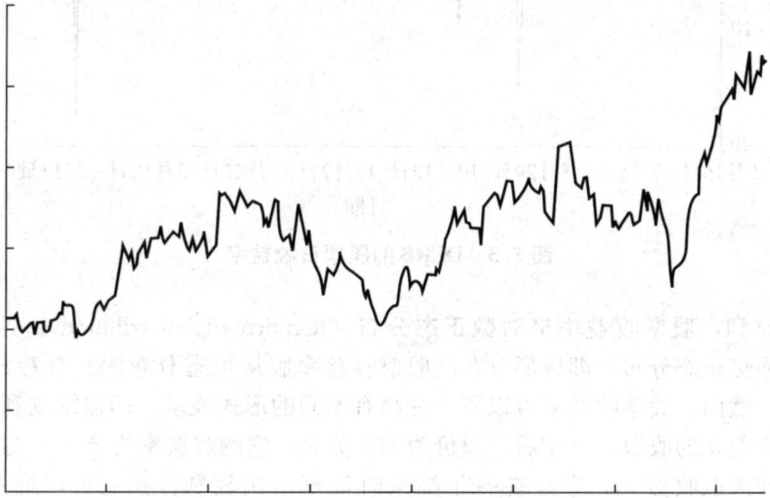

图 5.2(a)　DCRB 的模拟股价或实际股价

---

① 图 5.2(a) 是假的，它是作者随机生成的。如果你选对了，可能只是幸运猜中。

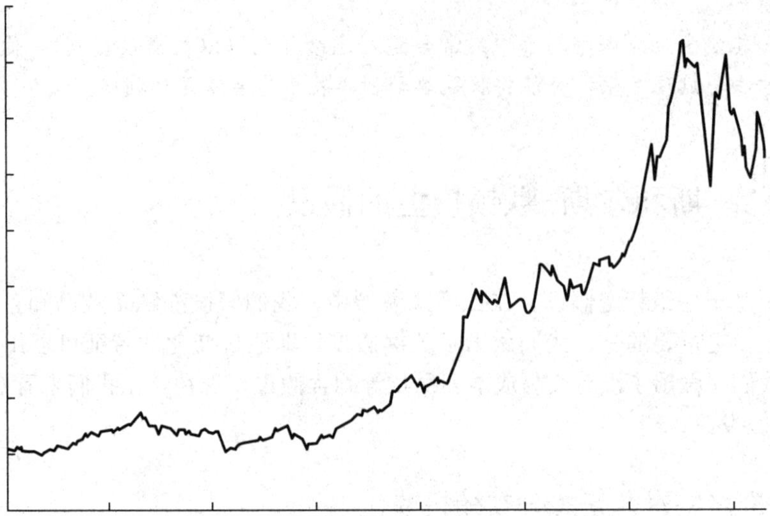

图 5.2(b) DCRB 的模拟股价或实际股价

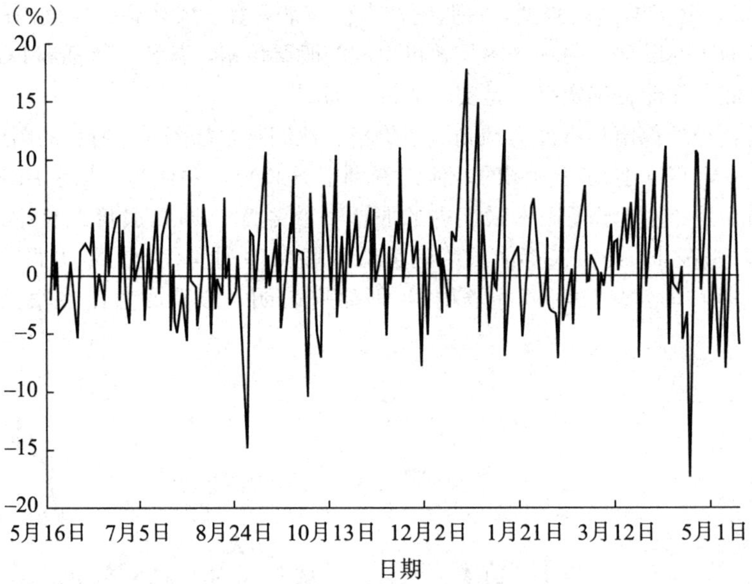

图 5.3 DCRB 的股票日收益率

我们还注意到，股票收益率呈**对数正态分布**（lognormally distributed）。这是什么意思？首先，让我们回忆正态分布，即钟形分布。股票收益率服从正态分布吗？看看数据就会发现，事实并非如此。然而，股票收益率可以用一种稍有不同的形式表示，即连续复利。假设我们有一只价格为 100 美元的股票，一年后，股价为 120 美元，它的收益率为 20%。这就是我们所说的简单收益率或离散收益率，它只在一年结束时计算一次复利。我们可以通过简单关系式 120＝100×1.20，根据现值 100 美元计算出终值 120 美元，这个过程不涉及复利。为了用连续复利表示该收益率，我们取 1 加上收益率的自然对数。

前面提到，某个数的对数就是令某个底数的幂为该数时的指数。对数的典型底数为 10，它是常用对数的底数，e 约为 2.718，是自然对数（简写为 ln）的底数。在金融模型中，底数几乎总是 e。

在我们的例子中，连续复利收益率（也被称为对数收益率）为 log(1.20)=0.182 3，即 18.23%。年末价格与年初价格之间的关系为 $120=100\times e^{0.1823}$。显然，我们不能改变价格，毕竟，它是在竞争市场中决定的。但是我们可以用对数收益率的形式来表示收益率。事实证明，对数收益率的特征往往使其稍微接近正态分布。图 5.4 显示了指定期间内股票对数收益率的直方图。虽然我们还没有获得正态分布的完美表现，但是可能也相差不多了。

如果一个变量的自然对数服从正态分布，那么就称该变量服从对数正态分布。收益率分布本身具有正偏度，也就是说和正态分布的要求相比，它的右侧有太多观测值，因此不对称。对数正态分布的假设是非常有吸引力的，它与现实吻合得相当好，更重要的是，它不允许股价为负数。此外，它与建立布莱克-斯科尔斯-默顿模型所需的高级数学也很相宜。

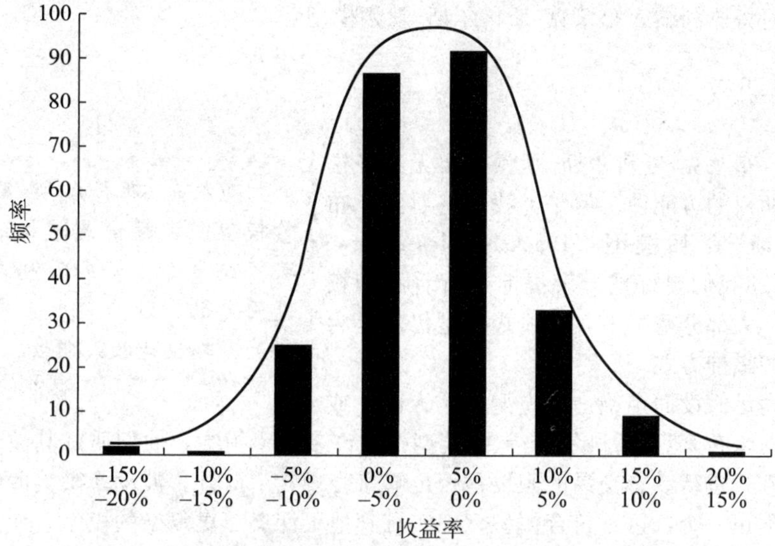

图 5.4 DCRB 股票日对数收益率（连续复利）的直方图

5-3b 无风险利率和股票对数收益率波动率在期权期限内保持不变

无风险利率不变的假设无异于假设利率不变。我们知道，情况当然并非如此，在本书后面我们将分析利率变化情景下出现的风险管理问题。然而，现在忽略利率不确定性主要是出于方便分析的目的。我们稍后会看到，事实证明，利率对股票和其他某些基础资产的期权价格没有太大影响，所以此时这个假设相对无碍，并能保持模型尽可能简单。

波动率（标准差）固定的假设很重要。事实证明，在现实世界中该假设几乎总被违反。事实上，我们很难想象任何风险资产在一段时期内（例如 1 年内）保持相同的波动率水平。在本章后面，我们将学习如何估计波动率，但是现在我们只是指出 DCRB 股票价格在 1 年期限内的波动率估计值最低为 37%，最高为 150%。

如果我们无法满足波动率固定的假设，我们是否应该抛弃布莱克-斯科尔斯-默顿模型而选择假设波动率可以变化的模型？我们可以这样做，但波动率变化的模型要复杂得多。另外，我们还不清楚这种模型是否更好。尽管波动率变化是一个问题，但我们应该看到，有更好的方法来处理这个问题，而不是采用更复杂的模型。因此，我们假设满足这个要求。

5-3c 没有税收或交易成本

期权交易决策当然受税收和交易成本的影响，但这些复杂性往往会妨碍我们对期权定价基本因素的理解。布莱克-斯科尔斯-默顿期权定价模型的基础前提是能活跃交易股票、无风险工具和期权，这种活跃交易将带来税收和交易成本。有些方法可以放松这些假设，但这是高级问题，不适合或没有必要在入门级别内容中进行介绍。

5-3d 股票不分红

我们在前面的章节已经做出过这个假设，并看到如何放松这个假设。这里同样如此，我们最终将学习如何将股利纳入布莱克-斯科尔斯-默顿模型。

5-3e 欧式期权

遗憾的是，布莱克-斯科尔斯-默顿框架无法轻松适应提前执行期权的可能性。但是，我们将看到，**布莱克-斯科尔斯-默顿模型**（Black-Scholes-Merton model）可以帮助我们更好地理解提前执行看涨期权时会发生什么。大部分情况下，二项式模型仍然是为美式期权定价的最佳方式。

> 布莱克-斯科尔斯-默顿期权定价模型假设股价是随机的且遵循对数正态分布；无风险利率和波动率是固定的；没有税收、交易成本或股利；期权为欧式期权。

由于没有满足假设而拒绝一个模型是诱人的，或许令人惊讶的是，布莱克-斯科尔斯-默顿模型已被许多专家拒绝，他们质疑其波动率固定和能以近乎连续的方式进行动态交易的假设是否足够符合现实。此外，波动率微笑曲线的存在意味着股票波动率不止一个，这不符合模型。确实有其他更深奥、更复杂的模型，而且它们已被用于实践。布莱克-斯科尔斯-默顿模型应被视为一类模型的代表，这类模型放宽了各种假设。选择使用布莱克-斯科尔斯-默顿这种模型时，人们必须考虑几个问题：(1) 模型的结果是否符合实际？(2) 是否存在更准确又不会过度提高成本和复杂性的更优模型？(3) 模型是否广泛用于实践？回答这些问题并不容易，但可以说，历史上可能没有其他金融模型像布莱克-斯科尔斯-默顿模型这样广泛用于实践，并且有如此大的影响力。在这个水平上，我们只介绍到这个模型为止，但是请注意，布莱克-斯科尔斯-默顿模型并不是期权定价模型的终点，而只是起点。

5-4 诺奖公式

在第 4 章中，我们看到二项式期权定价模型是通过对冲投资组合推导出来的，这个对冲投资组合包括一个股票多头和一个看涨期权空头。我们观察到，在两期模型中，股票与看涨期权数量之比发生了变化，因此投资者必须进行交易以维持交易的无风险性质。

> 布莱克-斯科尔斯-默顿看涨期权定价公式用股价、执行价格、无风险利率、距到期时间和股票收益率的方差计算看涨期权价格。

如果他们这样做，那么当且仅当该期权按我们得到的公式定价时，投资组合才会获得无风险利率。如果期权以任何其他价格进行交易，将违反一价定律，投资者可以获得套利利润。在布莱克-斯科尔斯-默顿模型中，交易不断发生，但总体思路相同。对冲投资组合是通过不断调整股票和期权的相对比例来建立和维持的，这个过程叫作**动态交易**（dynamic trading）。最终结果是通过复杂的数学计算得到的，但这个公式直接明了。

布莱克-斯科尔斯-默顿公式为：

$$C=S_0N(d_1)-Xe^{-r_cT}N(d_2)$$

其中有：

$$d_1=\frac{\ln(S_0/X)+(r_c+\sigma^2/2)T}{\sigma\sqrt{T}}$$

$$d_2=d_1-\sigma\sqrt{T}$$

$N(d_1)$，$N(d_2)$＝累计正态概率

σ＝股票连续复利（对数）收益率的年波动率（标准差）

r_c＝连续复利无风险利率

其他所有变量都是之前用过的变量。

5-4a 正态分布用途漫谈

由于计算布莱克-斯科尔斯-默顿模型需要**正态概率**（normal probability）分布，所以复习这个概念可能会有所帮助。图 5.5 显示了正态曲线（钟形曲线）。前面曾经提到，该曲线是对称的，我们需要知道的一切信息都包含在期望值（均值）和方差中。从正态分布提取的样本中，约 68％的观察值将位于期望值的一个标准差之内，约 95％的观察值将位于期望值的两个标准差之内，约 99％的观察值将位于期望值的三个标准差之内。

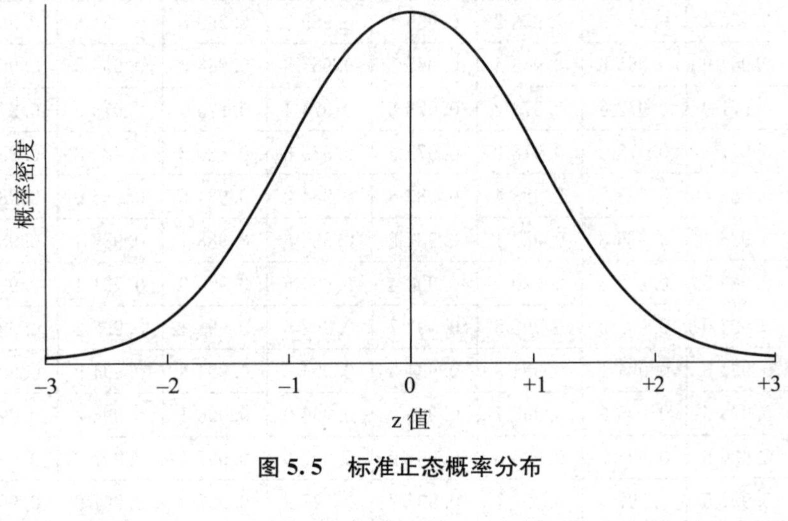

图 5.5 标准正态概率分布

标准正态随机变量被称为 **z 统计量**（z statistic）。我们可以取任意正态分布随机变量，将其转换为标准正态分布变量或 z 统计量，并用表格确定随机变量的观察值小于或等于目标变量值的概率。

表 5.1 提供了标准正态分布的累积概率。假设我们想知道 z 的观察值小于或等于 1.57 的概率。那么我们可以查看这张表，从第一列向下找到 1.5，然后向右找到 0.07 那一列，也就是说，

1.5 和 0.07 加起来得到 z 值为 1.57。1.5 所在的一行和 0.7 所在的一列交点处的值为 0.941 8，即 z 的观察值小于或等于 1.57 的正态分布概率。

表 5.1　　　　　　　　　　　　标准正态概率

z	0.00	0.01	0.02	0.03	0.04	0.05	0.06	0.07	0.08	0.09
0.0	0.500 0	0.504 0	0.508 0	0.512 0	0.516 0	0.519 9	0.523 9	0.527 9	0.531 9	0.535 9
0.1	0.539 8	0.543 8	0.547 8	0.551 7	0.555 7	0.559 6	0.563 6	0.567 5	0.571 4	0.575 3
0.2	0.579 3	0.583 2	0.587 1	0.591 0	0.594 8	0.598 7	0.602 6	0.606 4	0.610 3	0.614 1
0.3	0.617 9	0.621 7	0.625 5	0.629 3	0.633 1	0.636 8	0.640 6	0.644 3	0.648 0	0.651 7
0.4	0.655 4	0.659 1	0.662 8	0.666 4	0.670 0	0.673 6	0.677 2	0.680 8	0.684 4	0.687 9
0.5	0.691 5	0.695 0	0.698 5	0.701 9	0.705 4	0.708 8	0.712 3	0.715 7	0.719 0	0.722 4
0.6	0.725 7	0.729 1	0.732 4	0.735 7	0.738 9	0.742 2	0.745 4	0.748 6	0.751 7	0.754 9
0.7	0.758 0	0.761 1	0.764 2	0.767 3	0.770 4	0.773 4	0.776 4	0.779 4	0.782 3	0.785 2
0.8	0.788 1	0.791 0	0.793 9	0.796 7	0.799 5	0.802 3	0.805 1	0.807 8	0.810 6	0.813 3
0.9	0.815 9	0.818 6	0.821 2	0.823 8	0.826 4	0.828 9	0.831 5	0.834 0	0.836 5	0.838 9
1.0	0.841 3	0.843 8	0.846 1	0.848 5	0.850 8	0.853 1	0.855 4	0.857 7	0.859 9	0.862 1
1.1	0.864 3	0.866 5	0.868 6	0.870 8	0.872 9	0.874 9	0.877 0	0.879 0	0.881 0	0.883 0
1.2	0.884 9	0.886 0	0.888 8	0.890 7	0.892 5	0.894 3	0.896 2	0.898 0	0.899 7	0.901 5
1.3	0.903 2	0.904 9	0.906 6	0.908 2	0.909 9	0.911 5	0.913 1	0.914 7	0.916 2	0.917 7
1.4	0.919 2	0.920 7	0.922 2	0.923 6	0.925 1	0.926 5	0.927 9	0.929 2	0.930 6	0.931 9
1.5	0.933 2	0.934 5	0.935 7	0.937 0	0.938 2	0.939 4	0.940 6	0.941 8	0.942 9	0.944 1
1.6	0.945 2	0.946 3	0.947 4	0.948 4	0.949 5	0.950 5	0.951 5	0.952 5	0.953 5	0.954 5
1.7	0.955 4	0.956 4	0.957 3	0.958 2	0.959 1	0.959 9	0.960 8	0.961 6	0.962 5	0.963 3
1.8	0.964 1	0.964 9	0.965 6	0.966 4	0.967 1	0.967 8	0.968 6	0.969 3	0.969 9	0.970 6
1.9	0.971 3	0.971 9	0.972 6	0.973 2	0.973 8	0.974 4	0.975 0	0.975 6	0.976 1	0.976 7
2.0	0.977 2	0.977 8	0.978 3	0.978 8	0.979 3	0.979 8	0.980 3	0.980 8	0.981 2	0.981 7
2.1	0.982 1	0.982 6	0.983 0	0.983 4	0.983 8	0.984 2	0.984 6	0.985 0	0.985 4	0.985 7
2.2	0.986 1	0.986 4	0.986 8	0.987 1	0.987 5	0.987 8	0.988 1	0.988 4	0.988 7	0.989 0
2.3	0.989 3	0.989 6	0.989 8	0.990 1	0.990 4	0.990 6	0.990 9	0.991 1	0.991 3	0.991 6
2.4	0.991 8	0.992 0	0.992 2	0.992 5	0.992 7	0.992 9	0.993 1	0.993 2	0.993 4	0.993 6
2.5	0.993 8	0.994 0	0.994 1	0.994 3	0.994 5	0.994 6	0.994 8	0.994 9	0.995 1	0.995 2
2.6	0.995 3	0.995 5	0.995 6	0.995 7	0.995 9	0.996 0	0.996 1	0.996 2	0.996 3	0.996 4
2.7	0.996 5	0.996 6	0.996 7	0.996 8	0.996 9	0.997 0	0.997 1	0.997 2	0.997 3	0.997 4
2.8	0.997 4	0.997 5	0.997 6	0.997 7	0.997 7	0.997 8	0.997 9	0.997 9	0.998 0	0.998 1
2.9	0.998 1	0.998 2	0.998 2	0.998 3	0.998 4	0.998 4	0.998 5	0.998 5	0.998 6	0.998 6
3.0	0.998 7	0.998 7	0.998 7	0.998 8	0.998 8	0.998 9	0.998 9	0.998 9	0.999 0	0.999 0

假设 z 值小于 0，比如为 −1.12，然后，我们查询 1.12 的相应值。1.1 所在的一行和 0.02 所在的一列的交点上即为该值，0.868 6。然后我们用 1 减去这个数字，答案是 0.131 4。由于

该表是对称的，所以不需要显示负值。观察值小于或等于－1.12的概率与观察值大于或等于1.12的概率相同。观察值大于或等于1.12的概率是1减去观察值小于或等于1.12的概率。请注意，这会使观察值恰好等于1.12的概率重叠。观察到任何单个值的概率均为0，这是因为我们可以观察到无数个可能值。

用多项式方程代替表格，可以求出正态概率的准确近似值。有几个公式可以给出较准确的正态概率近似值。另外，Excel中的数学函数"＝normsdist（）"用起来也很方便。在本书的许多应用中，我们都将使用Excel计算数值。但请记住，布莱克-斯科尔斯-默顿期权价值对正态概率计算结果高度敏感，使用不同方法时，可能会有数美分的误差。

5-4b 数字示例

让我们用布莱克-斯科尔斯-默顿模型为执行价格为125美元的DCRB 6月看涨期权定价。前面曾经提到，输入值为股价125.94美元、执行价格125美元、距到期时间0.095 9年。我们给定无风险利率为4.56%，它是期权到期时的国库券收益率。然而，在布莱克-斯科尔斯-默顿模型中，无风险利率必须表示为连续复利收益率，将4.56%换算为连续复利收益率，即 ln1.045 6＝4.46%。在本章后面，我们将详细分析该换算的基础，并了解如何确定波动率。现在，我们将继续使用在第4章中用过的0.83作为标准差。

布莱克-斯科尔斯-默顿价格的计算过程分为五步，如表5.2所示。首先，计算出 d_1 和 d_2 的值。然后，在正态概率表中查找 $N(d_1)$ 和 $N(d_2)$。最后，将这些值代入C的公式中。

这里，执行价格为125美元的6月看涨期权的理论公允价值为13.21美元，看涨期权的实际市场价格为13.50美元。这表明该看涨期权定价过高。假设没有交易成本，投资者应该出售看涨期权。稍后我们将讨论为组成收益率超过无风险利率的无风险对冲投资组合而出售的看涨期权数量。

表5.2　　计算布莱克-斯科尔斯-默顿期权价格

$S_0=125.94$　　$X=125$　　$r_c=0.044\,6$　　$\sigma=0.83$　　$T=0.095\,9$

1.计算 d_1。

$$d_1=\frac{\ln(125.94/125)+(0.044\,6+0.83^2/2)\times 0.095\,9}{0.83\sqrt{0.095\,9}}=0.174\,3$$

2.计算 d_2。

$$d_2=0.174\,3-0.83\sqrt{0.095\,9}=-0.082\,7$$

3.查找 $N(d_1)$。

$$N(0.17)=0.567\,5$$

4.查找 $N(d_2)$。

$$N(-0.08)=1-N(0.08)=1-0.531\,9=0.468\,1$$

5.代入公式，计算C。

$$C=125.94\times 0.567\,5-125\times e^{-0.044\,6\times 0.095\,9}\times 0.468\,1=13.21\text{美元}$$

遗憾的是，布莱克-斯科尔斯-默顿模型对四舍五入误差尤为敏感，而大部分四舍五入误差都出现在正态概率数字中。例如，假设 d_1 的值为0.174 3，d_2 的值为－0.082 7。为了在正态概

率表中查找 d_1 和 d_2，我们必须四舍五入到小数点后两位，得到 N(0.17)＝0.567 5 和 N(－0.08)＝0.468 1。假设我们使用 Excel 的“＝normsdist()”函数，我们只需要一张空白电子表格，输入公式＝normsdist(0.174 3) 和＝normsdist(－0.082 8)，就能获得以下值：

$$N(0.1743)=0.5692$$
$$N(-0.0827)=0.4670$$

期权价格为：

$$C=125.94\times0.5692-125\times e^{-0.0446\times0.0959}\times0.4670=13.56 \text{ 美元}$$

该价格高得多，非常接近 13.50 美元的市场价格。如果说有区别的话，就是该期权现在的市场价格略有低估。这种误差在布莱克-斯科尔斯-默顿模型的计算中很常见。

尽管手动计算有时是必要的，但我们最终应该用计算机来计算期权价格，以获得更准确的正态概率指标。本书所附的 Excel 电子表格 BlackScholesMertonBinomial10e. xlsm 计算了布莱克-斯科尔斯-默顿期权价格以及二项式期权价格。软件演示 5.1 说明了如何使用 BlackScholesMertonBinomial10e. xlsm 来计算布莱克-斯科尔斯-默顿期权价格。

5-4c 布莱克-斯科尔斯-默顿公式的特征

公式解释 我们看到，布莱克-斯科尔斯-默顿公式右侧有两个主要的项，这些项有特定解释。在第 4 章中，我们提到，为期权定价时，假设投资者为风险中性的。风险中性投资者为资产定价的方式是，计算资产预期未来价值并以无风险利率对其进行贴现。假设你有机会参与抛硬币，如果抛出正面朝上，你将得到 10 美元，如果抛出背面朝上，你将得到 5 美元。你会付多少钱？风险中性投资者将支付 0.5×10＋0.5×5＝7.50 美元。然而，几乎所有投资者都不是风险中性的，相反，他们是厌恶风险的。他们将认识到，自己有一半机会将损失 2.50 美元，有另一半机会将赚取 2.50 美元。2.50 美元利润不足以抵消 2.50 美元损失带来的伤害，因此，风险厌恶投资者将支付低于 7.50 美元的价格（例如 6.75 美元）。0.75 美元的差额就是风险溢价。

风险厌恶投资者决定了金融市场中的主要资产——股票和债券——的价格，他们不决定衍生产品的价格。相反，是套利决定了衍生产品的价格。给定股票价格，股票期权的价格是通过将股票和期权组成无风险对冲投资组合来确定的。然后，再根据股票价格和其他变量的函数得出期权价格。因此，我们可以假设投资者为风险中性的来为期权定价，即计算出期权的预期未来报酬，并以无风险利率对其进行贴现。

当我们用二项式模型为期权定价时，我们需要概率 p——（1＋r－d)/(u－d）——和 1－p，它们被称为**风险中性概率**（risk-neutral probabilities）。我们明白，它们不是实际涨跌概率，而是投资者实际上为风险中性时的涨跌概率。在布莱克-斯科尔斯-默顿模型中，最后为价内状态的概率为 $N(d_2)$。

因此，为了给期权定价，我们首先假设投资者是风险中性的。然后计算出预期报酬，并以无风险利率贴现。预期报酬为 $Max(0, S_T-X)$ 的期望值，换言之，期望值为：

$$\begin{cases}0, & \text{如果 } S_T\leqslant X\\ S_T-X, & \text{如果 } S_T>X\end{cases}$$

要忽略 $S_T\leqslant X$ 的结果，我们必须计算 S_T-X 的期望值，假设 S_T 大于 X。

让我们用布莱克-斯科尔斯-默顿公式右侧第一项乘以 e^{r_cT}，得到：

$S_0N(d_1)e^{r_cT}$

假设股价高于执行价格乘以到期时股价高于执行价格的概率，该公式就是到期时的股票预期价值，然而，$N(d_1)$ 不是该概率。它只是整个公式的一个组成部分。用 e^{r_cT} 乘以布莱克-斯科尔斯-默顿公式右侧第二项后，得到：

$-XN(d_2)$

它是到期时支付的执行价格的预期价值。具体而言，$N(d_2)$ 为到期时向风险中性投资者支付 X 的概率。因此，$-XN(d_2)$ 为到期时预期支付的执行价格。以连续复利无风险利率贴现这些公式——乘以 e^{-r_cT}，得到：

$$[S_0N(d_1)e^{r_cT}-XN(d_2)]e^{-r_cT}=S_0N(d_1)-Xe^{-r_cT}N(d_2)$$

这就是布莱克-斯科尔斯-默顿公式。

布莱克-斯科尔斯-默顿公式和欧式看涨期权下限 在第 3 章中，我们曾经证明欧式看涨期权的下限为：

$$\text{Max}(0,\ S_0-Xe^{-r_cT})$$

布莱克-斯科尔斯-默顿模型要符合该下限，就必须始终不低于该值。当 S_0 非常高时，d_1 和 d_2 逼近 $+\infty$，使 $N(d_1)$ 和 $N(d_2)$ 变为 1.0。然后，布莱克-斯科尔斯-默顿公式将变为 $S_0-Xe^{-r_cT}$。当 S_0 非常低时，d_1 和 d_2 趋近于 $-\infty$，$N(d_1)$ 和 $N(d_2)$ 趋近于零。因此，该公式的下限为 $\text{Max}(0,\ S_0-Xe^{-r_cT})$。该公式的值不能低于这个表达式，因为它的最小值为零。当 S_0 非常高时，公式的值恰好为下限。

接下来，我们将研究部分变量取极端值时的布莱克-斯科尔斯-默顿公式。

T=0 时的布莱克-斯科尔斯-默顿公式 重要的是记住布莱克-斯科尔斯-默顿公式的目的是为到期前的期权定价。但是，如果它无法为到期时的期权定价，就不是一个正确的公式。我们知道到期时看涨期权的价值应为 $\text{Max}(0,\ S_T-X)$。布莱克-斯科尔斯-默顿公式会给出该值吗？会，也不会。

在到期日，T=0，股票价格为 S_T。首先来看 d_1。注意，我们将除以零。让我们将该式写作以下形式：

$$d_1=\frac{\ln(S_T/X)}{\sigma\sqrt{T}}+\frac{(r_c+\sigma^2/2)T}{\sigma\sqrt{T}}=\frac{\ln(S_T/X)}{\sigma\sqrt{T}}+\frac{(r_c+\sigma^2/2)\sqrt{T}}{\sigma}$$

当 T 变为零时，右侧第二项消失。第一项会发生什么？它似乎变成无穷，但它是 $1+\infty$ 还是 $2-\infty$？这取决于 S_T 是否大于 X。大于 1 的数字的自然对数为正数，而小于 1 的正数的自然对数为负数。（请在你的计算器上验证。）

软件演示 5.1 ☞

用 Excel 电子表格 BlackScholesMertonBinomial10e. xlsm 计算布莱克-斯科尔斯-默顿期权价格

Excel 电子表格 BlackScholesMertonBinomial10e. xlsm 被保存为 Excel 97－2003 格式，它可以用来计算二项式期权定价模型和布莱克-斯科尔斯-默顿期权定价模型。布莱克-斯科尔斯-默顿模型可以用于计算欧式看涨期权价格和欧式看跌期权价格，以及被称为期权“希腊指标”的

δ、γ、θ、λ和ρ。

该电子表格是只读电子表格，这意味着它不能以 BlackScholesMertonBinomial10e. xlsm 的名字保存，从而保护了原始文件，但是，你可以加载非只读功能的电子表格。通过产品支持网站，可以下载电子表格 BlackScholesMertonBinomial10e. xlsm。要使用它，请执行以下操作：

1. 登录 www. cengagebrain. com，并搜索 ISBN 9781305104969。
2. 点击“Free Materials”标签，然后点击“Access Now”。
3. 点击链接 BlackScholesMertonBinomial10e. xlsm。
4. 按照网页上的说明下载并安装电子表格。

现在让我们来计算期权价格。假设你希望计算本章所述的期权，即执行价格为 125 美元的 DCRB 6 月看涨期权的布莱克-斯科尔斯-默顿价格。DCRB 股票价格为 125.94 美元，期权执行价格为 125 美元，连续复利无风险利率为 4.46%，标准差为 0.83，距到期时间为 35 天，换算为与一年中的天数之比即 0.095 9 年。该股票不分红。

下面的 Excel 电子表格包含标有“输入值”的部分。每个接受输入值的单元格都为双线边框，输出值单元格为单线边框。请在相应单元格中输入数值。为了提高准确性，请以公式形式输入距到期时间“=35/365”，得到 0.095 9。将股利收益率和离散股利留空或输入 0。对于无风险利率，请从下拉列表中选择“连续”。无风险利率的输入值可以为小数形式或非小数形式，比如“0.044 6”或“4.46%”。波动率和股利收益率也可以这样输入。电子表格在输入值发生变化时自动计算新值。请观察你对“布莱克-斯科尔斯-默顿模型”部分的答案。

随本书提供的软件包括另一个名为 BlackScholesMertonBinomial10e. xlsm 的电子表格，其中包含用于计算单个单元格内的布莱克-斯科尔斯-默顿价格的 Excel 函数。该电子表格的使用说明告诉你如何将该函数拖放到另一个电子表格中，以便在其他 Excel 数学函数中使用它。

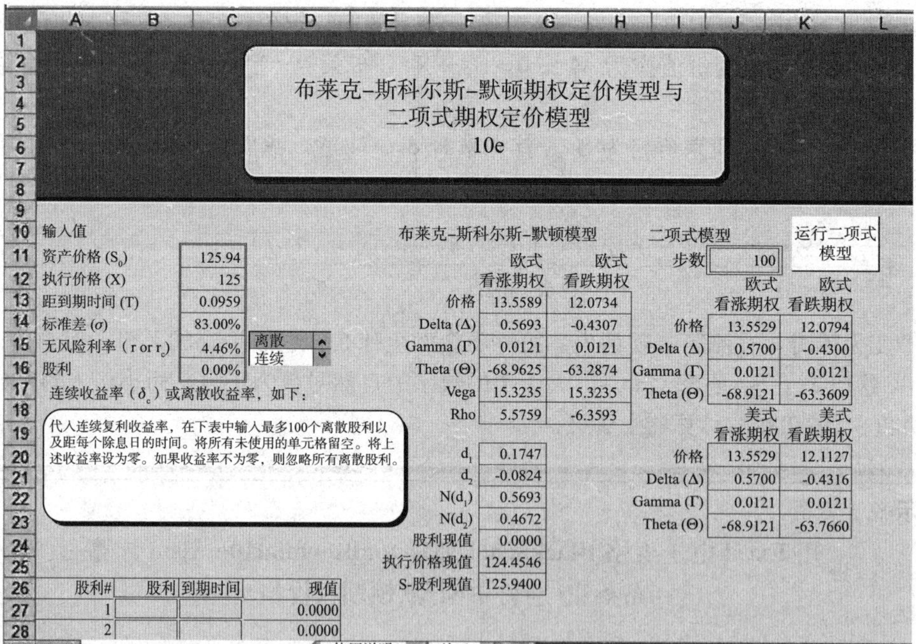

因此，如果 $S_T>X$，则：

$S_T/X>1$，$\ln(S_T/X)>0$，且 d_1 趋近于$+\infty$

如果 $S_T<X$，则：

$S_T/X<1$，$\ln(S_T/X)<0$，且 d_1 趋近于$+\infty$

如果 $S_T=X$，则：

$S_T/X=1$，$\ln(S_T/X)=0$，且 d_1 趋近于$-\infty$

只有通过应用一种被称为洛必达法则的特殊数学法则才能处理第三种情况，但我们假设该结果是给定的。事实证明，不管我们令 d_1 趋近于$+\infty$还是$-\infty$，都没有关系。

如果 d_1 趋近于$+\infty$，那么 d_2 也趋近于$+\infty$。如果 d_1 趋近于$-\infty$，那么 d_2 也趋近于$-\infty$。如果 d_1 或 d_2 趋近于$+\infty$，那么 $N(d_1)$ 和 $N(d_2)$ 趋近于 1.0。如果 d_1 或 d_2 趋近于$-\infty$，那么 $N(d_1)$ 和 $N(d_2)$ 趋近于零。因此，$T=0$ 时，布莱克-斯科尔斯-默顿公式表现如下：

如果 $S_T>X$，则有：

$S_T/X>1$，$\ln(S_T/X)>0$，d_1 趋近于$+\infty$，d_2 趋近于$+\infty$，$N(d_1)$趋近于 1.0，$N(d_2)$趋近于 1.0，由于 $e^{-r_c\times 0}=1$，因此该式变为 S_T-X

如果 $S_T\leqslant X$，则有：

$S_T/X>1$，$\ln(S_T/X)\leqslant 0$，d_1 趋近于$-\infty$，d_2 趋近于$-\infty$，$N(d_1)$趋近于 0，$N(d_2)$趋近于 0，该式变为 $0-0=0$

因此，该式变为 $\text{Max}(0, S_T-X)$。然而，请注意，如果你在计算机程序中输入该公式，它将由于除以 0 而“崩溃”。你必须在程序中考虑到 $T=0$ 的特殊情况，使公式变为 $\text{Max}(0, S_T-X)$。

$S_0=0$ 时的布莱克-斯科尔斯-默顿公式　现在假设到期前股价变为零，基础股票发生了什么？该公司必然会破产而没有复苏机会，因为如果有任何复苏机会，非零期权价格都意味着存在套利机会。换言之，如果该公司有任何复苏机会，且股票价格为零，那么每个人都想要它的股票。因此，对于完全破产公司的特殊情况，必须保持 $S_0=0$，其看涨期权的价值必须为零。

再回顾一下 d_1 的上述公式，我们看到，必须取 0 的自然对数，但没有这种数字。然而，我们知道，当 $S_0<X$ 时，S_0/X 的自然对数为负。随着股价逐渐跌至 0，S_0/X 的自然对数将趋近于$-\infty$，我们可以肯定地说它的极限为$-\infty$。因此，我们将有 d_1 和 d_2 趋近于$-\infty$，这意味着 $N(d_1)$ 和 $N(d_2)$ 将趋近于 0。这将使布莱克-斯科尔斯-默顿公式的值降为零。

和 $T=0$ 的情况一样，计算机程序需要特殊编码来处理这种情况，否则，它只会尝试计算无定义的 $\ln(0/X)$，而意识不到我们实际上想取该值的极限。

$\sigma=0$ 时的布莱克-斯科尔斯-默顿公式　在第 3 章中，我们举了一个波动率为零的例子。如果期权处于价内，它将类似于零息债券，它的报酬为正值，而该值不会变化。如果期权处于平价状态或价外状态，它以后肯定不会有任何报酬，且当前价值为零。因此，当当前价值为零时，我们需要用公式来反映到期时期权的报酬为正还是零，这取决于 S_0 是大于、小于还是等于 X。

现在让我们写出 d_1 的公式，如下：

$$d_1=\frac{\ln(S_0/X)}{\sigma\sqrt{T}}+\frac{(r_c+\sigma^2/2)T}{\sigma\sqrt{T}}=\frac{\ln\left(\frac{S_0}{Xe^{-r_cT}}\right)}{\sigma\sqrt{T}}+\frac{(\sigma^2/2)T}{\sigma\sqrt{T}}=\frac{\ln\left(\frac{S_0}{Xe^{-r_cT}}\right)}{\sigma\sqrt{T}}+\frac{\sigma\sqrt{T}}{2}$$

现在，当我们令 σ 为零时，第二项变为零，但第一项将如何变化？这取决于 S_0 是否大于 Xe^{-r_cT}。如果前者大于后者，那么我们取值大于 1.0 的数字的对数，所以第一项趋近于 $+\infty$。如果前者小于后者，那么我们取值大于 0 且小于 1 的数字的对数，对数将为负，那么第一项将趋近于 $-\infty$。因此，如果 $S_0>Xe^{-r_cT}$，d_1 趋近于 $+\infty$，$N(d_1)$ 和 $N(d_2)$ 趋近于 1.0，且看涨期权价格变为 $S_0-Xe^{-r_cT}$。这意味着到期时，看涨期权持有者将支付 X，其现值为 Xe^{-r_cT}，并且将收到当前价值为 S_0 且到期时也肯定为该价值的股票。因此，该看涨期权现在的价值为 $S_0-Xe^{-r_cT}$。

如果 $S_0\leqslant Xe^{-r_cT}$，d_1 趋近于 $-\infty$，$N(d_1)$ 和 $N(d_2)$ 趋近于 0.0，且看涨期权价格变为零。请注意，当波动率为零时，看涨期权处于价内并不是决定看涨期权价值的条件。换言之，不是 $S_0>X$，而是 $S_0>Xe^{-r_cT}$。另外，请再次注意，在计算机程序中需要特殊编码才能处理这种情况。

X＝0 时的布莱克-斯科尔斯-默顿公式 我们在第 3 章中看到，当 X＝0 时，看涨期权就相当于股票。所以此时布莱克-斯科尔斯-默顿公式应该趋近于 S_0，很容易看出这是事实。我们将取 $\ln(+\infty)$，即 $+\infty$，因此，d_1 和 d_2 将趋近于 $+\infty$，且 $N(d_1)$ 和 $N(d_2)$ 将趋近于 1.0。然后，当 X＝0 时，该式将变为 $S_0\times1.0-0\times1.0=S_0$。在计算机程序中仍将需要特殊编码。

r_C＝0 时的布莱克-斯科尔斯-默顿公式 无风险利率为零完全不是特例。利率不一定为正，且布莱克-斯科尔斯-默顿公式不会降至任何特殊值。

5-5 布莱克-斯科尔斯-默顿模型中的变量[①]

我们已经学习了影响期权价格的五个变量：(1) 股票价格；(2) 执行价格；(3) 无风险利率；(4) 距到期时间；(5) 股票的波动率或标准差。利用布莱克-斯科尔斯-默顿模型，我们可以看到这些变量的不同值对期权价格的影响。某些变量的敏感性非常重要，因此它们被量化且被赋予希腊名称，并被称为希腊指标。

5-5a 股票价格

股价提高将导致看涨期权价格提高。假设股票价格为 130 美元而不是 125.94 美元，相应的 $N(d_1)$ 和 $N(d_2)$ 的值分别为 0.617 1 和 0.516 2，得出 C 值为 15.96 美元，高于之前得到的 13.55 美元。

> δ 近似等于股价发生微小变化时的期权价格变化。它是通过布莱克-斯科尔斯-默顿模型计算出的 $N(d_1)$。

图 5.6 显示了大量股价下的 DCRB 看涨期权价格。请注意，该图类似于图 3.5，我们在图 3.5 中显示了欧式看涨期权价格曲线的形状。

股票价格和看涨期权价格之间的关系通常可以表示为一个值，即 **delta ($\boldsymbol{\delta}$)**。对看涨期权价格取股价的微分，即可得到 δ。详细的数学过程有些专业，但结果很简单：

看涨期权的 $\delta=N(d_1)$

由于 $N(d_1)$ 是一个概率，所以 δ 的范围为 0～1。

---

① 本节中的所有计算都是使用电子表格 BlackScholesMertonBinomial10e.xlsm 进行的。此外，我们开始时将执行价格为 125 美元的 DCRB 6 月看涨期权的布莱克-斯科尔斯价格基础值设为 13.55 美元。

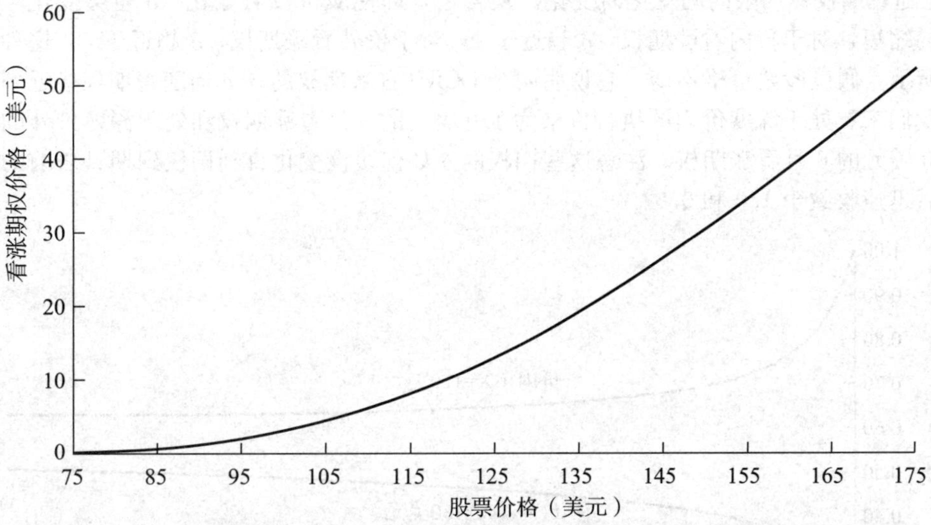

图 5.6　将看涨期权价格表示为股价的函数：以执行价格为 125 美元的 DCRB 6 月看涨期权为例，r_c＝0.044 6，T＝0.095 9，σ＝0.83

由于微积分背后的假设，δ 是股票价格发生微小变化时的看涨期权价格变化。这里，假设 δ 为 0.569 2，这是较为宽松的定义，表示期权价格变化为股票价格变化的 56.92%。从技术上讲，只有当股价变化很小时，这才是正确的。例如，我们之前曾经指出，如果股票价格为 130 美元，变化为 4.06 美元，那么看涨期权价格将为 15.96 美元，变化为 2.41 美元，它约为股价变化的 59%。因此，虽然 δ 是衡量期权价格对股价的敏感性的重要指标，但只有在股价变化很小的情况下，它的结果才准确。

前面曾经提到，δ 的范围为 0～1。当股价高于执行价格时，δ 接近于 1；当股价低于执行价格时，δ 接近于 0。执行价格为 125 美元的 DCRB 6 月看涨期权的 δ 与股价水平之间的关系如图 5.7 所示。

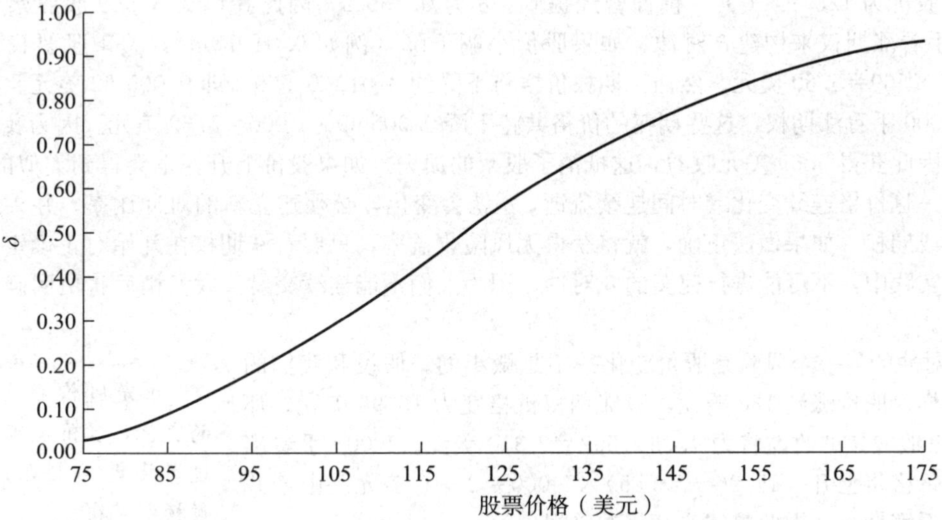

图 5.7　将看涨期权的 δ 表示为股价的函数：以执行价格为 125 美元的 DCRB 6 月看涨期权为例，S_0＝125.94，r_c＝0.044 6，σ＝0.83

δ 也随着期权在期限内的变化而变化，换言之，即使股价没有变化，δ 也会变化。随着期权期限的缩短，对于价内看涨期权，δ 趋近于 1；对于价外看涨期权，δ 趋近于 0。这种关系如图 5.8 所示，假设股票价格不变，它说明两个 DCRB 看涨期权的 δ 如何随着期权接近到期而变化。让我们来看处于深度价内的执行价格为 120 美元的 6 月看涨期权和处于深度价外的执行价格为 130 美元的 6 月看涨期权。注意这些期权的 δ 如何缓慢变化直到期权到期日之前的最后一周，然后迅速收敛于 1.0 和 0.0。

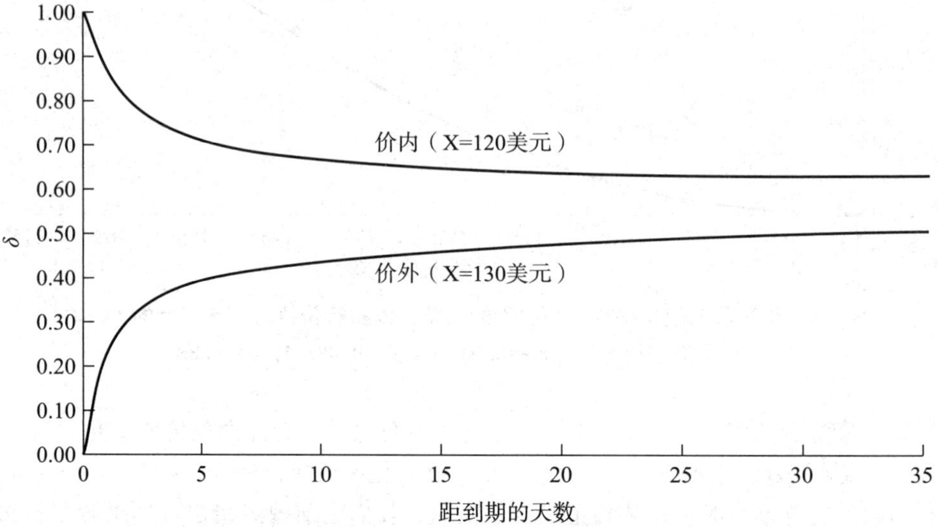

图 5.8　将看涨期权的 δ 表示为距到期天数的函数：以执行价格为 125 美元的 DCRB 6 月看涨期权为例，$S_0=125.94$，$r_c=0.044\ 6$，$\sigma=0.83$

我们讨论二项式模型时曾经提到如何买入 h 股股票并卖出一手看涨期权。只要我们根据 h 的公式调整每股对应的期权数量，就保持了无风险对冲。在布莱克-斯科尔斯-默顿情景中，这被称为 **δ 对冲**（delta hedge），且必须连续进行。δ 对冲头寸被称为 **δ 中性**（delta neutral）。例如，股价为 125.94 美元，前面曾经提到，δ 为 0.569 2，因此我们买入 569 股股票并卖出 1 000 手看涨期权来构建 δ 对冲。如果股价小幅下降（例如 0.01 美元），关于股票我们将损失 0.01×569＝5.69 美元。然而，期权价格将下降约 0.01×0.569，即 0.005 69 美元。因为我们有 1 000 手看涨期权，这些期权的价格共将下降 0.005 69×1 000＝5.69 美元。因为我们卖空期权，因此获得 5.69 美元收益，这抵消了股票的损失。如果股价上升，也会得到类似的结果。然而，一旦价格连续变化或时间连续流逝，δ 就会变化，必须建立新的对冲比率，并买入或卖出股票或期权。如果做法正确，就将获得无风险收益率，只要看涨期权在开始时正确定价。当然，在实践中，不可能进行完美的 δ 对冲，因为人们不能连续交易。我们稍后将更明确地看到这一点。

δ 对冲的另一个风险是股价变化并不是微小的。假设和我们的例子一样，股价涨到 130 美元，看涨期权价格变为 15.96 美元。那么，569 股股票的收益将为 4.06×569＝2 310 美元。1 000 手看涨期权的价格将上升（15.96－13.55）×1 000＝2 410 美元。由于我们卖空看涨期权，因此整体头寸将遭受损失。

> γ 是股价变化时 δ 的变化，其价值可以通过布莱克-斯科尔斯-默顿模型获得。

这类风险由看涨期权的 **gamma（γ）** 反映。γ 是股价发生微小

变化时 δ 的变化。γ 的公式为：

$$看涨期权的\ \gamma=\frac{e^{-d_1^2/2}}{S_0\sigma\sqrt{2\pi T}}$$

在我们的例子中，股票价格为 125.94 美元，γ 的计算公式为 $e^{\frac{-0.174\,2^2}{2}}/(125.94\times0.83\times\sqrt{2\times3.141\,59\times0.095\,9})=0.012\,3$。这表明，如果股票价格涨至 130 美元，$\delta$ 将从 0.569 升至 $0.569+(130-125.94)\times0.012\,3=0.618\,9$。如果股价达到 130 美元，实际 δ 将为 0.617 1。当然，γ 提供的只是 δ 变化的估计值，但在这种情况下，估计值是相当准确的。

γ 值越大，δ 对股价变化越敏感，维持 δ 中性头寸就越困难。γ 总为正数，并在股价接近执行价格时达到最大。当股价高于或低于执行价格时，γ 接近于零，如图 5.9 所示。随着期权临近到期，γ 将发生变化。如果期权大致处于平价状态，就像执行价格为 125 美元的 DCRB 6 月看涨期权一样，那么它将以价内状态还是价外状态结束的不确定性将导致 γ 随着到期日临近而急剧增大，如图 5.10 所示。

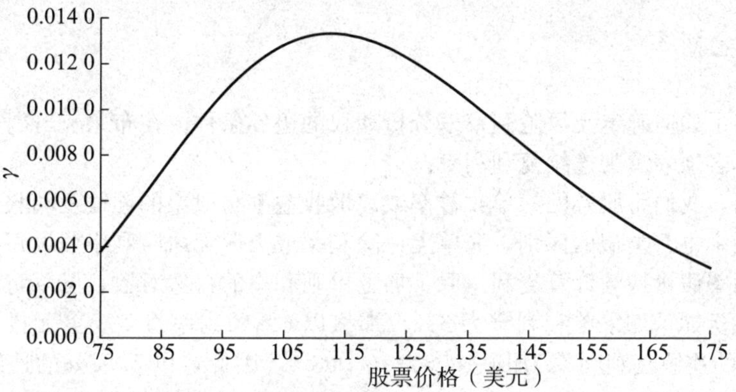

图 5.9　将看涨期权的 γ 表示为股价的函数：以执行价格为 125 美元的 DCRB 6 月看涨期权为例，$r_c=0.044\,6$，$T=0.095\,9$，$\sigma=0.83$

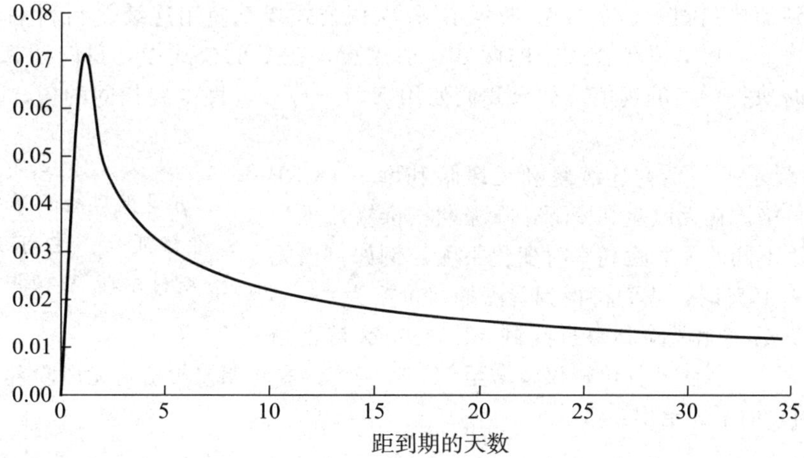

图 5.10　将看涨期权的 γ 表示为距到期天数的函数：以执行价格为 125 美元的 DCRB 6 月看涨期权为例，$S_0=125.94$，$r_c=0.044\,6$，$\sigma=0.83$

记住，γ 表示 δ 的不确定性。γ 越大，进行 δ 对冲越困难，因为 δ 变化更快，对大幅股价变化更敏感。在本章后面，我们将明确说明这个问题的性质和解决方法。

5-5b 执行价格

现在，让我们将执行价格改为 130 美元，这将降低看涨期权的价值。具体而言，让我们来分析执行价格为 130 美元的 6 月看涨期权。保留所有其他初始值，包括股票价格为 125.94 美元、d_1 和 d_2 的值分别为 0.021 7 和－0.235 3。正态分布概率为 0.508 7 和 0.407 0，得到的看涨期权价格为 11.38 美元，低于最初的 13.55 美元。

执行价格的变化很小时，看涨期权价格的变化为负数，由公式 $-e^{-r_cT}N(d_2)$ 给出。然而，给定期权的执行价格是不变的，所以这个概念只有在考虑具有不同执行价格的看涨期权价值将高多少或低多少时才有意义。[①] 在这种情况下，执行价格的差异可能太大，因而不能应用前述公式，如前所述，只有当 X 的变化很小时，该公式才成立。

5-5c 无风险利率

第 3 章介绍了如何确定无风险利率以分析期权的边界条件。在布莱克-斯科尔斯-默顿框架下，无风险利率必须表示为连续复利利率。

在本章前面，我们将股票的简单收益率或离散收益率与股票的连续复利收益率或对数收益率加以区别。利率也有类似的区别，简单无风险利率或离散无风险利率假设每年只计算一次复利，连续复利利率假设持续计算复利。取 1 加上单利利率的自然对数，可以将单利利率转换为连续复利利率。例如，如果单利利率为 6%，那么以 6%的利率将 100 美元投资 1 年，将得到 106 美元，等价的连续复利利率为 $\ln(1.06)=0.058\ 3$。因此，以 5.83%的连续复利利率投资 100 美元，将在 1 年后增至 106 美元。连续复利利率始终低于单利利率。要将连续复利利率转换为单利利率，需要使用指数函数，即对数函数的反函数（即 $e^{0.058\ 3}-1=0.06$）。

在之前的问题中，无风险利率为 4.46%。我们得到 $\ln(1.045\ 6)$，其中 0.045 6 为我们在第 3 章中得到的单利利率。布莱克-斯科尔斯-默顿公式要求使用连续复利利率，因此我们将该利率规定为 r_c，它出现在公式中的两处。请注意，在 C 的公式中，我们计算 Xe^{-r_cT}，即连续计算复利时执行价格的现值。如果我们使用 $X(1+r)^{-T}$，将得到相同的值，其中 r 为离散利率。

> *ρ 是无风险利率变化时的期权价格变化。它可以通过布莱克-斯科尔斯-默顿模型获得。*

图 5.11 显示了一系列连续复利无风险利率下 DCRB 看涨期权的价格。在无风险利率下，看涨期权价格几乎为线性，且采用不同的无风险利率时变化不大。例如，当无风险利率为 4.46%时，我们将得到看涨期权价格为 13.55 美元。如果我们将无风险利率提高到 12%——这是相当大的变化幅度——看涨期权价格仅将增至 13.98 美元。看涨期权价格对无风险利率的敏感性被称为 **rho（ρ）**，由下式给出：

$$看涨期权的\ \rho=TXe^{-r_cT}N(d_2)$$

---

① 我们可以建立执行价格随机变化的期权，但这超出了本书的内容范围。

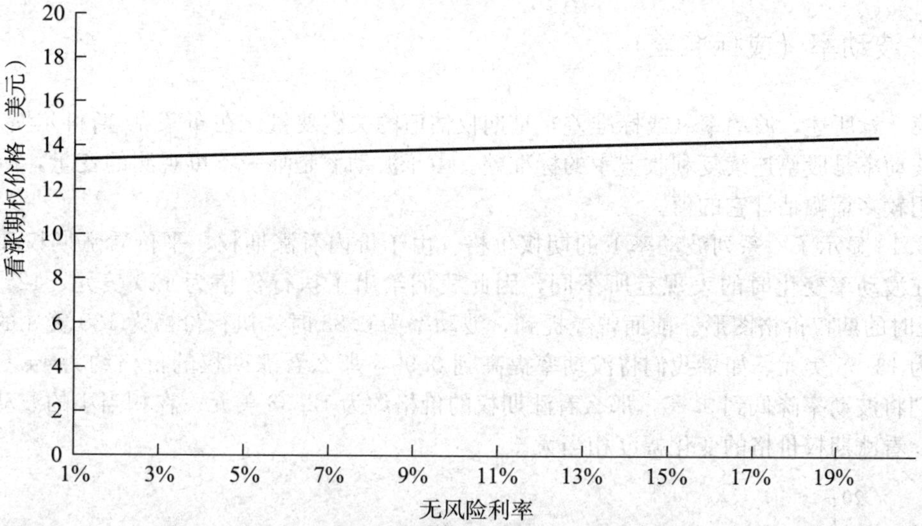

图 5.11　将看涨期权价格表示为无风险利率的函数：以执行价格为 125 美元的 DCRB 6 月看涨期权为例，$S_0=125.94$，$T=0.0959$，$\sigma=0.83$

在最初的无风险利率为 4.46%的问题中，ρ 为 $0.0959\times125\times e^{-0.0446\times0.0959}\times0.4670=5.57$。如果我们将无风险利率从 0.0446 提高到 0.12，那么 ρ 预测的看涨期权价格变化将为 $(0.12-0.0446)\times5.57=0.42$。实际变化为 $13.98-13.55=0.43$。期权价格与无风险利率之间的近线性关系使 ρ 成为衡量期权价格对利率变化的敏感性的较准确指标。

但是，我们应该记住，布莱克-斯科尔斯-默顿模型假设在期权期限内利率不会发生变化。我们需要更复杂的模型来准确反映利率变化的影响。

ρ 还会随股价水平变化而变化，股价越高，ρ 越高，如图 5.12 所示。

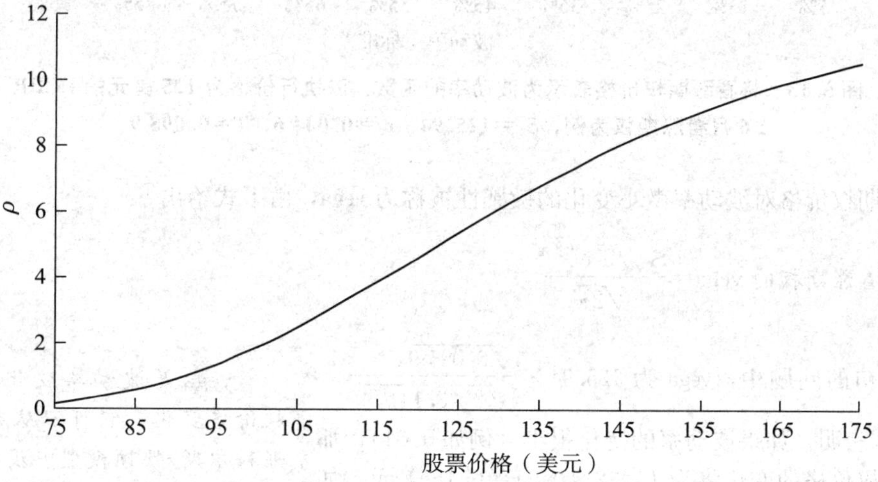

图 5.12　将看涨期权的 ρ 表示为股价的函数：以执行价格为 125 美元的 DCRB 6 月看涨期权为例，$r_c=0.0446$，$T=0.0959$，$\sigma=0.83$

5-5d 波动率（或标准差）

如第 3 章所述，波动率（或标准差）是期权估值的关键变量。在布莱克-斯科尔斯-默顿模型中，波动率是股票连续复利收益率的标准差。由于波动率是唯一不可观测的变量，所以本章后面将用较多篇幅估计它的值。

图 5.13 显示了一系列波动率下的期权价格。由于价内看涨期权、平价看涨期权和价外看涨期权在波动率变化时的表现有所不同，因此我们给出了执行价格为 120 美元、125 美元和 130 美元时的期权价格图形。前面曾经提到，波动率为 0.83 时，执行价格为 125 美元的看涨期权价格为 13.55 美元。如果我们将波动率提高到 0.90，那么看涨期权的价格约为 14.62 美元。如果我们将波动率降低到 0.75，那么看涨期权的价格约为 12.33 美元。在相当小的波动率变化范围内，看涨期权价格的变化幅度相当大。

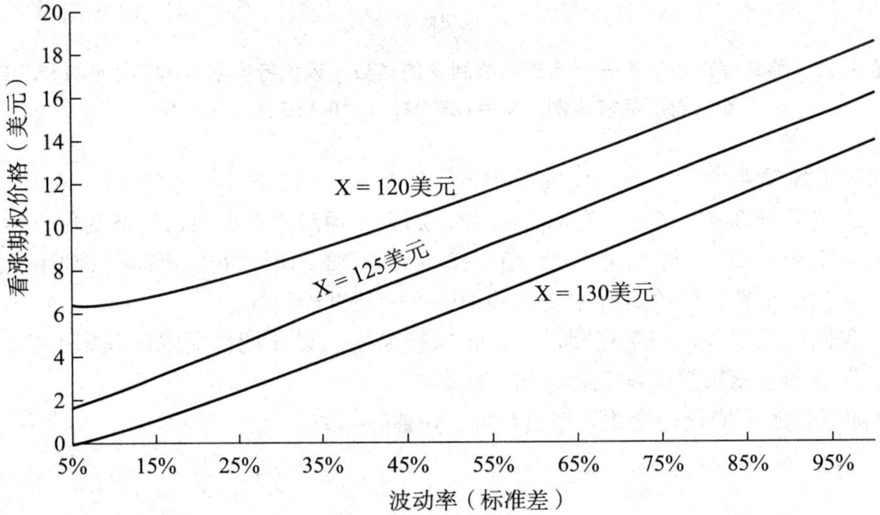

图 5.13　将看涨期权价格表示为波动率的函数：以执行价格为 125 美元的 DCRB 6 月看涨期权为例，S_0＝125.94，r_c＝0.044 6，T＝0.095 9

看涨期权价格对波动率微小变化的敏感性被称为 **vega**，由下式给出[①]：

$$\text{看涨期权的 vega} = \frac{S_0\sqrt{T}\,e^{-d_1^2/2}}{\sqrt{2\pi}}$$

> vega 是波动率变化时的期权价格变化，它可以从布莱克-斯科尔斯-默顿模型中获得。

在最初的问题中，vega 为 $125.94\times\frac{\sqrt{0.0959}\,e^{-\frac{0.1743^2}{2}}}{\sqrt{2\times 3.14159}}=$ 15.32。这表明，如果波动率的变化很小（例如 0.01），那么看涨期权价格的变化将为 15.32×0.01＝0.15 美元。如

① 尽管 vega 通常包括在期权的希腊指标中，但和 δ、γ、θ 和 ρ 不同，它不是希腊字母。显然，这个名称来自 vega 效应，它将 v 与波动率（volatility）联系在一起。如果以真正的希腊字母为这种效应命名，它应被称为 **kappa**（$\boldsymbol{\kappa}$）和 **lambda**（$\boldsymbol{\lambda}$）。

果波动率达到 0.84(增大 0.01)，实际的看涨期权价格变化将为 0.16 美元。如果波动率上升 0.12，升至 0.95，那么 vega 预测看涨期权价格将上涨 15.32×0.12＝1.84 美元，实际看涨期权价格涨至 15.39 美元，涨幅为 15.39－13.55＝1.84 美元。这个数字很准确，因为如图 5.13 所示，如果期权价格接近平价，波动率和期权价格的关系将几乎呈线性，这个结果在后面会用到。然而，如图 5.13 所示，如果期权不是平价，这种关系就不是线性的，vega 就不能反映全部波动率变化的风险。

对于执行价格为 125 美元的 DCRB 6 月看涨期权，图 5.14 显示了 vega 如何随着股价水平变化而变化。请注意，当股票价格接近执行价格时，vega 最大，意味着期权价格对波动率变化更敏感。当股票价格高于或低于执行价格时，vega 最小，意味着期权价格对波动率变化更不敏感。

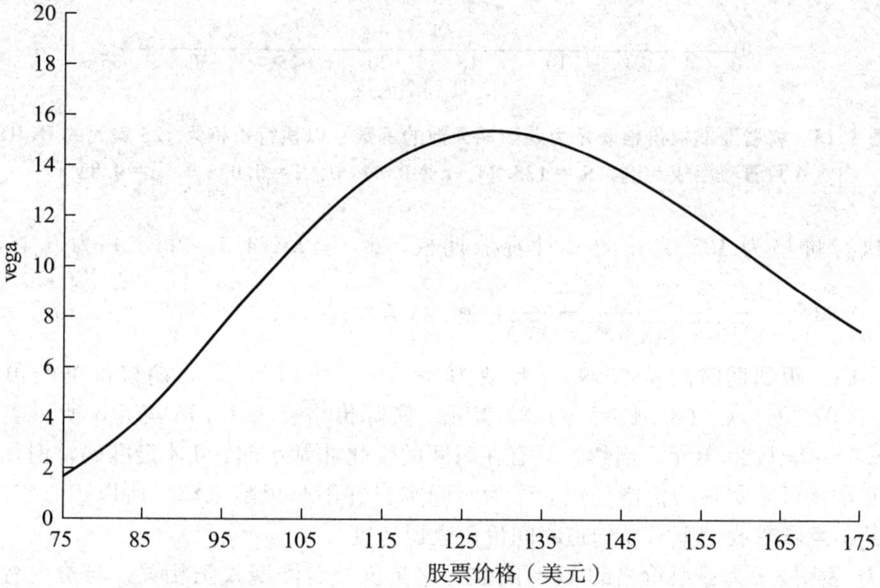

图 5.14　将看涨期权的 vega 表示为股价的函数：执行价格为 125 美元的 DCRB 6 月看涨期权，$r_c=0.0446$，$T=0.0959$，$\sigma=0.83$

不管期权价格是多少，波动率是大还是小，期权价格对波动率变化都很敏感。布莱克-斯科尔斯-默顿模型实际上并不允许波动率在期权期限内变化。有更复杂的模型可以解释这种现象。尽管如此，使用布莱克-斯科尔斯-默顿模型的期权交易者仍然会考虑波动率变化的概念。这种 vega 风险可以用另一种工具（如另一个看涨期权）的 vega 风险抵消头寸来对冲。

5-5e　距到期时间

> θ 为某段时间变化下的期权价格变化，它衡量了时间价值衰减，并可以从布莱克-斯科尔斯-默顿模型中获得。

期权价格与距到期时间的关系如图 5.15 所示，该图的观看顺序为从右到左。正如我们在第 3 章中讨论的，看涨期权价值随着时间的推移而下降，这就是时间价值衰减。时间价值衰减的速度由期权的 **theta (θ)** 衡量，如下：

$$看涨期权的\ \theta=-\frac{S_0\sigma e^{-d_1^2/2}}{2\sqrt{2\pi T}}-r_cXe^{-r_cT}N(d_2)$$

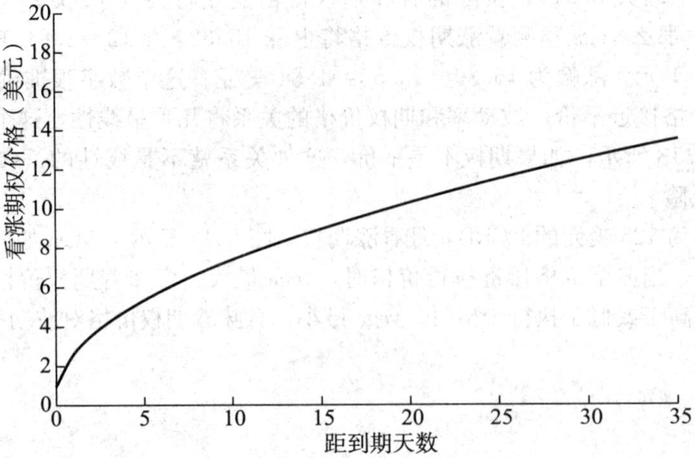

图 5.15　将看涨期权价格表示为距到期天数的函数：以执行价格为 125 美元的 DCRB 6 月看涨期权为例，$S_0=125.94$，$r_c=0.044\ 6$，$T=0.095\ 9$，$\sigma=0.83$

对于执行价格为 125 美元的 6 月看涨期权，d_1 为 0.174 3，$N(d_2)$ 为 0.467 0，θ 为

$$-125.94\times0.83\times\frac{e^{-\frac{0.174\ 3^2}{2}}}{2\sqrt{2\times3.145\ 9\times0.095\ 9}}-0.044\ 6\times125\times e^{-0.044\ 6\times0.095\ 9}\times0.467\ 0=-68.91。$$

因此，一周内，距到期时间从 0.095 9 年变为 28/365＝0.076 7 年，期权价格的预期变化为 (0.095 9－0.076 7)×(－68.91)＝－1.32 美元。实际价格变为 12.16 美元，所以实际变化为 12.16－13.55＝－1.39 美元。当然，只有在时间的变化非常小时，θ 才最准确，但预期的价格变化仍然非常接近于实际的价格变化。因为时间本身并不是风险来源，所以担心它没有意义，当然，这并不意味着我们不需要知道时间价值衰退速度。

图 5.16 表明，θ 为股票价格的 U 形函数，它与价外看涨期权正相关，与价内看涨期权负相关。平价看涨期权的时间价值衰退速度最快。

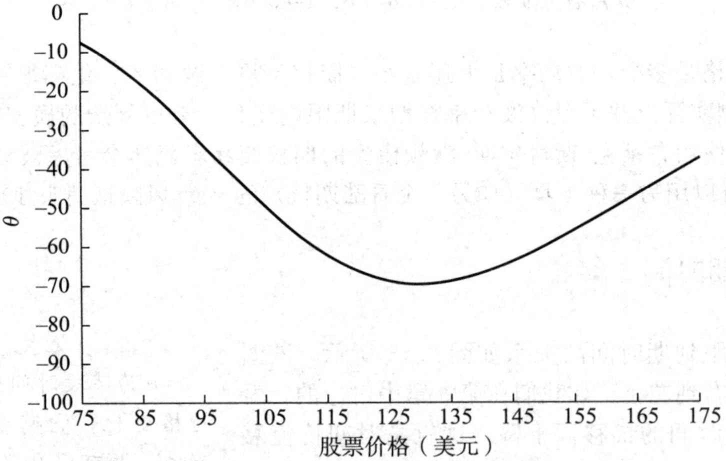

图 5.16　将看涨期权的 θ 表示为股价的函数：以执行价格为 125 美元的 DCRB 6 月看涨期权为例，$r_c=0.044\ 6$，$T=0.095\ 9$，$\sigma=0.83$

5-6 股票分红时的布莱克-斯科尔斯-默顿模型

我们目前看到的布莱克-斯科尔斯-默顿模型适用于不分红的股票，如 DCRB 股票。正如我们在第 3 章中所见，股利降低了看涨期权的价格，如果期权为美式期权，还可能导致提前执行期权。将股利纳入欧式期权的布莱克-斯科尔斯-默顿模型并不难理解。有几种方法值得推荐，但没有哪种被证明优于其他方法。这里将讨论其中两种方法。

5-6a 已知离散股利

假设某只股票在期权期限中的某个时刻分红，股利金额为 D_t。该股利应在时期 t（由除息日定义）后支付，假定股利已知且确定。如果我们对股票价格进行小幅调整，布莱克-斯科尔斯-默顿模型将继续适用于此期权的定价。

我们之前进行过多次这样的调整，我们从股票价格中减去股利现值，并在公式中使用调整后的股票价格。假设布莱克-斯科尔斯-默顿公式中的股票价格为 S'_0，定义为 $S'_0=S_0-D_te^{-r_ct}$。如果在期权期限内还支付了其他股利，则其现值也将被减去。

> 布莱克-斯科尔斯-默顿模型可以为基于支付已知离散股利的股票的欧式期权定价，方法是用股价减去股利现值。

如前所述，DCRB 股票不分红。然而，为了便于说明，现在假设它支付 2 美元股利，除息日为 21 天后的 6 月 4 日，其他所有变量均相同。表 5.3 列出了布莱克-斯科尔斯-默顿期权价格的计算程序。请注意，现在看涨期权价格低于我们的预期。

表 5.3　　计算已知离散股利时的布莱克-斯科尔斯-默顿期权价格

$S_0=125.94$　　$X=125$　　$r_c=0.044\,6$　　$\sigma=0.83$　　$T=0.095\,9$

支付一笔 2 美元的股利，21 天后除息（5 月 14 日至 6 月 4 日）

1. 确定股利金额。

$$D_t=2\text{ 美元}$$

2. 确定距除息日的时间。

$$21\text{ 天，因此 } t=21/365=0.057\,5$$

3. 用股价减去股利现值，得到 S'_0。

$$125.94-2\times e^{-0.044\,6\times 0.057\,5}=123.945\,1\text{ 美元}$$

4. 用 S'_0 代替 S_0，计算 d_1。

$$d_1=\frac{\ln(123.945\,1/125)+(0.044\,6+0.83^2/2)\times 0.095\,9}{0.83\sqrt{0.095\,9}}=0.112\,2$$

5. 计算 d_2。

$$d_2=0.112\,2-0.083\sqrt{0.095\,9}=-0.144\,9$$

6. 查找 $N(d_1)$。

$$N(0.11)=0.543\,8$$

7. 查找 $N(d_2)$。

$$N(-0.14)=1-N(0.14)=1-0.5557=0.4443$$

8. 将上述值代入 C 的公式，用 S'_0 代替 S_0。

$$C=123.9451\times0.5438-125\times e^{-0.0446\times0.0959}\times0.4443=12.10\text{ 美元}$$

软件演示 5.1 中的 Excel 电子表格 BlackScholesMertonBinomial10e. xlsm 允许你输入最多 100 个已知离散股利。你只需要输入股利金额以及距除息日的时间（以年表示）。请确保你没有输入收益率，如果你输入了收益率，软件将忽略离散股利并使用收益率。对于股利为 2 美元、执行价格为 125 美元的 DCRB 6 月看涨期权，电子表格给出了更准确的答案：$N(d_1)=0.5447$，$N(d_2)=0.4424$ 和 $C=12.44$。

5-6b 已知连续股利收益率

调整布莱克-斯科尔斯-默顿公式以考虑股利的另一种方法是假设以已知的收益率连续支付股利。这种方法假设股利连续累积，这意味着不断支付股利，我们用百分比表示年股利率 δ_c。例如，令 DCRB 股票的年连续复利股利收益率为 $\delta_c=0.04$。由于当前股价为 125.94 美元，因此年股利为 $125.94\times0.04=5.04$ 美元。这笔股利不是分 4 个季度支付，每季度支付 1.26 美元，而是以非常小的增幅连续累积并再投资，1 年后累积到 5.04 美元①。由于股票价格一直在波动，因此实际股利可能会变化，但收益率将保持不变。因此，该模型不需要假设股利已知或固定，它只要求那一刻支付的股利与股价之比固定。

调整过程需要用 S'_0 代替布莱克-斯科尔斯-默顿模型中的 S_0，其中 $S'_0=S_0e^{-\delta_cT}$。表达式 $S_0(1-e^{-\delta_cT})$ 是股利现值。如前所述，从 S_0 中减去该值将得到 S'_0，该调整从股价中减去了在期权期限内支付的股利的现值。表 5.4 说明了期权价格的计算过程。我们再次看到，股利的影响是使有分红时的期权价格低于不分红时的期权价格。当然，不能保证离散股利调整和连续股利调整将给出相等的期权价格。由于 DCRB 股票不分红，因此股利金额和收益率仅仅是为了说明而做出的假设，并不意味着它们相等。

> 布莱克-斯科尔斯-默顿模型可以为基于支付已知连续股利率的股票的欧式期权定价，方法是用该股利率贴现股价。

表 5.4　计算支付连续股利时的布莱克-斯科尔斯-默顿期权价格

$S_0=125.94$　　$X=125$　　$r_c=0.0446$　　$\sigma=0.83$　　$T=0.0959$　　$\delta_c=0.04$

1. 计算股价减去股利现值的结果，$S'_0=S_0e^{-\delta_cT}$。

$$125.94\times e^{-0.04\times0.0959}=125.4578\text{ 美元}$$

2. 用 S'_0 代替 S_0，计算 d_1。

$$d_1=\frac{\ln(125.4578/125)+(0.0446+0.83^2/2)\times0.0959}{0.83\sqrt{0.0959}}=0.1594$$

① 季度股利为 1.26 美元，年股利为 5.04 美元，它们是近似值，换算为连续复利收益率并不恰好等于 4%，原因是关于分红次数和股利再投资的假设存在差异。

3. 计算 d_2。

$$d_2 = 0.1594 - 0.83\sqrt{0.0959} = -0.0976$$

4. 查找 $N(d_1)$。

$$N(0.16) = 0.5636$$

5. 查找 $N(d_2)$。

$$N(-0.10) = 1 - N(0.10) = 1 - 0.5398 = 0.4602$$

6. 将上述值代入 C 的公式，用 S_0' 代替 S_0。

$$C = 125.4578 \times 0.5636 - 125 \times e^{-0.0446 \times 0.0959} \times 0.4602 = 13.43 \text{美元}$$

对多数股票期权而言，连续股利假设是不符合现实的，然而，使用单一收益率代替准确股利很方便，因此在很多情况下都可以使用这种方法。但是，对于多数股票期权，在期限内只支付少数几笔股利，因此，进行离散股利调整并不是很困难。然而，对于指数期权而言，使用收益率可能更可取。指数中的成分股或多或少都会连续支付股利，因此，难以获得准确的每日股利数据。[①]

软件演示 5.1 中的 Excel 电子表格 BlackScholesMertonBinomial10e. xlsm 允许你在计算期权价格时输入连续股利收益率或外国利率。利用该电子表格，执行价格为 125 美元的 DCRB 6 月看涨期权的股利收益率为 4%，价格为 13.28 美元。前面曾经提到，表 5.2 中手动计算的无分红看涨期权价值为 13.21 美元。根据表 5.4 的结果，你可能会得出错误结论：股利将增加看涨期权的价值。这是错误的，根据软件演示 5.1 的结果，无分红看涨期权的价值为 13.55 美元。因此，股利将降低看涨期权的价值。

5-6c 布莱克-斯科尔斯-默顿模型和货币期权

在第 3 章和第 4 章中，我们观察到，分红股票的情况类似于支付利息的货币。因此，对于包含基础股票的股利的期权定价模型，我们可以很容易地修改模型以便为货币期权定价。假设货币以连续复利利率 ρ_c 支付利息，可以使用支付连续股利的布莱克-斯科尔斯-默顿模型，并用 ρ_c 代替 δ_c。这个模型有时被称为加曼-科尔哈根（Garman-Kohlhagen）模型，它以最先意识到布莱克-斯科尔斯-默顿模型可以用于货币期权的两个人的名字命名。章末习题将让你有机会应用这个结果。

应该注意的重要一点是，外国利率不能用于贴现未来的期权支付，而是用于衡量持有外币的额外收益潜力。因此，ρ_c 只是用来代替 δ_c。

5-7 布莱克-斯科尔斯-默顿模型和关于美式看涨期权的部分见解

这里的调整不能使布莱克-斯科尔斯-默顿模型可为美式期权定价，然而，了解布莱克-斯科尔斯-默顿模型以后，我们可以利用它更好地理解为什么看涨期权可能被提前执行。

以 DCRB 期权为例。让我们选择一个处于深度价内的期权，即执行价格为 120 美元的 6 月

① 从多家数据服务机构都可以获得关于股利和除息日的付费信息，例如，www. ex-dividend. com。

期权。使用布莱克-斯科尔斯-默顿模型和电子表格 BlackScholesMertonBinomial10e. xlsm，我们将发现该期权价值为 16.03 美元。让我们稍微改变一下假设，假设该股票将在另一刻除息。股利为多高时，才能使在除息之前执行期权是合理的？假设这是股票在期权期限内支付的最后一笔股利，所以在股票除息之后，我们可以放心地使用布莱克-斯科尔斯-默顿模型为期权定价。

在表 5.5 中，我们尝试了从 5 美元到 25 美元，每次递增 5 美元的股利水平。当股票除息时，股价将下跌，下跌金额等于股利。然后我们可以用布莱克-斯科尔斯-默顿模型再次计算期权价值，记住，一旦股票除息，布莱克-斯科尔斯-默顿模型将给出看涨期权的正确价格，因为在期权剩余期限内不会再分红。如果你恰好在股票除息之前执行期权，那么得到的价值总是内在价值，这里为 5.94 美元。然后，股票将除息且价格下跌，下跌金额为股利。第三列显示了该看涨期权的除息价格。如果内在价值高于除息期权价值，你将执行期权。这里，股利必须为 20 美元至 25 美元，这样提前执行期权才是合理的。这将是一笔非常大的股利，几乎为股票价格的 20%。因此，如果 DCRB 期权为美式期权，那么它不太可能被执行。主要原因在于，DCRB 股价的波动率非常高，期权持有者提前执行期权将会损失大量时间价值。

表 5.5　　　　提前执行决策

$S_0=125.94$	$X=120$	$r_c=0.0446$　　$\sigma=0.83$	$T=0.0959$
股利	执行期权时的价值*	股票除息时的价值**	执行期权?
0	5.94	16.03	No
5	5.94	13.03	No
10	5.94	10.35	No
15	5.94	7.99	No
20	5.94	5.98	No
25	5.94	4.32	Yes

* 股票除息前的内在价值。

** 使用布莱克-斯科尔斯-默顿模型计算，用除息前股价 125.94 美元减去股利。

请注意，我们从未在除息前计算期权价值，这需要美式期权定价模型。在股票除息之前那一刻，如果股利不够高，因而不足以证明提前执行期权的合理性，那么美式看涨期权的售价就等于欧式看涨期权的价格。如果股利足够高，因此提前执行期权是合理的，那么美式看涨期权的价格将为 5.94 美元，即内在价值。然而，距除息还有一段时间时，由于除息时的股票价格是未知的，因此对期权定价要难得多，我们需要美式期权定价模型。此外，如果有多笔股利，我们还需要美式期权定价模型来考虑剩余股利的影响。美式期权定价模型通常超出了本书的范围，然而，我们介绍过二项式模型，并说明了如何用它为美式期权定价，这是专业期权交易者使用的首选方法。如第 4 章所述，Excel 电子表格 BlackScholesMertonBinomial10e. xlsm 将使用二项式模型计算美式看涨期权的价格。

5-7a　估计波动率

获得波动率（或标准差）的可靠估计值很难，而且，布莱克-斯科尔斯-默顿模型和期权价格总体上对该估计值极为敏感。估计波动率有两种方法：历史波动率和隐含波动率。

5-7b 历史波动率

> 历史波动率是从近期的股票连续复利收益率样本中估计出来的。

历史波动率（historical volatility）估计是基于近期的波动率将在未来继续保持的假设。首先，我们对近期的股票收益率取样。然后，将这些收益率转换为连续复利收益率，并计算连续复利收益率的标准差。

收益率可能是日收益率、周收益率、月收益率或任何所需时间间隔的收益率。如果我们使用日收益率，结果将是日标准差。要获得模型所需的年标准差，我们必须将方差乘以一年中的交易天数（约为 250 天），或者将标准差乘以 $\sqrt{250}$。请注意，交易天数因不同国家而异，并且可能因年而异，你需要确保使用符合具体情况的适当交易天数。如果我们使用月收益率，结果将是月方差（或标准差），并且必须乘以 12（或 $\sqrt{12}$）以获得年标准差。

观察值没有最小数量，在多数情况下，样本量约为 60 个就足够了。选择样本规模时需要进行权衡，使用的观察值数量越多，必须回溯的时间越久，回溯的时间越久，波动率就越可能变化。在此处使用的示例中，我们没有使用许多历史观察值，主要是为了保持计算简单明了。

假设我们有一系列（J 个）连续复利收益率，其中每个收益率均表示为 r_t^c，它等于 $\ln(1+r_t)$，t 的范围为 1～J。首先，我们计算出平均收益率：

$$\bar{r}^c = \sum_{t=1}^{J} r_t^c / J$$

那么，方差为：

$$\sigma^2 = \frac{\sum_{t=1}^{J}(r_t^c - \bar{r}^c)^2}{J-1} = \frac{\sum_{t=1}^{J}(r_t^c)^2 - \left(\sum_{t=1}^{J} r_t^c\right)^2 / J}{J-1}$$

请注意，我们用均值附近的离差平方和除以 J－1。如果观察值是从较大总体中抽取的样本，那么以 J－1 作为除数是合适的。为了让样本方差估计值成为总体方差的无偏估计，必须进行这种调整。

表 5.6 用每日收盘价说明了有关 DCRB 股票的计算过程。首先，计算简单收益率 r_t，并转换为连续复利收益率 r_t^c。然后，计算一系列连续复利收益率的均值和方差。最后，通过取平方根，将方差转换为标准差。由此得到的数字是日波动率，因此它必须乘以 250 的平方根，转换为年波动率，即 0.887 8。

表 5.6　　估计 DCRB 股票的历史波动率

日期	价格	r_t	r_t^c	$(r_t^c-\bar{r}_t^c)^2$
2月17日	80.19	—	—	—
2月18日	86.50	0.078 7	0.075 7	0.004 650
2月19日	88.00	0.017 3	0.017 2	0.000 093
2月22日	87.56	－0.005 0	－0.005 0	0.000 158
2月23日	87.19	－0.004 2	－0.004 2	0.000 139

续前表

日期	价格	r_t	r_t^c	$(r_t^c-\bar{r}_t^c)^2$
2月24日	88.94	0.020 1	0.019 9	0.000 152
2月25日	89.56	0.007 0	0.006 9	0.000 000
2月26日	86.69	−0.032 0	−0.032 6	0.001 610
3月1日	87.06	0.004 3	0.004 3	0.000 011
3月2日	86.25	−0.009 3	−0.009 3	0.000 286
3月3日	86.94	0.008 0	0.008 0	0.000 000
3月4日	90.88	0.045 3	0.044 3	0.001 352
3月5日	90.13	−0.008 3	−0.008 3	0.000 251
3月8日	92.81	0.029 7	0.029 3	0.000 473
3月9日	95.81	0.032 3	0.031 8	0.000 588
3月10日	96.13	0.003 3	0.003 3	0.000 018
3月11日	102.00	0.061 1	0.059 3	0.002 674
3月12日	104.94	0.028 8	0.028 4	0.000 435
3月15日	109.06	0.039 3	0.038 5	0.000 958
3月16日	116.13	0.064 8	0.062 8	0.003 053
3月17日	119.25	0.026 9	0.026 5	0.000 359
3月18日	130.00	0.090 1	0.086 3	0.006 202
3月19日	121.00	−0.069 2	−0.071 7	0.006 289
3月22日	117.13	−0.032 0	−0.032 5	0.001 605
3月23日	126.50	0.080 0	0.077 0	0.004 816
3月24日	125.69	−0.006 4	−0.006 4	0.000 195
3月25日	132.38	0.053 2	0.051 9	0.001 963
3月26日	144.50	0.091 6	0.087 6	0.006 407
3月29日	147.00	0.017 3	0.017 2	0.000 092
3月30日	150.00	0.020 4	0.020 2	0.000 160
3月31日	166.94	0.112 9	0.107 0	0.009 889
4月1日	167.50	0.003 4	0.003 3	0.000 018
4月5日	158.00	−0.056 7	−0.058 4	0.004 349
4月6日	160.50	0.015 8	0.015 7	0.000 066
4月7日	159.94	−0.003 5	−0.003 5	0.000 122
4月8日	157.88	−0.012 9	−0.013 0	0.000 421
4月9日	159.31	0.009 1	0.009 0	0.000 002
4月12日	150.88	−0.052 9	−0.054 4	0.003 835
4月13日	143.88	−0.046 4	−0.047 5	0.003 032
4月14日	139.75	−0.028 7	−0.029 1	0.001 346

续前表

日期	价格	r_t	r_t^c	$(r_t^c-\bar{r}_t^c)^2$
4月15日	115.88	−0.170 8	−0.187 3	0.037 970
4月16日	128.69	0.110 5	0.104 9	0.009 466
4月19日	142.75	0.109 3	0.103 7	0.009 241
4月20日	148.69	0.041 6	0.040 8	0.001 103
4月21日	147.00	−0.011 4	−0.011 4	0.000 361
4月22日	162.00	0.102 0	0.097 2	0.008 029
4月23日	153.00	−0.055 6	−0.057 2	0.004 188
4月26日	143.00	−0.065 4	−0.067 6	0.005 648
4月27日	141.38	−0.011 3	−0.011 4	0.000 359
4月28日	142.75	0.009 7	0.009 6	0.000 004
4月29日	133.13	−0.067 4	−0.069 8	0.005 979
4月30日	127.13	−0.045 1	−0.046 1	0.002 881
5月3日	129.75	0.020 6	0.020 4	0.000 165
5月4日	119.75	−0.077 1	−0.080 2	0.007 702
5月5日	118.19	−0.013 0	−0.013 1	0.000 427
5月6日	128.31	0.085 6	0.082 2	0.005 565
5月7日	141.44	0.102 3	0.097 4	0.008 076
5月10日	138.44	−0.021 2	−0.021 4	0.000 841
5月11日	132.63	−0.042 0	−0.042 9	0.002 543
5月12日	125.25	−0.055 6	−0.057 3	0.004 200
总计			0.445 9	0.182 817

$\bar{r}^c=\frac{0.445\,9}{59}=0.007\,6$，$\sigma=\sqrt{\frac{0.182\,817}{58}}=0.056\,143$，年化 $\sigma=0.056\,143\sqrt{250}=0.887\,7$

本书所附的 Excel 电子表格 HistoricalVolatility10e. xlsm 可用来计算历史波动率。软件演示 5.2 说明了如何使用 HistoricalVolatility10e. xlsm。

软件演示 5.2 ☞

使用 Excel 电子表格 HistoricalVolatility10e. xlsm 计算历史波动率

Excel 电子表格 HistoricalVolatility10e. xlsm 保存在启用了 Excel 宏的工作簿中，它可以用来计算股票价格样本的历史波动率（标准差）。

该电子表格是只读电子表格，这意味着它不能以 HistoricalVolatility10e. xlsm 的名称保存，从而保护了原始文件。但是，你可以加载非只读功能的电子表格。通过产品支持网站，可以下载电子表格 HistoricalVolatility10e. xlsm。要使用它，请执行以下操作：

1. 登录 www. cengagebrain. com，并搜索 ISBN 9781305104969。

2. 点击 "Free Material" 标签，然后点击 "Access Now"。

3. 点击链接 HistoricalVolatility10e. xlsm。

4. 按照网页上的说明下载并安装电子表格。

现在，假设你希望计算历史波动率。在所附例子中，DCRB 股票的 26 周价格已输入单元格。每个接受输入值的单元格都为双线边框，输出单元格为单线边框。你应在标有“输入值”的部分选择数据频率，正下方是一组包含数据观察值的单元格。请在标有“资产价格”的栏中输入价格。

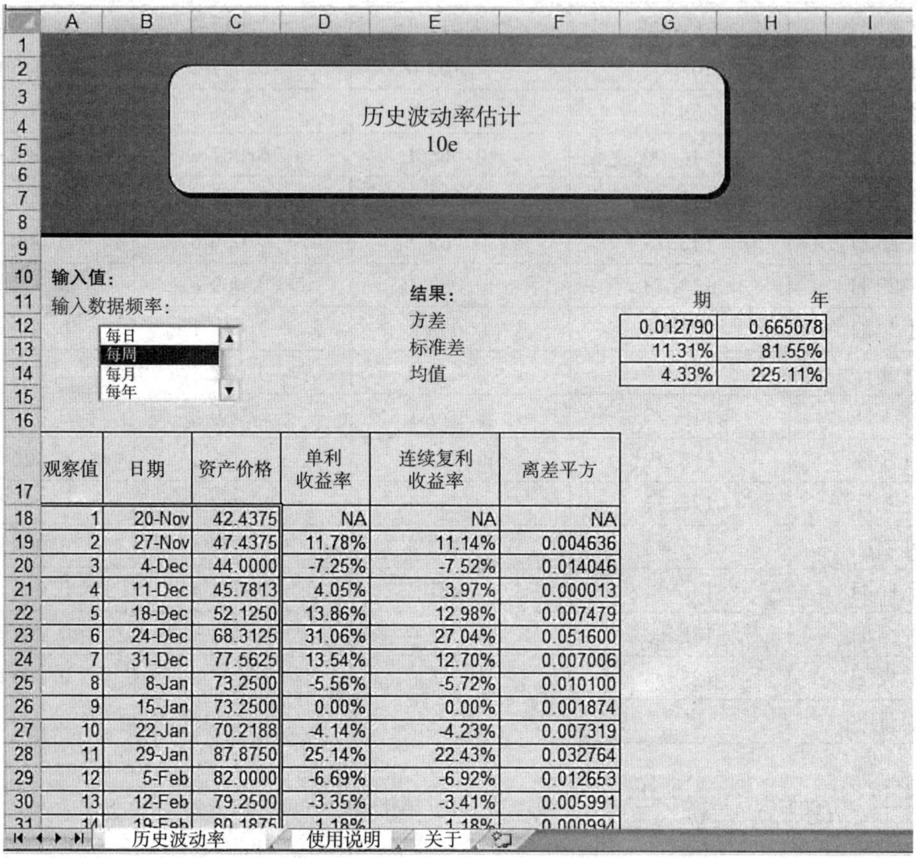

观察值	日期	资产价格	单利收益率	连续复利收益率	离差平方
1	20-Nov	42.4375	NA	NA	NA
2	27-Nov	47.4375	11.78%	11.14%	0.004636
3	4-Dec	44.0000	-7.25%	-7.52%	0.014046
4	11-Dec	45.7813	4.05%	3.97%	0.000013
5	18-Dec	52.1250	13.86%	12.98%	0.007479
6	24-Dec	68.3125	31.06%	27.04%	0.051600
7	31-Dec	77.5625	13.54%	12.70%	0.007006
8	8-Jan	73.2500	-5.56%	-5.72%	0.010100
9	15-Jan	73.2500	0.00%	0.00%	0.001874
10	22-Jan	70.2188	-4.14%	-4.23%	0.007319
11	29-Jan	87.8750	25.14%	22.43%	0.032764
12	5-Feb	82.0000	-6.69%	-6.92%	0.012653
13	12-Feb	79.2500	-3.35%	-3.41%	0.005991
14	19-Feb	80.1875	1.18%	1.18%	0.000994

要得到结果，请点击 F9（手动重新计算）键。输出值显示在标有“结果”的部分。输出值包括收益率的方差、标准差和均值。标有“期”的列显示了与所选数据频率对应的结果。标有“年”的列显示了乘以相应系数后的年化数字。将方差和平均值乘以 250（一年中的大致交易天数）、52、12 或 1 期数据可以换算为年数据，具体取决于数据频率。年标准差是年方差的平方根，它等于期标准差乘以 250、52、12 或 1 的平方根。

在这个例子中，有 26 个价格，产生了 25 个收益率（上图未全显示）。显然，你可能想用这个电子表格计算不同个价格下的结果，这个电子表格被设置为只读文件，因此你需要将其另存为其他名称，并确保没有在“另存为”命令调出的保存选项对话框中将新文件保存为只读文件。然后，你就可以编辑以新名称保存的文件。你可以通过使用熟悉的 Windows 命令添加行、复制公式或删除行。不过，你应该始终在最后一行单元格之后保留双线边框，因为所有公式都会查找双线边框以确定数据的结尾。

5-7c 隐含波动率

> 计算隐含波动率时，首先要计算令布莱克-斯科尔斯-默顿期权价格等于期权市场价格的标准差。

估计波动率的第二种方法称为**隐含波动率**（implied volatility），我们将给出它的表达式，该方法假设期权市场价格反映了股票当前的波动率。我们可以用布莱克-斯科尔斯-默顿或任何其他可接受的期权定价模型推导标准差。隐含波动率是使布莱克-斯科尔斯-默顿期权价格等于期权当前市场价格的标准差。

如果通过整理布莱克-斯科尔斯-默顿公式可以解出标准差，那么隐含波动率方法将很简单。但我们无法做到这一点，因此我们代入 σ 值，直至找到令布莱克-斯科尔斯-默顿期权价格等于期权市场价格的解，该过程如图 5.17 所示。由于它需要试错搜索，因此可能相当烦琐，我们可以使用计算机帮助进行计算。①

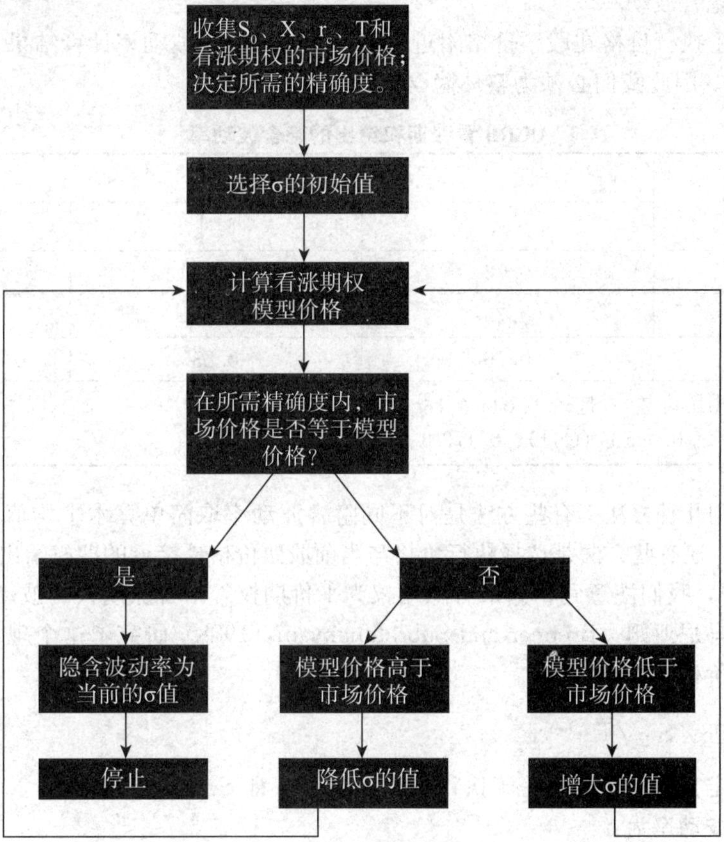

图 5.17 计算隐含波动率

让我们来估算执行价格为 125 美元的 DCRB 6 月看涨期权的隐含波动率。输入值包括：$S_0=125.94$，$X=125$，$r_c=0.044\ 6$ 和 $T=0.095\ 9$。看涨期权的市场价格为 13.50 美元。我们需要计

① 附录 5 提供了一种快捷方法，它也介绍了本书中用于计算隐含波动率的电子表格。

算 σ 的值，使布莱克-斯科尔斯-默顿价值为 13.50 美元。我们还必须规定答案的精确度。（也就是说，模型价格与市场价格的接近程度，或者要求隐含波动率精确到小数点后多少位。）为了便于说明，我们令隐含波动率精确到两位小数，并当我们确定真实隐含波动率在答案附近 0.01 以内时，停止试错过程。

推导隐含波动率需要反复计算布莱克-斯科尔斯-默顿价值，所以我们将使用 Excel 电子表格 BlackScholesMertonBinomial10e.xlsm。打开文件 BlackScholesMertonBinomial10e.xlsm，并输入资产（股票）价格、执行价格、无风险利率和距到期时间的适当值。首先尝试 $\sigma=0.5$，此时布莱克-斯科尔斯-默顿看涨期权价格为 8.48 美元。显然，这个值太低了，所以让我们尝试 $\sigma=0.6$。此时，布莱克-斯科尔斯-默顿看涨期权价格为 10.02 美元，还是太低了。$\sigma=0.7$ 时，我们得到 11.56 美元；$\sigma=0.8$ 时，我们得到 13.09 美元；$\sigma=0.85$ 时，我们得到 13.86 美元；$\sigma=0.83$ 时，我们得到 13.55 美元。因此，我们的答案是约 0.83。

由于 σ 为股票波动率，因此给定股票的具有相同到期日的所有期权给出的隐含波动率应该相同。由于种种原因，包括布莱克-斯科尔斯-默顿模型可能存在缺陷，相同股票的不同期权有时会产生不同的隐含波动率。

表 5.7 列出了执行价格在股票价格附近的期权给出的隐含波动率计算结果，隐含波动率从 75%到 85%不等。因此我们必须为整体隐含波动率选择一个值。

表 5.7　　DCRB 看涨期权给出的隐含波动率

执行价格	到期月份		
	5 月	6 月	7 月
120	0.76	0.79	0.85
125	0.75	0.83	0.85
130	0.76	0.83	0.85

$S_0=125.94$，$r_c=0.0447$（5 月）、0.044 6（6 月）、0.045 3（7 月）
T=0.019 2（5 月）、0.095 9（6 月）、0.172 6（7 月）

我们可以采用几种方法。有些方法是对不同隐含波动率取简单算术平均值。有些方法建议使用加权平均值。还有些方法是选择执行价格与当前股票价格最接近的期权给出的隐含波动率。

在图 5.13 中，我们注意到，如果看涨期权为平价期权，则看涨期权的波动率几乎为线性。布伦纳和苏布拉马尼亚姆（Brenner and Subrahmanyam，1988）研究了这个现象，并证明平价看涨期权的近似价格由下式给出：

$$C=0.398\times S_0\sigma\sqrt{T}$$

他们将平价定义为股票价格等于执行价格的现值，即 $S_0=Xe^{-r_cT}$。然后，就可以得到平价看涨期权的隐含波动率为：

$$\hat{\sigma}\approx\frac{C}{0.398\times S_0\sigma\sqrt{T}}$$

其中 C 为看涨期权的市场价格。[①] 例如，执行价格为 125 美元的 DCRB 6 月看涨期权的 C=13.50，

① 你可能想知道 0.398 是怎么得出来的，它等于$\frac{1}{\sqrt{2\pi}}$，是推导正态分布概率的数学公式的一部分。

$S_0=125.94$，$T=0.0959$。因此，有：

$$\hat{\sigma}\approx\frac{13.50}{0.398\times125.94\sqrt{0.0959}}=0.8697$$

由于该看涨期权非常接近于平价期权，所以该答案与其实际隐含波动率相当接近，我们通过反复试错得到了该波动率。

解释隐含波动率 隐含波动率的概念是期权中最重要的概念之一。多数投资者认为，隐含波动率是投资者从股票市场或期权市场上获得的最有价值、最准确的信息之一。下面将考察我们对隐含波动率的了解，以及我们可以从隐含波动率中了解什么。

回顾表 5.7，可以发现同一只股票的不同期权给出的隐含波动率略有不同。如果我们思考这个结果的含义，就会立即发现不一致之处。这些期权如何能说明 DCRB 股票有不同的波动率？一只股票只能有一个波动率。隐含波动率告诉我们，DCRB 股票的波动率范围为 0.75～0.85，这是一个相当大的范围。

让我们稍微整理一下信息。保持执行价格不变，并考察不同期限的波动率。执行价格为 120 美元的看涨期权给出的隐含波动率范围为 0.76～0.85，执行价格为 125 美元的看涨期权给出的隐含波动率范围为 0.75～0.85，执行价格为 130 美元的看涨期权给出的隐含波动率范围为 0.76～0.85。对于任何给定的执行价格，隐含波动率与期权到期日之间的关系被称为**隐含波动率的期限结构**（term structure of implied volatility），图 5.18 给出了 DCRB 期权给出的隐含波动率期限结构。因为波动率应为不同期权到期日的股价波动率，所以不同时期的波动率很可能不同。这里的所有情况均显示，距到期时间越长，波动率越大，但情况并非总是如此。无论如何，不同时期的波动率不同这种说法本质上没有错。

> 不同到期日的隐含波动率模式通常被称为波动率的期限结构，不同执行价格的波动率模式通常被称为波动率微笑或波动率偏斜。

然而，如果在给定的期权到期日，不同执行价格下出现不同的波动率则有点令人困惑。例

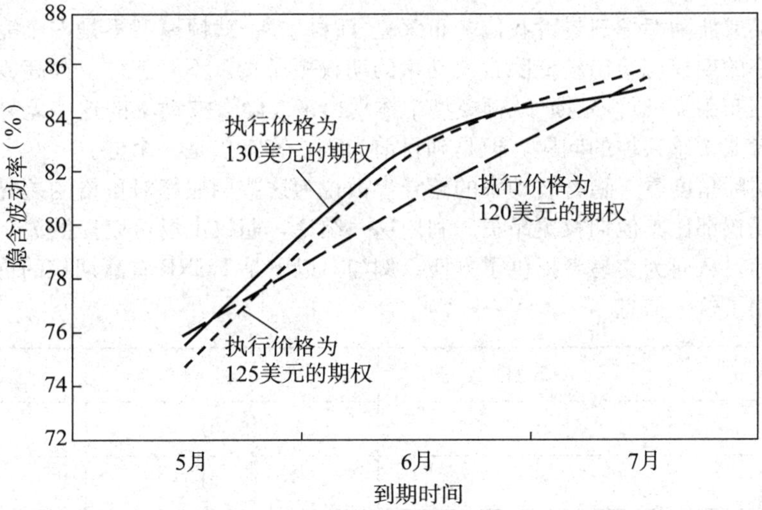

图 5.18 DCRB 看涨期权给出的隐含波动率的期限结构：$r_c=0.0447$（5 月）、0.0446（6 月）、0.0453（7 月），T=0.0192（5 月）、0.0959（6 月）、0.1726（7 月），σ=0.83

如，对于 6 月到期的期权，执行价格为 120 美元的看涨期权显示，DCRB 股价的波动率为 0.79，而执行价格为 125 美元（和 130 美元）的看涨期权显示，DCRB 股价的波动率为 0.83。但是这个时期股价波动率怎么能既是 0.79 又是 0.83 呢？显然，有哪里出了错。事实证明，这个结果是普遍现象。通常，平价期权给出的隐含波动率最低，深度价内期权和深度价外期权给出的隐含波动率最高。画出隐含波动率与执行价格的关系图时，这种关系将呈 U 形，被称为**波动率微笑**（volatility smile）。通常情况下，该形状更偏斜，产生的模式称为**波动率偏斜**（volatility skew），DCRB 期权的情况就是这样，如图 5.19 所示。请注意，我们使用了比前例更多的执行价格来绘制这张图。

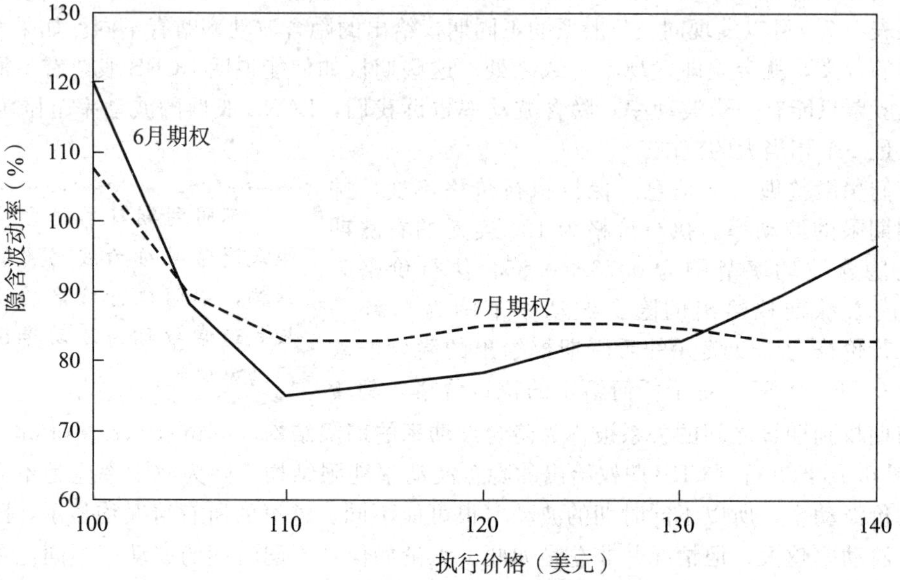

图 5.19　DCRB 6 月和 7 月看涨期权给出的隐含波动率微笑/偏斜

波动率微笑或波动率偏斜告诉我们，布莱克-斯科尔斯-默顿模型不是一个完美模型。给出较高隐含波动率的期权比给出较低隐含波动率的期权更昂贵。不管怎样，提高或降低期权价格的因素并没有在布莱克-斯科尔斯-默顿模型中体现出来。隐含波动率的这些差异来源是学术研究人员和从业者非常感兴趣的问题，但是到目前为止，答案仍是一个谜。

然而，从实际角度看，隐含波动率的差异仅被视为这些期权相对价格的差异。无论出于何种原因，一些期权都比其他期权更昂贵。利用这一结论，期权市场可以提供关于某种期权贵贱程度的准确指标，从而为交易者提供了方便。例如，以下是 DCRB 看涨期权的价格，我们已经在好几章中使用了这一信息。

执行价格	5 月	6 月	7 月
120	8.75	15.40	20.90
125	5.75	13.50	18.60
130	3.60	11.35	16.40

联系现实

微笑、半微笑与曲面

给定执行价格下隐含波动率与期权到期日的关系被称为波动率的期限结构。隐含波动率与一组给定期权到期日下的执行价格之间的关系被称为隐含波动率微笑（或偏斜、半微笑等）。我们可以将这两个角度结合起来，创建三维隐含波动率曲面，其横轴为执行价格和距到期时间，纵轴为隐含波动率。为了便于比较，我们将执行价格转换为价值状态（S/X），如下图所示。

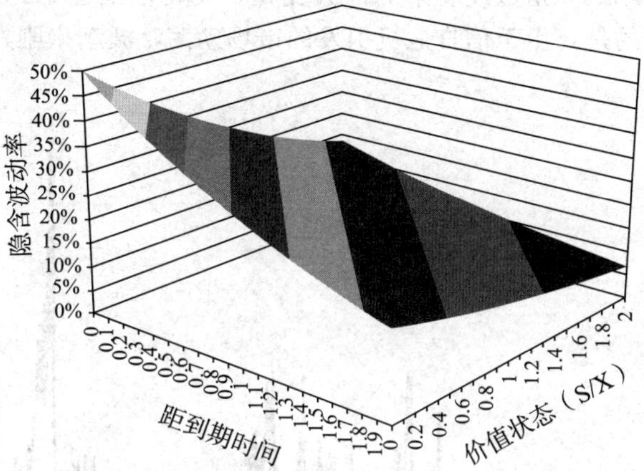

根据布莱克-斯科尔斯-默顿期权定价模型，隐含波动率曲面应该是平坦的。在1987年股市暴跌之前，隐含波动率曲面相对平坦。1987年股市暴跌之后，隐含波动率曲面变得更加倾斜。自1987年以来，多数其他期权市场也呈现出非平坦隐含波动率曲面。

非平坦隐含波动率曲面对估计风险变量（如δ和γ）具有重要意义，我们需要准确的风险变量估计值来充分管理期权投资组合的风险。由于非平坦隐含波动率曲面的出现，人们一直寻求改进布莱克-斯科尔斯-默顿期权定价模型，以便更准确地描述市场现实。尽管人们已经研究出了许多更复杂的模型，但是如何根据非平坦隐含波动率曲面修正风险参数（如δ和γ）的估计值这个基本问题仍然没有答案。因此，管理期权投资组合风险仍然是一项极有难度的工作。

假设我们希望购买6月期权。哪个期权最贵？我们不能仅仅因为执行价格为120美元的6月期权的期权费最高就说它最贵。我们知道，其期权费最高的一个原因是它的执行价格最低。我们得出隐含波动率为0.79。执行价格为125美元和130美元的期权给出的隐含波动率为0.83，所以这些期权实际上比执行价格为120美元的6月期权更贵，至少考虑股票价格、执行价格、无风险利率和距到期时间之后是如此。我们不知道为什么执行价格为120美元的6月期权是最便宜的6月期权，但至少我们知道它确实是最便宜的。当然，我们不知道市场是否使用布莱克-斯科尔斯-默顿模型。

期权市场通常使用隐含波动率为期权报价。例如，执行价格为125美元的6月期权的波动率报价可能为0.83，而执行价格为120美元的6月期权的波动率报价可能为0.79。当然，我们必须了解，人们使用特定模型——通常是布莱克-斯科尔斯-默顿模型——来获得期权的实际价格。但用隐含波动率报价时，投资者可以立即知道，执行价格为120美元的6月期权比执行价格为125美元的6月期权便宜。投资者可以马上查看所有期权，并立即确定哪个期权最贵、哪个期权最便宜，而仅看期权费是无法做到这一点的。

隐含波动率是期权市场向我们揭示的重要信息。例如，通过观察指数期权给出的隐含波动率，我们可以了解投资者对市场波动率的看法。芝加哥期权交易所根据 1 个月平价期权给出的隐含波动率创建了两个指数：一个指数名为 VIX，表示标准普尔 500 指数的隐含波动率，对应一个交易非常活跃的大盘股指数期权；另一个指数名为 VXN，表示纳斯达克 100 指数的隐含波动率，对应 100 只主要场外股票的纳斯达克指数期权，交易非常活跃。

从芝加哥期权交易所的网站 www.cboe.com 上可以获得每天的 VIX 和 VXN 数据。图 5.20 显示了从 1990 年 1 月 2 日至 2014 年 1 月 2 日每天绘制的 VIX 图形，请观察这幅图如何显示了这段时期内标准普尔 500 指数波动率的巨大变化。变化范围为 9.31%～80.86%，平均为 20.2%。另外值得注意的是，由于信贷危机引发的市场动荡，波动率剧烈上升。

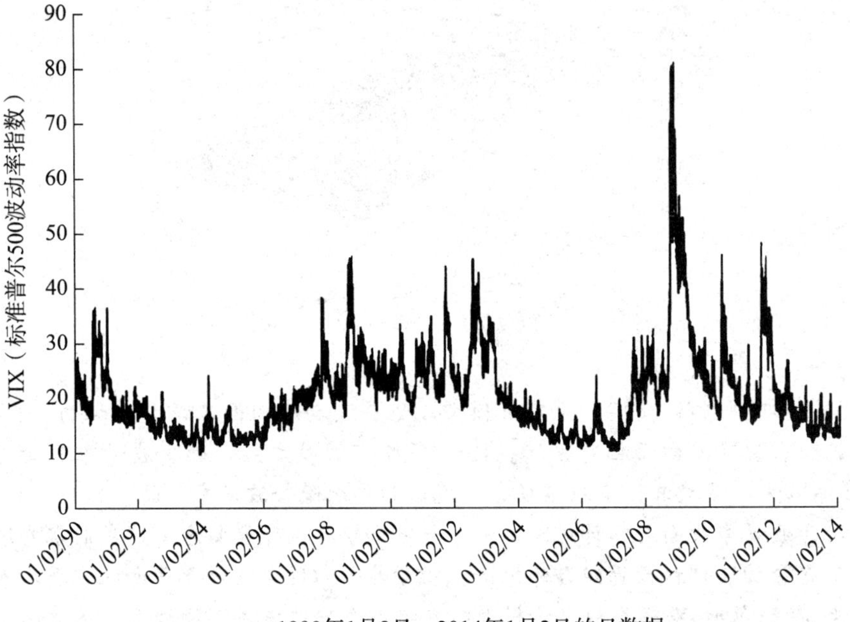

图 5.20　芝加哥期权交易所的 VIX 指数（标准普尔 500 指数的隐含波动率）

一些研究分析了隐含波动率能否准确预测股票的未来波动率。结果尚无定论，但普遍认为隐含波动率比历史波动率能更好地反映期权价格的正确波动率。然而，在这种推理中存在循环论证。如果我们假设正确波动率的最佳估计是隐含波动率，那么我们就把确定波动率的担子转移到了期权市场上。我们只需要观察期权市场上的隐含波动率，并将其视为真实波动率，但是市场上的交易者不能都将估计波动率的担子转移给市场。所有交易者共同组成了市场，必须有人估计正确的波动率以进行期权定价和交易。

此外，如果我们假设隐含波动率是市场波动率的最佳估计，那么我们如何利用这些信息进行交易？假设我们发现某个特定期权给出的隐含波动率非常高，因此不宜购买。我们应该根据什么判断隐含波动率异常高？我们需要一个基准，也就是对波动率合理值的某个衡量指标。总之，我们不能简单地用隐含波动率来为期权定价，而不考虑该波动率是否合理。如果没有基准，我们就无法确定该波动率是否合理，所以我们需要其他信息来源来确定波动率。以 VIX 为例，当其波动率超过 40 时，我们称其为历史水平的两倍。这是否意味着期权定价过高或市场波动率过高？若没有基准，我们就无从得知。

生活中的风险决策

癌症聚落

人们常说，每4个美国人中就有1人会在一生中患某种癌症。因此，人们可能将这个统计指标作为大致衡量患癌风险的指标。但是这个统计指标是有误导性的。患癌风险可能因癌症类型、年龄、性别、生活方式以及居住地区而异。如果某个地区的癌症病例数量异常高，这个地区就被称为癌症聚落。当发现某个地区的某种癌症病例数量显著多于预期时，人们很容易将其归咎于环境因素。然后，政府的政策导向就是改善环境，律师通常会寻找癌症患者，对该地区的工业企业提起集体诉讼。

美国有大约3 100个县（或县级行政区划）。在有这么多县的情况下，很可能对癌症的环境风险得出错误结论。让我们来看这种错误结论是如何得出的。

以康涅狄格州为例（见下表），该州有360万人口，按人口密度和收入中位数排名第四。康涅狄格州有8个地理面积相似但人口差异很大的县，费尔菲尔德县距纽约市很近，是许多华尔街金领的居住地和许多金融公司总部所在地，拥有超过93.3万人口，而位于该州东北角的温德姆县最小，只有约11.8万人。

www.cancer.gov网站估计，康涅狄格州的结肠癌年发病率为46.9人/10万人。也就是说，在给定年份中，康涅狄格州平均每10万人中有46.9人被诊断患有结肠癌。有人可能据此推断，某个康涅狄格州居民在给定年份患结肠癌的概率大约为0.000 469。费尔菲尔德县的人口为933 825人，预期每年约有438个新增病例。温德姆县的人口为117 599人，因此预期每年将有55个新增病例。

了解风险的人知道，随机观察结果完全可能远远偏离预期值。换言之，在给定年份，费尔菲尔德县的新增病例可能远大于或远小于438例，而没有任何原因。律师们不应该因为这个数字在特定年份上升就急于起诉费尔菲尔德县的工业企业。毕竟，没人会因为新增病例的数量远远低于预期数量而断定环境大有改善。

为了说明完全随机预期可能产生的偏离，让我们做一个实验。假设我们为康涅狄格州的每个居民生成一个介于0和1之间的随机数，如果这个数小于0.000 469，我们就将这个人归类为患有结肠癌，否则，我们就把这个人归类为未患结肠癌。如果我们进行足够次数的模拟，平均结果将达到预期值。费尔菲尔德县平均约新增438个假想病例，而温德姆县平均约新增55个假想病例。

但是，在任何一次模拟中，我们都为每个居民生成一个随机数，并将其归类为患有癌症或未患癌症，这就留下了相当大的变化余地。下表是一次模拟结果的示例，标为“聚落系数”的列是模拟病例数或假想病例数与预期病例数之比。

县	人口	预期病例数	模拟病例数	聚落系数
费尔菲尔德	933 825	438	398	90.87%
哈特福德	897 259	421	444	105.51%
利奇菲尔德	187 530	88	86	97.78%
米德尔塞克斯	165 602	78	67	86.27%
纽黑文	862 813	405	405	100.00%

续前表

县	人口	预期病例数	模拟病例数	聚落系数
新伦敦	274 170	129	146	113.54%
托兰德	151 539	71	87	122.41%
温德姆	117 599	55	45	81.59%
	3 590 347	1 685	1 678	99.65%

注意，在这次模拟中，费尔菲尔德县出现了398个假想病例，远低于预期数量。温德姆县出现了45个假想病例，远低于预期数量。然而，新伦敦县的预期病例数量为129个，却出现了146个假想病例，超出约13.5%。哈特福德县是人口第二多的县，预期病例为421个，却出现了444个假想病例，超出5.51%。第二小的县——托兰德县——的预期病例数量为71个，却出现了87个模拟病例，超出22.41%。

不难看出，我们很容易观察到结果与预期值异常大的偏离，且它们与任何环境因素完全无关。我们可以借助二项式分布随机变量的特征来大致衡量这种随机偏差的预期行为。二项式是有两个结果的统计过程。假设一个结果是患有癌症，另一个结果是未患癌症。令患有癌症的概率为0.000 469，这正是康涅狄格州的结肠癌患病概率。如上所述，哈特福德县的预期病例数量为421个，该数字的变化程度衡量指标是二项式方差，其定义为样本大小乘以事件发生的概率再乘以事件不发生的概率。因此，哈特福德县的方差为897 259×0.000 469×（1−0.000 469）＝420.62。标准差为该数字的平方根，在本例中约为20.5。众所周知，在一个相当大的样本中，二项式分布类似于钟形正态分布。根据这些知识，我们估计观察值超过一个标准差的概率约为16%。因此，对于哈特福德县，我们预期模拟病例数超过442个的概率为1/6，模拟病例数超过两个标准差，即模拟病例数超过462个（比预期高出近10%）的概率约为2.5%。如果美国所有3 100个县的结肠癌患病概率都相同，预期将有3 100×0.025个县（即约78个县）的结肠癌患病率比预期高出10%以上。事实上，我们预期15～16个县的结肠癌患病率比预期高出15%以上。甚至在几年内，即使没有环境因素，我们预期结肠癌数据也将异常大。只需要将足够大的概率和小发生概率组合起来，就足以使偶然的随机结果看起来并不随机。

因此，我们看到，即使环境与疾病无关，也就是说癌症在各地的发生概率相同，仍将出现存在癌症聚落的错觉。要证明环境因素导致癌症在某个地区异常多发还需要其他许多条件。

但是，指数或股票的波动率当然没有明确的基准。使用隐含波动率时，投资者不能期望找到简单答案并确保交易成功。事实上，投资者对隐含波动率的观点可能相差较大，但是，这可能是一件好事，因为它使市场更有趣、更活跃。①

5-8 看跌期权定价模型

前面曾经提到，看跌期权-看涨期权平价公式给出了看跌期权价格和看涨期权价格之间的

① 马克·吐温（Mark Twain）在《傻瓜威尔逊》（*Pudd'nhead Wilson*，1894）中简洁地表达了这一观点，他说：“意见一致并不见得最好，是意见分歧催生出赛马。”

关系。将看跌期权价格表示为看涨期权价格和年复利利率的函数，有：

$$P_e(S_0, T, X)=C_e(S_0, T, X)-S_0+X(1+r)^{-T}$$

在布莱克-斯科尔斯-默顿模型的假设下，通常使用连续复利利率进行贴现。下面让我们重新表述看跌期权-看涨期权平价，使用连续复利利率贴现，计算出执行价格的现值，有：

> 布莱克-斯科尔斯-默顿看涨期权定价模型可以通过插入看跌期权-看涨期权平价转换为看跌期权定价模型。

$$P_e(S_0, T, X)=C_e(S_0, T, X)-S_0+Xe^{-r_cT}$$

如前所述，r_c 为连续复利利率。于是，我们可以用布莱克-斯科尔斯-默顿价值替代看涨期权价格。令 P 表示 $P_e(S_0, T, X)$，得出布莱克-斯科尔斯-默顿欧式看跌期权定价模型：

$$P=Xe^{-r_cT}[1-N(d_2)]-S_0[1-N(d_1)]$$

其中，d_1 和 d_2 与看涨期权定价模型中的 d_1 和 d_2 相同。根据标准正态分布的性质，看跌期权也可以表示为：

$$P=Xe^{-r_cT}N(-d_2)-S_0N(-d_1)$$

在执行价格为 125 美元的 DCRB 6 月看涨期权的例子中，使用电子表格 BlackScholesMertonBinomial10e. xlsm 计算出的 $N(d_1)$ 和 $N(d_2)$ 的值分别为 0.569 2 和 0.467 0。代入公式，得到：

$$P=125\times e^{-0.0446\times0.0959}\times(1-0.4670)-125.94\times(1-0.5692)=12.08 \text{ 美元}$$

执行价格为 125 美元的 6 月看跌期权的实际市场价格为 11.50 美元。因为该价格还必须包含为获得提前执行期权的额外好处而支付的溢价，而布莱克-斯科尔斯-默顿模型并不能反映提前行权溢价，所以市场价格和模型价格之差实际上大于我们在这里看到的差额。换言之，如果看跌期权定价模型反映了提前行权溢价，则会得出更高的理论价格。

影响看涨期权价格的变量也影响看跌期权价格，尽管在某些情况下影响方式不同。表 5.8 总结了这些看跌期权的重要概念。

Excel 电子表格 BlackScholesMertonBinomial10e. xlsm（如软件演示 5.1 所示）可以计算看跌期权和看涨期权的布莱克-斯科尔斯-默顿价格。

表 5.8　　变量对布莱克-斯科尔斯-默顿看跌期权价格的影响

看跌期权价格可以通过使用看跌期权-看涨期权平价关系式，即 $P=C-S_0+Xe^{-r_cT}$ 获得。

股票价格

股票价格和看跌期权价格之间的关系被称为看跌期权的 δ。

看跌期权的 $\delta=N(d_1)-1$

由于 $N(d_1)$ 位于 0 和 1 之间，所以这意味着看跌期权的变化方向与股票的变化方向相反。股票和看跌期权组成的 δ 中性头寸要求持有股票多头和看跌期权多头。看跌期权的 δ 和股票价格之间的关系被称为看跌期权的 γ。

看跌期权的 $\gamma=\dfrac{e^{-d_1^2/2}}{S_0\sigma\sqrt{2\pi T}}$

注意，看跌期权的 γ 与看涨期权的 γ 相同。和看涨期权一样，当看跌期权为平价期权时，γ 最高。

执行价格

当执行价格存在差异时，看跌期权价格将变化 $e^{-r_cT}[1-N(d_2)]$。因为两项都为正，所以整体公式为正。

无风险利率

看跌期权价格和无风险利率之间的关系被称为看跌期权的 ρ。

$$\text{看跌期权的 } \rho=-Te^{-r_cT}[1-N(d_2)]$$

该公式总为负，这意味着看跌期权价格与利率反向变化。

波动率

看跌期权价格与波动率之间的关系被称为看跌期权的 vega。

$$\text{看跌期权的 vega}=\frac{S_0\sqrt{T}e^{-d_1^2/2}}{\sqrt{2\pi}}$$

这与看涨期权的 vega 公式相同。和看涨期权一样，看跌期权对波动率高度敏感。

距到期时间

看跌期权价格和距到期时间之间的关系称为看跌期权的 θ。

$$\text{看跌期权的 } \theta=-\frac{S_0\sigma e^{-d_1^2/2}}{2\sqrt{2\pi T}}+r_cXe^{-r_cT}[1-N(d_2)]$$

该公式可能为正，也可能为负，这一点我们已在第 3 章中讨论过了。欧式看跌期权的价格可能随时间的推移提高或降低。之所以会出现提高趋势，是因为股票有更多时间朝有利方向变化。之所以会出现降低趋势，是因为时间增加意味着需要等待更久才能在到期时收到执行价格。

如果不采用一些非常高级的方法，布莱克-斯科尔斯-默顿模型就无法适应提前执行美式看跌期权的情况。如果必须为美式看跌期权定价，我们可以使用期数很多的二项式模型。因此，假设我们希望为执行价格为 125 美元的 DCRB 6 月看跌期权定价。使用电子表格 BlackScholesMertonBinomial10e. xlsm，并选择 $n=100$ 期，输入值 $S_0=125.94$，$X=125$，$r_c=0.0446$，$T=0.0959$ 和 $\sigma=0.83$ 的二项式模型，我们将得出美式看跌期权价格为 12.11 美元，该值仅略高于用二项式模型得出的欧式看跌期权价格（12.08 美元）。这表明，提前行权溢价并不太大，这可能反映出 DCRB 股票的波动率太高，提前执行期权会丧失时间价值。但是什么时候将执行看跌期权呢？我们可以通过使用二项式模型来判断。如果使用二项式模型得出的美式看跌期权价值等于执行价值，则应该执行看跌期权。实际上，看跌期权可以按内在价值出售，也可以被执行，这两个价值相同。假设现在该股票价格为 100 美元，内在价值显然为 Max(0，125－100)＝25 美元。使用二项式模型计算出的美式看跌期权价值为 27.72 美元，所以，该看跌期权仍然值得继续存在。假设股票价格为 90 美元，那么看跌期权内在价值为 35 美元，而美式看跌期权价值为 35.99 美元，该看跌期权仍值得继续存在。直到股价为 71.38 美元左右时，看跌期权价值恰好为其内在价值，此时将提前执行看跌期权。

通过试错法可以得到值得执行看跌期权的股票临界价格。通常情况下，股票临界价格会随着到期日的临近而上升，这意味着临近到期时，不必等到股票价格非常低才执行看跌期权。到期时，股票临界价格就是执行价格。

5-9 管理期权风险

你可能有这样的印象，投资者持有期权头寸是为了在市场按照预期变化时创造获利机会，然而，要知道每笔期权交易的相反方都是交易对手。期权市场的特点是有做市或从事交易商业务的交易对手。对于交易所上市期权，他们是在交易所提出期权买卖要约的人。对于场外期权，它们是根据按客户需求定制的条款提供期权买卖要约的机构。我们将这两类交易对手均称为交易商。一般来说，交易商持有期权头寸不是为了进行投机或对冲，交易商的目标是从买卖价差中赚钱。交易商不想投机，所以交易商必须中和承担的风险。

在本章前面，我们讨论了δ对冲，我们指出，为了对冲期权，我们必须购买一定数量的基础股票。从理论上讲，δ对冲头寸必须连续进行调整，以反映δ随股价水平和时间变化的事实。而且，δ对冲只能中和价格小幅变化的风险。我们指出，期权的γ反映出价格可能出现更大变化。交易商必须能有效对冲这种风险。

首先，让我们以一个交易商为例。假设他以布莱克-斯科尔斯-默顿价格 13.553 3 美元卖出了 1 000 手执行价格为 125 美元的 DCRB 6 月看涨期权。δ为 0.569 2。根据本章前面介绍的内容，我们知道，为了进行对冲，该交易商需要买入 1 000×0.569 2，即大约 569 股股票。该交易商不能连续调整δ，所以假设该交易商决定在每天结束时调整对冲。假设该交易商在期权剩余的 35 天中持有该头寸。以 125.94 美元的价格买入 569 股股票，并以 13.553 3 美元的价格卖出1 000 手看涨期权，这意味着该交易商必须投资 569×125.94－1 000×13.553 3＝58 107 美元。因此，该交易商投资了 58 107 美元。

为了解相关风险，我们可以模拟期权剩余期限内的每日股价。尽管本书后面简要介绍了如何通过模拟产生股价，但现在假设我们已经模拟出未来 35 天的 DCRB 股票每日收盘价。在时间 0，即建立δ对冲的时间，DCRB 股票的价格为 125.94 美元。一天后，收盘价为 120.402 0 美元。现在期权还有 34 天到期，所以剩余时间为 T＝34/365＝0.093 2。我们将这些数值输入布莱克-斯科尔斯-默顿电子表格 BlackScholesMertonBinomial10e. xlsm 中，然后得到看涨期权售价为 10.407 8 美元。我们如何进行对冲？

股票价值	569×120.402 0＝68 509 美元
期权价值	－1 000×10.407 8＝－10 408 美元
总价值	58 101 美元

我们应该有多少钱？如果我们以 4.46%的利率投资 58 107 美元于无风险债券，为期一天，那么我们应该有 $58\,107e^{0.044\,6\times(1/365)}$ ＝58 114 美元。

接下来我们应该如何做？表 5.9 给出了期权期限内的其余 DCRB 股价模拟结果。第 0 天是该交易商建立对冲的日子。我们从股票数量（第 2 列）或看涨期权（第 3 列）开始。假设该交易商只能交易整数单位的股票和看涨期权，因此一天结束时，该交易商卖出 1 000 手看涨期权（第 9 列），并买入 569 股股票（第 11 列）。请注意，在第 18 列中，投资组合δ实际上不是 0，而是－0.186 8。这是因为该交易商有 569 股δ为 1.0 的股票，以及 1 000 手δ为 0.569 2 的空头看涨期权，569×1－1 000×0.569 2＝－0.2，或者更确切地说，是－0.186 8。由于该交易商不能持有非整数股，因此δ为很小的负值。

如前所述，第 1 天结束时，该交易商的投资组合价值为 58 101 美元（第 7 列），而目标价值为 58 114 美元（第 8 列）。现在请注意标题为“日末期权计算结果”的各列（第 13～17 列）。新的距到期时间为 34/365＝0.093 2 年。新的δ为 $N(d_1)$，0.498 1。现在该交易商需要 498 股股票，如第 10 列所示。第 11 列显示，该交易商必须出售 71 股股票。股票价格为 120.402 0 美元时，这将产生约 71×120.402 0＝8 549 美元，然后投资于债券（第 12 列）。现在让我们来看第 2 天的情况。

表 5.9　　每日调整 δ 对冲：$S_0=125.94$，$X=125$，$r_c=0.0446$，$T=0.0959$，$\sigma=0.83$，1 000 手空头看涨期权

日初持有			日末价值（调整前）									日末期权计算结果					
天 (1)	股票数量 (2)	看涨期权 (3)	债券金额 (4)	股价 (5)	看涨期权价格 (6)	投资组合价值 (7)	目标投资组合价值 (8)	新看涨期权交易 (9)	调整后股数 (10)	买卖股数 (11)	买卖债券金额 (12)	距到期时间 (13)	d_1 (14)	$N(d_1)$ (15)	d_2 (16)	$N(d_2)$ (17)	投资组合 δ (18)
0	0	0	0	125.940 0	13.553 3	0	58 107	−1 000	569	569	0	0.095 9	0.174 3	0.569 2	−0.082 7	0.467 0	−0.186 8
1	569	−1 000	0	120.402 0	10.4078	58 101	58 114	0	498	−71	8 549	0.093 2	−0.004 9	0.498 1	−0.258 2	0.398 1	−0.057 0
2	498	−1 000	8 550	126.230 5	13.335 8	58 077	58 121	0	572	74	−9 341	0.090 4	0.180 2	0.571 5	−0.069 4	0.472 3	0.498 1
3	572	−1 000	−792	129.725 9	15.211 3	58 200	58 128	0	614	42	−5 448	0.087 7	0.289 8	0.614 0	0.044 0	0.517 6	−0.012 0
4	614	−1 000	−6 241	122.699 1	11.008 2	58 088	58 135	0	524	−90	11 043	0.084 9	0.059 8	0.523 8	−0.182 1	0.427 8	0.153 6
5	524	−1 000	4 803	116.831 3	7.982 6	58 040	58 142	0	441	−83	9 697	0.082 2	−0.149 6	0.440 5	−0.387 6	0.349 2	0.463 8
6	441	−1 000	14 501	111.986 4	5.841 8	58 046	58 149	0	368	−73	8 175	0.079 5	−0.337 7	0.367 8	−0.571 7	0.283 8	0.222 2
7	368	−1 000	22 679	104.392 2	3.316 0	57 780	58 156	0	257	−111	11 588	0.076 7	−0.653 8	0.256 6	−0.883 7	0.188 4	0.381 8
8	257	−1 000	34 271	95.802 3	1.483 4	57 409	58 163	0	147	−110	10 538	0.074 0	−1.050 9	0.146 7	−1.276 6	0.100 9	0.343 6
9	147	−1 000	44 815	97.631 6	1.666 3	57 500	58 170	0	161	14	−1 367	0.071 2	−0.990 3	0.161 0	−1.211 9	0.112 8	−0.006 4
10	161	−1 000	43 453	101.290 5	2.209 3	57 552	58 178	0	199	38	−3 849	0.068 5	−0.845 5	0.198 9	−1.062 7	0.144 0	0.080 3
11	199	−1 000	39 609	107.722 9	3.602 2	57 444	58 185	0	281	82	−8 833	0.065 8	−0.578 7	0.281 4	−0.791 5	0.214 3	−0.409 7
12	281	−1 000	30 779	108.713 9	3.717 3	57 611	58 192	0	290	9	−978	0.063 0	−0.552 3	0.290 4	−0.760 6	0.223 4	−0.381 5
13	290	−1 000	29 805	100.303 9	1.663 2	57 230	58 199	0	167	−123	12 337	0.060 3	−0.965 0	0.167 3	−1.168 8	0.121 2	−0.271 5
14	167	−1 000	42 147	99.474 5	1.416 4	57 343	58 206	0	150	−17	1 691	0.057 5	−1.034 8	0.150 4	−1.233 9	0.108 6	−0.389 0
15	150	−1 000	43 844	106.153 3	2.547 6	57 219	58 213	0	232	82	−8 705	0.054 8	−0.731 4	0.232 3	−0.925 7	0.177 3	−0.278 2
16	232	−1 000	35 143	97.114 1	0.905 2	56 769	58 220	0	110	−122	11 848	0.052 1	−1.225 9	0.110 1	−1.415 3	0.078 5	−0.115 4
17	110	−1 000	46 997	94.361 5	0.566 6	56 810	58 227	0	78	−32	3 020	0.049 3	−1.421 3	0.077 6	−1.605 6	0.054 2	0.380 2
18	78	−1 000	50 023	86.092 7	0.130 0	56 608	58 234	0	24	−54	4 649	0.046 6	−1.980 3	0.023 8	−2.159 5	0.015 4	0.167 4
19	24	−1 000	54 678	88.416 1	0.162 5	56 638	58 242	0	29	5	−442	0.043 8	−1.894 2	0.029 1	−2.068 0	0.019 3	−0.099 8
20	29	−1 000	54 243	93.328 3	0.311 2	56 638	58 249	0	50	21	−1 960	0.041 1	−1.641 3	0.050 4	−1.809 6	0.035 2	−0.365 8
21	50	−1 000	52 289	90.649 6	0.160 4	56 662	58 256	0	30	−20	1 813	0.038 4	−1.884 6	0.029 7	−2.047 2	0.020 3	0.258 0
22	30	−1 000	54 109	92.669 6	0.185 7	56 703	58 263	0	34	4	−371	0.035 6	−1.821 8	0.034 2	−1.978 5	0.023 9	−0.239 0
23	34	−1 000	53 745	92.205 3	0.132 5	56 747	58 270	0	26	−8	738	0.032 9	−1.936 7	0.026 4	−2.087 2	0.018 4	−0.393 0
24	26	−1 000	54 489	97.645 8	0.287 3	56 741	58 277	0	51	25	−2 441	0.030 1	−1.632 3	0.051 3	−1.776 5	0.037 8	−0.303 7

续前表

日初持有			日末价值（调整前）				目标投资组合价值 (8)	新看涨期权交易 (9)	调整后股数 (10)	买卖股数 (11)	买卖债券金额 (12)	日末期权计算结果					
天 (1)	股票数量 (2)	看涨期权 (3)	债券金额 (4)	股价 (5)	看涨期权价格 (6)	投资组合价值 (7)						距到期时间 (13)	d_1 (14)	$N(d_1)$ (15)	d_2 (16)	$N(d_2)$ (17)	投资组合 δ (18)
25	51	−1 000	52 054	101.230 3	0.425 7	56 791	58 284	0	73	22	−2 227	0.027 4	−1.457 4	0.072 5	−1.594 8	0.055 4	0.493 7
26	73	−1 000	49 833	106.421 3	0.798 0	56 804	58 291	0	123	50	−5 321	0.024 7	−1.160 7	0.122 9	−1.291 1	0.098 3	0.126 0
27	123	−1 000	44 518	110.506 2	1.213 5	56 897	58 299	0	175	52	−5 746	0.021 9	−0.933 3	0.175 3	−1.056 2	0.145 4	−0.325 1
28	175	−1 000	38 776	110.419 7	0.979 2	57 120	58 306	0	155	−20	2 208	0.019 2	−1.013 8	0.155 3	−1.128 8	0.129 5	−0.333 3
29	155	−1 000	40 990	108.743 5	0.561 9	57 283	58 313	0	106	−49	5 328	0.016 4	−1.248 7	0.105 9	−1.355 2	0.087 7	0.115 8
30	106	−1 000	46 324	109.448 7	0.453 5	57 472	58 320	0	95	−11	1 204	0.013 7	−1.312 3	0.094 7	−1.409 5	0.079 4	0.286 0
31	95	−1 000	47 533	111.573 7	0.465 4	57 668	58 327	0	104	9	−1 004	0.011 0	−1.258 1	0.104 2	−1.345 0	0.089 3	−0.179 0
32	104	−1 000	46 535	115.940 3	0.762 7	57 830	58 334	0	169	65	−7 536	0.008 2	−0.956 8	0.169 3	−1.032 1	0.151 0	−0.341 3
33	169	−1 000	39 004	122.723 1	2.045 7	57 698	58 341	0	396	227	−27 858	0.005 5	−0.264 2	0.395 8	−0.325 7	0.372 3	0.193 9
34	396	−1 000	11 147	120.929 5	0.692 2	58 343	58 348	0	231	−165	19 953	0.002 7	−0.736 1	0.230 8	−0.779 6	0.217 8	0.171 7
35	231	−1 000	31 104	124.062 1	0.000 2	59 762	58 356	0	2	−229	28 410	0.000 0	−2.928 8	0.001 7	−2.931 4	0.001 7	0.298 6

第 2 天结束时，股票价格上涨至 126.230 5 美元（第 5 列），且看涨期权价格为 13.335 8 美元（第 6 列）。价值为 8 549 美元的债券产生了一天的利息，现在价值为 8 550 美元（第 4 列）。因此，我们有：

股票价值	498×126.230 5=62 863 美元
期权价值	−1 000×13.335 8=−13 336 美元
债券价值	8 550 美元
总价值	58 077 美元(第 7 列)

如果该交易商通过两天进行了完美对冲，将有 58 107×$e^{0.044\,6\times(2/365)}$ =58 121 美元（第 8 列）。因此，该交易商现在有 44 美元空头。

这一过程继续进行，在第 35 天，即期权到期日，投资组合价值为 59 762 美元，而目标价值为 58 356 美元，前者比后者高 1 406 美元。显然，这不是完美对冲。事实上，该交易商的投资收益率已经超过 2%。问题在哪里？

正如我们在本章前面讨论的，只有在连续进行对冲且股价变化非常小的情况下，δ 对冲才有效。原因如下：δ 是基于微积分中的一阶导数概念。在本例的环境中，假设股价的变化极小，一阶导数就是期权价格相对于股票价格的变化率。再看图 5.6，注意该图的曲率。δ 就是特定股票价格上的曲线斜率。但是曲线与直线的不同之处在于，曲线每一点上的斜率都不同。只有当股票价格变化很小时，才能准确估计给定一点上的斜率。

显然，股价可以变化的幅度越大，交易频率就越可能降低，此时，δ 并不是期权风险的准确近似值，本章前面提到了这一点。在这种情况下，被称为二阶效应的因素将起作用。二阶效应就是我们之前介绍的 γ。事实证明，用 γ 可以使我们得到更好的对冲。

γ 对冲（gamma hedging）是一个更复杂的过程，这里我们只作简单考察。γ 对冲的目标包括 δ 对冲和 γ 对冲，有时称为 δ 中性和 γ 中性，这意味着基本上任何股价变化都将被对冲。只持有股票和期权不可能同时实现 δ 对冲和 γ 对冲，这是因为与期权 γ 相关的风险必须由另一种工具消除。股票的 δ 为 1.0，但它的 γ 为 0。因此，股票无法对冲期权的 γ 风险。我们需要的是具有非零 γ 的工具，具体而言，就是另一种期权。

因此，让我们加入执行价格为 130 美元的 6 月看涨期权，其布莱克-斯科尔斯-默顿价格为 11.379 2 美元，δ 为 0.508 7，γ 为 0.012 3。执行价格为 125 美元的 6 月看涨期权的 γ 为 0.012 1。在下文中，我们将希腊字母 δ 写为 Δ_1 和 Δ_2 的形式，分别表示执行价格为 125 美元的 6 月看涨期权（期权 1）和执行价格为 130 美元的 6 月看涨期权（期权 2）的 δ。我们将希腊字母 γ 写为 Γ_1 和 Γ_2 的形式，分别表示执行价格为 125 美元的 6 月看涨期权和执行价格为 130 美元的 6 月看涨期权的 γ。该交易商将持有包括 h_s 股股票（股票的 δ 为 1.0，γ 为 0.0）、1 000 手看涨期权空头（执行价格为 125 美元的 6 月看涨期权），及 h_c 手执行价格为 130 美元的 6 月看涨期权的投资组合。要进行 δ 对冲，必须满足以下条件：

$$h_s(1)-1\,000\Delta_1+h_c\Delta_2=0$$

要进行 γ 对冲，必须满足以下条件：

$$-1\,000\Gamma_1+h_c\Gamma_2=0$$

换言之，这两个期权的合并 γ 必须等于零。我们现在有两个方程和两个未知数。我们可以用第二个方程解出 h_c，得到：

$h_c = 1\ 000(\Gamma_1/\Gamma_2)$

一旦我们有了该值，就可以用第一个方程解出 h_s：

$h_s = 1\ 000[\Delta_1 - (\Gamma_1/\Gamma_2)\Delta_2]$

现在，让我们建立 γ 对冲，看它表现如何。首先，我们有

$\Delta_1 = 0.569\ 2$，$\Delta_2 = 0.508\ 7$，$\Gamma_1 = 0.012\ 1$，$\Gamma_2 = 0.012\ 3$

因此，我们需要的第二个期权的数量 h_c 为：

$h_c = 1\ 000 \times (0.012\ 1/0.012\ 3) = 984$

我们将其改为电子表格计算出来的值 985。我们需要的股票数量为：

$h_s = 1\ 000 \times [0.569\ 2 - (0.012\ 1/0.012\ 3) \times 0.508\ 7] = 68$

因此，我们购买 68 股股票，卖出 1 000 手执行价格为 125 美元的 6 月看涨期权，并买入 985 手执行价格为 130 美元的 6 月看涨期权。这要求该交易商投入资金：

$68 \times 125.94 - 1\ 000 \times 13.553\ 3 + 985 \times 11.379\ 2 = 6\ 219$ 美元

现在，在第一天结束时，股票价格为 120.402 0 美元，执行价格为 125 美元的看涨期权的价格为 10.407 8 美元，执行价格为 130 美元的看涨期权的价格为 8.572 9 美元。投资组合的价值为：

$68 \times 120.402\ 0 - 1\ 000 \times 10.407\ 8 + 985 \times 8.572\ 9 = 6\ 224$ 美元

投资组合的价值应为 $6\ 218 \times e^{0.044\ 6 \times (1/365)} = 6\ 220$ 美元。

新的 δ 为 $\Delta_1 = 0.498\ 1$ 和 $\Delta_2 = 0.436\ 6$。新的 γ 为 $\Gamma_1 = 0.013\ 1$ 和 $\Gamma_2 = 0.012\ 9$。现在，执行价格为 130 美元的看涨期权的新需求量为 $1\ 000 \times (0.013\ 1/0.012\ 9) = 1\ 016$。使用更精确的电子表格计算得出的答案为 1 013，所以我们使用 1 013 这个值。这意味着该交易商必须以 8.572 9 美元的新价格购买 $1\ 013 - 985 = 28$ 手执行价格为 130 美元的看涨期权。这需要 $28 \times 8.572\ 9 = 240$ 美元。

该交易商需要的股票数量为：

$h_s = 1\ 000 \times [0.498\ 1 - (0.013\ 1/0.012\ 9) \times 0.436\ 6] = 54.73$

使用更精确的电子表格计算得出的结果为 56。该交易商必须以 120.402 0 美元的价格卖出 $68 - 56 = 12$ 股，由此得到 $12 \times 120.402\ 0 = 1\ 444$ 美元，因此该交易商还要对无风险债券增加投资 $1\ 444 - 240 = 1\ 204$ 美元。

第二天结束时，股价为 126.230 5 美元、执行价格为 125 美元的看涨期权价格为 13.335 8 美元，执行价格为 130 美元的看涨期权价格为 11.139 4 美元。该交易商的债券已经获得了一点利息，但价值仅约为 1 205 美元。投资组合现在的价值为：

$56 \times 126.230\ 5 - 1\ 000 \times 13.335\ 8 + 1\ 013 \times 11.139\ 4 + 1\ 205 = 6\ 222$ 美元

如果对投资组合进行为期两天的对冲，价值应为 $6\ 219 \times e^{0.044\ 6 \times (2/365)} = 6\ 221$ 美元。因此，我们将提前获得 1 美元。

由于需要很多列才能显示这笔交易的全部细节，因此这里我们将其省略。最终结果是，对于表 5.9 中的一组股票价格，γ 对冲的最终价值为 6 267 美元，目标终值为 6 246 美元，差额为

21 美元。

因此，γ 对冲使对冲能更好地消除在有限时期内发生大幅价格变化导致的风险。交易商已经学会如何有效地进行 δ 对冲和 γ 对冲，但他们还面临着波动率变化的风险。我们之前将这个概念称为 vega 风险。在这个初级阶段，我们不会介绍它，但是请注意，通过引入另一个 vega 非零的工具，就可以对冲 vega 风险。这意味着我们仍然需要另一种期权，然后我们将有三个方程和三个未知数，即股数、第二种看涨期权的数量和第三种看涨期权的数量。设 δ、γ 和 vega 等于 0，这将可以解出这三个方程。

> δ 对冲很难，因为无法连续交易，且有些价格变化太大，无法被 δ 反映。我们可以用 γ 对冲解决部分问题。

5-9a　布莱克-斯科尔斯-默顿模型成立的条件

正如我们看到的，δ 对冲和 δ-γ 对冲为期权做市商提供了一种强有力的方式来管理投资组合中的期权风险。但是，应该清楚，这不是完美对冲，而且这种动态对冲并不精确。这里我们将简要回顾部分可能影响布莱克-斯科尔斯-默顿模型在期权市场中的有效性的问题。

期权做市商的一个担忧是期权市场及其基础工具的流动性。如果 δ 对冲的成本很高，这种成本就将嵌入做市商的买卖价差中。如果期权市场或基础工具市场存在完全失去流动性的风险，就不可能进行 δ 对冲。

卖空能力对于需要获得负 δ 的做市商来说非常重要。如果监管机构禁止或高度限制卖空，那么进行动态对冲的能力就会受损。通常，监管机构将对期权做市商放松某些卖空限制，例如能借入股票。不能借入股票的卖空被称为裸卖空，是 2008 年信贷危机之前、之中和之后的一个重大问题。

一般而言，期权交易者面临的另一个重大问题是存在具有显著信息优势或信息不对称的市场参与者。显然，如果一家公司的内部人知道该公司即将进行大型合并或即将破产，那么与其交易期权是不利的。请记住，股票价格剧烈上涨对于做市商来说是极难管理的。

许多非“普通”期权的特征都使 δ 对冲几乎不可能。普通看跌期权的 δ 范围为 $-1\sim0$，普通看涨期权的 δ 范围为 $0\sim1$。许多奇异期权——第 14 章将介绍其中部分期权——的 δ 范围为 $-\infty\sim0$ 或 $0\sim+\infty$。显然，基础工具价值发生微小变化时 δ 的值可能发生巨大波动，那么布莱克-斯科尔斯-默顿方法可能没有用，应该采取其他更高级的方法。

最后要强调的是，期权估值研究属于人文科学范畴，也就是说，金融学不是物理学。这里，做市商对特定期权估值方法的信任实际上可能影响观察到的期权价格行为，使其与期权估值方法的结果保持一致，这种现象被称为**述行性**（performativity）。例如，实证研究支持关于布莱克-斯科尔斯-默顿期权定价模型的以下观察结果。根据麦肯齐（MacKenzie，2006）的研究，20 世纪 70 年代中期，布莱克将报价单卖给了芝加哥期权交易所的期权做市商。布莱克-斯科尔斯-默顿期权定价模型研究论文发表于 1973 年。到 1976 年年中，期权做市商开始相信并使用该模型开展做市活动。有趣的是，在 1973 年之前，实证证据并不支持布莱克-斯科尔斯-默顿期权定价模型能有效反映期权价格的观察结果。从 1976 年年中到 1987 年 10 月，期权价格的观察结果则反映出布莱克-斯科尔斯-默顿模型是有效的。市场参与者对估值模式的信任似乎有自我实现性。

> 在人文科学中，述行性是指经济参与者越相信特定经济模型，观察到的经济活动越符合该模型的现象。

到20世纪80年代中期，布莱克-斯科尔斯-默顿期权定价模型开始被用来推广“动态投资组合保险”。不详究细节的话，基于布莱克-斯科尔斯-默顿期权定价模型的动态投资组合保险是反述行性的。即市场参与者对特定期权估值方法的信任实际上可能影响期权价格行为的观察结果，使其与特定期权估值方法的结果不一致。借助布莱克-斯科尔斯-默顿模型，投资专家试图对跌价风险进行动态对冲。这种做法的净结果是，大量投资采用的基本上都是止损策略，即在股市下跌时卖掉一部分股票组合。只要采用这种策略的人很少，就没有系统性问题。如果大部分市场参与者都采用这种策略，就将呈现出反述行性或自我挫败性。有趣的是，在1987年10月的股灾之后，期权价格观察结果不再与简单的布莱克-斯科尔斯-默顿模型一致。目前尚未出现能吸引如此多投资界人士兴趣的替代模型。

> 在人文科学中，反述行性是指经济参与者越相信特定经济模型，观察到的经济活动越不符合该模型的现象。

布莱克-斯科尔斯-默顿模型仍然是理解期权市场观察结果的重要基础模型。模型总会有不确定性，它们至少部分是由金融学的人文科学性和述行性问题造成的。

总结

本章介绍了布莱克-斯科尔斯-默顿期权定价模型。我们首先指出，是数学和科学的诸多发展使发现布莱克-斯科尔斯-默顿模型成为可能。

然后我们观察到，当时间步增加时，二项式模型收敛于某个特定值，即布莱克-斯科尔斯-默顿值。

我们列出了布莱克-斯科尔斯-默顿模型的假设：(1) 股票价格按对数正态分布随机变化；(2) 在期权期限内，无风险利率和波动率保持不变；(3) 没有税收或交易成本；(4) 股票不分红；(5) 期权为欧式期权。

我们介绍并说明了布莱克-斯科尔斯-默顿公式，并观察到它采用了从正态概率分布中获得的风险中性概率。我们注意到，该模型符合欧式期权下限，并能得到股价、距到期时间、波动率和执行价格为零等极端值时的期权适当价格。

我们看到，布莱克-斯科尔斯-默顿的看涨期权公式和看涨期权价格一般与股票价格、无风险利率、距到期时间和波动率正相关，并与执行价格负相关。

我们了解到，看涨期权价格与股票价格之间的关系为δ。δ与股票价格之间的关系为γ。看涨期权价格与无风险利率之间的关系为ρ。看涨期权价格与波动率之间的关系为vega。看涨期权价格与距到期时间之间的关系为θ。

我们看到，假设期权期限内的股利已知且为离散股利，或假设以连续复利利率支付股利，则可以用股价减去股利现值，调整布莱克-斯科尔斯-默顿模型以适应基础股票分红的情况。

我们发现，布莱克-斯科尔斯-默顿模型中最关键的输入值是波动率，这是必须估计的变量。此外，该模型还对波动率高度敏感。波动率通常是用股票收益率的历史样本或从期权当前价格推断出的隐含波动率来估计的。

我们通过将布莱克-斯科尔斯-默顿看涨期权公式插入看跌期权-看涨期权平价，调整了布莱克-斯科尔斯-默顿模型。

最后，我们研究了交易商如何通过δ对冲来管理期权头寸。我们看到了δ对冲的局限性，以及γ对冲如何降低该风险。我们还指出了布莱克-斯科尔斯-默顿期权定价模型的一些缺点，包括流动性、卖空、信息不对称、具有异常 δ 行为的期权和述行性。

在第 3 章中，我们使用看跌期权-看涨期权平价来计算相对期权价格。看跌期权、看涨期权和股票可以根据相互之间的关系来定价，但是我们必须有三个价格中的两个。现在我们有两个不依赖于其他期权价格的期权定价模型：二项式模型和布莱克-斯科尔斯-默顿模型。图 5.21 显示了看跌期权和看涨期权的布莱克-斯科尔斯-默顿模型如何将看涨期权和看跌期权与基础资产和无风险债券联系起来。

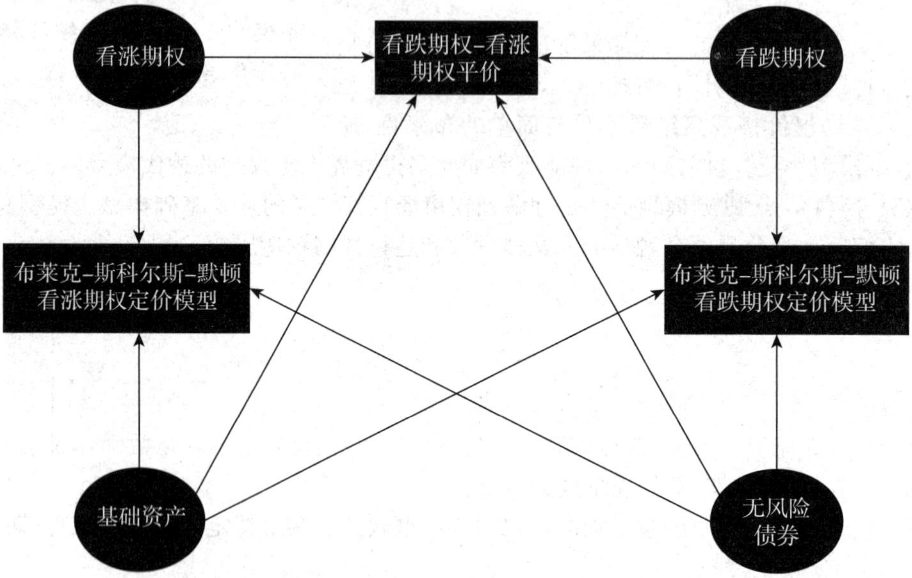

图 5.21　看涨期权、看跌期权、基础资产和无风险债券之间的联系

关键术语

离散时间	风险中性概率	历史波动率	连续时间
delta（δ）	隐含波动率	对数正态分布	δ 对冲
隐含波动率的期限结构	布莱克-斯科尔斯-默顿模型	δ 中性	波动率微笑
动态交易	gamma（γ）	波动率偏斜	正态概率
rho（ρ）	γ 对冲	z 统计量	述行性
vega/kappa（κ）/lambda（λ）		theta（θ）	

扩展阅读

布莱克-斯科尔斯和默顿的原始论文如下：

Black, F., and M. Scholes. "The Pricing of Options and Corporate Liabilities." *Journal of Political Economy* 81 (1973): 637 - 659.

Merton, R. C. "Theory of Rational Call Option Pricing." *Bell Journal of Economics and*

Management Science 4 (1973): 141 - 183.

下列文献对该模型进行了实证检验：

Black, F., and M. Scholes. "The Valuation of Option Contracts and a Test of Market Efficiency." *Journal of Finance* 27 (1972): 399 - 418.

Galai, D. "A Survey of Empirical Tests of Option Pricing Models." In *Option Pricing*, edited by M. Brenner, 45 - 80. Lexington, MA: D. C. Heath, 1983.

Galai, D. "Tests of Market Efficiency of the Chicago Board Options Exchange." *Journal of Business* 50 (1977): 167 - 197.

MacBeth, J. D., and L. J. Merville. "An Empirical Examination of the Black-Scholes Call Option Pricing Model." *Journal of Finance* 34 (1979): 1173 - 1186.

其他关于布莱克-斯科尔斯-默顿期权定价模型的重要论文如下：

Cox, J. C., and S. A. Ross. "The Valuation of Options for Alternative Stochastic Processes." *Journal of Financial Economics* 3 (1976): 145 - 166.

Geske, R. "The Valuation of Compound Options." *Journal of Financial Economics* 7 (1979): 63 - 81.

Rubinstein, M. "The Valuation of Uncertain Income Streams and the Pricing of Options." *Bell Journal of Economics* 7 (1976): 407 - 425.

布莱克关于该模型的几篇有趣而通俗易懂的论文如下：

Black, F. "Fact and Fantasy in the Use of Options." *Financial Analysts Journal* 31 (July-August 1975): 36 - 41, 61 - 72.

Black, F. "How to Use the Holes in Black-Scholes." *Journal of Applied Corporate Finance* 1 (1989): 67 - 73.

Black, F. "How We Came Up with the Option Formula." *Journal of Portfolio Management* 15 (Winter 1989): 4 - 8.

下列关于布莱克-斯科尔斯-默顿模型的文献可能对你有帮助：

Alexander, G., and M. Stutzer. "A Graphical Note on European Put Thetas." *Journal of Futures Markets* 16 (1996): 201 - 209.

Barraclough, K., and Whaley, R. "Early Exercise of Put Options on Stocks." *Journal of Finance* 67 (2012): 1423 - 1456.

Boyle, P., and F. Boyle. *Derivatives: The Tools That Changed Finance*. London: Risk Books, 2001.

Brooks, R., and J. A. Brooks. "Another Look at Option Valuation Based on Arithmetic Brownian Motion." March 4, 2013. Available at SSRN: http://ssrn.com/abstract=228288.

Brooks, R., and D. Chance. "Some Subtle Relationships and Results in Option Pricing." *Journal of Applied Finance* 24 (2014): 94 - 110.

Chriss, N. *Black-Scholes and Beyond: Option Pricing Models*. Chicago: Irwin Professional Publishing, 1997.

Chung, S., and M. Schackleton. "The Binomial Black-Scholes Model and the Greeks." *Journal of Futures Markets* 22 (2002): 143 - 153.

Constantinides, G. M., J. C. Jackwerth, and S. Perrakis. "Mispricing of S&P 500 Index Options." *Review of Financial Studies* 22 (2009): 1247 - 1277.

Constantinides, G. M., J. C. Jackwerth, and A. Savov. "The Puzzle of Index Option Returns." *Review of Asset Pricing Studies* 3 (2013): 229 - 257.

Derman, E. *Models. Behaving. Badly. Why Confusing Illusion with Reality Can Lead to Disaster, on Wall Street and in Life*. New York: Free Press, 2012.

Jarrow, R. A., and A. Chatterjea. *An Introduction to Derivative Securities, Financial Markets, and Risk Management*. New York: W. W. Norton, 2013.

MacKenzie, D. *An Engine, Not a Camera: How Financial Models Shape Markets*. Cambridge, MA: The MIT Press, 2006.

MacKenzie, D. "An Equation and Its Worlds: Bricolage, Exemplars, Disunity and Performativity in Financial Economics." *Social Studies of Science* 33 (December 2003): 831 - 868.

MacKenzie, D. "Physics and Finance: S-Terms and Modern Finance as a Topic for Science Studies." *Science, Technology, & Human Values* 26 (Spring 2001): 115 - 144.

Naib, F. A. "FX Option Theta and the 'Joker' Effect." *Derivatives Quarterly* 2 (Summer 1996): 56 - 58.

Pelsser, A., and T. Vorst. "The Binomial Model and the Greeks." *Journal of Derivatives* 1 (1994): 45 - 49.

Pool, V. K., H. R. Stoll, and R. E. Whaley. "Failure to Exercise Call Options: An Anomaly and a Trading Game." *Journal of Financial Markets* 11 (2008): 1 - 35.

Poteshman, A. M., and V. Serbin. "Clearly Irrational Financial Behavior: Evidence from the Early Exercise of Exchange Traded Stock Options." *Journal of Finance* 58 (2003): 37 - 70.

Thomas, R. "Price Discovery in Near- and Away-from-the-Money Option Markets." *Financial Review* 48 (2013): 25 - 48.

Zimmermann, H., and Wolfgang, H. "Amazing Discovery: Vincenz Bronzin's Option Pricing Models." *Journal of Banking and Finance* 31 (2007): 531 - 546.

关于期权定价模型中一些伟大人物的两本书：

Derman, E. *My Life as a Quant: Reflections on Physics and Finance*. New York: Wiley, 2004.

Mehrling, P. G. *Fischer Black and the Revolutionary Idea of Finance*. New York: Wiley, 2005.

概念检查

1. 请解释下列说法的含义：二项式模型是离散时间模型，布莱克-斯科尔斯-默顿模型是连续时间模型。

2. 请说明正态分布与对数正态分布在股价方面的差异。

3. 在这一章中我们去掉了布莱克-斯科尔斯-默顿模型的哪个假设？为了确保该模型给出正确的期权价格，我们去掉该假设时做了什么？

4. 请比较二项式模型中的变量与布莱克-斯科尔斯-默顿模型中的变量，请指出它们的差异并进行解释。

5. 布莱克-斯科尔斯-默顿模型中最关键的变量是什么？请说明。

问题与习题

1. 将布莱克-斯科尔斯-默顿公式的右侧视为两项之和，请解释各项代表的含义。

2. 请解释与看涨期权相关的下列概念。

a. δ

b. γ

c. ρ

d. vega

e. θ

3. 假设你订购了一项服务，该服务向你提供理论上正确的股价波动率估计值。你注意到，某个期权给出的隐含波动率远高于理论波动率。你应该如何做？为什么？

4. 请回答下列与隐含波动率有关的问题。

a. 对于基础股票相同、执行价格相同但到期日不同的期权，预期隐含波动率是否不同？

b. 对于基础股票相同、到期日相同但执行价格不同的期权，预期隐含波动率是否不同？

c. 为什么隐含波动率被用来为期权报价？如何用其报价？

5. 什么因素导致 δ 对冲很难做到真正无风险？

6. 某只股票价格为 50 美元，波动率为 35%。某个执行价格为 50 美元的看涨期权在一年后到期。无风险利率为 5%。请画出股价为 5 美元、10 美元、15 美元、100 美元时的表格。请计算该看涨期权的布莱克-斯科尔斯-默顿价格和欧式期权下限，并证明前者至少和后者一样大。请使用电子表格 BlackScholesMertonBinomial10e. xlsm。

下列期权价格为某年 7 月 6 日（交易日）的股票看涨期权与股票看跌期权的价格观察值，请在第 7 题至第 14 题中使用该信息。股票价格为 165.13 美元。到期时间为 7 月 17 日、8 月 21 日和 10 月 16 日。与三个到期日相关的连续复利无风险利率分别为 0.050 3、0.053 5 和 0.057 1。除非另有说明，否则假设期权为欧式期权。

执行价格	看涨期权			看跌期权		
	7 月	8 月	10 月	7 月	8 月	10 月
155	10.50	11.75	14.00	0.19	1.25	2.75
160	6.00	8.13	11.13	0.75	2.75	4.50
165	2.69	5.25	8.13	2.38	4.75	6.75
170	0.81	3.25	6.00	5.75	7.50	9.00

7. 假设某只股票的连续复利收益率的标准差为 21%，忽略股利。请回答以下问题：

a. 执行价格为 165 美元的 10 月看涨期权的理论公允价值是多少？请手动计算出答案，然后使用 BlackScholesMertonBinomial10e. xlsm 重新计算。

b. 请根据你对第 a 问的答案，推荐一种无风险策略。

c. 如果股票价格下降 1 美元，那么期权头寸将如何抵消股票损失？

8. 请使用执行价格为 165 美元的 10 月看跌期权的布莱克-斯科尔斯-默顿欧式看跌期权定价公式，将上题中的看涨期权换成看跌期权，重新计算上题的第 a 问、b 问和 c 问。

9. 假设某只股票支付 1.10 美元的股利，除息日为 9 月 10 日。请使用适当的股利调整程序重新计算第 7 题的第 a 问。请手动计算出答案，然后使用 BlackScholesMertonBinomial10e. xlsm 重新计算。

10. 7 月 6 日，某只股票的股利收益率为 2.7%。请使用基于收益率的股利调整程序重新计算第 7 题的第 a 问。请手动计算出答案，然后使用 BlackScholesMertonBinomial10e. xlsm 重新计算。

11. 假设 7 月 7 日该股票将除息，股利为 2 美元。假设期权为美式期权，请确定执行价格为 160 美元的 7 月看涨期权是否会被执行。请估算用于布莱克-斯科尔斯-默顿模型的股票的历史波动率。（忽略股票股利。）

12. 以下是 6 月的日股价：

日期	价格	日期	价格
6/1	159.88	6/16	162.00
6/2	157.25	6/17	161.38
6/3	160.25	6/18	160.88
6/4	161.38	6/19	161.38
6/5	160.00	6/22	163.25
6/8	161.25	6/23	164.88
6/9	159.88	6/24	166.13
6/10	157.75	6/25	167.88
6/11	157.63	6/26	166.50
6/12	156.63	6/29	165.38
6/15	159.63	6/30	162.50

请估计用于布莱克-斯科尔斯-默顿模型的股票的历史波动率，忽略股票股利。

13. 请估计执行价格为 165 美元的 8 月看涨期权给出的隐含波动率，请比较你对本题的答案与第 12 题的答案。使用试错法，当你的答案在真实隐含波动率的 0.01 以内时停止，并使用 Excel 电子表格 BlackScholesMertonBinomial10e. xlsm。

14. 请使用平价看涨期权的近似值重复上一个问题，请比较你对本题的答案与第 13 题的答案。该近似值是不是较好的答案？为什么？

15. 12 月 9 日，1 月 13 日到期的瑞士法郎看涨期权的执行价格为 0.46 美元/瑞士法郎。即期汇率为 1 瑞士法郎兑 0.472 8 美元。美国无风险利率为 7.1%，瑞士无风险利率为 3.6%。汇率波动率为 0.145。如果该看涨期权的价格为 0.016 3 美元/瑞士法郎，请确定该定价是否正确。

16. 某只股票的售价为 100 美元，波动率为 40%。假设该股票的某个看涨期权的执行价格为 100 美元，在一年后到期。无风险利率为 4.5%。令该看涨期权以其布莱克-斯科尔斯-默顿价值出售。请构建一个卖出 10 000 手看涨期权并买入适当数量股票的 δ 对冲头寸，你只能买卖整数股票和看涨期权。在第二天结束时，股票价格为 99 美元，然后，你相应调整头寸以维持 δ 对冲。第三天，股票收盘价为 102 美元。请在以上所有情况下使用电子表格 BlackScholesMer-

tonBinomial10e. xlsm 为看涨期权定价。

a. 请比较你最终得到的金额与投资于无风险债券时将得到的金额。请解释你为何实现了目标（或为何没有实现目标）。

b. 现在加入该股票的另一个期权，其执行价格为 105 美元，到期时间相同。请通过 δ 对冲和 γ 对冲重新组织该问题。请解释你为何实现了目标（或为何没有实现目标）。

17. 一家金融机构提供了新的场外期权，该期权支付标准欧式期权报酬的 150%。请使用 BlackScholesMertonBinomial10e. xlsm（或手动）证明该期权的价值为普通期权价值的 1.5 倍。假设股票价格为 82 美元，执行价格为 80 美元，（连续复利）无风险利率为 4%，波动率为 40%，期权在 1 年后到期。

18. 请使用 BlackScholesMertonBinomial10e. xlsm 计算股票看涨期权和看跌期权的价格。目前股票价格为 100 美元，执行价格为 100 美元，（连续复利）无风险利率为 5%，波动率为 30%，距到期时间为一年。现在假设在下一刻，该公司宣布立即进行 1 拆 2 的股票拆分。正如预期，股价跌至 50 美元。期权交易所规定要求将执行价格除以 2，并将持有的期权合约数量翻倍。请证明期权交易所的股票拆分规定对期权持有者没有损害。

19. 请使用 BlackScholesMertonBinomial10e. xlsm 计算股票看涨期权和看跌期权的价格。目前股票价格为 100 美元，执行价格为 105.127 1 美元，（连续复利）无风险利率为 5%，波动率为 30%，距到期时间为一年。请解释观察到的看涨期权价格和看跌期权价格的关系。

20. 请使用 BlackScholesMertonBinomial10e. xlsm 计算股票的看涨期权和看跌期权的价格。目前股票价格为 100 美元，执行价格为 100 美元，（连续复利）无风险利率为 0%，波动率为 30%，距到期时间为一年。请解释观察到的看涨期权价格和看跌期权价格的关系。请进一步解释本题和上题的结果之间的关系。

21. 某只股票目前的价格为 115.83 美元，该股票的某个欧式看涨期权在 8 周后到期，$N(d_1)=0.33$。如果波动率变化 0.03，请估计该看涨期权价格的预期变化金额。

22. 某只股票目前的价格为 132.43 美元。对于某个在 3 周后到期的欧式看跌期权，期权以价内到期的概率为 63.68%，股票连续复利收益率的年化波动率为 0.76。假设连续复利无风险利率为 0.039 8，执行价格为 130 美元，如果基础股票价格（或除时间以外的任何其他输入值）没有变化，期权价格在 3 天后的预期变化是多少？

23. 假设某个欧式看跌期权在 4 周后到期，执行价格为 120 美元，目前基础股票的交易价格为 126.30 美元。假设该股票连续复利收益率的年化波动率为 0.78，连续复利无风险利率为 0.034 8，请用布莱克-斯科尔斯-默顿模型为该欧式看跌期权定价。

24.（概念问题）请说明如何使用股票和看跌期权多头建立 δ 对冲。

25.（概念问题）假设股票定价为 80 美元，波动率为 0.35。你购买了执行价格为 80 美元的看涨期权，该期权在 3 个月后到期。无风险利率为 5%。请回答下列问题：

a. 请使用 BlackScholesMertonBinomial10e. xlsm 确定看涨期权的理论价值。

b. 假设看涨期权的实际售价为 5 美元。请提出策略建议，但不用担心对冲风险。只需要买入或卖出 100 手看涨期权。

c. 请在买入看涨期权后分析可能获得的利润。你预期在 1 个月后平仓，届时该看涨期权预期应收敛于布莱克-斯科尔斯-默顿价值。当然，你不知道股票价格是多少，但是你可以计算合理股价范围内的利润。你预期股票价格在 60 美元和 100 美元之间。请计算股票价格提高 10 美元时将获得的利润，并对结果做出评价。

注意：这个问题将为你学习第 6 章做好准备。

附录 5　计算隐含波动率的快捷方法

解隐含波动率可能是一个单调乏味的试错过程，然而，马纳斯特和凯勒（Manaster and Koehler，1982）提出了一种可以快速求解的方法。该方法采用了牛顿-拉斐逊（Newton-Raphson）搜索程序。

假设对于某个给定的标准差 σ^*，布莱克-斯科尔斯-默顿公式给出的看涨期权价格为 $C(\sigma^*)$。然而，真实市场价格为 $C(\sigma)$，其中 σ 为真实波动率。马纳斯特和凯勒提出 σ_1^* 的初步猜测值为：

$$\sigma_1^* = \sqrt{\left|\ln\frac{S_0}{X} + r_c T\right| \frac{2}{T}}$$

然后，计算 $C(\sigma_1^*)$ 的值并将其与市场价格 $C(\sigma)$ 进行比较。如果两者还不够接近，下一个猜测值应为：

$$\sigma_2^* = \sigma_1^* - \frac{[C(\sigma_1^*) - C(\sigma)]e^{d_1^2/2}\sqrt{2\pi}}{S_0\sqrt{T}}$$

其中，d_1 是使用 σ_1^* 计算出来的。然后计算 $C(\sigma_2^*)$ 的值并将其与市场价格 $C(\sigma)$ 进行比较。如果两者还不够接近，下一个猜测值应为：

$$\sigma_3^* = \sigma_2^* - \frac{[C(\sigma_2^*) - C(\sigma)]e^{d_1^2/2}\sqrt{2\pi}}{S_0\sqrt{T}}$$

用 σ_2^* 计算 d_1。重复这个过程，直到模型价格足够接近市场价格。换言之，给定隐含波动率的第 i 个猜测值，第 i+1 个猜测值应为：

$$\sigma_{i+1}^* = \sigma_i^* - \frac{[C(\sigma_i^*) - C(\sigma)]e^{d_1^2/2}\sqrt{2\pi}}{S_0\sqrt{T}}$$

其中 d_1 是用 σ_i^* 计算出来的。

让我们将这个程序用于本章的问题。我们有 $S_0 = 125.94$，$X = 125$，$r_c = 0.044\,6$，$T = 0.095\,9$，$\sigma = 0.83$，以及 $C(\sigma) = 13.50$ 美元。隐含波动率的初步猜测值为：

$$\sigma_1^* = \sqrt{\left|\ln\frac{125.94}{125} + 0.044\,6 \times 0.095\,9\right| \times \frac{2}{0.095\,9}} = 0.495\,4$$

当波动率为 0.495 4 时，布莱克-斯科尔斯-默顿值为 8.41。下一个猜测值应为：

$$\sigma_2^* = 0.495\,4 - \frac{(8.41 - 13.50) \times e^{0.153\,3^2/2} \times 2.506\,6}{125.94\sqrt{0.095\,9}} = 0.826\,4$$

其中 0.153 3 是用布莱克-斯科尔斯-默顿模型计算出的 d_1 值，标准差为 0.495 4。2.506 6 即 $\sqrt{2\pi}$。以 0.826 4 作为波动率的布莱克-斯科尔斯-默顿价格为 13.49 美元，这已经足够接近市场价格。

因此，我们只用了两步就得出了答案。在本章中，我们指出隐含波动率为 0.83，其中的轻微差异是由四舍五入造成的。

本书附带的软件包含一个名为 BlackScholesMertonImpliedVolatility. xlsm 的电子表格，它使用马纳斯特-凯勒方法计算隐含波动率。该程序被编写为一个 Excel 函数，名为“=BlackScholesMertonImpliedVolatility（,,,,,,,,）”。按照“使用说明”工作簿中所述步骤，你可以在任何 Excel 电子表格中使用该函数，使用时只需要选择“插入/函数”，然后从“用户定义函数”中选择它。在这里的例子中，股票价格为 125.94 美元，执行价格为 125 美元，无风险利率为 4.46%，距到期时间为 0.095 9 年，连续股利收益率为 0.00%，期权为看涨期权，市场价格为 13.50 美元。用户规定使用隐含波动率计算出的期权价格必须在看涨期权价格的 0.01 以内。如你所见，该函数显示，隐含波动率为 0.826 2。它还显示，波动率为 0.826 2 的期权价格为 13.493 786 1 美元，在市场价格的 0.01 以内，见下图。

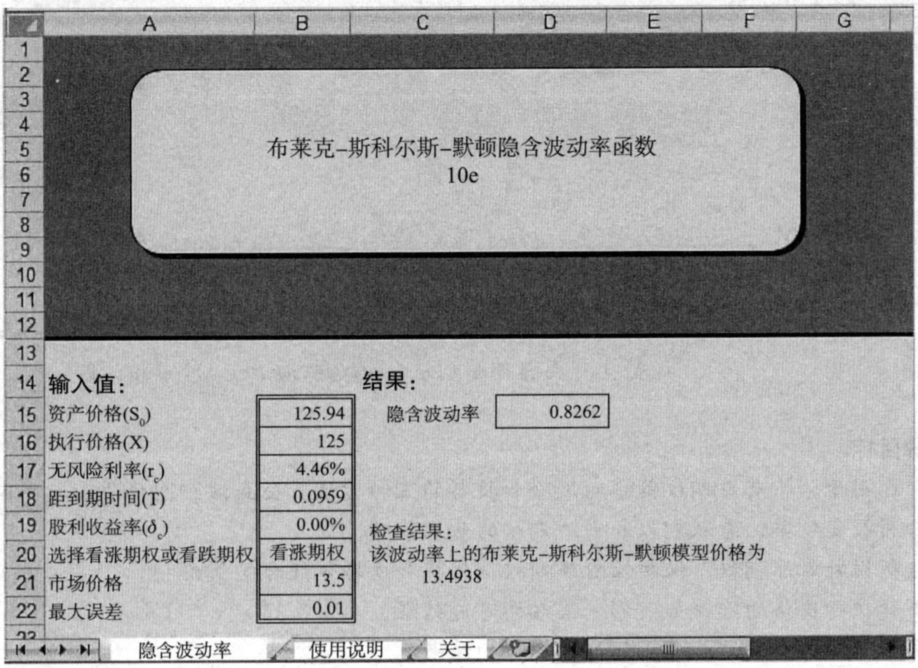

第 6 章

基本期权策略

使用糟糕模型的优秀交易者能胜过使用优秀模型的糟糕交易者。

——威廉·马格拉布（William Margrabe）

《衍生产品策略》(*Derivatives Strategy*)，1998 年 4 月，第 27 页

本章目标

- 介绍用于分析有关期权策略的风险和收益的三种方法：公式法、图形法和数字例子法。
- 分析买卖股票、看涨期权和看跌期权的基本策略。
- 分析抛补看涨期权、保护性看跌期权、转换和逆转等组合型策略。
- 解释执行价格的选择如何影响策略的可能结果。
- 解释所选持有期的长度如何影响策略的结果。
- 举例说明如何用附带软件分析期权策略。

期权最有意思的特征之一就是它可以与股票或其他期权结合，形成各种各样的可选择策略。盈利概率非常多样化，以至几乎任何投资者都能找到一种符合他的风险偏好和市场预测的期权策略。

在没有期权的环境里，可选策略非常有限。如果预期市场上涨，投资者将买入股票；如果预期市场下跌，投资者将卖空股票。然而，正如第 1 章指出的，卖空股票要求投资者满足一定要求（比如最低资本与风险之比），卖空涨点或零涨点，以及维持最低保证金。通过期权，投资者可以很容易地将预期转化为行动计划，如果计划正确，投资者就将得到报酬。当然，如果预期错误，任何策略都会使投资者受到惩罚。然而，如果明智地使用期权，惩罚可能相对较轻且事先已知。

本章和下一章将分析某些更流行的期权策略，这里不可能涵盖交易者能使用的所有策略。我们在这里分析的策略将帮你基本了解期权策略的分析过程。你可以使用这里介绍的方法深入研究和分析更高级、更复杂的策略。

本章介绍了基本期权策略，这些策略是最容易理解、涉及交易最少的策略。具体而言，我们将介绍看涨期权策略、看跌期权策略、股票策略、看涨期权与股票结合的策略、看跌期权与股票结合的策略。我们将看到如何结合看涨期权和股票以形成看跌期权，以及如何结合看跌期权和股票以形成看涨期权。第 7 章将考察包括一个期权空头和一个期权多头的价差策略，以及既有看跌期权又有看涨期权的组合策略。

这里我们用来分析期权策略的方法是确定平仓时，策略在许多不同股票价格下产生的利润，这种方法简单但强大，足以证明其优点。一个有吸引力的特点是，实际上有三种方法可用来介绍期权策略。由于巩固印象可以提升学习效果，所以我们将使用全部三种方法来介绍。

第一种方法是确定将策略利润表示为平仓时股价的函数的公式，你会发现这个公式相当简单，并且是基于第 3、4 和 5 章介绍的方法。第二种方法是图形分析，它使用公式将利润绘制为平仓时股价的函数。第三种方法是使用具体的数字例子来说明如何将公式和图形应用于现实世界的期权。我们将继续使用之前分析过的 DCRB 期权。

请记住，其他类型的资产——例如货币、商品和债券——也有期权，期货合约和利率也有期权，后面的章节将介绍这些期权。本章介绍的基本原则基本上直接适用于这些期权。章末习题要求你分析本章中适用于货币期权的部分策略。

和之前对期权的分析一样，我们需要一些符号。由于这里出现了一些新符号，为了方便起见，下面将介绍一组完整的符号。

6-1 术语和符号

C＝当前的看涨期权价格
P＝当前的看跌期权价格
S_0＝当前的股票价格
T＝距到期时间与 1 年天数之比
X＝执行价格
S_T＝期权到期时的股票价格
Π＝策略利润

以下符号表示看涨期权、看跌期权或股票的数量：

N_C＝看涨期权数量
N_P＝看跌期权数量
N_S＝股票数量

正如第 2 章指出的，看涨期权、看跌期权和股票的标准数量为 100。就我们的目的而言，使用 1 或 2 这样的简单数字是没有关系的，然而，分析数字例子时，我们将假设期权或股票为标准合约，当然，1 手标准合约相当于 100 份期权或 100 股股票。[①]

6-1a 利润公式

N_C、N_P 和 N_S 等符号有一个强大的特征，即这些符号可以表示头寸是多头还是空头。

① 1 手股票期权合约通常包含 100 股股票。我们通常令基础股票数量等于基础期权数量。

例如：

$N_c>(<)0$，投资者买入（卖出）看涨期权

$N_P>(<)0$，投资者买入（卖出）看跌期权

$N_S>(<)0$，投资者买入（卖空）股票

为了确定特定策略的利润，我们只需知道有多少手看涨期权、看跌期权和股票，头寸是多头还是空头，买入或卖出期权或股票的价格以及平仓价格是多少。对于持有至到期日的看涨期权，我们已经知道该看涨期权在到期时的价值为其内在价值。因此，利润可以写为：

$$\Pi=N_C[\mathrm{Max}(0, S_T-X)-C]$$

请注意 N_C 如何使该式给出看涨期权买方和看涨期权卖方的利润。例如，持有一份看涨期权的买方，$N_C=1$，利润为：

$$\Pi=\mathrm{Max}(0, S_T-X)-C$$

对于一份看涨期权的卖方，$N_C=-1$，利润为：

$$\Pi=-\mathrm{Max}(0, S_T-X)+C$$

看跌期权的利润可以写为：

$$\Pi=N_P[\mathrm{Max}(0, X-S_T)-P]$$

对于一份看跌期权的买方，$N_P=1$，利润为：

$$\Pi=\mathrm{Max}(0, X-S_T)-P$$

对于一份看跌期权的卖方，$N_P=-1$，利润为：

$$\Pi=-\mathrm{Max}(0, X-S_T)+P$$

对于只涉及股票的交易，利润公式为：

$$\Pi=N_S(S_T-S_0)$$

对于一股股票的买方，$N_S=1$，利润为：

$$\Pi=S_T-S_0$$

对于一股股票的卖方，$N_S=-1$，利润为：

$$\Pi=-S_T+S_0$$

这些利润公式使计算交易利润变得很简单。以看涨期权买方和看跌期权买方的公式为例，在这两种情况下，每份期权的利润均为执行期权得到的金额减去为期权支付的金额，然后用每份期权的利润乘以期权数量，即可计算出利润。对于看涨期权的卖方和看跌期权的卖方，每份期权的利润为得到的期权费金额减去执行期权支付的金额，然后，用每份期权的利润乘以卖出的期权数量，即可计算出利润。同样，股票买方的每股利润为股票售价减去股票买价，仍用每股利润乘以股数计算出利润。对卖方而言，每股利润是卖空得到的价格减去回购股票支付的价格，然后，用每股利润乘以卖空股数，计算出利润。为了使分析尽可能简单，我们将忽略基于期权或股票的多头或空头放弃或获得的利息。

最后，我们经常使用**牛市**（bull）和**熊市**（bear）这两个术语，它们是金融市场术语的一

部分。牛市是价格上涨的市场，熊市是价格下跌的市场。看涨投资者认为牛市即将来临，看跌投资者认为熊市即将来临。

6-1b　不同的持有期

上面介绍的情况是持有头寸直至期权到期的策略，由于期权没有剩余时间价值且以内在价值出售，因此很容易确定利润。然而，期权交易者没有必要持有头寸直至期权到期。投资者的持有期长度可以为需要的任意时间间隔。如果头寸在期权到期前平仓，则必须确定期权将以何种价格出售。我们如何确定该价格？

请记住，现有信息是执行价格和期权剩余时间。我们想知道在给定股票价格的情况下，期权将以什么价格出售。如果已有无风险利率和股票收益率方差的估计值，我们就可以使用布莱克-斯科尔斯-默顿模型。这里，我们假设已有这些信息，并使用该模型来估计期权的剩余时间价值，以确定策略的利润。

为了便于说明，我们定义了三个时间点：T_1、T_2 和 T。我们允许投资者持有头寸直至 T_1、T_2 或到期日 T。从今天到 T_1 的持有期是最短的，如果投资者在时间 T_1 平仓，则期权距到期的剩余时间为 $T-T_1$。从今天到 T_2 的持有期为中等长度，选择它的投资者对期权平仓时，距到期的剩余时间为 $T-T_2$。如果投资者持有头寸至到期，则剩余时间为 $T-T=0$。为清晰起见，我们假设 $T_1<T_2<T$ 或 $T-T_1>T-T_2>T-T=0$。

因此，如果在到期之前的时间 T_1 终止期权且股价为 S_{T_1}，则看涨期权头寸的利润为：

$$\Pi=N_C[C(S_{T_1},T-T_1,X)-C]$$

其中 $C(S_{T_1},T-T_1,X)$ 为根据布莱克-斯科尔斯-默顿模型或使用股价 S_{T_1} 和距到期时间 $T-T_1$ 的其他适当看涨期权定价模型获得的价值。C 当然是看涨期权的初始价格。除了我们使用的是 P 而不是 C，并使用布莱克-斯科尔斯-默顿模型或其他适当的看跌期权定价模型计算 $P(S_{T_1},T-T_1,X)$ 之外，看跌期权公式是相同的。当头寸在 T_2 平仓时，显然也使用类似的公式。

尽管本章中的例子使用了交易所交易期权，但它们同样适用于场外期权。虽然没有在到期前清算场外期权的专门市场，但通过创建抵消旧期权的新期权就可以获得相同的结果。当然，这个过程假设卖方没有违约。

6-1c　假设

分析期权策略时有几个重要假设。

第一，假设股票不分红。正如我们在第 3 章、第 4 章和第 5 章看到的，股利会使期权决策复杂化。尽管在这里考虑股利并不特别困难，但是我们有意省略它以简化分析。必要时，我们将讨论股利的影响。

第二，假设没有税收或交易成本。我们已经介绍了这些因素，它们当然也是期权决策的考虑因素，但是它们对这里的分析几乎没有帮助。存在特殊的税收和交易成本因素时，我们将对其影响做出解释。

我们在前几章中分析过 DCRB 期权，为方便起见，表 6.1 沿用了这些数据。

表 6.1　　DCRB 期权的数据，5 月 14 日

执行价格（美元）	看涨期权			看跌期权		
	5 月	6 月	7 月	5 月	6 月	7 月
120	8.75	15.40	20.90	2.75	9.25	13.65
125	5.75	13.50	18.60	4.60	11.50	16.60
130	3.60	11.35	16.40	7.35	14.25	19.65

当前股价：125.94 美元
到期日：5 月 21 日、6 月 18 日、7 月 16 日
（连续复利）无风险利率：0.044 7（5 月）、0.044 6（6 月）、0.045 3（7 月）

现在，让我们继续分析策略。我们要研究的第一组策略是涉及股票的交易。

6-2　股票交易

由于股票与期权的组合有时是一种有吸引力的策略，所以首先建立用于股票的分析方法很重要。

6-2a　买入股票

最简单的交易是买入股票。利润公式为：

$\Pi = N_S(S_T - S_0)$，假设 $N_S > 0$

为了便于说明，令 $N_S = 100$，即一整手股票。图 6.1 显示了平仓时这笔交易的利润如何随股价变化。如果 DCRB 股票最终以高于 125.94 美元的价格出售，那么交易就将获利。股利将降低该盈亏平衡点，降幅为股利金额，而交易成本将提升盈亏平衡点，升幅为交易成本金额。

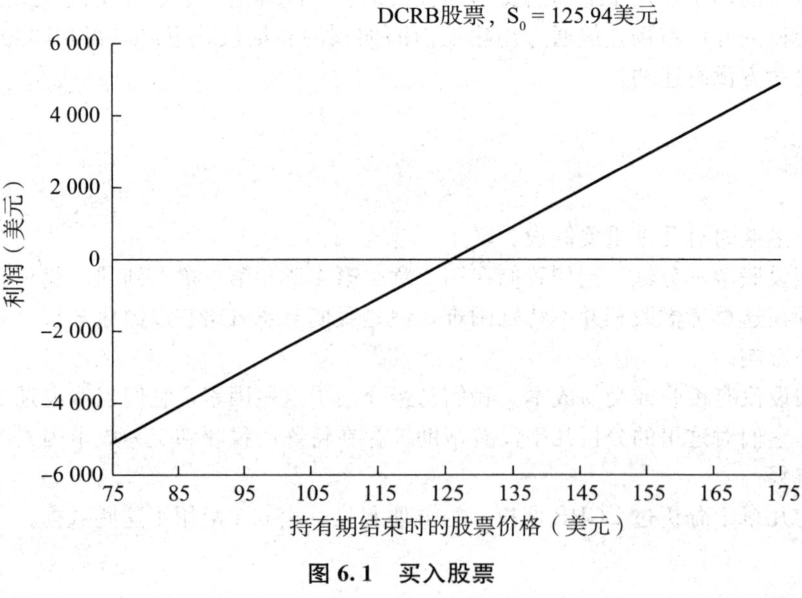

图 6.1　买入股票

6-2b 卖空股票

卖空股票是买入股票的镜像。利润公式为：

$\Pi = N_S(S_T - S_0)$，假设 $N_S < 0$

在这个例子中，令 $N_S = -100$，这意味着卖空了 100 股。图 6.2 显示了在投资者的持有期结束时，卖空交易的利润如何随 DCRB 股价变化。卖空是预期出现熊市时采取的策略。投资者向经纪商借入股票，以 125.94 美元的价格卖出，然后以——所希望的——更低的价格回购该股票。[①] 如果以低于 125.94 美元的价格回购股票，交易就会获利。如图 6.2 所示，如果投资者猜测错误且股价上涨，卖空交易的损失就可能是无限的。现在让我们来考察第一种期权策略——看涨期权交易。

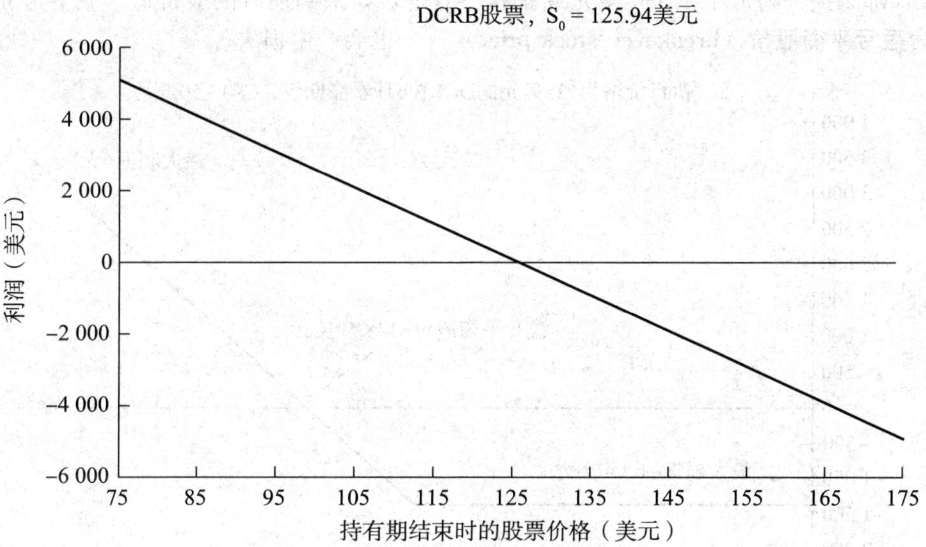

图 6.2 卖空股票

6-3 看涨期权交易

看涨期权交易可以分为两类，我们首先来分析买入看涨期权策略。

6-3a 买入看涨期权

买入看涨期权的利润为：

$\Pi = N_C[\text{Max}(0, S_T - X) - C]$，假设 $N_C > 0$

① 卖空股票时支付的股利归向卖空者购买股票的人所有。此外，卖空者还必须向经纪商支付相当于股利的金额。股票贷出方还丧失了投票权。

考虑买入 1 份看涨期权的情况，即 $N_C=1$。假设到期时的股票价格低于或等于执行价格，使期权以价外状态到期，看涨期权的利润是多少？由于看涨期权到期未执行，因此利润就是 $-C$。看涨期权买方遭受的损失等于为看涨期权支付的期权费。

假设看涨期权以价内状态到期，然后，看涨期权买方将执行看涨期权，以 X 的价格买入股票并以 S_T 的价格卖出股票，这将得到净利润 S_T-X-C。①

这些结果总结如下：

如果 $S_T>X$，则 $\Pi=S_T-X-C$

如果 $S_T\leqslant X$，则 $\Pi=-C$

图 6.3 显示了执行价格为 125 美元的 DCRB 6 月看涨期权的这笔交易，其售价为 13.50 美元。该看涨期权的跌价风险有限，一手合约的最大可能损失为 1 350 美元，即期权费的 100 倍。当到期日股票价格低于 125 美元的执行价格时，看涨期权买方的损失金额最高。如果股价高于 125 美元，那么损失将低于 1 350 美元或盈利。但是，如果到期时的股价低于临界股价——我们称之为**盈亏平衡股价**（breakeven stock price）——也会产生损失。

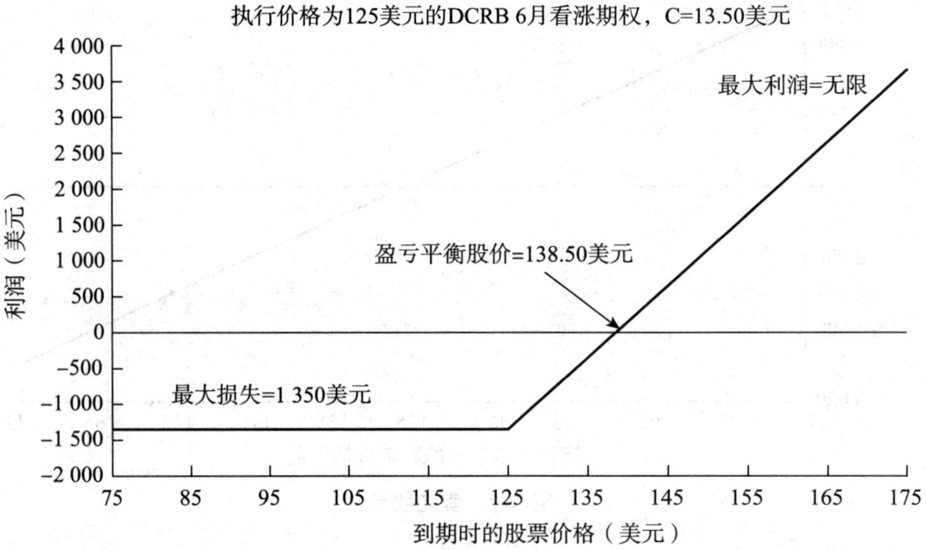

图 6.3　买入看涨期权

注意，在图 6.3 中，盈亏平衡股价高于执行价格，介于 135 美元和 145 美元之间。在股价高于执行价格的情况下，我们只需设利润为零，即可计算出到期时的盈亏平衡股价。然后，我们解出盈亏平衡股价 S_T^*。因此，有：

$$\Pi=S_T^*-X-C=0$$

解 S_T^*，得出：

$$S_T^*=X+C$$

---

① 要使这种结果成立，不需要出售股票。看涨期权买方可以保留价值为 S_T 的股票或将其转换为现金。更好的策略是在看涨期权到期前那一刻卖出看涨期权，那时，看涨期权基本没有剩余的时间价值。这可以避免交割股票的高昂交易成本。

到期时，盈亏平衡股价为执行价格加上看涨期权价格。看涨期权的期权费 C 是看涨期权买方已经为看涨期权支付的金额。为了达到盈亏平衡，看涨期权买方必须以足够高的价格执行期权以收回期权成本。到期时股票价格每超过执行价格 1 美元，看涨期权买方就将获得 1 美元收益。因此，股价必须超过执行价格 C 美元，此时看涨期权买方才能收回期权成本。在这个问题中，到期时的盈亏平衡股价为 125＋13.50＝138.50 美元。

盈亏平衡股价为 138.50 美元，当前股价为 125.94 美元，为使交易获利，DCRB 股价必须在一个月后上涨近 10%。尽管 DCRB 股票是波动率很高的股票，这种表现也不同寻常。不过，看涨期权提供了无限涨价空间，同时限制了跌价产生的亏损。因此，如果投资者的预算有限，希望对市场进行“投机”并将损失限制在不至于亏光的水平上，那么看涨期权是一种尤其有吸引力的策略。当然，如果交易者投资相同金额而非相同股数的股票看涨期权，那么亏光的概率更大。

> 买入看涨期权是一种损失有限（看涨期权的期权费）、潜在收益无限的看涨策略。

执行价格的选择　通常，市场上有多个到期日相同但执行价格不同的期权可供选择。我们应该购买哪种期权？这一问题没有明确的答案。

图 6.4 比较了执行价格为 120 美元、125 美元和 130 美元的 DCRB 6 月看涨期权利润曲线。每种期权都有其优缺点。首先，比较我们之前考察过的执行价格为 125 美元的看涨期权和执行价格为 130 美元的看涨期权。如果我们选择较高的执行价格，股价上涨时的收益将较小，然而，由于执行价格较高的看涨期权期权费较低，因此如果股价下跌，损失也较小。执行价格为 130 美元的看涨期权的盈亏平衡股价为 X＋C＝130＋11.35＝141.35 美元，高于执行价格为 125 美元的看涨期权的盈亏平衡股价。

> 买入执行价格较低的看涨期权将增加最大损失，但也将提高股价上涨时的收益。

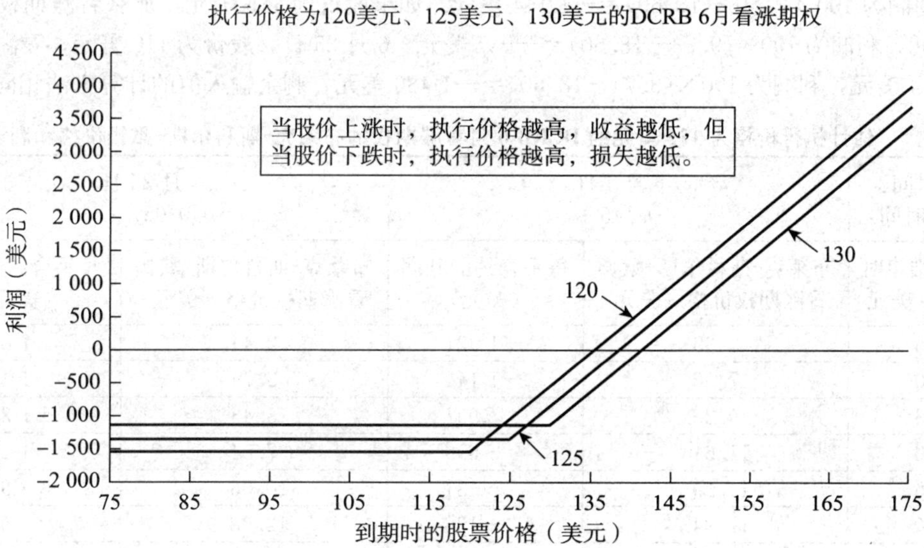

图 6.4　买入看涨期权：不同的执行价格

如果我们选择执行价格为 120 美元而非 125 美元的看涨期权，那么如果到期时的股价升高，我们就有可能获得更多利润。而且，盈亏平衡股价为 X＋C＝120＋15.40＝135.40 美元。然而，如果市场下跌，损失将更大，潜在损失为全部期权费，1 540 美元。这是因为执行价格较低的看涨期权的期权费较高。

因此，选择购买哪种期权并不容易，这取决于看涨期权买方对市场前景的信心。如果买方坚信股价将上涨，那么执行价格最低的看涨期权最好，否则，就选择能尽量降低潜在损失的较高执行价格。

持有期的选择 前面分析的策略假设投资者持有期权直至到期日，但是，看涨期权买方也可能在到期前卖出期权。让我们来看如果选择较短的持有期会发生什么情况。

前面曾经提到，我们计划分析三个持有期。最短的持有期是在时间 T_1 出售看涨期权。中等长度的持有期是在时间 T_2 出售看涨期权。最长的持有期是持有期权直至到期。如果在时间 T_1 出售期权，则利润为出售时的看涨期权价格减去最初为期权支付的价格。我们可以使用布莱克-斯科尔斯-默顿模型估计距到期时间为 $T-T_1$ 时各种可能股价下的看涨期权价格，从而确定利润图。使用执行价格为 125 美元的 7 月看涨期权，三个持有期为：(1) 在 6 月 4 日（即 T_1）卖出看涨期权；(2) 在 6 月 25 日（即 T_2）出售看涨期权；(3) 持有看涨期权，直至 7 月 16 日（即 T）到期。

在 6 月 4 日平仓的头寸持有期最短，剩余时间为 42 天，即从 6 月 4 日至 7 月 16 日为 42 天。因此，看涨期权价格将基于剩余的距到期时间 42/365＝0.115 1 年，该看涨期权的距到期时间为 $T-T_1=0.115\,1$ 年。对于中等长度持有期，将持有头寸至 6 月 25 日，剩余的距到期时间为 21 天，因此，距到期时间为 21/365＝0.057 5 年和 $T-T_2=0.057\,5$。对于最长的持有期，剩余时间当然为零。模型中使用的参数为 $X=125$，$\sigma=0.83$ 和 $r_c=0.045\,3$。

> 对于给定的股价，持有看涨期权的时间越久，损失的时间价值越多，利润越低。

结果如表 6.2 所示。例如，请注意，在 6 月 4 日，股价为 110 美元，该看涨期权的布莱克-斯科尔斯-默顿价格为 7.16 美元。由于投资者为该看涨期权支付的价格为 18.60 美元，因此每手合约的利润为 100×(7.16－18.60)＝－1 144 美元。如果股价为 115 美元，那么看涨期权价格为 9.23 美元，利润为 100×(9.23－18.60)＝－937 美元。6 月 25 日，股价为 110 美元，看涨期权价格为 3.74 美元，利润为 100×(3.74－18.60)＝－1 486 美元。剩余输入值的计算方法相同。

表 6.2　估计执行价格为 125 美元的 DCRB 6 月看涨期权的布莱克-斯科尔斯-默顿价格和利润

平仓时间： 距到期时间：	6 月 4 日 0.115 1		6 月 25 日 0.057 5	
持有期结束时的股价（美元）	布莱克-斯科尔斯-默顿看涨期权价格（美元）	每手合约的利润（美元）	布莱克-斯科尔斯-默顿看涨期权价格（美元）	每手合约的利润（美元）
105	5.39	－1 321	2.44	－1 616
110	7.16	－1 144	3.74	－1 486
115	9.23	－937	5.43	－1 317
120	11.61	－699	7.54	－1 106
125	14.29	－431	10.06	－854
130	17.24	－136	12.98	－562
135	20.45	185	16.27	－233
140	23.90	530	19.88	128
145	27.57	897	23.77	517
150	31.43	1 283	27.91	931
155	35.47	1 687	32.24	1 364

注：计算是在电子表格中进行的，因此结果可能与手动计算结果略有不同。

在图 6.5 中，每手合约的利润是因变量，持有期结束时的股价是自变量。

该图显示，对于到期时的所有股价，最短的持有期提供了最高利润。持有期越短，潜在利润就越高。这是因为对于较短的持有期，可以卖出看涨期权以收回部分剩余时间价值。看涨期权持有期越长，损失的时间价值就越大。

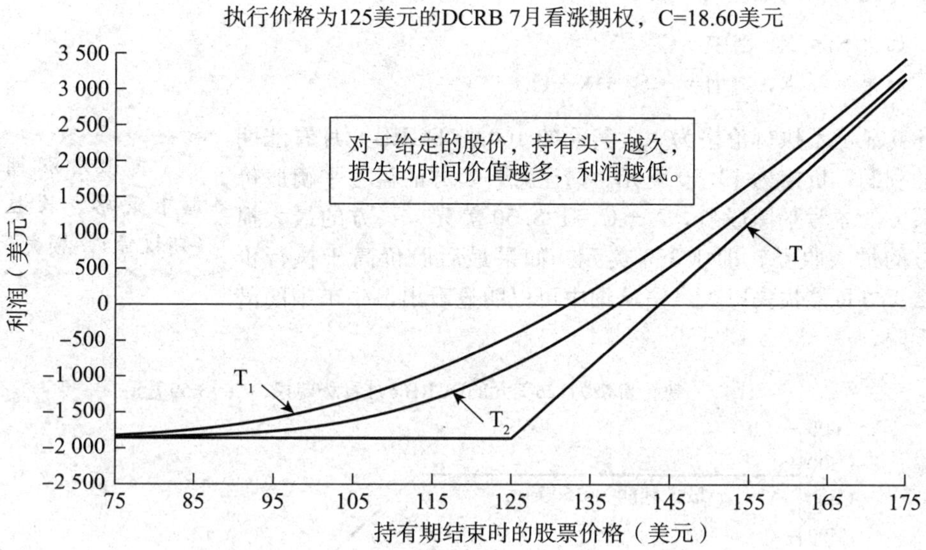

图 6.5　买入看涨期权：不同的持有期

这似乎是一个悖论：它表明，为了使利润最大化，投资者持有期权的时间应该尽可能短。显然，期权交易者的持有期并不总是这样短。在这种解释中遗漏了什么？

答案是，对于给定的股价，较短的持有期可以提供较高的利润。利润图并不表示股价最终涨跌的可能性。实际上，持有期较短时，股价的可能范围要小得多，因为留给股价变化的时间较短。另外，持有期越长，留给股价上升的时间越长。

我们对买入看涨期权策略的讨论到此为止。接下来，我们将考察卖出看涨期权的策略。

6－3b　卖出看涨期权

卖出看涨期权，同时又不拥有股票的期权交易者被称为卖出**无抛补看涨期权**（uncovered call）或**裸看涨期权**（naked call）。如此命名的原因是该头寸是高风险策略，可能产生无限损失。无抛补看涨期权卖方承担了根据看涨期权买方的要求卖出目前不属于后者的股票的义务，因此，卖方可能不得不以不利价格买入该股票。因此，只有资本雄厚、足以抵御风险的交易者才有能力卖出无抛补看涨期权。由于经纪公司必须弥补清算所的损失，所以它也面临风险。因此，交易者的经纪商必须同意经手交易——它可能只接受最优秀、最富有的客户的交易业务。当然，在交易所拥有席位的交易者或场外市场上的低信用风险机构受到的限制较少，更容易卖出无抛补看涨期权，但由于风险较高，即使是它们也很少这样做。而且，正如第 3 章讨论的那样，如果股票分红，那么美式看涨期权卖方就面临着看涨期权买方提前执行期权的风险。

如果卖出无抛补看涨期权是如此高风险的策略，那么我们为什么要分析它？原因是卖出无抛补看涨期权可以与其他策略相结合，例如买入股票或其他期权，以产生风险很低的策略。因此，在与其他策略结合之前，必须确定空头看涨期权的结果。

由于买方和卖方的利润是彼此的镜像，因此我们已经很熟悉利润公式和利润图了。卖方的利润为：

$$\Pi=N_C[\text{Max}(0, S_T-X)-C]，假设\ N_C<0$$

假设看涨期权的数量为 1 份，即 $N_C=-1$。那么利润为：

如果 $S_T\leqslant X$，则 $\Pi=C$

如果 $S_T>X$，则 $\Pi=-S_T+X+C$

图 6.6 显示了执行价格为 125 美元的 100 份 DCRB 6 月看涨期权卖方的利润，价格为 13.50 美元。请注意，卖方的盈亏平衡股价必然是买方的盈亏平衡股价，X+C=138.50 美元。买方的最大损失是卖方的最大收益，即 1 350 美元。如果最后股价高于执行价格，那么卖方可能损失巨大——从图中可以明显看出，牛市中的潜在损失无限。

> 卖出看涨期权是熊市策略，收益有限（期权费），损失无限。

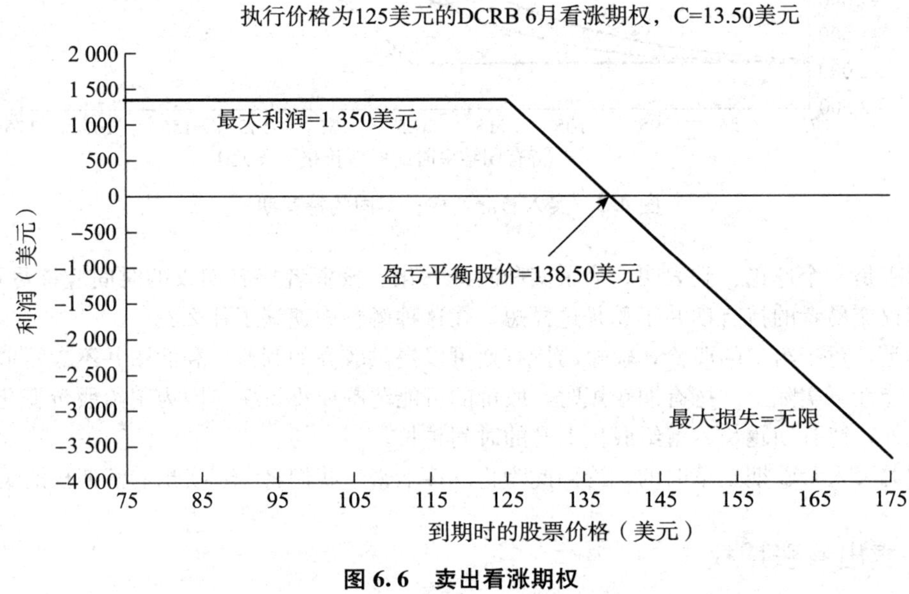

图 6.6　卖出看涨期权

执行价格的选择　图 6.7 显示了执行价格为 120 美元、125 美元和 130 美元的看涨期权，从而比较了卖出具有不同执行价格的看涨期权的策略。

> 卖出执行价格较低的看涨期权将提高最大收益，但股价上升时的损失也将增大。

图 6.7 是图 6.4 的镜像。执行价格为 120 美元时，看涨期权的潜在利润最大，期权费也最高，为 1 540 美元，但与之相伴的是最大潜在损失和最低的盈亏平衡股价，X+C=120+15.40=135.40 美元，这是风险最高的策略。执行价格为 130 美元的看涨期权在三种看涨期权中风险最低，盈亏平衡股价最高，X+C=130+11.35=141.35 美元，但潜在利润也最低，期权费为 1 135 美元。

持有期的选择　图 6.8 显示了前述三个可能持有期下的利润。即执行价格为 125 美元的 7 月看涨期权，持有期为 T_1 时，假设在 6 月 4 日回购看涨期权；持有期为 T_2 时，假设在 6 月 25 日回购看涨期权；持有期为 T 时，允许持有看涨期权直至到期，届时它将被执行或者以价外状态到期。

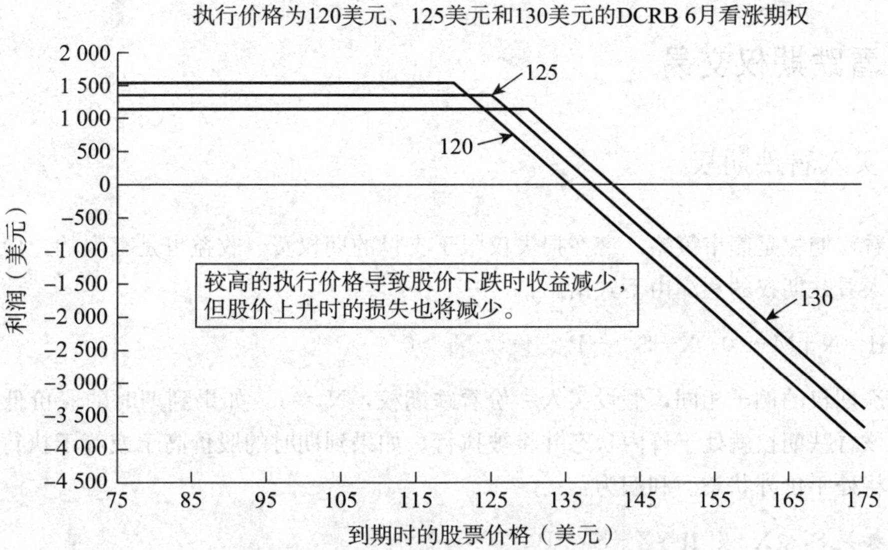

图 6.7　卖出看涨期权：不同的执行价格

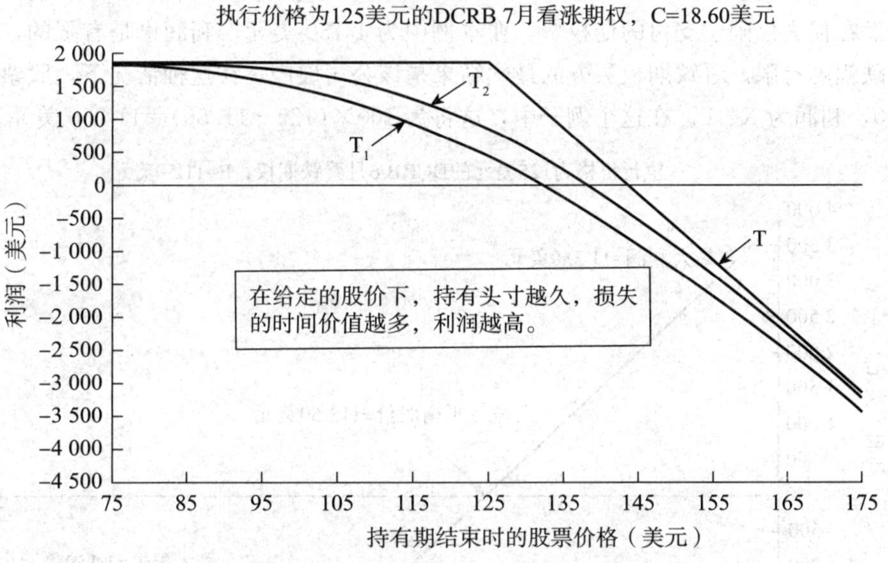

图 6.8　卖出看涨期权：不同的持有期

图 6.8 是图 6.5 的镜像。在到期前回购看涨期权的卖方将不得不支付部分剩余时间价值。因此，对于看涨期权卖方而言，给定股价时，持有期最短的情况下利润最低。

这是因为持有期越短，回购的时间价值越大。然而，持有期越短，股价大幅变化的可能性越小，因此，可能的利润范围要小得多。如果投资者持有头寸直至到期，利润可能会更大，但是股价有更多时间变化——这或许是不利的。我们对买入看涨期权和卖出看涨期权的讨论到此结束，我们看到，它们是彼此的镜像。接下来，我们将考察看跌期权交易。

> 对于给定的股价，持有看涨期权空头的时间越久，损失的时间价值越大，利润越高。

6-4 看跌期权交易

6-4a 买入看跌期权

买入看跌期权是熊市策略。潜在损失仅限于支付的期权费。收益也是有限的，但仍然相当可观。买入看跌期权的利润由下式给出：

$$\Pi = N_P[\text{Max}(0,\ X - S_T) - P]，假设 N_P > 0$$

和看涨期权的例子相同，假设买入一份看跌期权，$N_P = 1$。如果到期时的股价低于执行价格，那么该看跌期权就处于价内状态并将被执行。如果到期时的股价高于或等于执行价格，则看跌期权将处于价外状态。利润为：

如果 $S_T < X$，则 $\Pi = X - S_T - P$

如果 $S_T \geq X$，则 $\Pi = -P$

图 6.9 显示了期权费为 11.50 美元、执行价格为 125 美元的 DCRB 6 月看跌期权买入策略的利润。潜在损失仅限于支付的期权费，在本例中为 1 150 美元。利润也是有限的，因为股价的可能下跌幅度有限。看跌期权买方的最优结果是该公司破产，在这种情况下，股票将一文不值，$S_T = 0$，利润为 X－P。在这个例子中，这将为 100×(125－11.50)＝11 350 美元。

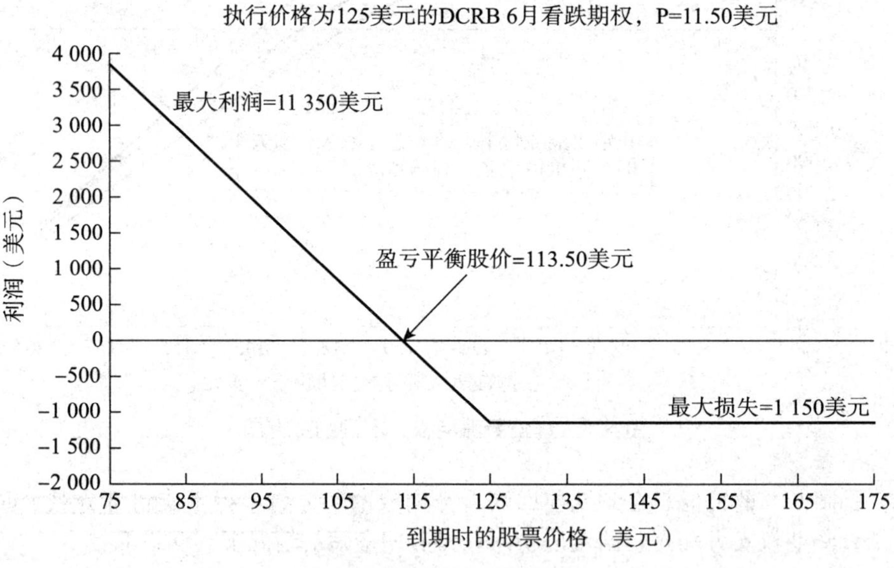

图 6.9 买入看跌期权

请注意，在盈亏平衡点上，股价低于执行价格。将这种情况下的利润公式设为零，得出：

$$\Pi = X - S_T^* - P = 0$$

解出盈亏平衡股价 S_T^*，到期时有：

$S_T^* = X - P$

看跌期权买方必须从执行期权中获得足够的回报，以弥补已支付的期权费。对于期权价内的每 1 美元，看跌期权买方都将获得 1 美元收益。因此，股价必然低于执行价格，差额等于期权费，在这种情况下，股价为 125－11.50＝113.50 美元。投资者要从该看跌期权中获利，在到期日，股价必须跌至 113.50 美元或更低。这相当于在一个月内股价下跌近 10%，即使对于像 DCRB 股票这样波动剧烈的股票，这种跌幅也非常大。

> 买入看跌期权是熊市策略，它的损失有限（看跌期权的期权费），潜在收益较大但有限。

在任何情况下，预期为熊市时，买入看跌期权都是适当的策略。损失仅限于支付的期权费，而潜在收益相当高，而且，执行看跌期权交易比卖空更容易。当股票出现涨点或零涨点时，不需要买入看跌期权，且看跌期权价格远低于卖空交易的保证金。更重要的是，看跌期权的损失有限，而卖空交易的可能损失无限。

> 买入执行价格较高的看跌期权将增加最大损失，但股价下降时的收益也将增加。

执行价格的选择　图 6.10 用执行价格为 120 美元、125 美元和 130 美元的 6 月看跌期权比较了不同执行价格下看跌期权的利润。执行价格最高（130 美元）的看跌期权的期权费最高，因此，潜在损失最大——在这种情况下为 1 425 美元。然而，其潜在利润也是最大的，如果到期时股票价格为零，则最大的可能利润为 100×(130－14.25)＝11 575 美元。执行价格为 120 美元的看跌期权的潜在利润最小，为 100×(120－9.25)＝11 075 美元，盈亏平衡股价也最低，为 120－9.25＝110.75 美元。然而，它的潜在损失也最小——925 美元的期权费。选择哪种看跌期权取决于期权交易者愿意承担的风险。更进取的交易者将寻求最大的利润潜力并选择最高的执行价格。较保守的交易者将选择较低的执行价格，以限制潜在损失。

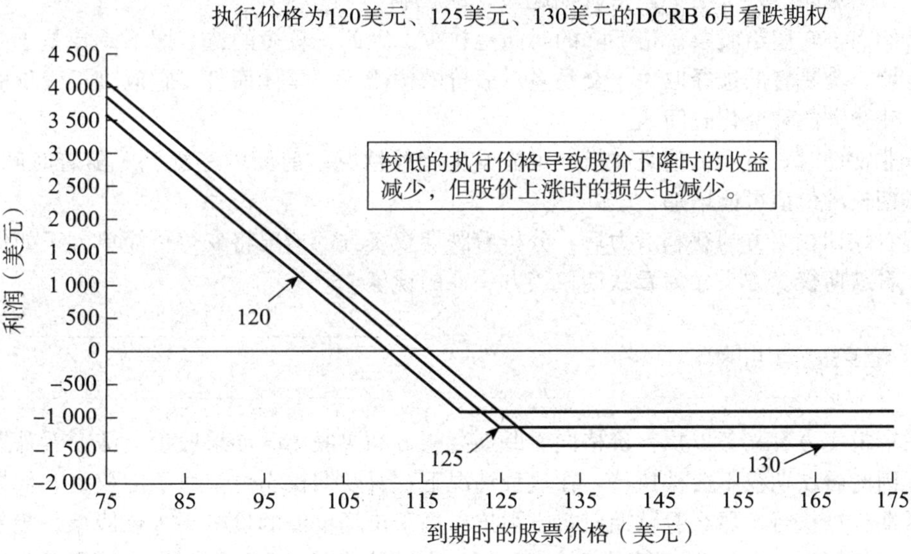

图 6.10　买入看跌期权：不同的执行价格

持有期的选择　图 6.11 比较了在三个持有期下执行价格为 125 美元的 7 月看跌期权的潜在利润。我们用欧式看跌期权的布莱克-斯科尔斯-默顿期权定价模型估计持有期较短时的看跌期权价格。

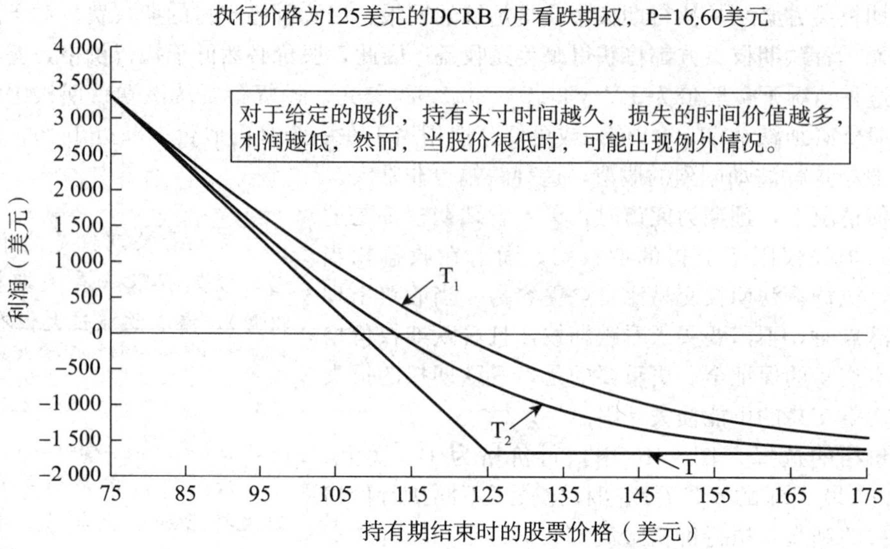

图 6.11　买入看跌期权：不同的持有期

> 对于给定的股价，持有看跌期权越久，损失的时间价值越多，利润越低。对于欧式看跌期权，当股价很低时，结果相反。

通过选择较短的持有期——比如 T_1——看跌期权买方可以卖出最初购买的看跌期权以收回部分时间价值。如果看跌期权买方持有期权至 T_2，那么收回的时间价值将减少。如果看跌期权买方持有期权至到期，则不会收回任何剩余时间价值。与看涨期权的情况一样，在给定的股票价格下，持有期越短，潜在利润越大，然而，它留给股票价格下降的时间也较少。因此，较短的持有期不一定差于或优于较长的持有期。交易者的选择取决于交易者对股价的预测——具体而言，它取决于股价的预期变化幅度、变化方向和变化时间。

股价非常低时，时间价值衰减模式可能发生例外情况。前面曾经提到，随着时间的减少，欧式看跌期权的价值可能增加。

了解看跌期权买方的获利潜力后，分析看跌期权卖方的情况将变得更简单。正如你可能预料到的，看跌期权卖方头寸为看跌期权买方头寸的镜像。

6-4b　卖出看跌期权

看跌期权卖方有义务以执行价格向看跌期权买方购买股票。如果股价上涨，看跌期权卖方将获利，因此看跌期权不会被执行，在这种情况下，看跌期权卖方留住了期权费。如果股价下跌，看跌期权被执行，那么看跌期权卖方被迫以高于市场价值的价格买入该股票。当然，对于美式看跌期权而言，在到期前和到期时都可能发生这种情况。看跌期权卖方的利润公式为：

$$\Pi = N_P[\text{Max}(0, X - S_T) - P]，假设\ N_P < 0$$

让我们来举一个简单的例子，假设看跌期权空头为 1 份，即 $N_P = -1$，卖方利润为买方利润的镜像：

如果 $S_T<X$，则 $\Pi=-X+S_T+P$

如果 $S_T\geq X$，则 $\Pi=P$

图 6.12 用期权费为 11.50 美元、执行价格为 125 美元的 6 月看跌期权说明了看跌期权卖方的利润。卖方的最大潜在利润为买方的最大潜在损失——1 150 美元的期权费。卖方的最大潜在损失是有限的，但和买方的最大潜在收益一样，这是一笔非常大的金额，这里为 11 350 美元。到期时的盈亏平衡股价与买方的盈亏平衡股价相同，具体来说是 X－P，即 113.50 美元。

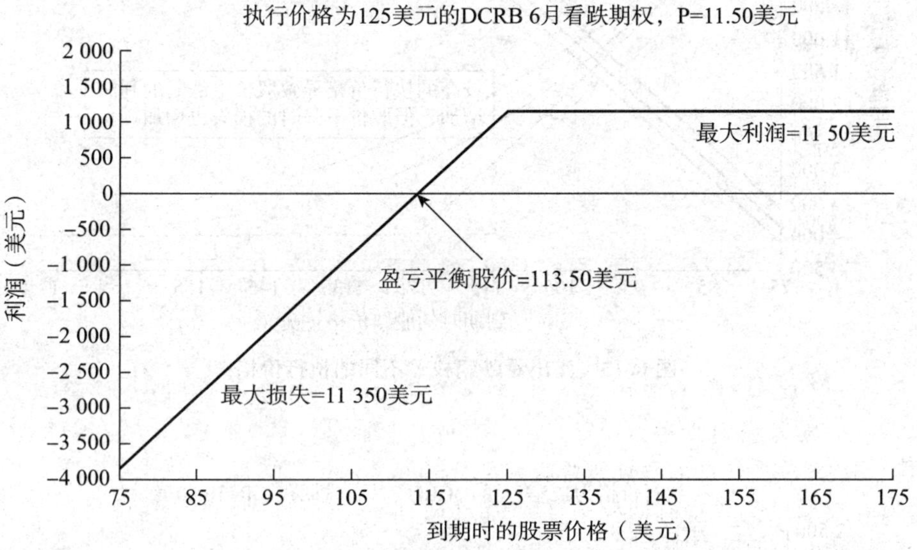

图 6.12　卖出看跌期权

执行价格的选择　图 6.13 使用 6 月看跌期权比较了不同执行价格下的看跌期权卖方利润。当执行价格最高时(130 美元)，期权费收入也最高，因此获利潜力最大。最大利润为 1 425 美元，盈亏平衡股价为 130－14.25＝115.75 美元。然而，风险也最大，因为在熊市中任何损失都将更大。当执行价格最低时，最大利润最低——期权费收入 925 美元，但盈亏平衡股价也最低——120－9.25＝110.75 美元，而且如果市场价格下跌，损失也最低。不同的执行价格再次为看跌期权卖方提供了不同风险和预期回报的多种选择。

> 卖出的看跌期权执行价格越高，最大收益越高，但股价下跌时的损失也越大。

持有期的选择　图 6.14 比较了不同持有期下的看跌期权卖方利润。与看涨期权卖方一样，在给定的股价下，选择较短持有期的看跌期权卖方的利润较小或损失较大。这是因为在到期之前回购看跌期权的卖方必须支付部分剩余时间价值。然而，卖方得到的好处是，在较短的持有期内股价发生大幅不利变化的可能性小得多。持有期的选择仍取决于卖方对市场价格的预期和预期持有期权的时间范围。

> 对于给定的股价，持有看跌期权空头越久，损失的时间价值越多，利润越高。对于欧式看跌期权，当股价很低时，结果相反。

我们看到，在低股价下，欧式看跌期权的时间价值衰减模式会逆转。美式看跌期权卖方必须意识到期权被提前执行的可能性。

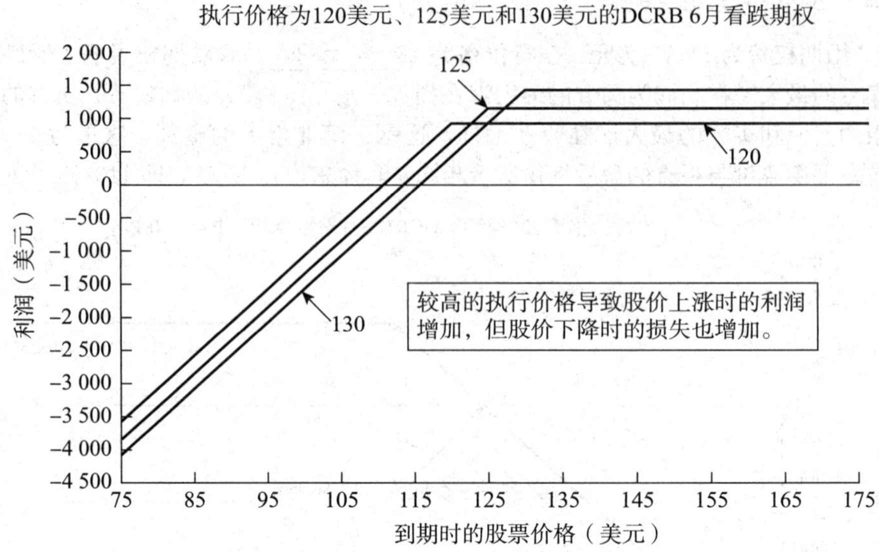

图 6.13　卖出看跌期权：不同的执行价格

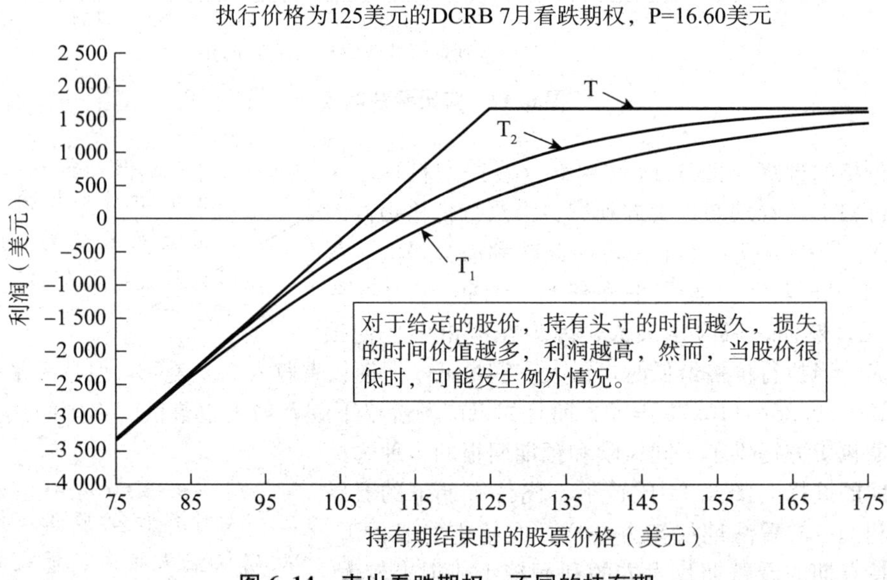

图 6.14　卖出看跌期权：不同的持有期

我们现在已经介绍了所有简单策略，包括买入股票、卖空股票、买入看涨期权、卖出看涨期权、买入看跌期权和卖出看跌期权。图 6.15 总结了这些策略的利润图。它们可以被视为基础策略，将其组合起来可以产生其他策略。实际上，其他所有策略都是这些简单策略的组合。本章其余部分将分析看涨期权与股票相结合、看跌期权与股票相结合、用看涨期权和股票复制看跌期权，以及用看跌期权和股票复制看涨期权的策略。

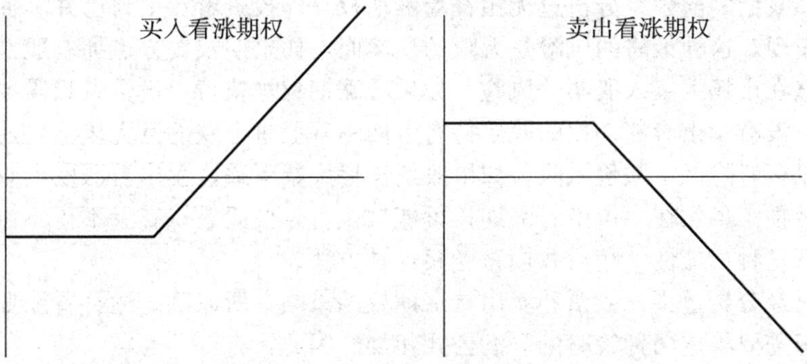

（a）看涨期权交易

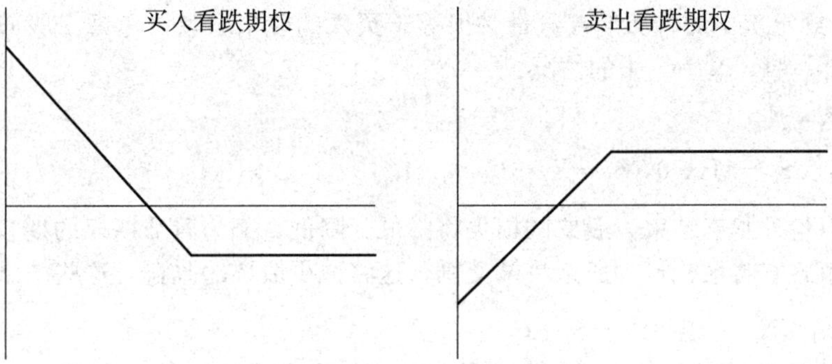

（b）看跌期权交易

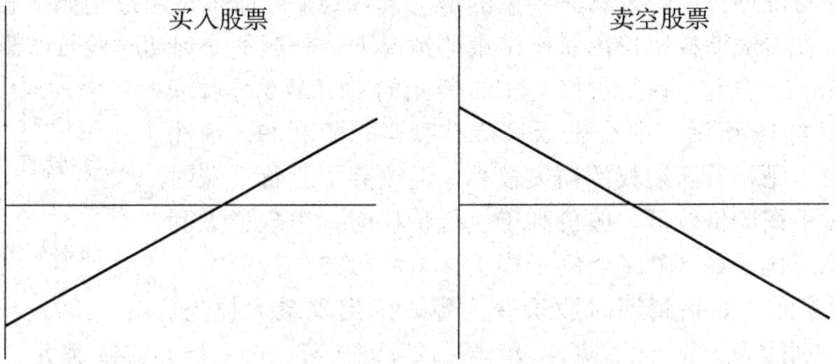

（c）股票交易

图 6.15　持有至到期头寸的利润图总结

6-5　看涨期权与股票的组合：抛补看涨期权

第 4 章表明，通过买入股票和卖出看涨期权是有可能形成无风险对冲的。卖出看涨期权的数量必须超过股票数量，且在整个持有期内必须保持适当的对冲比率。一种更简单但低风险的策略是每持有 1 股股票就卖出 1 份看涨期权。尽管该策略并非无风险，但它确实降低了只持有股票的风险。这也是专业期权交易者最常用的策略之一。执行这种策略的投资者被称为卖出**抛补看涨期权**（covered call）。

回想一下，我们之前曾经分析过无抛补看涨期权，即投资者卖出自己并不拥有的股票的看涨期权。我们发现，这种策略的风险是无限的。然而，如果期权卖方也拥有股票，那么就不会面临以较高价格在市场上买入股票的风险。如果看涨期权被执行，投资者只需要交割股票。从另一个角度看，没有卖出看涨期权的股票持有者面临着股价下跌的巨大风险，通过卖出该股票的看涨期权，投资者降低了跌价风险。如果股票价格大幅下跌，卖出看涨期权收到的期权费将能吸收一定的亏损。虽然在牛市中看涨期权可能被执行，使股票持有者不得不放弃股票，但也有方法尽量降低这种可能性。稍后我们将考察这种方法。

由于我们已经分析过买入股票和卖出看涨期权的策略，所以确定抛补看涨期权策略的利润很简单：我们只需要将这两种策略的利润公式相加。因此，有：

$$\Pi = N_S(S_T - S_0) + N_C[\text{Max}(0, S_T - X) - C]，假设 N_S > 0，N_C < 0，且 N_S = -N_C$$

$N_S = -N_C$ 规定卖出的看涨期权数量必须等于买入的股票数量。考虑 1 股股票和 1 份看涨期权空头，即 $N_S = 1$、$N_C = -1$ 的情况。

利润公式为：

$$\Pi = S_T - S_0 - \text{Max}(0, S_T - X) + C$$

如果期权以价外状态结束，股票的损失将降低，降低金额为看涨期权的期权费。如果期权以价内状态结束，它将被执行，股票将被交割，这将减少股票的收益。这些结果总结如下：

$$如果 S_T \leqslant X，则 \Pi = S_T - S_0 + C$$

$$如果 S_T > X，则 \Pi = S_T - S_0 - S_T + X + C = X - S_0 + C$$

请注意，在看涨期权以价外状态结束的情况下，到期时股价每超过初始股价 1 美元，利润就增加 1 美元。在看涨期权以价内状态结束的情况下，利润不受到期时股价的影响。

> 抛补看涨期权降低了股价下跌时的损失，但也降低了股价上涨时的收益。

期权费为 13.50 美元、执行价格为 125 美元的 DCRB 6 月看涨期权的结果如图 6.16 所示。虚线表示只持有股票时的利润。请注意，股价下跌时，抛补看涨期权的损失较小，但放弃了股价上涨时的收益，且盈亏平衡股价较低。股价高于执行价格时，出现最大利润，该利润为 $X - S_0 + C$，在这个例子中为 100×(125－125.94＋13.50)＝1 256 美元。如果到期时股价变为零，则出现最大损失。在这种情况下，利润为 $-S_0 + C$，即 100×(－125.94＋13.50)＝－11 244 美元。

一些投资者担心股价上升时的收益有限。但是，如果实现最大收益，那么相对于头寸初始价值（125.94 美元的股票价格减去 13.50 美元的看涨期权期权费），当利润为 1 256 美元时，收益率超过 11%。这是 1 个月的收益率。当然，这种策略放弃了股价超过 125 美元时的收益，但在 1 个月中产生最高为 11%的收益率通常也很不错了，尤其是当头寸风险低于股票风险时。

盈亏平衡股价出现在利润为零时，当看涨期权以价外状态结束时，将会发生这种情况。当看涨期权为价外状态时，将利润设为零，即：

$$\Pi = S_T^* - S_0 + C = 0$$

解出 S_T^*，得到盈亏平衡股价，即：

$$S_T^* = S_0 - C$$

这里，盈亏平衡股价为 125.94－13.50＝112.44 美元。只要股价高于 112.44 美元，该抛

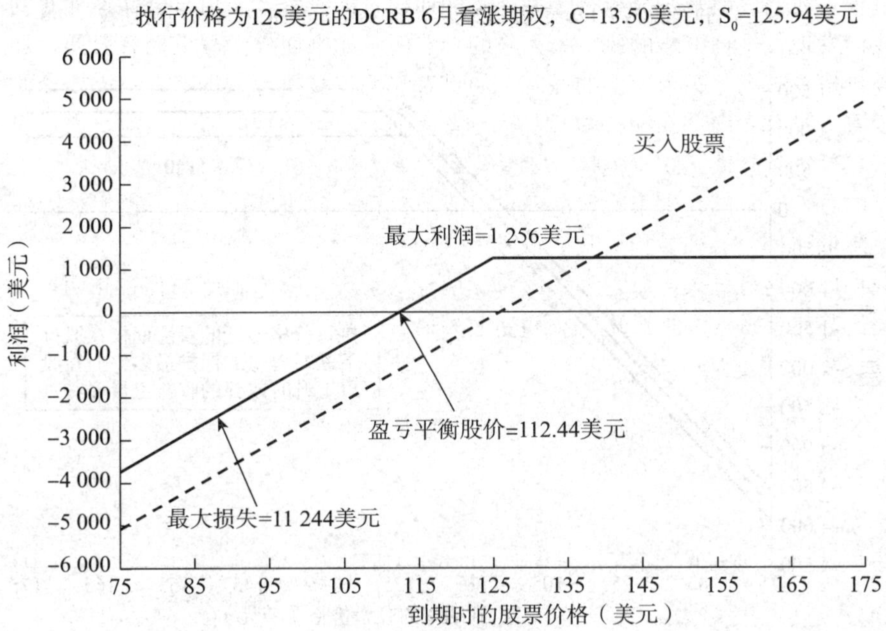

图 6.16　抛补看涨期权

补看涨期权就将获利。另一种分析方法是，只要到期时的股价不低于 112.44 美元，该抛补看涨期权就将获利。因此，直到股价下降近 11%时，该抛补看涨期权都还将获利。仅当股价高于 125.94 美元（即当前股票价格）时，没有看涨期权保护的股票才将获利。

> 抛补看涨期权的执行价格越低，在股价下跌时提供的保护越多，但在股价上涨时的最大收益越低。

执行价格的选择　抛补看涨期权卖方可以选择具有不同执行价格的看涨期权。图 6.17 显示了使用了执行价格为 120 美元、125 美元和 130 美元的 DCRB 6 月看涨期权的抛补看涨期权利润。由于具有最高执行价格（130 美元）的期权用于缓冲股价下跌的期权费最低，因此它为抛补看涨期权卖方提供的保护最少。然而，它提供了最大的获利潜力，因为它的执行价格很高，因此卖方在看涨期权被执行时可以获得更多金额。在这个例子中，执行价格为 130 美元的看涨期权的最大利润为 100×(130－125.94＋11.35)＝1 541 美元。盈亏平衡股价为 125.94－11.35＝114.59 美元。如果到期时股价为零，则利润最低，为 100×(－125.94＋11.35)＝－11 459 美元。

相比之下，执行价格最低——120 美元——的看涨期权提供了最多保护。因为它的期权费最高，所以在股价下跌时提供的缓冲更大。然而，如果股价上涨并且看涨期权被执行，股票卖方将获得更低的价格。最大利润为 100×(120－125.94＋15.40)＝946 美元。盈亏平衡股价为 125.94－15.40＝110.54 美元。在到期时股价为零的情况下，利润最低，为 100×(－125.94＋15.40)＝－11 054 美元。

卖出执行价格最低的抛补看涨期权是最保守的选择，因为股价下跌时的损失较低，然而，股价上涨时的收益也较低。卖出执行价格最高的抛补看涨期权是风险较高的策略，因为股价上涨时的获利潜力更大，但股价下跌时的保护更少。不管选择哪种执行价格，卖出抛补看涨期权的风险都远远低于直接持有股票的风险。无论看涨期权的期权费是高还是低，它都能缓冲股价下跌时股票持有者的损失。

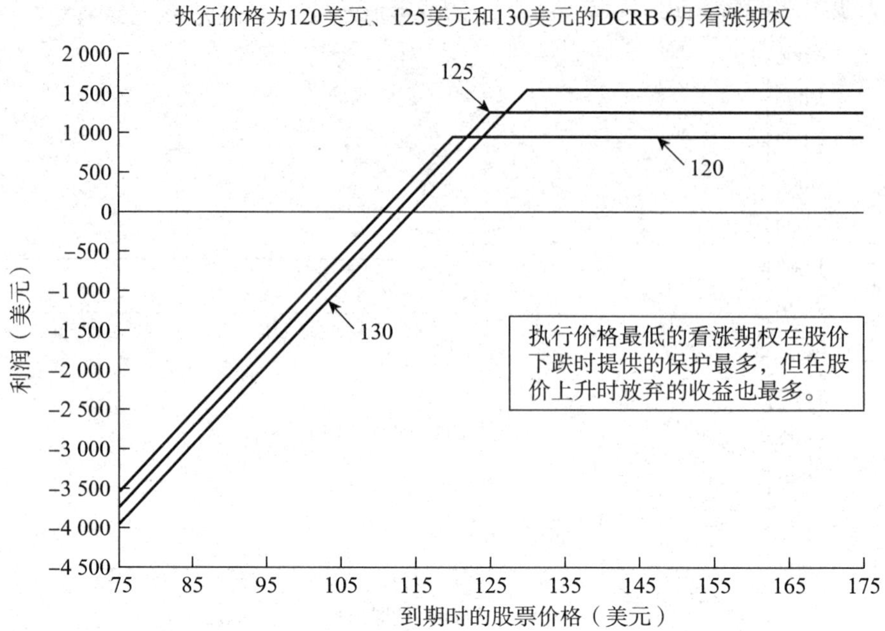

图 6.17　抛补看涨期权：不同的执行价格

持有期的选择　图 6.18 显示了执行价格为 125 美元的 7 月抛补看涨期权，头寸在到期之前平仓。我们仍以本章前面介绍的方式，用布莱克-斯科尔斯-默顿模型来估计看涨期权的价值。给定股票价格，持有期最短（即 T_1，相应的平仓日期为 6 月 4 日）时的利润最小，这是因为卖方通过回购看涨期权来平仓。如果有剩余时间，卖方必须回购部分剩余时间价值。如果使用较长的持有期，则必须回购的剩余时间价值较低。如果持有至到期，则不需要回购剩余时间价值。

> 对于给定的股价，持有抛补看涨期权越久，损失的时间价值越多，利润越高。

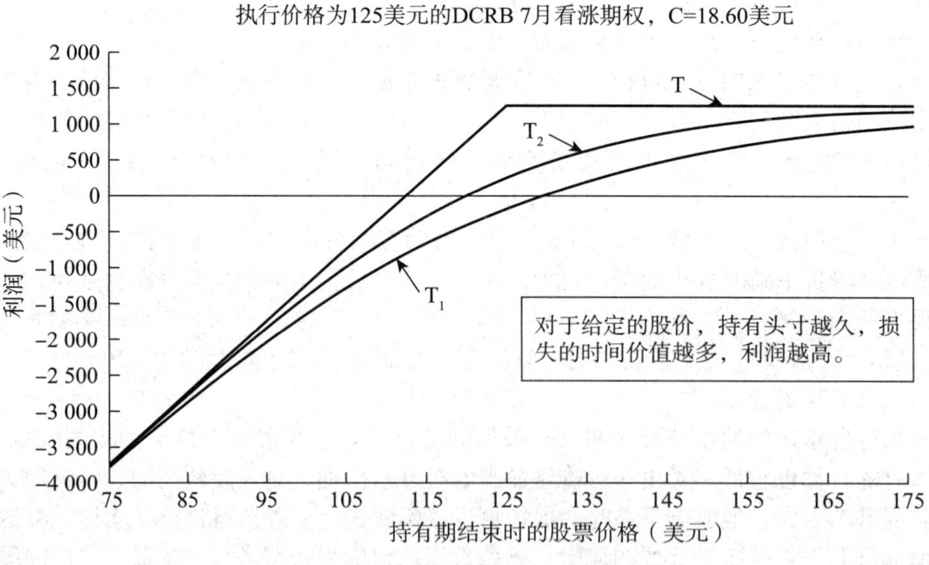

图 6.18　抛补看涨期权：不同的持有期

这是否表明抛补看涨期权卖方应该使用较长的持有期？不一定。这仍然取决于抛补看涨期权卖方对股价的预期以及采用的时间范围。投资者可以通过持有头寸至到期来赚取更多利润，但如此长的持有期也会使股价有更多时间下跌。持有期较短时，股价变化不大的可能性也较高，这对抛补看涨期权卖方而言可能更有利。

6-5a 抛补看涨期权的部分一般考虑因素

如前所述，卖出抛补看涨期权是专业期权交易者的常用策略，这是因为它是低风险策略——比直接购买股票或期权的风险小得多。一些研究还表明，卖出抛补看涨期权比只购买期权更有利可图。于是有人会疑惑，大家都卖出抛补看涨期权不就行了吗？显然，如果发生这种情况，看涨期权的价格就会下降，使这种策略不再有吸引力。卖出抛补看涨期权表现出色的最可能原因是，在这些研究涉及的年代中上市期权还是新生事物。早期业内专家普遍认为，公众热衷于购买这些新工具是将其作为廉价而刺激的市场投机方式，而并不关注这些看涨期权的价格是否合理。实际上，期权定价理论本身还处于起步阶段，人们对期权定价知之甚少。公众需求加上无知很可能使看涨期权价格虚高，并在那个年代为聪明的看涨期权卖方带来可观的利润。尽管最近没有类似的研究，但这种卓越表现不太可能持续下去。

人们普遍认为，卖出抛补看涨期权是获取额外股票收入的一种方法。但是，卖出看涨期权可能使股票持有者必须在不方便或不适宜的时候卖出股票。如果股价上涨，那么抛补看涨期权卖方将无法获得由此带来的收益，并且可能由于买方执行期权而失去股票。然而，如果买方提前执行看涨期权，从财务角度看，卖方的情况并不会变糟。利润仍然是到期时的最高预期利润 $X-S_0+C$。事实上，卖方的情况会变好，因为卖方将在到期前获得这笔金额。

联系现实

α 与抛补看涨期权

卖出看涨期权并购买股票的抛补看涨期权策略可以扩展到股票投资组合，如标准普尔 500 指数。许多投资组合经理的业绩都是根据其相对于标准普尔 500 指数等广义市场指标的表现来衡量的。正如我们将在第 10 章中看到的，反映高于系统性风险或整个市场风险的投资业绩的非系统性收益率被称为 α。

产生 α 的一种方法是卖出看涨期权。正如本章讨论的，卖出看涨期权降低了基础股票投资组合的风险。这也可能提高收益率，因而产生正 α。

从理论上讲，当前的看涨期权价格是由套利因素决定的，且不存在市场不完全。而在实际中，看涨期权的价格可能受多种因素影响，包括投资者对特定报酬的偏好，以及投资者对股票波动率的预期。随着对多头看涨期权报酬的需求增加，看涨期权价格上涨，看涨期权卖方获得更高的期权费。因此，投资者对多头看涨期权报酬的偏好与卖出抛补看涨期权产生的利润存在正向联系。

看涨期权的价格也受预期波动率水平的影响：波动率越高，看涨期权的成本越高。然而，预期波动率水平并不是实际波动率水平。如果投资者高估了波动率，那么他们购买看涨期权时将支付过高的价格。因此，高估波动率对看涨期权卖方有益。

随着投资者对特定报酬的偏好以及波动率估计的变化，抛补看涨期权策略产生的额外收益率很容易随着时间的推移而变化。

假设抛补看涨期权卖方不希望由于执行期权而失去股票。降低执行期权可能性的一种方法是卖出具有较高执行价格的看涨期权，以使看涨期权处于深度价外，这降低了看涨期权以价内状态结束的可能。假设股票价格开始时上涨，价外看涨期权看上去将向价内状态变化，因而提高了执行期权的概率。然后，卖方可以回购该看涨期权并卖出执行价格较高的新看涨期权，这种策略被称为“趋高滚动”。如果股价继续上涨，卖方可以回购新的看涨期权，并卖出执行价格更高的另一个看涨期权。通过这种方式，抛补看涨期权卖方建立了执行价格始终远远高于股票价格的头寸。这种策略的目的是避免执行期权，并将股票留在投资组合中，对于由于各种原因而希望持有特定股票的人而言，这可能很重要。但这种策略的缺点是，执行价格越高，期权费越低，股价下跌时的保护也越少，而且，频繁滚动操作的交易成本也较高。选择策略时，可以权衡这些因素与执行期权带来的不便以及投资者放弃股票的意愿。

许多机构投资者也使用卖出抛补看涨期权策略。持有大量预期收益很低的股票投资组合的人往往认为，如果他们卖出所持股票的看涨期权，将改善投资组合的表现。但是卖出抛补看涨期权——或其他任何策略——都不会带来无限的财富。事实上，这种做法更可能降低投资组合的预期收益率，因为它降低了风险。所以，应该把它视为一种降低风险而非提高收益率的策略。

正如人们所猜想的，多头股票/空头看涨期权的反向头寸是买入看涨期权以保护股票空头，这种策略的结果是抛补看涨期权结果的镜像。我们将在章末习题中研究这种策略。

另一种可以用来降低持有股票的风险的期权策略是保护性看跌期权，它是下一节的主题。

6-6 看跌期权与股票的组合：保护性看跌期权

正如前面讨论的，希望防范股价下跌的股票持有者可以选择卖出看涨期权。在强劲的牛市中，股票持有者可能会因执行期权而失去股票。在熊市中获得保护且仍能参与牛市的一种方法是买入**保护性看跌期权**（protective put），也就是说，投资者只需买入股票并买入看跌期权。看跌期权提供了股票的最低售价。

只需将买入股票和买入看跌期权策略的利润公式相加，即可得到保护性看跌期权的利润公式。由此，我们得到：

$$\Pi = N_S(S_T - S_0) + N_P[\text{Max}(0, X - S_T) - P]，\text{假设 } N_S > 0，N_P > 0，\text{且 } N_S = N_P$$

和前例一样，假设有 1 股股票和 1 份看跌期权，即 $N_S = 1$、$N_P = 1$。如果最终股价高于执行价格，则看跌期权将以价外状态过期。如果股价最终低于执行价格，则执行看跌期权。结果如下：

如果 $S_T \geq X$，则 $\Pi = S_T - S_0 - P$

如果 $S_T < X$，则 $\Pi = S_T - S_0 + X - S_T - P = X - S_0 - P$

保护性看跌期权的作用类似于保单。当你为房子等资产购买保险时，需要支付保费，以确保在发生损失时，保单至少可以弥补部分损失。如果在保单期限内没有发生损失，那么你失去的只是保费。同样，保护性看跌期权是对股票的保险。在熊市中，执行看跌期权抵消了一定的股票损失，这就像凭借保单提出索赔一样。在牛市中，不需要保险，但支付的期权费减少了股价上涨时的收益。

从上述等式可以清楚地看出，牛市中的利润与到期时的股价呈正向变化。S_T 越高，利润 Π 越高。在熊市中，利润不受到期时股价的影响，只要股票产生损失，都会被看跌期权的收益抵消。图 6.19 为某个保护性看跌期权的利润图，图中的 DCRB 6 月看跌期权执行价格为 125 美元，期权费为 11.50 美元。虚线为只持有股票时的利润。请注意，当股价下跌时，保护性看跌期权的损失较小，当股价上涨时，保护性看跌期权的收益较小，盈亏平衡股价较高。

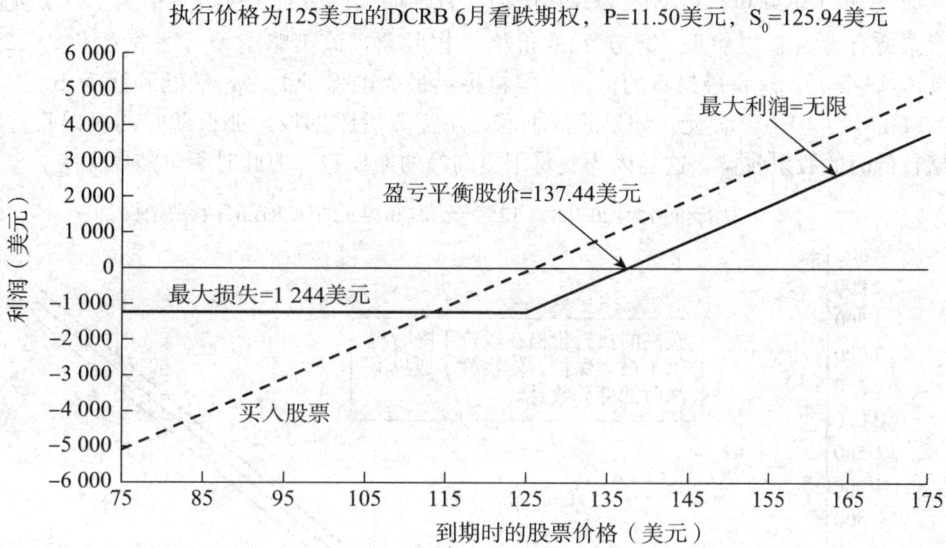

图 6.19　保护性看跌期权

如果到期时的股价低于执行价格，那么保护性看跌期权的最大损失就是最小利润。由于利润公式为 $X-S_0-P$，因此 DCRB 保护性看跌期权的最小利润为 $100\times(125-125.94-11.50)=-1\ 244$ 美元，即最大损失为 1 244 美元，该损失约为头寸初始价值的 9%（股价 125.94 美元加上看跌期权价格 11.50 美元）。显然，该头寸没有最大收益，因为股价每超过执行价格 1 美元，投资者就获得 1 美元利润。请注意，保护性看跌期权的利润图与看涨期权多头的利润图相同，这是看跌期权-看涨期权平价导致的。

当到期时的股票价格超过执行价格时，到期时将出现盈亏平衡股价。将该利润设为零，解出盈亏平衡股价 S_T^*，即：

$$\Pi=S_T^*-S_0-P=0$$

$$S_T^*=P+S_0$$

保护性看跌期权设定了股价下跌时的最大损失，并牺牲了股价上升时的部分收益。它相当于资产保单。

因此，盈亏平衡股价是到期时等于初始股价加上期权费的股价。这应该是显而易见的，因为盈亏平衡股价必须比初始股价高出足以支付看跌期权期权费的金额。在这个例子中，到期时的盈亏平衡股价为 $11.50+125.94=137.44$ 美元。因此，要达到盈亏平衡，股价涨幅必须约为 9.1%。保护性成本一开始使投资者处于亏损状态，但股价上涨时的获利空间是无限的。

执行价格的选择：免赔额决策　保护性看跌期权提供的保护范围受所选执行价格的影响，这相当于决定保险的免赔额。较高的免赔额意味着被保险人承担更高的风险，因此支付的保费也较低。较低的免赔额意味着保险公司承担更高的风险，因此收取的保费也较高。对于保护性看跌期权，较高的执行价格相当于较低的免赔额。

> 保护性看跌期权的执行价格越高，在股价下跌时提供的保护越多，但股价上涨时的收益也越低。

图 6.20 比较了不同执行价格的 DCRB 保护性看跌期权的表现。执行价格为 130 美元的看跌期权让股票持有者有权以每股 130 美元的价格出售股票，该策略的盈亏平衡股价为 125.94＋14.25＝140.19 美元。这是最昂贵的保险，但将提供最大的保护力度，最低利润为 100×(130－125.94－14.25)＝－1 019 美元。如果股价上涨，不需要看跌期权，那么此时的股票收益将低于执行价格较低时的股票收益，这是因为支付了更高昂的期权费，但此时不再需要保险。

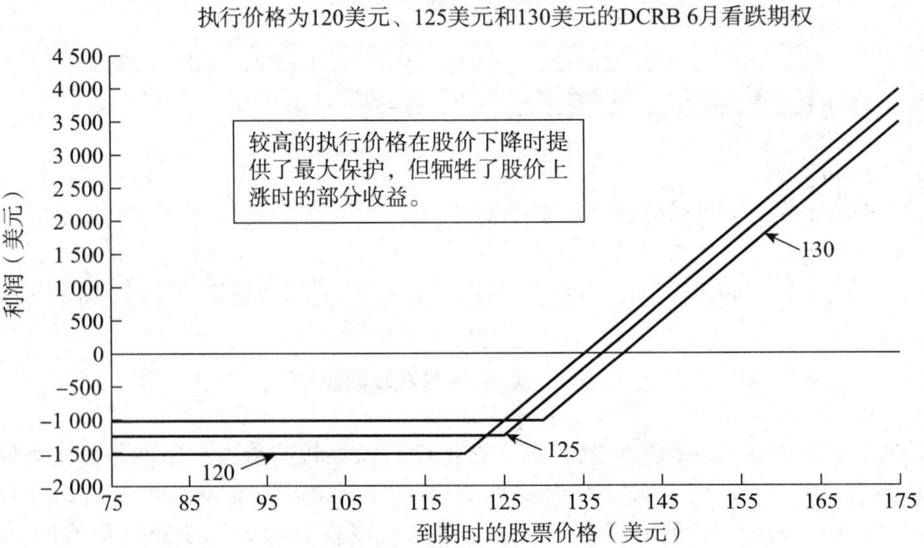

图 6.20　保护性看跌期权：不同的执行价格

最低的执行价格（120 美元）提供的保护最少。盈亏平衡股价为 125.94＋9.25＝135.19 美元。最低利润为 100×(120－125.94－9.25)＝－1 519 美元。如果市场价格上涨，那么较便宜的保险降低的收益较少。

如你所见，选择执行价格就像选择免赔额一样：投资者必须平衡承担部分风险的意愿和支付保费的能力。

持有期的选择　图 6.21 显示了在不同持有期下，执行价格为 125 美元的 DCRB 7 月保护性看跌期权的利润。在给定的股价下，较短的持有期提供了更多保护。这是因为在持有期较短的情况下，投资者可以在到期前回售看跌期权，并收回部分时间价值。持有期越久，需要收回的时间价值越低。然而，我们再次看到，当股价很低时，这条规则将出现例外情况。持有至到期时，将没有时间价值需要收回。

> 对于给定的股价，持有保护性看跌期权越久，损失的时间价值越多，利润越低。对于欧式看跌期权，当股价很低时，结果相反。

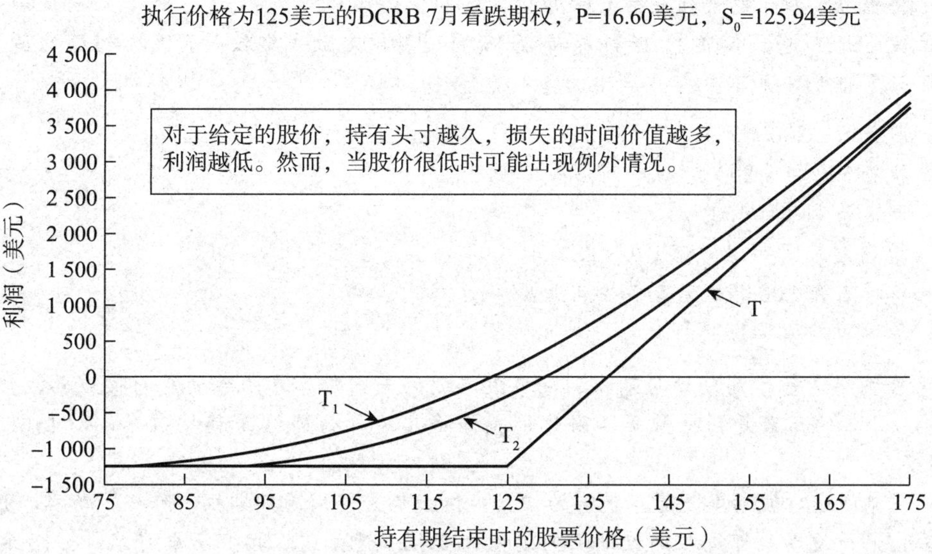

图 6.21　保护性看跌期权：不同的持有期

持有期的选择取决于投资者对可能的股价变化以及股价可能发生变化的时期的看法。如果股价需要发生大幅变化才能提供利润，那么更长的持有期将使股价有更多时间变化。如果股价预期不会有太大变化，则持有期越短越好。然而，股价上涨金额必须至少等于期权费，这时投资者才能达到盈亏平衡。因此，投资者必须权衡在持有期发生这种情况的可能性。

保护性看跌策略也可以逆转，使卖空股票受到空头看跌期权的保护，反之亦然。结果是上述情况的镜像，我们将在章末习题中分析这种策略。

我们已经看到，持有股票的投资者可以同时使用抛补看涨期权和保护性看跌期权来降低风险。哪种策略更好？答案取决于投资者对市场前景的看法。如果投资者认为更可能出现牛市，那么保护性看跌期权将允许投资者参与其中。然而，保护性看跌期权更昂贵，因为投资者必须为此支付期权费。而抛补看涨期权卖方卖出看涨期权实际上会获得收入。因此，每种策略都有其优缺点，投资者在决策之前必须仔细权衡。

联系现实

使用布莱克-斯科尔斯-默顿模型分析策略的吸引力

在本章和下一章中，我们介绍一些期权策略。我们分析到期时策略在一系列可能的基础股票价格下的表现。尽管可能的结果或许令投资者满意，但策略的定价是否有吸引力？使用布莱克-斯科尔斯-默顿模型或其他适当模型（如二项式模型），我们可以确定策略的价格是否合理。

考虑以下情况：某位投资者持有标准普尔 500 指数基金的头寸，该指数现在为 1 200 点。这位投资者正在考虑通过买入看跌期权或卖出看涨期权来保护头寸，并使用衍生产品交易所现有的欧式看跌期权和欧式看涨期权。相关期权的执行价格为 1 200 点，74 天后到期。看涨期权的售价为 31 美元，看跌期权的买价为 28 美元。该投资者知道抛补看涨期权与保护性看跌期权的表现存在差异，但更担心这两种策略的定价可能不具有吸引力。该投资者愿意使用任何一种策略，但将根据哪种策略的价格较优来决定。

这位投资者知道，布莱克-斯科尔斯-默顿模型是确定欧式期权是否定价错误的适当模型。他收集了必要信息，如下：

股价＝1 200 点
执行价格＝1 200 点
无风险利率＝4.0%
距到期时间＝74/365＝0.202 7 年
标准普尔 500 指数波动率＝0.15
股利收益率＝1.7%

无风险利率是基于到期日与期权到期日最接近的美国国库券的连续复利收益率。估计股利收益率为 1.7%的离散复利收益率，因此，我们将其换算为连续复利收益率，即 ln(1.017)＝0.016 857。

如第 5 章所述，波动率是最难获得的信息。该投资者使用近期期权的隐含波动率，并考虑他和别人如何看待波动率可能在期权期限内发生的变化。他知道，按照历史标准，0.15 的估计值是相当低的，但目前市场波动率异常低，多数专家都认为在接下来几个月内波动率不会变化。

当然，投资者如果发现看涨期权定价过低、看跌期权定价过高，将意识到自己会陷入两难境地，因为这些策略需要卖出看涨期权或买入看跌期权。如果看涨期权定价过低，他将不想卖掉它。如果看跌期权价格过高，他将不想买入它。他希望至少有一个期权定价合理。当然，他并不期望这些期权完全按照理论公允价值进行交易，但他希望它们的价格接近理论公允价值。

使用计算机程序（你可以使用 BlackScholesMertonBinomial10e. xlsm），投资者将得出看涨期权和看跌期权的以下布莱克-斯科尔斯-默顿价值：

布莱克-斯科尔斯-默顿看涨期权价值＝35.02 美元
布莱克-斯科尔斯-默顿看跌期权价值＝29.42 美元

如前所述，该看涨期权可以按 31 美元的价格出售，看跌期权可以按 28 美元的价格买入。该看涨期权的价格似乎过低，因为该模型认为它的售价应为 35.02 美元。看跌期权的价格似乎也稍有低估，因为该模型认为它的价值为 29.42 美元。抛补看涨期权要求卖出看涨期权，而保护性看跌期权要求买入看跌期权，因此保护性看跌期权看起来是更优的策略。投资者看到了机会，知道他必须在看跌期权价格上涨之前迅速采取行动。他还知道，他对波动率的看法可能是错误的。如果波动率低于他的预期，那么布莱克-斯科尔斯-默顿看跌期权价值和看涨期权价值将会下降。看涨期权的理论公允价值越低、越接近市场价格，卖出看涨期权就越有吸引力。看跌期权的理论公允价值越低（或许低于市场价格），买入看跌期权的吸引力就越小。

第 13 章将更全面地探讨看跌期权在提供保险方面的作用。这部分内容将说明如何使用看跌期权、看涨期权、国库券和期货来创建投资组合保险。

下一节将考察用看涨期权创建看跌期权以及用看跌期权创建看涨期权的部分策略。因此，这些策略被称为**合成式看跌期权**（synthetic puts）和**合成式看涨期权**（synthetic calls）。

6-7 合成式看跌期权和看涨期权

在第 3 章和第 5 章中，我们讨论了看跌期权-看涨期权平价，看涨期权价格和看跌期权价格之间的关系为：

$$P+S_0=C+Xe^{-r_cT}$$

公式左侧是看跌期权和股票的价值，公式右侧是看涨期权和无风险债券的价值。我们可以重新整理看跌期权-看涨期权平价公式，得到：

$$P=C-S_0+Xe^{-r_cT}$$

左侧为看跌期权的价值，右侧为表现类似于看跌期权的投资组合的价值。该投资组合包括买入看涨期权、卖空股票、买入纯贴现债券或者借款（面值等于执行价格）。请注意，该式中价格前面的符号表示买多还是卖空看跌期权、看涨期权或股票。多头用正号（+）表示，空头用负号（-）表示。

我们实际上不需要购买债券来复制看跌期权，表示执行价格现值的项是一个常数值，它不影响利润图的形状。例如，考虑一个合成式看跌期权，它包括看涨期权多头和相同数量的股票空头。利润公式为：

$$\Pi=N_C[\text{Max}(0, S_T-X)-C]+N_S(S_T-S_0)\text{，假设 } N_C>0\text{，}N_S<0\text{，且 } N_C=-N_S$$

令股票数量和看涨期权数量均为 1，到期时两个可能股价范围内的利润如下：

如果 $S_T \leqslant X$，则 $\Pi=-C-S_T+S_0$

如果 $S_T>X$，则 $\Pi=S_T-X-C-S_T+S_0=S_0-X-C$

如果到期时的股票价格等于或低于执行价格，则利润将与到期时的股价成反比。如果到期时的股价高于执行价格，则利润不受到期时股价的影响。该结果与看跌期权的一般结果相同，因此名为合成式看跌期权。

我们可以从看跌期权-看涨期权平价公式中看出实际看跌期权与合成式看跌期权的区别。在看跌期权-看涨期权平价中，我们可以通过买入看涨期权、卖空股票、买入面值与执行价格相等的纯贴现债券来复制看跌期权。要准确复制看跌期权，我们需要买入纯贴现债券，然而，在实践中，多数交易者只是买入看涨期权并卖空股票。

图 6.22 比较了使用执行价格为 125 美元的 DCRB 7 月期权的合成式看跌期权和实际看跌期权。合成式看跌期权的利润为：

如果 $S_T \leqslant X$，则为 $-C-S_T+S_0$

如果 $S_T>X$，则为 S_0-X-C

实际看跌期权的利润为：

如果 $S_T \leqslant X$，则为 $X-S_T-P$

如果 $S_T>X$，则为 $-P$

在任何一种情况下，差额都是实际看跌期权的利润减去合成式看跌期权的利润，即 $X-P+C-S_0$。根据看跌期权-看涨期权平价，我们可以用 $C-S_0+Xe^{-r_cT}$ 代替 P。于是差额为：

$$X(1-e^{-r_cT})$$

这是不购买纯贴现债券损失的利息。

有人希望使用合成式看跌期权有两个原因。首先，交易所对看跌期权上市曾实施限制，因此看跌期权发展缓慢。1977 年第一批看跌期权上市不久，新期权上市就暂停了。这阻止了更

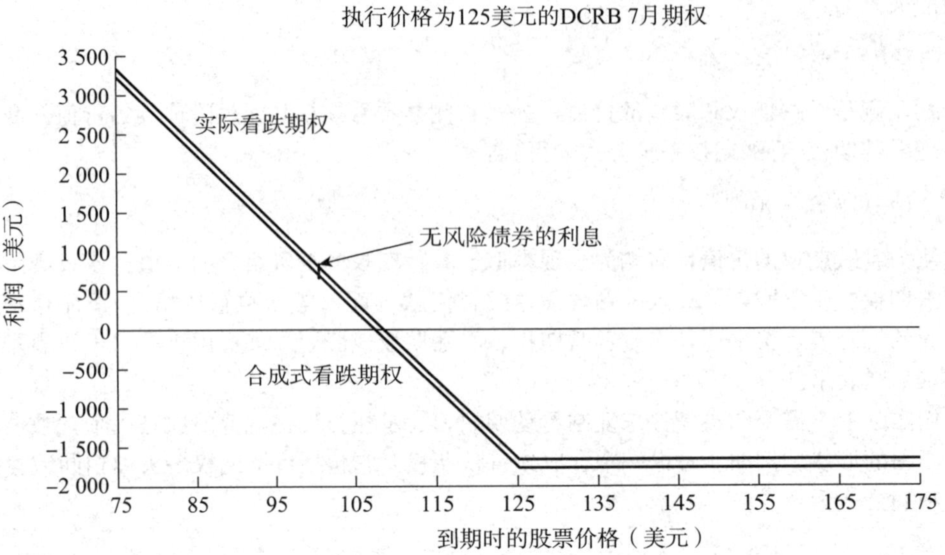

图 6.22　合成式看跌期权与实际看跌期权

多看跌期权上市，直到 1980 年，这项禁令才被取消。在此期间，投资者可以创建合成式看跌期权以代替实际看跌期权。

其次，投资者可以使用合成式看跌期权来利用看跌期权和看涨期权关系中的错误定价。例如，实际看跌期权价格 P 与合成式看跌期权价格 $C-S_0$ 之差应为 Xe^{-r_cT}，然而，如果 $P-(C-S_0)$ 大于 Xe^{-r_cT}，则实际看跌期权价格被高估，或者合成式看跌期权价格被低估。投资者应卖出实际看跌期权，并买入合成式看跌期权（买入看涨期权并卖空股票）。这种策略通常被称为**逆向转换**（reverse conversion），或简称为**逆转**（reversal）。如表 6.3 所示，它将在到期时产生现金流出 X。

表 6.3　　逆向转换产生的报酬

头寸	到期时给定股价下的投资组合报酬	
	$S_T \leqslant X$	$S_T > X$
多头看涨期权	0	S_T-X
空头股票	$-S_T$	$-S_T$
空头看跌期权	$-X+S_T$	0
净额	$-X$	$-X$

这种特性使逆向转换类似于无风险贷款。建立头寸时收到的资金包括：(1) S_0(来自卖空股票)；(2) P(来自卖出看跌期权)；(3) $-C$(来自购买看涨期权)。按照我们的假设，这高于执行价格的现值，我们可以按无风险利率 r_c 投资 S_0+P-C，直至期权到期。这笔投资的累计终值将超过 X。这意味着我们可以偿还贷款，并有剩余资金。[①] 当然，以无风险利率投资这笔

① 然而，如果期权为美式期权，且看跌期权空头被提前执行，我们将必须在到期前支付 X 美元。因此，现金流入产生的利息可能不足以支付必要支出。

资金相当于购买无风险债券。

我们还可以通过购买股票和相同数量的看跌期权来创建合成式看涨期权。显然，这种策略类似于看涨期权，因为它只不过是保护性看跌期权。正如我们在前面所见，保护性看跌期权的利润图与看涨期权的利润图相同。

合成式看跌期权和合成式看涨期权可以用期权和股票构建。

许多投资者购买合成式看涨期权，并在实际看涨期权定价过高时卖出实际看涨期权。这种策略被称为**转换**（conversion），用于利用看跌期权和看涨期权价格关系中的错误定价。

本书附带的 Excel 电子表格 OptionStrategyAnalyzer10e. xlsm 可以用来计算各种资产头寸组合的利润并绘制利润图，同一资产最多可有 6 个不同期权。头寸可以持有至到期或在到期前平仓。

软件演示 6.1 ☞

用 Excel 电子表格 OptionStrategyAnalyzer10e. xlsm 分析期权策略

Excel 电子表格 OptionStrategyAnalyzer10e. xlsm 保存在启动 Excel 宏的工作簿中。它可以用来计算期权策略的利润并绘制利润图，基础资产最多可有 6 个期权和 1 个头寸。绘制出的图分为两种：组合头寸的总图（“总图”选项卡）和列出组成部分的组合头寸图（“分图”选项卡）。该电子表格是只读电子表格，这意味着它不能以 OptionStrategyAnalyzer10e. xlsm 的名称保存，从而对原始文件起到保护作用。但是，你可以加载非只读功能的电子表格。电子表格 OptionStrategyAnalyzer10e. xlsm 可通过产品支持网站下载。要使用它，请执行以下操作：

1. 登录 www. cengagebrain. com 并搜索 ISBN 9781305104969。
2. 点击“Free Materials”标签，然后点击“Access Now”。
3. 点击 OptionStrategyAnalyzer10e. xlsm 的链接。
4. 按照网页上的说明下载并安装电子表格。

现在让我们计算一个例子。假设你希望计算某个简单策略的结果，该策略为购买 1 份执行价格为 125 美元的 DCRB 6 月看涨期权。看涨期权的价格为 13. 50 美元，DCRB 股价为 125. 94 美元。首先，让我们来分析持有头寸至到期，然后在到期之前平仓的策略。

请观察下图中标有“一般输入值”的部分，它需要 5 条信息。每个接受输入值的单元格都为双线边框。第一个输入项目是交易开始时的资产价格，但只有当你的策略包括买入或卖空资产时才需要该信息。在我们的例子中，此处请留空。第二个输入值是资产单位，正数表示买入，负数表示卖出，请输入零或留空。第三个输入值为到期时的资产价格，该信息必须位于利润图中心。尽管你显然不知道到期时的资产价格，但你可以选择任何价格。让我们选择 125 美元的执行价格，该利润图将以此价格为中心，计算策略在该特定价格下的整体利润，并显示在下一部分中。接下来需要的两个输入值是绘制的最低资产价格和最高资产价格，这定义了绘制利润图的范围。让我们任意选择一个以 40 美元为中心的变化范围，假设最低价格为 85 美元，最高价格为 165 美元。

下一部分称为“期权特定输入值”，你可以在此处输入最多 6 个期权的信息，这些期权可能会因距到期时间或执行价格不同而有所不同，它们可能是看涨期权，也可能是看跌期权。请对未使用的期权留空或输入零。所有期权的基础资产必须相同。在第一行中，请用下拉列表选择“看涨期权”、“看跌期权”或“无期权”，对于该策略，选择“看涨期权”。第二行应包含执行价格（在本例中为125美元）。第三行应该包含初始期权价格，这是交易开始时买入或卖出期权的价格，在本例中为13.50美元。第四行包括期权单位，以正数表示买入，以负数表示卖出。对于1手标准多头合约，输入“100”。只有在到期前平仓时，才需要接下来的4个输入值信息。如果持有头寸至到期，则将“平仓时距到期时间”留空或输入零，最后三行可留空。在本例中对其留空。如果在到期前平仓，则输入剩余年数（即天数/365），然后在下面三个单元格中输入无风险利率、波动率和股利收益率。于是，该程序可以使用布莱克-斯科尔斯-默顿模型计算给定资产价格下头寸终止时的期权价值，我们将该信息留空。点击F9（手动重新计算）键。

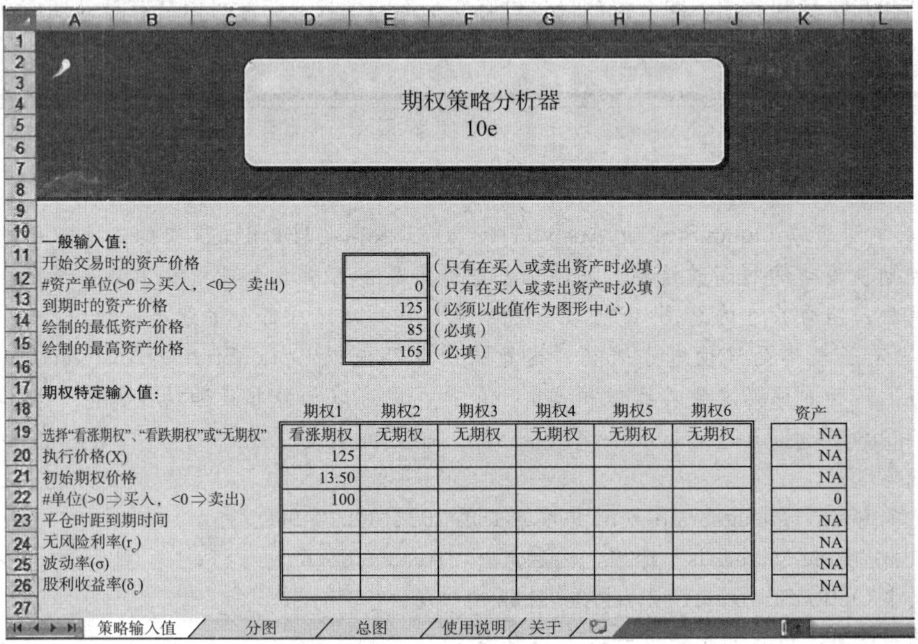

标有“输出值：在上述选定资产价格下，平仓时的期权价值和利润”的部分显示了平仓时在前面规定的资产价格下每个期权的价值、期权交易的利润和交易（包括期权和可能的资产头寸）的整体利润。请注意，输出值单元格为单线边框。当然，这些答案只表示利润图上的一个点。在本例中，利润为−1 350美元，因为我们规定到期时的资产价格为125美元，即执行价格。下一部分“图形结果数据表”显示了在持有期结束时50个可能资产价格（从规定的最低价格到最高价格，以到期时的规定资产价格为中心）下的整体利润。这些图列在不同的工作表中，你可以点击下方的“分图”或“总图”选项卡查看它们。请注意，如果只画出一个头寸，那么总图和分图是相同的。

如前所述，对于在到期前平仓的头寸，如果你提供了关于剩余时间、波动率、利率和股利收益率的必要信息，那么程序会自动计算出规定范围内每个可能资产价格下的布莱克-斯科尔斯-默顿期权价格。例如，如果距到期还有12天（时间=15/365），无风险利率为4.53%，波动率为0.83，股利收益率为0，则看涨期权价值为8.489 8美元，利润为−501.02美元，那么结果将如下面的策略利润分图所示。

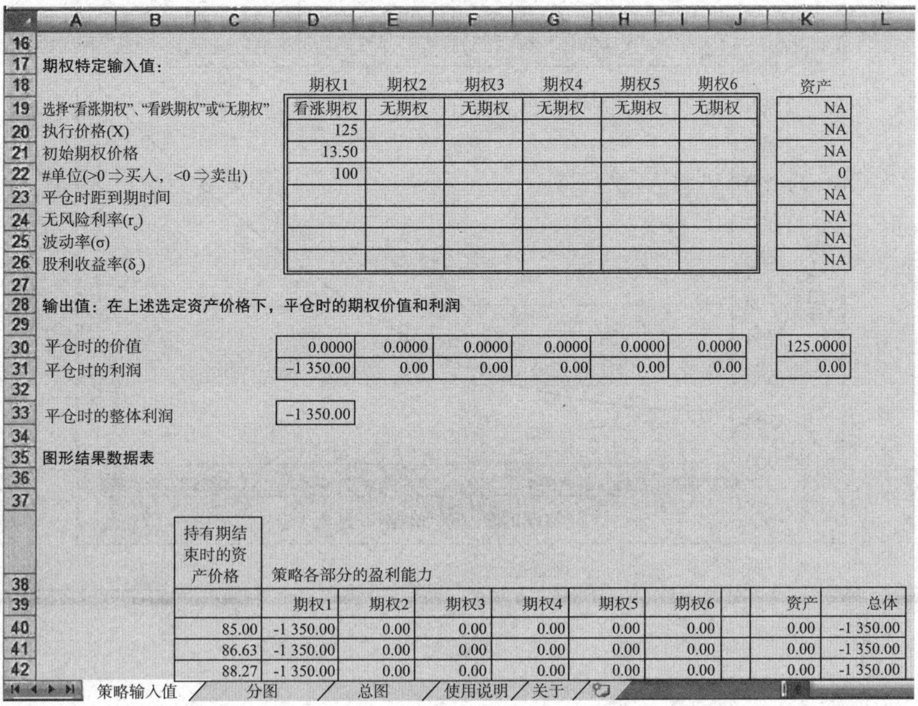

	A–C	D	E	F	G	H	I–J	K
16								
17	**期权特定输入值：**							
18		期权1	期权2	期权3	期权4	期权5	期权6	资产
19	选择“看涨期权”、“看跌期权”或“无期权”	看涨期权	无期权	无期权	无期权	无期权	无期权	NA
20	执行价格(X)	125						NA
21	初始期权价格	13.50						NA
22	#单位(>0 ⇒买入，<0 ⇒卖出)	100						0
23	平仓时距到期时间							NA
24	无风险利率(r_c)							NA
25	波动率(σ)							NA
26	股利收益率(δ_c)							NA
27								
28	**输出值：在上述选定资产价格下，平仓时的期权价值和利润**							
29								
30	平仓时的价值	0.0000	0.0000	0.0000	0.0000	0.0000	0.0000	125.0000
31	平仓时的利润	−1 350.00	0.00	0.00	0.00	0.00	0.00	0.00
32								
33	平仓时的整体利润	−1 350.00						
34								
35	**图形结果数据表**							

	持有期结束时的资产价格	策略各部分的盈利能力							
39		期权1	期权2	期权3	期权4	期权5	期权6	资产	总体
40	85.00	-1 350.00	0.00	0.00	0.00	0.00	0.00	0.00	-1 350.00
41	86.63	-1 350.00	0.00	0.00	0.00	0.00	0.00	0.00	-1 350.00
42	88.27	-1 350.00	0.00	0.00	0.00	0.00	0.00	0.00	-1 350.00

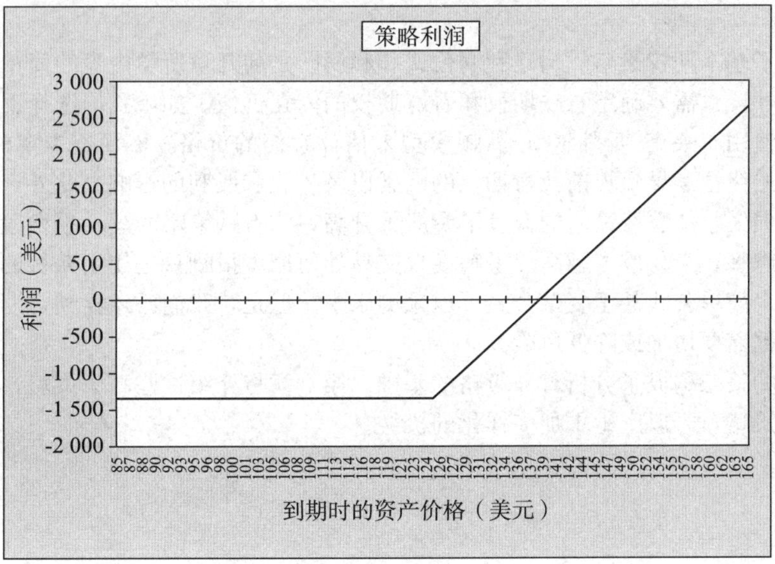

尽管 OptionStrategyAnalyzer10e. xlsm 会正确画出你选择的策略，但它画出的利润图不一定完全符合你的期望。输入值和输出值可能有不同组合，再加上用于生成利润图的固定参数（例如 50 个资产价格），导致最初不一定总能绘制出漂亮的利润图。之所以经常发生这种情况，是因为利润图的刻度线并不位于执行价格上。如果看起来别扭，不妨尝试不同的最高价格和最低价格，直到利润图看上去符合你的期望。

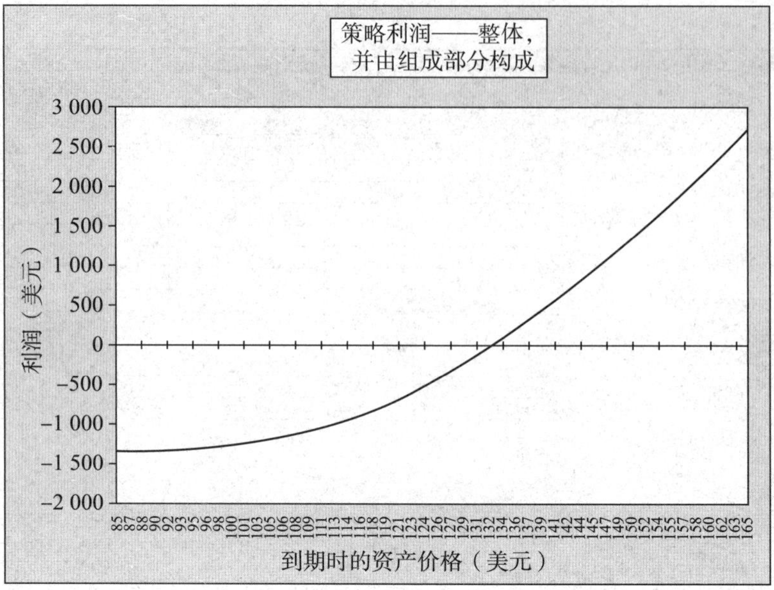

总结

本章考察了基本期权策略。构建利润公式和利润图是前几章所学内容的简单扩展。对于持有至到期的头寸，只需要确定看跌期权和看涨期权的内在价值。如果我们选择不持有期权至到期，那么可以使用布莱克-斯科尔斯-默顿模型来估计它们的价格。然而，本章的内容很基础。期权投资者应始终注意导致提前执行期权的因素以及税收和股利的影响。此外，交易成本会降低利润，增加损失，使看涨策略的盈亏平衡股价升高，使看跌策略的盈亏平衡股价降低。使用的期权和股票越多，交易成本越高。了解期权交易如何产生报酬只是使用期权的第一步。遗憾的是，没有哪个简单公式甚至复杂公式可以预测未来。但是，我们已经看到，期权可以用于调整风险——根据需要增加或降低风险。

本章考察的策略构成了分析奇异策略的基础。第 7 章将介绍这些高级策略，它们结合了这里讨论的许多策略，可以产生更加多样化的机会。

关键术语

- 牛市/熊市
- 盈亏平衡股价
- 无抛补看涨期权/裸看涨期权
- 抛补看涨期权
- 保护性看跌期权
- 合成式看跌期权/合成式看涨期权
- 逆向转换/逆转/转换

扩展阅读

Augen, J. *Trading Options at Expiration: Strategies and Models for Winning the Endgame*. Upper Saddle River, NJ: Pearson Education, 2009.

Austin, M. "Index Option Overwriting: Strategies and Results." *Derivatives Quarterly* 1 (Summer 1995): 77 - 84.

Broadie, M., M. Chernov, and M. Johannes. "Understanding Index Option Returns." *Review of Financial Studies* 22 (2009): 4494 - 4529.

Chambers, D. R., M. Foy, J. Liebner, and Q. Liu. "Index Option Returns: Still Puzzling." *Review of Financial Studies* 26 (2014): 1916 - 1928.

Constantinides, G. M., M. Czerwonko, J. C. Jackwerth, and S. Perrakis, "Are Options on Index Futures Profitable for Risk-Averse Investors? Empirical Evidence." *Journal of Finance* 66 (2011): 1407 - 1437.

Dash, M., and A. Goel. "A Comparison of ITM and OTM Protective-Puts and Covered Calls." *Asian Journal of Finance & Accounting* 6 (2014): 126 - 137.

Ferguson, R. "Some Formulas for Evaluating Two Popular Option Strategies." *Financial Analysts Journal* 49 (September-October 1993): 71 - 76.

Figelman, I. "Expected Return and Risk of Covered Call Strategies." *Journal of Portfolio Management* 34 (Summer 2008): 81 - 97.

Grube, R. C., D. B. Panton, and J. M. Terrell. "Risks and Rewards in Covered Call Positions." *Journal of Portfolio Management* 5 (Winter 1979): 64 - 68.

Isokov, D., and B. Morard. "Improving Portfolio Performance with Option Strategies: Evidence from Switzerland." *European Financial Management* 7 (2001): 73 - 91.

McIntyre, M. L., and D. Jackson. "Great in Practice, Not in Theory: An Empirical Examination of Covered Call Writing." *Journal of Derivatives & Hedge Funds* 13 (2007): 66 - 79.

Moran, M., and M. Boraz. "Index Option Writing for Enhanced Yield and Alpha." *Journal of Indexes* 15 (2012): 20 - 27.

Mueller, P. A. "Covered Call Options: An Alternative Investment Strategy." *Financial Management* 10 (Winter 1981): 64 - 71.

Mullaney, M. *The Complete Guide to Option Strategies: Advanced and Basic Strategies on Stocks, ETFs, Indexes and Stock Index Futures*. New York: Wiley Trading, 2009.

Pounds, H. M. "Covered Call Option Writing: Strategies and Results." *Journal of Portfolio Management* 5 (Winter 1978): 31 - 42.

Rendleman, R. "Covered Call Writing Strategies from an Expected Utility Perspective." *Journal of Derivatives* 9 (Spring 2001): 63 - 75.

Santa-Clara, P., and A. Saretto. "Option Strategies: Good Deals and Margin Calls." *Journal of Financial Markets* 12 (2009): 391 - 417.

Singleton, J. C., and R. Grieves. "Synthetic Puts and Portfolio Insurance Strategies." *Journal of Portfolio Management* 10 (Spring 1984): 63 - 69.

概念检查

1. 请说明买方在到期前平仓，而不是一直持有至到期的优点和缺点。

2. 假设某人正在考虑买入具有特定执行价格的看涨期权，买入具有更高执行价格的看涨期权可能出于什么原因？买入具有更低执行价格的看涨期权可能出于什么原因？

3. 请说明保护性看跌期权与购买股票保险的相似之处。

4. 为什么选择保护性看跌期权的执行价格类似于决定保单的免赔额？

5. 请讨论并比较买入看涨期权和卖出看跌期权这两种看涨策略。为什么前一种策略优于后一种？

问题与习题

1. 购买平价看跌期权比购买价外看跌期权的收益潜力更大，因为它更可能处于价内状态。请评价这种说法。

2. 假设你希望购买股票，并防范股价下跌的影响。你既考虑了抛补看涨期权，也考虑了保护性看跌期权。哪些因素会影响你的决定？

3. 你从一个富有的亲戚那里继承了一些股票。近期股价业绩不佳，分析师认为其增长潜力不大。你想卖出这些股票的看涨期权，然而，这位亲戚所立的遗嘱规定，你必须同意不出售股票，除非你需要这笔钱来应急。你怎样才能卖出抛补看涨期权，并尽量降低执行期权的可能性？

4. 我们简单介绍了合成式看涨期权，它包括股票和相同数量的看跌期权。假设看跌期权和股票的总价值超过实际看涨期权的价值，差额低于执行价格的现值。请说明如何赚取套利利润。注意：不要使用本章中的数据。请根据本书中关于合成式看跌期权的相关内容，说明你的观点。

5. 持有看涨期权可以保护股票空头。请确定该头寸的利润公式，并确定到期时的盈亏平衡股价以及最高利润和最低利润。

6. 卖出看跌期权可以保护股票空头。请确定该头寸的利润公式，并确定到期时的盈亏平衡股价以及最高利润和最低利润。

7. 请说明抛补看涨期权卖方在到期前平仓的优点和缺点。

8. 请说明抛补看涨期权卖方选择执行价格时考虑的因素。

9. 在本章中，看涨期权、看跌期权和股票的三个基本利润公式可以用符号表示为：

$$\Pi = N_C[\text{Max}(0, S_T - X) - C]$$

$$\Pi = N_P[\text{Max}(0, X - S_T) - P]$$

$$\Pi = S_T - S_0$$

请画出一张图，显示上面每个利润公式的多头和空头。假设持有头寸至到期。因此，你总共需要画出三张图。请描述每个利润公式的多头和空头之间的关系，并描述看涨期权利润图和看跌期权利润图之间的关系。

某年7月6日，某只股票的期权价格如下，请在第10题到第15题中使用该信息。忽略股票的股利。股价为165.13美元。到期日为7月17日、8月21日和10月16日。连续复利无风险利率分别为0.050 3、0.053 5和0.057 1。标准差为0.21。假设这些期权为欧式期权。

执行价格	看涨期权			看跌期权		
	7月	8月	10月	7月	8月	10月
165	2.70	5.25	8.10	2.40	4.75	6.75
170	0.80	3.25	6.00	5.75	7.50	9.00

在第10题到第15题中，请计算股价为150美元、155美元、160美元、165美元、170美元、175美元和180美元时的利润，并根据要求回答其他问题。注意：在这里，Excel电子表格OptionStrategyAnalyzer10e. xlsm可以用于获得所需图表，但它不允许你计算用户规定的多个资产价格下的利润，它允许你规定一个资产价格以及一个最大值和一个最小值。请使用OptionStrategyAnalyzer10e. xlsm生成价格范围为150美元到180美元的图表，但手动计算价格为150美元、160美元……180美元时持有至到期的头寸的利润。对于到期前平仓的头寸，请使用电子表格BlackScholesMertonBinomial10e. xlsm确定平仓时的期权价格，然后手动计算利润。

10. 买入1手执行价格为165美元的8月看涨期权合约，持有它直至期权到期。请计算利润并画出利润图，然后计算到期时的盈亏平衡股价。这笔交易的最大可能损失是多少？

11. 沿用第10题的信息，但在8月1日平仓。请使用电子表格计算8月1日可能股价下的利润。请画出利润图，并用它确定近似的盈亏平衡股价。

12. 买入1手执行价格为165美元的10月看跌期权合约，并持有至期权到期。请计算利润并画出利润图，然后计算到期时的盈亏平衡股价。这次交易的最大可能收益和最大可能损失分别是多少？

13. 购买100股股票，并卖出1手执行价格为170美元的10月看涨期权合约，持有该头寸直至到期。请计算利润并画出利润图，然后计算到期时的盈亏平衡股价、最大利润和最大损失。

14. 沿用上一题的信息，但在9月1日平仓。请使用电子表格计算9月1日可能股价下的利润，并画出利润图，用它估计盈亏平衡股价。

15. 买入100股股票，并买入1手执行价格为165美元的8月看跌期权合约，持有该头寸直至到期。请计算利润并画出利润图，然后计算到期时的盈亏平衡股价、最大利润和最大损失。

对于第16题、第17题和第18题，请确定到期时在以下即期汇率下的基本外汇期权交易利润：0.90美元、0.95美元、1.00美元、1.05美元和1.10美元。请画出一张利润图，计算到期时的盈亏平衡即期汇率。假设每手合约的规模为10万欧元。

16. 6个月后到期的欧元看涨期权的执行价格为1.00美元，价格为0.038 5美元。请构建该看涨期权的多头。

17. 执行价格为1.00美元的欧元看跌期权价格为0.0435美元。请构建一个简单的看跌期权多头。

18. 请使用第16题中的信息构建一个欧元抛补看涨期权。假设开始时的即期汇率为0.982 5美元。

19. 布莱克-斯科尔斯-默顿期权定价模型假设股票价格变化为对数正态分布。请用图形显示当投资者持有股票多头和看涨期权空头时，这种分布将如何变化。

20. 布莱克-斯科尔斯-默顿期权定价模型假设股票价格变化为对数正态分布。请用图形显示投资者持有股票多头和看跌期权多头时，这种分布将如何变化。

21. 请用 BlackScholesMertonBinomial10e. xlsm 计算股票的看涨期权价格和看跌期权价格，当前股价为 100 美元，执行价格为 100 美元，（连续复利）无风险利率为 5%，波动率为 30%，距到期时间为 1 年。请说明如何创建合成式看涨期权并确定成本。

22. 假设股票的看涨期权价格为 14.20 美元，看跌期权价格为 9.30 美元，执行价格为 100 美元，（连续复利）无风险利率为 5%，距到期时间为 1 年。请说明如何创建合成式股票头寸并确定成本。假设股价为 100 美元，请找出套利机会。

23.（概念习题）在本章分析的每个案例和前面的习题中，我们都没有考虑投资的利息。考察利息的影响时，一种有用的方法是考察转换或逆向转换。请估计执行价格为 165 美元的 8 月看跌期权和看涨期权的价格，并推荐一种转换或逆向转换方案。请计算持有期权至到期时的交易利润，并确保该利润适当考虑了持有期内的累计利息。

24.（概念习题）评估期权策略时的另一个考虑因素是交易成本的影响。假设买卖期权会产生相当于期权价值 1%的佣金，买卖股票会产生相当于股票价值 0.5%的佣金。如果执行期权，将在买入或卖出股票时产生交易成本。假设持有期权至到期，如果期权处于价内状态，则执行期权而不是回售，请确定以下策略的利润公式。假设期权和（或）股票的数量单位为 1，并出售投资组合中剩余的任何股票。

a. 多头看涨期权

b. 多头看跌期权

c. 抛补看涨期权

d. 保护性看跌期权

25.（概念习题）假设某位投资者正在考虑购买两种看涨期权之一，它们基于同一只股票，期限也相同。这两种看涨期权的唯一区别是执行价格。看涨期权的收益率为利润除以投资金额（这里为看涨期权价格）。请计算两个看涨期权多头利润相同时的最终股价，并计算两个看涨期权多头收益率相同（但不是均为－100%）时的最终股价。请讨论这两个最终股价的差异。

第 7 章

高级期权策略

交易员写的每本书都值得一读，因为从中可以了解他们的钱亏在何处。你很难效仿他们的获利手法（市场会调整），但可以将他们的亏损教训引以为戒。

——纳西姆·塔勒布（Nassim Taleb）

《衍生产品策略》（*Derivatives Strategy*），1997 年 4 月，第 25 页

本章目标

- 介绍并分析期权价差策略，包括货币价差、领式期权、日历价差和比率价差。
- 介绍并分析期权组合策略，包括跨式价差和盒式价差。

第 6 章为基本期权策略打下了基础，现在，我们可以继续研究一些更高级的策略。正如我们经常指出的，期权可以通过某些有趣而不寻常的方式进行组合。在本章中，我们将考察两类高级期权策略：价差和组合。

7-1 期权价差：基本概念

价差（spread）是指买入一种期权并卖出另一种期权。价差一般可以分为两类，一类是**垂直价差**（vertical spread）、**执行价差**（strike spread）或**货币价差**（money spread）。这种策略是指买入一种具有特定执行价格的期权，并卖出另一种只有执行价格不同的期权。例如，投资者可以购买 6 月到期、执行价格为 120 美元的 DCRB 期权，并卖出同样在 6 月到期，但执行价格为 125 美元的 DCRB 期权，因此它被称为执行价差或货币价差。由于以前执行价格是垂直列在报纸的期权专栏中的，所以也被称为垂直价差。

另一类价差是**水平价差**（horizontal spread）、**时间价差**（time spread）或**日历价差**（calendar spread)。这种价差是指投资者买入一种在给定月份到期的期权，然后卖出另一种除了到期月份不同其他方面都相同的期权。例如，投资者可以买入执行价格为 120 美元的 DCRB 6 月看涨期权，并卖出执行价格为 120 美元的 DCRB 7 月看涨期权。它之所以称为水平价差，是因为以前到期月份是水平列在报纸的期权专栏中的，现在已经不再这么做了。

有时，价差是用特殊符号来表示的。上述 DCRB 货币价差被称为 6 月 120/125 价差，首先给出月份，斜线前的执行价格对应买入的期权，斜线后的执行价格对应卖出的期权。如果投资者买入执行价格为 125 美元的 6 月期权并卖出执行价格为 120 美元的 6 月期权，则结果为 6 月 125/120 价差。上一段介绍的日历价差可写为 6 月/7 月 120 价差，斜线前的月份对应买入的期权，斜线后的月份对应卖出的期权。

价差可以用看涨期权或看跌期权执行。7 月 120/125 看涨期权价差为净多头，这是因为执行价格为 120 美元的看涨期权价格高于执行价格为 125 美元的看涨期权价格，也就是说，买入执行价格为 120 美元的看涨期权的现金流出超过卖出执行价格为 125 美元的看涨期权的现金流入。这种交易被称为**买入价差**（buying the spread），有时被称为**借方价差**（debit spread），后者得名于与其相关的一类会计分录。在 7 月 120/125 看跌期权价差中，卖出执行价格为 125 美元的看跌期权的现金流入超过买入执行价格为 120 美元的看跌期权的现金流出。这种交易被称为**卖出价差**（selling the spread）或**贷方价差**（credit spread），结果为净空头。

对于日历价差，6 月/7 月 120 看涨期权价差为净空头和卖出价差，因为 7 月看涨期权的投资者收到的金额高于他（她）为 6 月看涨期权支付的价格。7 月/6 月 120 看涨期权价差为净多头和买入价差，因为 7 月看涨期权的价格高于 6 月看涨期权的价格。这里也使用借方价差和贷方价差这两个术语。看涨期权日历价差和看跌期权日历价差相似，因为这两种期权都是距到期时间越长，期权费越高。

7-1a 为什么投资者使用期权价差

价差提供了小幅获利潜力，同时限制了风险。当然，它们不能让投资者稳赚大钱，我们已经知道，没有这种策略。但是，如果事实证明市场预测准确，那么价差就很有用，因为它在调整风险的同时允许获利。

通过做多一种期权并做空另一种期权可以降低风险。如果股价下跌，多头看涨期权的损失将或多或少被空头看涨期权的收益抵消。收益是否超过损失取决于每个看涨期权的波动率。我们稍后将说明这种影响。现在，考虑某个持有至到期的货币价差。假设我们以较低的执行价格买入看涨期权，并以较高的执行价格卖出看涨期权。在牛市中，我们将获利，因为到期时，低执行价格的看涨期权报酬高于高执行价格的看涨期权报酬。在熊市中，两种期权都可能在到期时一文不值，我们将亏损。因此，购买低执行价格的看涨期权的价差被称为**牛市价差**（bull spread）。同理，在熊市中，如果我们买入高执行价格的看涨期权，并卖出低执行价格的看涨期权，我们就会获利，这被称为**熊市价差**（bear spread）。看跌期权的规则相反：低执行价格的看跌期权多头（空头）和高执行价格的看跌期权空头（多头）组成的头寸为牛市（熊市）价差。一般而言，牛市价差应在牛市中获利，而熊市价差应在熊市中获利。

时间价差不分为牛市价差和熊市价差，它通过提高或降低波动率来获利。我们将在后面的部分进一步讨论时间价差。

交易成本是价差交易中的重要实际考虑因素，这些成本可能占投资的很大一部分，尤其是对小型交易者而言。价差涉及多个期权头寸，交易成本可能很快高到除了场内交易商和大型机构投资者，其他所有交易者都无力承担的水平。如第 6 章所述，我们不会在这里的分析中直接考虑交易成本，而是在适当的时候讨论它们的特殊重要性。

7-1b 符号

这里的符号与前面的章节中使用的符号相同，但是，我们必须加入一些不同的符号以区别价差的执行价格和到期日。对于货币价差，我们将使用下标来区别执行价格不同的期权。例如：

X_1、X_2、X_3＝看涨期权的执行价格，其中 $X_1<X_2<X_3$

C_1、C_2、C_3＝执行价格为 X_1、X_2 和 X_3 的看涨期权的价格

N_1、N_2、N_3＝每种期权的持有数量

N 表示期权数量，其中正 N 为多头，负 N 为空头。在时间价差中，有：

T_1、T_2＝距到期时间，其中 $T_1<T_2$

C_1、C_2＝距到期时间为 T_1、T_2 的看涨期权的价格

N_1、N_2＝每种期权的持有数量

数字示例将使用前几章介绍的 DCRB 期权，为方便起见，表 7.1 照搬了这些数据。除非另有说明，否则假设 1 手期权合约为 100 股股票。

表 7.1　　DCRB 期权的数据，5 月 14 日

执行价格	看涨期权			看跌期权		
	5 月	6 月	7 月	5 月	6 月	7 月
120	8.75	15.40	20.90	2.75	9.25	13.65
125	5.75	13.50	18.60	4.60	11.50	16.60
130	3.60	11.35	16.40	7.35	14.25	19.65

当前股价：125.94 美元

到期日：5 月 21 日、6 月 18 日、7 月 16 日

（连续复利）无风险利率：0.044 7（5 月）、0.044 6（6 月）、0.045 3（7 月）

Excel 电子表格 OptionStrategyAnalyzer10e. xlsm 对于分析价差以及本章中的所有交易都非常有用。

7-2 货币价差

如前所述，货币价差可用于在牛市或熊市中获利，前者被称为牛市价差。

7-2a 牛市价差

考虑两种看涨期权，它们只有执行价格不同——分别为 X_1 和 X_2，其中 $X_1<X_2$。它们的期权费分别为 C_1 和 C_2，且 $C_1>C_2$。牛市价差是指买入执行价格较低的期权，并卖出执行价格较

高的期权。假设每种期权的数量均为 1 份，$N_1=1$，$N_2=-1$，则利润公式为：

$$\Pi=\mathrm{Max}(0,S_T-X_1)-C_1-\mathrm{Max}(0,S_T-X_2)+C_2$$

到期时的股票价格可能属于以下三个范围之一：小于或等于 X_1，大于 X_1 但小于或等于 X_2，大于 X_2。这三个范围下的利润如下：

如果 $S_T\leqslant X_1<X_2$，则 $\Pi=-C_1+C_2$

如果 $X_1<S_T\leqslant X_2$，则 $\Pi=S_T-X_1-C_1+C_2$

如果 $X_1<X_2<S_T$，则 $\Pi=S_T-X_1-C_1-S_T+X_2+C_2$

$=X_2-X_1-C_1+C_2$

当最终股价等于或低于较低的执行价格时，两个期权均以价外状态到期。价差投资者损失了多头看涨期权的期权费，并保住了空头看涨期权的期权费。无论股价比较低的执行价格低多少，利润都相同。然而，因为多头看涨期权的期权费大于空头看涨期权的期权费，因此该利润实际上是亏损。

在第三种情况下，两种期权都以价内状态结束，空头看涨期权被执行，价差投资者执行多头看涨期权然后交割股票。当股价高于较高的执行价格时，股价的影响将消失，而利润不变。该利润为正吗？利润为（X_2-X_1）$-$（C_1-C_2），即执行价格之差减去期权费之差。第 3 章曾提到，期权费之差不能超过执行价格之差。价差投资者支付期权费 C_1，收到期权费 C_2，因此获得净投资为 C_1-C_2 的价差，该价差的最大报酬为 X_2-X_1。没有人会支付高于最大报酬的金额。因此，利润为正。

只有在第二种情况下——多头看涨期权以价内状态结束，空头看涨期权以价外状态结束——才存在不确定性。该式显示，到期时股价每提高 1 美元，利润就增加 1 美元。

> 看涨期权牛市价差在牛市中产生收益且收益有限；在熊市中产生亏损且亏损也有限。

图 7.1 说明了执行价格分别为 125 美元和 130 美元、期权费分别为 13.50 美元和 11.35 美元的 DCRB 6 月看涨期权的牛市价差策略的利润。虚线表示只买入执行价格为 125 美元的看涨期权时的利润。最大损失为净期权费 1 350－1 135，即 215 美元，它发生在到期时股价等于或低于 125 美元时。最大收益为执行价格之差减去期权费之差，100×(130－125－2.15)＝285 美

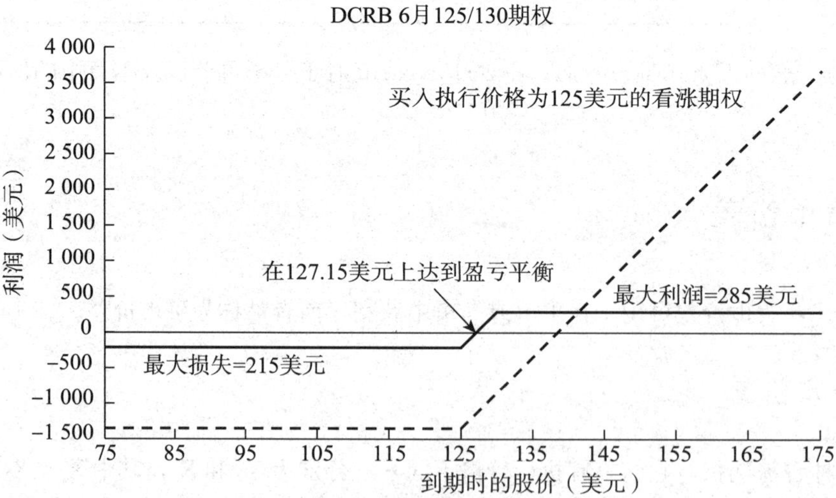

图 7.1　看涨期权牛市价差

元，它发生在到期时股价高于130美元时。请注意，尽管收益有限，但它将在股价为130美元时达到最大，而该股价仅比当前股价高3.2%。最大利润285美元是头寸初始价值215美元的135%。然而，当股价下跌时，只需要下跌0.7%就会达到最大损失，即100%的净期权费。

从图7.1可以明显看出，到期时的盈亏平衡股价位于两个执行价格之间。为了计算出该盈亏平衡股价——称其为 S_T^* ——取第二种情况（股价位于两个执行价格之间）下的利润公式，并将其设为零：

$$\Pi = S_T^* - X_1 - C_1 + C_2 = 0$$

然后解 S_T^*：

$$S_T^* = X_1 + C_1 - C_2$$

股价必须高于较低的执行价格，高出的部分相当于期权费之差，这是有道理的。价差投资者以执行价格 X_1 执行看涨期权，股价越高，执行看涨期权收到的金额越多。为了保持盈亏平衡，价差投资者收到的金额必须足以支付净期权费 $C_1 - C_2$。在本例中，到期时的盈亏平衡股价为125+13.50−11.35=127.15美元，比原股票价格高出约1%。

请注意，如虚线所示，与只购买执行价格为125美元的看涨期权相比，价差投资者减少了最大损失，减少金额为执行价格为130美元的空头看涨期权的期权费，并降低了盈亏平衡股价，但放弃了股价大幅上涨时获得更多收益的机会。

提前执行期权不会给牛市价差造成问题。假设到期前的股价为 S_t，如果空头看涨期权被执行，股价必须高于 X_2。这意味着股价也高于 X_1，可以执行多头看涨期权，净报酬为 $(S_t - X_1) - (S_t - X_2) = X_2 - X_1$。这是持有价差至到期的投资者可能获得的最好结果。

持有期的选择　与任何期权策略一样，持有头寸的时间可能短于期权的完整期限。在第6章中，我们曾假设在到期前对期权平仓，我们用了较短的持有期 T_1（即在6月4日平仓）和 T_2（即在6月25日平仓）。在到期前平仓时，我们估计了一系列股价下的期权价格，并使用这些估计值画出利润图。我们在第6章中说明了绘制利润图的一般程序，在这里，我们使用相同的方法，得到图7.2，即在三个不同持有期假设下的牛市价差。

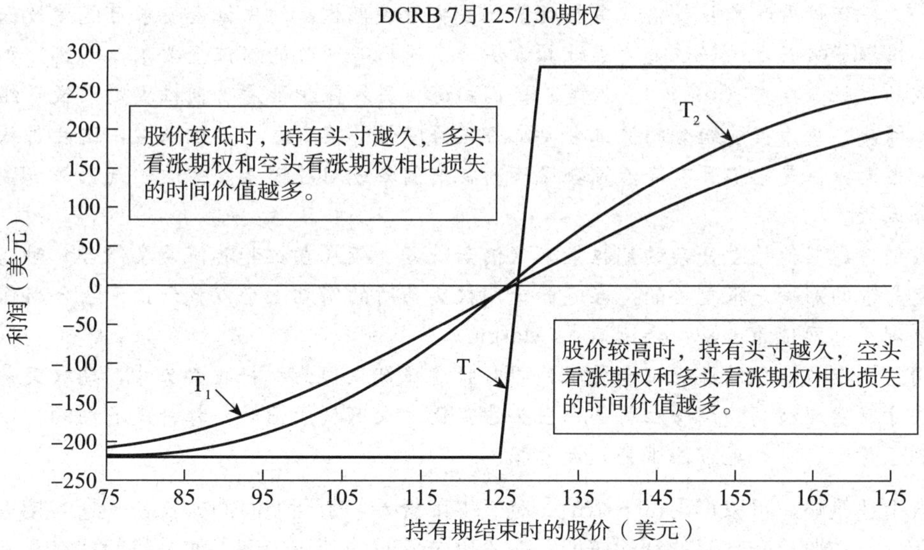

图7.2　看涨期权牛市价差：不同的持有期

前面曾经提到，T_1 是最短的持有期，T_2 稍长，T 表示持有至到期。图 7.2 表明，在最短持有期下利润范围最小。如果股价较低，最短的持有期将产生最小损失，最长的持有期将产生最大损失。如果股价较高，最短的持有期将产生最小收益，最长的持有期将产生最大收益。

> 对于给定的股价，如果股价较高，看涨期权牛市价差的利润将随着到期日临近而增加，如果股价较低，看涨期权牛市价差的利润将随着到期日临近而减少。

这些结果背后的逻辑很简单。首先，前面曾经提到，低执行价格的看涨期权总比高执行价格的看涨期权价值更高，它们的相对时间价值不同。当股价接近执行价格时，期权的时间价值最大。因此，当股价较高时，高执行价格的看涨期权的时间价值更大，当股价较低时，低执行价格的看涨期权的时间价值更大。

当我们在到期前对价差平仓时，总是预期多头看涨期权的售价高于空头看涨期权的售价，因为多头看涨期权的执行价格较低。然而，当股价上升时，多头看涨期权价格高出空头看涨期权价格的金额将下降，这是因为股价更接近执行价格，使空头看涨期权的时间价值更大。多头看涨期权的售价仍然较高，因为它的内在价值更高，但当股价升高时，这种差额将缩小。相反，在低股价下，因为多头看涨期权的执行价格更接近于股价，因此时间价值更大。

联系现实

价差与期权保证金要求

许多期权策略都有内在风险，期权交易者面临交易对手违约的风险。交易所交易期权的显著优势是有中介机构管理信用风险，这种中介机构通常是某类清算所。作为减轻交易对手信用风险的回报，清算所要求期权交易者满足保证金要求。

过去，保证金要求根据交易者采用的具体策略而定。对于使许多风险相互抵消的复杂头寸，根据策略而定的保证金要求将保持在非常高的水平。现在，清算所采取投资组合方法，并根据投资组合的累计风险衡量市场风险。因此，期权保证金头寸比以前显著减少。

例如，保护性看跌期权策略（多头股票和多头看跌期权）的保证金要求可能导致保证金大幅下降。根据策略而定的保证金要求计算方法为，所持普通股的保证金要求（50%）加上买入看跌期权的保证金要求（100%）。但是，我们知道，买入保护性看跌期权决定了投资组合的损失下限，因此，基于投资组合的保证金要求将显著降低。换言之，单独来看，这两种头寸各自的风险相当大，但是它们具有降低综合风险的抵消因素或对冲因素。幸运的是，保证金要求考虑了综合风险。

当我们考虑其他许多复杂的期权策略（例如价差、领式期权和其他复杂组合）时，了解保证金对交易者的影响是很重要的。在芝加哥期权交易所的网站上可以找到投资组合新保证金要求的一个例子（网址为 www.cboe.com/Margin）。

利用复杂期权头寸的低保证金要求，同时将看涨期权视为杠杆股票头寸，期权交易者可以在交易头寸时实现极高的隐含杠杆率。当头寸变化方向有利于你时，杠杆是有利的，但当头寸变化不利于你时，杠杆也可能带来巨大亏损。

综合上述策略，可以得出以下结论：对于牛市价差，距到期时间较长就平仓与接近到期时再平仓相比，在股价较高时的利润较低，在股价较低时的利润较高。如果我们持有头寸更久但不是持有至到期，将得到同样的结果，但由于时间价值减少，所以影响较小。

投资者选择哪个持有期？这个问题没有固定的正确答案或错误答案。强烈看涨的投资者应该意识到，如果预测正确，持有头寸越久就能获得越多利润。另外，较长的持有期可以使股价有更多时间上升。如果预测不正确，则持有期越短，损失就越低。然而，持有期越短，股价就越难发生大幅变化。

下面分析了看跌期权熊市价差，我们将看到，在许多方面，熊市价差与牛市价差相反。

7-2b 熊市价差

熊市价差是牛市价差的镜像：交易者买入高执行价格的看跌期权，卖出低执行价格的看跌期权。由于 $N_1=-1$，$N_2=1$，因此利润公式为：

$$\Pi=-\text{Max}(0, X_1-S_T)+P_1+\text{Max}(0, X_2-S_T)-P_2$$

结果如下：

如果 $S_T \leqslant X_1 < X_2$，则 $\Pi=-X_1+S_T+P_1+X_2-S_T-P_2$
$=X_2-X_1+P_1-P_2$

如果 $X_1 < S_T < X_2$，则 $\Pi=P_1+X_2-S_T-P_2$

如果 $X_1 < X_2 \leqslant S_T$，则 $\Pi=P_1-P_2$

> 看跌期权熊市价差在熊市中产生收益且收益有限，在牛市中产生损失且损失也有限。

图 7.3 显示了执行价格为 125 美元和 130 美元、期权费为 11.50 美元和 14.25 美元的 DCRB 6 月看跌期权的熊市价差。虚线表示执行价格为 130 美元的看跌期权多头。最高收益为执行价格之差减去期权费之差，即 100×(130－125＋11.50－14.25)＝225 美元，它发生在到期时股价低于 125 美元时。最大损失为净期权费 1 425－1 150＝275 美元，它发生在到期时股价高于 130 美元时。

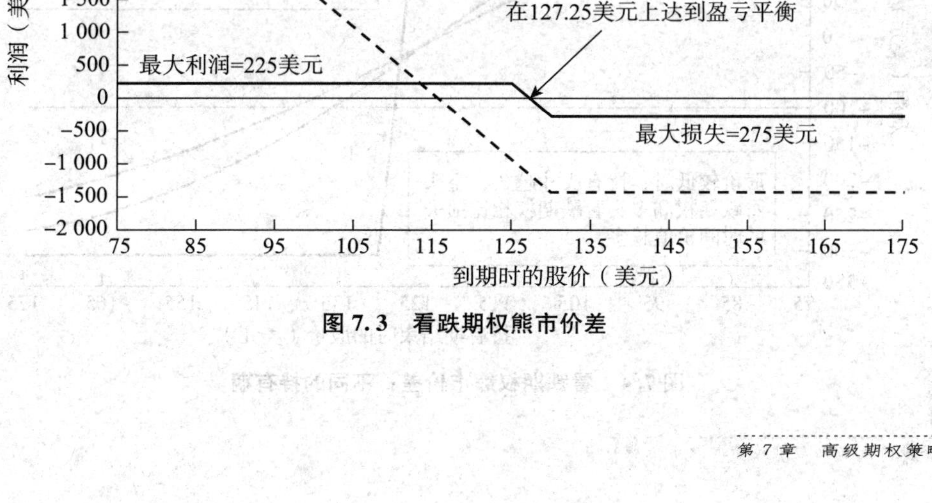

图 7.3 看跌期权熊市价差

和看涨期权牛市价差一样，到期时的盈亏平衡股价介于两个执行价格之间。为了找到该盈亏平衡股价，即 S_T，取第二种情况，即股价位于两个执行价格之间时的利润公式，并将其设为零，即：

$$\Pi = P_1 + X_2 - S_T^* - P_2 = 0$$

然后解得：

$$S_T^* = X_2 + P_1 - P_2$$

这里，盈亏平衡股价为 130＋11.50－14.25＝127.25 美元。

请注意，实现最大收益时，投资收益率接近 82%(投资 275 美元)，且只需股价下降约 1%(从 125.94 美元降到 125 美元)。这似乎使熊市价差成为一种非常诱人的策略。但也请注意，股价涨幅只需略微超过 1%，就会使股价超过盈亏平衡股价，并产生亏损。只需 3.2%左右的涨幅，就会使股价达到最高执行价格，并损失全部 275 美元投资。

相对于多头看跌期权而言，如虚线所示，熊市价差的最大利润（225 美元）较低，盈亏平衡股价较高，股价上升时的损失较低，损失差额为卖出看跌期权获得的期权费。

提前执行期权对看跌期权熊市价差而言不是问题。这是因为，只要空头看跌期权处于价内，看跌期权熊市价差的多头看跌期权就处于价内。如果空头看跌期权被执行，就可以执行多头看跌期权，获得整体现金流 $X_2 - X_1$，这是持有至到期时可获得的最大报酬。

> 对于给定的股价，随着到期日临近，如果股价较低，看跌期权熊市价差的利润将增加，如果股价较高，看跌期权熊市价差的利润将减少。

持有期的选择 图 7.4 显示了使用不同持有期的熊市价差。持有期越长，在熊市中产生的利润越高，在牛市中产生的损失越大，这仍然是因为时间价值的影响。在到期前对头寸平仓的价差交易者将回购空头看跌期权的时间价值，卖出多头看跌期权的剩余时间价值。当股价较高时，多头看跌期权的时间价值高于空头看跌期权的时间价值，因此，多头的亏损快于空头。随着时间的推移，我们将由于这种影响而亏损。当股价较低时，空头看跌期权的时间价值高于多头看跌期权的时间价值，因此，空头的亏损快于多头。随着时间的推移，我们将由于这种影响而获益。

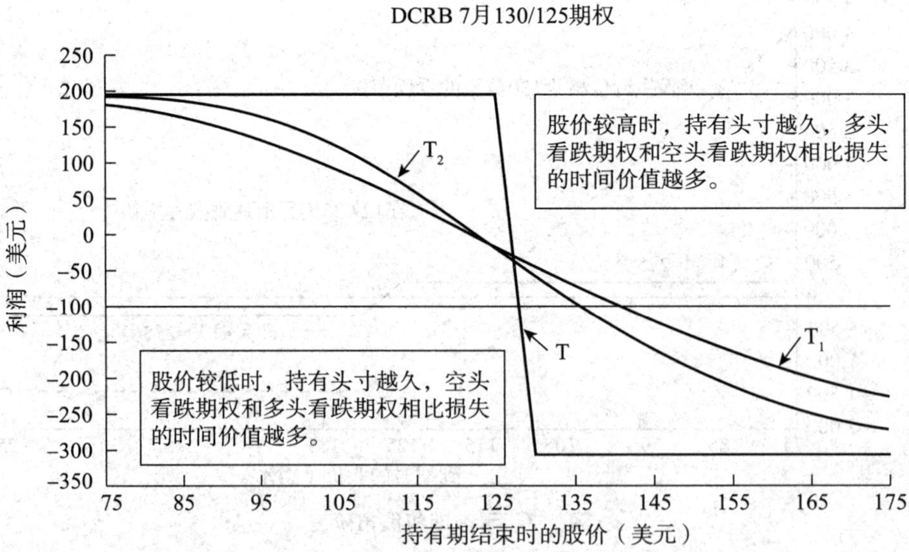

图 7.4　看跌期权熊市价差：不同的持有期

但是，我们应该重申，由于持有期的长度会影响可能的股价范围，因此这些结论并不说明是短持有期更好还是长持有期更好。

7-2c 关于看涨期权熊市价差和看跌期权牛市价差的说明

正如我们所见，我们可以设计出在牛市中获利的看涨期权货币价差，也可以设计出在熊市中获利的看涨期权货币价差。但是，提前执行期权也有风险。空头看涨期权可能处于深度价内，从而有理由提前执行期权，而多头看涨期权仍处于价外。即使多头看涨期权处于价内，提前执行期权产生的现金流也为负。

假设 S_t 为到期前的股价，执行空头看涨期权产生的现金流为 $-(S_t-X_1)$，而执行多头看涨期权产生的现金流为 S_t-X_2，这就产生了 X_1-X_2 的总现金流，它为负现金流。提前执行期权必定会使熊市价差投资者产生现金流出。由于损失发生在到期之前，因此其现值高于到期时损失的现值。看涨期权熊市价差产生的风险与牛市价差无关。

正如我们可以用看涨期权构建熊市货币价差，我们也可以用看跌期权构建牛市货币价差。在这里，我们将买入低执行价格的看跌期权，并卖出高执行价格的看跌期权。其报酬模式与看涨期权牛市货币价差类似，但和看涨期权熊市货币价差一样，提前执行期权会带来风险。

7-2d 领式期权

现在，我们将考察专业资金经理常用的策略——**领式期权**（collar）。领式期权和牛市价差非常相似，实际上，通过应用关于看跌期权-看涨期权平价的知识，就可以看出两者之间的关系。

假设你买了一只股票，你希望防范损失，同时享受收益。一种显而易见的策略就是我们在第 6 章中介绍的保护性看跌期权。如果你买入看跌期权，就必须以现金支付看跌期权的价格。当看涨期权的执行价格高于看跌期权的执行价格时，领式期权通过卖出看涨期权来降低看跌期权的成本。尽管你可以选择任何执行价格的看涨期权，但实际上有一种看涨期权更好：其价格与你买入的看跌期权价格相同的看涨期权。

因此，我们买入股票并以价格 P_1 买入执行价格为 X_1 的看跌期权。现在，我们以期权费 C_2 卖出执行价格为 X_2 的看涨期权。当 $N_P=1$，$N_C=-1$ 时，利润公式为：

$$\Pi=S_T-S_0+\text{Max}(0, X_1-S_T)-P_1-\text{Max}(0, S_T-X_2)+C_2$$

三个股价范围的利润如下：

如果 $S_T\leqslant X_1<X_2$，则 $\Pi=S_T-S_0+X_1-S_T-P_1+C_2$

$=X_1-S_0-P_1+C_2$

如果 $X_1<S_T<X_2$，则 $\Pi=S_T-S_0-P_1+C_2$

如果 $X_1<X_2\leqslant S_T$，则 $\Pi=S_T-S_0-P_1-S_T+X_2+C_2$

$=X_2-S_0-P_1+C_2$

由于 X_1 小于 S_0，而 X_2 大于 S_0，因此当 S_T 等于或小于 X_1 时，股票的利润为 X_1-S_0，它为负值；当 S_T 等于或大于 X_2 时，股票的利润为 X_2-S_0，它为正值。因此，股票的潜在损益固定且有限。只有在中间范围，即 S_T 基本上处于两个执行价格之间时，存在不确定性。如前所述，我们通常将 X_2 设为使 $C_2=P_1$，因此这些项落在上述利润公式之外。然而，我们不一定要选择其价格与支付的看跌期权价格相互抵消的看涨期权。在这种情况下，我们必须将股票利润加上 $-P_1+C_2$，如上述公式所示。

> 领式期权是股票头寸持有者买入执行价格低于当前股价的看跌期权，并卖出执行价格高于当前股价的看涨期权的策略。看涨期权的期权费是为了降低看跌期权的期权费成本。看涨期权的执行价格通常被设为使看涨期权的期权费完全抵消看跌期权的期权费。

当看涨期权和看跌期权的期权费互相抵消时，领式期权有时被称为零成本领式期权，但这个词有误导性。尽管这种期权没有现金支出，但代价是放弃超过 X_2 的所有收益。换言之，投资者将以最高为 X_2 的价格出售股票，作为交换，投资者将获得股票售价不低于 X_1 的保证。

尽管领式期权通常与指数期权和分散化投资组合一起使用，但这里我们仍以单只股票 DCRB 为例。图 7.5 显示了 DCRB 7 月 120/136.165 领式期权。该股票的买入价格为 125.94 美元。假设我们买入执行价格为 120 美元的看跌期权，价格为 13.65 美元。现在，我们需要卖出看涨期权，其执行价格应使期权费为 13.65 美元。在 7 月期权中，没有任何看涨期权的价格为 13.65 美元。执行价格为 130 美元的看涨期权价格为 16.40 美元，所以我们需要执行价格超过 130 美元的看涨期权。我们可以使用布莱克-斯科尔斯-默顿模型来计算执行价格应该是多少。我们使用以下输入值：$S_0=125.94$，$X=136.165$，$r_c=0.045\ 3$，$\sigma=0.83$，$T=0.172\ 6$。我们发现该看涨期权的布莱克-斯科尔斯-默顿价格为 13.65 美元。

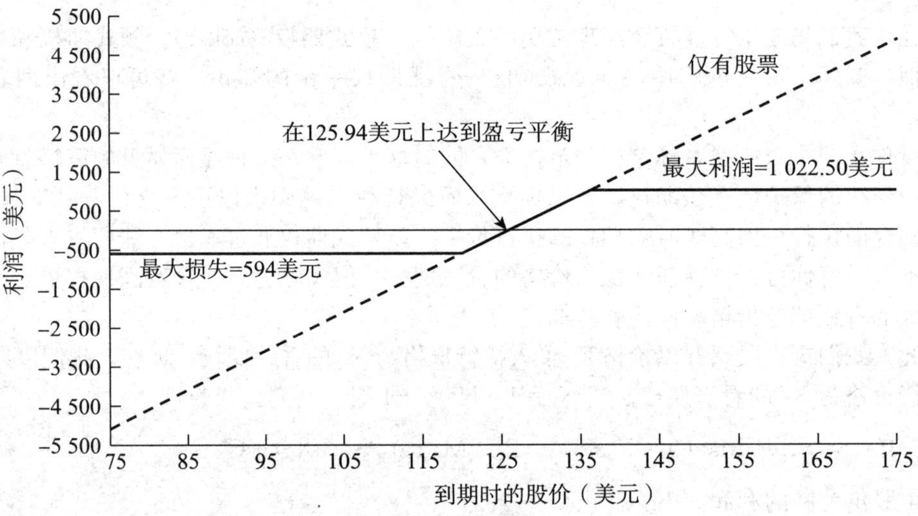

图 7.5　领式期权

现在，我们面临一个尚未发现的问题。如果我们使用交易所上市期权，通常不能指定执行价格，因为这是由交易所规定的。我们可以卖出执行价格为 135 美元或 140 美元的期权，但没有 136.165 美元这个执行价格。我们有两种选择：我们可以使用第 2 章讨论的场外期权，它可以按需规定任何执行价格。此时我们需要找到期权交易商，并要求交易这种特定期权。或者，如果我们的交易数量足够多，也可以使用第 2 章中提到的 FLEX 期权，这种期权在交易所进行交易，并允许我们规定执行价格。假设我们选择其中一种方法，为了方便说明，假设选择哪种方法都没有关系。

因此，我们以 13.65 美元的价格买入执行价格为 120 美元的看跌期权，并以 13.65 美元的价格卖出执行价格为 136.165 美元的看涨期权。我们对每种期权交易 100 份，并买入 100 股 DCRB 股票。请注意，最大利润为 $100\times(X_2-S_0)=100\times(136.165-125.94)=1\ 022.50$ 美元，最大损失为 $100\times(S_0-X_1)=100\times(125.94-120)=594$ 美元。令 $S_T-S_0-P_1+C_2$ 为零，得出盈亏平衡股价：

$$\Pi=S_T^*-S_0=0$$

显然有：

$$S_T^*=S_0$$

在我们的问题中，$S_T^*=125.94$ 美元，即初始股价。请注意，在图 7.5 中，股票利润线正好穿过领式期权的中间利润范围。因此，投资者实际上买入了股票，并确定最大损失为 594 美元，最大收益为 1 022.50 美元。请注意，在股价上涨约 8.1%时，获得最大利润，在股价下跌约 4.7%时，出现最大损失。

该策略看起来很像牛市价差，让我们来分析它们的差异。对于 S_T 的三个范围，下面给出了牛市价差和领式期权的利润公式。对于领式期权，我们将用看跌期权-看涨期权平价 $C_1-S_0+X_1(1+r)^{-T}$ 代替 P_1。

$S_T\leqslant X_1<X_2$	
牛市价差	$-C_1+C_2$
领式期权	$X_1-S_0-P_1+C_2=X_1-X_1(1+r)^{-T}-C_1+C_2$
$X_1<S_T<X_2$	
牛市价差	$S_T-X_1-C_1+C_2$
领式期权	$S_T-S_0-P_1+C_2=S_T-X_1(1+r)^{-T}-C_1+C_2$
$X_1<X_2\leqslant S_T$	
牛市价差	$X_2-X_1-C_1+C_2$
领式期权	$X_2-S_0-P_1+C_2=X_2-X_1(1+r)^{-T}-C_1+C_2$
因此，在所有情况下，领式期权的利润都更高，高出的部分为 X_1 和 X_1 的现值之差。	

因此，牛市价差与领式价差类似，但二者并不完全相同。请注意，牛市价差的利润范围为 $X_2-X_1-C_1+C_2-(-C_1+C_2)=X_2-X_1$。领式期权的利润范围为 $X_2-X_1(1+r)^{-T}-C_1+C_2-[X_1-X_1(1+r)^{-T}-C_1+C_2]=X_2-X_1$。所以这两种策略的利润范围相同。牛市价差的初始支出为 C_1-C_2。领式期权的初始支出为 $S_0+P_1-C_2$。用看跌期权-看涨期权平价代替 P_1，即可得到 $X_1(1+r)^{-T}+C_1-C_2$。领式期权相当于牛市价差加上在到期时支付 X_1 的无风险债券。

持有期的选择 在图 7.6 中，我们可以看到提前平仓时的利润。当股价下跌时，通过在 T_1 平仓，收回的多头看跌期权时间价值大于我们为回购看涨期权支付的价值。当股价下跌时，我们持有头寸越久，它带来的优势越小。当股价上涨时，如果我们提前平仓，回购看涨期权必须支付的时间价值将高于卖出多头看跌期权收到的价值。我们持有头寸越久，它带来的优势越大。请记住，这些结论是正确的，因为当股价接近执行价格时，时间价值将变大。当股价下跌时，多头看跌期权的时间价值将变大。当股价上涨时，空头看涨期权的时间价值将变大。

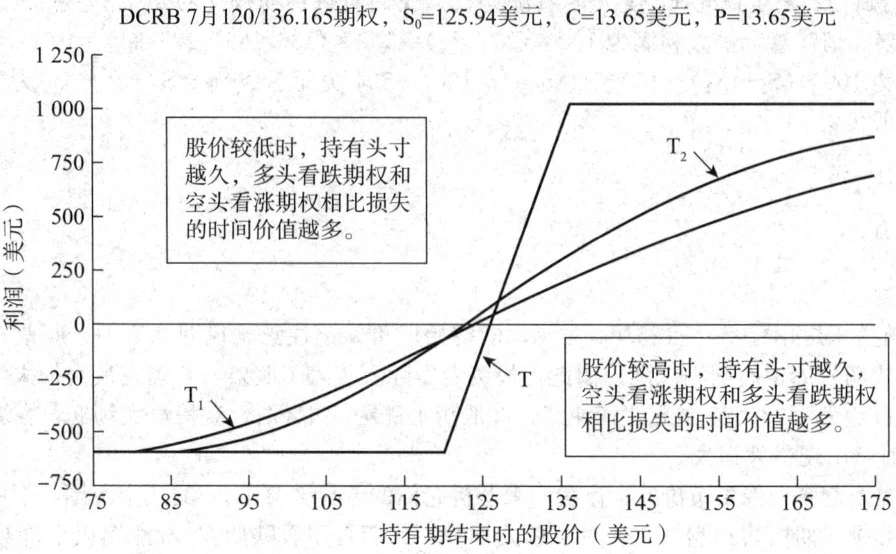

图 7.6　领式期权：不同的持有期

7-2e　蝶式价差

蝶式价差（butterfly spread）有时被称为**三明治价差**（sandwich spread），它是牛市价差和熊市价差的组合。然而，这种交易涉及三个执行价格：X_1、X_2 和 X_3，其中 X_2 位于 X_1 和 X_3 中间。假设我们通过买入低执行价格（X_1）的看涨期权并卖出执行价格居中（X_2）的看涨期权来构建看涨期权牛市价差。然后，我们又通过买入高执行价格（X_3）的看涨期权并卖出执行价格居中（X_2）的看涨期权来构建看涨期权熊市价差。组合这些头寸，表明我们每买入一份低执行价格期权和一份高执行价格期权，就卖出两份中间执行价格期权。由于 $N_1=1$，$N_2=-2$ 和 $N_3=1$，因此利润公式为：

$$\Pi=\text{Max}(0, S_T-X_1)-C_1-2\text{Max}(0, S_T-X_2)+2C_2+\text{Max}(0, S_T-X_3)-C_3$$

为了分析利润公式的表现，我们必须分析到期时的四个股价范围：

如果 $S_T\leqslant X_1<X_2<X_3$，则 $\Pi=-C_1+2C_2-C_3$

如果 $X_1<S_T\leqslant X_2<X_3$，则 $\Pi=S_T-X_1-C_1+2C_2-C_3$

如果 $X_1<X_2<S_T\leqslant X_3$，则 $\Pi=S_T-X_1-C_1-2S_T+2X_2+2C_2-C_3$
$=-S_T+2X_2-X_1-C_1+2C_2-C_3$

如果 $X_1<X_2<X_3<S_T$，则 $\Pi=S_T-X_1-C_1-2S_T+2X_2+2C_2+S_T-X_3-C_3$
$=-X_1+2X_2-X_3-C_1+2C_2-C_3$

联系现实

为投资组合设计领式期权

阿瓦隆资产管理公司（Avalon Asset Management，AAM）是一家小型投资管理公司（虚构的），管理着5 000万美元资产，业绩评估时间为每个日历年的年末。今年前九个月中，阿瓦隆资产管理公司为其客户赢得了丰厚回报，其总体投资组合增长了约21%。然而，阿瓦隆资产管理公司对第四季度有些担心。阿瓦隆资产管理公司的管理层一直在为实现今年的业绩而辛勤工作，因此不希望看到它毁于一旦。

某个合伙人了解到领式策略，通过看跌期权，它可以让公司购买保险以防范跌价损失，通过看涨期权，它可以让公司在涨价时获得部分收益。阿瓦隆资产管理公司之前从未使用过期权，但自认为了解期权的风险和回报，但是，该公司没有权力用客户账户投资期权。合伙人决定使用该公司的50万美元养老基金试行领式期权策略。合伙人知道，领式期权是一种保守策略，不会危害养老基金。

合伙人向第一国民交易商银行（First National Dealer Bank，FNDB）申请用投资组合中的50万美元购买某个领式期权。第一国民交易商银行知道这属于小型衍生产品交易，它通常不做这种交易，但是它知道，如果阿瓦隆资产管理公司对这个策略感到满意，以后可能会进行大额交易。该银行知道，它可以做这笔交易并对冲股指期权市场的风险。该银行也相信它可以按稍优于其给阿瓦隆资产管理公司的价格买卖期权，从而弥补其成本，并产生小额利润。

第一国民交易商银行询问阿瓦隆资产管理公司它愿意承担的跌价风险的大小。阿瓦隆资产管理公司认为，第四季度可以承受6%左右的损失，这样其整体年收益率将约为15%。目前，标准普尔500指数为1 250点，所以损失率为6%时，该指数变为1 250×(1－0.06)＝1 175点。因此，看跌期权的执行价格为1 175点。距到期时间为3个月，因此T＝3/12＝0.25年。标准普尔500指数的股利收益率为1.5%，估计波动率为0.2，无风险利率为4%。

给定这些数据，执行价格为1 175点的看跌期权价格将为17.74美元。执行价格为1 352点时，看涨期权的期权费将为17.76美元。第一国民交易商银行同意将看涨期权的期权费降至17.74美元。所以看涨期权将以1 352点执行，看跌期权将以1 175点执行。因此，当指数上涨时，该指数涨幅超过8.16%之后收益才会受损。当指数下跌时，该指数跌幅达到6%时看跌期权即会止损。由于标准普尔500指数为1 250点，该交易涉及50万美元的投资组合，因此将有400份期权。

第一国民交易商银行担心一点：如果阿瓦隆资产管理公司的投资组合与标准普尔500指数的表现不一致，会发生什么？该银行与阿瓦隆资产管理公司进行了讨论，该公司表示，其投资组合对标准普尔500指数的敏感度约为101%。用专业术语来说，β为1.01。阿瓦隆资产管理公司认为这与标准普尔500指数足够接近。第一国民交易商银行不太确定，但认为值得冒这个风险，于是执行了领式期权。

在今年最后三个月里，市场出人意料地继续表现优异。投资组合的价值上涨了7.5%，达到537 500美元。然而，标准普尔500指数的表现优于投资组合，上涨了10%，达到1 375点。看涨期权以价内状态到期，阿瓦隆资产管理公司必须支付400×Max(0，1 375－1 352)＝9 200美元。这实际上使整体头寸价值降至537 500－9 200＝528 300美元。因此，收益率为：

$$\frac{528\ 300}{500\ 000}-1=0.056\ 6$$

该整体收益率稍高于投资组合收益率3/4。合伙人感到困惑，他们认为在市场上涨时本可以获得高达8%的全部收益率。他们的投资组合波动率比市场稍高，他们认为，如果出现损失，也应该是投资组合业绩超过标准普尔500指数业绩的部分。那么，发生了什么？

该投资组合的表现不如标准普尔500指数。即使投资组合的波动率被认为高于标准普尔500指数，衡量投资组合的波动率也很困难。由于投资组合的表现不如标准普尔500指数，因此以价内状态到期的空头看涨期权没有相应的投资组合收益可供抵消。如果投资组合的价值增长10%，即标准普尔500指数的收益率，其价值将达到550 000美元，扣除9 200美元的看涨期权报酬后，总价值将为550 000－9 200＝540 800美元，收益率为8.16%，这恰好是指数上升时该领式期权的利润率。

阿瓦隆资产管理公司试图使用其基础工具与投资组合不同的期权来保护投资组合。该公司是否将再次使用领式期权策略取决于其对实际业绩与目标业绩略有差异的容忍度。然而，阿瓦隆资产管理公司总体感到满意，因为它的年度业绩由于第四季度的业绩而有所提高，尽管不如本来应有的那样好。

现在来看第一个利润公式，$-C_1+2C_2-C_3$，它可以分解为$-C_1+C_2$和C_2-C_3。我们已经知道，低执行价格的看涨期权价值高于高执行价格的看涨期权价值，因此，第一组公式为负，第二组公式为正。哪组公式的绝对值更大？答案是第一组。执行价格越高，低执行价格看涨期权相对于高执行价格看涨期权的优势越小，因为两个看涨期权均以价外状态到期的可能性提高了。如果发生这种情况，那么任何一个看涨期权对交易者而言都没有价值。由于$-C_1+C_2$的绝对值大于C_2-C_3，因此到期时最低股价范围内的利润为负。

在第二个股价范围内，利润为$S_T-X_1-C_1+2C_2-C_3$。后三项，即$-C_1+2C_2-C_3$表示蝶式价差的净价格。由于到期时的股价直接影响利润，因此利润图将显示，到期时股价每变化1美元，利润也同向变化1美元。然而，该股价范围内的利润可能为正也可能为负，这表明到期时存在盈亏平衡股价。为了找到该股价，即S_T^*，将该利润设为零：

$$S_T^*-X_1-C_1+2C_2-C_3=0$$

解S_T^*，得出：

$$S_T^*=X_1+C_1-2C_2+C_3$$

盈亏平衡公式表明，如果到期时的股价高于低执行价格，且差额足以弥补为价差支付的净价格，那么蝶式价差就将盈利。

现在来看第三个利润公式。由于到期时股价每变化1美元，利润就反向变化1美元，因此利润图将显示，到期时股价每提高1美元，利润就减少1美元。利润可能为正也可能为负，因此，存在第二个盈亏平衡股价。为了找到它，将利润设为零：

$$-S_T^*+2X_2-X_1-C_1+2C_2-C_3=0$$

解S_T^*，得出：

$$S_T^*=2X_2-X_1-C_1+2C_2-C_3$$

前面曾经提到，在该股价范围内，利润随着股价上涨而下降。如果股价太高，以至超过执行具有中间执行价格的看涨期权收到的现金流$2X_2$减去执行具有低执行价格的看涨期权支付的现金流X_1，再减去看涨期权的净期权费，那么利润将完全消失。

在到期时最后一个股价范围内，利润为支付的净期权费加上执行价格之差。因为X_2在X_1和X_3正中间，所以X_2-X_1与X_3-X_2相同，因此，$-X_1+2X_2-X_3=0$。这意味着该股价范围内的利润与第一个股价范围内的利润相同，为期权费之差。

现在我们已经熟悉了蝶式价差，请考虑执行价格为120美元、125美元和130美元的DCRB 6月看涨期权。在这个例子中，利润图显示，在任何股价下蝶式价差都将获利。进一步检查价格后，我们将看到，购买蝶式价差支付的价格低于到期时价差的最低可能价值。因此，必然有一个或多个期权定价错误。为了避免对蝶式价差的表现产生困惑，我们应该使用理论上正确的价格，这可以从布莱克-斯科尔斯-默顿模型中得到。假设波动率为 83%，我们将看到，执行价格为 120 美元的看涨期权的市场价格为 15.40 美元，明显低于其布莱克-斯科尔斯-默顿价值（约 16 美元）。因此，我们用 16 美元作为其价格。

图 7.7 显示了执行价格为 120 美元、125 美元和 130 美元的 6 月看涨期权的蝶式价差，它们的期权费分别为 16.00 美元、13.50 美元和 11.35 美元。最差的结果是净期权费，即 100×(−16.00+2×13.50−11.35)=−35 美元。该结果出现在股价低于 120 美元或高于 130 美元时。当到期时股价等于中间执行价格时，将获得最大利润。使用第二个利润公式，并令 $S_T=X_2$，最大利润为：

$$\Pi = X_2 - X_1 - C_1 + 2C_2 - C_3$$

在本例中为 100×(125−120−16.00+2×13.50−11.35)=465 美元。较低的盈亏平衡股价为 $X_1+C_1-2C_2+C_3$，在本例中为 120+16.00−2×13.50+11.35=120.35 美元。盈亏平衡股价上限为 $2X_2-X_1-C_1+2C_2-C3$，在本例中为 2×125−120−16.00+2×13.50−11.35=129.65 美元。

蝶式价差策略假设股价波动非常小。在本例中，交易者预期股价将维持在 120.35 美元（下浮 4.4%）至 129.65 美元（上浮 2.9%）的范围内。如果事实证明该低股价波动率预测是错误的，那么潜在损失——在本例中——将不高于 35 美元。因此，蝶式价差为低风险交易。

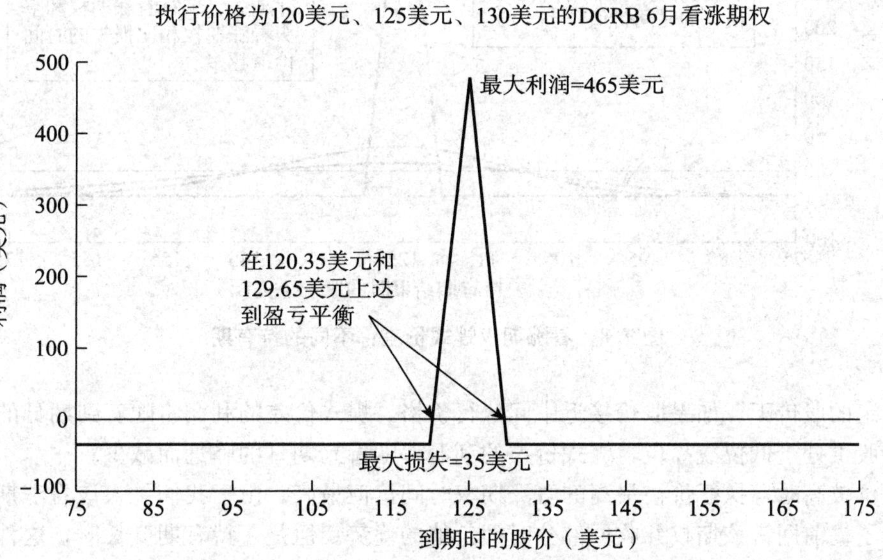

图 7.7　看涨期权蝶式价差

认为股价波动率极高且不介于两个盈亏平衡股价之间的交易者可能希望卖出蝶式价差。这需要分别卖出一份执行价格为 X_1 的看涨期权和一份执行价格为 X_3 的看涨期权，并买入两份执行价格为 X_2 的看涨期权。我们将把它作为章末习题，以探讨空头蝶式价差。

提前执行期权对蝶式价差持有者来说可能是一个问题。假设到期前的股价为 S_t，S_t 大于或等于 X_2 且小于或等于 X_3，假设在股票除息之前不久执行空头看涨期权。然后，价差投资者以执行价格 X_1 执行多头看涨期权。空头看涨期权产生的现金流为 $-(2S_t-2X_2)$，多头看涨期权产生的现金流为 S_t-X_1，因此总现金流为 $-S_t+X_2+X_2-X_1$。该公式的最小值为 $-X_2+X_2+$

$X_2-X_1=X_2-X_1$，它为正。如果 S_t 大于 X_3，且两个空头看涨期权均被执行，那么它们将被两个多头看涨期权的执行抵消，整体现金流将为零。

因此，提前执行期权不会导致现金流出，但这并不意味着没有风险。如果这些期权被提前执行，当 $S_T=X_2$ 时，不可能在到期时实现最大利润。如果反转价差，卖出执行价格为 X_1 和 X_3 的看涨期权，并买入两份执行价格为 X_2 的看涨期权，则提前执行期权可能产生负现金流。

> 蝶式价差的损失有限，它出现在股价大幅变化（上涨或下跌）时，收益也有限，它出现在最终股价等于中间执行价格时。

持有期的选择　与任何期权策略一样，投资者可能希望在到期前平仓。考虑执行价格为 120 美元、125 美元和 130 美元的 6 月看涨期权，让我们继续使用上例中的价格：16.00 美元、13.50 美元和 11.35 美元。令持有期为 T_1 的看涨期权在 6 月 1 日平仓，持有期为 T_2 的看涨期权在 6 月 11 日平仓。[①] 利润图如图 7.8 所示。

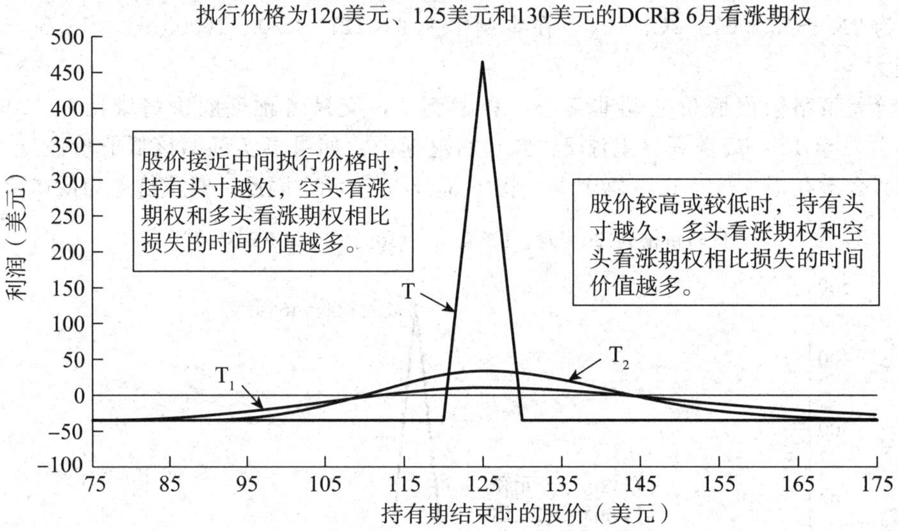

图 7.8　看涨期权蝶式价差：不同的持有期

在给定的股价下，如果股价接近中间执行价格，蝶式价差的利润将随着到期日的临近而增加，如果股价处于低位或高位，蝶式价差的利润将随着到期日的临近而减少。

当股价较高时，执行价格最高的看涨期权时间价值最高。由于我们买入该看涨期权，因此我们获得了提前回售该期权并收回部分时间价值的优势。但是，持有期变长时，这种优势将由于时间价值下降而削弱。

当股价较低时，执行价格最低的看涨期权时间价值最高。由于我们也买入该看涨期权，所以我们可以提前回售它并收回部分剩余的时间价值。然而，随着持有头寸的时间变长，时间价值降低，这种优势也会削弱。

在股价的中间范围内，两个空头看涨期权的时间价值将非常高。当持有期较短时，这是一个缺点，因为我们必须回购这些看涨期权，这意味着我们必须支付剩余的时间价值。然而，随着持有期延长，时间价值开始消失，这个缺点将变成优点。到期时，没有剩余的时间价值，因

① 在本例中，持有期是变化的，因为时间价值衰减并不如我们之前使用的持有期那样清晰。

此，在这个范围内利润达到最大。

盈亏平衡股价随着持有期缩短而大幅下降。这是有利的，因为这样股价需要发生很大变化才能产生损失。

与往常一样，我们不能具体决定最佳持有期。由于蝶式价差是交易商预期股价将维持在较窄范围的价差，因此持有期较长时利润将最大。然而，持有期较长的缺点是，它使股价有更多时间超出盈利范围。

上述所有价差都是货币价差，现在我们将分析日历价差。

7-3 日历价差

日历价差（calendar spread）也被称为**时间价差**（time spread）或**水平价差**（horizontal spread），它是指买入某个到期日的期权，并卖出到期日不同但其他方面相同的期权。因为不可能同时持有这两种期权直至到期，所以分析日历价差比分析货币价差更复杂。由于一个期权在另一个期权之前到期，所以最长的持有期是持有头寸直至期限较短的期权到期。于是，另一个期权将有剩余的时间价值，我们必须估计该时间价值。

由于两种期权的执行价格相同，因此它们的内在价值相同，日历价差的利润将完全取决于其时间价值之差。期限较长的看涨期权将有更多的时间价值。然而，这并不意味着投资者总应购买期限较长的看涨期权，并卖出期限较短的看涨期权。与大多数期权策略一样，买入哪种期权、卖出哪种期权取决于投资者对股票前景的预期。

为了最好地理解日历价差，我们将再次用DCRB看涨期权来说明。该价差是指以18.60美元的价格买入执行价格为125美元的7月看涨期权，并以13.50美元的价格卖出执行价格为125美元的6月看涨期权。该头寸为净多头，因为你为7月期权支付的价格高于你因卖出6月期权获得的价格。考虑两个可能的持有期，第一个持有期 T_1 意味着价差在6月1日终止，另一个持有期 T_2 意味着持有价差至6月18日（即6月看涨期权的到期日）。使用布莱克-斯科尔斯-默顿模型估计剩余的时间价值将产生图7.9中的利润图。

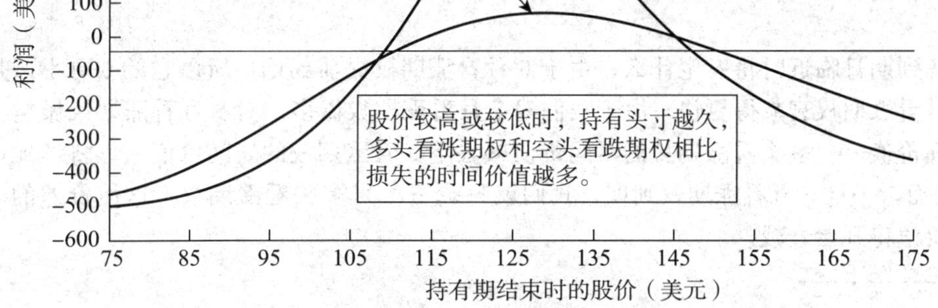

图 7.9　看涨期权的日历价差

与蝶式价差一样，在日历价差中，股票波动率是决定其表现的主要因素。如果股价波动率较低，因此在较窄的价格范围内交易，投资者将获得最大利润。如果股价大幅变化，投资者可能会蒙受损失。

日历价差的作用原理是什么？前面曾经提到，我们做空6月看涨期权，并做多7月看涨期权。平仓时，我们回购6月看涨期权，并卖出7月看涨期权。如果股价在执行价格附近，那么两个看涨期权的剩余时间价值都高于极端股价下的剩余时间价值。然而，在任何给定日期，6月看涨期权的时间价值总小于7月看涨期权的时间价值。因此，当我们平仓时，回购的6月看涨期权的时间价值低于卖出7月看涨期权收到的剩余时间价值。随着我们持有头寸越来越接近6月看涨期权的到期日，我们必须回购的期权剩余时间价值也越来越低。

如果股价处于最高点或最低点，那么这两个期权的时间价值都将很低。如果股价足够高或者足够低，那么这两个期权都将几乎没有时间价值。因此，在平仓时，7月期权几乎没有时间价值可供收回。由于7月看涨期权更贵，因此我们的整笔交易最终将亏损。

对于给定的股价，如果股价接近执行价格，多头日历价差将随着到期日临近而获得收益，如果股价位于低点或高点，多头日历价差将随着到期日临近而遭受损失。

盈亏平衡股价只能通过观察来获得。[①] 在本例中，较短持有期的两个盈亏平衡股价——约110美元和150美元——之间的范围稍宽。对于较长持有期，较低的盈亏平衡股价约为109美元，较高的盈亏平衡股价仍为147美元左右。

预期股价将变得极低或极高的投资者可以执行反向日历价差。这需要买入6月看涨期权，并卖出7月看涨期权。如果股价变得极低或极高，7月看涨期权将没有多少剩余价值可供回购。由于价差投资者卖出7月看涨期权获得的收入高于买入6月看涨期权支付的价格，所以将获得利润。然而，如果股价最后位于执行价格附近，交易者可能会遭受巨大损失，这是因为7月看涨期权可能有很大的时间价值必须回购。

7-3a 时间价值衰减

由于日历价差完全受两个看涨期权时间价值衰减行为的影响，因此它提供了一个分析时间价值如何衰减的好机会。通过使用布莱克-斯科尔斯-默顿模型，我们可以将股价固定为125.94美元，计算价差期限内每个看涨期权每周的时间价值。当然，请记住，如果股价变化，时间价值就将变化。由于平价期权的时间价值最大，因此我们使用执行价格为125美元的6月和7月看涨期权。表7.2列出了期权期限内不同时点上的时间价值模式。该表还给出了θ，我们已从第5章中学到，它是时间变化非常小时的期权价格的变化。负θ表示期权价格将随时间的推移而下降。

请注意到期日临近时将发生什么。由于6月看涨期权提前到期，所以它的θ更小，其时间价值比7月看涨期权衰减得更快。由于我们对7月看涨期权做多，对6月看涨期权做空，因此价差的时间价值——多头看涨期权的时间价值减去空头看涨期权的时间价值——将增加，如正θ所示。然而，一旦6月看涨期权到期，我们就只剩下7月多头看涨期权，这使价差的θ为负值。时间价值将开始衰减。

---

① 然而，我们可以借助布莱克-斯科尔斯-默顿模型，用计算机搜索程序计算出准确的盈亏平衡股价。

表 7.2　　　时间价值衰减：执行价格为 125 美元的 6 月和 7 月看涨期权与日历价差

日期	执行价格为 125 美元的 6 月看涨期权			执行价格为 125 美元的 7 月看涨期权			价差	
	时间	时间价值	θ	时间	时间价值	θ	时间价值	θ
5 月 14 日	0.095 9	12.61	−68.91	0.172 6	17.14	−51.54	4.53	17.37
5 月 21 日	0.076 7	11.22	−76.92	0.153 4	16.12	−54.65	4.91	22.27
5 月 28 日	0.057 5	9.64	−88.63	0.134 2	15.04	−58.39	5.40	30.24
6 月 4 日	0.038 4	7.77	−108.19	0.115 1	13.88	−63.02	6.11	45.17
6 月 11 日	0.019 2	5.35	−152.11	0.095 9	12.62	−68.95	7.27	83.16
6 月 18 日	0.000 0	0.00	0.00	0.076 7	11.22	−76.96	11.22	−76.96

$\sigma=0.83$，$S_0=125.94$，$r_c=0.044\ 6$(6 月)，$r_c=0.045\ 3$(7 月)

价差的时间价值等于 7 月多头看涨期权的时间价值减去 6 月空头看涨期权的时间价值；价差的 θ 等于 7 月多头看涨期权的 θ 减去 6 月空头看涨期权的 θ。每个期权的时间价值为布莱克-斯科尔斯-默顿价值，后者为内在价值加上时间价值减去 0.94 的内在价值。

图 7.10 说明了时间价值衰减模式。随着到期日临近，6 月看涨期权的时间价值迅速下降，价差的整体时间价值增加。6 月看涨期权到期时，价差的时间价值完全由 7 月看涨期权的时间价值组成。

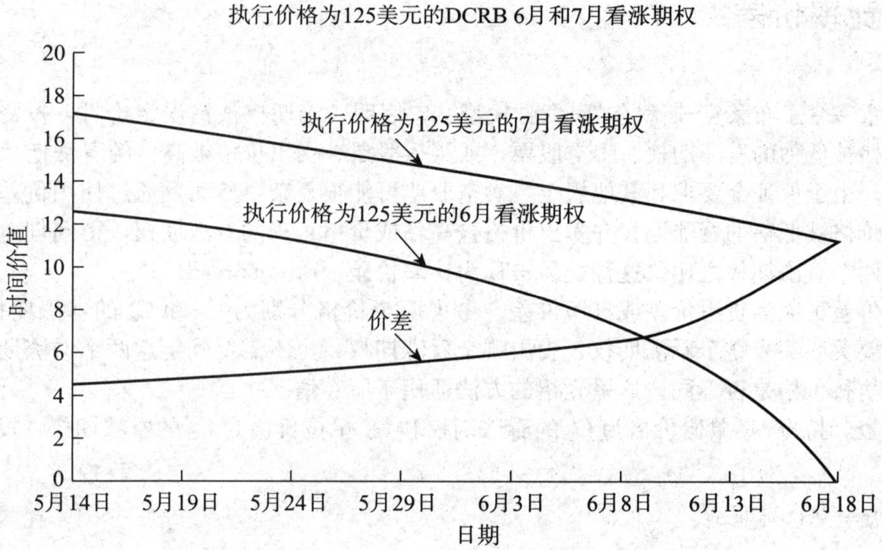

图 7.10　时间价值衰减

> 随着到期日临近，时间价值衰减将加快。

时间价值衰减看上去使日历价差很容易获利。投资者只需买入期限较长的期权，并卖出期限较短的期权。随着时间价值衰减，价差的价值将增加，但实际上很少出现这样的情况。这里显示的时间价值衰减模式是通过保持股价不变获得的。实际上，股价肯定会变化。因此，日历价差确实是有风险的。如果投资者对一个期权做多、对另一个期权做空，这种风险将有所减轻。然而，如果投资者预期股价始终相当稳定，那么日历价差——买入期限较长的期权，卖出期限较短的期权——就是很好的策略。

提前执行日历价差的风险程度取决于买入哪个看涨期权、卖出哪个看涨期权。因为这两个看涨期权的执行价格相同，所以它们的价内程度相同。但正如第 3 章讨论的，距到期时间是鼓励提前执行期权的一个因素。我们看到，当其他条件相同时，期限较短的期权更有可能被提前执行。因此，如果我们卖出期限较短的期权，它可能被提前执行。然而，我们总可以选择提前执行期限较长的期权。如果期限较短的期权处于价内，那么期限较长的期权一定处于价内。如果 S_t 为到期前的股价，且期限较短的看涨期权被执行，则现金流将为 $-(S_t-X)$，而执行期限较长的期权产生的现金流为 S_t-X。因此，总现金流将为零。这意味着如果提前执行期权，将不会出现负现金流。但这并不意味着整笔交易不会出现损失。

期限较长的看涨期权比期限较短的看涨期权更贵，这意味着提前执行期权阻止了我们等待以获得时间价值衰减，从而必定会产生损失。

日历价差也可以通过看跌期权构建，通过使用布莱克-斯科尔斯-默顿模型来确定看跌期权的时间价值，可以获得类似的结果。和货币价差一样，看跌期权日历价差也不容忽视。看跌期权可能被错误定价，在这种情况下，价差可能提供最有利可图的机会。

蝶式价差和日历价差是几种被称为**波动率策略**（volatility strategies）的交易中的两种，我们将在本章后面考察其他策略。不过，现在要注意的是，迄今为止介绍的所有策略都有风险。一些期权交易者偏好无风险策略，因为如果期权被错误定价，就有可能构建收益率超过无风险利率的无风险投资组合。

7-4 比率价差

第 5 章考察了布莱克-斯科尔斯-默顿模型，它表明，当期权被错误定价时，投资者可以通过买入价格被低估的看涨期权、卖空股票，或买入股票、卖出价格被高估的看涨期权来构建无风险对冲。由于保证金要求和其他规定，卖空股票可能很复杂，然而，通过使用价差，投资者可以买入价格被低估的看涨期权并卖出价格被高估或价格正确的看涨期权，得到创建无风险头寸所需的两个看涨期权之比。这种交易被称为**比率价差**（ratio spread）。

比率价差可能为货币价差或日历价差。考虑两个价格分别为 C_1 和 C_2 的看涨期权。最初，我们不需要关心买入哪个看涨期权、卖出哪个看涨期权，也不需要确定这两个看涨期权的距到期时间或执行价格是否不同。这里介绍的方法适用于所有情况。

令投资者持有 N_1 单位价格为 C_1 的看涨期权和 N_2 单位价格为 C_2 的看涨期权。投资组合的价值为：

$$V=N_1C_1+N_2C_2$$

回想一下，看涨期权的 δ 是假设股价变化很小时，看涨期权价格变化超过股价变化的部分。让我们使用符号 Δ_1 和 Δ_2 作为两个看涨期权的 δ。请记住，δ 是根据布莱克-斯科尔斯-默顿模型得出的 $N(d_1)$ 值。如果股价变化，第一个看涨期权将产生 $N_1\Delta_1$ 的总价格变化，第二个看涨期权将产生 $N_2\Delta_2$ 的总价格变化。因此，当股价变化时，投资组合的价值变化将为这两个值之和。对冲头寸是股价变化时投资组合价值不变的头寸。因此，我们将 $N_1\Delta_1+N_2\Delta_2$ 设为零，并求解 N_1/N_2。

$$\frac{N_1}{N_2}=-\frac{\Delta_2}{\Delta_1}$$

如果第一个看涨期权与第二个看涨期权的数量之比等于它们的 δ 之比倒数的相反数，就建立了无风险头寸，该交易将为 δ 中性。

以执行价格为 120 美元和 125 美元的 DCRB 6 月看涨期权为例。将 $S_0=125.94$、$r_c=0.044\ 6$ 和 $T=0.095\ 9$ 代入布莱克-斯科尔斯-默顿模型，得出执行价格为 120 美元的 6 月看涨期权的 $N(d_1)$ 值为 0.630，执行价格为 125 美元的 6 月看涨期权的 $N(d_1)$ 值为 0.569。因此，执行价格为 120 美元的 6 月看涨期权与执行价格为 125 美元的 6 月看涨期权的数量之比应为 $-(0.569/0.630)=-0.903$。因此，投资者将购买 903 份执行价格为 120 美元的 6 月看涨期权，并卖出 1 000 份执行价格为 125 美元的 6 月看涨期权。

请注意，投资者可能已经买入了 1 000 份执行价格为 125 美元的 6 月看涨期权，并卖出了 903 份执行价格为 120 美元的 6 月看涨期权。公式中的负号表示一个期权为多头，另一个期权为空头。当然，投资者应该始终购买价格被低估或价格正确的看涨期权，并出售价格被高估或价格正确的看涨期权。

如果股价下跌 1 美元，执行价格为 120 美元的 6 月看涨期权价格将下降 0.630 美元，执行价格为 125 美元的 6 月看涨期权价格将下降 0.569 美元。投资者买入 903 份执行价格为 120 美元的 6 月看涨期权，因此损失为 $0.630\times903\approx569$ 美元。同理，投资者卖出 1 000 份执行价格为 125 美元的 6 月看涨期权，因此收益为 $0.569\times1\ 000=569$ 美元。一个看涨期权的收益抵消了另一个看涨期权的损失。

当然，比率价差不会始终无风险，除非该比率不断调整。因为这样做有些不切实际，因此无法构建真正无风险的对冲。此外，$N(d_1)$ 的值仅为股价变化时看涨期权价格变化的近似值，它只适用于股价变化很小的情况。当股价变化较大时，对冲者需要考虑我们在第 5 章中讨论过的 γ。然而，使用这类价差的往往是希望复制无风险头寸的期权交易者。虽然头寸可能并非总是完全无风险，但只要该比率不偏离最优值太远，它就会非常接近无风险。

> 比率价差为无风险交易，它涉及根据 δ 加权的两个期权。

我们对期权价差策略的介绍到此结束，下一种策略被称为**组合策略**（combinations），因为它涉及看跌期权和看涨期权的组合头寸。我们之前已经介绍了一些组合策略，即转换和逆转，我们曾用它们说明了看跌期权-看涨期权平价。本章其余部分将介绍跨式价差和盒式价差，我们将采用和之前一样的方法，因此你将很熟悉这里使用的符号。

7-5 跨式价差

> 跨式价差是为在股价大幅涨跌时获利而设计的策略。

与日历价差和蝶式价差一样，跨式价差是波动率策略，因为它是基于高波动率预期或低波动率预期，而不是基于对股价方向的预期。

跨式价差（straddle）是买入具有相同执行价格和到期日的看涨期权与看跌期权。通过同时持有看涨期权和看跌期权，交易者可以利用股价在任何方向上的变化。

考虑买入看涨期权和看跌期权的跨式价差，并设执行价格为 X，到期日为 T。于是，$N_C=1$ 和 $N_P=1$，如果持有至到期，该交易的利润为

$$\Pi=\text{Max}(0,S_T-X)-C+\text{Max}(0,X-S_T)-P$$

由于只涉及一个执行价格，因此到期时的股价只有两个范围。利润如下：

如果 $S_T \geqslant X$，则 $\Pi = S_T - X - C - P$

如果 $S_T < X$，则 $\Pi = X - S_T - C - P$

在第一种情况下，股价等于或大于执行价格，看涨期权以价内状态到期[①]，执行期权获得收益 $S_T - X$，而看跌期权以价外状态到期，利润为看涨期权的收益减去为看涨期权和看跌期权支付的期权费。在第二种情况下，股价低于执行价格，看跌期权以价内状态到期，执行期权获得收益 $X - S_T$，利润为看跌期权的收益减去为看跌期权和看涨期权支付的期权费。

当股价高于执行价格时，到期时股价每提高 1 美元，利润就增加 1 美元。当股价低于执行价格时，到期时股价每提高 1 美元，利润就减少 1 美元。如果期权到期时股价等于执行价格，那么这两个期权均为平价期权，到期时实际无价值，利润等于支付的期权费，当然，这将出现亏损。这些结果表明，利润图呈 V 形。图 7.11 说明了执行价格为 125 美元的 DCRB 6 月期权的跨式价差。虚线表示分别买入看涨期权和看跌期权的策略。

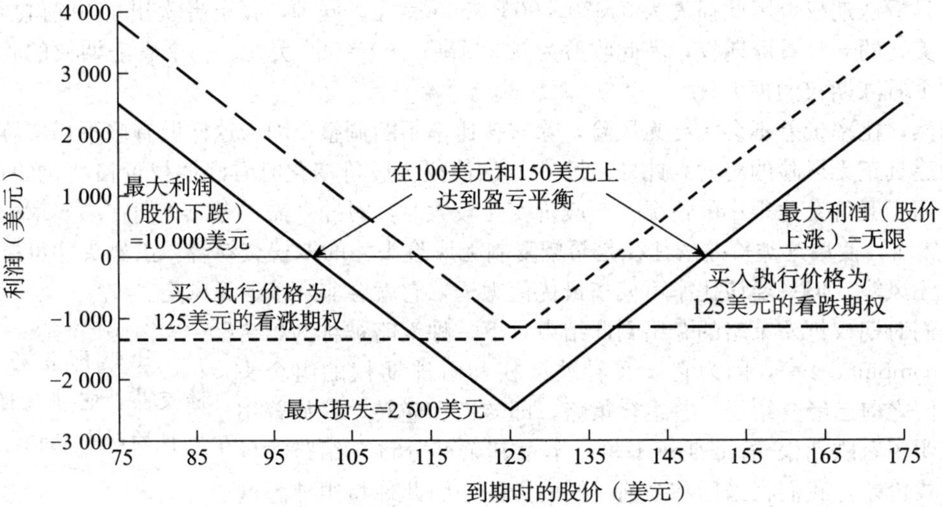

图 7.11　跨式价差

如前所述，跨式价差的目的是利用高股价波动率。为了产生利润，股价必须在任意方向上大幅变化，投资者不必知道股价的变化方向，只要股价大幅变化就行。它的变化幅度必须有多大？让我们来看两个盈亏平衡股价。

当股价大于执行价格时，设利润为零：

$$S_T^* - X - C - P = 0$$

解 S_T^*，得出盈亏平衡股价：

$$S_T^* = X + C + P$$

股价上涨时，盈亏平衡股价为执行价格加上为期权支付的期权费。

---

① 该范围包括 $S_T = X$ 的情况，尽管 $S_T = X$ 意味着看涨期权为平价期权，但仍能执行看涨期权并获得收益 $S_T - X = 0$。

当股价小于执行价格时，设利润为零：

$$X-S_T^*-C-P=0$$

解 S_T^*，得出盈亏平衡股价：

$$S_T^*=X-C-P$$

因此，盈亏平衡股价就是执行价格加上或减去为看涨期权和看跌期权支付的期权费，这是有道理的。当股价上涨时，执行看涨期权的收益等于股价和执行价格之差。投资者要想获利，股价必须超过执行价格，使执行看涨期权产生的收益足以弥补为看涨期权和看跌期权支付的期权费。当股价下跌时，执行看跌期权产生的收益等于执行价格与股价之差。为了产生利润，股价必须低于执行价格，使看跌期权的收益足以弥补看涨期权和看跌期权的期权费。

在本例中，看涨期权的期权费为 13.50 美元，看跌期权的期权费为 11.50 美元，总共为 25 美元。因此，到期时的盈亏平衡股价为 125 美元加上或减去 25 美元，即 100 美元或 150 美元。当前股价为 125.94 美元，为了产生利润，股票价格必须在期权到期前剩余的 35 天内提高 24.06 美元或降低 25.94 美元。

跨式价差的最坏结果是股价最终等于执行价格，此时执行看涨期权或看跌期权都不能获得收益。[①] 期权交易者将损失看涨期权和看跌期权的期权费，在本例中总计为 100×(13.50＋11.50)＝2 500 美元。

跨式价差的盈利潜力是无限的。股价可以无限上涨，而股价每超过执行价格 1 美元，跨式价差就获得 1 美元利润。当股价下跌时，利润是有限的，因为股价不能低于零。当股价低于执行价格时，将到期时的股价设为零，可以算出股价下跌时的最大利润，该利润为 X－C－P，在本例中为 100×(125－13.50－11.50)＝10 000 美元。

跨式价差的巨大获利潜力可能是令人难以抗拒的诱惑。人们应该意识到，跨式价差通常需要相当大的股价变化才能盈利。虽然对新手投资者而言，股价波动率总是显得很高，但这种波动率可能是有误导性的。在本例中，在一个月内需要约 19%的涨幅或 21%的跌幅才能盈利，这是非常罕见的事。我们建议，考虑跨式价差的投资者应该仔细评估股价进入盈利区间的可能性。

由于投资者同时持有看涨期权和看跌期权，因此跨式价差不存在提前执行问题。提前执行决策取决于跨式价差持有者。此外，投资者还需要考虑交易成本。

建立跨式价差时，看涨期权和看跌期权都有手续费。执行跨式价差时，只有处于价内的看涨期权或看跌期权才有手续费。假设股价最终略高于执行价格，由于执行看涨期权存在手续费，因此即使看涨期权处于价内，也不建议投资者执行看涨期权。当股价最终略低于执行价格时，我们也不建议投资者执行看跌期权，理由类似。这意味着，与任何期权策略一样，由于存在手续费，最大损失略高于分析结果。此外，发生这种损失时，股价实际上位于执行价格附近的某个区间。

7-5a 持有期的选择

现在考虑在到期前平仓会发生什么情况。图 7.12 说明了执行价格为 125 美元的 DCRB 7 月

---

① 投资者可以执行看跌期权、看涨期权或同时执行两者，但它们的收益均为零。执行期权存在交易成本，这表明当 $S_T=X$ 时，看涨期权或看跌期权都不会被执行。

期权的结果，该例使用的三个持有期与其他策略相同。[①] 即持有期较短的期权在 6 月 4 日平仓，持有期处于中间的期权在 6 月 25 日平仓，持有期较长的期权在到期时平仓。利润图中的曲线在持有头寸至到期时坍缩为折线。最高的曲线对应最短的持有期。

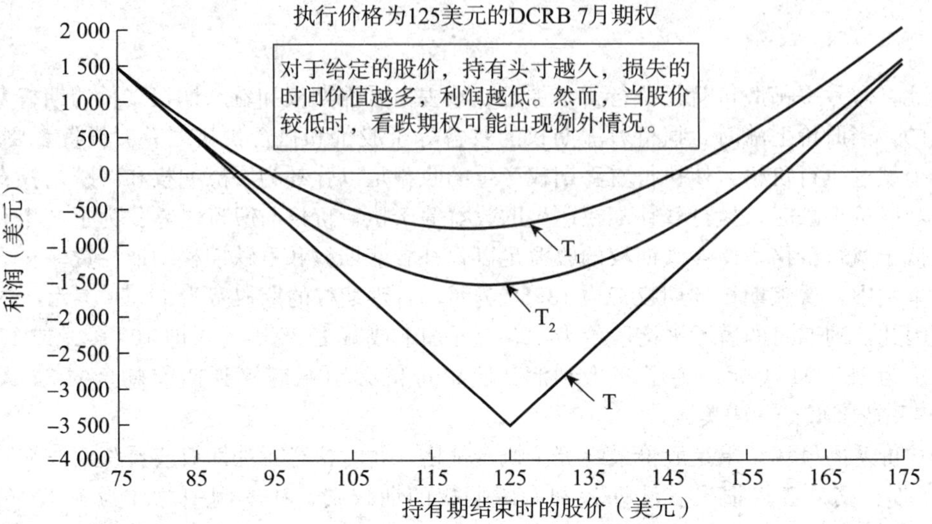

图 7.12　跨式价差：不同的持有期

我们应该记住，图 7.12 并不意味着最短的持有期是最好的策略。在给定的股价下，最短的持有期确实提供了最高的利润。但到期时的股价的不确定性使较短的持有期并非绝对优于较长的持有期。由于跨式价差是为了从股价大幅波动中获利，所以较短的持有期留给股价大幅变化的时间较少。

在到期前对跨式价差平仓时，看涨期权和看跌期权都将包含一些剩余的时间价值。如果股价极高或极低，那么这两个期权都不会有很高的时间价值，但看涨期权或看跌期权将有很高的内在价值。如果股价接近执行价格，那么这两个期权都会有相当高的时间价值。平仓时，投资者回售期权并收回该时间价值。随着持有期延长并接近到期日，收回的时间价值减少，利润下降。利润曲线逐渐下降，直至到期时成为持有跨式价差至到期的曲线。因此，较短持有期下的利润较高，它来自收回的看跌期权和看涨期权的时间价值。

图 7.12 显示，股价上涨时，较短持有期对应的盈亏平衡股价较低，股价下降时，较短持有期对应的盈亏平衡股价较高。这降低了交易者的风险，因为可能发生损失的股价范围较小。在本例中，较短持有期对应的盈亏平衡股价约为 93 美元和 146 美元，而中等持有期对应的盈亏平衡股价约为 90 美元和 156 美元。

> 在给定的股价下，买入两个期权的跨式价差将随着到期日临近而损失价值。

7-5b　跨式价差的应用

当投资者怀疑股价将大幅变化，但不知道向哪个方向变化时，跨式价差是合适的策略。当

① 具体而言，持有期 T_1 表示剩余期限为 0.115 1 年（剩余 42 天），T_2 表示剩余期限为 0.057 5 年（剩余 21 天），T=0 表示持有至到期。

大型银行或公司即将倒闭时，就会出现这种情况。

假设一家破产银行向政府申请救助。[①] 在考虑这个要求的期间，跨式价差将是有利可图的策略。如果申请被拒绝，银行可能会破产，股票将变得一文不值。如果申请获得批准，银行可能会起死回生，此时股价将大幅上涨。

当一家大公司申请联邦贷款担保时，也存在类似的情况。即将发布重要消息，且预期该消息将非常有利或非常不利时，跨式价差也是合适的策略。每周的货币供给公告提供了指数期权可以利用的机会。公司的盈利公告是另一个在特定日期发布不确定信息的例子。

跨式价差当然不是没有风险的。如果投资者已经知道或预期到这些信息，那么发布公告时，股价的变化可能很小。如果发生这种情况，投资者可能抱着在期权到期前发布其他意外消息的渺茫希望，继续持有跨式价差。然而，股价的变化很可能非常小，使跨式价差产生亏损。如果股价没有出现预期的变化，交易者可能希望通过平仓来迅速止损。

为跨式价差估值时，最重要的是记住，所有人都知道在上述例子中存在更高的不确定性。因此，这些期权将根据较高的股价波动率定价，从而使跨式价差更昂贵。当投资者相信股价波动率将高于其他人的预期时，跨式价差最有吸引力。

7-5c 空头跨式价差

预期市场将停留在狭窄交易区间的投资者可能会考虑卖出跨式价差，这需要卖出具有相同执行价格和相同到期日的看跌期权和看涨期权。从上述分析可以明显看出，利润图呈倒V形。如果股价大幅变化，尤其是大幅上涨，空头跨式价差将是高风险策略，因为在这种情况下投资者可能遭受大额亏损。此外，还有提前执行看跌期权或看涨期权的风险。

生活中的风险决策 ☞

假阳性

要找出任何事情的真相，都需要以极为严谨的态度进行系统性调查。典型程序是采用科学的实验方法，用科学的方法提出假设、收集数据、估算数据、计算关键统计量并得出结论。然而，即使这样做以后，我们也经常不得不承认，我们的结论只在一定程度上准确。

假设有一种治疗关节炎的新药，这种药在患有关节炎的病人样本中进行试验。如果某组病人样本服用了该药物，而另一组病人样本服用了安慰剂，那么我们就可以观测这两组病人的反应，看他们的反应是否不同。假设某组病人服用该药物后的症状改善程度优于另一组，我们就可能得出该药物有效的结论。但是症状需要改善多少才能得出这种结论呢？假设两组各有100人，服药组中有5人报告症状有改善，而另一组有2人报告症状有改善。3人的区别足以得出该药物有效的结论吗？如果服药组中有10人报告症状有改善，服安慰剂组中只有3人报告症状有改善，我们可能会对药物有效性更有信心。如果比率为20：3，我们的信心将进一步提升。但是，该比率超过哪个点时，我们的结论将从该药物无效变为有效呢？科学方法可以解决这个问题，它假设有效性结论在一定概率下是错误的。报告服药后症状改善的人数与报告服用安慰剂后症状改善的人数差距越大，药物有效结论的错误概率越低。研究人员通常只接受0.05或更低的概率。

---

① 救助通常采用贷款担保的形式，但也可能涉及出售非生产性资产或出售新股权或合成式证券。

该概率反映了所谓的第一类错误：断定药物有效，而事实上并非如此。当我们断定药物无效而实际上它有效时，还会出现第二类错误。第二类错误通常以假阳性的形式出现，假阳性是医学检验中尤为严重的问题。许多基本医学检验并不能得出存在疾病或病症的明确结论，它们仅仅提供了一定的信息，表明可能存在疾病。通常还需要进行更多、侵略性更强、更昂贵的检查以得出某人是否患病的明确结论。

格尔德·吉加任泽在《计算风险：识破数字骗局》中举了一个乳腺癌诊断的例子。一般统计数字显示，在所有 40 岁女性中，0.8%的人患有乳腺癌。乳腺癌的首要检查方法是乳腺钼靶，这是一种乳房内部结构成像术。乳腺钼靶在检测乳腺癌方面相对有效，它可以检测出 90%左右的乳腺癌。此外，乳腺钼靶还能检测到其他许多良性但看起来像肿瘤的症像。在约 7%的概率下，钼靶检查会显示出这些症像并使放射科医师认为可能存在肿瘤。有了这种证据，医生很可能建议女性病人进行下一步活检，这是一个手术过程，需要取出一小块组织在实验室检验，以确定该组织是否有恶性肿瘤。

吉加任泽请一群平均有 14 年经验的德国医生对以下情形做出判断。假设一名妇女的乳腺钼靶结果为阳性，这意味着放射科医师观察到图像中有可疑区域。该妇女患有乳腺癌的概率是多大？1/3 的医生称约 90%，另有 1/3 称 50%～80%，剩下 1/3 称 10%或更低。中位估计值为 70%，而正确答案仅为 9%左右。让我们来看如何得到如此低的数字。其实这是因为假阳性的影响。

假设有 1 000 名妇女。如果她们中约 0.8%患有乳腺癌，我们预期将有 8 名妇女患有这种疾病。当乳腺癌检查准确性为 90%时，乳腺钼靶应显示约 7 人患有乳腺癌。剩余的 993 名未患乳腺癌的妇女中，7%或约 69 人的乳腺钼靶结果可能为阳性，其余 924 人的结果将为阴性。这 69 名妇女的图像显示确实有可疑组织，但多数可疑组织不是癌症。事实上，在乳腺钼靶结果为阳性的 77 名妇女中，只有 8 人确实患有这种疾病。因此，在乳腺钼靶结果为阳性的女性中，患乳腺癌的概率仅为 7/77=9.1%。

假阳性是医学检验的祸根，但有人认为，稳妥行事远比留下遗憾要好。话虽如此，但很可能在 1 000 人中将有 77 人接受活检，而只有 7 人受益。总而言之，1 000 名妇女不得不接受乳腺钼靶检查，而只有 8 人患病。医生经常要求有家族史以及其他乳腺癌诱因的妇女进行严格体检，她们自己也会主动这样做，并且几乎必定有人会在病情严重前查出乳腺癌。由于这些原因，乳腺钼靶引起了争议，尤其是对较年轻的女性（40 多岁的女性）的研究表明，乳腺钼靶对乳腺癌死亡率没有任何明显影响。然而，对于年龄较大的女性来说，好处变得较为明显，但这种影响逐渐减小，并在女性年龄达到 70 多岁时消失。此外，尽管许多医生仍然每年进行筛查，但是每年筛查的效果不如每两年筛查的效果。

从这个例子中，我们可以得到的最重要的经验或许是，预测风险极为困难。不起眼的信息提供了一些证据，但是这些信息也并不明确。与金融决策相比，当赌注是人的生命时，做出决策要困难和痛苦得多。

7-6 盒式价差

盒式价差（box spread）是牛市看涨期权货币价差和熊市看跌期权货币价差的组合。与波动率策略相反，盒式价差是低风险——实际上无风险——的策略。

考虑一组有两个执行价格（X_1 和 X_2）以及相同到期日的期权。牛市看涨期权价差是指以

期权费 C_1 购买执行价格为 X_1 的看涨期权，并以期权费 C_2 卖出执行价格为 X_2 的看涨期权。熊市看跌期权价差是指以期权费 P_2 买入执行价格为 X_2 的看跌期权，并以期权费 P_1 卖出执行价格为 X_1 的看跌期权。根据执行价格对看跌期权价格和看涨期权价格的影响规则，由于 $C_1>C_2$ 且 $P_2>P_1$，因此看涨期权价差和看跌期权价差都有初始现金流出。故在策略开始时，盒式价差有净现金流出。

到期时的利润为：

$$\Pi=\text{Max}(0, S_T-X_1)-C_1-\text{Max}(0, S_T-X_2)+C_2+\text{Max}(0, X_2-S_T)-P_2-\text{Max}(0, X_1-S_T)+P_1$$

因为有两个执行价格，因此我们必须分析到期时股价的三个范围。利润如下：

如果 $S_T\leqslant X_1<X_2$，则 $\Pi=-C_1+C_2+X_2-S_T-P_2-X_1+S_T+P_1$
$=X_2-X_1-C_1+C_2-P_2+P_1$

如果 $X_1<S_T\leqslant X_2$，则 $\Pi=S_T-X_1-C_1+C_2+X_2-S_T-P_2+P_1$
$=X_2-X_1-C_1+C_2-P_2+P_1$

如果 $X_1<X_2<S_T$，则 $\Pi=S_T-X_1-C_1+X_2-S_T+C_2-P_2+P_1$
$=X_2-X_1-C_1+C_2-P_2+P_1$

请注意，每种情况下的利润都相同：到期时，盒式价差的价值将为 X_2-X_1，利润为 X_2-X_1 减去支付的期权费，$C_1-C_2+P_2-P_1$。因此，盒式价差是无风险策略。如果购买国库券能更容易地获得无风险利率，为什么还有人想执行盒式价差？原因在于，事实证明，正如估值分析的结果所表明的，盒式价差的定价可能是错误的。

由于盒式价差是无风险交易，到期时的报酬为执行价格之差，因此很容易确定定价是否正确。报酬可以按无风险利率贴现，然后，将该金额的现值与获得盒式价差的成本（支付的净期权费）进行比较。这个过程类似于分析资本预算问题。到期时报酬的现值减去净期权费为净现值（NPV）。由于任何投资决策的目标都是最大化净现值，因此投资者应该执行所有净现值为正的盒式价差。当盒式价差的净现值为负时，投资者应该执行反向盒式价差。

盒式价差的净现值为：

$$\text{NPV}=(X_2-X_1)(1+r)^{-T}-C_1+C_2-P_2+P_1$$

其中，r 为无风险利率，T 为距到期时间。[1] 如果净现值为正，则到期时报酬的现值将超过支付的净期权费。如果净现值为负，则支付的净期权费将超过到期时报酬的现值。该过程如图 7.13 所示。

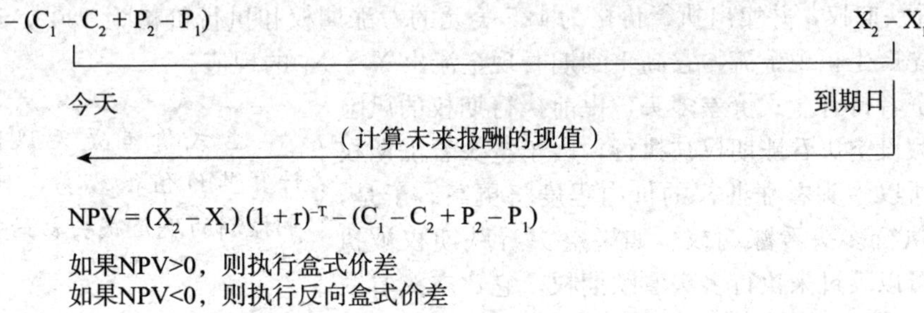

图 7.13　盒式价差

---

① 或者，投资者也可以用公式 $(X_2-X_1)e^{-r_cT}$ 计算 X_2-X_1 的现值，并得到相同的结果。

考察盒式价差的另一种方法是考察两个看跌期权-看涨期权平价之差。例如，对于执行价格为 X_1 的期权，看跌期权-看涨期权平价为：

$$P_1 = C_1 - S_0 + X_1(1+r)^{-T}$$

对于执行价格为 X_2 的期权，看跌期权-看涨期权平价为：

$$P_2 = C_2 - S_0 + X_2(1+r)^{-T}$$

重新整理这两个公式，分离出股价，得到：

$$S_0 = C_1 - P_1 + X_1(1+r)^{-T}$$
$$S_0 = C_2 - P_2 + X_2(1+r)^{-T}$$

因为左侧相等，所以右侧也必须相等，因此有：

$$C_1 - P_1 + X_1(1+r)^{-T} = C_2 - P_2 + X_2(1+r)^{-T}$$

重新整理该式，得到：

$$0 = (X_2 - X_1)(1+r)^{-T} - C_1 + C_2 - P_2 + P_1$$

当净现值为零时，这就是我们的看跌期权-看涨期权平价公式，如果所有看跌期权和看涨期权的相对定价都正确，就会得到该结果。

让我们来分析使用执行价格为 125 美元和 130 美元的期权组成的 DCRB 6 月盒式价差。考虑以下交易：以 13.50 美元的价格买入执行价格为 125 美元的看涨期权，以 14.25 美元的价格买入执行价格为 130 美元的看跌期权，以 11.35 美元的价格卖出执行价格为 130 美元的看跌期权，以 11.50 美元的价格卖出执行价格为 125 美元的看跌期权。为执行价格为 125 美元的看涨期权和执行价格为 130 美元的看跌期权支付的期权费减去因卖出执行价格为 130 美元的看涨期权和执行价格为 125 美元的看跌期权收到的期权费，得到净支出为 4.90 美元。因此，购买盒式价差的成本为 490 美元。

到期时的报酬为 $X_2 - X_1$，净现值为：

$$NPV = 100 \times [(130-125) \times 1.0456^{-0.0959} - 4.90] = 7.85 \text{ 美元}$$

其中，0.045 6 为第 3 章计算出的 6 月离散无风险利率，0.095 9 为距到期时间（从 5 月 14 日到 6 月 18 日）。因此，该价差定价过低，应该买入。如果净现值为负，那么盒式价差定价过高，应该卖出。在这种情况下，投资者将买入执行价格为 130 美元的看涨期权和执行价格为 125 美元的看跌期权，并卖出执行价格为 125 美元的看涨期权和执行价格为 130 美元的看跌期权。这将事先产生正现金流，它高于到期时现金流出 $X_2 - X_1$ 的现值。

> 盒式价差是无风险交易，计算其价值很容易，只需用未来报酬的现值减去初始支出。

如果投资者持有盒式价差多头，提前执行期权的风险就不重要。假设空头看涨期权被执行，由于空头看涨期权处于价内，所以多头看涨期权的价内程度将更高。于是，投资者可以执行多头看涨期权。如果空头看跌期权被执行，投资者可以反过来执行多头看跌期权，它比空头看跌期权的价内程度更高。净结果为 $X_2 - X_1$ 的现金流入，即到期时的最大报酬。然而，对于空头盒式价差而言，提前执行期权将导致 $X_2 - X_1$ 的现金流出。因此，提前执行期权问题是空头盒式价差的重要考虑因素。

由于涉及四个期权，因此盒式价差的交易成本很高。然而，这四个期权中至少有两个将以价外状态到期。尽管如此，除了在交易所拥有席位的人以外，对所有人来说，高昂的交易成本都使盒式价差的执行成本相当高。

总结

本章说明了如何将第 6 章介绍的部分基本期权策略结合起来，从而产生更复杂的策略，例如价差和组合。价差是风险相对较低的策略。货币价差的目的是在牛市或熊市中获利。领式期权使用多头看跌期权和空头看涨期权以及基础股票，类似于牛市货币价差。日历价差和蝶式价差可用于在高波动率或低波动率的情况下获利。在高波动率或低波动率时期，跨式价差也具有吸引力。最后，本章介绍了盒式价差，这是一种无风险交易，适用于最终结果为净现值（在其他金融领域经常遇到的一个概念）的标准资本预算分析的变形。

本章和上一章介绍的策略只是许多可能的期权策略中的一小部分。如果你有兴趣进一步了解期权策略，可以阅读参考文献中提到的许多优秀著作。这里介绍的方法已经为你打好了基础，此时，你应能评估一些简单期权策略的风险和回报。本书是入门教材，希望它能鼓励你更深入地研究期权策略。

期权、远期和期货市场曾经几乎是独立存在的，现在有时很难明确指出这些市场之间的界限。尽管我们对期权的探讨暂告一段落，但在适当的时候还会再提到它。

关键术语

价差/垂直价差/执行价差/货币价差/水平价差/时间价差/日历价差　　领式期权
组合策略　　买入价差/借方价差/卖出价差/贷方价差/牛市价差/熊市价差
蝶式价差/三明治价差　　跨式价差　　盒式价差　　波动率策略/比率价差

扩展阅读

下列文献介绍了更高级的分析和期权策略：

Billingsley，R. S.，and D. M. Chance. “Options Market Efficiency and the Box Spread Strategy.” *Financial Review* 20 (November 1985)：287 - 301.

Cohen，G. *The Bible of Option Strategies*：*The Definitive Guide for Practical Trading Strategies*. Upper Saddle River，NJ：Financial Times Prentice Hall，2005.

Dash，M.，and A. Goel. “A Comparison of ITM and OTM Protective-Puts and Covered Calls.” *Asian Journal of Finance & Accounting* 6 (2014)：126 - 137.

Doran，J. S.，A. Fodor，and D. Jiang. “Call-Put Implied Volatility Spreads and Option Returns.” *Review of Asset Pricing Studies* 3 (2013)：258 - 290.

Gombola，M. J.，R. L. Roenfeldt，and P. L. Cooley. “Spreading Strategies in CBOE Options：Evidence on Market Performance.” *Journal of Financial Research* 1 (Winter 1978)：35 - 44.

Isokov，D.，and B. Morard. “Improving Portfolio Performance with Option Strategies：Evidence from Switzerland." *European Financial Management* 7 (2001): 73-91.

Jabbour, G., and P. H. Budwick. *The Option Trader Handbook: Strategies and Trade Adjustments*. Hoboken, NJ: John Wiley & Sons, 2010.

Johnson, K. E. *Option Spread Strategies: Trading Up, Down, and Sideways Markets*. New York: Bloomberg Financial, 2009.

Larcher, G., L. D. Chicca, and M. Szögyenyi, "Modeling and Performance of Certain Put-Write Strategies." *Journal of Alternative Investments* 15 (Spring 2013): 74-86.

Slivka, R. T. "Risk and Return for Option Investment Strategies." *Financial Analysts Journal* 36 (September-October 1980): 67-73.

Slivka, R. T. "Call Option Spreading." *Journal of Portfolio Management* 7 (Spring 1981): 71-76.

The Options Institute. *Options: Essential Concepts and Trading Strategies*, 3rd ed. New York: McGraw-Hill, 1999.

Ungar, J., and M. T. Moran. "The Cash-Secured Put Write Strategy and Performance of Related Benchmark Indexes." *Journal of Alternative Investments* 4 (Spring 2009): 43-56.

概念检查

1. 请解释为什么期权交易者通常使用价差而不是简单的多头期权或空头期权以及期权和股票的组合头寸。

2. 假设某个期权交易者持有看涨期权牛市价差。股价大幅上涨，该交易者正在考虑提前平仓。该交易者在期权到期之前平仓时应该考虑什么因素？

3. 假设你正在跟踪某个出现严重问题的公司的股票。除非获得政府担保贷款，否则该公司即将破产。如果该公司破产，股价当然会大幅下跌。如果该公司得到贷款，预期股价将大幅上涨。请确定适合这种情况的两种策略，并说明为何得出该答案。

4. 请解释空头看涨期权加上保护性看跌期权如何形成领式期权，以及这将使报酬和前期成本如何变化。

5. 请解释在到期前对空头跨式价差平仓产生的利润如何受到看跌期权和看涨期权时间价值的影响。

问题与习题

1. 请推导看跌期权牛市价差的利润公式，并确定到期时的最高利润和最低利润以及盈亏平衡股价。

2. 请解释为什么当基础事件众所周知时，跨式价差不一定是好策略。

3. 本章介绍了为何分析盒式价差类似于用净现值法分析资本预算问题。请考虑用于分析资本预算问题的内部收益率法，并分析在这种情况下的盒式价差。

4. 创建牛市价差头寸的一种方法是买入低执行价格的看涨期权并卖出高执行价格的看涨期权。请确定其利润图与牛市价差利润图形状类似的看跌期权策略。

5. 一种创建熊市价差头寸的方法是买入高执行价格的看跌期权并卖出低执行价格的看跌期权。请确定其利润图与熊市价差利润图形状类似的看涨期权策略。

某年 7 月 6 日，某只股票的看涨期权和看跌期权的价格如下。

第 6 题至第 24 题使用了该信息：该股票的价格为 165.13 美元；到期日为 7 月 17 日、8 月 21 日和 10 月 16 日；与三个到期日相关的连续复利无风险利率分别为 0.050 3、0.053 5 和 0.057 1；标准差为 0.21。

执行价格	看涨期权			看跌期权		
	7 月	8 月	10 月	7 月	8 月	10 月
160	6.00	8.10	11.10	0.75	2.75	4.50
165	2.70	5.25	8.10	2.40	4.75	6.75
170	0.80	3.25	6.00	5.75	7.50	9.00

对于第 6 题至第 10 题以及第 13 题至第 16 题，请计算在持有期结束时可能股价为 150 美元、155 美元、160 美元、165 美元、170 美元、175 美元和 180 美元时的持有期利润。请按照说明回答其他问题。请注意：在这里，你的 Excel 电子表格 OptionStrategyAnalyzer10e. xlsm 可以用于根据要求生成图表，但它不允许你计算用户规定的多个资产价格下的利润。你可以规定一个资产价格、一个最大值和一个最小值。请使用 OptionStrategyAnalyzer10e. xlsm 生成价格范围为 150～180 美元时的利润图，但是对于持有至到期的头寸，请手动计算价格为 150 美元、155 美元……180 美元时的利润。对于到期前平仓的头寸，请使用电子表格 BlackScholesMertonBinomial10e. xlsm 计算平仓时的期权价格，然后手动计算利润。

6. 请利用执行价格为 165 美元和 170 美元的 10 月看涨期权构建熊市货币价差，并持有该头寸直至期权到期。请计算利润并画出利润图，并确定到期时的盈亏平衡股价以及最高利润和最低利润。最后，请讨论与此策略相关的特殊考虑因素。

7. 沿用第 6 题中的信息，但在 9 月 20 日平仓。请使用电子表格计算 9 月 20 日的可能股价下的利润，并画出一张利润图，用它来确定近似的盈亏平衡股价。

8. 请使用执行价格为 160 美元的 10 月看跌期权构建领式期权。首先，使用布莱克-斯科尔斯-默顿模型找出使该领式期权的前期成本为零的看涨期权，然后在 9 月 20 日平仓。请使用电子表格计算 9 月 20 日的可能股价下的利润，并绘制一张利润图，用它确定近似的盈亏平衡股价，并计算最高利润和最低利润。

9. 假设你预期未来三个月股价将大幅变化，且正在考虑蝶式价差。请用执行价格为 160 美元、165 美元和 170 美元的 10 月看涨期权构建适当的蝶式价差，并持有该头寸直至到期。请计算利润并画出利润图，确定两个盈亏平衡股价以及最高利润和最低利润。

10. 请利用执行价格为 170 美元的 8 月和 10 月看涨期权构建日历价差，从高波动率中获利，并在 8 月 1 日平仓。请使用电子表格计算 8 月 1 日的可能股价下的利润，并绘制一张利润图，用它来估计最高利润和最低利润以及盈亏平衡股价。

11. 请使用布莱克-斯科尔斯-默顿模型，计算在下列日期执行价格为 165 美元的 10 月看涨期权的时间价值衰减，并画出利润图：7 月 15 日、7 月 31 日、8 月 15 日、8 月 31 日、9 月 15 日、9 月 30 日和 10 月 16 日。假设股价保持不变，请使用电子表格计算所有情况下的时间价值。

12. 考虑一个无风险价差，它包括一个执行价格为 160 美元的 8 月看涨期权多头和一个执行价格为160美元的10月看涨期权空头。请计算适当的对冲比率，然后说明股价上涨1美元对价差价值的影响为何为中性。请讨论这种方法的缺陷。

13.请使用执行价格为165美元的10月期权构建跨式价差多头，并持有该价差直至期权到期。请计算利润并画出利润图，并确定到期时的盈亏平衡股价和最低利润。

14.沿用上一题中的信息，但在9月20日平仓。请使用电子表格计算9月20日的可能股价下的利润，画出利润图并用它确定近似盈亏平衡股价。

15.将跨式价差略作变形就是带式价差，它使用两个看涨期权和一个看跌期权。请使用执行价格为165美元的10月期权构建带式价差多头，持有该头寸直至到期。请计算利润，画出利润图，并确定到期时的盈亏平衡股价和最低利润。请比较该结果与使用执行价格为165美元的10月期权构建的跨式价差的结果。

16.条式价差是跨式价差的变形，它包括两个看跌期权和一个看涨期权。请使用执行价格为170美元的8月期权构建空头条式价差，持有该头寸直至期权到期。请确定利润，画出利润图，并确定到期时的盈亏平衡股价和最低利润。

17.请分析8月160/170盒式价差。请确定是否存在盈利机会，如果存在，请解释如何利用该机会。

18.请用不同价差策略的正确公式填写下表。

项目	用看涨期权构建的牛市价差	用看跌期权构建的熊市价差	用看涨期权构建的蝶式价差
到期价值			
利润			
最大利润			
最大损失			
盈亏平衡股价			和

19.请用不同价差策略的正确公式填写下表。

项目	用看涨期权和看跌期权构建的领式期权策略	用看涨期权和看跌期权构建的跨式价差策略
到期时的价值		
利润		
最大利润		
最大损失		
盈亏平衡股价		和

20.请解释设计基于看涨期权的牛市价差时如何选择执行价格。具体而言，请指出两个牛市价差策略的成本和收益，其中一个策略的看涨期权执行价格与当前股价的偏离程度大于第二个策略。

21.请解释设计零成本领式期权时如何选择执行价格。具体而言，请指出两个牛市价差策略的成本和收益，其中一个策略的看跌期权执行价格高于第二个策略。

22.皮尔公司（Pear）股票目前的交易价格为每股100美元；1个月期平价看涨期权的交易

价格为 5.43 美元，1 个月期平价看跌期权的交易价格为 5.01 美元；2 个月期平价看涨期权的交易价格为 7.72 美元，2 个月期平价看跌期权的交易价格为 6.89 美元。目前，这些期权价格反映出所有期权的布莱克-斯科尔斯-默顿隐含波动率均为 45%。但是，你认为下个月的波动率将低于 45%，而下下个月的波动率将高于 45%，因为你认为皮尔公司将在 45 天后发布利润公告，而发布公告前会有一段静默期。当一家公司在规定时期内不向公众提供任何信息时，这段时期就是静默期。利润公告将导致波动率升高，而静默期将导致波动率降低。请用全部四个期权设计一种期权策略，使其在以下条件下获利：你的波动率预期正确，该公司将在接下来几天内发布该公告，且期权价格将立即根据这些预期进行调整。

23.（概念习题）跨式价差的另一种变形称为轭式价差。轭式价差是买入执行价格较高的看涨期权和执行价格较低的看跌期权。请分析买入执行价格为 165 美元的 8 月看跌期权和执行价格为 170 美元的 8 月看涨期权的轭式策略。与之前的习题一样，请确定股价为 150 美元、155 美元、160 美元、165 美元、170 美元、175 美元和 180 美元时的利润。持有该头寸至到期并画出利润图。请计算到期时的盈亏平衡股价，并解释为什么要使用轭式价差。

24.（概念习题）许多期权交易者都使用货币价差和日历价差的组合，它被称作对角线价差。这种交易是指买入执行价格较低、距到期时间较长的看涨期权，并卖出执行价格较高、距到期时间较短的看涨期权。请评估买入执行价格为 165 美元的 10 月看涨期权并卖出执行价格为 170 美元的 8 月看涨期权的对角线价差。请根据 8 月 1 日平仓的假设，计算股价与之前的例子中相同时的利润，并使用电子表格计算 8 月 1 日的可能股价下的利润。请绘制一张利润图，并用它估计持有期结束时的盈亏平衡股价。

25.（案例）路易斯安那州立大学（Louisiana State University）的唐·M. 钱斯教授（Don M. Chance）和圣母大学（University of Notre Dame）的迈克尔·赫姆勒（Michael Hemler）撰写了一个与本章和前一章内容对应的期权交易案例。请登录 www.cengagebrain.com 并用 ISBN 9781305104969 进入学生产品支持网站，下载“第二城市期权”案例。

金融学译丛 · 金融衍生工具与风险管理（第十版）

第二部分

远期、期货和互换

第 8 章

远期、期货和期货期权的定价原则

当有人说你将赚 5 亿美元时，你即使一秒也不信，也不可否认会因此血脉偾张。

——多因·法默（Doyne Farmer）

引自《预测者公司》（*The Predictors*），1999 年，第 119 页

本章目标

- 介绍期货合约与远期合约的价格和价值的基本概念。
- 说明期货价格和远期价格在什么条件下相等、在什么条件下不相等。
- 说明如何根据存储成本、净利息和风险溢价确定资产的现货价格。
- 介绍期货合约和远期合约的理论公允价格的持有成本公式。
- 介绍期货溢价、现货溢价和便利收益率的概念。
- 关于期货价格是否为投机者提供风险溢价回报这个问题，提出两个相反观点。
- 说明股利等中间现金流如何影响持有成本模型。
- 介绍看跌期权-看涨期权-远期/期货平价。
- 介绍期货期权的定价原则。

现在，我们准备直接介绍远期合约和期货合约的定价。期货这个词的本质表明，期货价格与未来价格有关。同样，远期价格这个概念也与未来价格相关。但是，正如我们将学到的，期货价格和远期价格并不是未来价格的明确表述。事实上，它们甚至不一定是对未来的预测。但它们是关于市场现状的重要信息，而且期货合约和远期合约是管理风险的有力工具。在本章中，我们将看到期货价格、远期价格、现货价格、预期以及资产头寸持有成本的相互关联。就期权而言，我们的目标是将期货合约或远期合约的价格与基础工具的价格联系起来，并确定影响这些价格之间关系的因素。

在第 1 章中，我们指出，有以期货作为基础工具的期权。当我们介绍以资产作为基础工具的期权时，还不能介绍期货期权，因为我们还没有介绍期货。由于本章介绍了期货合约的定

价，因此我们也可以介绍期货期权的定价，正如本章后面所做的那样。

在本章前半部分，我们将远期合约和期货合约视为完全独立的工具。前面曾经提到，远期合约是双方在未来某个日期以固定价格交易某种资产的协议。在这种交易中没有金钱经手，而且协议有约束力。为了逆转交易，必须找到愿意签订具有抵消作用的新远期合约的交易对手，新远期合约将在与初始远期合约相同的时间交割资产。远期合约是在场外市场创建的，并且有违约风险。为了便于本章的讨论，我们假设远期合约没有保证金要求，不进行集中清算，也没有第三方担保。然而，我们假设违约风险非常之低，因此无关紧要。

期货合约也是双方约定在未来某个日期以固定价格交易某种资产的协议。然而，该协议是在期货交易所签订的，并受该交易所监管。期货合约要求双方提交保证金存款，其账户每日盯市。期货合约是标准化的，可以在正常交易时间内买卖。这是远期合约和期货合约之间的差异，尤其是盯市，使它们的价格和价值产生了一些差异。我们稍后将看到，这些差异可能相当小，目前，我们把远期合约和期货合约作为完全不同的工具进行处理。

8-1 一般持有套利

在本节中，我们的目标是说明远期合约和期货合约的基本定价原则，而不涉及任何特定类型的合约。独有的合约特征将使合约变得复杂，最好推迟到了解基本定价原则后再学习。因此，本节中没有指明基础资产，而是泛指一般资产。

8-1a 价格与价值的概念

在第 1 章中，我们讨论了有效市场为何意味着资产价格等于其真实经济价值。资产持有者的资金被资产占用，如果持有者愿意保留资产，那么资产价值至少应等于资产价格。如果资产价值低于资产价格，持有者就将出售它。价值是未来现金流的现值，贴现率反映了资金的机会成本，溢价反映了所承担的风险。

虽然这种理由在证券市场上站得住脚，但它可能在远期市场和期货市场上遇到困难。远期合约或期货合约不是资产。你可以买入期货合约，但你真的为它付钱了吗？期货合约需要少量保证金，但这真的是价格吗？你可以在保证金账户中存入 1 000 美元，并向经纪商借 1 000 美元来购买 100 股价格为 20 美元的股票。这是否说明股票价值为每股 10 美元？当然不是。股票价值为每股 20 美元：你对每股投资了 10 美元，并借入 10 美元。

期货合约的保证金要求与股票的保证金并不完全相同。例如，你可以在保证金账户中存入期货合约价格的 3%，但不能借入剩余部分。保证金只是一种担保性存款，因此，期货合约买方实际上并没有为其“付款”，当然，卖方实际上也没有收到款项。只要价格不变，双方就都不能执行产生利润的抵消交易。如前所述，远期合约不一定需要保证金存款或某种类型的信用升级，但如果需要，原理仍然相同：远期价格不是保证金。

在处理远期合约和期货合约时，我们必须小心区分**远期或期货价格**（forward or futures price）与**远期或期货价值**（forward or futures value）。价格是可观察的数字，价值则没有那么明显。但幸运的是，开始时的远期合约或期货合约价值很容易确定。该价值为零，这是因为双方都没有支付任何款项，也没有收到任何款项。但这并不意味着双方以后都不会付款或收款。然而，期货合约和远期合约在期限内的价值不一定相等或为零。

如果我们将远期价格或期货价格视为更类似于期权执行价格的概念，或许就能避免混淆价格和价值。我们知道，执行价格不等于期权的价值，它只是表示如果最终执行期权，双方一致认为看涨期权买方将支付的价格或看跌期权买方将收到的价格。同理，期货或远期的价格为双方一致认为到期时买方应向卖方支付以换取基础资产的价格，该价格有时被称为“交割价格”。尽管我们可以将远期价格或期货价格称为合约的“执行价格”，但远期价格和期货价格或交割价格的叫法源远流长，因此不使用它们是不明智的。

签订期货合约时，期货合约的价值为零。

现在，让我们继续了解如何确定远期合约和期货合约的价值和价格。首先，我们需要一些符号。令 $V_t(0, T)$ 和 $v_t(T)$ 分别表示在时间 0 创建、在时间 T 到期的远期合约和期货合约在时间 t 的价值。同理，$F(0, T)$ 和 $f_t(T)$ 分别表示在时间 0 创建、在时间 T 到期的远期合约和期货合约在时间 t 的价格。由于远期价格在给定时间（根据到期日决定）是固定的，因此价格不会变化，也不需要时间下标。此外，由于期货价格发生了变化，因此签订合约的时间无关紧要。

8-1b 远期合约的价值

签订远期合约时，远期合约的价值为零。

鉴于我们之前的声明，即每手合约签订时的价值为零，因此最初我们可以说 $V_0(0, T)=0$ 和 $v_0(T)=0$。

到期时的远期合约价格 第一条也是最重要的原则是，到期时创建的远期合约的价格必然为现货价格。这种合约要求在下一刻交割资产，因此，该合约相当于现货交易，其价格必然等于现货价格。我们可以说：

$$F(T, T)=S_T$$

马上到期的远期合约的价格为现货价格。

如果这种说法不正确，那么就可以买入资产并卖出到期的远期合约，或卖出资产并买入到期的远期合约，从而立即获得套利利润。

到期时的远期合约价值 到期时，远期合约的价值很容易计算出来。忽略交割成本，到期时远期合约的价值 $V_T(0, T)$ 为远期合约的利润。该利润为现货价格减去初始远期价格。因此有：

$$V_T(0, T)=S_T-F(0, T)$$

到期时，远期合约的价值为现货价格减去初始远期价格。

当你以 $F(0, T)$ 的价格买入远期合约时，表示你同意在时间 T 以 $F(0, T)$ 的价格购买资产。因此，你的利润为 $S_T-F(0, T)$，这是持有远期合约的价值。签订合约时，合约价值为零。但是，到期时远期合约持有者可以按价格 $F(0, T)$ 购买价值为 S_T 的资产，且肯定能获得利润 $S_T-F(0, T)$。因此，远期合约价值为 $S_T-F(0, T)$。当然，该值可能为正也可能为负。空头持有者拥有的价值为 −1 乘以多头持有者拥有的价值。

到期前的远期合约价值 在开始分析之前，首先让我们来看看为什么远期合约估值很重要。如果一家公司签订远期合约，最初该合约不会出现在资产负债表上。尽管它可能出现在附注中，但远期合约既不是资产也不是负债，因此资产负债表中没有它的位置。但是，在远期合约期限内，由于市场条件发生变化，因此它的价值可能增加或减少。例如，我们已经看到，远期合约到期时的价值为 $S_T - F(0, T)$，该值可能为正也可能为负。为了公允地评估该公司的资产和负债，在到期前确定远期合约的价值很重要。如果该价值为正，那么远期合约就应该被视为并记录为资产，如果该价值为负，那么远期合约就应该被视为并记录为负债。投资者应该了解远期合约的价值，甚至所有衍生产品的价值，以便就衍生产品交易对公司整体价值的影响做出明智决策。

到期前的远期合约价值为现货价格减去远期价格的现值。

表 8.1 说明了如何确定远期合约的价值。和期权的估值方法一样，我们构建了两个在到期时价值相同的投资组合。投资组合 A 为在时间 0 构建的价格为 $F(0, T)$ 的远期合约，它在到期时的报酬为 $S_T - F(0, T)$。为了构建投资组合 B，我们在时间 0 什么都不做。在时间 t，我们知道现货价格为 S_t，而在时间 0 创建、在时间 T 交割资产的远期合约在创建时的价格为 $F(0, T)$。我们购买该资产，借入 $F(0, T)$ 的现值，在时间 T 偿还贷款。因此，我们的头寸价值为 $S_t - F(0, T)(1+r)^{-(T-t)}$。在时间 T，我们以 S_T 的价格卖出资产并偿还金额为 $F(0, T)$ 的贷款。因此，在时间 T 的总价值为 $S_T - F(0, T)$。这与投资组合 A（即远期合约）的价值相同。因此，在时间 t，投资组合 B 的价值必须等于远期合约（投资组合 A）的价值。因此有：

$$V_t(0, T) = S_t - F(0, T)(1+r)^{-(T-t)}$$

它很直观，从中很容易看出为什么这是时间 t 上的远期合约价值。如果你在时间 0 签订合约，那么到时间 t 时，该头寸将要求在时间 T 支付 $F(0, T)$，并使你有权在时间 T 获得资产价值。你的债务现值为 $F(0, T)(1+r)^{-(T-t)}$。你的索偿权现值为资产现值，即它的当前价格 S_t。

表 8.1　估计到期前的远期合约价值

投资组合	构成	时间 0 上的价值	时间 t 上的价值	时间 T 上的价值
A	在时间 0 建立价格为 $F(0, T)$ 的远期合约多头	0	$V_t(0, T)$	$S_T - F(0, T)$
B	在时间 t 建立的资产多头以及价值为 $F(0, T)(1+r)^{-(T-t)}$ 的贷款	N/A	$S_t - F(0, T)(1+r)^{-(T-t)}$	$S_T - F(0, T)$
结论：在时间 t，投资组合 A 的价值必然等于投资组合 B 的价值。 $Vt(0, T) = S_t - F(0, T)(1+r)^{-(T-t)}$				

数字例子　假设你今天以 100 美元的价格买入一手远期合约，该合约在 45 天后到期。无风险利率为 10%。远期合约为在 45 天后以 100 美元的价格购买资产的协议。现在是 20 天后，该资产的现货价格为 102 美元。那么剩余时间为 25 天的远期合约价值为：

$$102 - 100 \times 1.10^{-25/365} = 2.65 \text{ 美元}$$

换言之，在时间 T，我们有义务在 25 天后支付 100 美元，但我们将收到当前价值为 102 美元的资产。

8-1c　远期合约的价格

在本小节中，我们考虑了远期合约的初始价格。如前所述，我们用 $F(0, T)$ 表示远期价格。我们已经指出，最初签订远期合约时远期合约的价值为零。因此，我们可以将时间 0 上的远期合约价值公式设为 0，即：

$$V_0(0, T)=S_0-F(0, T)(1+r)^{-T}=0$$

解出远期价格，有：

$$F(0, T)=S_0(1+r)^T$$

因此，一般资产远期合约的价格就是该资产当前现货价格的未来价格，其中未来价格是现货价格以无风险利率增长的结果。远期价格被视为令远期合约价值在开始时等于零的价格。这种估值方法被称为**持有套利模型**（carry arbitrage model）或**持有成本模型**（cost of carry model），因为远期价格仅取决于基础资产的持有成本。在这种情况下，远期价格取决于融资持有成本。后面，我们将分析股指远期、货币远期和商品远期等不同远期合约的定价特点。

> 远期合约的价格为现货价格以无风险利率计算复利直至到期时的价格。它是确保开始时远期合约价值为零的价格。

8-1d 期货合约的价值

在本小节中，我们将考察期货合约的估值。如前所述，我们将用 $f_t(T)$ 表示期货价格，用 $v_t(T)$ 表示期货合约的价值。我们曾经提到，期货合约每天盯市。我们已经确定，最初签订期货合约时期货合约的价值为零。

到期时的期货价格 在即将到期的那一刻，期货价格必然为现货价格。换言之，如果你买入了下一刻即将到期的期货合约，那么你就同意在下一刻购买该资产，支付期货价格。这与现货交易相同。因此有：

$$f_T(T)=S_T$$

如果这种说法不正确，那么买入现货、卖出期货或卖出现货、买入期货将产生套利。

> 马上到期的期货合约的价格为现货价格。

期货合约在交易日盯市前的价值 当我们考察远期合约时，得到的第二个结果是到期时远期合约的价值。就期货合约而言，考察如何在期货合约盯市前为其估值更有用。换言之，期货合约在交易日的价值是多少？

假设我们规定结算时间间隔为一天。假设你在时间 $t-1$ 买入价格为 $f_{t-1}(T)$ 的期货合约。假设这是当天的开盘价格，它等于前一天的结算价格。现在假设一天即将结束，但尚未收盘。价格为 $f_t(T)$。期货合约的价值是多少？如果你卖出期货合约，它会产生 $f_t(T)-f_{t-1}(T)$ 的收益。因此，我们可以说期货合约的价值为：

> 交易日盯市前的期货合约价值为期货合约开盘后或最后一次盯市后（以较晚的日期为准）的价格变化金额。

$$\text{在合约盯市前，} v_t(T)=f_t(T)-f_{t-1}(T)$$

联系现实

当远期合约与期货合约相同时

假设不存在违约可能性，那么在多种条件下，到期时远期合约和期货合约都会产生相同的结果，因此价格相同。首先，前面曾经提到，远期合约在到期时结算报酬。给定到期时的基础工具价格 S_T 以及签订合约时的价格，多头持有者将得到报酬：

$$S_T-F(0, T)$$

正如我们指出的，这是远期合约到期时的价值。期货合约的价格每天都在变化，因此，如果在时间 0 以 $f_0(T)$ 的价格签订在时间 T 到期的期货合约，则第二天结束时的价格将为 $f_1(T)$，接下来一天的价格为 $f_2(T)$，这将持续至到期时以 $f_T(T)$ 结算为止，该价格为现货价格 S_T。最后一笔盯市利润为 $f_T(T)-f_{T-1}(T)$。我们看到，这些合约显然有不同的现金流模式，总结如下：

天	期货现金流	远期现金流
第 0 天	0	0
第 1 天	$f_1(T)-f_0(T)$	0
第 2 天	$f_2(T)-f_1(T)$	0
第 3 天	$f_3(T)-f_2(T)$	0
⋮	⋮	⋮
第 T−2 天	$f_{T-2}(T)-f_{T-3}(T)$	0
第 T−1 天	$f_{T-1}(T)-f_{T-2}(T)$	0
第 T 天	$f_T(T)-f_{T-1}(T)=S_T-f_{T-1}(T)$	$S_T-F(0, T)$

我们希望知道初始期货价格 $f_0(T)$ 是否等于初始远期价格 $F(0, T)$。因此，我们现在将考察它们在什么条件下相等。

在到期前一天，期货价格等于远期价格，这应该是显而易见的。让我们来看到期前一天创建的期货合约和远期合约的现金流量。

天	期货现金流	远期现金流
第 T−1 天	0	0
第 T 天	$f_T(T)-f_{T-1}(T)=S_T-f_{T-1}(T)$	$S_T-F(T-1, T)$

期货价格 $f_{T-1}(T)$ 必须等于远期价格 $F(T-1, T)$，因为在开始日第 T−1 天，两个合约都不需要支出。两个合约都要求在时间 T 支付一定的现金，期货合约为 $f_{T-1}(T)$，远期合约为 $F(T-1, T)$，且两个合约均在时间 T 产生金额 S_T。这些在时间 T 支付的金额必须相同，否则，投资者就可以卖出需要支付较高金额的合约，买入需要支付较低金额的合约，因而无须支付任何金额即可保证产生正报酬。

如果事先知道一天前的利率，到期前两天（或更久）的期货价格就将等于远期价格。假设我们在第 T−2 天结束时开始执行期货合约和远期合约。我们在第 T−1 天结束时至第 T 天结束时持有头寸。令 r_1 为到期前一天的利率，假设在到期前两天知道该利率。我们假设它为日利率，所以为了得到一天的利息，我们只需要乘以 $1-r$，即不使用指数。我们在到期前两天进行下列交易：

以 $F_{T-2}(T)$ 的价格买入一手远期合约，并以 $f_{T-2}(T)$ 的价格卖出 $1/(1-r_1)$ 手期货合约

现在前进到第 $T-1$ 天结束时：

远期合约将没有现金流。回购期货，获得 $-[f_{T-1}(T)-f_{T-2}(T)]$ 的收益或损失。乘以合约数量，得出金额 $-[1/(1+r_1)][f_{T-1}(T)-f_{T-2}(T)]$。将该价值计算一天复利，如果这是收益，则意味着以 r_1 的利率再投资，如果这是损失，则意味着以 r_1 的利率融资。然后，以 $f_{T-1}(T)$ 的价格卖出一手新期货合约。

现在，到期时我们有以下结果：

远期合约的报酬为 $S_T-F(0, T)$

对前一天的收益或亏损进行一天再投资，价值为：

$$-[1/1(1+r_1)][f_{T-1}(T)-f_{T-2}(T)](1+r_1)=-[f_{T-1}(T)-f_{T-2}(T)]$$

一手期货合约的盯市利润或亏损为：

$$-[f_T(T)-f_{T-1}(T)]=-[S_T-f_{T-1}(T)]$$

总计为：

$$S_T-F(0, T)-[f_{T-1}(T)-f_{T-2}(T)]-[S_T-f_{T-1}(T)]=f_{T-2}(T)-F(0, T)$$

最初签订合约时，这两个价格是已知的，因为它们是签订合约时的价格。因此，该策略将在到期时产生已知金额。由于没有初始现金流，故到期时该现金流必须为零，否则，投资者就可以卖出定价较高的合约、买入定价较低的合约。这在开始时不需要现金支出，但将在到期时产生正现金流。因此，期货价格必须等于远期价格。

如果前一天的利率未知，则该策略不可行。在这种情况下，期货价格和利率之间的相关性可以告诉我们哪个价格更高，但无法告诉我们高多少。本章中讨论了这一点。

期货合约的价值为合约开盘以来的价格变化，如果合约为前一天开盘，即为盯市以后的最后一次价格变化。当然，请注意，该价值可能为负。如果我们考察空头持有者的期货价值，只需改变符号。

一旦期货合约盯市，其价值就为零。

期货合约盯市后一刻的价值 当期货合约盯市（或于当天开盘）时，将向价格变化对其不利的一方收取自上次盯市以来（或开盘以来）的价格变化，并将其分配给价格变化对其有利的另一方。当然，这是盯市过程。一旦合约盯市，合约价值就会回到零。因此有：

一旦合约盯市，$v_t(T)=0$

如果期货价格仍为最后的结算价格，且期货交易者试图卖出合约以取得价值，那么它将不会产生利润，这与其零价值一致。

因此，总结这两个结果，我们发现，在任何时点上，多头期货合约价值都是出售期货合约时产生的利润。由于每日盯市，因此期货合约一旦盯市，其价值就会回到零。空头期货合约的价值为 -1 乘以多头期货合约的价值。多头期货合约的价值是由正向价格变化产生的，空头期货合约的价值是由负向价格变化产生的。

8-1e 期货合约的价格

在本小节中，我们将考察期货合约的初始价格。如前所述，我们用 $f_t(T)$ 表示期货合约的价格。我们已经指出，最初签订期货合约时，期货合约的价值为零。假设期货合约的盯市特征不影响其当前价格，那么：

$$f_t(T)=F(0, T)=S_0(1+r)^T$$

因此，一般期货合约的价格与一般远期合约的价格相同。然而请注意，该结果假设不盯市，这点很重要。在下一小节中，我们将探讨盯市对期货合约定价的影响。

> 期货合约的价格为现货价格以无风险利率计算复利直至到期的结果，因此与远期价格相同。

8-1f 远期价格和期货价格

到期时，远期价格和期货价格与现货价格相等，但在其他某些条件下，它们也相等。首先，假设没有违约风险。现在考虑到期前一天的情况。只剩一天的期货合约将在下一天（即到期日）盯市。远期合约将于到期时结算。因此，远期合约和期货合约的现金流相同，它们实际上是相同的合约。

如果我们返回到期前两天，比较起来将更困难。假设这两天的无风险利率相同，或者我们在第一天已经知道第二天的利率。因此，我们实际上排除了利率不确定性。在这种情况下，可以证明远期价格等于期货价格。

> 在到期日和到期前一天，远期价格和期货价格相等；如果利率确定或期货价格与利率不相关，则它们在到期前也相等。

如果我们没有假设利率确定，就可以推测哪个价格较高。如果利率与期货价格正相关，那么持有多头的投资者将偏好期货合约而非远期合约，因为期货合约将在利率上升期间产生盯市利润，并在利率下降期间产生盯市损失。这意味着收益将以较高的利率进行再投资，并在机会成本下降时产生损失。因此，期货合约的价格高于远期合约的价格。如果利率与期货价格负相关，那么持有多头的投资者将偏好远期合约而非期货合约，因为盯市将对期货合约不利。因此，远期合约的价格更高。如果利率和期货价格未经纠正，则远期合约和期货合约将具有相同的价格。

当然，正如我们之前指出的，远期合约可能会违约，而期货合约有清算所提供的违约担保。① 违约风险还会影响远期价格与期货价格之差。如果远期合约买方（卖方）面临的违约风险高于远期合约卖方（买方），似乎远期价格将被压低（推高）。然而，远期市场通常不会在价格中考虑信用风险。正如第 14 章所述，基本上所有符合资格的场外市场参与者支付/收到的价格都相同。信用风险较高的一方将提供担保品或采取其他信用升级措施。因此，由于信用问题，我们不太可能观察到远期价格和期货价格的差异。

当观察不到远期价格和期货价格的显著差异时，我们可以合理地假设远期价格与期货价格相同。因此，本章其余部分虽然通常是指期货价格，但也适用于远期价格。

---

① 前面曾经提到，我们假设远期合约不进行集中清算。

8-2　基础工具产生现金流时的持有套利

到目前为止，我们一直避免考虑利息和股利等中间现金流如何影响远期价格和期货价格。我们曾在本章前面指出，这些现金支付将影响持有成本，并可能使其为负。现在，我们将仔细分析它们如何影响远期价格和期货价格，并以期货合约为例。还要注意的是，在本节中，我们不再以一般资产为重点。我们将分析以特定类型资产作为基础工具的合约，这些资产的特征将为资产持有者带来现金流。

8-2a　股票指数和股利

首先，假设期货合约为单只股票的期货，但其一般原则也适用于股指期货。例如，我们可以考虑只包含一种股票的投资组合。假设在任何情况下，该股票在到期日都肯定会支付股利 D_T。现在，假设某位投资者以 S_0 的现货价格买入该股票，并以 $f_0(T)$ 的价格出售期货合约。

到期时，股票以 S_T 出售，收到股利 D_T，期货合约产生现金流 $-[f_T(T)-f_0(T)]$，它等于 $-[S_T-f_0(T)]$。因此，到期时的总现金流为 $D_T+f_0(T)=-[S_T-f_0(T)]+S_T+D_T$。该金额事先已知，因此，投资组合现值必然等于 $D_T+f_0(T)$ 的现值。投资组合现值就是为股票支付的金额 S_0。将这些结果放到一起，得出：

$$S_0=[f_0(T)+D_T](1+r)^{-T}$$

或

$$f_0(T)=S_0(1+r)^T-D_T$$

这里，我们看到期货价格为现货价格以无风险利率计算复利的结果减去股利。请注意，如果股利足够大，期货价格可能远低于现货价格。

为了让模型更接近现实，假设该股票支付多笔股利。事实上，基础工具可能是与标准普尔500指数等指数相同的股票组合。假设在期货期限内将支付 N 笔股利，每笔股利表示为 D_j，并从今天开始支付 t_j 年。现在，假设我们买入股票并卖出期货。在期货期限内，我们收取每笔股利，并将其再投资于收益率为 r 的无风险债券。因此，到期时股利 D_1 将增至 $D_1(1+r)^{T-t_1}$。在到期日，全部股利将增至：

$$\sum_{j=1}^{N}D_j(1+r)^{T-t_j}$$

我们将其简写为 D_T。因此，现在令 D_T 为在时间 T 上、在期货期限内所有股利与它们所获利息的累计价值。在上例中，我们只有一笔股利，但 D_T 仍然是相同的概念，即股利的累计终值。到期时，股票以价格 S_T 出售，期货被结算并产生现金流 $-[f_T(T)-f_0(T)]$，它等于 $-[S_t-f_0(T)]$。因此，到期时的总现金流为：

$$S_T-[S_T-f_0(T)]+D_T$$

或

$$f_0(T)+D_T$$

该金额也是事先已知的，因此以无风险利率贴现的现值必然等于投资组合的现值，即股票价值 S_0。令这些项相等，并解 $f_0(T)$，得出：

$$f_0(T)=S_0(1+r)^T-D_T$$

因此，期货价格为以无风险利率计算复利的现货价格减去计算复利的股利终值。图 8.1 以在期货期限内支付两笔股利的股票为例，说明了买入股票、卖出期货、收取股利并再投资以产生无风险交易的整个过程。令到期时的累计总价值等于当前的总价值。

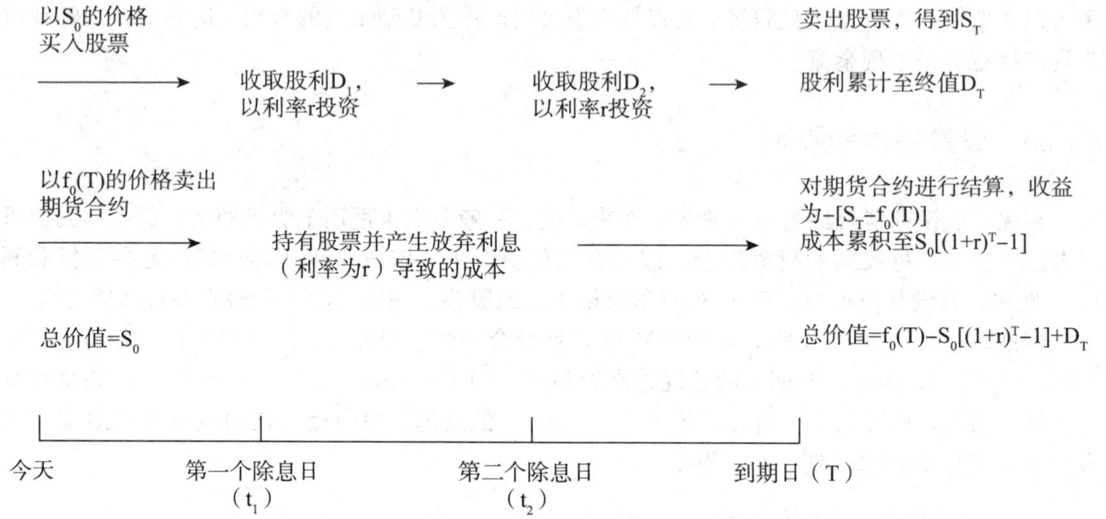

图 8.1　股指期货的持有成本模型

除了对股利计算复利，我们还可以计算出股利现值，然后从股价中减去该金额，再以无风险利率计算复利。换言之，合约期限内的股利现值为：

$$D_0=\sum_{j=1}^{N}D_j(1+r)^{-t_j}$$

期货定价公式为：

$$f_0(T)=(S_0-D_0)(1+r)^T$$

该方法是我们为期权定价时采用的方法。实际上，我们已经在第 3 章、第 4 章和第 5 章中遇到了股利现值的概念。我们从股价中减去股利现值，并在期权定价模型中使用调整后的股价。我们在这里采用相同的方法：用股价减去股利现值，并将调整后的股价代入期货定价模型中。

股票指数是经过加权的证券组合，其中多数股票都支付股利。实际上，尽管股利并非固定，但在某种程度上是连续的。然而，正如我们对期权的处理方法，我们可以相当稳妥地假设连续股利流有固定收益率 δ_c。设 r_c 为连续复利无风险利率，S_0 为股指的现货价格，该模型可以写为：

$$f_0(T)=S_0e^{(r_c-\delta_c)T}$$

值得注意的是，该公式正是布莱克-斯科尔斯-默顿模型的所有假设都适用于期货时将得到的公式。

这种形式解释起来更容易。假设某位投资者正在考虑炒股，他可以采用两种方法：买入股指组合或买入期货合约。如果该投资者买入股指组合，将收到收益率为 δ_c 的股利。如果该投资者买入期货合约，将不会收到股利。股利收益率将作为系数 $e^{\delta_c T}(<1)$ 输入模型。因此，股利的影响是使期货价格低于没有股利时的期货价格。请注意，如果无风险利率高于（低于）股利收益率，那么期货价格将高于（低于）现货价格。或者，该式也可以写为 $f_0(T)=(S_0 e^{-\delta_c T})e^{r_c T}$，这可以解释为以无风险利率计算复利的股利调整后股价。

> 股指期货价格是以无风险利率计算复利至到期的股价减去股利终值。或者，它也可以被视为以无风险利率计算复利至到期的股利调整后股价。

数字例子 考虑以下问题：股指为 50 点，连续复利无风险利率为 8%，连续复利股利收益率为 6%，距到期时间为 60 天，即 T 为 60/365=0.164 年。于是，期货价格为：

$$f_0(T)=50\times e^{(0.08-0.06)\times 0.164}=50.16$$

如果无风险利率为 5%，那么期货价格为：

$$f_0(T)=50\times e^{(0.05-0.06)\times 0.164}=49.92$$

在第 9 章中，我们将看到价格不等于持有成本模型给出的价格时，套利如何迫使市场进行调整。

大部分股权期货合约都是股指期货合约。不过，某些个股也有期货合约。这些合约在美国以外的国家进行数年交易后，于 2002 年秋开始在美国进行交易。在美国，多数个股都按季分红。在美国以外的国家，个股通常每年分红一两次。在任何一种情况下，个股期货在定价时一般都将各笔股利的价值考虑在内。换言之，这里介绍的股指期货的一般定价方法也适用于个股期货定价，但个股期货更适合使用离散股利。

在本章前面，我们了解到，远期合约的估值方法是用现货价格减去合约开始时确定的远期价格的现值。然后，我们学习了如何为其基础资产支付现金股利的远期合约定价。为了对其基础资产支付现金股利的远期合约估值，我们必须进行调整。如果现货资产支付离散股利等现金，我们只需调整现货价格，以消去现金支付的现值。

$$V_t(0, T)=S_t-D_{t,T}-F(0, T)(1+r)^{-(T-t)}$$

其中 $D_{t,T}$ 是从 t 到 T 的任何剩余股利的现值。对于连续股利收益率，有：

$$V_t(0, T)=S_t e^{-\delta_c(T-t)}-F(0, T)e^{-r_c(T-t)}$$

我们观察到所有贴现都是连续贴现。

股票期货或股指期货的基本定价思路通常适用于支付息票利息的债券期货定价。但在实践中，基于债券的期货合约具有某些特征，使定价复杂程度超出了本章的范围。不过，第 9 章将详细介绍这些工具。

> 股指期货合约的价值为股价减去股利现值再减去远期价格的现值。

8-2b 外币和外国利率：利率平价

利率平价（interest rate parity）是两国的即期汇率和远期汇率与利率之间的重要基本关系，它是外汇市场版的远期和期货持有套利定价模型。理解利率平价的一个有用方法是，假设有人认为兑换为支付更高利率的货币可以获得更高的无风险收益率，并以此为基础展开分析。假设一位法国公司财务主管希望获得比欧元利率更高的利率，并认为他可以将欧元兑换成美元，获得更高的美元利率。如果该财务主管这样做，但没有安排远期合约或期货合约来保证美元兑换回欧元的汇率，那么他不仅要承担赚不到美元利率的风险，还要承担美元利率低于欧元利率的风险。如果在他持有美元期间美元贬值，则兑换回欧元的成本将很高。这类交易类似于出国以后一段时间才购买回程机票，你受到购买回程机票时的价格和条件的限制。购买往返机票锁定了回程机票的价格和条件。因此，这位公司财务主管可能希望通过卖出美元远期合约或期货合约来锁定美元兑换回欧元时的汇率。但远期价格和期货价格将进行调整，使整笔交易的欧元收益率不超过欧元利率。实际上，回程机票的成本将抵消外币的利率收益。如果两者没有抵消，就会出现套利利润，迫使价格适当调整。请从欧洲人的角度观察，考虑以下涉及欧元和美元的情况。

即期汇率为 S_0，该报价为欧元/美元。美国的无风险利率为 ρ，持有期为 T。你用 $S_0(1+\rho)^{-T}$ 欧元买入 $(1+\rho)^{-T}$ 美元，同时，你卖出一手在时间 T 到期的远期合约。远期汇率为 F_0，它也为欧元/美元。你用 $(1+\rho)^{-T}$ 美元投资于收益率为 ρ 的美国国库券。

远期合约到期时，你将有 1 美元。这是因为你的 $(1+\rho)^{-T}$ 美元将以系数 $(1+\rho)^{T}$ 增长，因此 $(1+\rho)^{-T}(1+\rho)^{T}=1$。远期合约规定你有义务交割美元，因此你收到 F(0，T) 欧元。实际上，你投资了 $S_0(1+\rho)^{-T}$ 欧元，并收到 F(0，T) 欧元。因为交易是无风险的，因此你的收益率应为欧元利率 r，即：

$$F(0,T)=S_0(1+r)^{-T}(1+r)^{T}$$

这种关系被称为利率平价。① 有时，它表示为：

$$F(0,T)=S_0(1+r)^{T}/(1+\rho)^{T}$$

> 利率平价，即期货或远期汇率与即期汇率之间的关系，是由两国的无风险利率之间的关系决定的。

数字例子 从欧洲人的角度考虑下面的例子。某年 6 月 9 日，美元即期汇率为 0.790 8 欧元。美元利率为 5.84%，欧元利率为 3.59%。距到期时间为 90/365＝0.246 6 年。前面曾经提到，我们有：

$$\begin{aligned}F(0,T)&=0.7908\times1.0359^{0.2466}/1.0584^{0.2466}\\&=0.7866\ \text{欧元}\end{aligned}$$

因此，远期汇率应约为 0.786 6 欧元。

利率平价可能让某些人感到困惑，因为利率可以用不同方式报价。你还可能看到，利率平价表示为 $F(0,T)=S_0(1+\rho)^{T}/(1+r)^{T}$。如果即期汇率以外币单位报价（例如在本例中为欧元/美元），该式就是正确的。在我们的欧元例子中，可以说即期汇率为 1/0.790 8＝1.264 5 美元/欧元。在这种情况下，远期汇率将以美元/欧元表示，正确的公式为 $F(0,T)=S_0(1+\rho)^{T}/(1+r)^{T}$，其中 ρ 为外国利率（美元），r 为本国利率（欧元）。一种简单的记忆方法是，用给定国家的利率系数乘以该国货币的即期汇率报价。另一个利率系数的指数为－T，或者出现在分母中，指数为 T。

---

① 该式还有几种常见变形：有时它近似于 $F(0,T)=S_0(1+r-\rho)^{T}$，有时则近似于 $F(0,T)=S_0(1+rT)/(1+\rho T)$，其中 T 为天数/360 或天数/365。如果 r 和 ρ 的形式为前几章讨论过的 LIBOR，则为后一个公式。利息以 $1+r\times(180/360)$ 的形式加到本金上。如果利率为连续复利，则该式为 $F(0,T)=S_0e^{(r^c-\rho^c)T}$。

正如我们在本章前面提到的，当远期汇率以本币为报价单位（例如美元/欧元），且远期汇率高于即期汇率时，称远期汇率升水。由于升水这个词往往意味着更高，所以我们有另外一个理由用本币为货币报价。如果我们以另一种方式报价，更高的远期汇率就意味着贴水。

在国际金融的讨论中，常将远期升水（贴水）解释为暗示货币预期将走强（走弱）。遗憾的是，这是一个错误观点。套利原则产生了远期升水或远期贴水。如果投资者可以把本币兑换成外币，锁定更高的无风险收益率，然后兑换回风险被对冲的货币，那么每个人都会这样做，这将消除收益率高于国内无风险利率的可能性。从严格意义上讲，任何远期升水或远期贴水都是由两国的利率差异造成的。如果国内利率较低，且投资者放弃国内无风险收益率以获得较高的国外无风险收益率，则该货币必须以和相对利率（获得的利率与放弃的利率之比）成比例的远期汇率卖出。这与投资者对未来即期汇率的预期无关。关于即期汇率可能发生什么变化，投资者可能有完全不同的观点，但是我们知道，他们一致认为，远期汇率必须与即期汇率乘以比例利率系数（即利率平价）一致。

外币远期合约的价值为以外国利率贴现的即期汇率减去远期汇率的现值。

虽然货币期货的交易量不像货币远期那样大，但利率平价也可用于为这些工具定价，至少在这里的假设下是这样。因此有：

$$f_0(T)=S_0(1+r)^T/(1+\rho)^T$$

根据与股指远期估值相同的方法，货币远期的价值为：

$$V_t(0,T)=S_t(1+\rho)^{-(T-t)}-F(0,T)(1+r)^{-(T-t)}$$

其中 ρ 为外国利率。

8-2c　商品与储存成本

在本小节中，我们将考察商品期货合约以及储存成本的影响。为简单起见，假设在期末支付持有基础商品的储存成本 s。现在，假设投资者以现货价格 S_0 购买商品，并以价格 $f_0(T)$ 出售期货合约。

商品期货的价格为以无风险利率计算复利至到期的现货价格加上储存成本。

到期时，商品以价格 S_T 出售，并支付储存成本 s；期货合约产生现金流 $-[f_T(T)-f_0(T)]$，它等于 $-[S_T-f_0(T)]$。因此，到期时的总现金流为 $-s+f_0(T)$。该金额是事先已知的，投资组合的当前价值必然等于 $-s+f_0(T)$ 的现值。投资组合的当前价值就是为商品支付的金额 S_0。把这些结果放在一起，得出：

$$S_0=[f_0(T)-s](1+r)^{-T}$$

或

$$f_0(T)=S_0(1+r)^T+s$$

这里，我们看到，期货价格为以无风险利率计算复利的现货价格加上储存成本。接下来讨论风险溢价时，我们将详细分析商品期货。

8-3　定价模型

在本节中，我们将远期合约或期货合约定价与风险溢价联系起来。第 1 章（以及你可能上过的其他课程）曾经提到，风险溢价是承担风险理应获得的额外收益。你可能已经熟悉了资产定价模型，比如著名的资本资产定价模型，它给出了预期收益率与风险之间的关系。在本节中，我们希望确定期货合约和远期合约是否为这些合约持有者提供了风险溢价。

在上一节中，我们看到远期合约和期货合约的价格可能不同，但差异通常很小。为了听起来更通顺，我们不再将这些合约称为远期合约和期货合约，而是将其合称为期货合约。我们假设只在到期日盯市，因而使期货合约本质上是远期合约。

在用期货合约分析风险溢价之前，首先让我们来回顾根据风险溢价和持有套利确定现货价格的几项原则。

8-3a 现货价格、风险溢价和一般资产的持有套利

首先，让我们建立一般现货资产的简单估值方法。设 S_0 为现货价格，s 为从 0 到 T 的时期内储存资产的成本，iS_0 为在此时期投资 S_0 美元于资产而放弃的利息。

假设未来资产价格没有不确定性，那么，我们可以肯定地说，S_T 是时间 T 上的资产价格。因此，当前资产价格必然为：

$$S_0 = S_T - s - iS_0$$

换言之，当前的资产价格就是未来价格减去储存成本和利息。没人会支付超过该金额的价格，因为储存成本和利息成本将抵消持有资产的利润。没人会以低于该金额的价格出售资产，因为总有人愿意支付更高价格，最高价格为上述公式给出的金额。

> 在确定性下，当前的现货价格等于未来的现货价格减去储存成本和放弃的利息。

如果我们放宽未来资产价格确定的假设，就必须使用预期未来资产价格 $E(S_T)$。然而，如果投资者为风险中性，他们将愿意持有资产，而不期望获得承担风险的回报。在这种情况下，有：

$$S_0 = E(S_T) - s - iS_0$$

换言之，当前的价格是预期未来价格减去储存成本和利息成本。

> 在不确定性和风险中性下，当前的现货价格等于预期未来现货价格减去储存成本和放弃的利息。

然而多数投资者都是风险厌恶的，因此不会为该资产支付过高价格。他们将支付较低的价格，其差额为风险溢价。让我们用 $E(\phi)$ 表示风险溢价，则当前价格为：

$$S_0 = E(S_T) - s - iS_0 - E(\phi)$$

换言之，在风险厌恶投资者的现实世界中，当前现货价格等于预期未来现货价格减去储存成本、放弃的利息和风险溢价。

> 在不确定性和风险厌恶下，当前的现货价格等于预期未来现货价格减去储存成本、放弃的利息和风险溢价。

该式相当一般化，且没有说明如何确定风险溢价。金融资产的储存成本很少（如果有的话），但在这种情况下，我们设其为 0。前式有力地提醒我们，资产价格必须反映预期、所有权成本——显性成本和隐性成本——以及承担风险带来的回报。

让我们完善最后一点。我们曾经讨论过其基础工具支付现金收益的期货合约和远期合约。现在，让我们再次做出该假设，这次现金收益的形式为利息或

股利。让我们用资产支付的此类现金流降低利息的机会成本，从而反映这种影响。因此从现在开始，请记住，iS_0 为放弃的利息减去收到的任何现金流——利息或股利，我们称之为**净利息**（net interest）。请注意，如果股利或息票利率足够高，就可能超过利息机会成本，从而令 i 为负。这不是一个问题，实际上它并不太罕见。当高息票利率债券在低利率环境中被持有时，净利息很容易为负。

持有成本是储存成本加上净利息，它表示储存资产产生的成本。

储存成本和净利息的组合 $s+iS_0$ 被称为**持有成本**（cost of carry），用希腊字母 θ(theta) 表示。如果储存成本高于净利息，则持有成本为正，如果净利息为负且足以抵消储存成本，则持有成本为负。然而，这个概念有时被称为**持有收益**（carry）。持有成本为负（意味着净利息为净流入且高于储存成本）的资产被称为具有正持有收益。持有成本为正的资产被称为具有负持有收益。在本书中，我们严格地将该概念称为持有成本。

对于电力等不可储存商品，当前的现货价格与预期未来现货价格之间不一定有关系。当前和未来的供求条件是彼此独立的。储存目前拥有的部分商品不能降低未来供给不确定的风险。价格仍有可能发生大幅波动。持有成本将是一个毫无意义的概念。

在另一种极端情况下，商品可以无限期储存。股票、金属和一些自然资源（如石油）可以无限期或几乎无限期地储存。它们的现货价格将根据当前的供求情况、持有成本、投资者的预期风险溢价以及预期未来供求状况确定。

对于许多农产品而言，储存期有限是常事。谷物的储存期相当长，而冷冻浓缩橙汁的储存期相当有限。在金融市场上，距到期时间不到一年的国库券储存期很短，较长期国债的储存期更长。

任何可储存资产的当前现货价格与预期未来现货价格都可以通过持有成本和预期风险溢价关联起来。我们将利用这种关系来解释远期和期货的定价。

8-3b 重新考察远期/期货定价

现在，我们将根据本章前面的讨论进一步分析远期和期货的定价，尤其是我们将探讨一些实际考虑因素，如保证金或其他担保品要求，以及便利收益率的概念。考虑以下交易：你以价格 S_0 买入现货资产，以价格 $f_0(T)$ 出售期货合约。到期时，现货价格为 S_T，期货价格为 $f_T(T)$，它等于 S_T。到期时，你将交割资产。交易利润为 $f_0(T)-S_0$ 减去储存成本和资金占用的机会成本：

$$\Pi=f_0(T)-S_0-s-iS_0=f_0(T)-S_0-\theta$$

由于公式 $f_0(T)-S_0-\theta$ 不涉及未知项，所以利润是无风险的，这意味着该交易不应产生风险溢价。投资金额为 S_0，即现货资产的初始价格。该交易的利润为 $f_0(T)-S_0-\theta$，它应该等于零。因此有：

$$f_0(T)=S_0+\theta$$

均衡时，期货价格等于现货价格加上持有成本。

期货价格等于现货价格加上持有成本。因此，持有成本为期货价格和现货价格之差，并与基差有关。[①] 我们将在第 10 章中详细说明基差。

① 基差通常被定义为现货价格减去期货价格，我们将在第 10 章中使用该定义。

图 8.2 显示了该交易的另一种解释。开始时头寸价值为 S_0，到期时头寸价值为 $f_0(T)-\theta$。由于交易开始时 $f_0(T)-\theta$ 是已知的，因此该交易是无风险的。所以 S_0 应等于用无风险利率计算出的 $f_0(T)-\theta$ 的现值。但是，由于 θ 包括 S_0 在持有期内损失的利息，因此已经做出了现值调整。故有：

$$f_0(T)=S_0+\theta$$

是什么使这种关系成立？假设期货价格高于现货价格加持有成本：

$$f_0(T)>S_0+\theta$$

然后，套利者将买入现货资产并卖出期货合约。这将产生正利润 $f_0(T)-S_0-\theta$。许多套利者都将执行相同的交易，这将对期货价格造成下降压力。当 $f_0(T)=S_0+\theta$ 时，赚取该利润的机会将消失。

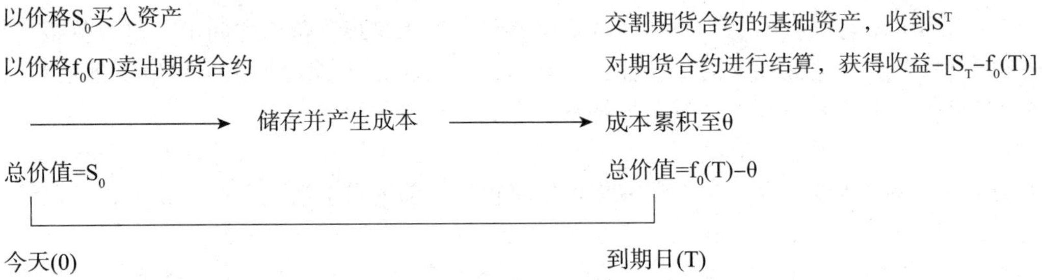

图 8.2　买入资产、卖出期货、储存资产

现在，假设期货价格低于现货价格加上持有成本，即：

$$f_0(T)<S_0+\theta$$

首先，我们假设资产是一种金融工具。然后，套利者将卖空资产并买入期货合约。当卖空该工具时，卖空者不会产生储存成本。卖空者可以用卖空收到的钱赚取利息，而不会由于资产占用资金而产生机会成本。我们将在第 9 章详细考察套利交易。

因此，套利者不是支付而是收到持有成本。因此，利润为 $S_0+\theta-f_0(T)$，它为正。套利者的联合行动将对现货价格形成下降压力，对期货价格形成上升压力，直至利润消除。此时，$f_0(T)=S_0+\theta$。

进行套利活动不一定要卖空。假设某个投资者持有未对冲资产，该投资者可以卖出资产并买入期货合约。尽管套利者并不拥有资产，但避免了储存成本，并用出售资产的收入赚取了利息。到期时，套利者进行交割，再次持有未对冲资产。交易的利润为 $S_0+\theta-f_0(T)$，它为正。因此，该交易暂时将该资产从投资者的总资产中去掉，获得无风险利润，然后将该资产放回投资者的总资产中。由于许多套利者都会这样做，因此将迫使现货价格下跌、期货价格上涨，直到不存在更多套利机会。这种交易被称为**准套利**（quasi arbitrage）。

关于期货价格是否反映对未来现货价格的预期，甚至专家也莫衷一是。有人说期货价格提供了对未来现货价格的预期，而有些人则认为期货价格只反映了持有成本。还有一些人说，期货价格有时反映预期，有时反映持有成本。我们将在后面更彻底地解决期货价格是否反映预期的问题。在这里，我们应该注意，这两种说法都是正确的。由于期货价格等于现货价格加持有成本，因此期货价格肯定反映了持有成本。然而，现货价格反映了预期。这是现货定价的基本原则。因为期货价格包括现货价格，因此也反映了预期，不过，它是通过现货价格间接反映预期的。整个过程如图 8.3 所示。

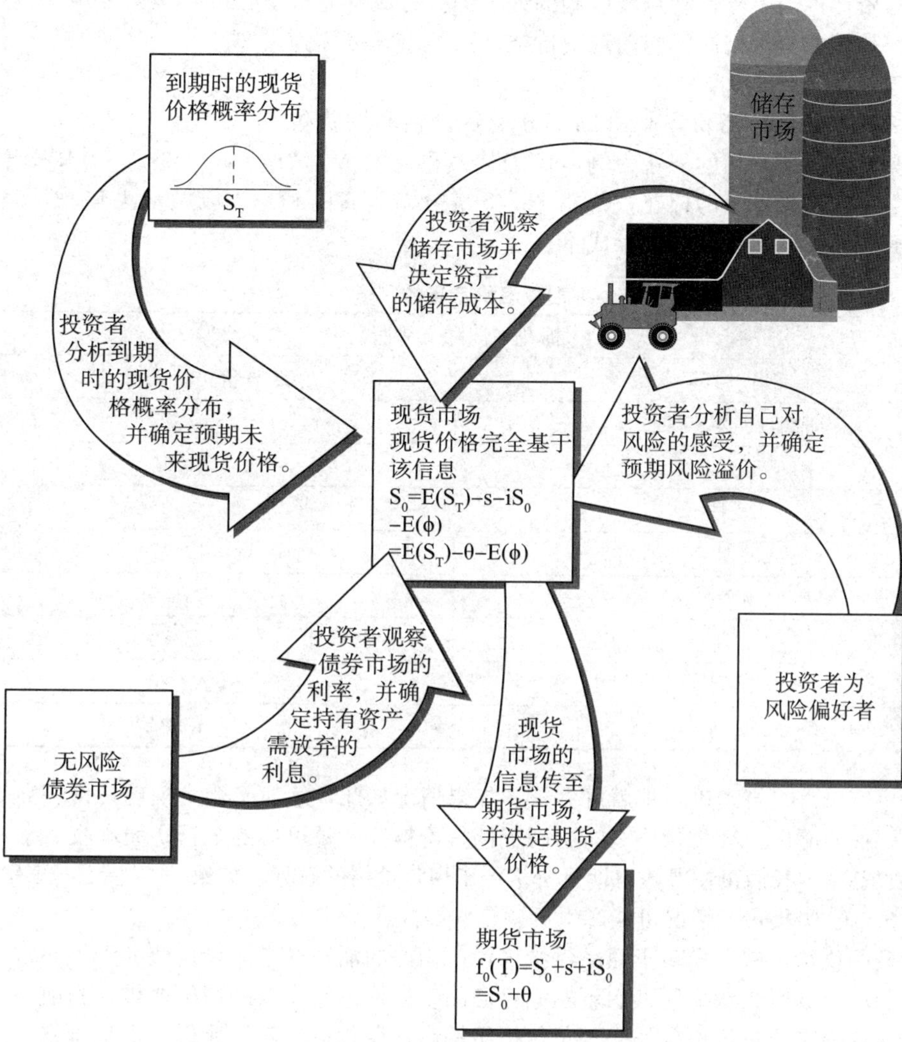

图 8.3　如何确定期货价格

迄今为止，我们假设对期货交易者的小额保证金要求为零。假设现在的交易为以价格 S_0 买入资产并以价格 $f_0(T)$ 卖出期货合约，交易者需要在保证金账户中存入 M 美元。假设这 M 美元将以无风险利率赚取利息。于是，到期时交易者将交割资产，收到实际价格 $f_0(T)$，并产生持有成本 θ。此外，交易者还能释放 M 美元的保证金加上其利息。由于到期时的总价值事先已知，为 $f_0(T)-\theta+M+M$ 的利息，所以整笔交易仍是无风险的。然而，交易者提前支付了 S_0 美元购买资产，并将 M 美元存入保证金账户。因此，到期时总价值的现值等于 S_0+M。显然，M 的现值加上 M 的利息等于 M。由于持有成本模型为 $f_0(T)=S_0+\theta$，因此这意味着 S_0 仍然必须等于 $f_0(T)-\theta$。然而，如果保证金存款不支付利息，期货价格就会受保证金账户利息损失的影响。期货价格受到的影响尚不清楚，因为进行反向套利（卖出或卖空资产并买入期货合约）的交易者也面临相同的保证金要求。这真的有影响吗？可能没有影响。大型交易者通常能存入有息证券。而我们观察到的价格几乎肯定是由大型交易者决定的。因此，假设保证金存款与期货定价无关似乎是合理的。

可储存资产以及不支付利息或股利的证券的持有成本通常为正，这将导致期货价格高于当前现货价格。这类市场被称为**期货溢价市场**（contango）。

在期货溢价市场上，期货价格高于现货价格。

表 8.2 列出了期货溢价市场上的部分现货价格和期货价格。以在洲际交易所交易的棉花为例，10 月合约的持有成本为 41.60－36.75＝4.85 美分。请记住，该数字包括投资一磅棉花（价格 36.75 美分）放弃的利息，以及从去年 9 月至今年 10 月（合同到期月）的棉花实际储存成本。

表 8.2　　　　期货溢价市场的例子

棉花（洲际交易所）	
到期时间	结算价格（美分/磅）
即期（9 月 26 日）	36.75
10 月	41.60
12 月	42.05
3 月	42.77
5 月	43.50
7 月	43.80
10 月	45.20
12 月	45.85

如果事实总是符合理论，那就好办了。如果情况如此，绝对不会出现现货价格高于期货价格的情形。而实际上，现货价格有时会高于期货价格。一种可能的解释是便利收益率。

便利收益率　我们正在寻找对期货价格低于现货价格的解释。如果 $f_0(T)=S_0+\theta$ 且 $f_0(T)<S_0$，那么 $\theta<0$。哪类市场情况可能产生负持有成本？

假设商品供给短缺，相对于商品供给来说，当前的消费异常高，这就产生了异常高的现货价格。当前的市场紧张状况使人们不愿储存商品。如果供给短缺的情况严重，当前的现货价格可能高于预期未来现货价格。如果现货价格足够高，期货价格就可能低于现货价格。期货价格与现货价格的关系为：

$$f_0(T)=S_0+\theta-\chi$$

其中 χ(chi) 为正值，表示 $S_0+\theta$ 与 $f_0(T)$ 之差。如果 χ 足够大，期货价格将低于现货价格。但是，情况不一定如此，因为 χ 可能很小。

χ 值通常被称为**便利收益率**（convenience yield）。它是持有供给短缺的商品获得的溢价。通过持有供给短缺商品，人们可以获得额外回报，即便利收益率。请注意，我们并没有说这种商品是为将来出售或消费而储存的。事实上，当现货价格足够高时，储存收益率为负，因此不存在储存商品的动机。事实上，这时存在尽可能多地借入和卖空商品的动机。

便利收益率为持有供给短缺商品获得的额外收益或资产的非现金收益。

对于某些资产而言，便利收益率可以被视为一类非金钱回报。以某个房屋所有者为例，房屋通常会提供一些升值潜力，但预期收益很少，不足以弥补承担的风险。在某些情况下，预期收益率可能不会高于无风险利率，甚至会低于无风险利率。然而，房屋能提供非金钱收益，即居住在房屋中的效用。房屋买方通常愿意支付更多的钱，从而降低了预期收益率，以换取居住在房屋中的权利。

当商品有便利收益率时，期货价格可能低于现货价格加上持有成本。在这种情况下，称期货**差满持仓**（less than full carry）。

期货价格低于当前现货价格的市场被称为**现货溢价市场**（backwardation），有时也被称为**倒挂市场**（inverted market）。表 8.3 举了一个现货溢价市场的例子。

在现货溢价市场中，现货价格高于期货价格。

表 8.3　现货溢价市场的例子

大豆（芝加哥期货交易所）	
到期时间	价格（美分/蒲式耳）
11 月	563.25
1 月	558.50
3 月	552.75
5 月	545.75
7 月	543.25
8 月	536.50
9 月	520.50
11 月	502.25

这个例子取自 11 月的某一天。由于存在 11 月期货合约，因此该合约的价格是现货价格的良好替代指标。请注意，11 月期货价格 563.25 美元高于其他所有期货价格。显然，在这种情况下，存在与现货价格相关的便利收益率。大豆可能供给短缺，但由于所有期货价格都明显低于现货价格和持有成本，明年这种短缺可能将有所缓解。

市场上同时出现现货溢价和期货溢价的特征并不罕见。表 8.4 以 11 月的大豆为例说明了这种情况。请注意，现货价格低于 12 月期货价格，而 12 月期货价格低于 1 月期货价格。但是请注意，5 月期货价格低于 3 月期货价格。这种降价模式将持续下去，所有在明年 9 月到期的期货价格都将低于现货价格。

表 8.4　模拟现货溢价市场与期货溢价市场的例子

大豆（芝加哥期货交易所）	
到期时间	价格（美分/蒲式耳）
即期（11 月 8 日）	159.50
12 月	163.50
1 月	164.40
3 月	164.80
5 月	163.00
7 月	162.40
8 月	161.10

续前表

大豆（芝加哥期货交易所）	
到期时间	价格（美分/蒲式耳）
9月	158.30
10月	154.90
12月	155.10
1月	154.10

可能在商品市场上产生现货溢价的另一个因素是商品持有者不能卖空商品，且不愿在价格过高时卖出商品并买入低价期货合约代替它。在前面我们将其称为准套利。如果准套利的执行数量不足以使期货价格达到其理论公允价格，就会出现现货溢价。现货价格变得过高，没有人愿意出售资产并用期货合约代替它，或者没有人能卖空资产。

当然，对于金融资产而言，储存成本可以忽略不计，商品供给也相当稳定，但我们仍经常观察到倒挂市场。对利率敏感的资产（如欧洲美元和长期国债）可能观察到现货溢价或期货溢价。在本章后面，我们将考察金融期货价格可能低于现货价格的其他原因。

考虑到这些概念，我们现在将转向期货市场中一个重要而颇具争议的问题：期货价格是否包含风险溢价？

8-3c 期货价格和风险溢价

我们已经讨论过现货价格中的风险溢价。没人会单纯因为投机而持有现货商品，除非预期存在风险溢价。尽管投资者并不总能获得风险溢价，但他们必然预期在平均水平上获得风险溢价。期货价格是否包含风险溢价？期货投机者在平均水平上会获得风险溢价作为回报吗？对这个问题的回答形成了两种思想流派。

无风险溢价假说 考虑一个简单的期货市场，其中只有投机者。基础商品是给定某一周内科罗拉多州韦尔（Vail）的总降雪量。期货合约到期时以现金结算。个人可以按他们协商的任何价格买卖期货合约。场外市场存在类似的衍生产品。

例如，假设两个人签订了期货合约，价格为30英寸。如果到期时总降雪量超过30英寸，持有空头的交易者将向持有多头的交易者支付一笔相当于总降雪量减去30英寸的金额。尽管滑雪胜地和商家的风险敞口与降雪量高度相关，但实际上没人能“持有”这种商品，所以没有对冲或套利。

现在假设几周后，多头表现明显持续胜过空头。空头方得出结论，今年冬天很适合滑雪。空头方决定改善他们的头寸，于是开始做多。当然，本来做多的投资者并不想做空。现在每个人都想做多，没人会做空。这使期货价格上涨到某个水平，在这个水平上，有人认为价格太高，因此看起来应该做空。现在假设价格上涨到非常高以至出现了相反的情况：空头表现开始持续胜过多头。这导致多头转向并做空。最终，必须达到某个均衡，使多头和空头的表现都不会持续胜过对方。在这种市场中，没有风险溢价，不会出现一方取胜、另一方失败的情况。

> 如果期货价格不包含风险溢价，那么投机者承担风险将不会获得回报。于是，期货价格将为未来现货价格的无偏预期。

在期货市场上，这个说法意味着在平均水平上，当前的期货价格等于到期时的预期期货价格，即 $f_0(T)=E[f_T(T)]$。由于到期时的预期期货价格等于到期时的预期现货价格，即 $E[f_T(T)]=E(S_T)$，因此我们得到如下结果：

$$f_0(T)=E(S_T)$$

这是一个极为重要和强大的公式。它说明期货价格是市场对未来现货价格的预期。如果我们想预测未来现货价格，只需观察期货价格。用经济学家的话来说，期货价格是对未来现货价格的无偏预期。

例如，某年 9 月 26 日，白银的现货价格为每金衡制盎司 5.58 美元。12 月期货价格为每金衡制盎司 5.64 美元。如果期货价格不含风险溢价，则市场预期 12 月白银现货价格将为 5.64 美元。以 5.64 美元的价格买入期货合约的交易者预期将以 5.64 美元的价格卖出期货合约。

图 8.4 说明了与该观点相当一致的情况。图中显示了 5 月小麦期货价格以及到期前 20 周的现货价格。两个价格都有波动，正如价格略微上升的趋势所示，现货价格表现出小幅风险溢价。① 然而，期货价格没有明显的趋势。

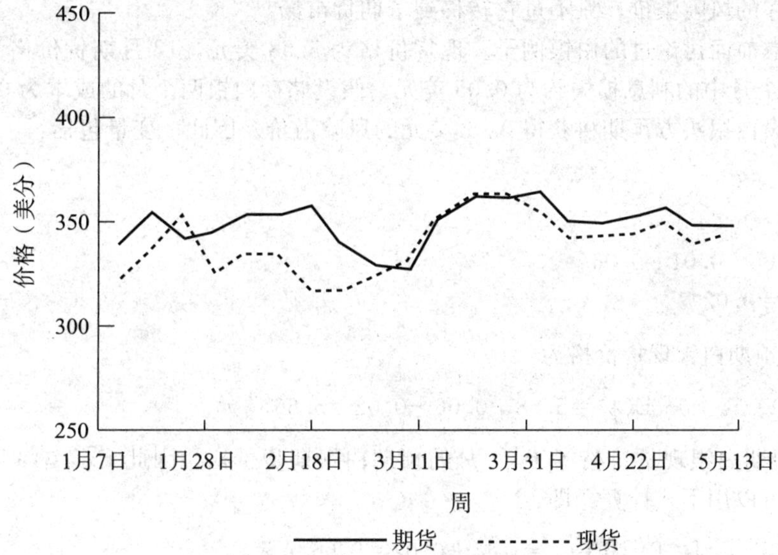

图 8.4　无风险溢价的例子：5 月小麦期货合约

当然，我们必须谨慎看待，因为这只是一个孤例。我们可以通过实证研究进一步探讨期货价格是否包含风险溢价这个问题。不过，首先让我们来看支持期货价格确实包含风险溢价的观点。

资产风险溢价假设　如果观察到风险溢价，我们将得到：

$$E[f_T(T)]>f_0(T)$$

期货价格预期将上涨。价格为 $f_0(T)$ 的期货合约买方期望以 $E[f_T(T)]$ 的价格出售它们。由于在到期时期货价格和现货价格应趋同，即 $E[f_T(T)]=E(S_T)$，则有：

$$E[f_T(T)]=E(S_T)>f_0(T)$$

① 然而，价格上升也可能是无风险利率或储存成本造成的。

由此，我们得出结论：期货价格为预期未来现货价格的较低估计值。

假设某个期货溢价市场的持有成本为正。商品持有者预期将获得本章前述公式给出的风险溢价 $E(\phi)$：

$$E(S_T)=S_0+\theta+E(\phi)$$

其中 θ 为持有成本，$E(\phi)$ 为风险溢价。由于 $f_0(T)=S_0+\theta$，因此 $S_0=f_0(T)-\theta$。将其代入 $E(S_T)$ 公式中的 S_0，得到：

$$E(S_T)=f_0(T)-\theta+\theta+E(\phi)$$

或

$$E(S_T)=f_0(T)+E(\phi)=E[f_T(T)]$$

到期时的预期期货价格高于当前期货价格，高出的金额为风险溢价。这意味着期货合约买方预期将获得风险溢价。但是，他们不是因为期货合约有风险而获得风险溢价，他们获得的是现货市场上存在的风险溢价，只不过它转移到了期货市场。

现在，考虑前面讨论过的白银例子。现货价格为 5.58 美元，12 月期货价格为 5.64 美元。5.58 美元在两个月中的利息损失约为 0.05 美元。假设储存白银两个月的成本为 0.01 美元。

我们还假设白银买方预期将获得 0.02 美元的风险溢价。因此，变量包括：

$$S_0=5.58$$
$$f_0(T)=5.64$$
$$\theta=0.05+0.01=0.06$$
$$E(\phi)=0.02$$

12 月份的预期白银现货价格为：

$$E(S_T)=S_0+\theta+E(\phi)=5.58+0.06+0.02=5.66 \text{ 美元}$$

因为 12 月的预期白银现货价格等于 12 月的预期白银期货价格，因此 $E[f_T(T)]=5.66$ 美元。该预期价格也可以用下式计算，即：

$$E[f_T(T)]=f_0(T)+E(\phi)=5.64+0.02=5.66 \text{ 美元}$$

以 5.64 美元的价格买入期货合约的交易者预期将以 5.66 美元的价格卖出该合约，并获得 0.02 美元的风险溢价。5.64 美元的期货价格低估了 12 月的预期现货价格，低估金额为风险溢价。该过程如下所示：

现货	买入白银，价格为 5.58 美元	储存成本和相关成本为 0.06 美元	预期风险溢价为 0.02 美元	预期售价 = 5.66 美元
期货	买入白银期货合约，价格为 5.64 美元	—	预期风险溢价为 0.02 美元	预期售价 = 5.66 美元

期货价格包含风险溢价的观点是由两位著名经济学家——凯恩斯（Keynes，1930）和希克斯（Hicks，1939）——提出的。他们认为，期货市场和现货市场是由基础商品多头持有者主导的。他们希望通过出售期货合约得到保护，这意味着他们需要愿意持有期货多头的交易者。

为了促使投机者持有期货多头，期货价格必须低于期货到期时的预期价格，即预期未来现货价格。因此，凯恩斯和希克斯认为，期货价格是对未来现货价格的有偏预期，偏差是风险溢价造成的。这种观点被称为**风险溢价假说**（risk premium hypothesis）。根据持有套利模型，期货价格之所以包含风险溢价，只是因为现货市场将风险溢价转移到了期货市场上。

> 如果期货价格包含风险溢价，那么投机者将由于承担风险而获得回报。于是，期货价格为未来现货价格的有偏预期。

图 8.5 显示了这种情况的一个例子，该图为 6 月标准普尔 500 指数期货合约。现货价格和期货价格都呈上升趋势。[①] 但是，我们必须再次提醒读者注意，这只是一个孤例。

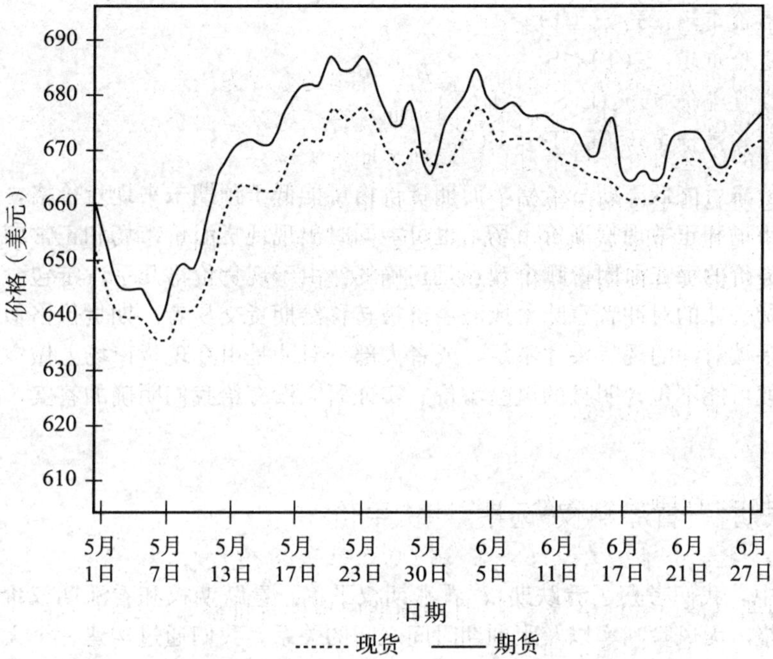

图 8.5　风险溢价的例子：标准普尔 500 指数的期货和现货

我们之前说过，无论是多头还是空头都不会以对方失败为代价而持续取胜，这时如何解释风险溢价的存在呢？这两个例子的主要区别在于现货市场的性质。在第一个降雪量期货合约的例子中，投资者没有机会在现货市场上持有“头寸”。事实上，降雪量没有现货市场，期货交易者只是在纯赌博的情况下相互竞争。允许存在现货市场时，我们引入了持有投机性商品多头的投资者。如果这些头寸未对冲，那么他们预期将获得风险溢价。如果他们不愿意承担风险，就会卖出期货合约。实际上，他们是向期货交易者购买保险，从而将风险和风险溢价转移到期货市场。

这个解释有助于理解为什么期货市场不应被视为合法化赌博。农民可能是社会上最大的风险承担者，他们的所有财富几乎都寄希望于农产品，而这些农产品面临天气、政府干预和国外竞争等不确定性，更不用说正常的供求波动了。农民可以通过在期货市场进行对冲来消除部分或全部风险。这样，他们就可以将风险转移给愿意承担风险的各方。然而，没人会说农业是合

① 现货价格的上升趋势仍然是无风险利率造成的。

法化赌博。也不会有人批评养老基金的投资组合经理购买股票是在进行赌博。期货市场——事实上所有衍生产品市场——都是为了方便不愿意接受风险的参与者将风险以某个价格转移给愿意接受风险的参与者。

在什么情况下对冲者会买入期货？如果对冲者是主要的商品卖空者，就会发生这种情况。这将推动期货价格上涨，而在平均水平上，期货价格将随着期货合约临近到期而呈现下降趋势。期货价格将高估未来现货价格。卖出期货合约的投机者将获得风险溢价。

期货价格低于预期未来现货价格的市场被称为**正常现货溢价市场**（normal backwardation），期货价格高于预期未来现货价格的市场被称为**正常期货溢价市场**（normal contango）。这些市场的名称有些令人困惑，必须将其与简单期货溢价市场和简单现货溢价市场相区别。

期货溢价市场：$S_0 < f_0(T)$

现货溢价市场：$f_0(T) < S_0$

正常期货溢价市场：$E(S_T) < f_0(T)$

正常现货溢价市场：$f_0(T) < E(S_T)$

由于现货价格可能低于期货价格，而期货价格可能低于预期未来现货价格，所以可能同时出现期货溢价市场和正常现货溢价市场，也可能同时出现现货溢价市场和正常期货溢价市场。

关于风险溢价的存在原因，哪个观点是正确的？由于现货价格几乎肯定包含风险溢价，因此存在持有现货头寸的对冲者意味着风险溢价被转移给期货交易者。期货价格似乎包含风险溢价。然而，如果被对冲的现货头寸不足，或者大部分对冲是由在现货市场上做空的投资者进行的，期货价格就可能不包含明显的风险溢价。实证研究没有给我们明确的答案，这表示这个问题尚未解决。

8-3d 看跌期权-看涨期权-远期/期货平价

在第3章中，我们考察了看跌期权-看涨期权平价：看跌期权和看涨期权价格与基础股票价格、执行价格、无风险利率以及距到期时间之间的关系。我们通过构建一个无风险投资组合推导出该公式。现在我们将考察看跌期权、看涨期权和远期或期货的**看跌期权-看涨期权-远期/期货平价**（put-call-forward/futures parity）。为了使推导尽可能简单，我们假设无风险利率是固定的。这使我们可以忽略盯市，将期货合约视为远期合约。我们假设这些期权为欧式期权。

构建无风险投资组合的第一步是认识到，如果将执行价格设为期货价格，则看涨期权多头和看跌期权空头的组合相当于（多头）期货合约。实际上，多头看涨期权和空头看跌期权的组合被称为**合成式期货合约**（synthetic futures contract）。无风险投资组合包括一手多头期货合约和一手空头合成式期货合约。卖出合成式期货合约需要卖出一手看涨期权并买入一手看跌期权。

考虑表8.5列举的投资组合。我们构建了两个投资组合，A和B。通过分析到期报酬可以看出，多头期货和多头看跌期权相当于多头看涨期权和面值为执行价格X与期货价格 $f_0(T)$ 之差的无风险债券多头。如果 $f_0(T)$ 大于X（它很容易大于X），你将不会买入债券，而是借入现值为 $f_0(T)-X$ 的贷款，并承诺当贷款在期权到期日到期时偿还 $f_0(T)-X$。在报酬相等的情况下，投资组合A的当前价值必然等于投资组合B的当前价值。因此有：

$$P_e(S_0, T, X) = C_e(S_0, T, X) + [X - f_0(T)](1+r)^{-T}$$

当然，我们可以用其他几种方式来表示该式，例如：

$$C_e(S_0, T, X)-P_e(S_0, T, X)=[f_0(T)-X](1+r)^{-T}$$

表 8.5　看跌期权-看涨期权-远期/期货平价

投资组合		当前价值	到期时给定股价下的投资组合报酬	
			$S_T \leqslant X$	$S_T > X$
A	期货	0	$S_T-f_0(T)$	$S_T-f_0(T)$
	看跌期权	$P_e(S_0, T, X)$	$X-S_T$	0
			$X-f_0(T)$	$S_T-f_0(T)$
B	看涨期权	$C_e(S_0, T, X)$	0	S_T-X
	债券	$[X-f_0(T)](1+r)^{-T}$	$X-f_0(T)$	$X-f_0(T)$
			$X-f_0(T)$	$S_T-f_0(T)$

请注意，看跌期权价格是否高于看涨期权价格取决于执行价格是否高于期货价格。如果违反平价条件，则可能获得套利利润。当然，根据我们的假设，期货可以用远期代替。

> 看跌期权-看涨期权—期货平价是某种资产的看跌期权价格、看涨期权价格和期货价格之间的关系。在简化假设下，期货可以被远期代替。

数字例子　检验看跌期权-看涨期权-远期/期货平价的一个好工具是标准普尔 500 指数期权和期货。这种期权是欧式期权，在芝加哥期权交易所交易，而期货在芝加哥商品交易所交易。假设 5 月 14 日的标准普尔 500 指数为 1 337.80 点，6 月期货价格为 1 339.30 点。执行价格为 1 340 点的 6 月看涨期权价格为 40 美元，看跌期权价格为 39 美元。到期日为 6 月 18 日，无风险利率为 4.56%。

由于 5 月 14 日至 6 月 18 日之间有 35 天，因此距到期时间为 35/365＝0.095 9 年，第一个看跌期权-看涨期权-期货平价公式的左侧为：

$$P_e(S_0, T, X)=39 \text{ 美元}$$

右侧为：

$$\begin{aligned}&C_e(S_0, T, X)+[X-f_0(X)](1+r)^{-T}\\&=40+(1\,340-1\,339.30)\times 1.045\,6^{-0.095\,9}\\&=40.70 \text{ 美元}\end{aligned}$$

因此，如果你买入看跌期权和期货，支付 39 美元，并卖出看涨期权和债券，收到 40.70 美元，那么这两个投资组合将在到期时抵消。因此，你没有风险，但仍获得了 40.70－39＝1.70 美元的净收益。当然，交易成本可能会抵消该差额。

生活中的风险决策 ☞

令可口可乐退出市场

米老鼠和可口可乐几乎是世界上最知名的品牌。华特·迪士尼（Walt Disney）可能从未考虑过令米老鼠退出市场，但可口可乐公司曾经令可口可乐退出市场。然后，该公司很快认识到这个错误，于是这个世界上有史以来最著名的产品之一被重新命名并推出。人们通常认为，这个案例是对重大营销失误的经典研究。实际上，我们更应该将这个例子视为本可能做出正确决策，但是结果不符合决策者预期的风险决策。因此，这可能根本不是一个错误。

可口可乐发明于1886年，6年后，可口可乐公司正式成立，其旗舰产品统治了软饮料界好几十年。1982年，该公司推出了非常成功的姊妹产品健怡可乐。尽管如此，与此同时，其主要竞争对手百事可乐——被认为是一种更甜的软饮料——开始获得大量市场份额。作为应对措施，可口可乐公司开始了一项广泛的市场研究计划，对更甜的可口可乐进行测试。在盲品测试中，消费者更喜欢比传统可口可乐更甜——更重要的是，比竞争对手百事可乐更甜——的可口可乐。即使那些认为自己更偏好传统可口可乐而不是百事可乐的人也承认，他们更喜欢更甜的可口可乐。测试结果还表明，如果该公司推出更甜的可口可乐，忠诚消费者将转而购买它。

因此该公司采取了前所未有的措施，对这款已经深入人心、近100年里基本没有改变且非常成功的产品做出改变。尽管该公司可以选择推出新产品并保留旧产品，但它换掉了旧产品。因此，1985年4月，原来的可口可乐停止生产，新产品上市。新产品甚至不叫可口可乐，它被称为新可乐。可口可乐公司首席执行官罗伯托·戈伊苏埃塔（Roberto Goizueta）甚至表示，这个决策是该公司有史以来最容易做出的决定之一。也许是的。

最初的反应相对积极，但积极反应主要出现在推出该产品的地区，即美国东北部。然而，东南部的情况大不一样。可口可乐发明于美国东南部，总部设在亚特兰大，具有鲜明的地域特色，与山核桃、炸鸡和东南部橄榄球联赛一起代表了南方特征。尽管这个决定是在亚特兰大做出的，但是南方人似乎发起了另一场反抗，只不过暴力成分比120年前的叛乱少得多：他们反对新可乐。人们口口相传，不久，该公司在全国——甚至某种程度上，在全世界——遭到贬损和嘲笑。

仅仅几个月后，1985年7月，可口可乐公司高管就宣布原来的产品将回归，并更名为可口可乐经典款。新可乐仍留在市面上，并于1992年更名为可口可乐二代。不过，可口可乐经典款销量大增，并帮助该公司获得了大量股东价值。从1986年底到2013年底，该公司的复利股票收益率为12.83%。这段时期期初每投资1美元于可口可乐公司，期末价值就将为26.02美元。在这27年中，可口可乐公司的股价在21年中上涨，每年的股利都在增加。它确实是有史以来最成功的公司之一，尤其是在新可乐失败之后。尽管该公司坚持生产新可乐——这可能有点固执——但新可乐的销量节节落后，到2002年，它完全停产。2009年，可口可乐经典款改回它的最初名称，可口可乐，这款主要产品兜兜转转，最终回到了原地。

令可口可乐退出市场并推出新可乐是一个错误吗？许多专家都认为这是有史以来最大的营销失误之一。一些阴谋论者甚至认为，整个事件都是该公司策划的，通过令某种价值很高的产品退出市场，然后再让它回归以刺激强劲需求。还有人批评盲品测试的性质，认为一小口软饮料和瞬时反应并不表示受试者会喜欢整瓶饮料并将反复购买。人们自称喜欢什么和他们真正喜欢什么并不总是一致的。同样，人们自称会买什么和他们实际上会买什么也并不总是一致的。可口可乐公司和其他公司可能会从中学到一件事——品牌要素。可口可乐是受到高度认可和尊重的品牌，有熟悉的味道。令它退出市场不仅剥夺了消费者的心爱之物，而且扼杀了一个约有100年历史的美国传统。即使人们喜欢喝更甜的饮料，该品牌本身也非常有价值，所以人们不可能通过购买新饮料来赞同这种变化。

然而，令可口可乐退出市场并用新可乐代替它是再经典不过的风险决策。在这种情况下，决策者获得的信息是其市场份额正在下降，消费者更喜欢偏甜的产品。这时，决策者基本上无法坐视这些信息不管。通常，坐视不管比采取行动更容易出错。显然，在一定概率下，结果将是不利的。人们不能指望决策百分之百正确。例如，假设降雨的概率只有10%，根据该信息，你出远门时没带雨伞。结果却下起雨来，把你浇成了落汤鸡。你不需要伞的概率是90%，但现实中你确实需要伞。只要概率正确，从长远来看，你每10次中就有9次可以不带伞而享受散步。

在某些情况下，我们将在结果不利的风险下做出决策。很少有人能对即将发生的事做出绝对有把握的决策。仅仅因为结果不利并不意味着决策错误。如果我们认为可口可乐公司的决策错误，就可能去任何地方都得带着雨伞，因为总可能发生不利后果。

8-4 期货期权定价

在本节中，我们将考察期货期权定价的部分原则。这些原则与第3章、第4章和第5章中确立的普通期权定价原则密切相关，但也与本章所述的期货合约定价原则一致。我们将假设期权合约和期货合约同时到期，且期货价格等于远期价格。

8-4a 美式期货期权的内在价值

美式期货看涨期权的最低价值为其内在价值，它的正式表达式为：

$$C_a[f_0(T), T, X] \geqslant Max[0, f_0(T)-X]$$

其中，$Max[0, f_0(T)-X]$ 为内在价值。很容易看出，该式对期货期权必然成立，正如其对现货期权成立一样。如果看涨期权的价格低于其内在价值，则可以买入并执行该看涨期权。这样就建立了价格为X的期货合约多头。期货合约立即以价格 $f_0(T)$ 出售，获得无风险利润。

美式期货看涨期权的内在价值为零与期货价格和执行价格之差中的较大者。

考虑执行价格为1 390点的3月标准普尔500指数期货期权。基础期货价格为1 401点。内在价值为Max(0，1 401－1 390)＝11美元。看涨期权的实际价值为49.20美元。差值49.20－11＝38.20美元为时间价值。和现货期权的时间价值一样，这里的时间价值随着到期日临近而下降。到期时，看涨期权必须以内在价值出售。

美式期货看跌期权的内在价值确定了其最低价值，该最低价值的公式为：

$$P_a[f_0(T), T, X] \geqslant Max[0, X-f_0(T)]$$

其中 $Max[0, X-f_0(T)]$ 为内在价值。如果不是这样，套利者就可以买入期货合约和看跌期权，立即执行看跌期权，并获得无风险利润。

执行价格为1 405点的3月标准普尔500指数期货看跌期权的价格为44.60美元。期货价格为1 401点。最低价值为Max(0，1 405－1 401)＝4美元。看跌期权价格（44.60美元）与内在价值（4美元）之差为时间价值（40.60美元）。当然，时间价值将随着到期日临近而下降。到期时，该看跌期权的价值为内在价值。

美式期货看跌期权的内在价值为零与执行价格和期货价格之差中的较大者。

8-4b 欧式期货期权的下限

内在价值只适用于美式期货期权，这是因为执行套利需要提前执行期权。和我们学过的股票期权一样，我们可以建立欧式期货期权的下限。

首先来看期货看涨期权。我们构建了两个投资组合，A和B。投资组合A包括一个欧式看涨期权多头。投资组合B包括一个期货合约多头和一个面值为 $f_0(T)-X$ 的无风险债券多头。请注意，如果X大于 $f_0(T)$，那么这实际上是债券空头，因此形成了一笔在到期时需要偿还 $X-f_0(T)$ 的贷款。我们并不关心这是借入还是借出。只要保持符号正确，就将在任何情况下得出理想结果。表8.6列出了这些投资组合的结果。

表8.6　欧式期货看涨期权的下限：投资组合A和投资组合B到期时的报酬

投资组合	工具	当前价值	到期时给定期货价格下的投资组合报酬	
			$f_T(T)\leqslant X$	$f_T(T)>X$
A	多头看涨期权	$C_e[f_0(T), T, X]$	0	$f_T(T)-X$
B	多头期货	0	$f_T(T)-f_0(T)$	$f_T(T)-f_0(T)$
	债券	$[f_0(T)-X](1+r)^{-T}$	$f_0(T)-X$	$f_0(T)-X$
			$f_T(T)-X$	$f_T(T)-X$

如果 $f_T(T)\leqslant X$，则看涨期权到期时一文不值。期货合约价值为 $f_T(T)-f_0(T)$，债券价值为 $f_0(T)-X$，因此，投资组合B的价值为 $f_T(X)-X$。如果 $f_T(T)>X$，则看涨期权的价值为 $f_T(T)-X$（内在价值），投资组合B的价值仍为 $f_T(T)-X$。正如你所见，在所有情况下，投资组合A的表现都至少和投资组合B一样好，因此，其当前价值应该至少与投资组合B一样高。我们可以将其表示为：

$$C_e[f_0(T), T, X]\geqslant[f_0(T)-X](1+r)^{-T}$$

因为该期权的价值不能为负值，所以有：

$$C_e[f_0(T), T, X]\geqslant \text{Max}\{0,[f_0(T)-X](1+r)^{-T}\}$$

请注意，我们使用了本章前面的一个重要结果：期货合约的初始价值为零。因此，投资组合B的价值就是无风险债券的价值。

欧式期货看涨期权的价格必须至少等于零与期货价格和执行价格之差现值中的较大者。

该结果确定了欧式期货看涨期权的下限。请记住，欧式现货看涨期权的下限为：

$$C_e[S_0, T, X]\geqslant \text{Max}[0, S_0-X(1+r)^{-T}]$$

正如我们在本章前面所见，当现货工具不分红时，期货价格为：

$$f_0(T)=S_0(1+r)^T$$

将其代入 $f_0(T)$，我们看到，以上两个下限相等。事实上，如果期权和期货同时到期，欧式期货看涨期权就相当于欧式现货看涨期权。这是因为欧式看涨期权只能在到期时执行，此时期货价格和现货价格相等。

下面举例说明下限。假设在某个闰年的1月31日，有执行价格为1 390点的3月标准普尔500指数看涨期权。该期权在3月16日到期，因此还有45天到期，$T=45/365=0.123\,3$。期货价格为1 401点。无风险利率为5.58%。下限为：

$$C_e[f_0(T), T, X] \geq \text{Max}[0, (1\,401-1\,390)\times 1.055\,8^{-0.123\,3}]=10.93 \text{ 美元}$$

实际看涨期权价格为49.20美元。

但是请注意，这里算出的下限略低于内在价值（11美元）。这看起来很不寻常。普通股票期权的下限 $\text{Max}[0, S_0-X(1+r)^{-T}]$ 高于内在价值 $\text{Max}(0, S_0-X)$。然而，对于期货期权而言，情况并不一定如此。正如我们将在后面看到的，这解释了为什么某些美式期货看涨期权（看跌期权）被提前执行。

现在让我们来看欧式期货看跌期权的下限。我们将再次建立两个投资组合，A和B。投资组合A包括一个看跌期权多头。投资组合B包括一个期货合约空头和一个面值为 $X-f_0(T)$ 的无风险债券多头。同样，如果 $f_0(T)$ 大于X，那么这实际上是债券空头，或者是借入的贷款。表8.7说明了每个投资组合的当前价值和未来报酬。

表8.7　欧式期货看跌期权的下限：到期时投资组合A和投资组合B的报酬

投资组合	工具	当前价值	到期时给定期货价格下的投资组合报酬	
			$f_T(T)<X$	$f_T(T)\geq X$
A	多头看跌期权	$P_e[f_0(T), T, X]$	$X-f_T(T)$	0
B	空头期货	0	$-[f_T(T)-f_0(T)]$	$-[f_T(T)-f_0(T)]$
	债券	$[X-f_0(T)](1+r)^{-T}$	$X-f_0(T)$	$X-f_0(T)$
			$X-f_T(T)$	$X-f_T(T)$

现在，你应该能解释每个结果。如果 $f_T(T)<X$，则执行看跌期权，所以投资组合A的价值为 $X-f_T(T)$；如果 $f_T(T)\geq X$，则到期时看跌期权将一文不值。在这两种情况下，投资组合B的期货合约价值均为 $-[f_T(T)-f_0(T)]$，债券价值均为 $X-f_0(T)$，合计为 $X-f_T(T)$。投资组合A的表现至少和投资组合B一样好。因此，投资组合A的当前价值至少应与投资组合B的当前价值相同有：

> 欧式期货看跌期权的价格必须至少等于零与执行价格和期货价格之差现值的较大者。

$$P_e[f_0(T), T, X] \geq [X-f_0(T)](1+r)^{-T}$$

因为该期权的价值不能为负值，所以有：

$$P_e[f_0(T), T, X] \geq \text{Max}\{0, [X-f_0(T)](1+r)^{-T}\}$$

正如我们在看涨期权中看到的，我们可以用 S_0 代替 $f_0(T)(1+r)^{-T}$，并看到期货看跌期权的下限与现货看跌期权的下限相同。和看涨期权一样，看跌期权和期货同时到期时，欧式期货看跌期权相当于欧式现货看跌期权。

例如，让我们来看2000年1月31日执行价格为1 405点的3月标准普尔500指数期货看跌期权。期货价格为1 401点，距到期时间为0.123 3年，无风险利率为5.58%。下限为：

$$P_e[f_0(T), T, X] \geq \text{Max}[0, (1\,405-1\,401)\times 1.055\,8^{-0.123\,3}]=3.97 \text{ 美元}$$

看跌期权的实际价格是44.60美元。和股票看跌期权一样，欧式看跌期权的下限低于美式看跌期权的内在价值。因此，该美式看跌期权的实际最低价格为其内在价值，即1 405－1 401＝4美元。

8-4c　期货期权的看跌期权-看涨期权平价

我们已经考察了股票期权的看跌期权-看涨期权平价。我们也可以建立期货期权的看跌期权-看涨期权平价规则。

首先，让我们来构建两个投资组合，A和B。投资组合A包括一个期货多头和一个期货看跌期权多头，这可以被认为是保护性看跌期权。投资组合B包括一个看涨期权多头和一个债券多头，债券面值为执行价格减去期货价格。如果X大于$f_0(T)$，那么它实际上是债券多头；如果$f_0(T)$大于X，那么相当于发行面值为$f_0(T)-X$的债券。无论是哪种情况，在期权到期日，债券的现金流都是$X-f_0(T)$。表8.8显示了这些报酬。

表8.8　　期货期权的看跌期权-看涨期权平价

投资组合	工具	当前价值	到期时给定期货价格下的投资组合报酬	
			$f_T(T)\leqslant X$	$f_T(T)>X$
A	多头期货	0	$f_T(T)-f_0(T)$	$f_T(T)-f_0(T)$
	多头看跌期权	$P_e[f_0(T), T, X]$	$X-f_T(T)$	0
			$X-f_0(T)$	$f_T(T)-f_0(T)$
B	多头看涨期权	$C_e[f_0(T), T, X]$	0	$f_T(T)-X$
	债券	$[X-f_0(T)](1+r)^{-T}$	$X-f_0(T)$	$X-f_0(T)$
			$X-f_0(T)$	$f_T(T)-f_0(T)$

我们可以看到，这两个投资组合产生了相同的结果。如果最终期货价格低于执行价格，那么这两个投资组合的价值最终都将为$X-f_0(T)$。如果最终期货价格高于执行价格，那么这两个投资组合的价值最终都将为$f_T(T)-f_0(T)$。因此，投资组合B也类似于保护性看跌期权，其当前价值必须等于投资组合A的当前价值。因为投资组合A中的期货多头价值为零，因此我们得出结论：

> 期货期权的看跌期权-看涨期权平价是看涨期权价格、看跌期权价格、期货价格、执行价格、无风险利率和距到期时间之间的关系。

$$P_e[f_0(T), T, X]=C_e[f_0(T), T, X]+[X-f_0(T)](1+r)^{-T}$$

与现货资产期权的看跌期权-看涨期权平价一样，我们可以用几种不同的方法来表示上式，从而分离出各项。请注意期货期权的看跌期权-看涨期权平价和现货期权的看跌期权-看涨期权平价的相似性，即：

$$P_e[f_0(T), T, X]=C_e[f_0(T), T, X]-S_0+X(1+r)^{-T}$$

因为期货价格必须等于$S_0(1+r)^T$，因此这两种看跌期权-看涨期权平价相等。正如前面所说，在很多方面这些期权本身都相同。

让我们来看1月31日执行价格为1 400点的3月标准普尔500指数期货看跌期权和看涨期权。正如我们在第3章中所见，我们可以计算看跌期权的价格，并将其与实际市场价格进行比较，或者计算看涨期权的价格，并将其与实际市场价格进行比较。在这里，我们将计算看跌期权的价格。看涨期权的价格为 43.40 美元。之前给出的其他输入值包括 $f_0(T)=1\ 401$，$r=0.055\ 8$ 和 $T=0.123\ 3$。看跌期权的价格应为：

$$P_e[f_0(T), T, X]=43.40+(1\ 400-1\ 401)\times 1.055\ 8^{-0.123\ 3}=42.41 \text{ 美元}$$

看跌期权的实际价格为 42.40 美元，这非常接近计算出的价格，但我们应预期到它们之间存在差异，因为这些期权是美式期权，而公式适用于欧式期权。公式给出的价格应低于市场价格，但在这种情况下并非如此。然而，交易成本的影响可以解释这种差异。

8-4d 提前执行期货看涨期权和期货看跌期权

前面曾经提到，如果股票不分红，就不会提前执行股票的看涨期权。然而，可能提前执行看跌期权。通过期货期权，可以提前执行看涨期权或看跌期权。首先让我们来分析看涨期权。

以深度价内美式看涨期权为例。如果看涨期权基于现货工具，则可能有剩余的时间价值。如果它的价内程度足够高，将几乎没有时间价值。但是，这并不意味着应该提前执行看涨期权。如果不考虑交易成本，提前执行期权就相当于卖出看涨期权。如果看涨期权基于期货，那么提前执行期权可能是更好的选择。这背后的逻辑是，深度价内看涨期权的表现几乎与基础工具相同。如果看涨期权基于现货工具，那么它的价格将完全与现货价格同步变化。如果看涨期权为期货期权，那么它的价格将完全与期货价格同步变化。因此，期货看涨期权的表现几乎与期货多头相同。然而，投资者的看涨期权占用了资金，但期货可以通过存入有息国库券满足保证金要求，因此期货不占用资金。通过执行看涨期权并用期货多头代替它，投资者可以获得相同的获利机会，但是“解放”了看涨期权占用的资金。如果看涨期权基于现货工具，我们就不能得出相同的观点。看涨期权的表现可能与现货工具基本相同，但后者也需要占用资金。

从代数角度可以这样看待提前执行问题：如果可以执行看涨期权，那么价内欧式看涨期权的最低价值 $[f_0(T)-X](1+r)^{-T}$ 小于该看涨期权的价值。欧式看涨期权不能被执行，但如果是美式看涨期权，就可以被执行。

> 不管是美式期货看涨期权还是美式期货看跌期权，提前执行都可能是更优的选择。

图 8.6(a) 画出了这些要点。欧式期货看涨期权的价格接近其下限 $[f_0(T)-X](1+r)^{-T}$。美式期货看涨期权的价格接近其最低价值，即内在价值 $f_0(T)-X$，它大于欧式期货看涨期权的下限。在期货价格 $f_0(T)_{(a)}$ ‡下，美式看涨期权的价格等于其内在价值。高于该价格时，美式看涨期权将被提前执行。前面曾经提到，欧式现货工具看涨期权的下限高于内在价值。因此，如果基础资产不分红，当然就没有提前执行溢价。

关于期货期权的直观结论与代数法的分析结论相似。深度价内美式期货看跌期权通常会被提前执行。图 8.6(b) 说明了看跌期权的情况。欧式期货看跌期权的价格接近其下限 $[X-f_0(T)](1+r)^{-T}$，而美式期货看跌期权的价格接近其内在价值 $X-f_0(T)$。美式期货看跌期权的内在价值大于欧式期货看跌期权的下限。在价格 $f_0(T)_{(a)}$‡下，美式期货看跌期权的价值等于其内在价值。低于该价格时，美式看跌期权将被提前执行。

尽管这些工具是期货期权，但可以想象，人们将对远期期权感兴趣。有趣的是，这些期权不会提前执行。这是因为执行期权时，将建立价格为 X 的远期合约。然而，远期合约并不盯市，因此，看涨期权持有者不会立即收到现金流 $F(0, T)-X$。相反，正如我们在本章前面学

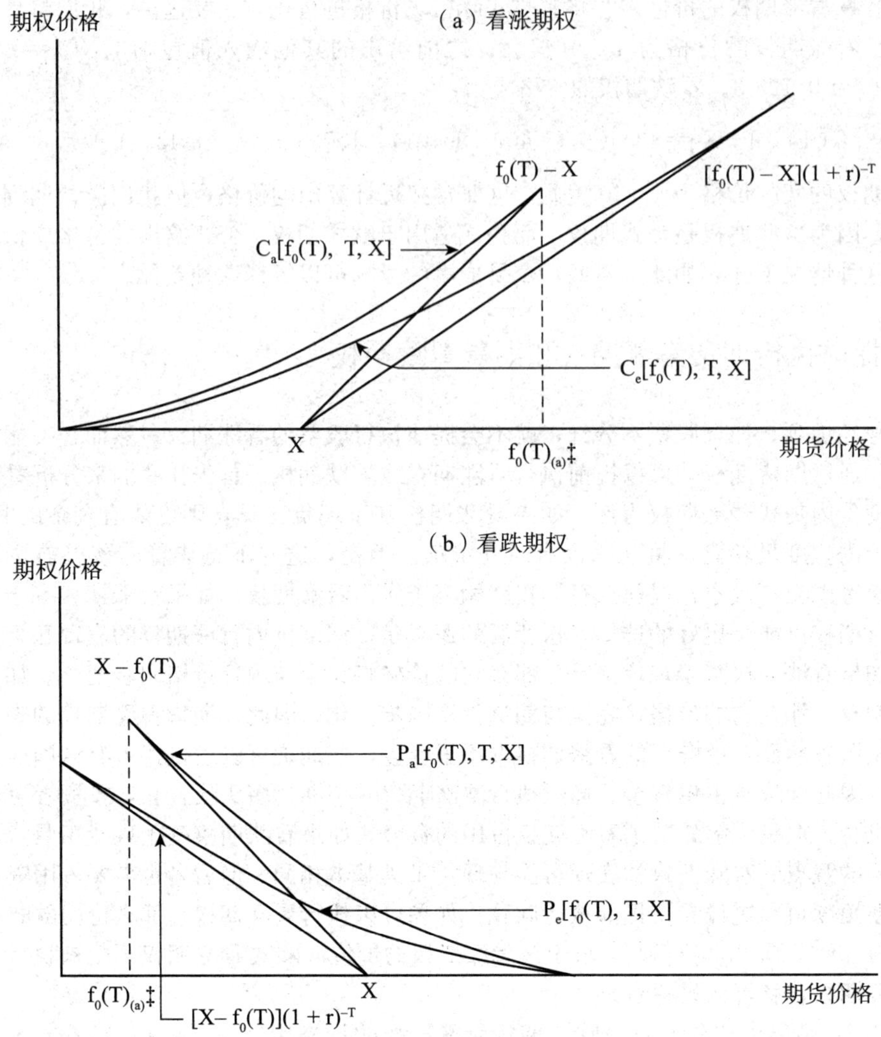

图 8.6　美式和欧式期货看涨期权与期货看跌期权

到的，他只能得到价值为 $[F(0, T)-X](1+r)^{-T}$ 的头寸。然而，该金额是欧式远期看涨期权的下限。提前执行期权不能获得超过欧式看涨期权价值的收益，因此，它没有优势。类似观点也适用于欧式远期看跌期权的提前执行。

8-4e　布莱克期货期权定价模型

布莱克建立了自己的布莱克-斯科尔斯-默顿模型变形，用于为欧式期货期权定价。假设期权和期货同时到期，**布莱克模型**（Black model）给出了期权价格，如下：

$$C=e^{-r_c T}[f_0(T)N(d_1)-XN(d_2)]$$

其中

$$d_1=\frac{\ln[f_0(T)/X]+(\sigma^2/2)T}{\sigma\sqrt{T}}$$

$d_2 = d_1 - \sigma\sqrt{T}$

在这里，σ 为期货的波动率。请注意，d_1 的表达式中不包含连续复利无风险利率 r_c，而布莱克-斯科尔斯-默顿模型中包含 r_c。这是因为无风险利率反映出基础资产所占用资金的机会成本。如果期权的基础工具为期货合约，则没有资金被投资于期货，因此没有机会成本。然而，期货看涨期权的价格将与现货看涨期权的价格相同。这是因为当期货看涨期权到期时，可以执行该期权，得到立即到期的期货头寸。因此，当我们执行期货看涨期权时，就建立了现货资产多头。

> 布莱克期货看涨期权定价模型用期货价格、执行价格、无风险利率、距到期时间和期货波动率给出了看涨期权价格。

为了证明布莱克期货期权定价模型给出的价格与布莱克-斯科尔斯-默顿现货期权定价模型给出的价格相同，请注意，在布莱克模型中，$N(d_1)$ 与 $f_0(T)e^{-r_cT}$ 相乘，而在布莱克-斯科尔斯-默顿模型中，它与 S_0 相乘。我们在本章前面了解到，当基础资产不分红时，期货价格将等于 $S_0e^{r_cT}$。因此，如果在布莱克模型中用 $S_0e^{r_cT}$ 代替 $f_0(T)$，那么该公式将与布莱克-斯科尔斯-默顿公式相同。①

我们知道，在有股利的情况下，期货价格由公式 $f_0(T)=S_0e^{(r_c-\delta_c)T}$ 给出。因此，$S_0=f_0(T)e^{-(r_c-\delta_c)T}$。如果我们将该 S_0 的表达式代入布莱克-斯科尔斯-默顿模型，将得到基础现货资产（在本例中为股票）分红时的布莱克期货期权定价模型。然而，布莱克模型中并没有出现股利，所以我们不需要区分有股利和没有股利的布莱克模型。股利确实会影响看涨期权价格，但只是间接影响，因为期货价格反映了股利的所有影响。

比较布莱克模型和布莱克-斯科尔斯-默顿模型时，另一个有用的角度是考虑如何用布莱克-斯科尔斯-默顿模型替代布莱克模型。假设我们只有布莱克-斯科尔斯-默顿模型的计算机程序，但是希望为期货期权定价。使用第 5 章中有连续股利收益率的布莱克-斯科尔斯-默顿模型，输入无风险利率作为股利收益率，输入期货价格作为现货价格，就可以计算出期货期权的价格。无风险利率减去股利收益率为持有成本，所以它等于零。然后，用布莱克-斯科尔斯-默顿公式为价格为 $f_0(T)$、持有成本为 0 的工具的期权定价。这正是布莱克模型价格：基于价格为 $f_0(T)$、持有成本为 0 的工具——在这种情况下为期货合约——的期权。请记住，期货价格反映了基础现货资产的持有成本，但期货合约本身没有持有成本，因为它不占用资金，也没有储存成本。

现在，让我们用布莱克模型为执行价格为 1 400 点的 3 月标准普尔 500 指数期货看涨期权定价。前面曾经提到，期货价格为 1 401 点，执行价格为 1 400 点，距到期时间为 0.123 3 年，无风险利率为 ln(1.055 8)=0.054 3。现在，我们只需要期货价格的连续复利变化率的标准差。为了便于说明，我们设标准差为 21%。表 8.9 给出了计算结果。

---

① 这在 d_1 的公式中可能不明显。如果我们在上述 d_1 公式中用 $S_0e^{r_cT}$ 代替 $f_0(T)$，将得到：

$$d_1=\frac{\ln[S_0e^{r_cT}(T)/X]+(\sigma^2/2)T}{\sigma\sqrt{T}}$$

公式 $(S_0e^{r_cT}/X)$ 等于 $\ln S_0+\ln e^{-r_cT}-\ln X$。现在，$\ln e^{r_cT}=r_cT$，因此 d_1 为：

$$d_1=\frac{\ln(S_0/X)+(r_c+\sigma^2/2)T}{\sigma\sqrt{T}}$$

这是从布莱克-斯科尔斯-默顿公式中得出的 d_1。

表 8.9　　计算布莱克期货期权价格

$f_0(T)=1\ 401$　　$X=1\ 400$	$r_c=0.054\ 3$　　$\sigma=0.21$　　$T=0.123\ 3$
1. 计算 d_1	$d_1=\frac{\ln(1\ 401/1\ 400)+(0.21^2/2)\times 0.123\ 3}{0.21\sqrt{0.123\ 3}}=0.046\ 6$
2. 计算 d_2	$d_2=0.046\ 6-0.21\sqrt{0.123\ 3}=-0.027\ 1$
3. 查询 $N(d_1)$	$N(0.05)=0.519\ 9$
4. 查询 $N(d_2)$	$N(-0.03)=0.488\ 0$
5. 将上述值代入公式以计算 C	$C=e^{-0.054\ 3\times 0.123\ 3}\times(1\ 401\times 0.519\ 9-1\ 400\times 0.488\ 0)=44.88$ 美元

看涨期权的实际价格为 43.40 美元，因此，该看涨期权似乎定价过低。正如我们在第 5 章中说明的，套利者可以通过卖出基础工具并买入看涨期权来创建无风险投资组合。对冲比率为每手看涨期权对应 $e^{-r_cT}N(d_1)$ 手期货合约。但请记住，该模型给出的是欧式期权价格，因此我们预期它将低于实际美式期权价格。

你可以用第 5 章中介绍的 BlackScholesMertonBinomial10e. xlsm 计算布莱克模型的期货期权价格。只需输入无风险利率的值以计算连续复利股利收益率，并输入基础资产价格以计算期货价格。

当我们学习第 5 章的布莱克-斯科尔斯-默顿模型时，仔细分析了五个基本变量发生变化时模型如何变化。许多影响都以希腊字母命名，例如 δ、γ、θ、vega 和 ρ。由于布莱克模型与布莱克-斯科尔斯-默顿模型得到的价格相同，因此这里我们将得到相同的影响结果。唯一的区别是，在布莱克模型中，我们用期货价格而不是现货价格或股票价格表示这些结果。对于任何出现 S_0 的公式，比如 γ、vega 和 θ，我们只需用 $f_0(T)e^{-r_cT}$ 代替 S_0。对于 δ，我们必须将 δ 重新定义为期货价格变化下的看涨期权价格变化。对于股票期权，我们看到 δ 为 $N(d_1)$。对于期货期权，δ 为 $e^{-r_cT}N(d_1)$。

根据布莱克模型和看跌期权-看涨期权平价，我们可以很容易地建立欧式期货看跌期权定价模型。适用于连续复利的看跌期权-看涨期权平价表示为 $C-P=[f_0(T)-X]e^{-r_cT}$。重新整理该式，分离出看跌期权价格，得到：

$$P=C-[f_0(T)-X]e^{-r_cT}$$

现在，我们可以用布莱克欧式期货看涨期权定价模型代替看跌期权-看涨期权平价中的 C，并重新整理各项，得到布莱克欧式期货看跌期权定价模型，即：

$$P=Xe^{-r_cT}[1-N(d_2)]-f_0(T)e^{-r_cT}[1-N(d_1)]$$

一些章末习题提供了使用该模型进行深入分析的机会。

> 通过使用期货期权的看跌期权-看涨期权平价，可以将布莱克期货看涨期权定价模型转换为期货看跌期权定价模型。

之前我们指出，即使不分红，美式期货看涨期权也可能被提前执行。和现货期权一样，美式期货看跌期权可能被提前执行。布莱克模型不对美式期权定价，我们也不能像对某些股票那样假设不分红，以允许我们用欧式期权模型为美式期权定价。遗憾的是，美式期货期权定价模式相当复杂，超出了本书的范围。然而，我们可以使用二项式模型为美式期货期权定价。我们将二叉树与现货价格进行拟合，得到每个现货价格对应的期货价格，然后使用二叉树中的期货价格为期权定价。

除了使用欧式期权定价模型为美式期权定价的问题以外，布莱克模型还难以为交易最活跃的期货期权——国债期货期权——定价。这个问题与利率有关。布莱克模型和布莱克-斯科尔斯-默顿模型一样，假设利率固定。在商品期权定价有时甚至在股指期权定价中，这通常被认为是可以接受的假设。而在债券期权定价中，这个假设远不能令人接受。假设利率固定，同时又试图为国债期货期权定价，这在根本上就是矛盾的，因为国债价格将随利率变化而变化。现在有更合适的模型，但这是高级内容，本书没有涉及。

总结

本章介绍了远期、期货和期货期权的定价原则。首先，本章确定了远期合约或期货合约的价格和价值之间的区别，这两种合约的价值最初均为零。远期价格或期货价格为现货价格加上持有成本。资产支付的现金流或资产的便利收益率降低了持有成本和远期价格或期货价格。我们还考察了关于期货价格是否包含风险溢价的争议。我们讨论了决定期货价格和远期价格是否相等的因素。我们说明了看跌期权、看涨期权和远期合约或期货合约的价格关系。最后，我们用在第 3 章和第 5 章中学到的期权定价知识确定了如何为期货期权定价。

在本书中，我们分析了现货市场和衍生产品市场之间的关系。在关于期权的章节中，我们看到，看跌期权-看涨期权平价将看跌期权和看涨期权（以及无风险债券和基础资产）联系起来，而布莱克-斯科尔斯-默顿模型将期权与基础资产和无风险债券联系起来。在本章中，我们在这些关系中增加了更多因素。我们看到，持有成本模型如何将远期价格与基础资产和无风险债券的价格联系起来。我们看到，看跌期权-看涨期权-远期/期货平价如何将资产期权与远期或期货联系起来。我们还看到，布莱克模型如何将期货看跌期权和期货看涨期权与基础资产联系起来。我们在图 8.7 中说明了这些相互关系。表 8.10 总结了本章介绍的估值公式和定价公式。

表 8.10　　远期/期货估值与定价原则总结

	远期合约	期货合约
定价公式		
到期时	$F(T,T)=S_T$	$f_T(T)=S_T$
到期前	$F(0,T)=S_0+\theta-\chi$	$f_0(T)=S_0+\theta-\chi$
风险溢价	$F(0,T)=E(S_T)-E(\phi)$	$f_0(T)=E(S_T)-E(\phi)$
（离散）股利	$F(0,T)=S_0(1+r)^T-D_T$ $F(0,T)=(S_0-D_0)(1+r)^T$	$f_0(T)=S_0(1+r)^T-D_T$ $f_0(T)=(S_0-D_0)(1+r)^T$
（连续）股利	$F(0,T)=S_0e^{(r_c-\delta_c)T}$	$f_0(T)=S_0e^{(r_c-\delta_c)T}$
汇率	$F(0,T)=S_0(1+r)^T/(1+\rho)^T$	$f_0(T)=S_0(1+r)^T/(1+\rho)^T$
估值公式		
到期时	$V_T(0,T)=S_T-F(0,T)$	$v_t(T)=0$(after M2M)
到期前	$V_t(0,T)=S_t-F(0,T)(1+r)^{-(T-t)}$	$v_t(T)=0$(after M2M)
（离散）股利	$V_t(0,T)=S_t-D_{t,T}-F(0,T)(1+r)^{-(T-t)}$	$v_t(T)=0$(after M2M)
（连续）股利	$V_t(0,T)=S_te^{-\delta_c(T-t)}-F(0,T)e^{-r_c(T-t)}$	$v_t(T)=0$(after M2M)
汇率	$V_t(0,T)=S_t(1+\rho)^{-(T-t)}-F(0,T)(1+r)^{-(T-t)}$	$v_t(T)=0$(after M2M)

期货期权	看涨期权	看跌期权
最低价值	$\geqslant 0$	$\geqslant 0$
内在价值	$C_a[f_0(T), T, X] \geqslant Max[0, f_0(T)-X]$	$P_a[f_0(T), T, X] \geqslant Max[0, X-f_0(T)]$
下限	$C_e[f_0(T), T, X] \geqslant Max\{0, [f_0(T)-X](1+r)^{-T}\}$ $C_a[f_0(T), T, X] \geqslant Max[0, f_0(T)-X]$	$P_e[f_0(T), T, X] \geqslant$ $Max\{0, [X-f_0(T)](1+r)^{-T}\}$ $P_a[f_0(T), T, X] \geqslant Max[0, X-f_0(T)]$
其他结果		
布莱克期权定价模型	$C=e^{-r_cT}[f_0(T)N(d_1)-XN(d_2)]$ $d_1=\dfrac{\ln[f_0(T)/X]+(\sigma^2/2)T}{\sigma\sqrt{T}}$ $d_2=d_1-\sigma\sqrt{T}$	$P=Xe^{-r_cT}[1-N(d_2)]$ $-f_0(T)e^{-r_cT}[1-N(d_1)]$
看跌期权-看涨期权平价	$C_e[f_0(T), T, X]=P_e[f_0(T), T, X]$ $-[X-f_0(T)](1+r)^{-T}$	$P_e[f_0(T), T, X]=C_e[f_0(T), T, X]$ $+[X-f_0(T)](1+r)^{-T}$
股利的影响	无正向影响，股利增加时远期价格下降	无正向影响，股利增加时期货价格下降
货币期权	无正向影响，外国利率上升时远期价格下降	无正向影响，外国利率上升时期货价格下降

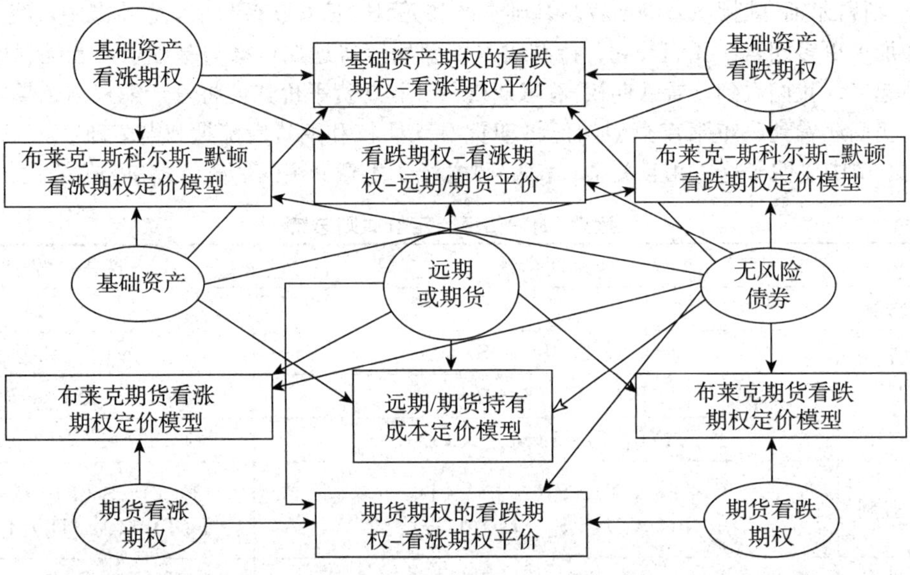

图 8.7　远期/期货、股票、债券、基础资产期权和期货期权之间的联系

当我们学习第 9 章时，应该记住几点。我们可以合理地认为，远期价格和期货价格与现货价格是用持有成本关系描述的。我们不知道远期价格和期货价格是否无偏，但认为现货头寸持有者预期将获得风险溢价似乎是合乎逻辑的。他们进行对冲时，将风险转移给远期和期货交易者。因此，预期远期和期货交易者要求风险溢价是合理的。最后，虽然我们有充分理由相信远期价格与期货价格不完全相同，但我们没有理由过于强调盯市对交易策略表现的影响。因此，我们将在介绍套利策略的第 9 章以及介绍对冲策略、价差策略和目标策略的第 10 章中忽略它的影响。

关键术语

远期或期货价格/远期或期货价值
风险溢价假说
准套利
利率平价
看跌期权-看涨期权-远期/期货平价/合成式期货合约
便利收益率/差满持仓/现货溢价市场/倒挂市场
持有收益
持有套利模型/持有成本模型
正常现货溢价市场/正常期货溢价市场
期货溢价市场
净利息/持有成本
布莱克模型

扩展阅读

以下文献出色地解释了远期合约和期货合约的定价：

Duffie, D. *Futures Markets*. Englewood Cliffs, NJ: Prentice Hall, 1989.

French, K. C. "Pricing Financial Futures Contracts: An Introduction." *Journal of Applied Corporate Finance* 1 (1989): 59 - 66.

以下论文首次推导出期货价格和远期价格的关系：

Cox, J. C., J. E. Ingersoll, Jr., and S. A. Ross. "The Relation between Forward Prices and Futures Prices." *Journal of Financial Economics* 9 (1981): 321 - 346.

Jarrow, R. A., and G. S. Oldfield. "Forward Contracts and Futures Contracts." *Journal of Financial Economics* 9 (1981): 373 - 382.

以下论文对本章中研究的几种定价关系进行了实证研究：

Bell, A. R., C. Brooks, and P. Dryburgh. "Interest Rates and Efficiency in Medieval Wool Forward Contracts." *Journal of Banking and Finance* 31 (2007): 361 - 380.

Brooks, R. "Samuelson Hypothesis and Carry Arbitrage." *Journal of Derivatives* 20 (2013): 37 - 65.

Clements, S., A. J. Ziobrowski, and M. Holder. "Lumber Futures and Timberland Investments." *Journal of Real Estate Research* 33 (2011): 49 - 71.

Cornell, B., and M. Reinganum. "Forward and Futures Prices: Evidence from the Foreign Exchange Markets." *Journal of Finance* 36 (1981): 1035 - 1046.

French, K. R. "A Comparison of Futures and Forward Prices." *Journal of Financial Economics* 12 (1983): 311 - 342.

French, K. R. "Detecting Spot Price Forecasts in Futures Prices." *Journal of Business* 59 (1986): S39 - S54.

概念检查

1. 为什么购买期货合约或远期合约时，它们的价值等于零？请将其与相应现货商品的价值进行对比。

2. 请确定并简要说明影响可储存资产现货价格的因素。

3. 如果期货价格低于现货价格，通常用便利收益率来解释。请解释便利收益率，然后确定较可能存在便利收益率的资产以及不太可能存在便利收益率的资产。

4. 什么是期货溢价市场？我们如何解释期货溢价市场上的持有成本？什么是现货溢价市场？我们如何解释现货溢价市场上的持有成本？

5. 9 月 26 日，小麦现货价格为每蒲式耳 3.522 5 美元，12 月小麦期货价格为每蒲式耳 3.64 美元。如果期货市场上没有风险溢价，你如何解释期货价格？

问题与习题

1. 假设年复利无风险利率为 6.01%，请解出 9 月 10 日到期的普通资产远期合约的价格，其 6 月 10 日的现货价格为 45 美元。

2. 如果投资者在到期前两天持有多头，那么何时他更偏好期货合约而不是远期合约？（不假设利率确定。）

3. 请计算年复利无风险利率从 6.83%变为 6.60%对 3 月 30 日现货价格为 49.90 美元的商品期货合约价格的净影响，假设储存成本为 5.60 美元，期货合约于 11 月 30 日到期。

4. 请比较期货溢价市场、现货溢价市场、正常期货溢价市场和正常现货溢价市场的特征。

5. 7 月 10 日，一位农民观察到玉米现货价格为每蒲式耳 2.735 美元，9 月期货价格为 2.76 美元。这位农民想预测 9 月的现货价格，但认为市场由持有玉米多头的对冲者主导。请解释这位农民如何用这些信息来预测未来的玉米价格。

6. 请解释为什么在不能提前执行现货看涨期权时可以提前执行美式期货看涨期权。假设不分红。

7. 请描述使用布莱克期货期权定价模型为欧洲美元期货期权定价时遇到的两个问题。

8. 请解释为什么布莱克期货期权定价模型就是基于持有成本为零的工具的期权定价模型。

9. 假设某种商品存在远期市场，该商品的远期价格为 45 美元，远期合约距到期还有一年。无风险利率为 10%。现在是 6 个月后，现货价格为 52 美元。此时远期合约的价值是多少？请解释为什么这是 6 个月后远期合约的正确价值，即使远期合约不像期货合约那样有流动性市场。

10. 某天，标准普尔 500 指数期货的结算价为 899.30 点。你在市场收盘时以结算价买入一手合约。第二天该期货合约的开盘价为 899.70 点，当日收盘时的结算价为 899.10 点。请确定该期货合约在开盘时、收盘前一刻以及收盘后的价值。请记住，标准普尔期货合约的规模为 250 美元的倍数。

11. 请用一种可以卖空的资产举一个套利的例子，并用它来解释期货定价的持有成本模型。

12. 9 月 26 日，小麦现货价格为每蒲式耳 3.522 5 美元，12 月小麦期货价格为每蒲式耳 3.64 美元。至到期时，每蒲式耳小麦所占用资金放弃的利息为 0.03 美元，而储存小麦的成本为每蒲式耳 0.087 5 美元。风险溢价为每蒲式耳 0.035 美元。

a. 12 月现货市场上小麦的预期价格是多少？

b. 请说明期货价格与现货价格的关系。

c. 请说明到期时的预期现货价格（你对 a 问的回答）与今天的期货价格的关系。

d. 请说明到期时的预期期货价格与今天的期货价格的关系。

e. 请解释谁获得了风险溢价及原因。

13. 某天，9 月标准普尔 500 指数期货价格为 960.50 点。标准普尔 500 指数为 956.49 点。该期货合约在 73 天后到期。

a. 假设连续计算复利，无风险利率为 5.96%，该指数的股利收益率为 2.75%。期货价格过高还是过低？

b. 假设每年计算一次复利，无风险利率为 5.96%，该指数的股利终值为 5.27 美元。期货价格过高还是过低？

14. 假设某种商品的预期未来现货价格为 60 美元。为促使投资者购买期货合约，需要 4 美元的风险溢价。在期货合约期限内储存商品的成本为 5.50 美元。请计算期货价格。

15. 现有以下信息：日元即期汇率为 0.009 313 美元；730 天日元远期汇率为 0.010 475 美元（假设 1 年为 365 天）；美国无风险利率为 7.0%；日本无风险利率为 1.0%。

a. 假设每年计算一次复利，请确定利率平价是否成立，如果不成立，请提出策略建议。

b. 假设连续计算复利，请确定利率平价是否成立，如果不成立，请提出策略建议。

16. 9 月 12 日，某个股指期货合约价格为 423.70 点。执行价格为 400 点的 12 月看涨期权价格为 26.25 美元，看跌期权价格为 3.25 美元。股票指数为 420.55 点。期货和期权于 12 月 21 日到期。离散无风险利率为 2.75%。请确定期货和期权是否根据彼此的关系正确定价。如果不是，请构建一个无风险投资组合，并说明如何用它获得高于无风险利率的利率。

17. 某年 1 月 31 日，一组执行价格为 480 点的 3 月期货期权的数据如下，请据此回答 a 问至 g 问。

期货价格	483.10 点
到期日	3 月 13 日
无风险利率	0.028 4%（单利）
看涨期权价格	6.95 美元
看跌期权价格	5.25 美元

a. 请确定看涨期权的内在价值。

b. 请确定看涨期权的时间价值。

c. 请确定看涨期权的下限。

d. 请确定看跌期权的内在价值。

e. 请确定看跌期权的时间价值。

f. 请确定看跌期权的下限。

g. 请确定看跌期权-看涨期权平价是否成立。

18. 看跌期权-看涨期权平价规则可以表示为 $C-P=[f_0(T)-X](1+r)^{-T}$。考虑以下数据：$f_0(T)=102$，$X=100$，$r=0.1$，$T=0.25$，$C=4$ 和 $P=1.75$。计算结果将显示，价格不符合该规则。请提出一种套利策略，并说明如何用它来获得无风险利润。假设没有交易成本，请确保你的答案显示到期时的报酬，并证明这些报酬是无风险的。

19. 假设标准差为 8%，并使用布莱克模型确定第 17 题中的看涨期权是否正确定价。如果没有，请提出一种无风险对冲策略。

20. 请使用上一题中的信息，用布莱克看跌期权定价模型计算第 17 题中描述的看跌期权价格。

21. 假设未来 6 个月的美国利率为 1.5%（每年计算一次复利），外国利率为 2%（每年计算一次复利）。用美元表示的外币即期价格为 1 665 美元。远期价格为 1 664 美元。请计算正确的远期价格并推荐一种套利策略。

22. 假设你观察到 1 年期期货价格为 100 美元，期货期权的执行价格为 90 美元，利率为 5%（每年计算一次复利）。如果期货看涨期权的报价为 9.40 美元，请指出套利机会，并解释如何进行套利。

23. 请列举并定义三种看跌期权-看涨期权平价。

24. 请使用布莱克-斯科尔斯-默顿期权定价模型和远期合约的一般持有公式（连续计算复利）证明 $C_e(S_0, T, X)=C_e[f_0(T), T, X]$。

25.（概念习题）假设某个股票组合期货合约的当前价值为 100 美元。该期货合约的期限为 90 天，在此期间，股票将在 30 天后支付 0.75 美元股利，在 60 天后支付 0.85 美元股利，在 90 天后支付 0.90 美元股利。单利利率为 12%。

a. 假设现在没有套利机会，请计算期货合约的价格。

b. 请计算 9 美元（持有成本）的价值。

26.（概念习题）假设某个期货保证金账户支付利息，但利率低于无风险利率。假设某位交易者买入资产并卖出期货合约，以形成无风险对冲。如果保证金账户支付无风险利率，那么该交易者认为期货价格应该更低还是更高？

第 9 章

期货套利策略

杰德温经常注意到这一幕，尽管他缺乏想象力，但早已意识到期权交易所大楼中那股强大而无法抵抗的力量，它操控着华尔街的潮流，使其交替消长。那里有一处巨大的漩涡，水中卷起巨浪，轰鸣着，将纽约的生命之潮吸入一张巨大的泄殖腔，一条巨大的下水道，然后再吐出来，只是为了将它们从逆流中重新叨起，再吸进去。

——弗兰克·诺里斯（Frank Norris）

《交易场》（*The Pit*），1902 年、1994 年版，企鹅图书，第 72 页

本章目标

- 用短期利率期货、中长期利率期货、股指期货和外汇期货说明套利策略。
- 说明如何确定国债期货合约的最便宜可交割债券。
- 分析国债期货合约的交割期权。

本章将考察期货交易套利策略。我们在前几章经常讨论套利，套利是将衍生产品价格与现货价格联系起来的机制之一。如果没有套利，市场效率将低得多。然而，衍生产品价格和现货价格并不总是符合它们的理论关系。发生这种情况时，套利者将介入并执行有利可图的交易，这迅速使价格回到理论水平。本章将说明一些对期货市场的正常运行和效率很重要的套利交易。应该指出，虽然我们在这些例子中有时会忽略交易成本，但在实践中评估套利机会时，必须考虑利润能否弥补交易成本。

我们的方法是分析四类合约：短期利率期货合约、中长期利率期货合约、股指期货合约和外汇期货合约。在每类合约中，我们都将分析用这些工具进行套利交易时面临的特有挑战。

9-1 短期利率套利

在短期利率期货类别中，我们将考察联邦基金期货和欧洲美元期货策略。但是在我们开始

考察具体策略之前，让我们先来分析一些基本概念，这些概念可以用于理解形成这些期货合约价格的套利交易。我们首先来看持有套利的概念和一个相关概念——隐含回购利率。

9-1a 持有套利和隐含回购利率

在第 8 章中，我们看到，期货价格是由现货价格和持有成本决定的。决定这种关系的基本套利交易通常被称为**现货并持有套利**（cash-and-carry arbitrage），或简称**持有套利**（carry arbitrage）。投资者在现货市场上购买证券并出售期货合约。如果期货合约被持有至到期，那么证券的售价就得以确保。[①] 假设该头寸完全靠借款融资，因为该交易是无风险的，所以收益应足以弥补持有成本或购买证券的融资费用。由于没有风险，因此投资者不会获得风险溢价。

解决这个问题的另一种方法是重点关注购买证券的融资利率。融资通常是通过回购协议获得的。**回购协议**（repurchase agreement）或**回购**（repo）是与金融机构做出的一种安排，证券所有者将该证券出售给金融机构，并同意日后将其回购（通常是在 1 天后）。这种交易被称为隔夜回购。因此，回购是一种担保贷款。投资者通过质押证券获得用于购买证券的资金。回购利率通常按 1 年为 360 天进行报价和计算，但在这里我们假设 1 年为 365 天。

回购协议经常用于涉及政府证券的交易。隔夜回购较为常见，但有时人们也会使用长达两周的长期回购，它被称为定期回购。在现货并持有交易中，证券是使用回购融资的。如果交易的收益率大于回购利率，套利就有利可图。

根据第 8 章，期货与现货的价格关系为：

$$f_0(T)=S_0+\theta$$

由于这里我们的重点是证券，没有显著的储存成本。因此，持有成本 θ 严格等于利息 iS_0。现在，我们将隐含利息成本定义为：

$$\theta=f_0(T)-S_0$$

因此，θ 为以美元表示的隐含融资成本。假设我们将其表示为与现货价格之比 θ/S_0，并称之为 $\hat{r}$，那么 $\hat{r}$ 就是**隐含回购利率**（implied repo rate）。如果头寸的融资成本（实际回购利率）低于隐含回购利率，那么套利将有利可图。

> 隐含回购利率为现货价格和期货价格之间的持有套利关系隐含的收益率，反映了现货持有头寸的收益率。

熟悉内部收益率概念的读者将发现，它类似于隐含回购利率。如果套利没有利润，那么融资成本就是隐含回购利率。在资本预算问题中，内部收益率是通过将净现值设为零计算出来的。如果机会成本低于内部收益率，该项目就是有吸引力的，并产生正净现值。同样，如果套利能以低于隐含回购利率的利率融资，它就是有利可图的。

假设某只证券在时间 T 到期，另一只其他方面都相同的证券在较早的时间 t 到期，还有一份期货合约在时间 t 到期。你以价格 S_0 购买较长期的证券，以利率 r（年利率）进行融资，并卖出期货合约。在时间 t，期货到期，你交割证券。你实际上在时间 t 以价格 $f_0(t)$ 出售了证券。这笔交易的利润为：

---

① 前面曾经提到，这是成立的，因为到期时的现货价格等于到期时的期货价格。现货交易利润为 S_T-S_0，期货交易利润为 $-[f_T(T)-f_0(T)]$。总利润为 $f_0(T)-S_0$。因此，$f_0(T)$ 为基础资产的实际售价。

$$\Pi = f_0(t) - S_0(1+r)^t$$

$S_0(1+r)^t$ 反映了你为该证券支付的价格，即以融资成本在时期 t 内计算复利得到的价值。隐含回购利率 $\hat{r}$ 是不产生套利利润的融资成本，因此，解该利率，有：

$$\hat{r} = \left[\frac{f_0(t)}{S_0}\right]^{1/t} - 1$$

解释指数 1/t 很容易，它就是 365/天数，其中“天数”为持有交易的天数。对 $f_0(t)/S_0$ 取 1/t 次方是为了计算年利率。

我们还可以通过另一种方法了解基本持有套利。假设我们买入在时间 T 到期的证券，同时卖出在时间 t(t<T) 到期的期货合约。当期货合约到期时，我们交割剩余期限为 T−t 的证券。净结果是，我们拥有在 T 到期的证券，并将其期限缩短到 t。因此，我们创造了一个合成式 t 期工具。如果该合成式 t 期工具的收益率大于在时间 t 到期的实际证券的收益率，那么价格将出现不一致，则可能获得套利利润。

9-1b　联邦基金期货持有套利和隐含回购利率

银行在联邦储备银行保留准备金，以满足资本准备金要求。银行持有的超过准备金要求的准备金可以贷给准备金余额不足的其他银行。这些贷款通常期限非常短，例如隔夜贷款。联邦基金是在联邦储备银行持有的可以贷给其他银行的准备金余额。联邦基金可以由商业银行、储贷协会、联邦政府机构、美国的外资银行分行和政府证券交易者持有。联邦基金利率与国库券利率、LIBOR 和商业票据利率高度相关，与长期公司债券利率和国债利率有一定的相关性。例如，隔夜实际联邦基金利率和 1 个月期 LIBOR 之间的相关系数估计值大于 0.98。[①] 因此，套利者可以在其交易活动中使用其他利率工具，而不仅是联邦基金。联邦基金根据实际天数和 1 年为 360 天的假设，按照附加利息法进行报价。

联邦基金期货合约基于 5 000 000 美元的联邦基金。因此，一个基点的价值为 41.67 [=5 000 000×0.000 1×(30/360)]美元。报价方式为 100 减去交割月的平均日联邦基金隔夜利率。如果平均日联邦基金隔夜利率为 5%，那么期货合约的报价为 95.00。如果交易者认为短期利率将上涨，她可以卖出联邦基金期货合约。

我们将使用联邦基金期货合约说明可能的套利策略。以下策略是基于 LIBOR 和联邦基金利率是完美替代品的假设，即没有基差风险。举例后，我们将详细说明该假设。假设我们以 2 个月期的 LIBOR 发放贷款，并卖出一手 1 个月后到期的联邦基金期货合约。这笔交易创建了 1 个月期合成式 LIBOR 贷款，其利率应等于实际 1 个月期的 LIBOR。如果不是如此，套利者就会被这个策略吸引，他们的交易将压低 2 个月期的 LIBOR，并压低联邦基金期货价格，反之亦然，直到合成式 LIBOR 贷款的利率和实际 LIBOR 相同。

例子　表 9.1 说明了联邦基金期货合约和 LIBOR 贷款的持有套利交易。在本例中，贷出较长期 LIBOR 贷款，卖出在 LIBOR 贷款到期前到期的联邦基金期货合约，并按照期货到期时的联邦基金利率借款，从而创建出合成式较短期 LIBOR 贷款。该合成式 LIBOR 贷款的收益率比相同期限的实际 LIBOR 贷款的收益率高大约 23 个基点。

---

① 在严重的金融危机期间，例如 2008 年金融危机期间，相关系数通常会由于多种原因而显著下降。

表 9.1　　　　　　　　　　　　　联邦基金持有套利

<table>
<tr><td colspan="3">情景：3 月 1 日，1 个月期的 LIBOR 为 5.50%，2 个月期的 LIBOR 为 6.00%。4 月联邦基金期货合约报价为 93.75。存在套利机会。期货合约规模为 5 000 000 美元，本例说明了一手期货合约的套利策略。</td></tr>
<tr><td>日期</td><td>现货市场</td><td>期货市场</td></tr>
<tr><td>3 月 1 日</td><td>以 1 个月期 LIBOR 借入 5 000 000 美元的现值（4 977 187.89 美元）；以 2 个月期 LIBOR 借出相同的金额</td><td>以 93.75 的价格卖出 1 手 4 月联邦基金期货合约</td></tr>
<tr><td>4 月 1 日</td><td>偿还借款（−5 000 000 美元）；获得贷款现值</td><td>买入 1 手 4 月联邦基金期货合约，以抵消初始期货头寸</td></tr>
<tr><td colspan="3">分析：这种策略的关键思路为，2 个月期 LIBOR 贷款在 4 月 1 日需要的报酬取决于在 4 月 1 日观察到的 1 个月期的 LIBOR。同样，我们假设，只要不在交割月，1 个月期的 LIBOR 和联邦基金期货隐含利率之间就没有基差风险。5 月 1 日到期的贷款余额为：
$$LB_2=LB_0\left[1+r_2\left(\frac{60}{360}\right)\right]=4\ 977\ 187.89\times\left[1+0.06\times\left(\frac{60}{360}\right)\right]=5\ 026\ 959.77\text{ 美元}$$
假设 4 月 1 日观察到的 1 个月期的 LIBOR 为 7.25%，那么，初始的 2 个月期贷款在 1 个月后的现值为：
$$PV_1(LB_2)=\frac{LB_2}{1+r_{1,1}\left(\frac{30}{360}\right)}=\frac{5\ 026\ 959.77}{1+0.072\ 5\times\left(\frac{30}{360}\right)}=4\ 996\ 770.94\text{ 美元}$$
假设没有基差风险，1 个月后的联邦基金期货价格为 92.75(＝100−7.25)。因此，联邦基金期货合约的收益为 4 166.67[＝(93.75−92.75)×5 000 000×(30/360)/100]美元。将期货合约收益加上 2 个月期贷款现值的收入，我们得到 5 000 937.61 美元。收回 1 个月期贷款提供了 937.61 美元的套利利润。因此，隐含 1 个月期回购利率为：
$$\left(\frac{5\ 000\ 937.61}{4\ 977\ 187.89}-1\right)\times\frac{360}{30}=0.057\ 3$$
即 5.73%。1 个月期的 LIBOR 为 5.50%，它表示潜在套利机会。</td></tr>
</table>

然而，该策略的有效性存在几个缺陷。该策略的有效性主要取决于 1 个月期的 LIBOR 和联邦基金利率之间没有基差风险的假设。虽然联邦基金利率的波动率相当高，但从历史上看，联邦基金利率与短期 LIBOR 之间的差异只有几个基点。前面曾经提到，历史数据证实，联邦基金利率与 1 个月期的 LIBOR 之间的相关系数极大。这是有道理的，因为银行决定了将超额准备金贷给谁——通过联邦储备银行贷给其他银行，还是通过银行间同业市场（LIBOR）贷给其他银行。联邦基金期货合约根据交割月内观察到的平均日实际利率进行现金结算。因此，在交割月中，短期 LIBOR 和联邦基金期货隐含利率存在很大差异。①

持有套利的另一个缺陷是，回购利率在整个时期内并不固定。如前所述，有些定期回购的期限最长为两周，但多数回购融资是隔夜的。无论是哪种情况，执行套利时，该策略的融资利率都是未知的。每次回购到期时都必须安排新融资，该融资的利率可能远远高于原先的预期。确定其他期货工具的隐含回购利率时，也存在交易成本等限制。另外，还有其他几个专业性很

① 这里介绍的套利还有其他微妙的风险，见第 316 页脚注中关于欧洲美元期货的问题，它同样适用于联邦基金期货。

强的限制，但它们超出了本书的范围。

9-1c 欧洲美元套利

欧洲美元存款和欧洲美元衍生产品市场的规模很大，外国银行和美国银行的国外分支机构经常在这些市场上发行美元存款并进行远期和期货交易。1981 年，芝加哥商品交易所推出欧洲美元期货合约，它基于 100 万美元 3 个月期存款的银行间同业拆借利率。自 1981 年 12 月 9 日推出以来，欧洲美元期货合约已经发展成为全球交易最广泛的货币市场期货合约之一。这种合约在合约月第三个周三之前的第二个伦敦银行营业日以现金结算。每手欧洲美元期货合约均基于 3 个月期 LIBOR，它表示合约结算两日后开始在美国境外持有的 3 个月期银行同业美元定期存款支付的利息。LIBOR 其实就是参与银行对关于下列问题的综合性调查问卷的回答："贵行可按什么利率借入资金？贵行是否刚好在上午 11 点前询问并接受合理市场规模下的银行间同业拆借利率从而得出该利率？"① 在 2000—2009 年的十年间，该调查问卷答案的真实性广受诟病。尽管存在广泛的欺诈行为，但欧洲美元期货市场仍然非常受欢迎。

欧洲美元期货合约的基础利率为 LIBOR 存款利率，适用于从交割月第三个周三开始的 90 天期。虽然欧洲美元市场效率很高，但当违反现货价格与期货价格或远期价格之间的持有套利关系时，偶尔会出现套利机会。

例子 表 9.2 说明了这样一种情况：一家伦敦银行需要发行 180 天期欧洲美元定期存款，但该银行发现，通过发行 90 天期定期存款并卖出 90 天后到期的期货合约，可以获得更优的利率。通过结合 90 天期定期存款与期货合约，该银行创建了利率更优的 180 天期合成式定期存款。

表 9.2 **欧洲美元套利**

情景：9 月 16 日，一家伦敦银行需要发行金额为 10 000 000 美元的 180 天期欧洲美元定期存款。这种定期存款的当前利率为 8.75%。该银行正在考虑另一种融资方式，即发行当前利率为 8.25%的 90 天期定期存款，并卖出欧洲美元期货合约。如果发行 180 天期定期存款，银行将必须偿还：

$$10\ 000\ 000\times[1+0.087\ 5\times(180/360)]=10\ 437\ 500 \text{ 美元}$$

实际利率为：

$$\left(\frac{10\ 437\ 500}{10\ 000\ 000}\right)^{365/180}-1=0.090\ 7$$

在现货市场和期货市场的现行利率下，银行可以通过以下操作获得更优利率：

日期	现货市场	期货市场
9 月 16 日	90 天期定期存款利率为 8.25%	12 月欧洲美元 IMM 指数为 91.37 点 每 100 美元面值的价格为： $100-(100-91.37)\times(90/360)=97.842\ 5$
	发行 10 000 000 美元的 90 天期定期存款	每手合约的价格：978 425 美元 卖出 10 手合约

① 见 http://bbalibor.com/bbalibor-explained/the-basics，最后登录日期为 2012 年 5 月 21 日。

<table>
<tr><th>日期</th><th>现货市场</th><th>期货市场</th></tr>
<tr><td rowspan="3">12 月 16 日</td><td>90 天期定期存款到期，银行应偿还
10 000 000×[1+0.082 5×(90/360)]=10 206 250 美元</td><td>12 月欧洲美元 IMM 指数为 92.04 点
每 100 美元面值的价格：
100−(100−92.04)×(90/360)=98.01</td></tr>
<tr><td>新的 90 天期定期存款利率为 7.96%</td><td>每手合约的价格：980 100 美元</td></tr>
<tr><td>发行新的 90 天期定期存款，金额为 10 223 000 美元</td><td>买入 10 手合约</td></tr>
<tr><td colspan="3">分析：9 月 16 日，银行新发行 90 天期定期存款，收到 10 000 000 美元。12 月 16 日，银行回购 10 手期货合约，损失为 10×(980 100−978 425)=16 750 美元。银行用 16 750 美元发行 10 223 000 美元新定期存款，以弥补期货合约的损失，并用剩下的 10 206 250 美元偿还到期的 90 天期定期存款。次年 3 月 16 日，银行偿还新定期存款，欠款为：
10 223 000×[1+0.076 9×(90/360)]=10 426 438 美元
因此，9 月 16 日，银行收到 10 000 000 美元，次年 3 月 16 日，银行支付 10 426 438 美元。其间银行没有其他现金流。因此，180 天的实际借款成本为：
$\left(\frac{10\ 426\ 438}{10\ 000\ 000}\right)^{365/180}-1=0.088\ 4$
它比 180 天期欧洲美元定期存款的成本低 23 个基点。</td></tr>
</table>

看起来，结果可能取决于 12 月 16 日发行的定期存款利率，而 9 月时我们还不知道该利率。实际上，这笔交易的结果在执行时是已知的。90 天期定期存款发行时的利率为 0.082 5×(90/360)=0.020 625，期限为 90 天。欧洲美元期货合约以 0.086 3×(90/360)=0.021 575 的利率出售。因此，如果该银行以 0.020 625 的利率发行 90 天期定期存款，然后再以 0.021 575 的利率发行 90 天期定期存款，那么 180 天的总利率将为

$$1.020\ 625\times1.021\ 575-1=0.042\ 645$$

计算年利率，得到：

$$1.042\ 645^{365/180}-1=0.088\ 4$$

它是银行获得的利率。①

9-2 中长期利率套利

中长期利率期货包括中期国债期货、长期国债期货和超长期国债期货。正如我们在前面的章节中指出的，除了合格期限美国国债工具，这些工具几乎相同。这里，我们将重点关注长期国债期货。美国长期国债期货基于以下假设：基础债券的息票利率为 6%，到期日或赎回日期

① 这里介绍的套利不是完美交易，因为结果并非没有小额风险。由于欧洲美元期货合约在到期时作为贴现工具结算［即面值×(1−利率×天数/360)］，且现货欧洲美元作为附加工具定价［即面值×(1+利率×天数/360)］，因此现货价格和期货价格并不完全趋同。欧洲美元市场的这种特征防止了无风险套利。套利者将考虑结果小幅变化对策略成败产生的可能影响。

从交割月的第一天起计，不少于15年，不超过25年。[①]

假设你对今年（记为YY）的3月国债期货做空。作为空头持有者，你可以选择在交割月的哪一天进行交割，以及交割合格债券中的哪种债券。

假设你已经决定交割息票利率为5.5%的债券，该债券将在16年后的8月15日(8/15/YY+16）到期。假设本例中的债券将在YY年3月8日（星期四）交割。管理美国国债期货的基础债券交割时，有两个重要日期。第一个日期是空头方通知清算所其有意交割债券，并确定期货结算价的日期。第二个日期是计算被交割债券应计利息的交割日（两个交易日后）。在交割日，获得被交割债券的多头方必须向清算所付款，而空头方必须提供债券。

由于该期货合约假设交割息票利率为6%的债券，因此交割息票利率为5.5%的债券时需要调整多头方向空头方支付的价格。

> 换算系数为息票利率和期限与债券期货合约的可交割债券相同，息票利率为6%、面值为1美元的债券的价格。换算系数使多只债券可能符合交割资格。

调整是根据换算系数进行的。对于给定的合约，每只合格债券都有一个**换算系数**（conversion factor，CF）。换算系数为面值为1美元、息票利率和期限与可交割债券相同、收益率为6%的债券的价格。期限为交割月首日的债券期限。如果债券是可赎回的，就用赎回日替代到期日。息票利率为5.5%的YY+16年期货合约对应的债券换算系数为以下债券的价格：面值为1美元、息票利率为5.5%、期限等于从YY年3月1日（即本月第一天）到YY+16年8月15日（债券到期日）的剩余时间、收益率为6%。YY年6月期货合约交割的相同债券将有不同的换算系数，因为它的期限不同——YY年6月而不是YY年3月。YY年3月期货合约交割的不同债券将有不同的换算系数。

换算系数是为了统一所有债券的衡量基准，以便于交割，降低单只债券交割需求过高的可能性。如果空头持有者交割的债券的息票利率高于6%，那么换算系数将大于1。空头收到的债券价格将高于期货价格。如果空头持有者交割的债券的息票利率低于6%，那么换算系数将小于1，空头收到的债券价格将低于期货价格。

你可以使用换算系数表，附录9提供了计算换算系数的具体公式。本书软件中包括Excel电子表格ConversionFactor10e. xlsm，它可以用于计算换算系数，附录对电子表格和换算系数进行了说明。在本例题中，YY年3月交割的息票利率为5.5%的YY+16年期货合约对应的债券换算系数为0.948 5。发票价格——债券多头方支付给债券空头方的金额——的计算方法是用换算系数乘以意向日的结算价格，然后，加上从最后一个付息日到交割日的应计利息。[②]

发票价格＝意向日的结算价格×换算系数＋交割日的应计利息

在本例题中，假设3月6日（周二）——意向日——的结算价格为140，即14万美元。债券的付息日为2月15日和8月15日。因此，最后一个付息日为YY年2月15日。从2月15

---

① 超长期国债期货合约是指在交割月第一个交易日距到期不少于25年的国债，10年期中期国债期货合约是指在交割月第一个交易日距到期至少为6.5年，但不超过10年的国债。由于期货合约细节经常变化，因此请登录www. cmegroup. com查询当前的国债期货合约条款。

② 应计利息为最后一个付息日以来累计的利息金额。多数债券每半年付息一次，付息日为到期日以及到期日后6个月，因此，YY+16年8月15日到期的债券将在每年2月15日和8月15日支付利息，应计利息为半年期息票利息乘以上一个付息日以来的天数再除以从上一个付息日到下一个付息日的天数。它相当于下一笔息票利息的一部分。债券买方将全额收到下一笔息票利息，但由于他没有全部所有权，因此必须向卖方支付应计利息。正确的实际债券价格恰好包括应计利息，但报价不包括应计利息。

日到交割日（3 月 8 日）的天数为 22 天（假设 YY 为闰年），两个付息日（YY 年 2 月 15 日和 YY 年 8 月 15 日）之间的天数为 182 天。因此，应计利息为：

100 000×(0.055/2)×(22/182)＝332.42 美元

发票价格为：

140 000×0.948 5＋332.42＝133 122.42 美元

交割日当天，即 3 月 8 日（星期四），多头持有者收到金额为 133 122.42 美元的发票，他必须支付该金额并接受债券。换算系数与息票利率成正比。例如，息票利率为 6.5%的相同债券（到期日为 YY＋16 年 8 月 15 日）的换算系数为 1.051 3，高于息票利率为 5.5%的债券的换算系数（0.948 5）。

9-2a　确定国债期货合约的最便宜可交割债券

如前所述，国债期货合约的条款允许交割多种不同债券，期限最短为 15 年或截至赎回日，最长为 25 年。正如我们指出的，换算系数方法旨在使所有债券在相同基础上交割。如果换算系数方法是完美的，那么所有债券都同样适于交割。但是换算系数方法并不完美，因此并非所有债券都同样适于交割。在到期之前的任意给定时间，不可能确定将交割哪只债券。但是，可以确定最可能交割的债券，该债券被称为**最便宜可交割**（cheapest-to-deliver，CTD）债券。

假设今天为 YY－1 年 9 月 15 日（星期四），你希望确定即将到期的 YY 年 3 月期货合约最可能交割的债券。这需要进行一系列计算，我们现在将以某只特定债券为例——YY＋18 年 5 月 15 日到期的息票利率为 6.25%的债券。

如果该债券的多头持有者也持有国债期货合约的空头，就可以选择持有该头寸至到期，并交割该债券。即使另一只债券为更便宜可交割债券，该交易者也始终可以选择交割已持有的债券。交割该债券的成本为买入债券、卖出期货合约、持有头寸至到期，然后交割债券的净利润或净损失。因此，该交易者承担持有债券的成本。请记住，这笔成本将在某种程度上被收到的债券利息抵消。

为了在时间 t 评估在时间 T 交割的最优债券，我们可以使用债券交割成本的一般公式：

$$f_0(T)(CF)+AI_T-[(B+AI_t)(1+r)^{T-t}-CI_{t,T}]$$

其中，AI_T 为在时间 T 即交割日的债券应计利息；AI_t 为在时间 t 即今天的债券应计利息；r 为回购利率，它反映了投资于债券的资金损失的利息；$CI_{t,T}$ 为在时间 t 至时间 T 的时期内收到并再投资的息票利息在时间 T 的价值。为简单起见，这里假设收到的任何期间利息都以回购利率再投资。中括号内的项为债券的现货价格（报价加上应计利息）按持有成本计算复利，并减去持有头寸时收到的息票利息的复利终值。当然，这些息票利息有助于抵消持有成本，减去息票利息以后的结果仅反映了净持有成本。因此中括号中的项为债券的远期价格。前两项为交易者交割债券收到的金额，即发票价格。

例子　假设期货价格仍为 140，但假设现在是 YY－1 年 9 月 15 日，债券的换算系数为 1.027 3(即息票利率为 6.25%、YY＋18 年 5 月 15 日到期的债券)。YY－1 年 9 月 15 日的应计利息为 2.089 0，我们假设的交割日，即 YY 年 3 月 8 日的应计利息为 1.957 4。[①] 债券报价为

① 前面曾经提到，假设这一年为闰年。

148.17，即 148.531 25。回购利率为 1.0%。YY－1 年 11 月 15 日至 YY 年 3 月 8 日共有 114 天。发票价格为：

$$140\times1.0273+1.9574=145.7794$$

11 月 15 日支付了一笔期间利息。因此，债券的远期价格为：

$$(148.53125+2.0890)\times1.01^{175/365}-3.125\times1.01^{114/365}=148.2058$$

因此，息票利率为 6.25%、YY＋18 年 5 月 15 日到期的债券的成本比收益多 2.43（＝148.205 8－145.779 4）。

这个结论本身并不能使我们做出决定。我们只能比较一只债券和另一只债券的结果。假设第二只债券为息票利率为 6.125%、YY＋15 年 11 月 15 日到期的债券，它的换算系数为 1.012 5，价格为 $144\frac{5}{32}$，即 144.156 25。YY－1 年 9 月 15 日的应计利息为 2.047 2 美元，YY 年 3 月 8 日的累计利息为 1.918 3 美元。11 月 15 日收到的息票利息 3.062 5 美元以 1.0%的利率再投资 114 天，价值增至：

$$3.0625\times1.01^{114/365}=3.0720$$

因此，债券的远期价格为：

$$(144.15625+2.0472)\times1.01^{175/365}-3.0720=143.8306$$

发票价格为：

$$140\times1.0125+1.9183=143.6683$$

因此，息票利率为 6.125%、YY＋15 年 11 月 15 日到期的债券的成本比收益多 0.16（＝143.830 6－143.668 3）。

由此可见，息票利率为 6.125%、YY＋15 年 11 月 15 日到期的债券显然比息票利率为 6.25%、YY＋18 年 5 月 15 日到期的债券更适于交割。当然，我们应该对所有可交割债券进行计算。最便宜可交割债券是收到的金额与支付的金额之差最大的债券。

> 最便宜可交割债券为交割债券收到的金额与购买并持有债券的成本之差最大的债券。

Excel 电子表格 CheapestToDeliver10e. xlsm 将自动进行这些计算。软件演示 9.1 说明了如何使用 CheapestToDeliver10e. xlsm。

最便宜可交割债券之所以重要有几个原因。任何期货合约都必须反映现货价格的表现。对于中长期国债而言，很难确定所谓的现货价格。最便宜可交割债券是代表期货合约跟踪的现货工具的债券。因此，第 8 章中分析的持有成本模型只适用于最便宜可交割债券。

9-2b 交割期权

国债期货合约的特征为敏锐的投资者创造出一些有趣的机会。具体而言，国债期货合约包含多个嵌入式期权。尽管这些**交割期权**（delivery options）并没有像股票期权那样进行正式交易，但是它们具有我们在前面章节中学到的许多期权特征。我们将在这里分析其中的部分期权。

通配型期权　通配型期权（wild card option）是现货市场和期货市场收市时间不同的结果。国债期货合约于美国东部时间下午 3 点停止交易，而国债现货市场一直运行至美国东部时间下午 5 点。在交割月，空头持有者知道当天下午 3 点的结算价。用结算价乘以换算系数，就可以得出持有者交割给定债券时将收到的发票价格。该数字被锁定，直到第二天的交易开始。

期货市场收市后的两小时，现货市场继续交易。如果现货价格在这两个小时内下跌，那么期货合约空头持有者可能发现购买并交割债券是有吸引力的。由于期货市场已收市，发票价格固定，因此期货市场无法对压低现货价格的新信息做出反应。此外，空头方可以直到晚上 9 点左右再做出交割决定。

我们使用以下符号：

f_3＝下午 3 点的期货价格

B_3＝下午 3 点的现货价格

CF＝相关债券的换算系数

你持有当月到期的期货合约空头。假设你拥有 1/CF 只债券。为什么是这个不寻常的数字？如果你没持有任何债券，你的头寸风险将相当高。同时，你持有的债券应该是最便宜可交割债券。这样，你的风险就很低。期货价格的意外变化将大致与 1/CF 只债券的价值变化匹配。我们需要 CF＞1.0 的情况。

> 通配型期权是期货合约空头持有者锁定下午 3 点的发票价格，并在现货价格跌破下午 3 点至下午 5 点之间确定的发票价格时进行交割的机会。该期权仅在交割月存在。

如果你当天交割，那么每手期货合约需要交割一只债券。你只拥有 1/CF 只债券，因此你不得不再购买 1－1/CF 只债券。如果债券现货价格在下午 3 点至下午 5 点之间的跌幅足够大，你就能以足够低的价格购买额外债券以获利。这些额外债券被称为“尾部债券”。

现在假设下午 5 点的债券价格为 B_5。如果你以 B_5 的价格购买 1－1/CF 只债券并交割，利润将为：

$$\Pi = f_3(CF) - \left[\left(\frac{1}{CF}\right)B_5 + \left(1-\frac{1}{CF}\right)B_5\right] = f_3(CF) - B_5$$

第一项 $f_3(CF)$ 为发票价格，它是下午 3 点期货合约的结算价乘以债券的换算系数。发票价格为交割时你收到的金额。中括号内的项表示你交割的债券价值，中括号内的第一项 $(1/CF)B_5$ 为下午 5 点你已经拥有的 1/CF 只债券的价值，中括号内的第二项为以下午 5 点的价格买入 1－1/CF 只债券的成本。如前所述，该式可简写为 $f_3(CF)-B_5$。请注意，下午 3 点的债券价格不影响交割决策，因为交割决策是在下午 5 点做出的。这时，1/CF 只债券的价值为 $(1/CF)B_5$，卖出债券后可以获得该金额。

如果这笔交易有利可图，则 $\Pi>0$，这要求：

$$B_5 < f_3(CF)$$

交易者可以在下午 5 点观察现货价格。如果现货价格足够低，交易者应购买剩余的 1－1/CF 只债券并交割。如果下午 5 点的现货价格低于下午 3 点确定的发票价格，那么通配型期权将有利可图。

假设在 3 月 2 日，3 月期货合约在下午 3 点的结算价格为 101.812 5 美元。最便宜可交割债券为约 22 年后到期、利率为 12.5％的债券，其换算系数为 1.464。我们没有下午 3 点的现货价格，但假设它为 149.65 美元。假设我们做空 100 手合约，这要求我们交割面值为 100×100 000＝10 000 000 美元的债券。假设每只债券的面值均为 1 000 美元，因此，我们必须交割 10 000 只债券。这项策略开始时，我们必须持有现货国债，否则，我们的风险将相当高。我们用换算系数作为头寸的权重，也就是说，我们持有面值为 10 000 000×(1/1.464)＝6 830 601 美元的债券，即约 6 831 只债券。为进行交割，我们需要买入 3 169 只债券。为了获利，在下午 5 点，债券价格必须降至：

$$B_5 < 101.8125 \times 1.464 = 149.05 \text{ 美元}$$

或者降至更低水平。因此，如果截至下午 5 点时现货价格至少下跌 0.60 美元，那么我们将购买剩余的 3 169 只债券并交割。

另一种交割方式是持有头寸至第二天。事实上，如果换算系数小于 1.0，这将是更好的选择。请注意，如果 CF＜1.0，对冲头寸将包括 1/CF 只债券，它大于 1.0。因此，对冲者持有的债券多于期货合约，并且不能以下午 5 点的较低价格购买尾部债券或额外债券。在这种情况下，通配型期权没有价值。此外，如果截至下午 5 点价格跌幅不够大，那么持有头寸比进行交割更有利。当然，通配型期权可能永远也不值得执行，也就是说，像许多其他期权一样，这种期权最终将处于价外状态。

质量期权 空头持有者有权交割可接受债券中的任何一种。有时，空头持有者持有的债券不是最适于交割的债券，而换为另一种债券可以获利。这就是所谓的**质量期权**（quality option），因为可交割债券被认为具有不同的质量，它有时也被称为转换期权。

这种期权的价值是由于利率期限结构的变化产生的。你可能持有国债和期货合约的对冲头寸，因为你预期将交割所持期货合约的基础债券。如果期限结构发生变化，另一只债券就可能成为最便宜可交割债券。虽然你可以随时交割所持有的债券，但转换为价格更优惠的债券的权利是有价值的。

> 质量期权赋予空头持有者权利，由于这种权利有价值，因此期货价格往往较低，低出的部分即该期权的价值。换言之，期货合约卖方得到较低的价格，它反映了期货合约所附的有价值的期权。同理，买方赋予了卖方这种有价值的权利，因此支付较低的价格。

质量期权不仅存在于中长期国债市场，还存在于许多商品期货市场。例如，在芝加哥商品交易所交易的小麦期货合约规定，空头持有者可以交割四种不同等级的小麦。其他农产品合约也有类似的期权。实际上，农产品合约的持有者通常有权在多个地点之一进行交割。该特征被称为地点期权，它与质量期权的经济影响基本相同。

质量期权是期货合约空头持有者的机会，持有者可以利用该机会将一种债券转换为另一种价格更有利的可交割债券。只要期货合约允许空头持有者交割若干基础资产中的一种，就存在这种期权。

月末期权 国债期货合约的最后一个交易日是交割月倒数第八个交易日。交割可以在剩余交易日进行。最后交割日的发票价格以最后一个交易日的结算价格为准。因此，在过去的七个交割日中，空头持有者完全了解交割债券时将收到的价格。这使空头持有者有机会观察现货市场上的债券价格下跌。交易者可以继续等待现货价格下跌，直到倒数第二个交易日，因为必须在最后一个交易日进行交割。

> 月末期权是期货合约空头持有者拥有的机会，它允许持有者在当月的最后一个交易日交割。期货合约不再交易，因此发票价格被锁定，如果现货价格在当月最后几个交易日下跌，期权就可能获利。

因此，**月末期权**（end-of-the-month option）类似于通配型期权。在交割价格固定的时期，现货价格可能发生变化。它也与质量期权相关，因为空头持有者也可以将一种债券转换为另一种债券。

时间期权是期货合约空头持有者在到期月中的任何时间交割的机会。如果融资成本高于债券息票利息则提前交割，如果息票利息高于融资成本则推迟交割。

时间期权 因为空头方通常可以在交割月的任何一天进行交割，所以他持有另一种有价值的期权。假设国债支付的息票利率高于头寸的融资成本，即回购利率，那么空头方应尽可能久地持有多头债券-空头期货合约，因为它的收益高于成本。如果回购利率高于债券的息票利率，则它的成本高于收益，因此应该提前交割。忽略其他所有交割期权，该**时间期权**（timing option）表明，所有交割均将发生在月初或月末。但是，正如我们已经指出的，还有其他许多生效期权，而提前交割将妨碍利用其他某些期权的权利。

确定这些交割期权的价值非常困难。多数期货合约都包含多个期权，如前所述，美国国债期货合约包含多个交割期权。因此，很难分离出这些期权并观察它们各自的影响。钱斯和赫姆勒（Chance and Hemler，1993）对关于这个问题的诸多研究做了综述。多数研究发现，交割期权的价值相当小，但这并不意味着它们微不足道。对于一个或多个交割期权的持有者而言，该价值有时可能相当大。然而，在这里的分析中，我们可以有把握地得出结论：与更重要的期货价格决定因素相比，它的经济影响微不足道。

9-2c 隐含回购、持有套利和国债期货

在本章前面，我们考察了联邦基金期货持有套利模型中的隐含回购利率，这个概念同样适用于国债期货。

首先，我们必须确定最便宜可交割债券。如果我们今天（时间 0）买入这种债券，则必须支付现货价格加上应计利息。我们用卖出回购协议的收入购买债券，这意味着我们出售债券并同意在未来特定日期回购债券，以这种方式借入资金。同时，我们出售到期日为 T 的期货合约。在时间 0 到时间 T 这段时期，我们可能会收到息票利息，我们将这些息票利息以某个适当利率进行再投资，并在时间 T 累计到某个价值。将再投资息票利息的价值表示为 $CI_{0,T}$。因此，我们在从时间 0 到时间 T 的时期中持有头寸，收到息票利息并进行再投资。到期时，我们交割债券，并实际获得 $(CF)[f_0(T)]$，即期货价格乘以换算系数加上应计利息。在有效市场中，不应存在套利利润。因此，我们收到的债券金额必须等于我们为其支付的金额加上持有成本：

$$(CF)[f_0(T)]-AI_T+CI_{0,T}=(B_0+AI_0)(1+\hat{r})^T$$

式中，B_0 为购买债券时的债券价格，AI_T 为到期时的债券应计利息，AI_0 为购买债券时的应计利息，$\hat{r}$ 为隐含回购利率。公式左侧是我们在交割时收到的金额。右侧是为债券支付的金额，B_0+AI_0 是用持有期（时间 0 至时间 T）内的融资成本计算复利的结果。解出 $\hat{r}$，得到：

$$\hat{r}=\left\{\frac{(CF)[f_0(T)]+AI_T+CI_{0,T}}{B_0+AI_0}\right\}^{1/T}-1$$

指数 1/T 为 365 /天数，其中“天数”为持有头寸的天数。该系数可以将计算结果换算为年利率 $\hat{r}$。如果债券可以在回购市场上以小于 $\hat{r}$ 的利率融资，套利就可能获利。

例子 YY−1 年 9 月 15 日，即将到期的 3 月期货合约的最便宜可交割债券为 YY+15 年 8 月 15 日到期、利率为 6.375% 的债券。假设在该例中，交割日为 3 月 8 日。现货价格为 147.562 5 美元，应计利息为 0.537 0，换算系数为 1.037 0，期货价格为 140 美元。从 9 月 15 日到次年 3 月 8 日为 175 天，因此 T=175/365=0.479 45，假设实际回购利率为 1.0%。在此

期间支付了一笔利息，因此，$CI_{0,T}=3.189\ 4$，即$(6.375/2)\times 1.01^{22/365}$，假设再投资利率也为1%。截至YY年3月8日的应计利息为0.385 3美元。因此，隐含回购利率为：

$$\hat{r}=\left(\frac{140\times 1.037\ 0+0.385\ 3+3.189\ 4}{147.562\ 5+0.537\ 0}\right)^{1/0.479\ 45}-1=0.009\ 25$$

软件演示9.1 ☞

使用Excel电子表格CheapestToDeliver10e.xlsm确定最便宜可交割债券

电子表格CheapestToDeliver10e.xlsm是用Excel编写的，它可以从芝加哥期货交易所债券期货合约的一组债券中找出最便宜可交割债券。该电子表格可通过产品支持网站下载。要使用它，请执行以下操作：

1. 登录www.cengagebrain.com并搜索ISBN 9781305104969。
2. 点击"Free Materials"标签，然后点击"Access Now"。
3. 点击CheapestToDeliver10e.xlsm的链接。
4. 按照网页上的说明下载并安装电子表格。

该电子表格是只读电子表格，这意味着它不能以CheapestToDeliver10e.xlsm的名称保存，从而对原始文件起到保护作用。

现在让我们来看一个例子。2014年5月11日，你希望确定2014年6月期货合约的最便宜可交割债券。当前的回购利率为1.0%，期货价格为135.687 5美元。你已经找出了10只符合到期日要求且有资格交割的债券。

请观察电子表格中标有"输入值"的部分：每个接受输入值的单元格均为双线边框。请以mm/dd/yyyy的形式输入当前日期。在相应单元格中输入"5/11/2014"，然后在另一单元格中输入交割日"6/8/2014"。在相应单元格中输入回购利率"1.0%"或"0.01"。期货价格应以点数和$\frac{1}{32}$的倍数输入。例如，135 $\frac{22}{32}$应该输入为"135.22"。最后的零可以省略，例如142 $\frac{20}{32}$的值可以写为"142.2"。请在"结果"部分单元格中列出各只债券。考虑第一只债券：令其息票利率为6.25%；到期日为2030年5月15日；卖价为140 $\frac{29}{32}$。对于息票利率，请输入"6.250 0%"或"0.062 5"。对于到期日，请输入"5/15/2030"。请以与期货价格相同的方式输入卖价。因此，对于135 $\frac{22}{32}$，应输入"135.22"。点击F9重新计算，每只债券的值将出现在标有"结果"的部分中。输出值单元格为单线边框。

这里显示的计算结果是远期价格、发票价格、发票价格与远期价格之差、小数价格（即从$\frac{1}{32}$的倍数换算为小数的卖价）、当前日期的应计利息、交割日的应计利息和交割时的息票利息价值。最后一个数字是在当前日期和交割日期之间支付的息票利息加上再投资利息的价值。每行右侧是用于执行计算的附加列，这些列包括计算中使用的换算系数和其他各种数字。标有"差额"的列是你应查找的值。差额最大的债券（即负值最小的债券）是最便宜可交割债券。

你可能希望分析其他数量的债券。为了计算更多债券的结果，请将所有公式复制到新的行中。

最便宜可交割国债期货

10e

输入值：

当前日期（月/日/年）：5/11/2014

交割日期（月/日/年）：6/8/2014

回购利率（小数或百分比）：1.0%

期货价格（点数和小数点后1/32的倍数）：135.22

结果：

息票利率	到期日（月/日/年）	卖价（点数和1/32的倍数）	远期价格	发票价格	差额	小数价格	当前日期的应计利息	交割日的应计利息	交割时的息票利息价值
6.2500%	5/15/2030	140.29	140.9451	139.5049	-1.4402	140.9063	3.0559	0.4076	3.1270
6.1250%	8/15/2029	138.13	139.9356	139.2617	-0.6739	138.3906	1.4382	1.9119	0.0000
5.3750%	2/15/2031	129.32	131.3545	128.5601	-2.7944	129.9922	1.2621	1.6778	0.0000
5.0000%	5/15/2037	128.15	128.4962	119.2789	-9.2173	128.4531	24448	0.3261	2.5016
4.7500%	2/15/2037	124.10	125.5314	116.3772	-9.1542	124.3203	1.1153	1.4827	0.0000
4.3750%	2/15/2038	118.03	119.2042	109.4644	-9.7398	118.0859	1.0273	1.3657	0.0000
4.5000%	2/15/2036	120.04	121.2585	112.6869	-8.5717	120 1094	1.0566	1.4047	0.0000
4.5000%	5/15/2038	120.09	120.3314	110.3791	-9.9523	120.2891	2.2003	0.2935	2.2515
4.2500%	5/15/2039	116.04	116.1513	105.5404	-10.6109	116.1094	2.0780	0.2772	2.1264
3.5000%	2/15/2039	103.01	103.9167	93.5268	-10.3899	103.0156	0.8218	1.0925	0.0000

如果可以在回购市场上以低于隐含回购利率的利率为债券融资，套利就将有利可图。请注意，隐含回购利率（0.925%）低于实际回购利率（1%），这意味着似乎没有利润合理的套利。几个微观结构问题可以轻松解释观察到的差异，如异步价格。

9-2d 国债期货价差和隐含回购利率

在第 7 章中，我们学习了期权价差，这是做多一个期权并做空另一个期权的交易。价差也广泛用于期货交易，尤其是国债期货。假设交易者持有某个期货合约多头，如果这是唯一的交易，那么风险将相当高。规避风险的一种方法是卖空国债，但卖空需要交易者在现货市场上进行交易。此外，卖空还有保证金要求。另一种容易执行的交易是出售另一个国债期货合约。该交易可以在同一个交易场所进行。此外，价差的保证金要求远低于多头或空头的保证金要求。

假设有一个期货合约在时间 t 到期，另一个期货合约在时间 T 到期，而时间 t 在时间 T 之前。假设今天（时间 0）我们卖出较长期的期货合约，并买入较短期的期货合约。在时间 t，较短期的期货合约到期。我们收到交割的债券，以回购利率 r 融资，并持有至较长期的期货合约到期。因为我们对该期货合约做空，因此只需交割债券。假设我们现在可以确定较短期的期货合约的最便宜可交割债券。

使用的符号如下所示：

$CF(t)$＝在时间 t 交割的债券的换算系数

$CF(T)$＝在时间 T 交割的相同债券的换算系数

$f_0(t)$＝在时间 t 到期的期货合约今天的价格

$f_0(T)$＝在时间 T 到期的期货合约今天的价格

AI_t＝截至时间 t 的债券应计利息

AI_T＝截至时间 T 的债券应计利息

在时间 t，我们收到交割的债券并支付发票价格，即：

$$[CF(t)]f_0(t)+AI_t$$

我们以利率 r 借入该金额，以购买并持有该债券。然后在时间 T，我们交割债券，并收到发票价格加上从时间 t 到时间 T 期间收到并再投资的息票利息，即：

$$[CF(T)]f_0(T)+AI_T+CI_{t,T}$$

因为这笔交易无风险，所以它的利润应为零。因此有：

$$\{[CF(t)]f_0(t)+AI_t\}(1+\hat{r})^{T-t}=[CF(T)]f_0(T)+AI_T+CI_{t,T}$$

左侧大括号中的术语是我们在时间 t 为债券支付的金额。因为我们借入该金额，所以我们必须在时期 T－t 按利率对其计算复利。右侧为在时间 T 交割债券收到的金额。现在我们可以解出 $\hat{r}$，即隐含回购利率：

$$\hat{r}=\left\{\frac{[CF(T)]f_0(T)+AI_T+CI_{t,T}}{[CF(t)]f_0(t)+AI_t}\right\}^{1/(T-t)}-1$$

分子是从债券收到的金额，分母是为债券支付的金额。将这两个数字相除，即可得出时期 T－t 的收益率。将该项取 1/(T－t) 次方，得到年收益率。因此，隐含回购利率是我们在时期 T－t 能获得的收益率。如果可以低于该收益率的利率为债券融资，交易就将有利可图。

> 价差的隐含回购利率为在较早的期货价差到期时建立现货持有头寸的隐含成本。

例子　假设在 YY－1 年 9 月 15 日，最便宜可交割债券为在 YY＋15 年 8 月 15 日到期、利率为 6.375%的债券。让我们来分析 3—6 月国债期货价差。对于这个特定例子，假设 3 月 8 日和 6 月 8 日为交割日。3 月期货价格为 140 美元，换算系数为 1.037 0。6 月期货价格为 139 美元，从 3 月 8 日到 6 月 8 日为 92 天，因此 T－t＝92/365＝0.252 1。YY＋15 年 8 月 15 日到期、利率为 6.375%的 6 月期货价差的债券换算系数为 1.036 8。3 月 8 日，债券应计利息为 0.385 3 美元，6 月 8 日，债券应计利息为 1.996 6 美元。在两个期货价差到期日之间不支付息票利息，所以 $CI_{t,T}=0$。由于从 3 月 8 日到 6 月 8 日为 92 天，所以隐含回购利率为：

$$\hat{r}=\left(\frac{1.036\,8\times139+1.996\,6}{1.037\,0\times140+0.385\,3}\right)^{1/0.252\,1}-1=0.015\,0$$

因此，隐含回购利率为 1.50%。请注意，这是远期利率，因为它反映了从 3 月 8 日到 6 月 8 日的未来时期的回购利率。如果从 3 月 8 日到 6 月 8 日债券可以按低于 1.50%的利率融资，那么交易就有利可图。

交易者可以用一种方法确定价差的隐含回购利率是否具有吸引力，那就是评估所谓的"海龟交易"。隐含回购利率 1.48%是一个隐含远期利率。它可以与联邦基金期货市场的隐含利率进行比较。如果联邦基金期货隐含利率较低，那么交易者就会卖出联邦基金期货并买入国债价差。这创造了一个无风险头寸，并获得国债价差的隐含回购利率和联邦基金期货的隐含利率之差。如果联邦基金期货的隐含利率较高，那么投资者将逆向操作国债价差，买入联邦基金期货。

9-3　股指套利

我们用联邦基金、欧洲美元和国债期货讨论了持有套利，这个概念同样适用于股指期货。事实上，这种交易在期货市场上很受欢迎。这就是所谓的**股指套利**（stock index arbitrage）。

前面曾经提到，以连续复利形式表示利率和股利时，股指期货价格模型为：

$$f_0(T)=S_0e^{(r_c-\delta_c)T}$$

其中，r_c 为连续复利无风险利率，δ_c 为连续复利股利收益率。下面将举例说明。假设某个期货合约还有 40 天到期，标准普尔 500 指数为 1 305 点，无风险利率为 5.2%，股利收益率为 3%。距到期时间为 40/365=0.109 6 年。因此，期货价格应为：

$$f_0(T)=1\ 305\times e^{(0.052-0.03)\times 0.109\ 6}=1\ 308.15 \text{ 点}$$

> 股指套利是买入或卖出复制股指的股票投资组合，并卖出或买入股指期货。当期货价格不符合持有成本模型，且恰当执行并无风险地获得实际期货价格与理论期货价格之差时，将发生股指套利。

现在假设实际期货价格为 1 309.66 点，因此，期货合约定价略高。我们将卖出期货合约，并以与指数相同的比例买入标准普尔 500 指数中的股票。假设购买股票所需的资金以无风险利率（r_c）融资。到期时，期货价格将等于标准普尔 500 指数的现货价格。然后，我们将卖出股票并偿还贷款。这笔交易在理论上是无风险的，并将获得超过无风险利率的收益率。

现在，假设到期时该指数收于 1 300.30 点。期货合约利润为 1 309.66−1 300.30=9.36。我们以 1 305 点的价格买入股票，然而，在期货期限内，这笔投资所损失利息对应的利率为 5.2%，累计股利收益率为 3%。因此，实际股票成本为 $1\ 305\times e^{(0.052-0.03)\times 0.109\ 6}=1\ 308.15$，这并非巧合，而是理论期货价格。股票以 1 300.30 点的价格卖出，利润为 1 300.30−1 308.15=−7.85。因此，总利润为 9.36−7.85=1.51。这是实际期货价格和理论期货价格之差。由于实际期货价格高于理论期货价格，因此我们能进行套利，即买入股票并卖出期货合约，以获得 1.51 点的差价。如果实际期货价格低于理论期货价格，那么我们将执行反向持有套利，即买入期货合约并卖空股票，这将产生一笔合成式贷款，其成本低于无风险利率。

现在，让我们确定隐含回购利率。给定定价公式 $f_0(T)=S_0e^{(r_c-\delta_c)T}$，假设期货价格等于其理论公允价格。然后，解出隐含利率 $\hat{r}_c$ 的公式，得到：

$$\hat{r}_c=\frac{\ln[f_0(T)/S_0]}{T}+\delta_c$$

在本例中，我们有：

$$\hat{r}_c=\frac{\ln(1\ 309.66/1\ 305)}{0.109\ 6}+0.03=0.062\ 5$$

如果进行这笔交易，将提供 6.25%的无风险收益率。无风险利率为 5%，因此该交易是有吸引力的机会。此外，如果套利者不能以 5%的利率借款，但能以低于 6.25%的利率借款，那么仍然值得进行交易。

事实证明，股指套利特别受欢迎。然而，一些重要的实际考虑因素可能会限制其盈利能力。

一些实际考虑因素 进行股指套利有几个问题。我们提到，套利者以 1 305 点的价格买入股票指数。在现实中，套利者必须以适当比例购买指数中的全部 500 只股票，并立即执行所有交易。1976 年，纽约证券交易所建立了一个程控指令处理系统，称为指令转换系统（Designated Order Turnaround，DOT），它加快了交易速度，并且不断改进。尽管如此，仍然很难在任何一只股票的价格发生变化之前完成所有交易。因此，多数套利者并不复制指数，而是使用其中一部分股票。当然，这给本应无风险的交易带来了一些风险。[①]

不过，假设这些交易可以同时执行。令该指数为 1 305 点。现在假设套利者有 2 000 万美元可供使用，那么套利者将用这笔钱按适当权重购买标准普尔 500 指数中的股票。由于期货乘数为 250 美元，因此标准普尔 500 指数的实际价格为 1 305×250=326 250 美元，所以套利者需要买入 20 000 000/326 250=61.30 手期货合约。由于投资者不能买入不足 1 手的合约，因此这笔交易无法精确加权。

此外，交易成本约为股票市值的 0.5%。这会消耗本例中的利润吗？如果指数为 1 305 点，净利润为 1.51 点，那么净利润约为指数的 0.001 2%，显然会被交易成本吸收。

另外，在到期时同时出售指数中的所有股票也存在问题。必须执行这些交易，这样投资组合才能按每只股票的收盘价变现。这是非常困难的，经常导致到期时股价出现异常变化。

尽管如此，许多大型金融机构仍进行这类套利交易。每天数十亿美元的交易都根据该期货定价模型进行。同时进行的大宗股票交易被称为**程序交易**（program trading）。[②] 纽约证券交易所将程序交易定义为“同时或几乎同时买入或卖出至少 15 只股票，总市值至少为 100 万美元”。纽约证券交易所要求交易者向其报告这些程序交易和所有指数套利交易。2014 年，纽约证券交易所的所有交易中，每周平均有 25%～30%属于程序交易，约为 4 亿股。

在这类交易中，模型被编写进计算机，它将持续监测期货价格和个股价格。当计算机识别出与模型存在偏差时，将向用户发送信号。许多大型机构已经建立了即时执行多笔同步交易的程序，通常通过类似 DOT 的系统发送指令。表 9.3 说明了一笔成功的指数套利交易，它使用与前面相同的例子，但是期货合约定价明显过高。

> 程序交易是在股市上同时执行大量买入指令或卖出指令。它通常是由侦测到套利机会或认为有其他理由快速建立大型股票投资组合的计算机程序触发的。

表 9.3　股指套利

情景：11 月 8 日，标准普尔 500 指数为 1 305 点，连续复利股利收益率为 3%，连续复利无风险利率为 5.2%。40 天后到期的 12 月期货合约价格为 1 316.30 点，其理论价格为：

$$f=1\ 305\times e^{(0.052-0.03)\times 0.109\ 6}=1\ 308.15 \text{ 点}$$

其中 T=40/365=0.109 6。因此，期货合约定价过高，将用 20 000 000 美元执行持有套利交易。交易成本为投资金额的 0.5%。

日期	现货市场	期货市场
11 月 8 日	标准普尔 500 指数为 1 305 点，股利收益率为 3%，无风险利率为 5.2%	12 月 18 日到期的标准普尔 500 指数期货价格为 1 316.30 点
	按照与标准普尔 500 指数相同的比例买入价值 20 000 000 美元的股票	相应的期货合约数量为 20 000 000/(1 305×250)=61.30*，卖出 61 手合约

① 或者，套利者也可以使用交易所交易基金，这些证券表示对与基础指数相同的投资组合的索偿权。许多交易所交易基金的交易都非常活跃。

② 指数套利是程序交易的一种形式。程序交易的另一种形式是投资组合保险，第 13 章将对其进行介绍。请参见希尔和琼斯（Hill and Jones，1988）对不同形式的程序交易的讨论。

日期	现货市场	期货市场
12 月 18 日	标准普尔 500 指数为 1 300.36 点。股票价值为 (1 300.36/1 305)×20 000 000=19 928 889 美元 20 000 000 美元股票投资的实际成本为 20 000 000×$e^{(0.052-0.03)\times 0.109\,6}$=20 048 242 美元 交易成本为 20 000 000×0.005=100 000 美元（包括期货成本）	到期时的期货价格为标准普尔 500 指数价格，即 1 300.36 点
	卖出股票	到期时对期货平仓
分析		
股票利润	19 928 889 美元（出售股票获得的收入） −20 048 282 美元（股票投资） −119 393 美元（利润）	
期货利润	61×250×1 316.30（期货售价） −61×250×1 300.36（期货买价） 243 085 美元（利润）	
整体利润	243 085 美元（期货利润） −119 393 美元（股票利润） −100 000 美元（交易成本） 23 692 美元（利润）	

*与 20 000 000 美元股票相应的期货合约数量为 20 000 000 美元除以指数价格（不是期货价格）与乘数的乘积。尽管 20 000 000 美元在 500 只不同股票之间分配，但相当于买入 20 000 000/1 305=15 326 "股"标准普尔 500 指数。每"股"标准普尔 500 指数的相应期货合约数量为 1 手。当然，每手期货合约的乘数为 250 美元。

股指期货合约的定价是否正确？是否真的可能从指数套利中获利？许多文献研究了这个问题。在股指期货交易早期，有很多证据表明股指期货定价过低（Figlewski，1984）。随着时间的推移，实际价格开始更接近模型价格，参见 Cornell（1985）。然而，实际价格与模型价格仍存在偏差，交易成本足够低的交易者可以利用其中一些偏差。麦金利和拉马斯瓦米（MacKinlay and Ramaswamy，1988）发现：(1) 距到期剩余的时间越长，定价错误越常见；(2) 当期货价格被高估或低估时，往往会保持高估价格或低估价格，而不是从高估价格向低估价格逆转，反之亦然。索菲亚诺斯（Sofianos，1993）发现，在考虑同时执行所有交易的问题之后，从指数套利中获利是非常困难的。

程序交易的一个后果是，即使没有明显的新信息流入，股票价格通常也会迅速发生大幅变化。例如，当指数或期货价格与持有模型价格不一致时，许多投资者将同时意识到这件事，并通过买卖大量股票和期货合约做出反应。这种行为已经引起大量媒体关注。批评人士指出，程序交易导致现货市场波动加剧。监管机构和立法机构呼吁以熔断机制限制这种交易，并减少快速执行指令访问 DOT 系统。还有人认为应该对期货交易收取更高的保证金。这些问题至今仍然引发了诸多争议。

9-4 外汇套利

迄今为止，我们已经讨论了联邦基金期货、欧洲美元期货、国债期货和股指期货的持有套利。套利概念也适用于外汇期货。前面曾经提到，外汇期货的价格模型为[①]：

$$f_0(T)=S_0(1+r)^T/(1+\rho)^T$$

式中，S_0 为用本币/外币表示的即期汇率，r 表示本国无风险利率（年复利利率），ρ 表示外国无风险利率（年复利利率）。连续复利外汇期货价格模型为：

$$f_0(T)=S_0 e^{(r_c-\rho_c)T}$$

式中，r_c 为连续复利本国利率，ρ_c 为连续复利外国利率。前面曾经提到，即期汇率与远期/期货价格之间的这种关系被称为利率平价。利率平价基于四笔交易，即期货币交易、本国银行借贷交易、外国银行借贷交易和远期外汇交易。如果我们忽略远期外汇交易，就有一笔被称为利差交易的交易。进行这种交易通常是为了将一国货币汇入另一个国家以赚取更高的利率。但是，如果没有远期合约，进行利差交易将承担很大的风险。如果进行交易时外币贬值，则兑换回本币将可能导致巨大损失。因此，较高的外币利率可能获得的收益也许由于不利的汇率变化而损失殆尽。加入远期合约锁定了外币兑换回本币的汇率，从而使交易避免了汇率风险。因为套利交易应该是无风险的，所以远期外汇交易是外汇套利的重要组成部分。

数字例子 从欧洲人的角度再次考虑下例。某年 6 月 9 日，美元即期汇率为 0.790 8 欧元。美元利率为 5.84%（年复利利率），而欧元利率为 3.59%（年复利利率）。距到期时间为 90/365＝0.246 6 年。前面曾经提到，我们有：

$$f_0(T)=0.790\,8\times1.035\,9^{0.246\,6}/1.058\,4^{0.246\,6}=0.786\,6 \text{ 欧元}$$

远期汇率应约为 0.786 6 欧元。

> 外汇套利是指买入或卖出一种外汇，并卖出或买入外汇期货合约。当期货价格不符合持有套利模型，且正确执行并无风险地获得实际期货价格与理论期货价格之差时，将发生外汇套利。

现在，假设观察到的市场远期汇率为 0.80 欧元，因此存在套利机会。套利者以 0.986 1×0.790 8＝0.779 8 欧元的汇率购买 $(1.058\,4)^{-0.246\,6}=0.986\,1$ 美元，并以 0.80 欧元的远期汇率卖出 1 手远期合约。然后，以美元无风险利率投资 0.986 1 美元。当远期合约到期时，套利者将有 1 美元，根据远期合约交割这 1 美元，并收到 0.80 欧元。因此，套利者投资 0.779 8 欧元，并在 90 天后收到 0.80 欧元。年化收益率为：

$$\left(\frac{0.80}{0.779\,8}\right)^{365/90}-1=0.109\,3$$

它高于欧元无风险利率 3.59%。这笔交易被称为**抛补利息套利**（covered interest arbitrage）。大量套利者的综合作用将推动即期汇率上升和（或）远期汇率下降，直到即期汇率和远期汇率与两种相关利率正确匹配。[②] 当然，某些交易成本和交易商的买卖价差将阻止该关系准确成立。

---

① 在第 8 章中，我们介绍了外汇远期。这里，我们忽略了远期和期货的差异。

② 套利也对两种利率形成压力，美元利率可能下降，而欧元利率可能上升。然而，利率主要受其他因素的影响，例如通货膨胀率、政府借款和中央银行政策，因此套利者不太可能影响利率。

联系现实

货币对冲跨国指数套利

我们现在已经介绍了如何进行抛补利息套利，即交易者买入一种外币，并通过远期合约或期货合约将其兑换回交易者所在国的本币以进行对冲。我们还介绍了如何进行股指套利，在这种套利中，交易者买入股票投资组合，并卖出与该投资组合匹配的指数的期货合约。现在让我们来看这两种策略的组合。

假设有一位瑞士股票交易员，他跟踪欧洲各国的股票。具体而言，道琼斯欧元 STOXX 50 指数是以欧元计价的 50 只欧洲主要股票的指数。某种期货合约在欧洲期货交易所（EUREX，一家欧洲衍生产品交易所）交易，它也以欧元计价。这位交易员观察到，期货价格似乎被高估了。股指套利交易可以使用交易所交易基金（exchange-traded fund，ETF）执行，而交易所交易基金是代表给定指数索偿权的投资组合。然而，要进行该交易，这位交易员需要将本币（瑞士法郎）兑换为欧元，进行股指套利，然后再将欧元兑换回瑞士法郎。因此，这笔交易面临欧元-瑞士法郎汇率风险。不过，这位交易员知道，他可以将欧元兑换回瑞士法郎进行对冲，但是具体操作比直接将欧元兑换成瑞士法郎要复杂。在决定远期合约规模时，这位交易员将必须考虑被对冲投资组合的价值。

假设道琼斯欧元 STOXX 指数为 2 664，该指数的期货合约执行价格为 2 680，这两个数字都以欧元为单位。欧元利率为 3%，瑞士法郎利率为 2.5%。这些利率是基于 LIBOR 类利息，但已换算为等价连续复利利率。该指数的连续复利股利收益率为 1.2%。汇率为 1.472 6 瑞士法郎/欧元。期货合约恰好在 3 个月后到期，每一手期货合约的规模为 10 欧元。也就是说，期货报价乘以 10 即为实际期货价格。该指数的交易所交易基金交易价格为指数价格的 1/10。因此，交易所交易基金的价格为 266.40。

首先，该交易员计算期货合约的理论价格：

$$2\ 664\times e^{(0.03-0.012)\times 0.25}=2\ 676$$

通过观察期货价格 2 680，该交易员知道期货合约定价过高。他决定出售 1 000 手合约。考虑到乘数，这相当于卖出 1 000×10=10 000 股股票的期货合约。但是，他必须考虑到，如果他购买交易所交易基金，其价格将为指数的 1/10。因此，他必须购买 100 000 股交易所交易基金股票。此外，如果他购买这些股票，每年将获得 1.2%的股利收益率。他可以将这些股利再投资于新股票。因为他希望在 3 个月后获得 100 000 股交易所交易基金股票，因此他应该买入的交易所交易基金股数为：

$$100\ 000\times e^{-0.012\times 0.25}=99\ 700$$

然后，他以 2 680 的价格出售 1 000 手期货合约。他还需要签订远期合约，将特定金额的欧元兑换成瑞士法郎。因为他实际上将以 2 680 的价格出售 10 000 股指数股票，因此应得到 10 000×2 680=26 800 000 欧元。由此可见，他应卖出远期合约，收到 26 800 000 欧元。远期价格为：

$$1.472\ 6\times e^{(0.025-0.03)\times 0.25}=1.470\ 8$$

假设远期合约定价正确，于是该交易员承诺以 1.470 8 瑞士法郎/欧元的价格交割 2 680 万欧元。

因此，该交易员以 99 700 股交易所交易基金股票的形式买入股票。这需要 99 700×266.40=

26 560 080 欧元，因此他必须支付 26 560 080×1.472 6＝39 112 374 瑞士法郎。请记住，该交易员可以用这笔钱在瑞士进行无风险投资并获得 2.5%的收益率。他以 2 680 欧元的价格卖出 1 000 手期货，并以 1.470 8 瑞士法郎的价格卖出 26 800 000 欧元的远期合约。

到期时，指数为 S_T，交易所交易基金的价格为（1/10）S_T。由于股利再投资，现在他持有的交易所交易基金股数为：

$$99\,700\times e^{0.012\times 0.25}=100\,000$$

其价值为：

$$100\,000\times 1/10\times S_T$$

忽略盯市效应的影响，期货合约的报酬为：

$$-1\,000\times 10\times(S_T-2\,680)$$

因此，总报酬为：

$$100\,000\times 1/10\times S_T-1\,000\times 10\times(S_T-2\,680)=26\,800\,000$$

单位为欧元。使用远期合约，他将这笔金额以 1.470 8 瑞士法郎的汇率换算回瑞士法郎，得到：

26 800 000×1.470 8＝39 417 440 瑞士法郎

现在让我们来看他的业绩如何。他投资了 39 112 374 瑞士法郎，最终获得 39 417 440 瑞士法郎。每一瑞士法郎投资的收益率为 39 417 440/39 112 374＝1.007 799 73。通过以下方式，可以获得年化连续复利收益率：

$$\frac{39\,417\,440}{39\,112\,374}=e^{k\times 0.25}$$

那么有：

$$\ln\left(\frac{39\,417\,440}{39\,112\,374}\right)=k\times 0.25$$

k 将为 3.11%，这是无风险收益率，优于他在瑞士的无风险投资收益率（2.5%）。当然，该交易员必须快速执行交易并收回所有成本。

总结

根据第 8 章建立的基本原则，本章考察了套利策略的应用。本章分析了如果市场价格不符合假设无套利利润的公式，如何使用联邦基金期货、欧洲美元期货、国债期货、股指期货和外汇期货。本章还分析了如何通过国债期货从一组合格债券中选择交割的债券，以及如何调整支付或收取的价格以反映可交割债券的差异，还分析了如何确定最便宜可交割债券。本章还介绍了隐含回购利率的重要概念，它被认为与内部收益率等价。

本章的重点是套利交易策略。在第 10 章中，我们将分析其他多种期货交易策略。

关键术语

现货并持有套利/持有套利/回购协议/回购/隐含回购利率　交割期权/通配型期权
股指套利　换算系数（CF）　质量期权　程序交易
最便宜可交割债券（CTD）　月末期权/时间期权　抛补利息套利

扩展阅读

关于交割期权的文献综述可见：

Chance, D. M., and M. L. Hemler. "The Impact of Delivery Options on Futures Prices: A Survey." *Journal of Futures Markets* 13 (1993): 127 - 155.

下列论文包括对期货市场上套利机会的实证检验：

Elton, E. J., M. J. Gruber, and J. Rentzler. "Intra-Day Tests of Efficiency of the Treasury Bill Futures Market." *Review of Economics and Statistics* 66 (1984): 129 - 137.

MacKinlay, A. C., and K. Ramaswamy. "Index-Futures Arbitrage and the Behavior of Stock Index Futures Prices." *Review of Financial Studies* 1 (1988): 137 - 158.

Neal, R. "Direct Tests of Index Arbitrage Models." *Journal of Financial and Quantitative Analysis* 31 (1996): 541 - 562.

Rendleman, R. J., Jr., and C. Carabini. "The Efficiency of the Treasury Bill Futures Market." *Journal of Finance* 44 (1979): 895 - 914.

下列论文分析了程序交易和股指套利：

Furbush, D. "Program Trading and Price Movement: Evidence from the October 1987 Market Crash." *Financial Management* 18 (1989): 68 - 83.

Stoll, H. R., and R. E. Whaley, Jr. "Program Trading and Expiration Day Effects." *Financial Analysts Journal* 43 (March-April, 1987): 16 - 28.

此外，衍生产品交易所的网站也提供了应用期货合约的许多优秀例子。

概念检查

1. 请解释回购协议在期货合约定价中的作用。什么是隐含回购利率？
2. 请列举并解释在实际中使执行股指期货套利变得困难的部分因素。
3. 什么是程序交易？为什么它的争议如此之大？
4. 请解释持有套利与隐含回购利率之间的关系。
5. 请定义换算系数。为什么美国国债期货合约要使用换算系数？

问题与习题

1. 请列举并讨论四个与美国国债期货合约有关的非交易交割期权。

2. 请解释美国国债期货价差头寸的隐含回购利率。

3. 请根据利率报价方式，列举利率平价的两种表示方法，并解释为什么实际上它们包含相同的信息。

4. 程序交易带来的潜在危险是什么？

5. 为什么市场参与者的持有套利交易不能获得风险溢价？

6. 标准普尔 500 指数为 1 371.00 点，连续复利无风险利率为 5.12%，距到期时间为 55 天，期货价格为 1 376.42 点。假设期货价格等于其理论公允价格，且基础工具有连续股利收益率，请解出隐含股利收益率。

7. 某年 2 月 4 日，以欧元表示的美元即期汇率为 0.787 3 欧元/美元。美元利率（每半年计算一次复利）为 5.36%，而欧元利率（每半年计算一次复利）为 3.11%。从欧洲人的角度看，9 月 4 日到期的远期合约利率应为多少？（假设每月是一年的 1/12。）

8. 和上一题一样，某年 2 月 4 日，以欧元表示的美元即期汇率为 0.787 3 欧元/美元。美元利率（每年计算一次复利）为 5.36%，而欧元利率（每年计算一次复利）为 3.11%。从欧洲人的角度看，9 月 4 日到期的远期合约利率应为多少？（假设每月是一年的 1/12。）你对本题的答案和上一题有何不同？

9. 在 11 月 1 日，1 个月期 LIBOR 为 4.0%，两个月期 LIBOR 为 5.0%。假设联邦基金期货合约在交割月月初以低于 1 个月期 LIBOR 25 个基点的利率进行交易。12 月联邦基金期货合约报价为 94.75。假设在交割月月初，联邦基金利率与 1 个月期 LIBOR 之间没有基差风险，请确定是否存在套利机会。期货合约规模为 5 000 000 美元。请说明一手期货合约的套利策略。为了说明美元套利，假设 12 月 1 日的 1 个月期 LIBOR 为 7%。

10. 沿用上一题的信息，但现在假设 12 月 1 日的 1 个月期 LIBOR 为 5.5%。

11. 一位公司现金经理经常把该公司的超额现金投资于欧洲美元市场，她正在考虑直接投资 2 000 万美元于欧洲美元大额定期存单，期限为 180 天，利率为 6.15%。作为另一种选择，她还考虑了 90 天期利率为 6%、90 天后到期的欧洲美元期货价格为 93.75（IMM 指数）的事实。她认为 90 天期大额定期存单与期货合约的组合将优于发放 2 000 万美元的 180 天期贷款。假设她执行这种策略，90 天后的 90 天期欧洲美元大额定期存单利率为 5.9%。请确定她在 180 天中获得的年收益率，并将其与 180 天期大额定期存单的年收益率进行比较。

12. 某年 9 月 26 日，3 月国债期货合约的结算价格为 94－22。请比较以下两只债券，并确定哪只债券是更便宜的可交割债券。假设 3 月 1 日进行交割，回购利率为 5.3%。

a. 债券 A：利率为 12.75%，可在约 19 年后赎回，并在约 24 年后到期，价格为 $148\frac{9}{32}$，换算系数为 1.443 3。息票利息于 11 月 15 日和 5 月 15 日支付。9 月 26 日的应计利息为 4.64，3 月 1 日的应计利息为 3.73。

b. 债券 B：利率为 13.875%，可在约 20 年后赎回，并在约 25 年后到期，价格为 $159\frac{27}{32}$，换算系数为 1.568 9。息票利息在 11 月 15 日和 5 月 15 日支付。9 月 26 日的应计利息为 5.05，

3 月 1 日的应计利息为 4.06。

13. 现在是 8 月 20 日，你正试图确定两只债券中的哪一只是 12 月国债期货合约的最便宜可交割债券。期货价格为 89 $\frac{12}{32}$。假设在 12 月 14 日进行交割，并使用 7.9%作为回购利率。请找出最便宜可交割债券。

a. 债券 X：利率为 9%的不可赎回债券，将在约 28 年后到期，价格为 100 $\frac{14}{32}$，换算系数为 1.110 6。息票利息于 11 月 15 日和 5 月 15 日支付。8 月 20 日的应计利息为 2.37，12 月 14 日的应计利息为 0.72。

b. 债券 Z：利率为 11.25%的不可赎回债券，将在约 25 年后到期，价格为 121 $\frac{14}{32}$，换算系数为 1.344 4。息票利息在 2 月 15 日和 8 月 15 日支付。8 月 20 日的应计利息为 0.15，12 月 14 日的应计利息为 3.7。

14. 假设在 3 月 16 日，6 月国债期货合约的最便宜可交割债券为约 19 年后可赎回、约 24 年后到期的 14 年期债券。息票利息在 11 月 15 日和 5 月 15 日支付。债券价格为 161 $\frac{23}{32}$，换算系数为 1.584。6 月期货价格为 100 $\frac{17}{32}$。假设再投资利率为 5.5%。请确定该期货合约的隐含回购利率，并解释你的结果。请注意，你需要确定应计利息。假设 6 月 1 日进行交割。

15. 在 7 月 5 日，股指期货合约的价格为 394.85 点。该指数为 392.54 点，无风险利率为 2.83%，股利收益率为 2.08%，该期货合约在 9 月 20 日到期。请确定是否存在套利机会，并解释执行了哪些交易。

16. 假设指数到期时为 388.14 点，请重新回答上一题。请确定套利交易的利润，并分别以现货和期货双方的利润表示。你的答案与第 15 题的答案有何关系？

17. 在 8 月 20 日，9 月 20 日到期的股指期货价格为 429.70 点。该指数为 428.51 点，股利收益率为 2.7%。请讨论指数套利交易中的隐含回购利率概念。请确定这笔交易的隐含回购利率，并解释你如何计算该隐含回购利率。

18. 在 3 月 16 日，3 月国债期货合约的结算价格为 101 $\frac{21}{32}$。假设在约 22 年后到期、利率为 12.5%的债券为最便宜可交割债券。换算系数为 1.463 9。假设下午 3 点的价格是 150 $\frac{15}{32}$。请确定下午 5 点时的价格，以判断是否应该进行交割。

19. 在 9 月 12 日，12 月国债期货合约的最便宜可交割债券为利率为 9%的 YY+18 年 11 月债券，该债券每半年付息一次，付息日为 5 月 15 日和 11 月 15 日，价格为 125 $\frac{12}{32}$。12 月期货价格为 112 $\frac{24}{32}$。债券的换算系数为 1.100 2。9 月 12 日的应计利息为 2.91，12 月 1 日的应计利息为 4.92，这反映了 11 月 15 日支付的息票利息。假设在 12 月 1 日进行交割，请确定隐含回购利率，然后对结果进行解释。

20. 在 3 月 16 日，6 月国债期货合约的价格为 100 $\frac{17}{32}$，9 月国债期货合约的价格为 99 $\frac{17}{32}$，请确定价差的隐含回购利率。假设这两个期货合约的最便宜可交割债券均在 28 年后到期，利率均为 11.25%，当前价格均为 140 $\frac{21}{32}$。6 月交割的期货合约对应的换算系数为 1.359 3，9 月交割的期货合约对应的换算系数为 1.358 1。交割日为交割月的第一天，付息日为 2 月 15 日和 8 月 15 日，6 月 1 日的应计利息为 3.29，9 月 1 日的应计利息为 6.16。

21. 请解释较长期期货合约的买价变为卖价对隐含回购利率的影响。

22. 假设 YY 年 12 月 2 日的最便宜可交割债券为 YY+18 年 8 月 15 日到期、利率为 6.25% 的债券。3 月期货合约的价格为 112，换算系数为 1.026 9。6 月期货合约的价格为 111.75。对于在 6 月交割的期货合约，利率为 6.25%，换算系数为 1.026 5。假设交割日（3 月 7 日）的债券应计利息为 0.35，6 月 5 日的应计利息为 1.90。在两个期货合约到期日之间没有支付息票利息。请计算 YY+1 年 3—6 月国债期货价差的隐含回购利率。如果实际远期回购利率为 4%，你建议怎样做?

23.（概念习题）本章给出了与下列债券期货合约相关的隐含回购利率的两个公式。请解释这些公式并讨论它们的差异。

$$\widehat{r}=\left\{\frac{CF[f_0(t)]+AI_T+CI_{0,T}}{B_0+AI_0}\right\}^{1/T}-1$$

$$\widehat{r}=\left\{\frac{[CF(t)]f_0(t)+AI_t+CI_{t,T}}{[CF(t)]f_0(t)+AI_t}\right\}^{1/(T-t)}-1$$

24.（概念习题）请参考第 15 题，假设交易成本为股指价值的 0.5%。请解释这些成本如何影响指数套利的利润和发生率。然后，请计算不会出现套利的可能期货价格范围。

附录 9　确定国债换算系数

第 1 步　确定截至债券到期月第 1 天的债券期限，用年、月、日表示。如果债券是可赎回的，则使用第一个赎回日而不是到期日。令 YRS 为年数，MOS 为月数，忽略天数。令 c 为债券的息票利率。

第 2 步　对月数进行四舍五入，调整为 0、3、6 或 9，称其为 MOS*。

第 3 步　如果 MOS* =0，则有：

$$CF_0=\frac{c}{2}\left(\frac{1-1.03^{-2YRS}}{0.03}\right)+1.03^{-2YRS}$$

如果 MOS* =3，则有：

$$CF_3=(CF_0+c/2)\times1.03^{-0.5}-c/4$$

如果 MOS* =6，则有：

$$CF_6=\frac{c}{2}\left[\frac{1-1.03^{-(2\times YRS+1)}}{0.03}\right]+1.03^{-(2\times YRS+1)}$$

如果 MOS* =9，则有：

$$CF_9=(CF_6+c/2)\times1.03^{-0.5}-c/4$$

示例：请确定利率为 5.25% 的 YY 年 3 月国债期货合约在 YY+17 年 2 月 15 日交割时的换算系数。

在 YY 年 3 月 1 日，债券剩余期限为 16 年 11 个月零 14 天。因此，YRS=16，MOS=11。对月数进行四舍五入，得到 MOS* =9。首先，我们必须得出 CF_6：

$$CF_6=\frac{0.052\ 5}{2}\times\left[\frac{1-1.03^{-(2\times16+1)}}{0.03}\right]+1.03^{-(2\times16+1)}=0.922\ 128$$

然后，我们得出 CF_9：

$$CF_9=(0.922\ 128+0.052\ 5/2)\times1.03^{-0.5}-0.052\ 5/4=0.921\ 3$$

Excel 电子表格 ConversionFactor10e. xlsm 将自动为你计算换算系数。软件演示 9.2 说明了如何使用 ConversionFactor10e. xlsm。

软件演示 9.2 ☞

用 Excel 电子表格 ConversionFactor10e. xlsm 确定芝加哥期货交易所的换算系数

电子表格 ConversionFactor10e. xlsm 保存在启用了宏的 Excel 工作簿中，它可以计算出美国国债期货合约交割的债券的换算系数。该电子表格可通过产品支持网站下载。要使用它，请执行以下操作：

1. 登录 www. cengagebrain. com 并搜索 ISBN 9781305104969。
2. 点击“Free Materials”标签，然后点击“Access Now”。
3. 点击 ConversionFactor10e. xlsm 的链接。
4. 按照网页上的说明下载并安装电子表格。

该电子表格是只读电子表格，这意味着它不能以 ConversionFactor10e. xlsm 的名称保存，从而对原始文件起到保护作用。

现在让我们来看一个例子。假设我们希望交割在 2039 年 2 月 15 日到期、利率为 3.5%的 2015 年 3 月期货合约。每个接受输入值的单元格均为双线边框。在标有“输入值”的部分，你应输入交割日，该数值只包括月和年，以月/年的形式输入。因此，你应该在单元格中插入“3/2015”。下面几行，你应该输入息票利率和到期日。请以百分比或小数的形式输入息票利率，例如，本例中的债券息票利率为 3.5%，因此输入“3.5%”或“0.035”。以月/日/年的格式输入到期日，因此，在这个例子中，你将输入“2/15/2039”。电子表格将以 Excel 的日期格式显示这两个日期。点击 F9（手动重新计算）。

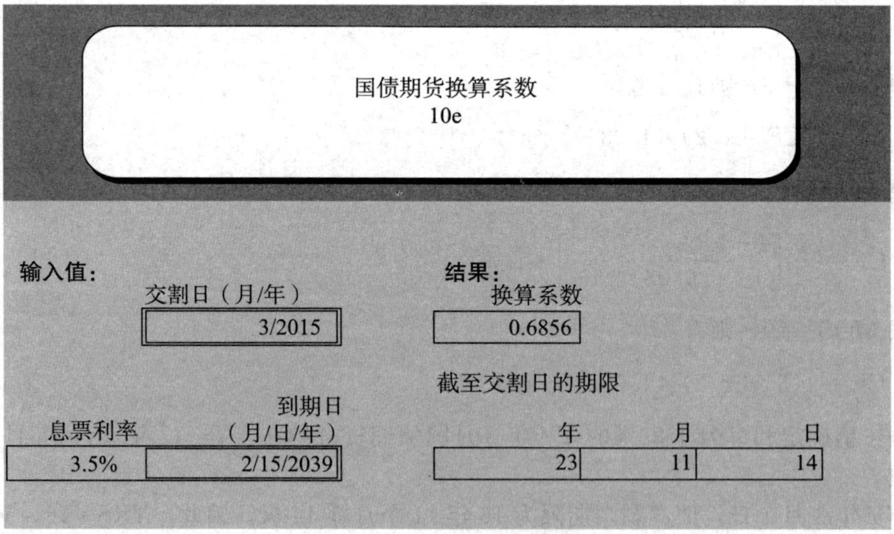

然后计算结果，它显示在标有“结果”的部分中。输出值为单线边框。这里的换算系数为0.685 6。该电子表格还显示了截至交割日的期限，以年（23）、月（11）和日（14）表示。你能从中看出债券的期限长度是否符合中长期债券期货的交割条件。

第 10 章

远期和期货对冲、价差和目标策略

金融和投机的美妙之处在于，它们的意义因人而异。有些人认为，它们充满诗意或戏剧性；另一些人认为，它们是科学且永恒不变的物理现象；还有一些人认为，它们属于政治或哲学范畴；还有一些人认为，它们是战争。

——迈克尔·M. 托马斯（Michael M. Thomas）

《汉诺威广场》(Hanover Place)，1990 年，第 37 页

本章目标

- 解释支持或反对对冲的部分原因。
- 介绍与对冲相关的基本概念，如基差、空头对冲和多头对冲，以及基差风险。
- 列举对冲决策涉及的因素。
- 举例说明确定用于对冲的期货合约数量的不同方法（价格敏感度，最小方差）。
- 举例说明市场内价差策略和市场间价差策略。
- 检验选择的目标策略，包括目标久期、α 捕获、目标 β 和策略性资产配置。

对冲是一种旨在减少或（在某些情况下）消除风险的交易。本书介绍期权时，提供了很多对冲的例子，最明显的就是抛补看涨期权和保护性看跌期权。我们将发现，在某些更有利的情况下，还可以使用远期或期货进行对冲。

到目前为止，我们都强调远期合约与期货合约有很多相似之处和不同点。两者都可用于对冲。当选择远期或期货对冲而不是期权对冲时，对冲者同意放弃未来的收益或避免损失，但没有前期成本。相比之下，期权对冲（如保护性看跌期权）保留了未来收益，但有前期成本，即期权费。如前所述，远期合约有一定的信用风险，通常只有规模很大的交易才能使用远期合约。但是，远期合约允许用户定制交易条款，以获得近乎完美的对冲。有些商业情况更适合使用远期对冲，有些商业情况更适合使用期货对冲，还有些商业情况更适合使用期权对冲。尽管选择的工具通常取决于每种工具的优缺点权衡，但有时也与对冲者对这类工具的熟悉程度、竞

争公司的行为以及期货交易所和场外交易商向对冲者推销的产品有关。

在这一章中，我们将看到不同类型的对冲例子，包括用外汇远期和外汇期货、中长期债券期货和股指期货进行的对冲。

在本章中，我们将分析各种价差策略。当交易者对不同期货合约的未来价格变化方向持有特定观点时，通常会采用价差策略。此外，我们还将介绍投资者使用期货合约确定理想的久期和目标β的目标策略。

尽管我们将在本章中介绍上述所有内容，但并不完整。相当多的对冲策略都使用互换和利率衍生产品，这是第11章和第12章讨论的问题。因此，我们将在这些章节继续介绍对冲。

我们从本章开始讨论对冲过程中涉及的几个一般问题。例如，首先，为什么人们应该进行对冲？

10-1 为什么进行对冲？

在开始介绍对冲的专业知识之前，有必要提出两个问题：（1）公司为什么进行对冲？（2）公司应该进行对冲吗？对冲是为了降低风险，但这是可取的吗？如果每个人都进行对冲，那么最终是否会出现没有人承担风险的经济状况？这肯定会导致经济停滞。此外，我们必须考虑对冲能否真正增加股东财富。①

如果著名的莫迪利亚尼-米勒定理是正确的，那么公司价值将独立于任何财务决策，包括对冲。然而，股东希望进行对冲可能只是为了找到更可以接受的预期收益与风险组合。然而，也可以说公司不需要对冲，因为如果股东需要进行对冲，他们可以自己去做。但这忽视了几个要点。该定理假设股东可以正确评估所有可以被对冲的公司风险。如果一家公司面临原材料价格波动的风险，股东能否正确确定风险程度？他们能确定风险最高的时期吗？他们能确定对冲自己承担的那部分风险所需的正确期货合约数量吗？他们是否有资格开立期货经纪账户？他们的交易成本是否等于或小于公司进行对冲时他们按相应比例承担的交易成本？这些问题的答案都是“或许不能”。显而易见，股东并非总能像公司那样进行有效对冲。

> 公司进行对冲是为了节税、降低破产成本，在某些情况下，还是由于管理者希望降低自身财富的风险，因为其财富与公司业绩挂钩。为客户提供风险管理服务，以及股东的对冲效率不如公司的对冲效率时，也可以进行对冲。

公司的对冲活动可能与内部融资和外部融资的相对成本有关。弗鲁特（Froot）、沙尔夫斯泰因（Scharfstein）和斯坦（Stein）认为，当存在有吸引力的投资机会时，公司进行对冲的动机是希望确保降低内部融资成本。

此外，公司进行对冲可能还有其他原因，如税收优势，尤其是低收入公司（如适用税率低于最高公司税率的公司），它们可以从对冲和累进公司所得税结

① 本节的内容大量参考了以下文献：C. W. Smith and R. M. Stulz, "The Determinants of Firms' Hedging Policies," *Journal of Financial and Quantitative Analysis* 20 (1985)：391－405；D. Duffie, "*Corporate Risk Management* 101：Why Hedge?" *Corporate Risk Management* 3 (May 1991)：22－25；D. R. Nance, C. W. Smith Jr., and C. W. Smithson, "On the Determinants of Corporate Hedging," *Journal of Finance* 48 (March 1993)：267－284；K. A. Froot, D. S. Scharfstein, and J. C Stein, "Risk Management：Coordinating Corporate Investment and Financing Policies," *Journal of Finance* 48 (December 1993)：1629－1658。

构的相互作用中受益。对冲还降低了破产概率，这对股东来说不一定有价值，除了它可以降低公司破产时的预期成本。

公司选择进行对冲可能是因为管理者的生活水平与公司业绩密切相关。因此，管理者可以从降低公司风险中受益。这可能不符合股东的最佳利益，但至少可以解释为什么一些公司会进行对冲。最后，对冲可能会向潜在债权人发出信号，表示公司致力于保护基础资产的价值。这可能导致更有利的信贷条件和成本更低的限制性契约。

许多公司（如金融机构）都在不断地代表客户交易场外金融产品，例如互换和远期，它们提供这些服务以帮助客户管理风险。然后，这些金融机构转而对冲它们代表客户承担的风险。它们如何赚钱？它们向客户报出的利率和价格反映了足以弥补对冲成本并获得利润的价差。它们以这种方式成为对冲服务的零售商。

为了避免关于对冲的一面之词，考虑某些不进行对冲的理由也很重要。其中一个原因是，对冲可能导致人们错误理解降低的风险大小。在衍生产品行业有一句老话："只有在日式庭院里才能找到完美的树篱（对冲）*。"对冲几乎总会留下一定的风险，一些对冲留下的风险惊人，而它们本应被消除。我们应始终将对冲视为降低风险而不是消除风险的行为，因此需要识别和监控剩余的风险。

对冲的另一个问题是它消除了利用有利市场条件的机会。换言之，对冲缩小了损益空间。当运用到极致时，对冲几乎可以使企业没有理由存在。不加以区别的对冲无法创造财富。对冲应该是有选择性的，也就是降低某些风险，同时在认为有利时保留风险。

最后，我们应该补充，实际上没有对冲这种东西。这听起来令人惊讶，但是请考虑以下例子。当投资者将所有资金从股票转换为现金时，他可能会认为自己在对冲，但他实际上认为股价会下跌。当一家公司对冲浮动利率借款的风险时，它认为利率将上升。不管是哪种情况，投资者消除风险都是因为他认为市场上将发生不利事件。将全部资金投资于股市或以浮动利率借款一样是投机行为。换言之，降低风险就是赌市场上将发生不利事件。

尽管如此，但所有关于对冲的讨论都应该指出，对冲只是整个风险管理过程的一部分。对冲是为了降低风险而管理风险的一个具体例子。然而，从更广泛的意义上讲，风险管理远不只是对冲。在某些情况下，风险低于理想情况，需要增加风险。这是对冲的反面吗？有些人确实称之为投机，但事实上，这只是整个风险管理过程的一部分，也就是使实际风险水平与理想风险水平协调一致。尽管本章的重点是对冲，但我们将在第 14 章和第 15 章中讨论整体风险管理。

> 对冲是被称为风险管理的一般过程的一部分，也就是使实际风险水平与理想风险水平协调一致。

10-2 对冲概念

在我们了解为什么要进行某种对冲或对冲如何发挥作用之前，我们必须熟悉几个基本的对冲概念。我们曾经提到过其中一些概念，但并没有将它们具体应用于对冲策略。在下面的讨论中，我们主要以期货合约为例，但是这些思想基本上也适用于远期合约。

---

* 在英文中，hedge 既可以指对冲，也可以指树篱。——译者注

10-2a 空头对冲和多头对冲

空头对冲是指通过持有期货合约空头进行对冲。多头对冲是指通过持有期货合约多头进行对冲。

空头对冲（short hedge）和**多头对冲**（long hedge）这两个术语分别涉及期货合约的空头和多头。持有资产并担心价格下跌的对冲者，例如拥有大量小麦库存的谷仓经营者，可能会考虑用期货空头进行对冲。如果现货价格和期货价格一起变化，对冲将降低一定的风险。例如，如果现货价格下跌，期货价格也会下跌。由于对冲者对期货合约做空，因此期货交易产生的利润至少部分抵消了现货头寸的损失。这被称为空头对冲，因为对冲者对期货合约做空。谷仓经营者可以通过做空小麦期货头寸来对冲价格风险。

当一方（例如谷物生产商）计划在未来某个日期购买某种资产时，就会面临另一种对冲情况。由于担心小麦价格上涨，谷物生产商可能买入期货合约。那么，如果小麦价格上涨，小麦期货价格也将上涨，并使期货头寸获利。该利润将至少部分抵消升高的小麦购买成本。这是多头对冲，因为本例中的谷物生产商在期货市场上做多。由于涉及预期交易，因此它有时被称为**预期对冲**（anticipatory hedge）。

当一方做空某种资产时，可能进行另一种多头对冲。虽然这种对冲不太常见，但它适合卖空股票并担心市场价格上涨的人。对冲者不对空头平仓，而是买入期货合约，使期货多头获利，这至少部分抵消了股票空头的损失。

在上述每种情况下，对冲者在现货市场持有的头寸都有风险。期货交易是现货交易的临时替代品。因此，当某人持有资产并担心价格下跌，却不想卖出该资产时，就可以进行空头期货交易。卖出期货合约将代替卖出商品。表 10.1 总结了这些不同的对冲情况。

表 10.1 **对冲情况总结**

今天的情况	风险	适当的对冲
持有资产	资产价格可能下跌	空头对冲
计划买入资产	资产价格可能上升	多头对冲
卖空资产	资产价格可能上升	多头对冲

注：空头对冲表示做多现货，做空期货；多头对冲表示做空现货，做多期货。第 11 章和第 12 章将分析涉及贷款的对冲情况。

10-2b 基差

基差是现货价格和期货价格之差。

基差（basis）是期货市场最重要的概念之一，因为它有助于理解对冲过程。基差通常被定义为现货价格减去期货价格。然而，一些书和文章将其定义为期货价格减去现货价格。在本书中，我们将使用前一个定义：

基差＝现货价格－期货价格

对冲和基差 这里，我们将考察对冲的概念，以及基差如何影响对冲的表现。最终，我们需要了解影响基差的因素。

让我们定义下列术语：

T＝到期时点（例如，某月、某日、某年）

t＝到期前的时点（$t=0$ 表示“今天”）

S_0＝今天的现货价格

f_0＝今天的期货价格

S_t＝到期前时间 t 时的现货价格

f_t＝到期前时间 t 时的期货价格

S_T＝到期时的现货价格

f_T＝到期时的期货价格

Π＝给定策略的利润

此时，我们将忽略盯市、资产储存成本以及其他交易成本。

对冲的概念并不新鲜。当我们考察期权时，构建了几种类型的对冲，其中一些是无风险对冲。通过持有股票头寸和相反的期权头寸，股票收益（损失）被期权损失（收益）所抵消。我们可以用期货达到相同的目的：持有现货市场多头（空头）和期货市场空头（多头）。对于现货市场多头，持有至到期的对冲利润为：

$$\Pi(\text{空头对冲})=(S_T-S_0)+(f_0-f_T)$$

前面曾经提到，利润恒为卖价减去买价。从空头头寸获得的期货市场利润为 f_0-f_T 或 $-(f_T-f_0)$。对于现货市场空头和期货市场多头，上述公式中每一项的符号都是相反的，即：

$$\Pi(\text{多头对冲})=(S_0-S_T)+(f_T-f_0)$$

在某些情况下，我们可能希望在时间 t 即到期前平仓。那么，空头对冲和多头对冲的利润就分别为：

$$\Pi(\text{空头对冲})=(S_t-S_0)+(f_0-f_t)$$

$$\Pi(\text{多头对冲})=(S_0-S_t)+(f_t-f_0)$$

到期时，期货合约买方预期将立即收到交割的商品。因此，到期的期货合约与买入现货商品相同，$S_T=f_T$。如果持有空头对冲至到期，利润就是 f_0-S_0。这意味着对冲相当于以价格 S_0 购买资产，并立即保证卖价为 f_0。此外，如果持有多头对冲至到期，那么利润为 S_0-f_0，这相当于以价格 S_0 出售资产，并立即保证买价为 f_0。

举例来说，假设你以 100 美元的价格购买某种资产，并以 103 美元的价格卖出该资产的期货合约。因此，你进行了空头对冲。到期时，现货价格和期货价格都是 96 美元。你以 96 美元的价格出售资产，损失为 4 美元，并以 96 美元的价格对期货合约平仓，获得 7 美元收益，净利润为 3 美元。或者，你可以交割期货合约的资产，获得 96 美元，并收取期货账户中累计的 7 美元，使资产的实际售价为 103 美元。在任何一种情况下，该交易都相当于以 103 美元的价格（初始期货价格）出售资产。

现在，假设你以 100 美元的价格卖空资产，以 103 美元的价格买入该资产的期货合约。因此，你进行了多头对冲。到期时，现货价格和期货价格都是 96 美元。你以 96 美元的价格回购资产，获得 4 美元收益，并以 96 美元的价格对期货合约平仓，损失为 7 美元，净损失为 3 美元。或者，你可以按 96 美元的价格买入期货合约的基础资产，在期货账户中产生 7 美元的损失，该资产的实际买价为 103 美元。在任何一种情况下，这笔交易都相当于以 103 美元的价格

（初始期货价格）购买资产。

由于基差的定义为现货价格减去期货价格，因此我们可以将其写为变量 b，其中有：

$b_0 = S_0 - f_0$（初始基差）

$b_t = S_t - f_t$（时间 t 时的基差）

$b_T = S_T - f_T$（到期时的基差）

因此，对于在时间 t 平仓的头寸，有：

Π(空头对冲) $= (S_t - f_t) - (S_0 - f_0)$

Π(空头对冲) $= b_t - b_0$

Π(多头对冲) $= (S_0 - f_0) - (S_t - f_t)$

Π(多头对冲) $= b_0 - b_t$

对冲需要基差风险假设，它是基差变化在对冲期内的不确定性。对冲利润为基差的变化。

对冲的利润就是基差的变化。基差变化的不确定性被称为**基差风险**（basis risk）。对冲用基差变化代替了现货价格变化。基差变化通常远远小于现货价格变化，因此，对冲头寸的风险小于未对冲头寸的。由于基差风险是基差变化的不确定性导致的，所以对冲是一种投机活动，它产生的风险水平远低于未对冲头寸。

对冲还可以被视为试图确定预期未来资产价格的交易。空头（多头）对冲确定了预期未来卖价（买价）。例如，空头对冲的利润公式可以写为：$f_0 + (S_t - f_t) - S_0$。由于空头对冲者支付 S_0 美元购买资产，因此资产的实际卖价可以被视为 $f_0 + (S_t - f_t)$，可以写为 $f_0 + b_t$。换言之，空头对冲将未来资产卖价确定为当前的期货价格加上基差。由于 f_0 已知，因此实际未来卖价的不确定性只取决于基差的不确定性。如果持有空头对冲至到期，则实际卖价变为 $f_0 + b_T$，因为到期时基差为零，所以实际卖价为 f_0。因此，交易开始时，资产卖价被确定为 f_0。该空头对冲者确保他实际上能按期货价格卖出该资产。这将是“完美”的空头对冲。多数对冲由于各种原因而不完美，但往往是因为对冲者通常不会持有头寸至到期。

如果现货价格涨至期货价格以上，基差就会增加。这被称为加强基差，它提升（降低）了空头（多头）对冲的表现。如果期货价格的涨幅高于现货价格，基差将下降，这降低（提升）了空头（多头）对冲的表现。这被称为减弱基差。表 10.2 总结了对冲利润与基差的关系。

表 10.2　　对冲利润与基差

对冲类型	收益来自	产生收益的前提
空头对冲	加强基差	现货价格涨幅高于期货价格涨幅 或 现货价格跌幅小于期货价格跌幅 或 现货价格上涨，期货价格下跌
多头对冲	减弱基差	现货价格涨幅小于期货价格涨幅 或 现货价格跌幅大于期货价格跌幅 或 现货价格下跌，期货价格上涨

注：空头对冲表示做多现货，做空期货；多头对冲表示做空现货，做多期货。

如前所述，如果持有对冲至到期，则基差为零。在这种情况下，空头对冲的利润为$-b_0$，多头对冲的利润为b_0。

最后，我们应该记住，对冲将导致期货交易成本等成本。此外，如果持有资产，将产生储存成本。这些将降低利润，但它们的影响通常是事先已知的，因此不会带来任何额外风险。

对冲示例 考虑一个使用黄金的例子。在 3 月 30 日，6 月到期的黄金期货价格为每盎司 1 388.60 美元。黄金现货价格为 1 387.15 美元。假设某个黄金交易商持有 100 盎司黄金，价值为 100×1 387.15=138 715 美元。我们不考虑储存成本，因为它是相当确定的。为防止黄金价格下跌，该交易商可能会出售一手 100 盎司黄金的期货合约，因此，他进行了空头对冲。用符号表示为：

$$S_0=1\ 387.15$$

$$f_0=1\ 388.60$$

$$b_0=1\ 387.15-1\ 388.60=-1.45$$

如果持有对冲至到期，那么基差应收敛于零。但是，它可能不会恰好为零，我们将在后面了解原因。如果情况确实如此，那么利润应为-1乘以初始基差再乘以盎司数：

$$\Pi=-1\times(-1.45)\times 100=145$$

假设到期时黄金现货价格为 1 408.50 美元。然后，交易商在现货市场上卖出黄金，获利 100×(1 408.50－1 387.15)=2 135 美元。空头期货合约被期货市场上的买入交易抵消，获利－100×(1 408.50－1 388.60)=－1 990 美元。因此，正如我们的预测，整体利润为－1 990＋2 135=145 美元。

现在，假设我们在到期前平仓。例如，在 5 月 5 日，黄金现货价格为 1 377.52 美元，6 月期货价格为 1 378.63 美元。用符号表示为，$S_t=1\ 377.52$，$f_t=1\ 378.63$。如果在现货市场上出售黄金，则利润为 100×(1 377.52－1 387.15)=－963 美元。以 1 378.63 美元的价格回购期货合约，利润为－100×(1 378.63－1 388.60)=997 美元，净收益为－963＋997=34 美元。如前所述，这应该等于基差的变化，即b_t-b_0。初始基差为－1.45。平仓时的基差为S_t-f_t，即 1 377.52－1 378.63=－1.11。因此，每盎司利润为：

$$-1.11-(-1.45)=0.34$$

它是每盎司黄金的对冲收益。

基差表现 图 10.1 显示了 9 月标准普尔 500 指数期货合约到期前两年的基差。请注意，该基差非常不稳定，但随着到期日的临近，最终趋于零。基差的波动可以归因于利率变化、分红预期的变化以及异步价格。异步价格是指在不同时点确定的价格。标准普尔 500 指数的收盘价是根据该指数中 500 只股票的收盘价确定的。股市的收盘时间为美国东部时间下午 3 点。标准普尔 500 指数期货市场的收盘时间为美国东部时间下午 3 点 15 分。因此，两者之间有微小的时间差。

基差并不总是恰好收敛于零。以黄金为例，如果投资者在现货市场上购买黄金并立即出售即将到期的期货合约，那么他必须交割黄金。交割成本可能非常高，使期货价格略高于现货价格。对于某些商品，存在多个可接受的可交割商品等级，所以有多个现货价格。空头控制了交割，并将选择最经济的可交割商品等级。期货价格趋于收敛于最可能交割的商品的现货价格。

当然，在远期市场上，基差很少成为问题。对冲是定制化的，以消除基差风险。

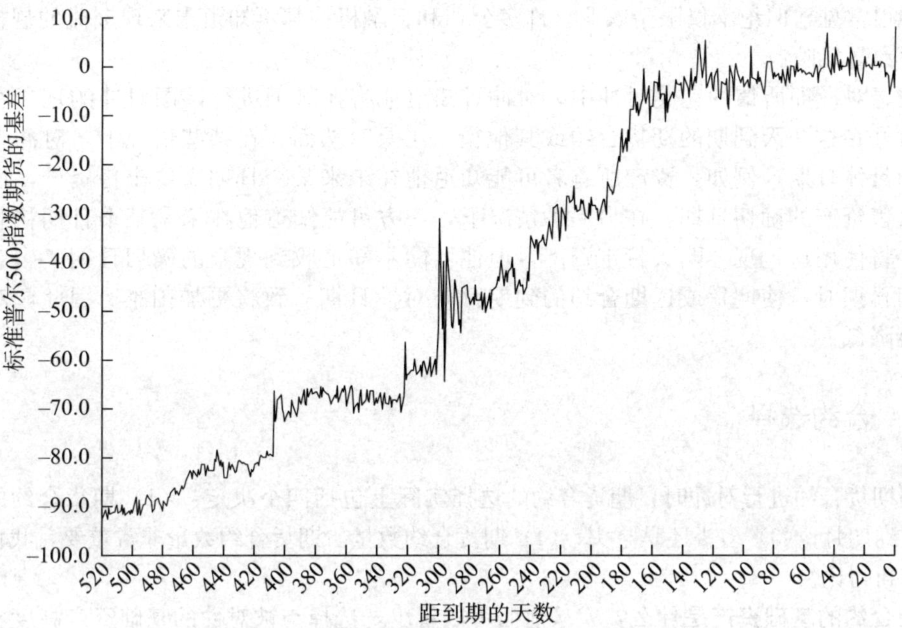

图 10.1　9 月标准普尔 500 指数期货的基差

10-2c　对冲的部分风险

> 交叉对冲是基差风险的另一个来源，产生基差风险的原因是被对冲资产不同于期货合约的基础资产。

有时，被对冲的资产和期货合约的基础资产不同。我们后面将说明的一个典型例子就是用国债期货合约对冲公司债券，这被称为**交叉对冲**（cross hedge)，它的基差风险远远高于用国债期货合约对冲国债的风险。公司债券和政府债券的价格趋于一起变化，但这种关系弱于两种国债的关系。此外，评级较高的债券与国债的相关性也更高。因此，质量较差的公司债券有一定的额外基差风险，而对冲效果往往较差。

在某些情况下，被对冲的资产价格和期货合约价格走势相反。那么，对冲将使现货头寸和期货头寸均产生利润或亏损。如果选择正确的期货合约，就不太可能发生这种情况。如果经常发生这种情况，那么对冲者应该找到另一种期货合约。

> 数量风险是在险基础工具数量的不确定性，它通常产生于对冲者不知道其在未来某个日期将拥有或交割的基础工具数量。

对冲还会产生另一种风险，即**数量风险**（quantity risk)。假设一位农民希望锁定尚未收获的作物的售价。这位农民可以卖出期货合约，从而确定作物的未来售价。然而这位农民不知道、也不能对冲农作物收获规模的不确定性，这就是这位农民面临的数量风险。农民的总收入是作物价格与规模之积。在竞争激烈的市场中，农民的作物规模很小，因此不能影响价格，但是系统性因素（比如天气）会影响所有人的作物。总之，当作物价格很高时，作物收获规模可能很小，而当作物价格很低时，作物收获规模可能很大。这种情况产生了其自身的自然对冲。当农民进行对冲时，价格波动无法再抵消作物规模的不确定性。因此，对冲实际上可能增加整体风险。数量不确定性在农业中很常见，但绝不仅限于农业。许多公司和金融机构都不知道未来现金流的规模，因此必须应对数量风险。

在理想对冲即所谓的完美对冲中，对冲者知道他将在哪天进行试图对冲的现货交易。他会使用恰好在这一天到期的期货合约或其他衍生工具。然而，在某些情况下，对冲者并不知道对冲的具体日期。例如，资产所有者可能知道他在未来某个日期需要出售资产，但他可能不知道出售资产的确切日期。在另一种情况下，一方可能知道他在未来某个日期将收到某笔现金，并将使用这笔现金购买特定资产，但他可能不知道收到现金的确切日期。当对冲者不知道确切日期时，使期货或远期合约的到期日与对冲日期一致将更加困难。因此，对冲的有效性就会降低。

10-2d 合约选择

使用期货合约进行对冲时，期货合约的选择实际上包括四个决定：(1) 期货合约的基础资产；(2) 到期月；(3) 多头还是空头；(4) 期货合约数量。期货合约数量非常重要，我们将推迟到下一节再讨论。

期货合约的基础资产是什么？ 从前面可以看出，选择与被对冲的基础资产高度相关的资产的期货合约很重要。在许多情况下，这种选择是显而易见的，但在某些情况下则不是。

假设一方希望对冲高度分散的中盘股组合的价值。标准普尔中盘股指数是衡量 400 只中盘股表现的指标，假设有某个以该指数为基础工具的期货合约。但在险投资组合并不完全匹配标准普尔中盘股指数，而且，该指数的期货合约交易并非都那么活跃。因此，对冲者可能希望使用交易更活跃的大盘股指数或小盘股指数的期货合约。当然，如果对冲者希望完美匹配投资组合和对冲合约的基础指数，他将选择与其投资组合匹配的定制性远期合约，但较高的成本可能是导致对冲者选择标准期货合约的一个因素。

> 用于对冲的期货合约应该具有高度流动性，且其基础资产应该与被对冲资产高度相关。

另一个应考虑的因素是期货合约定价是否正确。空头对冲者将卖出期货合约，因此应寻找定价过高的期货合约，或者在最坏情况下寻找定价正确的期货合约。多头对冲者应买入定价过低的期货合约，或者在最坏情况下买入定价正确的期货合约来进行对冲。

有时，对冲者可以使用多种期货商品获得最优对冲。例如，如果同时使用燃油期货和原油期货，则可能更有效地对冲航空燃油头寸。

哪个到期月？ 一旦选择了期货商品，就必须决定到期月。我们知道，交易只在特定到期月的特定时间进行。例如，9 月国债期货合约在当年 12 月与次年 3 月、6 月、9 月、12 月，以及后年 3 月、6 月、9 月到期。如果国债期货合约是适当的对冲工具，那么使用的期货合约必须是来自这一组到期月中的。

在多数情况下，对冲者知道必须保持对冲有效的时间水平。为了尽可能降低基差风险，对冲者应持有期货头寸直至尽可能接近该日期。因此，适当的期货合约到期日应尽可能接近该日期。然而，一般的经验法则是避免在到期月持有期货头寸。这是因为有时在到期月会出现异常价格变化，这会给对冲者带来额外风险。因此，对冲者选择的到期月应尽可能接近对冲终止月份，但在对

> 对冲者应该选择到期日尽可能接近对冲终止日但在对冲终止日之后的期货合约。

冲终止月份之后。[①]

表 10.3 列出了某个国债期货对冲的可能对冲终止日期和适用的期货合约。但是，距到期时间越长，期货合约的流动性越低。因此，根据这个期货合约选择标准，可能需要优先考虑使用流动的期货合约的必要性。如果发生这种情况，对冲者应该使用距到期时间较短的期货合约。当期货合约进入到期月时，期货头寸被平仓，并在下一个到期月建立新头寸。这个过程被称为“对冲远期滚动”，它将产生一定的额外风险，但仍可能相当有效。

表 10.3 计划对冲终止日的相应期货合约到期时间（国债期货对冲开始于 YY 年 9 月 30 日）

对冲终止日	合适的期货合约
10/1/YY－11/30/YY	YY 年 12 月
12/1/YY－2/28/YY＋1	YY＋1 年 3 月
3/1/YY＋1－5/31/YY＋1	YY＋1 年 6 月
6/1/YY＋1－8/31/YY＋1	YY＋1 年 9 月
9/1/YY＋1－11/30/YY＋1	YY＋1 年 12 月
12/1/YY＋1－2/28/YY＋2	YY＋2 年 3 月
3/1/YY＋2－5/31/YY＋2	YY＋2 年 6 月
6/1/YY＋2－8/31/YY＋2	YY＋2 年 9 月
9/1/YY＋2－11/30/YY＋2	YY＋2 年 12 月

注：选择合适的期货合约的规则是，到期日应在对冲终止日之后且尽可能接近对冲终止日，且在到期月不持有任何期货合约。考虑到流动性，距到期较久的期货合约可能不合适。YY 表示当前年份，YY＋1 表示次年，YY＋2 表示后年。

当然，通过使用场外市场远期合约，可以完美处理投资期问题。事实上，某些对冲者的投资期超过 10 年，只能通过远期合约或互换进行对冲。

做多还是做空？ 无论对冲者使用远期还是期货，最重要的决策都是做多还是做空。这里绝对没有任何犯错的余地，如果对冲者在应该做空（或做多）时做多（或做空），风险就会翻倍。最终结果将是收益或损失两倍于未对冲头寸的收益或损失。

> 对远期或期货做多还是做空的决策至关重要，这需要确定现货市场变化有助于还是有损于现货头寸，以及如何用远期或期货市场抵消该风险。

做多还是做空的决策需要确定哪种市场变化会导致现货市场出现损失。然后，需要建立在现货头寸出现损失时盈利的远期或期货头寸。表 10.4 总结了三种可以正确找出适当交易的方法。第一种方法要求对冲者找出最坏情况，然后建立远期/期货头寸，如果发生最坏的情况，该头寸将获利。第二种方法要求建立与当前现货头寸相反的远期/期货头寸，这是一种简单的方法，但在某些情况下，很难确定当前现货头寸。第三种方法要求找出对冲终止时将进行的现货交易。在对冲终止时进行的远期/期货交易应与该现货交易相反。今天应进行的远期/期货交易应与在对冲终止时进行的远期/期货交易相反。

---

① 并非所有期货合约都在到期月表现出异常价格变化，因此，不需要一直严格遵守这条规则。

表 10.4　　如何确定对冲时应买入还是卖出远期/期货

最坏情况法
1. 假设现货市场和远期/期货市场一起变化，确定市场上涨或下跌时远期/期货多头或空头是否获利。
2. 现货市场上可能发生的最坏情况是什么？
a. 现货市场上涨
b. 现货市场下跌
3. 给定你对于第 2 题的答案，假设即将发生最坏情况。
4. 给定你对于第 3 题的答案并使用第 1 题的答案，建立一个有利可图的远期/期货头寸。
当前现货头寸法
1. 确定你在现货市场的当前头寸是多头还是空头。
a. 如果你拥有一笔资产，则现在为多头
b. 如果你做空某笔资产，则现在为空头
c. 如果你承诺在将来购买某笔资产，则现在为空头
2. 建立与第 1 题答案相反的远期/期货头寸。
预期未来现货交易法
1. 确定对冲终止时你将进行何种现货交易。
a. 卖出资产
b. 买入资产
2. 给定你对于第 1 题的答案，你需要在投资期结束时进行与第 1 题相反的交易，以终止远期/期货头寸（例如，如果第 1 题的答案是“卖出”，这里你的答案就应该是“买入远期/期货”）。
3. 给定你对于第 2 题的答案，现在你需要进行相反的交易，以建立远期/期货头寸（例如，如果第 2 题的答案是“买入远期/期货”，这里你的答案就应该是“卖出远期/期货”）。

10-2e　保证金要求与盯市

用期货合约进行对冲的另外两个考虑因素是保证金要求和盯市的影响。我们之前讨论过这些因素，但现在我们需要考虑它们对对冲的影响。

据我们所知，保证金要求相对于被对冲头寸的规模来说非常小，实际上并不重要，而且，对冲的保证金要求比投机性保证金还小。此外，无风险证券有时也可以作为保证金，因此，仍然可以获得资金利息。所以初始保证金金额实际上并不是对冲的主要考虑因素。

然而，重要的是盯市的影响和追加保证金要求的可能性。请记住，期货交易的利润应该抵消现货资产的损失。至少在部分时间，现货资产将出现利润，期货合约将出现亏损。在期货合约产生亏损的那一天，对冲者必须存入额外保证金来弥补亏损。即使现货头寸产生的利润高于期货合约的亏损，也可能无法——至少是不方便——提取现货头寸的利润来弥补期货合约的亏损。

这是推广使用期货合约的主要障碍之一。由于期货损益是立即实现的，而对冲终止之前不会产生现货损益，因此许多潜在对冲者往往更重视期货头寸的损失而非现货头寸的收益。他们也倾向于在事后而不是事前的基础上考虑对冲。如果对冲在现货头寸上产生利润而在期货头寸上产生亏损，那么从事后来看，对冲显然不是最好的做法。但这在事前是无法得知的。

因此，对冲者必须意识到，对冲会在期货交易中产生收益和损失，并需要定期追加保证金。不用满足保证金要求的另一种方法是对期货头寸平仓。经历了一连串亏损和追加保证金之后，这样做是很有诱惑力的。然而，如果期货头寸被平仓，对冲将不再有效，投资者或公司将面临现货市场风险，这大于对冲风险。

在第 8 章中，我们考察了盯市对期货价格的影响。我们得出的结论是，这种影响相当小。但是，如果变动保证金获得或支付的利息并非微不足道，确定最优期货合约数量时就可能要考虑这一点。我们将在后面的章节中探讨这个问题。

当然，远期合约并不包括保证金要求和盯市，但是面临信用风险。[①] 事实上，期货市场主要用保证金要求和盯市来降低（如果不是实际消除的话）信用风险。

在开始对冲之前，我们必须考虑几个最重要的因素。如前所述，一个重要的考虑因素是对冲交易的规模。对于远期对冲而言，确定适当规模是相当简单的。例如，如果用远期合约对冲某个恰好在 60 天后到期的 1 000 万美元资产，那么对冲者只需说明他希望用远期合约抛补 60 天后到期的 1 000 万美元资产。对于期货合约，这个决定并不那么简单。第一，如前所述，期货合约的基础资产可能与被对冲资产不匹配。第二，即使期货合约的基础资产与被对冲资产匹配，也可能不存在面值的整数倍恰好为 1 000 万美元的期货合约。例如，标准期货规模可能是 300 万美元。第三，对冲到期日可能与现有期货合约的到期日不对应。假设对冲者选择了基础工具的期货合约，他需要认真决定使用多少手期货合约来平衡期货合约增加的风险和他试图对冲的风险，期货合约的适当数量被称为对冲比率。

10-3 确定对冲比率

对冲比率（hedge ratio）是用来对冲特定现货市场风险的期货合约数量。[②] 对冲比率应为使期货损益与现货损益匹配的对冲比率。没有哪种方法能在进行对冲之前确定对冲比率，然而，有几种方法可以用于估计对冲比率。

> 对冲比率为抵消现货市场风险所需的期货合约数量。

最基本的方法是持有与现货市场头寸规模相等的期货市场头寸。例如，如果你持有 1 000 万美元资产，就应该持有 1 000 万美元期货合约。如果每手期货合约的价格为 80 000 美元，那么你应该卖出 125 手期货合约。这种方法相对粗糙，因为它没有考虑到期货价格和现货价格可能不会以相同的比例变化。然而，在某些情况下，尤其是当被对冲资产与期货合约的基础资产相同时，这种对冲比率是适当的。

尽管如此，在多数情况下，期货价格和现货价格将按不同比例变化。假设我们将对冲利润写为：

$$\Pi = \Delta S + \Delta f N_f$$

这里的符号 Δ 表示“变化”。因此，利润为现货价格的变化（ΔS）加上期货价格的变化（Δf）乘以期货合约数量（N_f）。正 N_f 表示多头，负 N_f 表示空头。为使期货损益完全抵消现货损益，我们设 $\Pi=0$，得出 N_f 的值：

$$N_f = -\frac{\Delta S}{\Delta f}$$

由于我们假设期货价格和现货价格将同向变化，ΔS 和 Δf 的符号相同，因此，N_f 为负。本例是空头对冲，但该概念同样适用于多头对冲，其中 $\Pi = -\Delta S + \Delta f N_f$，$N_f$ 为正。

① 我们再次假设这些远期合约不进行集中清算。

② 从技术上讲，对冲比率为期货头寸价值与现货头寸价值之比，然后，我们可以用它确定所需的期货合约数量。在本书中，我们令对冲比率为期货合约数量。

现在，我们需要知道比率 $\Delta S/\Delta f$，估计该值的方法有多种。

10-3a 最小方差对冲比率

对冲的目标——实际上，任何投资决策的目标——都是最大化投资者的预期效用。然而，在本书中，我们并没有提出预期效用最大化原则。因此，我们将采取更简单的方法来处理对冲问题，并重点关注风险最小化。这里使用的模型来自约翰逊（Johnson，1960）和斯坦（Stein，1961）的研究。

空头对冲的利润为①：

$$\Pi = \Delta S + \Delta f N_f$$

利润方差为：

$$\sigma_{\Pi}^2 = \sigma_{\Delta S}^2 + \sigma_{\Delta f}^2 N_f^2 + 2\mathrm{Cov}_{\Delta S,\Delta f} N_f$$

其中：

σ_{Π}^2＝对冲利润的方差

$\sigma_{\Delta S}^2$＝现货价格变化的方差

$\sigma_{\Delta f}^2$＝期货价格变化的方差

$\mathrm{Cov}_{\Delta S,\Delta f}$＝现货价格变化和期货价格变化的协方差

$\rho_{\Delta S,\Delta f}$＝现货价格变化与期货价格变化的相关系数

$\mathrm{Cov}_{\Delta S,\Delta f} = \sigma_{\Delta S}\sigma_{\Delta f}\rho_{\Delta S,\Delta f}$，因此，协方差与相关系数之间存在直接关系。目标是计算出 N_f 的值，它将给出最小值 σ_{Π}^2。最优期货合约数量 N_f^* 的公式为：

> 当目标是最小化风险时，最小方差对冲比率给出了最优期货合约数量。

$$N_f^* = -\frac{\mathrm{Cov}_{\Delta S,\Delta f}}{\sigma_{\Delta f}^2} = -\rho_{\Delta S,\Delta f}\frac{\sigma_{\Delta S}}{\sigma_{\Delta f}}$$

该式给出了产生最小可能方差的期货合约数量。几乎在所有情况下，协方差和相关系数均为正，所以负号表示对冲者应该卖出期货合约。如果问题换成多头对冲，那么符号将为正。

你可能意识到了，N_f 的公式与最小二乘回归公式中的 β 非常相似。事实上，我们可以将 ΔS 作为因变量，并将 Δf 作为自变量进行回归来估计 N_f。当然，这只能提供历史数据的正确 N_f 值。我们无法了解未来时期的实际 N_f 值。根据过去推断未来是有风险的，但至少这是一个起点。

最小方差对冲的有效性可以通过分析风险降低的百分比来估计。假设我们将**对冲有效性**（hedging effectiveness）定义为：

$$e^* = \frac{\text{未对冲头寸的风险} - \text{对冲头寸的风险}}{\text{未对冲头寸的风险}}$$

这可以写为：

$$e^* = \frac{\sigma_{\Delta S}^2 - \sigma_{\Pi}^2}{\sigma_{\Delta S}^2}$$

① 这里的问题考察的是利润，另一种更好的形式是考察对冲者财富的收益率。我们在这里之所以使用利润公式，是因为利润在文献中更常见。

因此，e^* 为由对冲消除的未对冲风险百分比。将 σ_{Π}^2 和 N_f^* 的公式代入 e^* 的公式并重新整理各项，我们可以得到：

$$e^* = \frac{N_f^{*2}\sigma_{\Delta f}^2}{\sigma_{\Delta S}^2} = \rho_{\Delta S,\Delta f}^2$$

这恰好是回归的决定系数公式，即相关系数的平方。它表示因变量 ΔS 的方差中由自变量 Δf 解释的百分比。

我们将在本章后面分析的对冲中看到一个最小方差对冲比率的例子。

10-3b　价格敏感度对冲比率

价格敏感度对冲比率来自科尔布和姜（Kolb and Chiang，1981）的研究。这里的目标是确定利率小幅变化导致债券组合价值变化最小的 N_f^* 值。由于该策略是针对利率期货设计的，因此我们将用债券和债券期货进行说明。

要了解价格敏感度公式，我们首先要回顾债券**久期**（duration）的概念。久期有几个具体定义，但通常被用作价格敏感度指标。债券价格 B 是每笔现金支付——息票利息和本金——的现值之和。这些现值可以用单利［即收益率，有时为到期收益率（y_B）］对每笔现金支付贴现得到。它的公式为：

$$B = \sum_{t=1}^{T} \frac{CP_t}{(1+y_B)^t}$$

其中，CP_t 为时间 t 时的现金支付，它要么是息票利息，要么是本金。如果收益率发生变化，我们知道价格将反向变化。下式给出了价格变化与收益率变化的近似关系式，即：

$$\Delta B \approx -B\frac{DUB_B(\Delta y_B)}{1+y_B}$$

其中，DUR_B 表示债券久期，Δ 表示 B 或 y_B 的变化。正式表述为，久期为距每个现金支付日的时间的加权平均值，以时间单位表示。久期概念有几个版本，这个版本虽然通常也被称为久期，但更准确地说，它是**麦考利久期**（Macaulay's duration），以最先推导出它的经济学家之一的名字命名。

麦考利久期衡量了债券现金流的时间和规模。息票利率较高、期限较短的债券久期较短，而息票利率较低、期限较长的债券久期较长。零息债券的久期等于其期限，而 30 年期债券的久期可能为 8～14 年。从上式中我们可以看到，久期是衡量债券价格敏感度的指标，久期越长，债券对价格变化越敏感。例如，在进行比较时，我们可以说，10 年期零息债券与久期为 10 年的 30 年期债券的价格敏感度相同。

麦考利久期的一个重要变形叫作修正久期，它衡量了债券价格变化，并根据收益率水平（每个复利期的收益率）进行调整。具体来说，**修正久期**（modified duration）表示为：

$$MD_B = \frac{DUR_B}{1+y_B} \approx -\frac{\Delta B/B}{\Delta y_B}$$

在接下来的所有内容中，我们都将使用修正久期。尽管修正久期有一定的局限性，但在对冲中是一个非常有用的概念。已知债券的修正久期，我们可以利用适当期货合约的修正久期并交易足够的期货合约来抵消债券风险，从而对冲债券的价格敏感度。[①] 现在，让我们来看如何设计对冲。

假设所有债券的利率变化都是由单利 r 的变化引起的，r 可以被视为无违约国债利率。因此，当 r 变化时，其他所有债券的收益率都会变化。设 B 为现货市场上的债券价格，y_B 为其收益率。假设债券期货合约的基础工具为单只国债。期货合约的价格为 f。根据该价格、在期货合约到期时可交割债券的剩余期限以及可交割债券的息票利率，可以推断出到期时可交割债券的收益率为 y_f，修正久期为 MD_f。我们将其称为期货合约的**隐含收益率**（implied yield）和**隐含修正久期**（implied modified duration）。

对冲利润是利率 r 变化导致的对冲者头寸价值变化。如果我们进行了对冲，该价值变化应该为零。N_f^* 的公式为：

$$N_f^* = -\left(\frac{\Delta B}{\Delta f}\right)\left(\frac{\Delta y_f}{\Delta y_B}\right)$$

该公式可能相当简化。根据前面的公式，我们可以将修正久期表示为：

> 价格敏感度对冲比率给出了对冲利率变化的最优期货合约数量。

$$MD_B \approx -\frac{\Delta B/B}{\Delta y_B}$$

期货合约的隐含修正久期可以用类似方式表示为：

$$MD_f \approx -\frac{\Delta f/f}{\Delta y_f}$$

令 $\Delta y_f = \Delta y_B$，并代入 N_f 的公式，得出：

$$N_f^* = -\left(\frac{MD_B}{MD_f}\right)\left(\frac{B}{f}\right)$$

在实践中，另一个价格敏感度对冲比率也很常用。它是：

$$N_f^* = -(\text{收益率 }\beta)\frac{PVBP_B}{PVBP_f}$$

其中，$PVBP_B$ 是一个基点变化下的债券价格变化现值，具体定义为 $\Delta B/\Delta y_B$，已知它为 $-MD_B B$。$PVBP_f$ 是一个基点变化下的期货价格变化现值，定义为 $\Delta f/\Delta y_f$，即 $-MD_f f$。这些变量实际上是收益率的变化为 Δy_B 或 Δy_f 时的债券价格变化或期货价格变化。

收益率 β（yield beta）是债券收益率对期货合约隐含收益率的回归系数。在价格敏感度公式中，我们假设债券收益率与期货合约隐含收益率按 1∶1 的比例变化。这使收益率 β 为 1。然而，收益率 β 并不恒等于 1，因此前式变为：

$$N_f^* = -\left(\frac{MD_B}{MD_f}\right)\left(\frac{B}{f}\right)\beta_y$$

这是收益率 β 调整后的价格敏感度公式。然而，如果对冲者认为债券价格和期货价格不会按

---

① 另一个久期指标是实际久期，实际久期是基于给定收益率变化下的债券价格变化率估计的现金流调整风险指标，它包含给定收益率变化对现金流的影响。例如，如果利率下跌，可赎回债券可能被赎回，因而在赎回债券时其久期缩短为零。

1：1的比例变化，那么实际上应该估计收益率β。在本章使用的例子中，我们假设收益率β为1。

价格敏感度公式考虑了债券价格和期货价格的波动率。因此，它包含当前价格的信息，而不是用历史期货价格对历史债券价格进行回归。最小方差法和价格敏感度法各有优点，实际上，一种方法有时比另一种方法更实用。我们将在本章后面的一些对冲例子中说明这两种方法。

使用价格敏感度公式还有另一个考虑。因为它是通过微积分推导出来的，因此该式只对冲了小幅度的利率变化。这些变化必须发生在很短时期内，一旦利率发生变化且（或）经历了一段时期，债券和期货合约的修正久期就会变化，并需要新的对冲比率。这个问题非常类似于我们之前在布莱克-斯科尔斯-默顿模型中提到的δ对冲。许多债券对冲（最长为数月）可能不要求对冲比率发生很大变化。无论如何，在这里，我们将保持根据初始条件下的公式得出的对冲比率，并记住对冲不够完美。如果我们在实践中需要完美对冲，必须做出调整。

在这里提出的例子中，被对冲工具是单只债券。在实践中，被对冲工具常常是债券组合。因此，基础工具的价值B是组合中各债券价值之和。修正久期 MD_B 是债券组合的整体修正久期，即组合中各债券的修正久期的加权平均值，其中每只债券的权重为其市场价值与债券组合的整体市场价值之比。总收益率 y_B 是使债券组合的所有现金流现值等于债券组合市场价值的债券组合整体贴现率，它是组合中各债券收益率的复合加权平均值。我们不会涉及如何计算总收益率，任何债券组合管理软件都能轻松得出该数字，所以我们假设它已知。尽管价格敏感度公式常被用于债券组合层面，但其背后的原理与我们在这里学习的单只债券的原理完全相同，而且至少同样有效。

10-3c 股指期货对冲

由于价格敏感度对冲不适用于股指期货，因此通常采用最小方差对冲。假设我们将 ΔS 定义为 Sr_s，其中 r_s 为股票的收益率，即股价变化率。然后，我们将 Δf 定义为 fr_f，其中 r_f 为期货合约价格变化率。请注意，它不是期货合约的收益率。由于没有初始支出，因此期货合约没有收益。如果分别用 Sr_s 和 fr_f 代替 ΔS 和 Δf，则可以得到 N_f^* 的最小方差公式：

$$N_f^* = -\left(\frac{S}{f}\right)\left(\frac{Cov_{r_s, r_f}}{\sigma_{r_f}^2}\right)$$

其中 Cov_{r_s, r_f} 是 r_s 和 r_f 的协方差，$\sigma_{r_f}^2$ 是 r_f 的方差。如果我们用期货价格变化率对现货价格变化率进行回归，就可以得到一个回归系数，我们将其写为 β_S。你可能意识到，这个概念类似于资本资产定价模型中的β。这是相同的β吗？不完全是，但是由于期货合约是基于市场指数的，所以它们的β较为接近。在这个例子中，有：

> 股指期货的最小方差对冲比率考虑了股票投资组合的β。

$$N_f = -\left(\frac{\beta_S}{\beta_f}\right)\left(\frac{S}{f}\right)$$

它是股指期货合约的最小方差对冲比率，其中 β_S 是股票投资组合的β，β_f 是期货合约的β。

股票投资组合的β总是相对于某个广义指数来衡量的。如果期货合约的基础工具为某个广义指数，那么通常假设上式中的期货合约β接近1.0，实际上可以被忽略。在这种情况下，期货合约β实际上接近1，其差额只是小额利息和股利相关调整。但许多投资组合的基础工具并不是广义市场指数，尽管它们的β是相对于广义指数衡量的。如果对冲者使用的期货合约是该投资组合的良好对冲工具，那么他需要知道该期货合约相对于广义指数的β。因此，例如，某个投资组合可能由其风险略高于平均风险的股票组成，其β值为1.15。场外股票投资组合的期货合约可能是合适的对冲，它的β可能为1.10。因此，1.15/1.10=1.045将在计算对冲比率时发挥作用，并且与假设期货合约的β为1.0时的结果有很大不同。在本章中，我们假设期货合约的β为1.0。

此外，这里介绍的对冲方法没有考虑投资组合中股票的股利。股利会影响交易的整体结果，但多数对冲期内的股利不确定性相当小，不是多数投资组合经理认为必须对冲的风险。

我们将在本章后面看到一些股指期货对冲的例子。

10-4 对冲策略

迄今为止，我们已经分析了对冲实践的一些基本原则。下一步是说明如何执行这些对冲。我们将分析不同经济和金融环境下的例子，这些例子说明了几个对冲原则。

这些例子分为三类：外汇对冲、中长期利率风险对冲和股指对冲。其中显然少了一类，即短期利率风险对冲。事实上，短期利率风险是金融市场上最明显的风险之一。市场上确实存在对冲短期利率风险的短期利率期货合约，这种风险主要是公司在借贷过程中以及银行从事借贷和场外衍生产品交易业务时面临的风险。但实际上，用短期利率期货合约进行对冲的情况相对较少。在美国，联邦基金期货合约和1个月期LIBOR期货合约的交易量均相对较低。

欧洲美元期货交易广泛，但很少被公司用来对冲利率风险。为此，公司更喜欢使用互换和定制的利率衍生产品。银行是欧洲美元期货的重要用户，但这样做主要是为了对冲它们作为交易商开展业务时使用的互换和其他利率衍生产品。我们将在第11章和第12章中介绍这些工具以及它们在公司进行对冲和银行管理场外头寸时的用途。

10-4a 外汇对冲

详细介绍外汇对冲之前，让我们先回顾外汇期货合约和远期合约的几个概念。期货合约规模是给定的，以外币金额表示。例如，在美国，三种交易最活跃的外汇期货合约为欧元期货（规模为125 000欧元）、英镑期货（规模为62 500英镑）和日元期货（规模为1 250万日元）。当然，对冲者只能交易整数手期货合约，因此，一些对冲会略微大于或略微小于被对冲头寸的规模。

外汇期货价格以本币表示。因此，在美国，欧元期货报价可能为1.05美元，英镑期货报价可能为1.58美元。对于一手期货合约，这表示欧元期货的总价格为125 000×1.05=131 250美元，英镑期货的总价格为62 500×1.58=98 750美元。由于1美元可以兑换很多日元（通常超过100日元），因此报价时通常没有前两个零。0.831 0的报价实际上是0.008 310美元，相当于每1美元约120.34日元。期货合约总价格为12 500 000×0.008 310=103 875美元。

用外汇期货进行多头对冲 前面曾经提到，用期货合约进行多头对冲需要买入期货合约。就外汇而言，多头对冲者担心外汇升值。表10.5举了一个例子。

在这个例子中，一家美国汽车经销商计划购买20辆英国跑车。每辆车的价格为35 000英镑，必须用英镑付款。根据目前英镑的远期汇率，经销商目前的成本为914 200美元。但是，如果英镑升值，跑车成本最终将更高。该经销商通过买入英镑期货合约进行对冲。如表10.5

所示，这是一个很好的决定，因为英镑确实升值了。跑车最终的成本为 1 009 400 美元，增加了95 200 美元，但是期货合约赚取了 109 656.25 美元的利润，这弥补了跑车增加的成本。

只要英镑现货价格和期货价格同向变化，对冲就能成功地弥补现货市场的部分亏损。如果英镑走弱，期货市场就会出现亏损，这将抵消现货市场的部分或全部收益。

这笔交易是在期货市场上进行的。请记住，期货合约有标准化条款，并在对方违约时提供担保，远期合约允许双方定制合约条款。但是，这笔交易的规模不够大，因此不能使用远期合约。在下一个例子中，我们将在远期市场上进行对冲。

表 10.5　　用外汇期货进行多头对冲

<table>
<tr><td colspan="3">情景：7 月 1 日，一家美国汽车经销商签订合同，约定购买 20 辆英国跑车，并在 11 月 1 日用英镑支付车款。每辆车的价格为 35 000 英镑。该交易商担心英镑在接下来几个月升值，这会导致汽车的美元成本增加。</td></tr>
<tr><td>日期</td><td>现货市场</td><td>期货市场</td></tr>
<tr><td>7 月 1 日</td><td>即期汇率为每英镑 1.319 0 美元。英镑的远期汇率为 1.306 0 美元。20 辆车的远期成本：
20×35 000×1.306 0=914 200 美元</td><td>12 月英镑期货合约的价格为 1.278 美元
每手期货合约的价格：62 500×1.278=79 875 美元
适当的合约数量为
$\frac{20\times 35\,000}{62\,500}=11.2$
买入 11 手期货合约</td></tr>
<tr><td>11 月 1 日</td><td>即期汇率为每英镑 1.442 美元。买入 700 000 英镑，购买 20 辆跑车。美元成本：
700 000×1.442=1 009 400 美元</td><td>12 月英镑期货合约的价格为 1.437 5 美元
每手期货合约的价格：62 500×1.437 5=89 843.75 美元
卖出 11 手期货合约</td></tr>
<tr><td colspan="3">分析：汽车的最终成本增加了 1 009 400－914 200=95 200 美元。
期货交易的利润为：
　　11×89 843.75 美元　　（期货售价）
　　－11×79 875.00 美元　　（期货买价）
　　109 656.25 美元　　（期货利润）
期货利润抵消汽车升高的成本之后还有富余，净收益为 109 656.25－95 200=14 456.25 美元。交易商实际上为 20 辆跑车支付了 1 009 400－109 656.25=899 743.75 美元。</td></tr>
</table>

用外汇远期进行空头对冲　空头对冲是使用期货合约或远期合约卖出某种货币的承诺，旨在防止外币贬值。表 10.6 给出了这样一种情况：一家跨国公司有 1 000 万英镑，将在未来某个日期兑换。用定制化的远期合约通常能更好地执行这种规模的交易。另外，当风险敞口较大时，可能不值得承担期货合约的基差风险。在这个例子中，客户对英镑做多，并面临英镑贬值的风险。为了防范这种风险，该公司出售远期合约，其基础工具数量恰好为将兑换的英镑数量，期货合约在兑换当天到期。因此，该公司只需要将它们交割给远期合约对方交易商，就可以将英镑兑换为美元。如表 10.6 所示，英镑确实贬值了，这将导致 1 195 000 美元的损失。但该公司在签订远期合约当天就锁定了汇率。

表 10.6　　用外汇远期进行空头对冲

日期	现货市场	远期市场
情景：6 月 29 日，一家有英国子公司的跨国公司决定，需要从其伦敦账户向纽约账户转账 1 000 万英镑，转账将在 9 月 28 日进行。该公司担心未来两个月英镑将走弱。		
6 月 29 日	即期汇率为每英镑 1.362 美元。英镑远期汇率为 1.357 美元 资金远期价值： 10 000 000×1.357=13 570 000 美元	卖出在 9 月 28 日以 1.357 美元的价格交割的英镑远期合约
9 月 28 日	即期汇率为每英镑 1.237 5 美元	交割英镑并收取 10 000 000×1.357=13 570 000 美元
分析：最后英镑价值减少了 13 570 000−12 375 000=1 195 000 美元，但远期合约交割获得了 13 570 000 美元，因此完全消除了风险。如果没有进行这笔交易，该公司将必须以每英镑 1.237 5 美元的即期汇率将英镑兑换为美元。		

在第 11 章中，当我们学习货币互换时，将回到外汇对冲的话题。现在让我们来看中长期利率风险对冲。

10-4b　中长期利率风险对冲

债券投资组合经理通常面临中长期利率风险，他们负责当前债券头寸和预期债券头寸，这些债券可能由政府或公司发行。多数国家的利率期货市场极为活跃，债券投资组合经理广泛用其对冲与利率变化相关的风险。这些期货合约大部分以联邦政府债券为基础工具，而联邦政府债券通常比公司债券或非联邦政府债券交易更活跃。我们应该注意到，许多与公司债券、州政府债券和非联邦政府债券相关的风险都是信用质量变化的函数。第 14 章将讨论信用风险对冲。

现在我们来看一些使用美国中长期国债期货合约进行债券投资组合对冲的例子。中长期国债基本相同，除了三个中期国债期货合约的基础工具期限为 2 年、5 年和 10 年，而长期国债期货合约的基础工具期限至少为 15 年，即至少 15 年不可赎回，且期限不超过 25 年。超长期国债期货合约的期限不短于 25 年。因此，中期国债期货合约为中期利率期货合约，而长期国债期货合约是长期利率期货合约。除基础工具的期限差异和保证金要求外，期货合约的条款基本相同。①

正如第 9 章讨论的，长期国债是基于基础债券息票利率为 6%的假设，如前所述，该债券的期限或赎回期为 15～25 年。但是，具体的息票利率要求并没有限制，交易所允许以其他息票利率交割债券，只需对债券收取的价格进行适当调整（请回忆换算系数）。给定的期货合约有许多不同的债券符合交割资格。

前面曾经提到，长期国债期货合约的报价货币是美元，报价单位是点数和 $\frac{1}{32}$ 的倍数。例如，期货价格 93-14.5 是指 $93\frac{14.5}{32}$，即 93.453 125。长期国债期货合约的基础国债面值为 10

① 关于国债期货合约的详情，见 www.cmegroup.com。

万美元，因此 93.453 125 的价格相当于 93 453 125 美元。到期月为 3 月、6 月、9 月和 12 月，延续约两年。最后交易日为到期月最后 7 天的前一个交易日。首个交割日为当月首个交易日。

对冲政府债券多头 投资组合经理经常面临何时买卖证券的决策。在某些情况下，这种决策是自动做出的。投资组合经理在特定时间出售证券，以产生现金，履行缴纳养老金等义务。考虑下面的例子。

联系现实

对冲或有外汇风险

在本章中，我们学习了如何使用远期合约和期货合约进行对冲。如果对冲者希望在基础工具发生有利变化时获得收益，就可以使用期权。我们在第 6 章中看到了这类策略的一个例子，该例使用了抛补看涨期权和保护性看跌期权。

在一种特别情况下，货币期权可能尤其有价值：对冲或有外汇风险。这种情况发生在一方预测未来外汇头寸的可能性但不确定时。

假设一家美国公司正在参加一家伦敦体育馆的建设合同竞标，出价必须为英镑。该公司计划出价 2 500 万英镑，当远期汇率为 1.437 美元时，美元出价相当于 25 000 000×1.437＝35 925 000 美元。一旦提交出价，如果投标成功，该公司就必须准备接受 2 500 万英镑。因为这是一家美国公司，所以它将按照支付日的通行汇率将英镑兑换为美元。如果英镑贬值，该公司实际上将收到更少的美元。为了简化这个例子，我们假设一旦决定某个公司中标，招标方就立即付款。

与买入英镑看跌期权相比，请考虑进行远期对冲或期货对冲的可能性。为了讨论方便，我们只提远期对冲和看跌期权对冲。

如果投标成功，英镑升值，该公司将收到英镑，而每一英镑的美元价值将升高。然而，远期对冲将减少这种收益，因为对冲为空头。如果使用期权，那么看跌期权到期时将一文不值。

如果投标成功，英镑贬值，那么远期对冲将降低英镑贬值造成的损失。另外，期权也会减少英镑的损失。

如果投标不成功，且英镑升值，那么远期对冲将可能导致大额投机性损失。这是因为如果投标失败，该公司将不会收到英镑，但是有远期合约空头。如果使用期权对冲，看跌期权到期时将一文不值。该公司将会亏损——看跌期权的期权费——但是损失金额可能低于远期对冲的损失金额。

如果投标不成功，且英镑贬值，那么远期对冲将可能导致大额投机性利润，因为该公司将做空远期合约，并且由于没有中标而不会收到英镑。如果使用期权对冲，那么执行看跌期权也可能导致看跌期权产生大额利润。

投标不成功时，期权对冲是最有利的。因为该公司没有收到英镑，所以远期头寸可能产生大额利润或亏损。但是，如果英镑贬值，期权就可能产生大额利润。如果英镑升值，损失将仅限于期权费。当然，期权对冲需要支付期权费，而远期对冲可能需要担保品。两类对冲都没有绝对优势，但各有优点。

现在，让我们来看这个具体的对冲。该公司需要对冲预期将收到的 2 500 万英镑。假设它使用远期合约或场外看跌期权。远期价格为 1 424 美元，期权费为 0.025 美元。因此，该期权的成本为 25 000 000×0.025＝625 000 美元。远期价格锁定为 25 000 000×1.424＝35 600 000 美元。我们可以假设期权或远期合约在确定投标结果当日到期，并且在这一天，该公司要么收到2 500 万英镑，要么收不到这笔钱。

在投标成功的情况下，任何一种对冲的效果都相当好。期权对冲类似于保护性看跌期权，从英镑升值中受益，并限制了英镑贬值时的损失。无论英镑价值如何，远期对冲都锁定为3 560 万美元。请注意，如果该公司没有进行对冲，那么整体价值将会按 1∶1 的比例随英镑价值变化。

在投标不成功的情况下，远期对冲使该公司面临很大的风险，可能造成相当大的损失。在期权对冲中，公司可能损失的最大金额是期权费 625 000 美元，但如果英镑贬值，即使该公司没有中标，也可能获得收益。

当然，该公司可以选择不投标，但这是不可能的，因为建筑业的性质决定了该公司需要对合同投标。该公司可以选择不进行对冲，但如果英镑大幅贬值且该公司中标，利润将大幅减少，甚至出现亏损。期权对冲提供了对某些公司具有吸引力的替代方案，而远期对冲对另一些公司来说更优。公司的预期和承担汇率风险的意愿差异将决定它们使用期权还是远期合约。

2 月 25 日，一位投资组合经理持有面值为 100 万美元的国债，息票利率为 11.875%，约 25 年后到期。每 100 美元面值该债券的当前价格为 101，收益率为 11.74%。修正久期为 7.83 年。该债券将在 3 月 28 日出售，以产生现金偿还债务。①

该投资组合经理担心利率上升，因为这会导致债券价格下降，以及出售债券所得收入可能不足以偿还债务。该经理知道，如果利率上升，那么空头期货将产生利润，至少可以抵消债券价值的部分下降。因为这是国债，因此应使用国债期货合约。②

表 10.7 列出了对冲结果。该经理将使用 6 月长期国债期货合约。该经理使用价格敏感度对冲比率，确定他应该卖出 16 手期货合约。在 3 月 28 日卖出债券时，产生了超过 53 000 美元的亏损。期货交易产生了超过 6 万美元的利润。因此，对冲消除了所有损失，甚至产生了收益。如果债券价格上升，期货价格就会上升，期货交易将产生损失，从而减少甚至可能消除上升的债券价值。

表 10.7　　对冲国债多头

情景：2 月 25 日，一位投资组合经理持有面值为 100 万美元、利率为 11.875% 的国债，该国债将在约 25 年后到期。现在该国债的价格为 101，修正久期为 7.83 年。该经理将在 3 月 28 日卖出国债，用所得现金偿还债务。		
日期	现货市场	期货市场
2 月 25 日	债券当前价格为 101 头寸价值：1 010 000 美元 期限结构短端是平坦的，因此这是 3 月的债券远期价格	6 月长期国债期货价格为 $70\frac{16}{32}$ 每手期货合约的价格：70 500 美元 期货价格和可交割债券的特征表明修正久期为 7.20 年 合适的期货合约数量为： $N_f=-\frac{7.83}{7.20}\times\frac{1\ 010\ 000}{70\ 500}=-15.6$ 卖出 16 手期货合约

① 在实际情况下，投资组合经理将持有分散化的债券投资组合。如果目标是对冲整个投资组合，对冲比率将基于整体投资组合价值、收益率和久期。假设该经理在 3 月 28 日需要约 100 万美元现金，且只卖出了该债券以产生现金。

② 从技术上讲，应计利息是该策略结果的一部分，但它没有不确定性，因此我们在对冲例子中没有考虑它。

日期	现货市场	期货市场
3月28日	债券以当前价格 $95\frac{22}{32}$出售 这相当于每只债券的价格为 956.875 美元 头寸价值：956 875 美元	6月长期国债期货的价格为 $66\frac{23}{32}$ 每手期货合约的价格：66 718.75 美元 买入 16 手期货合约

分析：3月28日出售面值为100万美元的债券时，其价值为956 875美元，价值损失为1 010 000－956 875＝53 125美元。
期货交易的利润为：

16×70 500 美元	（期货售价）
－16×66 718.75 美元	（期货买价）
60 500 美元	（期货利润）

因此，对冲消除了所有价值损失，并产生了价值为60 500－53 125＝7 375美元的总收益。

该空头对冲是最常见的对冲应用之一，稍后我们将在考察股指期货对冲时见到略有变形的空头对冲。这种对冲适用于许多公司和机构，例如银行、保险公司、养老基金和共同基金。

对未来购买的中期国债的预期对冲　之前，我们看到了如何对冲未来购买的长期国债。在下面这个例子中，我们将对冲中期国债。

假设在3月29日，某位投资组合经理确定在7月15日将有大约100万美元的可用资金。该经理决定购买约9年后到期、利率为11.625%的中期国债。中期国债的远期价格为 $97\frac{28}{32}$，因此100万美元面值对应的价格为978 750美元。该价格意味着远期收益率为12.02%。如果收益率下降，中期国债价格将上升，因此这位经理可能买不起。如果发生这种情况，可以通过买入期货合约获利。由于中期国债期货合约的流动性很高，所以该经理决定买入中期国债期货合约。由于该对冲将于7月15日终止，因此9月合约是合适的。结果见表10.8。

最终购买债券时，成本超过97 000美元，但期货交易产生了超过82 000美元的利润。因此，实际买价高出约15 000美元，实际收益率为11.75%，十分接近目标远期收益率12.02%。

表10.8　对未来购买的中期国债的预期对冲

情景：3月29日，投资组合经理确定7月15日将有约100万美元可用于投资。该经理计划买入约9年后到期、利率为11.625%的中期国债，其修正久期为5.6年。

日期	现货市场	期货市场
3月29日	中期国债的远期价格为 $97\frac{28}{32}$。当前的中期国债远期价格为978 750美元，这表示收益率为12.02%	9月中期国债期货价格为 $78\frac{21}{32}$ 每手期货合约的价格：78 656.25 美元 期货价格和可交割债券的特征表明修正久期为6.2年 合适的期货合约数量： $N_f=\frac{978\ 750}{78\ 656.25}\times\frac{5.6}{6.2}=11.24$ 买入 11 手期货合约
7月15日	中期国债的买价为其当前价格 $107\frac{19}{32}$ 这相当于每只中期国债的价格为1 075.937 5美元 头寸价值：1 075 937.50 美元	9月中期国债期货价格为 $86\frac{6}{32}$ 每手期货合约的价格：86 187.50 美元 卖出 11 手期货合约

分析：7 月 15 日买入面值为 100 万美元的中期国债时，成本为 1 075 937.50 美元，增加的成本为 1 075 937.50－978 750＝97 187.50 美元。该价格上的收益率为 10.31％。
期货交易的利润为：

11×86 187.50 美元	（期货售价）
－11×78 656.25 美元	（期货买价）
82 843.75 美元	（期货利润）

因此，对冲抵消了约 85％的成本增加额。中期国债的实际买价为 1 075 937.50－82 843.75＝993 093.75 美元，实际收益率为 11.75％。

如果债券价格下降，对冲者会因为进行对冲而感到后悔。这些中期国债的成本本应更低，但这被期货合约的损失抵消了。这仍是对冲的代价——通过放弃收益来限制损失。

对冲公司债券 当一家公司决定在未来某个日期发行债券时，可以应用一种有趣的利率期货对冲。公司准备必要文件并起草债券承销协议需要一个过渡期，在此期间，利率可能上升，所以当债券最终发行时，将要求更高的收益率。这增加了发行人的成本。

考虑下面的例子。2 月 24 日，一家公司决定在 5 月 24 日发行面值为 500 万美元的债券。作为比较标准，该公司目前发行的债券息票利率为 9.375％，收益率为 13.76％，期限约为 21 年。任何新发行债券都要求类似的收益率。因此，该公司预期，5 月份发行债券时息票利率将被定为 13.76％，这样债券将按面值出售。

如果利率上升，该公司将不得不贴现债券，或将息票利率上调至新的市场收益率。我们假设息票利率固定，这样债券价格就会下降。无论是哪种情况，该公司都会蒙受损失。该公司意识到，如果利率上升，它可以从期货空头交易中获利。因此，它决定通过卖出期货合约来对冲债券发行。

市场上没有公司债券期货合约，所以对冲者选择了长期国债期货合约。由于这笔对冲将在 5 月 24 日平仓，所以对冲者选择了 6 月合约。

表 10.9 举例说明了对冲。使用价格敏感度对冲比率，该公司卖出了 67 手期货合约。最终发行债券时，收益率为 15.25％，这导致债券损失超过 46 万美元，但期货交易获得的利润超过 50 万美元。因此，该公司的净收益约为 44 000 美元。我们可以将期货利润加到约 450 万美元的债券收入中，据此推断，实际发行价略高于 500 万美元。因此，债券的实际收益率将被定为 13.63％，相当接近 13.76％的目标。

表 10.9　　对冲公司债券发行

情景：2 月 24 日，一家公司决定在 5 月 24 日发行面值为 500 万美元的债券。该公司当前有息票利率为 9.375％、收益率为 13.76％、期限约为 21 年的未清偿可比债券。该公司预期，如果条件不变，5 月发行债券时，债券息票利率将为 13.76％，价格为面值，期限为 20 年，修正久期为 7.22 年。

日期	现货市场	期货市场
2 月 24 日	如果 5 月发行债券，预期债券的息票利率将为 13.76％，价格为面值，修正久期为 7.22 年 头寸价值：5 000 000 美元	6 月长期国债期货价格为 $68\frac{11}{32}$ 每手期货合约的价格：68 343.75 美元 期货价格和可交割债券的特征表明，修正久期为 7.88 年，收益率为 13.60％ 适当的期货合约数量为： $N_f=-\frac{7.22}{7.88}\times\frac{5\,000\,000}{68\,343.75}=-67.0$ 卖出 67 手期货合约

<table>
<tr><th>日期</th><th>现货市场</th><th>期货市场</th></tr>
<tr><td>5 月 24 日</td><td>可比债券的收益率为 15.25%
债券发行时，息票利率为 13.76%，价格为 90.746 38
每只债券的价格：907.46 美元
债券价值：4 537 319 美元</td><td>6 月长期国债期货价格为 $60\frac{25}{32}$
每手期货合约的价格：60 781.25 美元
买入 67 手期货合约</td></tr>
<tr><td colspan="3">分析：5 月 24 日发行面值为 500 万美元的债券时，债券价值为 4 537 319 美元，价值损失为 5 000 000－4 537 319＝462 681 美元。该价格上的收益率为 15.25%。（注：或者，如果 5 月 24 日以面值发行债券，息票利率定为 15.25%的收益率，那么该公司将收到全部 5 000 000 美元，但增加的利息成本现值为 462 681 美元。）期货交易的利润为：
67×68 343.75 美元　　（期货售价）
－67×60 781.25 美元　　（期货买价）
506 687.50 美元　　（期货利润）
因此，对冲抵消增加的所有成本后还有富余，净收益为 506 687.50－462 681＝44 006.50 美元。债券的实际发行价格为 4 537 319＋506 687.50＝5 044 006.50 美元，实际收益率为 13.63%。</td></tr>
</table>

如果利率下降，该公司的债券价格就会上升，然而，这将至少部分被期货交易的损失抵消。通过执行对冲，该公司能在准备发行债券的同时保护自身免受利率变化的影响。投资银行也可以用类似方式进行这种对冲。投资银行向公司购买债券，然后转售给投资者，在购买债券至转售债券这段时期，投资银行面临着债券收益率上升的风险。① 因此，这种空头对冲是合适的。许多投资银行已经能够通过利率期货对冲防范大额损失。

对冲与中长期证券相关的风险时，远期合约不如期货合约常用。期货市场可以满足承担这种风险的各方的对冲需求，因此在这方面已经形成了利基市场。

10-4c　股指对冲

股指期货是金融市场上大获成功的案例之一，这些以现金结算的期货合约以股票为基础工具。投资者利用它们来对冲股票头寸，对股票市场走势进行投机，并用期货合约对可比股票投资组合进行套利。

股指期货合约的基础工具为普通股指数。在美国，交易最广泛的指数期货合约是芝加哥商品交易所的 E-mini 标准普尔 500 指数期货。② 该期货报价方式与标准普尔 500 指数相同。E-mini 标准普尔 500 指数期货合约的隐含乘数为 50 美元，而标准普尔 500 指数期货合约的隐含乘数为 250 美元。因此，如果 E-mini 期货价格为 1 300，则实际价格为 1 300×50＝65 000 美元。到期时，结算价格定为标准普尔 500 指数的价格，期货合约以现金结算。到期月为 3 月、6 月、9 月和 12 月。最后一个交易日是到期月第三个周五之前的周四。

这里用中期国债期货和长期国债期货说明的几个对冲例子类似于公司试图对冲证券或投资组合多头的股指期货对冲。我们要考虑的第一个例子是股票投资组合对冲。

---

① 投资银行也使用其他方法最小化风险敞口，使用银团（许多投资银行各自承担一小部分发行额）可以分散风险。许多债券都以“尽力推销”方式发行，因此，在不提供大幅价格优惠就无法出售证券的市场条件下，投资银行可以将证券退回发行公司。

② 根据《期货业》(*Futures Industry*) 2014 年 3 月报道的数据。

股票投资组合对冲　现代投资理论的核心原则是通过分散化消除非系统性风险，只留下系统性风险。在股指期货诞生之前，投资者不得不接受系统性风险无法消除的事实。现在，投资者可以用股指期货来对冲系统性风险。但是他们应该这样做吗？如果所有系统性风险和非系统性风险都被消除了，那么投资组合预期只能获得无风险收益率。既然这样，为什么不干脆购买无风险债券呢？答案是，投资者偶尔想在短期内改变或消除系统性风险。在市场发生异常波动时，他们可以利用股指期货来调整或消除系统性风险。这比调整每只股票的相对投资比例要容易得多，成本也更低。之后，投资组合经理可以对期货平仓，投资组合的系统性风险将恢复到初始水平。

假设某位投资组合经理担心从3月31日至7月27日的市场变化。投资组合已经累积了一笔可观的利润，该经理想保护投资组合在这段时期内的价值。这位经理知道，投资组合可能由于市场价格整体下跌、系统性风险以及个股非系统性风险而导致价值损失。尽管该投资组合只包括8只股票，但该经理并不特别担心非系统性风险。他知道，通过使用标准普尔500指数期货，尤其是9月期货合约（假设它的β为1.0），可以对冲系统性风险。

结果如表10.10所示。投资组合β反映了整个市场对股票或投资组合的影响，它是成份股的β的加权平均值，其中每只给定股票的权重是该股票的市场价值除以投资组合的总市场价值。这得出投资组合的β为1.06。使用最小方差对冲比率，结果是应卖出25手期货合约。7月27日，投资组合价值下降超过20万美元，损失率为2.68%。然而，期货交易产生了60 000美元的利润，将实际损失率降低到仅1.90%。

表10.10　　**股票投资组合对冲**

情景：3月31日，一位投资组合经理担心今后4个月的市场变化。该投资组合已经积累了可观利润，该经理希望在3月31日至7月27日这段时期用标准普尔500指数期货合约保护该利润。价格、股数和β如下所示。

股票	价格（3/31）	股数	市场价值（美元）	权重	β
辉门	18.875	18 000	339 750	0.044	1.00
洛克希德马丁	73.500	16 000	1 176 000	0.152	0.80
IBM	50.875	7 000	356 125	0.046	0.50
US West	43.625	10 800	471 150	0.061	0.70
博士伦	54.250	21 000	1 139 250	0.148	1.10
第一联合银行	47.750	28 800	1 375 200	0.178	1.10
迪士尼	44.500	25 000	1 112 500	0.144	1.40
特索罗	52.875	33 200	1 755 450	0.227	1.20
			7 725 425	1.000	

投资组合的β：

0.044×1.00＋0.152×0.80＋0.046×0.50＋0.061×0.70＋0.148×1.10＋0.178×1.10＋0.144×1.40＋0.227×1.20＝1.06

标准普尔500指数9月期货合约（假设β为1.0）：

3月31日的价格：1 305

乘数：250美元

一手期货合约的价格：250×1 305＝326 250美元

最优期货合约数量：

$$N_f = -1.06 \times \frac{7\ 725\ 425}{326\ 250} = -25.10$$

卖出 25 手期货合约	价格（7/27）	市场价值（美元）
辉门	21.625	389 250
洛克希德马丁	81.500	1 304 000
IBM	43.875	307 125
US West	47.125	508 950
博士伦	45.875	963 375
第一联合银行	48.125	1 386 000
迪士尼	40.000	1 000 000
特索罗	50.000	1 660 000
		7 518 700

结果：7 月 27 日的股票价值如下：

标准普尔 500 指数 9 月期货合约：

7 月 27 日的价格：1 295.40

乘数：250 美元

一手期货合约的价格：250×1 295.40=323 850 美元

买入 25 手期货合约

分析：股票的市场价值减少 7 725 425−7 518 700=206 725 美元，损失为 2.68%。期货利润为：

25×326 250 美元	（期货售价）
−25×323 850 美元	（期货买价）
60 000 美元	（期货利润）

因此，股票整体损失实际上降至 206 725−60 000=146 725 美元，损失率为 1.90%。

对冲的目标是消除系统性风险。显然，系统性风险已经降低，但并未被消除。股票投资组合价值下降了约 2.68%，而期货价格下降略超过 1%。对冲当然有帮助，但远非完美。这个结果有几种可能的解释。一种解释是，β 为常用投资咨询服务机构提供的估计值。最近的 β 估计值不一定是稳定的。投资组合也可能没有足够分散化，因此某些非系统性风险导致了损失。部分股票可能在对冲期间分红，而我们在说明对冲结果时没有考虑这些股利。股利会减少投资组合的损失，并使对冲更有效。

如果市场上涨，投资组合将显示出利润，但这将至少部分被期货交易的损失抵消。然而，不论是哪种结果，投资组合经理都将成功得到投资组合中至少一部分累计利润。

对接管或收购的预期对冲　激动人心的接管和收购为应用对冲概念提供了极佳机会。收购公司确定目标公司，并准备对后者的股票出价。通常，收购公司计划购买足够的股票以获得控制权。由于通常涉及大额股票，且收购流言的传播速度很快，因此收购公司将频繁购入小额股票，直至积累到获得控制权的足够股票。在收购公司缓慢而安静地购买股票期间，股价通常会上涨。这意味着成本将提高，或可购买的股票将减少。

考虑以下情况：7 月 15 日，一家公司确定菲利克斯公司（Felix）是潜在的收购目标。目前菲利克斯的股价为 26.50 美元，β 为 1.80。收购公司计划购买 10 万股股票，成本为 265 万美元。这笔交易将在 8 月 15 日进行，这可以被视为为最终获得目标公司的控制权而进行的一系列交易中的一笔交易。收购公司意识到，如果股价整体上涨，股票将更为昂贵。然而，如果该公司购买股指期货，股价普遍上涨将导致期货市场获利。

由于对冲将于8月15日结束，因此收购公司选择购买9月标准普尔500指数期货。表10.11显示了对冲的结果。8月15日，菲利克斯的股价为28.75美元。因此，股票多花了225 000美元。[①] 但是，期货交易的利润是250 125美元。因此，每股股票的实际成本是26.25美元。

表10.11　对收购的预期对冲

<table>
<tr><td colspan="3">情景：7月15日，一家公司决定开始收购菲利克斯公司的股票，最终目标是获得控制权。收购将以约100 000股为单位进行，直至获得足够的控制权。第一笔交易，即购买100 000股股票，将发生在8月15日。当前股票价格为26.50美元，β为1.80。</td></tr>
<tr><td>日期</td><td>现货市场</td><td>期货市场</td></tr>
<tr><td>7月15日</td><td>当前股价为26.50美元。当前股票成本：
100 000×26.50=2 650 000美元
β为1.80</td><td>9月标准普尔500指数期货价格为1 260.50点
每手期货合约的价格：315 125美元
期货合约数量约为：
$N_f=-1.8\times\frac{-2\ 650\ 000}{315\ 125}=15.14$
因此，该公司应买入期货合约
买入15手期货合约</td></tr>
<tr><td>8月15日</td><td>以当前价格28.75美元买入股票
股票成本：100 000×28.75=2 875 000美元</td><td>9月标准普尔500指数期货价格为1 327.20点。
每手期货合约的价格：331 800美元
卖出15手期货合约</td></tr>
<tr><td colspan="3">分析：8月15日买入100 000股股票时，成本为2 875 000美元，多花了225 000美元。这笔期货交易的利润为：
15×331 800美元　　（期货售价）
−15×315 125美元　　（期货买价）
250 125美元　　（期货利润）
因此，对冲抵消了所有额外成本，并获得了小额收益。最后每股股票实际成本为（2 875 000−250 125）/100 000=26.25美元。</td></tr>
</table>

联系现实

在收购中使用衍生产品

多数人都认为保时捷公司（Porsche）是一家生产跑车的德国公司。2008年夏，保时捷公司向全球披露，该公司也做衍生产品。也就是说，它使用衍生产品，而且显然使用得非常成功。在美国汽车生产商濒临破产期间，保时捷公司宣布其利润创下纪录，而几乎所有利润都来自购买其主要竞争对手——大众汽车（Volkswagen）——的期权。

2005年，保时捷公司宣布有意收购大众汽车，后者每年生产的汽车数量是保时捷公司的60倍。如本章所述，当一家公司计划收购另一家公司时，面临目标公司股价上涨的风险。如

① 我们不太可能以相同价格买入全部100 000股，因此，我们应将28.75美元作为购买股票的平均价格。

前所述，股指期货可以对冲市场上涨的影响，抬高目标公司股价，但不能对冲目标公司股票独立于市场变化的非系统性影响。为了对冲这种可能性或者对大众汽车股价上涨投机，保时捷公司开始购买大众汽车的现金结算场外看涨期权。在执行期权时，它将得到大众汽车股价和所选择的执行价格之差。如果大众汽车的股价跌至执行价格以下，保时捷公司就会让期权到期，吸收支付期权费产生的损失。通过购买私下协商的场外期权，保时捷公司可以在一定程度上减少该公司对大众汽车的风险敞口，尽管它确实在执行期权时开始购买大众汽车的股票。

在接下来的两年里，保时捷公司积累了大量的大众汽车股票和期权。在银行持有的股票（用于对冲卖给保时捷公司的期权）和保时捷公司持有的股票之间，市场实际上已经别无选择了。卖空者——主要是对冲基金——不得不拿出大众汽车的股票，但它们手中几乎没有这些股票。由于急需股票，卖空者将大众汽车股票抬到非常高的价格，使保时捷公司的股票和期权获得更多利润。

事后看来，这种策略很出色，但是充满了风险。一方面，如果大众汽车的股价下跌，保时捷公司的巨额风险敞口将面临巨大损失。此外，保时捷公司的行为通常受到市场和监管机构的密切关注。在一些国家，这样做甚至可能是非法的。另一方面，如果股价上涨，而保时捷公司没有购买期权，那么为了实现收购目标就不得不投入更多资金。

对冲成功减少了股票的部分额外成本，然而，非系统性风险不能被对冲。在收购的情况下，非系统性风险可能非常高。例如，如果某人买进股票的消息被透露，股价将趋于大幅上涨。即使市场整体下跌，也可能出现这种情况。此外，联邦法规要求事先宣布特定收购意向。如果目标公司的股票有期权或期货，那么收购公司可以利用这些期权或期货对冲非系统性风险。

收购博弈紧张刺激，风险高，且获利潜力巨大。股指期货可以起到重要的作用，但人们不知道期货在多大程度上对冲了这种风险，因为大部分此类交易都尽量避免公开。

收购的例子只是公司可以使用股指期货进行多头对冲的一类情况。只要有人正在考虑购买股票，在购买股票之前，股价就有上涨的风险。股指期货不能对冲公司特定因素抬高股价的风险，但可以用来防范股市整体上涨。

股票和股指的远期市场应用并不广泛。然而，正如我们将在第 11 章中看到的，与远期合约密切相关的互换是控制股市风险的常用工具。现在，我们将研究不同的价差策略。对冲策略侧重于降低风险，而价差策略通常侧重于在增加一定风险的同时提高收入。

10-5　价差策略

> 市场内价差包括基础工具相同、到期日不同的一个期货合约多头和一个期货合约空头。

我们现在将介绍几种价差策略。价差策略类似于对冲策略，因为它有两个头寸，一个头寸用来抵消或部分抵消另一个头寸的风险。在对冲中，一个是基础工具头寸，另一个是期货头寸。在价差中，两个头寸都是期货。我们将考察两种价差策略：市场内价差和市场间价差。**市场内价差**（intramarket spreads）涉及基于相同基础工具的多头期货和空头期货，而**市场间价差**（intermarket spreads）则涉及基于不同基础工具的多头期货和空头期货。

价差策略对各种期货合约的流动性非常重要。对冲者通常需要具体合约和具体到期日以实现其对冲目标。当套利可行时，套利交易者可以提供必要的流动性以支持对冲需求。前面曾经提到，套利交易要求获得的风险被相关工具（通常是基础工具）抵消。套利者可能无法执行足够数量的基础工具交易。通过其他期货合约，套利可以达到预期结果，从而形成价差策略。投机交易者和其他市场参与者经常使用价差策略来实现理想目标。这种额外交易活动通常提供了流动性来支持对冲需求。投机者在评估相对价值时非常谨慎，如果风险溢价够高，他们就愿意持有头寸。我们首先将研究几种市场内价差，然后将分析几种市场间价差。

> 市场间价差包括基础工具不同的一个期货合约多头和一个期货合约空头。

10-5a 市场内价差

市场内价差交易活动增加了市场流动性，从而降低了对冲活动的成本。我们首先关注使用持有套利模型的一般期货价差，然后用长期国债期货合约和股指期货合约来说明市场内价差。

一般市场内期货价差 我们首先研究一般期货合约的表现。第 8 章曾经提到，期货价格的确定方法是现货价格加上持有成本。现在，考虑到期时间不同的两个期货合约，距到期时间分别为 T_1 和 T_2。较长期的期货合约的价格为 $f_0(2)$，等于 $S_0+\theta_{0,2}$，较短期的期货合约的价格为 $f_0(1)$，等于 $S_0+\theta_{0,1}$。二者相减，得到：

$$f_0(2)-f_0(1)=\theta_{0,2}-\theta_{0,1}$$

该式定义了期货价格之间的价差。较短期的期货合约和较长期的期货合约之间的价差是各自的持有成本之差。$\theta_{0,2}-\theta_{0,1}$ 是在时间 0 观察到的 T_1 至 T_2 时期的持有成本，它是基于持有套利关系，即 $f_0(T_i)=S_0+\theta_{0,i}(i=1, 2)$。因此，价差交易的利润可以表示为两个头寸的利润。假设我们对距到期时间为 T_2 的期货合约做多，对距到期时间为 T_1 的期货合约做空，则利润为：

$$\begin{aligned}\Pi &=[f_t(2)-f_0(2)]-[f_t(1)-f_0(1)]\\&=(\theta_{t,2}-\theta_{0,2})-(\theta_{t,1}-\theta_{0,1})\\&=(\theta_{t,2}-\theta_{t,1})-(\theta_{0,2}-\theta_{0,1})\end{aligned}$$

这是距到期时间为 T_2 的期货合约和距到期时间为 T_1 的期货合约的持有成本变化之差。根据该结果，价差交易的风险和机会仅取决于持有成本的变化。

价差交易能否成功取决于能否成功预测持有成本的变化。图 10.2 显示了根据持有成本变化模拟的价差变化。[①] 这里介绍了两种情况：一种是模拟持有成本增加，另一种是模拟持有成本减少。我们看到，如果可以合理预测持有成本的变化，就存在有利可图的价差交易策略。如果预期持有成本将增加，那么交易者应对距到期时间为 T_2 的期货合约做多，并对距到期时间为 T_1 的期货合约做空。如果预期持有成本将减少，那么交易者应对距到期时间为 T_2 的期货合约做空，并对距到期时间为 T_1 的期货合约做多。

> 市场内价差的表现取决于合约期限内每手合约的持有成本变化。

长期国债期货价差 前面曾经提到，长期国债期货合约有几个复杂问题，包括换算系数的应用以及哪种债券是最便宜可交割债券。因此，长期国债期货价差交易有一定的额外风险。

① 一般持有套利模型假设持有成本遵循几何布朗运动，均值为±25%，标准差为 10%。

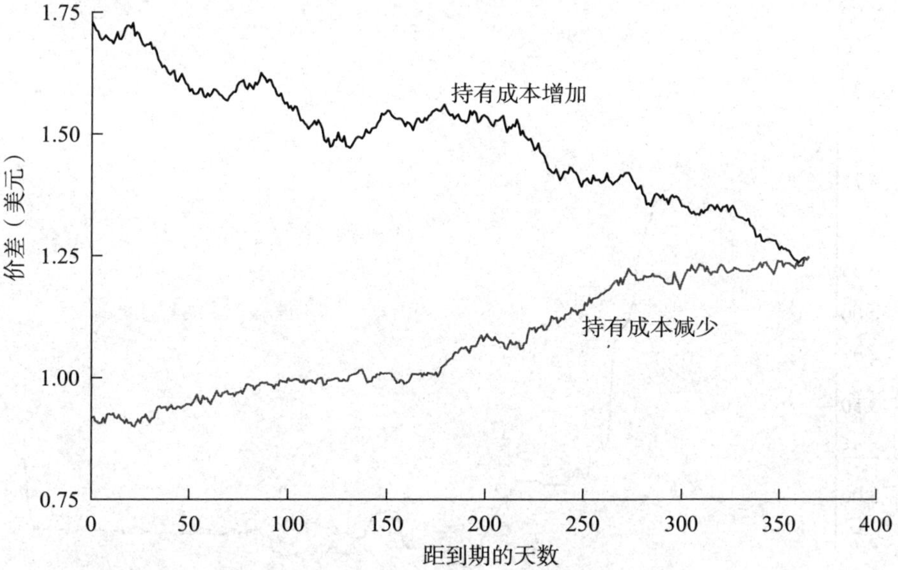

图 10.2　基于持有成本变化的价差变化

长期国债期货合约以 1/32 的一半作为报价单位，因此，价格变化单位为 1/32 的一半。图 10.3 显示了 12 月期货合约和 9 月期货合约的价差。在绘制该图时，多数短期利率都低于美国长期国债的收益率，因此，美国国债期货合约表现出负持有成本，价差为负。图 10.4 显示了同期的短期利率，表明利率是持有成本的重要组成部分。短期利率与长期国债期货价差之间存在一般关系。

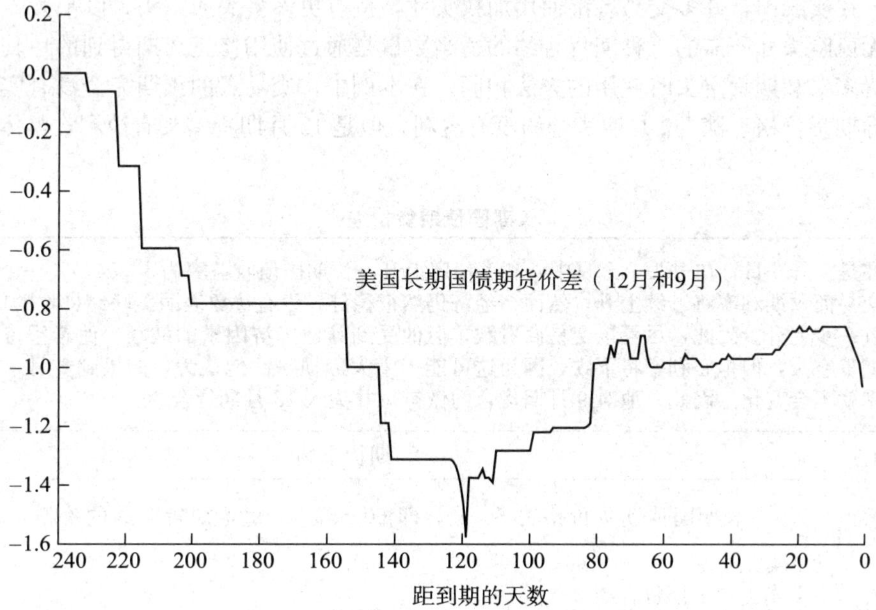

图 10.3　美国长期国债期货合约的价差变化

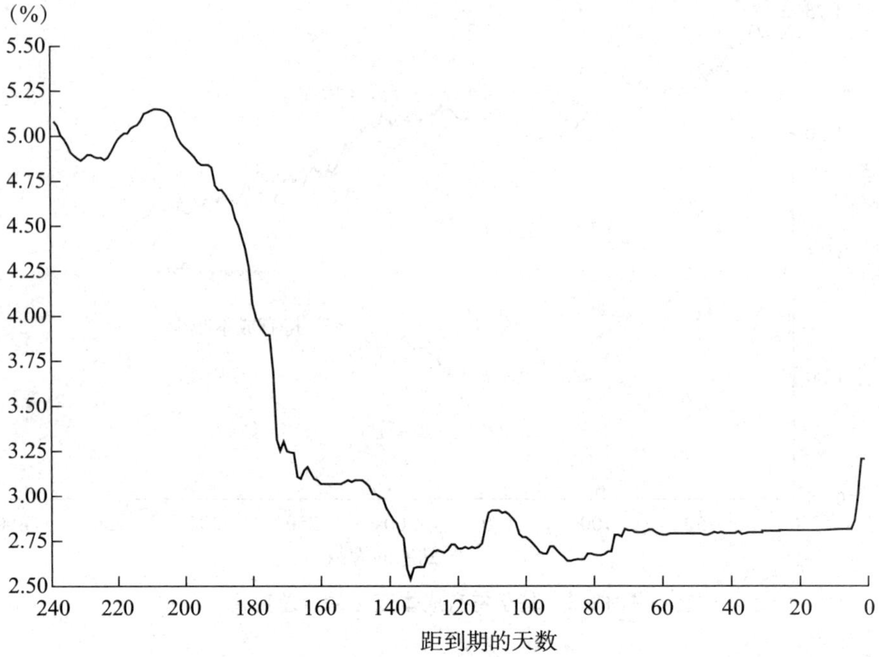

图 10.4 短期 LIBOR

表 10.12 举了一个简单的价差例子，在这个例子中，长期国债市场上的利率预期将发生变化。交易者做空 9 月期货合约并做多 12 月期货合约，以期获得小额收益。即使该交易者的预测错误，也不太可能遭受大额损失。这个例子涉及一个简单头寸，它包括一个期货多头和一个期货空头。在实践中，许多交易者都使用加权头寸，持有更多多头或空头，以平衡不同的波动率。提供无风险头寸所需的每种期货合约的适当数量是通过使用修正久期得到的，其方法与我们构建现货多头和期货空头时使用的方法相同。在本例中，交易者的预期完全没有实现。利率下跌，债券期货价格上涨。9 月期货合约没有盈利，但是 12 月期货多头有盈利，整体损失可以忽略。

表 10.12　　长期国债期货价差

情景：现在是 7 月 6 日，在过去 6 个月中，利率稳定上升。长期国债收益率为 13.54%。一个长期国债期货大厅交易商预期利率将继续上升，然而，经济仍然很稳健，没有迹象表明美联储将收紧货币供给，推动利率进一步上升。因此，尽管该交易商看跌，但他受到其他经济因素的鼓励。他希望持有投机性长期国债期货空头，但担心利率将下跌，因为这可能产生大额损失。他认为，如果到 8 月末利率没有变化，利率就不会变化。因此，他对 9 月期货合约做空，并买入 12 月期货合约。

日期	期货市场
7 月 6 日	9 月长期国债期货价格为 60 $\frac{22}{32}$，即 60.687 5。每手期货合约的价格：60 687.50 美元 卖出一手期货合约 12 月长期国债期货价格为 60 $\frac{2}{32}$，即 60.062 5。每手期货合约的价格：60 062.50 美元 买入一手期货合约

日期	期货市场
8 月 31 日	9 月长期国债期货价格为 $65\frac{27}{32}$，即 65.843 75。每手期货合约的价格：65 843.75 美元 买入一手期货合约 12 月长期国债期货价格为 $65\frac{5}{32}$，即 65.156 25。每手期货合约的价格：65 156.25 美元 卖出一手期货合约

分析：9 月期货合约的利润为：

60 687.50－65 843.75＝－5 156.25 美元

12 月期货合约的利润为：

65 156.25－60 062.50＝5 093.75 美元

因此，整体利润为：

－5 156.25＋5 093.75＝－62.50 美元

股指期货价差　决定股指期货合约持有成本的因素是利率和股利。股利通常比利率更容易预测，虽然预测方法有些冗长和枯燥，因此，决定价差变化的因素应该是利率。

图 10.5 显示了 9 月标准普尔 500 指数期货合约和 12 月标准普尔 500 指数期货合约的市场内价差。短期利率和股指期货价差之间显然存在粗略的关系。

图 10.5　标准普尔 500 指数期货价差与短期利率

10－5b　市场间价差

在前面我们讨论了三种市场内价差。除此以外，还有几种市场间价差或商品间价差，它们是基础工具不同的两种期货合约的交易。市场上存在大量不同的市场间价差。我们首先回顾采用一般期货合约的市场间价差，重点关注它与市场内价差策略的区别，然后简要回顾采用债券和股票的市场间价差策略。

一般市场间期货价差 市场间价差往往风险更高，因为两个头寸的基础工具不同。因此，市场间价差不仅由于持有成本的变化而发生价值变化，而且由于基础工具的价值变化而发生价值变化，如下所示：

$$f_0(C2)-f_0(C1)=S_{0,C2}+\theta_{0,C2}-(S_{0,C1}+\theta_{0,C1})$$

该式定义了涉及两种不同基础工具（表示为 C1 和 C2）的期货价格之间的价差，假设你对基础工具为 C2 的期货合约做多，并对基础工具为 C1 的期货合约做空。前面曾经提到，S_0 表示时间 0 上的基础工具价格，θ_0 表示时间 0 上的持有成本。因此，价差交易的利润可以表示为两个头寸的利润：

$$\begin{aligned}\Pi&=[f_t(C2)-f_0(C2)]-[f_t(C1)-f_0(C1)]\\&=(S_{t,C2}+\theta_{t,C2}-S_{0,C2}-\theta_{0,C2})-(S_{t,C1}+\theta_{t,C1}-S_{0,C1}-\theta_{0,C1})\\&=[(S_{t,C2}-S_{t,C1})-(S_{0,C2}-S_{0,C1})]+[(\theta_{t,C2}-\theta_{t,C1})-(\theta_{0,C2}-\theta_{0,C1})]\end{aligned}$$

这是两组差值，一组是基础工具为 C2 的期货合约和基础工具为 C1 的期货合约的基础工具价格变化之差，另一组是基础工具为 C2 的期货合约和基础工具为 C1 的期货合约的持有成本变化之差。因此，预测起来更复杂。通常，基础工具的波动率远远高于持有成本的波动率。价差交易者的主要任务是预测基础工具的价格和持有成本的变化。

中长期国债期货价差 在债券市场上有各种市场间价差策略。这里，我们分析了 NOB 价差，即中长期债券价差。这种价差需要比较中期国债期货和长期国债期货。

通过 NOB 交易，交易者可以利用收益率曲线的移动。例如，如果某个交易者认为 7—10 年期利率将下降，且 15 年以上利率的涨幅或跌幅较小，则应该持有 NOB 价差多头。如果事实证明投资者的预期正确，就可以获得利润，因为中期国债期货价格将上涨，而长期国债期货价格将小幅下跌或者上涨。当然，如果长期国债收益率下降，因为在给定收益率变化下长期债券价格预期将更大幅度地上涨，交易者就可能遭受损失。所以交易者可能更愿意持有加权头寸，其中中期国债期货与长期国债期货之比并非 1∶1。但是，一般来说，NOB 价差是为了利用中期国债期货和长期国债期货的价格关系的变化。

> 市场间价差的表现取决于期货合约期限内两种基础资产的价格和持有成本的变化。

股指期货价差 市场间价差交易也可以用股指期货合约进行。价差交易者可能对不同股票部门的相对表现持有某种预期。加入个股期货合约后，带有期货合约的价差交易现在就可能涉及两只个股或一只个股和一个股票指数。与其他市场间价差交易一样，价差交易者的成败与预测技巧直接相关。

10-6 目标策略

现在，我们将介绍各种目标策略。具体而言，我们将研究债券期货的目标久期策略、α 捕捉策略、股指期货的目标 β 策略以及策略性资产配置。我们还可以考虑其他许多可能的目标策略，但是这里介绍的策略已足以使你了解目标策略的概况。

10-6a 债券期货的目标久期策略

我们说明了如何使用期货构建对冲比率，这种程序本质上是将期货组合起来，使整体投资对利率变化不敏感。实际上，它将修正久期改为零。假设市场时机捕捉者认为利率将向某个方向变化，但是不希望通过将修正久期归零来完全消除风险敞口。如果预期利率将下降，那么市场时机捕捉者可能希望增加修正久期；如果预期利率将上升，那么市场时机捕捉者可能希望减少修正久期，但不一定将其减少到零。

> 买卖期货提供了一种增加或减少债券修正久期，以实施目标久期策略的简单方法。

假设债券投资组合的市场价值为 B，修正久期为 MD_B。期货合约的修正久期为 MD_f，价格为 f。市场时机捕捉者希望将现货修正久期增至 MD_T，我们称之为**目标久期**（target duration）。一种方法是增加对修正久期较长的债券的投资，减少对修正久期较短的债券的投资，但是这至少要购买和出售两种债券，从而产生交易成本。使用期货可以轻松调整修正久期，而且，通过用期货进行交易而不是买卖现货工具也大大节省了交易成本。

将修正久期改为 MD_T 所需的期货合约数量为：

$$N_f=\left(\frac{MD_T-MD_B}{MD_f}\right)\left(\frac{B}{f}\right)$$

注意，该式与本章前面给出的公式十分相似。那个公式为：

$$N_f^*=-\left(\frac{MD_B}{MD_f}\right)\left(\frac{B}{f}\right)$$

该式将利率敏感度和修正久期降至零。[①] N_f^* 表示最优对冲比率，其目标为最小化价格波动率。这里，我们试图将修正久期改为非零目标值时不使用星号（*）。如果新公式中的目标久期为零，我们将得到旧公式。因此，新公式是对本章前面介绍的最优对冲比率的一般重新表述，因为它允许将修正久期调整为任何选定值。如果投资者预期利率将下降并希望增加修正久期，则 MD_T 将大于 MD_B。于是，N_f 为正，将买入期货。这是有道理的，因为在现货多头上增加期货将增加风险。如果交易者看跌并希望减少修正久期，则 MD_T 将小于 MD_B，N_f 为负，这意味着将卖出期货。这是因为需要相反的期货头寸以降低风险。

示例 让我们重新计算表 10.7 中出现的长期国债对冲的例子。在该例子中，2 月 25 日，投资组合经理持有面值为 100 万美元、约 25 年后到期、利率为 11.875%的债券。债券价格为 101，将在 3 月 28 日出售。在该例中，我们担心利率上升，并通过卖出 16 手期货合约将修正久期降至零。然而，假设我们希望将修正久期从目前的 7.83 年降至 4 年。这将降低投资组合对利率的敏感度，但并非完全不受其影响。这样，如果事实证明预测错误，正的修正久期仍将留有利润空间。

这个例子见表 10.13。债券最终损失了 2.26%。为了确定该结果与理想结果的接近程度，我们需要知道债券收益率的变化。2 月 25 日，现货债券收益率为 11.74%；3 月 28 日，价格为 $95\frac{22}{32}$的债券收益率为 12.50%。前面曾经提到，下式表示收益率变化与债券价格变化率之间的

---

① 如前所述，这两个公式都只适用于极短的持有期。只要时间发生推移或收益率发生变化，就必须重新计算期货合约数量，因此需要在整个持有期内对期货合约数量进行调整。

关系：

$$\frac{\Delta B}{B}\approx -MD(\Delta y)$$

B 表示债券价格。将修正久期调整为 4 年，该式预测，当收益率的变化为 0.125 0－0.117 4＝0.007 6 时，价格变化率将为：

$$\frac{\Delta B}{B}\approx -4\times 0.0076=-0.0304$$

即－3.04%。实际变化率为 2.26%。没有期货头寸时，修正久期仍为 7.83 年，代入相应的公式，得出债券价格的预测变化率为：

$$\frac{\Delta B}{B}\approx -7.83\times 0.0076=-0.0595$$

即损失率为 5.95%。没有对冲时，实际变化率为－53 125/1 010 000＝－0.052 6，即损失率为 5.26%。

表 10.13　　债券期货的目标久期

情景：2 月 25 日，一位投资组合经理持有面值为 100 万美元、利率为 11.875%、约 25 年后到期的国债。该债券当前价格为 101，修正久期为 7.83 年，收益率为 11.74%。该经理计划在 3 月 28 日出售债券。他担心利率升高，并希望将其修正久期降至 4 年，以降低该债券对利率的敏感度。这将降低其利率敏感度，从而减少利率上升时的损失，但不会消除在利率下降时获益的可能性。

日期	现货市场	期货市场
2 月 25 日	债券的当期价格为 101 头寸价值：1 010 000 美元 期限结构短端是平坦的，因此这是 3 月的债券远期售价	6 月长期国债期货价格为 70 $\frac{16}{32}$ 每手期货合约的价格：70 500 美元 期货价格和可交割债券的特征表示修正久期为 7.20，收益率为 14.92% 适当的期货合约数量： $N_f=-\left(\frac{4-7.83}{7.20}\right)\times\frac{1\ 010\ 000}{70\ 500}=-7.62$ 卖出 8 手期货合约
3 月 28 日	债券当前售价为 95 $\frac{22}{32}$ 这相当于每只债券价格为 956.875 美元 头寸价值：956 875 美元	6 月长期国债期货价格为 66 $\frac{23}{32}$。每手期货合约的价格：66 718.75 美元 买入 8 手期货合约

分析：3 月 28 日卖出面值为 100 万美元的债券时，其价值为 956 875 美元，价值损失为 1 010 000－956 875＝53 125 美元。

期货交易的利润为：

8×70 500 美元	（期货售价）
－8×66 718.75 美元	（期货买价）
30 250 美元	（期货利润）

因此，整笔交易产生的价值损失为 53 125－30 250＝22 875 美元，整体价值下降了 2.26%。

10-6b α捕捉策略

前面曾经提到，使用股指期货可以对冲分散化的投资组合的系统性风险。由于投资组合是分散化的，因此没有非系统性风险，投资组合是无风险的。然而，在某些情况下，投资者可能希望对冲系统性风险，并保留非系统性风险。

反映超出系统性风险或全市场风险的投资业绩的非系统性收益率被称为 α。在有效市场中，投资者不能预期获得正的 α。然而，专业金融分析师不这样认为。成千上万的分析师把所有的时间都花在识别价格被高估或价格被低估的股票上。如果分析师认为股价被低估，通常会建议购买该股票。如果购买该股票以后市场下跌，股票的整体表现可能会受损。例如，一家制药公司可能宣布研制出一种有助于治疗糖尿病的重要新药。如果这个消息是在强劲熊市中公布的，那么该公司股价可能会被市场效应拉低。股价随市场变化的程度以 β 值衡量。在本小节中，我们将考察如何用股指期货捕捉 α，以消除系统性因素导致的业绩，留下非系统性因素导致的业绩，即 α。从这个意义上说，这种策略是基于零目标 β。

我们将使用以下符号：

S=股价

M=所有风险资产的市场投资组合价值

$r_S=\Delta S/S$=股票收益率

$r_M=\Delta M/M$=市场收益率

β=股票的 β

股票收益率包括系统性收益率 βr_M 和非系统性收益率 α。因此，有：

$$r_S=\beta r_M+\alpha$$

将上式两侧同时乘以 S，有：

$$Sr_S=S\beta r_M+S\alpha$$

它等于：

$$\Delta S=S\beta(\Delta M/M)+S\alpha$$

这是以美元表示的股票收益。交易的目标是获得与 α 金额（Sα）相等的利润。

包括股票和 N_f 手期货合约的交易的利润为：

$$\Pi=\Delta S+N_f^*\Delta f$$

前面曾经提到，普通股指期货对冲中 N_f^* 的公式为 $-\beta(S/f)$。用它代替 N_f^*，得到：

> 股指期货可以用于消除系统性风险，使投资者可以通过找出价格被低估的证券来捕捉 α。

$$\Pi=\Delta S-\beta\left(\frac{S}{f}\right)\Delta f$$

现在，我们需要用 $S\beta(\Delta M/M)+S\alpha$ 代替 ΔS，并假设期货价格变化与指数价格变化匹配。在这种情况下，$\Delta M/M=\Delta f/f$。进行这些替换，得到

$$\Pi=S\alpha$$

因此，如果我们使用 N_f^* 手期货合约，其中 N_f^* 是股指期货的普通对冲比率，那么我们将消除系统性风险，利润就是 α 金额。

示例 表 10.14 说明了这个结果的一种应用。在本例中，你认为某只股票价格被低估。不过，你担心整个市场将下跌，从而带动股价下跌。为了对冲市场效应，你卖出了股指期货合约。

表 10.14 **α 捕捉**

情景：7 月 1 日，你关注的依连娜·蔻蒂斯（Helene Curtis）股票价格为 17.38 美元，β 为 1.10。除了一般股价水平的变化，你还预期该股票将在 9 月底升值约 10%。你对整体市场的分析表明，同期一般股价将下跌约 8%。由于股票的 β 为 1.10，因此这将使股票价格下跌 1.10×0.08＝0.088，即 8.8%，这几乎完全抵消了 10%的预期非系统性股价涨幅。你决定卖出乘数为 500 的特定股指期货合约来对冲市场效应。		
日期	现货市场	期货市场
7 月 1 日	以 17.38 美元的价格持有 150 000 股蔻蒂斯的股票 股票价值：150 000×17.38＝2 607 000 美元	12 月股指期货价格为 444.60 一手期货合约的价格：444.60×500＝222 300 美元 合适的期货合约数量： $N_f=-1.10\times\frac{2\,607\,000}{222\,300}=-12.90$ 卖出 13 手期货合约
9 月 30 日	股价为 17.75 美元 股票价值：150 000×17.75＝2 662 500 美元	12 月股指期货价格为 411.30 一手期货合约的价格：411.30×500＝205 650 美元 买入 13 手期货合约
分析		
股票利润	2 662 500 美元 －2 607 000 美元 55 500 美元	
期货利润	13×222 300 美元 －13×205 650 美元 216 450 美元	
整体利润	55 500 美元 ＋216 450 美元 271 950 美元	
整体收益率	$\frac{271\,950}{2\,607\,300}=0.104\,3$	

这笔交易不应被认为是无风险的。假设你的分析不正确，该公司在牛市中宣布了一些坏消息。那么，卖出期货合约将消除牛市的影响，同时保留发布坏消息的影响。此外，这种交易不仅取决于分析的正确性，还取决于 β 的稳定性。

10-6c 股指期货的目标β策略

在之前的对冲讨论中，我们假设某位投资组合经理卖出股指期货合约来消除系统性风险。在未来某个日期，期货合约被回购，投资组合恢复到之前的系统性风险水平。假设期货合约的β值为1，则期货合约的数量由下式给出：

$$N_f^* = -\beta_S \frac{S}{f}$$

生活中的风险决策 ☞

周一评论家

美式橄榄球在美国是一项极受欢迎的运动，为美国经济带来了数十亿美元的收入。橄榄球甚至将一些表达方式引入语言中，例如，“挪动门柱”是指在采取行动后改变规则或政策，“踢悬空球”表示放弃，“周一评论家”表示在既成事实之后评估风险决策，就好像决策者在事情发生前已经知道结果一样。之所以出现这种表达方式，是因为美式橄榄球传统上是周末运动。人们在周末观看比赛，然后在周一讨论结果，常常会批评教练或球员做出的糟糕决定。“周一评论家”的概念对理解商业和金融非常重要，因为它说明了风险管理的一个重要因素：决策何时算好，何时算坏？

在体育比赛、商业活动或生活中，人们必须在面临风险或小道信息时不断做出决策。如果你知道可能下雨，是否应该计划进行户外活动，花很多钱并邀请很多人？企业是否应该推出新产品？投资者是否应该购买股票？贷款人是否应该发放贷款？教练应该采取这种战术还是另一种战术？成功的可能性有多大？我们知道赔率吗？我们意识到了所有风险吗？让我们来看看2009年美国橄榄球联赛中出现的情况。

2009年11月15日，在印第安纳波利斯的一场比赛中，新英格兰爱国者队的著名教练比尔·贝利奇克（Bill Belichick）即将迎战小马队，而这是小马队换掉传奇教练托尼·邓吉（Tony Dungy）之后，新教练克里斯·波利安（Chris Polian）的第一个赛季。每支球队都由四分卫明星球员率领，他们分别是爱国者队的汤姆·布雷迪（Tom Brady）和小马队的佩顿·曼宁（Peyton Manning）。爱国者队已在8场比赛中赢了6场，而小马队则在8场比赛中保持不败。这是一场强强相争的经典比赛。

比赛还剩两分多钟，爱国者队以34：28领先。6分的领先优势在橄榄球比赛中很微妙。如果对手达阵得分，那么这场比赛就是平局。得分的球队只需要再得1分，也就是轻松将球踢出20码，这在美国橄榄球联赛中成功率高达99%。最重要的是，爱国者队知道，面对曼宁这样技术高超的四分卫，领先6分是极为不容易的，因为在球队落后的情况下，曼宁已经多次表现出从远离终点线的地方得分的能力。

爱国者队在自己的28码线上，这意味着他们需要跨过约3/4的球场才能得分。在第四次进攻中将球推进两码后，才能达成首攻，这时他们重新获得四次进攻机会。换言之，他们可以再进攻一次，但必须至少将球推进两码。如果没有成功，他们就得将球交给小马队和曼宁，而他的队友只需要在大约两分钟内就能将球推进28码。在这种情况下，曼宁的成功率很高，而爱国者队将会输掉比赛。另一种战术是踢一脚悬空球，传给小马队。这将使小马队再落后40～50码，使得曼宁必须追上60码才能得分。

懂橄榄球比赛的人都会说爱国者队应该把球踢出去。任何一种战术都充满风险，即使在只需两码的情况下，在对方知道拦下球将有获胜机会时，风险尤其高。几乎每个橄榄球教练都会下令踢悬空球，而不是执行其他战术。

贝利奇克选择了执行其他战术。

他没有成功

小马队拿到了球，只需推进 28 码就能赢得比赛

小马队赢了，比分是 35∶34

第二天，体育评论员和球迷猛烈抨击贝利奇克。他们认为他疯了才会做出这种决定，爱国者队输掉比赛之后，他们更坚定了这种想法。有人认为这是一位教练所做的最糟糕的决定之一。然而，真正了解比赛和风险因素的人知道，这个决定很可能是正确的。让我们来看其中的原因。

贝利奇克知道，一方面，虽然爱国者队的防守非常好，但曼宁和小马队还是拥有惊人的能力，即使面对最好的球队，时间所剩无几，他们也能从场上任何一处得分。另一方面，如果爱国者队至少能将球推进两码，就可以继续进攻并有机会拖延时间，或许还能将球带到更远。最起码，这将让曼宁过更久才能拿到球。贝利奇克肯定已经权衡了收益与风险，并得出值得冒风险的结论。

在风险环境下做出的决策总有可能出现不利结果，即使出现不利结果的概率很低，有时也会出现不利结果。出现不利结果并不意味着决策不好。好决策意味着一致性。对于新英格兰爱国者队来说，他们在大部分情况下都会把球推进两码，该队每次进攻的平均推进距离约是它的三倍，而那天对阵一支优秀球队时，该队已经拿下了 34 分。因此，该决策在大部分情况下会成功。同理，如果选择把球踢给小马队，也可能让曼宁拿到球并有足够时间来赢得比赛，正如他在职业生涯中常有的表现那样。

然而，从导致不利结果的决定中可以吸取教训。在某些情况下，决策者了解到信息质量很差或不可靠。在某些情况下，决策者发现其个人偏见可能会成为阻碍。然而，即使没有这些担忧，人们做出风险决策时，也知道在某些情况下将出现不利结果。了解到这种决策不一定是错误的，这对做出好决策很重要。好决策有时也会导致坏结果。

在某些情况下，投资组合经理可能希望改变系统性风险，但不能完全消除它。例如，如果某位投资组合经理认为市场高度波动，那么可以降低投资组合的 β，但不能使其降为零。如果市场上涨，投资组合将能获利，但如果市场下跌，损失将会产生。在市场前景更乐观时，可以增大投资组合的 β。在没有股指期货（或期权）时，改变投资组合的 β 将需要进行成本高昂的个股交易。

假设我们有一个投资组合，包含价值为 S 的股票和 N_f 手期货合约。我们去掉了星号（*），因为我们现在关心的不是哪种投资策略的风险最小。该投资组合的收益率为 r_{Sf}，其中：

$$r_{Sf}=\frac{\Delta S+N_f\Delta f}{S}$$

分子的第一项 ΔS 是股价变化，第二项 $N_f\Delta f$ 是期货合约数量乘以期货合约的价格变化。分母 S 是投资于股票的金额。投资组合的预期收益率 $E(r_{Sf})$ 为：

$$E(r_{Sf})=\frac{E(\Delta S)}{S}+N_f\frac{E(\Delta f)}{S}=E(r_S)+\frac{N_f}{S}E(\Delta f)$$

其中 $E(r_S)$ 是股票预期收益率，定义为 $E(\Delta S)/S$，$E(\Delta f)$ 是期货合约的预期价格变化。

根据现代投资组合理论，资本资产定价模型给出了股票预期收益率，即 $r+[E(r_M)-r]\beta$，其中 β 表示系统性风险，反映了整个市场对股票的影响。如果市场有效，投资者的必要收益率将等于预期收益率。如果资本资产定价模型对股票成立，也应该对股指期货成立，不过，它将写为：

$$\frac{E(\Delta f)}{f}=[E(r_M)-r]\beta_f=E(r_M)-r$$

其中 β_f 为期货合约的 β，假设它为 1。虽然实际上 β_f 不会恰好等于 1，但它足够接近 1，因此可以假设它为 1，以保持本例的简单性。请注意，该资本资产定价公式右侧似乎少了 r。无风险利率反映了投资于该资产的机会成本，由于期货合约不需要初始支出，所以没有机会成本，因此，r 项被省略。股指期货合约多头的预期收益率为市场风险溢价，而股指期货合约空头的预期损失率也是市场风险溢价。

目标是将投资组合的 β(即 β_S) 和预期收益率 $E(r_{Sf})$ 调整到更优水平。由于资本资产定价模型对投资组合成立，因此预期收益率和 β 之间的关系可以写为：

$$E(r_{Sf})=r+[E(r_M)-r]\beta_T$$

其中 β_T 是**目标 β**（target beta），即期望风险水平。现在我们用相关关系式替代 $E(r_s)$ 和 $E(\Delta f)$，得到：

$$E(r_{Sf})=r+[E(r_M)-r]\beta_S+N_f(f/S)[E(r_M)-r]$$

令上式等于 $r+[E(r_M)-r]\beta_T$，并求解 N_f，得出：

$$N_f=(\beta_T-\beta_S)\frac{S}{f}$$

该式与之前的 N_f^* 公式略有不同，本章前面介绍对冲时已经提到了它。实际上，N_f^* 公式只不过是它的一个特例。例如，如果目标 β 为零，则上式将简化为 $-\beta_S\left(\frac{S}{f}\right)$，其中负号表示卖出 N_f 手期货合约。这是我们在前面讨论对冲时用来消除系统性风险的公式。

> 买入或卖出期货合约是一种增大或减小股票投资组合的 β，以实施目标 β 策略的简单方法。

当投资组合经理希望增大 β 时，β_T 将大于 β_S，N_f 将为正值。在这种情况下，投资组合经理将买入期货合约。这是有道理的，因为风险将增加。当需要降低 β 时，β_T 将小于 β_S，投资组合经理应该卖出期货合约来降低风险。

示例 表 10.15 给出了一个例子，其中投资组合的 β 为 0.95，投资组合经理希望暂时将 β 增至 1.25。该经理买入股指期货，当股票本身的收益率只有 10%时，投资组合的总收益率为近 12%。

表 10.15 **股指期货的目标 β 策略**

情景：8 月 29 日，一位投资组合经理持有价值 3 783 210 美元的股票投资组合，该股票投资组合的 β 为 0.95。该经理预期整体股市将在未来 3 个月显著上涨，并希望将投资组合的 β 增至 1.25。该经理可以买卖股票投资组合中的股票，但这将产生高昂的成本，且之后投资组合的 β 必须回调至 0.95。该经理决定买入股指期货以暂时增加股票投资组合的系统性风险。价格、股数和 β 如下所示。评估股票投资组合的目标日期为 11 月 29 日。

股票	价格（8/29）	股数	市场价值（美元）	权重	β
佳益公司	40.50	11 350	459 675	0.122	0.95
康明斯发动机公司	64.50	10 950	706 275	0.187	1.10
吉列公司	62.00	12 400	768 800	0.203	0.85
凯马特公司	33.00	5 500	181 500	0.048	1.15
波音公司	49.00	4 600	225 400	0.059	1.15
格雷斯公司	42.62	6 750	287 685	0.076	1.00
礼来公司	87.38	11 400	996 132	0.263	0.85
派克钢笔	20.62	7 650	157 743	0.042	0.75
			3 783 210	1.000	

股票组合的β：

0.122×0.95+0.187×1.10+0.203×0.85+0.048×1.15+0.059×1.15+0.076×1.00+0.263×0.85+0.042×0.75=0.95

12 月股指期货合约：

8 月 29 日的价格：759.60

乘数：250 美元

一手期货合约的价格：250×759.60=189 900 美元

需要的期货合约数量：

$$N_f=(1.25-0.95)\times\frac{3\ 783\ 210}{189\ 900}=5.98$$

买入 6 手期货合约

结果：11 月 29 日的股票价值如下

股票	价格（11/29）	市场价值
佳益公司	45.13	512 226
康明斯发动机公司	66.75	730 913
吉列公司	69.87	866 388
凯马特公司	35.12	193 160
波音公司	49.12	225 952
格雷斯公司	40.75	275 062
礼来公司	103.75	1 182 750
派克钢笔	22.88	175 032
		4 161 483

12 月股指期货合约：

11 月 29 日的价格：809.60

乘数：250 美元

一手期货合约的价格：250×809.60=202 400 美元

卖出 6 手期货合约

分析：股票市场价值增加了 4 161 483−3 783 210=378 273 美元，收益率约为 10%

期货利润为：

6×202 400 美元	（期货售价）
−6×189 900 美元	（期货买价）
75 000 美元	（期货利润）

因此，投资组合的整体利润实际上增至 378 273+75 000=453 273 美元，收益率约为 12%。

10-6d 使用股票和债券期货进行策略性资产配置

典型的投资组合通常需要将资金分配给特定类别的资产，股票是一大类，而债券是另一类。一些投资组合包含其他资产类别，如房地产、对冲基金、风险投资或商品。给定的资产类别可能会细分为更具体的类别。例如，股票资产类别可以分为国内股票和国际股票，也可以分为大盘股、中盘股和小盘股。[①] 投资组合经理经常尝试调整资产类别之间的资金分配，使最有吸引力的资产类别获得最高权重，这种投资组合管理通常被称为资产配置。

在长期，投资组合通常会为每类资产设定一组特定的目标权重，这些权重通常被称为战略性资产配置。在短期，投资组合经理可以偏离这些权重，向预期提供最佳表现的资产类别分配更多资金。与战略性资产配置的短期偏离被称为策略性资产配置。当然，这种策略只是目标策略的变形，正如我们在股票期货和债券期货中讨论的那样。

投资者可以通过买卖不同类别中的资产来执行策略性资产配置策略。当现有期货合约的基础工具与这些资产类别足够类似时，这些期货合约常被用来更高效、更低成本地执行这些策略。让我们来看如何做到这一点。

假设某个投资组合只有两类资产——股票和债券。股票资产类别有特定的β，而债券资产类别有特定的修正久期。如果投资组合经理希望减少对股票的配置，增加对债券的配置，那么他可以通过卖出股票和买入债券来实现。或者，她可以卖出股票期货并买入债券期货以实现理想的结果。当然，期货合约在实际证券交易中是否属于可接受的替代品取决于股指期货的基础股票指数是否与其投资组合中的股票足够相似，以及债券期货的基础债券是否与其投资组合中的债券足够相似。由于投资组合经理经常使用这些工具来改变资产配置，所以我们可以放心地假设这些条件成立，因此股票期货和债券期货可以用于此目的。

假设她希望卖出特定金额的股票，并买入相同金额的债券。使用我们之前给出的股指期货目标β策略公式，她将出售一定数量的期货合约，将给定金额股票的β从当前水平调整为零。这笔交易的作用是卖出股票并将其转换为现金。现在，她希望将这笔合成式现金转换为债券。然后，她将买入债券期货，将这笔合成式现金的修正久期从零调整到理想水平，这就是现有投资组合中债券的修正久期。

请注意，投资组合中的证券没有变化，但股票和债券之间的配置已经通过增加股指期货空头和债券期货多头的合成式方法改变了。现在，假设她也希望改变现有股票资产类别和债券资产类别的风险特征。于是，她可以通过买入或卖出更多股指期货合约来调整股票的β，并可以通过买入或卖出更多债券期货合约来调整债券的修正久期。

> 股指期货和债券期货可以用于有效执行涉及股票和债券资产类别的资产配置策略。

示例 表10.16说明了这类策略。这里，投资组合经理希望将2/3为股票、1/3为债券的资产配置改为一半为股票、一半为债券的资产配置。此外，该经理还希望降低股票的风险敞口，并提高债券的风险敞口。

---

① 市值是市场价值的简称，即流通中的普通股的当前市场价值，市场上的股票根据市值规模分为大盘股、中盘股、小盘股等。

表 10.16　　使用股指期货和债券期货进行策略性资产配置

情景：某个 3 000 万美元的投资组合包括 2 000 万美元的β为 1.15 的股票，以及 1 000 万美元的修正久期为 6.25 年、收益率为 7.15%的债券。该投资组合经理希望将资产配置改为 1 500 万美元的股票和 1 500 万美元的债券。此外，该经理还希望将股票的β调整为 1.05，将债券的修正久期调整为 7 年。股指期货合约的价格为 22.5 万美元，我们可以假设其β为 1.0。债券期货合约的价格为 92 000 美元，隐含修正久期为 5.9 年，隐含收益率为 5.65%。该经理将使用期货，通过合成方式卖出500 万美元股票，降低剩余股票的β，通过合成方式买入 500 万美元债券，并增加剩余债券的修正久期。投资期为 3 个月。

第 1 步：以合成方式卖出 500 万美元股票

这笔交易实际上将 500 万美元股票的β降为零，从而以合成方式将股票转换为现金。股指期货合约的数量（表示为 N_{sf}）为：

$$N_{sf}=(0-1.15)\times\frac{5\ 000\ 000}{225\ 000}=-25.56$$

将其四舍五入，相当于卖出 26 手期货合约。执行这笔交易之后，投资组合实际上包含 1 500 万美元的β为 1.15 的股票以及 1 000 万美元的修正久期为 6.25 年的债券，以及 500 万美元合成式现金。当然，实际投资组合包括 2 000 万美元的β为 1.15 的股票和 1 000 万美元的修正久期为 6.25 年的债券，以及 500 万美元空头股指期货。

第 2 步：以合成方式买入 500 万美元债券

这笔交易实际上将 500 万美元合成式现金（可以被视为修正久期为零的债券）转化为修正久期为 6.25 年的 500 万美元合成式债券。债券期货合约的数量表示为 N_{bf}：

$$N_{bf}=\frac{6.25-0}{5.9}\times\frac{5\ 000\ 000}{92\ 000}=56.6$$

将其四舍五入，相当于买入 57 手期货合约。执行这笔交易之后，投资组合实际上将包含 1 500 万美元的β为 1.15 的股票和 1 500 万美元的修正久期为 6.25 年的债券。当然，实际投资组合包括β为 1.15 的 2 000 万美元股票、修正久期为 6.25 年的 1 000 万美元债券、500 万美元空头股指期货以及 500 万美元多头债券期货。

第 3 步：将股票的β从 1.15 降至 1.05

现在，这位经理希望将 1 500 万美元股票的β从 1.15 降至 1.05。这需要的期货合约数量为：

$$N_{sf}=(1.05-1.15)\times\frac{15\ 000\ 000}{225\ 000}=-6.67$$

将其四舍五入，相当于该经理将卖出 7 手期货合约。总的来说，该经理将卖出 33 手股指期货合约。

第 4 步：将债券的修正久期从 6.25 年提高至 7 年

现在，该经理希望将 1 500 万美元债券的修正久期从 6.25 年提高至 7 年。这需要的期货合约数量为：

$$N_{bf}=\frac{7-6.25}{5.9}\times\frac{15\ 000\ 000}{92\ 000}=20.73$$

将其四舍五入，相当于该经理将买入 21 手期货合约。总的来说，该经理将买入 78 手债券期货合约。

值得指出的是，如果以不同顺序进行交易，将获得相同的结果。该经理可以先降低 2 000 万美元股票的β，然后以合成方式卖出 500 万美元股票。该经理可以先增加 1 000 万美元债券的修正久期，然后以合成方式买入 500 万美元债券。

结果：

3 个月后，股票价值为 1 930 万美元，债券价值为 1 010 万美元。股指期货价格跌至 217 800 美元，债券期货价格涨至 92 878 美元。股指期货交易的利润为：

$$-33\times(217\ 800-225\ 000)=237\ 600 \text{ 美元}$$

债券期货交易的利润为：

$$78\times(92\ 878-92\ 000)=68\ 484 \text{ 美元}$$

投资组合的整体价值为：

股票：	19 300 000 美元
股指期货利润：	237 600 美元
债券：	10 100 000 美元
债券期货利润：	68 484 美元
总计：	29 706 084 美元

如果没有执行交易，投资组合的价值将为：

股票：	19 300 000 美元
债券：	10 100 000 美元
总计：	29 400 000 美元

当然，这笔交易是投机性的。事后看来，降低股票配置并降低股票的 β，以及提高债券配置并提高债券的 β 是明智的策略，但如果市场走势相反，那么它也可能是糟糕的策略。然而，在任何情况下，都可以通过衍生产品用成本更低的合成方式进行这些交易。

总结

本章考察了如何管理货币风险、利率风险和股市风险。首先，本章考察了理解和制定对冲策略所需的一些基本概念。然后，本章研究了多头对冲、空头对冲和基差风险的概念，并列举了有助于决定选择哪种合约的规则，包括对基础资产、到期月、多头或空头的选择。本章还分析了计算最优期货合约数量的方法，以提供抵消现货市场风险所需的波动率。

本章举例说明了不同类别合约的对冲——外汇对冲、中长期利率风险对冲和股指对冲，虽然这些例子的应用范围很广，但在许多类似情况下也适用类型基本相同的对冲。本章的重点是通过观察实际情况来理解对冲的概念。

本章还介绍了使用期货合约的价差策略。市场内价差主要涉及一种基础工具，而市场间价差主要涉及两种基础工具。市场内价差的风险源于持有成本的变化。市场间价差的风险还包含基础工具相对价值变化的风险。

这里考察的目标策略包括用久期和 β 管理风险。当投资者具有明确定义的偏好的风险特征时，可以采取目标策略。我们看到，期货合约可以用来将风险利润从当前水平变为投资者需要的水平。

表 10.17 简要介绍了可能遇到的各种交易情况，列举了风险的性质，并介绍了可能的交易策略。

表 10.17　　对冲情况

情景	风险	适当的行动
计划用本币购买外币	外币将升值	买入远期或期货
计划将外币兑换为本币	外币将贬值	卖出远期或期货
持有债券或债券投资组合	利率将上升，这降低了债券价值	卖出中长期债券期货
计划买入债券	利率将下降，这增加了债券价值	买入中长期债券期货
计划发行债券	利率将上升，这降低了债券价值	卖出中长期债券期货

续前表

情景	风险	适当的行动
持有股票投资组合	股价将下跌，这降低了投资组合的价值	卖出股指期货
计划买入股票	股价将上涨，这增加了购买成本	买入股指期货
预期基于相同基础工具的期货价格发生变化	期货价格下降不符合预期	市场内价差
预期基于不同基础工具的期货价格发生变化	期货价格下降不符合预期	市场间价差
改变债券投资组合的利率风险	利率发生意外变化	目标久期
捕捉管理活跃的投资组合的超额收益率	活跃管理未能产生超额收益率	α 捕捉
改变股票投资组合的股票风险	股价发生意外变化	目标 β
同时改变投资组合的利率风险和股票风险	利率和价格发生意外变化	策略性资产配置

在这几章中，我们提到了许多关于利率风险管理的参考文献。互换是最流行的利率风险管理工具之一。在第 11 章中，我们将学习互换交易，不仅包括如何用它来管理利率风险，还包括如何用它来管理货币风险和股票风险。在第 11 章之后，我们将在第 12 章介绍利率远期和利率期权，从而了解更多关于利率风险管理的知识。

关键术语

空头对冲/多头对冲
预期对冲/基差
基差风险
交叉对冲
对冲比率
对冲有效性
久期/麦考利久期/修正久期
隐含收益率/隐含修正久期
收益率 β
市场内价差/市场间价差
目标久期
目标 β
数量风险

扩展阅读

下列文章介绍了本章中部分对冲模型的基础理论：

Johnson, L. L. "The Theory of Hedging and Speculation in Commodity Futures Markets." *Review of Economic Studies* 27 (1960): 139-151.

Stein, J. L. "The Simultaneous Determination of Spot and Futures Prices." *American Economic Review* 51 (1961): 1012-1025.

在这些文章中可以找到关于对冲有效性的实证研究：

Ederington, L. H. "The Hedging Performance of the New Futures Market." *Journal of Finance* 34 (1979): 157-170.

Figlewski, S. "Hedging Performance and Basis Risk in Stock Index Futures." *Journal of Finance* 39 (1984): 657 - 669.

Figlewski, S. "Hedging with Stock Index Futures: Theory and Application in a New Market." *Journal of Futures Markets* 5 (1985): 183 - 199.

下列文章提供了公司进行对冲活动和风险管理活动的理由和实证：

Froot, K. A., D. S. Scharfstein, and J. C. Stein. "Risk Management: Coordinating Corporate Investment and Financing Policies." *Journal of Finance* 48 (December 1993): 1629 - 1658.

Nance, D. R., C. W. Smith, Jr., and C. W. Smithson. "On the Determinants of Corporate Hedging." *Journal of Finance* 48 (1993): 267 - 284.

Smith, C. W., and R. M. Stulz. "The Determinants of Firms' Hedging Policies." *Journal of Financial and Quantitative Analysis* 20 (1985): 391 - 405.

概念检查

1. 请解释空头对冲和多头对冲的区别。

2. a. 什么是基差？

   b. 在期货合约的期限内，基差将如何变化？

   c. 请解释为什么基差走强有利于空头对冲并有损于多头对冲。

3. 决定应该用哪种基础资产进行对冲时，必须考虑哪些因素？

4. 假设对冲终止日如下，请确定相应的期货合约到期月。假设实际到期月为 3 月、6 月、9 月和 12 月。

   a. 8 月 10 日

   b. 12 月 15 日

   c. 2 月 20 日

   d. 6 月 14 日

5. 请陈述并解释公司进行对冲的原因。

问题与习题

1. 一家大型面包生产商正计划在不久的将来购买小麦，请确定并说明适当的对冲策略。

2. 请解释价差交易的隐含回购利率与近期期货合约的回购利率的区别。

3. 假设你是一个白糖经销商，现在是 9 月 26 日，你持有 112 000 磅白糖，价值为每磅 0.047 9 美元。1 月到期的白糖期货合约价格为每磅 0.055 0 美元。每手期货合约为 112 000 磅。

   a. 请确定初始基差，然后计算持有至到期且基差收敛于零时的对冲利润。请说明如何只用基差变化解释利润。

   b. 重新回答上述问题，但假设在 12 月 10 日对对冲平仓，届时现货价格为 0.057 4 美元，1 月期货价格为 0.059 0 美元。

4. a. 请定义最小方差对冲比率和对冲有效性指标，这两个值说明了什么？

   b. 什么是价格敏感度对冲比率？价格敏感度对冲比率和最小方差对冲比率有何相似之处？

有何不同之处？

5. 请解释如何在对冲时确定买入还是卖出期货。

6. 请确定在下列每种情况下应该进行多头对冲还是空头对冲，并证明你的答案。

a. 一家公司预期将在 3 个月后发行股票

b. 一位投资者计划将在 30 天后买入债券

c. 一家公司计划出售某些以外币计价的资产，并将收益转换为本币

7. 某年 6 月 17 日，一家美国手表经销商决定进口 100 000 块瑞士手表，每块手表的价格为 225 瑞士法郎。该经销商希望对冲美元/瑞士法郎汇率变化。远期汇率为 0.388 1 美元/瑞士法郎。如果在 8 月 16 日平仓，而当天的即期汇率为 0.443 4 美元/瑞士法郎，请确定对冲结果。

8. 某年 1 月 2 日，一家美国公司决定 2 月 28 日将其在一家加拿大银行的账户注销。该公司预期在销户时账户中有 500 万加元，它将把这笔钱兑换成美元，并汇到一家纽约银行。相关即期汇率为 0.756 4 美元。3 月加元期货合约的价格为 0.754 1 美元。如果 2 月 28 日的即期汇率为 0.720 7 美元，期货汇率为 0.722 0 美元，请确定期货对冲的结果。所有价格均以美元/加元计算。每手加元期货合约的规模为 10 万加元。

9. 在 1 月 31 日，一家公司获悉，它将在 5 月 31 日有一笔富余资金。它将用这笔钱购买约 21 年后到期、利率为 9.5%、面值为 500 万美元的 APCO 债券。利息每半年支付一次，付息日为 3 月 1 日和 9 月 1 日。该债券被穆迪评为 A2 级，每 100 美元面值债券的售价为 $78\frac{7}{8}$，收益率为 12.32%。修正久期为 7.81 年。

该公司正在考虑用 9 月长期国债期货对即将购买的债券进行对冲。期货价格为 $71\frac{8}{32}$。该公司认为，该期货合约跟踪的是息票利率为 12.75%且约 25 年后到期的长期国债。该公司已经确定，期货合约的隐含收益率为 11.40%，期货合约的修正久期为 8.32 年。

该公司认为，期货合约基础债券的收益率每变化 1 点，APCO 债券的收益率就将变化 1 点。

a. 请确定 1 月 31 日该公司为建立对冲应进行的交易。

b. 5 月 31 日，APCO 债券的价格为 $82\frac{3}{4}$，9 月期货价格为 $76\frac{14}{32}$，请确定对冲的结果。

10. 7 月 1 日，一位投资组合经理持有 100 万美元面值的国债，其利率为 11.25%，约 29 年后到期。价格为 $107\frac{14}{32}$，该债券将要在 8 月 30 日出售。该经理担心利率上升，并认为应该进行对冲。9 月长期国债期货价格为 $77\frac{15}{32}$。价格敏感度对冲比率表明，该公司应该使用 13 手期货合约。

a. 该公司应该在 7 月 1 日进行什么交易？

b. 8 月 30 日，该债券以 $101\frac{12}{32}$ 的价格出售，期货价格为 $77\frac{5}{32}$。请确定对冲的结果。

11. 假设你担心所在公司的航空燃油敞口。此外，你的分析还表明，对冲航空燃油的最佳期货合约是无铅汽油。航空燃油波幅（你所在公司航空燃油敞口整体变化的标准差）为 17 347 281 美元，无铅汽油期货合约波幅（一种无铅汽油期货合约价格变化的标准差）为 14 490 美元。假设航空燃油波幅与无铅汽油期货合约波幅之间的相关系数为 0.71，请计算最小方差对冲比率。说明这是不是完美对冲。

12. 请根据上题中的航空燃油敞口信息计算对冲效果，并解释这个数字。

13. 在本章中，价格敏感度对冲比率（包括收益率β）表示为

$$N_f^* = -\left(\frac{MD_B}{MD_f}\right)\left(\frac{B}{f}\right)\beta_y$$

请逐一讨论5个输入参数发生变化时将如何影响对冲比率（假设所有输入参数均为正值）。

14. 你是某个股票投资组合的经理，10月1日，你持有的股票投资组合包括下表所列的8只股票，你打算在12月31日卖出它们，但担心未来3个月市场下跌。股票的数量、价格、β如下所示。

股票	股数	β	10月1日的价格	12月31日的价格
当纳利公司	10 000	1.00	19.63	27.38
百路驰公司	6 200	1.05	31.38	32.88
雷神公司	15 800	1.15	49.38	53.63
美泰公司	8 900	0.90	55.38	77.88
克罗格公司	11 000	0.85	42.13	47.88
康姆迪斯科公司	14 500	1.45	19.38	28.63
赛斯纳公司	9 900	1.20	29.75	30.13
福克斯波罗公司	4 500	0.95	24.75	26.00

10月1日，你决定使用特定股指期货合约（乘数为500美元）进行对冲，3月期货合约的价格为376.20。12月31日，3月期货合约的价格为424.90。请确定对冲的结果。

15. 3月1日，一位证券分析师建议在初夏买入通用电影公司的股票。投资组合经理计划在6月1日买入20 000股股票，但担心未来3个月整体市场将上涨。通用电影公司目前的股价为32.88美元，β为1.10。

请构建对冲以防范整体股市的变化，使用9月股指期货，其3月1日的价格为375.30，乘数为500美元。如果6月1日的期货价格为387.30，通用电影公司的股票价格为38.63美元，请评估对冲的结果。

16. 在今年的前6个月，长期国债收益率下降了约100个基点。你认为利率已经结束下降，并希望对利率上涨进行投机。然而，你不愿意承担太多风险，因此决定投资于市场内价差。请使用以下信息在7月15日建立长期国债期货价差，并确定11月15日平仓时的利润。

7月15日
12月期货价格：$76\frac{9}{32}$
3月期货价格：$75\frac{9}{32}$
11月15日
12月期货价格：$79\frac{13}{32}$
3月期货价格：$78\frac{9}{32}$

17. 11月1日，一位研究计算机科学公司的分析师认为，该公司将在今年年底前发布重要公告。计算机科学公司目前的股价为27.63美元，β为0.95。该分析师认为，如果市场不变，股价可能上涨约10%。该分析师还认为，市场跌幅可能高达5%，使股票收益率为0.10+(−0.05×0.95)=0.052 5。为了充分捕捉10%的α，该分析师建议出售某个股指期货。3月期货合约目前的价格为393。假设该投资者拥有100 000股股票，请确定应该用多少手期货合约进行交易。如果在12月31日，股票售价为28.88美元，期货合约价格为432.30，乘数为500美元，请确定股票的实际收益率。请解释你的答案。

18. 假设你管理着价值为9 448 456美元、面值为1 000万美元的债券投资组合。该债券投资组合的收益率为12.25%，久期为8.33年。你计划在6个月后变现该债券投资组合，并担心利率上升将导致债券投资组合产生损失。你想将久期降为5年。相应到期日的长期国债期货价格为$72\frac{3}{32}$，面值为100 000美元，隐含收益率为12%，隐含久期为8.43年。

a. 你应该买入还是卖出期货合约？你应该使用多少手期货合约？

b. 6个月后，投资组合的价值已降为8 952 597美元。期货价格为$68\frac{16}{32}$。请确定这笔交易的利润。

19. 假设你管理着价值为10 500 000美元的股票投资组合，该股票投资组合的β为1.15。在接下来的3个月里，你预期市场纠正将使市场下跌约5%。因此，你的投资组合预期将下跌约5.75%（=5%× 1.15)。你想将β降为1。相应到期日的股指期货价格为425.75，乘数为500美元。

a. 你应该买入还是卖出期货合约？你应该使用多少手期货合约？

b. 3个月后，该投资组合的价值已经跌至9 870 000美元，期货价格已经跌至402.35。请确定本季度的利润和投资组合收益率，它与期望结果的接近程度如何？

20. 价值2 000万美元、β为1.10的国内股票投资组合的经理希望对该投资组合进行国际分散化。他希望出售500万美元国内股票，并买入500万美元外国股票。他知道可以用外国股指期货合约来实现该目标。该指数以美元计价，从而消除了货币风险。他希望新的外国资产类别的β为1.05。国内股指期货合约的价格为250 000美元，可以假设其β为1.0。国外股指期货合约的价格为150 000美元，也可以假设其β为1.0。

a. 请确定为实现该目标需要交易的每种期货合约的数量。

b. 如果国内股票上涨2%，国内股指期货合约上涨1.8%，外国股票上涨1.2%，外国股指期货合约上涨1.4%，请确定该股票投资组合的价值。

21.（概念习题）正如我们在本章中讨论的，期货可以用来消除股票投资组合中的系统性风险，使其基本上成为无风险投资组合。然而，如果股票投资组合经理出售股票并用国库券代替它们，也可以达到相同的结果。考虑以下股票投资组合。

股票	股数	价格	β
诺斯洛普·格鲁门公司	14 870	18.13	1.10
亨氏公司	8 755	36.13	1.05
华盛顿邮报公司	1 245	264.00	1.05
迪士尼	8 750	134.50	1.25

续前表

股票	股数	价格	β
王安电脑公司	33 995	4.25	1.20
威斯康星能源公司	12 480	29.00	0.65
通用汽车	14 750	48.75	0.95
联合太平洋铁路公司	12 900	71.50	1.20
荷兰皇家壳牌公司	7 500	78.75	0.75
伊利诺伊电力公司	3 550	15.50	0.60

假设某个投资组合经理希望将该投资组合转换为无风险投资组合，为期 1 个月。某个股指期货的乘数为 500 美元，价格为 369.45。出售每股股票的成本为每单 20 美元加上每股 0.03 美元，每家公司的股票均按独立订单进行交易。每手期货合约的成本为 27.50 美元（买卖合计）。不管国库券数量是多少，每笔交易的国库券购买成本均为 25 美元。请确定实现该投资组合经理目标——将投资组合转换为无风险头寸，1 个月后再转回来——的成本-收益最高的方式。

22.（概念习题）你计划购买 1 000 股瑞士国际航空公司的股票，当前股价为 950 瑞士法郎，当前汇率为 0.725 4 美元/瑞士法郎。你希望对股票进行投机，但不想承担任何货币风险。你计划持有头寸 6 个月。相应期货合约当前的交易价格为 0.725 0 美元。如果 6 个月后的股价为 926.50 瑞士法郎，即期汇率为 0.730 1 美元/瑞士法郎，期货价格为 0.729 5 美元，请构建一个对冲并评估你的投资表现。瑞士法郎期货合约的规模为 125 000 瑞士法郎。请确定这笔交易的总利润，然后将该利润分解为单纯从股票表现中获得的利润、持有股票时汇率变化产生的损益以及期货交易的损益。

23.（概念习题）请回忆我们从期权相关章节中学到的牛市价差和熊市价差。市场内期货价差也可以分为牛市价差和熊市价差，请说明什么是用国债期货构建的牛市价差，并解释理由。

第 11 章

互 换

我们不要忘记，在华尔街出现数量分析专家之前就发生过许多金融灾难，而对后来的金融灾难（包括当前这场）起到推波助澜作用的是非数量分析专家。

——亚伦·布朗（Aaron Brown）

《风险专家》(*Risk Professional*)，2010 年 4 月，第 18 页

本章目标

- 介绍互换的概念，它是交换一系列现金流的交易。
- 了解基于以下基础工具的三类不同互换：货币、利率和股权。
- 确定如何为三类不同互换定价和估值。
- 举例说明使用三类不同互换的策略。
- 介绍部分高级问题，包括可供选择的贴现率、根据信用风险调整互换价值、关于互换的其他观点和提前终止。

在前三章中，我们讨论了远期合约和期货合约，它们是一方在未来某个日期以固定价格向另一方买入某种工具的承诺。在某些情况下，一方希望在未来不同日期以固定价格与另一方进行一系列交易而不是一次性交易。双方可以签订一系列远期合约或期货合约，每手合约在不同日期到期。如果每手合约都按照标准持有成本公式定价，那么每手合约的价格都将不同，因此每手合约开始时的价值均为零。但是，设计这种策略还有更好的方法，那就是签订一份协议，规定一方在特定日期向另一方支付一系列等额款项，并向后者收取一笔款项。这类交易，特别是定期进行一系列支付的交易，被称为**互换**（swap)。在互换中，各方将交换支付的款项或资产。

多年来，市场上发展出许多互换品种。更常见的互换类型是一方进行一系列固定支付并收取一系列浮动的款项。此外，还有双方都进行浮动支付的互换，以及双方都进行固定支付，但一笔支付为一种货币、另一笔支付为另一种货币的互换。因此，在汇率波动的情况下，支付金

额可能是固定的，但其价值实际上是浮动的。互换品种很多，因此我们很难给出全面准确的定义，但一般来说，互换是一种金融衍生工具，其中双方在特定日期向对方进行一系列支付。

根据基础变量的性质，互换可以分为四种主要类型，它们是**货币互换**（currency swaps）、**利率互换**（interest rate swaps）、**股权互换**（equity swaps）和**商品互换**（commodity swaps）。在货币互换中，各方以不同货币向对方支付固定利息或浮动利息。互换可能支付名义金额也可能不支付名义金额，稍后我们会对此进行详细介绍。在利率互换中，双方向对方支付一系列利息，两笔支付都用同一种货币进行。一笔支付是浮动利息，另一笔支付可能是浮动利息或固定利息。支付所依据的名义金额不进行交换。在股权互换中，至少有一方按股价、股票投资组合价值或股指水平确定支付金额，另一笔支付可能由另一只股票、股票投资组合、股指或利率决定，也可能是固定支付。在商品互换中，至少有一组支付由商品价格决定，如石油或黄金，另一组支付通常是固定支付，但也可能由其他变量决定。由于本书的重点为金融工具，因此我们不会涉及商品互换。

> 互换是双方同意在特定时期向对方支付一系列现金流的交易。四类互换为货币互换、利率互换、股权互换和商品互换。

互换有开始日期、终止日期，当然还有支付日期。与远期合约和期货合约一样，在互换中，一方通常不会向另一方进行前期支付。因此，互换开始时的价值为零，这意味着两笔支付的现值相同。发生支付的日期称为**结算日期**（settlement date），结算日期之间的时期称为**结算期**（settlement period）。互换是专门定制的场外工具，因此，双方通常是交易商和最终用户，前者是对互换做市的金融机构，后者通常是交易商的客户，可能是公司、养老基金、对冲基金，或者某个其他机构。当然，交易商之间的互换也很常见。

互换交易商作为互换交易任何一方时都会报出价格和利率。当它们与交易对手进行交易时，将承担交易对手的部分风险。然后，交易商通常会用其他某类交易对冲该风险，这可能涉及交易基础工具或使用期货、远期或期权。有意思的是，互换交易商是欧洲美元期货交易量的主要贡献者，因为它们使用这种期货合约对冲许多利率互换以及其他利率衍生产品，我们将在第 12 章中介绍这一内容。实际上，这是欧洲美元期货最常见的用途。

与远期合约一样，互换也面临某方违约的风险。在本章的讨论中，假设互换没有保证金要求，不进行集中清算，也没有第三方担保。只要有可能，就对支付的款项进行净额结算，因此一方只需向另一方支付一笔金额。这种程序减少了双方之间的资金流，从而降低了信用风险。我们将在第 14 章详细介绍信用风险。

每笔互换都有所谓的**名义金额**（notional amount）。由于货币互换和利率互换都涉及利息支付，因此支付金额的计算方法是用利率乘以名义金额。在利率互换中，该名义金额永远不会被交换。① 因此，这不是所谓的本金，而是名义金额。②

20 世纪 80—90 年代，互换一直是金融市场上最成功的产品之一。例如，利率互换被公司广泛用于管理利率风险。正如我们将看到的，公司经常使用利率互换将浮动利率贷款转换为固定利率贷款。货币互换和股权互换的使用远远少于利率互换，但它们仍然分别是管理汇率风险

---

① 此外，股权互换也不交换名义金额。在货币互换中，可能交换名义金额也可能不交换名义金额。我们将在本章后面介绍这一点。

② 这里，名义金额不被视为真实金额。如前所述，在利率互换或股权互换中从不支付名义金额。因此，名义金额不被视为真实金额。在某些货币互换中，支付名义金额，但仍使用“名义”一词。

和股票风险的重要工具。

利率互换比货币互换使用更广泛的原因是，基本上每家企业都会借款，因此面临某种形式的利率风险。即使企业以固定利率借款，利率变化也会产生机会成本。许多企业也面临汇率风险，无论这种风险是来自国际业务、国际客户或供应商还是提供类似产品和服务并在该企业母国市场上出售这些产品和服务的外国竞争对手。尽管如此，面临并了解利率风险的企业远远多于面临并了解汇率风险的企业。因此，利率互换在管理风险方面比货币互换应用更为广泛。

本章分为三个主要部分，每部分都基于不同类型（依据基础工具划分）的互换。我们将分析每类互换的基本特征，如何制定互换条款（定价过程），如何计算互换的市场价值，并使用互换来分析某些策略。

11-1 利率互换

如前所述，利率互换是双方之间的一系列利息支付。每组支付都基于固定利率或浮动利率。如果利率浮动且互换以美元计算，那么通常使用的利率是美元 LIBOR。其他币种的互换则使用这些货币的可比利率。双方同意在不同结算日期交换一系列同币种利息支付。支付基于特定名义金额，但双方不交换名义金额，因为这需要各方向对方支付相同的金额。

最常见的利率互换类型——实际上是所有互换最常见的类型——是一方支付固定利率而另一方支付浮动利率的互换，这种工具被称为**普通互换**（plain vanilla swap）。让我们来看一个普通互换的例子，但是，此时我们不关心公司进行互换的原因。我们现在的目标是了解这种交易的基本特征。

11-1a 典型的利率互换结构

利率互换是双方同意交换一系列利息支付的互换。普通互换是一方同意支付一系列固定利息，另一方同意支付一系列浮动（可变）利息的利率互换。

假设有一家名为 XYZ 的公司，该公司与一家名为 ABSwaps 的交易商进行了一笔名义金额为 5 000 万美元的互换，开始日期为 12 月 15 日。互换要求 ABSwaps 在 3 月 15 日、6 月 15 日、9 月 15 日和 12 月 15 日基于 90 天期 LIBOR 向 XYZ 公司进行支付，为期 1 年。这笔支付是由结算期开始时的 3 个月期 LIBOR 决定的。然后在结算期结束时付款。因此，3 月 15 日的支付金额基于去年 12 月 15 日的 LIBOR，6 月 15 日的支付金额基于同年 3 月 15 日的 LIBOR，依此类推。这种利率制定和结算程序被称为先定息、后结算。[①] XYZ 公司将每年以 7.5%的利率向 ABSwaps 支付固定金额。利息支付可以根据支付日期之间的确切天数计算，或者双方可以假设 1 个月为 30 天。这里，假设他们使用确切天数。此外，双方还可以根据 1 年为 360 天或 365 天进行支付，假设他们按 1 年为 360 天进行计算。在一般情况下，支付固定利率并收取浮动利率的一方在每个付息日都将有一笔现金流，并知道 LIBOR 是在上一个结算日期确定的（先定息、后结算）。

① 另一种利率制定和结算程序被称为先定息、先结算，即支付金额由结算期期初的 LIBOR 确定，支付也在结算期期初进行，这种结算方式有助于降低信用风险。

$$名义金额\times(\text{LIBOR}-固定利率)\times\frac{天数}{360天或365天}$$

换算为年数的这段时期被称为应计期。计算应计期有许多不同的方法，你可以计算两个日期之间的实际天数，也可以使用被称为“30/360”的天数计算方法。对周末和节假日的处理也各不相同，一年中的天数也可能有所不同，包括360天、365天、实际天数等等。互换是先定息、先结算还是先定息、后结算以及计算应计期的方法是利率互换设计和估值时的重要考虑因素。互换设计的这些技术考量是下列因素的组合：特定市场的基础工具惯例、交易商习惯的互换报价方式以及最终用户的需求或偏好。

在本章中，我们假设为先定息、后结算，应计期为实际天数除以360天。从XYZ公司的角度看，支付金额为：

$$50\ 000\ 000\times(\text{LIBOR}-0.075)\times\frac{天数}{360天}$$

因此，如果LIBOR超过7.5%，XYZ公司将向ABSwaps收取上述金额。如果LIBOR小于7.5%，XYZ公司将向ABSwaps进行支付。如前所述，为了减少资金流，降低信用风险，双方同意进行净额结算。因此，一方向另一方支付净额。

图11.1显示了从XYZ公司角度看的互换现金流。请注意，上一个支付日期的LIBOR决定了支付金额。因此，互换开始时，上年12月15日的LIBOR决定了今年3月15日的浮动利率支付金额，然后，同年3月15日的LIBOR决定了同年6月15日的支付金额。这样，双方总是知道下一笔浮动利率支付金额，但他们不知道再下一笔浮动利率支付金额。

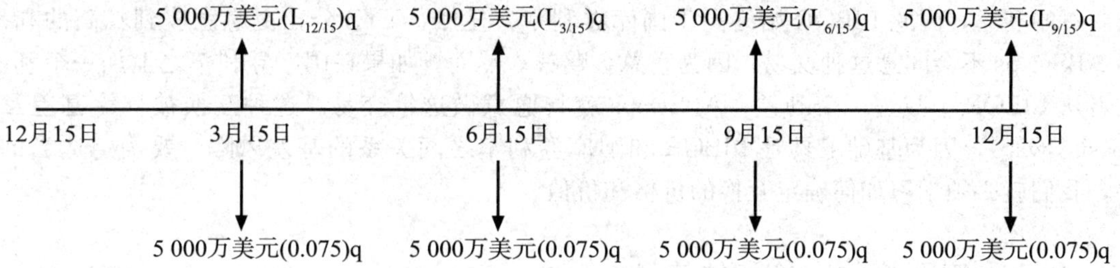

图11.1 从XYZ公司角度看的普通利率互换现金流

现在，让我们对互换期间的利率做出假设，以计算互换的支付金额。假设上年12月15日的LIBOR为7.68%，第一笔支付发生在3月15日。假设不是闰年，则12月15日与3月15日之间有90天。因此，3月15日，ABSwaps应支付：

$$50\ 000\ 000\times0.076\ 8\times\frac{90}{360}=960\ 000\ 美元$$

XYZ应支付：

$$50\ 000\ 000\times0.075\times\frac{90}{360}=937\ 500\ 美元$$

由于双方同意进行净额结算，所以ABSwaps只需支付给XYZ公司22 500美元。现在假设3月15日的LIBOR为7.50%，6月15日的LIBOR为7.06%，9月15日的LIBOR为6.06%。表11.1显示了这笔互换中的支付金额。不过要记住，6月15日、9月15日和12月15日的浮动利率支付金额在互换开始时是未知的，我们对互换期限内的一系列利率做出假设只是为了方便说明，实际利率和支付金额可能与之相差很大。还要注意，双方从不交换名义金额，因为没有必要。

表 11.1　　　　普通利率互换的事后支付

名义金额：50 000 000 美元
固定利率：7.5%
应计期：按实际天数计算，假设一年为 360 天
结算：先定息、后结算

日期	LIBOR（%）	期内天数	ABSwaps 应付金额（美元）	XYZ 公司应付金额（美元）	向公司 XYZ 支付的净额（美元）
12 月 15 日	7.68				
3 月 15 日	7.50	90	960 000	937 500	22 500
6 月 15 日	7.06	92	958 333	958 333	0
9 月 15 日	6.06	92	902 111	958 833	−56 222
12 月 15 日		91	765 917	947 917	−182 000

注：这些日期的 LIBOR 组合只是该互换的无限个可能结果之一，它们仅被用于说明如何确定支付金额，而不是可能结果。

在某些情况下，双方可以规定两笔支付都是浮动利率。假设 XYZ 公司不是支付 7.5%的固定利率，而是支付基于国库券利率的浮动利率。当然，XYZ 公司还将收到基于 LIBOR 的浮动利率。由于 LIBOR 是一家伦敦银行（私人借款人）支付的利率，而美国国库券利率是美国政府支付的利率，因此 LIBOR 始终高于国库券利率。显然，XYZ 公司更愿意收到较高的利率，但 ABSwaps 不会同意这种交易，因为它总会赔钱。然而，如果在国库券利率之上加一个利差，或者从 LIBOR 中减去一个利差，ABSwaps 就将愿意做这笔交易。这种互换被称为**基差互换**（basis swap），因为基础工具是 LIBOR 和国库券利率之间关系的基差风险。要确定适当的利差，我们就必须学习如何确定互换的价格和价值。

11－1b　利率互换的定价和估值

在上一小节的普通互换例子中，我们假设固定利率为 7.5%。这不是任意决定的利率，交易商 ABSwaps 考虑了当前利率和其对冲这笔交易的风险的能力，从而确定了该利率。就像我们通过消除获得套利利润的机会为期权、远期和期货定价一样，我们必须用类似方式为互换定价。对于普通互换，我们必须在所谓的互换定价过程中消除获得套利利润的机会，从而确定固定利率。前面曾经提到，互换在开始时的价值为零，我们令交易开始时的固定利率支付流现值与浮动利率支付流现值相同，从而确定固定利率。因此，在交易开始时，一方的债务价值与另一方的债务价值相同。

要了解利率互换定价，我们首先要稍微离题，考察浮动利率债券。浮动利率债券是指息票利率在特定日期随市场利率变化的债券。通常，息票利率在付息期开始时确定，然后以该利率计算利息，在期末支付利息。然后，重新确定下一期的息票利率。息票利率通常由公式确定，定义为特定市场利率（例如 LIBOR）加上反映信用风险的利差。由于我们在本书现阶段不涉及信用风险，因此假设信用风险的利差为零。

假设我们给定利率期限结构为 $L_0(t_1)$，$L_0(t_2)$，…，$L_0(t_n)$，其中 Ls 表示期限为 t_1 天，t_2

天，…，t_n 天的 LIBOR。① 因此，如果按季度间隔计算，为期两年，则 t_1 可能为 90，t_2 可能为 180，t_8 可能为 720。假设 $B_0(t_1)$ 为基于利率 $L_0(t_1)$ 的 1 美元贴现（零息）债券的价格，其他贴现债券价格也适用类似的模式。因此，有：

$$B_0(t_1)=\frac{1}{1+L_0(t_1)\left(\frac{t_1}{360}\right)},\ B_0(t_2)=\frac{1}{1+L_0(t_2)\left(\frac{t_2}{360}\right)},\ \cdots,\ B_0(t_n)=\frac{1}{1+L_0(t_n)\left(\frac{t_n}{360}\right)}$$

换言之，期限为 t_1 天的债券价格是用基于附加利息债券的 LIBOR 贴现法计算的 t_1 天后 1 美元的现值。因此，这些零息债券价格可以被视为现值系数，我们可以用它们来贴现未来支付。

以某只 1 年期浮动利率债券为例，假设它每季按 LIBOR 付息，每个季度为 90 天。假设面值为 1 美元。因此，在第 0 天，90 天期 LIBOR 表示为 $L_0(90)$。90 天后，90 天期 LIBOR 表示为 $L_{90}(90)$，而 $L_{180}(90)$ 和 $L_{270}(90)$ 表示剩余期限内的 90 天期 LIBOR。当然，只有 $L_0(90)$ 在开始时是已知的。购买这种浮动利率债券的一方收到如图 11.2 所示的支付金额，其中 q=90/360。

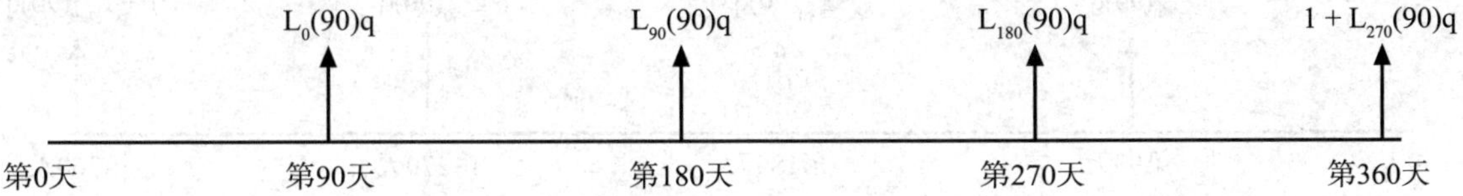

图 11.2 以 LIBOR 贴现，每季付息一次的 1 年期浮动利率债券的现金流

请注意，到期日（第 360 天）的支付金额为本金加上利息 $L_{270}(90)\times(90/360)$。现在，回到第 270 天并确定这笔即将支付的金额。为了确定该价值，我们将使用相应的单期贴现率即 $L_{270}(90)$ 来贴现 $1+L_{270}(90)\times(90/360)$。将该浮动利率债券在第 270 天的价值表示为 $FLRB_{270}$，得到：

$$FLRB_{270}=\frac{1+L_{270}(90)\times(90/360)}{1+L_{270}(90)\times(90/360)}=1$$

因此，在第 270 天，浮动利率债券的价值为其面值 1 美元。现在回到第 180 天，并确定浮动利率债券的价值。债券持有者知道，他将在第 180 天至第 270 天获得息票利息 $L_{180}(90)\times(90/360)$，并持有价值 $FLRB_{270}=1$ 的债券，前式说明它等于 1 美元。然后，他将以适当的单期利率 $L_{180}(90)$ 贴现这两个值。因此，有：

$$FLRB_{180}=\frac{1+L_{180}(90)\times(90/360)}{1+L_{180}(90)\times(90/360)}=1$$

继续该过程，直至第 0 天，结果显示，浮动利率债券在任何支付日期和初始日期的价值都是其面值 1 美元。如果息票利息不包含高于 LIBOR 的利差，则情况总是如此。浮动利率债券的设计使其价格保持为面值或接近面值。在付息日之间，其价格可能偏离面值，但需要利率发生很大变化才会大幅偏离面值。浮动利率债券在支付日期的价值为其面值这一结果极为重要，

① 这里，我们再次假设互换没有保证金要求，不进行集中清算，也没有第三方担保。但是，我们假设违约风险太小，因此无关紧要。历史上，LIBOR 被用作无风险利率的替代指标。在本章后面，我们将分析这种方法的近期变化。

为利率互换定价和估值时我们将十分依赖该结果。①

现在让我们考虑互换价值的意义。回顾图 11.1。普通互换由固定利率支付流和浮动利率支付流组成。固定利率支付类似于固定利率债券，除了固定利率债券在到期时偿还本金。同理，浮动利率支付类似于浮动利率债券，除了浮动利率债券在到期时偿还本金。利率互换当然不涉及本金或名义金额支付。不过，假设我们在互换终止日期加上并减去名义金额。现金流仍然与互换现金流相同，但现在我们可以将固定利率支付视为固定利率债券的现金流，将浮动利率支付视为浮动利率债券的现金流。

考虑图 11.3，该图描绘了 1 年期季度互换的现金流，假设一般固定利率为 R，浮动利率为 90 天期 LIBOR。名义金额为 1 美元。请注意，在第 360 天支付的名义金额 1 美元抵消了第 360 天收到的名义金额 1 美元。因此，这些现金流与普通互换的现金流相同。请注意，固定现金流（包括名义金额）与息票利率为 R 的固定利率债券的现金流相同，而浮动现金流（包括名义金额）与息票利率为 LIBOR 的浮动利率债券的现金流相同。在固定利率方和浮动利率方加入名义金额是至关重要的，否则固定利率现金流和浮动利率现金流将不会与固定利率债券的现金流和浮动利率债券的现金流相同。

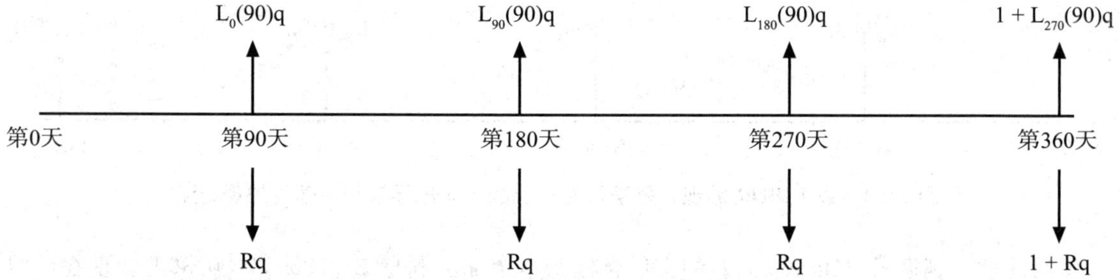

图 11.3　将 1 年期季度普通利率互换的现金流分解为固定利率债券的现金流和浮动利率债券的现金流

现在显而易见，支付固定利率、收取浮动利率的互换相当于发行固定利率债券，并用债券发行收入购买浮动利率债券。因此，支付固定利率、收取浮动利率的互换价值等于浮动利率债券的价值减去固定利率债券的价值。

为了使这些结果更具一般性，考虑一个有 n 笔支付的互换，支付日期分别为第 t_1 天，第 t_2 天，…，第 t_n 天。我们可以轻松确定息票利率为 R 的相应固定利率债券的价值 V_{FXRB}：

$$V_{FXRB}=\sum_{i=1}^{n}R\left(\frac{t_i-t_{i-1}}{360}\right)B_0(t_i)+B_0(t_n)$$

正如前面讨论的，$B_0(t_i)$ 是从第 0 天到第 t 天这段时期的贴现系数。换言之，它是在第 t_i 天到期的 m 天期零息债券的价值。用每个息票利率 $R[(t_i-t_{i-1})/360]$ 乘以贴现系数，并用最终名义金额 1 美元（在前式中被省略）乘以第 t_n 天的贴现系数。上述公式是固定利率债券的利息现值和名义金额现值。

计算时间 0 上的浮动利率债券现值很简单。现在，我们必须回想关于浮动利率债券的内容。在任何付息日和开始时，浮动利率债券的价值均为其面值，这里是 1 美元。因此，浮动利率债券的价值为：

① 显然，信用风险变化将导致浮动利率债券的交易价格不是其面值。信用风险变化和其他技术细节超出了这本入门教材的范围。

$V_{FLRB}=1$（在时间 0 或支付日期）

假设我们处于某个日期，例如处于时间 0 和时间 t_1 之间的时间 t。此时我们将如何为互换估值？前面曾经提到，我们知道下一笔浮动利率支付为 $L_0(t_1)(t_1/360)$，因为该利率在时间 0 是已知的。我们也知道浮动利率债券在时间 t_1 的价值为 1 美元。因此，我们只需用利率 $L_t(t_1-t)$ 贴现 $1+L_0(t_1)[(t_1-t)/360]$，即：

$$V_{FLRB}=\frac{1+L_0(t_1)\left(\frac{t_1}{360}\right)}{1+L_t(t_1-t)\left(\frac{t_1-t}{360}\right)}\text{（支付日期 0 和支付日期 1 之间）}$$

尽管该式针对的是时间 0 至时间 t_1 的情况，但稍作改动就可以适用于任何一组日期。事实上，前一个支付日期总可以被视为时间 0，而下一个支付日期可以被视为时间 1，表示即将进行第一笔支付。

因此，收取浮动利率、支付固定利率的普通互换的价值为：

$$VS=V_{FLRB}-V_{FXRB}$$

> 支付固定利率、收取浮动利率的互换的价值为浮动利率债券的价值减去固定利率债券的价值，改变该值的符号将得到从对方角度考虑的互换价值。

该结果是基于名义金额 1 美元得出的。对于任何其他名义金额，只需将 VS 乘以名义金额。另外请注意，从交易对手的角度来看，该价值是 V_{FXRB} 减去 V_{FLRB}。当然，这是支付浮动利率、收取固定利率的普通互换的价值。

我们已经知道，该式取固定利率 R。在互换开始时，我们规定了固定利率以使互换价值为零。这样，各方应向对方支付的金额都相同。因此，互换对双方的价值均为零，开始时双方都不向对方支付任何金额。为了在开始时确定 R 值，我们必须解出 R，从而使固定利率支付流的现值加上假设的名义金额等于 1 美元，这也是浮动利率支付流的现值加上假设的名义金额。因此，R 为平价债券的息票利率。我们将 VS 设为零并求解 R，得到 R[其中 $q=(t_i-t_{i-1})/360$，假设对于所有 i，它均固定不变]：

$$R=\left(\frac{1}{q}\right)\left[\frac{1-B_0(t_n)}{\sum_{i=1}^{n}B_0(t_i)}\right]$$

该式计算起来很简单。表 11.2 举了一个例子。

表 11.2　　普通利率互换报价

情景：昆腾电子公司（Quantum Electronics）进行了一笔名义金额为 2 000 万美元的两年期利率互换，承诺支付固定利率并收取 LIBOR。每 6 个月支付一次，假设每月为 30 天，一年为 360 天。LIBOR 的期限结构和基于这些利率的零息债券价格如下：

期限	利率	贴现债券价格
180 天	$L_0(180)=3.00\%$	$B_0(180)=1/[1+0.03\times(180/360)]=0.985\ 2$
360 天	$L_0(360)=3.75\%$	$B_0(360)=1/[1+0.037\ 5\times(360/360)]=0.963\ 9$
540 天	$L_0(540)=4.20\%$	$B_0(540)=1/[1+0.042\ 0\times(540/360)]=0.940\ 7$
720 天	$L_0(720)=4.50\%$	$B_0(720)=1/[1+0.045\ 0\times(720/360)]=0.917\ 4$

q＝180/360，则 1/q＝360/180，因此固定利率为：

$$R=\frac{360}{180}\times\frac{1-0.9174}{0.9852+0.9639+0.9407+0.9174}=0.0434$$

因此，利率为 4.34％。互换的固定利率支付金额为：

20 000 000×0.043 4×(180/360)＝434 000 美元

互换交易商进行该计算来确定固定利率，但它们通常以不同方式向客户报出利率。为了赚钱，交易商进行支付固定利率、收取浮动利率的互换时，必须支付较低的固定利率，而在进行支付浮动利率、收取固定利率的互换时，必须收取较高的固定利率。例如，交易商可能对收取固定利率的互换报出 4.38％的利率，而对支付固定利率的互换报出 4.30％的利率。

许多交易商通过各种数据服务提供商以电子方式报价。然而，有时交易商并不以这种形式对收取固定利率或收取浮动利率的互换利率报价。例如，对两年期互换利率报价时，交易商将确定两年期国债（例如美国中期国债）的利率。假设该利率为 4.19％，那么，4.38％的报价为两年期国债利率加上 19 个基点，4.30％的报价为两年期国债利率加上 11 个基点。这种程序可以让交易商的报价保持一段时间。如果利率迅速变化，那么国债利率也将变化，且互换利率报价与国债利率仍将保持固定利差。

> 互换定价是指计算交易开始时的互换固定利率，计算该固定利率的方法是找出使开始时的互换市场价值为零的固定利率支付。该固定利率的报价方式为具有相同期限的国债利率加上一个利差。

互换利率高于相应国债利率的利差被称为**互换利差**（swap spread），它反映了全球经济中的一般信用风险水平。也就是说，LIBOR 是反映伦敦银行信用风险的借款利率。美国中期国债利率反映了美国政府的无违约借款利率以及其他一些特征，如免缴州税和地方税。当经济疲软时，信用风险变大，LIBOR 和国债利率的利差扩大，导致互换利差扩大。

正如我们讨论的，开始时互换价值为零。然而，一旦利率发生变化或随着时间的流逝，互换价值就将变为非零。换言之，它对一方的价值为正，对另一方的价值为负。

表 11.3 说明了如何在昆腾电子公司互换开始 3 个月后或开始日期与首个支付日期之间为互换估值。

表 11.3　　在普通利率互换期限内为其估值

最初建立昆腾电子公司互换时，第一笔浮动利率支付的利率被定为 180 天期利率，即 3％。当名义金额为 1 美元时，支付金额为 0.03×(180/360)＝0.015。固定利率支付的利率为 4.34％，因此支付金额为 0.043 4×(180/360)＝0.021 7。为了估计该互换开始 90 天后的价值，我们需要新的利率期限结构，如下：

期限	利率	贴现债券价格
90 天	$L_{90}(90)=3.125\%$	$B_{90}(90)=1/[1+0.03125\times(90/360)]=0.9922$
270 天	$L_{90}(270)=4.000\%$	$B_{90}(270)=1/[1+0.04\times(270/360)]=0.9709$
450 天	$L_{90}(450)=4.375\%$	$B_{90}(450)=1/[1+0.04375\times(450/360)]=0.9481$
630 天	$L_{90}(630)=4.625\%$	$B_{90}(630)=1/[1+0.04625\times(630/360)]=0.9251$

固定利率支付金额（包括假设的名义金额）为：

$$V_{FXRB}=0.0217\times(0.9922+0.9709+0.9481+0.9251)+1.0\times0.9251=1.00837259$$

浮动利率支付金额（包括假设的名义金额）是对下一笔浮动利率支付金额 0.015 以及下一个支付日期的浮动利率债券市场价值（1 美元）贴现得到的：

$$V_{FLRB}=(0.015+1.0)\times0.9922=1.00713178$$

因此，每 1 美元名义金额的互换价值为：

$$VS=1.00713178-1.00837259=-0.00124081$$

因此，2 000 万美元名义金额的互换价值为：

$$20\,000\,000\times(-0.00124081)=-24\,816 \text{ 美元}$$

对于交易对手而言，互换价值为 24 816 美元。

互换估值极其重要。如果一家公司进行互换，那么它知道，忽略交易商利差，则开始时互换 值为零。它既不是资产也不是负债。然而，一旦时间流逝或利率发生变化，互换价值就将对一方变为正值，对另一方变为负值。如果互换为正值，那么它就是资产；如果互换为负值，那么它就是负债。正确的会计实务要求对互换估值，在资产负债表上显示损益。[①] 此外，任何负责公司互换的财务主管都希望知道互换的价值，以确定交易效果。估值很重要的另一个原因是，它是衡量交易信用风险的指标。假设你的公司持有价值 100 000 美元的互换。由于交易对手应支付的金额比你公司应支付的金额多 100 000 美元，如果交易对手违约，你的公司可能损失 100 000 美元。[②] 我们希望知道互换价值的又一个原因是我们可能希望对互换平仓。如果它的价值为正，我们可以将其回售给交易对手；如果它的价值为负，我们可以向交易对手回购它。本章后面将讨论这个过程。

因此，在本质上，持有互换头寸并确定其价值无异于持有股票、观察市场并了解股价。互换需要进行更多计算，与股票不同，互换是定制化工具，不能在公开市场交易，因此不能从电脑屏幕上读取其价格。尽管如此，我们在市场上仍能观察到互换估值所需的信息，并且计算起来很容易。或者，最终用户也可以在互换期限内的任何时间要求作为交易商的对手进行估值。

联系现实

LIBOR 和英国银行家协会

伦敦银行间同业拆借利率（LIBOR）是利率互换最常用的作为参考的浮动利率。LIBOR 已经成为决定大公司债务、汽车贷款、房屋抵押贷款和其他许多金融工具的利息成本的全球基准利率。LIBOR 是主要的银行同业拆借利率。美元 LIBOR 历来紧密跟踪联邦基金利率。然而，在经济危机时期，LIBOR 可能会大幅偏离联邦基金利率。

例如，在处于信贷危机高峰期的 2008 年末，LIBOR 比可比联邦基金利率高 300 多个基点。而历史上，LIBOR 比可比联邦基金利率高约 15 个基点。

LIBOR 反映了具有 AA 信用等级的大银行的平均借款成本。过去，伦敦的英国银行家协会负责通过每日调查收集适合的利率。2014 年 2 月 1 日，洲际交易所基准管理局（Intercontinental Exchange Benchmark Administration，IBA）接管了 LIBOR。[③] 由于 LIBOR 是基于调查

① 我们将在第 15 章介绍衍生产品会计。

② 我们将在第 14 章详细介绍信用风险。

③ 根据彭博社的报道，获取时间为 2014 年 5 月 12 日。另请见 https://www.theice.com/iba_libor.jhtml。

而非实际交易，因此，在金融危机时期调查数据的准确性一直受到质疑。

例如，对于一家处于财务困境中的银行，这将使其借款成本升高。如果这种财务困境并非众所周知，那么该银行报告其借款成本升高就等于公开承认其面临财务困境。因此，在这种情况下，人们担心银行提交调查结果时可能会低估其借款利率。

因此，如果这些调查结果没有得到认真监督并发生误报，那么LIBOR就会被低估，这种偏差对全球金融市场有重要影响。首先，所有与LIBOR挂钩的贷款的成本都会降低。其次，金融衍生工具（例如这里介绍的利率互换）要求的支付金额将不准确。例如，收取固定利率、支付浮动利率的利率互换交易对手收到的金额将超出适当水平，因为浮动利率LIBOR太低。最后，当报告银行的财务状况恶化时，将不再适用LIBOR，因为银行的实际信用水平已经不再是预期的AA级。

在金融危机时期，洲际交易所基准管理局尤为关注持续监督调查过程，以确保报告数字的真实性。2008年，英国银行家协会对收集和处理LIBOR数据的方式进行了集中调查，但最终选择不做任何改变。

从彭博社、互动数据公司（Interactive Data Corporation）和汤森路透等经过授权的发布商处可以获得许多货币的LIBOR历史信息。①

我们已经讨论过普通利率互换的定价和估值。我们也简要讨论了基差互换，这是双方支付浮动利率的互换。一种常见的基差互换是一方支付国库券利率，另一方支付LIBOR。正如我们指出的，支付LIBOR的一方总是支付较高的利率，因此需要用固定利差来补偿。为了对该互换定价，让我们加入利差，使按国库券利率支付的金额现值等于按LIBOR支付的金额现值。

> 基差互换的定价方法是将较高利率加上一个利差，或用较低利率减去一个利差，该利差是基于其中一个利率的普通互换的固定利率与基于另一个利率的普通互换的固定利率之差。

考虑以下情况：

互换1：

支付国库券利率

收取根据国库券期限结构得到的固定利率

互换2：

支付根据LIBOR期限结构得到的固定利率

收取LIBOR

互换1加上互换2等于：

支付国库券利率、收取LIBOR，并支付LIBOR固定利率与国库券固定利率之差的互换

因此，支付国库券利率并收取LIBOR的基差互换还需要支付LIBOR固定利率与国库券固定利率之差。从逻辑角度看，这是有道理的：LIBOR大于国库券利率，因此收取LIBOR的一方必须放弃某些利益。表11.4说明了该互换的定价，其中，我们用国库券期限结构和LIBOR期限结构为互换定价。这些固定利率之间的利差就是基差互换的利差。

> 基差互换的价值是通过确定两笔浮动利率支付金额之差确定的，假设两者的下一笔浮动利率支付均已知，且剩余的浮动利率支付和假设的名义金额的价值在下一个支付日期等于面值。

① 见 https：//www.theice.com/iba_technical_access.jhtml。

表 11.4　　　　　　　　　　　基差互换的定价

假设某个 1 年期互换每半年支付一次，支付国库券利率，并收取 LIBOR 减去某个基于天数/360 的利差，假设每月为 30 天。名义金额为 5 000 万美元。期限结构如下：

期限	LIBOR	贴现债券价格
180 天	7.01%	$B_0(180)=1/[1+0.0701\times(180/360)]=0.9661$
360 天	7.21%	$B_0(360)=1/[1+0.0721\times(360/360)]=0.9327$
期限	国库券利率	贴现债券价格
180 天	5.05%	$B_0(180)=1-0.0505\times(180/360)=0.9748$
360 天	5.95%	$B_0(360)=1-0.0595\times(360/360)=0.9405$

注意，国库券贴现系数是用贴现法确定的，而 LIBOR 贴现系数是用附加法确定的。正如我们在前面的章节中所见，这是两个市场上的惯例。

解出 LIBOR 固定利率，得到：

$$R=\frac{360}{180}\times\frac{1-0.9327}{0.9661+0.9327}=0.0709$$

解出国库券固定利率，得到：

$$R=\frac{360}{180}\times\frac{1-0.9405}{0.9748+0.9405}=0.0621$$

因此，利差为 0.070 9－0.062 1＝0.008 8。因此，在该互换中，支付国库券利率的一方将多支付 88 个基点，或支付 LIBOR 的一方将少支付 88 个基点。我们假设支付 LIBOR 的一方支付 LIBOR 减去 88 个基点。

现在，假设我们来到互换开始 3 个月后，并希望得到它的价值。表 11.5 显示了在互换期限内如何评估基差互换的价值。

表 11.5　　　　　　　　在基差互换的期限内为其估值

假设某个互换如表 11.4 所示，现在是该互换开始 90 天后。新的期限结构如下：

期限	LIBOR	贴现债券价格
90 天	7.20%	$B_{90}(90)=1/[1+0.072\times(90/360)]=0.9823$
270 天	7.35%	$B_{90}(270)=1/[1+0.0735\times(270/360)]=0.9478$
期限	国库券利率	贴现债券价格
90 天	5.30%	$B_{90}(90)=1-0.053\times(90/360)=0.9868$
270 天	6.20%	$B_{90}(270)=1-0.062\times(270/360)=0.9535$

通过贴现下一笔支付金额加上下一个支付日期的支付金额的面值，可以得到浮动国库券利率支付的现值，如我们所见，它是浮动利率债券在下一个支付日期的市场价值。下一笔支付将基于 5.05%的利率，因为它是互换开始时的 180 天期利率：

$$[1+0.0505\times(180/360)]\times0.9868=1.0117167$$

下一笔 LIBOR 支付的利率为 7.01%减去利差 0.008 8，得到 0.061 3。因此，LIBOR 支付的现值为：

$$[1+0.0613\times(180/360)]\times0.9823=1.0124075$$

于是，支付国库券利率、收取 LIBOR、名义金额为 1 美元的互换价值为：

$$1.0124075-1.0117167=0.0006908\text{ 美元}$$

因此，名义金额为 5 000 万美元的互换价值为：

$$50000000\times0.0006908=34540\text{ 美元}$$

11-1c 利率互换策略

> 普通利率互换主要用于将浮动利率贷款转换为固定利率贷款，以及将固定利率贷款转换为浮动利率贷款。

现在让我们回到本章开头使用的例子。前面曾经提到，一家名为 XYZ 的公司进行了支付固定利率并收取浮动利率的互换。现在，我们想知道为什么 XYZ 公司会做这笔交易。假设现在是 12 月 15 日。XYZ 公司有一笔 1 年期浮动利率贷款，利率为 LIBOR 加上 100 个基点。支付日期为 3 月 15 日、6 月 15 日、9 月 15 日和 12 月 15 日，利息是根据该期实际天数除以 360 计算出来的。如果 XYZ 公司更喜欢固定利率贷款，那么只需进行我们介绍的互换就能轻松将浮动利率贷款转换为固定利率贷款。前面曾经提到，在那笔互换中，XYZ 公司支付 7.5%的固定利率并收取 LIBOR。图 11.4 显示，该互换的效果是，XYZ 公司支付 8.5%的固定利率，它包括 7.5%的互换固定利率加上 100 个基点的利差，后者是浮动利率贷款与 LIBOR 的利差。

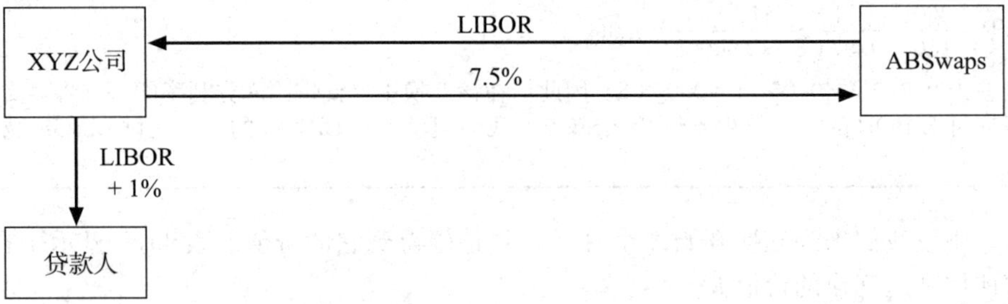

图 11.4 用普通利率互换将浮动利率贷款转换为固定利率贷款

当然，你可能想知道为什么 XYZ 公司不是首先借入固定利率贷款。原因之一是，公司倾向于以浮动利率借款，因此银行更愿意提供浮动利率贷款。银行往往对固定利率贷款收取小额溢价。此外，如果 XYZ 公司借入浮动利率贷款并将其互换为固定利率贷款，那么它将承担一定的信用风险，因为 ABSwaps 可能违约。如果 XYZ 公司借入固定利率贷款，则不用承担信用风险，因为它没有权利收取任何款项。承担信用风险可能省下一些钱。当然，ABSwaps 可能违约，而 XYZ 公司仍然必须向贷款人支付浮动利息。节省成本是以承担 ABSwaps 的违约风险为代价的。

本例是最常见的利率互换应用，尤其经常被公司应用。事实上，它可能是最常见的金融交易之一。很容易看出，互换还可以用来将固定利率贷款转换为浮动利率贷款。公司经常进行这类交易，将其固定利率-浮动利率借款组合调整为更理想的水平。在这些交易中，一部分（即使不是大部分）是在预期利率将发生变化时进行的。但无论原因如何，普通利率互换加上固定利率债券（贷款）或浮动利率债券（贷款）都是一种广泛使用的金融策略。

基差互换经常用于投机。在上例中，LIBOR 和国库券互换利率之间的利差为 88 个基点。一方可能认为，利差将由于全球经济中的信用风险发生变化而扩大或缩小，基差互换可以用来对这种情况进行投机。同理，基差互换也可以用来对冲全球经济中一般信用风险水平的变化。这种策略可能对持有高信用风险债券组合的一方有用，因为他担心全球经济中信用质量恶化的影响。然而，正如我们将在第 14 章看到的，存在在管理信用风险方面的效果好得多的信用衍生产品。

指数递减互换 **指数递减互换**（index amortizing swap）是名义金额随时间的推移而减少的互换。这种互换通常被用在一方持有的另一个头寸的名义金额按计划逐渐减少时，最常见的例子就是抵押贷款。当房主借入抵押贷款时，贷款余额根据固定时间表逐渐减少。然而，房主几乎总可以选择提前还款并对抵押贷款进行再融资。当利率下降时，更多房主将做出这种选择。由于抵押贷款持有者的收入流将降为零，且必须以较低利率重新投资预付本金，从而遭受损失。在指数递减互换中，名义金额按照时间表减少，该时间表规定，如果利率下降，递减速度将加快，这导致互换的名义金额的表现非常类似于抵押贷款的名义金额。这种互换有许多变形。

> 指数递减互换是名义金额随时间的推移而减少的互换。当利率减少时，递减速度将加快。该特征旨在反映抵押贷款或用互换对冲的另一笔相似贷款可能产生的提前还款。

基于抵押贷款的证券已经成为常用工具，且通常被归类为衍生产品。我们将在第13章讨论它们。

差额互换 **差额互换**（diff swap）是基于两国利率，但用一种货币进行支付的利率互换。例如，一家美国公司可能担心德国利率将相对于美国利率上升。它可以买入以欧元计价的浮动利率债券并卖出以美元计价的浮动利率债券来对冲该头寸，然而，这将使该公司承担不必要的汇率风险。或者，该公司也可以进行差额互换，在这种互换中，它收取德国利率并支付美国利率，所有支付均以美元进行。因此，如果德国利率相对于美国利率上升，则互换将导致向该公司支付美元净额。显然，交易商进行这种互换将产生汇率风险，并可能将对冲该风险的成本转嫁给对方，但交易商应该可以用非常低的成本进行交易。

> 差额互换是双方根据不同国家的利差支付利息，但双方以相同货币进行支付的互换。这让双方可以对不同国家的相对利率变化进行投机或对冲，而不必承担汇率风险。

显然，这种互换就是货币对冲基差互换。如果一国的利率始终高于另一国的利率，就会出现利差，它类似于事先约定的基差互换的利差。

固定期限互换 **固定期限互换**（constant maturity swap）类似于普通互换或基差互换。一方支付LIBOR等浮动利率，另一方支付其他浮动利率，该浮动利率为期限长于互换结算期的证券的收益率。换言之，如果互换每6个月结算一次，那么一方将支付期限长于6个月的证券的收益率。通常，它是期限为2～5年的证券的收益率。在以美元计价的互换中，该利率通常被称为固定期限国债（constant maturity treasury，CMT）利率。**CMT利率**（CMT rate）是其期限最接近于相关证券期限的美国中期国债的收益率。当然，并不总是存在恰好具有理想期限的中期国债。然而，在这种情况下，双方同意在其期限略长于理想期限的证券和略短于理想期限的证券的利率之间通过插值确定CMT利率。此外，美联储还将公布其对常用CMT利率的估计。

> 固定期限互换是一方支付固定利率或短期浮动利率，另一方支付与中期国债收益率挂钩的浮动利率的互换。该证券通常被称为固定期限国债，其期限通常长于互换结算期。

举例来说，假设有一个3年期互换，每半年支付一次，一方支付6个月期LIBOR，另一方支付5年期美国中期国债的CMT利率。这是基差互换的变形，因为两个利率都是浮动利率。根据期限结构的形状，也可能由支付较低利率的一方支付利差。固定期限互换还可能由一方支付固定利率，另一方支付 CMT 利率。显然，这是普通互换的变形，其中浮动利率的期限长于基于 LIBOR 的标准普通互换的期限。

该观察结果引出了一个重要的套利关系。如果一方进行支付 LIBOR 并收取 CMT 利率的互换，而另一个互换为支付 CMT 利率并收取固定利率，那么净结果是支付 LIBOR 并收取固定利率的普通互换。固定利率将反映基于 CMT 利率-固定利率互换的固定利率以及基于 CMT 利率- LIBOR 互换的利差。

固定期限互换各方显然担心期限结构形状的变化。例如，当短期利率的升降幅度小于中期利率的升降幅度时，一方就可能遭受损失，它可以进行收取 LIBOR 并支付 CMT 利率的互换。

正如 LIBOR 被广泛用作短期利率指标，CMT 利率也被广泛用作中期利率指标。所以，CMT 利率是其他许多类型的衍生产品（包括利率上限和利率下限）的基础利率。

这些例子旨在让你基本熟悉最常见的普通互换的变形，实际存在的变形种类远多于这里介绍的。此外，其中许多利率互换的变形也可能与商品互换、货币互换和股权互换一起使用。如果你熟悉了我们介绍过的内容，就能得心应手地处理未来可能遇到的其他类型的互换。

联系现实

美国市政融资与利率互换

美国的市政融资具有几个非常独特且令人深思的性质。美国的市政府通常能以免税利率借款，也就是说，市政债券投资者不需要对合格市政债券支付的利息缴纳所得税。因此，市政府可以按显著低于现行应税利率的利率借款。这项免税措施，加上将支出推迟到未来的政治偏好，使 2010 年底的市政债券市场规模发展到 3 万亿美元。

出于多种原因，美国市政府推出了结构性融资策略，即以免税短期浮动利率借入资金（基于与 AAA 级 SIFMA 互换指数的利差的 7 天期免税利率），并进行收取 67％的 3 个月期 LIBOR、支付固定利率的利率互换。67％这个数字是根据将这些市场上的隐含所得税税率估计为 33％得出的。因此，该定价使免税 SIFMA 互换指数利率和 67％的 3 个月期 LIBOR（税后）对边际投资者而言无差异。

这种策略的想法是，该结构性融资交易将降低市政府的整体固定利率。显然，这种结构有很多问题。首先，基于 SIFMA 互换指数的浮动利率是基于 7 天期浮动利率活期债务。每 7 天，这种债券的投资者就可以要求收回资金。因此，在危机中，投资者将离场，这要求市政府在发生危机时立即筹集资金，或向愿意发放贷款的流动性提供者提前付款。流动性提供者通常有合同条款和条件的保护，以避免在许多危机情况下发放贷款。

其次，SIFMA 互换指数利率与 67％的 3 个月期 LIBOR 之间存在基差风险。SIFMA 互换指数利率为 7 天期，作为参考的 LIBOR 通常为 3 个月期，这产生了期限风险。此外，当市场处于危机时，市政府的借款利率将远远高于基准 AAA 级 SIFMA 互换指数利率。

再次，流动性提供者和互换提供者面临潜在的信贷风险。2008 年信贷危机期间，部分流动性提供者因自身信贷危机而未能履行债务。此外，市政府了解到，根据多项合同契约条款，流动性提供者不必履行其义务。例如，假设某项契约条款是基于市政府的信用等级，如果该市政府的信用等级跌至 BB 级以下，该流动性提供者就不必向市政府提供贷款，尽管市政府已支付了多年服务费。

最后，这种特殊结构经常导致对利率敏感的市政资产（通常期限很短）和对利率敏感的市政负债（通常期限很长）之间存在成本高昂的错配。过去，市政市场上的收益率曲线要陡峭得多。因此，这种利率敏感错配对于市政府来说成本尤为高昂。

对于风华正茂的专业人士来说，为市财政部门服务将获得丰厚回报，尤其是当他们成功帮助市政府解决这些复杂问题时。他们必须具备强大的量化分析能力、精明的政治手腕和刚正的道德品质。例如，1997—2008 年间，亚拉巴马州杰斐逊县由于缺少合格敬业的市财政专业人才导致了 20 多起重罪、数十亿美元的市政投资者损失，并在未来多年对亚拉巴马州杰斐逊县及其周边地区产生了不利的经济影响。

尽管利率互换比货币互换应用更广泛，但货币互换实际上是更一般的工具。这意味着，正如我们将看到的，利率互换只是货币互换的特例。

11-2 货币互换

如前所述，货币互换是双方之间进行的一系列支付，其中双方的支付金额用不同币种表示。[①] 这些支付实际上相当于利息支付，因为计算它们时假设按特定名义金额支付利息。然而，在货币互换中有两个名义金额，分别用两种货币表示。此外，在货币互换中，可以根据双方意愿在互换期期初或期末交换名义金额。由于货币互换采用不同货币支付，因此通常不会进行净额结算，而是甲方向乙方支付，乙方向甲方支付。[②]

> 货币互换是双方同意交换一系列不同货币的利息支付的互换，其中任何一笔支付可能是固定利率，也可能是浮动利率。

11-2a 典型货币互换的结构

假设美国公司雷斯顿技术（Reston Technology，以下简称雷斯顿）和交易商全球互换（Global Swaps，Inc.，GSI）进行了一笔货币互换。现在，我们不关心雷斯顿为什么要进行这笔互换，我们将在后面讨论进行货币互换的动机。假设雷斯顿与 GSI 进行了货币互换，雷斯顿将基于 1 000 万欧元的名义金额，以 4.35％的年利率向 GSI 支付欧元利息，每半年付息一次。GSI 将基于 980.4 万美元的名义金额，以 6.1％的年利率向雷斯顿支付美元利息，每半年付息一次，为期两年。双方将在交易开始和结束时交换名义金额。因此，发生了以下交易：

在互换开始日期有：

- 雷斯顿向 GSI 支付 980.4 万美元
- GSI 向雷斯顿支付 1 000 万欧元

每半年付息一次，为期两年，有：

- 雷斯顿向 GSI 支付 0.043 5×(180/360)×10 000 000＝217 500 欧元

---

① 重要的是，不应将它与另一种名称类似的交易混淆。在外汇市场上，一个远期合约多头和另一个基于相同货币、不同到期日的远期合约空头的互换被称为外汇互换。因此，这种交易类似于期货价差。外汇互换和货币互换是完全不同的交易，但名称类似。我们不会介绍外汇互换，但通过我们介绍的期货价差，可以明显看出它们之间的相似性。

② 2002 年，CLS 国际银行开始作为货币清算银行经营，目标是允许各方对所有类型的货币交易进行净额支付。如果该银行成功吸引到用户，货币互换将普遍采用净额结算，从而降低信用风险。

● GSI 向雷斯顿支付 0.061×(180/360)×9 804 000＝299 022 美元

在互换终止日期有：

● 雷斯顿向 GSI 支付 1 000 万欧元

● GSI 向雷斯顿支付 980.4 万美元

图 11.5 从雷斯顿的角度说明了这些现金流。请注意，这一系列现金流类似于雷斯顿发行 1 000 万欧元的欧元债券，获得发行收入，并购买 980.4 万美元的美元债券。在这两年中，雷斯顿支付欧元，并收取美元。两年后，雷斯顿偿还 1 000 万欧元本金，并收到 980.4 万美元本金。当然，雷斯顿实际上并未发行欧元债券或购买美元债券，它进行的是互换，但互换的支付与债券交易的支付相同。这对于了解货币互换如何定价很重要。

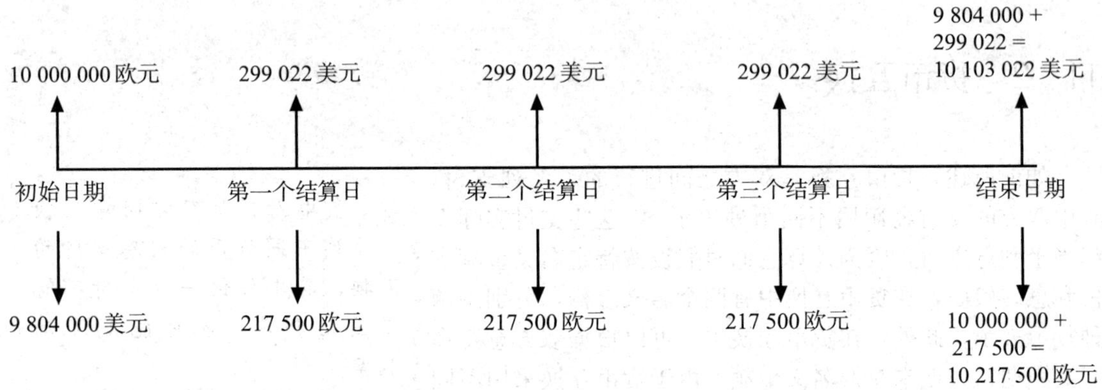

图 11.5　从雷斯顿技术公司的角度看货币互换的现金流

请注意，最初交换的名义金额是用 1 000 万欧元交换 980.4 万美元。因为我们说过，互换开始时的价值通常为零，因此互换开始时的汇率为 0.980 4 美元/欧元。当然，在交易期限结束时，将用相同的 1 000 万欧元交换 980.4 万美元，但那时的汇率几乎肯定不是 0.980 4 美元/欧元。这种汇率风险给双方带来了收益和损失，这是决定互换价值的重要因素。

在该互换中，两组支付都是固定利率，但它们也可能都是浮动利率，或者一组为固定利率，另一组为浮动利率。如果使用浮动利率，那么美元浮动利率可能是 LIBOR，欧元浮动利率可能是 Euribor，后者是银行在德国法兰克福——欧盟的金融中心——互相贷款的利率。

我们必须了解，利率互换和货币互换之间存在某些重要关系。前面曾经提到，货币互换有四种类型：(1) 以固定利率支付两种货币；(2) 以浮动利率支付两种货币；(3) 以浮动利率支付第一种货币，以固定利率支付第二种货币；(4) 以浮动利率支付第二种货币，以固定利率支付第一种货币。沿用两种货币分别为美元和欧元的例子，图 11.6 说明了如何将货币互换合并为等价的利率互换。我们可以将两个货币互换合并为普通利率互换，同样，我们也可以将货币互换和利率互换合并为另一个货币互换。考虑图 11.6 中的第一个组合。假设我们将合并支付欧元固定利率、收取美元固定利率的互换与支付美元固定利率、收取美元浮动利率的利率互换，这将产生支付欧元固定利率、收取美元浮动利率的货币互换。图 11.6 所示的关系就像一个代数公式。将交易移至公式另一侧时，可以将“支付”改为“收取”，重新整理各项，反之亦然。

然而，利率互换和货币互换之间最重要的关系或许很简单，即利率互换不过是一方支付浮动利率、另一方支付固定利率，但两种货币相同的货币互换。因此，货币互换远比利率互换更为一般。货币互换包含利率互换，后者是前者的特例。

支付欧元固定利率 收取美元固定利率	+	支付美元浮动利率 收取欧元固定利率	=	支付美元浮动利率 收取美元固定利率
支付欧元固定利率 收取美元浮动利率	+	支付美元浮动利率 收取欧元浮动利率	=	支付欧元固定利率 收取欧元浮动利率
支付欧元浮动利率 收取美元浮动利率	+	支付美元固定利率 收取欧元浮动利率	=	支付美元固定利率 收取美元浮动利率
支付欧元浮动利率 收取美元固定利率	+	支付美元固定利率 收取欧元固定利率	=	支付欧元浮动利率 收取欧元固定利率

图 11.6　用货币互换创建利率互换

11-2b　货币互换的定价和估值

货币互换是有两组现金流的交易，其中一组以某种货币支付，另一组以另一种货币支付。每组现金流基于不同名义金额，可能依据固定利率，也可能依据浮动利率。为了确定货币互换的价值，我们必须得出两组现金流的现值，并用同一种货币表示它们。然后，用现金流入的价值减去现金流出的价值。

首先，假设有某个用美元和欧元进行支付的货币互换。设美元名义金额为 $NP^{\$}=1$，欧元名义金额为 $NP^{€}$，但最初未规定金额大小。由于互换开始时价值应为零，因此 $NP^{€}$与 $NP^{\$}$ 的关系为当前汇率。设 S_0 为汇率，以美元/欧元表示，于是每一美元名义金额为：

$$NP^{€}=1/S_0$$

在普通利率互换中，我们不交换名义金额。① 在货币互换中，交换名义金额是完全正常的。双方在开始时交换 $NP^{\$}$ 和 $NP^{€}$，该交换没有价值，因为这两个金额相等。在互换期限结束时，双方进行反向交换。然而，此时的汇率不太可能是 S_0，所以交换价值不等。在某些货币互换中，不交换名义金额。在这里的例子中，我们假设交换名义金额。之后，我们将讨论不交换名义金额的情况。

对于用美元和欧元支付固定金额的互换，我们首先需要确定美元的固定利率，它将使支付现值等于名义金额，即 1 美元。幸运的是，我们已经知道该利率，因为我们为普通利率互换定价时确定了该利率。简单来说，它就是使用美元期限结构的普通互换的固定利率。我们将该利率表示为 $R^{\$}$ 。

现在，我们需要确定使欧元固定支付的现值等于名义金额 $NP^{€}$的欧元固定利率。当然，我们还没有确定 $NP^{€}$。但首先要指出，如果我们构建了名义金额为 1 欧元的普通互换，就能按照计算美元固定利率的方法算出欧元固定利率。我们只需使用欧元期限结构。用 $R^{€}$表示该利率，根据该利率，欧元固定支付的现值为 1 欧元。用利率 $R^{€}$贴现欧元支付，然后乘以名义金额$NP^{€}$，即可得到实际互换的欧元支付价值。

① 不过，请记住，我们假设交换相等的名义金额，使两组现金流分别等于固定利率债券的现金流和浮动利率债券的现金流，从而允许我们将互换作为一种债券多头和另一种债券空头的组合来估值。

如果每组支付都是依据浮动利率，就可以使用与普通利率互换相同的方法计算出它们的现值。我们贴现下一笔浮动利率支付，这是已知的，因为它已经确定，下一个支付日期的互换价值同样是已知的，它为名义金额 1 美元或 1 欧元。获得两组不同货币支付的价值之后，再将每个价值乘以名义金额，从而转换为同一种货币。

> 为货币互换定价意味着计算两种货币的固定利率，这些固定利率分别为这两种货币的普通互换的固定利率。此外，必须令它们的名义金额相同，方法是用当前汇率计算一单位名义金额用另一种货币表示时的价值。

现在让我们解答一个问题。回想我们之前讨论的雷斯顿- GSI 互换。表 11.6 列出了美元和欧元的期限结构，并解出了两种货币的普通互换的固定利率。前面曾经提到，我们希望进行每半年支付一次的两年期货币互换。

表 11.6　　解出两种货币的固定利率

期限结构、贴现债券价格和互换固定利率的结果如下所示		
期限	美元利率	贴现债券价格
180 天	5.5%	$B_0^{\$}(180)=1/[1+0.055\times(180/360)]=0.973\,2$
360 天	5.5%	$B_0^{\$}(360)=1/[1+0.055\times(360/360)]=0.947\,9$
540 天	6.2%	$B_0^{\$}(540)=1/[1+0.062\times(540/360)]=0.914\,9$
720 天	6.4%	$B_0^{\$}(720)=1/[1+0.064\times(720/360)]=0.886\,5$
美元普通利率互换的固定利率为：$R^{\$}=\frac{360}{180}\times\frac{1-0.886\,5}{0.973\,2+0.947\,9+0.914\,9+0.886\,5}=0.061$		
期限	欧元利率	贴现债券价格
180 天	3.8%	$B_0^{€}(180)=1/[1+0.038\times(180/360)]=0.981\,4$
360 天	4.2%	$B_0^{€}(360)=1/[1+0.042\times(360/360)]=0.959\,7$
540 天	4.4%	$B_0^{€}(540)=1/[1+0.044\times(540/360)]=0.938\,1$
720 天	4.5%	$B_0^{€}(720)=1/[1+0.045\times(720/360)]=0.917\,4$
欧元普通利率互换的固定利率为：$R^{€}=\frac{360}{180}\times\frac{1-0.917\,4}{0.981\,4+0.959\,7+0.938\,1+0.917\,4}=0.043\,5$		

我们在表 11.6 中看到，美元普通利率互换的利率为 6.1%，而欧元普通利率互换的利率为 4.35%。[①] 因此，以 6.1%的利率贴现假设的名义金额为 1 美元的美元支付，得出其现值为 1 美元。以 4.35%的利率贴现假设的名义金额为 1 欧元的欧元支付，得出其现值为 1 欧元。这是我们在雷斯顿- GSI 互换中使用的利率。

前面曾经提到，雷斯顿- GSI 互换的名义金额为 980.4 万美元和 1 000 万欧元。因此，当前

① 这里，我们再次假设货币互换没有保证金要求，不进行集中清算，没有第三方担保。然而，我们假设违约风险非常小，可以忽略不计。

汇率必须为 0.980 4 美元/欧元。由于以 6.1%的利率贴现名义金额为 1 美元的美元支付得到的现值为 1 美元，因此以 6.1%的利率贴现名义金额为 980.4 万美元的美元支付得到的现值为 980.4 万美元。以 4.35%的利率贴现名义金额为 1 欧元的欧元支付得到的现值为 1 欧元，因此以 4.35%的利率贴现名义金额为 1 000 万欧元的欧元支付得到的现值为 1 000 万欧元。将 1 000 万欧元兑换成美元，得到 10 000 000×0.980 4＝9 804 000 美元，这是美元名义金额。因此，用两个利率、汇率和两个名义金额可以列出交易开始时两笔支付流的现值关系式。

如果两组支付都是依据浮动利率，我们就不必解出固定利率，且可以确定支付现值等于一单位给定货币的名义金额。我们介绍过利率互换，知道只要使用适当的固定利率，浮动支付的现值就等于固定支付的现值。

尽管互换价值在开始时为零，但互换开始后，其价值将发生变化。计算货币互换的价值时，需要计算每单位名义金额的两组支付流的现值。我们为利率互换估值时也是这样做的。然后，我们用实际外国名义金额调整外币支付的价值，用新的汇率将其换算成本币。表 11.7 说明了这一点，互换开始 3 个月后，新的汇率为 0.979 0 美元/欧元。正如这个实际互换，除了计算固定利率支付的现值，我们还要计算浮动利率支付的现值，以便分析支付依据浮动利率时的互换价值。

> 计算货币互换的价值时，需要确定每种货币的支付流价值，并根据不同的名义金额换算为同一种货币。

表 11.7　在货币互换的期限内为其估值

雷斯顿- GSI 互换开始 3 个月后，新的期限结构和零息债券的美元价格如下所示

期限	美元利率	贴现债券价格
90 天	5.7%	$B^{\$}_{90}(90)=1/[1+0.057\times(90/360)]=0.986\ 0$
270 天	6.1%	$B^{\$}_{90}(270)=1/[1+0.061\times(270/360)]=0.956\ 3$
450 天	6.4%	$B^{\$}_{90}(450)=1/[1+0.064\times(450/360)]=0.925\ 9$
630 天	6.6%	$B^{\$}_{90}(630)=1/[1+0.066\times(630/360)]=0.896\ 5$

美元固定利率支付 0.061×(180/360) 与 1 美元名义金额的现值之和为：

$$0.061\times\frac{180}{360}\times(0.986\ 0+0.956\ 3+0.925\ 9+0.896\ 5)+1.0\times0.896\ 5=1.011\ 323\ 35$$

如果互换为浮动利率支付，那么美元浮动利率支付的现值计算方法是用最初的 180 天期浮动利率（5.5%）贴现下一笔浮动利率支付，加上下一个支付日期的浮动利率债券市场价值，得到：

$$\left(1.0+0.055\times\frac{180}{360}\right)\times0.986\ 0=1.013\ 115$$

欧元的新期限结构和贴现债券价格如下

期限	欧元利率	贴现债券价格
90 天	3.9%	$B^{€}_{90}(90)=1/[1+0.039\times(90/360)]=0.990\ 3$
270 天	4.3%	$B^{€}_{90}(270)=1/[1+0.043\times(270/360)]=0.968\ 8$
450 天	4.5%	$B^{€}_{90}(450)=1/[1+0.045\times(450/360)]=0.946\ 7$
630 天	4.6%	$B^{€}_{90}(630)=1/[1+0.046\times(630/360)]=0.925\ 5$

欧元固定利率支付 0.043 5×(180/360) 与 1 欧元名义金额的现值之和为：

$$0.0435\times\frac{180}{360}\times(0.9903+0.9688+0.9467+0.9255)+1.0\times0.9255=1.00883078$$

如果支付为浮动利率支付，则欧元支付现值的计算方法是用最初的 180 天期浮动利率（3.8%）贴现下一笔浮动利率支付，加上下一个支付日期的浮动利率债券市场价值，得到：

$$\left(1.0+0.038\times\frac{180}{360}\right)\times0.9903=1.0091157$$

表 11.7 中计算的价值为名义金额为 1 美元或 1 欧元的支付流的价值。假设这是标准情况。现在，我们必须计算互换中实际名义金额的价值。

名义金额为 980.4 万美元的美元固定利率支付的价值为：

9 804 000×1.011 323 35=9 915 014 美元

如果美元支付依据浮动利率，则 980.4 万美元名义金额的价值为：

9 804 000×1.013 115=9 932 579 美元

名义金额为 1 000 万欧元的欧元固定利率支付的价值为：

10 000 000×1.008 830 78=10 088 308 欧元

如果欧元支付依据浮动利率，那么 1 000 万欧元名义金额的价值为：

10 000 000×1.009 115 7=10 091 157 欧元

要确定货币互换的价值，最后还要做两件事。首先，我们必须将两组现金流的价值转换为用同一种货币表示的价值，然后对这两个金额轧差。通常，我们更愿意转换为互换估值方角度的本币。实际互换是雷斯顿支付欧元固定利率，并收取美元固定利率。以 0.979 0 美元/欧元的汇率计算，互换的美元价值为：

9 915 014−10 088 308×0.979 0=38 560 美元

由于我们有所需的信息，所以可以确定雷斯顿可能进行的其他互换的价值。如果互换为支付欧元固定利率、收取美元浮动利率，则互换价值为：

9 932 579−10 088 308×0.979 0=56 125 美元

如果互换为支付欧元浮动利率、收取美元固定利率，则互换价值为：

9 915 014−10 091 157×0.979 0=35 771 美元

如果互换为支付欧元浮动利率、收取美元浮动利率，则互换价值为：

9 932 579−10 091 157×0.979 0=53 336 美元

请注意，货币互换的价值受两国利率变化和汇率变化的影响。但不管其决定因素如何，货币互换的价值都是在考虑名义金额的基础上，将支付转换为用同一种货币表示，然后用一组支付流的现值减去另一组支付流的现值。

11-2c　货币互换策略

我们讨论了雷斯顿-GSI互换，而没有解释为什么雷斯顿可能希望进行互换。现在让我们来看雷斯顿进行这种交易的可能动机。

雷斯顿是弗吉尼亚州北部科技走廊上的一家知名互联网公司。假设它正计划将业务扩展到欧洲，为此，该公司需要借入1 000万欧元。它希望以固定利率发行债券，每半年付息一次，在两年后还清本金。以0.980 4美元/欧元的当前汇率，雷斯顿需要借入980.4万美元，并将这笔钱兑换为欧元。然而，其业务扩展将产生欧元现金流，因此它希望以欧元支付利息。

> 货币互换主要被用于将以一种货币表示的贷款转换为以另一种货币表示的贷款。它还可以用于一方必须将一系列某种货币的未来支付转换为另一种货币的情况。

尽管雷斯顿考虑以欧元借款，但其主要银行有一家子公司，即大型全球衍生产品交易商GSI。GSI建议雷斯顿以美元借款并进行货币互换，将其贷款转换为欧元。具体而言，雷斯顿将在美国市场借款980.4万美元，并与GSI进行货币互换，GSI先向雷斯顿支付1 000万欧元，雷斯顿先向GSI支付980.4万美元。当然，雷斯顿获得了980.4万美元贷款。正如我们之前分析互换时了解到的，GSI将以6.1%的利率向雷斯顿支付美元利息，每半年付息一次，为期两年。雷斯顿将以4.35%的利率向GSI支付欧元利息，每半年付息一次，为期两年。在这两年时间里，雷斯顿将按照美元借款利率向债权人支付利息，每半年付息一次。两年后，GSI将向雷斯顿支付980.4万美元，雷斯顿用其偿还贷款。雷斯顿将向GSI支付1 000万欧元。净结果是雷斯顿发放了美元贷款，但将其转换为欧元贷款。

雷斯顿不太可能以6.1%的互换美元固定利率借入美元，该利率适用于具有高信用质量的位于伦敦的银行。假设雷斯顿的借款利率为6.5%，因此，其贷款利息支付额为9 804 000×[0.065×(180/360)]=318 630美元。整笔交易由互换和贷款组成，如图11.7所示。

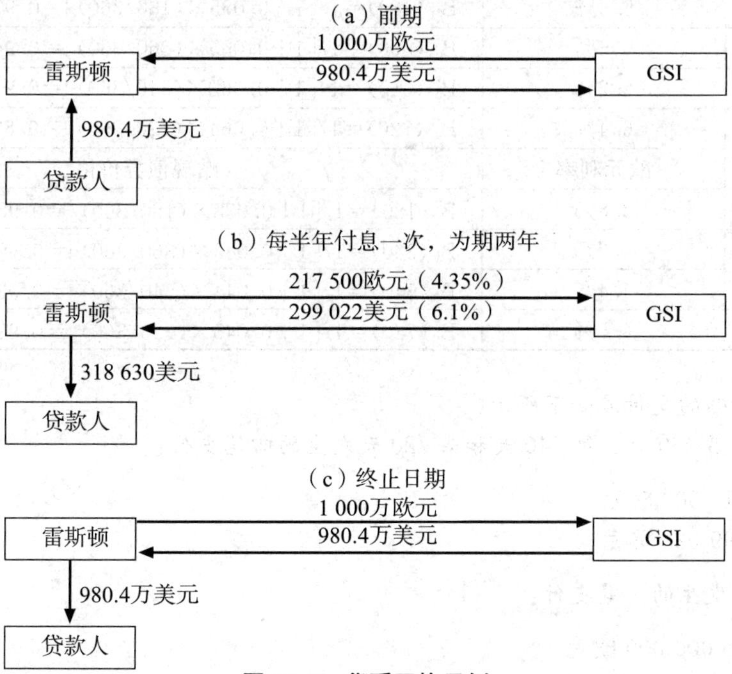

图11.7　货币互换示例

联系现实

将货币互换作为一系列货币远期合约进行估值

在第 2 章和第 9 章中，我们学习了货币远期合约，在这种合约中，一方同意在未来某个日期以某种货币支付特定金额，而另一方同意在相同日期以另一种货币支付特定金额。因此，这意味着双方同意在未来某个日期以固定汇率交换给定金额的两种货币。货币互换类似于货币远期合约，但是它们有重要区别。首先，货币互换是一系列货币交换，而不是一笔交换。因此，货币互换可被视为多个货币远期合约的组合。其次，货币远期合约的价格是根据两国的利率和汇率，从而使远期合约在开始时价值为零的价格。货币互换是指总体价值为零的一系列支付，但各笔支付的价值不一定为零。

让我们来看如何使用我们在本章中讨论的雷斯顿- GSI 货币互换，从而将货币互换视为一系列货币远期合约。前面曾经提到，该互换要求雷斯顿向 GSI 支付欧元利息，并向 GSI 收取美元利息。名义金额为 9 804 000 美元和 10 000 000 欧元，这是根据 0.980 4 美元/欧元的汇率计算出来的。以下再次列出了期限结构和相关信息。前面曾经提到，我们计算出的美元利率为 6.1%，欧元利率为 4.35%。得出的支付金额如下：

美元支付：

$$9\ 804\ 000\times 0.061\times\frac{180}{360}=299\ 022\text{ 美元}$$

欧元支付：

$$10\ 000\ 000\times 0.043\ 5\times\frac{180}{360}=217\ 500\text{ 欧元}$$

期限	美元利率	贴现债券价格
180 天	5.5%	$B_0^{\$}(180)=1/[1+0.055\times(180/360)]=0.973\ 2$
360 天	5.5%	$B_0^{\$}(360)=1/[1+0.055\times(360/360)]=0.947\ 9$
540 天	6.2%	$B_0^{\$}(540)=1/[1+0.062\times(540/360)]=0.914\ 9$
720 天	6.4%	$B_0^{\$}(720)=1/[1+0.064\times(720/360)]=0.886\ 5$
期限	欧元利率	贴现债券价格
180 天	3.8%	$B_0^{€}(180)=1/[1+0.038\times(180/360)]=0.981\ 4$
360 天	4.2%	$B_0^{€}(360)=1/[1+0.042\times(360/360)]=0.959\ 7$
540 天	4.4%	$B_0^{€}(540)=1/[1+0.044\times(540/360)]=0.938\ 1$
720 天	4.5%	$B_0^{€}(720)=1/[1+0.045\times(720/360)]=0.917\ 4$

因此，雷斯顿的支付流如下所示：

第 180 天、第 360 天、第 540 天和第 720 天发生的四笔支付：

支付 217 500 欧元
收取 299 022 美元

在第 720 天发生的一笔支付：

支付 10 000 000 欧元

收取 9 804 000 美元

让我们将这些支付作为远期合约处理，并计算其市场价值。然而，我们需要知道用美元表示的欧元远期汇率。在第 8 章中，我们学习了如何根据以国内利率计算复利并以外国利率贴现的即期汇率，用利率平价计算远期汇率。这些远期汇率如下所示：

第 180 天的远期汇率：

$$0.980\,4\times\frac{1+0.055\times(180/360)}{1+0.038\times(180/360)}=0.988\,6\text{ 美元/欧元}$$

第 360 天的远期汇率：

$$0.980\,4\times\frac{1+0.055\times(360/360)}{1+0.042\times(360/360)}=0.992\,6\text{ 美元/欧元}$$

第 540 天的远期汇率：

$$0.980\,4\times\frac{1+0.062\times(540/360)}{1+0.044\times(540/360)}=1.005\,2\text{ 美元/欧元}$$

第 720 天的远期汇率：

$$0.980\,4\times\frac{1+0.064\times(720/360)}{1+0.045\times(720/360)}=1.014\,6\text{ 美元/欧元}$$

现在，我们将计算互换中隐含的远期合约市场价值。互换包括四笔或五笔支付，这取决于投资者如何看待最后一笔支付。前面曾经提到，最后一笔支付包括一笔利息和一笔名义金额。它们可以合并为一笔，但在这里我们将其作为独立的支付处理。

互换中隐含的远期合约价值如下所示：

第 180 天到期的第一个远期合约：

$$(299\,022-217\,500\times0.988\,6)\times0.973\,2=81\,750\text{ 美元}$$

第 360 天到期的第二个远期合约：

$$(299\,022-217\,500\times0.992\,6)\times0.947\,9=78\,800\text{ 美元}$$

第 540 天到期的第三个远期合约：

$$(299\,022-217\,500\times1.005\,2)\times0.914\,9=73\,550\text{ 美元}$$

第 720 天到期的第四个远期合约：

$$(299\,022-217\,500\times1.014\,6)\times0.886\,5=69\,455\text{ 美元}$$

第 720 天到期的第五个远期合约：

$$(9\,804\,000-10\,000\,000\times1.014\,6)\times0.886\,5=-303\,183\text{ 美元}$$

这些价值之和为 372 美元，它实际上接近零（仅为名义金额的 0.004%），但并不精确为零，因为许多输入值都进行了四舍五入。因此，该互换包括五个隐含的远期合约，前四个价值为正值，最后一个价值为负值，它抵消了前四个合约，实际上使整笔交易的价值为零。通常，如果一方设计了五个货币远期合约，那么这些合约的利率将根据各自的期限结构和远期汇率设定。在货币互换中，隐含的远期合约被视为利率相同的一组支付。货币互换比一组货币远期合约更有效率，因为它将五笔交易组合为一笔交易。

尽管雷斯顿可以借入欧元，但不太可能获得与美元借款一样优惠的条件，也无法利用与GSI的关系节省将美元兑换成欧元的费用。GSI是一家大型全球银行的子公司，可以利用其关系、声誉和专业知识代表雷斯顿在国际市场上操作。GSI将对冲其承担的任何风险。

雷斯顿通过借入美元并将其转换为欧元可能获得比借入欧元更优惠的条件的另一个原因是，它承担了GSI可能违约导致的部分信用风险。如果GSI违约，雷斯顿仍然必须用美元偿还贷款。如果雷斯顿借入欧元，就没有信用风险，因为它不会收到另一方支付的任何金额。由于承担了这种信用风险，雷斯顿可能获得更优惠的利率。

货币互换的另一个可能用途是对冲外国现金流。假设一家公司预期其海外业务将获得一系列等额现金流，正如我们在前几章中讨论的，它可以使用期权、远期或期货来对冲将其兑换为本币的现金流，但是也可以使用互换。在这种情况下，该公司更愿意选择不需要支付名义金额的货币互换。

假设有一家名为FXI的公司，它有一家每年产生2 000万瑞士法郎现金流的瑞士子公司，这笔现金流将在每年最后一天兑换为美元，FXI公司希望对冲在未来5年将其兑换为美元的现金流。在我们之前介绍货币互换时，没有介绍不交换名义金额的货币互换定价。它的定价方法并不太难，只需省略名义金额和远期汇率的计算。假设这种互换的瑞士法郎固定利率为5%，美元固定利率为6%，汇率为0.65美元/瑞士法郎。互换由一系列年支付构成。

如果固定利率为5%，那么为了产生2 000万瑞士法郎的年互换支付，需要20 000 000/0.05=400 000 000瑞士法郎的名义金额。该名义金额换算为美元名义金额为400 000 000×0.65=260 000 000美元。因此，美元互换支付的金额为260 000 000×0.06=15 600 000美元。

FXI公司进行了一笔名义金额为4亿瑞士法郎和2.6亿美元的互换交易。该互换要求FXI公司向交易对手支付400 000 000×0.05=20 000 000瑞士法郎，它来自其子公司的现金流。交易对手将向FXI公司支付260 000 000×0.06=15 600 000美元。因此，FXI公司锁定了瑞士法郎现金流兑换为美元的成本。当然，FXI公司承担了现金流偏离2 000万瑞士法郎的风险，不过，无论是使用互换、期权、远期还是期货，它都将面临风险。

我们在本章学习的第三种互换是股权互换。

11-3 股权互换

在股权互换中，两组现金流中至少有一组是由股票价格、股票投资组合价值或股票指数水平决定的。另一组现金流可以是固定利率或浮动利率（如LIBOR）现金流，也可以由其他股票、股票投资组合或股票指数的价值确定。通过这种方式，股权互换可以替代个股、股票投资组合或股票指数的交易。在本节中，我们将股权基础工具称为股票，它可以代表个股、股票投资组合或股票指数。

> 股权互换是双方同意交换一系列支付，且至少其中一组支付由股票、股票投资组合或股票指数的收益率决定的互换。

股权互换类似于利率互换和货币互换，但它们也有显著区别。一个区别是，互换支付金额是由股票收益率决定的。由于股票收益率可能为负，所以互换支付金额可能为负。也就是说，假设甲方同意向乙方支付基础股票的收益率，假设在给定支付日期，股票收益率为负。那么甲方实际上应支付负收益率，这意味着乙方必须向甲方支付收益率。除非乙方也应支付负收益率，否则乙方最终将同时支付两笔款项。

股权互换不同于利率互换和货币互换的另一点是，股权互换的下一笔支付总是未知的，而利率互换或货币互换的下一笔浮动支付总是已知的，当然，固定支付也总是已知的。然而，在股权互换中，直到结算期结束时才确定股权收益率，当然，这也是应进行支付的日期。

最后，我们应注意，股权互换的股权支付不需要进行任何调整，如天数/360。① 它严格等于给定时期内的股票收益率，因此不需要进行此类调整。

11-3a 典型股权互换的结构

对于一方支付股票收益率、收取固定利率的股权互换，现金流为：

名义金额×(固定利率×q－结算期内的股票收益率)

假设有一家名为 IVM 的投资管理公司，它希望进行股权互换，支付标准普尔 500 总收益率指数的收益率，并收取固定利率。该指数包括股利再投资的影响。② 在安排互换的当天，该指数为 2 710.55 点。互换要求在 360 天内每 90 天支付一次。交易商即金融互换公司（Financial Swaps，FNS）向 IVM 公司提供的固定利率为 3.45%，调整系数为 90 天除以 360。名义金额为 2 500 万美元。支付日期为第 90 天、第 180 天、第 270 天和第 360 天，初始日期为第 0 天。假设 S_0、S_{90} 等为第 0 天、第 90 天等的标准普尔 500 总收益率指数。结算日当天，IVM 公司的现金流将为：

$$25\,000\,000\times\left(0.034\,5\times\frac{90}{360}-\text{结算期内的股票收益率}\right)$$

显然，固定支付金额将为：

$$25\,000\,000\times 0.034\,5\times\frac{90}{360}=215\,625\text{ 美元}$$

表 11.8 举例说明了这种互换中可能发生的支付。请记住，这些是假设的结果，基于对标准普尔 500 总收益率指数变化过程的假设。在互换开始时，互换各方不知道这些支付将是多少。

表 11.8　支付标准普尔 500 总收益率指数的收益率并收取 3.45%的固定利率的股权互换的事后支付

日期	固定利率支付（美元）	标准普尔 500 总收益率指数	基于标准普尔 500 总收益率指数的支付（美元）	净支付（美元）
第 0 天		2 710.55		
第 90 天	215 625	2 764.90	501 282	−285 657
第 180 天	215 625	2 653.65	−1 005 913	1 221 538
第 270 天	215 625	2 805.20	1 427 750	−1 212 125
第 360 天	215 625	2 705.95	−864 518	1 100 143

注：这些日期的上述结果组合只表示无限种可能互换结果之一，它们仅用于说明如何确定支付金额，而非可能的结果。

---

① 当然，如果交易另一方支付固定利息或浮动利息，就需要进行调整（天数/360 或天数/365）。

② 总收益率这个概念表示它包括资本收益和股利。多数标准股票指数只反映成份股的价格，因此，只包括资本收益。

下面来计算第一笔股权支付金额。第 0 天开始互换时，标准普尔 500 总收益率指数为 2 710.55 点。第 90 天，该指数为 2 764.90 点。因此，股权支付为：

$$25\ 000\ 000\times\left(\frac{2\ 764.90}{2\ 710.55}-1\right)=501\ 282\text{ 美元}$$

换言之，该指数的收益率为 2 764.90/2 710.55－1＝0.020 05，即约 2%。乘以 25 000 000 美元（保留所有小数），即得出支付金额为 501 282 美元。因此，对于第一笔支付，IVM 公司应支付 501 282 美元，应收取 215 625 美元，净支付额为－285 657 美元。所以 IVM 公司向交易商支付 285 657 美元。

对于第二笔支付，IVM 公司仍收到 215 625 美元。请注意，标准普尔 500 总收益率指数回落至 2 653.65 点，收益率为 2 653.65/2 764.90－1＝－0.040 2 或－4.02%，相应的金额为 1 005 913 美元。现在，IVM 公司应支付负股票收益率，这意味着交易对手向 IVM 公司进行支付。因此，IVM 公司应收到现金流 215 625－(－1 005 913)＝1 221 538 美元。

当然，IVM 公司也可以将互换设计为收取基于 LIBOR 的浮动利率支付。在这种情况下，除了用第 0 天的 LIBOR 确定第 90 天的利息支付，用第 90 天的 LIBOR 确定第 180 天的利息支付等之外，计算方法类似于前面介绍的方法。报酬公式为：

名义金额×(LIBOR×q－结算期内的股票收益率)

或者，IVM 公司也可以将互换设计为支付标准普尔 500 总收益率指数的收益率，收取另一种股票指数的收益率，即：

名义金额×(一种股票指数的收益率－另一种股票指数的收益率)

假设 IVM 公司希望收取纳斯达克指数的收益率。那么在前例中，它收到的利息支付将被纳斯达克指数的收益率取代，纳斯达克指数的收益率计算方式与标准普尔 500 总收益率指数的相同。当我们分析股权互换策略时，将考察为什么使用这些不同类型的互换。

11－3b 股权互换的定价和估值

现在，让我们来看三种股权互换的定价和估值：涉及股票收益率与固定利率的互换，涉及股票收益率与浮动利率的互换以及涉及某个股票收益率和另一个股票收益率的互换。

首先，我们从支付固定利率、收取股票收益率的互换开始。固定利率表示为 R，名义金额为 1 美元。为了确定互换的价值，我们需要构建一个复制股权互换支付的策略。这很简单，即：

- 投资 1 美元于股票
- 借入面值为 1 美元、利率为 R 的贷款。在每个互换结算日支付利息，并在互换终止日期偿还名义金额。利息支付将根据天数/360 计算

我们将用符号 q 表示天数/360。

现在让我们看看为什么这个策略有效。假设我们执行之前的交易，以复制在第 180 天和第 360 天进行半年一次支付的 1 年期互换。于是有：

- 在第 180 天，我们将有价值 S_{180}/S_0 的股票
- 我们应支付 Rq

假设我们出售股票，只提取收益 S_{180}/S_0-1，它可能为正值也可能为负值。如果收益率为

正的，那么我们有现金流入。如果收益率为负的，那么我们有现金流出。如果算上利息支付，那么总净现金流为 S_{180}/S_0-1-Rq，这正是互换的支付金额。由于我们只从股票销售收入中提取了收益，所以剩下 1 美元，并将其再投资于这只股票。现在继续分析下一期的情况。

在第 360 天，股票价值为 S_{360}/S_{180}。我们偿还 1 美元贷款本金并支付利息 Rq，将股票变现。那么，净现金流将为 $S_{360}/S_{180}-1-Rq$，这恰好是互换的现金流。因此，该策略复制了股权互换。一般来说，对于有 n 笔支付的互换，该策略将花 1 美元购买股票，这被贷款产生的现金流抵消。建立该头寸的总成本就是建立头寸时的头寸价值。

$$1-B_0(t_n)-Rq\sum_{i=1}^{n}B_0(t_i)$$

第一项为 1，即投资于股票的 1 美元。第二项 $-B_0(t_n)$ 为第 t_n 天到期的贷款本金。[①] 第三项，即求和项为每个互换支付日的一系列贷款利息支付 Rq 的现值。

由于建立互换时，互换开始时的价值为零，因此我们将上式设为零并求解 R：

$$R=\left(\frac{1}{q}\right)\left[\frac{1-B_0(t_n)}{\sum_{i=1}^{n}B_0(t_i)}\right]$$

有意思的是，该利率与普通互换的固定利率相同。这是有道理的。互换被设计为令股票支付的现值等于固定利率支付的现值。因为我们最初投资 1 美元于股票，因此股票支付的现值为 1 美元。为了使固定利率支付的现值等于 1 美元，我们只需要按固定利率确定普通互换的支付。表 11.9 显示了如何为 IVM 公司的互换估值。

> 股权互换定价需要计算为获得股票收益率而支付的固定利率。计算该固定利率时，需要使用包括股票和贷款以复制股权互换支付的策略。该固定利率与普通互换的固定利率相同。

表 11.9　为股权互换定价

IVM 公司进行了一笔股权互换，收取固定利率，并支付标准普尔 500 总收益率指数的收益率。该互换为期 1 年，每季度支付一次，用调整系数 90/360 计算利息。期限结构如下：

期限	利率	贴现债券价格
90 天	$L_0(90)=3\%$	$B_0(90)=1/[1+0.03\times(90/360)]=0.9926$
180 天	$L_0(180)=3.2\%$	$B_0(180)=1/[1+0.032\times(180/360)]=0.9843$
270 天	$L_0(270)=3.3\%$	$B_0(270)=1/[1+0.033\times(270/360)]=0.9758$
360 天	$L_0(360)=3.5\%$	$B_0(360)=1/[1+0.035\times(360/360)]=0.9662$

$q=90/360$ 时，$1/q=360/90$，因此固定利率为：

$$R=\frac{360}{90}\times\frac{1-0.9622}{0.9926+0.9843+0.9758+0.9662}=0.0345$$

因此，利率为 3.45%。

① 在这里，我们再次假设股权互换没有保证金要求，不进行集中清算，没有第三方担保。然而，我们假设违约风险很低，可以忽略不计。

现在，让我们考虑希望在互换期限内的哪个时间上确定互换价值。假设该时间在第一个支付日期之前。如果从收取股票收益率、支付固定利率的一方来看，问题将稍微简单一些。在第一个支付日期，我们将收到 S_{90}/S_0-1 的股权支付。我们可以通过购买目前价格为 S_t 的 $1/S_0$ 股股票来复制这笔支付，其成本为 $(1/S_0)S_t$。在下一个支付日期，股票价值将为 $(1/S_0)S_{90}$。[①] 我们卖出这只股票，产生 $(1/S_0)S_t-1$ 的现金流，它可能为正的也可能为负的。剩余的 1 美元将再投资于股票。这样，下一期将产生相同的股权支付。这个过程将在整个互换期限内持续下去，最后剩余 1 美元。因此，为了复制现金流，我们将这样做：

- 投资 $(1/S_0)S_t$ 于股票，这相当于 S_t/S_0。如上所述，进行变现和再投资
- 以利率 R 借入 1 美元贷款，利息在每个互换结算日支付，名义金额在互换终止日期偿还。利息支付将根据 q=天数/360 计算

该策略将复制互换支付，建立该策略的成本为：

$$\frac{S_t}{S_0}-B_t(t_n)-Rq\sum_{i=1}^{n}B_t(t_i)$$

其中，第一项是复制股票现金流必需的股票投资，第二项是在互换终止日期偿还的贷款本金的现值，第三项是在每个互换结算日的支付 Rq 的现值。

> 股权互换的价值为复制互换支付的股票投资组合和贷款的价值。

将该式用于 IVM 公司互换的例子中。假设现在是互换开始后第 60 天，表 11.10 列出了一组新利率和此时的股权互换价值。

表 11.10　股权互换的期间估值

现在是 IVM 公司的互换开始后第 60 天。新的期限结构如下：

期限	利率	贴现债券价格
30 天	$L_{60}(30)=3.50\%$	$B_{60}(30)=1/[1+0.035\times(30/360)]=0.997\ 1$
120 天	$L_{60}(120)=3.75\%$	$B_{60}(120)=1/[1+0.0375\times(120/360)]=0.987\ 7$
210 天	$L_{60}(210)=3.90\%$	$B_{60}(210)=1/[1+0.039\times(210/360)]=0.977\ 8$
300 天	$L_{60}(300)=4.00\%$	$B_{60}(300)=1/[1+0.04\times(300/360)]=0.967\ 7$

股票指数为 2 739.60，因此，每 1 美元名义金额互换的价值为：

$$\frac{2\ 739.60}{2\ 710.55}-0.967\ 7-0.034\ 5\times\frac{90}{360}\times(0.997\ 1+0.987\ 7+0.977\ 8+0.967\ 7)=0.009\ 118\ 54$$

然而，该式是从支付固定利率、收取股票收益率一方的角度来表述的。因此对 IVM 公司而言，实际上为每 1 美元名义金额价值 −0.009 118 54 美元。因此，当名义金额为 2 500 万美元时，互换价值为：

$$25\ 000\ 000\times(-0.009\ 118\ 54)=-227\ 964\text{ 美元}$$

现在假设我们希望进行包含浮动利率支付的股权互换。我们知道，开始时，以利率 R 贴现的固定利率支付（包括名义金额 1 美元）现值为 1 美元，这等于浮动利率支付（包括名义金额）的现值。因此，支付股票收益率、收取浮动利率的互换在开始时价值应为零。为了在互换期限内计算互换的价值，请注意，我们可以通过执行以下操作复制包括浮动利率支付的股权互换：

① 该式表示，股数为 $1/S_0$，每股价值为 S_{90}。

- 进行股权互换，支付股票收益率并收取固定利率
- 进行普通互换，支付固定利率并收取浮动利率

固定利率支付将被抵消，轧差后为支付股票收益率、收取浮动利率的股权互换。我们已经计算出支付股票收益率、收取固定利率的股权互换的价值，为－227 964美元。我们现在只需计算支付固定利率、收取浮动利率的普通互换的价值。我们在本章前面已介绍过这一内容。使用表11.10中的信息，可以得出固定利率支付加上假设的名义金额的价值为：

$$0.034\,5\times\frac{90}{360}\times(0.997\,1+0.987\,7+0.977\,8+0.967\,7)+1.0\times0.967\,7=1.001\,598\,84$$

我们分析利率互换时，曾提到浮动利率支付的价值为下一笔浮动利率支付加上面值1美元的现值。下一笔浮动利率支付的利率为3%。因此，浮动利率支付加上假设名义金额的价值为：

$$\left(1+0.03\times\frac{90}{360}\right)\times0.997\,1=1.004\,578\,25$$

因此，支付固定利率、收取浮动利率的普通互换的价值为：

$$1.004\,578\,25-1.001\,598\,84=0.002\,979\,41$$

因此，名义金额为2 500万美元的互换的价值为：

$$25\,000\,000\times0.002\,979\,41=74\,485\text{ 美元}$$

因此，支付股票收益率、收取浮动利率的股权互换价值为：

$$-227\,964+74\,485=-153\,479\text{ 美元}$$

如果该互换为支付某个股票收益率，并收取另一个股票收益率，那么我们必须制定一种新策略以复制支付。令$S_0(1)$为第0天股票指数1的价值，$S_0(2)$为第0天股票指数2的价值。然后，我们改变下标，以表示互换期限的后续日期。假设我们支付股票指数2的收益率，并收取第180天、第360天等日期股票指数1的收益率。互换的第一笔现金流为$[S_{180}(1)/S_0(1)]-1-[S_{180}(2)/S_0(2)-1]=S_{180}(1)/S_0(1)-S_{180}(2)/S_0(2)$。剩余现金流将以类似方式处理，比如将时间下标从180改为360，等等。

为了复制该互换，我们卖空1美元股票指数2，获得收入，并买入1美元股票指数1。这不需要我们自己出钱。在时间1，我们卖出股票指数1，产生现金$S_{180}(1)/S_0(1)$。我们取得现金收益$[S_{180}(1)/S_0(1)]-1$，并将1美元重新投资于股票指数1。我们通过回购股票来弥补股票指数2的卖空交易，这需要支出$S_{180}(2)/S_0(2)$。然后，我们卖空1美元股票指数2，因此股票指数2交易的净现金流为$-[S_{180}(2)/S_0(2)-1]$。总净现金流为$S_{180}(1)/S_0(1)-S_{180}(2)/S_0(2)$，即互换产生的现金流。现在，我们继续投资1美元于股票指数1，并卖空1美元股票指数2。如果我们继续这样做，将产生互换现金流。由于建立头寸没有成本，因此互换开始时价值为零，这是理所应当的。

为在其期限内的此类互换进行估值非常简单。我们将其作为对一只股票做多并对另一只股票做空的头寸来估值。假设在IVM公司的例子中，我们将IVM公司收取固定利率支付改为IVM公司收取纳斯达克股票指数的收益率。交易开始时，令该指数为1 835.24点。60天后，该指数为1 915.71点。于是，我们可以轻松算出互换价值，它为：

$$\frac{1\ 915.71}{1\ 835.24}-\frac{2\ 739.60}{2\ 710.55}=0.033\ 129\ 74$$

因此，名义金额为 2 500 万美元的互换的价值为：

25 000 000×0.033 129 74=828 244 美元

11-3c 股权互换策略

> 股权互换主要用于执行合成式股权交易。一方不是买入或卖出股票，而是进行股权互换，因此相当于买入或卖出股票而没有真正交易股票本身。

对于股票投资者而言，股权互换是一种有用的策略。支付固定利率、收取股票收益率的股权互换基本上相当于发行固定利率债券，并用这笔收入购买股票。支付浮动利率、收取股票收益率的股权互换基本上相当于发行浮动利率债券，并用这笔收入购买股票。支付某个股票指数的收益率、收取另一个股票指数的收益率的股权互换基本上相当于卖空某只股票，并用这笔收入购买另一只股票。当然，在支付日期需要进行某些交易，所以这些互换策略与购买并持有股票并不完全相同。此外，股权互换所需的支付还使其成为一种使用杠杆购买股票的方式。尽管如此，股权互换仍与股票交易非常相似，因此和几乎所有股权衍生产品一样，它可以作为股票交易的重要替代品。

回顾 IVM 公司的策略，前面曾经提到，IVM 是一家资产管理公司，它持有一个股票投资组合。在某些情况下，它需要对该股票投资组合进行调整，这些调整通常是买卖股票。正如我们在本书中看到的，借助衍生工具，可以用合成方式买卖资产。在本例中，像 IVM 这种公司可以使用股权互换以合成方式复制出售股票并购买另一种资产的交易。假设 IVM 公司希望卖出某只国内大盘股并买入固定利率债券，然后，它可以进行股权互换，支付标准普尔 500 总收益率指数等国内大盘股指数的收益率，并收取固定收益率。我们之前介绍的互换正是这种类型的交易。整笔交易如图 11.8 所示，在这笔交易中，IVM 公司实际上卖出了由标准普尔 500 总收益率指数代表的国内大盘股，并转换为利率为 3.45%的固定利率债券。

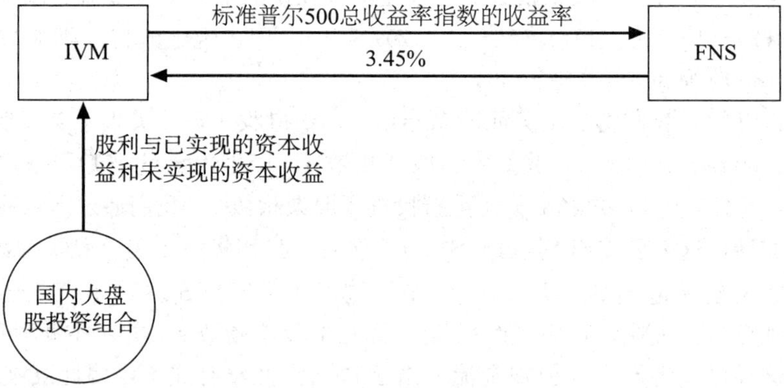

图 11.8 IVM 公司用国内大盘股指数收益率交换固定收益率的股权互换

但是，你应该意识到，IVM 公司在这种交易中承担了一定的风险。除了上述互换商可能违约的情况以外，还有另外两种重要风险。一种是国内大盘股投资组合的表现与标准普尔 500 总收益率指数的表现并不完全一致，这是一种基差风险，类似于我们在使用期货时讨论的风险。在投资管理领域，这种风险通常被称为**跟踪误差**（tracking error），表示衍生产品的基础指数不跟踪基础投资组合的风险。显然，这种风险对我们来说并不陌生。只要基于指数的衍生产品和不与该指数完全匹配的投资组合一起使用，就会出现这种风险。

另一种风险是，如果互换产生净现金流出，则该公司必须产生现金来进行互换支付。虽然投资组合能获得足够高的收益，但该收益很可能包含某些未实现的资本收益。如果没有足够的现金进行互换支付，公司就可能被迫出售部分股票来产生现金。那么，这将违背使用互换的目的，因为使用互换首先就是为了避免出售股票。因此，要使用股权互换，公司就需要考虑现金流出的可能性，并需要储备流动性。

正如我们指出的，这种策略的变形包括将固定利率支付改为浮动利率支付。在这种情况下，策略大致相当于卖出股票，并将收入投资于浮动利率债券。如果公司希望卖出股票并买入浮动利率债券，那么这种股权互换将是很好的替代品。

另外，如果公司进行互换，支付标准普尔 500 指数的收益率，而交易商向其支付其他指数（例如纳斯达克指数）的收益率，那么该公司将以合成方式卖出标准普尔 500 指数代表的股票，并买入纳斯达克指数代表的股票。

11-4 互换总结

在本节中，我们将简要介绍高级定价和估值的部分概念、其他关于互换的观点以及与提前终止互换有关的问题。前面曾经提到，互换市场占整个衍生产品市场的一大部分，所以分析这些概念很重要。

11-4a 高级定价和估值的概念

在这里，我们将解决两个重要问题：互换和其他衍生产品适用的贴现率是多少？信用风险如何影响定价和估值？2008 年的金融危机改变了市场参与者对这两个问题的答案。

正如我们在几种衍生产品估值模型中看到的，理论上的适当贴现率就是无风险利率。遗憾的是，如果不冒些风险，这一生实际上就毫无意义。在衍生产品市场形成的年代，无风险利率通常是美国国债利率。美国政府有能力征税并创造货币，因此其永久性债务融资能力通常不会受到质疑。但是，有几个实质性理由反对将美国国债利率作为无风险利率的合理替代品。以下几点说明了美国国债利率是对无风险利率的偏低估计的部分重要原因①：

- 美国国债利息收入免缴州税和地方税
- 和其他投资者相比，商业银行投资美国国债具有独特优势
- 美国国债具有几项与市政融资需求相关的优点
- 美国国债的高度适销性为某些交易商提供了宝贵收益

美国国债还受到与美国预算赤字融资相关的政治因素的影响，美国国债利率的起伏反映了政治家、监管机构和央行官员的决策。部分出于这些原因，LIBOR 很快取代了美国国债利率，成为无风险利率的替代指标。由于 LIBOR 为银行间同业拆借利率，因此人们认为它是一种价格，规定了边际交易商在公开市场上筹集新资金的成本，因而是无风险利率的更好替代指标。

---

① 部分原因的专业性非常强，难以理解。关于更多详情，见 www.cengagebrain.com（ISBN 9781305104969）。

虽然无风险利率这个词继续被广泛使用，但该指标本身应该是信用程度相当高的借款人的资金借贷成本。LIBOR 更适合这种描述。

然而，随着 2008 年金融危机的爆发，相关金融机构的信用状况备受担忧，这使 LIBOR 激增。显然，随着 LIBOR 的急剧上升以及美国国债利率的相应大幅下降，使用 LIBOR 作为无风险利率替代指标的做法也受到了质疑。大约在同一时间，许多参与行被迫承认，它们向英国银行家协会披露了不准确的 LIBOR 数字。投资者信心大幅下跌，很难再将 LIBOR 作为美元借款成本的指标，实际上，危机期间，LIBOR 市场并不奏效。

衍生产品市场参与者没有将边际交易商在公开市场上筹集新资金的成本作为无风险利率的替代指标，而是开始考虑将边际交易商向中央银行的隔夜融资成本作为无风险利率的替代指标。交易商通常是银行，因此它们从中央银行获得了大量融资。在美国，隔夜利率被称为实际联邦基金利率。当浮动利率为实际联邦基金利率的几何平均值时，一种利率互换被称为隔夜指数互换（overnight index swap，OIS）。

然而，LIBOR 的问题在很大程度上已经消失，如前所述，现在 LIBOR 由洲际交易所管理。因此，LIBOR 重新获得了它的地位。但是在写作本书时，我们不清楚哪种贴现率最终将作为确定做市商贴现率的价格。市场参与者的观点很可能随着时间的推移而改变，关键是记住贴现率通常不同于互换的浮动利率。幸运的是，和期权一样，互换价值通常对贴现率的微小变化并不太敏感。

对特定交易对手的利率互换估值时，应该考虑某些与信用相关的调整，其中包括贷方价值调整（CVA）、借方价值调整（DVA）、担保品利率调整（CRA），可能还有融资价值调整（FVA）。虽然我们不会详细并深入地研究这些调整，但应该了解，行业参与者目前正逐一进行适当调整，并在某些情况下决定是否需要进行特定调整。因此，迄今为止，衍生产品估值公式被称为无违约价值（no-default value，NDV）。如果进行了所有调整，则互换价值（swap value，SV）可以简单表示为：

$$SV = NDV - CVA + DVA - CRA + FVA$$

贷方价值调整（credit value adjustment）是交易对手对你公司的净衍生产品债务违约风险的现值估计。[①] **借方价值调整**（debit value adjustment）是你公司对交易对手的净衍生产品债务违约风险的现值估计。由于净额结算规定，即使每个交易对手可能签订了许多合约，但每个交易对手只有一个贷方价值调整和一个借方价值调整。提交担保品将影响贷方价值调整和借方价值调整。请注意，提交的担保品可能会获得不同于估计的无风险利率的利率。[②] 利差（担保品利率减去无风险利率）的现值被称为**担保品利率调整**（collateral rate adjustment）。如果担保品利率调整为正的，那么它表示交易对手提交担保品的成本。

融资价值调整（funding value adjustment）是最具争议性的，它反映了衍生产品交易商平均融资成本的调整。[③] 通常，控股公司向衍生产品子公司收取显性融资利率。没有担保品的衍生产品交易动用了储备资本，因此应该被评估为融资价值调整。然而，从理论上讲，任何金融工具的价值都与其融资方式无关。因此，应该将公允市场价值作为衍生产品合约的价值。

究竟如何估计这些调整仍然是一个颇具挑战性的问题，很难马上解决。集中清算的出现将

---

① 在估计过程中，通常会单独处理流动性风险。为简单起见，我们假设贷方价值调整反映了流动性风险。

② 担保品通常是可再担保的，表示所有权从初始方转移给担保品持有者，由担保品持有者获得收益，其中包括利息。如果协议条款得以履行，那么担保品所有权随后将重新转移回初始方。

③ 关于融资价值调整的观点详情，见 Hull，J.，and A. White，"Valuing Derivatives：Funding Value Adjustments and Fair Value." *Financial Analysts Journal* 70 (May/June 2014)。

解决大部分问题，但清算过程本身也将带来一些信用问题。衍生产品交易商将面临清算所违约的风险，以及由于对有清偿能力成员进行的评估而造成清算所下属其他交易商违约的风险。清算过程还将引入盯市和变动保证金。第 8 章曾经提到，在特定条件下，远期和期货的估值相同。在这里，相同问题也适用于盯市互换。我们应该意识到，必须认真考虑适当的贴现率和适当的信用风险调整。此外，改为集中清算将影响各种估值问题。

11-4b 关于互换的其他观点

在本章开篇，我们提到，互换类似于远期合约组合。这是一个重要类比，但为了与远期合约匹配，它只适用于涉及固定利率支付的互换。对于只有浮动利率支付的互换，这个类比就不成立。此外，即使对于固定利率支付的互换，这个类比也只是部分成立。例如，如果一方进行一系列货币远期合约交易，那么每个到期日的远期利率都将不同。毕竟，不同期限的远期价格和利率几乎总是不同。固定利率支付的货币互换则以相同利率进行支付。

由于互换类似于远期合约，因此互换也类似于期货合约。此外，互换的表现可能类似于期权组合。在第 12 章中，我们将考察利率期权，并说明如何组合利率期权以复制利率互换。

11-4c 提前终止互换

互换几乎总被设计为持有头寸直至终止日期。在某些情况下，一方将改变主意，希望退出互换。有很多方法可以退出交换，主要方法是找到交易商并要求终止互换或进行抵消互换。实际上，双方将进行反向互换，或取消初始互换。以之前的昆腾电子公司的普通互换为例，其中该公司支付固定利率并收取 LIBOR。90 天后，昆腾电子公司的互换的市场价值为－24 816 美元。如果昆腾电子公司希望终止互换，那么它可以找到交易商并要求进行抵消互换。如果昆腾电子公司支付 24 816 美元的市场价值，交易商就将进行抵消互换，从而消除初始互换。或者，昆腾电子公司也可以去找另一家交易商，对支付浮动利率、收取固定利率的互换询价。如果昆腾电子公司执行这笔交易，那么它将有两个互换，一个支付 LIBOR，另一个收取 LIBOR。LIBOR 的影响将会抵消，但这两个互换将继续有效。昆腾电子公司将支付一个固定利率，并收取另一个固定利率。这两个互换的差额的现值为－24 816 美元，这正是初始互换的市场价值。然而，如果进行两个互换，信用风险将保持不变，昆腾电子公司更好的做法是去找初始交易商(除非该公司希望承担信用风险)，支付市场价值并终止互换。

另一种终止互换的方式是使用远期互换或互换期权，这些工具给予一方按照事先约定的条款进行抵消互换的坚定承诺或权利。第 12 章将介绍这些被称为远期互换和互换期权的工具。

总结

本章考察了最常用的金融工具之一——互换。我们看到，互换是双方同意交换一系列现金流的交易。我们了解到，根据基础工具——货币、利率、股权和商品——的性质，有四大类互换。在本书中，我们只涉及货币互换、利率互换和股权互换。

我们研究了这些互换的基本特征。然后我们介绍了如何为互换定价以及如何确定其市场价值。我们看到，为互换定价时，需要使用其他工具制定某种策略，以复制互换的现金流。互换的价值等于复制的交易的价值。互换价格是指涉及固定利率支付的互换的固定利率，计算方法是令交易开始时的价值等于零。对于不涉及固定利率支付的互换，不存在初始定价，但是我们必须证明两组支付流的价值相同。

我们还分析了一些使用这些互换的策略。与所有衍生产品一样，互换被用于承担或消除风险以调整头寸。它们代替了基础工具交易，并且交易成本低得多。但是，正如我们所见，我们只简要考察了互换的使用方式。

使用最广泛的互换是利率互换，尤其是普通利率互换。利率互换如此受欢迎的原因是，所有企业都面临利率风险，而只有跨国企业或受外国竞争影响的企业直接面临汇率风险。只有股票投资组合经理和在股市有直接敞口的企业面临股权风险。

虽然利率互换被广泛应用，但它并不是用来管理利率风险的唯一工具。在第 12 章中，我们考察了其他一些基于利率的衍生产品。然而，有意思的是，这些新衍生产品仍然只是我们已经了解的远期和期权，但其特征有别于我们介绍的远期和期权。此外，我们还没有介绍基于互换的衍生产品。在第 12 章中，我们将考察基于互换的期权和远期。

关键术语

互换/货币互换/利率互换/股权互换/商品互换		基差互换
贷方价值调整/借方价值调整/担保品利率调整/融资价值调整		
结算日期/结算期/名义金额	互换利差	普通互换
指数递减互换	差额互换/固定期限互换/CMT 利率	跟踪误差

扩展阅读

以下文献对互换进行了全面介绍：

Buetow, G. W., and F. J. Fabozzi. *Valuation of Interest Rate Swaps and Swaptions*. New Hope, PA: Frank J. Fabozzi Associates, 2001.

Burghardt, G., T. Belton, M. Lane, G. Luce, and R. McVey. *Eurodollar Futures and Options: Controlling Money Market Risk*. Chicago: Probus Publishing, 1991.

Cobb, H. *Interest Rate Swaps and Other Derivatives*. New York: Columbia Business School, 2012.

Flavell, R. *Swaps and Other Instruments*, 2nd ed. New York: Wiley, 2010.

Ludwig, M. S. *Understanding Interest Rate Swaps*. New York: McGraw-Hill, 1993.

Smithson, C. W. *Managing Financial Risk: A Guide to Derivative Products, Financial Engineering, and Value Maximization*, 3rd ed. New York: McGraw-Hill, 1998.

以下文章也介绍了重要的互换问题：

Brooks, R. "Approaches to Valuation Illustrated with Interest Rate Swaps." *Derivatives Quarterly* 4 (1998): 51 - 62.

Ching, J. "A Market Perspective on Interest Rate Swap Clearing and Execution." *Futures Industry* (June 2011): 28 - 34.

Cooper, I., and A. Mello. "The Default Risk of Swaps." *Journal of Finance* 46 (1991):

597－620.

Finnerty，J. D.，and P. Kishlaya. "A Review of Recent Derivatives Litigation." *Fordham Journal of Corporate & Financial Law* 16（2011）：73－123.

Hodgson，R. "The Birth of the Swap." *Financial Analysts Journal* 65（2009）：32－35.

Hull，J.，and A. White. "CVA and Wrong-Way Risk." *Financial Analysts Journal* 68（September/October 2012）：58－69.

Hull，J.，and A. White. "LIBOR vs. OIS：The Derivatives Discounting Dilemma." *Journal of Investment Management* 11（2013）：14－27.

Hull，J.，and A. White. "Valuing Derivatives：Funding Value Adjustments and Fair Value." *Financial Analysts Journal* 70（May/June 2014）：46－56.

Smith，D. "Valuing Interest Rate Swaps Using Overnight Indexed Swap（OIS）Discounting." *Journal of Derivatives* 20（Summer 2013）：49－59.

概念检查

1. 请解释利率互换比货币互换和股权互换应用更广泛的原因。

2. 为什么在货币互换中通常交换名义金额，但在利率互换或股权互换中不是如此？为什么货币互换双方选择不交换名义金额？

3. 请说明下列类型的互换与债券交易的类似之处。

a. 利率互换

b. 货币互换

4. 请说明互换与远期合约的相似之处与不同之处。

5. 假设一方进行了某笔互换，但在互换到期日之前，该方希望终止该头寸。请说明它应该怎样做。

问题与习题

1. 利率互换有两种主要风险，请列举并说明每种风险。

2. 请定义并解释固定期限互换。

3. 假设有一笔名义金额为 3 000 万美元、固定利率为 7%的利率互换，每季度支付一次，假设每季度为 90 天、一年为 360 天。第一笔浮动利率支付的利率定为 7.2%。请计算第一笔净支付额，并确定由固定利率支付方还是浮动利率支付方进行支付。

4. 假设有一笔涉及 1 000 万美元和 1 500 万瑞士法郎的货币互换。一方以 9%的固定利率支付美元，另一方以 8%的固定利率支付瑞士法郎。根据实际天数每半年支付一次，假设每年为 360 天。当前是第 181 天。请计算各方的下一笔支付。

5. 假设有一笔每半年支付一次，金额为 1 亿美元的股权互换。建立互换时，基础股票指数为 1 215.52 点。一方支付 5.5%的固定利率，假设每月为 30 天，一年为 360 天。如果首个支付日期的股票指数为 1 275.89 点，请计算净互换支付金额，并指出由哪一方支付。

6. 一位互换交易商对支付固定利率的普通互换利率报价为 5 年期国债利率加上 10 个基点。

该交易商对收取固定利率的普通互换利率报价为 5 年期国债利率加上 15 个基点。假设 5 年期国债利率为 7.60%，请解释这些报价的含义。

7. 请说明为什么利率互换是货币互换的特例。

8. 请说明如何结合以浮动利率支付瑞士法郎、以浮动利率收取日元的货币互换与另一种货币互换，以获得以浮动利率支付瑞士法郎、以固定利率收取瑞士法郎的普通互换。

9. 一家银行目前持有一笔本金为 1 200 万美元的贷款。贷款每季度支付一次利息，利率为 LIBOR 加 300 个基点，付息日期为 2 月 15 日、5 月 15 日、8 月 15 日和 11 月 15 日，按实际天数除以 360 计算。该银行开始认为利率将下降，它希望使用互换以合成方式改变所持贷款的支付。该银行在普通互换中能获得的利率为 7.25%。请解释该银行如何使用互换来实现这一目标。

10. 假设某个交易者进行了两笔名义金额为 5 000 万美元的利率互换，它们均为 3% 的固定利率，每季度支付一次，假设每季度为 90 天，一年为 360 天。第一笔互换收取固定利率并支付 3 个月期 LIBOR。第二笔互换收取 3 个月期美国国库券利率加上 35 个基点并支付固定利率。请解释该投资组合的净现金流，并确定市场风险。

11. 假设一个交易者进行了两笔名义金额为 1 500 万美元的股权互换，均为 6% 的固定利率，每季度支付一次，假设每季度为 90 天，一年为 360 天。第一笔互换收取固定利率并支付基于苹果公司股票的 3 个月期总收益率。第二笔互换收取基于微软公司股票的 3 个月期总收益率并支付固定利率。请解释该投资组合的净现金流，并确定市场风险。

12. 假设你是一个大都市的市财政局局长。根据你的资产负债分析，你确定该市的利率敏感资产相当于 1 年期 LIBOR 存款，利率敏感负债相当于 10 年期 LIBOR 存款。此外，资产收益全部应纳税，而负债则全部免税。目前，根据利差，你预期损失率约为 1%。也就是说，资产收益将比债务支出低大约 1%。利率互换如何帮助你降低利率风险并降低预期损失？

13. 某个国际债券投资组合的英国经理希望以合成方式卖出以欧元计价的大额法国国债头寸。该债券以面值 4 615 万欧元出售，按 0.65 英镑/欧元的当前汇率，则相当于 3 000 万英镑。该债券的固定利率为 5.2%，每年付息一次，为期 10 年。该经理希望卖出债券，并将所得收入投资于以英镑计价的浮动利率债券。请设计一种可以达到预期目标的货币互换策略，并确定总体头寸（包括法国债券和互换）的支付金额。货币互换的英镑固定利率为 4.9%，欧元固定利率为 5.7%。

14. 一家大公司的首席执行官持有 2 500 万股本公司股票，当前股价为 20 美元，不分红。由于他持有大量股票，且薪酬与股票表现挂钩，因此他的投资组合分散化程度很低，他为此深感担忧，并认为出售大量股票并不明智，因为他知道自己需要大量投资该公司股票才能让股东满意，而且他很重视这些股票带来的投票权。尽管如此，他还是希望通过股权互换以合成方式卖出约 500 万股股票。假设你是一位互换交易商，请根据三类不同的现金流（这些现金流可以抵消股票收益率）提出三种可能的股权互换方案。

15. 一家公司进行了一笔名义金额为 3 500 万美元的利率互换。该互换要求公司支付固定利率并收取 LIBOR 浮动利率。每 90 天支付一次，为期 1 年，调整系数为 90/360。互换开始时，LIBOR 的期限结构如下：

日期	利率（%）
第 90 天	7.00
第 180 天	7.25
第 270 天	7.45
第 360 天	7.55

a. 请确定互换的固定利率。

b. 请计算互换的第一笔净支付额。

c. 假设现在是互换开始后第 30 天。LIBOR 的新期限结构如下：

日期	利率（%）
第 60 天	6.80
第 150 天	7.05
第 240 天	7.15
第 330 天	7.20

请计算该互换的价值。

16. 一家美国公司正在考虑进行货币互换，这要求该公司支付美元，收取英镑。美元名义金额为 3 500 万美元。该互换要求每半年支付一次，调整系数为 180/360。汇率为 1.60 美元/英镑。美元 LIBOR 和英镑 LIBOR 的期限结构如下：

日期	美元 LIBOR（%）	英镑 LIBOR（%）
第 180 天	7.00	6.50
第 360 天	7.25	7.10
第 540 天	7.45	7.50
第 720 天	7.55	8.00

请回答下列问题。

a. 确定适当的英镑名义金额，请在以下各问题中使用该结果。

b. 请确定美元固定利率和英镑固定利率。

c. 请确定下列每种情况的首笔互换支付：

i. 美元固定利率、英镑固定利率

ii. 美元固定利率、英镑浮动利率

iii. 美元浮动利率、英镑浮动利率

iv. 美元浮动利率、英镑固定利率

d. 现在，假设是互换开始后第 120 天，新的汇率为 1.42 美元/英镑，新的期限结构如下：

日期	美元 LIBOR（%）	英镑 LIBOR（%）
第 60 天	6.80	6.40
第 240 天	7.05	6.90
第 420 天	7.15	7.30
第 600 天	7.20	7.45

请确定下列每种情况的互换价值：

i. 美元固定利率、英镑固定利率

ii. 美元固定利率、英镑浮动利率

iii. 美元浮动利率、英镑浮动利率

iv. 美元浮动利率、英镑固定利率

17. 一家养老基金希望进行名义金额为 6 000 万美元的 6 个月期股权互换。该互换在第 90 天和第 180 天进行支付。该互换允许该基金收取某个股票指数的收益率，现在该股票指数为 5 514.67 点。该基金正在考虑三种不同类型的互换：第一种要求它支付固定利率；第二种要求它支付浮动利率；第三种要求它支付另一个股票指数（现在为 1 212.98 点）的收益率。将这些互换称为互换 1、互换 2 和互换 3。期限结构如下：

期限	利率（%）	贴现债券价格
90 天	9	$B_0(90)=1/[1+0.09\times(90/360)]=0.978\,0$
180 天	10	$B_0(180)=1/[1+0.10\times(180/360)]=0.952\,4$

a. 请计算互换 1 的固定利率。

b. 请计算互换 1、互换 2 和互换 3 在第 90 天的支付金额。对于互换 3，假设第 90 天的股票指数 1 为 5 609.81 点，股票指数 2 为 1 231.94 点，请指出净支付额。

c. 假设现在是互换开始后第 30 天，股票指数 1 为 5 499.62 点，股票指数 2 为 1 201.45 点。新期限结构如下：

期限	利率（%）	贴现债券价格
60 天	6.80	$B_{30}(90)=1/[1+0.068\times(60/360)]=0.988\,8$
150 天	7.05	$B_{30}(180)=1/[1+0.070\,5\times(150/360)]=0.971\,5$

请计算互换 1、互换 2 和互换 3 的价值。

18. 假设你是一家养老基金的经理，预期在今后 7 年中，每半年必须支付 1 亿美元的 8%（每半年支付一次）。你目前持有 1 亿美元浮动利率债券，利率为 LIBOR+2.5%。你认为这是一笔有吸引力的投资，但意识到如果 LIBOR 跌至 5.5%以下，你将没有足够现金来支付固定利息。你与一家交易商安排了一笔互换，该交易商同意向你支付 6%的固定利率，而你支付 LIBOR。请确定你在每个支付日期的互换现金流，并表示为占名义金额的百分比。为简单起见，假设每期为 180 天，且一年为 360 天。

19. 一家对冲基金现在正在进行一笔欧元普通互换，其中支付欧元浮动利率 Euribor，并收取欧元固定利率。该基金希望将该头寸转换为支付标准普尔 500 指数收益率，并收取欧元固定利率的互换。请说明如何使用货币互换和股权互换来保持其欧元普通互换头寸，并将整体头寸转换为所需头寸。

20. a. 请列举并讨论美国国债收益率是无风险利率偏低估计值的三个原因。

b. 请解释为什么 LIBOR 是无风险利率的偏高估计值。

c. 请解释将 OIS 作为无风险利率估计值的原因。

21. 请比较并对比利率互换的贷方价值调整和借方价值调整。当公司的信用等级下降时，为什么互换价值将增加？

22.（概念习题）一家资产管理公司拥有 3 亿美元的投资组合，该投资组合完全由股票组成。该公司想卖出 10%的股票并投资于债券。该公司考虑了使用股权互换以合成方式卖出部分股票的可能性，但是，该公司并不希望收取固定利率或浮动利率。如果它真的卖出股票，将投资于广泛分散化的债券投资组合。事实上，有些债券指数能很好地代表该公司投资的这些债券。请设计一种互换策略，使其能够实现目标。

23.（概念习题）假设某个货币互换有两个支付日期，它们相隔一年，并且不交换名义金额。在首个支付日，一方支付 4%的美元利率，并收取 3.5%的英镑利率。由于每年支付一次，因此不需要调整系数（例如天数/360）。名义金额为 1 000 万美元和 625 万英镑。请从美国人的角度解释这笔交易与一系列英镑远期合约的相似之处。此外，请解释如何对这笔交易进行公允定价，你可以假设它是公允定价，尽管两种期限的隐含远期利率相同。

金融学译丛·金融衍生工具与风险管理（第十版）

第三部分 高级主题

第 12 章

利率远期与利率期权

和二手车一样，在实际买卖之前，你永远无法知道场外期权的价值。在某种程度上，场外期权的临时估值可以说是复杂版的盲人摸象。

——理查德·汤姆森（Richard Thomson）

《启示轮盘》（*Apocalypse Roulette*），1998 年，第 149 页

本章目标

- 介绍利率衍生产品的概念，并将其与资产衍生产品进行对比。
- 了解远期利率协议（FRA）、利率期权、利率互换期权和利率远期互换的定价、估值和应用。

尽管本章介绍某些**利率衍生产品**（interest rate derivatives），但我们已经介绍过应用最广泛的利率衍生产品，即普通利率互换。此外，我们还介绍过欧洲美元期货，它也被称为利率衍生产品。在某些情况下，中长期国债等工具的期货也被称为利率衍生产品。但我们需要明确利率衍生产品合约和固定收益证券衍生产品合约的重要区别。

假设某笔欧洲美元定期存款将在 90 天后支付 1 美元。按照 8%的当前利率，这笔欧洲美元的价值为 $1/[1+0.08\times(90/360)]=0.9804$ 美元。假设有一手基于这笔欧洲美元的远期合约，且该合约即将到期。多头的报酬为 0.980 4 美元减去合约开始时约定的远期价格。基于欧洲美元利率（LIBOR）的远期合约的报酬为 $0.08\times(90/360)$ 减去合约开始时约定的远期利率。利率远期合约和欧洲美元远期合约是相关但不同的合约。

前面曾经提到，欧洲美元是根据附加利息法定价的。因此，我们算出上述欧洲美元的价格为 $1/[1+0.08\times(90/360)]$ 美元。国库券的价格根据贴现利息法计算。当利率为 8%时，国库券的价格为 $1\times[1-0.08\times(90/360)]=0.98$ 美元。国库券远期合约多头的报酬为 $1-0.08\times(90/360)-$远期价格。利率远期合约空头的报酬为远期利率$-0.08\times(90/360)$。很容易看出，贴现工具的远期合约多头等于利率远期合约空头（其中远期利率为 1－远期价格）。期权的情

况也与之类似。

因此，在某些情况下，利率衍生产品与债券衍生产品基本相同，而在其他情况下并非如此。在本章中，我们将重点讨论利率衍生产品。在某些情况下，我们视其为等价于债券衍生产品则比较方便。但是在大多数情况下，我们只关注一个事实，即基础工具为利率，报酬公式直接基于基础利率而非债券价格。

本章名为“利率远期与利率期权”，将介绍四种主要类型的工具。第一种是利率远期，通常被称为**远期利率协议**（forward rate agreement，FRA）。这种工具是远期合约，其中双方约定在未来某个日期向对方支付利息。一方以事先约定的利率进行支付，另一方以日后确定的利率进行支付。第二种工具是**利率期权**（interest rate option），其中一方现在向另一方支付期权费，并有权在未来某个日期支付已知利息并收取未知利息，或在未来某个日期收取已知利息并支付未知利息。支付已知金额的权利是**利率看涨期权**（interest rate call）。收取已知金额的权利是**利率看跌期权**（interest rate put）。

除了标准利率远期和标准利率期权之外，我们还将介绍涉及利率的其他两类远期合约和期权合约。我们在本章中介绍的第三种工具是进行互换的期权，通常被称为**互换期权**（swaption）。基础工具为利率互换时，互换期权买方支付期权费并获得进行互换的权利，其中互换为支付固定利率、收取浮动利率或支付浮动利率、收取固定汇率。这些工具可能看起来像看涨期权和看跌期权，但这些术语在互换中并不常用。我们稍后会详细介绍这一点。我们介绍的第四种工具是**远期互换**（forward swap），即约定进行互换的远期合约。显然，远期互换的双方承诺进行互换，而互换期权给予一方进行互换的权利。

这些类型的工具不是基于利率，但我们已经介绍了基于货币和股票的远期和期权等工具。利率衍生产品市场远远大于货币和股票衍生产品市场。利率衍生产品也不同于货币衍生产品和股票衍生产品，因此值得专门考察。当然，我们已经介绍了最重要的利率衍生产品，即互换。尽管存在货币互换期权、股票互换期权、货币远期互换以及股票远期互换，但相对于利率互换期权和利率远期互换市场而言，它们的市场相当小，因此本书并未介绍基于股票和货币的这些工具。

本章分为三个主要部分，涉及远期利率协议、利率期权以及利率互换期权和利率远期互换。

12-1 远期利率协议

> 远期利率协议（FRA）是基础工具为利率的远期合约。一方同意以固定利率进行支付，而另一方同意以浮动利率进行支付，其中浮动利率在到期日确定。

远期利率协议（FRA）类似于任何类型的远期合约，但报酬基于利率而非资产价格。假设一位财务经理认为利率正在上升，并希望锁定未来贷款将支付的特定利率。为此，他可以持有某种固定收益证券（例如国库券或债券）的远期合约空头。如果利率上升，该证券的价格将下跌，远期价格也将下跌，空头将有利可图，从而抵消借款利率升高的部分影响。或者，他也可以使用期货合约获得类似的结果。

远期利率协议是获得该结果的另一种手段，在许多情况下，远期利率协议更适于管理这类风险。债券远期合约的报酬由债券价格直接决定，而由基础利率间接决定。但是，远期利率协议的报酬由基础利率直接决定。

12-1a 典型远期利率协议的结构和用途

和互换一样，远期利率协议通常基于 LIBOR 和 Euribor 等利率，按年利率报价。基础利率对应某个特定期限，如 90 天期 LIBOR、180 天期 Euribor 等。因此，和互换一样，远期利率协议的报酬是根据天数/ 360 的系数按比例计算的。[①] 报酬的计算方法是基础利率与签订合约时约定的利率之差，根据天数进行调整，并乘以名义金额。

此外，远期利率协议的报酬还有另一个必须仔细分析的重要因素。假设有一份基于 90 天期 LIBOR 的远期利率协议，该远期利率协议将在今天到期。因此，双方将目光投向伦敦欧洲美元市场，并确定基于 90 天期现货 LIBOR 工具的利率，假设该利率为 5%。记住，该利率是欧洲美元银行同业定期存款（即一家伦敦银行向另一家伦敦银行发放的 90 天期贷款）的利率。当借款银行今天取走这笔贷款时，它承诺在 90 天后偿还本金加上 5%的利息。因此，当伦敦欧洲美元市场的利率确定为 5%时，假设将在 90 天后偿还这笔贷款的利息。

远期利率协议市场使用伦敦银行同业欧洲美元市场作为基础利率的来源。然而，当远期利率协议到期且 LIBOR 为 5%时，远期利率协议今天的报酬率为 5%。欧洲美元存款本身（利率 5%的来源）需要在 90 天后偿还。因此，为了使用 LIBOR 确定远期利率协议的报酬，需要进行调整，该调整是以 90 天期利率将远期利率协议支付贴现 90 天。由于其报酬递延到 90 天后，所以利率互换和利率期权不需要进行这种调整。前面曾经提到，在结算期开始确定 LIBOR 时，基于该利率的互换支付发生在结算期结束时。在第 11 章中，我们称其为先定息、后结算。正如我们在本章后面将看到的，利率期权也会发生类似的过程。然而，远期利率协议市场的运作与之不同，而原因无人得知。[②] 因此，一般来说，基于 m 天期利率的远期利率协议将在到期时产生报酬，但是该报酬将以 m 天期利率贴现 m 天，这是我们在第 11 章中简要提到的先定息、先结算的结算程序。

使用 LIBOR 作为基础利率，收取浮动利率或多头远期利率协议的一般报酬为：

$$
\text{名义金额}\times\left[\frac{(\text{LIBOR}-\text{约定利率})\times\dfrac{m}{360}}{1+\text{LIBOR}\times\dfrac{m}{360}}\right]
$$

作为参考的“LIBOR”是合约到期时的基础工具 LIBOR，“约定利率”是签订合约时双方约定的利率。请注意，LIBOR 既出现在分子中，也出现在分母中。前面曾经提到“m/360”表示应计期，在本例中为实际天数除以 360。

假设一方持有基于 30 天后到期的 90 天期 LIBOR 的远期利率协议多头（收取浮动利率），名义金额为 2 000 万美元。假设双方约定的利率为 5%。因此，30 天后，多头持有者将获得报酬：

$$
20\ 000\ 000\times\left[\frac{(\text{LIBOR}-0.05)\times\dfrac{90}{360}}{1+\text{LIBOR}\times\dfrac{90}{360}}\right]
$$

---

① 我们也可以使用 1 年为 365 天的假设，但远期利率协议几乎总是基于 LIBOR、Euribor 或类似利率，而它们始终是基于 1 年为 360 天的假设。

② 第一批远期利率协议可能诞生于交易商银行的货币远期交易室。由于货币远期在到期时产生报酬，因此远期利率协议可能也是如此构建的。显然，利率互换和利率期权不是如此产生的，它们的构建方式更类似于浮动利率贷款，其利率是在某个时点上确定的，在某段时期内产生应计利息，并在期末支付利息，这种程序被称为先定息、后结算。

现在，让我们考虑该远期利率协议持有者的可能报酬。假设到期时 LIBOR 为 4%。那么报酬为：

$$20\ 000\ 000\times\left[\frac{(0.04-0.05)\times\frac{90}{360}}{1+0.04\times\frac{90}{360}}\right]=-49\ 505 \text{ 美元}$$

这意味着多头方必须向空头方支付 49 505 美元。如果到期时 LIBOR 为 6%，则报酬为：

$$20\ 000\ 000\times\left[\frac{(0.06-0.05)\times\frac{90}{360}}{1+0.06\times\frac{90}{360}}\right]=49\ 261 \text{ 美元}$$

因此，多头方从空头方处得到了 49 261 美元。如果到期时 LIBOR 高于（低于）5%，多头（空头）持有者将获得交易对手支付的正报酬。改变多头持有者的报酬符号，即可得到空头持有者的报酬。

远期利率协议市场使用不同的术语来描述合约。它以“A×B”的形式表示远期利率协议，其中 A 是指从现在至远期利率协议到期的月数，B 是指从合约开始日期至基于远期利率协议的基础欧洲美元定期存款到期的月数。例如，6×9 远期利率协议（读为“6 乘 9”）是在 6 个月后到期、基础工具为 90 天期 LIBOR 的远期利率协议。也就是说，基础欧洲美元定期存款在 9 个月后到期，这是远期利率协议到期后 3 个月或 90 天。12×18 远期利率协议在 12 个月后到期，基础工具为 180 天期欧洲美元定期存款，在合约开始时，它距到期还有 18 个月。

12－1b 远期利率协议的定价与估值

在前面的例子中，我们假设各方约定利率为 10%。在本小节中，我们将学习如何确定该利率。此外，我们还将学习如何确定远期利率协议在到期前的某个时点上的价值。设 F 为各方开始时约定的利率，$L_0(h)$ 为期限为 h 天的即期利率，我们假设 h 天后为远期利率协议的到期日。基础工具为 m 天期 LIBOR。那么，$L_0(h+m)$ 为 h+m 天期即期利率。我们假设名义金额为 1 美元。

确定远期利率协议的固定利率的一种方法是进行另外一组交易，使之复制远期利率协议的报酬。让我们按照以下步骤复制远期利率协议多头：

- 卖空 h+m 天后到期且支付 1+F×(m/360) 的欧洲美元定期存款。假设我们能在到期前任何时间还清这笔贷款，或者向接手这笔债务的另一方进行支付
- 买入 h 天后到期、支付 1 美元的欧洲美元定期存款

换言之，我们借入 1+F×(m/360)，为期 h+m 天，并且贷出 1 美元，在 h 天后获得还款。

现在前进到第 h 天，我们借入的贷款尚未到期，但它有市场价值：

$$\frac{1+F\left(\frac{m}{360}\right)}{1+L_h(m)\left(\frac{m}{360}\right)}$$

这反映了到期时以 LIBOR 即 $L_h(m)$ 贴现的报酬 1+F×(m/360)。负号表示这笔金额是我们的欠款。现在我们将继续前进并提前还清贷款。因为这是这笔贷款的价值，因此从技术上讲我们可以偿还这笔贷款。我们持有的贷款到期，因此我们收到 1 美元。此时的现金流为：

$$1-\frac{1+F\left(\frac{m}{360}\right)}{1+L_h(m)\left(\frac{m}{360}\right)}$$

重新整理该式，得出：

$$\frac{\left[1+L_h(m)\left(\frac{m}{360}\right)\right]-\left[1+F\left(\frac{m}{360}\right)\right]}{1+L_h(m)\left(\frac{m}{360}\right)}=\frac{[L_h(m)-F]\left(\frac{m}{360}\right)}{1+L_h(m)\left(\frac{m}{360}\right)}$$

这是远期利率协议的报酬，因此该策略复制了远期利率协议。它在开始时的价值必然与远期利率协议的相同。远期利率协议开始时的价值是我们发放的贷款的价值减去我们借入的贷款的价值，即：

$$\frac{1}{1+L_0(h)\left(\frac{h}{360}\right)}-\left[\frac{1+F\left(\frac{m}{360}\right)}{1+L_0(h+m)\left(\frac{h+m}{360}\right)}\right]$$

它必然等于零。将其设为零，并解出 F，得出：

$$F=\left[\frac{1+L_0(h+m)\left(\frac{h+m}{360}\right)}{1+L_0(h)\left(\frac{h}{360}\right)}-1\right]\left(\frac{360}{m}\right)$$

这看起来像一个复杂公式，但它实际上只是使用 LIBOR 期限结构的远期利率公式。在典型的远期利率计算公式中，分子为（1＋长期利率）的某次方，分母为（1＋短期利率）的某次方。这有些类似于这里的公式，但这里的公式没有指数，因为欧洲美元市场的复利方法和贴现方法是用利率×天数/360，而不是对（1＋利率）取某次方。此外，在前式中，减去 1 并乘以 360/m 就可以得到年利率。

> 为远期利率协议定价时，需要计算基础利率的期限结构下的远期利率。

表 12.1 说明了如何使用该式解出远期利率协议的利率。假设一家公司签订了在 30 天后到期的远期利率协议，基础工具为 90 天期 LIBOR。30 天期利率为 5.5%，120 天期利率为 5.14%。

表 12.1　　解出远期利率协议的利率

本例需要解出基础工具为 90 天期 LIBOR 的 30 天期远期利率协议的利率，现在我们有 h=30 和 m=90。因此，我们需要 $L_0(30)$ 和 $L_0(120)$，即 30 天期 LIBOR 即期利率和 120 天期 LIBOR 即期利率，如下：

期限	利率
30 天	5.5%
120 天	5.14%

远期利率的计算方法如下：

$$F=\left(\frac{1+0.0514\times\frac{120}{360}}{1+0.055\times\frac{30}{360}}-1\right)\times\frac{360}{90}=0.05$$

前面曾经提到，分析互换时，合约开始时的价值为零。我们需要在之后的合约期限内——从交易开始至到期的这段时期——确定互换的价值。对于远期利率协议，我们同样需要确定它在这段时期内的价值。为此，假设现在为未来日期 g，即第 0 天之后、到期日第 h 天之前的某一天。我们持有利率为 F、将在 h－g 天后产生报酬的远期利率协议。相关期限结构为 h－g 天期 LIBOR 和 h＋m－g 天期 LIBOR。

远期利率协议的价值是对长期基础工具做多、对短期基础工具做空的策略的价值。

前面曾经提到，我们在第 0 天进行交易以复制远期利率协议的报酬。欧洲美元定期存款组合在第 g 天的价值将给出远期利率协议在第 g 天的价值。请记住，该组合包括一笔将在第 h＋m 天支付 1＋F×(m/360) 的定期存款，我们还持有另一笔定期存款，它将在第 h 天支付 1 美元。该组合在第 g 天的价值为远期利率协议的价值，表示为 VFRA，即：

$$\text{VFRA}=\left[\frac{1}{1+L_g(h-g)\left(\frac{h-g}{360}\right)}\right]-\left[\frac{1+F\left(\frac{m}{360}\right)}{1+L_g(h+m-g)\left(\frac{h+m-g}{360}\right)}\right]$$

第一项为我们持有的欧洲美元定期存款的价值，其价值基于 1 美元报酬的贴现值，贴现率为 h－g 天期的利率。第二项为我们应支付的定期存款价值，我们将在第 h＋m－g 天支付 1＋F×(m/360)，并按 h＋m－g 天期的利率贴现。

第 g 天的远期利率协议价值的另一个公式为（注意，我们用下标表示设定远期利率的时间）：

$$\text{VFRA}=\frac{(F_g-F_0)\left(\frac{m}{360}\right)}{1+L_g(h+m-g)\left(\frac{h+m-g}{360}\right)}$$

远期利率协议的价值为远期利率变化的现值。

表 12.2 说明了该结果。我们看到，这 20 天内的市场状况变化导致远期利率协议的价值从 0 增至超过 3 000 美元。

表 12.2　　　　在远期利率协议的期限内为其估值

考虑我们在表 12.1 中为其定价的远期利率协议，现在是其期限开始后第 20 天，还有 10 天到期。因此，g＝20，h＝30，h＋m＝120。我们需要 h－g＝10 天以及 h＋m－g＝100 天的期限结构。这些利率如下：

期限	利率
10 天	5.25%
100 天	5.10%

远期利率协议价值的计算方法如下：

$$20\ 000\ 000\times\left[\left(\frac{1}{1+0.052\ 5\times\frac{10}{360}}\right)-\left(\frac{1+0.05\times\frac{90}{360}}{1+0.051\ 0\times\frac{100}{360}}\right)\right]=3\ 744\text{ 美元}$$

12－1c 远期利率协议的应用

在我们一直使用的例子中，远期利率协议买方很可能是一个纯粹的投机者，他使用该工具从利率升高预期中获利。然而，在多数情况下，远期利率协议的使用者是希望抵御利率变化风险的借款人和贷款人。对于预计在未来某个日期需要借款的一方而言，远期利率协议是理想的工具。最适于远期利率协议的贷款类型是相当于零息债券的贷款，借款人得到贷款，并在到期日一次性偿还本金加上利息。当然，为了实现最佳匹配，贷款利息应按照与远期利率协议相同的方式进行计算。

继续我们的例子，假设一家公司需要在 30 天后借款 2 000 万美元，利率将被定为 LIBOR 加上 100 个基点。该公司担心在这 30 天内 LIBOR 发生变化的风险，因此认为购买远期利率协议是防范 LIBOR 上升的好方法。当然，远期利率协议也将阻止该公司从 LIBOR 下降中受益。该公司认为，应该买入远期利率协议以防范其不希望承担的风险。但是，有一些必须考虑的技术细节。

前面曾经提到，远期利率协议将在 30 天后产生报酬。然而，这笔贷款将在当时被提取，在 90 天后偿还并支付利息。因此，远期利率协议的报酬被设计为保护远期利率协议到期后 90 天支付的利息。为了正确分析远期利率协议的有效性，我们可以将远期利率协议的报酬视为减少或增加借款金额。或者，我们可以提取远期利率协议的报酬，并计算 90 天的复利，再加上贷款偿还金额。换言之，如果远期利率协议支付正的金额，我们将以 LIBOR 将该金额再投资 90 天。如果远期利率协议支付负的金额，我们将以 LIBOR 借入该金额 90 天。这就是这里将采取的方法：我们在 30 天后借入 2 000 万美元，将远期利率协议的报酬计算 90 天复利，并加上或减去利息。[①] 结果如表 12.3 所示。

表 12.3　　用远期利率协议对冲预期贷款

情景：一家公司计划在 30 天后以 90 天期 LIBOR 加上 100 个基点借入 2 000 万美元。90 天后该公司将偿还该贷款本金并支付利息。该公司担心利率可能上升，因此希望通过买入远期利率协议锁定其支付的利率。基于 90 天期 LIBOR 的 30 天远期利率协议的利率为 5%。贷款利息和远期利率协议的利息根据系数 90/360 计算。部分 LIBOR 的结果如下所示。

第 30 天的 LIBOR (%)	第 30 天的远期利率协议报酬（美元）	计算复利至第 120 天的远期利率协议报酬（美元）	在第 120 天到期的贷款金额（美元）	在第 120 天支付的总金额（美元）	实际贷款利率 (%)	没有远期利率协议时的实际利率 (%)
1.00	−199 501	−200 000	20 100 000	20 300 000	6.22	2.04
1.50	−174 346	−175 000	20 125 000	20 300 000	6.22	2.56
2.00	−149 253	−150 000	20 150 000	20 300 000	6.22	3.08
2.50	−124 223	−125 000	20 175 000	20 300 000	6.22	3.60
3.00	−99 255	−100 000	20 200 200	20 300 000	6.22	4.12
3.50	−74 349	−75 000	20 225 000	20 300 000	6.22	4.64

① 我们可能无法以 LIBOR 借入或投资该报酬，但我们将忽略这一点，以保持示例尽可能简单。

第 30 天的 LIBOR (%)	第 30 天的远期利率协议报酬 (美元)	计算复利至第 120 天的远期利率协议报酬 (美元)	在第 120 天到期的贷款金额 (美元)	在第 120 天支付的总金额 (美元)	实际贷款利率 (%)	没有远期利率协议时的实际利率 (%)
4.00	−49 504	−50 000	20 250 000	20 300 000	6.22	5.17
4.50	−24 721	−25 000	20 275 000	20 300 000	6.22	5.69
5.00	0	0	20 300 000	20 300 000	6.22	6.22
5.50	24 661	25 000	20 325 000	20 300 000	6.22	6.76
6.00	49 261	50 000	20 350 000	20 300 000	6.22	7.29
6.50	73 801	75 000	20 375 000	20 300 000	6.22	7.82
7.00	98 281	100 000	20 400 000	20 300 000	6.22	8.36
7.50	122 700	125 000	20 425 000	20 300 000	6.22	8.90
8.00	147 059	150 000	20 450 000	20 300 000	6.22	9.44
8.50	171 359	175 000	20 475 000	20 300 000	6.22	9.99
9.00	195 600	200 000	20 500 000	20 300 000	6.22	10.53

让我们验证其中一个结果。令 LIBOR 为 6%。之前介绍了如何计算该远期利率协议的报酬，得出 49 261 美元。将该金额以 6%的利率计算 90 天复利，并四舍五入，得到：

$$49\ 261\times\left(1+0.06\times\frac{90}{360}\right)=50\ 000\text{ 美元}$$

应付贷款金额为本金计算 90 天复利的结果，利率为 6%加上 100 个基点：

$$20\ 000\ 000\times\left[1+(0.06+0.01)\times\frac{90}{360}\right]=20\ 350\ 000\text{ 美元}$$

总应付金额为 20 350 000 美元减去远期利率协议的报酬 50 000 美元，得到 20 300 000 美元。因此，该公司借入 2 000 万美元，并在 90 天后偿还 20 300 000 美元。实际利率的计算公式如下：

$$\left(\frac{20\ 300\ 000}{20\ 000\ 000}\right)^{365/90}-1=0.062\ 2$$

如果该公司没有签订远期利率协议，将必须偿还 20 350 000 美元。因此，没有远期利率协议时的实际利率为：

$$\left(\frac{20\ 350\ 000}{20\ 000\ 000}\right)^{365/90}-1=0.072\ 9$$

我们看到使用远期利率协议的实际利率总是 6.22%，如图 12.1 所示。LIBOR 越高，没有远期利率协议时的实际利率也越高。如果 LIBOR 低于 5%，那么远期利率协议的报酬将为负值，而且由于远期利率协议的损失，偿还的金额将更大。但总体而言，总应付金额是相同的，即 20 300 000 美元，实际利率为 6.22%。

远期利率协议的用途相当有限，大多局限于这里描述的情况。如前所述，它们可以用来对利率投机。将一系列不同到期日的远期利率协议组合起来，可以对冲浮动利率贷款的风险。然

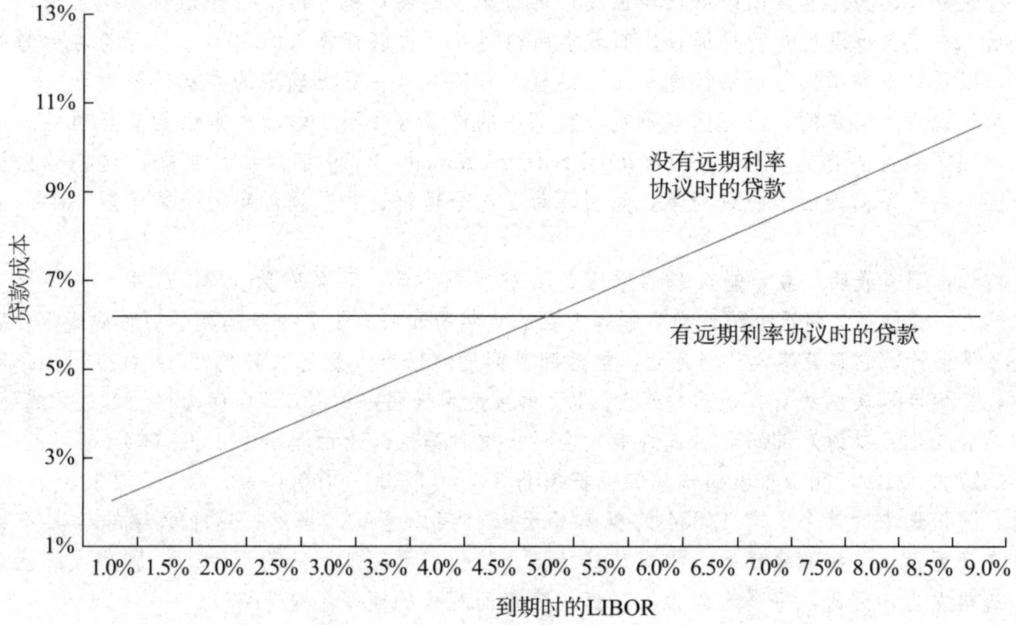

图 12.1　没有远期利率协议时的贷款成本

而，由于期限结构不可能是平坦的，因此每份远期利率协议可能有不同利率。公司将为每笔贷款的浮动利息支付锁定一系列不同的固定利率。多数公司更愿意将每笔贷款支付锁定为相同的固定利率，这个结果很容易通过互换来实现。事实上，互换是一系列远期利率协议，但每份远期利率协议的利率都相同。当然，如果每份远期利率协议的利率都相同，那么在开始时，一些远期利率协议的价值将高于零，一些远期利率协议的价值将低于零，但是总的来说，它们的价值之和为零。开始时价值不为零的远期利率协议被称为**市场外远期利率协议**（off-market FRA）。因此，互换是一系列市场外远期利率协议。

12-2　利率期权

利率期权很像远期利率协议。利率期权不是支付固定利息、收取浮动利息的坚定承诺，而是代表支付固定利息、收取浮动利息或支付浮动利息、收取固定利息的权利。与我们介绍过的期权不同，利率期权有**执行利率**（exercise rate）或行权利率，而不是执行价格或行权价格。虽然市场上有欧式利率期权和美式利率期权，但欧式利率期权远远多于美式利率期权，这是因为它们通常被用于对冲特定日期的利率风险。

生活中的风险决策 ☞

死亡风险

在这个世界上，没有什么是必然的，除了死亡和税收。

提到人生无常，本杰明·富兰克林（Benjamin Franklin）的这句话可能最为著名。据说富兰克林在 1789 年底的一封信中写到这句话，不到 6 个月，他就去世了。在当时，这个说法可能有些过分，因为尽管美国政府已经征收了名目繁多的商业税，但尚未开始对所得征税，并且在之后124年里也没有对所得征税，而现在所得税几乎占联邦收入的50%。鉴于存在大量税收减免，以及许多美国人依照法律完全无须纳税，可以说唯一真正确定的事就是死亡。

尽管死亡是确定的，但死因却不是。我们中的许多人并不了解造成死亡的真正风险。下表摘自美国国家安全委员会（U. S. National Safety Council）2009年的统计数据，这些数据显示了美国公民在不同死因下的致死率。然而，为了充分理解这些数据，我们必须了解它们的确切含义。

例如，下表表明，最可能致死的原因是心脏病或癌症，致死率为1/7，这或许并不令人意外。然而，我们不应将这个统计数字解释为在给定年份我们有1/7的概率死于心脏病或癌症。统计是条件估计，它假设某人已经死亡，然后回答问题“这个人是怎么死的?”疾病控制和预防中心称，2009年，美国约有250万人死亡。1/7的致死率表明，约有357 000人死于心脏病或癌症。2009年，美国人口约为3.05亿。或许有人会得出这种结论：死亡概率为2 500 000/305 000 000=0.008 197或1/122，死于心脏病或癌症的概率为357 000/305 000 000=0.001 17或1/854。也就是说，随机选中的某个人有1/854的概率死于心脏病或癌症。当然，这个数字非常具有误导性。许多死于心脏病或癌症的人具有某些特征，使他们更可能因此而死亡。心脏病或癌症通常不会随机发生，因此，每个人因为心脏病或癌症而死亡的概率不是1/854。

同理，再往下看，意外溺水的致死率为1/1 043。但是，这并不意味着你自己死于溺水的概率为1/1 043。不过，只要你死了，致死率就是1/1 043。但是，这并不能完全准确地描述风险情况。多数溺水者是有意让自己暴露于有风险的水中，而水可以说是地球上最危险的物质之一。多数溺水者通常是在游泳、划船、冲浪或主动选择参与某种形式的水上活动时死亡的。没错，一些人是意外跌入水中，甚至是淹死在浴缸里，但这是极为罕见的事件。所以，你溺水死亡的概率在很大程度上取决于你是否从事这种活动。

人类似乎也极为害怕蛇和鲨鱼，但这些生物甚至没有登上死因榜单。然而，在夏日的户外，大黄蜂、蜜蜂和马蜂几乎每天都与我们密切接触，它们都在榜上。人类最好的朋友也出现在榜单上，但毫无疑问，这并非因为狗一般都是危险杀手，而是因为人类与它们密切接触。

死因	致死率（1/n）
1. 心脏病或癌症	7
2. 慢性呼吸道疾病	29
3. 故意自害	103
4. 机动车事故	112
5. 意外中毒或接触有毒物质	119
6. 跌倒	152
7. 武装袭击	356
8. 驾驶汽车发生事故	492
9. 徒步事故	723
10. 意外溺水	1 043
11. 火灾、灼伤、浓烟	1 418
12. 噎喉窒息	3 649
13. 自行车事故	4 974

续前表

死因	致死率（1/n）
14. 枪械走火	6 509
15. 中暑	8 321
16. 航天航空事故	8 357
17. 触电、辐射、高温/低温、高压/低压	12 174
18. 接触尖锐物体	37 565
19. 接触烫热物质	62 608
20. 大黄蜂、马蜂、蜜蜂蜇伤	75 852
21. 飓风	83 922
22. 执法行为	96 203
23. 被狗咬	103 798
24. 闪电	136 011

其中有一点很重要，它是关于真实风险的。风险不仅是某种潜在危险因素或活动构成的威胁，还反映了风险承担者接触的因素、活动以及其他各种环境。例如，在这个榜单上，我们看到自行车事故在最常见的死因中排名第13位。但如果你不骑自行车，就不可能因为这个原因而死亡。如果你经常开车，就更容易在车祸中丧生，但是如果你通过开车积累的经验提高了驾驶技术，那么就会减轻风险。如果你年纪大了，自然更容易死于疾病。众所周知，自身保养的好坏对死因影响很大。

关于死因的统计数据可能相当有意思，但并不能全面反映风险。尽管它确实提醒我们，本杰明·富兰克林有一半是正确的——死亡确实是必然的——但根据人们承担的风险和其他许多个人特征，死因千差万别。

12-2a 典型利率期权的结构和应用

和多数期权一样，利率期权也分为看涨期权和看跌期权。利率看涨期权赋予持有者根据执行利率支付已知利息、收取未知利息的权利。未知利息支付通常由LIBOR等利率决定。为了获得期权，买方需要先支付期权费，即期权价格。期权在已知特定日期（即到期日）到期。与互换和远期利率协议一样，利率期权基于给定的名义金额，利息正是根据该金额计算的。使用符号X表示执行利率，并用m天期LIBOR作为基础工具，利率看涨期权的报酬如下：

利率看涨期权赋予持有者支付固定利息并收取浮动利息的权利。

$$\text{名义金额}\times\left[\text{Max}(0, \text{LIBOR}-X)\times\frac{m}{360}\right]$$

利率看跌期权赋予持有者支付浮动利率并收取固定利率的权利，利率看跌期权的报酬如下：

$$\text{名义金额}\times\left[\text{Max}(0, X-\text{LIBOR})\times\frac{m}{360}\right]$$

如前所述，与远期利率协议的支付相反，利率期权到期时不产生报酬。如果基础工具为 m 天期 LIBOR，则报酬产生于期权到期后第 m 天。请记住，在远期利率协议中，报酬产生于到期时，但基于假设在 m 天后支付的 m 天期 LIBOR 等利率。因此，对于远期利率协议，应该对报酬贴现。对于利率期权（以及利率互换），报酬是递延的，所以不需要贴现。

假设有名义金额为 2 000 万美元，30 天后到期，基础工具为 90 天期 LIBOR，且执行利率为 5%的利率看涨期权和利率看跌期权。让我们来看看如何计算它们的报酬。假设到期时 LIBOR 为 1%。利率看涨期权的报酬为：

> 利率看跌期权赋予持有者支付浮动利息并收取固定利息的权利。

$$20\ 000\ 000\times\left[\mathrm{Max}(0,\ 0.01-0.05)\times\frac{90}{360}\right]=0$$

利率看跌期权的报酬为：

$$20\ 000\ 000\times\left[\mathrm{Max}(0,\ 0.05-0.01)\times\frac{90}{360}\right]=200\ 000\text{ 美元}$$

如果到期时 LIBOR 为 9%，那么利率看涨期权的报酬为：

$$20\ 000\ 000\times\left[\mathrm{Max}(0,\ 0.09-0.05)\times\frac{90}{360}\right]=200\ 000\text{ 美元}$$

利率看跌期权的报酬为：

$$20\ 000\ 000\times\left[\mathrm{Max}(0,\ 0.05-0.09)\times\frac{90}{360}\right]=0$$

这些报酬产生于期权到期后第 90 天。

12－2b　利率期权的定价和估值

在本书第一部分中，我们花费了大量精力为期权定价。我们讨论了为资产期权定价的二项式模型和布莱克-斯科尔斯-默顿模型，以及为期货期权定价的布莱克模型。然而，利率期权的定价要复杂得多。为了获得最准确的利率，期权定价需要建立相当复杂的模型，以反映期限结构的变化。为了反映期限结构的变化，模型必须同时反映市场中所有债券的变化，并且不允许存在任何套利机会。期限结构的二项式模型常用于这种情况，但它相当复杂。我们将从另一个不太复杂的角度来处理利率期权定价。实际上，许多利率期权交易商都使用这种简单方法。

我们使用的方法是布莱克模型。第 8 章曾提到，布莱克模型是为期货期权定价而设计的。同样，它也可以用于远期期权定价。布莱克模型常用于利率期权定价，其中利率期权的基础工具是当前对到期时利率的估计值。当前对到期时利率的估计值为远期利率。也就是说，假设基础工具为 90 天期 LIBOR，且期权在 30 天后到期，那么 30 天后开始的 90 天期欧洲美元定期存款的远期利率就是期权开始时的基础工具。该利率在期权的 30 天期限内不断变化，在期权到期时变为 90 天期 LIBOR。因此，我们首先将远期利率作为布莱克模型的基础工具。期权的执行利率被用作该模型的执行价格。到期时间定义起来很容易，它是期权距到期的天数除以 365，波动率为远期利率的波动率。我们不会花太多时间分析波动率，它主要依赖于我们对第 5 章中一般波动率概念的理解。但是请注意，我们指的是利率的相对波动率而非价格的相对波动率。无风险利率是至期权到期这段时期的无风险利率。然而，应该指出，远期利率和无风险利率均为连续复利利率。从技术上讲，执行利率也应被视为连续复利利率，但我们让它保持离散形式。布莱克模型不完全适用于利率期权定价，但它提供了合理的近似值。

我们要分析的利率期权还有30天到期，因此，T=30/365=0.082 2。执行利率为5%。连续复利远期利率是基于该期限结构的远期利率的等值连续复利利率。我们在这里研究的问题与分析远期利率协议时研究的问题一样。在表12.1中，我们看到30天期LIBOR为5.5%，120天期LIBOR为5.14%。利用该信息，我们计算出的连续远期利率如下：

$$\ln\left(\frac{1+0.051\,4\times\frac{120}{360}}{1+0.05\times\frac{30}{360}}\right)\times\frac{365}{90}=0.052\,0$$

该对数函数中的分子是以5.14%的利率投资1美元120天的复利价值，分母是以5%的利率投资1美元30天的复利价值。该比率为1加上30天期远期利率，取对数，将其转换为连续复利利率，再乘以365/90，得到年利率。

> 利率期权定价是一个复杂过程，但可以使用一种简单方法，即为期货期权定价的布莱克模型，以远期利率作为基础工具。

此外，我们需要30天期连续复利无风险利率。我们知道，投资1美元30天后，1美元将增至$1\times[1+0.05\times(30/360)]=1.004\,166\,7$美元。我们取该值的对数并乘以365/30，得到$r=0.050\,6$。

现在，假设我们将这些值输入布莱克模型。我们得到的结果反映了期权在到期时产生报酬的假设。利率期权将推迟产生报酬，因此，当基础工具为m天期利率时，我们需要以连续复利远期利率（表示为F）贴现报酬m天（在本例中为90天）。令C为布莱克看涨期权的价格：

$$利率期权价格=e^{-F(m/365)}C$$

最后，我们必须注意，我们得到的结果表示为年利率，这是公认的期权报价方式，但要获得期权费（实际支付的金额），我们必须乘以m/360和名义金额：

$$利率期权合约的期权费=名义金额\times\frac{天数}{360}\times利率期权价格$$

表12.4说明了利率期权的价格和期权费的计算。

表12.4　用布莱克模型计算利率期权的价格和期权费

$F=0.052\,0$　$X=0.05$	$r_c=0.050\,6$　$\sigma=0.3$　$T=0.082\,2$　$m=90$
1. 计算d_1：	$d_1=\frac{\ln(0.052\,0/0.05)+(0.3^2/2)\times0.082\,2}{0.3\sqrt{0.082\,2}}=0.499\,0$
2. 计算d_2：	$d_2=0.499\,0-0.3\sqrt{0.082\,2}=0.413\,0$
3. 查找$N(d_1)$：	$N(0.50)=0.691\,5$
4. 查找$N(d_2)$：	$N(0.41)=0.659\,1$
5. 计算布莱克看涨期权价格，并用无风险利率贴现，贴现期为期权期限，得到利率期权价格：	$C=e^{-0.050\,6\times0.082\,2}\times(0.052\,0\times0.691\,5-0.05\times0.659\,1)=0.002\,990\,54$ $利率期权价格=0.002\,990\,54\times e^{-0.052\,0\times(90/365)}=0.002\,952\,44$
6. 用利率期权价格乘以名义金额，再乘以m/360：利率期权合约的期权费$=20\,000\,000\times\frac{90}{360}\times0.002\,952\,44=$14 762美元	

注：使用计算机可以计算出更准确的期权费结果，即14 866美元，我们将使用该值。

12-2c 利率期权策略

回顾我们上面使用的利率看涨期权例子。我们购买了 30 天后到期的基于 90 天期 LIBOR 的看涨期权，执行利率为 5%。在上一小节中，我们说明了使用计算机计算的看涨期权的期权费为 14 866 美元。为了方便分析，假设我们希望购买该看涨期权。实际上，该看涨期权可以替代远期利率协议，以作为本章前面讨论的问题的答案。前面曾经提到，一家公司计划在 30 天后以 90 天期 LIBOR 加 100 个基点的利率借入 2 000 万美元。这笔贷款需要在 90 天后一次性偿还利息和本金。然而，在使用期权时，我们必须考虑该问题的另一个方面。请记住，我们现在支付期权费。30 天后，期权到期，其报酬确定，我们在那时借款。90 天后，我们收到期权报酬（如果有的话），并偿还贷款。使用远期利率协议时，我们将在第 30 天和 90 天后的第 120 天有现金流。使用期权时，我们将在第 0 天、第 30 天和第 120 天有现金流。为了确定贷款的实际利率，我们必须以某种方式将期权费加入贷款现金流。为此，我们从第 0 天到第 30 天以 30 天期利率对其计算复利。① 结果为：

$$14\ 866\times\left(1+0.05\times\frac{30}{360}\right)=14\ 928\text{ 美元}$$

取出贷款时，2 000 万美元实际上只有 20 000 000－14 928＝19 985 072 美元，反映出该期权是与贷款一起购买的。表 12.5 显示了用利率看涨期权对冲贷款的策略结果。让我们用一个例子说明如何计算。

表 12.5　　用利率看涨期权对冲预期贷款

情景：一家公司计划在 30 天后以 90 天期 LIBOR 加上 100 个基点的利率借入 2 000 万美元。期权到期的 90 天后，偿还该贷款的本金和利息。该公司担心取出贷款前利率可能上升，因此希望防范利率上升的风险，同时保留从利率下降中获利的灵活性。利率看涨期权适用于实现该目标。贷款利息和看涨期权的调整系数为 90/360。看涨期权的执行利率为 5%，成本为 14 866 美元。看涨期权的成本按 30 天期利率（5%）计算复利，为期 30 天，结果为 14 928 美元，它是取出贷款时看涨期权的实际成本。收到的贷款为 20 000 000－14 928＝19 985 072 美元。部分 LIBOR 对应的结果如下。

第 30 天的 LIBOR（%）	第 120 天的看涨期权报酬（美元）	第 120 天的贷款应付金额（美元）	第 120 天的总应付金额（美元）	实际贷款利率（%）	没有看涨期权时的实际利率（%）
1.00	0	20 100 000	20 100 000	2.35	2.04
1.50	0	20 125 000	20 125 000	2.87	2.56
2.00	0	20 150 000	20 150 000	3.39	3.08
2.50	0	20 175 000	20 175 000	3.91	3.60
3.00	0	20 200 000	20 200 000	4.43	4.12
3.50	0	20 225 000	20 225 000	4.96	4.64

① 有观点认为，该计算中应使用的利率为 30 天期利率加上 1%的期权费。如果该公司借入这笔金额，那么必须支付 30 天期 LIBOR 加上 1%的期权费。或者，如果该公司使用自己的现金购买期权，应该按其机会成本或贷款利率（它可能低于 LIBOR）对期权费计算复利。对于远期利率协议，这不是一个问题，因为不需要提前支付期权费。这个问题没有明确答案，因此我们仍按 LIBOR 对其计算复利。

第 30 天的 LIBOR (%)	第 120 天的看涨期权报酬 (美元)	第 120 天的贷款应付金额 (美元)	第 120 天的总应付金额 (美元)	实际贷款利率 (%)	没有看涨期权时的实际利率 (%)
4.00	0	20 250 000	20 250 000	5.49	5.17
4.50	0	20 275 000	20 275 000	6.02	5.69
5.00	0	20 300 000	20 300 000	6.55	6.22
5.50	25 000	20 325 000	20 300 000	6.55	6.76
6.00	50 000	20 350 000	20 300 000	6.55	7.29
6.50	75 000	20 375 000	20 300 000	6.55	7.82
7.00	100 000	20 400 000	20 300 000	6.55	8.36
7.50	125 000	20 425 000	20 300 000	6.55	8.90
8.00	150 000	20 450 000	20 300 000	6.55	9.44
8.50	175 000	20 475 000	20 300 000	6.55	9.99
9.00	200 000	20 500 000	20 300 000	6.55	10.53

假设到期时的 LIBOR 为 3%，则期权的报酬为：

$$20\ 000\ 000\times\left[\text{Max}(0,\ 0.03-0.05)\times\frac{90}{360}\right]=0$$

期权到期 90 天后的贷款应付金额为：

$$20\ 000\ 000\times\left[1+(0.03+0.01)\times\frac{90}{360}\right]=20\ 200\ 000\text{ 美元}$$

因此，总应付金额为 20 200 000 美元。贷款的实际利率为：

$$\left(\frac{20\ 200\ 000}{19\ 985\ 072}\right)^{365/90}-1=0.044\ 3$$

如果没有该看涨期权，那么在第 30 天将收到全部 2 000 万美元贷款。因此，贷款的实际利率为：

$$\left(\frac{20\ 200\ 000}{20\ 000\ 000}\right)^{365/90}-1=0.041\ 2$$

现在，假设到期时 LIBOR 为 7%。期权的报酬为：

$$20\ 000\ 000\times\left[\text{Max}(0,\ 0.07-0.05)\times\frac{90}{360}\right]=100\ 000\text{ 美元}$$

期权到期 90 天后的贷款应付金额为：

$$20\ 000\ 000\times\left[1+(0.07+0.01)\times\frac{90}{360}\right]=20\ 400\ 000\text{ 美元}$$

因此，总应付金额为 20 400 000 美元减去 100 000 美元的期权报酬，结果为 203 000 000 美元。贷款的实际利率为：

$$\left(\frac{20\ 300\ 000}{19\ 985\ 072}\right)^{365/90}-1=0.065\ 5$$

如果没有该看涨期权，那么在第 30 天将收到全部 2 000 万美元贷款。因此，贷款的实际利率为：

$$\left(\frac{20\ 400\ 000}{20\ 000\ 000}\right)^{365/90}-1=0.083\ 6$$

图 12.2 说明了有看涨期权和没有看涨期权时的贷款实际利率。请观察没有看涨期权时实际利率的无限上升空间。看涨期权限制了实际利率。然而，如果到期时 30 天期 LIBOR 低于执行利率（5%），则不会执行该看涨期权，且看涨期权成本将提高贷款的实际利率。

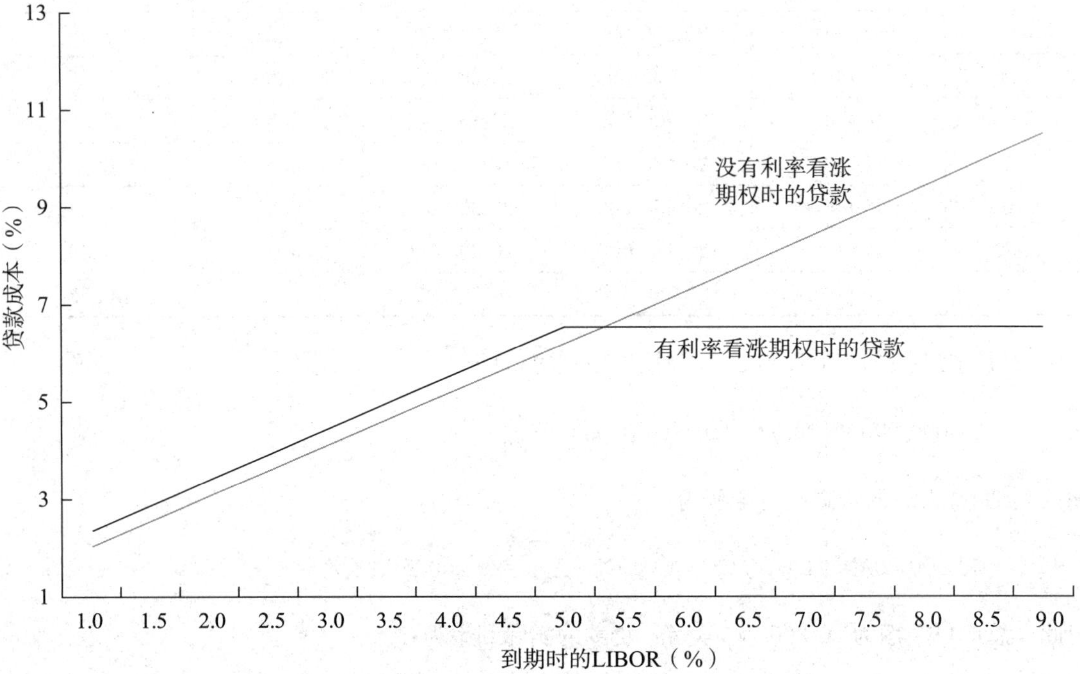

图 12.2　有利率看涨期权和没有利率看涨期权时的贷款成本

让我们来看利率大幅升高时的利率看跌期权。假设一家银行计划在 90 天后提供 1 000 万美元浮动利率贷款。贷款期限为 180 天，利率为 180 天期 LIBOR 加 150 个基点。当前的 90 天期 LIBOR 为 10.5%。该银行担心从现在到发放贷款前这段时间利率下降。因此，该银行应该使用利率看跌期权。执行利率为 9%的利率看跌期权的期权费为 5 023 美元。[①] 按 90 天期利率 10.5%对这笔期权费计算复利，为期 90 天，结果为：

$$5\ 023\times\left(1+0.105\times\frac{90}{360}\right)=5\ 155\text{ 美元}$$

虽然期权是在第 0 天购买的，但这是 90 天后取出贷款时期权的实际成本。因此，当银行发放贷款时，实际上支付了 10 000 000+5 155=10 005 155 美元。结果见表 12.6。

① 你可以用利率看跌期权的布莱克模型利率和下列信息验证该结果：连续复利远期利率为 9.45%，执行利率为 9%，连续复利无风险利率为 10.51%，距到期时间为 90/365=0.246 6，波动率为 0.15。用计算机计算出的答案为 5 023 美元，手算结果应约为 4 323 美元。

表 12.6　用利率看跌期权对冲预期贷款

情景：一家银行计划在90天后以180天期LIBOR加上150个基点的利率发放贷款1 000万美元。贷款在期权到期的180天后还本付息。该银行担心在发放贷款前利率可能下降，因此希望防范利率下降的风险，同时保留从利率上升中获利的灵活性。利率看跌期权适用于实现该目标。贷款利息和看跌期权的调整系数为180/360。看跌期权的执行利率为9%，成本为5 023美元。看跌期权的成本按90天期利率10.5%计算复利，为期90天，结果为5 155美元，它是发放贷款时看跌期权的实际成本。实际贷款金额为10 000 000+5 155=10 005 155美元。部分LIBOR对应的结果如下。					
第90天的LIBOR（%）	第270天的看跌期权报酬（美元）	第270天收到的贷款金额（美元）	第270天收到的总金额（美元）	实际贷款利率（%）	没有看跌期权时的实际利率（%）
5.0	200 000	10 325 000	10 525 000	10.82	6.70
5.5	175 000	10 350 000	10 525 000	10.82	7.22
6.0	150 000	10 375 000	10 525 000	10.82	7.75
6.5	125 000	10 400 000	10 525 000	10.82	8.28
7.0	100 000	10 425 000	10 525 000	10.82	8.81
7.5	75 000	10 450 000	10 525 000	10.82	9.34
8.0	50 000	10 475 000	10 525 000	10.82	9.87
8.5	25 000	10 500 000	10 525 000	10.82	10.40
9.0	0	10 525 000	10 525 000	10.82	10.93
9.5	0	10 550 000	10 550 000	11.35	11.47
10.0	0	10 575 000	10 575 000	11.89	12.00
10.5	0	10 600 000	10 600 000	12.42	12.54
11.0	0	10 625 000	10 625 000	12.96	13.08
11.5	0	10 650 000	10 650 000	13.50	13.62
12.0	0	10 675 000	10 675 000	14.04	14.16
12.5	0	10 700 000	10 700 000	14.59	14.71
13.0	0	10 725 000	10 725 000	15.13	15.25

假设到期时LIBOR为5%。那么，该看跌期权的报酬为：

$$10\ 000\ 000 \times \left[\mathrm{Max}(0,\ 0.09-0.05) \times \frac{180}{360}\right] = 200\ 000 \text{ 美元}$$

收到的贷款金额为：

$$10\ 000\ 000 \times \left[1+(0.05+0.015) \times \frac{180}{360}\right] = 10\ 325\ 000 \text{ 美元}$$

因此，银行收到10 325 000美元贷款加上200 000美元看跌期权报酬，总金额为10 525 000美元。正如我们指出的，贷款的实际支出为10 005 155美元。因此，贷款的实际利率为：

$$\left(\frac{10\ 525\ 000}{10\ 005\ 155}\right)^{365/180} - 1 = 0.108\ 2$$

如果没有看跌期权，那么贷款支出只有1 000万美元，但贷款的实际利率为：

$$\left(\frac{10\ 325\ 000}{10\ 000\ 000}\right)^{365/180}-1=0.067$$

假设到期时 LIBOR 为 13%。那么，看跌期权的报酬为：

$$10\ 000\ 000\times\left[\text{Max}(0,\ 0.09-0.013)\times\frac{180}{360}\right]=0$$

收到的贷款金额为：

$$10\ 000\ 000\times\left[1+(0.13+0.015)\times\frac{180}{360}\right]=10\ 725\ 000\text{ 美元}$$

因此，银行收到 10 725 000 美元，但是看跌期权没有报酬。由于实际贷款支出为 10 005 155 美元，因此贷款的实际利率为：

$$\left(\frac{10\ 725\ 000}{10\ 005\ 155}\right)^{365/180}-1=0.151\ 3$$

没有看跌期权时，贷款的实际利率为：

$$\left(\frac{10\ 725\ 000}{10\ 000\ 000}\right)^{365/180}-1=0.152\ 5$$

结果如图 12.3 所示。注意，没有看跌期权时，贷款的利率下降风险非常高。有看跌期权的贷款可以从高利率中获益，但防范了低利率的风险。然而，如果利率升高，由于存在期权费，贷款产生的收益率将低于没有看跌期权的贷款产生的收益率。

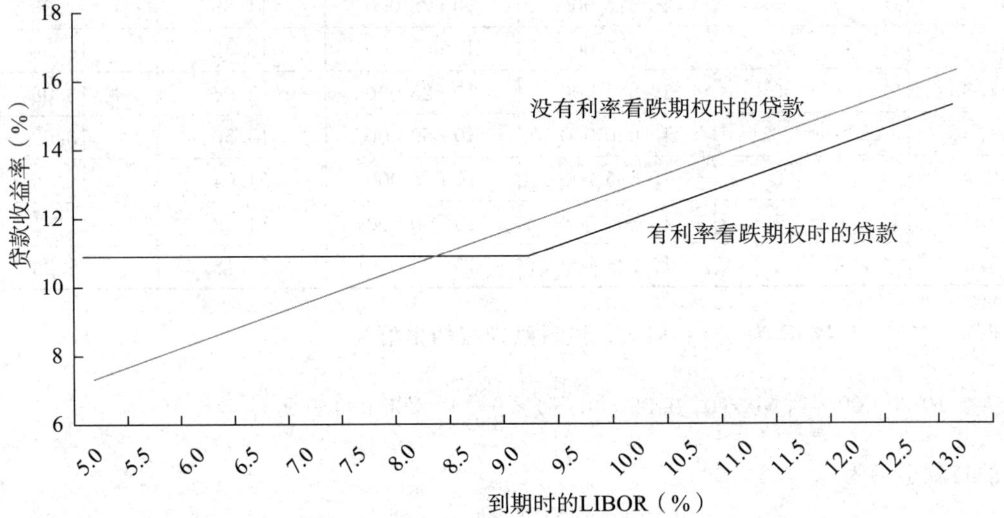

图 12.3　有利率看跌期权和没有利率看跌期权时的贷款收益率

12-2d　利率上限、利率下限和领式期权

迄今为止，我们尚未介绍使用利率期权的大部分情况。在第 11 章中，我们说明了互换与浮动利率贷款结合起来的用途非常广泛。本章到目前为止只分析了涉及单笔支付的贷款。远期

利率协议、利率看涨期权和利率看跌期权对涉及多笔支付的贷款是没有用的，至少对这里介绍的形式没有用。然而，利率看涨期权和利率看跌期权可以合并为一系列能有效保护浮动利率贷款的期权。与之类似的是，正如我们在第 11 章中所见，实际上是远期利率协议组合的互换可以保护浮动利率贷款。当然，互换和远期利率协议是承诺。在某些情况下，期权是更好的选择。期权提供了灵活性，可以从一个方向的利率变化中受益，同时又不会因另一个方向的利率变化而受损。

可以帮助浮动利率贷款借款人防范利率上升风险的利率看涨期权组合被称为**利率上限**（interest rate cap），其中每个看涨期权都被称为**利率上限单元**（caplet）。可以为浮动利率贷款贷款人防范利率下降风险的利率看跌期权组合被称为**利率下限**（interest rate floor），其中每个看跌期权都被称为**利率下限单元**（floorlet）。多头利率上限和空头利率下限的组合被称为**利率领式期权**（interest rate collar），它类似于第 7 章中讨论的领式期权，但仍有不同之处。借款人最常使用领式期权，它包括一个利率上限多头和一个利率下限空头，其中买入利率上限的资金来自卖出利率下限。

利率上限　让我们先来看利率上限的例子。1 月 2 日，一家公司借入 2 500 万美元，为期 1 年。它将在 4 月 2 日、7 月 2 日、10 月 2 日和次年 1 月 2 日进行支付。在从 1 月 2 日开始的上述每个日期，实际 LIBOR 都将是未来三个月支付的利率。当前的 LIBOR 为 10%。该公司希望将每笔支付的利率固定为不超过 10%，因此提前支付 70 000 美元买入了执行利率为 10%的利率上限。报酬是基于结算周期的准确天数和 1 年为 360 天的假设。在每个付息日，利率上限的价值为：

$$25\ 000\ 000\times\left[\text{Max}(0,\ \text{LIBOR}-0.010)\times\frac{\text{天数}}{360}\right]$$

根据我们的理解，LIBOR 在前一个结算日确定，“天数”是该期的天数。第一笔支付的 LIBOR 是在贷款开始时确定的。因此，和我们之前讨论过的利率期权一样，执行决策是在结算期开始时，也就是确定利率那天做出的，但报酬是在结算期结束时产生的。如果 LIBOR 超过 10%，则该公司将执行该期权，并收到由上式给出的报酬。该报酬有助于抵消升高的贷款利率。表 12.7 显示了这笔贷款可能产生的一系列支付。当然，这些支付只代表在不同结算日期的无限多的可能 LIBOR 之一。

> 利率上限是旨在为浮动利率贷款借款人防范利率上升风险的利率看涨期权组合。

表 12.7　有息贷款的事后支付

情景：1 月 2 日，一家公司获得 2 500 万美元的 1 年期贷款，每个季度付息一次，利率为 LIBOR。为了防范利率上升风险，该公司买入执行利率为 10%、期权费为 70 000 美元的利率上限。贷款利息支付和利率上限的报酬根据实际天数和 1 年为 360 天的假设计算。

日期	期间天数	LIBOR（%）	应付利息（美元）	利率上限支付（美元）	本金偿还（美元）	净现金流（美元）	没有利率上限时的净现金流（美元）
1月2日	—	10.000	—	−70 000	0	24 930 000	25 000 000
4月2日	90	9.750	625 000	—	0	−625 000	−625 000
7月2日	91	12.375	616 146	0	0	−616 146	−616 146
10月2日	92	11.500	790 625	151 736	0	−638 889	−790 625
1月2日（次年）	92	—	734 722	95 833	25 000 000	−25 638 889	−25 734 722

实际年利率

没有利率上限时：11.50%

有利率上限时：10.78%

注：这些日期的 LIBOR 组合只表示无数可能结果之一，它们仅被用于说明如何确定支付金额，而不是可能的结果。

在第一季度，该公司实际上将支付在 1 月 2 日确定的 LIBOR，即 10%。因此，在 4 月 2 日，该公司应支付 1 月 2 日至 4 月 2 日这 90 天期的利息，即 25 000 000×0.10×(90/360)＝625 000 美元。[①] 4 月 2 日，LIBOR 为 9.75%，利率上限单元以价外状态到期。7 月 2 日，LIBOR 为 12.375%，由于该利率高于 10%的执行利率，因此利率上限单元将以价内状态到期。10 月 2 日，该公司将收到一笔支付：

$$25\ 000\ 000\times\left[\mathrm{Max}(0,\ 0.123\ 75-0.10)\times\frac{92}{360}\right]=151\ 736\text{ 美元}$$

这笔支付将有助于抵消 790 625 美元的利息（计息期为 7 月 2 日至 10 月 2 日的 92 天，利率为 12.375%）。10 月 2 日的 LIBOR 为 11.5%，因此利率上限单元也将在次年 1 月 2 日产生报酬。这些现金流的净影响见表 12.7 第 7 列。1 月 2 日，该公司从贷款人那里得到 2 500 万美元，但支付了 7 万美元购买利率上限，净现金流入为 24 930 000 美元。它的各期支付如表 12.7 所示，并在次年 1 月 2 日偿还本金，并支付最后一笔利息减去利率上限的报酬。请注意，由于存在利率上限，造成净利息支付差异的原因仅是每个结算期的天数不同，而不是利率。利率的上限实际上为 10%的执行利率。

如果我们希望知道公司实际支付的年利率，就必须解出内部收益率，这需要计算机或财务计算器。我们解出令 4 笔支付的现值等于最初净现金流入的利率：

$$24\ 930\ 000=\frac{625\ 000}{(1+y)^1}+\frac{616\ 146}{(1+y)^2}+\frac{638\ 889}{(1+y)^3}+\frac{25\ 638\ 889}{(1+y)^4}$$

解得 y＝0.025 927。根据该结果，换算为年利率：$(1.025\ 927)^4-1=0.107\ 8$。表 12.7 最后一列显示了没有购买利率上限时的净现金流。使用这些数字解出内部收益率，并换算为年利率，即 0.115。因此，利率上限为该公司节省了 72 个基点，因为贷款期限内的利率高于贷款开始时的利率。当然，如果利率下降，该公司可能由于有利率上限而必须支付更高的实际利率，因为利率上限单元处于价外，且需要支付期权费。利率上限的定价方法与利率看涨期权相同。每个利率上限单元都是独立的利率看涨期权，但具有不同的到期日和可能不同的远期利率、无风险利率和波动率。利率上限的总价格是各利率上限单元的价格之和。

利率下限 浮动利率贷款的贷款人通常用利率下限来防范利率下跌风险。如前所述，利率下限包括一系列利率看跌期权，其中每个利率看跌期权都被称为利率下限单元。在每个付息日，利率下限的报酬都与 LIBOR 挂钩。例如，执行利率为 8%、基于实际天数和 1 年为 360 天的假设、名义金额为 1 500 万美元的利率下限报酬为：

$$15\ 000\ 000\times\left[\mathrm{Max}(0,\ 0.08-\mathrm{LIBOR})\times\frac{\text{天数}}{360}\right]$$

① 没有利率上限单元在 4 月 2 日支付报酬，因为 4 月 2 日的利率是在 1 月 2 日，即提取贷款并买入利率上限的那天确定的，该利率没有不确定性。如果在提取贷款那天之前买入利率上限，则该公司可能加入在 1 月 2 日到期、在 4 月 2 日产生报酬的利率上限单元。

如前所述，LIBOR 在结算期开始时规定。

假设在 12 月 16 日，银行发放了一笔金额为 1 500 万美元的 1 年期贷款，借款人在次年 3 月 16 日、6 月 16 日、9 月 15 日和 12 月 16 日按 LIBOR 支付利息，LIBOR 现在为 7.875%。因此，在次年 3 月 16 日，银行将获得 12 月 16 日至次年 3 月 16 日这 90 天的利息 15 000 000×[0.078 75×(90/360)]=295 313 美元。该银行以 8%的执行利率购买了期权费为 30 000 美元的利率下限。3 月 16 日的新利率为 8.25%，因此第一个利率下限单元以价外状态到期。然而，6 月 16 日的 LIBOR 为 7.125%，因此利率下限单元以价内状态到期，在下一个付息日（9 月 15 日）的报酬为：

$$15\ 000\ 000\times\left[\mathrm{Max}(0,\ 0.08-0.071\ 25)\times\frac{91}{360}\right]=33\ 177\ \text{美元}$$

该报酬将加到 270 156 美元的利息收入上，由于利率下降，因此利息降低了。表 12.8 列出了在贷款期限内的一系列假定的 LIBOR 下，这笔 1 年期贷款的完整结果。

表 12.8　　有利率下限的贷款的事后支付

情景：12 月 16 日，一家银行发放了 1 500 万美元的 1 年期贷款，每个季度付息一次，利率为 LIBOR。为了防范利率下跌的风险，该银行买入了执行利率为 8%、期权费为 30 000 美元的利率下限。贷款利息和利率下限的报酬根据准确天数和 1 年为 360 天的假设计算。

日期	期间天数	LIBOR (%)	应付利息（美元）	利率下限支付（美元）	本金偿还（美元）	净现金流（美元）	没有利率下限时的净现金流（美元）
12 月 16 日	—	7.875	—	−30 000	0	−15 030 000	−15 000 000
3 月 16 日（次年）	90	8.250	295 313	—	0	295 313	295 313
6 月 16 日（次年）	92	7.125	316 250	0	0	316 250	316 250
9 月 15 日（次年）	91	6.000	270 156	33 177	0	303 333	270 156
12 月 16 日（次年）	92		230 000	76 667	15 000 000	15 306 667	15 230 000

实际年利率

没有利率上限时：7.64%

有利率上限时：8.17%

注：这些日期的 LIBOR 组合指标只是无数可能结果之一，它们仅被用于说明如何确定支付金额，而不是可能的结果。

银行事先向借款人支付 1 500 万美元，另外还支付了 30 000 美元购买利率下限。表 12.8 第 7 列显示了有利率下限的贷款的期间净现金流。按照与利率上限相同的方法，我们可以求出令现金流入现值等于现金流出现值的期间利率。该利率约为 1.983 1%，因此年利率为 $(1.019\ 831)^4-1=0.081\ 7$。最后一列显示了没有使用利率下限时的净现金流，没有利率下限时的年收益率为 7.64%。因此，该利率下限使银行收益率提高了 76 个基点。当然，在利率上升时期，银行从利率上升中获得的收益将减少，因为银行需要支付利率下限的期权费，但利率下限单元往往不会被执行，在这种情况下，银行没有利率下限会更好。

> 利率下限是旨在为浮动利率贷款的贷款人防范利率下降风险的利率看跌期权组合。

与利率上限一样，对每个利率下限单元定价并将价格相加，就可以得出利率下限的价格。

利率领式期权　在第7章中，我们讨论了投资者如何用领式期权保护股票投资组合。投资者拥有股票投资组合，并购买了防范股价下跌风险的看跌期权。为了获得购买看跌期权的资金，投资者将出售看涨期权，其执行价格将被定为使看涨期权的期权费恰好抵消看跌期权的期权费的水平。这笔交易产生了股票价值的可能范围。该头寸的价值不会跌至低于多头看跌期权的执行价格，也不会涨至高于空头看涨期权的执行价格。类似地，借款人可以使用领式期权创造一系列利率，确保借款人支付的利率不高于给定利率或不低于另一个利率。

利率领式期权是旨在为浮动利率贷款的借款人防范利率上升风险的利率上限多头和利率下限空头组合。利率下限的期权费旨在降低或抵消利率上限的期权费。净结果是确定了贷款的最高利率和最低利率。

假设一家计划借款的公司决定购买利率上限，为此，该公司试图为贷款支付的利率设置上限（利率上限）。如果利率下降，它支付的利率将更低并因此获益。然而，在某些情况下，该公司发现更有利的做法是放弃从利率降低中受益的权利，从而降低利率上限成本。一种方法是卖出利率下限。多头利率上限和空头利率下限的组合被称为利率领式期权，有时也称为领式期权。尽管卖出利率下限的期权费不一定恰好等于买入利率上限的期权费，但在多数情况下，借款人更喜欢这种做法，这种领式期权被称为**零成本领式期权**（zero-cost collar）。然而，这个词有误导性，因为没有哪样东西的成本为零。借款人的成本是放弃利率跌至利率下限执行利率以下产生的收益。领式期权确定了一系列利率，其中存在利率不确定性，但最高利率和最低利率被锁定了。

表12.9以一个零成本领式期权为例进行说明，假设一家公司借入5 000万美元，为期两年，并买入期权费为250 000美元、执行利率为10%的利率上限，卖出期权费为250 000美元、执行利率为8.5%的利率下限。贷款于3月15日开始，并要求大约每91天按LIBOR支付一次利息。

表12.9　　有利率领式期权的贷款的事后支付

情景：3月15日，一家公司获得5 000万美元的两年期贷款，每个季度付息一次，利率为LIBOR。为了防范利率上升的风险，该公司买入执行利率为10%、期权费为250 000美元的利率上限。为了抵消利率上限的成本，该公司卖出执行利率为8.5%、期权费为250 000美元的利率下限。贷款的利息支付和利率上限与利率下限的报酬根据实际天数和1年为360天的假设计算。

日期	期间天数	LIBOR（%）	应付利息（美元）	利率上限支付（美元）	利率下限支付（美元）	本金偿还（美元）	有领式期权时的净现金流（美元）	只有利率上限时的净现金流（美元）	没有利率上限或利率下限时的净现金流（美元）
3月15日	—	10.500	—	−250 000	250 000	0	50 000 000	49 750 000	50 000 000
6月15日	92	11.500	1 341 667	—	—	0	−1 341 667	−1 341 667	−1 341 667
9月14日	91	11.750	1 453 472	189 583	0	0	−1 263 889	−1 263 889	−1 453 472
12月14日	91	9.125	1 485 069	221 181	0	0	−1 263 889	−1 263 889	−1 485 069
3月15日	91	9.500	1 153 299	0	0	0	−1 153 299	−1 153 299	−1 153 299
6月14日	91	7.625	1 200 694	0	0	0	−1 200 694	−1 200 694	−1 200 694
9月14日	92	8.375	974 306	0	−111 806	0	−1 086 111	−974 306	−974 306
12月15日	92	8.000	1 070 139	0	−15 972	0	−1 086 111	−1 070 139	−1 070 139
3月14日	89		988 889	0	−61 806	50 000 000	−51 050 694	−50 988 889	−50 988 889

实际年利率
没有领式期权时：10.10%
有领式期权时：9.83%
只有利率上限时：9.93%

注：这些日期的LIBOR组合只表示无数可能结果之一，它们仅被用于说明如何确定支付金额，而不是可能的结果。

现在，你应能验证该表中的数字。6月15日支付的利息是根据3月15日的LIBOR（10.5%）和该期天数（92天）计算的。该利率上限在9月14日和12月14日支付报酬，因为它们是LIBOR在期初高于10%时的结算期期末。利率下限在第二年的9月14日和12月15日以及第三年的3月14日（贷款到期日）支付报酬。请注意，当利率下限产生报酬时，该公司支付款项而不是收取款项。

表12.9第8列显示了该领式期权的净现金流。按照上述内部收益率计算方法，解出有领式期权的贷款的年利率为9.83%。第9列显示了该公司贷款只有利率上限时的净现金流，与该策略相关的利率为9.93%。最后一列显示了该公司既没有利率上限，也没有利率下限时的净现金流，与该策略相关的借款利率为10.10%。

利率上限本身有助于降低公司的借款成本。通过卖出利率下限，从而建立领式期权，贷款成本从9.93%降至9.83%。其他条件当然会导致不同的结果，没有利率上限或利率下限时，贷款的最终结果可能更好。

借款人最常使用的是领式期权，但贷款人当然也可以使用领式期权。贷款人可以买入利率下限，以防范利率跌至利率下限执行利率以下的风险，并卖出利率上限，从而放弃利率升至利率上限执行利率以上的收益。

12-2e 利率期权、远期利率协议和互换

在我们结束对利率期权的讨论之前，有必要考察三种最重要的利率衍生产品之间的关系：互换、远期利率协议和期权。在本章中，我们首先介绍了远期利率协议，这是一种利率远期合约，一方同意支付固定利率并收取浮动利率。我们证明，该固定利率就是期限结构中的远期利率。互换类似于一系列远期利率协议，但所有固定利率支付的利率都相同。换言之，它是一系列远期利率协议，但每个远期利率协议均按互换的固定利率定价。这意味着部分远期利率协议将按高于单独定价时的固定利率定价，有些远期利率协议的固定利率较低。如前所述，当远期利率协议不按远期利率定价时，它被称为市场外远期利率协议。因此，互换是一系列市场外远期利率协议。

我们还可以证明，利率看涨期权和利率看跌期权的组合与互换的支付相同。假设我们买入一个看涨期权（在此处也被称为利率上限单元）并卖出一个看跌期权（利率下限单元），令R为互换的固定利率，令X为看涨期权和看跌期权的执行利率，令基础利率为LIBOR。假设现在为结算日。多头看涨期权的报酬为：

如果LIBOR≤X，则为0

如果LIBOR＞X，则为LIBOR－X

空头看跌期权的报酬为：

如果LIBOR≤X，则为－(X－LIBOR)

如果LIBOR＞X，则为0

因此，多头看涨期权和空头看跌期权组合的报酬为：

如果 LIBOR≤X，则为 LIBOR－X

如果 LIBOR>X，则为 LIBOR－X

该结果可以简化为：

LIBOR－X

这将发生在下一个结算日。此外，该结果适用于每个结算日。

现在，让我们来考察支付固定利率 R、收取浮动利率的互换的报酬。该报酬为：

LIBOR－R

这将发生在下一个结算日。此外，该结果适用于每个结算日。

当看涨期权和看跌期权的执行利率与互换的固定利率相同时，一系列利率看涨期权多头和一系列利率看跌期权空头的组合相当于互换。

互换和看涨期权多头/看跌期权空头的结果相似，它们是否相同取决于 X 是否等于 R。在第 11 章中，我们通过使用期限结构中的信息为互换定价来计算 R。看涨期权或看跌期权的执行利率由合约双方选择。因此，X 是人为指定的，可能是任何利率。当选择的 X 等于 R 时，看涨期权多头/看跌期权空头将产生与支付固定利率、收取浮动利率的互换相同的报酬。前面曾经提到，互换不需要初始支出。因此，互换在开始时的价值为零。因此，当选择的 X 等于 R 时，看涨期权多头/看跌期权空头在开始时的价值也必然为零。这意味着看涨期权的期权费必须等于看跌期权的期权费，否则就会有套利机会。

由于互换有多笔支付，所以必然有一系列看涨期权和看跌期权。然而，应该注意，我们刚才介绍的期权策略并不是零成本领式期权。我们指出，在零成本领式期权中，看涨期权和看跌期权的期权费相同，但执行利率不同。事实上，因为期权的执行利率相同，所以它根本不是领式期权。

联系现实

利率期权的二项式定价

我们在本章中提到，布莱克模型提供了利率期权价格的简单近似值。一种更好的方法是建立期限结构模型，通过交易价格受利率影响的债券或衍生产品，消除获得套利利润的可能性。二项式模型常用于为利率期权定价。这里，我们将考察一个简单的期限结构二项式模型，并用它为利率期权定价。假设 LIBOR 的期限结构如下。

期限	利率	贴现债券价格
360 天	8.0%	$B_0(360)=1/[1+0.08\times(360/360)]=0.925\ 9$
720 天	8.5%	$B_0(720)=1/[1+0.085\times(720/360)]=0.854\ 7$

我们将单期二项式的时期长度定义为 360 天。这些信息足以构建一个两期二项式模型。在时间 0，我们有单期债券的价格（0.925 9）和两期债券的价格（0.854 7）。在时间 1 的任何一个结果中，最初的单期债券都将以面值 1 到期。在时间 1，最初的两期债券价格可以表示为两种状

态：上升状态为 $B_1(2)^+$，下降状态为 $B_1(2)^-$。因此，二项式期限结构如下所示：

$$B_1(1)^+=1$$
$$B_1(2)^+=?$$
$$B_0(1)=0.925\,9$$
$$B_0(2)=0.854\,7$$
$$B_1(1)^-=1$$
$$B_1(2)^-=?$$

我们需要找到缺失的债券价格，并将其转换为利率。非常值得注意的是，上升状态下的债券价格为利率上升状态下的债券价格。因此，$B_1(2)^+$ 小于 $B_1(2)^-$，这看起来有点违反直觉。也就是说，在时间 1，正（+）状态比负（−）状态利率更高，但债券价格更低。

为消除套利机会，我们必须施加以下限制：

- 不可能通过购买单期债券，并卖空两期债券为其融资而赚取套利利润
- 不可能通过购买两期债券，并卖空单期债券为其融资而赚取套利利润

对于第一种策略，如果条件如下，将产生套利利润，即：

$$\frac{1}{B_0(1)}>\frac{B_1(2)^-}{B_0(2)}$$

如果对单期债券投资 1 美元的收益率（上式左侧）高于卖空两期债券应支付的最高收益率（上式右侧），那么将产生套利利润。如果第二种策略的条件如下，将产生套利利润，即：

$$\frac{1}{B_0(1)}<\frac{B_1(2)^+}{B_0(2)}$$

如果卖空单期债券的融资成本（上式左侧）低于购买两期债券的最差结果（上式右侧），就会产生套利利润。为了防止这两种情况成立，我们要求：

$$\frac{B_1(2)^+}{B_0(2)}<\frac{1}{B_0(1)}<\frac{B_1(2)^-}{B_0(2)}$$

尽管有很多方法可以满足这个条件，但是一种简单方法是对不等式两端的两个公式分别赋予 0.5 和 0.5 的权重，得出：

$$0.5B_1(2)^++0.5B_1(2)^-=\frac{B_0(2)}{B_0(1)}$$

右侧是根据单期债券和两期债券的期限结构得出的远期价格。左侧可以解释为两期债券在时间 1 的预期价格，它的概率为 0.5。

该要求是一个有两个未知数即 $B_1(2)^+$ 和 $B_1(2)^-$ 的方程，所以我们无法求解。但是，我们可以增加一个约束条件，设利率波动率是某个特定的已知值 σ，从而解出它。现在，我们有两个方程和两个未知数。令 r^+ 和 r^- 是时间 1 上的两个连续复利单期利率的可能值。二项式模型中的利率波动率计算公式如下：

$$\sigma=\frac{r^+ + r^-}{2}$$

这两个利率确定了价格，即 $B_1(2)^+$ 和 $B_1(2)^-$。尽管用这两个公式解出债券价格并不容易，但能解出来。结果为：

$$r^+=0.090\,1,\ r^-=0.070\,1$$

对应的零息债券价格为：

$$B_1(2)^+ = e^{-0.0901} = 0.9138$$

$$B_1(2)^- = e^{-0.0701} = 0.9323$$

下式证明了产生这些价格的 LIBOR 为 9.43%和 7.26%，即：

$$B_1(2)^+ = \frac{1}{1+0.0943\times\frac{360}{360}} = 0.9138$$

$$B_1(2)^- = \frac{1}{1+0.0726\times\frac{360}{360}} = 0.9323$$

因此，在时间 1，单期利率为 9.43%和 7.26%。

下面举例说明如何使用该模型。在时间 1 到期，且执行利率为 8%的看涨期权的报酬为：

$$C^+ = \text{Max}(0, 0.0943-0.08)\times 0.9138 = 0.0131$$

$$C^- = \text{Max}(0, 0.0726-0.08)\times 0.9323 = 0.0$$

将其乘以单期债券价格，以贴现延迟产生的报酬。因此，在时间 0，基于 1 美元名义金额的期权价格为：

$$C = (0.5\times 0.0131 + 0.5\times 0.0)\times 0.9323 = 0.0061$$

我们看到，接下来两个价格的加权平均值是用单期贴现系数贴现的。

为了给期限更长的期权定价，我们需要期限更长的零息债券的价格和其他利率的波动率。

12-3　利率互换期权和利率远期互换

在本章前面，我们曾经提到，如果一家公司进行了互换，且之前购买了该互换的期权，就可以在互换结束之前退出。基于互换的期权被称为互换期权。互换期权是买方事先支付期权费并获得进行互换的权利的期权。尽管利率互换、货币互换、股权互换和商品互换都存在互换期权，但我们只关注利率互换的互换期权，可以理解，它的基础工具是普通互换。在利率互换中，期权买方获得作为固定利率支付方、浮动利率收取方或浮动利率支付方、固定利率收取方进行互换的权利。前者被称为**支付方互换期权**（payer swaption），后者被称为**收取方互换期权**（receiver swaption）。

互换期权可以被视为利率期权的变形，但它们有几个重要区别。和利率期权一样，互换期权的执行利率以利率表示。互换期权基于基础互换，并且有固定期限。互换期权可以是美式或欧式。各方事先约定通过进行基础互换或等价现金结算来执行互换期权。

> 互换期权是进行互换的期权，它为持有者提供了以固定利率（执行利率）或更优的利率进行互换的权利。进行支付固定利率的互换的权利被称为支付方互换期权，进行收取固定利率的互换的权利被称为收取方互换期权。

12-3a　典型利率互换期权的结构

考虑以下情况：一家名为 MPK 的公司认为两年后可能需要进行名义金额为 1 000 万美元的利率互换。该公司预期这笔互换将是支付固定利率、收取浮动利率的 3 年期互换。该公司担心利率在未来两年上升，如果它进行这笔互换，就必须支付更高的固定利率。因此，该公司决定购买两年期欧式支付方互换期权，其中基础工具为支付固定利率、收取浮动利率的 3 年期互换。当然，基础互换应该和 MPK 公司预期在 2 年后进行的互换相同。MPK 公司规定执行利率为 11.5%。MPK 公司事先支付期权费，但此时我们不需要知道它是多少。为了使例子尽可能简单，我们假设基础互换要求每年付息一次。

现在，让我们考虑两年后互换期权到期时将发生什么。届时，我们观察到 LIBOR 的期限结构如下：

期限	利率	贴现债券价格
360 天	12.00%	$B_0(360)=1/[1+0.12\times(360/360)]=0.8929$
720 天	13.28%	$B_0(720)=1/[1+0.1328\times(720/360)]=0.7901$
1 080 天	14.51%	$B_0(1\,080)=1/[1+0.1451\times(1\,080/360)]=0.6967$

根据该信息，3 年期互换的市场利率是多少？使用我们在第 11 章中学到的知识，很容易得出该结果，即：

$$R=\frac{1-0.6967}{0.8929+0.7901+0.6967}\times\frac{360}{360}=0.1275$$

因此，MPK 公司或任何一方都可以按固定利率 12.75%进行支付固定利率、收取浮动利率的互换。然而事实证明，MPK 公司持有支付方互换期权，有权进行支付 11.5%的固定利率、收取浮动利率的互换。显然，该互换期权到期时为正值。MPK 公司可以进行支付 11.5%的固定利率、收取 LIBOR 的互换，然而，如果没有该互换，则必须支付 12.75%的固定利率才能收到 LIBOR。显然，互换有价值，但它的价值是多少？

假设 MPK 公司执行互换期权，因此进行了支付 11.5%的固定利率、收取 LIBOR 的互换。现在假设它以 12.75%的利率在市场上进行反向互换。因此，它有以下头寸：

支付 11.5%、收取 LIBOR 的互换
支付 LIBOR、收取 12.75%的互换

LIBOR 对两个互换的影响彼此抵消，剩余以下头寸：

支付 11.5%、收取 12.75%的头寸

净影响是，该头寸变成了支付 12.75%－11.5%＝1.25%的 3 年期年金。确定该年金的价值很简单，支付金额为 10 000 000×0.012 5＝125 000 美元。我们使用之前获得的 LIBOR 贴现系数计算它的现值，得到：

$$125\,000\times(0.8929+0.7901+0.6967)=297\,463 \text{ 美元}$$

因此，到期时互换期权的价值为 297 463 美元。一般来说，到期时支付方互换期权的报酬为：

$$\text{名义金额}\times \text{Max}(0,R-X)\times\frac{\text{天数}}{360}\times\sum_{i=1}^{n}B_0(t_i)$$

其中 R 为互换期权到期时的互换利率，X 为互换期权的执行利率，求和项为互换期限内的现值系数。收取方互换期权的报酬为：

$$\text{名义金额}\times \text{Max}(0,X-R)\times\frac{\text{天数}}{360}\times\sum_{i=1}^{n}B_0(t_i)$$

回到我们的例子，MPK公司将执行互换期权。然后，MPK公司将进行市场价值为297 463美元的互换。MPK公司还可以选择以12.75%的市场利率进行支付浮动利率、收取固定利率的互换。这两笔互换的净影响是产生如前所述的年金，其市场价值为297 463美元。或者，MPK公司也可以保留执行互换期权产生的互换。当互换开始时，它的市场价值为297 463美元，而不是正常的零市场价值。如果互换期权以现金结算，那么空头方只需向MPK公司支付297 463美元。当然，如果市场上的互换利率低于11.5%，那么互换期权就会过期而变得一文不值。显然，当利率很高（至少使互换利率高于互换期权的执行利率）时，支付方互换期权以价内状态到期，因此有些类似于利率看涨期权。当利率很低时（至少使互换利率低于互换期权的执行利率），收取方互换期权以价内状态到期，因此有些类似于利率看跌期权。

12-3b 互换期权和债券期权的等价性

尽管互换期权可能看起来是复杂的工具，但实际上很容易证明互换期权与债券期权相同。以MPK公司支付方互换期权为例，到期时，它的价值与其期限和互换期限对应且息票利率为互换期权执行利率的债券的看跌期权价值相同。为了简化这个问题，假设名义金额为1美元。我们曾用以下方式计算其报酬，即：

$$\text{Max}(0,\ 0.127\,5-0.115)\times\frac{360}{360}\times(0.892\,9+0.790\,1+0.696\,7)$$

我们曾用以下方式计算出值0.127 5，即：

$$\frac{1-0.696\,7}{0.892\,9+0.790\,1+0.696\,7}\times\frac{360}{360}=0.127\,5$$

如果我们将第二个公式代入第一个公式，就可以把互换期权的报酬写为：

$$\text{Max}[0,\ 1-0.696\,7-0.115\times(0.892\,9+0.790\,1+0.696\,7)]$$

现在假设我们不是购买互换期权，而是购买执行价格为1美元的债券看跌期权，当期权到期时，债券期限还有3年，年利率为11.5%，债券面值为1美元。当期权到期时，债券价值为三笔金额为0.115美元的利息的现值与本金1美元的现值之和，即：

$$0.115\times(0.892\,9+0.790\,1+0.696\,7)+1\times0.696\,7$$

该债券看跌期权的报酬为：

$$\text{Max}[0,\ 1-0.696\,7-0.115\times(0.892\,9+0.790\,1+0.696\,7)]$$

这与支付方互换期权的报酬相同。因此，支付方互换期权与债券看跌期权等价。同样，也可以证明收取方互换期权与债券看涨期权等价。

12-3c 互换期权的定价

互换期权定价是略为高级和复杂的问题，在这个阶段无法详细讨论，但是，我们可以借助上小一节的结果了解这个过程。正如我们所示，可以证明互换期权相当于债券期权。因此，如果我们能为债券期权定价，就能为互换期

> 可以证明，利率互换期权相当于债券期权，因此定价方法也类似于债券期权。

权定价。我们还没有考虑债券期权的定价，因为这是一个相对高级的话题，需要建立期限结构演变的无套利模型。作为一种替代方法，我们可以小心谨慎地改编布莱克-斯科尔斯-默顿模型，以便为债券期权定价。

12-3d 远期互换

远期互换是规定双方在未来某个日期以事先商定的固定利率进行互换的合约。

在本书中，我们介绍了期权和远期。因为有基于互换的期权，所以也有基于互换的远期，这些工具被称为远期互换。远期互换双方承诺以特定的固定利率进行互换，一方（多方）承诺进行支付固定利率的互换，另一方承诺进行收取固定利率的互换。因为它是远期合约，因此没有前期现金流。

解远期互换的固定利率相当于用远期利率而不是期限结构中的即期利率为互换定价。

回到 MPK 公司的例子，假设该公司没有使用互换期权，而是希望锁定互换利率。之前对互换定价时，我们证明支付固定利率、收取浮动利率的互换相当于发行固定利率债券，并用发行收入买入浮动利率债券。同理，支付固定利率、收取浮动利率的远期互换相当于发行固定利率债券并买入浮动利率债券的远期合约。签订买入浮动利率债券的远期合约很简单。因为债券将以面值发行，因此发行时债券价值不存在不确定性。双方只是约定，在未来某个日期一方将支付面值，并收到以面值出售的债券。然而，签订发行固定利率债券的远期合约需要解出给定利率。债券必须按面值发行，以使其价值等于浮动利率债券的价值。因此，其息票利率将进行调整，以便按面值出售。在签订该债券的远期合约时，双方需要解出适当的息票利率，以得出该债券的远期合约的公允价格。

这个问题可以简化，即解出将在未来某个日期以面值发行的债券的息票利率。回到 MPK 公司的问题，假设在创建远期互换时，MPK 公司面临以下期限结构：

期限	利率	贴现债券价格
360 天	9.00%	$B_0(360)=1/[1+0.09\times(360/360)]=0.917\ 4$
720 天	10.06%	$B_0(720)=1/[1+0.100\ 6\times(720/360)]=0.832\ 5$
1 080 天	11.03%	$B_0(1\ 080)=1/[1+0.110\ 3\times(1\ 080/360)]=0.751\ 4$
1 440 天	12.00%	$B_0(1\ 440)=1/[1+0.12\times(1\ 440/360)]=0.675\ 7$
1 800 天	12.95%	$B_0(1\ 800)=1/[1+0.129\ 5\times(1\ 800/360)]=0.607\ 0$

MPK 公司希望进行两年后到期的 3 年期远期互换。为了计算出合适的固定利率，我们需要两年后的 1 年期、2 年期和 3 年期远期利率，其计算方法如下。

两年后的远期利率为：

$$1\text{ 年期远期利率}=\left(\frac{1+0.110\ 3\times\frac{1\ 080}{360}}{1+0.100\ 6\times\frac{720}{360}}-1\right)\times\frac{360}{360}=0.108\ 0$$

$$2\text{年期远期利率}=\left[\frac{1+0.12\times\frac{1\,440}{360}}{1+0.100\,6\times\frac{720}{360}}-1\right]\times\frac{360}{720}=0.116\,1$$

$$3\text{年期远期利率}=\left[\frac{1+0.129\,5\times\frac{1\,800}{360}}{1+0.100\,6\times\frac{720}{360}}-1\right]\times\frac{360}{1\,080}=0.123\,8$$

使用远期利率的贴现系数为①：

$$B_0(720,1\,080)=\frac{1}{1+0.108\,0\times\frac{360}{360}}=0.902\,5$$

$$B_0(720,1\,440)=\frac{1}{1+0.116\,1\times\frac{720}{360}}=0.811\,6$$

$$B_0(720,1\,800)=\frac{1}{1+0.123\,8\times\frac{1\,080}{360}}=0.729\,2$$

于是，远期互换利率为：

$$\frac{1-0.729\,2}{0.902\,5+0.811\,6+0.729\,2}=0.110\,8$$

12-3e 互换期权和远期互换的应用

当一家公司预期未来某个日期需要进行互换，并希望提前确定互换利率时，最应该使用互换期权。互换期权将允许该公司从有利的利率变化中受益，同时保护该公司免受不利的利率变化影响。当然，互换期权需要事先支付一笔现金。

假设一家公司已经进行了支付固定利率、收取浮动利率的互换。如果该公司预期它可能希望终止互换，那么收取方互换期权将赋予其终止互换的权利，因为这种期权允许它以优惠条件进行支付浮动利率、收取固定利率的互换。如果该公司执行互换期权，将有两笔互换，它们具有符号相反的等额浮动利率现金流。该公司还将有两笔具有不同利率的固定利率现金流。当然，这两笔互换都有一定的信用风险。或者，如果互换期权的交易对手与初始互换的交易对手相同，那么执行互换期权的方法可以是取消初始互换并代之以一次性支付市场价值，也可以是保留两笔互换的固定利率净现金流。因为该公司可能不知道何时希望终止互换，因此美式互换期权是更优的选择。通过这种方式，该公司用互换期权获得了退出互换的灵活性。

互换期权也可以用作债券期权的替代品。当公司发行债券并考虑在未来某个日期希望将其从固定利率变为浮动利率（反之亦然）的可能性时，互换期权可以提供这种灵活性。

互换期权的另一个应用是创建合成式可赎回债券。可赎回债券是发行公司有权提前赎回的

① 这里，我们必须稍微说明一下我们使用的符号。比如在第一个例子中，系数 $B_0(720, 1\,080)$ 是基于第 0 天确定的远期利率的贴现系数，而该远期利率是基于第 720 天开始、第 1 080 天结束的交易。

债券。如果公司发行了不可赎回债券，但希望加入赎回权，那么该公司可以购买收取方互换期权。如果设计合理，这种互换期权将赋予该公司在经济意义上相同的提前赎回债券的期权。同理，如果该公司发行了可赎回债券，但不再想要这种赎回权，那么该公司可以出售收取方互换期权，这实际上抵消了债券的赎回权。图 12.4 给出了可赎回债券、互换期权和净结果的图示。上箭头表示收取现金，下箭头表示支付现金。

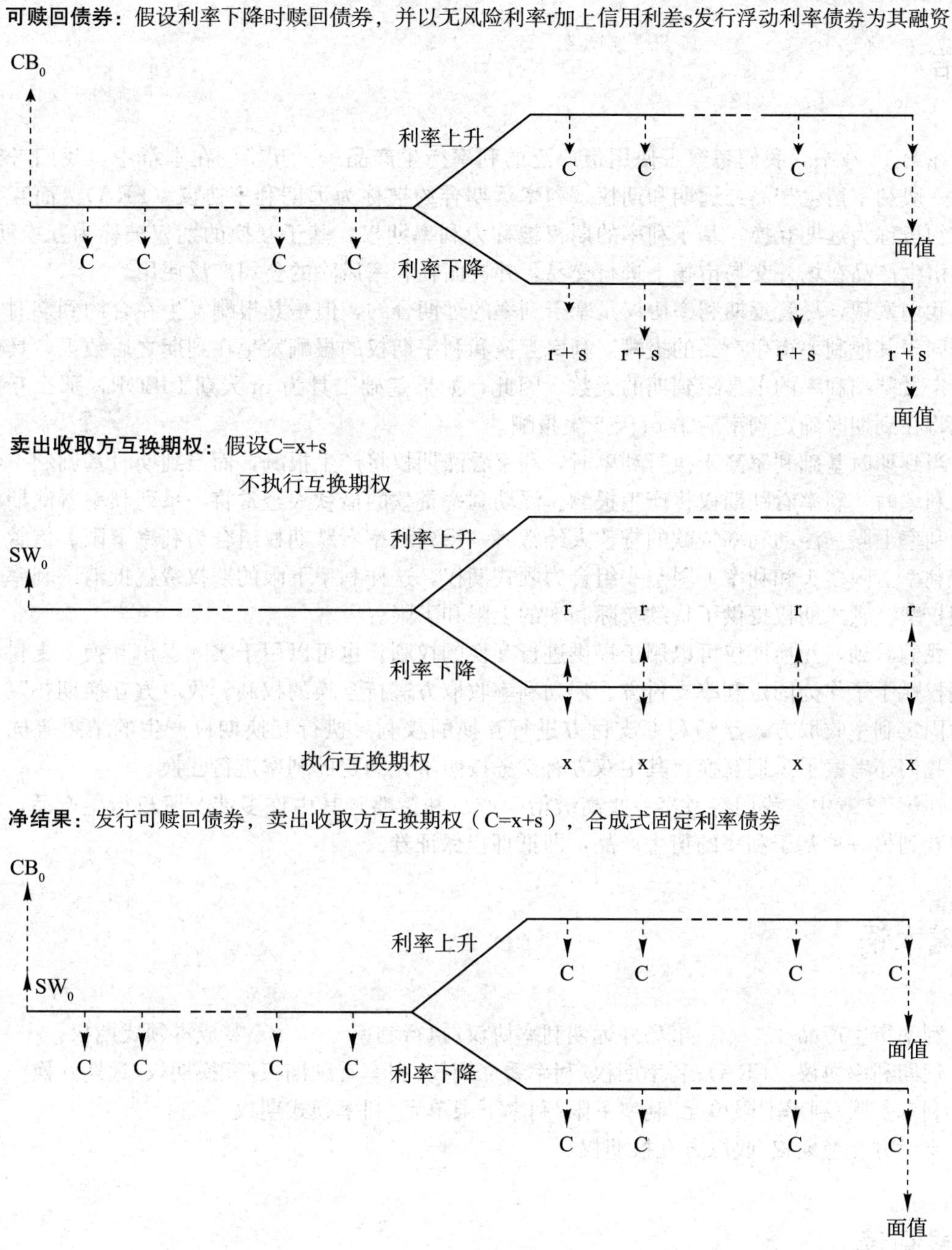

图 12.4　使用互换期权的合成式固定利率债券示例

可回售债券是债券持有者有权提前回售给发行人的债券，这将迫使发行人在到期前清偿债券。通过出售支付方互换期权，实际上可以使不可回售债券变为可回售债券。通过购买支付方互换期权，可以使可回售债券变为不可回售债券。

在上述所有情况下，都可以使用远期互换代替互换期权。远期互换的优点是没有初始现金支出，但缺点是锁定了基础互换的条件，而不允许持有者享有灵活性。

总结

在第 11 章中，我们考察了使用最广泛的利率衍生产品——互换。在本章中，我们考察了两种一般利率衍生产品：远期和期权。利率远期合约被称为远期利率协议（FRA），而互换远期合约被称为远期互换。基于利率的期权被称为利率期权，基于互换的期权被称为互换期权。这些衍生产品在场外交易市场上进行交易，并被面临利率风险的公司广泛使用。

我们发现，尽管远期利率协议是基于利率的远期合约，但是其报酬发生在合约到期时，因此不同于其他利率衍生产品的报酬。利率互换和利率期权的报酬发生在到期之后数天，具体取决于定义基础利率的工具距到期的天数。因此，如果基础工具为 m 天期 LIBOR，那么互换和期权将在到期时确定利率后第 m 天产生报酬。

当到期时基础利率高于执行利率时，利率看涨期权将产生报酬，而当到期时基础利率低于执行利率时，利率看跌期权将产生报酬。浮动利率贷款的借款人经常将一系列利率看涨期权组合为利率上限。浮动利率贷款的贷款人经常将一系列利率看跌期权组合为利率下限。借款人有时将利率上限多头和利率下限空头组合为领式期权，这样利率下限的期权费就抵消了利率上限的期权费。领式期权提供了贷款实际利率的上限和下限。

我们看到，互换期权可以用于提供进行互换的权利，也可以用于实际退出互换。支付方互换期权赋予了作为固定利率支付方、浮动利率收取方进行互换的权利。收取方互换期权赋予了作为固定利率收取方、浮动利率支付方进行互换的权利。执行互换期权产生的结果等同于年金。我们还考察了远期互换，其中双方有义务按照事先约定的利率进行互换。

在第 13 章中，我们将考察一些高级衍生产品和策略，其中许多涉及股权衍生产品，我们也将看到另一种基于利率的衍生产品，即抵押担保证券。

关键术语

利率衍生产品　　　　市场外远期利率协议/执行利率　　　　零成本领式期权
远期利率协议（FRA）/利率期权/利率看涨期权/利率看跌期权/互换期权/远期互换
利率上限/利率上限单元/利率下限/利率下限单元/利率领式期权
支付方互换期权/收取方互换期权

扩展阅读

关于利率衍生产品的优秀文献综述包括：

Abken, P. A. "Interest Rate Caps, Collars, and Floors." *Federal Reserve Bank of Atlanta Economic Review* 72 (November/December, 1989): 2-24.

Jha, S. *Interest Rate Markets: A Practical Approach to Fixed Income*. New York: Wiley Finance, 2011.

Sadr, A. *Interest Rate Swaps and Their Derivatives*. New York: Wiley Finance, 2009.

下列文献介绍了更多关于利率衍生产品定价与建模的高级方法：

Buetow, G. W., and F. J. Fabozzi. *Valuation of Interest Rate Swaps and Swaptions*. New Hope, PA: Frank J. Fabozzi Associates, 2001.

James, J., and N. Webber. *Interest Rate Modeling*. Chichester, UK: John Wiley, 2000.

Jarrow, R. A. *Modeling Fixed-Income Securities and Interest Rate Options*, 2nd ed. Stanford, CA: Stanford University Press, 2002.

概念检查

1. 远期利率协议的支付条款与其他多数利率衍生产品有何不同？

2. 请说明远期利率协议与互换的相似之处以及不同之处。

3. 请比较利率期权与远期利率协议的用途，并说明为何财务经理可能更偏好其中一类合约。

4. 请说明为何利率上限与利率下限的组合与利率互换等价。

5. 利率领式期权相对于利率上限的优点和缺点是什么？

问题与习题

1. 请说明如何将用于期货期权定价的布莱克模型用于利率期权定价。

2. 请说明如何在到期时通过执行互换期权或以现金结算结束互换期权。为什么这些方法在财务上是等价的？

3. 请说明互换期权与利率期权的相似之处以及不同之处。

4. 请说明一家银行如何使用互换期权对冲它在未来某个日期进行支付浮动利率、收取固定利率的互换的可能性。

5. 请解释远期互换与互换期权的相似之处以及不同之处。

6. 假设你做多某个基于 90 天期 LIBOR 的远期利率协议（收取浮动利率），其名义金额为 50 000 000 美元。到期时，LIBOR 为 4%，执行利率（约定利率）为 3%。假设 1 年为 360 天，该远期利率协议的利润或损失是多少？如果你做空该远期利率协议（收取固定利率），你的答案将如何变化？

7. 假设你做多某个基于 180 天期 LIBOR 的远期利率协议（收取浮动利率），其名义金额为 50 000 000 美元。到期时，LIBOR 为 4%，执行利率（约定利率）为 3%。假设 1 年为 360 天，该远期利率协议的利润或损失是多少？如果你做空该远期利率协议（收取固定利率），你的答案将如何变化？你对本题的答案是不是上一题的两倍？为什么？

8. 假设你在利率衍生产品交易室工作，并观察到以下市场报价。做多（做空）100 000 000

美元利率上限，以天数计算的调整系数为90/360，执行利率为4%，价格为4 950 000美元(4 925 000美元)。做多（做空）100 000 000美元利率下限，以天数计算的调整系数为90/360，执行利率为4%，价格为5 000 000美元(4 975 000美元)。与上述利率上限和利率下限条款相同的收取浮动利率的互换的市场报价为4.0%（收取固定利率的互换的市场报价为3.95%）。请举出一种套利策略，并指出进行套利带来的新风险。

9. 假设一家公司计划在180天后借入500万美元，这笔贷款的利率为贷款开始当天的LIBOR，并将在90天后一次性偿还。该公司想锁定它支付的利率，因此与银行签订了远期利率协议，银行同意锁定为12%的利率。确请定以下每个结果的年贷款成本。假设计息期为90天，1年为360天。

a. 180天后的LIBOR为14%

b. 180天后的LIBOR为8%

10. 给定下列LIBOR期限结构。

期限	利率
90天	6.00%
180天	6.20%
270天	6.30%
360天	6.35%

a. 请计算新的6×9远期利率协议的利率。

b. 以之前建立的利率为5.2%、名义金额为3 000万美元的远期利率协议为例。该远期利率协议在180天后到期，基础工具为180天期LIBOR。请从支付固定利率、收取浮动利率一方的角度，计算在适用该期限结构的时点上该远期利率协议的价值。

11. 假设你是一家公司的财务主管，需要在45天后以LIBOR加上2.5个基点的利率借1 000万美元。贷款期限为180天，届时将偿还所有的利息和本金。利率将由取出贷款当天的LIBOR决定。为了对冲该未来利率的不确定性，你以32 000美元的期权费购买了执行利率为9%的LIBOR看涨期权。请计算你将偿还的金额以及LIBOR为6%和12%时的年借款成本。计算报酬时，假设期限为180天，1年为360天。目前的LIBOR为9%。

12. 一家大型跨国银行承诺在30天后以LIBOR加100个基点的利率向一家公司发放贷款2 500万美元。贷款期限为90天，届时偿还本金并支付全部利息。该银行担心利率下降，并决定买入执行利率为9.5%、期权费为60 000美元的LIBOR看跌期权。请计算LIBOR为6.5%和12.5%时的年贷款利率。计算报酬时，假设期限为90天，1年为360天。目前的LIBOR为9.5%。

13. 作为一家大型公司的财务主管助理，你的工作是想办法锁定本公司在金融市场上的借款成本。6月28日，你的公司取出2 000万美元的贷款，并将在9月28日、12月31日以及次年3月31日和6月29日支付利息。你将在付息期开始时实际支付LIBOR。目前的LIBOR为10%。你建议公司购买执行利率为10%、期权费为70 000美元的利率上限。如果LIBOR在9月28日变为11%，在12月31日变为11.65%，在次年3月31日变为12.04%，请计算在这笔贷款期限内的现金流。计算报酬时，以实际天数为准，假设1年为360天。如果你有财务计算器或附带内部收益率函数的电子表格，请解出内部收益率并换算为年内部收益率，以确定实际借款成本。

14. 假设你是一家大银行的基金经理。4月15日，你的银行借给一家公司3 500万美元，利息将在7月16日、10月15日以及次年1月16日和4月16日支付。利息金额将在付息期开始时根据LIBOR确定。4月15日，LIBOR为8.0%。你预期利率将下降，所以你预期贷款利息收入将降低。你决定购买执行利率为8%、期权费为60 000美元的利率下限。如果7月16日的LIBOR为7.9%，10月15日的LIBOR为7.7%，次年1月16日的LIBOR为8.1%，请确定与贷款相关的现金流。计算报酬时，以实际天数为准，假设1年为360天。如果你有财务计算器或附带内部收益率函数的电子表格，请解出内部收益率并换算为年收益率。

15. 1月15日，一家公司获得3 000万美元贷款，将在4月16日、7月15日、10月14日以及次年1月15日支付利息，并在次年1月15日偿还本金。利息将根据付息期开始时的LIBOR支付，计算时以实际天数为准，假设1年为360天。该公司希望购买执行利率为10%、期权费为125 000美元的利率上限，但担心成本。银行建议该公司以相同期权费出售执行利率为9%的利率下限。目前的LIBOR为10%。如果4月16日的LIBOR为11.35%，7月15日的LIBOR为10.2%，10月14日的LIBOR为8.86%，请确定该公司的贷款现金流。如果你有财务计算器或附带内部收益率函数的电子表格，请确定内部收益率，并换算为年收益率以确定借款成本。

16. 一家银行提供45天后到期的利率看涨期权，该看涨期权的报酬根据180天期LIBOR计算。远期利率的波动率为17%。180天期LIBOR的45天期远期利率为0.132 2，执行利率为12%。45天期无风险利率为11.28%。所有利率均为连续复利利率。请使用布莱克模型确定该银行每出售100万美元名义金额的看涨期权应该得到多少金额。

17. 一家公司希望向某银行购买利率上限，它已收到银行的报价，但希望确定该价格是否公平。该利率上限包括两个利率上限单元，一个在91天后到期，另一个在182天后到期，它们的执行利率均为7%。适用于第一个利率上限单元的远期利率为8%，适用于第二个利率上限单元的远期利率为8.2%。91天期无风险利率为7.1%，182天期无风险利率为7.3%。所有利率均为连续复利利率。该公司对远期利率波动率的最优估计为16.6%。名义金额为1 000万美元，报酬根据90天期LIBOR计算。请使用布莱克模型确定该利率上限的公允价格。

18. 考虑某个3年期收取方互换期权，其执行利率为11.75%，基础互换为名义金额为2 000万美元的4年期互换，基础利率为LIBOR。该互换期权到期时，LIBOR分别为10%(360天)、10.5%(720天)、10.9%(1 080天)和11.2%(1 440天)。假设一年有360天。请确定该互换期权的报酬。

19. 一家公司希望在90天后进行互换。该互换包括4笔相隔90天的支付，基础工具为LIBOR。请使用以下LIBOR期限结构解出该远期互换的利率。

期限	利率
90天	10.2%
180天	11.0%
270天	11.6%
360天	11.9%
450天	12.2%

20. 假设你的公司发行了年息票利率为12%，第8年可按面值赎回的15年期债券。现在是两年之后，因此该债券在今后6年内不能赎回。此时，新债券的发行利率为8%，这在历史上

是相当低的利率，尤其是相对于你的公司在两年前发行的债券的息票利率（12%）而言。为了更好地匹配资产和负债的利率敏感度，你希望延长债券的久期。你如何用互换期权来重组债务？请分别解释未来利率上升和利率下降时将发生什么情况。

21. 一家公司以前发行过固定利率不可赎回债券，由于该公司认为利率暂时偏高，因此希望在预期利率下降时可以灵活地赎回债券并用浮动利率债券取代它。请说明一家公司如何使用互换期权实现该目标，并举出另一种可将固定利率债券转换为浮动利率债券的方法，与之前的方法进行比较。

22. 假设 30 天期 LIBOR 为 5%，120 天期 LIBOR 也为 5%，这意味着连续复利的 90 天期远期利率为 5.017 2%。请证明该结果，并解释当 120 天期 LIBOR 利率上升时，连续复利的 90 天期远期利率将发生什么变化。

23. 假设 30 天期 LIBOR 为 5%，120 天期 LIBOR 为 6%。这意味着连续复利的 90 天期远期利率为 6.344 8%。请证明该结果，并解释当远期合约天数增加，更远的即期利率维持在 6% 时，连续复利的远期利率将发生什么变化。

24.（概念习题）请使用布莱克模型确定 74 天后到期的利率看跌期权的公允价格。远期利率为 9.79%，执行利率为 10%。适当的无风险利率为 8.38%。所有利率均为连续复利利率。远期利率波动率为 14.65%。看跌期权基于 2 200 万美元的名义金额，且报酬是根据 90 天期 LIBOR 计算的。

25.（概念习题）以执行利率为 x 的看涨期权为例，我们将其表示为 L。基础利率为 m 天期利率，且根据 1 年为 360 天的假设计算报酬。现在考虑面值为 1 美元的零息债券看跌期权，其中债券按附加法（和欧洲美元一样）支付利息，利率为 L，期权的执行利率为 X。请证明，如果利率看跌期权的名义金额为 $1\times[1+x(m/360)]$美元，且其执行利率 X 为 $1/[1+x(m/360)]$，那么名义金额为 1 美元的利率看涨期权将提供与利率看跌期权相同的报酬。如果这两个期权具有相同的报酬，那么，关于期权定价，它说明了什么？

第 13 章

高级衍生产品与策略

没有准确了解被保护资产的价值就制定风险管理计划，就像没有打牢地基就盖起大楼一样。

——辛迪·W.马（Cindy W. Ma）

《风险专家》(*Risk Professional*)，2010 年 6 月，第 35 页

本章目标

● 在我们之前介绍的衍生产品基础知识的基础上，考察几种新衍生产品和策略，其中部分是之前学习过的衍生产品的组合，另一些则是全新的衍生产品。

● 了解投资组合保险策略，了解它如何让投资组合实现目标最低收益率，并说明如何执行它。

● 分析股权远期、认股权证和股权连结债务。

● 分析结构化票据，以了解如何构建它，并从其波动性中获益。

● 了解抵押贷款支持证券，包括转手证券、纯利息剥离证券、纯本金剥离证券和抵押担保债券，并了解其价值如何随利率变化而变化。

● 分析各种奇异期权，包括数字期权和选择者期权、路径依赖期权，并使用二项式模型为其中数种奇异期权定价。

● 了解基于电力和天气的不常见衍生产品。

在本章中，我们将考察一些高级衍生产品和策略。尽管我们似乎向前跳了一步，但事实并非如此。虽然其中一些衍生产品很复杂，但也有一些衍生工具相当简单，其中有些是通过组合我们介绍过的衍生产品构建的。

本章介绍的第一类衍生产品是股权衍生产品，虽然这类衍生产品主要是基于股票和股票投资组合，但也有一些是基于债券、利率、货币和商品。我们介绍的第二类衍生产品是与利率相关的结构性债券和抵押衍生产品。第三类衍生产品被称为奇异期权，该术语被用来描述最高级

的期权类别，其中某些奇异期权看起来并不奇异，但通常我们就这样称呼它们。

13-1 高级股权衍生产品和策略

股权衍生产品（equity derivative）是基于股票或股票指数的衍生产品。尽管利率衍生产品的场外市场要大得多，但股权衍生产品的场外市场增长迅速。我们已经花了很多篇幅研究交易所交易的股权衍生产品，例如股票期权和股指期权、股指期货和股指期货期权，虽然这些合约满足了许多投资者的需求，但定制的场外合约更能满足投资者的专门需求，因此越来越值得购买。

例如，许多投资者需要与特定投资组合匹配的衍生产品。交易所交易的衍生产品基于标准普尔 500 指数等著名指数，使用基于标准普尔 500 指数的衍生产品对冲与该指数不匹配的投资组合头寸会产生一定的基差风险。尽管这种风险对于某些投资者来说可能是可接受的，但另一些投资者更愿意使用根据其持有的特定工具定制的衍生产品来规避风险。这种衍生产品被称为**篮子**（baskets），只需向衍生产品交易商展示投资组合构成即可构建，然后，交易商就可以根据该特定投资组合构建衍生产品。

股权衍生产品在国际投资中尤为有用。基于国际股票或国际股票指数的股权衍生产品使投资者可以获得投资于外国证券的收益，而实际上不必承担直接购买这些证券的额外交易成本。此外，处理与外国法规相关的问题往往成本高昂，许多国家征收股利预扣税，这要求将部分股利留在外国以缴纳未来的税款。股权衍生产品的设计通常是为了产生资本收益和股利，但由于资金没有离开该国，因此避免了股利预扣税。尽管直接投资于外国证券会产生汇率风险，但许多股权衍生产品都是按固定汇率构建的，从而避免了这种风险。

股权衍生产品也允许快速、低成本地调整国内投资组合。例如，如果投资者主要持有大盘股，并希望增加对小盘股的配置，那么他就可以使用基于这两类股票的衍生产品。这很像我们在第 10 章中介绍的股权投资组合风险调整。

自然，这些功能的成本由交易商引起，并转嫁给最终用户。幸运的是，多数交易商的规模大、业务复杂，这导致它们的效率高、成本低，因此有利于最终用户。

当然，在前面的章节中，我们已经看到了衍生产品的许多好处，但是其中多数工具都是交易所交易的股权衍生产品。虽然我们在第 11 章已经介绍了股权互换，但这里我们将考察一些专门的股权衍生产品和策略，以满足我们介绍过的工具无法满足的需求。

13-1a 投资组合保险

保险的概念已经存在了数百年，个人和企业常会为其生命和财产投保以避免损失风险。这个概念很容易扩展到投资组合。事实上，当我们在第 6 章中介绍保护性看跌期权时，就谈到了这个问题。

假设我们最初拥有一个仅由 N_S^U（上标“U”表示无保险）股股票组成的无保险投资组合，初始股价为 S_0。我们正在考虑出售部分股票，以购买看跌期权来为投资组合投保。在有保险投资组合中，我们拥有 N_S 股股票和 N_P 份看跌期权。我们将看跌期权价格表示为 P，将执行价格表示为 X，看跌期权为欧式期权，我们假设股票不分红。无保险投资组合和有保险投资组合的价值可以表示为：

$$V=N_S^U S_0=N_S S_0+N_P P$$

令 $N_S=N_P$，并称其为 N，我们有：

$$N=\frac{V}{S_0+P}$$

它说明了我们可以买入的股票和看跌期权的数量。请注意，由于购买看跌期权的成本为正的，因此 $N<N_S^U$。到期时，有保险投资组合的价值为：

如果 $S_T>X$，则 $V_T=NS_T$

如果 $S_T\leqslant X$，则 $V_T=NS_T+N(X-S_T)=NX$

S_T 为看跌期权到期时的股价。无保险投资组合的价值为：

$$V_T^U=N_S^U S_T$$

最坏的可能结果是 $S_T=0$。在这种情况下，无保险投资组合的价值为零。假设我们将 V_{min} 定义为有保险投资组合 V_T 的最小价值（出现在 $S_T=0$ 时），那么对于有保险投资组合 $V_{min}=NX$，由于 N 必须等于 $V/(S_0+P)$，因此有：

$$V_{min}=\frac{XV}{S_0+P}$$

该式确定了到期时的投资组合最小价值。请注意，它不仅发生在 $S_T=0$ 时，也发生在 $S_T\leqslant X$ 时。

作出为投资组合投保的决定时，需要进行权衡。如果股价下跌，那么有保险投资组合的表现将超过无保险投资组合。如果股价上涨，那么无保险投资组合的表现将超过有保险投资组合。投资组合经理应该仔细权衡这些情况。

让我们来说明这个原理。假设在 9 月 26 日，市场指数为 445.75 点，执行价格为 485 点的 12 月指数看跌期权的价格为 38.57 美元。该期权于 12 月 19 日到期，即 84 天后，所以距到期时间为 84/365＝0.230 1 年。无风险利率表示为年单利是 3.04%，表示为连续复利是 2.99%。标准差为 15.5%。

假设我们持有复制该指数的分散化股票投资组合，该股票投资组合的价值为 44 575 000 美元(V_T^U)，相当于 100 000 单位该指数（N_S^U）。换言之，我们持有权重与该指数完全相同的投资组合，价值是该指数的 100 000 倍。

有保险投资组合的价值最低水平为：

$$V_{min}=\frac{XV}{S_0+P}=\frac{485\times 44\ 575\ 000}{445.75+38.57}=44\ 637\ 585 \text{ 美元}$$

因此，我们可以投保的投资组合价值最低为 44 637 585 美元。这意味着，如果我们拥有 N 股股票和 N 份看跌期权，那么：

$$N=\frac{V}{S_0+P}=\frac{44\ 575\ 000}{445.75+38.57}=92\ 036 \text{ 份}$$

12 月 19 日，该投资组合的最低价值为 44 637 585 美元。请注意，为了给该投资组合投保，投资组合经理必须出售 7 964 单位指数，才能购买 92 036 份看跌期权（忽略四舍五入误差）。84 天期有担保收益率为 0.001 4，换算为年收益率为 $1.001\ 4^{365/84}-1=0.006\ 1$。该数字必须低于无风险利率，否则就可能存在套利机会。毕竟，我们怎么能保证

股票和看跌期权的适当组合建立了有保险投资组合。

有风险投资组合的最低收益率高于无风险收益率呢?

我们买入 92 036 股股票和 92 036 份看跌期权，假设到期时指数为 510 点，则：

股票价值=92 036×510=46 938 360 美元

看跌期权价值=92 036×0=0 美元

总计=46 938 360 美元

这高于最低价值。如果到期时指数为 450 点，则：

股票价值=92 036×485=44 637 460 美元(通过执行看跌期权)

虽然该金额看起来略低于最低价值，但它们实际上相同，误差是对之前的计算结果四舍五入造成的。该误差小于 1%的 1/1 000。

图 13.1 显示了看跌期权到期时，有保险的股票-看跌期权投资组合的价值。从图中不能看出准确的最小价值，但在数学上它等于 44 637 585 美元。该图看上去应该很熟悉，因为它与第 6 章所述的保护性看跌期权本质上是相同的。然而，在本例中，我们只关注投资者头寸到期时的价值，而不是利润。虚线表示无保险投资组合的价值。

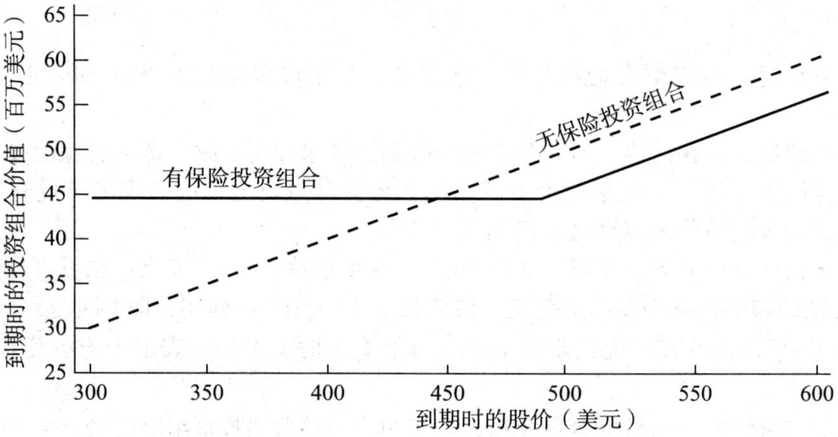

图 13.1　有保险投资组合：股票-看跌期权

和任何形式的保险一样，**投资组合保险**（portfolio insurance）有机会成本。我们所说的机会成本不是指佣金、买卖价差等，这些交易成本固然重要，但投资组合保险的机会成本是指市场上涨时有保险投资组合的价值与无保险投资组合的价值之差。换言之，它是在牛市中放弃的价值，在这种情况下是不需要保险的。该机会成本随着无保险投资组合的未来价值的变化而变化。

例如，当结束时指数为 510 点时，有保险投资组合的价值为 46 938 360(=NS_T）美元。如果投资组合没有保险，它将包括每股价值为 510 美元的 100 000 股股票，总价值为 51 000 000（=$N_S^U S_T$）美元。因此，机会成本为 4 061 640(=51 000 000－46 938 360）美元，即约为无保险投资组合初始价值的 9.1%(=4 061 640/44 575 000)。请注意，无保险投资组合的收益率为 14.4%(=51 000 000/44 575 000－1)。因此，机会成本为无保险投资组合收益率的 63.2%(=9.1/14.4)。由此可见，投资组合保险的一个重要经济考虑因素是机会成本。

投资组合保险经济后果的另一个衡量指标是**向上捕获率**（upside capture)，即有保险投资组合价值占无保险投资组合价值的百分比。在前例中，指数结束时为 510 点，则向上捕获率为

92%(=46 938 360/51 000 000)。

由于看跌期权-看涨期权平价，看涨期权和无风险债务可以获得相同的结果，这种策略被称为**受托看涨期权**（fiduciary call）。设 B_0 为零息无风险债务工具在今天的价格，B_T 为其到期时的面值。假设我们拥有由 N_C 份看涨期权和 N_B 笔债务组成的投资组合。到期时，如果 $S_T \leqslant X$，投资组合价值将为 $V_T = N_B B_T$；如果 $S_T > X$，投资组合价值将为 $N_C(S_T - X) + N_B B_T$。最坏情况仍是 $S_T = 0$ 时，我们将这个结果定义为 V_{min}，它是到期时的债务价值（即 $V_{min} = N_B B_T$）。因此有：

$$N_B = \frac{V_{min}}{B_T}$$

如果我们购买 N_B 笔债务，那么我们可以购买 $N_C = (V - N_B B_0)/C$ 份看涨期权。可以证明，看涨期权数量等于股票数量和股票-看跌期权例子中看跌期权的数量。[①] 因此，我们还有：

$$N_C = \frac{V}{S_0 + P}$$

继续分析该例，看涨期权价格为 2.65 美元，债务面值为 100 美元。因此，我们希望有 44 637 585/100=446 376 笔债务和 92 036 份看涨期权。到期时，如果指数为 510 点，那么看涨期权将以 25 美元的价格以价内状态到期。由 92 036 份价值 25 美元的看涨期权和 446 376 笔价值 100 美元的债务组成的投资组合总价值为 46 938 500 美元。如果该指数达到 450 点，那么将有 92 036 份无价值的看涨期权和 446 376 笔价值 100 美元的债务，总价值为 44 637 600 美元，受四舍五入误差影响，这与股票-看跌期权的最低价值相同。本例如图 13.2 所示。应该注意，多数股票组合与交易所交易的指数期权都不匹配，而且由于衍生产品交易商承担了额外成本，定制的投资组合期权合约通常非常昂贵。现在，我们将讨论另一种选择。

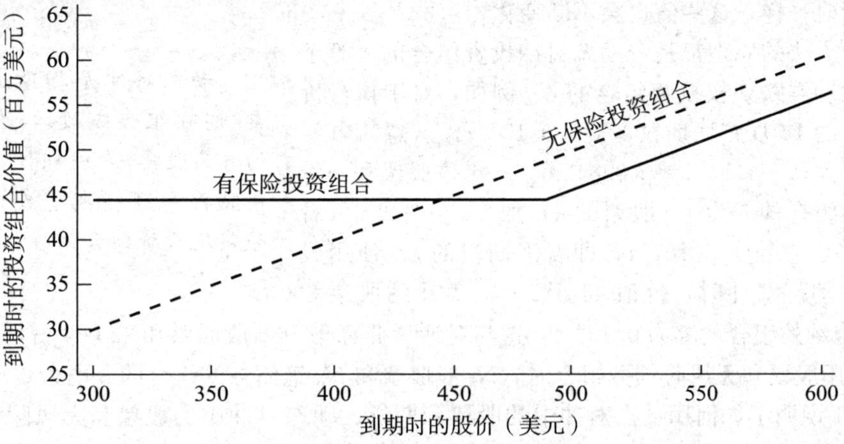

图 13.2 有保险投资组合：可赎回无风险债务

> 看涨期权与无风险债务的适当组合建立了有保险投资组合。

显然，条款和条件适当的欧式看跌期权（或看涨期权）是为投资组合投保的一种手段。尽管期权交易所通常不提供这种期权，但可以通过持续调整股票和股指期货的组合或股票和无风险债务的组合来复制有保险的股票-看跌期权投资组合或看涨期权-债务投资组

① $N_C = N_P$ 基于看跌期权-看涨期权平价，其中 $X = B_T$。注意，在两种情况下，初始投资组合的价值都必须相同。因此，根据看跌期权-看涨期权平价，$V = N_P(S_0 + P) = N_C(B_0 + C)$，且 $S_0 + P = B_0 + C$。

合的表现，这种方法被称为**动态对冲**（dynamic hedging）。使用股指期货时，动态对冲是指出售多手期货合约，使投资组合对股价变化的反应与有保险的股票-看跌期权或看涨期权-债务投资组合相同。股指期货合约的对冲比率为：

$$N_f=\left[\left(\frac{V_{min}}{X}\right)N(d_1)-\left(\frac{V}{S_0}\right)\right]e^{-r_c t}$$

这给出了期货合约的数量。由于多数期货合约都有乘数，因此该数字应除以乘数。例如，如果使用 E-mini 标准普尔 500 指数期货，那么合约规模实际上为报价的 50 倍，上式应该除以 50。由于期货不需要支出，因此对冲者可以将全部资金投资于股票。对冲者必须不断调整期货合约的数量，使其始终等于 N_f 的值。因为 δ 和 T 会发生变化，因此需要经常重新确定它们的值。

在动态对冲中使用期货的另一种方法是使用无风险债务。将股票和无风险债务结合起来，有可能使投资组合的表现类似于保护性看跌期权或受托看涨期权。这个结果背后的关键假设是，无风险债务的价格只随时间变化，它并不直接受股价影响。这是一个相当合理的假设，因为股票收益率与无风险债务收益率之间的长期相关性几乎为零。股票和无风险债务的适当组合使无风险债务的数量为：

$$N_B=\frac{V-N_S S_0}{B}$$

股票数量为：

$$N_S=\left(\frac{V_{min}}{X}\right)N(d_1)$$

和使用期货时一样，这些值也会不断变化。

这两种方法的原理都是令动态对冲投资组合的 δ 等于假想的股票和看跌期权投资组合的 δ。例如，对于执行价格为 485 点的 12 月看涨期权，δ 为 0.157 4，这意味着看跌期权的 δ 为 0.157 4－1＝－0.842 6。一单位股票和一份看跌期权的组合的 δ 为 1（股票的 δ）加上－0.842 6（看跌期权的 δ），它等于 0.157 4，即看涨期权的 δ。使用股指期货进行动态对冲时，价值 44 575 000 美元的股票和 N_f 份期货合约的组合的 δ 为 0.157 4，这与对冲者拥有 92 036 股股票和 92 036 份看跌期权时的 δ 相同。使用股票和无风险债务组合时，N_S 股股票和 N_B 笔债务的组合的 δ 也为 0.157 4。

> 动态对冲是指通过规定股票-期货组合或股票-债务组合的 δ 为股票-看跌期权组合的 δ，用股票和股指期货或无风险债务实现投资组合保险。

表 13.1 说明了如何用动态对冲中的股票和期货、动态对冲中的股票和无风险债务以及存在所需看跌期权时可能产生的恰当对冲进行正确的计算。①

表 13.1　　动态对冲投资组合保险

基本信息		合约信息	
当前日期	9 月 26 日	期货价格	448.83
到期日	12 月 19 日	期货的 δ	1.006 9
距到期时间	0.230 1	期货乘数	50

① 新旧期权价格和期货价格是用第 5 章介绍的布莱克-斯科尔斯-默顿模型和第 8 章介绍的连续复利持有成本模型计算出来的。

股价	445.75	执行价格	485
所持股数	100 000	看跌期权价格	38.57
投资组合的市场价值	44 575 000 美元	看涨期权价格	2.65
无风险利率	2.99%	看涨期权的 δ	0.157 4
股价波动率	15.5%	看跌期权的 δ	−0.842 6
无风险债务价格	99.31		
投资组合最低价值（V_{min}）	44 637 585 美元		
用期货进行动态对冲： 所需合约数量 $N_f=\frac{44\ 637\ 585}{485}\times 0.157\ 4-\frac{44\ 575\ 000}{445.75}\times e^{-0.029\ 9\times 0.230\ 1}/50\approx -1\ 700$			
用无风险债务进行动态对冲： 所持股数 $N_S=\frac{44\ 637\ 585}{485}\times 0.157\ 4\approx 14\ 486$			
所需债务数量 $N_B=\frac{44\ 575\ 000-14\ 486\times 445.75}{99.31}\approx 383\ 827$			
股价降低 1 美元的影响			
新的衍生产品价格：			
看跌期权	39.42 美元		
期货	447.82		
股票加上看跌期权：			
股票收益	−92 036 美元	92 036×(−1)美元	
看跌期权收益	78 230 美元	[92 036×(39.43−38.57)] 美元	
净收益	−13 806 美元	（投资组合价值的 0.03%）	
股票加上期货动态对冲：			
股票收益	−100 000 美元	100 000×(−1)美元	
期货收益	85 850 美元	[−1 700×(447.82−448.83)×50] 美元	
净收益	−14 150 美元		
股票加上债务动态对冲：			
股票收益	−14 486 美元	14 486×(−1)美元	
债务收益	0	（债务价格不随股价变化而变化）	
净收益	−14 486 美元		

表 13.1 显示，这三种方法的差异很小。这些差异一方面是由于四舍五入误差，另一方面是由于如果股价变化并非微乎其微，那么令 δ 相等的策略只是近似正确，我们在第 5 章中介绍 γ 效应并在第 14 章中再次分析它时提到了这点。此外，动态对冲或任何 δ 匹配策略都要求不断

调整对冲比率，在有交易成本的情况下，这显然是不可能的。

投资组合保险的动态对冲是20世纪80年代中期被广泛使用的策略，这种策略有效的前提条件是股票市场在短时间内的价格变化很小。然而在1987年10月的股市崩盘期间，股价在短时间内出现了巨大波动。尽管有保险投资组合的表现好于无保险投资组合，但它们没有达到目标。投资组合保险公司大量抛售是由于它们调整了对冲比率，这可能被错误地归咎于加剧崩盘的原因。于是，投资者对投资组合保险感到失望。然而，市场对此的反应是，不久之后就开始出现许多新的定制的股权产品。

13-1b 股权远期

股权远期（equity forward）合约是基于股票、股票指数或投资组合的远期合约，相关原则与我们之前在第8章中学习的原则相同。购买股权远期的投资者只需与交易对手（卖方）签订合约，同意在未来某个日期以今天约定的价格向卖方购买股票、股票指数或投资组合。在许多情况下，股权工具是股票指数或股票投资组合。卖方不是在到期时向买方交割股票，而是通常规定以现金结算。

> 股权远期是基于股票、股票指数或投资组合的远期合约，它是一方以固定价格向另一方购买股票、股票指数或投资组合的协议，它通常以现金结算。

第8章介绍了双方约定的价格，即远期价格。前面曾经提到，股票远期（或期货）合约的价格是当前股票价格按无风险利率计算的复利减去股利的经过复利的未来价值。因为我们已经用大量篇幅介绍了定价，所以这里不再重复，但复习第8章相关的部分是有用的。

远期合约的一个有趣变形是突破远期。**突破远期**（break forward）是现货头寸和衍生产品头寸的组合，它复制了普通看涨期权的结果，但有一个例外——整体上没有前期成本的头寸。这种工具类似于零成本看涨期权，但不可能有哪种工具既没有前期成本，又像普通看涨期权一样获得零收益或正收益。如果期权结束时处于价外状态，则突破远期可以实现该结果，但对投资者不利。普通看涨期权的报酬为 $\text{Max}(0, S_T - X)$。如果突破远期以价内状态到期，那么突破远期就是获得报酬的看涨期权，如果它以价外状态到期，就会产生支出。但是，即使是以价内状态到期，报酬也可能为负。

为了简单明了地说明突破远期，我们假设股票不分红。如果 $S_T > F$，则突破远期的报酬为 $S_T - K$；如果 $S_T \leqslant F$，则突破远期的报酬为 $F - K$。K值为执行价格为F的普通股票看涨期权的复利终值与该股票的复利终值之和，F为远期价格。因此，K大于F，所以当 $S_T \leqslant F$ 时，报酬 $F - K$ 肯定为负。$S_T - K$ 也可能为负。如果突破远期的结构与看跌期权相同，则执行价格为远期价格加上看跌期权价格的复利价值。

突破远期合约等同于执行价格为F的普通多头看涨期权加上投资者收到现值 $K - F$ 并承诺偿还 $K - F$ 的贷款。表13.2说明了这个结果。我们曾在第3～7章考察DCRB期权的某些结果，我们将在本章的许多例子中使用同一个DCRB期权。[①] 图13.3显示了突破远期到期时的价值。

> 突破远期类似于普通看涨期权，因为它的损失有限，收益无限，然而，它不需要事先支付期权费。和普通看涨期权不同，它在到期时的价值可能为负的。

① 在实践中，许多类型的合约都是基于标准普尔500指数或特定投资组合。我们以DCRB为例是出于方便，而且也是因为现在你应该已经很熟悉这些期权了。

表 13.2　　突破远期的报酬

工具	当前价值	给定到期时的股价，投资组合的报酬	
		$S_T \leqslant F$	$S_T > F$
多头看涨期权	$C_e(S_0, T, F)$	0	$S_T - F$
贷款	$-(K-F)e^{-r_c t}$	$-(K-F)$	$-(K-F)$
	0	$F-K$	S_T-K

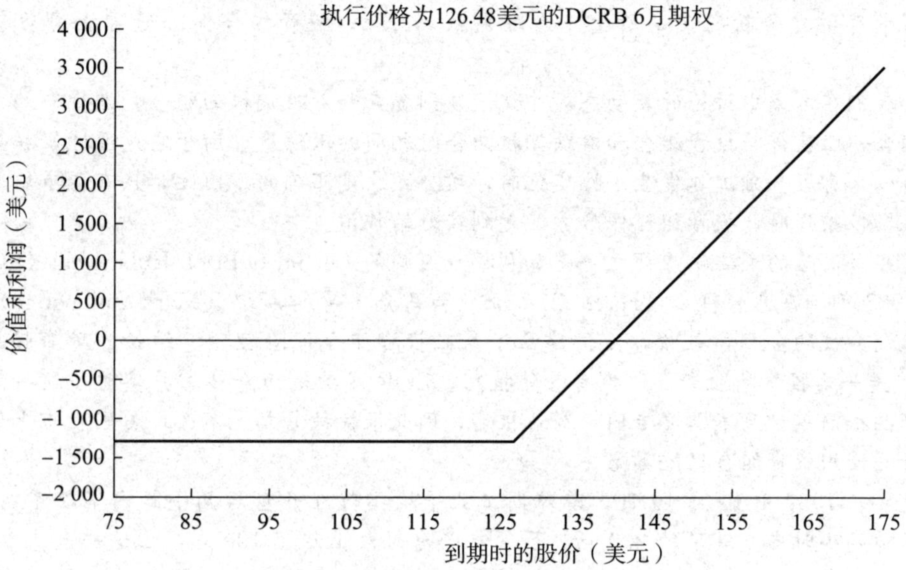

图 13.3　突破远期

这个例子是基于股票价格为 125.94 美元、距到期时间为 0.095 9 年(=35 天/365 天)、连续复利无风险利率为 4.46%以及波动率为 83%的 100 单位突破远期。DCRB 股票的远期价格为 $125.94\times e^{0.0446\times0.0959}=126.48$ 美元，该值是突破远期的执行价格。如前所述，突破远期相当于一笔贷款和一份执行价格为 F 的看涨期权，因此我们需要 35 天后到期、执行价格为 126.48 美元的看涨期权的价格。使用布莱克-斯科尔斯-默顿模型，可以得出该看涨期权价格为 12.88 美元。接下来，我们需要知道 K 值。该值等于远期价格加上看涨期权价格的复利终值，即 $126.48+12.88\times e^{0.0446\times0.0959}=139.41$ 美元。因此，如果 $S_T\leqslant126.48$，则突破远期的价值为 $126.48-139.41=-12.93$ 美元；如果 $S_T>126.48$，则突破远期的价值为 $S_T-139.41$。在该图中，所有值均已乘以 100 美元。

由于前期成本为零，因此到期时的价值就是利润。尽管图 13.3 看起来很像看涨期权，但是应该记住，如果突破远期以价外状态到期，就需要进行支付，这是对不必支付前期成本的惩罚。

显然，突破远期类似于远期合约与看涨期权的组合。与远期合约一样，突破远期不需要初始支出，但在到期时可能为负值。与看涨期权一样，它的损失有限。由于看跌期权、看涨期权和远期之间存在平价关系，所以建立突破远期的方法也可以是签订价格为 F 的多头远期合约，借入现值 K－F 并买入执行价格为 F 的看跌期权。

联系现实

市场崩盘中的投资组合保险

1987年10月19日，道琼斯工业平均指数在一天之内下跌超过22%。造成这次崩盘的因素有很多，但批评的矛头主要指向了投资组合保险。

正如本章讨论的，投资组合保险是一种买入看跌期权与无风险债券看涨期权的组合或使用动态对冲策略复制保护性看跌期权，从而保护投资组合的策略。许多机构投资者的定制性投资组合没有带有所需条款的交易所上市看跌期权，因此，投资组合保险通常使用动态对冲来实施。

正如我们在本章中讨论的，动态对冲试图复制资产和看跌期权的组合。期货合约可以和投资组合结合，以获得与投资组合和看跌期权组合时相同的敏感度。由于它是通过微积分计算出来的，所以只有当基础工具发生小幅变化时，该公式才是正确的。因此，只有在市场变化较小且市场流动性较强时，投资组合保险才能起到较好的作用。

投资组合保险的主要供应商之一是加利福尼亚州的Leland O'Brien Rubinstein（LOR），它成立于1982年。海恩·利兰（Hayne Leland）和马克·鲁宾斯坦（Mark Rubinstein）是加州大学伯克利分校的金融学教授，他们建立了基础投资组合保险理论。约翰·奥布赖恩（John O'Brien）是一名投资从业者，他拥有营销技巧。LOR成功地为众多客户实施了这种策略。由于这种产品很简单，且不需要专门的商业机密，因此很快被复制。不久，美国股市上的数十亿美元都开始使用投资组合保险策略。

但是，在1987年10月19日，道琼斯工业平均指数在开盘后两小时内下跌了约200点，并在收盘前两小时内下跌了约200点。尽管在午盘时段上涨了100点，但这一天基本在下跌。道琼斯工业平均指数在开盘时处于最高点，在收盘时处于最低点，这在股市历史上闻所未闻。

在市场出现大幅波动之后，投资组合保险公司必须迅速调整其头寸。以某个用特定数量的期货空头作为保险的投资组合为例，如果市场大幅下跌，那么该投资组合将需要更多空头期货合约。然后，投资组合保险公司将试图卖出更多期货合约，这些交易必须在另一次大幅波动之前执行。如果投资组合保险公司需要卖出大量合约，市场可能会错误地推断投资组合保险公司认为市场将进一步下跌，这是一个负面但有误导性的信号。这笔交易并非由于投资组合保险公司认为市场将进一步下跌，即使投资组合保险公司认为市场将上涨，也需要进行相同的交易，卖出更多期货合约。此外，大量期货合约还可能榨干市场容量，降低流动性。价格将进一步迅速下降，投资组合保险模型将指示进一步卖出，导致无尽的螺旋。当然，如果价格快速上升，投资组合保险模型将指示迅速买入，但当天的情况并非如此。更糟糕的是，许多市场在不同时间被关闭，实际上禁止了任何人进出。

在这天结束时，投资组合保险因股灾而备受指责。事实上，投资组合保险策略绝不同于许多投资组合保险公司，因此这种批评是不公正的。尽管投资组合保险策略可能确实要为股市下跌负一定的责任，但大部分问题在于市场恐慌、曲解信号和关闭市场。

实际上，投资组合保险为投保的投资者节省了大量资金，但是，它没能兑现承诺，因为它在瞬息万变的市场中出了问题。客户不满意，并终止了与投资组合保险公司的关系。多数公司（包括LOR）都没能生存下来。自那时以来，市场发展出了各种成功的可供选择的衍生工具和策略。为此，我们应感谢投资组合保险和LOR等公司。如果不知道投资组合保险等产品在某些情况下运行良好、在另一些情况下运行糟糕，那么就不可能诞生成功的金融产品。

与远期合约或互换一样，突破远期在开始时价值为零，之后，其价值将变为正的或负的。因此，我们需要知道在其期限内如何确定它的价值，方法很简单。我们知道，突破远期类似于普通看涨期权和贷款的组合，所以我们可以通过对普通看涨期权和贷款估值来为其估值。因此，假设此时为到期前的时间 t，该看涨期权的价值为 $C_e(S_t, T-t, F)$，贷款价值为 $-(K-F)e^{-r_c(T-t)}$，后者为贷款报酬，即如果现在偿还贷款应支付的金额。在本例中，假设现在是突破远期开始后第 15 天，DCRB 股票的价格为 115.75 美元。其他输入值为 F＝126.48（执行价格），$r_c=0.044\ 6$，K＝139.41，$\sigma=0.83$，$T-t=20/365=0.054\ 8$。使用电子表格可以获得更精确的结果，我们得到看涨期权的布莱克-斯科尔斯-默顿价值为 5.05 美元，贷款价值为 $-(139.41-126.48)\times e^{-0.044\ 6\times 0.054\ 8}=-12.90$ 美元。因此，突破远期的价值为 5.05－12.90＝－7.85 美元。因为突破远期到期时的报酬可能为负的，所以它在期限内的价值显然也可能为负的。

一种更一般的突破远期是**后付期权**（pay-later option），在这种情况下，期权买方借入期权费。以欧式看涨期权为例，这是期权费为 $C_e(S_0, T, X)$ 的普通看涨期权，也包括金额为 $C_e(S_0, T, X)$ 的贷款。到期时，借款人要么执行看涨期权，要么不执行看涨期权，但必须偿还金额 $C_e(S_0, T, X)e^{r_cT}$。该工具实际上是在到期时才支付期权费的期权，对于这类期权，可以选择任何执行价格。突破远期是执行价格为远期价格的特例。在本章后面，我们将考察一种当期权到期且以价内状态到期时才支付期权费的期权。

> 后付期权是一种在到期时支付期权费的期权，它本质上是一种卖方贷给买方期权费的普通期权。

13－1c　认股权证

认股权证（warrants）的历史比交易所上市期权长得多。认股权证是一家公司对自家股票开出的期权，通常在发行债券时一并提供。任何债券买方都会得到一个或多个认股权证，它赋予债券持有者在以后购买股票的权利。认股权证的初始期限通常为 3～10 年。认股权证的定价与普通期权相似，除了执行认股权证会稀释股票的价值，这一点必须考虑在内。许多认股权证都在证券交易所交易。

有时，认股权证由金融机构卖给公众，通常以股票指数为基础工具。许多基于外国指数的认股权证都有一个有趣的特征：即使基础指数以外币为单位表示，报酬却以美元为单位表示。假设有一个基于日本指数（日经 225 指数）的看涨期权认股权证，固定汇率为 100 日元/美元。设执行价格为 19 000 日元，到期时，假设日经指数为 19 950 日元，因此，看涨期权认股权证以 950 日元的价格在价内到期。

由于指数价值以日元报价为基础，因此认股权证的最终价值为 950 日元。该数字以 100 日元/美元的汇率自动换算为美元，所以认股权证的报酬为 9.50 美元。这种固定汇率衍生产品被称为**双币种期权**（quanto）。

双币种期权尤为有吸引力，因为它使投资者可以在没有汇率风险的情况下获得外国市场上的收益率。

13－1d　股权连结债务

股权连结债务是看涨期权和债券的组合，该债券保证返还本金但没有利息、只支付少量利息或保证返还给定比例的本金。此外，它还根据股票或股票指数的表现提供额外支付。这类工具最初在1987年以银行存单的形式面向公众发售。事实证明，这些原始的市场指数连动存单并不是很受欢迎，因此被抛弃了。过去几年，它们改头换面后重新出现。

假设一家银行或一家投资银行提出如下建议：买入支付1%的利率，并收取标准普尔500指数上升收益率的50%的1年期零息债券。该债券以10美元本金为单位出售。目前，不附带标准普尔500指数期货的1年期零息债券支付5%的年复利利率。标准普尔500指数为1 500点，标准差为12%，股利收益率为1.5%。这是一笔合算的交易吗？

如果你投资10美元，将确保收到10×1.01=10.10美元。因为机会成本为5%，因此该金额的现值为10.10/1.05=9.62美元。这意味着你为获得标准普尔500指数上升收益率的50%支付了10.00−9.62=0.38美元。显然，上升收益率的特征类似于看涨期权。我们可以很容易地确定其价值。

> 股权连结债务保证返还部分本金、全部本金或本金和低于市场利率的利率，以及一定比例的市场指数收益率。

由于不能提前获得期权报酬，所以这是欧式看涨期权，且布莱克-斯科尔斯-默顿模型稍作改变即可用于这种情况。报酬为10×0.5×Max[0，(S_T−1 500)/1 500]，其中S_T为到期时的标准普尔500指数。这可以写成(5/1 500)×Max(0，S_T−1 500)，使其等于平价看涨期权的5/1 500。因此，期权价值将为布莱克-斯科尔斯-默顿价值的1/500。布莱克-斯科尔斯-默顿计算公式的输入值包括：S=1 500，X=1 500，r=ln(1.05)=0.048 8，T=1，σ=0.12和δ=0.015。输入布莱克-斯科尔斯-默顿模型，得出C=96.81美元。因此，该证券持有者的期权价值为（5/1 500）×96.81=0.32美元。这略低于0.38美元的期权隐含成本，这并不奇怪，因为卖出期权的公司必须收回成本并获利。

这些股权连结债务有时还有其他特征，包括某些股权连结债务的报酬是基于到期前10天左右的平均价格，还有一些股权连结债务不支付利息，甚至承诺返还给定比例，但该比例不到投资金额的100%，因此实际上支付负利率。于是，持有者获得了更高比例的标准普尔500指数收益。此外，一些股权连结债务每个季度或每半年支付一次最低利息，还有些股权连结债务根据指数下跌幅度支付报酬，使得这种期权的特征类似于看跌期权。

13-2 高级利率衍生产品

在第11章中，我们介绍了利率互换。在第12章中，我们遇到了其他一些利率衍生产品，这些衍生产品包括远期利率协议、利率期权和互换期权。在本节中，我们将考察其他一些广泛使用的利率工具，从技术上讲，它们不是衍生产品，但通常被认为是衍生产品。

13-2a 结构化票据

公司发行的债务工具通常为2～10年，这些工具通常被称为票据。这些票据有时为固定利率，有时为可变利率，比如LIBOR。在20世纪90年代初期，许多公司开始发行附有衍生产品交易的票据，以改变标准固定利率型票据或LIBOR浮动利率型票据的收益模式，这些工具被称为**结构化票据**（structured notes）。

多数结构化票据由信用质量极高的公司发行，因此，它们的信用风险很小。结构化票据通常是针对特定用户设计的，用户需要特定敞口，并通常计划持有这种票据直至到期。因此，这些工具的流动性往往相当差。

> 结构化票据是由信用评级良好的公司发行，并根据特定投资者需求定制的中期债券。息票利率根据使用的衍生产品交易而变化，以提供具有类似特征的其他多数债券没有的敞口。

其中部分结构化票据的息票利率与 CMT 利率挂钩。我们在第 11 章中讨论了 CMT 利率，即固定期限国债利率，这是具有固定期限的政府证券利率。如果市场上没有所需期限的政府债券，那么可以通过插入期限相近的债券的利率得到 CMT 利率。例如，息票利率可能是 CMT 利率加上 50 个基点。部分结构化票据对息票利率加了杠杆，这意味着，例如，息票利率可能为 CMT 利率的 1.5 倍。假设 CMT 利率目前为 5.5%，那么息票利率将为 5.5%×1.5=8.25%。假设 CMT 利率上升 100 个基点，达到 6.5%，那么，结构化票据的息票利率将升至 6.5%×1.5=9.75%，增加了 150 个基点。

一类有意思的结构化票据是**范围浮动利率票据**（range floater），即只有当某个特定利率（例如 LIBOR）保持在给定范围内时，这种工具才支付利息。在票据期限内，每年的范围有时会不同。以一张息票利率为 LIBOR+3%的两年期票据为例，假设：

第 1 年，LIBOR 为 0～6%
第 2 年，LIBOR 为 0～7%

换言之，如果 LIBOR 在规定范围之外，则息票利率为零，否则，息票利率为 LIBOR+3%，对于两年期票据，这被视为超出正常水平。你可以看到，这相当于赌 LIBOR 将保持在某个范围内。对于投资者而言，这笔交易类似于标准浮动利率票据和出售利率上限。如果利率超过特定界限，投资者将放弃所有利息。

> 范围浮动利率票据是一类结构化票据，它支付的息票利率较高，但只有当特定利率处于规定利率范围内时才支付息票利率。

一种常见但有争议的结构化票据是**反向浮动利率票据**（inverse floater），有时被称为**逆向浮动利率票据**（reverse floater）。标准浮动利率票据支付的利率与市场利率正向变化，而反向浮动利率票据支付的利率与市场利率反向变化。换言之，随着利率上升，反向浮动利率票据的息票利率将下降。通常，该息票利率是通过 Y－LIBOR 等公式来确定的，其中 Y 是规定的固定利率。有时，将普通互换的固定利率乘以某个乘数即可得出该息票利率。

假设 Y 为 12%，目前 LIBOR 为 5.5%，那么，息票利率将为 6.5%。如果 LIBOR 升至 7%，息票利率将为 5%。如果 LIBOR 降至 3%，息票利率将为 9%。显然，如果 LIBOR 超过 12%，则息票利率为负，这意味着支付利息的是贷款人而不是借款人。然而在实践中，多数反向浮动利率票据规定最低利率为零或者非常低的正利率。

反向浮动利率票据发行人可以通过支付 LIBOR、收取固定利率的普通互换对冲其头寸。当 LIBOR＜12%时，发行人支付的利率为 12%减去结构化票据的 LIBOR，加上 LIBOR，再减去互换的固定利率，总支付利率为 12%减去固定利率。发行人将以此利率创造合成式固定利率贷款。如果 LIBOR 超过 12%，则发行人支付的利率将与支付浮动利率、收取固定利率的互换相

> 反向浮动利率票据是息票利率与市场利率反向变化的中期证券。

同。如果发行人不想要这种头寸，可能希望买入执行利率为12%的利率上限，如果LIBOR超过12%，那么该利率上限将支付LIBOR减去12%。在这种情况下，当LIBOR超过12%时，发行人支付的总利率为来自利率上限的－(LIBOR－12%）加上LIBOR，再减去互换的固定利率，即12%减去固定利率。如果反向浮动利率票据支付的利率为固定利率的两倍减去LIBOR，那么互换后发行人的净支付利率将为固定利率的两倍减去固定利率，也就是固定利率的一倍。在这种情况下，发行人提供了反向浮动利率票据，但实际上只支付固定利率。

有些反向浮动利率票据通过公式增加杠杆，例如3倍的固定利率减去2倍的LIBOR。许多反向浮动利率票据规定了最大利率的上限。还有些反向浮动利率票据使用公式去杠杆，例如Y－0.75×LIBOR，其中浮动息票利率的变化小于LIBOR的变化。

结构化票据有很多变形。有些结构化票据的息票利率由两种利率之差（例如TED价差）决定，还有些结构化票据的息票利率与外国利率挂钩，但以本币支付。结构化票据也可能基于反映期限结构不同端的利率之差和债券价格之差的复杂公式。

结构化票据的成功归功于它们为特定投资者提供了量身定制的收益率。遗憾的是，在某些情况下，结构化票据也被推销给不适合它们的投资者。大幅利率变化加上高杠杆率导致投资者遭受巨额亏损，而这些投资者并不知道自己有这么大的敞口。

13-2b 抵押贷款支持证券

固定利率住房抵押贷款是个人购房的主要手段，多数房主在15～30年的时间内偿还抵押贷款，每月支付固定且相等的金额，包括剩余贷款的利息和一部分本金。几乎每笔抵押贷款都为房主提供了提前偿还抵押贷款的权利，如果利率跌至足以弥补再融资交易成本的水平，那么房主通常会提前偿还抵押贷款。人口统计因素（例如某个家庭搬到另一个城市）也会导致一定数量的提前偿还贷款。抵押贷款的贷款人主要是银行、储贷协会和抵押贷款公司，这些发放抵押贷款的金融机构面临利率变化的风险。如果利率上升，抵押贷款的价值就会下降；如果利率下降，抵押贷款的价值就会上升，但涨幅因利率下降会鼓励房主再融资而受到限制。如果发生这种情况，抵押贷款持有者就会提前收到本金，并被迫以较低利率进行再投资。这被称为**提前偿付风险**（prepayment risk），也称提前还款风险。

> 抵押贷款支持证券是根据从基础抵押贷款组合中收到的支付进行支付的一方发行的证券。

许多抵押贷款被合并为投资组合，投资组合索偿权以**抵押贷款支持证券**（mortgage-backed securities）的形式出售给投资者。将贷款合并为投资组合并出售投资组合索偿权的过程被称为**证券化**（securitization）。并非所有证券化的投资组合都是抵押贷款，信用卡贷款和其他类型贷款也可以证券化，但是抵押贷款证券化市场是最大、最复杂的市场之一。证券化过程为市场提供了深度，因为贷款人知道它们可以出售自己持有的贷款并立即获得现金，这增加了愿意贷款的机构数量，并为个人和机构投资者提供了接触市场投资机会的渠道，否则只有金融机构才能进入这些市场。证券化的抵押贷款几乎总是通过购买信用保险来防止违约，通常这些信用保险由美国政府国民抵押贷款协会（Government National Mortgage Association，GNMA）等联邦政府机构提供。

基于抵押贷款投资组合发行的证券一般被认为是衍生产品，因为它们的价值衍生自基础抵押贷款的价值，然而，它们与传统衍生产品有些不同。尽管多数抵押贷款都有嵌入式提前偿付期权，但抵押贷款支持证券更类似于共同基金，它们是对一种证券的投资，表示持有另一种证券。尽管如此，我们还是要在这里介绍它，因为了解它是非常重要的。实际上，几乎每个人都认为它是衍生产品，不管这种想法是对的还是错的。

抵押贷款转手证券和抵押贷款剥离证券　索偿权被出售的抵押贷款投资组合被称为**抵押贷款转手证券**（mortgage pass-throughs）。购买抵押贷款转手证券的投资者每月收到一定比例的抵押贷款投资组合利息和本金，再减去服务费。然而，抵押贷款转手证券仍然面临利率变化的风险，如前所述，这将导致证券价值发生变化，并影响房主对抵押贷款进行再融资的频率。因此，抵押贷款转手证券的价值可能随着利率变化而发生大幅变化。

抵押贷款转手证券是持有者收取抵押贷款投资组合的本金和利息支付减去服务费的抵押贷款支持证券。

一些抵押贷款转手证券被分解为**抵押贷款剥离证券**（mortgage strips），每只抵押贷款剥离证券包括单独出售的利息流或本金流。投资者可以购买任意一只或两只剥离债券。**纯利息剥离证券**（interest-only strip，IO）向投资者支付基础抵押贷款投资组合的利息。**纯本金剥离证券**（principal-only strip，PO）向投资者支付基础抵押贷款投资组合的本金。如果利率下降，提前偿付加速，纯利息剥离证券持有者的头寸价值将下降，降幅可能相当大。因此，这听起来好像纯利息剥离证券持有者更希望利率上升。这在一定程度上是正确的，不过，如果利率上升超过某个点，就会降低纯利息流的现值。

纯利息剥离证券和纯本金剥离证券属于抵押贷款支持证券，它们分别使持有者有权获得基础抵押贷款投资组合的利息支付和本金支付。

了解抵押贷款支持证券的机制很难，在这个初级阶段，我们的目标只是掌握基本知识。我们将通过考察一个简单的抵押贷款投资组合来实现该目标，该抵押贷款投资组合由一笔抵押贷款组成。假设该抵押贷款金额为 100 000 美元，利率为 9.75%，为期 30 年。尽管多数抵押贷款的支付方式都为月供，但在本例中我们将使用年供，这使我们能显示整个分期还款时间表，如表 13.3 所示。

表 13.3　　金额为 100 000 美元、利率为 9.75%的 30 年期抵押贷款分期还款时间表

年支付额					
支付序号	支付前余额（美元）	支付金额（美元）	利息（美元）	本金（美元）	支付后余额（美元）
1	100 000	10 387	9 750	637	99 363
2	99 363	10 387	9 688	699	98 663
3	98 663	10 387	9 620	768	97 896
4	97 896	10 387	9 545	843	97 053
5	97 053	10 387	9 463	925	96 128
6	96 128	10 387	9 373	1 015	95 113
7	95 113	10 387	9 274	1 114	94 000
8	94 000	10 387	9 165	1 222	92 777
9	92 777	10 387	9 046	1 342	91 436
10	91 436	10 387	8 915	1 472	89 963
11	89 963	10 387	8 771	1 616	88 348

续前表

年支付额					
支付序号	支付前余额（美元）	支付金额（美元）	利息（美元）	本金（美元）	支付后余额（美元）
12	88 348	10 387	8 614	1 773	86 574
13	86 574	10 387	8 441	1 946	84 628
14	84 628	10 387	8 251	2 136	82 492
15	82 494	10 387	8 043	2 344	80 147
16	80 147	10 387	7 814	2 573	77 574
17	77 574	10 387	7 563	2 824	74 750
18	74 750	10 387	7 288	3 099	71 651
19	71 651	10 387	6 986	3 401	68 250
20	68 250	10 387	6 654	3 733	64 517
21	64 517	10 387	6 290	4 097	60 420
22	60 420	10 387	5 891	4 496	55 924
23	55 924	10 387	5 453	4 935	50 989
24	50 989	10 387	4 971	5 416	45 573
25	45 573	10 387	4 443	5 944	39 629
26	39 629	10 387	3 864	6 524	33 105
27	33 105	10 387	3 228	7 160	25 946
28	25 946	10 387	2 530	7 858	18 088
29	18 088	10 387	1 764	8 624	9 465
30	9 465	10 387	923	9 465	0

注：我们使用的年支付额为近似值，多数抵押贷款均有月供。

首先，让我们确定每年的支付金额，这是复利计算中的一个简单问题。该支付金额等于贷款金额除以年金贴现系数，即：

$$支付金额=\frac{100\ 000}{(1-1.097\ 5^{-30})/0.097\ 5}=10\ 387\ 美元$$

每笔支付都包括利息，即贷款余额乘以 0.097 5 加上相应的本金（即 10 387 美元减去利息）。例如，第 10 笔支付为 10 387 美元，它包括 91 436×0.097 5=8 915 美元的利息和 1 472 美元的本金，贷款余额为 91 436−1 472=89 964 美元。①

现在让我们来分析纯利息剥离证券和纯本金剥离证券的价值。纯利息剥离证券的价值为表示利息的那列数字的现值，纯本金剥离证券的价值为表示本金的那列数字的现值。

要确定这些值，我们需要两个信息。一个是用于贴现现金流的利率。假设这些支付由联邦政府机构担保，那么我们可以按适用于国债的利率来贴现，所以，现在假设该利率为 7%。我们还必须对贷款偿还时间做出假设。虽然它是 30 年期贷款，但很有可能被提前偿还，我们假

① 表中的数字反映了更准确的计算结果，因此它们有时与手动计算的数字稍有不同。

设它在第 12 年被偿还，这被认为是 30 年期抵押贷款的平均偿还期。

在第 12 年偿还抵押贷款，当前利率为 7%的情况下，计算纯利息剥离证券价值的方法是用 7%贴现 12 笔利息支付，即当利率为 7%，在第 12 年提前偿还贷款时，纯利息剥离证券的价值为：

$$9\ 750\times1.07^{-1}+9\ 688\times1.07^{-2}+\cdots+8\ 614\times1.07^{-12}=74\ 254 \text{ 美元}$$

通过贴现 12 笔本金支付，并考虑最终本金偿付包括 86 574 美元的余额，可以得出纯本金剥离证券的价值。

在第 12 年提前偿还贷款、利率为 7%时，纯本金剥离证券的价值为：

$$637\times1.07^{-1}+699\times1.07^{-2}+\cdots+(1\ 773+86\ 574)\times1.07^{-12}=46\ 690 \text{ 美元}$$

转手证券的总价值是这两者之和，即：

$$74\ 254+46\ 690=120\ 944 \text{ 美元}$$

现在，假设利率跌至 6%，并假设房主在第 2 年提前还款。那么在第 2 年提前偿还贷款、利率为 6%时，纯利息剥离证券的价值为：

$$9\ 750\times1.06^{-1}+9\ 688\times1.06^{-2}=17\ 820 \text{ 美元}$$

损失率为 76%。

在第 2 年提前偿还贷款、利率为 6%时，纯本金剥离证券的价值为：

$$637\times1.06^{-1}+(699+98\ 663)\times1.06^{-2}=89\ 034 \text{ 美元}$$

因此，收益率为 91%。故转手证券的总价值为：

$$17\ 820+89\ 034=106\ 854 \text{ 美元}$$

损失率几乎为 12%。

假设利率为 8%，仍然在第 12 年提前偿还贷款。那么在第 12 年提前偿还贷款、利率为 8%时，纯利息剥离证券的价值为：

$$9\ 750\times1.08^{-1}+9\ 688\times1.08^{-1}+\cdots+8\ 614\times1.08^{-12}=70\ 532 \text{ 美元}$$

损失率为 5%。

在第 12 年提前偿还贷款、利率为 8%时，纯本金剥离证券的价值为：

$$637\times1.08^{-1}+699\times1.08^{-2}+\cdots+(1\ 773+86\ 574)\times1.08^{-12}=42\ 128 \text{ 美元}$$

损失率约为 10%。转手证券的总价值为：

$$70\ 532+42\ 128=112\ 660 \text{ 美元}$$

损失率约为 7%。

无论哪种情况，纯利息剥离证券持有者似乎都会遭受损失，但实践中并非完全如此。纯利息剥离证券和纯本金剥离证券代表了抵押贷款投资组合。每笔抵押贷款不会同时被提前偿还。只要利率上升，就可能进一步推迟平均提前还款期。如果在我们的例子中利率变为 8%，提前偿还日期推迟至第 14 年，那么在第 14 年提前偿还贷款、利率为 8%时，纯利息剥离证券的价值为：

$$9\ 750\times1.08^{-1}+9\ 688\times1.08^{-2}+\cdots+8\ 251\times1.08^{-14}=76\ 445 \text{ 美元}$$

收益率约为3%。

在第14年提前偿还贷款、利率为8%时，纯本金剥离证券的价值为：

$$637\times1.08^{-1}+699\times1.08^{-2}+\cdots+(2\ 136+82\ 492)\times1.08^{-14}=37\ 276 \text{ 美元}$$

损失率约为20%。转手证券的总价值为：

$$76\ 445+37\ 276=113\ 721 \text{ 美元}$$

损失率约为6%。

当利率上升时，抵押贷款转手证券的价值下降。但是，当利率下降时，由于提前偿付率上升，因此转手证券的收益有限。转手证券的波动率不像纯利息剥离证券或纯本金剥离证券那样高，但由于有提前还款风险，它的波动率仍然可能相当高且收益有限。[①]

这个例子的主要意义在于，抵押贷款支持证券很复杂，而且纯本金剥离证券和纯利息剥离证券的波动率可能极高，它们不仅受到利率贴现效应的影响，而且对利率变化对提前还款的影响极其敏感。正如你所想象的，预测提前偿还金额很困难，这使得确定这些证券的风险变得更难。但这并不意味着投资者应该避免使用这些证券，它们的公允价格是根据其风险确定的。

抵押担保债券 另一种抵押贷款支持证券是**抵押担保债券**(collateralized mortgage obligation，CMO)。和抵押贷款转手证券一样，抵押担保债券是债务性证券，其报酬基于抵押贷款投资组合。但是，抵押担保债券的风险和回报与标准转手证券、纯利息剥离证券和纯本金剥离证券有很大差异。事实上，某些抵押担保债券的风险显著高于转手证券和剥离证券，而另一些抵押担保债券的风险显著低于转手证券和剥离证券。这是通过构建不同类型的抵押担保债券[称为**组别**（tranches)]来实现的，它们对基础抵押贷款的支付具有不同的优先权。此外，有些抵押担保债券作为股权为负债提供支持，并在其他所有组别之后才获得偿付。它们被称为剩余组别。

抵押担保债券可能是极为复杂的证券，但我们可以通过几个简单例子来了解它的基础知识。在上述抵押贷款转手证券中，纯利息剥离证券和纯本金剥离证券的总价值为120 944美元。假设我们持有这种抵押贷款，并发行总价值为100 000美元的债务组别，剩余组别或权益组别为20 944美元，它对基础抵押贷款的索偿优先权级别最低。抵押担保债券有多种不同组别，区别在于不同的息票利率和提前偿付条款。一种组别称为计划分期偿还类别（planned amortization class，PAC)，它具有几乎固定的分期偿还时间表。换言之，它被设计成不受提前偿付风险的影响。但是，如果提前偿付率明显高于或低于规定的合理范围，则PAC组别可能会发生一定的提前偿付。尽管如此，它显著较低的提前还款风险还是产生了较低的息票利率。

> 抵押担保债券（CMO）是一种抵押贷款支持证券，其中不同类型的抵押担保债券（称为组别）对基础抵押贷款产生的支付有不同的索偿优先权，因而有不同的风险和收益。

由于PAC组别不受提前还款风险的影响，所以其他组别显然必须承担更多提前还款风险。其他组别根据承担的提前还款风险排序，高息票利率的组别将获得更高比例的提前还款。在某些情况下，承担最大提前还款风险的组别必须在其他组别开始收到提前还款之前被全部清偿。但是，高优先级的组别被清偿时，所有组别通常都会产生利息，这些组别以这种方式产生利息，并按顺序被清偿。有些组别被称为Z债券，它们按照给定利率产生利息，但在

① 有限下跌收益通常被称为负凸性，这个概念也与可赎回债券相关。

所有其他组别被偿还之前，本金不会得到清偿。

当利率下降时，所有组别的价值都增加，但承担较大提前还款风险的组别收益较少，而Z债券收益较多，它在其他组别开始收到更多提前还款时继续累计利息。当利率上升时，承担较大提前还款风险的组别收益较多，因为它们将以更高的利率对提前还款进行投资。尽管它们的价值趋于下降，但下降幅度较小，而Z债券的价值降幅较大。

当所有组别都被清偿时，可能还有剩余价值，它被支付给剩余组别持有者。任何向剩余组别支付的金额的价值收益都来自意外利率变化以及意外利率变化对提前偿还率偏离初始假设的影响。

抵押担保债券是最为复杂、波动性最高的金融工具之一。和抵押贷款转手证券一样，它们在市场上被热炒，有时被推销给对风险了解甚少的投资者。遗憾的是，由于许多抵押贷款支持证券被称为“政府担保证券”，因此产生了相当大的误解。当然，担保仅指当房主违约时，将由政府机构（通常是吉利美）进行支付。因此，这只是信用担保，并不对利率变化和提前还款率变化导致的损失提供担保。在市场上，抵押贷款支持证券通常波动率很高且缺乏流动性，这表明必须谨慎使用这种工具，而且只能由完全了解它们的投资者使用。

证券化抵押贷款的概念已经扩展到其他许多类型的工具，例如债券和贷款。在第14章中，我们将讨论信用衍生产品，这些衍生产品可以与其他部分证券化债务工具相结合，为管理风险创造更多的机会。

13-3 奇异期权

近年来，期权产品的激增催生出一类被称为**奇异期权**（exotic options）的新期权。尽管很难确切地说明普通期权从何时结束，奇异期权从何时开始，但我们通常将几乎所有不在交易所交易的期权或与交易所交易期权有本质不同的期权称为奇异期权。在某些情况下，这些期权很简单，在另一些情况下，它们相当复杂。它们与我们介绍过的期权的区别在于它们提供的报酬类型不同，而它们与我们介绍过的期权类似的是，它们的最终报酬取决于某个值大于执行价格还是小于执行价格。

奇异期权通常具有独一无二的特征，从而使期权做市商对冲其业务账户难上加难。每个奇异期权市场在风险管理上都有自己的难点。由于布莱克-斯科尔斯-默顿框架已经成为沟通市场期权价格的语言，因此奇异期权常常根据用严格的布莱克-斯科尔斯-默顿模型算出的隐含波动率报价。作为新手的量化分析师不应该认为这种报价惯例表明期权做市商依靠布莱克-斯科尔斯-默顿模型对头寸进行动态对冲。多数金融机构都有多个不同模型可供考虑，而且将赋予其比较优势的模型据为己有。

13-3a 数字期权和选择者期权

数字期权　数字期权（digital options）有时被称为**二项式期权**（binary options），它实际上是非常简单的期权，有两种类型。如果到期时的资产价格超过执行价格，则**资产或无价值期权**（asset-or-nothing option）向持有者支付资产或等值现金，如果到期时的资产价格低于执行价格，则不予支付。如果到期时的资产价格超过执行价格，则**现金或无价值期权**（cash-or-nothing option）在到期时向持有者支付固定金额的现金，如果到期时的资产价格低于执行价格，则不予支付。这些描述适用于上述类型的看涨期权，也存在上述类型的看跌期权。这些期权可用于对冲标准欧式看涨期权头寸。事实上，数字期权和标准欧式期权之间存在简单关系。

表 13.4 说明了资产或无价值期权持有者购买一股股票，并卖出 X 份现金或无价值期权时的报酬，如果 $S_T > X$，则每份期权的报酬为 1 美元。注意，如果 $S_T > X$，则报酬为 $S_T - X$，否则为零，这看起来熟悉吗？你应该很熟悉，因为它是标准欧式看涨期权的报酬。这可以让我们了解如何为数字期权定价。前面曾经提到，布莱克-斯科尔斯-默顿期权价格为 $S_0 N(d_1) - Xe^{-r_c T} N(d_2)$，第一项是资产或无价值数字看涨期权的价格，第二项——忽略负号——是 X 份现金或无价值数字看涨期权的价格，如果它们以价内状态到期，则每份报酬为 1 美元。换言之，资产或无价值数字看涨期权的价格由下式给出，即：

$$DC_{aon} = S_0 N(d_1)$$

每份报酬为 1 美元的标准现金或无价值数字看涨期权价格由下式给出，即：

$$DC_{con} = e^{-r_c T} N(d_2)$$

因此，X 份现金或无价值数字看涨期权的价格为 $Xe^{-r_c T} N(d_2)$。买入一份资产或无价值数字看涨期权并卖出 X 份现金或无价值数字看涨期权的投资组合相当于买入一份标准看涨期权。

两类数字期权分别是资产或无价值期权和现金或无价值期权，前者在以价内状态到期时支付资产价值，否则不予支付，后者在以价内状态到期时支付固定现金价值，否则不予支付。

同样，买入 X 份现金或无价值数字看跌期权并卖出一份资产或无价值数字看跌期权的投资组合相当于买入一份标准看跌期权。因此，一份资产或无价值数字看跌期权的价格为：

$$DP_{aon} = S_0 [1 - N(d_1)]$$

每份支付 1 美元报酬的标准现金或无价值数字看跌期权的价格为：

$$DP_{con} = e^{-r_c T} [1 - N(d_2)]$$

表 13.4　　头寸的报酬：多头资产或无价值期权和空头现金或无价值期权

报酬来源	到期时给定资产价格下的投资组合报酬	
	$S_T \leqslant X$	$S_T > X$
买入资产或无价值期权	0	S_T
卖出 X 份现金或无价值期权	0	$-X$
总计	0	$S_T - X$

显然，标准看涨期权和标准看跌期权可以被视为数字期权的特定投资组合。

请注意，买入一份资产或无价值数字看涨期权并买入一份资产或无价值数字看跌期权相当于拥有基础工具，即：

$$DC_{aon} + DP_{aon} = S_0 N(d_1) + S_0 [1 - N(d_1)] = S_0$$

另外请注意，买入一份现金或无价值数字看涨期权并买入一份现金或无价值数字看跌期权相当于拥有支付 1 美元的零息债券，即：

$$DC_{con}+DP_{con}=e^{-r_cT}N(d_2)+e^{-r_cT}[1-N(d_2)]=e^{-r_cT}$$

因此，如前所述，该投资组合的现值为 1 美元。

以某个基于标准普尔 500 总收益率指数的资产或无价值期权为例，现在该指数为 1 440 点。到期时，该期权支付标准普尔 500 指数的全部现金价值。执行价格为 1 440 点，无风险利率为 4.88%，连续计算复利，标准差为 11%，期权恰好在 1 年半后到期。由于该期权的基础工具是包括股利的总收益率指数，因此为期权定价时不需要调整股利。将这些值代入布莱克-斯科尔斯-默顿模型的 d_1，得到 $d_1=0.352\,6$。使用表 5.1，我们得到 $N(0.35)=0.636\,8$。因此，资产或无价值期权的价值为 $1\,440\times0.636\,8=917.00$。如果该期权为执行价格为 1 440 点的现金或无价值期权，则我们需要 d_2，它为 0.274 8。$N(0.27)=0.606\,4$，则现金或无价值期权的价值为 $1\,440\times e^{-0.048\,8\times0.5}\times0.606\,4=852.17$。这两个数值之差为 64.83，它是标准欧式看涨期权的价值。

在本章前面，我们考察了后付期权，这种期权的买方在到期时支付期权费，该结果是通过实际借入期权费实现的。因此，期权费不是在开始时支付，而是在到期时支付，故会由于期权期限内产生的累计利息而增加。这类期权的一个变形是**或有支付期权**（contingent-pay option），这类期权在到期时支付期权费，但只有当期权以价内状态到期时才支付期权费。要了解该期权与已知工具的相同之处，请考虑以下组合。买入一份执行价格为 X，且在时间 T 到期的普通看涨期权，并卖出 C_{cp} 份现金或无价值看涨期权，每份现金或无价值期权均在到期时支付 1 美元。当然，我们不知道 C_{cp} 的值，它表示或有支付期权的期权费，但我们可以算出它。表 13.5 显示了该组合在到期时的报酬，以股票作为基础工具。

表 13.5　　　　或有支付期权的报酬

工具	当前价值	到期时给定股价下的投资组合报酬	
		$S_T\leqslant X$	$S_T>X$
多头看涨期权	$C_e(S_0, T, X)$	0	S_T-X
C_{cp} 份空头现金或无价值看涨期权	$-C_{cp}DC_{con}$	0	$-C_{cp}$
总计	$C_e(S_0, T, X)-C_{cp}DC_{con}$	0	S_T-X-C_{cp}

> 或有支付期权是只有当期权以价内状态到期时持有者才在到期时支付期权费的期权，它相当于普通看涨期权和特定数量的现金或无价值看涨期权。

我们看到，多头看涨期权和在到期时每份均支付 1 美元的 C_{cp} 份现金或无价值看涨期权的组合复制了或有支付期权。因此，或有支付期权的价值应该始终等于该组合的价值。然而，我们知道，由于没有前期支付，因此开始时或有支付期权的价值为零。我们曾经提到，在到期时每份支付 1 美元的现金或无价值期权的价值为 $e^{-r_cT}N(d_2)$。因此，我们将开始时该组合的价值设为零，即：

$$C_e(S_0, T, X)-C_{cp}e^{-r_cT}N(d_2)=0$$

并解出 C_{cp}，得到：

$$C_{cp}=\frac{C_e(S_0, T, X)}{e^{-r_cT}N(d_2)}$$

这是在到期时支付的或有支付期权的期权费，它在到期时支付，但只有当期权以价内状态到期时才支付。

让我们用前面介绍的同一个数字期权举例说明。该期权基于标准普尔500总收益率指数，前面曾经提到，该指数为1 440点，执行价格也为1 440点，无风险利率为4.88%，连续计算复利，标准差为11%，期权在1年半后到期。我们计算出标准欧式看涨期权的价值为64.83。$N(d_2)$ 的值为0.606 4。因此，或有支付期权的期权费为：

$$C_{cp}=\frac{64.83}{e^{-0.0488\times 0.5}\times 0.6064}=109.55$$

请注意，或有支付期权的期权费远远高于普通欧式看涨期权的期权费。这是因为或有支付期权的期权费是延后支付的，可能永远不必支付。

与远期合约和互换一样，或有支付期权在开始时价值为零。然而，或有支付期权的价值在其期限内会发生变化，可能为正值，也可能为负值。因此，我们需要一个公式来确定它的价值。假设我们正处于该期权期限内的时间t，由于期权费 C_{cp} 是在开始时设定的，所以我们知道报酬为 S_T-X-C_{cp} 或零。于是，我们可以将或有支付期权作为普通看涨期权和在到期时每份支付1美元的 C_{cp} 份现金或无价值看涨期权的组合进行估值。换言之，我们视其等同于为解 C_{cp} 而建立的投资组合。

假设在或有支付期权开始两个月后，该指数为1 400点。我们使用下列值作为输入值：$S_t=1\,400$，$X=1\,440$，$r_c=0.048\,8$，$T-t=0.333$（剩余期限为4个月），$\sigma=0.11$ 和 $C_{cp}=109.55$。使用电子表格可以获得更准确的结果：$d_1=-0.156\,1$，$N(d_1)=0.438\,0$，$d_2=-0.219\,5$ 和 $N(d_2)=0.413\,1$。标准欧式看涨期权的价值为27.89。在到期时每份支付1美元的109.55份现金或无价值看涨期权的价值为 $109.55\times e^{-0.0488\times 0.333}\times 0.4131=44.53$。因此，或有支付看涨期权的价值为 $27.89-44.53=-16.64$。正如我们指出的，这种期权可能有负报酬，因此，在到期之前，它显然可能为负值。

选择者期权　选择者期权（chooser option）允许投资者在期权期限内的特定时点决定其应为看涨期权还是看跌期权。假设投资者认为市场将发生强有力的变化但不知道往哪个方向变化，正如我们在第7章学到的，投资者可以购买跨式期权，这是一个看涨期权和一个看跌期权的组合。一种更便宜的选择是购买选择者期权。选择者期权允许投资者在到期之前的时间t决定其为看涨期权还是看跌期权。选择者期权也被称为**任选期权**（as-you-like-it option）。

> 选择者期权允许持有者在到期前的特定时间指定期权为看涨期权还是看跌期权。

假设在时间t，投资者决定让其为看涨期权。那么在到期时，如果 $S_T>X$，则看涨期权的报酬为 S_T-X，否则看涨期权的报酬为零。如果投资者决定让其为看跌期权，那么在到期时，如果 $S_T\leqslant X$，则看跌期权的报酬为 $X-S_T$，否则看跌期权的报酬为零。请注意，除非 $S_T=X$，否则跨式期权总会通过看涨期权或看跌期权产生报酬，但是选择者期权可能根本没有报酬。

选择者期权的定价很简单。在时间t，如果看涨期权的价值高于看跌期权的价值，那么投资者将令其为看涨期权。在时间t，看涨期权价格可以表示为 $C(S_t, T-t, X)$，看跌期权价格可以表示为 $P(S_t, T-t, X)$。使用看跌期权-看涨期权平价略作计算，即可证明如果 $S_t>X(1+r)^{-(T-t)}$，那么看涨期权价值更高，投资者将选择看涨期权。选择者期权可以通过持有执行价格为X、在T到期的普通看涨期权和执行价格为 $X(1+r)^{-(T-t)}$、在t到期的看跌期权来复制。章末习题将要求你证明该结论。

让我们来看 DCRB 股票的选择者期权。前面曾经提到，股票价格为 125.94 美元，执行价格为 125 美元，离散无风险利率为 4.56%（连续无风险利率为 4.46%），距到期时间为 0.095 9 年（35 天），波动率为 83%。假设我们必须在 20 天后做出选择。首先，让我们为普通跨式期权定价。根据第 5 章，我们使用布莱克-斯科尔斯-默顿模型计算出看涨期权的价值为 13.55 美元，看跌期权的价值为 12.08 美元。因此，跨式期权的成本为 25.63 美元。该选择者期权的价值是普通看涨期权（13.55 美元）价值与 20 天后到期（$t=20/365=0.054\,8$，因此 $T-t=0.095\,9-0.054\,8=0.041\,1$）、执行价格为 $125\times1.045\,6^{-0.041\,1}=124.77$ 美元、波动率为 83%的看跌期权价值之和。代入布莱克-斯科尔斯-默顿模型，得出看跌期权的价值为 7.80 美元。因此，选择者期权的成本为 13.21+7.80=21.01 美元。选择者期权的成本低于跨式期权，这是因为其到期报酬可能为零。

如果选择者期权允许持有者在到期前的任何时间指定该期权为看涨期权还是看跌期权，则称为复杂选择者期权。它的估值要困难得多，我们这里不作介绍。

13-3b 路径依赖期权

不同期权的一个重要区别是基础资产价格遵循的路径是否关系到期权价值。对于标准欧式期权，遵循的路径并不重要，它只能在到期时执行，因此资产如何达到特定价格并不重要。标准欧式期权被称为路径独立。然而，对于某些期权，遵循的路径很重要，美式期权是一个典型例子。某些路径会导致提前执行。尽管在第 4 章和第 5 章中我们没有这样称呼它们，但现在我们当然可以称其为**路径依赖期权**（pay-dependent options）。①

> 路径依赖期权是资产在期权期限内遵循的路径影响期权价值的期权。路径独立期权是只有到期时的资产价格影响期权价值，而遵循的路径不影响期权价值的期权。

近年来，一系列新期权因其路径依赖性而闻名，其中部分期权基于期权期限内基础资产的平均价格或者最高价格或最低价格。还有一些期权的特征是可能在到期前以零价值到期，或者即使它们在到期时显然处于价内状态，也可能以零价值到期。现在，当人们听到路径依赖期权时，几乎总是提到这些类型的期权，尽管它们没有囊括所有类型的路径依赖期权。

二项式模型提供了了解路径依赖期权运行方式的好方法。表 13.6 给出了一个简单的三期二项式模型，其中当前资产价格为 50，每期资产价格可能上升 25%或下降 20%。无风险利率为 5%。我们使用的执行价格为 50。该表显示了资产价格从时间 0 上的 50 变为时间 3 上的 97.66、62.50、40 或 25.60 的二叉树。

表 13.6　路径依赖期权的信息

		时间 0	时间 1	时间 2	时间 3	
S_0：	50	S_0	S_1	S_2	S_3	
u：	1.25				97.66	

① 我们可以以旅行中遇到的下列情况为例，说明路径独立与路径依赖的区别。假设你在巴尔的摩，需要飞往旧金山，从巴尔的摩到旧金山有许多条路，包括直航航班和多条转飞航班。如果你的目标只是从巴尔的摩去旧金山，那么从哪条路走并不重要，这与路径独立一致。如果你的目标是以最短时间和（或）最低成本从巴尔的摩到旧金山，那么某些路径，尤其是直航，就是首选，这与路径依赖一致。

d:	0.80			78.13		
r:	0.05		62.50		62.50	
X:	50	50.00		50.00		
p:	0.556*		40.00		40.00	
1−p:	0.444			32.00		
					25.60	

路径序号	路径	概率**	S_0	S_1	S_2	S_3	平均价格	S_{MAX}	S_{MIN}	欧式看涨期权的报酬	欧式看跌期权的报酬
1	uuu	0.171	50.00	62.50	78.13	97.66	72.07	97.66	50.00	47.66	0.00
2	uud	0.137	50.00	62.50	78.13	62.50	63.28	78.13	50.00	12.50	0.00
3	udu	0.137	50.00	62.50	50.00	62.50	56.25	62.50	50.00	12.50	0.00
4	duu	0.137	50.00	40.00	50.00	62.50	50.63	62.50	40.00	12.50	0.00
5	udd	0.110	50.00	62.50	50.00	40.00	50.63	62.50	40.00	0.00	10.00
6	dud	0.110	50.00	40.00	50.00	40.00	45.00	50.00	40.00	0.00	10.00
7	ddu	0.110	50.00	40.00	32.00	40.00	40.50	50.00	32.00	0.00	10.00
8	ddd	0.088	50.00	40.00	32.00	25.60	36.90	50.00	25.60	0.00	24.40

欧式看涨期权价格：11.50
欧式看跌期权价格：4.69

* 计算公式为（1+r−d)/(u−d)。

** 给定路径的概率为 $p^{价格上升次数}\times(1-p)^{价格下降次数}$，例如，路径 5(udd) 的概率为 $0.556^1\times0.444^2=0.110$。

表中还显示了该资产可能遵循的 8 条路径。注意，资产价格路径可能为上升-上升-上升、上升-上升-降低，也可能为其他 6 条路径。我们在第 4 章介绍的二项式模型的概率因子 p 为 $(1+r-d)/(u-d)$，表中显示为 0.556。给定路径的概率为 $p^{价格上升次数}\times(1-p)^{价格下降次数}$。例如，上升、下降然后再上升的概率为 $0.552^2\times0.444^1=0.137$。还要记住，正如第 4 章讨论的，这不是真实概率，只是风险中性概率。重要的不是合并路径，例如股票价格可能以三种方式在到期时达到 62.50。每条路径都可能导致路径依赖期权出现不同的价值，所以我们必须保持路径独立。

该表还显示了每条路径上的资产价格顺序：S_0、S_1、S_2 和 S_3。第 8 列显示了路径上的平均价格，并考虑了初始资产价格。因此，路径 1 的价格平均值为 (50.00 + 62.50 + 78.13 + 97.66)/4=72.07。接下来两列显示了给定路径上达到的最高价格和最低价格。

最后两列显示了标准欧式期权到期时的报酬。在给定路径上，看涨期权的价值为 $Max(0, S_3-50)$，看跌期权的价值为 $Max(0, 50-S_3)$，这反映出这些期权仅依赖于最终资产价格 S_3。为了得出这些期权的价格，我们只需将每个期权的报酬乘以该报酬产生的概率，加总报酬并除以 1.05^3，将总额贴现回现在，这与我们前面在第 4 章中应用二项式模型时使用的程序相同。欧式看涨期权的价格为 11.50，欧式看跌期权的价格为 4.69。[①] 现在，我们将考察几种类型的

① 例如，看涨期权价格的计算公式为 $(0.171\times47.66+0.137\times12.50+\cdots+0.088\times0)/1.05^3=11.50$。

路径依赖期权。

亚式期权 **亚式期权**（Asian option）的报酬基于基础资产在期权期限内或特定时期内达到的平均价格，它不与期权的期限对应。亚式期权可以采取看涨期权或看跌期权的形式。平均价格可以用来代替资产的到期价格或执行价格，相应的期权分别为**平均价格期权**（average price options）和**平均执行价格期权**（average strike options）。在三期例子中，到期时的报酬如下：

平均价格看涨期权：$Max(0, S_{avg}-X)$

平均价格看跌期权：$Max(0, X-S_{avg})$

平均执行价格看涨期权：$Max(0, S_3-S_{avg})$

平均执行价格看跌期权：$Max(0, S_{avg}-S_3)$

表 13.7 说明了如何为亚式期权定价。让我们来看第 5 列，它显示了平均价格看涨期权的报酬。对于路径 1，到期时的平均价格为 72.07，使期权的价内金额为 22.07。使用上述公式，以类似方式计算剩余报酬。然后，用报酬列中的值乘以它们各自的概率（第 3 列）。最后，将这三期经过概率加权的结果之和贴现回现在。我们看到，平均价格期权和平均执行价格期权这两类亚式期权的价值都远低于欧式期权。其原因有多种，但最明显的原因是，一系列数字平均值的波动率小于该系列数字本身的波动率。

亚式期权是用期权期限内的平均资产价格代替最终资产价格或执行价格的期权。

表 13.7 **亚式期权的定价**

路径序号	路径	概率	平均价格（S_{AVG}）	平均价格看涨期权的报酬*	平均价格看跌期权的报酬**	平均执行价格看涨期权的报酬***	平均执行价格看跌期权的报酬****
1	uuu	0.171	72.07	22.07	0.00	25.59	0.00
2	uud	0.137	63.28	13.28	0.00	0.00	0.78
3	udu	0.137	56.25	6.25	0.00	6.25	0.00
4	duu	0.137	50.63	0.63	0.00	11.88	0.00
5	udd	0.110	50.63	0.63	0.00	0.00	10.63
6	dud	0.110	45.00	0.00	5.00	0.00	5.00
7	ddu	0.110	40.50	0.00	9.50	0.00	0.50
8	ddd	0.088	36.90	0.00	13.10	0.00	11.30
			期权价值*****	5.72	2.37	5.94	2.48

* $Max(0, S_{avg}-50)$。

** $Max(0, 50-S_{avg})$。

*** $Max(0, S_3-S_{avg})$。

**** $Max(0, S_{avg}-S_3)$。

***** 期权价值的计算方法是用期权报酬（第 5、6、7、8 列）乘以各报酬的概率（第 3 列），加总后再以无风险利率贴现（即除以 1.05^3）。

亚式期权相对于欧洲期权价格较低，因此适用于用户希望对一系列价格进行对冲或投机，但不愿意花费如欧式期权那么高的价格的情况。在某些情况下，平均价格的对冲即可令人满意。亚式期权也被用于价格异常波动且可能存在扭曲或操纵的市场。取平均值的过程导致期权报酬不完全依赖于到期时的价格。

正如我们在第4章中讨论的，二项式模型需要大量时间步才能得出标准欧式期权布莱克-斯科尔斯-默顿价格的准确近似值。遗憾的是，亚式期权没有像布莱克-斯科尔斯-默顿这样的公式。[①] 二项式模型可以用于举例说明，但在实践中应用有大量时间步的亚式期权是不切实际的。电脑必须跟踪 2^n 条路径，其中 n 为时期数量。对于我们的三期模型，路径数量为 $2^3=8$。而对于现实情况，我们至少需要50个时间步，在这种情况下，电脑必须跟踪1 125 900 000 000 000条路径！人们在实践中使用一些亚式期权估值公式，但是一种方便的亚式期权定价方法是**蒙特卡洛模拟**（Monte Carlo simulation）。我们将在附录13中举例说明蒙特卡洛模拟的程序。

回顾期权 另一种有趣的路径依赖期权是**回顾期权**（lookback option）。回顾看涨期权允许你以期权期限内的最低价格买入资产，回顾看跌期权允许你以期权期限内的最高价格卖出资产，因此说回顾期权允许你"低买高卖"。由于你永远不会错过市场时机，因此回顾期权也被称为**无悔期权**（no-regrets option）。

对于三期二项式例子，标准回顾期权到期时的报酬如下所示：

回顾看涨期权：$\text{Max}(0, S_3-S_{min})$

回顾看跌期权：$\text{Max}(0, S_{max}-S_3)$

换言之，回顾看涨期权将执行价格定为资产在期权期限内达到的最低价格，回顾看跌期权将执行价格定为资产在期权期限内达到的最高价格。在最坏的情况下，回顾期权以平价状态到期。

另一类回顾期权有时被称为**修正回顾期权**（modified lookback options），其执行价格是固定的，但用看涨期权的最高价格和看跌期权的最低价格代替最终资产价格。因此，其报酬如下：

固定执行价格回顾看涨期权：$\text{Max}(0, S_{max}-X)$

固定执行价格回顾看跌期权：$\text{Max}(0, X-S_{min})$

> 回顾期权的到期报酬基于资产在期权期限内达到的最高价格或最低价格，它允许用户以最低价格买入或以最高价格卖出。

表13.8说明了回顾期权的定价。考虑标准回顾看涨期权，其报酬如第6列所示。如果出现路径1，则资产最终价格为97.66。这条路径上的最低价格为50，因此，它以47.66的价值在价内到期。请特别注意路径7，从表13.6中可以看到，资产价格最终为40，但最低价格为32，所以看涨期权的报酬为8。同理，路径2上的基本回顾看跌期权报酬为15.63，因为资产最终价格为62.50，但最高价格为78.13。剩余报酬使用前述的相应公式计算，计算方法与之类似。每个期权的价值计算方法仍为每个期权的报酬乘以相应的概率（第3列），将这些经过概率加权的报酬相加，然后以5%的利率贴现3期。

由于回顾期权允许持有者在某些结果下获得更高的报酬，并在欧式期权获得零报酬的某些结果下获得正报酬，因此这种期权的价值显著较高。高出的价格是否值得？这取决于投资者。如果投资者因为在价格低时未能买入或者在价格高时未能卖出而痛苦，那么投资者可能觉得付出额外成本是值得的。

多数回顾期权的价格公式已经被推导出来，然而，在实践中使用这些公式很复杂，因为许多回顾期权不能持续监测资产价格。相反，它们在确定最高价格或最低价格时只考虑资产的收

① 一个例外是，如果平均值为几何平均值，那么确实存在一个公式。然而，实践中很少使用几何平均值亚式期权。

盘价格。由于在二项式模型中必须遵循上述大量路径，因此经常使用蒙特卡洛方法。

表 13.8　　回顾期权的定价

路径序号	路径	概率	最高价格 (S_{max})	最低价格 (S_{min})	回顾看涨期权的报酬*	回顾看跌期权的报酬**	固定执行价格回顾看涨期权的报酬***	固定执行价格回顾看跌期权的报酬****
1	uuu	0.171	97.66	50.00	47.66	0.00	47.66	0.00
2	uud	0.137	78.13	50.00	12.50	15.63	28.13	0.00
3	udu	0.137	62.50	50.00	12.50	0.00	12.50	0.00
4	duu	0.137	62.50	40.00	22.50	0.00	12.50	10.00
5	udd	0.110	62.50	40.00	0.00	22.50	12.50	10.00
6	dud	0.110	50.00	40.00	0.00	10.00	0.00	10.00
7	ddu	0.110	50.00	32.00	8.00	10.00	0.00	18.00
8	ddd	0.088	50.00	25.60	0.00	24.40	0.00	24.40
				期权价值*****	13.45	7.73	14.54	6.64

* Max(0，S_3-S_{min})。

** Max(0，$S_{max}-S_3$)。

*** Max(0，$S_{max}-50$)。

**** Max（0，$50-S_{min}$)。

***** 期权价值的计算方法是用期权报酬（第 6、7、8、9 列）乘以各报酬的概率（第 3 列），加总后再以无风险利率贴现（即除以 1.05^3）。

障碍期权　我们考察的最后一类路径依赖期权是**障碍期权**（barrier option）。尽管回顾期权具有正报酬的情形多于标准欧式期权，但障碍期权具有正报酬的情形少于标准欧式期权，这使它们比标准欧式期权更便宜。如果投资者希望节省资金，不想为他们认为不太可能发生的结果付钱，那么障碍期权就对他们有吸引力。

在一类障碍期权中，持有者规定了资产价格水平，如果在期权到期前资产价格达到该水平，则使期权终止。在另一类障碍期权中，持有者规定了激活期权必须达到的资产价格水平，如果资产价格在期权期限内从未触及障碍，则即使期权以价内状态到期，也不能执行期权。可以提前终止的期权被称为**失效期权**（out-options），有时也被称为**触碰失效期权**（knock out options）。不触及障碍就不可执行的期权被称为**生效期权**（in-options）或**触碰生效期权**（knock in options）。因此，如果障碍被触及，那么失效期权就可能提前到期而一文不值。生效期权必须通过触及障碍来激活，如果它们从未被激活，就会自动到期而一文不值。如果将障碍设为高于当前资产价格的水平，则生效期权和失效期权均被称为**上升期权**（up-options）；如果将障碍设为低于当前资产价格的水平，则生效期权和失效期权均被称为**下跌期权**（down-options）。

表 13.9 说明了障碍期权的定价。该表显示了全部 8 种障碍期权到期时的报酬。我们首先来看下跌触碰失效期权和下跌触碰生效期权。用黑体标出的零价值为失效期权触及障碍，因此触碰失效且无价值时的结果。用斜体标出的零价值为生效期权未触及障碍，因此从未被激活时的结果。

表 13.9　　障碍期权的定价

路径序号	路径	概率	下跌触碰失效期权和下跌触碰生效期权（H＝障碍）				上升触碰失效期权和上升触碰生效期权（H＝障碍）			
			失效看涨期权的报酬（H=45）	生效看涨期权的报酬（H=45）	失效看跌期权的报酬（H=35）	生效看涨期权的报酬（H=35）	失效看涨期权的报酬（H=70）	生效看涨期权的报酬（H=70）	失效看跌期权的报酬（H=55）	生效看跌期权的报酬（H=55）
1	uuu	0.171	47.66	*0.00*	0.00	*0.00*	**0.00**	47.66	**0.00**	0.00
2	uud	0.137	12.50	*0.00*	0.00	*0.00*	**0.00**	12.50	**0.00**	0.00
3	udu	0.137	12.50	*0.00*	0.00	*0.00*	12.50	*0.00*	**0.00**	0.00
4	duu	0.137	**0.00**	12.50	0.00	*0.00*	12.50	*0.00*	**0.00**	0.00
5	udd	0.110	0.00	0.00	10.00	*0.00*	0.00	*0.00*	**0.00**	10.00
6	dud	0.110	**0.00**	0.00	10.00	0.00	0.00	*0.00*	10.00	*0.00*
7	ddu	0.110	**0.00**	0.00	**0.00**	10.00	0.00	*0.00*	10.00	*0.00*
8	ddd	0.088	**0.00**	0.00	**0.00**	24.40	0.00	*0.00*	24.40	*0.00*
	期权价值*		10.02	1.48	1.90	2.80	2.96	8.54	3.75	0.95

* 期权价值的计算方法是期权报酬（第 4、5、6、7、8、9、10、11 列）乘以各报酬的概率（第 3 列），加总后再以无风险利率贴现（即除以 1.05^3）。

注：用黑体表示的失效期权价值是期权触及障碍因此失效的结果，用斜体表示的生效期权价值为期权未触及障碍因此在到期时不可执行的结果。

考虑第 4 列所示的下跌触碰失效看涨期权，将障碍设为 45。这意味着如果资产价格达到 45，那么该期权将终止且无价值。这将发生在路径 4、路径 6、路径 7 和路径 8 中，在每条路径上，资产价格均在时间 1 达到 40。在路径 5 上，该期权触及障碍，到期时无价值。现在来看下跌触碰生效看涨期权这一列。如果在期权期限内资产价格没有降到 45，该期权就不会被激活。这发生在路径 1、路径 2 和路径 3 中。

表格的最后一行为期权价值，其计算方法与前例相同。请注意一个非常有趣的结果，如果结合下跌触碰失效看涨期权和下跌触碰生效看涨期权的报酬，就可以获得与标准欧式看涨期权相同的报酬。这应该是有道理的，当某人同时持有这两个期权时，如果失效期权触碰失效，则生效期权将立即触碰生效。因此，这两个期权的合并价值为 10.02＋1.48＝11.50，即我们之前得到的标准欧式看涨期权价格。同样，下跌触碰失效看跌期权和下跌触碰生效看跌期权的价值加起来就是标准欧式看跌期权的价值，误差是四舍五入的结果。类似结果也适用于上升期权。

> 障碍期权是如果资产价格触及事先规定的障碍就会提前终止且无价值，或者如果资产价格触及事先规定的障碍就会被激活的期权，前者被称为失效期权，后者被称为生效期权。

某些障碍期权还有一个功能，称为补偿。如果触碰失效障碍期权提供补偿，那么只要期权失效，持有者就将获得一笔固定金额的现金。如果触碰生效障碍期权提供补偿，那么当期权从未触及障碍时，持有者将在到期时获得一笔固定金额的现金。当障碍期权有补偿时，互补的失效期权和生效期权的价值之和将高于标准欧式期权价格。

如前所述，障碍期权允许投资者避免为他们认为不会发生的状态支付价格，我们以保护性看跌期权为例说明障碍期权的用法。某个标准欧式看跌期权的成本为 4.69，为了节省资金，投资者可能会花 3.75 购买一个障碍为 55 的上升触碰失效保护性看跌期权。如果资产价格达到 55，该期权将失效。实际上，持有者的意思是，如果资产价格迅速上升，他预期并不需要保险。因此，他愿意提前终止保险，以节省资金。但请注意，这并不能保证获得更优的结果，它只是消除了路径 5 的报酬。如果资产价格上升、下跌、然后再下跌，由于期权在时间 1 失效，因此即使在到期时资产价格低于执行价格，触碰失效看跌期权也没有报酬。同理，希望持有看涨期权的投资者可能会考虑购买下跌触碰失效看涨期权。标准看涨期权的成本为 11.50 美元，而障碍为 45 美元的下跌触碰失效看涨期权价格为 10.02 美元。在资产价格下跌、上升、上升的路径 4 上，障碍期权不会产生报酬，而如果发生这种情况，标准看涨期权将产生报酬。

路径依赖期权有许多变形，包括一些提前执行的美式期权，特别是障碍期权可能有多种变形，包括高于当前价格的障碍和低于当前价格的障碍以及多次触碰障碍的要求。另一类障碍期权允许持有者在触碰障碍时重设执行价格。一种更常见、更复杂的因素是，在确定障碍是否被触碰时，通常只考虑收盘价格，这需要使用有大量时间步的二项式模型，尤其要小心地将障碍放在节点上。如附录 13 所述，这还需要使用蒙特卡洛方法。

13-3c 其他奇异期权

前面介绍的多数奇异期权都相当简单易懂，市场上还有其他很多相当复杂的奇异期权，我们不会分析这些工具的定价问题。考察这些工具的基本特征是有用的，它能使你了解这些工具，并且在将来遇到它们时认出来。

复合期权（compound options）是基于期权的期权。例如，你可以购买赋予你购买另一个看涨期权的权利的看涨期权，这是看涨期权的看涨期权。同理，还有看跌期权的看涨期权、看涨期权的看跌期权和看跌期权的看跌期权，后两者赋予你卖出看涨期权或看跌期权的权利。如果投资者认为他以后可能需要期权，并希望确定买入或卖出该期权的价格，就可以使用复合期权。复合期权的一个变形是**分期付款期权**（installment option），它允许在期权期限内分期支付等额期权费。在每个支付日期，期权持有者决定是否值得支付下一笔分期款项，这相当于决定是否值得执行复合期权来获得另一个期权。

多资产期权（multi-asset options）由一系列期权组成，其报酬取决于多个资产的价格。一类简单的多资产期权是**交换期权**（exchange option），这种期权允许持有者放弃一种资产而获得另一种资产，这种期权实际上是普通欧式看涨期权的特例。在欧式看涨期权中，看涨期权持有者有权放弃一种资产——现金，并获得另一种资产——股票。交换期权通常不在场外市场上交易，但是事实证明，它们在评估其他许多类型的期权方面很有用，例如我们在第 9 章中介绍的美国国债期货合约的质量期权。

另一种多资产期权是**最小-最大期权**（min-max option），这是可以根据两种资产中的更好表现或更差表现决定报酬的期权。以某个基于两种资产——股票 X 和股票 Y——的看涨期权为例，在期权到期时，我们确定哪种资产价格更高，然后根据该资产计算报酬，这是双资产最大值期权。在双资产最小值期权中，报酬是根据到期时价格较低的资产计算的。这些期权可能是看跌期权，也可能是看涨期权，它们有时也被称为**彩虹期权**（rainbow options）。一种稍有不同但更常见的变形不是根据价格高低，而是根据期权期限内的资产收益率决定表现更好或更差的资产，它也被称为**备选期权**（alternative option）。它的另一个变形是**超越表现期权**（out-performance option），其报酬取决于关于两种资产或指数的相对于执行价格或执行利率的价格或收益率差异。

喊价期权（shout options）允许持有者在期权期限内的任何时间确定在到期时产生的最小报酬。假设股票价格相对于执行价格非常高，持有这种期权并担心股价下跌的投资者可以将最小报酬定为当前的价内金额。这种期权稍作变形就是**棘轮期权**（cliquet option），当股票价格上升时，执行价格将定期提高。另一种变形是**锁定期权**（lock-in option），它允许在到期前确定准确报酬而不仅仅是最小报酬。**延期执行价格期权**（deferred strike option）是直至到期前的特定日期才设定执行价格的期权。

联系现实

累计合约

投资者经常为找到理想交易而四处搜索。许多金融衍生产品合约表面上看起来是非常理想的交易，但一旦你阅读细则，就会发现这笔交易有时不如看起来的那么好。在亚洲常见的一个例子被称为累计合约。

累计合约的总体思路是，合约买方同意在一系列未来日期以事先确定的价格购买数量事先确定的特定普通股。最初看起来，累计合约只是一系列远期合约，这使其有些类似于股权互换，正如第 11 章中介绍的那样。假设没有现金股利且利率为正的，我们知道，由于持有套利，远期价格应高于当前股价。然而，事先确定的价格通常低于当前股价，从而使累计合约看起来确实是一笔非常好的交易。

当投资者认为股票价格将长期处于上升趋势，且下跌风险减弱时，累计合约往往会受到欢迎。显然，如果你以当前股票价格的折扣购买累计合约，当股价大幅下跌时，你仍有可能产生损失，因为你有义务以事先确定的较高价格购买股票。现在，假设证券贷款费用没有完全抵消折扣，那么我们可以通过卖空股票并以折扣价格购买累计合约锁定利润，以对冲该风险。

现在来看细则。在 2008 年全球市场下跌时期，累计合约被称为“秋后算账”合约。许多累计合约都有触碰失效条款，如果股价上涨事先规定的金额，就会终止合约。由于累计合约触碰失效时产生的空头损失，触碰失效条款使简单的卖空对冲变得更难，导致累计合约没有收益。此外，许多累计合约都有双倍下跌条款，要求买方在股价下跌规定金额时以事先确定的价格购买更多股票。细则中的这些应变条款很容易被忽略。

我们不应认为累计合约的这些特征表示累计合约或其他衍生产品本身是糟糕的工具。只要在合约中明确规定这些因素，投资者就可以自由选择买入还是卖出合约。但是，如果要在全球范围内寻找理想的投资交易，投资者就应该仔细阅读合约，并考虑与复杂金融工具相关的各种风险。

远期开始期权（forward-start options）是直到未来某个日期才开始的期权。期权费是事先支付的，买方规定了所需的价值程度，例如处于价内或处于价外 5%。一旦期权开始，它就类似于普通期权。这类期权类似于公司使用的高管和员工股票期权计划，公司承诺将在未来不同日期提供奖励性期权。如果期权被设计为在一个期权到期时另一个期权开始，那么该组合就称为**串联期权**（tandem option）。

这里介绍的奇异期权是当今市场上使用的主要期权，但市场上还有其他许多期权。几年前，这些期权多数还不存在。金融市场的创新进展相当快，你在金融职业发展道路上，很可能会经常遇到新的期权。

13-4 一些不常见的衍生产品

在本书大部分内容中，我们只考察了基于股票、债券和货币的衍生产品，偶尔我们会提到基于某些商品（如金属和石油）的衍生产品。近年来，出现了一些基于最不常见的基础工具的衍生产品，这里我们将考察其中两种。

13-4a 电力衍生产品

> 电力衍生产品可以用于管理电价风险，但它们比多数衍生产品更难定价，因为基础工具无法储存。

地球上消耗的大部分能源有三个主要来源：化石燃料、核反应和太阳。石油、煤炭和天然气形式的化石燃料是能源的主要来源。我们已经提到过石油衍生产品，市场上也有天然气衍生产品。不过，煤炭衍生产品始终没有实现大规模发展。这些能源也被转化为其他能源形式，其中最主要的是电力，显然，电力被企业和消费者广为使用。直到近年来，美国和其他国家的电力主要由州级政府监管，但它们已经开始放松监管，从而允许电价波动，让消费者可以选择向谁购买电力。针对这种新型的价格波动，能源行业建立了电力现货市场和衍生产品市场。事实证明，这些市场有助于大型电力用户和公共事业管理电价波动。

从表面上看，人们似乎可以用标准模型为电力远期、期货和期权定价，但情况并非如此。电力与我们学过的任何资产都截然不同，因为它不能储存。股票、债券、货币和多数商品都可以被购买和持有，但电力生产出来就沿着既定线路被输送到所需地点，几乎立即被消耗。我们所学的所有模型都是基于可以在有限时期内持有基础资产的前提，因此，我们有理由认为，持有成本模型和布莱克-斯科尔斯-默顿模型不能用于电力衍生产品的定价。事实上，该行业通常不会使用这些模型。遗憾的是，人们还没有找到公认的更好的替代模型。在目前的水平上，这些问题过于深入，因此我们在这里不做介绍。尽管关于电力衍生产品定价尚无一致意见，但**电力衍生产品**（electricity derivatives）市场仍然存在。[①] 当对某种产品存在重要需求时，关于定价的困惑显然不能阻止其市场的存在。事实上，如果有些投资者认为他们抢先别人了解到这些工具的正确定价方法，关于定价的困惑甚至会刺激交易。

13-4b 天气衍生产品

> 天气衍生产品允许各方管理天气不确定性导致的风险。这些衍生产品可能包括不同形式，例如基础工具为温度或冰雹的衍生产品，或者基础工具为天气引起的财务损失的衍生产品。

我们介绍的所有基础工具都可以被持有。尽管正如我们指出的，电力会被立即消耗，但即使是电力也可以被持有。不过一般而言，基础工具最重要的特征并不是它可以被持有，而是它是风险来源。风险的重要来源之一是天气。很少有公司的业务完全不受天气影响，一些公司的财富几乎完全与天气挂钩。例如，佛罗里达州中部橙汁生产

---

① 尽管许多电力衍生产品合约的交易非常冷清，但衍生产品交易所提供多种不同的电力衍生产品。例如，可见 http://www.cmegroup.com/energy/ (Electricity tab)。

商的利润和生存受到温度（主要是冰冻风险）的高度影响。普通农民在很大程度上受到天气影响。航空公司、滑雪场、各种旅游景点和娱乐服务也受到天气影响。零售企业和公用事业同样受天气的影响。

为了管理这些风险，近年来已经诞生了一系列基于天气的期权、远期、期货和互换。天气具有许多优秀性质，因此适于作为衍生产品的基础工具。创建**天气衍生产品**（weather derivatives）的重要理由之一是天气非常容易测量，而且天气有长期的历史数据。衡量天气的指标主要有三个，一个是温度，另一个是降水量，还有一个是天气灾害造成的经济损失。

第一个天气指标是温度，我们可以从很多渠道获得温度信息。天气衍生产品行业已经建立了用于衍生产品合约的标准指标，即采暖度日和制冷度日。在美国，65华氏度的基准被认为是正常舒适程度。在天气凉爽（<65℉）时，消耗的能源被认为用于采暖。采暖度日（HDD）的大小是65℉和当天平均温度之差。在天气炎热（>65℉）时，消耗的能源被认为用于空调制冷。制冷度日（CDD）的大小为当天平均温度和65℉之差。我们需要将一段时期内（如衍生产品合约的期限）的采暖度日天数或制冷度日天数累加，并与期权的执行价格、远期或期货合约的价格或互换的固定价格进行比较。

第二个天气指标是降水量。假设某个滑雪场知悉除非在12月到次年3月至少有10英尺降雪，否则就无法实现目标现金流。这家滑雪场可能会购买基于降雪量的看跌期权，该期权根据10英尺和实际积雪量之差支付报酬。如果降雪量超过10英尺，则该期权将以价外状态到期。当然，该滑雪场可以出售远期合约，该合约不需要提前付款，但需要根据实际降雪量和基准降雪量之差支付报酬，而基准降雪量不一定是10英尺。

第三个天气指标是天气灾害造成的经济损失。飓风、龙卷风和洪水是天气灾害的主要形式。保险业根据索赔情况列出损失率表，衍生产品合约正是基于这些经济损失数字。保险业本身对这些类型的衍生产品尤其感兴趣，因为它为保险业提供了降低部分风险的手段。

天气衍生产品的定价尤为困难。天气不能储存，但可储存资产受天气的影响，因此可以衡量天气的影响。假设上述滑雪场可以相对准确地预测在该季度的不同降雪量下将有多少滑雪者，它可能算出，如果有10英尺降雪量，就能产生足够的现金以获得无风险收益率。因此，定价为10英尺的远期合约将获得无风险收益率，这将构成合约定价的基础。期权定价所用的分析与之类似，但略为复杂。当然，并非所有天气衍生产品都容易定价，但是如前所述，我们可以获得长时期内的大量天气数据，这有助于衡量其对企业现金流的影响。

天气衍生产品行业增长缓慢而稳定。[①] 有趣的是，它为气象学家提供了许多新的就业机会。他们不再主要局限于在当地电视台工作，许多天气专家现在都在金融机构和商品交易公司工作。

总结

本章通过考察某些高级衍生产品和策略，进一步分析了衍生产品。我们学习了投资组合保险的运作方式，并了解了几种不同的保险方式。我们还分析了在场外市场交易的不同股权衍生产品，包括股权远期、突破远期和股权连结债务。

继续上一章我们对利率衍生产品的处理，我们考察了另两种利率敏感工具，即结构化票据

① 关于与天气相关的衍生产品交易所产品的例子，见http：//www.cemgroup.com/trading/weather/。

和抵押贷款支持证券，这些工具并不是严格的衍生产品，但无论好坏，它们通常被视为衍生产品。我们了解到这些工具的价格波动率极高，需要仔细分析。

我们还考察了几种奇异期权，包括数字期权、选择者期权和路径依赖期权。在最后一类期权中，我们考察了亚式期权、回顾期权和障碍期权，并观察到如何在二项式框架中得出它们的价格。所有奇异期权的报酬结构都与标准欧式期权和标准美式期权截然不同。

我们还考察了基础工具为电力或天气的衍生产品。我们看到，这些衍生产品要复杂得多，因为基础资产并不是可存储资产。

几乎所有标准衍生产品稍作修改后都可以用于股票市场、货币市场、商品市场和利率市场。油价风险很高的公司是衍生产品的主要使用者。的确，衍生产品可用于整个公司的风险管理。事实上，衍生产品的广泛使用催生了一个新行业，即风险管理。

在本书前13章中，你已经接触到各种不同的衍生产品合约。虽然这里只做了初步介绍，但为进一步学习和最终应用这些工具解决风险管理问题提供了基础。因此，我们用最后两章来了解风险管理过程、风险管理者必须解决的问题、风险管理者使用的部分方法以及风险管理好坏导致的结果。

关键术语

股权衍生产品/篮子　　抵押担保债券/组别

障碍期权/失效期权/触碰失效期权/生效期权/触碰生效期权/上升期权/下跌期权

投资组合保险/向上捕获率/受托看涨期权　　奇异期权

复合期权/分期付款期权/多资产期权/交换期权/最小-最大期权/彩虹期权/备选期权/超越表现期权/喊价期权

动态对冲　　数字期权/二项式期权/资产或无价值期权/现金或无价值期权

棘轮期权/锁定期权/递延执行价格期权/远期开始期权/串联期权

股权远期/突破远期　　或有支付期权　　电力衍生产品

后付期权/认股权证/双币种期权　　选择者期权/任选期权　　天气衍生产品

结构化票据/范围浮动利率票据/反向浮动利率票据/逆向浮动利率票据

路径依赖期权/亚式期权　　提前偿付风险/抵押贷款支持证券/证券化

平均价格期权/平均执行价格期权　　蒙特卡洛模拟/回顾期权

抵押贷款转手证券/抵押贷款剥离证券/纯利息剥离证券/IO/纯本金剥离证券/PO

无悔期权/修正回顾期权

扩展阅读

以下文献出色地论述了下述问题：

投资组合保险：

Abken, P. A. "An Introduction to Portfolio Insurance." *Federal Reserve Bank of Atlanta Economic Review* 72 (1987): 2-25.

Garcia, C. B., and F. J. Gould. "An Empirical Study of Portfolio Insurance." *Financial An-*

alysts Journal 43 (July-August 1987): 44 - 54.

O' Brien, T. J. "Portfolio Insurance Mechanics." *Journal of Portfolio Management* 14 (1988): 40 - 47.

Rubinstein, M. "Alternative Paths to Portfolio Insurance." *Financial Analysts Journal* 41 (July-August 1985): 42 - 52.

股权衍生产品:

Beder, T. S. "Equity Derivatives for Investors." *Journal of Financial Engineering* 1 (1992): 174 - 195.

Equity Derivatives: Applications in Risk Management and Investment. London: Risk Publications, Ltd, 1997.

Kat, H. M. *Structured Equity Derivatives*. Chichester, UK: Wiley, 2001.

结构化票据:

Bluemke, A. *How to Invest in Structured Products: A Guide for Investors and Asset Managers*. West Sussex, UK: John Wiley & Sons, 2009.

Crabbe, L. E., and J. D. Argilagos. "Anatomy of the Structured Note Market." *Journal of Applied Corporate Finance* 7 (1994): 85 - 98.

Goodman, L. S. "Anatomy of the Secondary Structured Note Market." *Derivatives Quarterly* 2 (1995): 39 - 43.

Kawaller, I. G. "Understanding Structured Notes." *Derivatives Quarterly* 1 (1995): 29 - 32.

抵押贷款支持证券:

Becketti, S. "The Prepayment Risk of Mortgage-Backed Securities." *Federal Reserve Bank of Kansas City Economic Review* 74 (1989): 43 - 57.

Fabozzi, F. J., A. K. Bhattacharya, and W. S. Berliner. *Mortgage-Backed Securities: Products, Structuring, and Analytical Techniques*. Hoboken, NJ: John Wiley & Sons, 2007.

Midanek, D. H., and J. I. Midanek. "Understanding Mortgage-Based Securities." *Derivatives Quarterly* 2 (1996): 39 - 46.

Smith, S. D. "Analyzing Risk and Return for Mortgage-Backed Securities." *Federal Reserve Bank of Atlanta Economic Review* 76 (1991): 2 - 13.

Stone, C. A., and A. Zissu. "The Risk of Mortgage-Backed Securities and Their Derivatives." *Journal of Applied Corporate Finance* 7 (1994): 99 - 111.

奇异期权:

Bouzoubaa, M., and A. Osseiran. *Exotic Options and Hybrids: A Guide to Structuring, Pricing and Trading*. West Sussex, UK: John Wiley & Sons, 2010.

Clewlow, L., and C. Strickland, eds. *Exotic Options: State of the Art*. London: International Thomson, 1997.

Haug, E. G. *The Complete Guide to Option Pricing Formulas*, 2nd ed. New York: McGraw-Hill, 2007.

Nelken, I., ed. *The Handbook of Exotic Options: Instruments, Analysis, and Applications*. Chicago: Irwin, 1996.

Tan, C. *Demystifying Exotic Products: Interest Rates, Equities and Foreign Exchange*. West Sussex, UK: John Wiley & Sons, 2010.

概念检查

1.请说明并比较在动态对冲策略中使用股票和看跌期权实施投资组合保险与使用股票和期货的优点和缺点。

2.请说明投资组合经理购买反向浮动利率票据的理由。

3.请解释为什么利率变化时抵押贷款纯利息剥离证券的价值极不稳定，哪两个因素决定了它的价值？

4.请说明路径依赖期权和路径独立期权之间的差异，并对每种期权各举一例。

5.请举例说明投资者可能希望使用障碍期权的情况。

问题与习题

1.请说明使用股票和看跌期权实施投资组合保险的优点和缺点，并与使用受托看涨期权进行比较。

2.请对比回顾期权和障碍期权，并说明生效期权和失效期权的区别。

3.请证明执行价格为 X、距到期时间为 T，且允许用户在时间 t 指定其为看涨期权还是看跌期权的选择者期权的报酬可以用两笔交易来复制。具体做法为：(1) 买入执行价格为 X、距到期时间为 T 的看涨期权；(2) 买入执行价格等于 $X(1+r)^{-(T-t)}$、距到期时间为 t 的看跌期权。证明时，你需要考虑时间 t 上的两个可能结果（用户根据本章给出的规则指定其为看涨期权或看跌期权）。时间 t 上的每个结果在时间 T 上都有两个可能结果，$S_T>X$ 或 $S_T<X$。请解释为什么选择者期权的价格低于跨式期权。

4.请说明电力公司如何使用天气衍生产品来管理受天气影响的电力消耗相关的风险。

5.在现代金融衍生产品市场中，有许多奇异期权，请简要解释复合期权、多资产期权、喊价期权和远期开始期权。

6.7 月 5 日，某个市场指数为 492.54 点。你持有一个复制该指数的投资组合，其价值是指数的 20 500 倍。你希望确保该投资组合在 9 月 20 日之前这段时间为特定价值。你可以购买 9 月 20 日到期、面值为 100 美元、价格为 98.78 美元的无风险债券。

a.你计划使用卖价为 23.72 美元、执行价格为 510 点的看跌期权。请确定你应该持有的看跌期权和股票数量。该投资组合的保险价值为多少？

b.如果 9 月 20 日的指数为 507.35 点，请确定该投资组合的价值。

c.如果 9 月 20 日的指数为 515.75 点，请确定该投资组合的价值，并计算该保险的向上捕获率和成本。

7.请使用第 9 题中的信息建立使用股指期货的动态对冲。假设乘数为 500，期货价格为 496.29 点，波动率为 17.5%，连续复利无风险利率为 3.6%，看涨期权的 δ 为 0.382 6。请证明股价上升 1 美元时，投资组合价值的变化与使用看跌期权时几乎相同。

接下来的三道题使用了基于价格为 100 美元，价格可能上涨 20%或下跌 15%的股票的两期二项式模型，每期的无风险利率为 6%。

8.请确定平均价格亚式看涨期权的价格，假设执行价格为 95 美元。请在确定平均价格时计入当前价格。请说明你预期标准欧式看涨期权的价格更低还是更高。

9.请确定回顾看涨期权（看跌期权）和修正回顾看涨期权（看跌期权）的价格。假设修正回顾期权的执行价格为95美元。

10.请确定以下障碍期权的价格。

a.障碍为90美元、执行价格为95美元的下跌触碰失效看涨期权。

b.障碍为110美元、执行价格为105美元的上升触碰失效看跌期权。

c.请选择任何其他障碍期权，但根据以下说明进行选择：计算所选障碍期权的价值，并结合你在第a问或第b问得到的结果，以确定标准欧式看涨期权或看跌期权的价格，然后计算欧式看涨期权或看跌期权的实际价值，并比较该答案与你依据障碍期权计算出的答案。请解释为什么会得到这个结果。

11.一位投资组合经理希望购买报酬类似于看涨期权的工具，但不想事先支付任何款项。这位经理从一家银行那里得知，可以通过签订突破远期合约实现这个目的。这位经理希望了解银行报价是否公允。股价为437.55美元。突破远期合约在270天后到期。波动率为18%，连续复利无风险利率为3.75%。执行价格将被定为股票的远期价格。

a.请确定执行价格。

b.突破远期合约中隐含的贷款面值为40.19美元。请使用你对第a问的答案并计算K值，以确定这是否为公允金额。

c.无论突破远期定价是否公允，请确定最终股价为465美元和425美元时的头寸价值。

12.假设某只股票的价格为100美元，波动率为25%。连续复利无风险利率为5%。请回答以下关于不同期权的问题，所有期权的初始期限均为1年。

a.请计算平价后付看涨期权的期权费。如果9个月后的股票价格为110美元，请确定那时期权的市场价值。

b.请计算突破远期的F值和K值。如果9个月后的股票价格为110美元，请确定那时突破远期的市场价值。

c.请计算平价或有支付看涨期权的期权费。如果9个月后的股票价格为110美元，请确定那时期权的市场价值。

13.某只股票的价格为125.37美元，连续复利无风险利率为4.4%，波动率为21%，没有股利。请回答下列问题。

a.请计算执行价格为120美元的2年期资产或无价值期权的公允价格。

b.假设你以在第a问中确定的价格购买了资产或无价值期权，如果到期时的资产价格为138美元或114美元，请分别计算你的利润。

c.请确定2年期现金或无价值期权的公允价格，假设该期权的执行价格为120美元，如果以价内状态到期则支付120美元。

d.假定你以在第c问中确定的价格购买了现金或无价值期权，如果到期时的资产价格为138美元或114美元，请分别计算你的利润。

14.考虑一笔利率为12%、金额为500 000美元的10年期固定利率抵押贷款。为简化起见，假设每年支付一次。

a.请确定分期付款时间表。

b.使用第a问的答案，假设抵押贷款不会被提前偿还，请确定贴现率为10%时纯利息剥离证券和纯本金剥离证券的价值。

c.假设利率立即降至8%，抵押贷款在第6年提前偿还，现在请再次计算纯利息剥离证券和纯本金剥离证券的价值。

d. 请说明纯利息剥离证券和纯本金剥离证券的风险特征。

15. 某位投资经理预期某只股票的波动率将非常高，并正在考虑购买跨式期权或选择者期权。股票价格为 44 美元，执行价格为 40 美元，连续复利无风险利率为 5.2%，波动率为 51%。这些期权在 194 天后到期。选择者期权必须在到期前 90 天宣布其为看涨期权还是看跌期权。

a. 请确定跨式期权和选择者期权的价格。

b. 假设到期前 90 天的股票价格为 28 美元，如果最终股票价格为 50 美元或 30 美元，请分别计算到期时选择者期权的价值。

c. 假设到期前 90 天的股票价格为 60 美元，如果最终股票价格为 50 美元或 30 美元，请分别计算到期时选择者期权的价值。

d. 请比较你对第 c 问和第 b 问的答案与跨式期权的表现。

16. 假设 FRM 公司发行了一只 5 年期股指挂钩零息债券。债券面值为 1 000 美元，票面利率为股指收益率的 75%或 0。请计算到期时的现金流，假设这 5 年中股票指数上升了 30%。

17. 假设某位投资者持有 1 000 股皮尔公司（Pear）的股票，每股交易价格为 100 美元。请设计一种投资组合保险策略，假设执行价格为 100 美元，距到期时间为 1 年，每份看跌期权价格为 9.35 美元。请计算要购买的看跌期权数量和最低投资组合水平。如果股票在 1 年后的交易价格为每股 120 美元或 80 美元，请计算向上捕获率。

18. 请推导出带有看跌期权的投资组合保险策略的最终股票价格，以使向上捕获率恰好等于 100%。

19. 假设你观察到某个 1 年期现金或无价值数字看涨期权的交易价格为 0.48 美元，等价的现金或无价值数字看跌期权的交易价格为 0.45 美元。请计算隐含利率（年化利率，并连续计算复利）。

20.（概念习题）假设你受邀协助设计一只股权连结债务。该工具是 5 年期零息债券，担保收益率为 1%，每年计算一次复利。5 年后，该债券将根据日经 300 股票指数的升值情况支付额外收益率，日经 300 股票指数是 300 只日本股票表现的衡量指标。无风险利率为 5.5%，每年计算一次复利，该指数的波动率为 15%。此外，该指数还支付 1.7%的持续复利股利。目前该指数为 315.55 点，额外收益率基于当前指数水平的升值情况。你预期至少加价 100 美元才出售这些债券。总体来说，你预期将出售价值 1 000 万美元的债券。你的公司确定现在需要 175 000 美元的现金差价才能弥补成本并获得合理利润。请确定你的公司提供的收益率占日经指数收益率的百分比应为多少才能弥补成本。然而，你的公司设定的百分比低于该百分比。假设你的公司出售这种证券，请评论这给公司自身带来的风险，并就如何处理这种风险提出建议。

21.（概念习题）可转换债券是一种债券，允许持有者将债券转换为一定股数的股票。因此，只有当股票表现优异时才会发生转换。由于附有将债券转换为股票的期权，因此这种债券的息票利率低于未附有期权的债券。一种新型金融工具——反向可转换债券——支付的息票利率高于普通债券的息票利率，但如果股价下跌，本金报酬可能减少。我们规定，如果 $S_T>S_0$（其中 S_0 是债券发行时的股票价格），则反向可转换债券的本金报酬为 FV，即面值。如果 $S_T\leqslant S_0$，则本金报酬为 $FV(S_T/S_0)$。因此，如果股价下跌 10%，则本金报酬 S_T/S_0 等于 0.9FV。请证明该报酬［如果 $S_T>S_0$，则为 FV；如果 $S_T\leqslant S_0$，则为 $FV(S_T/S_0)$］相当于普通债券和特定数量的执行价格为 S_0 的欧式看跌期权的组合产生的报酬。请确定你需要多少份看跌期权。

附录 13　蒙特卡洛模拟

模拟是根据被假定与某种不确定性来源（如新产品销售额或股价、利率、汇率或商品价格等更贴合我们目的的指标）相关的概率生成随机数的一种程序。然后，分析与这些随机数相关的结果，以确定可能结果和相关风险。通常，这种方法被称为蒙特卡洛模拟，它以蒙特卡洛城的名字命名，这座城市以赌场而闻名。

尽管我们用赌博来类比，但蒙特卡洛模拟是一种合法且广泛用于处理企业经营中多种不确定性的方法。就我们的目的而言，事实证明它是一种精确的期权定价方法，对于路径依赖期权和其他没有已知公式的期权尤其有用。

为了便于理解这种方法，我们将考察如何用蒙特卡洛模拟为标准欧式期权定价。当然，我们知道布莱克-斯科尔斯-默顿模型是为这些期权定价的正确方法，所以并不真的需要蒙特卡洛模拟。然而，进行这种实验很有用，因为它证明了对于可以轻松从已知公式获得准确价格的简单期权，这种方法计算出来的结果也很准确。

布莱克-斯科尔斯-默顿模型的假设表示，对于时间 t 上的给定股票价格，未来某个时间的股价模拟变化可以由以下公式产生，即：

$$\Delta S = S r_c \Delta t + S\sigma\varepsilon\sqrt{\Delta t}$$

其中，S 为当前股价，ΔS 为股价变化，r_c 为连续复利无风险利率，σ 为股票波动率，Δt 为发生股价变化的时期长度。变量 ε 为标准正态概率分布产生的随机数。第 5 章曾经提到，标准正态随机变量的均值为零，标准差为 1.0，出现频率与著名的钟形曲线对应。

根据上述公式生成未来股价实际上相当容易。对 Microsoft Excel 的 Rand() 函数略作调整，就可以计算出标准正态随机变量的近似值。Rand() 函数将产生一个介于 0 和 1 之间的均匀随机数，这表示它以相等概率产生介于 0 和 1 之间的数字。通过以下 Excel 公式，可以获得标准正态随机变量的准确近似值，即“＝Rand()＋Rand()＋Rand()＋Rand()＋Rand()＋Rand()＋Rand()＋Rand()＋Rand()＋Rand()＋Rand()＋Rand()－6.0”，或用 12 个均匀随机数减去 6.0。[①] 或者，也可以使用 Excel 数据分析工具包的正态分布随机数生成器。

生成一个标准正态随机变量后，你只需将其插入上述 ΔS 公式的右侧，这将得出期权期限内的价格变化，将其与当前价格相加，得到到期时的资产价格。然后，你根据标准公式计算到期时的期权价值，看涨期权的公式为 $\text{Max}(0, S_T - X)$，看跌期权的公式为 $\text{Max}(0, X - S_T)$。这将在到期时产生一个可能的期权价值。最后，你重复此过程数千次，取到期时的期权平均价值，并以无风险利率贴现。有些用户会计算看涨期权价格的标准差，以了解估计价格时可能出现的误差。

让我们为在第 3 章中首次遇到的执行价格为 125 美元的 DCRB 6 月看涨期权定价。DCRB 股价为 125.94 美元，执行价格为 125 美元，无风险利率为 4.46%，波动率为 83%，距到期时间为 0.095 9 年。在 Excel 电子表格的任何单元格中插入之前的标准正态随机变量求近似值公

---

① 之所以会得出该近似值，是因为 12 个介于 0 和 1 之间的均匀分布随机数之和的均值为 6、标准差为 1，减去 6.0 后，我们可以将均值调整为 0 而不改变标准差。从技术上讲，我们得到的不是正态分布，而是均值为 0，且标准差为 1.0 的对称分布，它是正态分布的三个特征。这种方法被公认为一种快速且合理的求近似值的方法，但无法通过最苛刻的正态性检验。

式，产生一个随机数。假设该数字为0.733 449。将其插入 ΔS 的公式，得出 $125.94\times0.0446\times0.0959+125.94\times0.83\times0.733449\times\sqrt{0.0959}=24.28$ 美元。因此，到期时的股票模拟价格为 $125.94+24.28=150.22$ 美元。在该价格上，到期时的期权价值为 Max(0，150.22－125)＝25.22 美元。然后我们再得出另一个随机数，假设我们得到－0.189 85。插入 ΔS 的公式中，得到 $125.94\times0.0446\times0.0959+125.94\times0.83\times(-0.18985)\times\sqrt{0.0959}=-5.61$ 美元，在该价格上，到期时的股价为 $125.94-5.61=120.33$ 美元，因此期权价值为 Max(0，120.33－125)＝0 美元。我们重复这个过程数千次，之后我们取模拟的期权价格的平均值，然后使用现值公式 $e^{-0.0446\times0.0959}$ 将其贴现回现在。

当然，每次模拟都不同，因为每组随机数都不同。使用 Excel 的 Visual Basic 中的 Monte Carlo 程序，得出该看涨期权的价值如下，其实际布莱克-斯科尔斯-默顿价格为 13.55 美元：

随机生成数的数量	看涨期权价格（美元）
1 000	12.64
10 000	13.73
50 000	13.69
100 000	13.67

看起来，最简单的标准欧式期权至少需要生成 100 000 个随机数。

将蒙特卡洛方法应用于更复杂的期权（如路径依赖期权）时，需要像二项式模型那样，将期权期限划分为不同时期。假设你希望为某个亚式看涨期权定价，并通过收集期权期限内的每日收盘价计算平均价格。忽略节假日和周末，假设该期权的期限为 90 天。一次运行将包含 90 个随机数，每个数被用于逐一模拟 90 天的收盘价。每个 ΔS 公式将基于前一天的收盘价。Δt 的值为 1/365。如本章所述，90 个股价的平均值将决定到期时的看涨期权报酬。然后，你需要重复该过程很多次。

这似乎是一个艰巨任务，此时就要发挥计算机的作用了。这种计算程序很可能用 C++这种快速高效的语言来编写。此外，人们还在进行大量研究，以找出提高蒙特卡洛模拟运行效率的方法。

但对于你此时的目的，重要的是通过蒙特卡洛模拟了解期权定价原则。以欧式期权的蒙特卡洛模拟为例，每次运行都将产生一个可能结果。假设运行足够多次，结果出现的相对频率将相同，该频率以布莱克-斯科尔斯-默顿模型假定的概率表示。于是，期权价格成为本书中经常描述的情况——到期时的经过概率加权的平均期权价值以无风险利率贴现的结果。为更复杂的期权定价时，自然需要对该程序做出调整。

第 14 章

金融风险管理方法与应用

任由当前的风险管理信息系统漏洞百出，直到下一次危机到来时再次被打回原点，这才是不可接受的。

——戴维·罗维（David Rowe）

《风险》（*Risk*），2010 年 3 月，第 91 页

本章目标

- 了解风险管理的概念和实务。
- 了解风险管理的优点。
- 了解市场风险和信用风险的差异。
- 了解如何用 δ、γ 和 vega 管理市场风险。
- 了解如何计算和使用在险价值。
- 了解如何确定信用风险以及公司如何控制信用风险。
- 介绍信用衍生产品。
- 了解市场风险和信用风险以外的风险。

在前 13 章中，我们学习了多种衍生产品在不同情况下的应用。近年来，在金融市场上，衍生产品一直在公司、金融机构和投资基金的决策过程中扮演重要角色。衍生产品不仅被当作对冲工具，而且被当作控制风险的手段，也就是说，帮助人们在希望降低风险时降低风险，在希望提高风险时提高风险。衍生产品的交易成本低且使用方便，这让公司可以灵活调整公司或投资组合的风险。公司尤其热衷于用衍生产品来管理利率风险和汇率风险。

正如我们在本书中看到的，衍生产品通常具有高杠杆。如果使用不当，它们可能会大幅提高风险，有时甚至使企业的生存受到威胁。事实上，在第 15 章中，我们将看到衍生产品使用不当的一些案例——在某些情况下，这是致命的。

正确使用衍生产品是如此重要，以至创造出了一种全新的活动，即**风险管理**（risk management）。风险管理是指定义公司需要的风险水平，识别公司目前所处的风险水平，以及使用衍生产品或其他金融工具将实际风险水平调整到所需风险水平。风险管理还催生了一个全新的行业，其中，金融机构作为最终用户（即公司或投资基金）的交易对手持有相反的衍生产品头寸。这些金融机构以前被认为是交易商，它们从其买卖价差中获利，并通常对其衍生产品组合的基础风险进行对冲。

> 风险管理是指定义公司需要的风险水平，识别公司目前所处的风险水平，以及使用衍生产品或其他金融工具将实际风险水平调整到所需风险水平。

14-1 为什么要进行风险管理?

14-1a 风险管理的动力

人们越来越多地使用衍生产品管理风险，这不只是因为人们迷恋于衍生产品。事实上，一直以来人们对衍生产品都有不少疑问、怀疑和恐惧。最终，公司开始认识到，衍生产品是应对市场的最佳工具，因为市场已经变得越来越不稳定，多数公司认为这已经超出了它们的预测和控制能力。

这些风险的主要来源是利率、汇率、商品价格和股票价格。多数公司缺乏对这些风险的专业知识。显然，公司必须冒一定风险，否则就不要做生意。可接受的风险是与公司经营的行业和产品有关的风险。这些风险通常被称为战略风险，公司对此应该具备一定的专业知识。受行业或产品以外的因素（例如利率、汇率、商品价格和股票价格）影响的风险是典型公司于其中几乎没有战略优势的风险。因此，公司有理由管理并基本消除这些风险。

以一家航空公司为例。其战略专长是将旅客从一个地点安全运送到另一个地点。然而，航空公司对它承担的一些风险几乎没有控制力或专业知识。燃料成本、借款成本和汇率对航空公司的业绩有巨大影响。尽管一些航空公司只是将所有这些风险作为经营公司的一部分加以接受，但也有航空公司选择积极管理这些风险。越来越多的公司已经开始认识到，接受它们具备一定控制力和专业知识的风险，同时积极管理其他风险的策略是有好处的。

许多公司开始实行风险管理的另一个原因就是它们从其他公司那里吸取了教训。看到其他公司未实施风险管理并遭到沉痛、尴尬的教训，或者听说另一家公司成功建立了风险管理系统，这可能是强有力的激励因素。

当然，衍生产品已经成为常用的风险管理工具，公司使用衍生产品的趋势也日益加强。金融机构创造出有利于有效使用衍生产品的环境，从而使这种加强成为可能。这种环境在很大程度上依赖于20世纪八九十年代信息技术的爆炸式增长。如果没有计算能力的巨大发展，就不可能进行快速、高效的衍生产品定价以及跟踪头寸所需的大量复杂计算。①

推动衍生产品增长的另一个因素是有利的监管环境。美国商品期货交易委员会在20世纪80年代初采取了支持市场的立场，为越来越多的创新型期货合约（如欧洲美元期货和股指期货）铺平了道路。这些合约形成导致全球交易所市场和场外市场出现了更多创新。也许美国商品期货交易委员会采取的最重要的步骤之一就是按兵不动：决定不对场外衍生产品交易进行

① 实际上，我们可以说，个人电脑的发展是最重要的衍生产品事件之一。

监管。

我们应该指出，衍生产品行业对衍生产品的称呼经历了重大变化。在早期阶段，它被称为商品。随着交易所上市期权和金融期货的诞生，它开始自称为期权和期货。加入场外产品（如互换和远期）后，它开始被称为衍生产品。现在，人们的关注点已经从工具转向过程，于是诞生了风险管理这个词，有时它也被称为**金融风险管理**（financial risk management）。

14－1b 风险管理的优点

在第 10 章中，我们列举了企业进行对冲的几个原因。但是，在这里我们并不关注简单的对冲过程，而是关注更一般的风险管理过程。让我们重申第 10 章列出的在风险管理中进行对冲的理由。

在满足莫迪利亚尼-米勒定理的环境中，没有税收或交易成本，所有人均可无成本地获得信息，财务决策与股东无关。财务决策，比如公司发行多少债券、支付多少股利或承担多少风险，只能决定如何分割大饼。饼的大小由公司的资产投资质量决定，并决定了股东价值。莫迪利亚尼（Modigliani）和米勒（Miller）认为，股东可以在自己的投资组合中买卖股票和债券来进行这些金融交易。风险管理也是金融决策。因此，理论上，风险管理可以由股东通过调整个人投资组合来实行，所以公司没有必要实行风险管理。

然而，这个观点忽略了多数公司可以比股东更有效、成本更低地实施风险管理的事实。公司的规模和对信息系统的投资使其比股东更有优势。如果收入在不同税级之间波动，公司也可以从管理风险中获益。在累进税制中，它们将通过稳定收入降低税款。风险管理还可以降低破产可能性，破产是一个成本高昂的过程，法律体系成为公司价值的部分索偿人。进行风险管理还可能是因为管理人员的财富与公司业绩密切相关，因此他们只是管理自己的风险。

> 公司用衍生产品管理风险，以降低税收、降低破产成本、保护个人财富、避免投资不足、持有投机性头寸、获得套利利润和降低借款成本。

濒临破产的公司将发现，它们几乎没有动力投资于看起来很有吸引力的项目，这样的项目只会帮助债权人提高公司偿还债务的机会。这就是所谓的投资不足问题，在有关公司财务的著作中将有更深入的探讨。管理风险有助于避免陷入这种情况，因此增加了公司始终投资于有吸引力的项目的机会，这对整个社会都有好处。风险管理还可以让公司产生开展投资项目所需的现金流。如果内部资金不足，它们可能不得不寻求外部资金。然而，一些公司会削减投资，而不是筹集新资金。

如前所述，当一家公司进入特定业务领域时，它知道它将需要接受风险。例如，航空公司接受在客运市场上竞争的风险。与油价波动相关的风险是完全不同的一类风险，航空公司往往更愿意消除这种风险。因此，许多航空公司都对油价进行对冲，这使它们能专注于主营业务。但是，航空公司有时可能认为油价正在下跌，那么它们将减少对冲。因此，它们不只是对冲，而是将目前的风险水平设为所需风险水平来实施风险管理。

一些公司以风险管理为借口在某些领域进行投机，却高估了自己对这些领域的专业知识。正如我们将在第 15 章中看到的，当一家消费品公司对外国利率进行投机时，就不再只是一家消费品公司。它将成为金融贸易公司，如果它的预测错误，就必须准备承担后果。某些公司实行风险管理，是因为它们确实相信自己可以预测基础风险来源的变化。当风险来源与公司的基本业务不相关时，糟糕的预测加上高度杠杆化的衍生产品就可能产生可怕的后果。

还有一些公司管理风险是因为它们认为可能存在套利机会。假设一家公司可以以浮动利率 LIBOR 加 110 个基点或以 10.5%的固定利率借款。它可以进行支付 9.25%的固定利率、收取 LIBOR 的互换。简单计算表明，通过发行浮动利率债券并进行支付固定利率、收取浮动利率的互换，将得到较低的利率。净效果是对浮动利率债券支付 LIBOR 加 110 个基点，收取 LIBOR，并对互换支付 9.25%的利率，固定利率总计为 9.25%+1.10%=10.35%，比普通固定利率债券低 15 个基点。然而，如果该公司只是发行利率为 10.5%的固定利率债券，就不用承担信用风险。现在，它承担了互换交易对手的信用风险，并得到利率下调 15 个基点的补偿。这值得吗？在该市场的早期阶段，储蓄可能足够多因而值得这样做，但是随着市场效率提高，储蓄减少，可能只是对承担信用风险的公平补偿。尽管如此，承担信用风险以降低借款成本可能也是值得的。

重要的是强调，降低风险本身并不是对冲或管理风险的充分理由。接受较低风险的公司从长远来看将获得较低的收益率。而且，如果它们的股东真的希望降低风险，可以轻松重组自己的投资组合，用风险较低的证券代替风险较高的证券。风险管理必须为股东创造价值，给予他们自己无法获得的东西。如果风险管理简化了高成本的破产程序，降低了税收，并使公司更容易参与有利可图的投资项目，那么它显然就创造了价值。

在下一节中，我们将详细考察如何管理最重要的一类风险：市场风险。

14-2 管理市场风险

> 市场风险是与利率、汇率、股价或商品价格变化相关的不确定性和损失可能性。

市场风险（market risk）是与基础风险来源变化相关的公司价值或现金流的不确定性。例如，一家公司可能担心利率、汇率、股价或商品价格的变化。

在考察利率风险时，需要分清短期利率、中期利率和长期利率。在短期利率风险中，有 LIBOR 变化的风险、国库券利率变化的风险、商业票据利率变化的风险以及与特定利率相关的其他许多风险。负责基于 LIBOR 的工具和与商业票据利率相关工具的风险经理必须考虑这些利率的相关程度。LIBOR 多头和商业票据空头是部分对冲，因为 LIBOR 与商业票据利率相关。因此，必须考虑所有风险来源的综合影响。

基础风险来源变化的影响将表现为现货头寸和衍生产品头寸的价值变化。在第 5 章中，我们介绍了期权 δ 的概念，它是期权价格的变化除以基础股票价格的变化。我们指出，δ 对冲期权将与权重相符的股票头寸的变化完全一致并被其抵消。δ 对冲投资组合对于股价变化是中性的，但只适用于股价的微小变化。当股价大幅变化时，δ 可能会变化得太快。我们还指出，期权的 γ 反映了 δ 变化太快的风险。我们也看到，如果基础股票的波动率发生变化，那么即使股价没有发生变化，期权价格也可能发生相当大的变化。期权的 vega 反映了这种风险。δ、γ 和 vega 这些风险指标同样适用于期权和股票以外的许多工具。它们是风险管理者用来控制市场风险的部分工具。

假设为了满足某个客户的要求，某家衍生产品交易商持有名义金额为 1 000 万美元，支付固定利率、收取浮动利率的 4 年期利率互换。此外，这家交易商还出售了名义金额为 800 万美元、执行利率为 12%的 3 年期利率看涨期权。我们假设这两个工具的基础工具都是 LIBOR。为了使情况尽可能简单，我们假设互换每年支付一次。LIBOR 的当前期限结构和隐含远期利率见表 14.1 上半部分。

让我们先为利率互换定价。使用我们在第 11 章中学到的程序，如表 14.1 所示，该利率为 11.85%。现在，让我们为 3 年期利率看涨期权定价。表 14.1 使用了我们在第 12 章中学到的布莱克模型，并显示该期权的期权费为 73 745 美元。现在，让我们来看如何对这个互换和期权组合进行 δ 对冲。

表 14.1　当前期限结构和远期利率

期限（天数）	LIBOR	贴现因子
360	10.00%	0.909 1
720	11.61%	0.811 6
1 080	13.00%	0.719 5
1 440	14.34%	0.635 5

确定每年支付一次的 4 年期互换的利率：

$$\frac{1-0.6355}{0.9091+0.8116+0.7195+0.6355}=0.1185$$

为 3 年期的基于 1 年期远期利率的看涨期权定价所需的布莱克模型输入值：

3 年前的连续复利的 1 年期远期利率：

$$\ln\left(\frac{1}{0.6355/0.7195}\right)=0.1241$$

连续复利的 3 年期无风险利率：

$$\frac{\ln\left(\frac{1}{0.7195}\right)}{3}=0.1098$$

其他输入值：$X=0.12$，$T=3$，$\sigma=0.147$

插入布莱克模型（使用电子表格），得出期权价格为 0.010 435 87。前面曾经提到，我们必须贴现该价值，以反映递延报酬。以 12.41%贴现 1 年，得到 0.009 218 15。乘以 800 万美元的名义金额，得到期权费为 73 745 美元。

14-2a　δ 对冲

对于 δ 对冲，我们必须使投资组合不受利率微小变化的影响，为此，我们需要互换和期权的 δ。其中任何一个 δ 都可以通过取互换价值或期权价值对利率的一阶导数得到。然而，在这个例子中，我们估计 δ 的方法是，重新计算两种工具在单期即期利率和剩下的远期利率上升和下降 1 个基点时的价格。然后，我们将取衍生产品价格变化的平均值，这将是 δ 的良好近似值。[①]

如果所有远期利率均上升 1 个基点，则新的单期即期利率将为 10.01%，而新的远期利率将为 12.02%、12.82%和 13.22%。这就需要重新计算即期利率，它将为 11.01%、11.61%和 12.01%。[②] 使用我们在第 11 章学习的方法可以确定利率提高 0.000 1 时互换的新市场价值，

① 上升 1 个基点的价格变化与下降 1 个基点的价格变化略有不同，这就是为什么我们要取价格变化的平均值。这种影响是价格曲线的凸性导致的，并在 γ 对冲中起一定作用。

② 看起来，新即期利率只比旧即期利率高 1 个基点。如果我们让远期利率发生很大变化，或者对结果取更多的小数位数，就会发现这不是准确数字。

它为 2 130 美元。如果利率下降 0.000 1，则互换市场价值将为−2 131 美元。取这些结果的平均值，得出互换的 δ 为 2 130.5 美元，四舍五入到 2 131 美元。该结果见表 14.2。

表 14.2　　估计互换和期权的 δ

	衍生工具 1			
	4 年期互换，固定利率=0.118 5		3 年期看涨期权，执行利率为 0.12	
LIBOR 的变化	0.000 1	−0.000 1	0.000 1	−0.000 1
新价值	2 130 美元	−2 131 美元	73 989 美元	73 501 美元
损益*	和新价值相同		73 989−73 745=244 美元	73 501−73 745=−244 美元
估计的 δ	[2 130−(−2 131)]/2=2 130.5 美元，四舍五入至 2 131 美元		[244−(−244)]/2=244 美元	

* 互换的初始价值为 0。期权的初始价值为 73 745 美元。互换的损益是新价值，因为互换的旧价值为 0。

我们还需要估计期权的 δ。前面曾经提到，它是执行利率为 12%、名义金额为 800 万美元的看涨期权。尽管布莱克模型可以给出 δ，但我们将重新计算模型价格，并估计利率朝任意方向变化 1 个基点时的平均价格变化的 δ。表 14.2 也提供了该期权的这一信息。初始价值为 73 745 美元，如果 LIBOR 上升 1 个基点，则新价值为 73 989 美元，收益为 244 美元；如果 LIBOR 下降 1 个基点，则期权价值为 73 501 美元，亏损为 244 美元。平均价格变化显然为 244 美元。

前面曾经提到，互换支付固定利率，并收取浮动利率，因此我们对互换做多。这意味着我们有正 δ 2 131 美元。我们对期权做空，因此我们有 δ −244 美元。这使整体头寸的 δ 为 2 131−244=1 887 美元，这意味着如果利率升高 1 个基点，我们将获得 1 887 美元收益；如果利率下降 1 个基点，我们将遭受 1 887 美元亏损。因为我们希望进行对冲，因此必须找到利率上升时损失 1 887 美元，且利率下降时收益 1 887 美元的工具。

> δ 对冲头寸为 δ 为 0 的现货头寸和衍生产品头寸的组合。当基础风险来源发生微小变化时，该投资组合既无收益也无损失。

当然，我们可以用相反方向的可完全抵消的交易来对冲每个衍生产品。换言之，我们可以执行一个支付浮动利率、收取固定利率的 4 年期互换，并买入执行利率为 12% 的 3 年期看涨期权。然而，这不是交易商通常进行对冲的方式。它们很少有希望在此时进行恰好相反交易的客户，并且不愿意承担等待下一个客户的风险。它们执行的最典型的对冲交易是欧洲美元期货交易。我们曾在第 8 章至第 10 章学习过这些工具。这些期货的基础工具是金额为 1 000 000 美元的欧洲美元存款，它们的价格与利率反向变化。δ 为 −25 美元，这基于下列计算：−1 000 000×0.000 1×(90/360)，0.000 1 表示变化 1 个基点。但请注意，如果利率升高，多头将产生损失；如果利率下降，多头将获得收益。换言之，欧洲美元期货类似于债券：其价值与利率反向变化。欧洲美元期货对于交易商而言尤为有吸引力，因为它们流动性极高。而且，由于它们属于期货而非期权，因此不要求提前支付现金，保证金要求也非常低。

为了抵消风险，我们需要在利率下降时的收益为 1 887 美元、在利率上升时的损失为 1 887 美元的一个头寸，换言之，即 δ 为 −1 887 美元。欧洲美元期货多头能提供该 δ。合约数量为 (−1 887)/(−25)=75.48。由于不能出现非整数份合约，因此我们四舍五入至 75。这意味着整

笔交易的 δ 为：

2 131 美元（来自互换）
—244 美元（来自期权）
75×（—25）美元（来自期货）
=12 美元

这意味着，如果利率上升 1 个基点，投资组合价值将增加 12 美元，这基本上是完美对冲。

在实践中，某些技术小问题可能会降低该对冲的精确度。期货所基于的 90 天期 LIBOR 与互换和期权所基于的 1 年期 LIBOR 不可能全都恰好变化 1 个基点。然而，它们几乎总是同时同向变化，当然也是高度相关的。只需做一些小调整，就能照顾到其各自变化幅度差异导致的对冲风险。

正如我们在第 5 章中讨论的，δ 对冲需要考虑基础工具的小幅变化。然而，大幅变化可能带来额外风险，这被称为 γ 风险。处理它需要 γ 对冲。

14-2b γ 对冲

我们对 δ 的估计是基于 1 个基点的变化。如果利率上升幅度更大，那么衍生产品价值在两个方向上的不等额变化会带来额外风险。例如，如果利率下降 50 个基点，那么互换价值将变为—107 914 美元；如果利率上升 50 个基点，那么互换价值将变为 105 127 美元。前面曾经提到，1 个基点的变化导致的互换价值变化几乎相同。对于期权，在任何方向上变化 1 个基点都会导致基本相同的价值变化。利率上升 50 个基点将导致期权价值变为 89 269 美元，损失为 15 524 美元；利率下降 50 个基点将导致期权价值变为 61 919 美元，收益为 11 826.4 美元。[1]

正如我们在第 5 章中学到的，δ 未能完全反映的价格大幅变化的风险被称为 γ 风险，这是 δ 变化的风险。为了充分对冲，交易商必须随时对冲 δ。如果利率急剧上升，那么有效 δ 将不等于实际 δ，直到交易商可以进行另一笔交易，将其 δ 重设为适当值。这可能为时已晚。然而，这种风险可以通过合并交易来对冲，从而使 δ 和 γ 均为零。然而，首先我们必须估计 γ。表 14.3 说明了如何计算互换和期权的 γ。互换的 γ 为—12 500 美元，期权的 γ 为 5 000 美元。这意味着随着 LIBOR 提高，互换的 δ 值将减少 12 500×0.000 1=1.25 美元，而期权的 δ 值将增加 5 000×0.000 1=0.50 美元。因为我们对期权做空，所以其 γ 实际上为—5 000 美元。因此，整笔交易的 γ 为—17 500 美元。

假设我们用欧洲美元期货对互换和期权进行了 δ 对冲，γ 仍将为—17 500 美元，因为期货的 γ 为零。我们进行了 δ 对冲，但没有进行 γ 对冲。为进行 γ 对冲，我们需要另一种工具。假设选择的工具是 1 年期看涨期权，执行利率为 11%，δ 为 43 美元，γ 为 2 500 美元，假设这两个数字均假设名义金额为 100 万美元。问题是确定该新期权的适当名义金额，以便我们进行 δ 对冲和 γ 对冲。这是一个简单问题，可以通过求解联立方程组回答。

假设我们持有 δ 为—25 美元、γ 为 0 的 x_1 手欧洲美元期货以及每 1 000 000 美元名义金额的 δ 为 43 美元、γ 值为 2 500 美元的 x_2 手 1 年期看涨期权。互换和另一个期权的 δ 为 1 887 美元，γ 为—17 500 美元。我们将通过下式将 δ 设为零，以消除该投资组合的 δ 风险和 γ 风险，即：

$$1\ 887+x_1\times(-25)+x_2\times 43=0\ \text{美元}(\delta)$$

---

① 前面曾经提到，我们对该期权做空，因此利率下降时产生收益，利率上升时产生损失。

表 14.3　　互换和期权的 γ 估计

基点变化	互换价值（美元）	互换价值的平均变化*（美元）	互换的 γ**（美元）	期权价值（美元）	期权价值的平均变化***（美元）	期权的 γ****（美元）
−0.000 2	−4 263			73 258		
−0.000 1	−2 131	2 131.50		73 501	243.50	
0.000 0	0	2 130.50	−12 500	73 745	244.00	5 000
0.000 1	2 130	2 129.00		73 989	244.50	
0.000 2	4 258			74 234		

* 互换价值的平均变化估计值如下：

基点变化为 0.000 0 时：$\frac{[0-(-2\,131)]+(2\,130-0)}{2}=2\,130.50$

基点变化为 0.000 1 时：$\frac{(2\,130-0)+(4\,258-2\,130)}{2}=2\,129.00$

基点变化为 −0.000 1 时：$\frac{[-2\,131-(-4\,263)]+(0-2\,131)}{2}=2\,131.50$

这些计算结果为这些点上的 δ。

** 互换 γ 的估计值为：$\frac{(-2\,130.50-2\,131.50)+(2\,129.00-2\,130.50)}{2}=-1.25$

变化 1 个基点时，δ 的变化为 −1.25，表示 γ 为 $-1.25/0.000\,1=-12\,500$ 美元。

*** 期权价值的平均变化估计值如下：

基点变化为 0.000 0 时：$\frac{(73\,745-73\,501)+(73\,989-73\,745)}{2}=244.00$

基点变化为 0.000 1 时：$\frac{(73\,989-73\,757)+(74\,234-73\,989)}{2}=244.50$

基点变化为 −0.000 1 时：$\frac{(73\,501-73\,258)+(73\,745-73\,501)}{2}=243.50$

**** 期权 γ 的估计值如下：$\frac{(244.00-243.50)+(244.50-244.00)}{2}=0.50$

变化 1 个基点时，δ 的变化为 0.50，表示 γ 为 $0.50/0.000\,1=5\,000$ 美元。

并通过下式将 γ 设为零，即：

$$-17\,500+x_1\times 0+x_2\times 2\,500=0\text{ 美元}(\gamma)$$

这是有两个未知数的两个方程。求解是基础代数计算，但为了确保你能理解，我们将列出详细计算过程。将两个等式改写为：

$$x_1\times(-25)+x_2\times 43=-1\,887\text{ 美元}$$
$$x_2\times 2\,500=17\,500\text{ 美元}$$

> δ 对冲和 γ 对冲是现货头寸和 δ 与 γ 均为零的衍生产品头寸的组合。因此基础风险来源发生小幅变化时，投资组合没有价值收益或损失。此外，δ 本身将被对冲，这防范了风险来源的大幅变化。

求解第二个方程，得到 $x_2=7.00$，然后将其值代入第一个方程中，并求解 x_1，得到 $x_1=87.52$。这意味着我们需要买入 87.52 手欧洲美元期货，四舍五入至 88。解 $x_2=7.00$ 意味着我们需要做多 7.00 乘以名义金额 1 000 000 美元，并据此计算新期权的 δ 和 γ。换言之，我们需要名义金额为 700 万美元的 1 年期期权。将这些交易结合起来，使总体头寸的 δ 和 γ 大约为零。①

遗憾的是，使用期权引入了与可能的波动率变化相关

① 我们可以进行验算，并得到：δ 为 $1\,887+88\times(-25)+7\times 43=-12.00$，$\gamma$ 为 $(-17\,500)+7\times 2\,500=0$。

的风险。让我们来看风险是如何产生的，以及如何对冲它。

14-2c Vega 对冲

在第 5 章中，我们了解到期权价格变化与波动率变化之比称为 vega。即使在基础工具价格不因波动率变化而变化的情况下，既进行了 δ 对冲又进行了 γ 对冲的衍生产品投资组合也可能产生收益或损失。多数期权对于波动率非常敏感，而波动率经常变化。因此，对冲 vega 风险很重要。

互换、期货和远期利率协议没有 vega，因为波动率不是它们的价格决定因素。在我们的例子中，只需要考虑 3 年期看涨期权的 vega。尽管期权定价公式通常以精确的数学形式表示 vega，但我们将在每个方向上改变 LIBOR 1 个基点来估计 vega。前面曾经提到，在初始期限结构下，期权价值为 73 745 美元。如果波动率从 0.147 增至 0.147 1，新的期权价值将为 73 787 美元，变化为 42 美元。如果波动率从 0.147 降至 0.146 9，新的期权价值将为 73 703 美元，变化为−42 美元。平均变化为 42 美元。由于我们做空该期权，所以 4 年期互换与该 3 年期期权的投资组合的 vega 为−42 美元。

现在考虑我们在前面介绍的用于 γ 对冲的 1 年期期权。它也有必须考虑的 vega。据估计，对于每 1 000 000 美元名义金额，该期权的 vega 为 3.50 美元。在我们的 δ 与 γ 对冲投资组合中，该期权的面值为 700 万美元，因此 vega 为 24.50 美元。这将使我们的整体投资组合 vega 为（24.50−42）美元，即−17.50 美元。因此，我们仍然面临波动率增大的重大风险，波动率每增大 0.000 1，我们将花费 17.50 美元。

为了对冲 δ、γ 和 vega，我们需要三种对冲工具。由于有 vega 风险，因此至少一种工具必须为期权。让我们使用欧洲美元期货期权，它在芝加哥商品交易所和欧洲美元期货一起交易。对于每 1 000 000 美元名义金额，该期权的 δ 为−12.75 美元，γ 为−500 美元，vega 为 2.50 美元。这产生了以下联立方程组，即：

$$1\,887+x_1\times(-25)+x_2\times 43+x_3\times(-12.75)=0(\delta)$$
$$(-17\,500)+x_1\times 0+x_2\times 2\,500+x_3\times(-500)=0(\gamma)$$
$$(-42)+x_1\times 0+x_2\times 3.50+x_3\times 2.50=0(\text{vega})$$

第一个方程将投资组合的 δ 设为零，第二个方程将 γ 设为零，第三个方程将 vega 设为零。系数 x_1、x_2 和 x_3 分别表示用欧洲美元期货、1 年期期权和欧洲美元期货期权建立对冲需要多少份 1 000 000 美元名义金额。为解出这些方程，我们首先注意到，第二个方程和第三个方程可以写为：

$$x_2\times 2\,500+x_3\times(-500)=17\,500$$
$$x_2\times 3.50+x_3\times 2.50=42$$

这是有两个未知数的两个方程。将第二个方程乘以 200，得出 $700x_2+500x_3=8\,400$。然后把这两个方程相加，得到 $3\,200x_2=25\,900$，解出 $x_2=8.093\,75$。在任意一个方程中代入 $x_2=8.093\,75$，得出 $x_3=5.468\,75$。因此，我们需要名义金额为 8.093 75×1 000 000=8 093 750，即 8 093 750 美元的 4 年期期权和名义金额为 5.468 75×1 000 000=5 468 750 美元的欧洲美元期货期权。然后，我们在联立方程组的第一个方程中代入 x_2 和 x_3 的值，即 8.093 75 和 5.468 75，得出 $x_1\times(-25)+8.093\,75\times 43+5.468\,75\times(-12.75)=-1\,887$。求解 x_1，得 86.61。这意味着我们将购买 87

手欧洲美元期货。[①]

显然，现在交易商不应该通过将 δ 设为零进行对冲，然后用其他工具对冲 γ 风险和 vega 风险。随着加入这些工具以消除 γ 风险和 vega 风险，δ 对冲被破坏。解决这个问题有两种可能的方法，一种是我们在这里采用的联立方程组法，它能确保得出正确的解。另一种方法是同时解 γ 对冲和 vega 对冲，这将把 γ 和 vega 设为零，但会使整体 δ 不为零。然后，就可以用欧洲美元期货进行 δ 对冲，它有 δ，但没有 γ 或 vega。因此，最后将它们加入头寸不会改变 γ 中性或 vega 中性。

Vega 对冲投资组合是价值不因基础风险来源的波动率变化而变化的投资组合。

尽管交易商努力实现 δ-γ-vega 中性头寸，但实现绝对完美的对冲是不可能的。只有在波动率变化极小时，vega 对冲才是准确的。波动率大幅变化时需要进行其他调整。此外，所有 δ、γ 和 vega 只在下一个瞬间有效。即使 LIBOR 或波动率没有变化，如果不做进一步调整，头寸也会随着时间的推移变为无对冲。最终，投资组合的对冲程度将显著降低，因此可能需要进行一些调整，将投资组合重新调整为 δ-γ-vega 中性头寸，可能每天都要调整一次。

我们很容易想起一句名言：只有在日式庭院里才能找到完美的树篱（对冲）。* 任何交易商都愿意承担少量风险。然而，迄今为止，没有哪家努力进行对冲的主要衍生产品交易商遭受重大损失，大部分交易商发现衍生产品做市可以适度盈利且风险很低。这证明主要衍生产品交易商实行了出色的风险管理。

交易的另一方是最终用户，即找到交易商进行衍生产品交易的一方。多数最终用户是试图对冲利率风险、汇率风险、股权风险或商品价格风险的公司。有些用户会不时进行投机。但是，多数用户已经有存在一定风险的交易。它们与交易商签订合同，以消除风险。最终用户很少从事前面所说的动态对冲。这是因为最终用户通常不是交易商这种金融机构。金融机构几乎总能以较低成本执行交易，并且通常能承担进行动态对冲所需的昂贵的人员投资、设备投资和软件投资。多数最终用户进行的衍生产品交易只需做很少调整或根本不需要调整。当然，你已经在本书中看到了许多这样的例子。然而，一些最终用户由于在错误的时间没有对冲或者由于直接投机而遭受了损失。但是，如果多数最终用户使用了被称为在险价值（VAR）的方法，就可以更好地了解其风险程度以及遭受巨大损失的可能性。

14-2d 在险价值

在险价值（value at risk，VAR）是衡量一段时期内在给定概率下的预期最小损失金额的指标。例如，概率为 5%、期限为 1 天时，VAR 为 100 万美元意味着该公司预期在 5% 的概率下，1 天的损失将至少为 100 万美元。有些人更喜欢将这种 VAR 表示为：在 95% 的概率下，损失不会超过 100 万美元。按照这种方式，VAR 是给定置信水平下的最大损失。100 万美元损失的重要性取决于公司规模和对风险的厌恶程度。但是从这种概率表述中可以清楚地看出：每 20 个交易日就会发

在险价值（VAR）是特定时期内在给定概率下投资组合的预期最小损失金额。

① 由于合约数量被四舍五入至整数，因此整体头寸并没有被完全对冲。δ 为 1 887＋87×(－25)＋8.093 75×43＋5×(－12.75)＝－3.72 美元。γ 为－17 500＋87×0＋8.093 75×2 500＋5×(－500)＝234.38 美元。vega 为 (－42)＋8.093 75×3.50＋5×2.50＝－1.17 美元。

* “树篱”对应的英文单词为“hedge”，也可指对冲。——译者注

生至少 100 万美元的损失，频率大约为每月一次。

VAR 被交易商广泛应用，即使它们实行对冲计划后，市场敞口所剩无几。如果交易商认为使用 VAR 很重要，那么最终用户就有充分理由使用它，调查显示，越来越多的最终用户开始使用 VAR。

VAR 背后的基本思想是确定基础风险来源的概率分布，并分离出给定的最坏结果的百分比。使用 5%作为临界百分比，VAR 将决定最坏结果的 5%。在 5%概率下的表现就是 VAR。

表 14.4 举了一个简单例子，其中假设投资组合的价值变化为离散分布。请注意，每个范围都有相应的概率和累积概率。从最坏结果的类别开始，通过计算累计概率直至达到规定百分比来计算 VAR。在本例中，5%概率下的 VAR 为 3 000 000 美元。这可以解释为：给定时期内，在 5%的概率下，投资组合的损失至少为 300 万美元。当然，VAR 可以根据选择的任何概率来表示。“给定时期内，在 15%的概率下，投资组合的损失至少为 200 万美元”和“给定时期内，在 50%的概率下，投资组合将遭受损失”都是投资组合 VAR 的正确表述。

表 14.4　　投资组合价值变化的概率分布

投资组合的价值变化	概率	累计概率
−3 000 000 美元及以下	0.05	0.05
−2 999 999～−2 000 000 美元	0.10	0.15
−1 999 999～−1 000 000 美元	0.15	0.30
−999 999～0 美元	0.20	0.50
0～999 999 美元	0.20	0.70
1 000 000～1 999 999 美元	0.15	0.85
2 000 000～2 999 999 美元	0.10	0.95
3 000 000 美元及以上	0.05	1.00

> 在正态分布中，5%概率下的 VAR 与预期价值相距 1.65 个标准差。1%概率下的 VAR 与预期价值相距 2.33 个标准差。

图 14.1 说明了投资组合的价值变化为连续分布时，VAR 背后的原理。我们熟悉的正态曲线或钟形曲线被广泛使用，尽管在许多情况下它们不一定合适。假设正态曲线适用于本例，我们看到，提到 5%概率下的 VAR 时，它与投资组合的预期价值变化相距 1.65 个标准差，在本例中，预期价值变化为零。当然，并非所有投资组合的预期价值变化都为零。在任何情况下，应用正态概率理论确定 VAR 的规则都是移至预期价值以下 1.65 个标准差。在该点以外的结果占可能结果的 5%。对于 1%概率下的 VAR，需要移至预期价值以下 2.33 个标准差。

在实践中，计算 VAR 没有这么简单。基本问题是确定与投资组合价值相关的概率分布。这就需要估计金融工具的预期价值、标准差和相关系数。一旦获得适当的输入值，就可以较容易地确定投资组合的概率分布。计算过程与你学习投资学时遇到的计算过程相同。这里，我们将深入讨论这个过程。

假设你有两种资产，预期收益率分别为 $E(R_1)$ 和 $E(R_2)$，标准差分别为 σ_1 和 σ_2，收益率之间的相关系数为 ρ。投资组合的预期收益率为资产 1 和资产 2 的预期收益率加权平均值，即：

$$E(R_p)=w_1E(R_1)+w_2E(R_2)$$

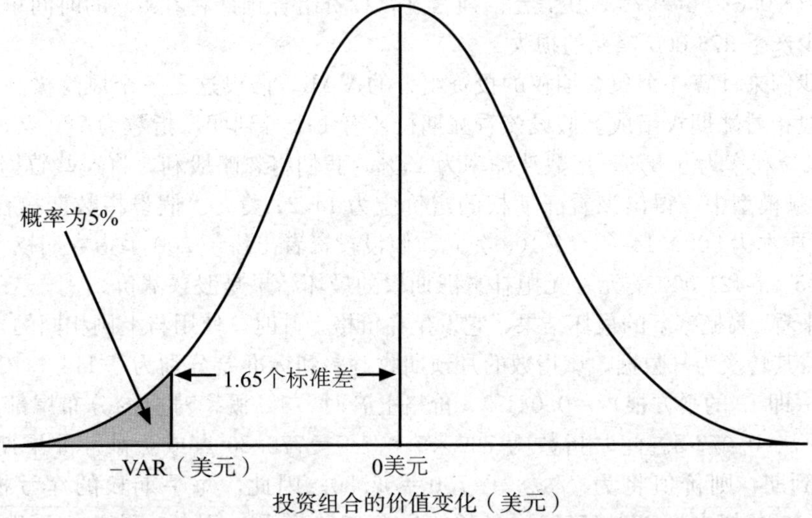

图 14.1　预期价值变化为 0 时，正态分布投资组合价值变化的在险价值

其中，w_1 和 w_2 分别是将投资者财富分配至资产 1 和资产 2 的分配百分比。投资组合的标准差是资产 1 和资产 2 的方差及其协方差的更复杂的加权平均值，即：

$$\sigma_p=\sqrt{w_1^2\sigma_1^2+w_2^2\sigma_2^2+2w_1w_2\sigma_1\sigma_2\rho}$$

其中，$\sigma_1\sigma_2\rho$ 是资产 1 和资产 2 之间的协方差。有三种估计 VAR 的方法。

> 分析法假设为正态分布，并使用预期价值和方差计算 VAR。

分析法　**分析法**（analytical method）也称为**方差-协方差法**（variance-covariance method），利用了输入值信息、必需的定价模型以及正态分布假设。

我们用两个例子来说明分析法。假设某位投资组合经理持有两类股票。第一类股票的构成与标准普尔 500 指数相同，价值为 2 000 万美元，预期收益率为 12%，标准差为 15%。第二类股票的构成与日经 300 指数（一个日本股票指数）相同，价值为 1 200 万美元，我们假设货币风险已被对冲，预期收益率为 10.5%，标准差为 18%。

日经 300 指数与标准普尔 500 指数的相关系数为 0.55。所有数字都为年化数字。根据这些信息，我们可以计算出投资组合的预期收益率和标准差，即：

$$E(R_P)=(20/32)\times0.12+(12/32)\times0.105=0.1144$$

$$\sigma_p=\sqrt{(20/32)^2\times0.15^2+(12/32)^2\times0.18^2+2\times(20/32)\times(12/32)\times0.15\times0.18\times0.55}$$
$$=0.1425$$

现在，让我们计算概率为 5%、期限为 1 周时该投资组合的 VAR。首先，我们必须将年预期收益率和标准差转换为等价的周预期收益率和周标准差。方法是将年预期收益率除以 52（一年中的周数）并将标准差除以 52 的平方根（即 7.21），得出 0.114 4/52=0.002 2 和 0.142 5/7.21=0.019 8。根据正态分布假设，低于预期收益率 1.65 个标准差的收益率为：

$$0.0022-1.65\times0.0198=-0.0305$$

投资组合预期将在 5%的时间里至少产生 3.05%的损失。VAR 总以美元表示，所以 VAR

为 32 000 000×0.030 5=976 000 美元。换言之，投资组合预期将在 5%的时间里（即 20 周内的 1 周）至少产生 976 000 美元的损失。

现在让我们来计算一个包含期权的投资组合的 VAR。假设这是一个风险极高的投资组合，由一个空头股指看涨期权组成。假设该看涨期权还有 1 个月到期，指数为 720 点，执行价格为 720 点，无风险利率为 5.8%，指数波动率为 15%。我们将忽略股利。将这些数据输入布莱克-斯科尔斯-默顿模型中，得出该看涨期权的定价应为 14.21 美元。假设指数期权合约的乘数为 500，所以总成本为 500×14.21=7 105 美元。假设投资者出售了 200 手指数期权合约，事先得到 200×7 105=1 421 000 美元。无抛补看涨期权的最坏结果是股票涨价。

让我们来看 5%概率下的最坏结果，它发生在价格上升时。使用与上例相同的指数信息，我们必须首先将其转换为月数据。该指数的月预期收益率和标准差分别为 0.114 4/12=0.009 5 和 0.142 5/3.46(即 12 的平方根）=0.041 2。价格上升时，5%概率对应的分布尾部为 0.009 5+1.65×0.041 2=0.077 5。此时指数为 720×1.077 5=775.80 点或更高。如果期权在指数为 775.80 点时到期，则价值将为 775.80−720=55.80。因此，每手期权的净亏损为 55.80−14.21=41.59。总损失为 200×500×41.59=4 159 000 美元。因此，该空头看涨期权的 VAR 为 4 159 000 美元，相当于该投资组合在 5%的时间内（1 个月）至少将产生 415.9 万美元的损失。这种损失将每 20 个月发生一次。

尽管我们在这些例子中计算了预期价值，但是通常假设预期价值为零。这是因为计算 VAR 时通常假设期限为 1 天，而且预期日收益率很小。典型的 VAR 计算结果更容易受波动率而非预期收益率的影响。

分析法需要使用投资组合基础风险来源的概率分布参数。因为该方法只使用预期价值和方差这两个参数，所以实际上是基于正态分布假设。如果该投资组合包括期权，则正态分布假设不再有效。期权收益率高度有偏，因此凭借期权头寸的预期收益率和方差无法准确产生所需的结果，在 5%的概率下收益率将偏高。一种解决方法是这里使用的方法：确定基础工具的临界结果，然后确定与之对应的期权结果。

另一种常用方法是使用 δ 而不是精确的期权定价模型来确定期权结果。实际上，分析法或方差-协方差法有时也被称为 **δ 正态法**（delta normal method）。尽管这种方法只是求近似值的方法，但也有一些优点。δ 是根据期权价格变化对基础工具价格变化做出的线性调整，线性是一个理想的简化特性。当正态分布结果以线性方式进行调整时，结果将保持正态分布。因此，δ 正态法使期权分布为线性，换言之，它将期权分布转换为正态分布。这可能很有用，尤其是涉及大型投资组合时。对于较长的期限，例如这里使用的 1 个月，δ 调整有时会以 γ 调整作为补充。

使用分析法的另一个重要问题是大型投资组合处理起来可能非常复杂。在这些例子中，我们只列举了一个风险来源。对于大型机构而言，可以说有成千上万个风险来源。这些不同风险来源的波动率和相关性必须被合并表示为一个投资组合波动率。这需要大量信息。幸运的是，这个信息是现成的。2010 年，摩根士丹利资本国际（MSCI）收购了风险度量公司（Risk Metrics Corporation），后者是从华尔街公司 J. P. 摩根公司（J. P. Morgan）分拆出来的一家公司，以前该公司提供每天更新的可下载数据库。该信息以近期历史价格表现为基础，并通过加权当前波动率和历史波动率进行平滑处理。关于更多信息，请参阅 www. msci. com/products/riskmetrics. html。尽管这些信息已经不再向公众免费开放，但仍被专业订阅用户广泛使用。

分析法的主要优点和缺点是它依赖于正态分布假设。下面的方法绕过了这个假设。

历史法 **历史法**（historical method）通过收集投资组合的历史业绩数据并用其估计未来概率分布以估计投资组合的业绩分布。显然，它假设历史分布是对未来分布的良好估计。

> 历史法使用最近某个历史时期的实际数据确定 VAR。

图 14.2 举了一个例子，信息来自大约 1 年（在本例中为 254 个交易日）的日投资组合收益率历史样本。信息以直方图的形式呈现。分析者将选择最合适的间隔。在本例中，13 个最坏结果约占总可能结果的 10%，用阴影表示。这意味着投资组合的临界 VAR 为 10%的损失率。如果投资组合规模为 1 500 万美元，那么 VAR 为 15 000 000×0.10=1 500 000 美元。因此，我们可以说，投资组合预期将在大约 5%的时间内产生至少 150 万美元的损失，这大约相当于每月一次。

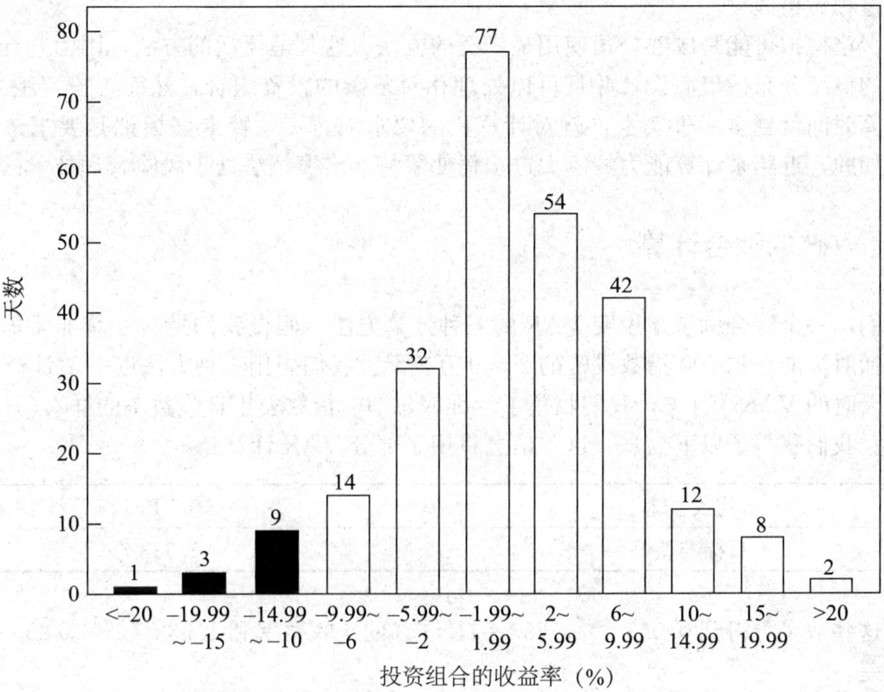

图 14.2　254 天的投资组合收益率直方图

历史法显然产生了与所选历史时期的 VAR 一致的 VAR。这种方法的准确性取决于几个因素。显然，历史概率分布是否将在未来重现很重要。此外，未来持有的投资组合也可能不同于过去持有的投资组合。例如，标准普尔/日经投资组合目前有 2 000 万美元投资于标准普尔 500 指数，1 200 万美元投资于日经 300 指数，它可以重新分配。事实上，除非每种资产的表 500 现都相同，否则投资组合将自动重新分配。如果一种资产的价值增长速度快于另一种资产的价值增长速度，那么这将改变投资组合的预期收益率和标准差。然而，这个问题可以通过使用历史收益率来解决，但对每种资产赋予新权重时，是根据当前权重而不是历史权重决定。

历史法的另一个缺点是需要选择样本期。所选样本的大小可能在很大程度上影响结果。通常，样本越大，据此得到的估计值就越可靠，但是样本越大，数据就越旧、越不可靠。

历史法的又一个问题是历史时期可能无法准确代表未来。假设历史时期包括 1987 年 10 月的股市崩盘，股市在这一天内跌幅超过 20%。这个极端结果能准确反映 VAR 吗？这种结果会使波动率产生极大偏差。然而，这种情况正是风险管理者应该担心的结果。

最后一种方法结合了前两种方法的许多最优特征。

蒙特卡洛模拟法 **蒙特卡洛模拟法**（Monte Carlo simulation method）基于投资组合收益率易于模拟的观点。模拟需要每个金融工具的预期收益率、标准差和相关系数作为输入值。在附录 13 中，我们分析了一种用于模拟股票价格的过程，它称为蒙特卡洛模拟。计算 VAR 时使用的程序基本相同，除了必须确保投资组合收益率恰当考虑了金融工具之间的相关性。这意味着不能简单地独立生成——比如，标准普尔 500 指数和美国国债的——收益率。我们可以生成其中一组收益率，但另一组收益率必须反映这两组收益率之间的相关性。方法是对生成资产收益率的过程做出假设。

为了获得 VAR，蒙特卡洛模拟根据假设的概率分布生成随机结果。

蒙特卡洛模拟可能是成熟公司使用最广泛的方法。这是最灵活的方法，因为它允许用户对任何已知的概率分布做出假设，并且可以处理相对复杂的投资组合，然而，投资组合越复杂，所需的计算时间就越多。事实上，就对计算机的要求而言，蒙特卡洛模拟是要求最苛刻的方法。尽管如此，近年来计算能力的巨大进步仍使蒙特卡洛模拟法处于风险管理技术的前沿。

14-2e VAR 的综合计算

让我们用一个综合例子来说明 VAR 的三种计算方法。假设我们持有一个非常简单的投资组合，包括对标准普尔 500 指数投资的 2 500 万美元。我们想用三种方法逐一估计概率为 5%、期限为 1 天时的 VAR。首先，我们收集了标准普尔 500 指数去年日收益率的样本，这包括 253 个收益率。我们获得了以下信息，这些信息将用于部分 VAR 计算：

日均收益率	0.045 7%
日标准差	1.332 7%

通过这些数字可得到 $0.045\,7\% \times 253 = 11.56\%$ 的年收益率和 $1.332\,7\% \times \sqrt{253} = 21.20\%$ 的年标准差。

首先，我们使用分析法估计 VAR。请记住，我们假设分布为正态分布。根据以前的参数，我们得到以下结果：

$$0.045\,7\% - 1.65 \times 1.332\,7\% = -2.153\,3\%$$

因此，VAR 为：

$$0.021\,533 \times 25\,000\,000 = 538\,325 \text{ 美元}$$

但是，我们可能认为从历史数据中获得的参数不符合现实。事实上，21%的年标准差对标准普尔 500 指数来说有点高。让我们用一个更现实的数字，即 15%。这相当于日标准差为 $15\%/\sqrt{253} = 0.943\,0\%$。我们使用 12%的年预期收益率，换算为日预期收益率为 $12\%/253 = 0.047\,4\%$。于是有：

$$0.047\,4\% - 1.65 \times 0.943\,0\% = -1.508\,6\%$$

因此，VAR 为：

$$0.015\,086 \times 25\,000\,000 = 377\,150 \text{ 美元}$$

哪个公式更正确？这取决于哪个输入值看起来更合理。

请记住，分析法是基于正态分布假设。这是一个合理假设吗？图 14.3 显示了本例中使用的标准普尔 500 指数的收益率分布。我们看到，这个分布的确与正常情况有一些相似之处，但可能并不完全符合正态分布。

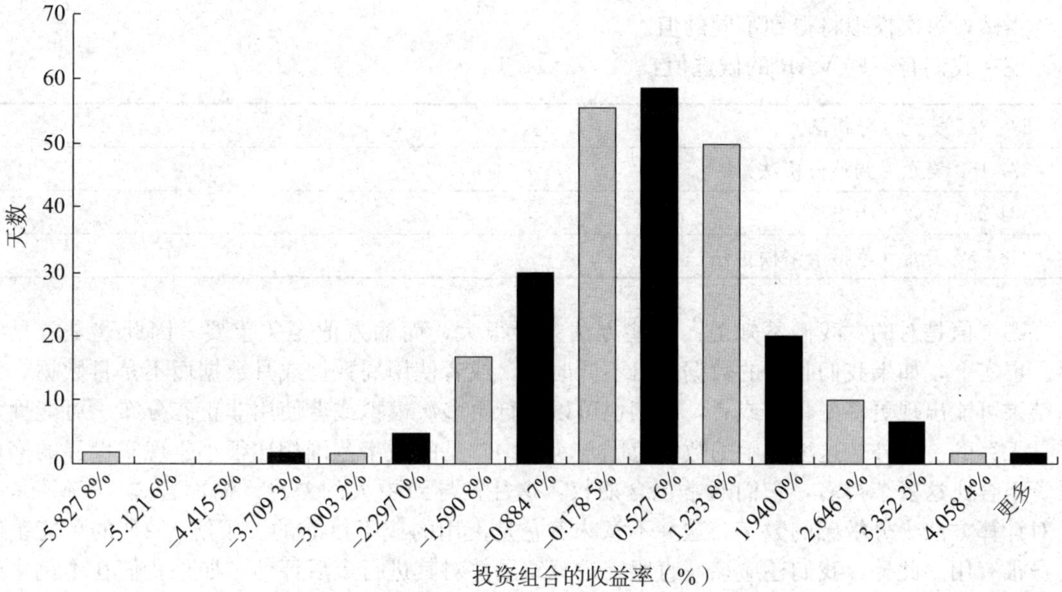

图 14.3　1 年期的标准普尔 500 指数历史收益率

现在让我们根据历史法计算 VAR。这种方法要求我们将收益率从最低到最高排序。对于 253 个收益率，我们有 $0.05\times253=12.65$，这说明 VAR 是第 12 个或第 13 个最坏结果。让我们使用第 13 个最坏结果。如果我们将收益率从最低到最高排序，将发现第 13 个最低收益率为 $-2.096\ 9\%$。因此，VAR 为：

$$0.020\ 969\times25\ 000\ 000=524\ 225 \text{ 美元}$$

现在让我们尝试蒙特卡洛模拟，它相当灵活。我们必须假设某个概率分布来生成收益率，并且必须选择输入值。蒙特卡洛模拟的一个优点是我们不需要遵循正态分布，我们在这里这样做是为了方便，而且因为你可能非常熟悉这种概率分布。使用正态分布时，我们必须输入期望值和波动率。和之前我们在分析法中使用的数据相同，假设前者为 12%、后者为 15%。我们还必须决定期限，我们选择 1 天。此外，我们还必须决定结果的数量。通常我们要使用数以千计的数据，但在这里我们将使用 253 个数据，这大约是 1 年，即我们收集数据的天数。生成 1 年的结果并没有特别理由，实际上，我们肯定希望有更多结果。

如前所述，附录 13 介绍了正态分布下蒙特卡洛模拟的准确程序。基本上，我们将根据下式生成日收益率，即：

$$\text{收益率}=\text{预期收益率}\times\frac{1}{253}+\text{标准差}\times\varepsilon\sqrt{1/253}$$

其中 ε 为从标准正态分布中抽取的随机数，均值为零，标准差为 1.0。使用 Microsoft Excel 的分析工具库（Analysis ToolPak）可以生成此类数字。或者，我们也可以用 12 个随机数之和减去 6.0×[rand( )+rand( )+…−6.0] 的结果作为 ε 的良好近似值。

我们运行 253 次程序，得到 253 个随机收益率。我们再次将它们从最低到最高排序，并得到第 13 个最低收益率，即−1.394 2%。因此，VAR 为：

0.013 942×25 000 000=348 550 美元

当然，每次模拟将得到不同的值。

现在我们有一些 VAR 的候选值：

538 325 美元（分析法）
377 150 美元（调整分析法）
524 225 美元（历史法）
348 550 美元（蒙特卡洛模拟法）

哪个值是对的？我们不知道。这些方法差异很大，而输入值至关重要，因此这是常见结果。事实上，如果我们收集的数据来自不同时期，或者使用周数据或月数据而不是日数据，那么结果可能出现更多变化。或者，我们也可以运行更多次模拟或者使用非正态分布。可能性几乎是无穷的。此外，这里显示的数字范围与实际中常见的数字范围相比很小。现实世界的多数投资组合比这复杂得多，它们通常包含期权，这往往导致更大的差异。简而言之，VAR 是一个对计算方法十分敏感的数字。这并不意味着它是无用的或不可靠的。了解 VAR 的可能范围本身很有用。此外，我们还应该一直跟踪计算结果并对其进行事后评估。如果我们在本例中解出 VAR 为 400 000 美元，那么我们预期 VAR 超过该值的时间不超过 5%。如果 VAR 超过该值的时间远多于或远少于 5%，那么 400 000 美元就不是理想的 VAR 估计值。

评估 VAR 方法的准确性是维持优质企业风险管理系统的重要组成部分。目前，这种评估有很多不同程序，它们都是相当专业的。①

14-2f VAR 的优点和缺点

尽管广受批评，但 VAR 已经被风险管理业接受。几乎所有主要衍生产品交易商和越来越多的最终用户都使用 VAR 或它的某种变形。VAR 可能最利于向非专业人士传达信息。如果你告诉一家公司的首席执行官，该公司预期在 5%的概率下（这意味着每月约有一次）一天至少会损失 40 万美元，那么这传达了很多有用信息，而该首席执行官可以轻松掌握这些信息。然而，如果这个数字不准确，那么首席执行官对这个数字和数字提供者的信心就会下降。在使用 VAR 时，准确估计与继续事后跟踪是至关重要的。

VAR 也被广泛用于银行监管。银行业监管机构的目标是确保银行体系不失灵，从而保护消费者和储户。多数银行业监管机构都使用 VAR 来衡量银行风险。在这种情况下，VAR 的通用规格是 1%概率下的 10 天期 VAR。

同样，从事重大交易活动的银行和公司也常使用 VAR 作为它们分配资本的指标。换言之，它们会预留一定资金来防止损失。预留金额通常是 VAR。

VAR 还被用于评估投资经理和交易员的表现。现代业绩评估方法是根据实现业绩所承担

① 例如，可见 Joe H. Sullivan，Zachary G. Stoumbos，and Robert Brooks，“Real Time Assessment of Value at Risk and Volatility Accuracy，” *Nonlinear Analysis：Real World Applications*，2007。

的风险（以某个指标表示）调整收益率表现。在这种情况下，VAR经常被用作风险指标。

因此，我们可以看到VAR具有多种实际用途。尽管如此，我们仍必须谨慎使用VAR。我们几乎还未揭开VAR的面纱，但是这里介绍的内容足以让你开始了解它。关于VAR的文献有许多，实际上，它可能是学术界近年来最受关注的问题之一。你不可能在风险管理环境中经营而不遇到任何关于它的文章。

14-2g VAR的扩展

> 压力测试是指估计发生极罕见事件时投资组合的表现。

除了估计VAR，风险经理还经常对投资组合进行**压力测试**（stress test），从而确定投资组合在某些最坏和最罕见的情况下表现有多差。以我们之前讨论的投资组合为例，该投资组合投资2 000万美元于标准普尔500指数，投资1 200万美元于日经300指数。假设在给定的某周内，两个市场的表现都很糟糕，日经300指数下跌了30%，而标准普尔500指数下跌了25%。那么日经300指数的损失将为360万美元，标准普尔500指数的损失将为500万美元，总损失为860万美元，占投资组合总价值的26.9%。尽管这种结果极不可能出现，但风险经理可能会测试投资组合对这种极小可能性的承受力。如果投资组合的表现可以容忍，就认为投资组合风险是可以接受的。作为VAR和其他风险管理方法的补充，压力测试非常有价值。然而，压力测试也有其自身的缺点，包括它非常重视极不可能发生的事件。

关于VAR和压力测试以及任何金融统计，最重要的一点是记住，这些只是估计值，不能期望它们反映完整情况。因此，VAR的一些变形被广泛用作风险管理信息的补充来源。一些风险管理人员关注VAR之外的预期损失。以标准普尔500指数的VAR计算过程为例。使用历史法，我们对结果进行排序，得到VAR为2.096 9%，即524 225美元。如果我们对所有比−2.096 9%差的结果取平均值，将得到平均损失率为−2.877 8%，即719 450美元。如果损失超过VAR，那么该数字可以解释为预期损失。该数字有时也被称为**条件在险价值**（conditional value at risk），因为它反映了以损失超过VAR为条件的预期损失。

对于资产价值易于衡量的公司，VAR是一种可供使用的合理方法。金融机构就是这类公司之一。然而，许多公司拥有的资产能产生现金流，但其价值不易确定。假设一家公司的主要业务是铜矿开采。在采矿过程中会产生费用，并在销售铜矿石时产生现金流以支付这些费用。当然，从理论上讲，铜矿具有市场价值，它应该是矿山寿命期内的预期现金流贴现的结果。实际上，确定铜矿的货币价值很困难。该公司可以将铜矿在市场上出售，而买方必须确定报出的价值。公司不能只是为了确定铜矿的市场价值而定期把它拿到市场上出售，这不合理。因此，计算铜矿的VAR非常困难。作为替代方案，公司可以使用一种叫作**在险现金流**（cash flow at risk，CAR）（有时也被称为CFAR）的方法。在险现金流将根据预期现金缺口来定义。假设该铜矿预期每年产生1 000万美元现金流，标准差为200万美元。在5%的概率下，在险现金流为1.65×2 000 000=3 300 000美元。这意味着：

$$概率[(10\,000\,000-3\,300\,000)>实际现金流]=0.05$$

换言之，10 000 000−3 300 000=6 700 000美元，超过实际现金流的概率为5%。也就是说，实际现金流低于670万美元的概率是5%。请注意，CAR的计算方式与VAR略有不同。它是用短缺的预期现金流来表示的。因为与期望值的平均离差等于零，所以我们计算CAR时不用调整预期现金流。换言之，由于与期望值的平均离差为零，因此只需用标准差乘以 1.65，即可计算出 CAR（假设理想的概率水平为 5%）。

尽管 CAR 可能更适用于某些类型的公司，但与 VAR 相关的多数争议和问题同样存在于 CAR。

> 在险现金流（CAR）和在险利润（EAR）是 VAR 的替代指标，它们分别衡量了预期现金流短缺和预期利润短缺，并且对于某些类型的公司而言可能比 VAR 更合适。

类似于 VAR 和 CAR 的另一个概念是**在险利润**（earnings at risk，EAR）。担心每股利润不足的公司可以使用 EAR 来衡量风险。当然，我们知道价值和现金流比利润重要得多，因为利润反映了关于会计方法的假设，但是没有考虑风险或资金的时间价值。

无论使用 VAR、CAR 还是 EAR，优秀的风险管理人员都会在风险时期内收集数据，并在发生事件之后评估该指标是否合适。例如，如果在 5% 的概率下，1 天的 VAR 为 100 万美元，那么风险管理者可能预期在 1 个月中有大约 1 天的损失至少为 100 万美元。在长达数月甚至数年的时期内，风险管理者可以确定 100 万美元是否合理反映了真实风险。

我们现在已经分析了市场风险。接下来，我们将分析另一类主要风险：信用风险。

生活中的风险决策 ☞

“黑天鹅”风险

2007 年，前金融学教授兼交易员纳西姆·尼古拉斯·塔勒布（Nassim Nicholas Taleb）在其著作《黑天鹅：极罕见事件的影响》（*The Black Swan：The Impact of the Highly Improbable*）中向世界介绍了“黑天鹅”风险的概念。实际上，他是重新向世界介绍了这个概念。2001 年，塔勒布在他的著作《被随机性愚弄：概率在市场和生活中的隐藏作用》（*Fooled by Randomness：The Hidden Role of Chance in the Markets and in Life*）中就提到过所谓的“黑天鹅”问题。在第二本书中，他详细阐述了这个概念。实际上，“黑天鹅”的概念已经存在数百年之久了，但直到塔勒布的著作问世，它才为人所知。

在 17 世纪发现和探索澳大利亚之前，欧洲人从未见过黑天鹅。欧洲的所有天鹅都是白色的。“黑天鹅”被用于表示某种不可能存在的东西。它的词源也可能与拉丁语“rara avis”有关，字面意思是“稀有鸟类”，这是今天使用的比较常见的表达方式。但无论如何，欧洲人用这个词来表示某种不可能存在的东西。当然，这有一个严格的前提，也就是从没有人见过它。

然而，欧洲人不知道，澳大利亚和新西兰就生活着黑天鹅。

1606 年，荷兰人发现了澳大利亚，近 100 年后，荷兰探险家威廉·德·弗拉明（Willem de Vlamingh）发现了第一只黑天鹅。他向他的欧洲同伴报告了这个观察结果，此后“黑天鹅”这个词便指由于历史上尚未观察到而被认为不存在，但随后被观察到的事物。换言之，它是指一种罕见事件，几乎没人相信它会发生。

塔勒布用他的著作普及了这个词，这本书主要是关于如何应对金融市场大幅波动的。尤其是，塔勒布用“黑天鹅”这个概念质疑许多财务模型，这些模型通常基于金融产品价格为正态分布的假设。只要看看股市历史上一些最极端的日子，就会看到正态分布很难代表金融史。1987 年 10 月 19 日，道琼斯工业平均指数下跌了近 23%，变化超过 20 个标准差，整个金融史上都不该出现这种事件，而且，自从金融市场存在，这样的历史相当短。还有其他一些大幅市场波动也违背了正态分布特征。

2008年的金融危机也被认为带有“黑天鹅”的色彩。事实上，塔勒布的书出版于2007年，随着危机爆发，他立即成为媒体的宠儿。当然，金融危机和银行体系危机几乎不是新鲜事，它们已经有数百年的记载。但是这次金融危机非常严重，而且为稳定金融系统花费了大量的纳税人资金，因此被描述为“黑天鹅”是恰当的。

当然，看似极端的事件不一定是“黑天鹅”。一笔发生概率仅为1%的大额交易损失预期将在一年内发生两到三次。不要指望人们能确定这种事件从哪个点开始从偶然事件变为“黑天鹅”。但我们从这个案例中学到的一点是，“黑天鹅”这个词已经进入了金融界，即使还不普遍，也已经常被用来指极不可能发生、也没有人相信会发生的极端事件。

14-3 管理信用风险

在第2章中，我们注意到2008年开始的金融危机导致了场外交易发生严重违约。现在，许多清算所已经开始提供场外交易清算服务。虽然现在某些场外交易通过不同清算所清算，但是还有许多场外交易并没有进行清算。因此，我们有必要研究降低信用风险的其他方法。

在本章前面，我们提到了可以按10.5%的固定利率或LIBOR加1.1%的浮动利率借款的一方。该方发行浮动利率债券，并进行支付固定利率9.25%、收取浮动利率LIBOR的互换，净固定利率为10.35%，较直接发行固定利率债券降低了15个基点。

如果该公司以固定利率借款，则不用承担信用风险。贷款方不可能违约。如果它以浮动利率借款并通过互换将其转化为合成式固定利率贷款，则面临互换交易商违约，因而无法收到LIBOR浮动利率的风险。降低的15个基点或许就是承担交易商违约风险的补偿。

> 信用风险是交易对手未进行支付而导致损失的不确定性和可能性。

只要一方有支付义务，另一方就会面临违约风险。这种风险被称为**信用风险**（credit risk）或**违约风险**（default risk），任何贷款人都面临这种风险。我们在本书中曾多次提到它，尤其是在谈到场外衍生产品时。由于发放贷款是银行的老本行，因此它们对这种业务的风险有丰富的经验，而它们的衍生产品业务承担的风险与此没有什么本质上的不同。但因为衍生工具的名义金额没有风险，因此衍生工具的信用风险通常远远低于贷款的信用风险。非银行最终用户通常不发放贷款。然而，当它们成为互换使用者时，就成了债权人。

在本书前面，每当谈到场外工具时就会评估信用风险。从第2章中，我们知道清算所为期货和交易所上市期权的信用风险提供保险。由于清算所从来不会违约，因此这些合约可以被视为无信用风险。不进行清算的场外合约面临因缔约方、合同类型和时点的不同而变化的信用风险。

在债券市场上，信用风险通常是通过分析发行人的信用评级来评估的。多家公司提供信用评级，其中最著名的有标准普尔、穆迪和惠誉。尽管每家评级机构都有自己的符号，但它们都使用AAA和BB、AA等符号，A越多表示信用质量越高。因此，你会看到AAA、AA、A、BAA、BBB、BB、B等评级，依次降至D。这些公司的分析师根据多种因素进行评级，其中最重要的是发行人的财务状况以及整体经济和发行人所在行业的状况。

为了更好地理解信用风险真正涉及什么，让我们来考察信用和违约背后的问题。有趣的是，我们对这个问题的了解大部分来自期权定价理论。

14-3a 作为期权的信用风险

让我们考虑一家非常简单的公司，它有一笔市场价值为 A_0 的资产和一笔面值为 F 的零息债券。也就是说，当债券在时间 T 到期时，应偿还金额 F。债券的市场价值为 B_0。因此，股票的市场价值为

$$S_0 = A_0 - B_0$$

当债券到期时，该公司将拥有价值为 A_T 的资产和金额为 F 的债务。如果 $A_T > F$，该公司将偿还债务，留给股东的金额为 $A_T - F$。因此，股东在时间 T 的索偿权价值为 $S_T = A_T - F$。如果资产价值不足以清偿债务，债权人将收到价值为 A_T 的资产，股东的索偿权价值为零。换言之，该公司的资产全部用于部分或全额偿还债权人，其余部分留给股东。表 14.5 说明了这些结果。

表 14.5　　　　公司资本提供者的报酬

资本来源	时间 0 时的市场价值	债券和股票的报酬	
		$A_T < F$	$A_T \geq F$
债券	B_0	A_T	F
股票	$\underline{S_0}$	$\underline{0}$	$\underline{A_T - F}$
总计	$B_0 + S_0$	A_T	A_T

注意，股东的报酬类似于看涨期权。实际上，我们可以将其写为：

$$S_T = \text{Max}(0, A_T - F)$$

这看起来类似于到期价值为 S_T 的看涨期权，其中基础工具为到期时价值为 A_T 的资产，F 为执行价格。忽略我们在这里使用的符号和在本书第一部分中使用的符号之间的区别，应该很容易地看到股票实际上是看涨期权，并且可以使用布莱克-斯科尔斯-默顿模型进行定价。但在此之前，让我们进一步考察这些索偿权的性质。

如果股票确实是看涨期权，那么我们应该能使用看跌期权-看涨期权平价将其与某种看跌期权相关联。回想一下，第 3 章中标准期权的看跌期权-看涨期权平价为 $P_e(S_0, T, X) = C_e(S_0, T, X) - S_0 + X(1+r)^{-T}$。在当前情况下，我们将用 S_0 表示看涨期权的当前价值，用 F 表示执行价格，用 A_0 表示资产价格，这是基础工具。因此，看跌期权-看涨期权平价为：

$$P_0 = S_0 - A_0 + F(1+r)^{-T}$$

但是，看跌期权究竟是什么呢？一般来说，看跌期权是以执行价格卖出基础工具的权利。当股东的索偿权被视为看涨期权时，看跌期权代表什么并不明显。让我们重新整理看跌期权-看涨期权平价公式：

$$S_0 = A_0 + P_0 - F(1+r)^{-T}$$

根据定义，资产价值是股票的市场价值加上债券的市场价值，即 $A_0 = S_0 + B_0$。这意味着：

$$S_0 = A_0 - B_0$$

使用上述两个方程，我们可得到：

$$B_0 = F(1+r)^{-T} - P_0$$

因此，可能违约的债券的市场价值就是无风险债券和空头看跌期权的市场价值。实际上，债券持有者向股东卖出了隐性看跌期权。所以股东的索偿权是对资产的索偿权减去无风险债券再加上多头看跌期权。

债券持有者向股东卖出的隐性看跌期权只是规定公司所有权性质为有限责任的一种方式。公司可以借款并承诺支付给定金额。如果该公司无法支付这笔款项，则可以将资产转让（出售）给债券持有者来完全偿还债务。所有者的个人资产没有风险。因此，他们的索偿权价值最低为零。法律界将股东违约时个人资产不面临风险的权利视为有限责任。从经济角度而言，这项权利是债券持有者向股东卖出的看跌期权。

因为股票是看涨期权，因此可以用布莱克-斯科尔斯-默顿模型来估值。我们将资产价值作为基础工具，将债券面值作为执行价格。无风险利率和距到期时间显而易见。波动率是资产对数收益率的波动率。因此，通过应用布莱克-斯科尔斯-默顿模型，S_0 为：

$$S_0 = A_0 N(d_1) - Fe^{-r_c T} N(d_2)$$

布莱克-斯科尔斯-默顿模型也可以用来为风险债券估值。前面曾经提到 $B_0 = A_0 - S_0$。因此，债券的市场价值可以用下式计算：

$$B_0 = A_0 - [A_0 N(d_1) - Fe^{-r_c T} N(d_2)] = Fe^{-r_c T} N(d_2) + A_0[1 - N(d_1)]$$

我们看到，债券持有者的索偿权价值等于到期时支付 F 的无风险债券的部分索偿权价值加上对资产的部分索偿权价值。这是有道理的，因为债券持有者可能获得全部面值，也可能获得低于面值的部分资产。

现在，让我们来看衍生产品如何产生信用风险的问题。

14-3b 衍生产品的信用风险

衍生产品有两类信用风险。**当期信用风险**（current credit risk）是一方面临的另一方不能支付当前到期款项的风险。只有在衍生产品交易中持有合约作为资产的一方面临当期信用风险。换言之，该方的应收金额为正值，因此面临对方违约的可能性。另一方的当期应付金额大于应收金额，因此没有当期违约风险。**潜在信用风险**（potential credit）是交易对手将来违约的风险。

> 当期信用风险是在衍生产品交易中应付金额大于应收金额的一方即将违约的风险。潜在信用风险是任何一方在合约期限内任何时间违约的风险。

只有买方才面临场外期权的当期信用风险和潜在信用风险。由于买方除了向卖方支付期权费什么也不必做，因此卖方不会面临信用风险。然而，买方最终可能选择执行期权，届时卖方可能会破产。远期利率协议和互换有双向信用风险。各方都要向对方履行一定的义务。保持其他因素不变，远期利率协议或利率互换的信用风险取决于交易对手的信用质量、合约条款以及期限结构的形状。以某个5年期普通利率互换为例。当期限结构向上倾斜时，隐含远期利率也将上升。这些利率可能等同于浮动利率，如果在互换期限内利率没有变化，那么将等于最终的浮动利率。最初建立互换时，支付固定利率、收取浮动利率的一方最初支付的利率高于收到的利率，但是后来收到的浮动利率将开始超过支付的固定利率。在任何给定时间，只有一方面临当期信用风险，即合约价值为正值的一方。潜在信用风险将反映合约剩余期限内利率变化风险与交易对手资产风险的综合影响。双方都面临潜在信用风险。

对于利率互换，互换中期的潜在信用风险最大。互换开始时的潜在信用风险很小，因为如果在近期出现任何重大问题，将不会进行互换。互换中期的潜在信用风险很大，因为交易对手的财务状况可能在这段时期内恶化。互换后期的潜在信用风险很小，因为剩余的支付金额很少。

前面曾经提到，利率互换不涉及本金交换，但货币互换通常涉及本金交换。这也使信用风险在利率互换临近结束时保持在较低水平，但对于货币互换而言会略有提高。

衍生产品交易的显性价格并不一定因为交易的信用风险而有所不同。许多衍生产品交易商和最终用户只与最低信用质量可接受的客户进行交易。因此，刚刚达到标准的交易对手支付的金额和基本无风险的交易对手支付的一样多。对交易对手信用风险的评估方式与提供信贷时的评估方式大致相同。除了财务报表和评级，也可以使用模拟和其他统计方法。评估中甚至可以调整 VAR 以适应信用风险，尽管这样做要难得多。压力测试通常被用于通过假设出现极端经济条件和估计违约概率来评估信用风险。

尽管符合条件的各方在衍生产品交易中支付相同的显性利率，但是有一些隐性方法可以区分信用风险不同的各方。

> 管理衍生产品信用风险的主要方法有：限制给定方的风险敞口；提供担保品；盯市；净额结算；使用信用衍生产品；对于某些交易商而言，单独计算衍生产品子公司的市值。

用于管理信用风险的主要方法是限制给定方的风险敞口。交易对手的信用质量越高，可以与其进行的交易金额就越大。这与分散化原则相似。一方与很多最终用户或交易商进行分散交易。这种方法的一个极端例子是不与信用质量低于最低水平的交易对手进行任何交易。

担保品常用于贷款，并越来越多地用于衍生产品交易。双方可能约定各自在银行存入现金或有价证券，或提供另一家银行开出的信用证作为担保品。各方还可能约定，在任意结算日，衍生产品价值为负的一方都要提交相当于合约名义金额或价值的给定百分比的担保品。另一种安排是双方都不提交担保品，但是如果其中一方的信用被某家评级机构降级，那么该方将提交规定数量的担保品。根据某些交易的结构，信用降级将赋予另一方在此时终止合同的权利，这意味着应在此时支付互换价值。

当我们研究期货市场时，曾对盯市进行了广泛讨论。盯市的目的是迫使亏损方在损失积少成多之前向盈利方进行支付以降低信用风险。某些衍生产品合约被设计为定期盯市。例如，每半年结算一次的互换可能规定合约每两个月盯市一次。当合约盯市时，需要计算市场价值。价值为负值的一方需要向另一方支付全额现金。然后将固定利率重设为当前的市场固定利率。在规定日期定期进行实际结算（即交换支付利息），只不过利率变成了新的固定利率。这个程序迫使损失方在损失积少成多之前完成支付。

人们不应该认为信用较差的一方总是交易商。许多交易商都是银行，它们的信用评级会遭受其国内外银行业务可能出现贷款损失的压力。针对某些最终用户的担忧，一些交易商成立了独立子公司，专门与最终用户进行互换和衍生产品交易。这些子公司提供了大量资金缓冲，不负责母公司的债务。因此，子公司的信用评级将高于母公司，这些子公司大部分被评为 AAA 级。这些类型的公司被称为**增级衍生产品公司**（enhanced derivatives products companies），有时被称为**特殊目的载体**（special purpose vehicles），也被称为特殊目的实体。当这些公司在几年前首次出现时，受到了热烈追捧。但是，它们创造的业务量却小得惊人。实际上，很多公司在公司内部和子公司内部都持有衍生产品组合。只要评级够高，多数最终用户都愿意与母公司进行交易。

广泛用于降低违约风险的另一种程序是净额结算。由于它的用处广泛而且非常重要，所以我们会专门用一小节来介绍它。

14-3c 净额结算

净额结算（netting）这个术语描述了几种类似的过程：从一方应向另一方支付的款项中扣除后者欠前者的金额。双方之间的净额结算被称为**双边净额结算**（bilateral netting），而多方之间的净额结算被称为**多边净额结算**（multilateral netting）。存在清算所时，实际发生的是多边净额结算，例如我们在第 2 章中讨论的衍生产品清算所。

净额结算有几种形式。我们已经看到了**支付净额结算**（payment netting），在给定日期，互有欠款的双方同意确定欠款净额并由一方向另一方支付该金额。如前所述，这是相当标准的利率互换程序。如果甲方欠乙方 1 250 000 美元，而乙方欠甲方 890 000 美元，那么甲方只需向乙方支付 360 000 美元。这消除了乙方违约的可能性，至少在这种支付方式下是如此。

在**交叉产品净额结算**（cross product netting）中，一类交易的支付与另一类交易的支付进行净额结算。假设在甲方应向乙方支付 260 000 美元的当天，乙方还应向甲方支付 175 000 美元的贷款利息。如果双方同意进行交叉产品净额结算，那么甲方就只欠乙方 260 000－175 000＝85 000 美元。当然，双方可能很少有同一天到期的支付。因此，交叉产品净额结算通常发生于在不同交易的双方互欠不同金额的破产或收购中。

联系现实

衍生产品中关于债券的信息

在处理信用风险的过程中，我们了解到，发行债券的公司的股票类似于基于公司资产的看涨期权。我们了解到，有信用风险的债券可以视为无风险债券和基于资产的空头看跌期权的组合。换言之，债券持有者相当于向股东卖出了看跌期权。用法律术语表述就是，该看跌期权符合有限责任原则：债券持有者的索偿权不能用股东的个人资产来满足。债券持有者必须接受还款或公司资产价值。因此，股东可以通过将公司实际出售给债券持有者来偿还债务。

正如我们在本章中所见，我们可以确定债券的市场价值。让我们来举例说明。假设有一家资产价值为 1 000 美元的公司。它发行了一笔零息债券，2 年后到期，面值为 800 美元，资产波动率为 25%，无风险利率为 4%。让我们用布莱克-斯科尔斯-默顿模型来确定股票的市场价值，将其视为基于资产的看涨期权。下面说明如何进行计算，计算结果是使用电子表格 BlackScholesMertonBinomial10e.xlsm 获得的。

布莱克-斯科尔斯-默顿变量	信用风险模型中的变量	值
S_0	A_0	1 000
X	F	800
r_c	r_c	0.04
σ	σ	0.25
T	T	2
$C_0(S_0, T, X)$	S_0	294.17

输入布莱克-斯科尔斯-默顿模型，我们将得到一个值，如上表所示，为294.17。因此，债券的市场价值为：

$$B_0 = A_0 - S_0 = 1\,000 - 294.17 = 705.83 \text{ 美元}$$

现在，让我们来确定债券的收益率。债券的当前价值为705.83美元，2年后的报酬为800美元。使用下列关系式，可以得出连续复利收益率y，即：

$$705.83 = 800e^{-y^2}$$

解出y，有：

$$y = \frac{\ln\left(\frac{800}{705.83}\right)}{2} = 0.062\,6$$

请注意，该债券相对于无风险利率的风险溢价为2.26%。该值通常被称为收益率利差。收益率利差的大小反映了贷款人承担的信用风险。

通过改变输入值，我们可以观察到收益率利差如何变化。在下表中，我们看到，当其他条件保持不变时，收益率利差随着债券期限的变化而变化。

期限	股票价值（美元）	债券价值（美元）	债券收益率（%）	收益率利差（%）
1年	247.79	752.21	6.16	2.16
2年	294.17	705.83	6.26	2.26
3年	334.29	665.71	6.13	2.13
4年	369.98	630.02	5.97	1.97
5年	402.34	597.66	5.83	1.83

债券收益率（或收益率利差）与期限的关系通常被称为利率的信用风险结构。在这个案例中，信用风险结构增加到第2年，但随后开始下降。这种模式意味着在近期内债务风险较高。然而，长期内的债务风险较小，因为公司有更多的时间来改善其财务状况。

下表显示了如果债务金额增加，收益率利差将如何变化。换言之，如果公司有更多债务，我们可以看到收益率利差如何变化。

债务面值（美元）	股票价值（美元）	债券价值（美元）	债券收益率（%）	收益率利差（%）
400	630.91	369.09	4.02	0.02
600	451.23	548.77	4.46	0.46
800	294.17	705.83	6.26	2.26
1 000	176.77	823.23	9.73	5.73
1 200	100.08	899.92	14.39	10.39

当然，该公司持有的债务越多，收益率利差就越大。然而请注意，该公司可能持有面值为1 200美元的债务（这超过了1 000美元的资产价值）而不破产。如上表所示，这笔债务的价值约为900美元，反映出这笔债务还有2年才到期，而该公司在那时的财务状况很可能得到改善。

在下表中，我们分析了资产波动率变化时收益率利差如何变化。

波动率	股票价值（美元）	债券价值（美元）	债券收益率（%）	收益率利差（%）
0.05	261.51	738.49	4.00	0.00
0.15	267.75	732.25	4.42	0.42
0.25	294.17	705.83	6.26	2.26
0.35	330.66	669.34	8.92	4.92
0.45	370.91	629.09	12.02	8.02

请注意，正如我们预期的，资产波动率越大，债务风险越大。

布莱克-斯科尔斯-默顿模型对评估信用风险可能非常有用。例如，被穆迪收购的KMV公司就以这里介绍的方式提供基于布莱克-斯科尔斯-默顿模型应用的信用风险信息服务。现在，穆迪公司的多种产品都使用了这种方法。

如果双方同意**通过债务更新进行净额结算**（netting by novation），双方之间的债务净值将被一笔新交易取代。在前面的例子中，如果甲方欠乙方85 000美元，那么对乙方而言总价值为85 000美元的交易将被一笔价值为85 000美元的新交易取代。外汇市场上更常使用债务更新进行净额结算。

平仓净额结算（closeout netting）是指如果发生违约，欠款只包括净额的规定。这种方法用违约方所欠金额减去另一方欠违约方的金额，从而大大降低了信用风险。考虑下面的例子：

XYZ公司和交易商FinSwaps进行了四笔交易。从交易商的角度看，市场价值如下：

互换1	−1 179 580美元
互换2	1 055 662美元
期权1	1 495 255美元
远期利率协议1	−892 530美元
合计	478 807美元

XYZ违约而没有进行平仓净额结算：
假设XYZ要求收取互换1和远期利率协议1的支付，而拒绝对互换2和期权1进行支付。FinSwaps应向XYZ支付2 072 110美元，即互换1和远期利率协议1的价值之和。这个过程通常被称为“摘樱桃”，因为破产方选择了有吸引力的交易，并拒绝履行其他交易的支付义务。
XYZ违约但使用了平仓净额结算：
XYZ应向FinSwaps支付478 807美元。

> 净额结算是降低信用风险的过程，其中一方欠另一方的金额与后者欠前者的金额进行净额结算，从而得到一方对另一方的总体欠款金额。

如今，使用平仓净额结算不是什么问题。在多数国家，几乎每个互换都使用这种标准做法，多数国家的破产法已经修改，以确认平仓净额结算的合法性。

存在净额结算时，互换的信用风险显然以净支付额为限，它低于名义金额相等的贷款的利息现值。正因如此以及场外衍生产品市场实施更严格的要求以降低信用风险，衍生产品市场在违约方面的记录良好。1988 年，伦敦哈默史密斯-富勒姆区违约事件是一项法律判决的结果，该判决允许该违约事件不用为一笔亏损交易负责，而这占当时所有场外市场违约金额的一半左右。自那时以来的违约记录也相当不错。实际上，衍生产品市场的违约记录比商业贷款市场好得多。显然，一些人对大规模市场的担忧（以名义未清偿金额为例）夸大了真实风险。

14-3d 信用衍生产品

20 世纪 90 年代初，出现了一项重大的信用风险管理创新：**信用衍生产品**（credit derivative）。信用衍生产品是一种将市场风险与信用风险分离，以允许独立交易后者的工具。具体而言，这是一种衍生产品或类似衍生产品的工具，其报酬取决于第三方是否承诺偿还债务。借助信用衍生产品可以更有效地分配信用风险并为其定价。希望摆脱信用风险的交易方可以进行信用衍生产品交易，将信用风险转嫁给愿意接受信用风险的另一方。最终，这种风险转嫁将非常有利于借贷双方，以及进行可能违约的衍生产品交易的交易方，因为它有助于确保与违约风险相关的期权费与该风险水平相匹配。尤其是，银行同时作为买方和卖方使用信用衍生产品。银行必须限制对特定借款人、特定地区或特定行业的风险敞口金额。它们通常可以提供贷款，从而为借款人提供服务，但是之后可以使用信用衍生产品出售信用风险。

当然，当一方消除信用风险时，必然有一方接受它。购买与投资组合中已有风险无关的信用风险有助于投资组合分散化。此外，投机者可能认为信用风险低于合约对其的定价而愿意接受信用风险。接受通过信用衍生产品转移的信用风险的主要交易方是其他银行、保险公司和对冲基金。

> 信用衍生产品是报酬主要由另一方的信用决定的工具。信用衍生产品被用于将市场风险从信用风险中分离出来，并允许独立交易信用风险。每笔交易都涉及三方：信用衍生产品买方、信用衍生产品卖方和参考实体。

信用衍生产品交易涉及三方。第一方是信用衍生产品买方，即持有信用风险并希望消除信用风险的一方。第二方是信用衍生产品卖方，即愿意获得信用风险的一方。第三方是提供交易信用基础的一方，该方称为**参考实体**（reference entity）。假设 A 银行向 C 公司提供了一笔贷款。现在，A 银行对 C 公司的信用风险敞口过高，并希望出售该信用风险。它找到另一家愿意承担风险的公司，恰好是一家叫 B 基金的对冲基金。A 银行是信用衍生产品买方，B 是信用衍生产品卖方，C 是参考实体。参考实体仅以其名义参与信用衍生产品交易。事实上，它很可能不知道自己是信用衍生产品交易的参考实体。面临参考实体信用风险的一方有权在不涉及参考实体的情况下将该风险出售给另一方。

由于各种原因，信用衍生产品比其他衍生产品更为复杂。信用风险更难衡量，而且信用事件产生损失的概率低于利率或汇率等变化造成损失的概率。因此，建立信用损失的历史模型更为困难。信用衍生产品的流动性也低于普通衍生产品，它们涉及与合约条款和文件以及信用损失定义有关的复杂法律问题。

例如，在合约中可能被规定为信用损失的事件种类很多。这些事件包括在合理宽限期之后不支付利息或不按期偿还本金，宣布破产，拒绝偿还债务，借款人的其他债务进行重组或加速偿还其他债务等。加速偿还其他债务可能是由于其他债务的规定允许其他债权人要求提前偿还债务。合同中必须明确说明这些可能事件。

我们还应记住，信用衍生产品本身也有信用风险。如果发生信用损失时承诺进行支付的一方无法支付，信用衍生产品就会产生信用损失。然而，参考实体和卖方同时违约的可能通常很小。

尽管如此，信用衍生产品的市场规模仍然很大，并且发展迅速。我们之前提到的国际清算银行调查记录了信用衍生产品市场的规模。但是，其调查仅限于一类信用衍生产品（即信用违约互换，我们将在后面介绍）。截至 2013 年 12 月，这些信用衍生产品的名义金额估计为 21 万亿美元，但请记住，名义金额作为风险指标具有误导性。就信用衍生产品而言，该数字表示信用衍生产品涵盖的债券和贷款的总面值。这些信用衍生产品的市场价值估计为 6 530 亿美元。从美国货币监理署（Office of the Comptroller of the Currency）可以获得其他一些信息，该机构负责监管美国的联邦特许银行。其网站 www. occ. treas. gov 上的调查显示，截至 2013 年 12 月底，这些美国大型银行的信用衍生产品名义金额为 11.3 万亿美元。

现在让我们来看各种类型的信用衍生产品。在下面的讨论中，我们将用“买方”来指希望消除信用风险的信用衍生产品买方，用“卖方”来指愿意接受信用风险的信用衍生产品卖方。

总收益率互换 最简单的信用衍生产品或许是**总收益率互换**（total return swap），即买方同意向卖方支付特定参考资产（例如参考实体发行的特定债券）的总收益率的互换交易。卖方反过来同意向买方支付某个利率（例如 LIBOR 加上某个利差）。和任何互换一样，支付将定期进行，通常为每季度或每半年支付一次。总收益率包括利息以及未实现的资本收益。如果债券发生资本损失，买方就会收到卖方支付的金额。实际上，买方承诺向卖方支付债券的总收益率，并相应收取利息，从而消除了与利率变化无关的因素造成的价格变化风险。据推测，这种价格变化主要是由于参考实体的信用风险发生了变化。图 14.4 显示了总收益率互换的结构。请注意，未实现的资本收益和损失属于非现金金额，但互换要求对未实现的资本收益和损失支付现金。

> 总收益率互换是类似于普通互换的一类信用衍生产品。信用衍生产品买方向信用衍生产品卖方支付参考实体债券的总收益率，而卖方向买方支付利息。通过这种方法，债券的信用损失从买方转移给卖方。

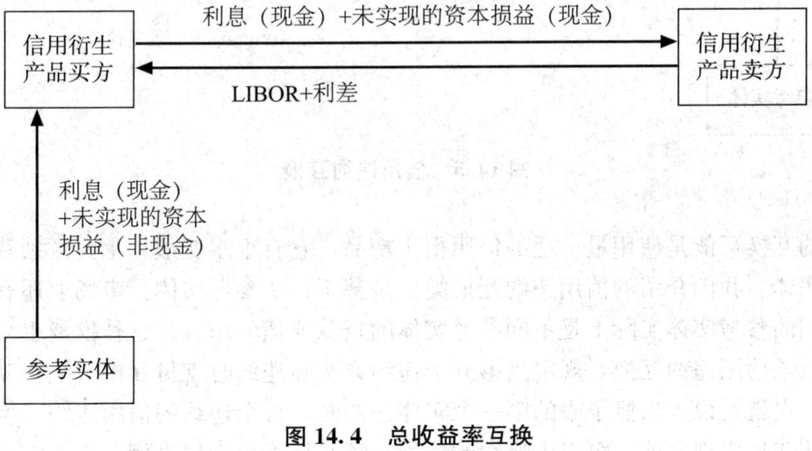

图 14.4 总收益率互换

在总收益率互换中，债券始终在买方手里。卖方希望在不购买债券的情况下获得债券收益率。请注意，利率变化带来的市场风险并未完全消除，因为这些变化反映在 LIBOR 支付中。顺便一提，LIBOR 支付也可能为固定利率，或者用普通互换从 LIBOR 转换为固定利率。请注意，总收益率互换非常类似于普通互换，但是其利息支付对应于特定债券的利息支付，且需要支付未实现的资本损益。

总收益率互换只适用于流动性合理的债券，不适用于普通贷款。这是因为各方必须能确定结算期的总收益率，以确定买方应向卖方支付的金额。因此，债券的市场价值必须有一个可靠的衡量指标，只有存在债券交易活跃的市场或愿意为债券报价的交易商时才会出现这种指标。

> 信用违约互换是一类信用衍生产品，其中信用衍生产品买方定期向信用衍生产品卖方进行支付，后者在参考实体发生信用损失时向买方进行支付。

信用违约互换 第二类信用衍生产品是**信用违约互换**（credit default swap），有时也称为**信用互换**（credit swap）。买方持有参考实体发行的债券或贷款，并进行信用违约互换，从而有义务对卖方进行一系列定期支付。如果参考实体发生信用事件，那么卖方将补偿买方的损失。这种补偿可以采取两种主要形式之一。在现金结算中，卖方向买方支付违约金额与收回金额之差。在实物交割中，买方只需将参考工具交给卖方。当然，在前面的章节中，我们讨论了其他衍生产品合约如何使用现金结算和实物交割。还有一种不常用的结算方式，被称为固定结算。在固定结算中，无论损失金额为多少，卖方都向买方支付一笔固定金额。

尽管信用违约互换被称为互换，但很容易理解为什么它本质上是一种保单。① 买方定期向卖方支付费用，这与保费类似。卖方则在发生信用损失时补偿买方。信用违约互换的基础工具可以是参考实体的债券或贷款。信用违约互换如图 14.5 所示。

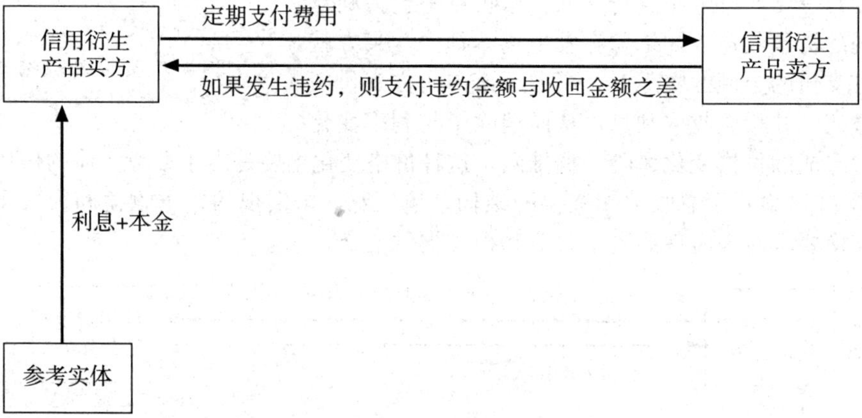

图 14.5 信用违约互换

信用违约互换可能是使用最广泛的信用衍生产品，它有很多变形，主要区别特征之一是如何规定参考实体。我们介绍的信用违约互换类型是基于一个参考实体。市场上还有其他信用违约互换，它们的参考实体实际上是不同参考实体的贷款或债券组合。这种投资组合通常被称为篮子。对于篮子信用违约互换，规定当第 n 个违约方实际违约时支付互换报酬，其中 n 为合约规定的数字。也就是说，当篮子中的第一个实体违约时，首个违约的信用违约互换将会支付报酬。在第二笔违约出现之前，第二个违约的信用违约互换不会支付报酬。它仅在出现第二次违约时支付报酬，而且不包括首次违约造成的损失。因此，n 可以是任意数量，最高为篮子中参

① 在美国，保险由州政府负责监管。因此，任何称为保险的产品都必须在向公众发售前得到全部 50 个州的监管机构的批准。信用衍生产品的作用和信用保险非常类似，但它是私人合约，不受联邦政府或州政府的直接监管。

考实体的总数。

为信用违约互换定价的基本思想是确定买方为防范违约风险而向卖方支付的保费。实际上，这个程序意味着将可能违约的债券转换为无风险债券。无违约债券的价值显然高于可能违约的等价债券。我们使用前面规定的符号来解释如何使用布莱克-斯科尔斯-默顿模型分析公司的股权和债务，我们发现，这种差异是**信用违约互换费**（CDS premium，CDS 费）的现值：

$$\text{CDS 费} = Fe^{-r_c T} - B_0$$

这笔金额将由信用违约互换买方支付给信用违约互换卖方。如前所述，这笔互换费通常为定期支付，例如每季度或每半年支付一次。因此，计算互换费可简化为货币时间价值问题。哪组等值支付（年金）的现值等于 CDS 费？无论互换费是在开始时支付还是在一段时期内逐渐支付，CDS 费的价值都等于消除信用风险，从而将可能违约的债券转换为无违约债券所需支付的价值。

在实践中，多数公司的资本结构比这个例子中规定的单只零息债券复杂，所以需要更复杂的模型来准确推导 CDS 费。然而，其思想很简单：必须确定债权人为消除违约风险而向第三方支付的金额。

> 信用利差期权是一类信用衍生产品，它是基于债券收益率利差的期权。期权买方向卖方支付期权费并收到期权。执行该期权时，期权买方将收到债券收益率利差与执行利率之差，即规定的收益率利差。

信用利差期权 可能违约的债券的收益率高于其他可比无违约债券（例如相同期限的美国国债）的收益率。可能违约的债券的收益率和国债的收益率之差被称为收益率利差。它随着信用风险的变化而波动。当投资者认为可能违约的债券具有更大的信用风险时，该债券的吸引力就会低于国债，价格下降，从而导致利差扩大。因此，收益率利差很好地反映了债券的信用风险。**信用利差期权**（credit spread option）是基础工具为收益率利差的一种期权。它随着投资者对信用风险的看法而波动。假设目前参考实体的信用风险显示，它应支付比类似期限的美国中期国债高 50 个基点的收益率。买方可能以 60 个基点的执行利率购买信用利差期权。到期时或者到期前（如果期权是美式期权），如果信用利差超过 60 个基点，该期权就为价内期权。当然，只有在市场认为信用风险增大时才会发生这种情况。为获得该权利，买方事先向卖方支付期权费。因此，这种工具类似于普通期权，但其基础工具为债券相对于其他可比美国国债的利差。这类信用衍生产品还要求基础债券具有足够的流动性，以获得可靠的信用利差评估。信用利差期权如图 14.6 所示。

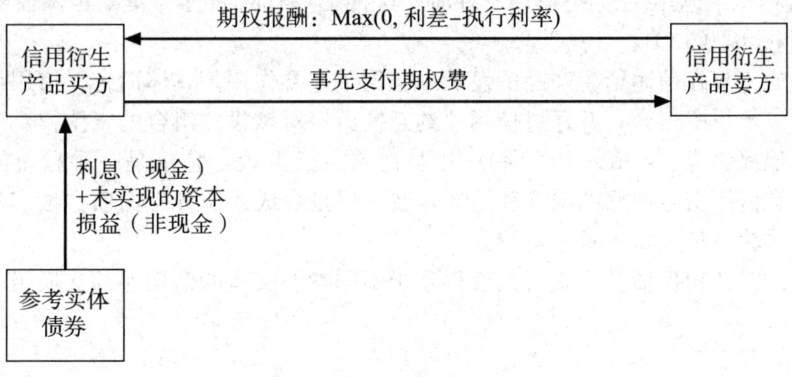

图 14.6 信用利差期权

信用连结证券　另一种信用衍生产品是**信用连结证券**（credit-linked security）。这类工具表面上是普通债券或票据，支付利息和本金。然而，其基础工具是参考实体的信用质量。如果参考实体对其他特定工具或债务违约，则信用连结证券支付的报酬低于全额本金。例如，假设甲方向乙方购买了一只信用连结票据。乙方反过来持有丙方发行的票据。如果丙方未能向乙方支付，则乙方可以减少对甲方的债务。这样，甲方既承担乙方的部分信用风险，又承担丙方的部分信用风险。乙方（通常是银行）因此能减少某些不想要的信用风险。当然，甲方的票据将获得较高利率作为接受该风险的补偿。信用连结证券如图 14.7 所示。

> 信用连结证券是一类衍生产品，其中一方发行票据或债券，当参考实体的票据或债券发生信用损失时，可以相应减少本金偿付额。

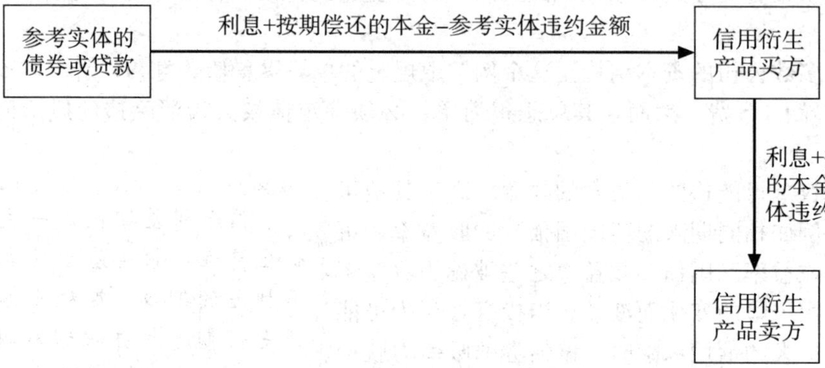

图 14.7　信用连结证券

合成式债务担保债券　在第 13 章中，我们讨论了资产支持证券。我们举例说明了如何将抵押贷款合并到投资组合中，以及如何以转手证券和抵押担保债券（CMO）的形式出售对抵押贷款利息和本金的索偿权。前面曾经提到，在抵押担保债券中，根据对基础投资组合的索偿权分为具有不同优先权的证券，称为“组别”。当基础证券是债券或信用贷款而不是抵押贷款时，这种工具被称为**债务担保债券**（collateralized debt obligation，CDO）。当基础证券是债券时，这种工具有时被称为**债券担保债券**（collateralized bond obligation，CBO）。当基础证券是信用贷款时，这种工具有时被称为**贷款担保债券**（collateralized loan obligation，CLO）。

> 合成式债务担保债券是组别形式的证券化工具，其中组别表示按优先顺序排列的对信用违约互换组合的索偿权。

这些类型的工具在信用衍生产品的发展中起到了重要作用。具体而言，信用衍生产品本身有时被合并为一个投资组合，并通过信用违约互换出售对该投资组合的索偿权。这类工具被称为**合成式债务担保债券**（synthetic CDO）。[①] 从严格意义上说，它不是一种独特的信用衍生产品，而只是现有信用衍生产品的组合和重新包装。但是合成式债务担保债券被广泛使用，因此非常值得将它作为一种独特工具来对待。

通过合成式债务担保债券，发行人获得基于不同参考实体的信用违约互换组合，从而承担

① 现在，有时将基础工具为证券组合的债务担保债券称为现金债务担保债券，以区别于合成式债务担保债券，后者的基础工具为信用衍生产品组合。

所有参考实体的信用风险。让我们将这个投资组合称为基础信用投资组合。然后，发行人通过与其他方发行信用违约互换组别的组合消除信用风险。第13章曾经提到，组别是投资组合的一部分，它是按照投资组合中接受索偿或承担损失的特定优先顺序排列的。在合成式债务担保债券中，这些组别按特定优先顺序承担基础信用投资组合的信用损失。优先级较低的各组别依次承担信用损失，优先级最高的贷款最后承担信用损失。至少有一个组别几乎不承担信用风险，因为其他所有组别都在其之前承担损失。优先级最低的组别将承担最大的信用风险，因为它必须承担基础信用投资组合的首笔信用损失。处于两个极端之间的其他组别承担不同程度的信用风险。合成式债务担保债券如图14.8所示。

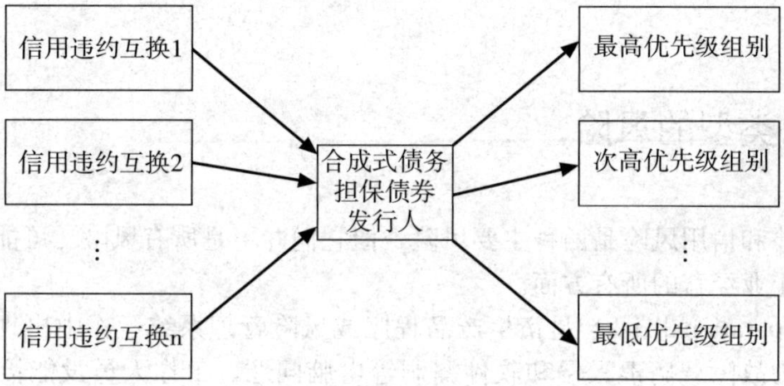

图14.8　合成式债务担保债券

当然，承担的信用风险是这些组别定价的主要决定因素。所购买组别的风险越高，支付的价格越低，预期收益率较高。信用衍生产品的定价相当复杂。如前所述，其基本思想源于期权违约的概念，尽管这个理论是可靠的，但实施起来却很困难。此外，由于报酬往往取决于多个实体的信用风险，因此，信用衍生产品的定价变得更加复杂。不同实体的信用风险之间的相关性非常重要，且相当难以评估。

如前所述，尽管信用衍生产品很复杂，但这个市场增长迅速。实际上，信用衍生产品已经成为一种常用工具，以至一些公司建立了信用衍生产品业绩指标。这些指标是经济中一般信用风险水平的有用衡量指标。此外，投资者还可以像买卖普通证券一样买卖指标。因此，除了直接交易信用衍生产品之外，市场参与者还可以像买卖共同基金一样买卖信用风险。

联系现实

无融资合成式债务担保债券

现金债务担保债券是全额融资的，这意味着即使普遍发生信用违约，组别买方也没有义务投资更多现金。如果债务担保债券中所有基础债务都产生100%的损失，债务担保债券的投资者也只会损失初始投资。

有融资合成式债务担保债券要求投资者提供相等金额的资本，以充分为合成式债务担保债券的潜在信用违约损失融资。但是，充分融资的合成式债务担保债券不能提供与部分融资或无融资合成式债务担保债券相同的收益率潜力。

无融资合成式债务担保债券不需要投资者在开始时提供资金，但投资者必须同意在发生信用损失时提供融资。无融资合成式债务担保债券的投资者类似于保险公司，定期收取保费，并在发生损失时提供担保。

显然，无融资合成式债务担保债券使投资者可能需要在未来的金融危机期间进行支付。通常在这种时候，投资者将争相寻找现金来源为自己提供融资，例如捐赠基金和养老基金。无融资合成式债务担保债券虽然提供了更高的预期收益率，但当许多投资者的现金都极为紧张时，要求支付现金是不合时宜的。

因此，无融资合成式债务担保债券的审慎投资者将进行具有高流动性、低信用风险的投资，以便在未来无融资合成式债务担保债券有需求时支付所需金额。此外，无融资合成式债务担保债券的审慎投资者将限制他们对此类投资的整体敞口，以避免在其他许多投资表现不佳时遭受灾难性损失。

14-4 其他类型的风险

尽管市场风险和信用风险是两种主要风险，但它们并不是所有风险。可能出现的不可预见的情况几乎涉及企业经营的所有方面。

操作风险（operational risk）是衍生产品程序或风险管理系统运作中出现故障的风险。这可能包括诸如电力故障、病毒入侵和软件漏洞等电脑问题、工作人员没能恰当监控和记录交易、工作人员未能掌握关于可能发生的复杂交易的必要知识、没有进行适当的文件记录和交易员或工作人员的欺诈行为等事件。这些风险几乎存在于任何类型的商业经营中，由于衍生产品交易通常比较复杂且涉及大额资金，因此极有必要避免这些问题。

操作风险最重要的部分或许是适当控制的有效性。例如，如果某些人被授权从事衍生产品交易，那么他们的活动必须由向上级报告的人员来监督。任何被授权的交易者能交易的合约种类和金额都必须受到限制。此外，必须制定控制措施，以确保遵守这些政策。显然，一些公司在确保切实遵守既有政策和程序方面做得并不好。事实上，可以肯定的是，许多衍生产品损失都可以部分追溯到操作风险。在许多情况下，都发生了未经授权的交易。公司中的某个交易员进行了不适当的交易，或者使公司暴露于过高的风险中，而这显然是该公司未经授权的交易员承担的风险。这样的人通常被称为流氓交易员，他们在公司内部交易，但不受公司控制。

如今，操作风险备受关注。遗憾的是，操作风险是最难管理的风险之一。首先，操作风险难以识别甚至难以定义。其次，操作风险难以分析。幸运的是，操作风险损失并不经常发生。然而，发生操作风险损失时，就可能导致巨额损失。其发生概率不高导致了两个主要问题，一个问题是，它们不适合用标准统计方法进行分析。正态分布甚至其他常见统计分布都不适用于操作风险损失这种异常情况。另一个问题是，操作风险损失的数据很少。当公司遭受这种损失时，会尽力隐瞒这些信息，因为它往往令人尴尬，并暗示其内部系统的松散。由于过去不常发生问题且缺乏数据，因此很难预测何时何地将发生这种损失。然而，风险管理行业正开始意识到这个问题，一些公司已经开始努力在彼此之间共享数据。

操作风险更类似于传统保单所处理的风险。当一家保险公司为歌手在巡回演唱会期间的嗓子提供保险时，它是针对具有操作风险性质的偶然事件提供保险。当保险公司防范员工欺诈时，是在为操作风险提供保险。因此，保险公司已经开始营销防范金融业操作风险（尤其是与衍生产品相关的交易）的产品，这并不奇怪。尽管目前没有衍生产品合约可以防范操作风险，但是已经有人开始讨论创建操作风险衍生产品，它们一定会在不久的将来出现。

模型风险（model risk）是指对金融工具（如衍生工具）定价时，公司使用不合适的模型或包含错误（包括编程漏洞和错误）的模型或使用错误输入值导致的风险。这对交易商而言是个关键问题，因为它们的业务就是以诱人的价格提供衍生产品，然后管理风险。对最终用户来说，这个问题也是至关重要的，因为它们不太可能拥有为这种工具正确定价所需的人员和知识。

我们在本书中已经学到了足够的知识以快速了解模型风险。假设某个客户希望买入基于标准普尔 500 指数的 3 年期美式看跌期权。假设该指数为 1 450 点，执行价格为 1 450 点；无风险利率为 6%，波动率为 18%，股利收益率为 1.5%，当然，距到期时间为 3 年。因为这是美式期权，所以我们应该使用二叉树来正确反映提前执行特征。然而，使用布莱克-斯科尔斯-默顿模型也是很诱人的，这就是我们为什么会犯错。通过使用电子表格 BlackScholesMertonBinomial10e. xlsm，我们获得了看涨期权的价值，即 88.05 美元。然而，我们用二项式模型可得到正确价值。使用 200 个时步，我们得到 111.82 美元。这说明误差率超过 20%。如果客户需要名义金额为 1 000 000 美元的这种期权，我们出售期权时的损失就会超过 200 000 美元。通过 δ 对冲、γ 对冲和 vega 对冲来管理风险无疑会带来更多损失。

以下是模型风险的另一种变形。假设我们使用了正确的模型，以 111.82 美元的价格卖出期权，然后用其他交易对冲风险。现在，假设 1 年后我们需要确定该期权的价值。届时剩余的期限还有 2 年，如果标准普尔 500 指数价值相同，这笔交易的价值将为 99.56 美元。但是，假设波动率为 22%，那么该看跌期权的价值将为 122.68 美元。这将产生很大的差异。然而，举例来说，波动率从 18%变为 22%是很常见的。有人可能不希望将其视为一种模型风险，但只要输入值未知，就存在模型风险。对于波动率这种对期权至关重要的输入值，模型风险可能十分巨大。

一些主要金融机构即使在远期合约估值等简单问题上也出现过令人尴尬的错误，导致了重大损失。对模型风险的最佳保险是知识：理论知识和模型知识。

流动性风险（liquidity risk）是公司需要进行衍生产品交易，但发现该交易的市场非常小，以至价格包含流动性造成的高折价或高溢价的风险。任何对非流动性工具做市的人都将承担重大风险，并将收取较大的买卖价差，有的甚至不愿意交易。多数普通衍生产品几乎没有这种风险，但是奇异衍生产品交易可能具有很高的流动性风险。然而，流动性风险并不局限于衍生产品，一个例子就是 1998 年 8—9 月，著名对冲基金——长期资本管理公司（Long-Term Capital Management，LTCM）——发现自己持有全球各地的流动性极差的债券头寸。长期资本管理公司拥有复杂的风险管理系统和部分最聪明的从业人员，却错误估计了全球金融危机期间全球市场一致下跌时流动性不足的影响。长期资本管理公司遭受了严重损失，导致由美联储牵头的银团对其进行救助。

许多学者正在研究如何对流动性风险建模，或者至少在管理其他类型的风险时考虑其影响。人们已经开始讨论创建流动性风险衍生产品，这些衍生产品将允许各方像买卖其他风险一样买卖流动性风险。

会计风险（accounting risk）是指对衍生产品交易的适当会计处理的不确定性。多年来，会计衍生产品已经成为争议和风险的重要来源。衍生产品使用者一直担忧他们对衍生产品的会计核算方式在事后被宣布为不适当的方式，而被要求修改某些交易的报表数据，这可能会降低历史利润数据。由于进行正确的衍生产品会计核算影响重大、时机紧迫且至关重要，因此我们将在第 15 章中详细考察这个问题。

法律风险（legal risk）是法律体系无法保证执行合约的风险。假设某个交易商与交易对手进行互换，而交易对手在发生亏损时拒绝向交易商支付，认为其受到了交易商的误导，或者自己没有进行互换的合法权限。这些抗辩已被成功运用到法律制度中，尤其是被地方政府运用。

合同未能履行的风险对于交易商来说是严重风险。[①] 这种风险实际上可能将互换或远期利率协议变为期权，因为如果市场变化不利于交易对手，交易对手就可以拒绝支付。当然，不会有交易对手在赚钱之后宣称它们被误导或没有权限进行衍生产品交易。控制法律风险的做法主要是对所有交易进行准确记录。衍生产品的行业协会——国际掉期与衍生工具协会（ISDA）——已经为各种衍生产品交易制定了文件标准，包括合约模板、关键术语的正式定义以及广泛用于场外衍生产品交易的具体条款。国际掉期与衍生工具协会也会在问题诉诸法庭之前进行游说和征求法律意见。

税收风险（tax risk）是税收或税法解释发生意外变化的风险。在一段时期内，对某些对冲交易的征税方式可能发生变化，从而降低其吸引力。此外，已完成的交易也可能被重新征税。税收风险已经完全使某些交易退出市场，例如美国证券交易所的PRIMES和SCORES，它们是第13章介绍的股权连结债务的前身。税收风险的另一个例子是，美国国会多年来一直在考虑对每笔期货交易征税，以支付期货市场的监管成本。

> 除了市场风险和信用风险，风险管理者还必须考虑操作风险、模型风险、流动性风险、会计风险、法律风险、税收风险、监管风险和结算风险。

监管风险（regulatory risk）是监管法规或监管理念发生变化的风险。由于监管者是由掌权政党任命的，所以监管机构很容易从自由市场、轻监管的方式走向更直接、重监管的方式。监管风险意味着某些现有交易或预期交易可能变为非法的交易或受到管制。例如，2010年《多德-弗兰克华尔街改革和消费者保护法案》给政府机构提出了数百项规则制定要求。这些政府机构在制定每条规则的具体细节上都有很大的自由度。金融市场参与者可能很容易发现自己违反了其中一条规则。[②]

结算风险（settlement risk）在国际交易中普遍存在。假设A国的一家银行与B国的一家公司进行一笔金融交易，它们需要向彼此支付而不是进行净额结算。[③] 银行和公司之间有12小时的时差，银行的工作日先开始。在结算日当天，银行假定其所在市场开市时公司将把资金汇给银行，于是将资金汇给公司。但是，当公司所在市场开市时，该公司宣布其破产并暂停所有支付。因此，银行将处于价外状态，不得不加入该公司其他债权人的行列。这种风险有时被称为**赫斯塔特风险**（Herstatt risk），它以1974年在类似情况下破产的德国银行的名字命名。结算风险可能来自破产、丧失清偿能力或欺诈。

我们列举的这些风险不一定涵盖每种可能的意外情况。例如，外汇交易面临政治风险，这意味着一国政府可能接管金融体系，并宣布某些交易无效或不允许货币流出该国。由于1992年4月13日芝加哥市中心暴发洪水，芝加哥期货交易所（CBOT）和芝加哥商品交易所（CME）都曾被迫暂停交易。需要在芝加哥期货交易所和芝加哥商品交易所交易产品的风险管理者必须在其他市场上寻找替代品。要防范每种意外事件是不可能的，但风险管理者需要尽可能多地意识到可能发生的问题。

最后一个风险来源是很多人，尤其是监管机构担心的问题。有一种观点认为，当一家公司违约时，可能引发某个债权人违约，从而引发更多违约。这种影响可能波及整个金融体系，导

---

① 前面哈默史密斯-富勒姆区的例子说明了交易商面临的法律风险。这个案例得到了越权原则的支持，这意味着该地区的政府没有法律权限。

② 关于美国证券与交易委员会如何解释《多德-弗兰克华尔街改革和消费者保护法案》的详情，请参见 http://www.sec.gov/spotlight/dodd-frank/accomplishments.shtml 和其中相关链接。

③ 例如，进行货币互换时，通常不进行净额结算，因为它是用两种不同货币进行支付的。

致整个金融体系陷入普遍恐慌和崩溃。这被称为**系统性风险**（systemic risk）。近代以来，在2008年金融危机以及1987年10月的股市崩盘中，世界经济已经接近这种崩溃。另一个规模较小的例子是1998年9月发生的全球金融危机。事实证明，尽管产生了大量恐慌和巨额损失，但在这段时期市场没有接近整体崩溃。不过，监管机构担心，现在的衍生产品交易量，尤其是场外衍生产品交易量要大得多。尽管在多数金融机构不实行风险管理的经济体系中，这可能是合理的担忧，但在今天几乎没有理由担忧。世界上几乎每家主要金融机构都在进行风险管理，而多数金融机构的衍生产品头寸都保持相对对冲。近几十年来，金融体系遭受了无数冲击，但没有一次导致系统性崩溃。

> 系统性风险是一家或多家金融机构破产引发更多破产，最终导致金融系统崩溃的风险。

14-5　金融风险管理的视角

现在我们已经介绍完了不同金融风险管理方法的技术细节，这里将提供一些定性评价。管理金融风险的方法主要有两种：观点驱动型和需求驱动型。

观点驱动型风险管理（view-driven risk management）主要侧重于管理者对未来的看法。如果很可能发生某种市场风险，那么就减轻这种风险。如果看起来不太可能发生某种市场风险，那么就不减轻这种风险。请记住，在多数情况下，对冲的成本非常高。因此，如果没有出现这种特定风险，不对冲这种风险就是有利可图的。显然，观点驱动型风险管理的风险很高。在选择不进行对冲的时期，可能会出现风险，造成巨大损失。在选择进行对冲的时期，可能不会出现风险，但会导致成本很高的对冲。因此，即使是消除风险的对冲本身也承担了部分风险，即不会发生不利事件的风险。观点驱动型风险管理看起来是管理公司金融风险的主要方法。

需求驱动型风险管理（need-driven risk management）主要侧重于管理者对现有风险敞口的看法。例如，多数人从需求驱动角度购买汽车保险或屋主保险。也就是说，在购买汽车保险之前，你并不会确定本月是否将发生车祸。人们更多地是根据承受风险的能力，而不是对事件发生可能性的预测做出不对冲特定风险的决定。银行资产负债管理是需求驱动型风险管理的一个例子。银行分析师确定资产和负债的利率敏感度。根据这种缺口分析，银行可能实施也可能不实施某种对冲策略。同样，对冲燃油价格的航空公司或对冲商品价格的食品加工商都是进行需求驱动型风险管理的例子。燃油和商品是它们用来提供服务和生产产品的原材料。

最终，金融风险管理是这两种风险管理方法的独特组合。某些公司几乎完全侧重于观点驱动型风险管理，而另一些公司几乎完全侧重于需求驱动型风险管理。风险管理人员在发生重大危机事件前，必须认真斟酌其金融风险管理办法，否则，在危机中做出鲁莽决定很可能会使公司走向毁灭。观点驱动型方法很有吸引力，因为几乎每天都必须不断做出高压决策。尽管如此，但观点驱动型方法在某种意义上是投机性赌注，因为它产生于对未来的看法。如果在长期内取得成功，观点驱动型方法将非常有利可图。当然，预测未来即使并非不可能，也很困难，所以长期观点驱动型方法不可能增加太多价值。此外，历史告诉许多风险管理者，确实会发生前所未有之事。经验更丰富的专业风险管理人员更倾向于需求驱动型风险管理。也就是说，他们首先确定公司目前面临的金融风险，然后为发生不利事件时的下行风险投保。一旦投保，风险管理人员就不用担心了。这样做的公司通常承认利率、汇率和商品价格等因素是它们无法控制、无力预测的因素。因此，管理风险（通常是以对冲形式）是有意义的。当这些因素造成的风险受到控制时，他们就可以专注于做自己最擅长的事情。

总结

在本章中，我们考察了风险管理的概念，即确定公司的理想风险水平，确定公司的当前风险水平，然后采取行动确保后者与前者相等的过程。我们考察了一些市场风险管理方法，包括δ对冲、γ对冲和 vega 对冲。我们还考察了在险价值（VAR）概念，它衡量了给定概率下一段时期内的预期最小损失。VAR 在当今金融界中被广泛使用。我们考察了 VAR 的一些变形，包括在险现金流、在险利润以及压力测试等扩展。

我们还考察了信用风险，指出了信用风险为何包含期权定价理论的要素。我们了解到当期信用风险与潜在信用风险的不同之处，考察了降低信用风险的某些程序，包括双方之间欠款的净额结算，以及使用信用衍生产品来分离和交易信用风险。我们考察了各种其他类型的风险，包括操作风险、模型风险、流动性风险、会计风险、法律风险、税收风险、监管风险和结算风险。从更广泛的角度，我们讨论了系统性风险，即整个金融体系崩溃的风险。

到目前为止，我们所学到的基本都是分析性方法或定量方法。我们在本章结束时讨论了两种金融风险管理方法：观点驱动型风险管理和需求驱动型风险管理。

我们应该认识到，我们还需要了解许多关于非分析性风险管理的知识。只有当工作人员和公司以适当方式实施风险管理方法，并且公司的基础设施有利于风险管理实务时，风险管理才是有效的。在第 15 章中，我们将考察公司的风险管理，并以此作为本书的结尾。

关键术语

风险管理　　当期信用风险/潜在信用风险　　信用违约互换费　　金融风险管理
增级衍生产品公司/特殊目的载体/净额结算/双边净额结算/多边净额结算/支付净额结算/
交叉产品净额结算　债券担保债券（CBD）/贷款担保债券（CLO）
信用利差期权/信用连结证券/债务担保债券（CDO）　　市场风险
通过债务更新进行净额结算/平仓净额结算　　合成式债务担保债券
在险价值（VAR）　　信用衍生产品/参考实体　　操作风险/模型风险
分析法/方差-协方差法　　总收益率互换　　流动性风险/会计风险/法律风险
δ正态法　　信用违约互换/信用互换　　税收风险/监管风险/结算风险/赫斯塔特风险
历史法　　系统性风险/观点驱动型风险管理/需求驱动型风险管理
蒙特卡洛模拟法　　压力测试/条件在险价值/在险现金流（CAR）　　在险利润（EAR）
信用风险/违约风险

扩展阅读

下列参考文献讨论了一般风险管理：

Chew，L. *Managing Derivatives Risk：The Use and Abuse of Leverage*. New York：

Wiley, 1996.

Coleman, T. S. *A Practical Guide to Risk Management*. Charlottesville, VA: Research Foundation of the CFA Institute, 2011.

Collier, Paul M. *Fundamentals of Risk Management for Accountants and Managers: Tools and Techniques*. Amsterdam: Elsevier, 2009.

Derman, Emanuel. *Models Behaving Badly*. New York: Free Press, 2011.

Frasier, John, and Betty J. Simkins, eds. *Enterprise Risk Management: Today's Leading Research and Best Practices for Tomorrow's Executives*. New York: Wiley, 2010.

Field, P., ed. *Modern Risk Management: A History*. London: Risk Books, 2003.

Gastineau, G. L., and M. P. Kritzman. *The Dictionary of Financial Risk Management*, 2nd ed. New Hope, PA: Frank Fabozzi Associates, 1999.

Haslett, W. V. "Bud," ed. *Risk Management: Foundations for a Changing World*. New York: Wiley, 2010.

Jorion, P. *The Financial Risk Manager Handbook*: 2001 - 2002. New York: Wiley, 2001.

Kolb, R. W. "Risk Management and Risk Transfer: Distributive Justice in Finance." *Journal of Alternative Investments* 13 (2010): 90 - 98.

Lewis, M. *The Big Short: Inside the Doomsday Machine*. New York: W. W. Norton, 2010.

Smithson, C. W. *Managing Financial Risk: A Guide to Derivative Products, Financial Engineering, and Value Maximization*, 3rd ed. New York: McGraw-Hill, 1998.

Smithson, C. W. "Quantifying Operational Risk," *Risk* 17 (July 2004): 57.

关于信用风险和信用衍生产品的优秀参考文献如下：

Credit Derivatives: Applications for Risk Management, Investment and Portfolio Optimisation. London: Risk Books, 1998.

Credit Risk: Models and Management. London: Risk Books, 1999.

Derivatives Credit Risk: Further Advances in Measurement and Management, 2nd ed. London: Risk Books, 1999.

Saunders, A. *Credit Risk Measurement: New Approaches to Value-at-Risk and Other Paradigms*. New York: Wiley, 1999.

许多文献都涉及在险价值，关于这一问题的两本优秀著作是：

Dowd, K. *Beyond Value at Risk: The New Science of Risk Management*. Chichester, UK: Wiley, 1998.

Jorion, P. *Value at Risk: A New Benchmark for Controlling Derivatives Risk*, 2nd ed. New York: McGraw-Hill, 2001.

下列文章介绍了如何评估在险价值这一新兴问题：

Berkowitz, J., and J. O' Brien. "How Accurate Are Value-at-Risk Models at Commercial Banks?" *Journal of Finance* 57 (2002): 1093 - 1111.

Kupiec, P. H. "Techniques for Verifying the Accuracy of Risk Measurement Models," *Journal of Derivatives* 3 (2005): 73 - 84.

Sullivan, J. H., Z. G. Stoumbos, and R. Brooks. "Real-Time Assessment of Value-at-Risk and Volatility Accuracy," *Nonlinear Analysis: Real World Applications* 8 (2007): 323 - 336.

概念检查

1. 风险管理与对冲的相似之处是什么？不同之处是什么？

2. 请说明为什么风险管理可能有利于股东。

3. 为何市场风险不同于信用风险？市场风险管理方法是否适用于管理信用风险？请说明。

4. 请列举信用衍生产品交易涉及的三方，并介绍它们在交易中的作用和责任。

5. 如果通过在欧洲美元期货中增加一个头寸来对衍生产品投资组合进行 δ 对冲，那么还可能留下哪些其他形式的市场风险？如何消除这些风险？

6. 确定信用违约互换费的总体思路是什么？

问题与习题

1. 请列举并说明管理衍生产品交易商信用风险的主要方法。

2. 请列举并说明四种形式的净额结算。

3. 请解释以下关于在险价值的说法，以便于非专业公司高管理解：

a. 概率＝0.01 时，1 周的 VAR 为 150 万美元。

b. 概率＝0.05 时，1 周的 VAR 为 375 万美元。

4. 请评价三种计算在险价值的方法，并分别举出一个优点和一个缺点。

5. 请评价以下每个头寸当前的信用风险。请独立讨论这些信用风险，也就是说这些头寸未与其他工具组合。

a. 你对价外利率看涨期权做空。

b. 你在一年前进行了支付固定利率、收取浮动利率的利率互换，在那之后利率有所上升。

c. 你对价内货币看跌期权做多。

d. 你对远期合约做多，在合约期限内，基础资产价格已降至合约价格以下。

6. 请说明平仓净额结算如何降低进行多笔衍生产品交易的两家公司的信用风险。

7. 法律制度给衍生产品交易商带来了什么风险？

8. 请列举并讨论管理金融风险的好处。

9. 请比较并对比观点驱动型风险管理与需求驱动型风险管理。

10. 请比较并对比总收益率互换、信用违约互换和利率互换。

11. 假设某家公司拥有能产生现金流的资产，但是很难定期对这种资产估值。这家公司在使用 VAR 时将遇到哪些困难？有什么替代方案？

12. 流动性为何是风险来源？

13. 请说明公司股东如何持有债权人卖出的隐性看跌期权。

14. 请列举五种信用衍生产品，并简要说明每种产品的作用。

15. 假设你的公司是一家衍生产品交易商，最近推出了一种新产品，除了市场风险和信用风险之外，新产品还面临哪些额外风险？

16. 假设信用违约互换买方定期向信用违约互换卖方进行支付，每季度对债务的每 100 美元名义价值支付 1 美元。请解释该数字与债务价值的关系和与其他方面均相同的无违约债券价值的关系。

17. 假设有一个投资 1 000 万美元于标准普尔 500 指数、投资 750 万美元于美国国债的投资组合。标准普尔 500 指数的预期收益率为 14%，标准差为 16%。美国国债的预期收益率为 9%，标准差为 8%。标准普尔 500 指数与国债之间的相关系数为 0.35。所有数字均按年表示。

a. 请计算概率为 0.05 时的 1 年期 VAR。请根据你拥有的信息确定并使用最合适的方法。

b. 请使用你在第 a 问获得的信息计算出 1 天期 VAR。

18. 请计算下列情况下的 VAR：

a. 请使用分析法，对年收益率标准差为 250 万美元的投资组合确定概率为 0.05 时的 VAR。假设预期收益为 0.0 美元。

b. 请使用历史法和过去 120 天的收益率信息，计算概率为 0.05 时 2 000 万美元投资组合的近似 VAR，收益率信息如下：

小于－10%	5 天
－10%～－5%	18 天
－5%～0%	42 天
0%～5%	36 天
5%～10%	15 天
大于 10%	4 天

19. 下表列出了三种金融工具，以及假设它们为多头时每 100 万美元名义金额的 δ、γ 和 vega。（互换或远期利率协议多头表示支付固定利率、收取浮动利率。）假设你持有名义金额为 1 200 万美元的 3 年期看涨期权多头，名义金额为 800 万美元的 3 年期互换空头，以及名义金额为 1 100 万美元的远期利率协议多头。每种衍生产品均基于 90 天期 LIBOR。

工具	δ	γ	vega
执行利率为 12%的 3 年期看涨期权	40 美元	1 343 美元	5.02 美元
固定利率为 11.25%的 3 年期互换	152 美元	－678 美元	0 美元
固定利率为 11%的 2 年期远期利率协议	72 美元	－390 美元	0 美元

a. 如前所述，你的投资组合中目前有三种工具。请确定你当前投资组合的 δ、γ 和 vega。请根据你的计算，用文字描述该投资组合的风险特征。

b. 假设你必须维持当前的看涨期权头寸，但可以自由增减互换和远期利率协议头寸，并可以增加一个 δ 为 62 美元、γ 为 2 680 美元、vega 为 2.41 美元的 1 年期看涨期权头寸。请计算令你的整体头寸有 δ 对冲、γ 对冲和 vega 对冲的名义金额组合。

20. 假设你拥有 50 000 股每股价值为 35.50 美元的股票。你希望用 δ 为－0.62 的看跌期权来保护它。然而，假设该看跌期权难以获得或者定价不公。请举例说明如何用复制该看跌期权头寸的无风险债务工具来建立动态对冲。忽略看跌期权的成本。请解释如果股价下跌 1 美元将发生什么情况，以说明对冲的作用原理。

21. CPN 公司和交易商 SwapFin 进行了三笔交易。从 SwapFin 的角度看，这些交易的市场价值如下：

互换 1	−2 000 000 美元
远期 1	1 500 000 美元
期权 1	−500 000 美元
合计	−1 000 000 美元

请说明进行平仓净额结算和不进行平仓净额结算时 CPN 违约对 SwapFin 造成的后果。请在你的答案中解释“摘樱桃”的含义。

22.（概念习题）假设你和某人打赌，你事先支付了 5 美元，并可以掷一对骰子。你得到的报酬等于两个骰子上的点数之和。换言之，如果你掷出 1 和 2，你的报酬就为 3 美元，你的利润为 3 美元−5 美元=−2 美元。

请确定在险价值为 0 时的概率。

23.（概念习题）一家公司拥有市场价值为 100 美元的资产。它有一只未清偿的债券，即 2 年后到期、面值为 75 美元的零息债券。无风险利率为 5%，资产波动率为 0.30。请确定股票的市场价值和债券的连续复利收益率。（请使用电子表格 BlackScholesMertonBinomial10e.xlsm 进行计算。）

第 15 章

组织的风险管理

在风险管理中，你的表现受到短板的制约，除非有严明的公司纪律，否则你就会陷入困境。

——雷曼兄弟匿名前高管

《CFA 杂志》(*CFA Magazine*)，2009 年 1—2 月号，第 33 页

本章目标

- 了解交易商和最终用户实施风险管理的差异。
- 了解导致有效风险管理组织结构的原则。
- 了解衍生产品会计的基本原则。
- 考察公司使用衍生产品遭受损失的部分案例。
- 学习与公司衍生产品和风险管理部门高管职责相关的要点。

在前 14 章中，我们学习了如何使用多种衍生产品管理不同情况下的风险。我们了解到哪些类型的合约可用，它们最适合哪些情况。我们还了解到衍生产品是有高杠杆的强大工具，而且其中一些工具相当复杂。由于这些因素，使用衍生产品进行风险管理的过程中还有另一个重要组成部分：有效的风险管理需要有效的组织结构。在缺乏适当人员、团队合作、控制和组织的情况下，使用衍生产品管理风险可能是危险的。迄今为止，我们主要将重点放在风险管理的量化方面。本章关注的主要是定性方面。人们很容易忽略这些导致良好风险管理的主观因素，但它们至关重要。事实上，如果一个组织不能执行稳健的风险管理政策，那么所有关于风险管理的定量模型和分析性知识都将付诸东流。

要了解如何最好地实施风险管理，我们必须从风险管理业和风险管理本身的角度入手。我们需要了解从事风险管理业的组织类型。然后，我们将考察风险管理实务如何适应典型的组织结构。我们还将考察正确进行风险管理的一个非常重要的要求。此外，我们将考察关于如何实施风险管理的公认建议。我们可以通过借鉴错误经验了解正确经验，我们还可以通过观察没有

实施良好风险管理的组织将发生什么情况来得出结论。

15-1 风险管理业的结构

风险管理业由**最终用户**（end users）、**交易商**（dealers）和其他公司（包括咨询公司和专业软件公司）组成。

15-1a 最终用户

最终用户通常被认为是希望进行衍生产品交易以管理风险的公司。需要执行衍生产品交易时，最终用户将联系衍生产品交易商（我们将在下一小节对其进行讨论）。最终用户可以被认为是购买服务的一方，而交易商是提供服务的一方。

最终用户主要由非金融公司构成，其他最终用户包括投资公司，其中包括养老金计划和共同基金。此外，一些不从事衍生产品交易商业务的金融机构也使用衍生产品来管理风险。有时，管理自身风险的交易商也会成为另一个交易商的最终用户。许多外国政府都使用衍生产品。在美国，州政府和地方政府使用衍生产品，尽管用得比公司少。然而，除了某些政府机构（例如邮政署）以外，美国联邦政府不使用衍生产品。许多私人组织，例如慈善机构、捐赠基金和大学，也使用衍生产品。

> 最终用户包括与衍生产品交易商进行衍生产品交易的非金融公司、投资公司、某些金融机构、政府或私人组织。

显然，开展某些衍生产品业务必须具备最低公司规模，但如果风险只有几百万美元，就可以使用场外衍生产品，更小规模的风险可以用交易所交易的衍生产品来管理。正如人们所预料的，大公司更多地使用衍生产品，并拥有更有组织、更复杂的风险管理业务。

在典型的公司中，资金部负责管理公司的现金。它定期在金融市场上操作，借入现金，偿还贷款，并向国内外分支机构汇款。如果公司从事衍生产品交易以管理金融风险，那么这些交易通常将由资金部执行和管理。通常情况下，资金部是成本中心，而不是利润中心，这意味着它的工作是尽可能以最低成本履行职能，而不是赚取利润。然而，近年来，许多公司的资金主管——有时是出于高管的压力——已经开始使用衍生产品进行投机并盈利。遗憾的是，这给某些公司形成了压力，促使它们在知之甚少的市场进行投机，并导致了一些不良风险管理的典型案例。

某些衍生产品活动是在资金部以外进行的。例如，某家公司可能由商品采购经理来对冲商品价格风险。某些公司经营高度分散化的衍生产品业务，它们可能有许多子公司，每家子公司都进行自己的对冲。我们将在本章后面讨论这些类型的组织问题。

最终用户显示出用特定类型的衍生产品管理特定类型风险的偏好。它们偏好于用远期合约管理外汇风险，用互换管理利率风险，用期货管理商品价格风险。股市风险主要通过场外期权和交易所上市期权进行管理。

15-1b 交易商

如前所述，交易商是对衍生产品做市的金融机构，这些机构包括银行与众多投资银行和经纪公司。它们提出报价以表示愿意作为衍生产品交易的任何一方。正如我们前面提到的，这些价格是用买价和卖价表示的，它们的卖价高于买价。交易商不会自然持有抵消头寸。任何剩余风险通常都是用相互抵消的新衍生产品对冲的，这些衍生产品可能是交易所交易合约，也可能是场外合约。因此，交易商不会受到市场变化的影响，并从买卖价差中赚取利润。

多数交易商都有非常复杂的衍生产品业务。它们聘用金融、经济、数学、物理、计算机科学和工程方面的人才。它们的许多专业人员设计出新的衍生产品和风险管理策略，并确定如何为其定价。交易商还雇用销售人员，他们负责联络潜在最终用户，分析他们的风险管理需求，并试图说服最终用户与交易商进行交易。交易商通常在计算机硬件和软件方面进行大量投资，以管理其衍生产品头寸。衍生产品业务已经成为许多交易商的巨大利润来源。

> 衍生产品交易商是作为衍生产品交易的任何一方与最终用户进行交易的公司。交易商通常对冲风险，并从其报出的买卖价差中获得利润。

15-1c 风险管理业的其他参与者

风险管理的发展创造出了一个由公司提供咨询和软件服务的行业。咨询服务包括一般性风险管理咨询、法务和会计/审计服务以及寻找人才。掌握计算机编程的专业知识，了解新兴的衍生产品法律，提供适当的会计和审计服务，寻找专业技术人才为拥有这些技能的个人和公司带来了有利可图的机会。

15-2 组织公司的风险管理职能

组织的质量总是从最高层开始建立的。这意味着高管和董事会成员必须主动认识和了解本公司使用的衍生产品。这并不意味着他们必须是衍生产品专家，但是他们应能定义本公司使用的每种工具，并且应该知道公司为什么使用它们。最重要的是，他们必须制定管理衍生产品应用的书面政策和程序。这些政策必须规定使用衍生产品的理由，定义可以使用衍生产品的情况，授权合适的人员执行交易，确定交易限额，制定控制程序以确保所有政策得到遵守，并解决如何评估衍生产品和风险管理业务表现的问题。

高管尤其要负责确保公司在需要某种专业技能时雇用充分具备这种专业技能的人才。他们还必须对必要的硬件和软件投资支出授权。

为了做好这些工作，组织必须具备有利于正确实施风险管理的结构。根据组织是交易商还是最终用户，风险管理实务也有所不同。

从事衍生产品业务以赚取利润的交易商将参与众多交易，自然也应该集中在公司层面上进行风险管理。如果利率、股价和汇率变化之间存在关系——情况几乎总是如此——那么分别设置风险经理监督债券部门、股票部门和各种国际业务的业绩就是不明智的。相反，多数交易商只设置一位经常向首席执行官汇报的风险经理。风险经理应能获得所有必要的财务信息和统计信息，并且应有权阻止交易员进行交易，强迫他们平仓。交易员或衍生产品销售人员不能影响风险经理。一些交易商使用风险管理委员会，但无论是哪种情况，风险经理或风险管理委员会通常都对高管负责。无论如何，独立的风险管理可能是有效风险管理系统最重要的要求。

最终用户的风险管理功能可能非常分散。一些公司可能由采购部门对冲原材料采购。许多公司有外国子公司，它们负责对冲自己的业务。多数公司都将国内利率对冲业务委托给资金部。资金部的正常职责是管理现金和银行贷款。近年来，不少公司开始集中风险管理业务，聚焦公司整体风险管理。这使公司能进行某些自然对冲。例如，如果德国的利率上升，假设某家公司的某个部门遭受损失，而另一个部门获得收益。如果每个部门分别对冲，就会出现不必要的交易。集中风险管理将确保这两个部门的风险至少部分抵消。

> 风险管理最重要的组织考虑因素之一是建立独立的风险管理部门，这意味着风险经理可以获得必要信息，有权采取纠正措施，并避免受交易员和销售人员的影响。

联系现实

专业风险管理机构：GARP和PRMIA

金融风险管理是很好的职业选择，但进入这一行很难。与往常一样，经验很重要，很少有人毕业后可以直接从事金融风险管理。一些学校开设了金融风险管理或金融风险管理相关方面的研究生课程。然而，最重要的要求是敏锐的分析思维、长时间工作的意愿以及对金融市场运作方式的深刻理解。几乎每家大中型银行、许多大公司甚至一些非营利性组织和政府机构都设有金融风险管理职位。

金融风险管理从业者建立了两个专业组织，即全球风险管理协会（Global Association of Risk Professionals，Inc.，GARP）和职业国际风险管理师协会（Professional Risks Managers' International Association，PRMIA）。

撰写本章时，GARP(网址 www.garp.org）拥有来自全球约 195 个国家的超过 150 000 名会员。GARP 的公司宗旨如下：

GARP 是一个非营利性组织，并且是唯一获得全球认可的风险管理者协会。GARP 的宗旨是帮助在组织内部建立从初级员工到董事会的风险意识文化。在金融和能源风险管理领域，GARP 通过金融风险经理（Financial Risk Manager，FRM®）和能源风险专家（Energy Risk Professional，ERF®）认证制定了风险专业人士的全球标准。通过深受信赖的教育和培训、媒体和活动，GARP 推广风险管理最佳实务，并为风险管理者持续的专业与职业发展提供支持。*

GARP 由 17 个受托人和 6 人组成的执行委员会负责管理。GARP 在 27 个国家有 39 个专业分会。各分会举行的会议通常邀请外部发言人。GARP 还举办国内外会议。其成员分为几个级别，每个级别的特权和会员费水平不同。最高级别的会员费为 195 美元。学生会员的会员费为 95 美元。GARP 的重点是专业认证计划，包括金融风险经理考试，该考试分为两部分。金融风险经理考试的第一部分包含大约 100 道选择题，涉及以下内容：

- 金融市场和产品
- 风险管理的基础
- 定量分析
- 估值和风险模型

金融风险经理考试的第二部分包含大约 80 道选择题，其中涉及以下内容：

- 市场风险
- 信用风险

● 操作风险

● 风险管理和投资管理

● 金融市场的当前问题

第二个组织，PRMIA(网址 www. prmia. org) 有约 90 000 名会员，在全球主要城市有超过 65 个分会。PRMIA 的宗旨如下：

PRMIA 的宗旨是提供自由开放的论坛，促进全球稳健的风险管理标准和实务。为了实现这个宗旨，PRMIA 的目标是：

● 成为行业意见领袖，并对风险管理业提供支持

● 推动实践与理论的结合，为专业风险管理人员提供资质认证

● 联络从业人员、研究人员、学生以及其他对风险管理领域感兴趣的人士

● 聚焦全球，倡导跨文化的道德标准，服务于新兴市场和发达市场

● 与其他专业协会合作，促进实现 PRMIA 的宗旨**

PRMIA 由 10 人组成的董事会、咨询小组和其他委员会负责管理。和 GARP 一样，PRMIA 也举办各种会议。PRMIA 目前提供免费准会员资格，普通会员的会员费为每年 50 美元，长期会员的会员费为每年 200 美元。它还举办自己的认证考试，称为专业风险经理（Professional Risk Manager，PRM）考试。要获得专业风险经理资格，必须通过四门不同的考试：

● 金融理论、金融工具和市场

● 风险衡量的数学基础

● 风险管理实务

● 案例研究、PRMIA 最佳实务标准、行为与道德规范、章程

考试用电脑进行，所以成绩很快揭晓。PRMIA 在全球超过 165 个国家开展考试。该组织称，通过率约为 65%。四张试卷和数字学习资料的费用为 1 100 美元。PRMIA 还提供推荐阅读文献列表和问题示例。

没有哪家机构或哪种考试具有明显优势。任何从业人员都应该至少是其中一个组织的会员。我们非常鼓励学生取得会员资格。

* 见 http：//www. garp. org/media/1150648/garp _ factsheet0313. pdf。

** 见 http：//www. prmia. org/about-us。

> 典型的交易商业务部门可以分为两类：前台负责交易，后台负责文书和簿记。有效的风险管理要求这两个部门彼此独立。

遗憾的是，许多公司并没有独立的风险管理部门。如前所述，它们有时以资金部作为利润中心。资金主管的职责不仅是有效管理公司的现金和银行贷款，而且开始不时地在衍生产品市场上交易，以赚取利润。按照合理预期，他们无法在长期有效实现该目标。遗憾的是，某些公司没过很久就产生了巨额衍生产品损失。

衍生产品交易商有两类截然不同的衍生产品专家。一类是销售人员，他们联络客户，分析客户的风险，并提供交易商的产品和服务来管理客户的风险。另一类是交易员，他们为交易商执行衍生产品交易。多数交易商还有研究部门，通常由技术人员组成，他们进行研究、设计新产品并为其定价，以及为销售人员和交易员提供支持。多数公司都没有研究部门，但可能有少数工作人员兼具交易经验和技术专长。

交易商的衍生产品业务部门通常分为**前台**（front office）和**后台**（back office）。一些公司在前台和后台之间还有一层，自然地被称为**中台**（middle office）。前台人员由交易员及其助手组成。后台人员是文员和操作人员，他们的工作是处理文书并生成必要的报告。几乎每家交易

商都认为前台和后台功能分离是至关重要的。如果不是这样，就会像我们将在本章后面将看到的巴林银行破产例子一样，是“狐狸修鸡舍”。在一些公司里，后台可能是唯一的控制机制。尽管这不是最优结构，但至少后台不必向前台报告或者感受前台的任何压力。中台通常是进行交易监督和风险管理的地方。

所有公司都应该有法务部门或有外部法律顾问。这些人负责确保所有合同都有适当记录并符合相关法律。

多数公司都有合规人员，负责确保所有内部规定和外部规定都被遵守。

会计部门在所有组织中都很重要。虽然会计系统与风险管理系统不尽相同，但二者绝不能不一致。会计系统虽然进行定期审计，但不能代替风险管理。审计只是判定财务记录是否与会计业和公司制定的政策保持一致。审计是周期性过程，而风险管理是持续性过程，远远不止于检查财务报表。

从事衍生产品和风险管理业务的公司应定期评估其业绩。公司应该明确其目标并建立能及时无偏地评估其业务质量的系统。这不是一项简单任务，因为客观评估业绩相当困难，但这个问题必须加以解决。

虽然实际情况各有不同，但图 15.1 和图 15.2 举例说明了一家交易商和一个最终用户（是一家公司）的衍生产品/风险管理业务。交易商实行业务集中管理，由独立的风险经理向首席执行官汇报。图 15.2 显示的公司结构集中度稍低，由采购主管和财务主管进行衍生产品交易。该公司建立了向资金部报告的风险管理部门。然而，风险经理不可能有足够信息来监督采购人员的对冲交易，如果政策未得到遵守或者出现问题，他们也没有权利采取行动。

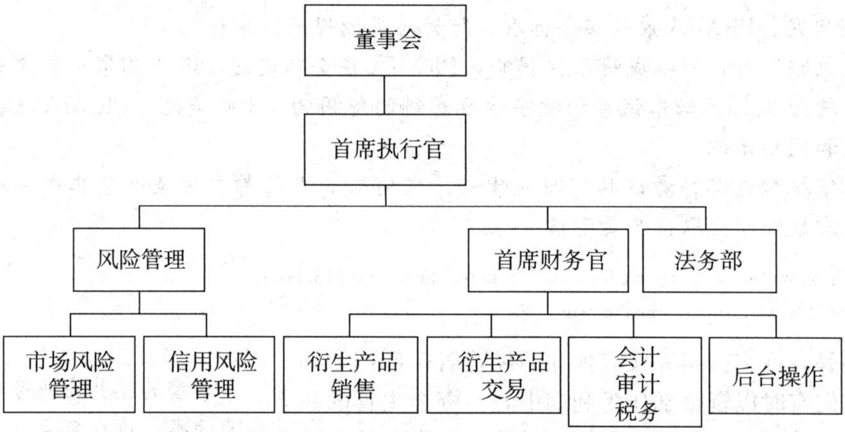

图 15.1　交易商的衍生产品/风险管理业务示例

在公司内部组织风险管理的新趋势之一是**企业风险管理**（enterprise risk management）原则。企业风险管理（有时被称为全公司风险管理）是集中管理风险，将所有风险整合进一个部门的过程。例如，许多公司都将利率风险管理和货币风险管理进行整合，使这些职能处于相同的责任范围。公司仍面临其他金融风险，可能包括商品价格风险，甚至股价风险，后者主要是其养老基金面临的风险。综合风险管理职能将管理这些风险的任务分配给一个风险管理部门。

> 企业风险管理是集中、综合地控制所有风险的过程。这些风险不仅包括传统的金融风险，例如利率风险和汇率风险，还包括用保单和其他方式进行传统管理的风险。

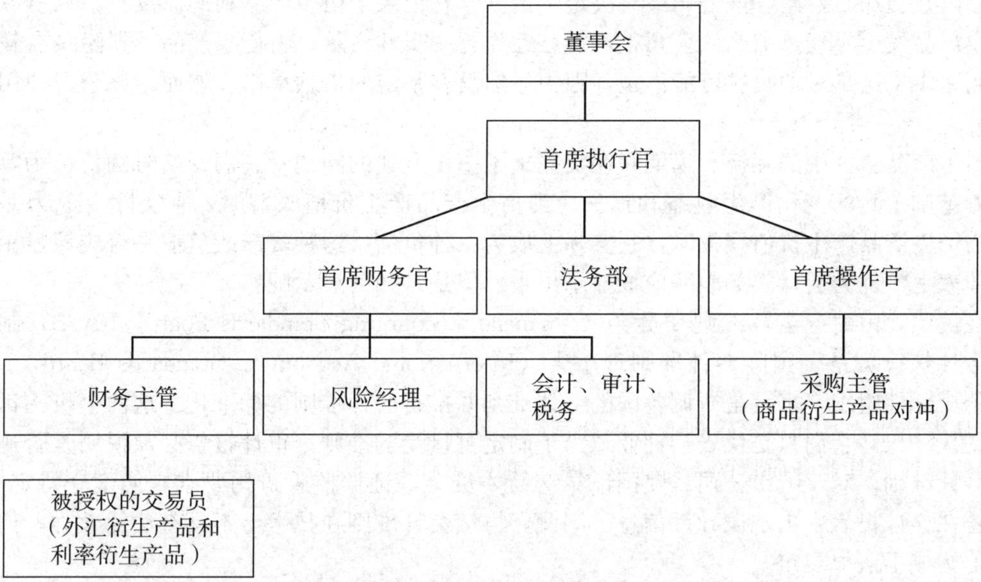

图 15.2　最终用户的衍生产品/风险管理业务示例

然而，真正的企业风险管理系统将巩固其他类型风险的管理。例如，多数公司花了很多钱买保险，但传统保单涵盖的风险管理通常是在一个独立部门中完成的。很多风险是通过避免风险敞口进行内部管理的。例如，通过使用安全预防措施，将火灾和危险工厂作业的风险降至最低。真正的企业风险管理部门应该在同一个责任范围内管理所有类型的风险。事实上，保险业正在转向提供金融风险管理产品。在某些情况下，金融衍生产品与保险合同结合，真正整合了这些看似无关的多样化风险的管理。

15-3　风险管理会计

风险管理领域中最具争议性的问题之一是衍生产品交易的适当会计处理。由于许多衍生产品都具有不同寻常的特征，而且许多衍生产品相对较新，因此直到最近几年，会计业才开始跟上衍生产品的发展。多年来，衍生产品一直是表外项目，这意味着即使有可能，也很难根据传统财务报表确定使用了哪类衍生产品以及这些衍生产品交易对利润的影响。造成这个问题的原因主要是，使用最广泛、接受度最高的衍生产品应用——对冲——将导致会计核算变得非常复杂。对冲经常产生现金损益，而被设计用来对冲的交易只产生账面损益。如果衍生产品损益已经实现并反映在利润表中，而被设计用来对冲的交易的损益以后才实现，那么旨在降低波动率的对冲将在会计报表上表现为波动率提高。

> 对冲会计是一种衍生产品交易会计核算方法，例如将衍生产品损益与被对冲工具的损益挂钩。

解决这个问题的一个方法是使用**对冲会计**（hedge accounting）。对冲会计允许公司推迟到对冲完成再确认衍生产品损益。例如，持有股票并用衍生产品对冲未来股票出售交易的公司在实际出售股票之前不会确认衍生产品损益。遗憾的是，对冲会计可能导致滥用行为，从而误导财务报表使用者。假设一家公司计划在未来某个日期借款，它利用衍生产品对冲利率上升。假设它从利率上升中获得衍生产品收益。那么，假设该公司最终决定不借款。它记录了衍生产品利润而没有借入贷款。如果衍生产品发生亏损，那么该公司很可能已经先行一步并借款，将衍生产品亏损隐藏在较高的贷款利率中。这是对冲吗？可能不是，因为显然没有坚定的借款承诺。然而，该公司使用了对冲会计。

衍生产品会计中的互换、远期和期货提出了一个有趣的问题。它们开始时的价值为零，但会随着基础工具的变化产生收益和损失。当衍生产品产生价值收益时，它实际上成为一种资产；当衍生产品产生价值损失时，它实际上成为一种负债。这种资产或负债是否应该显示在资产负债表上？优秀会计实务表明应该显示出来。但是，如何显示呢？

在美国，由财务会计准则委员会（Financial Accounting Standards Board，FASB）制定适当的会计核算方法。国际会计准则理事会（International Accounting Standards Board，IASB）是一个全球性组织，宗旨是协调各国的会计准则并推行会计准则的标准化。这两个机构都没有直接的执法权。它们只是代表会计业致力于制定可接受的准则。审计报告必须说明是否遵循了既定会计准则。对于上市公司，美国证券交易委员会等证券监管机构要求它们遵守特定准则，并禁止在会计报表中出现误导性信息。因此，虽然会计准则在技术上不具有法律效力，但它们实际上构成了法律规定。

1996年，美国财务会计准则委员会开展了一个研究和制定衍生产品会计准则的项目。1998年，该委员会发布了**“财务会计准则第133号”**（Financial Accounting Standard 133，FAS 133）：衍生产品与对冲业务会计。这份争议性文件受到了很多关注和批评，但存留至今，并成为衍生产品会计遵循的规范。这里，我们将考察“财务会计准则第133号”的重要组成部分，它们自2000年6月起对多数公司生效。此后颁布的“财务会计准则第137号”、“财务会计准则第138号”、“财务会计准则第149号”、“财务会计准则第155号”和“财务会计准则第161号”对“财务会计准则第133号”做出了多次修改。国际会计准则理事会采用了一份类似文件，即“国际会计准则第39号”，它较为宽泛，适用于所有金融资产和金融负债，而“财务会计准则第133号”仅适用于衍生产品。“国际会计准则第39号”于2001年开始采用，并于2005年1月起实施。[1]

“财务会计准则第133号”基本上认为，所有衍生产品交易都必须盯市，这意味着不论衍生产品交易是否已经结束，都应确定衍生产品交易在会计期间产生的损益，并在财务报表中报告。此外，衍生产品必须作为资产和负债出现在资产负债表上。但首先，“财务会计准则第133号”必须定义什么是衍生产品。

根据“财务会计准则第133号”，衍生产品有一个或多个基础工具，以及一个或多个名义金额，将其结合起来才能确定结算金额或报酬。它要么没有初始支出，要么比其他具有类似报酬的合约的支出小。此外，它还需要净额结算或实际交割基础工具。

> “财务会计准则第133号”是美国财务会计准则委员会规定衍生产品的适当会计核算程序的政策。

“财务会计准则第133号”允许出现某些例外。例如，按时购买的资产不是衍生产品，即将付款购买的资产不是衍生产品，保险也不是衍生产品。高管薪酬中使用的期权不是衍生产品，至少根据“财务会计准则第133号”的规定不是衍生产品。但是，这些工具确实有自己的会计核算要求。某些嵌入式衍生产品可能是也可能不是衍生产品。例如，纯利息剥离证券和纯本金剥离证券通

① 衍生产品会计一直在变化。例如，财务会计准则委员会的“会计系列公告第815号：衍生产品与对冲”和“国际财务报告准则（IFRS）第9号：金融工具”就反映出最近的变化。

常不是衍生产品，但某些浮动利率证券的嵌入式期权可能被视为衍生产品，因此可能必须被分离出来并符合“财务会计准则第 133 号”。

“财务会计准则第 133 号”将所有衍生产品交易分为四类：公允价值对冲、现金流对冲、外国投资对冲和投机。

15－3a　公允价值对冲

公允价值对冲（fair value hedge）是一种交易，在这种交易中，公司对某个资产头寸或负债头寸的市场价值进行对冲。衍生产品损益记录并反映在当期利润中。此外，资产或负债盯市，其损益也反映在当期利润中。

> 公允价值对冲是衍生产品和被对冲工具均盯市，且二者的损益均记录在当期利润中的对冲。

例如，一家公司持有某种证券并进行了一笔衍生产品交易来对冲未来的证券出售。季末该公司编制财务报表时，对冲仍在进行中。假设 100 000 美元的证券产生了价值损失。但是，它的衍生产品产生了 96 000 美元的收益。该公司的会计分录如下：

借记衍生产品（例如，互换、期货）	96 000 美元
贷记未实现的衍生产品收益	96 000 美元
借记未实现的证券损失	100 000 美元
贷记证券	100 000 美元

请记住，对于资产，借记表明资产增加，贷记表明资产减少；对于负债和资本，借记表明负债和资本减少，贷记表明负债和资本增加；对于收入，贷记表明收入增加，借记表明收入减少。因此，在第一笔分录中，资产（衍生产品）增加，收入增加（未实现的收益）。在第二笔分录中，收入减少（未实现的损失），资产（证券）减少。净影响是收入和资产都减少了 4 000 美元。

如果对冲有效，那么它对收入的影响很小，因此对利润的影响很小，否则，利润将发生波动。有效对冲和无效对冲将相应反映在利润中。

为了满足采用公允价值会计的资格，公司必须始终正确记录每笔交易，并且必须预期对冲将有效。然而，出售期权通常不具备采用公允价值会计的资格。此外，预期将持有至到期的债券不适用于对冲会计。然而，某些预期交易可能有资格采用对冲会计，尽管其中许多交易属于以下类别。

15－3b　现金流对冲

在**现金流对冲**（cash flow hedge）中，未来现金流的风险被衍生产品对冲。一个典型例子是某家公司计划提取贷款。该公司可能卖出欧洲美元期货或购买远期利率协议来对冲利率上升的风险。现金流对冲比公允价值对冲更复杂，必须满足更严格的要求。

在现金流对冲中，公司对衍生产品盯市，从而确认其价值损益。衍生产品将以当前市场价值出现在资产负债表上。然后，该公司将该损益记录在一个单独类别中，该类别被称为其他综合收入（other comprehensive income，OCI）。其他综合收入并不是一般收入账户，它实际上是临时资本账户，在资产负债表中显示在权益后面。因此，衍生产品损益计入资本。在对冲结束日，公司提取贷款等基础交易完成。然后从相应账户中去掉衍生产品，计入其他综合收入的金额将从其他综合收入中转出，这笔金额将用于调整基础交易价值和利润。因此，实施对冲时衍生产品损益不影响收入，而是出现在这个临时持有账户——其他综合收入中，表示为资本的一部分。最终，衍生产品交易的目的是进行对冲，而衍生产品损益则转移到收入和基础交易中。此外，现金流对冲会计还要求将对冲结果分为“有效”和“无效”两部分。多数对冲工具与风险敞口并不完全匹配，因此，某部分衍生产品对冲与风险敞口不匹配。这种滑移被认为无效，如果处于合理范围之外，可能被要求作为投机处理，这一点我们稍后将会讨论。

让我们考虑公司预期借入贷款的例子。假设从现在起 6 个月后，该公司计划发行 1 000 000 美元的 1 年期零息票据。它购买了远期利率协议来对冲利率上升。尽管已经实施了对冲，但利率下降，远期利率协议亏损 10 000 美元。之后，远期利率协议到期，损失 12 000 美元，此时该公司发行票据。该公司以 7%的利率发行 1 年期票据，从而产生 (1−0.07)×1 000 000=930 000 美元的初始现金流入。用现金流对冲时，将有一笔临时交易：

借记其他综合收入	10 000 美元
贷记远期利率协议	10 000 美元

其中，远期利率协议显示为负债。提取贷款时的交易为：

借记现金	930 000 美元
贷记应付票据	930 000 美元
借记远期利率协议	10 000 美元
借记其他综合收入	2 000 美元
贷记现金	12 000 美元
借记应付票据	12 000 美元
贷记其他综合收入	12 000 美元

第一笔分录反映出发行了票据并收到现金 930 000 美元。在第二笔分录中，从账户上去掉作为负债的远期利率协议，并在其他综合收入中计入 2 000 美元的亏损。12 000 美元现金是用于支付远期利率协议的。在第三笔分录中，其他综合收入被平仓，票据余额从 930 000 美元减至 918 000 美元。换言之，现在我们已经实际借入 918 000 美元，之后将偿还 100 万美元。

然而，假设这不是完美对冲。假设在过渡期，损失为 11 000 美元，但有效对冲产生的损失为 10 000 美元。因此，无效对冲导致了 1 000 美元的损失。我们将有下列分录：

借记当前收入	1 000 美元
借记其他综合收入	10 000 美元
贷记远期利率协议	11 000 美元

到期时，假设远期利率协议的累计损失为 15 000 美元，其中 12 000 美元为有效对冲产生的损失，3 000 美元为无效对冲产生的损失。930 000 美元票据的第一笔分录相同。接下来两笔分录为：

借记远期利率协议	11 000 美元
贷记其他综合收入	11 000 美元
借记当前收入	2 000 美元
借记其他综合收入	1 000 美元
借记应付票据	12 000 美元
贷记现金	15 000 美元

上面第一笔分录将远期利率协议从负债中移除，并移除其他综合收入账户中除 1 000 美元以外的所有资金。第二笔分录对其他综合收入平仓，将当前收入减记 2 000 美元。应付票据从 930 000 美元减至 918 000 美元，反映出有效对冲产生 12 000 美元的损失。无效对冲产生 2 000 美元的损失，计入当前收入，并结合之前分录中当前收入增加的 1 000 美元的损失，反映出无效对冲产生 3 000 美元的损失。

如上所述，现金流对冲要求分离有效对冲和无效对冲。有效对冲递延记入权益账户，而无效对冲必须立即记入收入账户。财务会计准则委员会尚未明确规定如何分离有效对冲和无效对冲。但粗略的经验法则表明，有效对冲是指 80%～125%的被对冲工具损益与衍生产品损益匹配的对冲。尽管如此，这里的规则仍然很模糊，现金流会计仍然较难使用，即使公司尚未决定是否必须使用它。尤其是，到期日与对冲结束日不完全一致的期货更可能为无效对冲（至少根据财务会计准则委员会制定的准则是如此），因此可能导致更高的利润波动。

> 现金流对冲是指对冲未来现金流。对衍生产品盯市，损益计入临时资本账户，直到完成对冲。对冲损益必须分为有效部分和无效部分。

和公允价值对冲一样，现金流对冲必须在开始时准确记录，并且必须预期有效，公司必须规定如何确定对冲的有效性。发生预期交易的可能性必须很高，且必须明确说明交易细节。一般而言，卖出期权不满足现金流对冲的资格。

15-3c 外国投资对冲

“财务报表会计准则第 52 号”（SFAS 52）规定了如何处理外汇对冲，该准则是在发布“财务会计准则第 133 号”之前数年前发布的一份文件。“财务报表会计准则第 52 号”中的主要准则得以保留。公司经常对预期货币交易和国外业务的货币折算进行对冲。外国业务的货币折算是反映汇率变化对外国子公司的影响的会计分录。如果符合某些条件，就可以进行这些对冲，并且有资格进行对冲会计核算。这些条件类似于我们之前确定的条件。对冲必须进行记录且预期有效，且必须明确规定有效性的衡量标准。不用于对冲折算的外汇对冲仍然有资格根据前述标准进行公允价值会计核算或现金流会计核算。

15-3d 投机

不满足公允价值会计、现金流会计或外汇对冲会计资格的交易必须被视为投机。此时需要对衍生产品盯市，损益计入当期收入，不对其他账户进行抵消调整。

15-3e 应用“财务会计准则第133号”的几个问题

“财务会计准则第133号”取得了重大进展，阐明了衍生产品会计处理中许多会引起混淆的问题。尽管如此，仍有一些问题没有得到解决，并引起了一些担忧。

例如，“财务会计准则第133号”没有规定什么是有效对冲。因此，如果后来确定公司使用的有效性测试是不可接受的，那么就可能需要重新调整报表中的利润。“财务会计准则第133号”还要求将一些嵌入式衍生产品剥离出来予以估值。这可能极为复杂，并可能产生很大的误差。“财务会计准则第133号”不允许对持有至到期的债券进行对冲会计处理。它反映了一个普遍而天真的观点，即只要持有债券至到期，最终将收回所有价值损失。这种规定忽略了在利率升高环境下持有债券的机会成本。毫不意外，它是从会计角度而不是经济角度反映交易的。根据“财务会计准则第133号”，衍生产品和相应被对冲工具的估值至关重要。虽然我们在本书中花了大量篇幅强调估值，但对于公司而言，获得衍生产品或被对冲工具的可靠价值并不容易。尽管如此，如果“财务会计准则第133号”迫使公司更关注其衍生产品和被对冲工具的市场价值，那么或许可以起到好的作用。

“财务会计准则第133号”不允许宏观对冲。在宏观对冲中，公司将考虑所有头寸，并对冲净风险敞口。例如，一家公司可能有不同资产类别的风险敞口。由于这些资产类别之间有相关性，可能显著降低风险。然后，公司可以选择只对冲剩余风险。然而，这种对冲将不再满足对冲会计的资格。对冲必须是针对特定交易的。

15-3f 披露

与衍生产品会计问题密切相关的是在年报和10-K报告中披露多少关于公司使用衍生产品的信息。1997年，美国证券交易委员会下令要求大型公司和银行披露更多关于衍生产品的会计政策，更多关于其市场风险的定量信息和定性信息，以及更多关于所用工具、所持头寸、承诺和预期交易的信息。公司必须将其衍生产品分为两类：本质上为投机的交易性衍生产品和本质上为对冲的非交易性衍生产品。

> 美国证券交易委员会要求上市公司披露其衍生产品和风险管理活动的定性信息和定量信息。

对于定量披露，公司必须提供：(1) 关于其衍生产品市场价值的表格信息和按到期日分类的相关合约条款；(2) 潜在损失的敏感性分析；(3) 在险价值（VAR）。关于定性披露，公司必须确定其主要风险敞口以及如何管理风险敞口。

美国证券交易委员会的披露要求一直存在争议，它要求公司披露可能对竞争对手有用的信息。此外，要求公司披露金融风险以及如何因管理这些风险而忽视了公司面临各种非金融风险的事实，而公司并未被要求披露这些非金融风险。例如，航空公司面临坠机造成灾难性人员伤亡和财产损失的风险。然而，它并不需要披露如何管理这种风险，或者坠机会对其VAR造成什么影响。这些规定有可能会惩罚审慎管理金融风险的用户。

15-3g 避免衍生产品损失

正如我们在本书中看到的，衍生产品是可以用来管理风险的高效工具。尽管如此，我们也为使用这种工具付出了代价，其中部分代价是它们有高杠杆，容易被错误使用。因为每种衍生产品产生的收益都与交易对手的损失匹配，所以必然有一方产生损失。在某些情况下，损失方的损失巨大而惊人。巨额亏损往往会成为头条新闻，因此，许多公司发现自己尴尬地登上了报纸头版。这些损失有小有大，甚至可以大到几乎难以令人置信，涉及的组织类型和使用的衍生产品应有尽有。幸运的是，在 1994 年左右，衍生产品损失率似乎达到高峰，并在近年来有所下降。我们下面将详细考察四个最著名的衍生产品亏损案例。[①]

15-3h 德国金属工业集团：是否进行对冲？

> 我们提出的风险管理计划不仅可以用最小风险保护现货市场上的高利润率，而且为我们提供了获得更高利润而无须承担更多风险的机会。
>
> ——德国金属工业集团（Metallgesellschaft，MG）的商业计划书
>
> 引自安东尼奥·S. 梅洛（Antonio S. Mello）和约翰·E. 帕森斯（John E. Parsons）的研究论文《对冲问题的期限结构：德国金属工业集团的破产教训》（Maturity Structure of a Hedge Matters：Lessons from the Metallgesellschaft Debacle），1995 年 2 月，哥伦比亚大学

德国金属工业集团在 1993 年位列德国第 14 大公司，它成立于 1883 年，有 58 000 名员工，在全球拥有 251 家子公司，并从事各种主要涉及采矿、金属和能源产品的业务。1993 年底至 1994 年初，该公司的期货交易共亏损约 13 亿美元，接近当时其资本的一半。由于德国金属工业集团多年来的期货交易一直很成功，所以这些损失更为明显。尽管该公司被一家银团花 19 亿美元救助，但该事件引起了多方面的关注。如果一家经验丰富的公司可能由于交易衍生产品而濒临破产，那么如何能期望经验不足的公司成功使用它们呢？如果受到高度监管的交易所期货市场交易能产生如此规模的损失，那么不受监管的场外市场将有多危险？德国金属工业集团出现巨额损失的原因是否应归咎于对冲？

这场危机是由德国金属工业集团的一家美国子公司——德国金属工业集团精炼与营销公司（MG Refining and Marketing，MGRM）造成的。1992 年，MGRM 制定了营销策略，向美国公司提供汽油、燃油和柴油的长期固定价格采购合同。如果 MGRM 的顾客同意向 MGRM 购买产品，将能在长达 10 年的时间里锁定其购买价格。这些交易是远期合约，每桶价格比当时的现货价格低 3～5 美元。由于 MGRM 承诺在到期时交割产品，因此是对这些不同能源产品的远期市场做空。

为了对冲风险，MGRM 在纽约商品交易所签订了多头期货合约。其期货对冲约占其承诺的 40%，而场外衍生产品合约约占其承诺的 60%。MGRM 认识到，除了最短期期货合约以外，所有期货合约的流动性均不足，因此它主要对冲其最短期期货合约即无铅汽油、燃油和原油的头寸。其场外合约也是短期的。MGRM 还与其部分持股的美国公司城堡能源（Castle Energy）签订了一份合同，约定在长达 10 年的时间里以固定加价率购买城堡能源的所有产品。

1993 年末，MGRM 买入 5 500 万桶不同能源产品的期货合约，并进行了至少再购买 1 亿桶能源产品的互换。这些数量几乎恰好就是其对客户的远期承诺。换言之，MGRM 使用了我

① 许多公开媒体都报道了与衍生产品业务相关的损失。以下网址列出了其中部分损失：http://www.bus.lsu.edu/academics/finance/faculty/dchance/Research/DerivativesLosses.htm。

们在第 9 章中介绍的"1∶1 原始对冲比率"。

但据我们所知，1∶1 的对冲比率很少是合适的。如果被对冲工具的变化大于或小于对冲工具，头寸就可能对冲不足或对冲超额。另外，由于对冲工具——期货——的期限很短，因此每手合约到期时都必须续期。MGRM 只结算到期合约，并购买下一个最短期合约。正如我们在第 8 章中所述，只要市场处于现货溢价状态，即远期的期货价格低于现货或近期的期货价格，这种被称为叠加对冲或叠加滚动对冲的策略就能成功运行。能源市场往往处于现货溢价状态，这是便利收益率（我们之前也介绍过这个概念）的结果。我们强调，虽然能源市场往往处于现货溢价状态，但是它们可以悄无声息地转换为期货溢价状态，而实际情况正是如此。

1993 年底，能源价格开始下降，在这一年中下降了近 1/3。MGRM 多头期货开始出现亏损，导致需要追加大量保证金。尽管该公司的固定供应合同理论上获得了收益，但是这些收益在交割石油之前不会实现。正如我们指出的，交割承诺将分摊到未来 10 年中。该公司已实现的亏损耗尽了现金，其账面收益没能产生可供抵消的现金。很快，该公司就被巨额亏损压垮了。母公司必须做出决定：平仓还是继续为该账户融资。该公司选择平仓。回想起来，这是它做出的最糟糕的决定。在不到 6 个月的时间里，能源价格全部反弹，这意味着 MGRM 目前未对冲的空头远期交割合约将进一步亏损。

正如我们在本案例第一段指出的，母公司被一个银团（其中部分银行是其董事会成员）救助。MG 的董事长和 MGRM 美国石油交易业务负责人因为合谋以及诽谤前雇主而被解雇并被起诉。最终，MG 在截至 1994 年 9 月 30 日的财务年度中亏损超过 17 亿美元。

目前尚不清楚为什么 MGRM 的对冲如此不均衡。一些专家认为 MGRM 在进行投机并且清楚地知道自己在做什么。还有一些专家称，MGRM 已经实施了有效对冲，本来能产生现金以应付追加保证金要求而无须清算其期货合约，事后看来，这些合约在不到一年之内就能弥补亏损。商品期货交易委员会行使了一种很少使用并且有争议的权力，因为 MGRM 未能执行充分的内部控制而被罚款 220 万美元，该委员会令其在未来证明已实施这种控制措施。

15-3i 加利福尼亚州奥兰治县：赌一把

我是美国最大的投资者之一。我知道这些事。

——罗伯特·西特伦（Robert Citron）

引自菲利普·乔瑞（Philippe Jorion）

《豪赌惨败》（*Big Bets Gone Bad*），学术出版社（Academic Press），1996 年

由于缺乏经验，我非常依赖市场专业人士的建议……我希望自己能掌握更多关于复杂政府证券的知识。

——罗伯特·西特伦（Robert Citron）

对参议院地方政府投资特别委员会的证词，1995 年 1 月 17 日

引自《风险》（*Risk*），1995 年 3 月

加利福尼亚州奥兰治县是美国最富有的县之一。这里有迪士尼乐园、加州天使队和约翰·韦恩机场，1994 年，奥兰治县的投资账户出现了 16 亿美元的损失，这成为美国历史上最大的城市破产案。导致该事件的原因一点也不神秘。奥兰治县的财政局长罗伯特·西特伦（Robert Citron）参与了一个聪明的投资计划，将本质上低风险的货币市场基金变成了涡轮增

压式投资账户。

69岁的西特伦当了24年县财政局长，他经营一家投资于短期固定收益证券的基金。该基金不仅对奥兰治县的资金进行投资，还接受加利福尼亚州其他近200个市政府的资金。它能做到这点并不奇怪。奥兰治县基金的收益率比加利福尼亚州经营的类似基金的收益率高300～400个基点。奥兰治县基金的市值接近75亿美元。1994年6月，虽然西特伦的反对者警告该投资组合的杠杆过高，但西特伦仍当选为县财政局长。

1994年底，美联储控制通货膨胀的动作引发了利率连续大幅上涨，使该基金价值下降了20亿美元。奥兰治县被迫宣布破产。西特伦和他的首席投资官被捕。西特伦宣称他被经纪公司美林证券欺骗进行了这些投资，并改口称自己对这些投资知之甚少。奥兰治县进行了重组，大幅削减服务、裁减员工并向美林证券提起了价值30亿美元的诉讼。

确定问题所在并不需要很久。西特伦通过逆回购协议并利用杠杆以购买更多政府证券。在第8章中，我们介绍了回购协议的概念。假设另一个市政府给了西特伦1亿美元用于投资。西特伦购买了美国中期国债，平均期限约为4年，久期约为3.5年。然后西特伦与一家证券交易商或银行执行逆回购协议，将1亿美元证券质押，换取近1亿美元的贷款，比如9 000万美元贷款。然后，他用9 000万美元买入更多类似证券。用同一笔钱可以多次操作。最终，西特伦将该县的资金加了大约3倍杠杆，总投资达到约200亿美元，而总权益仅为70亿美元左右。这是其久期的3倍。因此，风险本应相当低的中短期基金具有了长期债券基金的风险。当奥兰治县宣布破产，西特伦的策略被揭露时，这并不令人意外。《华尔街日报》早在1994年4月就报道称，西特伦已经对投资组合加了近3倍杠杆。有人指出，当时一个市政府撤回了约400万美元，因为它认为该基金风险太大。事实证明，这可能是这位财政局长职业生涯中的最佳决策。

和任何带有杠杆的债券投资一样，当利率下降时，业绩会相当不错。当1994年的利率上升导致经纪商向该基金发出一系列巨额追加保证金要求时，奥兰治县开始动用其现金储备。当它不能产生足够现金来满足保证金要求时，贷款人就开始出售总额约为100亿美元的担保品。这引发了债券市场震荡、价格下跌。

应该指出的是，奥兰治县的案例中并没有提到衍生产品一词。虽然它的投资组合中有一些衍生产品——主要是结构化票据——但损失与衍生产品无关。西特伦只是使用美国中期国债加上回购协议的杠杆作用，就摧毁了近20%的基金价值。

说奥兰治县投资不明智，没有实行风险管理，可能是轻描淡写。实际上奥兰治县根本没有进行任何风险管理。西特伦应由选举产生的县委员会监督，但该县几乎没有进行监督。委员会信任这位“老掌柜”，让他自行其是。

奥兰治县提出偿还相关市政府和其他机构约3/4的投资，并在长期内偿付其他证券，但大部分还款要依靠赢得对美林证券的诉讼。在1.5万名县工作人员中，近2 000人失业。该县出售了近1亿美元资产，并提出增加销售税，但选民压倒性地否决了该提案。该县甚至试图出售约翰·韦恩机场，但发现联邦法律不允许这种交易。1996年，西特伦对六桩罪认罪，被判有期徒刑一年，并处罚金100 000美元。奥兰治县得以发行新债并推迟偿还旧债，到1996年中，它已从破产中恢复。最终，它与美林证券达成了和解。

15-3j 巴林银行：一个人如何摧毁一家银行

你们多数人都了解并且全都听说过尼克·利森，他在新加坡经营我们的业务，我希望你们效仿他。

——巴林银行（Barings）金融产品部负责人罗恩·贝克尔（Ron Baker）

引自尼克·利森（Nick Leeson）的《流氓交易者》(*Rogue Trader*)，1996年，第143页

巴林银行是一家英国投资银行，成立于1763年。它曾在英国历史上发挥过重要作用，为拿破仑战争提供资金，其众多富有客户中包括英女王伊丽莎白二世。1995年2月的一个周末，巴林银行被迫宣布破产，造成约12亿美元损失，几乎是其资本的两倍。亏损原因是新加坡分行一名28岁的前职员尼克·利森的期货交易。巴林银行被荷兰国际集团（Internationale Nederlanden Groep，ING）救助，后者花了约1.61美元[①]买下其资产（约9亿美元），并承担了其大部分负债。荷兰国际集团立即注资约10亿美元。然而，巴林银行的部分债务未被承担，因此，相应的债券持有者遭受了巨大损失。

利森于1989年7月加入该银行，此前曾在伦敦为美国银行摩根士丹利工作。作为处理交易结算的职员，他在巴林银行后台的工作井井有条，给上级留下了深刻印象。1992年3月，他申请并获准调到新加坡分行，该分行积极参与日本东京和大阪的期货交易以及新加坡国际货币交易所（Singapore International Monetary Exchange，SIMEX）的期货交易。利森在后台的工作仍然表现出色。同时，利森一直在学习期货交易窍门。很快，他就开始执行套利交易，在新加坡买进日本股指期货，同时在大阪卖出相同合约，以利用同一合约在两家交易所的价差。

这类交易应该是低风险的。一个头寸将获得收益，另一个将产生类似金额的损失。净结果应该是该合约在两家交易所的微小价差导致的微利。正如利森在他的著作《流氓交易者》中讲述的那样，1992年，他开始将损失隐藏在一个特殊账户中。很快，利森的交易开始产生巨额利润。由于利森负责后台，而且他的员工忠于他，所以当上面要求提交报告或审计师出现时，他能安全地将损失隐藏起来。1994年，他报告的利润约为2 800万英镑，但隐藏了1.8亿英镑的损失。从1995年1月1日到2月23日，巴林银行的最后一天，利森的利润几乎达到1 900万英镑，而损失为6亿多英镑，他越来越难以掩盖这些损失的踪迹。

在第7章中，我们讨论过跨式期权，这种策略需要对看跌期权和具有相同执行价格的看涨期权做多。利森通过卖空跨式期权赚取了更多资金，总共涉及近20 000手合约。这意味着只要市场大体保持稳定，利森就能获利。而在高波动率下，他将产生巨额损失。1995年1月下旬，利森在大阪交易所持有3 000多手日经225股指期货合约多头。1月17日，日本神户市发生地震，该指数在接下来五周里下跌了约13%。利森造成了巨大亏损，但他增加了赌注，认为市场将转向。最终，利森持有70亿美元头寸，如果市场上涨，他就将获利；如果市场下跌，他就将亏损。他在大阪持有约17 000手合约，在新加坡持有40 000多手合约。他还持有巨额日本国债和欧洲日元头寸。

有证据表明，伦敦的巴林银行高管早在1992年就已接到关于利森交易的警告。1994年，一项审计认为，尽管利森没做错什么（但事实上并非如此），但他仍有犯错的可能性。这项审计指出，尽管利森在很低风险下获得了大额利润，但他既负责前台，也负责后台。

1995年2月23日（星期四）是利森在巴林银行新加坡分行工作的最后一天。第二天，他和妻子秘密逃离新加坡。他们先后前往多个亚洲国家，最后飞往德国法兰克福，并在逃离新加坡一周后被德国警方逮捕。新加坡寻求将他引渡，而利森的英国律师则努力将他引渡到英国并在那里接受指控。然而，英国当局无法确定他是否违反了英国法律。1995年10月，德国法院同意

① 是的，只有1美元61美分。当时这大约相当于1英镑。

将他交给新加坡。利森回到新加坡并对欺诈指控认罪，使本可能长达14年的刑期减到6.5年。

巴林银行的故事震惊了金融界。有人担心SIMEX清算所可能会破产或使用客户资金来弥补亏损。曾经在1890年拯救过巴林银行的英格兰银行考虑再次出手，但很快就发现，只有投资者而不是客户会因巴林银行破产而蒙受损失。尽管金融体系遭受了冲击，但没有显示出广泛的破产威胁，即我们之前提到的系统性风险。巴林银行破产后大约一周，荷兰国际集团买下巴林银行，市场迅速平息，没有发生进一步震荡。

巴林银行是风险管理不善的经典案例。它实际上违反了每一条规则。利森同时控制了后台和前台，因此有能力在很长一段时间内隐藏损失。巴林银行的风险管理系统只不过是利森给出的显示其头寸和业绩的审计和定期报告。这些报告是伪造的，审计师的检查不足以查明问题，尽管他们警告说有可能发生欺诈行为。这起不到什么作用，因为这些警告被忽略了。伦敦总行的印象是，这个没有大学学历的28岁职员从两个市场的价差中赚取了大额套利利润。它从来没有质疑过这些利润有多离谱。

巴林银行给其他金融机构提供了一个警醒。此后风险管理变得极为重要。

15-3k 宝洁：失败的互换

> 面对市场表现，我挠挠头，无法想象为什么人们这样做。比如，当宝洁亏得精光时，我看不懂这家公司的人在想什么，他们只是看着互换公式说："对，这正是我想要的"。
>
> ——匿名
>
> "结构化票据推销员的自白"
>
> 《衍生产品策略》(*Derivatives Strategy*)，1995年11月11日

宝洁公司（Procter & Gamble，P&G）是美国最著名的公司之一。它也是一家大型跨国公司，有众多国外业务和显著的利率风险与汇率风险。1993年10月下旬，宝洁与其交易商银行家信托（Banker's Trust，BT）进行了一笔奇异互换。互换支付是由一个复杂的短期利率和长期利率关系公式决定的。1994年初，宝洁又进行了另一笔奇异互换，该互换与德国马克汇率挂钩。这笔交易类似于我们之前讨论的范围浮动利率票据。双方都支付与德国利率挂钩的浮动利率。宝洁认为，德国马克互换利率将保持在4.05%～6.10%。宝洁的两个头寸基本上都押注美国利率和德国利率不会大幅上升。如果宝洁是正确的，那么它将锁定有吸引力的借款利率，它低于市场利率（即商业票据利率）40个基点。如果宝洁赌错，它将被迫以远远高于市场利率的利率借款，从而蒙受巨大损失。这些交易还包含期权，允许宝洁锁定累计损益。

1994年4月，宝洁披露，它已经为这些交易支付了1.57亿美元的税前费用。宝洁最终以比商业票据利率高1 412个基点的利率借款。尽管这个数字仅使其每股利润降低了15美分，却成为一场公关噩梦。宝洁的财务主管诺曼·梅因斯（Norman Mains）被调职。当年稍晚时候，宝洁向银行家信托提起价值1.3亿美元的诉讼，指控其犯有四项罪行：欺诈、疏忽性失实陈述、违反诚信义务和疏忽。宝洁还根据美国联邦《诈骗影响和腐败组织法案》（Racketeer Influenced and Corrupt Organizations Act，RICO Act）（一项旨在惩罚有组织犯罪的法案）对银行家信托提起指控。该法案曾被成功用于不涉及有组织犯罪的案件中，并且允许处以高达损失三倍的罚金。

银行家信托认为，宝洁经营复杂的衍生产品业务，在货币和利率衍生产品方面经验丰富。在这一点上，银行家信托当然是对的。宝洁对于这些类型的工具有多年成功经验，其中一些杠

杆很高而且非常奇异。那么，宝洁有什么理由认为银行家信托欺骗了它呢？银行家信托按惯例会录制所有与衍生产品客户的对话。宝洁获得法院准许，得到录音带，发现银行家信托的衍生产品工作人员称宝洁不知道自己被利用了。宝洁认为银行家信托是其顾问，因此它信赖银行家信托的建议，而银行家信托诱导其进行这些交易就是欺诈。

1996 年夏，银行家信托新任董事会主席虽然有信心在法庭上获胜，但选择与宝洁和解来了结。银行家信托最终向宝洁支付了约 8 000 万美元。银行家信托还在庭外对其他一些案件达成和解。监管机构对其课以罚款，并命令它同意采取各种行动以改变其衍生产品销售和经营程序。

作为回应，一些主要衍生产品交易商组建了一个非正式工作组，以制定自律程序。虽然这些程序不具约束力，但是它们代表该行业制定衍生产品销售和交易实务标准的努力。尤为值得注意的是，除非具体说明，否则所有交易都是公平的，这意味着交易商不是最终用户的顾问。

仔细研究历史案例可以学到很多东西。PRMIA 提供了多个衍生产品案例的记录，详见 http：//www. prmia. org/prmexam/casestudies-standards。

15-4　风险管理行业标准

许多组织的经验——比如上一节讨论的经验——毫无疑问给出了一些教训，使其他组织免于遭受损失并陷入窘境。鉴于这些担忧，风险管理行业做出了多方面努力以确定符合有效风险管理的做法。PRMIA 和 GARP 等组织推动了风险管理实务中的专业性和高标准。其他一些组织建立了正式标准，被称为最佳实务。这种行业标准的目的是促进高质量风险管理，其主要目标是帮助公司避免不必要的财务困境。最终，高管必须了解当前风险敞口以及未来风险敞口带来的各种金融风险。了解这些情况有望改善财务决策，减少潜在未来损失。

第一套标准由 30 人集团（G-30）确定，这是一个由研究和评估国际金融界所面临问题的经济和金融专家组成的私人国际组织。该组织 1993 年的一份报告列出了交易商和最终用户的 24 条最佳实务标准，以及对立法机构、管理机构和监督机构的建议。该报告只能向 30 人集团购买，见 http：//www. group30. org/rpt_29. shtml。该报告强调了高管参与风险管理过程的重要性和建立有效并独立的风险管理系统的必要性。它明确建议使用净额结算、VAR、δ、γ 和 vega 等概念，并强调了市场风险管理和信用风险管理的必要性。虽然报告中的部分内容已经过时，但它仍然是风险管理的黄金标准。

风险标准工作组（Risk Standards Working Group）是一个由机构投资业（主要是养老基金和捐赠基金）顾问和从业者组成的非正式委员会。该工作组致力于改善投资管理业的风险管理。该工作组的 20 条建议可见于 http：//www. cmra. com/risk_standards_working_group. php。这些建议与 30 人集团的报告类似，但更适用于投资管理业。

15-5　高管的责任

如果公司的管理层不代表股东利益行事，董事会不能充分监督管理层，就形成了腐败和剥削股东的肥沃土壤。这种公司被称为公司治理不善。2001—2002 年，多起金融丑闻爆发，尽管它们基本上与衍生产品无关，但引起了人们对公司治理不善问题的关注。人们提到泰科

(Tyco)、安然（Enron)、阿德菲亚（Adelphia)、南方医疗（Health-South）和世通（WorldCom）等知名公司时，更多地是与管理疏忽和剥削股东，而不是它们提供的产品和服务联系起来。由于这些丑闻，2002 年，美国国会通过了《萨班斯-奥克斯利法案》（Sarbanes-Oxley Act)，强调高管有责任妥善监督公司的所有业务。2008 年金融危机后，美国政府颁布了《多德-弗兰克华尔街改革和消费者保护法案》。正如第 2 章讨论的，该法案的目标主要是使市场更透明，要求增加多边清算，提高头寸披露程度，减少系统性风险。该法案的另一个影响是增加对高管的压力，以改善以对冲为重点的风险管理活动。

尽管改善风险管理并不是《萨班斯-奥克斯利法案》的明确目的，但对该法案的任何合理解释都会得出高管对风险管理不善负责的结论，不管问题发生在多么低的组织层级上。《萨班斯-奥克斯利法案》和日益重视良好公司治理与风险管理行业实务一致，后者实际上在公司治理不善问题导致法律出台之前就已存在。然而，《萨班斯-奥克斯利法案》从法律上规定，确保公司行为有利于股东并避免损害股东利益是高管的义务。良好的风险管理显然是与《萨班斯-奥克斯利法案》一致的。但是在《萨班斯-奥克斯利法案》之前，良好的风险管理显然是一个理想目标。在《萨班斯-奥克斯利法案》之后，它实际上成为法律规定，如果高管不履行职责，就会被施以严厉处罚。为此，高管必须建立确保有效履行风险管理职能的组织结构和程序。当然，高管不需要掌握关于风险管理的详细实际操作知识。但是，负责人必须掌控公司的风险管理实务。在本节最后，我们将考察高管为确保控制风险管理职能应该遵循的几项一般准则。

● 制定书面政策

公司应该制定公司内部的风险管理政策。这些政策应确定公司面临的风险，并讨论其对风险的承受能力以及承担风险的意愿和能力。这些政策应该确定公司风险管理计划的目标并确定其期望。这些政策应该明确如何以及为何使用衍生产品来管理风险。最后，这些政策应该规定和讨论如何对政策本身进行审核和调整。

● 定义职务和责任

正如我们前面提到的，公司应该有权限明确的、独立的风险管理系统。高管必须了解公司内部的风险承担者。公司必须选择明显集中或明显分散的结构。公司必须确定风险管理系统是完整、覆盖全公司的企业风险管理系统，而不是分别管理不同风险的系统。最后，公司必须建立检查和制衡机制。

● 确定可接受的策略

公司必须确定应该接受哪些风险，管理哪些风险，减轻哪些风险。公司应该明确允许开展衍生产品业务的范围。公司应该建立适用于整个公司层面，部门、小组或投资组合层面以及个人层面的交易限制。

● 确保员工合格

高管始终负责确保员工具备履行职责所需的知识、能力、培训和资源。通常这项工作主要面对的是高级员工，而这些人则负责初级员工。

● 确保控制系统到位

高管负责确保估值和监测软件、硬件和人员到位。控制系统还必须提供独立的风险监控，这意味着风险经理必须对高管而不是交易员负责。控制系统必须规定交易限额和限制，必须可执行，必须规定如何处理例外情况，并且

> 履行其风险管理职责时，高管必须制定书面政策、定义职务和责任、确定可接受的策略、确保员工合格、确保控制系统到位。高管不一定直接参与日常风险管理活动，但承担最终责任。

必须确保使用现代风险管理技术。控制系统必须包含备份系统并定期检查控制功能。高管还必须确保在风险调整的基础上对业绩进行评估，并确保风险承担者的薪酬形式不会鼓励他们过度冒险。

总之，我们看到，高管对公司的风险管理职能负责，同时也对公司提供的产品和服务的质量和安全负责。高管不必参与日常风险管理活动，但必须确保具备相关能力的人员参与这些活动。总之，高管是最终负责人。如果出了问题，高管就应该被问责。

总结

本章以不同于前14章的视角考察了风险管理。到目前为止，我们主要集中于风险管理工具（例如期权、期货、远期和互换）的定量分析。但定量分析并不是风险管理的全部，许多定性因素同样重要。

在本章中，我们考察了风险管理业，了解到它由交易商、最终用户以及其他一些在法律、会计、软件和一般咨询领域提供建议的公司组成。我们分析了一家公司如何设计衍生产品的部门结构，指出一些公司实行集中风险管理，而另一些公司实行分散风险管理。在某些情况下，公司将内部所有风险管理集合到一个流程中，它被称为企业风险管理。

我们还考察了衍生产品会计和风险管理实务的基本原则。我们看到，衍生产品会计通常使用被称为公允价值会计或现金流会计的过程。满足对冲资格的衍生产品交易与对冲的基础工具共同进行会计核算。我们考察了一些使用衍生产品的公司如何遭受巨额损失，以及这些损失如何导致建立风险管理最佳实务的行业标准。最后，我们考察了高管在确保风险管理有效运行方面的责任。

本书带你了解了衍生产品和风险管理。正如你可能认为的，这是一个复杂问题，但现在你拥有了深入研究这个引人入胜的问题的工具。当你执行第一笔衍生产品交易时，我们希望你问自己一个简单问题：我是否正在实行风险管理？

关键术语

最终用户/交易商	企业风险管理	现金流对冲	前台/后台/中台
对冲会计	财务会计准则第133号/公允价值对冲		

扩展阅读

下列书籍提供了关于一般风险管理的信息：

Chew, L. *Managing Derivatives Risk: The Use and Abuse of Leverage*. New York: Wiley, 1996.

Coleman, T. S. *A Practical Guide to Risk Management*. Charlottesville, VA: Research Foundation of the CFA Institute, 2011.

Collier, Paul M. *Fundamentals of Risk Management for Accountants and Managers: Tools and Techniques*. Amsterdam: Elsevier, 2009.

Fraser, J., and B. J. Simkins, eds. *Enterprise Risk Management: Today's Leading Research and Best Practices for Tomorrow's Executives*. New York: Wiley, 2010.

Gastineau, G. L., and M. P. Kritzman. *The Dictionary of Financial Risk Management*, 2nd ed. New Hope, PA: Frank Fabozzi Associates, 1999.

Haslett, W. V. "Bud," ed. *Risk Management: Foundations for a Changing World*. New York: Wiley and CFA Institute, 2010.

Jorion, P. *Financial Risk Manager Handbook: 2001-2002*. New York: Wiley, 2001.

Lam, J. *Enterprise Risk Management: From Incentives to Controls*. New York: Wiley, 2003.

Marthinsen, J. *Risk Takers: Uses and Abuses of Financial Derivatives*, 2nd ed. Boston: Pearson Prentice Hall, 2008.

Patterson, S. *The Quants: How a New Breed of Math Whizzes Conquered Wall Street and Nearly Destroyed It*. New York: Crown, 2010.

Smithson, C. W. *Managing Financial Risk: A Guide to Derivative Products, Financial Engineering, and Value Maximization*, 3rd ed. New York: McGraw-Hill, 1998.

Woods, M. *Risk Management in Organizations: An Integrated Case Study Approach*. London: Routledge, 2011.

下列书籍讲述了一些著名衍生产品损失案例：

Dunbar, N. *Inventing Money: The Story of Long-Term Capital Management and the Legends Behind It*. Chichester, UK: Wiley, 2000.

Fay, S. *The Collapse of Barings*. New York: W. W. Norton, 1997.

Jorion, P., and R. Roper. *Big Bets Gone Bad: Derivatives and Bankruptcy in Orange County*. Orlando, FL: Academic Press, 1995.

其他与管理公司内部风险相关的重要参考文献包括：

Anson, M. J. P. *Accounting and Tax Rules for Derivatives*. New Hope, PA: Frank Fabozzi Associates, 1999.

Brooks, R., and B. N. Cline. "Stock Buyback Programs and Stock Option Plans: A Theoretical Framework." *Advances in Quantitative Analysis of Finance and Accounting* 11 (2013): 1-28.

DeMarzo, P., and D. Duffy. "Corporate Financial Hedging with Proprietary Information." *Journal of Economic Theory* 53 (1991): 261-286.

Gastineau, G., D. J. Smith, and R. Todd. *Risk Management, Derivatives, and Financial Analysis under SFAS 133*. Charlottesville, VA: Research Foundation of the Association for Investment Management and Research 2001.

三一大学（Trinity University）的鲍勃·詹森（Bob Jensen）教授维护着一个关于"财务会计准则第133号"和"国际会计准则第39号"的出色网站：http://www.trinity.edu/rjensen/acct5341/speakers/133glosf.htm。

Johnson, P. M. *Derivatives: A Manager's Guide to the World's Most Powerful Financial Instruments*. New York: McGraw-Hill, 1999.

Klein, R. A., and J. Lederman. *Derivatives Risk and Responsibility*. Chicago: Irwin, 1996.

McLaughlin, R. M. *Over-the-Counter Derivative Products: A Guide to Business and Legal Risk Management and Documentation*. New York: McGraw-Hill, 1999.

Modern Risk Management: *A History*. London: Risk Books, 2003.
Zhang, H. "Effect of Derivative Accounting Rules on Corporate Risk-Management Behavior." *Journal of Accounting and Economics* 26 (2009): 319-351.

概念检查

1. 请说明为什么在资金部进行风险管理的最终用户不应要求资金部成为利润中心。
2. 请区分参与衍生产品交易的交易商与最终用户的典型目标。
3. 请列举交易商公司内两类主要的衍生产品专家。
4. 请讨论最终用户的集中风险管理和分散风险管理的优缺点。
5. 请说明集中风险管理与企业风险管理的区别。

问题与习题

1. 请区分衍生产品交易商的前台和后台。请说明为什么保持前台和后台分离很重要。
2. 请说明为什么传统的审计部门不能作为风险管理部门。
3. 为什么要使用对冲会计？对冲会计在什么情况下会被误用？
4. 请说明公司如何确定对冲是否有效，从而判断是否应该使用对冲会计。
5. 请描述公允价值对冲会计与现金流对冲会计之间的主要差异。
6. 请列举美国公司披露使用衍生产品管理风险的方式以满足美国证券交易委员会要求的三种方式。
7. 请用一句话总结下列各组织未能实行风险管理的原因：
a. 德国金属工业集团
b. 奥兰治县
c. 巴林银行
d. 宝洁公司
8. 风险管理行业标准的目的是什么？
9. 高管在风险管理系统中承担什么责任？
10. 有效风险管理系统最重要的组成部分是什么？
11. 请简要说明如何从会计角度处理投机性衍生产品交易。
12. 高管的责任之一是确定可接受的风险管理策略。请列举三类风险，聚焦于广义类型的风险，而不是具体类型的风险。
13. 请列举并讨论与应用"财务会计准则第 133 号"相关的五个问题。
14. 假设一家公司从事一项满足公允价值对冲资格的衍生产品交易。该公司持有某种证券，并通过出售衍生产品进行对冲。在对冲过程中，证券价值增加 20 000 美元，而衍生产品价值减少 22 000 美元。请说明如何做会计分录，以及该公司的利润和资产负债表将受到什么影响。
15. 假设一家公司计划在未来某个日期购买某种资产。该资产的远期价格为 200 000 美元。该公司以 205 000 美元的价格购买远期合约对冲这笔资产购置交易。在对冲期间，远期合约造成了 15 000 美元的账面损失。在对冲结束时，远期合约已经损失了 20 000 美元的累计价值，资产价格下降 20 000 美元。请说明如何做会计分录以及该公司的利润和资产负债表将受到什么影响。如果这不是有效对冲，情况将有何不同?

16. 请说明高管制定详细的财务风险管理书面政策的优点。

17. 请定义并解释独立的风险监测的含义。高管如何改进独立的风险监测?

18. ACB 公司进行了一笔远期交易，并采用公允价值对冲会计。ACB 持有基础工具，并通过出售该远期合约进行对冲。在对冲期间，基础工具价值增加了 250 000 美元，而衍生产品价值减少了 220 000 美元。请确定所需的会计分录以及 ACB 公司的利润和资产负债表将受到什么影响。

19. 请说明公司的外国子公司如何对货币折算对冲进行会计处理。

20. 请从原理上说明如何应用现金流对冲会计。具体而言，请说明这种会计处理与现金流交易会计的典型处理方式有何不同。

附 录 A

概念检查答案

第 1 章

1. 商业风险是与特定业务相关的风险，而金融风险是与股价、汇率、利率和商品价格相关的风险。一个例子是，某家企业可能从事家具制造业务。商业风险反映了家具市场的不确定性，而金融风险则反映了影响借款成本的利率风险。此外，企业还可能受到汇率的影响。某些金融风险也可能是商业风险。例如，银行的商业风险受利率风险和汇率风险的高度影响。

2. 实物资产包括经济中的有形资产，然而，就我们的目的而言，我们对它的定义也包括管理人才、创意和品牌等无形资产。它们与金融资产（即证券）不同，金融资产代表的是对拥有实物资产的商业公司或政府的索偿权。

3. 风险厌恶投资者不喜欢风险，如果预期不会获得更高收益率，就不会承担额外风险。这种投资者力求在给定风险水平时获得最高收益率，或在给定收益率下承担最低风险。风险中性投资者只追求最高收益率，而不考虑风险。

4. 金融市场通过价格区分股票和债券的质量。市场设定价格，使投资者的预期收益率与风险水平相当。在竞争激烈的高效市场中，预期收益率与风险水平的变化正相关。如果投资者希望赚取更高的收益率，就必须承担更多的风险。这就是风险-收益权衡。投资者对风险和收益进行权衡。

风险-收益权衡在衍生产品市场上也成立。这是市场竞争性质的基本结果。有吸引力的低风险投资将推高其价格，而这将降低预期收益率。高风险投资将降低其价格，而这将提高预期收益率。

5. 预期收益率包括无风险利率和风险溢价。无风险利率是现在放弃消费而进行投资获得的预期收益率。风险溢价是由于承担风险而获得的额外预期收益率。

第 2 章

1.

a. 房主购买保险类似于看跌期权，因为它可以让房主在房屋价值遭受损失时获得赔偿。

b. 有保证的学费类似于远期合约。它也可以解释为类似于互换，因为学费是一系列支付，这与互换类似。

c. 这顿晚餐提供了以半价购买第二顿晚餐的权利。因此，这种权利类似于看涨期权。

2. 农产品是交易所上市衍生产品的首种基础工具，它在 19 世纪中期产生于芝加哥期货交易所(CBOT)。

3. 交易所上市衍生产品在开放场所进行标准化和交易，而场外衍生产品是根据参与方的需求定制的。除了价格以外，标准化确定了不同条款的明确特征，例如交易所规定的到期日、基础工具性质以及交割和结算条款等因素。

4. 远期合约在场外市场上进行定制和交易。期货合约在期货交易所上市和交易。远期合约和期货合约都是衍生产品合约，而不是证券。远期合约的优点是，它的设计目的是满足客户需求，因此非常灵活。由于期货合约为标准化合约且存在清算所，因此期货合约可以提供很高的流动性。

5.

A=1 000；OL=4 200；S=－5 200

	A	OL	S	未平仓合约数量变化
a	500	4 700	－5 200	无
b	1 700	3 500	－5 200	无
c	1 200	4 200	－5 400	增加 200 手
d	200	4 200	－4 400	减少 800 手

在第一种情况下，A 将 500 多份多头转让给 OL。在第二种情况下，OL 将他的 700 份多头转让给 A。因此，未平仓合约数量不变。然而，在第三种情况下，A 增加了多头，S 增加了空头，所以未平仓合约数量增加了 200 手。在第四种情况下，A 减少了 800 手多头，S 减少了 800 手空头，所以未平仓合约数量减少了。

如果创建新合约，未平仓合约数量将增加，如果现有合约被终止，未平仓合约数量将减少。如果一方只是将自己的头寸转让给另一方，则未平仓合约数量不变。

6. 清算所要求存入保证金，并使用盯市保持各方欠款为相对最新状态（至少为 1 天以内）。此外，应收金额与应付金额抵消。

7. 最终用户有某种特殊需求，例如对冲或投机，并进入市场以期进行某种特定交易。相反，交易商随时准备买入和卖出，它愿意作为交易的任何一方。交易商基本上为最终用户提供即时流动性。

8. 交易所通过交易商和其他交易者提供流动性，从而将头寸转移给另一方来轻松抵消该头寸。（对于美式期权，也可以通过执行期权提前终止期权。）在场外市场上，通常可以找同一家交易商确定新的合约价值，并让应付金额较大的一方向另一方支付该金额，从而抵消原头寸。或者，一方可以创建具有相同条款的新合约，但持有相反头寸，从而抵消原头寸。然而，在这种情况下，价格风险可能被消除，但仍存在信用风险，因为两个合约仍然未平仓。

第 3 章

1. 执行价格为零的看涨期权保证你将在到期日获得股票。因此，你对期权到期时股票价值的索偿权与已经拥有股票的人相同，所以看涨期权相当于拥有股票。但是请注意，我们必须排除分红的可能性，因为股票所有者将在期权期限内获得股利，而看涨期权持有者不会。

2. 掷硬币显然是独立事件。因此，在某些情况下，第一次硬币为正面，第二次硬币为反面，因此你收取 10 美元，并支付 5 美元。在某些情况下，第一次硬币为反面，第二次硬币为正面，因此你收取 5 美元，并支付 9 美元。只有将结果联系起来，使 10 美元和 9 美元的报酬以及两笔 5 美元的报酬呈现为相同的结果，才能使之成为套利交易。一种显而易见的方法是掷一枚硬币，但这可能不切实际。你可能会将报酬与某种有两个结果的事件联系起来，例如股市在给定时期上涨或下跌。当然，你仍然必须找到接受这种赔率和报酬的两个参与方。

3. 欧式看涨期权：我们知道，欧式看涨期权的价格不能超过 S_0，但多数欧式看涨期权的价格都超过 $Max[0, S_0-X(1+r)^{-T}]$。由于距到期的时间无限，因此 X 的现值为零（所以下限为 S_0，且因为上限为 S_0），所以看涨期权价格必然为 S_0。

美式看涨期权：我们知道它的价格不能超过 S_0，但其价值至少和欧式看涨期权一样高。因此，它的

价值必然也是 S_0。请注意，如果美式看涨期权被提前执行，那么其价值仅为 S_0-X。所以，它绝不会被提前执行。

4. 通常，距到期时间较长的期权售价较高。不过，如果两种期权都处于深度价外，那么它们的售价将基本为零。市场预期，期限较短和期限较长的期权都将以价外状态到期。

5. 如果两种期权都处于深度价外，那么它们的价格可能为零。和上一个问题一样，这两个期权预期将以价外状态到期。

6. 价内看涨期权到期时将有固定、有保证的报酬，因此，它相当于在到期时产生报酬的无风险债券。价外看涨期权没有机会以价内状态到期，因此，基本上是无用的。同理，价内看跌期权到期时也将有固定、有保证的报酬，它相当于无风险债券。价外看跌期权没有机会以价内状态到期，所以它基本上是无用的。

7. 该辅导资料回顾了整个章节。

第 4 章

1. 当我们根据边界条件对期权定价时，没有得到期权的确切价格。我们只提供了一个期权或一组期权的最高价格和最低价格限制。在期权执行价格不同的情况下，或者在满足看跌期权-看涨期权平价的情况下，我们可以只计算期权价格之间的关系或差异。没有期权定价模型，我们就不能单独为每个期权定价，然而，期权定价模型必须提供符合边界条件的价格。由于边界条件规则需要的假设较少，因此我们可以说它更普遍适用，更有可能在实践中成立。然而，它并不完整，因为它并没有说明期权价格应该是多少，而期权定价模型说明了这一点。

2. 二项式期权定价模型使我们能够看到股价和看涨期权价格之间的关系。该模型用简单框架说明了如何适当权衡股票与期权，从而建立无风险投资组合。通过指出无风险投资组合的收益率应为无风险利率，我们可以了解看涨期权价格必须是多少。如果不根据模型定价，我们也可以理解令看涨期权价格一致的力量。此外，该模型还说明了修正对冲比率的重要性。最后，这个模型可能是解决美式期权定价问题的最好方法。

3. 对于看涨期权，对冲投资组合包括 n 股股票和一个空头看涨期权。股数 n 将是多头，反映了接下来两个可能的看涨期权价值和股票价值。看涨期权为空头，因为看涨期权和股票变化方向相反，因此需要对看涨期权做空以抵消股票多头。如果期权为看跌期权，那么 n 股股票多头将被一份看跌期权多头对冲。股数 n 也反映了接下来两个可能的看跌期权价值和股票价值。看跌期权为多头，因为它已经和股票反向变化了。

4. 这意味着期权在市场上交易的价格低于其理论公允价值。因此，该期权的价格被低估。我们应该购买价格被低估的期权。为了对冲该头寸，投资者应该卖出 n 股股票，其中 n 为本章定义的对冲比率。

5. 在二叉树中的每个点上，期权价格都是根据接下来两个可能的价格，以适当概率值加权并往回贴现一期计算出来的。如果期权可以被提前执行，我们就能确定它的内在价值（即在该点上执行期权时的期权价值）。如果内在价值较大，则用它代替计算出的值。在所有点上进行上述程序。请注意，期权很可能在许多不同的点上被执行。

第 5 章

1. 在离散时间模型中，股价只能是两个可能值之一。可能的变化时间长度是有限的。在连续时间模型中，股价可能是无限个可能值。可能的变化时间长度无限小（非常非常小）。本书非常贴切地将这两个模型的区别形容为静态照片和电影之间的区别。

2. 我们熟悉的正态分布或钟形分布是仅取决于均值和方差的对称概率分布。对数正态分布是有偏的，其值更偏向右极。然而，对数正态分布对于对数是正态分布。因此，如果 x 为对数正态分布，则其对数 lnx 为正态分布。就股价而言，对数为收益率的对数。也就是说，将 $(S_1-S_0)/S_0$ 定义为从时期 0 到时期 1 的收益率。那么如果它为对数正态分布，则 $\ln(S_1-S_0)$ 为正态分布。请注意其中略有不一致的地方：$(S_1-S_0)/S_0$ 是收益率百分比，而 S_1/S_0 是 1.0 加上收益率百分比。这并不重要，因为我们总可以通过添加一个常量（如 1.0）使正态分布平移，而不会影响正态分布这个事实。正态分布只是滑动了一段距离。

3.布莱克-斯科尔斯-默顿模型假设没有分红，但实际上这只是为了方便我们从最简单的地方入手。如果正确建立股利的模型，那么只需对布莱克-斯科尔斯-默顿稍做调整就可以处理有分红的股票，也就是说在模型中使用它之前，我们必须从股价中去除股利的现值。方法是减去模型期限中离散股利流的现值，或者用整个模型期限内的股利收益率贴现股价。

4.二项式模型中的变量包括 S_0(股票价格)、X(执行价格)、r(离散的无风险利率)、u(如果股价上升为1＋股票收益率)、d(如果股价下跌为1＋股票收益率)、n(时期数量)。布莱克-斯科尔斯-默顿模型中的变量包括 S_0(股票价格)、X(执行价格)、r_c(连续复利无风险利率)、σ(连续复利股票收益率的标准差）和T(距到期时间)。两个模型中的变量 S_0 和 X 相同。在二项式模型中，r 为每期的离散利率。在布莱克-斯科尔斯-默顿模型中，利率必须以连续复利形式表示。年离散利率（r）与年连续复利利率（r_c）的关系式为 $r_c=\ln(1+r)$。于是，计算出的每期二项式利率为 $(1+r)^{T/n}-1$。二项式模型的上升系数和下降系数与布莱克-斯科尔斯-默顿模型中的 σ 正相关，关系式为 $u=e^{\sigma\sqrt{T/n}}-1$ 和 $d=[1/(1+u)]-1$。布莱克-斯科尔斯-默顿模型中的距到期时间（T）与每个二项式时期长度相关，关系式为 T/n，其中 n 为期数。因此，所有布莱克-斯科尔斯-默顿变量都等于或可以直接转换为二项式变量。

5.方差或标准差（有时称为波动率）是最重要的变量，原因有二：(1) 它是唯一不能直接观察的变量，因此必须对其进行估计；(2) 该模型对波动率的估计值尤为敏感。

第6章

1.购买看涨期权时，买方支付期权的时间价值和内在价值。随着看涨期权越来越接近到期，它将失去时间价值。看涨期权到期时，持有者只能获得内在价值。通过在到期前卖出看涨期权，持有者能收回部分时间价值。在给定的股票价格下，这将增加利润或减少损失，然而，持有期越短，留给股价上涨的时间越少。决定是否提前出售期权是在减少时间价值损失和留给股票时间发生大幅变化之间权衡的结果。

2.执行价格较高的看涨期权投机性高得多，因为股价必须升得更高才能实现盈亏平衡，然而，这种看涨期权的期权费更低。执行价格较低的看涨期权将有更大机会以价内状态到期，但是，期权费将更高。投资者需要在期权费较低、执行价格较高的高风险看涨期权和期权费较高、执行价格较低的低风险看涨期权之间做出权衡。

3.保护性看跌期权确定了可以出售股票的最低价格。在熊市中，股票损失可以通过执行看跌期权弥补。这使看跌期权类似于保单，在发生亏损时得到赔偿。看跌期权的期权费类似于保费。如果股价上涨，则不需要保险，而可以任由看跌期权过期。

4.执行价格越高，股票的售价越高。这减少了熊市中的整体损失，但也需要更高的期权费。因此，这类似于选择较低的保单免赔额。如果强迫保险公司（看跌期权卖方）承担更多潜在损失，保险成本（看跌期权的期权费）就将上升。

5.这两种策略实际上均是牛市策略。一方面，购买看涨期权赋予你以有利价格购买股票的期权。另一方面，卖出看跌期权赋予你以不利价格购买股票的义务。看涨期权买方和看跌期权卖方都会在牛市中获利，但看涨期权买方在强势牛市中表现更好，因为股价越高，利润越高，看跌期权卖方的利润仅限于收到的初始期权费。在熊市中，看涨期权买方的损失有限，而股价越低，看跌期权卖方的损失越大。所有这些听起来好像看涨期权买方的表现优于看跌期权卖方，但事实不一定如此。看涨期权买方支付期权费，而看跌期权卖方收取期权费。看跌期权卖方从期权费中获得了利息，而看涨期权买方放弃了利息。

第7章

1.简单的多头或空头使交易者面临相当高的风险，空头尤其如此。通过持有另一个期权的相反头寸（即执行价差），交易者能将风险控制在更易于管理的水平。期权和股票的综合头寸效果相同——期权可以作为股票的对冲，或者股票可以作为期权的对冲。然而，既有期权又有股票的头寸更难执行，因为期权和股票在不同市场上交易。这会导致执行交易时产生时滞。另外，价差可以更快地执行，两笔交易可以几乎同时在同一个市场上完成。

2.由于股价更接近较高的执行价格而非较低的执行价格，因此具有较高执行价格的空头看涨期权有较大的时间价值。因此，持有头寸越久，可能使空头看涨期权的时间价值衰减大于多头看涨期权。然而，这只发生在股价不下跌时。本章图 7.2 中所示的交点是股价临界点，股价低于该点时，持有期越短越好。如果股价即将跌破股价临界点，那么应尽快平仓，但前提是期权到期前预期股价不会反弹。

3. 在这种情况下，既可以使用跨式价差，也可以使用时间价差。如果股价朝任何一个方向大幅变化，那么买入执行价格和到期日相同的看跌期权和看涨期权组成的跨式价差将获利。如果股票价格朝任何一个方向大幅变化，那么卖出期限较长的期权并买入期限较短的期权的时间价差也将获利。这是因为股票价格大幅变化允许在剩余时间价值较小时回购期限较长的期权。请注意，这个例子与正文中讨论的例子相反。此外，在这种情况下，可以使用做空高执行价格期权和低执行价格期权，并做多两份中间价格期权的蝶式价差，但如果股价大幅波动，则这种策略的收益有限。

4. 保护性看跌期权可以提供保险，以防范股价跌破看跌期权执行价格的情况。看跌期权的成本可以通过卖出看涨期权抵消。看涨期权的执行价格将高于看跌期权的执行价格。这迫使投资者放弃超过看涨期权执行价格的股票收益。因此，股票价值的下限实际上为看跌期权的执行价格，而上限为看涨期权的执行价格，这实际上创建了领式期权。

5. 首先，请注意，持有至到期的空头跨式价差图形是倒挂的 V。如果在到期前平仓，空头跨式价差（卖出一个看跌期权和一个看涨期权）将需要回购两个期权。这意味着在到期前，必须回购看跌期权和看涨期权的时间价值。当股价接近执行价格时，这些时间价值最高。因此股价接近执行价格时，持有期越短，利润越低。投资者持有头寸的时间越长，期权的剩余时间价值越少，然而，这也给了股票更多时间大幅波动，并可能产生巨大损失。

第 8 章

1. 除了微不足道的保证金要求，期货合约不需要初始资金支出。合约持有者在购买期货合约之后，价格变化之前马上出售合约无法获得任何收入。因为无法获得收入，所以它没有价值。但是现货商品需要付款，并可以立即转售获得现金。因此，它的价值等于在市场上的售价，即当前的现货价格。这一结果同样适用于远期合约。

2. 现货价格受到持有成本和风险溢价的影响。持有成本是储存资产的成本加上投资于资产所放弃的利息。储存成本包括实际直接的物理储存成本。风险溢价是用于补偿承担风险的资产持有者的预期期货价格贴现金额。

3. 当持有成本为负时，我们通常可以用便利收益率的形式来解释。其背后的思想是，现在的商品短缺比未来预期的商品短缺严重，造成现货价格异常高。因此，需要支付给商品所有者“溢价”，即所谓的便利收益率。异常高的现货价格给予商品持有者回报，且不鼓励储存商品。收获产量随机的商品和消费品可能存在便利收益率。此外，商品应该是可以储存的。股票和债券不太可能有便利收益率，因为它们的未来供给基本上是已知的，且没有被真正“消费”，尽管债券勉强可以说被“消费”。

4. 期货溢价市场是期货价格超过现货价格的市场。持有成本是期货价格和现货价格之差。在期货溢价市场上，持有成本为正。相反，现货溢价市场是期货价格低于现货价格的市场。在这种情况下，持有成本为负。负的持有成本通常可以通过便利收益率来解释。在现货溢价市场中，由于商品短缺，现货价格异常高。负的持有成本不鼓励储存商品。便利收益率是指现货价格的溢价，它反映了商品供给不足时持有商品的吸引力。

5. 期货价格为 12 月小麦的预期现货价格。因此，交易商预期 12 月的小麦现货价格将为 3.64 美元。

第 9 章

1. 回购协议是一类贷款，其中借款人出售证券（如国库券），并同意在未来某个日期回购该证券。证券在这里作为担保品。投资者买入证券的价格与投资者卖出证券的价格之差反映了利率。多数回购协议都是短期回购协议，通常为隔夜回购协议，然而，某些回购协议的期限长达两周。在期货合约定价中，回购代表现货头寸的融资成本。期货价格与现货价格的关系式中隐含的回购利率是隐含回购利率。如果隐含回购利率超过实际回购利率，则应该进行现货持有交易，否则，应该执行反向交易。当然，必须收回交易成本。

2. 导致难以进行股指期货套利的因素有多种。交易成本总是干扰获得套利利润的机会，并且因为套利者不能交易非整数份合约，因此只能进行近似套利。然而迄今为止，交易中最困难的部分是同时买入或卖出指数和期货合约中的所有股票。此外，到期时，套利者必须通过同时卖出或买入指数中的股票来逆转初始交易。

3. 程序交易是指快速执行大量股票交易，这些交易通常与指数套利等交易有关。投资者必须同时买入或卖出所有股票。这是有争议的，因为如果很多大型投资者同时执行类似的程序交易，证券价格就可能发生大幅波动。因此，很多人认为程序交易会提高波动率。但是，相反的观点认为，这种交易使价格迅速变为真实价值，从而提高了市场效率。

4. 基于持有套利的期货-现货价格关系式为：

$$f_0(T)=S_0+\theta$$

假设没有显著的储存成本，持有成本 θ 严格等于利息 iS_0。现在，隐含利息成本为：

$$\theta=f_0(T)-S_0$$

因此，θ 为以美元表示的隐含融资成本，即 iS_0。假设我们将持有成本表示为占现货价格的百分比，即 θ/S_0。在这种情况下，结果为利率 i。为了将其与实际无风险利率进行比较，我们将该隐含利率表示为 $\hat{r}$。因此，$\hat{r}$ 为隐含回购利率。如果头寸的融资成本（实际回购利率）低于隐含回购利率，则套利将有利可图。

5. 该国债期货合约的基础假设是，基础债券的息票利率为 6%，期限或赎回日期不少于 15 年。由于该合约假设交割的债券息票利率为 6%，因此交割的息票利率不同于 6%的债券将有不同的市场价值。因此，发票价格必须进行调整。调整基于芝加哥期货交易所的换算系数制度。换算系数是根据给定合约的每个合格债券定义的。该换算系数为面值为 1 美元，息票利率和期限等于可交割债券的息票利率和期限，收益率为 6%的债券价格。期限定义为期货合约交割月首日的债券期限。

第 10 章

1. 空头和多头是指持有的期货合约头寸。空头（多头）对冲是指对期货做空（做多）。因为对冲表示现货市场和期货市场中的相反头寸，所以空头（多头）对冲表示你在现货市场上做多（做空）。

2. a. 基差被定义为现货价格和期货价格之差。

b. 到期时，现货价格必须等于期货价格，支付或收取交易成本的小额差价。因此，在合约期限内，现货价格和期货价格将趋同，到期时基差将变为零。

c. 基差是现货价格与期货价格之差。如果基差为正并变大，则现货价格的涨幅高于期货价格或跌幅小于期货价格（或现货价格上升，期货价格下降）。因为空头对冲是做多现货、做空期货，因此对于空头对冲是有利的。由于多头对冲是做多期货、做空现货，因此对于多头对冲是有损的。

3. 最重要的因素是现货价格和期货价格之间有很强的相关性。期货合约流动性充足也很重要。如果合约流动性不高，对冲者就可能无法在适当时平仓而不做出重大价格让步。这使期货价格较少依赖于现货市场以及两个市场之间正常的持有成本关系，从而削弱了对冲的有效性。此外，合约还应该正确定价，或至少为有利于对冲者的定价。例如，空头（多头）对冲者不希望卖出（买入）价格被低估（高估）的期货合约，因为这会降低对冲效果。

4. 根据经验法则，所选择的合约应该在对冲终止日后尽快到期，但不应在对冲终止日所在月份到期。这是因为在可交割商品可能出现短缺的情况下，到期月份有时会出现异常价格行为。如果合约在对冲终止之前到期，对冲者就必须将合约展期至下一个到期日。这将产生额外的交易成本。适当的到期日为：

a. 9 月

b. 次年 3 月

c. 当年 3 月

d. 9 月

5. 公司进行对冲的原因之一是公司可以比股东更有效地进行对冲。公司能更好地评估风险，交易成本更低。当然，首先这并没有解决股东为什么希望进行对冲的问题，但这可能是因为他们希望找到更可接受的风险和收益组合。公司进行对冲的原因还有：公司具有税收优势；公司希望降低破产概率（破产成本很高）；管理者进行对冲以保护自己的财富，该财富与公司财富密切相关。

第 11 章

1. 利率互换比货币互换和股权互换应用更广泛，因为几乎所有企业都面临某种形式的利率风险。利率互换是管理这种风险的主要手段。一些企业面临货币风险，一些企业面临股权风险，但实际上没有任何一家企业不承担某种利率风险。

2. 在货币互换中，经常交换名义金额，因为这些金额以不同货币表示。这些金额在互换开始时相等，但在互换结束时不太可能相等。在利率互换或股权互换中，名义金额以同一种货币表示，所以不必进行交换。那相当于在互换开始和结束时交换相等金额。

3. a. 在利率互换中，支付固定利率、收取浮动利率的一方持有的头寸相当于发行固定利率债券（从而以固定利率支付利息），并用所得款项购买浮动利率债券（从而收取浮动利率利息）。对方持有类似但相反的头寸。

b. 在货币互换中，支付货币 A 并收取货币 B 的一方持有的头寸相当于发行货币 A 的债券，并用收入购买货币 B 的债券。对方持有类似但相反的头寸。

4. 互换类似于远期合约，因为它涉及在未来某个日期支付固定利率并收取浮动利率的承诺。远期合约是一次性支付，但互换是一系列支付。因此，互换类似于一系列远期合约。互换和远期合约都不需要事先支付，两者都有违约风险。然而，它们也存在某些差异，因为在互换中第一笔支付对双方都是已知的。此外，对于互换，所有固定利率支付均相同，而在一系列远期合约中，每份合约将单独定价，并且具有不同的固定利率。

5. 有几种方法可以终止互换。一方可以再次找到交易对手并要求进行抵消互换。双方实际上创建了反向互换。然后，他们彼此持有相反的头寸。他们可以保持两笔互换，各方都进行一系列支付，但是会有信用风险。或者，双方可以终止这两笔互换，欠款较多的一方用现金向另一方支付两笔互换进行净额结算后应支付的净额。如果采用这种方法，那么双方只需同意接受进行反向互换时的市场条件。另一种终止互换的方法是，一方签订相反头寸的远期合约或互换期权。采用这种安排时，可以在需要互换之前确定终止互换的条款。

第 12 章

1. 多数利率衍生产品，尤其是互换和期权，在到期或结算日之后支付报酬。例如，当利率期权到期时，将比较基础利率与执行利率。如果期权处于价内，则在未来某个日期支付报酬。例如，如果基础利率为 90 天期欧洲美元利率，那么通常将在 90 天后产生报酬。这种安排符合这样一个事实，即某天的 90 天期欧洲美元利率隐含着 90 天后的利息支付。在互换结算日也会发生类似过程。然而，远期利率协议的报酬通常发生在到期日。支付金额将被贴现以反映延期支付。

2. 远期利率协议本质上是一次性支付（普通利率）互换，而大部分互换均有多笔支付。此外，互换中的第一笔浮动利率支付是已知的，而在远期利率协议中，第一笔浮动利率支付是未知的，它将在到期日期确定。

3. 利率期权需要事先支付期权费。以利率看涨期权为例。当期权到期时，你将决定是否执行该期权。实际上，你有权收取浮动利率并支付固定利率。如果浮动利率较高，你将选择这样做。你在未来某个日期实际收到支付。而对于远期利率协议，你不用事先支付任何费用，但同意在到期日按事先确定的固定利率支付利息，并收取浮动利率利息。某个财务经理可能希望购买利率看涨期权或远期利率协议来防范未来利率上升。对于利率看涨期权，如果利率下降，财务经理仍然可以受益，但必须事先支付期权费。对于远期利率协议，如果利率上升，财务经理将获得收益，如果利率下降，财务经理将遭受亏损，但不用事先支付期权费。因此，如果利率下降，财务经理可以放弃获益权利，从而节省了需要事先支付的期权费。

4. 首先，让我们考虑只有一个利率看涨期权的利率上限和只有一个利率看跌期权的利率下限。多头利率看涨期权和空头利率看跌期权相当于支付固定利率、收取浮动利率的一次性互换支付。多头看涨期权的报酬为 Max(0，LIBOR－X)，空头看跌期权的报酬为－Max(0，X－LIBOR)。这意味着在所有情况下，该组合的报酬都是 LIBOR－X，即如果 LIBOR＞X，则看涨期权的报酬为 LIBOR－X，看跌期权的报酬为 0，如果 LIBOR≤X，则看涨期权的报酬为 0，看跌期权的报酬为－[X－LIBOR]。如果选择执行利率 X 作为互换利率，那么该组合的报酬与互换中的一次性支付相同。要复制互换中的一系列支付，需要由一系列利率看涨期权组成的利率上限，以及由一系列利率看跌期权组成的利率下限。

5. 利率上限可以防范利率升至执行利率以上，但必须事先支付现金。通过结合利率下限空头，你可以获得领式期权，它将提供相同保护，但公司可以用不同方式支付。当一方购买利率下限时，如果利率跌破利率下限的执行利率，就将获得保护。通过卖出利率下限，公司可以事先收到期权费，作为利率跌破利率下限的执行利率时公司必须向利率下限持有者支付的补偿。因此，如果利率上限买方卖出执行利率较低的利率下限，事先收到的利率下限支付就可以抵消为利率上限支付的款项。领式期权的缺点是，它放弃了利率跌破执行利率时的收益。通常情况下，利率下限的执行利率被设为使利率下限的期权费恰好抵消利率上限的期权费。

第 13 章

1. 用股票和看跌期权为投资组合提供保险是一种理想方法。你只需购买适当的看跌期权并持有头寸直至看跌期权到期。看跌期权将防范价格跌破执行价格的情况。通过股指期货的动态交易复制看跌期权可以达到同等结果。但是这种交易只有在股价变化很小，经常修改头寸的情况下才能起作用。因此，用看跌期权更容易进行交易——它不需要调整头寸。然而，在实际操作中，很少能获得具有所需条款和条件的看跌期权，或者现有看跌期权的流动性不够高。

2. 多数结构化票据都是根据投资者的具体需求量身定制的（即结构化）。面临持有期利率下降导致的损失风险的投资组合经理可能会购买反向浮动利率票据作为一种对冲。如果利率下降，反向浮动利率票据将获得收益，从而抵消其余投资组合的部分或全部损失。当然，如果利率上升，反向浮动利率票据就会产生损失，从而抵消其余投资组合的部分或全部收益。

3. 和任何工具一样，抵押贷款纯利息剥离证券的价值与利率有关。剥离证券是对一系列未来固定利息支付的索偿权。因此，其价值将随着利率的波动而波动，随着利率上升而下降，随着利率下降而上升。然而，当房主选择提前还清抵押贷款时，利息支付的大小将发生变化。这通常发生在利率下降时。因此，利率下降产生的部分收益被未来支付突然停止所抵消。这使剥离证券的价值波动率很高。提前还款可能终止现金流。在本书的例子中，我们只考察了一笔基础抵押贷款。在实践中，抵押贷款剥离证券是基于基础抵押贷款组合，它们并非都是同时提前偿还，但随着利率下降都有加快提前还款的趋势。因此，决定剥离证券价值的因素有两个：一个是贴现效应，另一个是提前偿还效应。

4. 路径独立期权是指价值只由期权到期时的基础工具价格决定的期权。它与路径依赖期权恰好相反，后者的价值可能受基础工具在到期前的价格路径的影响。可以提前执行的美式期权是路径依赖期权，而报酬仅基于资产到期价格的欧式期权是路径独立期权。其他路径依赖期权的例子包括：根据到期前基础工具平均价格路径确定报酬的亚式期权；根据期权期限内基础工具的高价或低价确定报酬的回顾期权；可以根据期权期限内基础工具价格达到特定水平而终止或激活的障碍期权。

5. 有多种可能情况。在普通期权产生报酬的某些状态下，障碍期权并没有产生报酬。因此，在投资者认为特定状态极不可能发生的任何情况下都可以使用障碍期权。另一个例子是上升失效看跌期权。投资者可能购买看跌期权以防范价格下降。如果资产价格上升，投资者可能觉得不再需要看跌期权。普通看跌期权可以被卖出，但是直接买入上升失效看跌期权更便宜。投资者面临资产价格急剧上涨，随即急剧下跌的风险。这样，投资者就会面临没有看跌期权保护的情况，但愿意承担这种风险正是使上升失效看跌期权比普通看跌期权便宜的原因。同理，如果基础资产价格跌至障碍，下跌失效看涨期权就将终止。使用这种期权的投资者会说他愿意承担资产价格下降，看涨期权触碰失效，然后资产价格上升，并在到期时错失潜在正报酬的风险。首先，这使下跌失效看涨期权变得更便宜。我们还可以举出其他许多例子，但是所有例子都应该基于这样一个概念，即在普通期权可以获得报酬的某些状况下，障碍期权不会获得报酬。如果投资者愿意承担发生这些状况的风险，那么障碍期权更合适。

第 14 章

1. 对冲是一种旨在降低风险的策略。风险管理包括对冲，但不仅限于对冲。它包括确定公司应有的适当风险水平，确定公司目前的风险水平，并将实际风险水平调整为理想风险水平。显然，在某些情况下，这将增加公司的风险。风险管理也是一个持续过程，在这个过程中需要监控公司的风险并持续进行适当调整，使公司的风险保持在理想的水平。

2. 风险管理可能有利于股东，因为公司可以比股东更好地调整风险水平；由于累进税结构，公司在风险管理上具有税收优势；风险管理可以避免破产成本和投资不足问题（濒临破产的公司不愿进行创造价值的项目，因为这样做的好处将归于债券持有者），风险管理还可以帮助公司确保有充足现金用于投资。

3. 市场风险与利率、汇率、商品价格和股价的变化有关。信用风险是交易对手未能进行支付的风险。市场风险和信用风险通常是分开管理的，需要采用不同方法。市场风险可以通过观察 δ、γ、vega 和 VAR 等来管理。信用风险通常通过监测某一方的活动程度和使用信用增级（例如担保品和盯市）来管理。市场风险和信用风险可能相关，比如当互换对手遇到财务困难，但对你的应收款项超过应付款项时。在这种情况下，你没有信用风险。

4. 三个参与方是信用衍生产品买方、信用衍生产品卖方和参考实体。开始时，买方对参考实体有某类信用风险敞口。也就是说，买方可能是通过贷款或债券向参考实体提供信贷的银行或投资者。为消除信用风险，它与信用衍生产品卖方进行信用衍生产品交易。因此，卖方承担了参考实体的信用风险，并在发生信用损失时赔偿买方。作为回报，卖方收到补偿，这笔补偿根据信用衍生产品类型的不同而不同。

5. 投资组合可能包含 γ 风险和 vega 风险，前者是 δ 变化的风险，后者是波动率变化的风险。欧洲美元期货没有 γ 或 vega，所以在 δ 对冲中加入它们对 γ 或 vega 没有任何影响。这些风险只能通过加入有 γ 和 vega 的工具的抵消头寸来对冲。

此外，投资组合也可能有信用风险。欧洲美元期货没有信用风险，但也无助于管理信用风险。

6. 确定信用违约互换费的一般思路是，互换费是面临信用风险的信用违约互换买方向愿意为信用风险保险的信用违约互换卖方支付的金额。这笔互换费实际上将信用风险债券转换为无风险债券。这笔互换费通常在债券期限内支付。

第 15 章

1. 资金部通常管理公司的现金。资金部借款并投资，通常确保公司在适当的时间和地方拥有所需现金，但不会让现金闲置。资金部经常使用衍生产品管理这种活动的风险。通常，资金部是成本中心，将产生成本，但不会试图产生可以弥补其成本的收入。它只是提供支持服务。如果资金部作为利润中心运营，就可能不得不在金融市场上进行投机活动，这将需要交易衍生产品来获利。这样，资金部的目标就是获取利润而不是管理风险，因此可能需要通过交易衍生产品进行投机。

2. 衍生产品交易商的目标是向最终用户提供流动性服务。交易商随时准备作为交易的任何一方（买方或卖方）。然后，交易商进行其他交易将风险转嫁给其他方，从而对冲其承担的风险。最终用户通常面临某种风险，并寻找可以进行交易的交易商来转嫁这种风险。任何一方都不希望承担风险，但是交易商随时准备作为交易的任何一方，而最终用户需要进行特定交易来消除风险。

3. 在衍生产品交易商的经营中，两类主要专家是交易员和销售人员。前者从事衍生产品交易，为客户提供风险管理服务，减少交易商的风险。后者联系客户，销售公司的风险管理服务。

4. 分散风险管理系统在微观层面管理风险，面临一定风险的特定部门、团队或处室管理自身领域内的风险。在集中风险管理系统中，组织的所有风险都在一个风险管理部门、团队或处室内进行管理，它通常靠近组织高层。分散风险管理系统的优势在于可以在发生风险的层面管理风险，这可以提高风险管理效率，因为个人拥有更专业的风险知识。但分散风险管理将导致重复劳动。此外，如果在综合层面上进行管理，公司内的部分风险就可能相互抵消。集中风险管理系统可以节省大量资金，并可以聘用风险管理专家。它还有一个好处，就是公司可以从整体看待风险。

5.通常，集中风险管理系统只能管理有限数量的风险，通常是与金融市场相关的风险。但是一家公司面临许多种风险，它的产品可能失败，声誉可能受损，员工可能受伤。管理这些风险的方式通常是购买保险和努力避免损失（例如制订员工安全计划）或降低损失（例如用喷淋系统降低火灾损失）。企业风险管理系统将这些风险的管理纳入与金融风险管理相同的领域。因此，可以显著节约成本，并能更好地了解公司风险的整体情况。

术语表

括号中的数字表示该术语初次作为关键术语出现的章节。注意，并非所有术语都是关键术语，因此，有些术语后没有相应数字。此外，一些术语根本没有出现在正文中，这里做出定义是为了方便可能在其他书籍或实践中遇到这些术语的读者。

会计风险（Accounting risk，14） 与交易的不当会计处理相关的风险，可能发生在会计程序和规定改变或尚未建立时。

本金递增互换（Accreting swap） 名义本金随着时间推移而增加的互换。也可见指数递减互换。

应计利息（Accrued interest） 债券最后一个付息日以来累计的利息金额。

以期换现（Against actual，2） 见实物交换。

全部完成或放弃指令（All or none order，2） 指示经纪商完成买入或卖出某种证券或衍生产品的全部指令或者放弃完成指令的指令。

可选择货币期权（Alternative currency option） 报酬为两种或更多货币的表现的函数的期权。持有者有权决定将哪种货币与执行价格进行比较，以确定报酬。

备选期权（Alternative option，13） 涉及一种以上基础资产，且报酬由两种资产中表现较好（收益最高）者或表现较差（收益最低）者决定的期权。将两种资产中表现较好者或表现较差者的收益率与执行利率进行比较。

美式期权（American option） 可以在期限内任何一天执行的期权。

递减互换（Amortizing swap） 见指数递减互换。

分析法（Analytical method，14） 一种利用输入值和定价模型，根据关于风险概率分布类型的假设估计在险价值的方法。也被称为方差-协方差法和δ正态法。

预期对冲（Anticipatory hedge，10） 对冲者预期将在未来某个日期在现货市场上进行交易，并试图通过交易某种衍生产品防范现货价格变化风险的交易。

对冲（Arbitrage，1） 在观察以两个不同价格出售的同一种资产或衍生产品的基础上进行的交易。这种交易需要以较低价格买入资产或衍生产品，再以较高价格出售它。

套利定价理论（Arbitrage pricing theory） 预期收益率是资产对一个或多个基础经济因素的敏感度函数的资产定价理论。

套利者（Arbitrageur，1） 从事套利交易的人。

滞后互换（Arrears swap） 在确定浮动利率的当天进行支付的固定利率换浮动利率互换。也可见延期结算互换。

亚式期权（Asian option，13） 最终报酬由期权期限内的平均资产价格决定的期权。也可见平均价格期权和平均执行价格期权。

要价（Ask price，2） 做市商报出的证券或衍生产品卖价。

资产配置（Asset allocation） 投资组合在不同资产类别之间的配置。

资产支持证券（Asset-backed security） 根据基础证券组合产生的付款向证券持有者提供收益的证券。

资产或无价值期权（Asset-or-nothing option，13） 如果以价内状态到期，则向期权持有者支付基础资产，而持有者不必支付执行价格的期权。

资产定价理论（Asset pricing theory） 对准确描述证券价格与预期收益率关系的经济过程的研究。

转让（Assignment，2） 期权空头持有者按照指示向期权多头持有者买入或向期权多头持有者卖出基础资产或期货的过程。

期货业务员（Associated person） 隶属于从事期货相关业务的公司，但不属于交易员、投资组合或资产池管理者、咨询师或文员的人员。

任选期权（As-you-like-it option，13） 见选择者期权

平价（At-the-money，2） 基础股票或期货的价格等于执行价格的期权。

平均价格期权（Average price options，13） 用期权期限内的资产平均价格代替到期时的资产价格，以确定期权报酬的亚式期权。

平均执行价格期权（Average strike options，13） 用期权期限内的资产平均价格代替到期时的执行价格，以确定期权报酬的亚式期权。

后台（Back office，15） 衍生产品/风险管理系统中负责文书和备案的部门。

现货溢价市场（Backwardation，8） 远期价格或期货价格低于现货价格的金融市场状况。也被称为倒挂市场。

障碍期权（Barrier option，13） 除非基础资产价格触及被称为障碍的特定水平，否则不会提前开始或终止的期权。如果该期权没有提前开始或终止，持有者可能会获得补偿。也可见生效期权和失效期权。

基差（Basis，10） 现货价格与期货价格或远期价格之差，或者近期期货或远期价格与递延期货或远期价格之差。

基点（Basis point） 利率或收益率的常用衡量指标，等于1%的1/100。

基差风险（Basis risk，10） 对冲期内的基差的不确定性。

基差互换（Basis swap，11） 双方以不同浮动利率进行支付的互换。

篮子（Baskets，13） 基础工具为特定证券组合或货币组合的单一期权。

空方（Bear，6） 预期市场将下跌的人。有时被称为看空方。

熊市（Bear market） 价格下跌的市场。

熊市价差（Bear spread，7） 为在熊市中获利而设计的期权价差。也被称为看空价差。

β（Beta） 某个证券或投资组合对整个市场的敏感性指标。

有偏估计（Biased expectations） 投资者对利率、价格或收益率的预期与之后的长期平均利率、价格或收益率存在系统性差异的情况。

出价（Bid price，2） 做市商提出购买某种证券或衍生产品的价格。

买卖价差（Bid-ask spread，2） 要价（利率）和出价（利率）之差。

双边清算（Bilateral clearing，2） 双方实际上彼此进行清算，并仅凭对彼此的信任进行场外交易的过程。

双边净额结算（Bilateral netting，14） 双方之间的净额结算。也可见净额结算和多边净额结算。

二项式期权（Binary options，13） 见资产或无价值期权以及现金或无价值期权。与二项式期权相同。

二项式（的）（Binomial） 允许股价上升或下降，上升或下降速度可能不同。

二项式模型（Binomial model，4） 假设在任何时点上，基础工具价格可能变为两个可能值之一的期权定价模型。

二项式期权定价模型（Binomial option pricing model，4） 见二项式模型

布莱克模型（Black model，8） 远期期权或期货期权的定价模型之一。

布莱克-斯科尔斯-默顿模型（Black-Scholes-Merton model，5） 一种广为使用的基于资产的期权定价模型。

布莱克-斯科尔斯-默顿期权定价模型（Black-Scholes-Merton option pricing model，4） 见布莱克-斯科尔斯-默顿模型。

大宗交易（Block trade） 出售至少 10 000 股股票，通常进行这种交易时需要很谨慎，以尽量降低对股价的影响。

债券期权（Bond option） 买入或卖出债券的期权。

边界条件（Boundary condition） 规定最高价格或最低价格，或者关于期权价格限制的其他条件。

盒式价差（Box spread，7） 看涨期权货币价差和看跌期权货币价差的无风险组合。

盈亏平衡股价（Breakeven stock price，6） 策略利润为零时的基础资产价格。

突破远期（Break forward，13） 价格发生有利变化时的报酬类似于看涨期权，但到期时价值可能为负以补偿其没有初始价值的远期合约。

经纪商（Broker） 撮合买卖双方以安排金融交易，且通常从中赚取佣金的人。

多方（Bull，6） 预期市场上涨的人。有时被称为看多方。

牛市（Bull market） 价格上升的市场。

牛市价差（Bull spread，7） 为在牛市中获利而设计的期权价差。也被称为看多价差。

商业风险（Business risks，1） 与特定业务相关的风险。

蝶式价差（Butterfly spread，7） 由一个具有特定执行价格的多头看涨期权、另一个除了执行价格不同其他条件均相同的多头看涨期权，以及两个除了执行价格位于前两者之间其他条件均相同的空头看涨期权组成的期权交易。

回购（Buy back） 一方向交易对手支付或收取相当于互换价值的现金，从而终止互换的方法。也被称为平仓。

买入价差（Buying the spread，7） 见借方价差。

日历价差（Calendar spread，7） 买入某个给定到期日的期权，卖出另一个具有不同到期日但其他条件均相同的期权的期权交易。

看涨权（赎回）（Call，1） 买入资产、货币或期货的期权。也指提前清偿债券。

可赎回性（Callability） 许多债券具有的一种特征，它允许发行人在规定到期日之前清偿债券。

可赎回债券（Callable bond） 发行人可以在到期日之前清偿的债券。

赎回日期（Call date） 可以赎回债券的最早日期。

看涨期权（Call option，2） 见看涨权（赎回）。

利率上限（Cap） 一方以浮动利率借款，并向另一方支付期权费，在借款人的利息成本超过特定水平时补偿借款人，因而使对浮动利率贷款支付的实际利息有上限或最高金额的期权交易。也可以用于基础工具为资产价格、商品价格或汇率的其他情况。

资本资产定价模型（Capital Asset Pricing Model） 将资产的均衡预期收益率表示为无风险利率、市场预期收益率和资产的β或系统性风险的函数的模型。

资本市场（Capital market） 交易股票和长期债券等长期证券的金融市场。

利率上限单元（Caplet，12） 组成利率上限的期权之一。

持有收益（Carry，8） 因持有资产收到的现金与因持有资产放弃的利息或产生的其他成本之差。

持有套利（Carry arbitrage，9） 由一个现货资产多头（因此你“持有”它）和一个期货合约空头（因此你没有市场风险，从而形成了套利）组成的理论上无风险的交易。

持有套利模型（Carry arbitrage model，8） 通过执行买入资产、卖出期货或远期且没有套利利润的策略确定期货价格或远期价格的期货合约和远期合约定价模型。

现货持有套利（Cash and carry arbitrage，9） 见持有套利。

在险现金流（Cash flow at risk，CAR，14） 衡量预期现金短缺（与临界水平相比）的指标。

现金流对冲（Cash flow hedge，15） 资产或负债产生的未来现金流被对冲，可能满足对冲会计资格的一类对冲。也可见对冲会计。

现货市场（cash markets，1） 见现货市场（spot markets）。

现金或无价值期权（Cash-or-nothing option，13） 如果以价内状态到期，就向期权持有者支付执行价格的期权。

现金结算（Cash settlement，2） 允许通过交换现金而不是实际交割资产来交割或执行的衍生产品特征。

信用违约互换费（CDS premium，14） 债权人为消除违约风险而向第三方支付的金额。对于单个零息债券，它是零息债券面值以无风险利率贴现的现值与该债券的当前市场价格之差。

中央交易对手（Central counterparty，2） 按照《多德-弗兰克华尔街改革和消费者保护法案》的要求清算衍生产品交易的清算所。

中央交易库（Central trade repository，2） 按照《多德-弗兰克华尔街改革和消费者保护法案》，所有衍生产品交易都必须向其报告。

最便宜可交割（Cheapest-to-deliver，CTD，9） 通常，期货交易允许卖方从多种工具中选择交割的工具，因此，卖方将交割成本最低的工具。见最便宜可交割债券。

最便宜可交割债券（Cheapest-to-deliver bond，CTD bond） 如果在芝加哥期货交易所的中长期国债期货市场上交割，则提供最大的发票价格和债券成本之差的债券。

选择者期权（Chooser option，13） 持有者在期权期限内的特定时间决定其为看跌期权还是看涨期权的期权。有时被称为任选期权。

熔断机制（Circuit breakers，2） 见交易暂停。

类别（Class） 给定股票、指数、货币或期货商品的特定类型（看涨或看跌）期权的总称。

清算公司（Clearing firm，2） 作为期货或期权清算所成员的公司。

清算所（Clearinghouse，2） 确保合约双方履约、收取保证金并为交易方保留所有交易记录的期权或期货交易相关机构。

棘轮期权（Cliquet option，13） 当资产价格穿过一系列临界值时允许上调执行价格的期权。

平仓净额结算（Closeout netting，14） 终止交易时欠款仅为净额的净额结算。

CMO（CMO） 见抵押担保债券。

CMT 利率（CMT rate，11） 固定期限国债利率，即给定期限的国债的利率。常用作固定期限互换的浮动利率。

领式期权（Collar，7） 一种对冲资产头寸的期权策略，方法是买入执行价格通常低于当前资产价格的看跌期权，且用卖出具有更高执行价格的看涨期权收到的期权费部分弥补看跌期权成本。对于旨在保护贷款的利率期权，看跌期权是利率下限，看涨期权是利率上限。也可见零成本领式期权。

担保品（Collateral） 预留作为贷款人的贷款保护的任何现金或证券。也可以用作衍生产品交易中的信用增级。

担保品利率调整（Collateral rate adjustment，CRA，11） 担保品利率与无风险利率的利差现值。

债务担保债券（Collateralized debt obligation，CDO，14） 债券组合被分为具有不同支付特征、不同优先权、不同风险的组别，且扣除服务费后转手给持有者的一类证券。

抵押担保债券（Collateralized mortgage obligation，13） 抵押贷款支付被分为具有不同支付特征、不同优先权、不同风险的组别，且扣除服务费后转手给持有者的一类抵押贷款支持证券。

组合（Combinations，7） 涉及看跌期权头寸和看涨期权头寸的期权策略。有时被用来指任何涉及多个期权的期权策略。

商业票据（Commercial paper） 大型高信用公司发行的短期本票。

佣金（Commission） 交易各方向安排交易的经纪商支付的费用。

佣金经纪商（Commission broker） 在期货交易所大厅为场外客户执行交易的交易商。

商品（Commodity） 任何资产，但更常被用于指农产品，有时也指金属或自然资源。

商品期货（Commodity futures，2） 任何期货合约，但主要是指农产品期货合约，有时也指金属或自然资源期货合约。

商品期货交易委员会（Commodity Futures Trading Commission） 监管期货市场的美国联邦政府机构。

商品互换（Commodity swaps，11） 双方同意向彼此进行支付，且至少一方的支付金额根据商品价格计算的互换。另一方的支付金额可以根据任何公式计算。

比较静态（Comparative statics） 分析影响模型的变量发生变化对模型的影响。

复合期权（Compound options，13） 买入或卖出另一种期权的期权。

条件在险价值（Conditional value at risk，14） 假设企业发生损失时的预期损失衡量指标。

固定期限互换（Constant maturity swap，11） 一方支付与固定期限工具相关的利率的互换，该期限通常长于互换的结算期。也可见 CMT 利率。

期货溢价市场（Contango，8） 远期价格或期货价格高于现货价格的金融市场状况。

或有支付期权（Contingent-pay option，13） 只有当期权以价内状态到期时，才在到期时支付期权费的期权。

或有期权费期权（Contingent premium option） 只有当期权在价内时，才在到期时支付期权费的期权。也可见后付期权。

连续时间（Continuous time，5） 该特征描述了时间变化为极小（无穷小）单位时的一类期权定价模型。布莱克-斯科尔斯-默顿模型为连续时间模型。与离散时间相反。

便利收益率（Convenience yield，8） 现货价格中嵌入的溢价，它提供了持有商品的额外收益，且通常可以在商品短缺时观察到。

转换（Conversion，6） 卖出看涨期权并买入合成式看涨期权的套利交易。

换算系数（Conversion factor，CF，9） 用于芝加哥期货交易所中长期债券期货合约结算价格的调整系数，它允许空头持有者从多种不同的中长期债券中选择用于交割的债券。

可转换债券（Convertible bond） 持有者可以转换为特定数量股票的债券。

凸性（Convexity） 债券价格和收益率变化之间无法由久期解释的数学关系。了解和使用凸性有助于获得有效的对冲结果。

持有成本（Cost of carry，8） 持有或储存资产的成本，包括储存成本以及因占用资金损失的利息。

持有成本模型（Cost of carry model，8） 见持有套利模型。

反述行性（Counterperformativity，5） 在人文科学中，指参与者越相信某个经济模型，观察到的活动与该模型越不一致的现象。

息票利息（Coupon） 对债券支付的利息。

协方差（Covariance） 两个随机变量之间的相关性指标。

抛补看涨期权（Covered call，6） 资产、期货或货币的多头与相同资产、期货或货币的看涨期权空头的组合。

抛补利息套利（Covered interest arbitrage，9） 大量套利者推动即期利率上升和（或）远期利率下降，直至即期利率和远期利率与两国的相对利率协调一致的综合影响结果。

信用违约互换（Credit default swap，14） 见信用互换。

信用衍生产品（Credit derivative，14） 基于特定交易方的违约风险的衍生产品合约。也可见总收益率互换、信用互换、信用利差期权、信用连结证券。

信用增级（Credit enhancements） 用于降低互换或衍生产品交易的信用风险的几种措施。

信用事件（Credit event） 与一方的信用风险相关的事件，例如未能按期支付、宣布破产、拒绝偿还债务或加速支付另一笔债务。

信用连结证券（Credit linked security，14） 某笔独立债务的第三方发生违约事件时，报酬低于面值的证券。

信用风险（Credit risk，14） 场外衍生产品合约的一方不按要求进行支付的风险。也被称为违约风险。

贷方价差（Credit spread，7） 买入期权支付的金额少于卖出期权收到的金额的期权价差。

信用利差期权（Credit spread option，14） 基础工具为信用风险证券与可比国债的利差的期权。

信用互换（Credit swap，14） 形式为互换的一类信用衍生产品，其中一方定期向另一方进行支付，而后者在发生特定信用相关事件（例如违约或降级）时向前者进行支付。

贷方价值调整（Credit value adjustment，11） 交易对手对某家公司的净衍生产品债务的违约风险现值估计。

交叉对冲（Cross hedge，10） 被对冲资产与期货基础资产的差异造成的基差风险的另一个来源。

交叉产品净额结算（Cross product netting，14） 一类交易应支付的金额与另一类交易应收取的金额进行的净额结算。因此，双方可以用一类衍生产品与另一类衍生产品进行净额结算，也可以与贷款进行净额结算。

交叉汇率关系（Cross-rate relationship） 三种货币的汇率之间的关系。

货币对冲（Currency hedge） 见外国投资对冲。

货币期权（Currency option） 见外汇期权。

货币互换（Currency swaps，11） 双方同意用不同货币对彼此进行一系列支付的交易。

货币权证（Currency warrants） 投资银行承销的各种外汇期权，通常在美国证券交易所交易。

当期信用风险（Current credit risk，14） 交易一方无法支付当前到期款项的风险。

每日价格限额（Daily price limits，2） 期货合约可以交易的最高价格和最低价格。这些价格由清算所制定，并用与前一天结算价格的关系表示。

每日结算（Daily settlement，2） 期货市场中由亏损方支付给盈利方每日价格变化的过程。也称为盯市。

当日指令（Day order，2） 如果在当日结束时没有执行就被取消的证券或衍生产品买卖指令。

当日交易者（Day trader） 在交易时段结束时对所有头寸平仓的衍生产品交易者。

交易商（Dealers，2） 从事证券买卖或衍生产品业务以盈利的人或公司。交易商随时准备买入或卖出。

借方价差（Debit spread，7） 购买期权所支付的金额超过卖出期权所收到的金额的期权价差。

借方价值调整（Debit value adjustment，11） 公司对某个特定交易对手的净衍生产品债务的违约风险现值估计。

免赔额（Deductible） 保险中的一个概念，表示由于被保险人承担某些风险而使保险收益减少的金额。

深度价内（Deep-in-the-money，3） 处于价内状态且价内金额显著但不特定的期权。

深度价外（Deep-out-of-the-money，3） 处于价外状态且价外金额显著但不特定的期权。

违约风险（Default risk，14） 见信用风险。

递延执行价格期权（Deferred strike option，13） 直到期权期限内的较晚时间（但在到期之前）才设定执行价格的期权。

延迟交割互换（Delayed settlement swap） 在结算期开始时观察浮动利率，并在结算期期末支付利息的利率互换标准程序。也可见滞后互换。

交割（Delivery） 空头持有者在到期时向多头持有者出售资产以终止期货合约或远期合约的过程。

交割日（Delivery day） 交割资产以终止期货合约或远期合约的日期。

交割期权（Delivery options，9） 期货合约固有的任何特殊权利或期权，由空头持有者持有，它赋予被交割物品或交割时间灵活性。也可见时间期权、质量期权、月末期权和转换期权。

δ（Delta，5） 衍生产品价格变化与基础资产或期货价格的给定变化之比。

δ对冲（Delta hedge，5） 某种资产或衍生产品与另一种资产或衍生产品进行的对冲交易，在对冲中进行调整以消除基础工具价值小幅变化的影响，使对冲提供无风险收益率。

δ中性（Delta neutral，5） 投资者的投资组合为δ对冲，因此不受基础工具价值小幅变化影响的条件。

δ正态法（Delta normal method，14） 见分析法。

衍生产品（Derivatives，1） 双方签订的一种合约，规定一方向另一方支付的报酬由资产价格、汇率、商品价格或利率确定。

衍生产品交易所（Derivatives exchange） 交易衍生产品的有组织机构，由公司规章制度管理。它可能是交易大厅，也可能是电子交易所。

指定主要做市商（Designated primary market maker） 选择同时提供买价和卖价，不能代表客户进行交易，必须仅用自己的账户进行交易，可以持有较低的必要保证金，且分配到特定交易的最小份额的公司。

对角线价差（Diagonal spread） 期权的距到期时间和执行价格均不同的期权价差。

差额（Diffs） 基于两个价格、汇率或利率之差的期货合约。

差额互换（Diff swap，11） 用一种货币表示一方的利息支付，而用另一种货币表示名义本金的互换。

数字期权（Digital options，13） 见资产或无价值期权和现金或无价值期权。与二项式期权相同。

离散时间（Discrete time，5） 描述一类期权定价模型的特征，在这类模型中，时间以不同（有限）单位移动。二项式模型以离散时间表示。与连续时间相反。

分散化（Diversification） 在众多不同资产之间分配资金的投资策略。

股利保护（Dividend protection） 最初的场外期权市场的特征之一，即用对基础股票支付的股利金额调整执行价格。

股利收益率（Dividend yield） 股利与股票价格之比。

收益金额（Dollar return，1） 购买资产、货币或期货的期权。也指提前赎回债券。

指令转换系统（Designated Order Turnaround，DOT） 纽约证券交易所用于加快股票交易的系统，在程序交易中频繁使用。

下跌触碰生效期权（Down-and-in option） 支付期权费，但除非资产价格跌至指定障碍，否则期权实际上不会开始的生效障碍期权。

下跌触碰失效期权（Down-and-out option） 支付期权费，但如果资产价格跌至指定障碍，期权就提前终止的失效障碍期权。

下跌期权（Down-options，13） 一种障碍期权，其中障碍低于基础工具的当前价格水平。

双重交易（Dual trading） 衍生产品交易所中的场内交易商用自己的账户进行交易并为客户进行交易的做法。

久期（Duration，10） 债券现金流的规模和时间指标。它也反映了债券的加权平均期限，并表明了债券价格对其收益率变化的敏感性。

动态对冲（Dynamic hedging，13） 一种投资策略，通常与投资组合保险相关，在这种投资策略中，通过卖出期货或购买国库券，频繁调整头寸并模拟保护性看跌期权来对冲股票。

动态交易（Dynamic trading，5） 通过不断调整股票和期权的相对比例来建立和维持对冲投资组合。

提前执行（Early exercise） 在到期日前执行美式期权。

在险利润（Earnings at risk，EAR，14） 与临界水平相比的预期利润短缺指标。

EDPC（EDPC） 见增级衍生产品公司。

有效市场（Efficient market） 资产价格反映其真实经济价值的市场。

电力衍生产品（Electricity derivatives，13） 基础工具为电力价格的衍生产品。

电子指定主要做市商（Electronic designated primary market maker） 与指定主要做市商类似，它是指仅在电子交易所而不是在交易大厅中操作的市场参与者。

电子交易（Electronic trading，2） 一种交易衍生产品或证券的交易系统，在这种交易系统中，买卖报价被公布在某种电子媒介（如计算机系统或因特网）上，然后通过该系统执行指令来进行交易。也可见公开喊价。

实证检验（Empirical test） 用不同统计指标确定某个理论、模型或假设是否正确的程序。

月末期权（End-of-the-month option，9） 在芝加哥期货交易所国债期货合约市场上延迟交割直至合约未交易月份的最后一个交易日的权利，或者期货合约中固有的类似权利。也可以指到期日为当月最后一个交易日的交易所上市期权。

最终用户（End users，2） 与交易商进行衍生产品交易以管理风险的公司。

增级衍生产品公司（Enhanced derivatives products companies，14） 银行或互换交易商为执行互换而成立的子公司，它们被设计为具有比母公司本身更高的信用评级。

企业风险管理（Enterprise risk management，15） 以综合方式共同管理组织中的所有风险的风险管理方法。

股权篮子（Equity basket） 一篮子股权证券的组合，也称为投资组合，它可以作为创建衍生产品合约的基础工具。

股权领式期权（Equity collar） 见领式期权。

股权衍生产品（Equity derivative，13） 报酬基于股票或股票指数的任何类型的衍生产品合约。

股权远期（Equity forward，13） 报酬基于股票或股票指数的远期合约。

股权连结债务（Equity-linked debt） 承诺支付最低收益率加上超过特定水平的一部分市场变化率的证券。

股权互换（Equity swaps，11） 双方同意向彼此进行支付的互换，至少一方的支付金额根据股票或指数的表现计算。另一方的支付金额可以根据任何公式计算。

欧元（Euro） 欧盟使用的货币，由欧盟成员国的货币复合而成。

欧洲美元（Eurodollar） 存放在欧洲银行或美国银行的欧洲分行的美元。

Eurolibor/Euribor（Eurolibor/Euribor） 对欧元存款支付的利率。Eurolibor 基于在伦敦的存款，而 Euribor 则基于在欧洲其他地方的存款。另见欧元。

欧式期权（European option） 在到期时才能执行的期权。

实物交换（Exchange-for-physicals，2） 一种期货合约交割方法，其中多头和空头约定的交割条款不同于期货合约中规定的交割条款。

交易所上市衍生产品（Exchange-listed derivative） 在交易所进行交易的期权或期货。

交换期权（Exchange option，13） 赋予通过放弃一种资产以购买另一种资产的权利的期权。

汇率（Exchange rate） 给定金额的某种货币转换为另一种货币的比率。

除息日（Ex-dividend date） 股东登记日前四个工作日，在此日期后，购买股票的投资者不会收到分红。

执行（Exercise，2） 用看涨期权买入或用看跌期权卖出基础证券、期货或货币，或者转换为其现金价值的过程。

执行限额（Exercise limits，2） 任何投资者在特定时期内能执行的期权合约最大数量。

执行价格（Exercise price，2） 期权允许其所有者买入或卖出基础证券、期货或货币的价格。

执行利率（Exercise rate，12） 利率期权、利率上限或利率下限的固定利率。

执行价值（Exercise value，3） 见内在价值。

奇异期权（Exotic options，13） 报酬特征不同于标准欧式期权和美式期权的期权的总称。

预期理论（Expectations theory） 一种利率期限结构理论，通常意味着当前的远期利率是未来即期利率的无偏预测指标。

到期日（Expiration date，2） 在此之后衍生产品合约不再存在的日期。也称为到期时间。

可展期债券（Extendible bond） 持有者可以选择在到期前或到期时延长到期日的债券。

面值（Face value） 基于贷款借入的本金金额。

公允价值对冲（Fair value hedge，15） 资产或负债的市场价值被对冲，并可能满足对冲会计资格的一类对冲。也可见对冲会计。

财务会计准则第133号（FAS 133，15） 由美国财务会计准则委员会制定的一项规定，规定了衍生产品交易的适当会计核算方式。

FCM（FCM） 见期货佣金商。

受托看涨期权（Fiduciary call，13） 一种投资组合保险形式，其中资金被分配给看涨期权和国库券，使交易相当于保护性看跌期权。

金融资产（Financial assets，1） 代表一方对另一方的索偿的资产。

金融工程（Financial engineering，1） 为解决特定风险管理问题而开发、设计和执行创新性金融合约（通常涉及衍生工具）的过程。

金融期货（Financial futures，2） 证券期货，有时包括外汇期货。

金融风险管理（Financial risk management，14） 见风险管理。

金融风险（Financial risks，1） 与利率、股价、商品价格和汇率等因素的变化相关的风险

固定利率换浮动利率互换（Fixed-for-floating rate swap） 用固定利息支付交换浮动利息支付的利率互换。

FLEX期权（FLEX options） 在芝加哥期权交易所交易的期权，与具有标准化条款的普通芝加哥期权交易所期权相反，它允许用户指定执行价格、到期日和其他合约条款。

浮动利率换浮动利率互换（Floating-floating swap） 见基差互换。

浮动利率债券（Floating rate bond） 定期调整利息支付以与当前市场利率一致的债券。其形式也可以为贷款或票据。

利率下限（Floor） 以浮动利率发放贷款的一方向另一方支付期权费的期权交易，如果贷款人的利息收入低于特定水平，则对贷款方进行补偿，从而使浮动利率贷款的利息收入具有下限或最低价值。它也可以用于报酬与资产价格、商品价格或汇率挂钩的其他情况。

场内交易商（Floor broker） 在期权交易所大厅为场外的其他人执行交易的交易商。

利率下限单元（Floorlet，12） 组成利率下限的期权之一。

外汇期货（Foreign currency futures） 为购买外汇而提供的期货合约。

外汇期权（Foreign currency option） 为购买或出售外汇而提供的期权。

外国投资对冲（Foreign investment hedge） 与可能满足对冲会计资格的外汇交易有关的一种对冲。也可见对冲会计。

远期承诺（Forward commitment） 见远期合约。

远期合约（Forward contract，1） 双方（即买方和卖方）约定在未来某个日期以固定价格购买某种资产或货币的协议。

远期折价（Forward discount） 某种外币的远期汇率低于即期汇率时，该外币的即期汇率和远期汇率之间的关系。

远期市场（Forward market） 构建远期合约的市场。

远期溢价（Forward premium） 某种外币的远期汇率高于即期汇率时，该外币的即期汇率和远期汇率之间的关系。

远期价格（Forward price，2） 远期合约中约定的价格。

远期利率（Forward rate） 贷款远期合约中约定的利率，或由短期利率和长期利率之间的关系隐含的利率。

远期利率协议（Forward rate agreement，FRA，12） 一种类似于远期合约的交易，其中一方同意根据约定的固定利率在未来支付利息，并根

据某个浮动利率（如 LIBOR）在未来收取利息。

远期开始期权（Forward-start options，13） 在今天支付期权费，但期权的期限直到晚些时候才开始的期权。

远期互换（Forward swap，12） 要求双方在未来某个日期进行互换的远期合约。

远期价值（Forward value，8） 现有远期合约的当前市场价值。

FRA（FRA，12） 见远期利率协议。

自由市场（Free market） 以高效率和少监管或无监管为特征的市场。

前台（Front office，15） 衍生产品/风险管理系统中的交易部门。

持有成本全覆盖（Full carry） 与期货合约相关的一个条件，指期货价格超过现货价格的金额不低于持有成本。

融资价值调整（Funding value adjustment，11） 反映了衍生产品交易商的平均融资成本的调整。

期货佣金商（Futures commission merchant） 为公众执行期货交易的公司。

期货合约（Futures contract，1） 双方（买方和卖方）约定在未来某个日期以某个固定价格购买某种资产或货币的协议，它在期货交易所交易，遵守每日结算程序以向各方保证对另一方的索偿权将被支付。

期货交易所（Futures exchange） 见衍生产品交易所。交易期货的有组织机构，由公司规章制度管理。它可能是交易大厅，也可能是电子交易所。见电子交易。

期货基金（Futures fund） 专门交易期货合约的共同基金。

期货市场（Futures markets，1） 有组织的期货交易所，遵守每日结算程序。

期货期权（Futures option） 基于期货合约的期权。

期货平价（Futures parity，8） 见看跌期权-看涨期权-远期。

期货价格（Futures price，2） 在未来交割某种基础工具的期货合约的报价。

期货价差（Futures spread） 对一种期货合约做多或做空，并对另一种期货合约执行相反操作的策略。

期货价值（Futures value，8） 期货合约的当前市场价值，一旦该头寸在每天结束时盯市，价值就为零。

外汇互换（FX swap） 在外汇市场中，指基于相同货币，但具有不同到期日的远期合约的多头和空头。

γ（Gamma，5） 衍生工具的 δ 相对于基础资产或衍生产品价格变化的变化率。

γ 对冲（Gamma hedging，5） 一种对冲头寸，通常与 δ 对冲结合使用，其中 δ 的变化不受基础工具大幅变化的影响。

加曼-科尔哈根模型（Garman-Kohlhagen model） 欧洲外汇期权的定价模型。

通用互换（Generic swap） 见固定利率换浮动利率互换。

几何布朗运动（Geometric Brownian motion） 基于随机运动的统计模型，常用来描述资产价格变化，通常可以从中获得衍生产品的价格。

GLOBEX2（GLOBEX2） 由芝加哥商品交易所运作的一种自动交易系统，其中出价和要价被输入电脑，并以电子方式执行。

撤销前一直有效指令（Good-till-canceled order，2） 在撤销前一直有效的指令，常与止损指令和限价指令一起使用，执行起来可能需要一些时间。

等级（Grade） 衡量商品相对质量的指标。

希腊指标（Greeks） 用于提供其他某种变量（例如基础工具或波动率）变化时的期权价格变化近似值的指标总称。

30 人集团（Group of Thirty） 对国际金融市场和国际金融体系有效运行的各种重要问题进行研究的银行家与经济学家组织。

对冲（Hedge） 投资者使用相反的衍生产品头寸以保护现货市场上的头寸或预期头寸的交易。

对冲会计（Hedge accounting，15） 衍生工具交易的一种会计处理方式，将在某种程度上受特定规则限制的对冲损益与被设计用以对冲的交易损益合并进行会计核算，以最小化对冲，从而最小化对报告利润的影响。

对冲基金（Hedge fund） 一种共同基金，它可能持有多种金融工具（通常包括空头），并且通常与高投机性交易相关联。

对冲投资组合（Hedge portfolio，4） 被对冲的投资组合，通常为股票多头-看涨期权空头或股票多头-看跌期权多头组成的对冲，对冲比率将随时间的推移而调整，以产生无风险投资组合。

对冲比率（Hedge ratio，4） 实现某个目标（例如最小化风险或消除风险）的衍生产品与现货头寸之比（反之亦然）。

对冲者（Hedgers，1） 执行对冲交易的投资者。

对冲有效性（Hedging effectiveness，10） 衡量特定对冲策略有效性——尤其是风险降低百分比——的统计指标，通常是相关系数的平方。

赫斯塔特风险（Herstatt risk，14） 见结算风险。

历史法（Historical method，14） 估计在险价值的一种方法，使用投资组合的近期表现历史信息来估计其未来概率分布。

历史波动率（Historical volatility，5） 通过最近一段时间的历史数据估计证券、期货或货币的标准差。

股东登记日（Holder-of-record date） 所有当前股东都有权获得即将发放的股利的日期。

持有期（Holding period） 持有投资的时期。

水平价差（Horizontal spread，7） 见日历价差。

IMM 指数（IMM Index） 国库券或欧洲美元期货合约在国际货币市场上的报价方法，即以相对于面值 100 美元的折价表示价格。

免疫（Immunization） 一种债券投资组合策略，保护收益率不受利率变化的影响，令久期等于持有期即可实现。

隐含修正久期（Implied modified duration，10） 将期货价格作为债券价格而计算出的期货合约基础债券的久期。

隐含回购利率（Implied repo rate，9） 现货价格和期货价格的关系隐含的现货持有交易的融资成本。

隐含波动率（Implied volatility，5） 当期权的市场价格等于特定期权定价模型给出的价格时获得的标准差。

隐含收益率（Implied yield，10） 将期货价格作为债券价格而计算出的期货合约基础债券的收益率。

滞后型互换（In-arrears swap） 见滞后互换。

指数递减互换（Index amortizing swap，11） 名义本金根据时间表而减少的互换，利率降到较低时，可能要求加速减少本金。

指数套利（Index arbitrage） 买入（卖出）表示指数的股票投资组合，并卖出（买入）相应的期货合约。交易目的是从现货价格和期货价格关系的错误定价中获利。

指数期权（Index option） 基于证券指数的期权。

指数互换（Index swap） 一方的支付金额基于某个指数（例如股票指数）的互换。也可见股权互换。

初始保证金（Initial margin，2） 交易当天投资账户中必须保留的最低金额。在期货账户中，只要某天开盘时的余额低于维持保证金要求，当天就必须满足初始保证金要求。

生效期权（In-options，13） 支付期权费，但除非资产价格跨过特定障碍，否则期权实际上不会开始的一类障碍期权。也可见下跌触碰生效期权和上升触碰生效期权。

分期付款期权（Installment option，13） 分期支付等额期权费的期权。在每个支付日期，持有者决定是继续支付期权费还是让期权到期。

机构投资者（Institutional investor） 该术语指作为投资者的公司或组织，与散户投资者相对。

工具（Instrument，1） 用于指代金融证券、金融合约甚至各种项目（例如温度）的最广义的术语。例如，衍生产品的表现取决于其他金融工具的表现。

银行间市场（Interbank market） 执行外汇现货交易和外汇期货交易的非正式银行组织。

商品间价差（Intercommodity spread） 一种期货交易，涉及一种商品的期货多头和另一种商品的期货空头。

利率看涨期权（Interest rate call，12） 支付已知利息的权利。

利率上限（Interest rate cap，12） 报酬由浮动利率决定的上限。

利率领式期权（Interest rate collar，12） 报酬由浮动利率决定的领式期权。

利率衍生产品（Interest rate derivatives，12） 基础工具为利率的期权、远期、期货、互换或其他衍生产品。在某些用途中，基础工具可以是债券。

利率下限（Interest rate floor，12） 报酬由浮动利率决定的下限。

利率期货（Interest rate futures） 基于固定收益证券的期货合约。

利率期权（Interest rate option，12） 基础工具为利率而非证券、商品或期货价格的期权。执行与否取决于利率高于还是低于执行价格。

利率平价（Interest rate parity，8） 两国的即期

汇率和远期汇率以及利率之间的关系。

利率看跌期权（Interest rate put，12） 收取已知利息的权利。

利率互换（Interest rate swaps，11） 双方同意按照不同公式向彼此支付利息的交易。

纯利息剥离证券（Interest-only strip，13） 向投资者提供基础债务证券（通常为抵押贷款）投资组合的利息支付的金融工具。也可见纯本金剥离证券。

市场间价差（Intermarket spreads，10） 基础工具不同的两种期货合约的交易。也称为商品间价差。

内部收益率（Internal rate of return，IRR） 令未来现金流量的现值等于价格的投资贴现率。

国际掉期与衍生工具协会（International Swaps and Derivatives Association） 一个衍生产品交易商组织，其主要活动是简化与促进标准化的低成本衍生产品程序。

价内（In-the-money，2） 资产价格、期货价格或汇率高于（低于）执行价格的看涨期权（看跌期权）。

商品内价差（Intracommodity spread） 见市场内价差。

市场内价差（Intramarket spreads，10） 基础工具相同的两种期货合约的交易。也称为商品内价差。

内在价值（Intrinsic value，3） 对于看涨期权（看跌期权），为零与股票（执行）价格和执行（股票）价格之差的较大者。也称为平价价值。

介绍经纪商（Introducing broker） 为客户安排期货交易，但与另一个公司或个人签订合约以执行交易的经纪商。

反向浮动利率票据（Inverse floater，13） 一种浮动利率结构化票据，当利率下降时支付的利息增加，当利率上升时支付的利息减少。

倒挂市场（Inverted market，8） 见现货溢价市场。

IO（IO，13） 见纯利息剥离证券。

ISDA（ISDA） 见国际掉期与衍生工具协会。

ISDA主协议（ISDA master agreement，2） 由国际掉期与衍生工具协会制定的标准化合约模板，由律师对各种交易共有的所有法律问题加以规范。

《约翰逊-沙德协定》（Johnson-Shad agreement） 1982年，美国商品期货交易委员会主席菲利普·麦克布赖德·约翰逊（Phillip McBryde Johnson）和美国证券交易委员会主席约翰·沙德（John Shad）确立了关于期权的监管权限。

κ（Kappa，5） 见vega。

触碰生效期权（Knock-in options，13） 见生效期权。

触碰失效期权（Knock-out options，13） 见失效期权。

λ（Lambda，5） 见vega。

一价定律（Law of one price，1） 两个相同的资产或投资组合不会以不同价格出售的法则。

主做市商（Lead market maker） 在芝加哥期权交易所中，如果存在实体“场内”交易，则市场参与者必须始终处于与其选择的期权类别一致的特定交易区域。

LEAPS（LEAPS） 长期股权预期证券。基础工具为股票和指数，距到期时间长于一年的交易所上市期权。

法律风险（Legal risk，14） 法律体系未能保证执行合约的风险。法律风险主要是交易商面临的风险，可能产生于最终用户在交易中产生损失并声称交易商误导了它，或者最终用户没有进行交易的合法授权而交易商本应告知它这种情况时。

差满持仓（Less than full carry，8） 商品有便利收益率，且期货价格低于现货价格加上持有成本时。

杠杆（Leverage，2） 用债务放大投资收益率。

跌停（Limit down，2） 期货价格跌至每日价格下限的情况。

停板（Limit move，2） 期货价格达到每日价格上限或每日价格下限的情况。

限价指令（Limit order，2） 规定了支付的最高价格或接受的最低价格的证券或衍生工具买入或卖出要求。

涨停（Limit up，2） 期货价格涨至每日价格上限的情况。

流动性（Liquidity） 可以快速执行交易而对价格几乎没有影响的市场特征。

流动性供应商（Liquidity provider） 在某段特定时期为交易所的某些合约同时提供买价和卖价的市场参与者。

流动性风险（Liquidity risk，14） 某种交易市场

小的风险，反映为交易商数量少、买卖价差大。

上市（Listing） 某种证券、期权或期货在交易所发售以进行公开交易。

场内交易商（Local） 在期货交易所大厅为自己的个人账户执行交易的交易商。

锁定限额（Locked limit，2） 由于交易者未能超过限额进行交易而停止交易的市场。

锁定期权（Lock-in option，13） 当基础资产达到特定价格水平时，允许持有者将最终支出定为当前内在价值的期权。

正态分布（Lognormally distributed，5） 通常用于建立期权定价模型的资产收益率概率分布。它的一个重要特征是，资产价格不能为零或负值。

伦敦银行间同业拆借利率（London Interbank Offer Rate，LIBOR） 涉及伦敦银行的某些欧洲美元存款的利率。

多头对冲（Long hedge，10） 由现货市场空头和期货市场多头组成的对冲。

回顾期权（Lookback option，13） 赋予在期权期限内以最低价格买入基础资产或在期权期限内以最高价格出售资产的权利的期权。也被称为无悔期权。

下限（Lower bound） 被定为期权的最低可能价格的价值。

麦考利久期（Macaulay's duration，10） 衡量债券现金流的时间和规模的久期，一种经现值加权的现金流指标。

维持保证金（Maintenance margin，2） 在交易当天以外的任何一天必须保留在保证金账户中的最低金额。

管理基金（Managed funds） 商品交易顾问分配资金用于为客户交易期货合约的安排。其形式包括私人安排、期货基金和商品池。

保证金（Margin，2） 保证金账户中保留的用于弥补亏损的资金。

追加保证金（Margin call，2） 当余额低于维持保证金要求时收到的追加保证金通知，要求存入足够资金以使余额回升到初始保证金要求。

市场效率（Market efficiency，1） 这个概念指价格反映基础资产的真实经济价值的市场。

收盘指令（Market-on-close order） 一种买入或卖出证券或衍生工具的指令，要求经纪商以尽可能接近收盘价的价格执行交易。

市场指令（Market order，2） 要求经纪商按指令以当前市场价格执行交易，以买入或卖出证券或衍生产品。

市场投资组合（Market portfolio） 由市场上所有资产组成的投资组合。

市场风险（Market risk，14） 公司的价值或现金流受到利率、汇率、股价或商品价格变化的影响的风险。

市场分割理论（Market segmentation theory） 一种期限结构理论，认为期限结构每个部分内的供求力量决定了该期限的均衡利率。

市场时机（Market timing） 投资者通过预测市场走向试图获利的一种投资策略。

主互换协议（Master swap agreement） 国际掉期与衍生工具协会为简化和规范互换交易而制定的合约表格。

中台（Middle office，15） 位于前台和后台之间的衍生产品/风险管理系统组成部门。

最小方差对冲比率（Minimum variance hedge ratio） 对于某个特定现货头寸，可以最小化对冲利润方差的期货合约比率。

最小-最大期权（Min-max option，13） 涉及多种基础资产，且报酬由两种资产的较高价值（最大值）或两种资产的较低价值（最小值）决定的期权。将两种资产中表现较好或表现较差的资产价值与执行价格进行比较。也被称为彩虹期权。

模型（Model，4） 使用特定输入值产生输出值或结果的现实简化表达式。

模型风险（Model risk，14） 与使用错误或不合适的模型，或包含错误或错误输入值的模型相关的风险。

修正久期（Modified duration，10） 衡量债券价格对收益率变化的敏感性的久期，它是衡量利率风险管理的有用指标。

修正回顾期权（Modified lookback options，13） 通过用期权期限内资产达到的最高价格或最低价格取代执行价格来确定报酬的回顾期权。

货币市场（Money market） 短期证券的市场。

货币价差（Money spread，7） 涉及一个期权的多头和执行价格不同但其他条件相同的另一个期权的空头的期权交易。

蒙特卡洛模拟（Monte Carlo simulation，13） 一种衍生产品定价过程，首先产生表示基础工具价格的随机数，并对通过模拟获得的衍生产品可能价值取平均值，计算出衍生产品的价值。

蒙特卡洛模拟法（Monte Carlo simulation method，14） 使用蒙特卡洛模拟估计在险价值的程序。请与历史法和分析法进行比较。

抵押贷款支持证券（Mortgage-backed security，13） 根据基础抵押贷款投资组合的支付向持有者提供收益的证券。

抵押贷款转手证券（Mortgage pass-throughs，13） 抵押贷款的本金支付和利息支付扣除服务费后转手给证券持有者的抵押贷款支持证券。

抵押贷款剥离证券（Mortgage strips，13） 见纯利息剥离证券和纯本金剥离证券。

多资产期权（Multi-asset options，13） 报酬基于多个基础资产的表现的期权。也可见交换期权和最小-最大期权。

多边清算（Multilateral clearing，2） 各方通过清算所清算时，清算过程将转交给独立第三方，由其清算多方的多笔合约。

多边净额结算（Multilateral netting，14） 多于两方之间的净额结算，基本上相当于清算所。

多重上市（Multiple listing） 相同期权在多家交易所上市。

共同基金（Mutual fund） 集中股东资金并用于购买证券的公司。

裸看涨期权（Naked call，6） 见无抛补看涨期权。

全美证券交易商协会（National Association of Securities Dealers） 作为场外交易股票的做市商的一家前公司组织，现在隶属美国金融业监管局。

美国期货协会（National Futures Association） 由从事期货业务的公司组成的一家组织，是期货行业的自律机构。

近期合约（Nearby contract，1） 当与同一家交易所和相同商品的其他期货合约相比，最接近到期日的期货合约。

需求驱动型风险管理（Needs-driven risk management，14） 一种风险管理方法，主要关注管理者对现有风险敞口的看法，而不是管理者对未来的看法。也可见观点驱动型风险管理。

净利息（Net interest，8） 持有资产的利息机会成本减去形式为收到的明确利息或股利的现金流。

净现值（Net present value） 投资现金流的现值减去投资的初始成本。

净额结算（Netting，14） 汇总双方之间的所有互换，并确定一方欠另一方的净额的做法。

通过债务更新进行净额结算（Netting by novation，14） 用一笔交易代替交易组合净值的净额结算。

非重组树（Non-recombining tree，4） 先上升再下降所到达的位置与先下降再上升所到达的位置不同的二叉树。

无悔期权（No-regrets option，13） 见回顾期权。

无风险溢价（No risk premium hypothesis） 一种期货市场理论，认为期货价格是使期货合约投机者无法期望获得风险溢价的价格。在这种情况下，期货价格将是未来现货价格的无偏预测值。

正常现货溢价市场（Normal backwardation，8） 远期或期货价格（利率）低于到期时的预期未来现货价格（利率）的情况。

正常期货溢价市场（Normal contango，8） 远期或期货价格（利率）高于到期时的预期未来现货价格（利率）的情况。

正态分布（Normal distribution） 通常被描述为钟形曲线的概率分布。也被称为标准正态分布。

正态概率（Normal probability，5） 正态分布随机变量小于或等于给定值的概率。

意向日通知（Notice of intention day） 交割前三天中的第二天，清算所在这一天通知多头持有者将在下一个工作日进行交割。

名义金额（Notional amount，1） 互换或衍生产品规模的衡量指标，以货币单位表示，据此计算支付金额。

名义本金（Notional principal，1） 见名义金额。

市场外远期利率协议（Off-market FRA，12） 固定利率不是在开始时产生零价值的固定利率的远期利率协议。

抵消（Offset，2） 见抵消（Offsetting）。

抵消（Offsetting，2） 一种终止互换的方法，其中一方进行一笔新互换，其支付发生日期与旧互换相同。两笔互换仍然有效。也可见抵消指令。

未平仓合约数量（Open interest，2） 已经建立但尚未抵消或执行的期货合约或期权合约的数量。

公开喊价（Open outcry，2） 在交易所的交易场等公开场所口头公布和接受买卖价格的衍生产品或证券交易系统。

操作风险（Operational risk，14） 在衍生产品程序或风险管理系统运行中出现故障的风险。

期权（Option，1） 赋予在特定时期以固定价格买入或卖出某种资产、货币或期货的权利的合约。

期权类别（Option class） 基于给定工具的某种特定类别（看涨期权或看跌期权）的所有期权。

期货期权（Option on futures，1） 买入或卖出期货合约的期权。

期权定价（Option pricing，4） 获得理论公允价值。

期权定价模型（Option pricing model，4） 产生期权理论公允价值的数学公式或程序。

期权系列（Option series） 具有相同执行价格和到期日的给定类别的所有期权。

期权清算公司（Options Clearing Corporation） 作为交易股票期权和指数期权的各种交易所的清算所而运营的公司。

期权交易所（Options exchange） 交易期权的有组织机构，由公司规章制度管理。它可能是交易大厅，也可能是电子交易所。也可见电子交易。

价外（Out-of-the-money，2） 资产、货币或期货的价格低于（高于）执行价格的看涨期权（看跌期权）。

失效期权（Out-options，13） 支付期权费，但如果资产价格跨过特定障碍，期权就提前终止的一类障碍期权。也可见下跌失效期权和上升失效期权。

超越表现期权（Out-performance option，13） 涉及两种基础资产的期权，其最终支出基于两种资产的价值或相对表现之差。

错误交易（Out-trade，2） 在隔夜交易过程中发现的任何差异必须在第二天由双方对账。

隔夜回购（Overnight repo） 期限为一晚的回购协议。也可见定期回购。

定价过高（Overpriced） 证券或衍生工具的交易价格超过其价值的情况。

场外衍生产品（Over-the-counter derivative） 在场外市场创建的衍生产品，它没有活跃的二级市场。

场外市场（Over-the-counter market） 在有组织的交易所之外，交易商、经纪商和公众之间进行证券或衍生产品交易的市场。

平价（Parity，3） 见内在价值。

平价价值（Parity value，3） 见内在价值。

路径依赖（Path dependence） 期权的特征之一，指随着期权距到期时间的缩短，基础资产的一系列价格将影响期权报酬。也可见路径独立。

路径依赖期权（Path-dependent options，13） 资产价格在期权期限内遵循的路径对期权价格有影响的期权。

路径独立（Path independence） 期权的特征之一，指随着期权距到期时间的缩短，基础资产的一系列价格不影响期权报酬。也可见路径依赖。

支付方互换期权（Payer swaption，12） 持有期权的一方有权进行互换并支付固定利率的互换期权。

后付期权（Pay-later option，13） 在到期时支付期权费的期权。

支付净额结算（Payment netting，14） 交易双方同时结算所欠金额，由一方向另一方支付净额的净额结算。

报酬（Payoff） 在持有期期末收到的交易金额。

收益率（Percentage return，1） 按照每 1 美元投资的收益计算的投资业绩衡量指标。

优先股权赎回累积股（Preference Equity Redemption Cumulative Stock，PERCS） 具有最高报酬的可转换优先股，这使它类似于抛补看涨期权。

完美对冲（Perfect hedge） 在所有可能结果下，交易一方的收益均恰好抵消另一方的损失的对冲。在现实世界中很罕见。

履约保证金（Performance bonds，2） 期货市场要求的保证金存款的首选名称。需要与反映借款的股票市场保证金和仅为诚信存款的期货市场保证金相区别。

述行性（Performativity，5） 在人文科学中，指参与者越相信某个特定的经济模型，观察到的活动与该模型越一致。

实物交割（Physical delivery，2） 将基础工具从一方实际转移给另一方的交易方法。

交易场（Pit） 在衍生产品交易所的交易大厅内交易一类合约的八角形或六角形区域。

普通互换（Plain vanilla swap，11） 见固定利率换浮动利率互换。

计划分期偿还类别债券（Planned amortization class bonds） 抵押担保债券的组别之一，它将假设的提前偿付率加入了合约条款。也被称为 PAC 债券。

PO（PO，13） 见纯本金剥离证券。

投资组合保险（Portfolio insurance，13） 使用证券、国库券或衍生产品投资组合，以在未来某个日期提供投资组合的最低价值或下限价值的投资策略。

投资组合理论（Portfolio theory） 对经济过程的研究，通过这些研究制定投资者的投资组合决策。

持仓日（Position day） 交割前三天中的第一天，在这一天，空头持有者通知清算所其有意在两个工作日后交割。

头寸限额（Position limits，2） 投资者可以持有的期权合约或期货合约的最大数量。

头寸交易者（Position trader） 持有未平仓头寸的时间通常超过一天的衍生产品交易者。

潜在信用风险（Potential credit risk，14） 交易一方无法在未来及时进行支付的风险。

期限偏好理论（Preferred habitat theory） 见市场分割理论。

期权费（Premium，2） 买方向卖方支付的费用，也是期权价格。

提前偿付风险（Prepayment risk，13） 在抵押贷款支持证券或资产支持证券中，由于利率下降，持有者面临的基础抵押贷款或其他基础证券被提前偿付的风险。

价格限额（Price limits，2） 在给定日期，期货合约可以交易的最高价格和最低价格。

价格敏感性对冲比率（Price sensitivity hedge ratio） 在对冲中使用的使投资组合价值不受基础变量（例如利率）变化影响的期货合约数量。

初级市场（Primary market） 最初发行证券的市场，这些证券未在公众之间进行过交易。

纯本金剥离证券（Principal-only strip，13） 抵押贷款的本金支付扣除服务费后转手给证券持有者的抵押贷款支持证券。

程序交易（Program trading，9） 大宗股票交易，属于指数套利计划或投资组合保险计划的一部分。

自营交易（Proprietary trading，2） 区分金融机构为自身进行的交易与它为客户进行的巨额交易和做市活动的术语。

保护性看跌期权（Protective put，6） 使用看跌期权多头和基础资产、期货或货币提供资产、期货或货币的最低售价的投资策略。

纯折价债券（Pure discount bond） 不支付息票利息，但可以按面值折价出售的债券，例如国库券。

看跌权（put，1） 卖出资产、货币或期货的期权。

看跌期权（put option，2） 见看跌权（put）。

看跌期权-看涨期权平价（Put-call parity，3） 看跌期权价格、看涨期权价格与基础证券、商品或货币之间的关系。

看跌期权-看涨期权-远期（Put-call-forward，8） 基于证券、商品或货币的看跌期权、看涨期权和远期之间的价格关系。

质量期权（Quality option，9） 交割芝加哥期货交易所国债期货合约的一组合格债券的权利或任何其他期货合约中固有的类似权利。

数量风险（Quantity risk，10） 对冲者不知道他将拥有或出售多少单位现货资产的对冲风险。

双币种期权（Quanto，13） 将某种外币的价格或汇率以固定比率转换为另一种货币的衍生产品。

双币种互换（Quanto swap） 见差额互换。

准套利（Quasi arbitrage，8） 资产持有者卖出资产，替换为期货合约，然后在价格收敛于持有价格的成本时逆转交易的套利交易。

彩虹期权（Rainbow options，13） 见最小-最大期权。

范围浮动利率票据（Range floater，13） 一种浮动利率结构化票据，其中利息支付可以根据参考利率是否保持在特定范围内而变化。

范围远期（Range forward） 收益和损失有限的远期合约。也被称为风险逆转和领式期权。

比率价差（Ratio spread，7） 对合约数量加权以产生无风险头寸的价差交易。

实物资产（Real assets，1） 有形资产，例如房地产或设备。

实物期权（Real option，2） 嵌入公司投资机会中的期权。

收取方互换期权（Receiver swaption，12） 持有期权的一方有权进行互换并收取固定利率的互换期权。

重组树（Recombining tree，4）先上升再下降所到

达的位置与先下降再上升所到达的位置相同的二叉树。

参考实体（Reference entity，14） 在信用衍生产品交易中，作为信用衍生产品交易的信用基础的一方。

监管套利（Regulatory arbitrage，2） 基本上相当于消费者购买外国产品而不是本国产品的过程。它发生在国家以不一致的方式监管衍生产品，使交易流向监管最轻的国家时。

监管风险（Regulatory risk，14） 监管风格或当前监管风格将会改变，并对公司产生不利影响的风险。监管风险可能导致现有交易或预期交易不合法，或阻碍新产品和新解决方案的开发。

回购（Repo，1） 见回购协议。

回购协议（Repurchase agreement，1） 投资者出售证券，并承诺在规定的天数以后以反映通行利率的更高价格回购该证券的证券交易。

重设期权（Reset option） 允许持有者在股价达到特定水平时更改执行价格的期权。

剩余组别（Residual tranche） 组成抵押担保债券的组别之一，授予持有者在其他所有组别得到偿付后获得剩余现金的权利。

可赎回债券（Retractable bond） 持有者可以选择在到期前赎回的债券。

收益（Return，1） 衡量投资实现的财富增加的指标。

逆转（Reversal，6） 见抵消。

逆向转换（Reverse conversion，6） 由卖出看跌期权和买入合成式看跌期权组成的套利交易。

逆向浮动利率票据（Reverse floater，13） 见反向浮动利率票据。

ρ（Rho，5） 期权价格变化与无风险利率变化之比。

风险（Risk，1） 在财务意义上，是衡量交易或投资组合的变异性或不确定性的指标。

风险厌恶（Risk aversion，1） 指投资者不喜欢风险，不会在没有额外收益的情况下承担更多风险的特征。

无风险利率（Risk-free rate，1） 投资于无风险资产获得的收益率。

风险管理（Risk management，14） 识别公司的理想风险水平，识别其当前风险水平，以及使用衍生产品或其他金融工具将实际风险水平调整为理想风险水平的做法。

风险中性（Risk neutral，1） 指投资者对风险无差异的特征。

风险中性概率（Risk-neutral probability，5） 风险中性（无差异）者对某个结果分配的概率。也可见风险中性。

风险偏好（Risk preferences） 投资者对风险的感受。

风险溢价（Risk premium，1） 风险厌恶投资者承担风险所期望获得的额外收益。

风险溢价假说（Risk premium hypothesis，8） 一种期货市场理论，认为期货价格为期货合约投资者预期将因承担风险而获得风险溢价的价格，这是风险溢价从对冲者转移给投资者的结果。在这种情况下，期货价格将为未来现货价格的有偏预测值。

风险-收益权衡（Risk-return trade-off，1） 必须接受额外风险以提高预期收益率的概念。

风险逆转（Risk reversal） 见领式期权。

滚动条式对冲（Rolling strip hedge） 对冲期相对较长的条式对冲，在这种对冲中，当近期期货到期时，将加入期限较长的期货。

向上滚动（Rolling up） 使用价外看涨期权的抛补看涨期权策略，投资者在股价升至执行价格附近时回购看涨期权，并卖出另一个价外看涨期权。

卖出或转让（Sale or assignment） 一种终止互换的方法，其中一方支付或收取现金，并将其互换支付义务转让给另一方。

三明治价差（Sandwich spread，7） 见蝶式价差。

摩擦交易（Scratch trade） 主要为了调整交易商的存货而执行且没有盈利或亏损的交易。

席位（Seat） 用于指衍生产品或股票交易所的会员资格的术语。

二级市场（Secondary market） 在投资者之间交易之前发行的资产的市场。

证券交易委员会（Securities and Exchange Commission，SEC） 负责监管证券和上市期权市场的美国联邦机构。

证券投资者保护公司（Securities Investor Protection Corporation，SIPC） 一家联邦机构，为投资者提供针对经纪公司破产的保险。

证券化（Securitization，13） 创建资产支持证券的过程。

卖空（Selling short，1） 见卖空交易。

卖出价差（Selling the spread，7） 见贷方价差。

序列（Series） 具有相同的执行价格和到期日的给定类别的所有期权。

结算日期（Settlement date，11） 进行互换支付的日期。

结算期（Settlement period，11） 互换结算日期之间的时期。

结算价格（Settlement price，2） 清算所在每天结束时确定的用于每日结算的官方价格。

结算风险（Settlement risk，14） 在公司与另一方交换支付的国际交易中经常遇到的风险，指可能在收到对方付款前进行支付的风险，对方未能进行支付的原因可能是破产、丧失清偿能力或欺诈。

空方（Short） 用于指持有空头或持有空头的一方。

空头对冲（Short hedge，10） 涉及现货市场多头和期货市场空头的对冲交易。

空头交易（Short sale） 向经纪商借入证券，然后卖给买方，并在未来某个时间回购该证券并还给经纪商的投资交易。

喊价期权（Shout option，13） 允许持有者在基础资产价格达到特定水平时将最终支付的最小值设为当前内在价值的期权。

简单收益率（Simple return） 非复利收益率。

特殊目的载体（Special purpose vehicles，14） 见增级衍生产品公司。

投机（Speculation） 具有高风险且通常持有期较短的投资。

投机价值（Speculative value，3） 见时间价值。

投机者（Speculators，1） 参与投机交易的人。

现货市场（Spot markets，1） 即时出售和交割资产的资产市场。

现货价格（Spot price） 现货市场上的资产价格。

即期利率（Spot rate） 即期市场上创建的贷款或债券的利率。

价差（Spread，7） 由一个合约的多头和另一个类似合约的空头组成的衍生产品交易。

价差交易者（Spreader） 进行价差交易的个人或机构。

叠式对冲（Stack hedge） 对冲期长于期限最短的期货合约的期限，但由于期限较长的期货的流动性较低，所以额外使用期限较短的合约的对冲。

标准差（Standard deviation） 衡量随机变量在均值附近的离散度的指标，等于方差的平方根。

股票指数（Stock index） 股票价格的组合，用于衡量股票的整体表现。

股指套利（Stock index arbitrage，9） 买入或卖出复制某个股票指数的股票组合，并卖出或买入基于该指数的期货合约。发生在期货价格不符合持有成本模型时。

股指期货（Stock index futures） 基于基础股票指数的期货合约。

股票期权（Stock option） 见股权期权。

止损指令（Stop order，2） 直到价格达到特定水平才执行的买入或卖出证券或衍生产品的指令。

储存（Storage） 持有资产一定时期的过程。

储存成本（Storage cost） 持有资产的成本，包括储存的有形成本和因占用资金损失的利息。

跨式价差（Straddle，7） 涉及看跌期权多头和执行价格与到期日相同的看涨期权的期权交易。

勒式期权（Strangle） 具有某个执行价格的看跌期权多头和执行价格较高的看涨期权多头的组合。

带式期权（Strap） 由两个看涨期权多头和一个看跌期权组成，或者由执行价格和到期日相同的两个看涨期权和一个看跌期权组成的期权交易。

战略性资产配置（Strategic asset allocation） 反映资金在不同资产类别之间的理想长期配置的投资管理风格。

压力测试（Stress test，14） 一种通过分析基础工具发生极大变化时的投资组合表现测试风险管理系统的方法。

行权价（strike，2） 见执行价格。

行权价格（strike price，2） 见执行价格。

行权利率（Strike rate） 见执行利率。

执行价差（Strike spread，7） 见货币价差。

条式期权（Strip） 由两个看跌期权多头和一个看涨期权组成，或者由执行价格和到期日相同的两个看跌期权和一个看涨期权组成的期权交易。也可见条式对冲。

条式对冲（Strip hedge） 使用一系列期限递增的期货合约进行对冲，使对冲期长于期限最短的期货合约的期限。有时被称为条式期权。

剥离国债（Stripped treasuries） 表示对国债息票利息和本金的索偿权的证券。买入国债，并卖出剥离国债以抵消国债的息票利息和本金。

结构化票据（Structured notes，13） 在息票利息之外辅以某种衍生产品，以增加或减少支付金额的本票（通常为浮动利率）。

互换（Swap，1） 双方同意根据不同公式计算交换的现金流的衍生产品交易。也可见利率互换、货币互换、商品互换、股权互换。

互换账簿（Swap book） 互换交易商的互换存货。

互换交易商（Swap dealer） 在另外两方之间安排利率互换或货币互换的公司。

互换执行设备（Swap execution facilities，2） 促进互换交易的电子交易平台。

互换期权（Swap option） 见互换期权（Swaption）。

互换利率（Swap rate） 互换交易商将对互换支付或收取的固定利率。

互换利差（Swap spread，11） 互换交易商将支付或收取的固定利率与相同期限的美国中期国债利率之差。

互换期权（Swaption，12） 赋予进行互换的权利的期权。也可见支付方互换期权和收取方互换期权。

转换期权（Switching option） 有时被定义为使用国债期货将债券转换为现货持有交易的权利，尽管这种权利是质量期权的结果。也可见质量期权。

合成式看涨期权（Synthetic calls，6） 复制看涨期权表现的看跌期权多头和资产、期货或货币多头的组合。有时它可能包括无风险债券空头。

合成式债务担保债券（Synthetic CDO，14） 已合并为一个投资组合的信用衍生产品，通过信用违约互换出售对该投资组合的索偿权。

合成式期货合约（Synthetic futures contract，8） 看涨期权多头与复制期货合约多头表现的看跌期权空头的组合。有时它可能包括无风险债券多头或空头。

合成式看跌期权（Synthetic puts，6） 看涨期权多头和复制看跌期权表现的资产、货币或期货空头的组合。有时它可能包括无风险债券多头。

系统风险（Systematic risk） 与市场或整体经济相关的风险。

系统性风险（Systemic risk，2） 一家或多家金融机构的破产会引发更多破产，最终导致金融体系崩溃的风险。

策略性资产配置（Tactical asset allocation） 根据每个类别在短时间内的预期表现将资金分配给不同资产类别的投资管理风格，与战略性资产配置相反。

尾部（Tail） 为完成通配型期权或质量期权的交割而买入或卖出的额外期货合约数量。

跟踪对冲（Tailing the hedge） 调整对冲比率，以考虑每日结算中收到或支付的利息的影响。

串联期权（Tandem option，13） 实际上表示一连串期权的期权，其中一旦给定期权到期，新期权立即自动开始。

目标 β（Target beta，10） 股票投资组合的理想 β。

目标久期（Target duration，10） 债券投资组合的理想久期。

税收风险（Tax risk，14） 税法或税法解释发生变化并带来不利后果的风险。

TED 价差（TED spread） 持有国库券（或国库券期货）多头和欧洲美元（或欧洲美元期货）空头的交易，反之亦然。也可以指国库券现货或期货与欧洲美元现货或期货的利率之差。

定期回购（Term repo） 期限超过一天的回购协议。也可见隔夜回购。

隐含波动率的期限结构（Term structure of implied volatility，5） 期权的隐含波动率和期权期限之间的关系。

利率期限结构（Term structure of interest rates） 零息债券的利率与期限之间的关系。

理论公允价格（Theoretical fair price） 不允许出现套利机会的衍生产品价格。也可见理论公允价值。

理论公允价值（Theoretical fair values，1） 从基于理性投资者行为和无套利机会的模型得到的资产或衍生产品的真实价值或适当价值。也可见理论公允价格。

θ（Theta，5） 期权价格相对于时间的变化率。

最小报价单位（Tick） 允许的最小价格波动。

时间价差（Time spread，7） 见日历价差。

时间价值（Time value，3） 期权价格与内在价值之差。

时间价值衰减（Time value decay，3） 期权的时间价值随着到期日临近而减少。

时间期权（Timing option，9） 延迟交割直到芝加哥期货交易所国债期货合约的任何可接受交割日期的权利，或任何期货合约固有的类似权利。

总收益率互换（Total return swap，14） 一种互换形式的信用衍生产品，其中一方同意支付特定证券（通常为债券）的收益率，另一方通常同意支付固定利率或浮动利率。

跟踪误差（Tracking error，11） 投资组合的表现与和投资组合一起使用的衍生产品表现的偏差。

交易暂停（Trading halt） 与期货交易或股票交易相关的规则，规定如果在特定时期内价格变化达到特定金额，就将暂时停止交易。

交易平台（Trading platforms，2） 见互换执行设备。

组别（Tranches，13） 赋予持有人对特定支付流的权利的抵押担保债券组成部分，该支付流的特征、优先权和风险可能不同于另一个组别。

国库券（Treasury bill） 美国政府发行的短期纯折价债券，初始期限为 91 天、182 天和 365 天。

长期国债（Treasury bond） 美国政府发行的附息票债券，初始期限至少为 10 年。

中期国债（Treasury note） 美国政府发行的附息票债券，初始期限为 1～10 年。

三角套利（Triangular arbitrage） 令交叉汇率关系成立的外汇套利交易。也可见交叉汇率关系。

海龟交易（Turtle trade） 一种套利价差交易，在中长期国债期货市场上锁定远期借款（或贷款）利率，并在国库券期货市场上锁定远期贷款（或借款）利率。

两态模型（Two-state model，4） 见二项式模型。

无偏（Unbiased） 预测的一个特征，指预测结果等于大量预测值的实际平均结果。

无偏预期理论（Unbiased expectations theory） 见预期理论。

无抛补看涨期权（Uncovered call，6） 投资者卖出不属于自己的股票的看涨期权的期权策略。

基础工具（Underlying） 衍生产品的报酬所基于的资产或工具。

定价过低（Underpriced） 证券或衍生产品的交易价格低于其价值的情况。

非系统收益率（Unsystematic return） 证券的收益率中与影响证券的因素而非整个市场相关的部分。

非系统风险（Unsystematic risk） 与特定因素而非整个市场相关的证券风险。

上升生效期权（Up-and-in option） 支付期权费，但除非资产价格升至指定障碍，否则期权实际上不会开始的生效障碍期权。

上升失效期权（Up-and-out option） 支付期权费，但如果资产价格升至指定障碍，期权就提前终止的失效障碍期权。

上升期权（Up-options，13） 障碍高于基础工具的当前价格水平的一类障碍期权。

向上捕获率（Upside capture，13） 牛市中有保险投资组合的市场价值占无保险投资组合的市场价值的百分比。

最低价格升幅（Uptick） 等于一个最小报价单位的证券或合约价格增幅。

效用（Utility） 通常指从金钱或财富中获得的满意程度。

价值（Value） 反映投资或合约对投资者财富的贡献的货币衡量指标。

在险价值（Value at risk，VAR，14） 在给定时期内的给定概率下的预期最小损失金额指标。

方差（Variance） 随机变量在其均值附近的离散度衡量指标，等于标准差的平方。

方差-协方差法（Variance-covariance method，14） 见分析法。

变动保证金（Variation margin，2） 添加到期货账户或从期货账户中扣除的金额，反映每日结算中产生的利润或亏损。

Vega（Vega，5） 期权价格相对于基础资产或期货价格波动率的变化率。

Vega 对冲（Vega hedge） 一种对冲头寸，通常与 δ 对冲和 γ 对冲相结合，其中头寸价值变化不受基础工具波动率变化的影响。

以期换现（Versus cash，2） 见实物交换。

垂直价差（Vertical spread，7） 见货币价差。

观点驱动型风险管理（View-driven risk management，14） 一种风险管理方法，主要关注管理者对未来的看法，而不是他对现有风险敞口的看法。也可见需求驱动型风险管理。

波动率（Volatility） 价格波动的特征。通常指标准差。

波动率偏斜（Volatility skew，5） 期权的隐含波动率与执行价格之间的关系，它不为 U 形，而是以某种形式偏斜。

波动率微笑（Volatility smile，5） 期权的隐含波动率与形成 U 形的执行价格之间的关系。

波动率策略（Volatility strategies，7） 旨在从基

础资产的异常高或异常低的波动率中获利的期权策略。

存仓（Warehousing） 交易商在存货中持有各种互换头寸的做法。

认股权证（Warrants，13） 公司发行的买入或卖出其股票的期权。最初发行时通常期限为数年。

虚售（Wash sale） 在销售日期附近 61 天内以亏损价格卖出股票，并买入基本上相同的股票或股票看涨期权的交易。税法禁止扣除销售亏损。

天气衍生产品（Weather derivatives，13） 基础工具为天气衡量指标的衍生产品。

通配型期权（Wild card option，9） 在期货市场交易收盘后交割芝加哥期货交易所长期国债期货合约的权利，或任何其他期货合约中固有的类似权利。

卖方（Writer） 卖出期权的人或机构。

收益率（Yield） 令息票利息和本金的现值等于价格的债券贴现率。

收益率 β（Yield beta，10） 现货债券收益率对期货合约隐含收益率求回归得出的斜率。它衡量了现货收益率与期货价格隐含收益率之间的关系。

收益率曲线（Yield curve） 债券收益率与其期限之间的关系。

到期收益率（Yield to maturity） 见收益率。

z 统计量（z statistic，5） 一种基于正态分布的统计量。观察到这种统计量的概率是从正态分布中得到的。也可见正态分布概率。

Z 债券（Z-bond） 组成抵押担保债券的组别之一，累计利息，但在更高优先级的组别被偿还之前不支付本金或利息。

零成本领式期权（Zero-cost collar，12） 利率上限多头和利率下限空头的期权费彼此抵消，因此不事先支付期权费的领式期权。

零息债券（Zero coupon bond） 见纯贴现债券。

零涨点（Zero-plus tick） 指金融市场中的一种情况，即交易价格与上次交易相同，但最后时间的交易价格有所改变，升高了一定幅度。

译后记

衍生产品是基于股价、利率、汇率等基础工具的高级金融工具，通过千变万化的结构设计和组合，它们可以具有非常灵活的特征和报酬，满足使用者的个性化需求，是商品经济和金融市场发展到一定阶段的产物。

最初人们设计出衍生产品，主要是为了规避和转移风险，比如锁定农产品在未来某个时间的售价。但是，衍生产品本身并非没有风险，它的价值与基础工具的价格变化息息相关。由于多采用保证金交易方式，衍生产品具有很高的杠杆，将价格波动成倍放大，加之其交易规模通常较大，因此任何一方违约都可能引发整个市场的动荡。20 世纪 90 年代以来，许多著名的金融机构破产案件和金融危机都与衍生产品有关，例如 1995 年的巴林银行破产案和 2007 年爆发的美国次贷危机。此外，衍生产品具有可定制化特征，品种丰富且不断推陈出新，因此使其难以转让，形成了流动性风险。同时，对衍生产品的监管步伐相对滞后也产生了法律风险。

尽管如此，但只要运用得当，衍生产品在优化资源配置、对冲风险和提高投资效率等方面的优点仍然非常突出。因此，近年来衍生产品市场迅猛发展，日益成为金融市场上不可忽视的一部分。2016 年，全球期货和期权交易量达到 252.20 亿手（单边，下同），较 2015 年增长 1.69%，交易量连续第四年增长，全球衍生产品市场年交易量首次超过 250 亿手，打破了 2011 年约 249.82 亿手成交的历史纪录。

我国的衍生产品市场发展也非常迅速。2016 年，上海、大连和郑州三家商品期货交易所共成交商品期货约 41.19 亿手，同比增长 27.26%，约占全球商品期货与期权成交总量的 59.26%。如果单按商品类期货与期权成交量计算，上海期货交易所年成交约 16.81 亿手商品期货合约，占全球商品期货与期权成交总量比重为 24.18%，名列全球十大商品期货与期权交易所之首。如何利用这一广阔市场，在发挥衍生产品优势的同时控制风险，开发适应我国经济特点的衍生产品，提升我国衍生产品市场的全球影响力，是我们在这一阶段面临的重要课题。

最初接触衍生产品时，人们往往感觉它们神秘莫测，但它们本身的原理并不复杂。作为一本入门教材，《金融衍生工具与风险管理》将帮助你全面了解衍生产品市场、各类衍生产品、定价模型与投资策略。对于普通投资者，掌握了这些知识，衍生产品就可以成为助你投资避险的利器；对于熟悉金融市场的专业人士，甚至可以利用这些知识进一步开发适应市场需求的新型衍生产品。

本书分为三大部分。在介绍衍生产品的基本概念与衍生产品市场结构的基础上，第一部分从期权开始，引领读者了解基本的期权定价原则和期权策略。在这一部分中介绍的模型和策略为深入分析高级衍生产品打下了基础。第二部分以远期、期货和互换为重点，同样围绕着它们的定价原则和投资策略展开。第三部分是关于衍生产品的高级主题。高级衍生产品基本上是前述衍生产品的各种组合，正确运用它们需要高超的技巧。该部分还详细考察了如何用这些衍生产品来管理不同类别的金融风险。

本书的两位作者唐·M. 钱斯和罗伯特·布鲁克斯均在大学执教多年，拥有丰富的教学经验。对于具备基础金融学知识的读者，本书非常适合作为衍生产品的入门读物。除了详尽的理论分析以外，书中还有丰富的图表示例，每章结尾都有与本章内容紧密结合的习题，便于读者检测自己对内容的理解。同时，最新修订的这一版还加入了反映当今衍生产品市场变化的内容，例如关于信用风险估值的最新行业实务，并增加了“生活中的风险决策”专栏，旨在让读者意识到，衍生产品的风险管理原则实际上与我们的日常生活息息相关。因此，不论是对于有志进入衍生产品行业的专业人士，还是希望丰富金融知识、拓宽投资选择的普通投资者，本书都极具参考价值。

最后，在本书翻译完成之际，我要感谢一直给予我支持的家人，感谢中国人民大学出版社编辑们的辛勤工作以及所有读者，并衷心欢迎各位读者对译文中存在的问题提出指正。

路蒙佳

2019 年 8 月

经济科学译丛						
序号	书名	作者	Author	单价	出版年份	ISBN
1	微观经济学(第九版)	罗伯特·S.平狄克等	Robert S. Pindyck	93.00	2020	978-7-300-26640-4
2	宏观经济学(第十版)	N.格里高利·曼昆	N. Gregory Mankiw	79.00	2020	978-7-300-27631-1
3	宏观经济学(第九版)	安德鲁·B.亚伯等	Andrew B. Abel	95.00	2020	978-7-300-27382-2
4	商务经济学(第二版)	克里斯·马尔赫恩等	Chris Mulhearn	56.00	2019	978-7-300-24491-4
5	管理经济学:基于战略的视角(第二版)	蒂莫西·费希尔等	Timothy Fisher	58.00	2019	978-7-300-23886-9
6	投入产出分析:基础与扩展(第二版)	罗纳德·E.米勒等	Ronald E. Miller	98.00	2019	978-7-300-26845-3
7	宏观经济学:政策与实践(第二版)	弗雷德里克·S.米什金	Frederic S. Mishkin	89.00	2019	978-7-300-26809-5
8	国际商务:亚洲视角	查尔斯·W.L.希尔等	Charles W. L. Hill	108.00	2019	978-7-300-26791-3
9	统计学:在经济和管理中的应用(第10版)	杰拉德·凯勒	Gerald Keller	158.00	2019	978-7-300-26771-5
10	经济学精要(第五版)	R.格伦·哈伯德等	R. Glenn Hubbard	99.00	2019	978-7-300-26561-2
11	环境经济学(第七版)	埃班·古德斯坦等	Eban Goodstein	78.00	2019	978-7-300-23867-8
12	管理者微观经济学	戴维·M.克雷普斯	David M. Kreps	88.00	2019	978-7-300-22914-0
13	税收与企业经营战略:筹划方法(第五版)	迈伦·S.斯科尔斯等	Myron S. Scholes	78.00	2018	978-7-300-25999-4
14	美国经济史(第12版)	加里·M.沃尔顿等	Gary M. Walton	98.00	2018	978-7-300-26473-8
15	组织经济学:经济学分析方法在组织管理上的应用(第五版)	塞特斯·杜玛等	Sytse Douma	62.00	2018	978-7-300-25545-3
16	经济理论的回顾(第五版)	马克·布劳格	Mark Blaug	88.00	2018	978-7-300-26252-9
17	实地实验:设计、分析与解释	艾伦·伯格等	Alan S. Gerber	69.80	2018	978-7-300-26319-9
18	金融学(第二版)	兹维·博迪等	Zvi Bodie	75.00	2018	978-7-300-26134-8
19	空间数据分析:模型、方法与技术	曼弗雷德·M.费希尔等	Manfred M. Fischer	36.00	2018	978-7-300-25304-6
20	《宏观经济学》(第十二版)学习指导书	鲁迪格·多恩布什等	Rudiger Dornbusch	38.00	2018	978-7-300-26063-1
21	宏观经济学(第四版)	保罗·克鲁格曼等	Paul Krugman	68.00	2018	978-7-300-26068-6
22	计量经济学导论:现代观点(第六版)	杰弗里·M.伍德里奇	Jeffrey M. Wooldridge	109.00	2018	978-7-300-25914-7
23	经济思想史:伦敦经济学院讲演录	莱昂内尔·罗宾斯	Lionel Robbins	59.80	2018	978-7-300-25258-2
24	空间计量经济学入门——在R中的应用	朱塞佩·阿尔比亚	Giuseppe Arbia	45.00	2018	978-7-300-25458-6
25	克鲁格曼经济学原理(第四版)	保罗·克鲁格曼等	Paul Krugman	88.00	2018	978-7-300-25639-9
26	发展经济学(第七版)	德怀特·H.波金斯等	Dwight H. Perkins	98.00	2018	978-7-300-25506-4
27	线性与非线性规划(第四版)	戴维·G.卢恩伯格等	David G. Luenberger	79.80	2018	978-7-300-25391-6
28	产业组织理论	让·梯若尔	Jean Tirole	110.00	2018	978-7-300-25170-7
29	经济学精要(第六版)	巴德,帕金	Bade, Parkin	89.00	2018	978-7-300-24749-6
30	空间计量经济学——空间数据的分位数回归	丹尼尔·P.麦克米伦	Daniel P. McMillen	30.00	2018	978-7-300-23949-1
31	高级宏观经济学基础(第二版)	本·J.海德拉	Ben J. Heijdra	88.00	2018	978-7-300-25147-9
32	税收经济学(第二版)	伯纳德·萨拉尼耶	Bernard Salanié	42.00	2018	978-7-300-23866-1
33	国际贸易(第三版)	罗伯特·C.芬斯特拉	Robert C. Feenstra	73.00	2017	978-7-300-25327-5
34	国际宏观经济学(第三版)	罗伯特·C.芬斯特拉	Robert C. Feenstra	79.00	2017	978-7-300-25326-8
35	公司治理(第五版)	罗伯特·A.G.蒙克斯	Robert A. G. Monks	69.80	2017	978-7-300-24972-8
36	国际经济学(第15版)	罗伯特·J.凯伯	Robert J. Carbaugh	78.00	2017	978-7-300-24844-8
37	经济理论和方法史(第五版)	小罗伯特·B.埃克伦德等	Robert B. Ekelund. Jr.	88.00	2017	978-7-300-22497-8
38	经济地理学	威廉·P.安德森	William P. Anderson	59.80	2017	978-7-300-24544-7
39	博弈与信息:博弈论概论(第四版)	艾里克·拉斯穆森	Eric Rasmusen	79.80	2017	978-7-300-24546-1
40	MBA宏观经济学	莫里斯·A.戴维斯	Morris A. Davis	38.00	2017	978-7-300-24268-2
41	经济学基础(第十六版)	弗兰克·V.马斯切纳	Frank V. Mastrianna	42.00	2017	978-7-300-22607-1
42	高级微观经济学:选择与竞争性市场	戴维·M.克雷普斯	David M. Kreps	79.80	2017	978-7-300-23674-2
43	博弈论与机制设计	Y.内拉哈里	Y. Narahari	69.80	2017	978-7-300-24209-5
44	宏观经济学精要:理解新闻中的经济学(第三版)	彼得·肯尼迪	Peter Kennedy	45.00	2017	978-7-300-21617-1
45	宏观经济学(第十二版)	鲁迪格·多恩布什等	Rudiger Dornbusch	69.00	2017	978-7-300-23772-5
46	国际金融与开放宏观经济学:理论、历史与政策	亨德里克·范登伯格	Hendrik Van den Berg	68.00	2016	978-7-300-23380-2
47	经济学(微观部分)	达龙·阿西莫格鲁等	Daron Acemoglu	59.00	2016	978-7-300-21786-4
48	经济学(宏观部分)	达龙·阿西莫格鲁等	Daron Acemoglu	45.00	2016	978-7-300-21886-1
49	发展经济学	热若尔·罗兰	Gérard Roland	79.00	2016	978-7-300-23379-6
50	中级微观经济学——直觉思维与数理方法(上下册)	托马斯·J·内契巴	Thomas J. Nechyba	128.00	2016	978-7-300-22363-6
51	环境与自然资源经济学(第十版)	汤姆·蒂坦伯格等	Tom Tietenberg	72.00	2016	978-7-300-22900-3
52	劳动经济学基础(第二版)	托马斯·海克拉克等	Thomas Hyclak	65.00	2016	978-7-300-23146-4
53	货币金融学(第十一版)	弗雷德里克·S·米什金	Frederic S. Mishkin	85.00	2016	978-7-300-23001-6
54	动态优化——经济学和管理学中的变分法和最优控制(第二版)	莫顿·I·凯曼等	Morton I. Kamien	48.00	2016	978-7-300-23167-9

经济科学译丛

序号	书名	作者	Author	单价	出版年份	ISBN
55	用 Excel 学习中级微观经济学	温贝托·巴雷托	Humberto Barreto	65.00	2016	978-7-300-21628-7
56	国际经济学:理论与政策(第十版)	保罗·R·克鲁格曼等	Paul R. Krugman	89.00	2016	978-7-300-22710-8
57	国际金融(第十版)	保罗·R·克鲁格曼等	Paul R. Krugman	55.00	2016	978-7-300-22089-5
58	国际贸易(第十版)	保罗·R·克鲁格曼等	Paul R. Krugman	42.00	2016	978-7-300-22088-8
59	经济学精要(第3版)	斯坦利·L·布鲁伊等	Stanley L. Brue	58.00	2016	978-7-300-22301-8
60	经济分析史(第七版)	英格里德·H·里马	Ingrid H. Rima	72.00	2016	978-7-300-22294-3
61	投资学精要(第九版)	兹维·博迪等	Zvi Bodie	108.00	2016	978-7-300-22236-3
62	环境经济学(第二版)	查尔斯·D·科尔斯塔德	Charles D. Kolstad	68.00	2016	978-7-300-22255-4
63	MWG《微观经济理论》习题解答	原千晶等	Chiaki Hara	75.00	2016	978-7-300-22306-3
64	现代战略分析(第七版)	罗伯特·M·格兰特	Robert M. Grant	68.00	2016	978-7-300-17123-4
65	横截面与面板数据的计量经济分析(第二版)	杰弗里·M·伍德里奇	Jeffrey M. Wooldridge	128.00	2016	978-7-300-21938-7
66	宏观经济学(第十二版)	罗伯特·J·戈登	Robert J. Gordon	75.00	2016	978-7-300-21978-3
67	动态最优化基础	蒋中一	Alpha C. Chiang	42.00	2015	978-7-300-22068-0
68	城市经济学	布伦丹·奥弗莱厄蒂	Brendan O'Flaherty	69.80	2015	978-7-300-22067-3
69	管理经济学:理论、应用与案例(第八版)	布鲁斯·艾伦等	Bruce Allen	79.80	2015	978-7-300-21991-2
70	经济政策:理论与实践	阿格尼丝·贝纳西-奎里等	Agnès Bénassy-Quéré	79.80	2015	978-7-300-21921-9
71	微观经济分析(第三版)	哈尔·R·范里安	Hal R. Varian	68.00	2015	978-7-300-21536-5
72	财政学(第十版)	哈维·S·罗森等	Harvey S. Rosen	68.00	2015	978-7-300-21754-3
73	经济数学(第三版)	迈克尔·霍伊等	Michael Hoy	88.00	2015	978-7-300-21674-4
74	发展经济学(第九版)	A.P.瑟尔沃	A. P. Thirlwall	69.80	2015	978-7-300-21193-0
75	宏观经济学(第五版)	斯蒂芬·D·威廉森	Stephen D. Williamson	69.00	2015	978-7-300-21169-5
76	资源经济学(第三版)	约翰·C·伯格斯特罗姆等	John C. Bergstrom	58.00	2015	978-7-300-20742-1
77	应用中级宏观经济学	凯文·D·胡佛	Kevin D. Hoover	78.00	2015	978-7-300-21000-1
78	现代时间序列分析导论(第二版)	约根·沃特斯等	Jürgen Wolters	39.80	2015	978-7-300-20625-7
79	空间计量经济学——从横截面数据到空间面板	J·保罗·埃尔霍斯特	J. Paul Elhorst	32.00	2015	978-7-300-21024-7
80	国际经济学原理	肯尼思·A·赖纳特	Kenneth A. Reinert	58.00	2015	978-7-300-20830-5
81	经济写作(第二版)	迪尔德丽·N·麦克洛斯基	Deirdre N. McCloskey	39.80	2015	978-7-300-20914-2
82	计量经济学方法与应用(第五版)	巴蒂·H·巴尔塔基	Badi H. Baltagi	58.00	2015	978-7-300-20584-7
83	战略经济学(第五版)	戴维·贝赞可等	David Besanko	78.00	2015	978-7-300-20679-0
84	博弈论导论	史蒂文·泰迪里斯	Steven Tadelis	58.00	2015	978-7-300-19993-1
85	社会问题经济学(第二十版)	安塞尔·M·夏普等	Ansel M. Sharp	49.00	2015	978-7-300-20279-2
86	博弈论:矛盾冲突分析	罗杰·B·迈尔森	Roger B. Myerson	58.00	2015	978-7-300-20212-9
87	时间序列分析	詹姆斯·D·汉密尔顿	James D. Hamilton	118.00	2015	978-7-300-20213-6
88	经济问题与政策(第五版)	杰奎琳·默里·布鲁克斯	Jacqueline Murray Brux	58.00	2014	978-7-300-17799-1
89	微观经济理论	安德鲁·马斯-克莱尔等	Andreu Mas-Collel	148.00	2014	978-7-300-19986-3
90	产业组织:理论与实践(第四版)	唐·E·瓦尔德曼等	Don E. Waldman	75.00	2014	978-7-300-19722-7
91	公司金融理论	让·梯若尔	Jean Tirole	128.00	2014	978-7-300-20178-8
92	公共部门经济学	理查德·W·特里西	Richard W. Tresch	49.00	2014	978-7-300-18442-5
93	计量经济学原理(第六版)	彼得·肯尼迪	Peter Kennedy	69.80	2014	978-7-300-19342-7
94	统计学:在经济中的应用	玛格丽特·刘易斯	Margaret Lewis	45.00	2014	978-7-300-19082-2
95	产业组织:现代理论与实践(第四版)	林恩·佩波尔等	Lynne Pepall	88.00	2014	978-7-300-19166-9
96	计量经济学导论(第三版)	詹姆斯·H·斯托克等	James H. Stock	69.00	2014	978-7-300-18467-8
97	发展经济学导论(第四版)	秋山裕	秋山裕	39.80	2014	978-7-300-19127-0
98	中级微观经济学(第六版)	杰弗里·M·佩罗夫	Jeffrey M. Perloff	89.00	2014	978-7-300-18441-8
99	平狄克《微观经济学》(第八版)学习指导	乔纳森·汉密尔顿等	Jonathan Hamilton	32.00	2014	978-7-300-18970-3
100	微观银行经济学(第二版)	哈维尔·弗雷克斯等	Xavier Freixas	48.00	2014	978-7-300-18940-6
101	施米托夫论出口贸易——国际贸易法律与实务(第11版)	克利夫·M·施米托夫等	Clive M. Schmitthoff	168.00	2014	978-7-300-18425-8
102	微观经济学思维	玛莎·L·奥尔尼	Martha L. Olney	29.80	2013	978-7-300-17280-4
103	宏观经济学思维	玛莎·L·奥尔尼	Martha L. Olney	39.80	2013	978-7-300-17279-8
104	计量经济学原理与实践	达摩达尔·N·古扎拉蒂	Damodar N. Gujarati	49.80	2013	978-7-300-18169-1
105	现代战略分析案例集	罗伯特·M·格兰特	Robert M. Grant	48.00	2013	978-7-300-16038-2
106	高级国际贸易:理论与实证	罗伯特·C·芬斯特拉	Robert C. Feenstra	59.00	2013	978-7-300-17157-9
107	经济学简史——处理沉闷科学的巧妙方法(第二版)	E·雷·坎特伯里	E. Ray Canterbery	58.00	2013	978-7-300-17571-3
108	微观经济学原理(第五版)	巴德,帕金	Bade, Parkin	65.00	2013	978-7-300-16930-9

经济科学译丛

序号	书名	作者	Author	单价	出版年份	ISBN
109	宏观经济学原理(第五版)	巴德、帕金	Bade, Parkin	63.00	2013	978-7-300-16929-3
110	环境经济学	彼得·伯克等	Peter Berck	55.00	2013	978-7-300-16538-7
111	高级微观经济理论	杰弗里·杰里	Geoffrey A. Jehle	69.00	2012	978-7-300-16613-1
112	高级宏观经济学导论:增长与经济周期(第二版)	彼得·伯奇·索伦森等	Peter Birch Sørensen	95.00	2012	978-7-300-15871-6
113	微观经济学(第二版)	保罗·克鲁格曼	Paul Krugman	69.80	2012	978-7-300-14835-9
114	克鲁格曼《微观经济学(第二版)》学习手册	伊丽莎白·索耶·凯利	Elizabeth Sawyer Kelly	58.00	2013	978-7-300-17002-2
115	克鲁格曼《宏观经济学(第二版)》学习手册	伊丽莎白·索耶·凯利	Elizabeth Sawyer Kelly	36.00	2013	978-7-300-17024-4
116	微观经济学(第十一版)	埃德温·曼斯费尔德	Edwin Mansfield	88.00	2012	978-7-300-15050-5
117	卫生经济学(第六版)	舍曼·富兰德等	Sherman Folland	79.00	2011	978-7-300-14645-4
118	现代劳动经济学:理论与公共政策(第十版)	罗纳德·G·伊兰伯格等	Ronald G. Ehrenberg	69.00	2011	978-7-300-14482-5
119	宏观经济学:理论与政策(第九版)	理查德·T·弗罗恩	Richard T. Froyen	55.00	2011	978-7-300-14108-4
120	经济学原理(第四版)	威廉·博伊斯等	William Boyes	59.00	2011	978-7-300-13518-2
121	计量经济学基础(第五版)(上下册)	达摩达尔·N·古扎拉蒂	Damodar N. Gujarati	99.00	2011	978-7-300-13693-6
122	《计量经济学基础》(第五版)学生习题解答手册	达摩达尔·N·古扎拉蒂等	Damodar N. Gujarati	23.00	2012	978-7-300-15080-8
123	计量经济分析(第六版)(上下册)	威廉·H·格林	William H. Greene	128.00	2011	978-7-300-12779-8

金融学译丛

序号	书名	作者	Author	单价	出版年份	ISBN
1	金融衍生工具与风险管理(第十版)	唐·M. 钱斯	Don M. Chance	98.00	2020	978-7-300-27651-9
2	投资学导论(第十二版)	赫伯特·B. 梅奥	Herbert B. Mayo	89.00	2020	978-7-300-27653-3
3	金融几何学	阿尔文·库鲁克	Alvin Kuruc	58.00	2020	978-7-300-14104-6
4	银行风险管理(第四版)	若埃尔·贝西	Joël Bessis	56.00	2019	978-7-300-26496-7
5	金融学原理(第八版)	阿瑟·J. 基翁等	Arthur J. Keown	79.00	2018	978-7-300-25638-2
6	财务管理基础(第七版)	劳伦斯·J. 吉特曼等	Lawrence J. Gitman	89.00	2018	978-7-300-25339-8
7	利率互换及其他衍生品	霍华德·科伯	Howard Corb	69.00	2018	978-7-300-25294-0
8	固定收益证券手册(第八版)	弗兰克·J. 法博齐	Frank J. Fabozzi	228.00	2017	978-7-300-24227-9
9	金融市场与金融机构(第8版)	弗雷德里克·S. 米什金等	Frederic S. Mishkin	86.00	2017	978-7-300-24731-1
10	兼并、收购和公司重组(第六版)	帕特里克·A. 高根	Patrick A. Gaughan	89.00	2017	978-7-300-24231-6
11	债券市场:分析与策略(第九版)	弗兰克·J·法博齐	Frank J. Fabozzi	98.00	2016	978-7-300-23495-3
12	财务报表分析(第四版)	马丁·弗里德森	Martin Fridson	46.00	2016	978-7-300-23037-5
13	国际金融学	约瑟夫·P·丹尼尔斯等	Joseph P. Daniels	65.00	2016	978-7-300-23037-1
14	国际金融	阿德里安·巴克利	Adrian Buckley	88.00	2016	978-7-300-22668-2
15	个人理财(第六版)	阿瑟·J·基翁	Arthur J. Keown	85.00	2016	978-7-300-22711-5
16	投资学基础(第三版)	戈登·J·亚历山大等	Gordon J. Alexander	79.00	2015	978-7-300-20274-7
17	金融风险管理(第二版)	彼德·F·克里斯托弗森	Peter F. Christoffersen	46.00	2015	978-7-300-21210-4
18	风险管理与保险管理(第十二版)	乔治·E·瑞达等	George E. Rejda	95.00	2015	978-7-300-21486-3
19	个人理财(第五版)	杰夫·马杜拉	Jeff Madura	69.00	2015	978-7-300-20583-0
20	企业价值评估	罗伯特·A·G·蒙克斯等	Robert A. G. Monks	58.00	2015	978-7-300-20582-3
21	基于Excel的金融学原理(第二版)	西蒙·本尼卡	Simon Benninga	79.00	2014	978-7-300-18899-7
22	金融工程学原理(第二版)	萨利赫·N·内夫特奇	Salih N. Neftci	88.00	2014	978-7-300-19348-9
23	投资学导论(第十版)	赫伯特·B·梅奥	Herbert B. Mayo	69.00	2014	978-7-300-18971-0
24	国际金融市场导论(第六版)	斯蒂芬·瓦尔德斯等	Stephen Valdez	59.80	2014	978-7-300-18896-6
25	金融数学:金融工程引论(第二版)	马雷克·凯宾斯基等	Marek Capinski	42.00	2014	978-7-300-17650-5
26	财务管理(第二版)	雷蒙德·布鲁克斯	Raymond Brooks	69.00	2014	978-7-300-19085-3
27	期货与期权市场导论(第七版)	约翰·C·赫尔	John C. Hull	69.00	2014	978-7-300-18994-2
28	国际金融:理论与实务	皮特·塞尔居	Piet Sercu	88.00	2014	978-7-300-18413-5
29	货币、银行和金融体系	R·格伦·哈伯德等	R. Glenn Hubbard	75.00	2013	978-7-300-17856-1
30	并购创造价值(第二版)	萨德·苏达斯纳	Sudi Sudarsanam	89.00	2013	978-7-300-17473-0
31	个人理财——理财技能培养方法(第三版)	杰克·R·卡普尔等	Jack R. Kapoor	66.00	2013	978-7-300-16687-2
32	国际财务管理	吉尔特·贝克特	Geert Bekaert	95.00	2012	978-7-300-16031-3
33	应用公司财务(第三版)	阿斯沃思·达摩达兰	Aswath Damodaran	88.00	2012	978-7-300-16034-4
34	资本市场:机构与工具(第四版)	弗兰克·J·法博齐	Frank J. Fabozzi	85.00	2011	978-7-300-13828-2
35	衍生品市场(第二版)	罗伯特·L·麦克唐纳	Robert L. McDonald	98.00	2011	978-7-300-13130-6

An Introduction to Derivatives and Risk Management, 10e
Don M. Chance, Robert Brooks

Cengage Learning Asia Pte. Ltd.
151 Lorong Chuan, #02-08 New Tech Park, Singapore 556741

北京市版权局著作权合同登记号　图字：01－2017－5379

图书在版编目（CIP）数据

金融衍生工具与风险管理：第十版/（美）唐·M. 钱斯（Don M. Chance），（美）罗伯特·布鲁克斯（Robert Brooks）著；路蒙佳译. —北京：中国人民大学出版社，2020.3
（金融学译丛）
书名原文：AN INTRODUCTION TO Derivatives and Risk Management，10TH EDITION
ISBN 978-7-300-27651-9

Ⅰ.①金… Ⅱ.①唐… ②罗… ③路… Ⅲ.①金融衍生产品②金融风险-风险管理 Ⅳ.①F830.95 ②F830.9

中国版本图书馆 CIP 数据核字（2019）第 260570 号

金融学译丛
金融衍生工具与风险管理（第十版）
［美］ 唐·M. 钱斯（Don M. Chance） 罗伯特·布鲁克斯（Robert Brooks） 著
路蒙佳 译
Jinrong Yansheng Gongju yu Fengxian Guanli

出版发行	中国人民大学出版社		
社　　址	北京中关村大街 31 号	邮政编码	100080
电　　话	010－62511242（总编室）		010－62511770（质管部）
	010－82501766（邮购部）		010－62514148（门市部）
	010－62515195（发行公司）		010－62515275（盗版举报）
网　　址	http://www.crup.com.cn		
经　　销	新华书店		
印　　刷	涿州市星河印刷有限公司		
规　　格	185 mm×260 mm　16 开本	版　　次	2020 年 3 月第 1 版
印　　张	39 插页 1	印　　次	2020 年 3 月第 1 次印刷
字　　数	924 000	定　　价	98.00 元

CENGAGE Learning®

Supplements Request Form（教辅材料申请表）

<table>
<tr><td colspan="4">Lecturer's Details（教师信息）</td></tr>
<tr><td>Name：
（姓名）</td><td></td><td>Title：
（职务）</td><td></td></tr>
<tr><td>Department：
（系科）</td><td></td><td>School/University：
（学院/大学）</td><td></td></tr>
<tr><td>Official
E-mail：
（学校邮箱）：</td><td></td><td rowspan="3">Lecturer's Address/
Post Code：
（教师通讯地址/邮编）</td><td rowspan="3"></td></tr>
<tr><td>Tel：
（电话）</td><td></td></tr>
<tr><td>Mobile：
（手机）</td><td></td></tr>
<tr><td colspan="4">Adoption Details（教材信息）　原版□　　翻译版□　　影印版□</td></tr>
<tr><td>Title：（英文书名）
Edition：（版次）
Author：（作者）</td><td colspan="3"></td></tr>
<tr><td>Local Publisher：
（中国出版社）</td><td colspan="3"></td></tr>
<tr><td>Enrolment：
（学生人数）</td><td></td><td>Semester：
（学期起止日期时间）</td><td></td></tr>
<tr><td colspan="4">Contact Person & Phone/E-Mail/Subject：
（系科/学院教学负责人电话/邮件/研究方向）
（我公司要求在此处标明系科/学院教学负责人电话/传真及电话和传真号码并在此加盖公章.）

教材购买由 我□　我作为委员会的一部份□　其他人口｜姓名：　　　　　｜决定。</td></tr>
</table>

Please fax or post the complete form to（请将此表格传真至）：

CENGAGE LEARNING BEIJING
ATTN：Higher Education Division
TEL：（86）10-82862096/95/97
FAX：（86）10-82862089
EMAIL：asia. infochina@cengage. com
www. cengageasia. com
ADD：北京市海淀区科学院南路 2 号
融科资讯中心 C 座南楼 12 层 1201 室　100190

Note：Thomson Learning has changed its name to CENGAGE Learning

VERIFICATION FORM CENGAGE LEARNING